LES DRAMES DE LA VILLE ÉTERNELLE

ou

LE BATARD DE LA PAPESSE

Crimes, Adultères, Incestes, Débauches,
Excès, Abus et Iniquités des cours de Rome et de France

GRAND ROMAN HISTORIQUE INÉDIT

Par TH. LABOURIEU

S. LAMBERT ET Cⁱᵉ, ÉDITEURS
125, Rue Montmartre, Paris
et chez tous les Libraires de France

LES DRAMES DE LA VILLE ET
ou
LE BATARD DE LA PAPESSE
Par Th. LABOURIEU

Pendant de longs siècles, ensevelie dans les ténèbres de l'ignorance, protégée par les noires hordes des inquisiteurs et des Jésuites qui, prenant leur mot d'ordre à Rome, le faisaient parvenir d'un bout de l'univers à l'autre, la vie des papes resta un mystère pour les peuples.

Les crimes, les turpitudes, les débauches, les scandales qui ont été commis par les sombres habitants des demeures papales, ne commencèrent à être mis à la lumière du progrès que vers la fin du siècle dernier.

Il fallut des hommes bien audacieux, doués d'un courage éprouvé, pour mettre à jour les premiers cette politique cauteleuse et perfide des pontifes romains ; pour commencer à saper le prestige et la puissance qui, avec des dehors pompeux, avaient masqué jusqu'alors au monde les vices les plus hideux de l'humanité.

Depuis saint Pierre jusqu'à nos jours, à part quelques rares exceptions, comme Grégoire le Grand, qui fut la plus grande et la plus pure gloire de l'Eglise, il en est peu qui ont porté la tiare sans tache.

Tous ont été homicides, adultères ou incestueux ; tous ont commis des crimes, que l'on a hésité jusqu'aujourd'hui à mettre sous les yeux du public.

L'histoire n'a pu pendant un long temps être écrite consciencieusement. Le moment est venu d'éclairer jusqu'aux plus sombres-couloirs des palais habités par les soi-disant représentants de Dieu sur la terre.

Parmi tous les faits historiques, cachés par le clergé, il en est un qui jusqu'alors a été peu éclairci, nié qu'il a toujours été par les intéressés, et qui dépasse, certes, ce qui a été fait de plus fort comme charlatanisme clérical.

Nous voulons parler de cette femme qui, sous le nom de Jean VIII, occupa pendant plusieurs années le trône pontifical, y porta la tiare avec un semblant de dignité et sacra deux empereurs.

Vêtue d'habits masculins, elle parvint longtemps à cacher son sexe. Ce n'est que le hasard qui, sous les traits d'un prince de l'Eglise, découvrit le mystère.

Des relations charnelles s'établirent entre eux. Elle devint grosse et un jour de procession, au milieu de Rome prosternée à ses pieds, elle se sentit prise des douleurs de l'enfantement et accoucha, au milieu de la confusion générale, d'un fils qui disparut, à peine sorti du sein de sa mère.

C'est cette vie aventureuse que nous allons raconter d'abord. Mais le roman s'étendra plus loin.

Il fait revivre cet enfant. Enlevé par un serviteur de la papesse, il a été élevé par lui, avec des principes de haine contre l'Eglise. Nous le verrons apparaître et disparaître, luttant avec acharnement contre la cour de Rome, toujours guidé par son père adoptif.

Puis le roman, sautant de plus de six siècles en avant, nous reverrons l'un des descendants de la femme-Pape toujours en lutte ouverte contre Rome et conduisant le grand mouvement de la Réforme, qui marqua le commencement du XVIe siècle. Le drame se passe autant à Paris que dans la Ville éternelle.

Nous entrerons à la cour de François Ier, ce roi chevaleresque, qui trahit la parole jurée et refusa, une fois en liberté, une rançon promise pendant sa captivité.

Nous verrons le connétable de Bourbon trahissant sa patrie, pour échapper aux obsessions de la mère du roi de France, la duchesse d'Angoulême, qui voulait en faire son amant, et qui, occupant une des plus hautes dignités dans son pays, préféra aller mourir avec un nom abhorré sous les murs de Rome, mise à sac par ses bandits, abandonné qu'il était par l'Espagne qui l'avait soudoyé.

Nous suivrons à la cour de France les intrigues amoureuses, si recherchées par le roi galant qui régnait alors.

Nous reverrons des filles nobles, rachetant leur fortune et leur liberté par la perte de leur honneur laissé dans une chambre royale.

A côté des grands personnages, parmi lesquels nous distinguons au premier rang les Sforza, les Bonnivet, les Bayard, nous verrons apparaître ces troupes de truands, de détrousseurs qui infestaient la France à cette époque et qui, à côté de l'horreur qu'ils inspirent, nous feront connaître les us et coutumes de ces basses classes.

L'œuvre tout entière est des plus dramatiques ; mais aussi bien qu'il y a des pages qui soulèvent l'indignation ou amènent les larmes aux yeux, il y a place aussi pour le rire.

La vieille gaieté gauloise a sa part dans ce livre remarquable.

Aucun autre ne le dépasse, par sa longue suite de révélations curieuses, de péripéties émouvantes, de scènes pittoresques qui se passent aussi bien à la cour que dans la rue, à Paris comme à Rome.

Le mot d'ordre à la cour semble être : *trahison*. Depuis le roi jusqu'au plus humble valet tous la pratiquent, et le lecteur ne se sent attendri que par un drame intime qui se déroule au milieu de la débauche, du luxe et des splendeurs.

En même temps qu'une leçon d'histoire, ce livre peut à juste titre passer pour l'un des plus curieux qui aient vu le jour à notre époque, si pleine cependant de révélations de toutes sortes.

Aucune période de l'histoire, mieux que celle-ci, ne peut être comparée aux événements contemporains. Les deux moments en effet se ressemblent par ces deux grands faits : *l'invasion et les agissements du clergé*.

En vente chez les mêmes Éditeurs et chez tous les Libraires

Les Droits du Seigneur sous la féodalité. Peuple et Noblesse. Evénements mystérieux, scandaleux, lugubres. Exactions, despotisme, libertinage de la noblesse et du clergé. 10 centimes la livraison, 50 centimes la série, 100 livraisons à 10 centimes ou 20 séries à 50 centimes. L'ouvrage complet avec la collection de gravures interdites pendant le mai. Un beau vol. broché, prix 10 fr.

La Fille de la Liberté, ou les Volontaires de 92. Ce livre retrace dans une action dramatique émouvante les péripéties de la Révolution. C'est une charmante épopée au milieu de cette grande et terrible époque qui a inauguré l'ère nouvelle. De beaux portraits et des scènes révolutionnaires illustrent cet ouvrage splendide. 10 centimes la livraison, 50 centimes la série, 61 livraisons à 10 centimes ou 12 séries à 50 centimes. En vente l'ouvrage complet, un magnifique volume illustré, broché, 6 francs ; envoi *franco* contre un mandat poste, 7 francs.

Le Secret du Vatican, ou les Mystères d'un Conclave. Excès, abus et iniquités de la Cour de Rome, turpitudes, fourberies, débauches des Jésuites. Grand roman historique. 10 centimes la livraison, 50 centimes la série. L'ouvrage comprend 100 livraisons paraissant deux fois par semaine.

Les Aventures du duc de Roquelaure, l'homme le plus laid de France, ses farces, ses facéties, ses duels, ses amours, racontés par lui-même. 10 centimes la livraison, 50 centimes la série, 100 livraisons à 10 centimes ou 20 séries à 50 cent.

L'Alcôve des Rois, ou les Amours mystérieuses des Rois, Reines, etc. Mystères des couvents et des vieux châteaux. Drames nocturnes, orgies royales, scènes dramatiques. Le Parc-aux-Cerfs. 100 livraisons à 10 centimes ou 20 séries à 50 centimes.

Les Romans d'aventures. Aventuriers et Pirates de l'Océan Indien. 10 centimes la livraison, 50 centimes la série.

Imprimerie D. BARDIN, à Saint-Germain.

10 centimes la livraison.   50 centimes la série.

LES SECRETS DU VATICAN
LES DRAMES DE LA VILLE ÉTERNELLE
LE BATARD DE LA PAPESSE

Crimes. — Adultères. — Incestes.
Excès, abus et iniquités de la cour de Rome.

GRAND ROMAN HISTORIQUE INÉDIT

PAR

TH. LABOURIEU

PARIS
S. LAMBERT ET Cie, ÉDITEURS
125, RUE MONTMARTRE, 125

1878

IMPRIMERIE D. BARDIN, A SAINT-GERMAIN

LE SECRET DU VATICAN

ou

LES MYSTÈRES D'UN CONCLAVE

En vente chez les mêmes Éditeurs

LES
DROITS DU SEIGNEUR SOUS LA FÉODALITÉ
PEUPLE ET NOBLESSE

Evénements mystérieux, scandaleux, lugubres. — Exactions, despotisme, libertinage de la noblesse et du clergé. = 10 centimes la livraison, — 50 centimes la série. — 100 livraisons à 10 centimes ou 20 séries à 50 centimes. — L'ouvrage complet avec la collection de gravures interdites pendant le 16 mai. — Un beau volume broché, prix, 10 francs.

LA FILLE DE LA LIBERTÉ
OU LES
VOLONTAIRES DE 92

Ce livre retrace dans une action dramatique, émouvante, les péripéties de la Révolution.
C'est une charmante épopée au milieu de cette grande et terrible époque qui a inauguré l'ère nouvelle.
De beaux portraits et des scènes révolutionnaires illustrent cet ouvrage splendide. = 10 centimes la livraison. — 50 centimes la série. — 61 livraisons à 10 centimes ou 12 séries à 50 centimes. — En vente l'ouvrage complet : un magnifique volume illustré, broché, 6 francs. — Envoi franco contre un mandat-poste, 7 francs.

LES AVENTURES DU DUC DE ROQUELAURE
L'HOMME LE PLUS LAID DE FRANCE

Ses farces, ses facéties, ses duels, ses amours, racontés par lui-même. = 10 centimes la livraison. — 50 centimes la série. — 100 livraisons à 10 centimes ou 20 séries à 50 centimes.

L'ALCOVE DES ROIS

Amours mystérieuses des rois, reines, princes, princesses, etc. — Scènes dramatiques. — Orgies royales. — Drames nocturnes. = 10 centimes la livraison. — 50 centimes la série. — 20 séries à 50 centimes.

LE BATARD DE LA PAPESSE

Les secrets du Vatican. — Les drames de la ville éternelle. — Crimes, adultères, incestes, excès, abus et iniquités de la cour de Rome. — Grand roman historique inédit, par TH. LABOURIEU. = 10 centimes la livraison. — 50 centimes la série.

LES ROMANS D'AVENTURES
AVENTURIERS ET PIRATES
OU
LES DRAMES DE L'OCÉAN INDIEN

1re *partie* : Aventuriers et pirates. — 2e *partie* : Sandam-lou l'Écumeur. — 3e *partie* : Six mois dans le Far-West. — 4e *partie* : Dolorita, ou une tombe dans les forêts vierges. — 5e *partie* : Du Far-West à Bornéo. — 6e *partie* : Le Pirate malais, par le BARON DE WOGAN. = La livraison, 10 centimes. — La série, 50 centimes.

Imprimerie D. BARDIN, à Saint-Germain.

LE
SECRET DU VATICAN

OU LES

MYSTÈRES D'UN CONCLAVE

Excès, Abus et iniquités de la Cour de Rome

Turpitudes

Fourberies et Débauches des Jésuites.

Les préliminaires d'un conclave.

PARIS

S. LAMBERT ET Cie, ÉDITEURS

125, RUE MONTMARTRE, 125

1878

LES DRAMES DE LA VILLE ÉTERNELLE

LE BATARD DE LA PAPESSE

PROLOGUE

CHAPITRE PREMIER

Les deux papes

Rome, au IXe siècle, avait un regain de grandeur. La ville des Césars, tombée avec l'empire païen, commençait à surgir de ses ruines, à redevenir la *ville éternelle*.

Un pape, Léon III, précurseur de Léon X, avait jeté sur les épaules de Charlemagne le manteau de pourpre. En donnant au vainqueur de l'Occident la couronne et le sceptre d'empereur, ce pape redonnait aussi à Rome la suzeraineté du monde.

Avec César, Rome avait régné par le glaive, avec Charlemagne, elle allait régner par la croix.

Mais en l'année 857, c'est-à-dire cinquante ans après le sacre de l'empereur d'Occident, Rome catholique était menacée par les fils dégénérés de Charlemagne comme l'avait été, dès sa fondation, Rome païenne par les fils de Tarquin.

A cette époque, le pape de Rome s'appelait Jean.

Il avait pour adversaire Photius, patriarche grec de Constantinople. Il n'avait pas que cet ennemi orthodoxe, il avait aussi contre lui tous ses anciens alliés, des guerriers francs et germains.

Deux papes, Jean VIII et Photius, se disputaient donc en Europe la puissance spirituelle au moment où les héritiers de Charlemagne s'en arrachaient les lambeaux.

Vers le milieu d'un jour du mois de septembre 857, le pape Jean, en compagnie d'un de ses serviteurs, un laïque, était retiré dans un des bâtiments dépendant du palais de Saint-Jean de Latran.

Il regardait à une étroite fenêtre éclairant une grande salle voûtée, aux lourds piliers, la Rome moderne perdue dans l'ancienne cité de l'empire. Rome n'était encore qu'un cloître fortifié et un château fort bâti sur des ruines.

Alors Jean retenait de ses doigts crispés sa longue robe pour mieux voir du dehors ce qui se passait dans la ville chrétienne : la *Leopolis*.

Son visage, quoique contracté, avait une expression féminine que la colère ne pouvait même détruire. Ses traits réguliers, ses regards pleins de douceur, son visage rebondi n'avaient rien qui pût rendre les sombres pensées dont son âme était cependant animée.

Le serviteur, placé respectueusement derrière lui, avait la figure plus accentuée. Cependant ses yeux bleus, ses cheveux blonds, son teint blanc et rosé accusaient, à l'exemple de son maître, l'homme du Nord égaré sous le soleil du Midi.

Tous les deux étaient des Allemands, originaires de Mayence. L'un avait été élu pape grâce à ses connaissances approfondies en théologie, à ses dons naturels et à cette beauté surhumaine qui a servi de type aux anges des peintres byzantins, les seuls artistes que connaissait la Rome du IXe siècle.

Jean, après avoir longtemps regardé à la fenêtre, s'était laissé retomber sur un escabeau. En proie au plus violent désespoir, il s'était écrié :

— Pomerant, je suis perdu ! et frère Photius traversant Rome avec ses hérauts d'or, voici Louis, le Germain, avec ses hérauts noirs !

— Jean, répondit le serviteur que le pape avait désigné sous le nom de Pomerant, c'est votre faute : il ne fallait pas appeler votre rival d'Orient dans Rome, alors vous n'y eussiez pas attiré les hommes du Nord.

— Et toi aussi, tu m'accuses ! exclama Jean, attachant sur Pomesant des regards éplorés.

Ce dernier, malgré son humble condition, exerçait une influence mystérieuse sur le souverain des rois. En ce moment, il détourna la tête pour ne pas jouir de la désolation navrante de son maître ; celui-ci continua :

— Eh quoi ! lorsque mes évêques viennent de me chasser de Saint-Pierre et de me donner Saint-Jean de Latran pour prison, toi aussi, tu es sans pitié ! Es-tu un traître et ne m'as-tu suivi que pour devenir mon geôlier et mon bourreau ?

— Le désespoir vous égare, reprit Pomerant avec un accent contristé, et vous exagérez les dangers qui vous menacent. Je ne suis pas plus geôlier que bourreau, pas plus traître que geôlier. Je suis votre conscience. Elle parle par ma bouche, et ces hommes qui passent, en ce moment, ne peuvent être personnellement vos ennemis, puisqu'ils sont de notre patrie.

— Ils ne viennent pas moins pour m'arracher à Rome, répliqua Jean avec violence, et pour livrer Rome à Louis le Germanique.

— Il ne fallait pas, vous-même, vous donner à Charles II de France ! riposta Pomerant.

— Mais, reprit Jean, n'est-ce pas à la France que Rome doit sa puissance et l'élévation du trône pontifical ?

— Sur lequel vous risquez de faire asseoir le patriarche de Constantinople ! ajouta le serviteur.

— Pouvais-je, insista son maître, refuser de le recevoir à Saint-Pierre ? Pouvais-je ne pas consentir à reconnaître sa puissance, lorsque Charles de France était battu par Charles le Germanique ?

— Vous auriez dû, continua l'impitoyable Pomerant, vous souvenir avant tout de notre patrie, gouvernée par les plus dignes descendants de Charles le Grand. Vous avez été ingrat envers l'Allemagne comme vous avez été impie en appelant dans Rome votre compétiteur de Byzance.

— Mon Dieu ! mon Dieu ! exclama Jean d'un air lamentable et qui, de désespoir, se tordit les bras, déchira sa robe, arracha sa tiare, vous me punissez trop ! Après avoir permis à l'étranger de souiller le refuge des rois et le sanctuaire du Seigneur, quelle humiliation me réservez-vous encore ?

— Celle de vous faire connaître, Jean VIII, pour ce que vous êtes au monde chrétien ! lui murmura Pomerant avec amertume.

— Tais-toi ! oh ! tais-toi, traître ! râla le

pape avec des gestes de terreur qui firent dire au serviteur contristé :

— Il me serait facile d'être un traître ! Si je ne le suis pas, c'est que par raison comme par affection, je suis dévoué à Votre Sainteté comme le sont mes compatriotes qui peuvent bien en vouloir à Rome, mais non à Jean !

Pomerant, sur ces mots, s'éloigna discrètement de la salle, laissant le pape désolé et solitaire.

Alors des scènes non moins étranges, non moins dramatiques, se passaient dans Rome.

Le concile des évêques était tenu aussi prisonnier dans Saint-Pierre, comme l'était le pape à Saint-Jean de Latran.

Les évêques étaient plongés dans un désespoir égal à celui de Jean, qu'ils venaient de chasser eux-mêmes de Saint-Pierre.

A la suite d'un brillant cortège de prélats chamarrés de soie et d'or, précédant le patriarche de Constantinople, était arrivée une escorte autrement menaçante pour la cour papale.

Après les dignitaires de Byzance étaient venus les hérauts d'armes d'Aix-la-Chapelle. Après les hommes de pourpre et d'or étaient venus les guerriers noirs, au casque sans panache, aux cheveux roux et aux coursiers ardents.

Devant ces sombres cavaliers se tenait un héraut portant un large écu d'argent aux deux rameaux surmontés d'un poignard.

Tous, le casque baissé, descendaient des collines de la ville éternelle, au pas de leurs chevaux magnifiques, solennels, silencieux comme des fantômes.

Le peuple, affolé et refoulé sur leur passage, s'était écrié avec terreur :

« Les francs comtes allemands, les chevaliers de Charlemagne ! »

Ces cavaliers portaient au bout de leurs lances une bannière où étaient écrits les noms de leur province. On eût dit un faisceau d'enseignes roulant sur des cimiers sans panache.

Les francs comtes s'avançaient au centre de Rome quand leurs soldats venaient les rejoindre sur tous les points. Ils surgissaient sans bruit des ruines, des temples et du Colisée.

Un chevalier fermait la marche avec l'étendard de Saint-Vehme, gardé par quatre hérauts, l'épée nue devant cette bannière, où étaient tracés ces mots :

« Que nul n'y touche, pas même l'empereur ! »

Ces hommes, à la lance pavoisée, étaient les mêmes qui, au XVIe siècle, après avoir été soldats francs juges de Charlemagne, devaient devenir soldats pillards du connétable de Bourbon. Les mêmes qui, en s'emparant encore une fois de la ville éternelle, sous Clément VII, faisaient trembler Charles-Quint.

Au moment où le dernier héraut des francs comtes passait sous les fenêtres de Saint-Jean de Latran, Jean VIII était encore sans mouvement sur son escabeau.

Pomerant, respectant son accablement, s'était alors esquivé de la salle.

Il était évident, par les paroles du serviteur, qu'un terrible secret existait entre ces deux hommes, et que ce secret les unissait, malgré l'énorme distance qui paraissait séparer le pape de son valet.

Jean était encore abandonné à son désespoir et à sa douleur, lorsqu'un personnage richement habillé pénétrait à son tour dans la salle sombre et voussue.

Il était coiffé d'une mitre dorée de forme grecque. Il portait une étole brodée d'or jetée sur une robe de soie rouge et vert. Il paraissait très-jeune, comme le pape Jean. Ses traits régulièrement accentués étaient encadrés d'une barbe noire retombant avec des flots de cheveux sur sa puissante poitrine.

Ses yeux noirs, fendus amoureusement, comme le sont les yeux asiatiques, étaient doux et brillants. Ils étincelaient comme des feux de diamants dans cette pénombre. Il avait le nez droit et aquilin, le teint mat un peu pâle et que faisait ressortir sa chevelure aile de corbeau. Sa barbe roulée et crêpée à la mode des rois asiatiques retombait en pointe sur la partie supérieure de son corps, dont les allures tenaient à la fois du prêtre et du soldat.

Cet homme, c'était Photius.

Il s'avança vers Jean VIII, dont la douce et séraphique figure contrastait avec sa mâle physionomie. Il toucha du doigt l'épaule de son compétiteur, absorbé dans son désespoir, la tête dans ses mains.

— Jean, lui dit-il d'un accent de profond reproche, est-ce vous qui, après m'avoir appelé de Byzance, avez attiré à Rome vos compatriotes, les francs comtes de Charlemagne, afin d'avoir raison par un guet-apens de votre rival ?

— Moi ! exclama Jean qui regarda Photius d'un air aussi chagrin que surpris.

— Oui, continua Photius, dardant de sa prunelle ardente ses doux et contristés regards. Car vous êtes de la patrie des francs comtes, et d'après ce que j'ai appris, c'est un Allemand attaché à votre personne qui a ouvert les portes de Rome aux francs comtes.

— Quoi ! Pomerant ! exclama Jean avec effroi, lui aussi me trompait ! Photius, c'est la première nouvelle que vous m'apprenez. Ainsi, ce Pomerant, mon compatriote, le seul serviteur que je croyais attaché à mon infortune, est un traître comme les autres ? Par le Christ ! je jure qu'en vous appelant à Rome, je n'avais pas d'autre intention que d'unir Rome à Byzance. C'est pour avoir voulu réaliser la pensée de marier l'Église grecque à l'Église latine contre les Sarrasins, contre tous les infidèles de la chrétienté, que vous me trouvez prisonnier à Saint-Jean de Latran ! Le concile, plus jaloux que moi de la suprématie de Rome, m'a banni de son sein parce que je voulais avec vous, Photius, partager les clefs de saint Pierre. Les évêques ont préféré me les arracher des mains ! Les Allemands ont descendu sur Rome pour profiter de nos dissensions, pour me disputer mes États reçus de Dieu par Charlemagne, que ses preux, eux-mêmes, veulent me ravir ! Je le jure sur les saints Évangiles, ceux qui sont contre vous, Photius, ce sont ces évêques dont je suis le prisonnier ; ce sont ces Allemands qui cernent mes évêques à Saint-Pierre comme je suis cerné ici par ces déloyaux serviteurs !

— Je vous crois, Jean, lui répondit Photius, moins convaincu par ses paroles que par la désolation et le désespoir peints sur ses traits.

Et c'était à Photius à subir à son tour l'influence de Jean VIII.

Il y avait dans l'accent de ce pape de Rome un charme qui pénétrait l'âme et les sens du pape de Constantinople. La mélancolique douceur qui s'exhalait des paroles de Jean, sa beauté idéale qui semblait appartenir à un monde supérieur, subjuguaient l'ardent Photius.

Il redoutait presque son attrayante faiblesse. Il se demandait si ce représentant de Dieu, si résigné et si adorable dans sa douleur, n'était pas le démon sous l'enveloppe d'un ange.

Ce n'était plus le pape de Constantinople qui soumettait le pape de Rome enchaîné et prisonnier, c'était son adversaire qui se sentait à sa merci. Photius se rappelait Samson terrassé par Dalilha.

Pour sortir de la contrainte qu'il éprouvait sous les effluves magnétiques des yeux suppliants et tendres de Jean, Photius ne voulut plus le regarder.

Les mains en avant, il détourna la tête de son rival si séduisant dans son rôle de victime, comme dut l'être Ève vaincue par le serpent et victorieuse de l'homme chassé avec elle du paradis.

Photius eut peur de sa victime.

Ce fut tout à son charme qu'il s'écria :

— Jean, je le vois, à Rome comme à Byzance, les deux papes sont victimes de l'idolâtrie. Je comprends votre situation critique. Elle est la même ici que la mienne à Constantinople. Pour avoir répondu à votre proposition d'unité chrétienne, mon concile m'a aussi anathématisé. Marchons tous les deux, malgré nos ennemis, vers la voie céleste. Dieu est avec nous contre ces faux prêtres. Ni les barbares d'Orient, ni les barbares du Nord ne sont à craindre. Ce sont plutôt les adeptes de l'Apocalypse qui, en protégeant l'idolâtrie à Rome et à Constantinople, font plus de mal à nos deux Églises que les hommes du désert et les hommes des forêts !

— Votre parole est d'or, répondit Jean, subjugué à son tour par l'éloquence du patriarche. Elle serait divine si elle ne sortait de la bouche d'un homme.

— Et vous, Jean, répondit Photius de plus en plus ravi du charme qu'il éprouvait auprès du pape de Rome, qui, de son côté, se sentait attiré par une force irrésistible dans les bras de son rival, et vous, Jean, quel pouvoir avez-vous donc pour me faire connaître, à votre approche, ces ardeurs que l'homme n'éprouve pas dans l'exaltation de la foi, qu'il ne ressent que sous le pouvoir des sens enivrés, aiguillonnés par le démon ?

A ces mots qui avaient trait au secret dont l'avait menacé son serviteur, Jean se recula.

Il comprit son imprudence de s'être abandonné à son charmeur. Il se dégagea de l'enivrante atmosphère qui l'attirait vers Photius et le livrait à lui.

Il lui répondit :

— Ces ardeurs n'ont rien que de très-louable. Elles nous sont inspirées par le souffle divin. Représentants des conquérants qui se sont mis aux pieds de Dieu pour nous confier le salut du monde, nous sommes guidés tous les deux par la même pensée qui inspira et Constantin et Charlemagne. Je vous ai fait mander, vous, le patriarche de Byzance, à la suite des désordres qui troublent l'Orient et l'Occident, pour faire respecter les volontés de deux empereurs. L'un, au nom du Christ, ne fit-il pas l'empire d'Occident, comme l'autre, au nom du Sauveur, avait fait l'empire d'Orient sur les ruines de ce paganisme qui menace encore une fois nos deux Églises ?

Mais Jean, en terminant ces mots, avait repris son ton d'exaltation inspiré par sa foi, par ce charme qu'il ressentait auprès de Photius.

Dans son émotion, le pape de Rome ne s'aperçut pas que ses vêtements se détachaient insensiblement de la partie supérieure de son corps.

Photius remarqua que la tête de Jean, si délicate de forme et si séduisante d'expression, était plantée sur un cou d'une blancheur de lis et des épaules rebondies qui ne pouvaient appartenir à un corps masculin.

A mesure qu'il parlait, de voluptueux contours l'accusaient sous sa chape par les mouvements qu'il se donnait à expliquer la cause de son union avec son rival.

Alors Photius était bien plus captivé par ses attraits imprévus que par ses paroles.

Jean continuait :

— Inspirons-nous donc, pour le repos du monde, de la pensée divine qui anima

Constantin et Charlemagne. Léon III, mon prédécesseur, était bien près, après avoir sacré l'empereur d'Occident, d'unir Irène Lagothète, impératrice d'Orient, à Charles le Grand. Léon III ne voulait former qu'un seul empire spirituel. Unissons-nous en face du monde menacé par les héritiers de Charlemagne. Fondons, sur leurs empires trop divisés, l'éternel empire romain-byzantin.

— Et la tâche nous sera d'autant plus facile, s'écria Photius, que tu es femme, comme moi, je suis homme !

Le pape Jean VIII, en effet, fut une femme.

Cette papesse occupa d'abord le siége pontifical après le pape Léon IV, avant l'avénement de Benoît III. Elle le reprit vingt ans plus tard.

Certains historiens ont essayé de contester le double avénement de Jean VIII, qui parvint à cacher son sexe, à devenir pape en passant par toutes les dignités ecclésiastiques.

Les écrivains scrupuleux sont cependant obligés de reconnaître l'existence de la papesse Jeanne. Les défenseurs exagérés de l'Église ont prétendu que Jean VIII était bien un homme ; que c'était par sa faiblesse pour Photius, en se conduisant vis-à-vis de son rival comme une femme, qu'on surnomma Jean VIII *la papesse Jeanne*.

C'était le secret que possédait, avant Photius, le serviteur Pomerant, compatriote de Jeanne.

Pour que le secret fût bien gardé à la cour de Rome, Pomerant était seul admis la nuit auprès de sa maîtresse. Il la protégeait contre tous ceux qui eussent tenté de s'approcher d'elle à l'heure de son coucher ou de son lever.

Si la papesse venait, en ce moment, de se trahir à Photius, c'est que l'amour, plus fort que la raison, plus puissant que l'ambition, plus ardent que la foi, avait livré Jeanne au patriarche de Constantinople.

Et Photius, le cœur aussi embrasé que celui de la papesse, avait ajouté, en se jetant dans ses bras :

— Photius est à toi et le monde est à nous !

Tout à coup, un bruit de pas retentit au fond de la salle. Il fut accompagné de murmures qui se rapprochaient en se mêlant à un fracas d'armures.

Les deux papes n'eurent que le temps de se détacher des bras l'un de l'autre.

Pomerant, pâle, agité, reparut.

— Misérable ! exclama la papesse à sa vue, et qui ne songeait plus qu'à mourir pour Photius, viens-tu, maintenant que tu as ouvert les portes de Rome aux Allemands, me livrer toi-même à nos bourreaux ?

— Je puis bien trahir Rome, s'écria le serviteur d'un air impassible, jamais je ne trahirai Jeanne !

— Alors, reprit Photius, tout à celle qui venait de se livrer à lui, quel est ton but en venant nous surprendre ?

— Mon but, s'écria l'Allemand avec un sourire haineux et sinistre, est de travailler à détruire, un jour, au profit de ma patrie, Rome et Byzance qui l'écrasent.

Il n'avait pas achevé ces mots que le murmure grandissant éclata de toutes parts dans la salle.

Des guerriers, qui n'étaient plus les francs comtes de Charlemagne, s'y précipitèrent. Ils étonnèrent par leur présence les deux papes qui, revenus à eux, comprirent, devant ces nouveaux chevaliers, les paroles pleines d'amertume de l'Allemand Pomerant.

dévotion ; elle fréquentait les églises avec une ferveur infatigable, elle déploya un grand zèle de charité et de bienfaisance, et sa piété ne tarda pas à faire quelque bruit dans les hautes régions ; on en parlait au Vatican et dans les résidences pontificales. A cette époque, donna Olimpia venait de franchir la limite qui sépare des jeunes années le reste de la vie ; elle avait alors trente ans, et il y avait un peu plus de vingt ans qu'elle habitait Rome.

Grâce à la renommée de sa vertu, la belle comtesse fut citée parmi les dévotes illustres et vécut dans la familiarité des dignitaires de l'Église ; à force de feinte humilité, elle était ainsi parvenue à satisfaire les vœux secrets de son orgueil et ses superbes convoitises. Elle eut l'habileté de pas abuser de sa fortune ; elle sut ne la rendre ni importune ni fâcheuse, et ne s'en servit qu'avec modération. Mêlée discrètement à quelques intrigues obscures, elle fit preuve de tant de

L'église Saint-Pierre et le Vatican.

finesse, que, dans la suite, les plus ambitieux desseins vinrent réclamer ses conseils et son alliance.

Alors, sa cupidité ne connut plus de bornes ; elle fit publiquement métier et marchandise de toute l'influence dont elle pouvait disposer ; maîtresse de secrets redoutables, d'un regard elle épouvantait ceux qui osaient lui faire obstacle.

Donna Olympia n'était point ambitieuse, elle était avare ; pour elle, le pouvoir n'était pas un but, c'était un moyen de s'enrichir.

Elle se plaça avec audace à la tête de cette milice des femmes de Rome que l'on rencontre sur le chemin de toutes les brigues, de toutes les faveurs, de toutes les grâces et de toutes les combinaisons politiques ; son palais devint le centre de leurs opérations ; la vente des choses sacrées, l'infâme trafic de la simonie en prit possession.

La bonne renommée de donna Olimpia perdit quelque chose à cette situation ; peu délicate et peu scrupuleuse sur les moyens de réussir, elle ne se montra pas toujours sévèrement attachée à ses anciens principes d'honnêteté. Le monde, qui la craignait, la fit déchoir de son rang, et, à l'époque où se passent les événements que nous racontons, donna Olimpia, placée un peu au-dessus des courtisanes fameuses, était mise bien au-dessous des femmes dont sa naissance et le nom de son époux l'avaient jadis rapprochée.

La comtesse de Serravalle était la personne avec laquelle s'entretenait, au palais de la Navone, monsignor Panfilio, un des plus rusés prélats du clergé romain.

Panfilio, issu d'une famille noble, était entré jeune dans la magistrature ecclésiastique; il se fit remarquer, non par son mérite et par sa capacité, mais par une merveilleuse souplesse de caractère, une astuce surprenante et un dévouement poussé jusqu'à la servilité. Élevé par des jésuites, il avait su de bonne heure comprendre les exemples de ses maîtres. Panfilio, quoiqu'il prit le titre de *monsignor*, n'était point engagé dans les ordres sacrés; il était seulement un des familiers de l'Église; il avait toujours porté un costume mi-parti civil et mi-parti ecclésiastique; ses penchants et ses affections le poussaient vers le clergé, auquel il devait une élévation qu'il n'eût pas obtenue ailleurs. Le titre de *monsignor* ayant été attaché à plusieurs des fonctions qu'il avait remplies, il le gardait sans autre intérêt que celui de sa vanité satisfaite.

Monsignor Panfilio avait reçu de ses parents, qu'il avait perdus de bonne heure, une fortune considérable; cette opulence, il l'avait presque doublée dans les emplois qu'il avait traversés.

Son existence religieuse, politique et civile, avait constamment eu des habitudes amphibies; il avait passé sa vie à nager entre deux eaux. Dans les premières années du siècle, lorsque, sous les pontificats de Pie VI et de Pie VII, Rome avait été si rudement châtiée par la défaite et par la captivité de ses papes, et aussi par la destruction de la puissance du saint-siége, Panfilio s'était réfugié dans le monde diplomatique, afin d'avoir un pied sur le territoire romain et un autre à l'étranger. Il était alors passionnément épris des Français, maîtres de Rome, et il leur donnait mille preuves de fidélité et d'attachement; il fut employé, dans tous les arrangements pris avec la France, pour régler l'exercice de la religion catholique; et, plus d'une fois, il sut s'attirer les bonnes grâces du pape et celles de Napoléon.

Lorsque d'autres événements ramenèrent à Rome Pie VII, Panfilio, qui avait acquis quelque crédit auprès de ce pontife, fut le conseiller indirect des mesures qui protestaient contre ses propres actes, et donnèrent au monde le scandale d'un pape démontrant lui-même sa faillibilité. Il fut le confident des deux cardinaux qui dictèrent à ce pape le désaveu du Concordat dont il disait, dans sa lettre du 24 mars 1813, écrite à Napoléon : « C'est l'esprit des ténèbres, c'est Satan qui m'a dicté tous les articles de ce Concordat. » Il fut aussi l'agent secret des persécutions exercées à Rome, au retour du pape, contre ceux de ses sujets qui s'étaient prononcés en faveur des Français, et qui, par les soins du délateur, furent condamnés, les uns à la peine de mort, les autres au bannissement. Enfin on lui attribuait la rédaction de la bulle qui, l'année suivante, rétablit l'ordre des jésuites le jour même de l'octave de la fête de saint Ignace de Loyola. Les termes de cette déclaration méritent toute l'attention de l'histoire.

« Le monde catholique, y est-il dit, demande d'une voix unanime le rétablissement des jésuites. La gloire de la religion catholique exige que nous nous rendions aux vœux de tous les peuples en réorganisant cette milice sacrée. Nous nous croirions coupable d'un grand délit devant Dieu si dans les immenses dangers de la république chrétienne, nous négligions les secours que nous accorde la spéciale providence du Christ... »

Et plus loin, ces mots qui hurlent avec ceux qu'on vient de lire :

« Déterminé par des motifs si puissants, nous avons décrété de science certaine, en vertu de la plénitude de la puissance apostolique, et à valoir à perpétuité, que toutes les concessions, privilèges, facultés et droits accordés aux jésuites de l'empire de Russie et du royaume des Deux-Siciles, s'étendront désormais à ceux de nos États ecclésiastiques, et également à tous les autres royaumes. »

Cette bulle fut envoyée du Vatican aux Tuileries, comme un présent agréable à la Restauration.

En apprenant le retour de Napoléon, Pie VII s'enfuit à Gênes, où Panfilio le suivit.

Sous Léon XII, il fut l'instigateur d'une bulle fulminée contre les philosophes, et qui devint la risée du monde catholique. En ces temps-là, dans les conseils de Rome, tout semblait tourner au grotesque ; on publia le jubilé, qui couvrit nos rues de processions, souvenirs maladroits d'une époque de ténèbres, d'ignorance et de barbarie. Ce fut aussi vers le même temps, si étrangement rétrograde, qu'on vit expédier du palais Quirinale au pavillon de Flore, pour le duc d'Angoulême, une épée, un immense *capellone* tout garni de pierreries, et pour la duchesse sa femme, le marteau d'argent avec lequel le pape avait ouvert la Porte-Sainte, *la Porta-Santa*, celle qui ne s'ouvre que pour le jubilé, des médailles, des camées, des reliquaires et des reliques. Ces symboles étaient, pour la famille régnante, des encouragements dans l'esprit de persécution et de haine contre les institutions et les progrès de nos libertés politiques.

Panfilio fut donc tour à tour l'agent le plus actif de ces actes si bizarres et si contradictoires : il était fort avant dans les bonnes grâces de Léon XII ; il l'avait accompagné deux fois à Paris lorsque celui-ci, alors cardinal Annibal della Genga, avant d'être élevé au pontificat, avait poussé si loin ses adulations impériales, et aussi quand ce prélat revint, comme nonce extraordinaire, à la cour de Louis XVIII, le féliciter « de ce que le Dieu des armées l'avait conduit, comme par la main, sur le trône de ses ancêtres, pour mettre un terme aux tribulations de l'Église catholique, cette sainte épouse du Christ, qui n'avait pas cessé de se lamenter sur les maux causés par l'usurpateur. »

Resté debout sur les ruines de trois pontificats, cet homme était le résumé vivant de trois règnes néfastes. Les ressentiments de l'opinion publique lui rappelaient souvent toutes les palinodies auxquelles il s'était associé.

Une des plus amusantes idées de ce monsignor, dont les dissipations étaient si fameuses dans Rome, ce fut d'insinuer à Léon XII qu'il se donnerait l'air d'un pape *zelante* en frappant de réforme tout le luxe de l'existence et des distractions romaines. Les costumes, les ameublements, les bals et les spectacles furent d'abord atteints. La toilette des femmes ne fut pas épargnée : on défendit aux couturières, aux lingères et aux modistes de faire des robes décolletées, sous peine d'excommunication. Il est vrai que jamais la débauche romaine ne fut portée plus loin que sous les coups de cette proscription ; mais la colère des femmes eut contre Panfilio des rancunes d'abord implacables, et dont plus tard il paya à bons deniers comptants le pardon et l'oubli.

Monsignor n'ignorait pas combien était violente et universelle la haine qu'il inspirait à la population romaine ; mais ses dépits, il les cachait sous une hypocrite bonhomie, comme donna Olimpia voilait ses passions sous un calme plein de sérénité et d'enjouement. Aussi, sans s'être rien dit, ils étaient d'accord, et leurs mutuels desseins n'avaient de mystères ni pour l'un ni pour l'autre.

Donna Olimpia sentait avec joie s'approcher une lutte électorale dans laquelle sa vénalité pourrait vendre chacun de ses actes, tirer parti de chaque démarche et trafiquer de chaque manœuvre ; dans le conclave prochain, elle voyait resplendir une moisson d'or.

Panfilio, au milieu de toutes les tergiversations de sa conscience, était demeuré fixe sur un seul point : c'était son inviolable fidélité aux jésuites et à leurs intérêts ; un second sentiment était chez lui aussi énergique et aussi sincère que le premier : c'était sa haine des Français, qu'il savait être les ennemis de la compagnie à laquelle il s'était donné tout entier.

Monsignor avait laissé entrevoir à la comtesse la probabilité que le conclave, pour l'élection d'un nouveau pape, serait réuni dans les premiers jours du mois de décembre, et cet oracle, qu'avaient rendu pour lui les échos du Quirinale, lui paraissait plus sûr que l'infaillibilité du pontife dont la mort allait terminer la destinée terrestre.

Lorsque la nouvelle du danger que courait la vie du pape se fut répandue dans le sacré collège, ce fut merveille de contempler les nombreuses et soudaines conversions qui s'opérèrent parmi les monsignors. Tous se faisaient pieux et recueillis, assidus aux églises, charitables et chastes : ceux que l'on avait vus les plus dissolus se montraient les plus purs et les plus candides ; pour séduire la multitude, quelques-uns, dont on savait la hauteur brutale et la grossière arrogance, se faisaient affables, humbles, doux et bienveillants. Aux approches du conclave, le clergé romain n'est plus composé que de petits saints. C'est ce que donna Olimpia appelait *la portiera del pontificato*.

Une autre comédie était jouée par plusieurs : ceux-ci cachaient un savoir qu'on leur enviait et qui a d'ailleurs toujours effrayé le choix d'un collège trop ennemi des lumières pour beaucoup aimer la science ; ceux-là, au contraire, se targuaient de connaissances qu'ils ne possédaient pas, afin de piper les suffrages ignorants qui étaient bien aises de paraître savoir quelque chose. On disait alors : *Nella corte di Roma, quello mostra di saper tutto sa niente, chi finge di saper nullo sa il tutto.* — Celui qui prétend savoir tout ne sait rien, et celui qui feint de ne rien savoir sait tout.

Puis venaient cette longue suite de moqueries et ces allures de fourbe par lesquelles on s'efforçait d'escamoter le vote : chacun étalait des plaies menteuses ; les uns se brisaient sous le poids d'une fausse vieillesse ; les autres affectaient des souffrances qu'ils n'éprouvaient pas : tous imitaient ces mendiants qui cherchent à provoquer la pitié des passants par l'apparence de maux imposteurs.

Cependant les brigues et les factions s'organisaient dans tous les rangs de la population romaine ; les plus humbles influences, celles des dernières classes du peuple, n'étaient pas dédaignées par les différentes factions qui se préparaient à se disputer le pontificat.

Donna Olimpia, pour cette occasion solennelle, semblait avoir retrouvé le zèle, la force et les ardeurs de sa jeunesse. Elle voulait un pape qui, docile aux traditions que lui léguaient trois règnes, continuât l'œuvre de la reconstruction de l'ordre des jésuites et de l'abaissement du libéralisme français. La politique et la religion étaient étrangères à ses efforts ; elle ne désirait que l'éloignement de tout ce qui pouvait être contraire à ses vœux personnels. Elle ne négligea rien de ce qui pouvait en assurer le succès. Tout entière à un choix mystérieux dont ses désirs caressaient la pensée, elle disposait les voies à l'élu de ses prédilections. Elle sondait, avec cet art perfide qui lui était propre, les sentiments de chaque cardinal, et celui vers lequel s'élançaient toutes ses pensées était l'homme dont elle parlait avec le moins d'éloges; mais elle savait ce qu'il fallait dire et persuader à ceux dont elle voulait capter les suffrages.

Chaque jour était employé par elle à des visites nombreuses, et partout elle parvenait à se concilier de nombreux auxiliaires, et ce fut au milieu de ces courses et de ces agitations que donna Olimpia fut surprise par les sons de la grosse cloche du Capitole qui, lancée à toute volée, annonçait à Rome la mort du souverain pontife.

Le 30 novembre 1830, Pie VIII expirait au palais Quirinale; ses dépouilles mortelles furent exposées dans la chapelle Pauline de cette demeure des papes, après que, selon l'usage, ses entrailles eurent été renfermées dans une urne et portées à l'église de Saint-Vincent-et-Anastase.

Aussitôt que le souverain pontife eut rendu le dernier soupir, le cardinal camerlingue, celui qui régit l'État de l'Église et administre la justice, se rendit au Vatican et au Quirinale pour en prendre possession au nom de la chambre apostolique. En signe de deuil, il portait l'habit violet; les clercs de la chambre qui l'accompagnaient étaient vêtus de noir, et il ne fut permis à aucun des autres cardinaux d'assister à cette cérémonie. Le camerlingue fit un inventaire sommaire des meubles qui se trouvaient dans les deux palais, puis il envoya des gardes pour occuper les portes de la ville, le château Saint-Ange, les autres postes et les lieux les plus fréquentés.

Il sortit alors dans un carrosse magnifique, précédé du capitaine des gardes du pape; la garde suisse qui accompagne ordinairement Sa Sainteté formait son escorte.

La *campanone* du Capitole, avec le retentissement de sa voix d'airain, n'apprenait pas seulement à Rome la mort du pontife, elle avertissait aussi la ville qu'il avait été pourvu à la sûreté publique.

A son entrée dans l'appartement du pape, le cardinal camerlingue l'avait appelé trois fois, non pas par son nom de pontife, mais par son nom de chrétien, celui qu'il avait reçu au baptême : trois fois il avait crié :
François ! François! François!

S'étant ensuite rendu dans le cabinet de Sa Sainteté, il avait brisé le sceau de l'Église et l'anneau du pêcheur, afin que, pendant la vacance du saint-siége, on ne pût expédier de brefs.

L'anneau du pêcheur, celui que le pape porte à l'annulaire de la main gauche, a pour chaton, gravée sur une pierre, l'image de saint Pierre tenant à la main une ligne dont l'hameçon plonge dans l'eau.

Le sceau de l'Église porte les images de saint Pierre et de saint Paul, avec une croix et le buste du pape. C'est le sénat qui en fait présent au pape; sa valeur est d'environ deux cents écus romains.

Après cela, le camerlingue effaça, en présence du chancelier et des principaux officiers de la chancellerie, le sceau des bulles, duquel on se borna à faire disparaître le buste du pontife défunt. Ce sceau et le cachet particulier du pape, dont la devise est ordinairement empruntée à quelque passage de l'Écriture, furent conservés.

L'église de Saint-Pierre étant le lieu désigné pour la sépulture des papes, on y transporte les corps de ceux qui meurent à Monte-Cavallo, au Quirinal ou dans d'autres demeures. Cette cérémonie déploie toujours une pompe grave et solennelle; le convoi partit du Quirinale le soir, aux flambeaux ; le corps, avec l'étole au cou et le camail rouge, était placé sur une litière ouverte et exposé aux regards du peuple, qui se pressait en foule pour le contempler. Près de lui, en avant ou en arrière, était une affluence de prélats, de *monsignori*, d'ecclésiastiques et de religieux montés sur des mules caparaçonnées de noir. Des compagnies de chevau-légers et de cuirassiers suivaient le convoi dont la marche était fermée par des pièces de canon traînées comme marque de souveraineté.

Le corps du pape fut exposé pendant trois jours dans l'église de Saint-Pierre. Un immense catafalque dressé dans la chapelle du Saint-Sacrement s'élevait au-dessus de la grille et se montrait de loin au peuple ; le corps fut posé de manière que ses pieds, chaussés des mules pontificales, passèrent à travers la grille, afin que la multitude pût les baiser. Coulanges, qui a laissé des mémoires sur deux conclaves, ceux d'Alexandre VIII et d'Innocent XII, rapporte qu'à l'exposition du corps du pape Innocent XII, ayant, à la suite du duc et de la duchesse de Nevers, pénétré par une porte détournée dans la chapelle, il ne trouva derrière la grille ni clergé ni prières. Les restes du pontife étaient entourés de douze flambeaux de bois noirci, et pour tout gardien, il y avait là un enfant armé d'un émouchoir pour chasser les mouches du visage, et dont il se servait aussi pour frapper du manche, à travers la grille, sur les doigts de ceux qui, ne se contentant pas de baiser les mules, poussaient la dévotion jusqu'à vouloir les enlever.

Les funérailles de Pie VIII durèrent six jours. Pendant ce temps, les cardinaux tinrent plusieurs congrégations, c'est le nom qu'on donne aux conseils sur les affaires de l'État pour confirmer ou destituer les officiers de l'armée et de la police. On choisit aussi dans ces réunions le gouverneur du conclave, qui l'est en même temps du Borgo, les médecins, les chirurgiens et généralement toutes les personnes qui doivent assister les cardinaux pendant l'élection.

Le sacré collège donnait en même temps des audiences aux ambassadeurs des têtes couronnées et des républiques ; dans ces entrevues, on échangea de mutuelles assurances de cordialité, avec des offres de défense pour protéger la liberté du conclave. Les ministres étrangers, en entrant dans la salle royale où ils sont reçus, font trois génuflexions, comme si le pape était présent, et ne se lèvent que sur l'invitation du cardinal-doyen, qui répond à leur harangue au nom du sacré collège.

Les conservateurs du peuple romain, préposés à la garde des franchises, immunités, droits et priviléges des citoyens de Rome, les ambassadeurs des terres dépendantes du saint-siége, vinrent à leur tour assurer les cardinaux de leur obéissance. Les conservateurs sont les *collatéraux* du sénateur, aux côtés duquel ils sont placés dans l'ordre hiérarchique. Vaines et pompeuses sinécures !

L'oraison funèbre du pape défunt ne fut prononcée que le dernier jour des obsèques ; ce fut par cet acte suprême que se termina la cérémonie funèbre.

On touchait à l'ouverture du conclave.

Pendant que ces formalités s'accomplissaient au Vatican, la population de Rome n'était restée ni immobile ni indifférente.

Donna Olimpia, à la tête des femmes que leurs relations intimes avec les cardinaux et les prélats romains rendaient puissantes, déployait une activité prodigieuse.

De son côté, Panfilio était de toutes les intrigues, il s'occupait surtout d'assurer à la faction jésuitique des *zelanti* la possession de l'*inclusive* ; la comtesse de Serravalle et lui étaient depuis longtemps attachés par des liens mystérieux : la haine et le mépris qu'ils avaient l'un pour l'autre cédaient à une alliance nécessaire et à une inévitable solidarité. Ne pouvant se séparer, ils s'étaient étroitement unis.

Pour bien comprendre le plan et les manœuvres de donna Olimpia, il ne faut pas oublier qu'à Rome les femmes ont, dans tous les temps, exercé une haute influence. Le pouvoir des courtisanes et des favorites a été, dans cet État catholique, plus loin que dans les cours les plus dissolues. A toutes les époques on voit les pontifes et les princes de l'Église dominés par les femmes qui ont si souvent poussé jusqu'à l'audace les excès et l'abus de cette honteuse puissance. A Rome, les femmes aiment mieux régner sur une ville pleine de prêtres que sur un royaume peuplé de cavaliers.

Donna Olimpia était d'ailleurs fière du nom qu'elle portait ; elle citait avec orgueil la mémoire d'une autre donna Olimpia qui, sous le pontificat d'Innocent X, avait gouverné pendant onze ans les États du saint-siège. En l'honneur de cette femme, on avait frappé une médaille qui représentait sur la face donna Olimpia et, sur le revers, le pape coiffé comme une femme et tenant à la main un fuseau et une quenouille. Ce fut aussi cette femme qui disait au pontife qu'elle avait fait nommer :

— Remettez-moi vos deux clefs.

— Non, pas toutes les deux, une seulement.

— Je les veux toutes les deux. Vous seriez capable de me donner celle de l'enfer et de garder celle du paradis.

Les femmes que donna Olimpia avait enrôlées sous la bannière de ses intrigues, montraient une telle ardeur et prenaient de tels avantages, qu'on les appelait dans Rome *le donne-prelati* (les femmes prélats), et qu'aux esclaves mitrés qu'elles avaient asservis on jetait le nom de *prelati-donne* (prélats-femmes). Toutes les factions étaient circonvenues ; aux Espagnols, on vantait les affections espagnoles du candidat ; aux Français, on rappelait ses sympathies françaises ; il en était de même avec la diplomatie de tous les pays : avec les *zelanti*, on prenait des engagements secrets.

Donna Olimpia et ses adeptes répétaient partout que Rome ne pouvait être grande et florissante que sous un pontife bon pour les femmes, *buon papa per le donne*, dont les inclinations fussent portées vers le sang féminin, *cioè inchinato ad amar il sangue donnesco*.

Pendant que les sommets de la société romaine étaient ainsi envahis, les autres régions étaient en proie à une turbulence d'opinions et de sentiments qui imprimaient à la pensée générale les plus violentes secousses. Dans les rues dans les endroits publics, aux églises, partout les propos s'agitaient et se heurtaient ; on faisait et on défaisait des papes dans les ostéries du Trastevère, aussi bien que dans les palais et dans les hôtels de la place d'Espagne, que remplissaient les étrangers de distinction venus à Rome pour cette circonstance. On nommait plus de papes qu'il n'y avait de cardinaux. On ne parlait que du futur trafic des voix : dans la naïve rudesse de son langage, le peuple disait : « *Non si vendono, nel mercato (dirò così), le cipolle à questo e à quello con si vil prezzo come si fà del suffragio de' cardinali durante la sede vacante, nè così mansueti stanno gli agnelli esposti alla vendita, conforme si fanno vedere, in tal tempo, i signori cardinali*. — On ne vend pas au marché, à l'un et à l'autre, les ciboules, pour ainsi dire, à si vil prix, que celui du vote des cardinaux pendant la vacance du saint-siège : les agneaux exposés en vente sont moins doux que le sont en ce temps-là nos seigneurs les cardinaux. »

Dans une partie de la ville, on ne doutait pas de l'élection de tel cardinal ; ailleurs, c'était précisément celui auquel on croyait le moins de chances de succès ; on exaltait les uns, on abaissait les autres ; tantôt le bruit courait que l'Espagne l'emporterait ; les Français triomphaient à leur tour. Oh ! que de papes firent ainsi l'Espagne et la France sans que le peuple y eût songé, et que de papes fit le peuple sans que l'Espagne ni la France ne s'en fussent mêlées !

Cette situation favorisait les desseins de donna Olimpia : elle était à l'affût de tous les traités et de tous les arrangements : elle prodiguait l'or à ses espions, elle redoublait de vigilance et avait ses créatures à toutes les avenues.

Tantôt elle regardait le succès lui sourire, tantôt elle n'apercevait autour d'elle que la solitude et l'abandon. Pasquin, la voyant si folle d'ambition pontificale et si oublieuse de son ancienne dévotion, avait fait deux parts de son nom et il l'appelait *Olim-pia*, pieuse autrefois.

Cependant le moment de l'entrée dans le conclave était venu : donna Olimpia, en se séparant de son cardinal, lui avait dit :

— Je ne veux vous revoir que pape.

— Si vous n'êtes papesse, lui avait répondu celui-ci, je ne me soucie point d'être pape.

Il est impossible d'entrer dans tous les détails des *manéges*, c'est l'expression consacrée, auxquels donna lieu l'approche du conclave, à la cour et à la ville.

Tout le monde s'étudiait à plaire et à tromper ; sous tous les pas étaient tendus des pièges et des embûches.

Ce que les concurrents habiles évitent le plus longtemps à l'avance, c'est ce qu'on nomme les dispositions compromettantes à la tête desquelles il faut placer les diplomates et le gouvernement des légations. Les cardinaux sont quelquefois placés, par la nation à laquelle ils appartiennent, par leur famille et par leur naissance, et aussi par de certains soupçons et de certaines défiances, dans une situation *non papable*.

La meilleure condition pour être *papable*, c'est de n'annoncer par des infirmités apparentes qu'un court et prompt séjour au pontificat.

II

PENDANT LE CONCLAVE

Et maintenant, pénétrons dans le conclave : c'est entrer dans Rome par la porte secrète. Le conclave est pour le clergé romain la meilleure occasion de déployer la finesse et l'astuce dont, depuis un peu plus de quinze siècles, il fait profession à la face du monde.

Les constitutions canoniques permettent aux cardinaux de choisir le lieu du conclave ; mais, sur ce point, on ne délibère plus que pour la forme. Le palais du Vatican était ordinairement désigné pour le conclave comme étant l'endroit le plus vaste et le plus facile à l'accès du peuple, dont le concours est toujours considérable près du lieu où sont réunis les cardinaux. Les trois derniers conclaves, ceux dans lesquels furent élus Léon XII, Pie VIII et le pontife actuel Grégoire XVI, ont été tenus au palais du Quirinale. L'élection de Pie VII fut improvisée ; le général Bonaparte la fit expédier par trente-cinq cardinaux réunis à Venise.

On fait dater de 1268 l'origine du conclave. A la mort de Clément IV, les cardinaux assemblés à Viterbe, ne pouvant après deux ans se mettre d'accord sur l'élection du pape, allaient se séparer. Saint Bonaventure conseilla aux habitants de la ville d'enfermer le sacré collége. De là naquit le conclave, qui, dans la suite, fut rendu obligatoire par une bulle de Grégoire X.

Le Ghetto, à Rome.

Dès le lendemain du dernier jour des funérailles, la messe du Saint-Esprit fut dite avec solennité, un discours latin fut prononcé, et la procession des cardinaux entra dans la chapelle en chantant le *Veni Creator*; il fut donné lecture des bulles concernant l'élection; le cardinal-doyen fit une harangue dans laquelle il recommanda la stricte exécution de ce qu'elles prescrivaient.

Le conclave se tient dans une vaste galerie où l'on construit deux rangées de cellules, séparées par un corridor de service; chaque cellule est formée de cloisons minces en bois de sapin; chaque cardinal meuble la sienne modestement de serge verte ou violette, et fait mettre ses armes en dehors sur la porte.

Conformément au vœu des constitutions

apostoliques, ces cellules sont uniformes, placées sur une même ligne et au même étage : seulement, il y a plusieurs salles de suite, toutes disposées dans le même ordre. Les cellules contiennent un appartement pour le cardinal, et un retrait pour les conclavistes. Elles n'ont point de cheminées et sont chauffées par des appartements voisins qui restent inoccupés. En hiver, toutes les fenêtres sont murées, à la réserve d'un seul panneau ; l'obscurité y est profonde et presque complète. En été la vue s'ouvre sur la cour et sur le jardin. Ces pièces ont un espace de trois à quatre mètres carrés.

En cellule, le cardinal est assisté d'un secrétaire et d'un gentilhomme ; les cardinaux-princes ont trois conclavistes.

Cette place est fort recherchée à cause des avantages qui y sont attachés ; la chambre apostolique donne aux conclavistes une somme avant le conclave, et après le conclave, le nouveau pape leur fait distribuer dix mille écus romains. Ils jouissent aussi de certaines préférences pour l'avenir de leur carrière ecclésiastique.

Cet emploi oblige à un service de domesticité : ce qui ne l'empêche pas d'être sollicité et occupé par de jeunes prélats, tant à Rome toute ambition est voisine de la bassesse ! Les conclavistes portent tous des robes de chambre de la même couleur.

Un sacristain et un sous-sacristain, un confesseur-*jésuite*, un sacristain du collège, quatre maîtres des cérémonies, deux médecins, un apothicaire, deux barbiers, deux aides, un maçon, un charpentier et douze *fachini*, hommes de peine, composent le service du conclave ; les valets sont habillés en violet.

Lorsque les cardinaux sont entrés au conclave, bien avertis de se retirer s'ils ne se sentent pas la force d'y rester jusqu'à la fin de l'élection, toutes les portes sont fermées, toutes les avenues sont gardées, au dedans et au dehors, jusqu'au château Saint-Ange et dans toute l'étendue de la rue Longara. A chaque étage au-dessus et au-dessous des salles du conclave, sont installés avec des gardes le maréchal du conclave, le gouverneur et de nombreux postes de soldats. C'est par des tours qu'on communique au dehors avec les envoyés et les ambassadeurs, en présence et avec l'autorisation des chefs d'ordre ; le camerlingue, pendant toute la durée du conclave, habite l'appartement du pape, marche dans Rome avec la garde suisse, bat monnaie à ses armes et tient le consistoire.

Lorsqu'un cardinal est malade, il peut sortir du conclave, mais il n'y peut pas rentrer.

Aux extrémités des corridors murés, il y a de hauts châssis vitrés ; c'est par là qu'ont lieu les entretiens autorisés : on y parle à haute voix et en italien, aucune autre langue n'étant admise.

Avant de clore le conclave, un dernier jour est accordé aux visites et aux conférences des cardinaux ; après quoi, tous ceux qui ne doivent pas rester sont exclus, quel que soit leur rang.

Les entrevues se passent alors selon les règles prescrites : dans ces conversations, les jeunes cardinaux parlent de leurs ennuis et s'informent des bruits de la ville, des fêtes, des salons, des courses, des jardins, de la chasse et de tous les plaisirs qu'ils regrettent. Souvent les vieux cardinaux, impatientés par ce babil, murmurent et gourmandent leurs jeunes collègues, dont les propos futiles importunent, troublent et chagrinent leurs graves méditations et surtout leurs intrigues.

Les cellules sont tirées au sort ; il n'est pas rare que deux cardinaux opposés d'intérêts soient voisins de conclave ; alors, on prend des précautions infinies pour n'être point entendu d'une cellule à l'autre. On feint d'être malade, afin de se réunir pendant que les autres cardinaux sont à la chapelle ; et c'est sur le lit que l'on cause à voix basse ; pour ces entrevues, on choisit le plus souvent la nuit.

Les conclaves, qui se prolongent quelquefois si longtemps, se termineraient bientôt si l'on se conformait aux règlements prescrits par le concile général de Lyon. Un des canons votés par cette assemblée recommandait d'enfermer les cardinaux dans des endroits obscurs, incommodes et peu aérés, et de ne leur donner que deux plats le premier jour, un seul après trois jours, et le huitième jour du pain et du vin.

Cette règle n'a jamais été exécutée.

Le dîner des cardinaux en conclave est à lui seul un événement.

La chambre apostolique fait tous les frais du conclave ; elle paye la construction des cellules, les appointements, les salaires et les gages ; elle pourvoit à la dépense de la table des cardinaux. Plusieurs de ceux-ci, qui ont leurs officiers, préfèrent être servis par leur propre maison.

A Rome, la procession se mêle à toutes choses ; le dîner des cardinaux est donc amené processionnellement au conclave. En voici l'ordre et la marche :

Deux estafiers en tête, portant une massue de bois, violette et verte pour les cardinaux de la création du dernier pape ;

Un valet de chambre, avec la masse d'argent ;

Les gentilshommes, deux à deux, tête nue ;

Le maître d'hôtel, portant la serviette sur l'épaule ;

Les échansons et les écuyers ;

Deux estafiers, portant sur leurs épaules et suspendue à un levier, une immense chaudière dans laquelle sont les plats et la vaisselle ;

Puis suivent des valets portant les vins dans des paniers, et la *frutta* dans des corbeilles.

Arrivée à la porte du Vatican, cette procession nomme son cardinal et se fait ouvrir.

Tous les mets sont visités : on a même le droit d'ouvrir les volailles, les pâtés, le gibier et les poissons, et tous les aliments qui pourraient renfermer quelque missive.

Les verres et les bouteilles doivent être transparents ; les vases doivent laisser apercevoir leur profondeur.

Malgré toutes ces précautions, c'est dans les aliments que s'introduisent les communications occultes ; on a même poussé la perfection en ce genre jusqu'à donner aux mets une signification hiéroglyphique ; c'est surtout au dessert et à ses friandes variétés qu'on a fait cette application emblématique ; les fruits y ont un langage, et, comme l'on dit à Rome, ils ont été cueillis sur l'arbre de la science du bien et du mal. Il y a une élection qui, par un billet transmis dans une truffe, a dérouté toutes les combinaisons des couronnes rivales et fait avorter un choix fixé au lendemain. Ce trait appartient à un ambassadeur de France.

Comme on le voit, le prétendu secret du conclave n'est qu'une solennelle mystification. L'appareil de surveillance, dont on fait tant de bruit, n'est qu'à la surface. Il y a une clef d'or qui ouvre toutes les portes. Si le secret du conclave ne transpire pas toujours, c'est qu'il est mieux gardé par l'intérêt particulier que par la vigilance officielle.

Le droit d'élection des papes que s'arroge le clergé romain est une véritable usurpation, surtout avec l'extension que les pontifes ont donnée à leur domination spirituelle et temporelle. L'Église primitive a sans doute eu le droit de choisir ses pasteurs ; mais ceux-ci devaient rester dans l'humilité enseignée par le Christ, qui a dit :

« Mon règne n'est pas de ce monde. » Ce droit a été souvent contesté ; des conciles l'ont établi ; les papes font les conciles, et les conciles font les papes ; et puis, il est plus facile de trouver des conciles que des raisons.

Le peuple de Rome concourait autrefois à l'élection du pape avec le clergé romain ; les passions populaires, contrariant l'ambition des prêtres, sous prétexte de troubles et de désordres, l'élection a été confiée au clergé seul, qui bientôt a concentré ce droit dans le collège des cardinaux, et soumis l'élection à l'influence romaine. Ces combinaisons de la vanité des hommes ont toutes été mises, par les conciles, sous la protection divine.

Il y a quatre modes d'élection pour choisir les papes, *l'adoration*, le *compromis*, le *scrutin*, *l'accès* ou *accessit*.

L'*adoration* a lieu lorsqu'en donnant son vote, un cardinal allant vers celui qu'il désigne comme chef de l'Église, le proclame pape, et que les deux tiers des autres cardinaux se joignent à cet éclatant témoignage. On a imposé à cette élection le contrôle du scrutin ; il n'y a pas d'exemple d'un choix infirmé par cette épreuve. Le *compromis* est la mission que donnent les suffrages incertains, à quelques membres du conclave, d'élire le pape. Le *scrutin* est le vote par bulletins secrets. L'*accès* ou l'*accessit* est une ressource extrême. Lorsque l'on désespère de réunir sur un nom les deux tiers des voix, les votes des uns se joignent aux votes des autres et y *accèdent* ; il est expressément interdit de voter par accès pour le nom qu'on a désigné par le scrutin. Deux fois par jour, le matin à six heures et le soir à deux heures, le dernier des maîtres de cérémonie parcourt à trois reprises différentes le conclave, en appelant les cardinaux *ad capellam Domini*.

C'est dans la chapelle Sixtine du Vatican ou dans celle du Quirinale, qui a la même dimension, que les bulletins du vote sont déposés, selon un ordre déterminé, dans un calice placé sur l'autel ; ces bulletins, préparés à l'avance par les conclavistes, contiennent le nom de l'élu, le nom du votant, et une devise propre à constater son identité ; ils sont scellés par un cachet de fantaisie fait exprès, et qui n'est pas celui des armes du cardinal. Les votes des cardinaux malades sont apportés par les infirmiers qui les ont recueillis dans les cellules, et déposés dans un coffre fermé, mais fendu par-dessus. Les scrutateurs et les réviseurs, désignés par le sort, dépouillent le scrutin avec la plus méticuleuse attention, tant ils craignent le dol et la fraude.

Ces différents actes sont précédés du serment de choisir celui qu'on croit le plus digne, et accompagnés de chants sacrés. Chaque cardinal porte son bulletin sur une patène d'or.

Pendant le dépouillement, tous les cardinaux pointent les suffrages pour les concurrents et pour eux-mêmes.

Si un cardinal a obtenu les deux tiers des voix, on vérifie le scrutin, en rapprochant les noms des devises ; s'il y a eu nomination par accès, on la vérifie en constatant que les votes de l'accès sont différents de ceux du scrutin.

Si le scrutin ne réunit pas sur un nom les deux tiers du nombre des voix, on brûle les bulletins et l'on recommence le vote.

C'est pourquoi, en dehors, la curiosité de la foule consulte la cheminée dépendante de la chapelle ; la fumée qui en sort est l'indice d'un vote annulé.

Cette opération du scrutin est entourée d'une foule de pratiques minutieuses, auxquelles se mêle la sainteté des serments.

Pendant le scrutin, des cardinaux disent des messes dans la chapelle, sur six autels, les billets pliés en huit ont dans leurs arrangements une foule de combinaisons bizarres et aussi difficiles à expliquer qu'à comprendre. Jacques Aymon, l'auteur du *Tableau de la cour de Rome*, a minutieusement décrit ces bulletins, qu'il appelle les *billets artificieux dont se servent les cardinaux dans le conclave*. En écrivant leurs votes, les cardinaux prennent mille soins puérils et minutieux pour cacher leur vote et pour déguiser leur écriture ; afin qu'on ne puisse lire à travers le papier, ils couvrent l'extérieur du bulletin d'arabesques et de dessins bizarres. Vieux enfants !

L'histoire des anciens conclaves est toute pleine, non pas seulement d'intrigues, de ruses et de perfidies, mais de crimes et d'atrocités. Le fer et le poison s'y croisent à chaque élection ; Rome et la chrétienté sont remplies de discordes funestes, de haine et de carnage, lorsque reviennent ces sinistres vacances du saint-siége que le choc des ambitions rendait si terribles pour les trônes et pour les nations. La guerre civile venait ajouter ses fureurs à tant de maux.

En se rapprochant d'époques plus récentes, on retrouve plus de calme ; mais les idées sont moins changées que les choses ; les vices originels des vieux conclaves ne sont point extirpés. L'astuce, l'hypocrisie, l'intrigue, les artifices et la vénalité persistent ; on rencontre alors un nombre infini de *factions*, dont les variétés semblent se multiplier à chaque conclave. C'est ainsi qu'en 1689 et en 1691, on voit agir six factions principales, dont une se subdivisait en deux ; à la tête des principales factions marchaient la France et l'Autriche qui représentaient à la fois l'empire et l'Espagne ; sur soixante-trois cardinaux, trois seulement n'appartenaient à aucune de ces factions.

Vers la fin du XVIIIe siècle, à l'élection de Pie VI, on ne rencontre plus que deux factions qui ont absorbé toutes les autres : celle des couronnes et celle des impérissables *zelanti*, prélats vendus aux jésuites, et dont le prétendu zèle n'est qu'un masque de plus.

Au train que prenaient les élections, le conclave eût été interminable, si le ministre d'Espagne, Florida-Blanca, ne se fût avisé de gagner à son parti les maîtresses des cardinaux opposés à la faction des couronnes, et de faire passer les inspirations du Saint-Esprit par les plus belles bouches de Rome. L'or de France et d'Espagne fut prodigué à ces reines du conclave, qui, en échange, promirent d'appuyer par des avis secrets, auprès de leurs galants, le candidat qu'on leur désignerait.

Le cardinal de Bernis, celui qu'on appelait le *second pape de Rome*, instruit de ce qui se passait, fit nommer par les courtisanes romaines le cardinal Jean Ange Braschi, qu'il croyait dévoué à la France, et qui prit le nom de Pie VI. Bernis n'avait oublié qu'une seule chose, c'est que ce cardinal était un des plus fougueux *zelanti* et partisan des jésuites, qui avaient été assez adroits pour ne pas en faire souvenir l'ambassadeur du roi très-chrétien.

Enfin, le dernier conclave, celui dont nous rapportons les actes, n'eut dans son sein que deux factions : l'*inclusive* et l'*exclusive*. L'une s'occupe de réunir un assez grand nombre de votes pour décider d'une élection sans obstacle ; l'autre n'a qu'un but, c'est de former une minorité assez forte pour rendre impossible toute nomination qu'elle repousse. La lutte entre ces deux factions, dans lesquelles se remuent les *zelanti*, n'est plus qu'une simonie des suffrages et un trafic des consciences. Les couronnes, c'est-à-dire la France, l'Autriche et l'Espagne, exercent un droit de *veto* sur le choix de la majorité ; mais chacun des États ne peut user de cette exclusion qu'une fois.

Il y a eu des conclaves, celui de Pie VI, où les scandales de la lutte ont été jusqu'aux voies de fait ; on en fit une satire où tous les portraits étaient ressemblants ; elle s'appelait le *Conclave*. Pasquin y disait :
— J'apprends à boxer.
— Pourquoi ? lui demandait Marphorio.
— Parce que je veux être pape ; cela se gagne à coups de poings.

La population de Rome est toujours impatiente de voir se terminer les conclaves ; pour les ambitions des grands, qui espèrent tout d'un nouveau règne, l'attente est longue ; pour ceux de la ville, c'est un temps de troubles et d'angoisses ; la police, tout entière à la vigilance politique, ne surveille pas Rome infestée alors par le meurtre et par le brigandage, une grande partie du peuple romain ne vivant que d'aumônes et de rapines.

On a vu des conclaves forcés de prendre des mesures extrêmes pour se défendre contre les fureurs de la multitude.

A l'approche du conclave de 1491, Rome, disait un historien, était devenue un immense lupanar au sein duquel s'agitaient cinquante mille prostituées ; les rues et les carrefours étaient peuplés de filous et d'assassins ; les routes étaient infestées de bandits ; si bien que les cardinaux, voulant se réunir en conclave, furent obligés préalablement de placer des soldats dans leurs palais et de pointer des canons aux avenues, pour préserver du pillage leurs somptueuses demeures. Dès que le conclave fut formé, on garnit de troupes à pied et à cheval les rues des faubourgs qui avoisinaient le Vatican, et l'on ferma toutes les issues avec des poutres énormes.

Aujourd'hui les faits sont plus changés que les passions, et si la plupart des refuges et des *quartiers* des ambassadeurs n'avaient pas été supprimés, on verrait renaître ces désordres, tant il y a de perversité dans les mœurs, les vœux et les habitudes d'un peuple auquel, depuis tant de siècles, l'exemple de ses maîtres n'a enseigné que le mal.

Il y eut un conclave durant lequel le nombre des assassinats commis publiquement dans les rues de Rome devint assez effrayant pour arrêter les travaux de l'élection. Il s'élevait à cent quatre-vingt-deux.

Le pillage fait d'ailleurs presque partie du cérémonial du conclave. Un candidat à la papauté, le cardinal Ottoboni, pour hâter son élection, imagina de faire piller sa cellule par les conclavistes, les valets et les *fachini* ; seulement, il avait eu la précaution d'enlever les objets les plus précieux. Ce présage assura son succès. On trouve ces actes de brigandage dans huit élections. A la mort d'un pape, les valets du Vatican et les parents du pape volent le mobilier du défunt pontife, et l'inventaire du camerlingue ne trouve que quelques misérables meubles à enregistrer.

Lorsqu'on avertit donna Olimpia qu'on allait piller la cellule de son cardinal, elle refusa de rien sauver et elle s'écria :
— Pour le voir pape, je me donnerais moi-même.

Le conclave n'a point la dignité dont on cherche à l'entourer ; toutes les séductions y ont accès, on emploie pour réussir les moyens les plus bas et les plus vils ; le langage seul donne une idée de cette absence des convenances. Les démarches d'un cardinal, pour obtenir l'élection, s'appellent une *pratique* ; ceux qui la font échouer *rompent le cou à la pratique* ; la soutenir, c'est *appuyer la boule du joueur* ; proposer une nouvelle candidature, c'est la *mettre sur le tapis* ; une élection qui porte les voix sur un vieillard mourant *met le pontificat en dépôt*. Les différents partis prennent eux-mêmes le nom de *factions*.

En France, cette langue se nommerait de l'argot.

Il est un point sur lequel les historiens les plus graves sont d'accord avec les plus légers chroniqueurs, c'est que « il n'y a pas de lieu au monde où le secret, la dissimulation, la fourberie et l'imposture règnent avec autant d'art que dans le conclave. »

Et c'est sous l'invocation sacrée de toute lumière et de toute vérité, sous l'inspiration de l'Esprit-Saint, que Rome ose placer ces ténèbres et ces mensonges !

Pour la vie de la cité romaine, c'est une immobilité funeste; plus on voit se prolonger la durée d'un conclave, plus on croit à l'ardeur des brigues et aux fureurs des intrigues qui rendent impossible aux autres ce qu'elles ne peuvent pas obtenir pour elles-mêmes.

Rome calculait donc avec anxiété que, depuis la mort de Pie VIII, précédée par plus de deux mois de souffrance, soixante-quatre jours s'étaient écoulés, et l'on se demandait avec chagrin quel serait le terme de ces pesantes incertitudes.

Pendant la durée du conclave, les prélats, les confréries religieuses, les pénitents et les moines prient, disent des messes et font des processions pour demander à Dieu un pape digne successeur de l'apôtre. Ce vœu a été bien rarement exaucé.

La veille du 2 février 1831, le bruit se répandit dans Rome que les cardinaux avaient terminé l'élection du pape, que leur choix, sur lequel on était entendu, serait accompli le lendemain, et l'on nommait Maur Capellari, né à Bellune, cardinal de la création de Léon XII en 1825; il avait soixante-six ans.

Comme au jour funèbre, dès le matin la foule était grande devant le palais du Quirinale; la population transtévérine s'y montrait toujours nombreuse; le nom du nouveau pape était dans toutes les bouches; lorsqu'il fut annoncé au peuple du haut du balcon du Quirinale, il fut reçu sans joie; dans cette élection, comme dans celle de Pie VI, de Pie VII, de Pie VIII et de Léon XII, on retrouvait la main des *zelanti*, ces instruments des jésuites, de cet ordre qui est le fléau du monde catholique. Rome voyait s'appesantir sur elle le joug pontifical et le désespoir de toute amélioration sociale et politique.

Les nombreux courriers et les émissaires de toutes les espèces, expédiés comme lors de la mort de Pie VIII, se répandaient encore dans toutes les directions; puis l'agitation intérieure, les carrosses et toute la *monsignoria* qui accouraient au palais, les messagers diplomatiques et la multitude d'ecclésiastiques venus de tous les points de la ville, annonçaient qu'on allait procéder à l'adoration.

Donna Olimpia, Panfilio, se réjouissaient seuls; le monsignor que l'on menaçait du châtiment de l'opinion publique répondit : « Aujourd'hui nous avons fait de la religion avec de l'argent ; demain nous ferons de l'argent avec la religion. »

À tous deux l'avenir réservait d'amères déceptions.

III

APRÈS LE CONCLAVE

Lorsque après l'élection le pape eut déclaré le nom qu'il voulait prendre, on le fit passer derrière l'autel; là, les maîtres des cérémonies l'habillèrent. On le revêtit de la soutane de taffetas blanc, du rochet de lin, du camail de satin rouge, sur sa tête on plaça un bonnet de même étoffe ; ses pieds furent chaussés de mules de velours rouge, à la croix d'or rayonnante. Les cardinaux vinrent, l'un après l'autre, baiser les pieds et les mains; le saint-père leur donna le baiser de paix sur la joue droite. On chanta alors l'antienne : *Ecce sacerdos magnus.* « Voici le grand prêtre agréable à Dieu et trouvé juste. »

Le maître des cérémonies dit ensuite en latin des paroles qui signifient :

— Je vous présente avec joie le pape très-éminent qui a pris pour nom Grégoire.

Cette première adoration fut accompagnée de chœurs de chanteurs et de musiciens.

A ce moment, une couleuvrine de Saint-Pierre donna, par une détonation, un signal auquel répondit toute l'artillerie du château Saint-Ange. Les cloches de la ville sonnèrent toutes ensemble à grande volée. Les timbales, les trompettes, les tambours firent retentir de bruyantes fanfares. Le capitaine des gardes suisses partit aussitôt pour le quartier où se trouvait situé le palais du cardinal élu, afin de le préserver du pillage.

Une seconde adoration eut lieu. Le *santo padre*, revêtu de la chape et coiffé de la mitre, fut porté sur l'autel de la chapelle et adoré par les maîtres des cérémonies.

Enfin le pape, en habits pontificaux, fut placé sous un dais rouge devant le grand autel de Saint-Pierre, et adoré par le peuple. C'était la troisième adoration.

Après ces cérémonies, les maîtres de cérémonie ôtèrent les vêtements pontificaux de Sa Sainteté; douze porteurs, couverts de manteaux cramoisis et qu'on nomme *palefreniers*, placèrent le pape dans sa chaire, qu'ils portèrent sur leurs épaules. Cette chaire est élevée et domine la foule; autour du pontife, on agite de grands éventails en queue de paon, et il est transporté processionnellement à la demeure qu'il a choisie.

Le soir, il y a illumination; la police fait allumer des feux dans les rues et sur les places, pour faire croire à l'allégresse générale.

Huit jours après les adorations, eut lieu le couronnement.

Toute la cour pontificale et tous les dignitaires de l'État assistèrent à cette cérémonie. On y voyait les cardinaux, le général de l'Église, les anspessades, la garde suisse, les chevau-légers et leurs capitaines. Sous le portique de Saint-Pierre, près de la *Porta Sancta*, est élevé un trône sous un dais ; le pape s'y assit, et de là, accompagné par les princes du *Solio*, il fut porté dans l'église. On lui présenta la tiare, qui est la couronne du souverain de Rome. Elle a trois couronnes étincelantes de pierreries, et porte au sommet le globe du monde, surmonté d'une croix d'or, comme signe d'une domination universelle. Devant lui, on plaça la croix de juridiction aux trois croisillons, marque d'un triple pouvoir.

Le maître des cérémonies portait dans un bassin des figures de palais et de châteaux en étoupes, auxquelles il mit le feu; puis il montra leurs cendres en disant :

Sancte pater, sic transit gloria mundi.

— Saint-Père, c'est ainsi que passe la gloire du monde.

Cette leçon n'a point encore été entendue.

On a essayé de prétendre que cette triple adoration, dont on ne trouve aucune trace dans la vie du Christ et celle des apôtres, et si contraire aux préceptes d'humilité qu'ils nous ont laissés, était exempte de toute idolâtrie. Nous pourrions croire à la bonne foi des historiens, qui n'ont vu dans ce culte qu'une pompeuse formalité, si les faits ne contredisaient leurs assertions.

A Rome, lorsqu'un pape est élu, la première pensée de tous ceux qui ont pris part à l'élection est de se préparer au choix de son successeur. On voit alors reparaître, au sortir du conclave, les *papables* et *non papables*. Ceux-ci, qui ne travaillent pas pour eux-mêmes, se cachent sous des dé-

Jésuites.

guisements, pénètrent partout, épient et écoutent tout, et, ainsi travestis, visitent les différentes classes de la population romaine pour connaître le sentiment public sur le nouveau pontife. Les papables, au contraire, se masquent au moral et recommencent, pas de feintes pratiques, les longues et patientes machinations de fausses vertus qui peuvent les recommander à une future élection.

Les brigues, les cabales, les intrigues, les menées et les tergiversations ont été, à Rome, dans tous les temps, les moyens les plus sûrs d'arriver aux dignités de l'Église et d'escalader le pontificat, comme disent les historiens des annales de la papauté [1].

[1]. *Le nombre des Papes, l'élection, le nom, les cardinaux.* En se conformant à l'*Art de vérifier les dates*, Grégoire XVI, le pape actuel, serait le 251e pontife depuis saint Pierre; mais si l'on compte onze papes plus ou moins contestés ou non sacrés, Grégoire XVI serait le 262e pape. Nous omettons la papesse Jeanne, quoiqu'il en soit fait mention dans l'histoire des papes et que son buste se trouve dans la cathédrale de Sienne parmi ceux des souverains pontifes.

Ce fut à l'élection de Lucius III, en 1191, au XIIe de l'ère chrétienne, que l'on suivit la règle prescrite par le concile de Latran, et que l'on exigea, pour l'élection du pape, les deux tiers des suffrages; c'est aussi à cette époque qu'il faut faire remonter le droit d'élection remis aux seuls cardinaux; 167 papes avaient été élus sous l'empire d'autres règles.

Adrien III, élu en 384, se nommait Agapit; il fut le premier qui changea de nom à son exaltation.

Le nom des *cardinaux* vient de gond, *à cardine*, parce qu'ils sont les gonds et les pivots sur lesquels tourne le gouvernement du saint-siége; c'est la continuation de la fiction des clefs et des portes du ciel. Leur puissance, d'abord humble et modeste, a grandi avec celle des papes.

En 1464, les cardinaux, qui avaient reçu le chapeau rouge dans le siècle précédent, furent autorisés à porter la culotte rouge et des housses écarlates lorsqu'ils montaient à cheval. Une bulle d'Urbain VIII leur confère le titre d'*Éminence*.

Le nombre des cardinaux est de soixante-dix : six cardinaux évêques, cinquante cardinaux prêtres, et quatorze cardinaux diacres. Ce nombre a été fixé par Sixte-Quint.

CHAPITRE II

Il Ghetto

Par une belle soirée du mois de mars, une simple carriole d'osier, traînée par un seul cheval, franchissait Pontemolle, et, s'avançant sur la voie Flamine, entra dans Rome par la porte del Popolo. Ce chétif équipage marchait lentement; le vieux cocher à longue barbe qui le conduisait, faisant de son mieux pour hâter le pas d'un pauvre cheval, succombant sous le double poids des ans et de la fatigue; bêtes et gens avaient l'air harassé par un long et pénible trajet. Cependant, à une des étroites ouvertures percées sur les flancs de la carriole, on apercevait deux yeux vifs et brillants dont le regard parcourait avec avidité les objets qui bordaient le chemin. La voiture, après être parvenue, par la rue del Corso, à une certaine distance, s'engagea dans le dédale des rues voisines et se dirigea vers la place Tartarugga.

La nuit était déjà venue; après quelques instants d'un crépuscule douteux, l'obscurité était profonde. De cette place, la carriole descendit entre le marché au poisson et le théâtre de Marcellus : là, elle roula à travers des voies resserrées et fangeuses et s'arrêta devant une maison d'apparence médiocre et dont toute la façade était plongée dans les ténèbres.

Un vieillard et une jeune fille quittèrent la voiture, qui s'éloigna après quelques mots échangés entre le cocher et les voyageurs. Le vieillard frappa doucement et à petits coups rapides à une porte qu'il devina sans la voir. De l'intérieur du logis, une voix cassée prononça quelques mots dans une langue autre que l'italien, et dont l'accent nasillard et guttural semblait étrange; le vieillard répliqua dans un idiome dont les sons répondaient à ceux du premier, et la porte s'ouvrit. La porte de la rue étant refermée avec précaution, l'introduction fut silencieuse et sans clarté; l'on fit quelques pas en avant; tout à coup des lueurs vives et brillantes éclairèrent les visiteurs à l'approche d'une vaste pièce dans laquelle ils allaient entrer.

Les saluts furent échangés froidement entre les personnes de la maison et celles qui arrivaient; il y avait dans l'accueil des uns une gêne et une contrainte qui embarrassaient visiblement les autres; ceux-ci comprenaient qu'ils avaient dérangé leurs hôtes.

— Frère, dit le vieillard, avec l'accent italien du Nord, excusez-nous; je savais que ce jour était celui du Seigneur, et j'ai fait tous mes efforts pour arriver ici avant l'heure où commence *il sabbato ;* mais notre cheval était si fatigué qu'il ne nous a pas été possible de faire plus de diligence. Ma fille et moi, nous avons accompli les devoirs que prescrit la loi, en demandant à Dieu de considérer la nécessité qui nous a forcés de voyager pendant les heures qu'il s'est réservées.

Cette explication parut dissiper tous les nuages.

— Frère, ajouta le vieillard, continuez la lecture du livre sacré, et achevez les prières que prescrit la loi; ce n'est qu'après l'entier accomplissement des cérémonies du septième jour que nous pourrons nous entretenir.

La pièce dans laquelle avait lieu cette entrevue était plus vaste et plus élevée qu'on eût pu le croire d'après l'aspect du dehors : les murs en étaient simplement et sévèrement revêtus d'une boiserie de cèdre, sans ornement et sans sculptures ; quelques siéges de forme ancienne et solide, et une table large et longue, recouverte d'un riche tapis d'Orient, en formaient tout l'ameublement. Du plafond descendait au milieu de la table une lourde lampe d'argent à plusieurs becs, et d'un éclat qui attestait les soins d'un pieux entretien : c'était un objet d'un travail merveilleux. Au-dessous de la lampe, et radieux de ses clartés, était ouvert un livre de format in-folio avec une riche reliure de cuir noir, rehaussée d'arabesques niellées d'or, d'un brillant fermoir et de coins ciselés.

Lorsque les nouveaux venus eurent pris place, cinq personnes furent assises autour de la table : c'étaient deux vieillards, une femme dont l'âge avait atteint le milieu de la vie, un jeune homme et une jeune fille.

La lecture interrompue reprit son cours ; elle fut écoutée avec recueillement ; une heure environ après qu'elle eut été commencée, l'annonce du souper vint y mettre fin. C'était la Bible, que le chef de la famille lisait dans le texte hébreu.

Le repas, composé de quelques mets seulement, fut, malgré sa frugalité, servi avec splendeur dans une salle voisine : les vases et la vaisselle d'or et d'argent couvraient la table et le buffet ; une lampe plus magnifique que la première éclairait ces richesses. Une gaieté calme succéda à la contrainte ; mais on s'abstint mutuellement de tout ce qui pouvait ressembler à un propos sérieux et à des questions d'affaires et d'intérêt.

Cette maison, toute remplie d'objets précieux, mais confus et sans harmonie, comme ayant été rassemblés de divers lieux et à des époques différentes, était habitée par le juif Ben-Saül, sa femme et Emmanuel leur fils unique. Sous leur toit ils venaient de recevoir Ben-Jacob et Noëmi sa fille, qui tous deux, sur un avis de leurs frères de Rome, avaient quitté Mantoue. Ces noms bibliques étaient ceux que les juifs gardaient entre eux ; dans leurs relations avec les chrétiens, ils en portaient d'autres, ordinairement empruntés à des villes.

Au moment où l'heure du sommeil allait séparer les convives, Ben-Saül se leva, il invita ses hôtes et sa famille à remplir les coupes de vermeil dans lesquelles ils avaient bu ; puis, debout et le front couvert, il s'écria avec une vive émotion :

— A nos frères qui, répandus sur toute la surface du globe, élèvent à la même heure leur cœur et leur pensée vers le Dieu d'Israël ! Que sa miséricorde soit propice à tous ses enfants !

Ces paroles furent prononcées avec une émotion solennelle et profonde ; il y avait dans la voix brisée et sur les traits flétris du vieillard un véritable sentiment d'affliction.

Après cet acte, qui fut comme un salut d'adieu, chacun gagna le lit qui lui était préparé. Noëmi, la fille de Ben-Jacob, fut conduite à son appartement par Sarah, la femme de Ben-Saül, qui lui-même accompagna son hôte dans l'appartement qu'on lui avait préparé.

Le lendemain, tout le temps qui s'écoula entre le lever et le coucher du soleil fut employé en pratiques religieuses, et ce ne fut que le soir, à la veillée du samedi, qu'eurent lieu les premières explications entre les deux vieillards.

Emmanuel et Noëmi, dès la première entrevue, s'étaient regardés avec l'empressement de deux jeunes gens qui se savent destinés l'un à l'autre ; Noëmi était restée froide et insensible dans cette première épreuve, la paisible et régulière beauté des traits d'Emmanuel ne l'avait point charmée. Emmanuel, dès qu'il eut vu Noëmi, fut séduit par les attraits de la jeune fille, qui dans toute sa personne reproduisait le type pur, énergique et correct que les belles femmes juives ont conservé de leur origine orientale. C'était la grâce noble, simple et touchante des filles du Liban. Emmanuel fit passer dans ses yeux tout le feu de la tendresse ; sous ce regard brûlant, Noëmi rougit d'abord, puis elle se tint devant le jeune homme avec une chasteté si tranquille, que celui-ci dut comprendre que l'heure d'aimer n'était pas encore venue pour elle.

Après le dernier repas du jour, Ben-Saül et Ben-Jacob se retirèrent dans un appartement écarté ; Ben-Saül prit toutes les précautions pour que leur conversation ne pût être ni entendue, ni troublée ; avant de parler, ils se regardèrent avec une émotion douloureuse ; des larmes roulaient sous leurs paupières flétries.

Sur le sort futur de leurs enfants, ils n'échangèrent que quelques mots ; ils convinrent tous deux de ne point contrarier les inclinations des deux jeunes gens, et ils prirent le Dieu de leurs pères à témoin de cette résolution.

Mais ils s'entretinrent longuement sur les souffrances du peuple de Dieu, dans les États du souverain qui prétendait représenter ce Messie qu'ils attendaient.

Ce fut un lamentable entretien.

— A Rome, disait Ben-Saül, tandis que dans presque toutes les autres contrées les fils d'Israël avaient obtenu une position digne des lumières et de la civilisation de l'époque, les juifs étaient restés dans l'abjection et dans l'isolement que leur avaient jadis infligés les siècles de barbarie ; pour eux seuls le temps n'avait pas marché ; pour eux seuls le progrès était immobile.

C'était peu de les vouer à cette perpétuité d'abaissement, à cette honte qui ressemblait à un châtiment éternel ; contre eux, les persécutions se renouvelaient sans cesse ; ils étaient en butte à des exactions toujours renaissantes ; leurs personnes étaient livrées à la brutalité des offenses de la noblesse, de l'Église et de la finance ; leur fortune était dévorée par des spoliations qui se multipliaient sous toutes les formes. Lorsqu'ils voulaient implorer l'appui des lois, ils se perdaient dans l'inextricable labyrinthe de la juridiction et dans le dédale d'une législation mouvante, dont les incertitudes ne permettaient aucune démarche exempte d'embûches et de périls. D'ailleurs, pour eux, la justice, la magistrature et les lois semblaient ne point exister.

Leurs biens et l'honneur de leurs familles étaient exposés à toutes les attaques, et perpétuellement froissés par la débauche des nobles et des prêtres : heureux encore lorsque le fanatisme religieux ne venait pas rompre les liens qui attachaient les enfants au foyer paternel. Pour eux, contre ces injures il n'y avait nul abri, nul refuge ; chez les grands ils trouvaient une protection qu'il fallait payer de tout ce qu'ils voulaient sauver ; chez le peuple ils ne rencontraient que l'offense, le vol, l'insulte et le meurtre.

Cette situation, dont chaque jour augmentait l'horreur, semblait encore devoir s'aggraver, tant il y avait de haine injuste contre eux ; on les rendait responsables de tout ce que les Français causaient à Rome de soucis et d'ennui, sous le prétexte que la France était le pays dans lequel les juifs étaient traités avec le plus de tolérante égalité.

Depuis que dans le reste du monde tout avait marché dans une voie favorable à l'émancipation sociale de la nation juive, Rome, au contraire, avait rendu plus pesante l'exclusion civile dont elle la frappait. Fallait-il d'autres preuves de ces faits que l'endroit où ils se trouvaient en ce moment, l'horrible Ghetto !

Ben-Saül s'arrêta sous le poids des sanglots qui l'oppressaient.

— Hélas ! s'écria-t-il avec un accent déchirant, ce n'est point pour moi dont les années touchent à la tombe que je m'afflige ainsi, c'est pour nos enfants. Quel sera le sort que leur réserve l'avarice de cette race qui nous persécute ?...

Ben-Jacob regardait l'effusion de cette douleur sans en partager les impressions et les emportements ; il laissa ces gémissements suivre leur cours naturel, puis, lorsque la vivacité des premières émotions se fut apaisée, il ne chercha point à consoler son frère, mais il tâcha de fortifier son cœur affaibli.

— Pourquoi, lui disait-il, ne pas considérer la situation des juifs dans les États romains comme une lutte nécessaire, longue, constante et inévitable? Pourquoi ne pas prendre aux chrétiens par la ruse ce qu'ils essayent de nous enlever par la force? Ces vices et ces désordres qui excitent contre nous leur insatiable cupidité, pourquoi ne pas les faire tourner au profit de notre fortune? Ces passions, dont la fureur nous opprime, ne nous livrent-elles pas nos ennemis réduits à la détresse par leurs folles prodigalités? Nos femmes et nos filles qu'ils cherchent à souiller, nos fils qu'ils tentent d'arracher à nos croyances, tout cela les met à notre discrétion, aveuglés qu'ils sont par la fougue de leurs désirs. Le temps n'est peut-être pas éloigné où ces juifs tant méprisés, avilis et persécutés par l'orgueil du clergé romain, verront ces fiers oppresseurs invoquer le secours et l'appui de ceux qu'ils semblent aujourd'hui répudier et haïr.

— Frère, continua-t-il avec bonté, laissez aux cœurs faibles ces gémissements ; cherchez plutôt à consoler votre crédit; emparez-vous de toutes les entreprises. Tout ce que Rome repousse, ces chemins de fer auxquels elle ferme le territoire pontifical ; ces inventions, ces découvertes merveilleuses, tout ce progrès qu'elle répudie, sachez vous en rendre maître. Insinuez-vous habilement dans les emprunts, et vous serez les maîtres de ceux dont vous semblez être esclaves. Restez fidèles à la foi de nos pères, qui n'ont pas failli dans les temps les plus durs.

— Et pourtant on parle de nouvelles mesures prêtes à nous imposer, avec un surcroît de charges, des humiliations plus cruelles que celles dont nous sommes accablés.

— Ben-Saül, reprit gravement l'autre vieillard, j'ai obéi à l'appel que m'ont fait nos frères de Rome ; pour me rendre auprès de vous j'ai tout quitté ; je vous ai apporté et confié ce que j'ai de plus cher, ma fille, mon unique enfant. Vous savez les pouvoirs dont je suis revêtu ; laissez-moi agir, et quand j'aurai vu mes frères d'Italie et d'Allemagne, à mon retour de Francfort, où va se tenir le congrès rabbinique, je pourrai peut-être vous consoler.

Ben-Saül fit un geste d'incrédulité, et en se séparant de Ben-Jacob, il ne songea point à dissimuler l'amertume de ses pensées.

Les juifs de Mantoue prétendent descendre en ligne directe des prisonniers juifs emmenés de Jérusalem en Italie par les soldats de Titus et de Vespasien, vainqueurs de la Judée, et à ce titre ils s'arrogent la supériorité sur leurs coreligionnaires. A Mantoue, Ben-Jacob était un des juifs les plus puissants par sa fortune, par ses lumières et par sa dévotion.

Le quartier où était située la maison de Ben-Saül était le Ghetto, lieu maudit et réprouvé ; c'était pourtant de cet endroit, réputé immonde, que pouvait sortir une alliance formidable entre les juifs de la contrée germanique et ceux du nord et du midi de l'Italie : vaste plan conçu par Ben-

Jacob, et qui aurait mis aux mains de l'opulence israélite un pouvoir contre lequel se seraient brisées les résistances catholiques qui retardent encore l'affranchissement moral des juifs dans les États romains.

Le *Ghetto*, situé dans le voisinage de dépôts marécageux, sur un terrain d'alluvion, près des émanations de la poissonnerie, dans une des régions les plus insalubres de Rome, est cependant préservé du contact de l'*aria cattiva*, cet air funeste qui sévit sur la ville depuis le mois de juin jusqu'aux premières pluies d'automne. Il semble que la Providence ait voulu, par cette compensation, adoucir les maux que le gouvernement pontifical fait peser sur cette partie de Rome.

L'espace resserré du Ghetto, et les grilles qui la nuit ferment son enceinte, lui donnent l'aspect d'une vaste et ténébreuse prison. Quatre mille cinq cents juifs sont renfermés dans cette enceinte infecte, que les habitants découragés laissent dans un état d'effrayante malpropreté.

La misère, qui semble y être partout, n'existe pourtant qu'à sa surface ; sous les haillons, sous les débris et sous les immondices, se cachent des trésors et des richesses considérables en joyaux et en métaux. C'est du *Ghetto* que sortent les meubles somptueux qui garnissent, pour les riches étrangers, les palais que l'aristocratie ruinée leur loue vides et dégarnis.

Le dimanche des chrétiens est pour le Ghetto un jour de lucre, de travail et d'activité. Les juifs mettent une affectation taquine à rendre leur travail bruyant pour braver le repos des chrétiens. De longues files de femmes, la plupart revendeuses d'habits, et que l'on pourrait comparer à la population du Temple à Paris, remettent à neuf les vieux effets et se moquent assez publiquement de ceux auxquels elles les vendront.

Noëmi, la première fois qu'elle sortit de la maison de Ben-Jacob, le lendemain du jour du sabbat, fut étonnée de ce spectacle dont Mantoue ne lui avait donné aucune idée. Sa surprise était extrême ; elle ne pouvait se lasser de cet aspect si vivant, si varié et si animé ; mais elle s'aperçut bientôt qu'elle était elle-même l'objet de l'attention générale et que les belles filles ses compagnes, dont elle contemplait les attraits traditionnels, ne pouvaient détacher d'elle leurs regards. Elle leur souriait lorsqu'elle aperçut, à l'un des angles de la rue, un homme dont les traits étaient cachés par les plis d'un manteau rejeté sur son visage, et qui paraissait l'examiner avec des intentions sinistres. Elle s'enfuit épouvantée et rentra en toute hâte au logis.

En même temps qu'elle, l'individu qui lui avait causé cette frayeur se présentait chez Ben-Saül et remettait une lettre dont la large enveloppe portait un cachet sans chiffre et sans armes.

C'était une lettre non signée qui ordonnait au juif de se rendre à un endroit indiqué. Après un moment de réflexion, Ben-Saül s'écria résolûment :

— J'irai.

CHAPITRE III

Au jardin Pincio

Une foule joyeuse se pressait sur toute la ligne qui traverse Rome de l'est à l'ouest. Dans ce trajet, qui de la ville antique arrive à la ville moderne, l'une silencieuse et déserte, l'autre turbulente et agitée, on est étonné par cette confusion de palais et de masures qui forment l'ensemble de Rome. A l'aspect de ces boutiques obscures, devant l'apparence mesquine des magasins, en présence de tant de misères réelles si près d'une fausse opulence, on se demande où est la grandeur de Rome, et l'on est affligé de tout ce qu'il y a de vulgaire et de petit dans cette cité déchue : Rome n'est plus la la capitale du monde catholique, c'est une grande ville de province.

Cependant la multitude affluait de toutes parts sur la voie principale, et le flot populaire se dirigeait vers le jardin du Pincio, situé à l'extrémité occidentale de Rome.

Là, le spectacle s'agrandissait, et l'on retrouvait la majesté dont on avait auparavant vainement cherché les vestiges. La foule gravissait en longues spirales les rampes qui conduisent au jardin Pincio, et de cet endroit Rome se présentait aux regards dans toute son étendue et avec la pompe de ses monuments; il y avait alors comme un reflet de sa gloire passée. En ce moment tout concourait à donner à l'éclat de ce splendide panorama une admirable couleur, celle d'un coucher de soleil à la fin d'une journée d'automne; une auréole dorée, des limbes transparentes et nuancées de teintes violettes et lumineuses, baignaient d'une douce et suave lumière cette toile immense. Sur le premier plan s'agitait tout un peuple en habits de fête, et le faste bruyant de l'aristocratie romaine et de l'opulence étrangère.

Lorsque la nuit enveloppa de ses ombres la ville et ses édifices, le jardin Pincio flamboya comme un phare dont les lueurs chassent les ténèbres. Aux clartés d'une illumination gigantesque se joignit bientôt l'éclat d'un feu d'artifice dont les gerbes portaient jusque sur le sombre azur leurs étoiles étincelantes ; de toutes les terrasses tombaient en larges nappes des cascades de flammes, une pluie de feu inondait le pied de la colline, qui semblait elle-même embrasée.

Rome, dans cette nuit d'octobre, fêtait le retour du pape, après une longue visite d'exploration faite dans les États du saint-siége.

La population romaine est demeurée fidèle au goût ancien ; l'empressement et les ardeurs pour les jeux du cirque reparaissent dans les affections actuelles pour la magnificence des fêtes, les spectacles, les divertissements de toute espèce, et les solennités religieuses. Dans l'ivresse de ses plaisirs, Rome oublie tout le reste, et ne sait plus rien de ses souffrances et de ses humiliations. Ces signes sont ceux de l'abaissement et de la décadence.

Lors de l'occupation française, le chef-lieu du département du Tibre manquait d'un endroit pour ses fêtes publiques, ou plutôt Rome leur livrait toute son enceinte. Les réjouissances et les loisirs de cette population n'avaient point d'ombrage pour se soustraire aux ardeurs d'un soleil brûlant. L'administration française choisit la magnifique situation du Pincio ; elle posa sur ce plateau un jardin public qui domine la ville, et d'où la vue peut embrasser la vallée du Tibre, et au loin les chaînes de montagnes du Latium, de la Sabine et de l'Étrurie. Ce furent les ouvriers romains qui excitèrent les embellisements de ce jardin; deux mille travailleurs y employèrent trois années, de 1811 à 1814; ils reçurent pour salaire plusieurs millions. Les papes laissent les populations oisives : les Français conçurent qu'il fallait les arracher, par le travail, à leur vie de vol et de mendicité.

Le jardin Pincio a toutes les prédilections du peuple de Rome. Dans la multitude qui s'y pressait, on distinguait les races diverses qui habitent la cité des papes; l'aristocratie n'a qu'un type effacé et abâtardi par le mélange du sang étranger : elle occupe la rive gauche du Tibre. Sur la rive droite du fleuve, la race transtévérine revendique à bon droit la descendance romaine; ses traits rudes et sa physionomie énergique témoignent d'une organisation robuste et fougueuse; un front large, des sourcils arqués, des yeux grands et bien fendus, un nez droit ou aquilin, donnent au visage du Transtévérin une expression mâle. Les femmes du Transtévère ont le teint brun et sanguin, le regard brillant et velouté, les traits nobles et réguliers, et le cou attaché avec la plus gracieuse élégance à de belles et de puissantes épaules. Ces signes sont de race indigène. Ces parmi les Transtévérins que les peintres choisissent leurs modèles; c'est de là que sortent aussi les hommes de peine et de fatigue, les bouchers, les portefaix, les bateliers, les *facchini*, et, il faut bien le dire, les bandits.

A côté de ces deux races oppressives végète la race juive, misérablement dominée par l'orgueil des uns et par la brutalité des autres; la beauté des femmes juives proteste seule contre cette dégradation.

La foule des étrangers et surtout des Anglais dont les familles sont si nombreuses, donne à Rome l'aspect d'une vaste auberge ouverte à toutes les nations; sous cette multitude exotique, la nationalité romaine disparaît.

Au Pincio, chacune de ces races avait ses mœurs et ses récréations.

L'aristocratie, la noblesse et le clergé se prélassaient dans leur superbe attitude, ou affectaient une feinte modestie, jetant des regards baissés ou obliques sur les femmes, dont la coquetterie, les toilettes et les vives allures y avaient toutes leurs franchises. Ce que Rome comptait de brillant, d'illustre ou de fameux était au jardin Pincio.

Les jeunes monsignori et les *fantini*, qui sont les *sportmen* romains, y faisaient grand bruit. Le clergé y était si tapageur, que les officiers prenaient un air réservé.

Les Transtévérins se livraient à leurs ébats en pleine liberté; après le feu d'artifice, ils étaient montés en *caratella*, et s'étaient rendus au Monte-Testaccio, aux environs de Pontemolle; à la lueur des flambeaux arrivaient de toutes parts ces groupes artistement formés et revêtus de costumes bariolés. C'est là que la grisette de Rome va, parée de ses plus riches atours aux couleurs éclatantes, coiffée de fleurs, et rappelant par ses grâces les belles filles de la Grèce; souvent, au lieu de fleurs, cette troupe joyeuse se couronne de guirlandes de noisetier, dont les teintes molles et pâles forment un harmonieux contraste avec le jais de leur chevelure; les longues épingles d'or et d'argent soutiennent les tresses roulées et relevées derrière la tête. Danseuses sveltes et robustes, ardentes aux plaisirs, elles improvisent leurs pas; la danse romaine obéit presque toujours aux impressions du moment; selon le rhythme, elle se ralentit rêveuse et presque languissante, ou bien elle se précipite folle, vive et passionnée; dans les jours de liesse, le vin coule à

Intérieur de la chapelle Sixtine.

flots, et la troupe, ivre et emportée, revient à Rome aux flambeaux et fait retentir de ses chants les quartiers de la ville, qu'elle parcourt pendant presque toute la nuit. Ces joies du peuple ont le cachet piquant d'une charmante originalité.

Il n'en est pas ainsi des débauches de l'aristocratie.

Une bande de jeunes cavaliers romains qui venaient de dîner à la place d'Espagne fit invasion dans le jardin Pincio; on ne peut se faire une idée du trouble et du tumulte qu'ils y apportèrent; leur ivresse était basse et grossière : d'abord ce furent d'horribles clameurs, puis des chansons obscènes, puis l'insulte et la provocation avec d'abominables paroles et d'odieuses menaces; leur rage s'attaquait à tout ce qu'ils rencontraient sur leur passage; ils brisaient et foulaient aux pieds tout ce qui s'opposait à leurs violences; on fuyait ce tourbillon, on se retirait devant cet ouragan vivant.

Parmi ces furieux, un jeune homme de haute stature et de belle prestance se faisait remarquer par ses emportements. Marchant à la tête de ceux qui le reconnaissaient pour chef, il les conduisait avec une effroyable ardeur et donnait lui-même le signal des excès auxquels il prenait part avec une incroyable véhémence. Il était ivre à outrance; sa mise froissée, son linge, ses habits en désordre, toute sa personne, sa chevelure, ses traits, ses regards surtout, portaient les traces hideuses de l'orgie; sa parole rauque et incertaine ne sortait de sa bouche qu'avec les secousses du hoquet; ses lèvres livides étaient pendantes et laissaient dégoutter la bave et l'écume : c'était un spectacle immonde.

Au plus fort des convulsions de cette ivresse, un homme s'approcha derrière le jeune seigneur; il lui frappa sur l'épaule et appela son attention vers un groupe de personnes effrayées. Une jeune fille était entre deux vieillards plus émus qu'elle-même, et auprès d'eux une femme et un jeune homme ne présentaient qu'une protection faible et insuffisante.

Que se passa-t-il entre le jeune homme ivre et celui qui venait de l'accoster?

Nous ne savons; mais la jeune fille avait reconnu dans l'homme qui parlait au cavalier l'individu qui, au Ghetto, l'avait suivie, et qui avait remis chez Ben-Saül la lettre anonyme.

Elle poussa un cri d'effroi.

A ce cri, l'ivresse du jeune seigneur parut se dissiper; il tenait attachés sur Noëmi — c'était elle — et ceux qui l'entouraient, des yeux fixes et hagards; sa pâleur était extrême, il paraissait en proie aux tortures d'une crise intérieure; tout à coup il s'écria :

— Qu'elle est belle !

Puis il s'élança vers Noëmi avec des mugissements affreux; il renversa même les deux vieillards, qui essayèrent de s'opposer à cette furie; il avait porté la main sur Noëmi tremblante, déjà celui qui la lui avait montrée se préparait à saisir cette proie, lorsqu'un jeune homme, sorti de la foule, repoussa cette double attaque et soutint la jeune fille évanouie, que personne ne songeait à secourir. Tous les témoins de cette intrépidité, inertes il n'y a qu'un instant devant le danger qui menaçait Noëmi, battirent des mains, mirent en fuite les assaillants et s'empressèrent auprès de la famille de la victime.

On sut plus tard que le cavalier qui s'était porté à ces indignes outrages s'appelait Stephan d'Arlotti, neveu d'un prélat, monsignor Panfilio.

Quant à Noëmi, en se rouvrant à la lumière, ses yeux rencontrèrent ceux de son libérateur, dont la vue fit sur elle cette impression tendre qu'Emmanuel n'avait pu faire naître.

CHAPITRE IV

Le Népotisme.

Les historiens qui, à des époques différentes, ont écrit sur les choses du pontificat, divisés sur d'autres points, se sont tous accordés sur les conséquences funestes du népotisme. Ils le regardent comme le résultat le plus funeste de la puissance temporelle et de l'ambition personnelle des papes, si fécondes en désastres, et les deux causes principales de la ruine du saint-siége.

C'est à Sixte IV, élu en 1741, qu'ils attribuent l'invasion du népotisme dans la cour de Rome. Alors, dit l'un d'entre eux : « *Il y eut autant de papes que de neveux du pape.* »

« Avant ce pontife, dit un autre historien,

les prélats et les cardinaux avaient un nombre incroyable de neveux, petits-neveux, alliés et parents, *nipoti, pronipoti, cognati e parenti;* lorsque le chef de la famille parvenait au pontificat, les parents fuyaient, les alliés se cachaient, les petits-neveux s'éloignaient, et les neveux se tenaient à distance. Chacun alors reniait la parenté pontificale, parce qu'en ce temps-là les papes avaient *sangue senza sangue, carne senza carne, e parenti senza parenti,* en un mot, une famille sans parents.

« Plus tard, Rome fut envahie par des myriades de gens qui ne lui apportaient ni mœurs, ni vertus, mais qui venaient convoiter les dignités de l'Église, l'or et le pouvoir, et, d'après une maxime devenue celle du clergé, enrichir leur maison et satisfaire leur propre ambition. L'orgueil, le faste les suivirent, et les pontifes favorisèrent le mal en donnant des mitres, la pourpre et des vêtements à queues si amples et si longues, qu'avec ces grandes capes d'évêques et de cardinaux, on aurait pu vêtir une foule de pauvres clercs qui servent l'Église et demandent l'aumône aux laïques. »

C'est dans ce style naïf que parle leur indignation.

On rapporte que Sixte IV, habitué à la simplicité du cloître, et peu curieux de joyaux, ordonna, à l'instigation de ses neveux, de vendre les diamants de l'Église pour payer des dettes urgentes. Les diamants furent vendus; le prix en fut donné aux neveux du pape et les dettes ne furent point acquittées.

D'Alexandre VI, l'abominable Borgia, ils ont dit qu'avare cruel, d'une cupidité insatiable et lascif, qu'il avait, pas ses débauches, rempli Rome de bâtards et l'Espagne de prostituées : *Eh ! egli haveva riempito Roma di bastardi e la Spagna di p... ne.* C'est dans les écrits de cette infâme époque, et dans ce temps d'impudicité, qu'on trouve ces mots, qui expriment les différentes variétés de népotisme : *Il nipotismo, il figliolismo, il bastardismo, il cognatismo.*

Grégoire XIV disait à son neveu : — *Nipote, fate la vostra borsa prima che io mora.* « Mon neveu, faites votre bourse avant que je meure. » Docile à ce conseil, ajoute l'histoire, le neveu prenait quatre-vingt-dix pour cent et laissait le reste à l'Église.

Le neveu de Léon XI répondit à son oncle, qui s'informait des affaires de l'État :

— Et de quoi vous mêlez-vous? mangez, buvez et contentez-vous d'être bien servi.

Sous le pontificat d'Urbain VIII, les Barbarini furent les collatéraux, *le népotisme postiche, il nipotismo posticcio,* au moyen duquel Pasquin affirmait que les papes ne manqueraient jamais de neveux.

Alexandre VII envoyait, selon un témoin oculaire de ces faits, à ses neveux, des mulets en apparence chargés de cire, mais qui portaient en réalité des cierges d'or recouverts de cire, comme l'attestait leur poids. Une autre fois, dans un envoi d'étoffes et de vases, on trouva au fond des caisses quatre grosses bourses de doublons.

Le scandale du népotisme devint si grand, que l'on fit prêter à ce pape, devant le crucifix, le serment de ne pas recevoir *les siens* dans Rome.

Ma..., comme dit l'histoire de ce temps, les pères jésuites qui confessaient le pape et qui sont *casuisti e filosofi,* casuistes et philosophes, trouvèrent une explication favorable aux secrets désirs du pontife.

Ils déclarèrent qu'à la vérité le pape ne pouvait, sans violer son serment, recevoir ses parents, mais que, pendant la moitié de la journée, il pouvait sortir de Rome et les voir tout à son aise.

Maître de Rome, au grand détriment du peuple et de l'Église, le pape créa pour son neveu le titre de *cardinal-padrone;* il fait beau voir les chroniques du temps dire qu'on n'entendait plus au Vatican que les cris :

— Appelez le cardinal-padrone.— Où est le cardinal-padrone! — Adressez-vous au cardinal-padrone. — Allez chez le cardinal-padrone. — Nous venons avec le cardinal-padrone. — Nous parlerons au cardinal-padrone.

A quoi un jour un pauvre officier qui sollicitait du pape une grâce, et que l'on renvoyait au cardinal-padrone, répondit: « Mais, saint-père, je croyais que V. S. était ici *il solo padrone*, le seul maître. »

Sous le pontificat d'Innocent X, on vit fleurir le *cognatismo*; il donna à sa belle-sœur une telle autorité, que cette femme semblait, disait le peuple de Rome, être pape, tandis que le *santo padre* n'était ni pape, ni homme. Ce pontife inventa pour elle la *Rose d'or* : celle que le pape bénit le dimanche de *Lœtare*, et que cette année S. S. Grégoire XVI a si galamment offerte à S. M. la reine des Belges, fut donnée par plusieurs chefs de l'Église à leur belle-sœur, *alla cognata*, pour la récompenser du soin qu'elle prenait de leurs plaisirs.

A Rome, on a longtemps appelé les neveux le *train du pape*.

Méditant sur ces illustres exemples de népotisme, monsignor Panfilio se promenait à grands pas dans sa chambre à coucher, qu'il avait littéralement fait disposer comme celle du trésorier de la Sainte-Chapelle, décrite par Boileau dans son *Lutrin*. A l'impatience qu'il paraissait éprouver se joignait le déplaisir que lui causait cette marche forcée; il essaya plusieurs fois de s'asseoir, mais le repos lui était impossible. Monsignor avait une obésité béate; sa rotondité, sa face large et épanouie et sa courte grosseur s'arrangeaient mal de cette agitation. Des mouvements brusques et soudains indiquaient qu'il attendait quelqu'un, et que cette attente lui causait un vif dépit. En marchant, il prononçait des paroles sans suite, comme pour soulager sa poitrine d'un poids accablant; sa colère lui faisait monter le sang au visage, et il paraissait prêt à étouffer, tant sa figure était pourpre et gonflée; il était évident que cet état violent ne pouvait se prolonger sans mettre ses jours en péril. Enfin, un bruit de pas se fit entendre du côté de la porte, qui s'ouvrit bientôt et laissa pénétrer dans la chambre un jeune homme vêtu avec un élégant négligé de cheval et la cravache à la main.

C'était Stephan d'Arlotti, le malencontreux héros des événements du jardin Pincio.

« Enfin ! s'écria Panfilio à son arrivée... puis, en regardant avec complaisance la bonne mine du jeune homme, il ne trouva plus contre lui les paroles sévères qu'il avait préparées, et il lui parla avec une bienveillance paternelle.

— Écoutez, Stephan, lui dit-il, tout ce que j'apprends de vous m'afflige, parce que votre conduite contrarie le projet que ma sœur, votre mère, et moi nous avons formé pour votre avenir; c'est au nom de cette mère que vous avez tant aimée que je vous parle aujourd'hui. »

Monsignor, pour devenir plus pathétique, avait pris un ton de sensibilité si plaisante, que Stephan ne put retenir un sourire moqueur, devant lequel Panfilio resta interdit; mais il reprit sa harangue, seulement il changea de ton; sa voix devint ferme et assurée, et il s'exprima avec une gravité dont Stephan, à son tour, parut fort embarrassé.

« Mon neveu, je vais, dit l'oncle, vous parler avec franchise. »

A ces mots, Stephan fit une grimace d'incrédulité que monsignor feignit de ne pas voir, et il continua :

« Vous désolez ma vieillesse ; un homme placé comme je le suis, et qui ne peut parvenir à produire son neveu, est déshonoré ; dans l'Église, les neveux sont quelque chose de plus que les enfants : c'est une des plus anciennes maximes du pontificat ; à l'exemple des papes, le clergé l'a adoptée. En promettant à votre mère de me charger de vous, j'ai exigé votre entrée dans les ordres...

— Je...

— Je sais ce que vous allez me répondre ; vous n'avez pas de vocation ! Partout ailleurs qu'à Rome, je pourrais, à la rigueur, admettre cette raison ; mais ici elle n'a pas le sens commun. A Rome, on ne peut être quelque chose, obtenir les honneurs, la fortune, les dignités et le pouvoir qu'en appartenant à l'Église ; c'est folie de s'en éloigner. Les hauts emplois m'ont toujours effrayé pour moi-même ; mais pour vous, Stephan, je n'ai pas cessé de souhaiter les charges les plus éminentes. Je me suis tenu, pour ma tranquillité et pour mon bien-être, sur le second plan, mais c'est au premier rang que je voudrais vous élever. »

Après une pause, comme s'il venait de se consulter, monsignor ajouta, cette fois, avec un accent qui ressemblait à celui de la conviction :

« Quoique bien placé dans les affections du *santo padre*, je n'ai pas obtenu tout ce que je pouvais justement espérer, après avoir tout fait pour l'élection du nouveau pape... Ma fortune est beaucoup diminuée par des causes que vous connaîtrez plus tard... »

Ici il y eut derrière les épais rideaux de l'alcôve un mouvement, comme si quelqu'un s'y tenait caché. Monsignor s'en aperçut seul, et il éleva la voix :

« Ces causes, je ne puis vous les dire maintenant ; mettez à profit pour votre fortune, Stephan, le crédit dont je puis encore disposer par moi-même et celui que je puis obtenir ailleurs... »

Il y eut un nouveau mouvement des draperies, et cette fois Panfilio parla plus bas et d'une voix craintive.

« Hâtez-vous, mon neveu, les moments sont précieux ; je puis encore beaucoup pour vous, et si le ciel m'accorde quelques années, il m'est facile de vous pousser aux premières dignités de l'Église... »

« Hier, répondit Stephan avec calme, j'aurais pu accepter ces propositions ; mais aujourd'hui je ne m'appartiens plus. »

Ici la draperie de l'alcôve s'agita violemment.

« Mon pauvre Stephan, vous devenez fou, s'écria monsignor ; de quoi s'agit-il ? de quelque amourette ? Eh bien ! nous vous la passerons. Ce n'est pas comme si vous entriez dans un cloître ; seulement, mon cher neveu, c'est le bruit qu'il faut éviter. Le mal n'est jamais que dans l'éclat ; le scandale seul fait la faute, et le péché commis en silence n'est déjà plus un péché. Nous vous apprendrons tout cela. Les jésuites, nos maîtres à tous, ont écrit là-dessus des choses admirables. Et puis, croyez-vous que nous ne sachions pas lever les scrupules ? Avec nous, comme avec le ciel, il est des accommodements.

— Non, il est à vos vœux un obstacle invincible.

— Je n'en ai jamais connu de cette espèce.

— La femme que j'aime...

— Eh bien ?

— Est une juive ! me proposerez-vous encore d'entrer dans les ordres ! »

Ici le bruit d'un meuble renversé et d'un trépignement de pieds se fit entendre derrière les draperies.

Monsignor semblait abattu ; mais il fit un effort sur lui-même, et il dit à Stephan avec autorité :

« Songez-y bien ; vous allez choisir entre la détresse et l'opulence. Si vous ne vous montrez pas docile à ma volonté, dès aujourd'hui je vous retire tout ; si au contraire vous consentez à m'obéir, je vous mène rapidement à la fortune. Le séminaire vous fait-il peur? vous n'y entrerez pas ; vous avez vingt-deux ans, à vingt-cinq ans je vous fais ordonner prêtre et nommer *uditor di rota*, et je vous ouvre par mon influence le chemin des grandeurs. Ah ! vous ne savez pas, Stephan, à quelle brillante destinée je vous réservais !...

— Épargnez-vous, mon oncle, ces séductions, elles ne peuvent plus rien sur moi.

— Mais cette femme, ce démon, cette Moabite qui t'a fasciné, t'aime-t-elle !

— Je ne sais, je ne lui ai jamais parlé.

— Et si elle en aimait un autre?

— Je respecterais son amour et je garderais le mien.

— Mais, qui est-elle?

— Je l'ai vue hier, pour la première fois, au jardin Pincio ; on me l'a désignée comme une jeune fille appartenant à une famille du *Ghetto*.

— Infamie! »

Et en prononçant cette parole, les lèvres de Panfilio se crispèrent, et sur son visage, pâle de colère, il y eut comme une lueur sinistre.

Stephan resta calme devant ce témoignage de haine et devant cette muette menace de vengeance.

Il sortit.

Monsignor Panfilio souleva les draperies de l'alcôve ; donna Olimpia, qui était cachée sous leurs plis, s'avança dans la chambre, et debout, les bras croisés, elle se posa en face de monsignor ; sa figure avait une expression d'hyène.

« Qu'allez-vous faire? » lui dit-elle d'une voix étouffée par la fureur.

Panfilio ne répondit pas.

« Il faut tuer cette juive ! s'écria donna Olimpia au comble de la fureur ; non, la mort serait trop douce... il faut l'entraîner dans un piége, la placer sous le coup d'une accusation terrible et sacrilége, la livrer aux prisons de l'inquisition ; le château de Saint-Ange a des cachots profonds, et les rochers des Apennins ont des gouffres impénétrables! »

— Mais, à quoi nous serviront ces actes cruels ? Nous rendront-ils notre faveur perdue?

Donna Olimpia se parlait à elle-même.

« Quelle fatalité ! aujourd'hui même, la Cajetanina, qui m'est dévouée, prend possession de l'appartement qu'on lui a préparé au Quirinale, de plein-pied avec celui du saint-père. Cajetanino, que, de barbier d'un cardinal, j'ai fait camérier du pape, m'a tout promis pour le jeune homme que je lui présenterais... Cette fortune écroulée, je pouvais la reconstruire... Et le caprice d'un enfant vient tout arrêter. — N'avez-vous donc qu'un neveu, monsignor Panfilio ?

— Un seul, comtesse... Si l'on eût écouté mes conseils dans une certaine circonstance...

— Stephan, se disait la comtesse sans écouter Panfilio, placé dès demain près du pape, pouvait tout nous rendre... et maintenant personne !

— Comtesse, nous aurions quelqu'un si...

— Taisez-vous ! monsignor... ô juifs maudits!

— Silence, donna Olimpia ! rappelez-vous ce que vous avez à faire demain ; mais voici l'heure où je dois me rendre chez le trésorier. »

Lorsque Panfilio fut sorti, donna Olimpia sonna, un jeune camériéra parut, la comtesse lui donna ses ordres. Un quart d'heure s'était à peine écoulé, qu'une jeune femme, enveloppée de vêtements noirs et le visage caché sous un long voile, montait en voiture à la porte du palais de monsignor Panfilio; le laquais qui ferma la portière cria au cocher :

« A la maison professe des jésuites! »

CHAPITRE V

Le petit lever d'un dandy romain.

En quittant son oncle, Stephan, en proie à un trouble extrême, errait dans Rome, sans trop savoir ce qu'il cherchait; tous les plaisirs qu'il avait aimés, toutes les distractions qu'il avait préférées lui paraissaient fades et sans saveur. Ce qu'il éprouvait n'était cependant pas de l'ennui ; au contraire, chez lui, l'esprit et l'imagination avaient des vibrations fortes et fréquentes ; son sang était en ébullition ; sa tête était en feu, et dans sa poitrine il sentait son cœur battre avec violence, comme s'il voulait rompre un obstacle qui le comprimait.

Son beau cheval anglais, qui faisait l'admiration du Corso, et qu'hier encore il montait si fièrement, sa maîtresse, qu'il adorait la veille, et le jeu, sa fougueuse passion des nuits, lui déplaisaient. Son souvenir s'irritait surtout à la pensée de ces longs repas dont il s'était si follement épris ; la mémoire de ce qui s'était passé au jardin Pincio l'humiliait et l'importunait, lui qui jadis se vantait d'avoir reculé les bornes de l'orgie. Il visita tous les cafés : le café Grec dont il trouva l'entretien pédant ; le café du palais Ruspoli qui lui parut trop bruyant ; les *Burattini*, ces marionnettes dont les lazzi l'avaient tant amusé, Policinello et Cassandrino, le fatiguaient. Le bruit des rues lui était insupportable; pour y échapper, il entra dans une église, et il ne put prier ; excepté quelques têtes de madone qui charmaient sa rêverie, il ne vit rien de tous les chefs-d'œuvre que l'art avait créés pour le sanctuaire.

Lorsque vint la soirée, Stephan, en même temps que la ville se ranimait à la clarté des lumières, crut qu'il allait aussi retrouver ses sensations perdues. Il courut tous les théâtres, il se montra dans vingt loges et dans vingt salons ; ceux qui le voyaient ainsi agité et hors de lui ne comprenaient rien à son égarement, et lui ne pouvait s'expliquer l'air de surprise qu'il trouvait sur tous les visages ; il s'échappa de ce monde qui lui parut composé de sots et de méchants.

Alors il recommença sa course furieuse à travers les rues, et, après avoir parcouru les plus beaux quartiers de Rome, il s'arrêta aux grilles du Ghetto, que l'on fermait ; irrité par ce contre-temps, Stephan rentra chez lui en toute hâte et se coucha, sans avoir adressé un mot à ses gens, fort alarmés de voir morne et silencieux leur jeune maître qui rentrait ordinairement si gai et si affable.

Stephan ne dormit point, une seule pensée, une pensée unique, celle de Noëmi, le tint éveillé, la nuit fut pour lui brûlante et tourmentée; dès le matin, aux premières clartés du jour, il sonna ses gens, et le coup de sonnette retentit de manière à leur annoncer que la mauvaise humeur de la veille durait encore.

En ouvrant les rideaux de la chambre à coucher, le valet de chambre remit les lettres et les journaux, qu'il présenta sur un plateau d'argent ciselé. Stephan les poussa au pied du lit sans les ouvrir ; cependant, presque tous ces plis étaient si fins, si gracieux, si coquets, ils exhalaient un si doux parfum qu'ils donnaient envie de savoir si leur ramage répondait à leur plumage.

Si les dandys de Rome copient les mœurs, la vie et le maintien des lions de Paris, leur appartement n'a rien qui ressemble aux prétentieuses délicatesses de notre fashion. La pièce où couchait Stephan composait à elle seule presque tout son logis. Campé au milieu d'un vaste palais, il n'occupait qu'une pièce et livrait le reste à ses gens. Sa chambre, haute et spacieuse, avait de nobles et belles proportions ; les murailles étaient de marbre de Sienne au ton si doux, quatre grandes colonnes de marbre vivement veiné de rouge, dont la base et le chapiteau dorique étaient de bronze, un plafond autour duquel couraient des ornements, des fleurs, des oiseaux, des vases et des danses étrusques, un pavé de mosaïque représentant la chute de Phaéton, un grand crucifix dont monsignor Panfilio avait fait présent à son neveu et qu'on attribuait au Dominiquin, sombre et dolente figure ; une bacchante voluptueuse, riante statue de Canova ; un lit de construction antique et sans rideaux, quelques chaises de forme curule, composaient la décoration et le mobilier de cette pièce ; aux fenêtres élevées pendaient de longues et lourdes draperies de pourpre.

Stephan avala précipitamment une tasse de chocolat brûlant ; puis, quittant la longue robe de laine blanche dans laquelle il était enveloppé, il procéda à sa toilette avec un soin minutieux, et ce fut seulement alors que son valet de chambre reconnut son maître d'autrefois.

Il était prêt à sortir lorsqu'un domestique lui présenta, toujours avec le même cérémonial, une médaille. A ce signe, Stephan donna l'ordre de faire entrer la personne qui avait remis cet objet ; il ôta ses gants, s'assit et avertit ses gens qu'il n'y était pour personne.

L'individu qui se présenta était d'un aspect formidable ; couvert tout entier d'un ample manteau, il affectait un air sombre et terrible, et lorsqu'il rejeta le *tabarro*, il apparut dans un costume qui avait la prétention d'être celui des bateliers du Tibre, mais qui ressemblait, à s'y tromper, à celui des bandits de la campagne de Rome. La figure et toute la personne du *ragazzo* était en harmonie avec cette apparence.

— Eh bien ! Carlo, lui dit Stephan, nous avons fait hier de belles choses !

— Per Baccho ! si je m'étais aperçu, que votre seigneurie me pardonne, de la situation de Votre Excellence, j'aurais remis au lendemain ce que j'avais à lui dire. En allant au Ghetto, pour une commission dont il est inutile de parler à Votre Excellence, j'avais vu cette belle fille, et je pensai tout de suite à votre seigneurie.

Stephan fit un geste de dégoût.

— Pardon, Excellence, je croyais... *ma bastà !* Si bien qu'en revenant de Pontemolle je montai au Pincio ; le premier objet que j'aperçus ce fut cette jeune fille, le second ce fut vous, et il me sembla tout naturel de profiter de cette circonstance pour vous réunir à elle. Ça n'a pas réussi... Est-ce que, par hasard, quelqu'un vous aurait chagriné à ce sujet ? Vous savez, monsignorino, que je suis à vos ordres.

Et de sa ceinture il tira à demi la lame d'un long couteau.

— Il ne s'agit point de cela, dit Stephan : il y a dix sequins à gagner pour toi, si d'ici

Scène d'un conclave.

à demain tu peux me dire quelle est cette jeune fille, son nom, son âge et sa famille. Adieu, va-t'en.

Carlo sortit sans se retourner et sans oser saluer celui qui venait de le congédier si brusquement.

Stephan ne se servait qu'avec répugnance de l'entremise de Carlo; cet homme passait dans Rome pour un brigand de la Sabine qui, après avoir livré ses camarades à la police pontificale, recevait une pension du gouvernement romain. Les pensionnaires de ce genre ne sont pas rares à Rome; ils y vivent sans être inquiétés et régulièrement payés, à moins que la force de l'habitude ne les ramène à leurs vieux péchés. Carlo faisait à peu près tous les métiers infâmes. Il était né à Monterosi, ville des environs de Rome et dont le voisinage était infesté de brigands qu'on soupçonnait beaucoup de ne pas venir de loin. Comme tous ceux de son espèce, il proposait publiquement ses services et venait faire des offres aux voluptueux de tous les âges et de toutes les conditions. Carlo, dans ses moments perdus, se mêlait d'espionnage, de lettres anonymes, de guet-apens, d'assassinats galants, de *vendetta* et de menu brigandage. Il y avait en lui quelque chose de l'ancien *bravo* et du brigand moderne; il tenait du spadassin qui, dans les rues de Rome, lorsque la ville n'était point éclairée, criait : *Volta il lume*, tournez la lumière, et par derrière frappait d'une *cotellata* le passant sans défiance.

Stephan, débarrassé d'une visite qu'il ne recevait jamais sans déplaisir, retomba dans sa rêverie.

Le neveu de monsignor Panfilio était un cavalier de haut maintien, agréable, distingué, bien fait de toute sa personne. Il portait en lui le germe des meilleures qualités dont le sentiment se reflétait sur son extérieur; mais l'éducation avait tout perverti.

L'enfance de Stephan s'était passée près de sa mère, femme légère et qui, de bonne heure, familiarisa son fils avec la vue de ses désordres; à douze ans il entra chez les jésuites, au collège de Viterbe, qu'à Rome on appelle la ville aux belles filles. Les jésuites sont d'habiles instituteurs; Stephan, malgré sa parenté ecclésiastique, leur paraissait bien plus destiné au monde qu'à l'Église; ils ne s'occupèrent que médiocrement de son instruction, mais ils surent fortifier son penchant et même ses vices, ne le contrariant jamais dans sa paresse et dans ses goûts, de manière à le retrouver plus tard dévoué et attaché à des maîtres qui, au lieu d'affliger son enfance, n'avaient cherché qu'à l'amuser. Quant aux principes religieux, il était arrivé à Stephan ce qui arriva à Voltaire, qui de tous les élèves des jésuites fut le plus irréligieux. Ce sont les jésuites qui ont élevé, en France, le dix-huitième siècle, dont la philosophie les a chassés.

Au sortir du collége, Stephan avait habité le palais de son oncle, qui, depuis la mort de sa mère, lui avait monté une maison dans une des nombreuses palazzine qu'il possédait à Rome. Maître de la fortune de sa mère, Stephan, encouragé par l'exemple que lui donnait monsignor Panfilio, mangea en moins de deux ans les biens considérables que lui avait laissés la succession maternelle. Le prélat ne s'était d'abord pas trop fâché contre cette prodigalité, dont l'opinion du monde lui faisait les honneurs. Son neveu avait une réputation de faste qui flattait son amour-propre; il aimait à l'entendre citer comme un modèle de luxe, et il le voyait avec joie marcher à la tête de la fashion romaine.

On comprend que Stephan, au sein des enivrements, fut comblé des plus précieuses faveurs; tout ce qu'il y avait à Rome de femmes devenues fameuses par leurs galanteries, rechercha la tendresse de ce jeune homme que la mode avait élevé sur le pavois; il devint l'idole des boudoirs. Il se livra sans retenue aux plaisirs faciles qui s'offraient à lui; mais dans ces entraînements et dans ce délire des sens, il ne connut point l'amour, et souvent il quittait l'objet d'une fantaisie satisfaite pour aller demander à la lasciveté des courtisanes un moyen de se soustraire à la satiété.

Monsignor crut qu'un de ces moments de lassitude serait favorable à ses projets sur son neveu. Stephan n'avait pas, il est vrai, un grand train de valets; mais il avait à satisfaire des vices si nombreux que la dépense de ces caprices était énorme, et Panfilio pensait avec raison qu'il était temps pour son neveu de chercher dans les dignités de l'Église les moyens de suffire à ces largesses et à ces dissipations.

Quelques relations récentes, dont nous dirons plus tard l'origine, avaient mis monsignor en rapport avec des personnes proches du *santo padre*, gens d'*aderenza papalina*, comme l'on dit à Rome, et il pouvait tout obtenir de leur protection, non pour lui-même, mais pour son neveu, dont le pape avait connu la mère.

Sans le savoir, Stephan avait ruiné toutes ces combinaisons; c'est que, dans ses pensées, il ne voyait alors que trois choses : son amour, la crainte de n'être pas aimé par la jeune juive et le danger auquel elle pouvait être exposée par le ressentiment de Panfilio, lorsqu'il connaîtrait l'objet d'une affection qui s'opposait à ses vœux les plus chers.

CHAPITRE VI

Le Trésorier.

Ce fut sous ces impressions irritantes que le neveu de Monsignor prit la résolution d'avoir une dernière entrevue avec son oncle ; arrivé au palais de Panfilio, il se vit arrêté dès les premiers pas. Le suisse refusait de le laisser entrer. Il apprit bientôt que cette rigoureuse consigne ne lui était pas personnelle : elle était générale. Pendant que Stephan insistait pour pénétrer plus avant, il put voir trois carrosses arriver successivement dans la cour ; sur les panneaux d'une de ces voitures brillaient les insignes d'un prélat ; une autre était de couleur sombre, sans écusson et sans livrée ; il en descendit un homme vêtu d'une longue soutane noire, sans aucun ornement ; sa figure se cachait sous un chapeau à larges bords ; si ses yeux ne trompèrent pas Stephan, ce fut une femme que déposa la troisième voiture en s'arrêtant au pied du perron.

Cependant, depuis quelques jours, la ville tout entière semblait en proie à une inquiétude vague. Au Quirinale, chez tous les hauts fonctionnaires, chez les princes de l'Église, dans les salons, on s'interrogeait et l'on se répondait à voix basse ; les entretiens des lieux publics et ceux du peuple participaient de cette anxiété. Aucun signe extérieur n'expliquait cette situation, rien ne semblait avoir interrompu le cours ordinaire des choses, et pourtant les pressentiments publics et leurs alarmes ne se trompaient pas, tant il y a d'admirables instincts dans les prévisions populaires.

Avant de continuer notre récit, il est nécessaire que nous expliquions les motifs de ce malaise moral de la cité romaine ; d'ailleurs ces faits se lient si intimement à notre œuvre que, sans quitter notre voie directe, nous rencontrons sous nos pas un des plus mystérieux chapitres des annales de Rome au dix-neuvième siècle.

Quelques années auparavant, un jeune abbé avait été promu de l'humble rang de chapelain à la charge éminente de trésorier, avec le titre de *Monsignor*. Ses talents et surtout ses services justifiaient cette rapide élévation ; jamais trésorier pontifical ne sut mieux faire rentrer les deniers publics et tenir les clefs du trésor. Le *santo padre*, pour récompenser un tel serviteur et afin de s'attacher un homme si habile, le fit cardinal. Il y avait là une difficulté : les règlements de la cour romaine rendent les fonctions de trésorier général incompatibles avec la dignité de cardinal. A Rome il en est de la loi comme de la conscience, on sait tout éluder. Le nouveau cardinal prit le titre de pro-trésorier et succéda à monsignor l'ex-trésorier général.

Dans les États romains, l'administration des finances n'est assujettie à aucun contrôle ; le trésorier ne rend point de comptes officiels. Quand sa caisse est vide, il ne s'occupe que de la remplir ; le prélat auquel ce soin est confié ne peut être destitué, pour quelque cause que ce soit, sans être admis dans le collége des cardinaux, c'est-à-dire au sein de l'inviolabilité : ces princes de l'Église ne consentant à se soumettre qu'à des lois qu'ils interprètent eux-mêmes. On comprend qu'une place si commode soit fort recherchée ; elle est l'objet de toutes les ambitions.

Le pouvoir romain porte en lui un germe

funeste, l'égoïsme; remis à des vieillards sans lendemain, il est occupé par des pontifes qui, ne songeant pas à l'avenir, prennent au présent tout ce qu'ils peuvent lui prendre, épuisent toutes les ressources et ne laissent après eux qu'un État appauvri et épuisé. Lorsque la chrétienté tout entière était tributaire de Rome, lorsque les royaumes, les rois et les peuples étaient, eux et leurs biens, sous la domination pontificale; quand la fiscalité du saint-siége et le trafic des indulgences et des grâces spirituelles florissaient, alors Rome pouvait fournir à toutes les prodigalités de ses pontifes, dont la cupidité vendait le ciel pour posséder la terre. L'or du monde entier, et plus tard les richesses des deux mondes, affluaient à Rome.

Le scandale de ces ventes sacrées sépara du saint-siége une partie de l'Europe; et bientôt, par l'énormité et par l'excès des abus, la puissance de Rome s'écroula de siècle en siècle, et avec elle s'évanouit sa monstrueuse opulence.

Depuis l'avénement de Pie VI, en 1775, jusqu'à nos jours, cette situation est devenue de plus en plus indigente et redoutable. Sous ce pontife, on ne payait aux employés que des appointements modiques; les fonctionnaires s'en dédommageaient: les grands, par les bénéfices ecclésiastiques, les petits, par la concussion. A cette époque, on acquittait encore les dettes de Sixte-Quint, qui avait engagé les revenus publics pour lever une armée et réprimer la turbulence des barons. Les dépenses dépassant les recettes, Pie VI créa des cédules; il disait gaiement : « *J'ai des millions dans mon encrier.* » Quand vinrent les jours mauvais, l'État romain se trouva dépourvu, et le pontife, dépouillé de sa tiare et de sa puissance, alla mourir en exil.

Pie VII essaya de pourvoir aux besoins de l'État en établissant un impôt foncier, *la dativa reale*, qui frappait toutes les propriétés sans distinction. Le clergé résista énergiquement à cette mesure, en soutenant que les biens de l'Église ne pouvaient pas être imposés. Jamais on obtint du cardinal Séveroli qu'il payât cette taxe pour les terres dépendantes de son évêché de Viterbe; il persista dans son refus jusqu'à sa mort. Il fallut beaucoup de temps pour vaincre ces résistances.

L'administration française mit tant d'ordre dans les affaires du trésor romain, qu'à la mort de Pie VII, rentré dans ses Etats, toutes les charges du saint-siége acquittées, il restait un million d'écus disponibles, un peu plus de quatre millions de francs.

Léon XII se piqua d'économie par des réductions d'impôts; mais il fit si bien, qu'il fallut abandonner et laisser tomber en décadence les manufactures, le commerce et l'industrie, renoncer à la construction des routes de l'Apennin et à l'exploitation des bois de cette contrée. Le résultat de ces opérations fut tel, qu'à la mort de ce pontife, il fallut contracter un emprunt pour subvenir aux frais du conclave.

Pie VIII, ce soliveau pontifical, ne changea rien à cette situation. Pasquin faisait tenir toute l'histoire de ce règne dans ce quatrain :

« Allorchè papa Pio
Comparse innanzi a Dio,
Dio gli chiese : Cosa hai fatto?
Ei rispose : Niente affatto. »

A la Villa Medici, un jeune artiste français traduisit ainsi ces petits vers :

« Dieu demandant au pape Pie
Ce qu'il avait fait pour les cieux,
Il répondit d'un air piteux :
Hélas! n'ai rien fait de ma vie! »

Le règne de Grégoire XVI se résume par une suite de désastres.

En 1831, aussitôt après l'installation du nouveau pape, éclata l'insurrection de la Romagne; les dépenses de l'armement militaire confié à des mains au moins inhabiles, la large paye des régiments suisses, et les suppressions d'impôts obtenues par les insurgés, placèrent le début de ce règne dans les plus fâcheuses circonstances. Des emprunts désastreux engagèrent le présent et l'avenir; on multiplia ces funestes mesures, et la détresse de l'État fut telle, qu'il fallut vendre des canons ecclésiastiques, c'est-à-dire les redevances possédées par le clergé et une grande partie des propriétés de la chambre apostolique. A la suite de ces opérations, la trésorerie du saint-siège se trouva grevée d'une rente d'un million d'écus romains.

D'autres faits, la présence des troupes autrichiennes, l'augmentation du budget militaire et l'enrôlement des régiments suisses, complétèrent la détresse de cette situation déjà si douloureuse. Qu'était devenu, au sein de cette misère, le faste orgueilleux de la Rome des papes?

Pour adoucir l'irritation publique, on a dit avec affectation que les frais de la maison du pape, qui comprend tout ce qui concerne la puissance du souverain pontife et les cardinaux, ne s'élèvent qu'à 391,551 écus romains (2,094,797 fr.). On s'est bien gardé de dire que les membres du sacré collège sont tous pourvus de fortunes considérables et de gros bénéfices. Quant au *santo padre*, sa part, dans les produits de la daterie et du secrétariat des brefs, est celle du lion. En outre, il dispose à son gré de la composition des offices et de la résignation des bénéfices. Nous reviendrons sur ce point.

On en était réduit à ces extrémités, lorsque la démission du cardinal pro-trésorier vint étonner la cour, le clergé et le peuple. Il semblait que la retraite de l'homme qui, dans des conjonctures si périlleuses, avait su naviguer à travers tant d'écueils, était une calamité ajoutée à tant de malheurs. La consternation succéda à la surprise; mais bientôt l'insouciance et la légèreté romaines reprirent leurs allures de froideur et de sarcasme.

A Rome, une démission est toujours rare; mais la démission d'un trésorier, l'abandon volontaire d'un poste si envié, était un événement prodigieux; aussi ce fut le sujet de toutes les préoccupations, et chacun s'efforça de découvrir les causes d'un fait si extraordinaire.

On se perdait en conjectures; le *santo padre* lui témoignait l'attachement le plus vif, il l'appelait l'*indispensable*; il l'avait, comme nous l'avons vu, contre tous les règlements de la cour, conservé dans sa charge après l'avoir élevé au cardinalat. Comment avait-il consenti à s'en séparer?

Voici la plus divertissante et aussi la plus probable des versions qui tâchaient d'expliquer cette incompréhensible démission.

Une dame française, fort en crédit, et dont l'influence avait détrôné le pouvoir de donna Olimpia, avait sur les bords du Tibre une propriété à laquelle elle tenait beaucoup. Près de là, le cardinal-trésorier faisait construire une demeure royale qui écrasait toutes les habitations voisines. La dame se plaignit au pape de cette oppression de son ministre. Sa Sainteté voulut savoir comment, avec ses appointements, le trésorier pouvait édifier un tel palais. Le ministre répondit avec aigreur, et, se croyant sûr de sa place, il eut l'imprudence d'oublier les ménagements qu'il devait garder; quelques questions, qui suivirent la première, obtinrent les mêmes réponses vagues, impatientes et hautaines... Enfin le trésorier, suivant sa coutume, offrit sa démission. Cette fois, il fut pris au mot. Aussitôt les ennemis de l'ex-trésorier, et un homme haut placé en a toujours de nombreux, entassèrent les accusations contre la fortune du cardinal et contre ces riches épargnes qu'il avait amassées sur son traitement ; de toutes parts on cria au déficit.

On se rappelait que quand le trésorier avait été créé cardinal, l'humble chapelain avait déployé un luxe étourdissant. En allant prendre possession de l'église de son titre, on sut dans Rome que le carrosse dont il se servirait dans cette occasion coûtait 14,000 écus (ou 75,000 fr.), et que des bas-reliefs allégoriques relevés en or resplendissaient sur les panneaux. Dès le matin, on avait rédigé le programme moqueur de la cérémonie. Dans la description du carrosse de la nouvelle Éminence, on plaçait la Justice sous les pieds du cocher ; la Prudence était mollement endormie derrière la voiture. Et l'on assurait qu'au moment où le cardinal entra dans l'église, l'orchestre joua, le plus innocemment du monde, un morceau dont raffolait Rome musicale, la symphonie de la *Pie voleuse*.

Rien n'est plus ténébreux que l'administration des finances à Rome : tout est livré à l'arbitraire, tout y est obscur et inconnu ; les fonds sont encaissés et distribués sans contrôle ; chacun sait que les commissions données aux prélats et aux cardinaux pour exercer cette surveillance n'existent que pour la forme.

Les charges sont inégalement réparties ; il est telle province des Apennins qui, depuis vingt ans, paye au trésor 100,000 francs de surtaxe pour la construction des routes, et n'est toujours traversée que par des sentiers impraticables.

Ces désordres engendrent les mécontentements ; les mécontentements exigent de nouveaux moyens de répression ; ceux-ci nécessitent un surcroît de dépenses, et déjà les quatre mille soldats suisses répandus dans les légations ne suffisent plus à réprimer l'insurrection, dont les tentatives ont peuplé de détenus les cachots du fort de San-Léo et des autres prisons d'État.

Les papes n'ont pas de successeurs ; usufruitiers infidèles, sans intérêts dynastiques, avides de jouissances et peu curieux de laisser des regrets, craignant d'être venus trop tard ou de s'en aller trop tôt, ils sont pressés de posséder et de savourer un présent toujours près de leur échapper.

Dans cet ordre d'idées, le cardinal-trésorier a tout engagé ; il n'a laissé, en se retirant, qu'un champ dévasté ; la moindre des industries, celle des chiffonniers, a été donnée en fermage : une faible somme a payé ce monopole ; à Rome, on peut racheter l'impôt foncier moyennant une somme payée au trésor.

Souvent le gouvernement est dupe de cette avidité.

En 1841, un industriel fort connu à Rome par ses nombreux marchés, proposa au trésorier 300,000 fr. comptant et une redevance annuelle de 25,000 fr. pour ajouter le monopole de la poudre à ses autres spéculations. Le contrat, qui présentait un bénéfice apparent pour l'État, fut signé ; on stipula le prix de 3 fr. par kilogramme au profit du nouveau fermier. Les approvisionnements des arsenaux étant épuisés, on songea à les renouveler ; il fallut subir le tarif de la nouvelle régie et payer 3 fr. ce qui, avant le marché, ne coûtait que 80 centimes. Le fermier était trop puissant pour qu'on pût le braver ; on fut obligé de transiger avec lui. Le trésor, par suite de cette bévue, fut grevé d'une rente de 250,000 fr. en échange d'une rente de 25,000 fr. et de 300,000 fr. une fois payés. Dans d'autres pays, les prodigues qui administrent leur fortune comme les pontifes administrent le domaine de saint Pierre, sont interdits. Les choses en sont venues au point que les ressources de l'État de l'Église sont aliénées d'avance, et engagées à des traitants pour les années futures 1846, 1847 et 1848.

Le trésorier avait pour devise unique : « Faire rendre aux provinces le plus possible et dans le plus court délai possible ; ne leur accorder que ce qu'on ne peut pas leur refuser. » Ce fonctionnaire fit un voyage dans les provinces de Ravenne, de Bologne et de Ferrare, après les débordements du Pô et du Reno, pour répondre au cri de détresse poussé par ces pays désolés. Afin de s'assurer de l'enthousiasme des populations, il avait composé et réglé lui-même le programme et le cérémonial des fêtes qui devaient saluer son passage. Rien n'y manqua ; les saluts officiels, les arcs de triomphe, les humbles supplications, les illuminations, et, dans les nuits radieuses, un orchestre placé en permanence sous les fenêtres de l'éminentissime voyageur, accoururent au rendez-vous qu'il leur avait donné.

Au départ, il emporta les vœux des populations et leur laissa des promesses.

A Bologne, le centre des désastres, le cardinal donna quatre jours d'audience ; on arrivait à son cabinet par quatre salles peuplées de brillants officiers ; à chaque porte se tenait une sentinelle suisse au port d'armes. A voir cette pompe militaire, les cartes, les notes et les dépêches entassées pêle-mêle, on eût pu croire à la présence d'un de ces hommes dont le génie reconstitue les empires. Et il n'y avait là qu'un homme vieux avant l'âge, fatigué et distrait, et qui répondait indistinctement à toutes les demandes d'urgence : « Je n'ai pas le temps de terminer votre affaire ici, je m'en occuperai à Rome. »

Nous avons montré les fautes et les mensonges de cette administration si fréquemment prise à ses propres pièges ; maintenant quelques traits feront connaître sa loyauté et sa bonne foi.

Le trésorier, selon la coutume des traditions, regardait les dettes de l'État comme les siennes propres, et il ne s'occupait pas de les acquitter.

Il repoussait, comme des larrons, ceux qui présentaient un titre sur le trésor. Il avait contre les créanciers de l'État une tactique qu'il avait empruntée au pontificat de Sixte IV. A tous les gens qui lui demandaient de l'argent, il répondait :

— C'est trop tard, j'ai payé les autres ; il ne me reste rien.

Et il ne payait personne.

Le comte B. de Pérugia avait, depuis longues années, un titre de cette espèce. C'était un contrat d'échange de propriétés entre l'État et lui sous un des règnes précédents. Le gouvernement était entré en jouissance ; mais, croyant s'apercevoir que l'avantage n'était pas de son côté, il avait, de jour en jour, différé d'exécuter le marché en ce qui le concernait. A l'avénement de Grégoire XVI, le créancier, qui avait échoué sous Léon XII et sous Pie VIII, se présenta de nouveau ; plusieurs ministres des finances s'étant succédé aux affaires, il fut toujours éconduit. Le bien que le monde administratif disait du nouveau cardinal-trésorier, l'encouragea à s'adresser au *santo padre*. Le comte B., chargé d'une famille nombreuse, était presque réduit à la misère. Le pape, frappé par l'évidence de la créance, donna au trésorier l'ordre de l'acquitter. Le comte B. se présentait chaque matin à l'audience du ministre, sans obtenir de résultat. Fatigué d'être éconduit, il attendit le cardinal à la porte de son palais un jour de cérémonie. Le ministre sortit suivi d'un nombreux cortège, et ne reconnut peut-être pas le comte B., pauvrement vêtu, et qui s'approchait en suppliant.

— Qu'on donne un *bajocca* à cet homme,

dit le trésorier en se tournant vers un valet. Et il passa outre.

L'indignation ôta au comte B. toute retenue. Ses paroles furent sanglantes. Un moment après cette rencontre, il fut enfermé au château Saint-Ange. L'opinion publique se souleva. Pasquin lança les foudres de ses satires; on laissa dire et afficher. Ce fut une affaire liquidée.

Un seigneur bolonais, créancier du trésor pontifical pour des sommes considérables avancées au règne précédent, fatigué des lenteurs, consentit à faire une forte remise sur le montant de sa créance, afin d'en toucher le reste. D'après le conseil et par l'entremise d'un ami bien placé, il proposa au trésorier l'abandon de cent mille francs, en signant une quittance générale.

— Je préfère garder le tout, répondit le cardinal après un instant de réflexion.

Ce créancier bolonais avait aussi obtenu une audience du *santo padre*. Le pape avait mandé son ministre des finances, et lui avait dit avec impatience :

— Payez donc cet honnête homme.

— Saint-père, la caisse est vide.

— Vous l'entendez, reprit le pape avec regret; ce n'est pas notre faute, nous n'avons pas d'argent.

Une famille de la Romagne, ne pouvant parvenir au payement d'une créance sur l'État, avait pris le parti extrême de s'adresser aux tribunaux. L'avocat des demandeurs se présenta alors au greffe de la trésorerie pour retirer les pièces qui avaient été déposées précédemment à l'appui des réclamations. Quelle ne fut pas sa surprise en ne retrouvant plus les titres qui établissaient le droit de ses clients! Il soupçonna les agents du fisc, et il eut le courage d'accuser ouvertement, et par écrit, le trésorier général d'une soustraction qui tournait à son profit. On s'étonna moins du fait que du courage de l'accusateur. Celui-ci, du reste, paya cher sa conduite. Les pièces ne se retrouvèrent point, et la cause est restée suspendue faute d'un second avocat qui voulût s'exposer au danger qu'avait bravé le premier.

Malgré tous ces expédients, il faut avoir recours aux emprunts; mais dans les États romains fleurit l'usure, Ancône ne prête qu'à 10 pour 100; les propriétaires empruntent, sur première hypothèque, à 7 pour 100. Chaque jour, les exigences des prêteurs grandissent; le peuple le sait.

Cette plaie est mortelle. L'esprit indocile des légations, les ambitieuses convoitises de l'Autriche et le libéralisme de la France, ne sont pas pour Rome des ennemis aussi redoutables que cette égoïste cupidité. Ils ignorent donc, ces prêtres insensés, que l'imprévoyance fait écrouler les trônes, même ceux qui croient reposer sur des bases éternelles!

Il s'agissait de contracter un nouvel emprunt; on connaissait l'influence de Ben-Saül sur les Israélites de Rome et sur ceux du reste de l'Italie; on essaya de le circonvenir. Le général d'une société puissante, le prélat désigné pour la charge de trésorier, l'astuce de Panfilio et les caresses de donna Olimpia s'étaient unis et coalisés pour atteindre ce but. Les menaces et les promesses, les mots de persécution et des paroles d'espérance, l'offre de bénéfices immenses, un avenir de droits, de franchises et de concessions civiles et politiques, tout échoua contre le flegme muet et impassible de Ben-Saül. Ce fut vainement aussi qu'on fit briller à ses yeux les deux décorations du Christ et de Saint-Grégoire, que Rome catholique a récemment attachées, comme prime d'emprunt, sur la poitrine du banquier juif qui a placé sa caisse au-dessus des trônes.

En voyant ces hommes si hauts en dignité et si bas devant lui, Ben-Saül comprit

Les moines chez eux.

ce que lui avait dit Ben-Jacob, aux conseils duquel il devait son énergique résistance, et il demeura ferme dans ses refus.

A la rage dont les lueurs sinistres éclatèrent dans les regards de ceux qu'il repoussait, le juif comprit aussi que lui et les siens avaient, dès ce moment, des ennemis implacables.

CHAPITRE VII

Noémi.

Les ressentiments de monsignor Panfilio contre les juifs étaient profonds et anciens; la haine qu'il portait à cette race n'avait pas besoin de ce nouveau déplaisir pour être implacable. Par une fatalité constante, il s'était, à chaque pas de sa carrière, heurté contre les juifs; il les avait trouvés partout contraires à ses œuvres et à ses desseins. Toutes les fois qu'il avait essayé de les écraser, le pied lui avait glissé.

Huit jours s'étaient passés depuis la tentative de l'emprunt, et le prélat pensait encore avec amertume que si son ambition ne pouvait ressaisir une influence perdue, c'était parce qu'une fille juive se plaçait entre son neveu et lui. Les juifs avaient hâté la ruine de Stephan par les funestes complaisances de leurs prêts usuraires ; et lorsque cet argent, si indignement acquis, pouvait tout réparer ces êtres maudits n'apportaient que le silence et le refus !

Monsignor arriva chez lui bouleversé par ces accablantes réflexions ; il pénétra dans ses appartements sans prononcer une parole et avec tous les signes d'une vive irritation. Sur son passage, la valetaille d'épée, de robe et de soutane qui encombrait son palais, était consternée, et tous les regards s'intergeaient avec inquiétude.

Le prélat, sans faire attention à ces désappointements, dit à son camérier, tout haut et en fermant sa porte, qu'il voulait être seul.

Lorsque dame Térésa, vieille béate qui avait le privilége exclusif de servir elle-même à table monsignor, et de lui présenter de sa main ses mets et ses vins de prédilection, disposa devant lui le dîner, dont elle avait surveillé les préparatifs avec la plus tendre sollicitude, elle eut la douleur de voir son cher maître repousser ce qu'elle lui offrait. A l'indifférence avec laquelle les dispositions du repas avaient été accueillies, Térésa avait prévu ce résultat ; mais elle espérait que la séduction du menu, l'aspect, le parfum et les qualités exquises des mets triompheraient de cet éloignement passager. Elle connaissait les faiblesses de celui qu'elle tentait. Tout fut inutile : le potage de *vermicelli*, saupoudré d'une légère couche de *parmigiano ;* une friture ferme, délicate et dorée, l'appétissant *mortadella,*
les cailles brûlantes sur leur lit de romarin ; les compotes glacées, toutes ces succulentes merveilles furent dédaignées ; et lorsque Térésa voulut verser à monsignor le verre de *balsamo di Jerusalem*, par lequel chaque jour il commençait le repas, Panfilio fit éclater une invincible répugnance, et ordonna brusquement qu'on se retirât et qu'on emportât cette *mangeaille* dont l'odeur l'incommodait.

Ces petits accidents de la vie intime prirent une grande importance quand on sut que la signora Térésa avait dit à toute la maison :

— Il faut que monsignor soit bien affligé pour ne pas toucher à un dîner que j'ai pris plaisir à composer de ses plats favoris.

Pendant que le prélat digère son courroux, à défaut du repas qu'il a renvoyé, nous porterons ailleurs nos regards.

Près de l'habitation de Ben-Saül, au *Ghetto*, existait un jardin sombre et étroit, et auquel l'air et la lumière ne parvenaient qu'à travers mille obstacles. Dans ce lieu tout était triste, chétif, étiolé et souffrant ; la verdure rare et frêle ne s'y montrait que froide et débile. Il est vrai que nul soin n'entretenait ce lieu désolé, perdu dans les profondeurs des hautes murailles qui l'entouraient. En Italie, et surtout à Rome, les juifs gardent leur logis fermé, n'ouvrent que des fenêtres intérieures, et évitent les regards du voisinage ; c'est encore une tradition de l'Orient. Noëmi avait choisi cette solitude, non pas seulement pour échapper à une société importune, mais aussi afin de se recueillir et de faire cesser le trouble des pensées qui depuis quelques jours se remuaient en elle.

La fille de Ben-Jacob était de cette race primitive que nous nommerons *biblique*, tant elle est fortement attachée aux prescriptions de la loi de Moïse ; Noëmi n'avait pas connu sa mère, morte en lui donnant la vie ; élevée par son père, elle avait reçu une éducation sévère, grave, exclusive et religieuse. De bonne heure, elle avait été soumise à la stricte observance des préceptes; son enfance et les premières années de sa jeunesse s'était écoulées dans les coutumes du passé; elle ne savait rien des mœurs du présent et n'apercevait pas encore l'avenir. Une obéissance aveugle aux vœux de son père, docilité littérale à toutes les prescriptions du texte sacré, tels étaient les seuls principes que Ben-Jabob eût laissés arriver jusqu'à sa fille. C'était un homme d'un aspect glacial que le père de Noëmi; enfant de sa vieillesse, elle ne l'avait vu que sous une forme solennelle, ce qui portait son respect jusqu'à l'épouvante. La jeune fille avait vécu dans l'isolement et presque sans sortir de la maison paternelle; cependant, surtout depuis que son âge se rapprochait de la jeunesse, elle avait fréquenté quelques parents et aussi quelques compagnes de son âge; mais, comme elle ignorait le langage du monde, elle ne sortait jamais d'une extrême réserve. En elle, le cœur et l'esprit, l'idée et la pensée étaient muets, comme les lèvres qui n'ont jamais prononcé une parole.

Ben-Jacob avait une nature patriarcale: pour lui, la société tout entière, les droits et les devoirs de chacun étaient représentés par les obligations et par les bienfaits de l'existence du foyer domestique. Sérieusement occupé des intérêts de la grande famille israélite, Ben-Jacob avait souvent négligé pour eux le soin de sa propre fortune. Fermement attaché au texte de la loi, il ne voyait rien au delà, et il pensait avoir assez fait pour sa fille en l'instruisant par les enseignements de la sagesse divine. La perte d'une épouse bien-aimée, et celle de presque tous ses enfants, avaient jeté sur les sentiments de Ben-Jacob un nuage que, depuis bien des années, rien n'avait dissipé. Il avait reporté sur Noëmi toutes les affections qu'il pouvait enlever à son dévouement pour ses frères. Du reste, son autorité était douce, facile et patiente; il admettait une liberté morale à laquelle il ne voulait pas porter atteinte.

Noëmi aimait son père avec une piété toute filiale; mais elle n'avait point connu auprès de lui les effusions de la tendresse habituelle aux autres enfants.

Comme instruction, lorsque la fille de Ben-Jacob vint à Rome, elle n'avait point lu d'autre livre que la Bible. Ainsi que Joas, elle pouvait dire du sanctuaire:

Ce temple est mon pays, je n'en connais point d'autre.

Et cependant cette noble et excellente nature était pleine de germes féconds; chez Noëmi l'inertie n'était qu'apparente; l'ardeur de son regard, la haute expression de sa physionomie, l'ironie de son sourire et le *portamento* de sa personne révélaient en elle des facultés puissantes qu'un souffle bienfaisant devait faire éclore.

La semaine qui venait de s'écouler avait été remplie de préoccupations sinistres; Noëmi avait plus d'une fois surpris les signes et les marques d'une mystérieuse affliction. Sous les efforts que l'on faisait pour cacher ces peines, elle avait deviné de secrètes souffrances; elle avait aussi surpris certaines confidences, et elle avait compris que sa nation était menacée par des persécutions nouvelles; les alarmes de son père l'effrayaient; le caractère inflexible du vieillard ne pouvait céder qu'à un danger réel et inévitable.

Un pressentiment vague et pénible la mêlait personnellement à ces angoisses; sans se rendre compte des émotions qui la tourmentaient, elle sentait qu'elle n'était point étrangère à ces tristesses et aux malheurs qu'elles semblaient annoncer. La scène du jardin Pincio et ce qu'elle savait de celui qui l'avait offensée; la lettre reçue, le jour même de cet événement, par Ben-Saül, l'absence du père d'Emmanuel, qu'elle avait vu sortir décolé et revenir découragé et abattu, quelques témoignages d'indignation échappés à Ben-Jacob, tous ces symptômes l'effrayaient.

Un dernier fait eût achevé de détruire tous ses doutes, si elle eût pu en conserver encore.

La veille, le père de Noëmi, sorti de grand matin, était rentré en toute hâte, et, après quelques mots rapidement échangés avec Ben-Saül, il avait paru occupé de préparatifs importants ; le soir, il avait embrassé sa fille avec une expansion à laquelle rien encore ne l'avait accoutumée, et, le matin même, elle avait appris que son père avait pris la route de Mantoue avec Emmanuel, qu'il appelait déjà son fils.

Ces nouvelles lui avaient été transmises par Ben-Saül, les juifs ayant pour règle de n'écrire que le moins possible, surtout lorsqu'ils sont placés dans une situation critique. En apprenant à Noëmi le départ de Ben-Jacob avec son fils, le père d'Emmanuel l'assurait de son affection et lui demandait de permettre qu'il la nommât sa fille. La jeune juive rougit en entendant ces paroles, et, au moment où Ben-Saül se préparait à tirer de cet embarras un augure favorable, Noëmi prit un air d'indifférence si placide, que le vieillard s'aperçut de son erreur.

Ces noms de fils et de fille que le père d'Emmanuel et le sien échangeaient entre leurs enfants la contrariaient, sans qu'elle pût comprendre le motif de cette irritation tout involontaire. Dans l'humeur de Noëmi, il s'était opéré une révolution subite ; sa pensée et son imagination contemplaient avec étonnement les nouvelles régions que son esprit découvrait. Au contact d'une flamme intérieure, la statue s'animait ; dans les natures énergiques longtemps contenues, c'est un attachant spectacle que celui de cette métamorphose.

En réfléchissant à ce qui s'était passé depuis son arrivée à Rome, elle voyait l'obscurité se dissiper, et des clartés nouvelles chassaient les ténèbres. Le souvenir de la violence et de la protection dont elle avait été l'objet donnait à ses idées une direction qu'elles n'avaient pas encore prise ; sous des impressions inconnues, elle sentait le rouge de la pudeur monter à son front, et la lutte entre la modestie de son éducation et l'amour-propre de la femme commençait en elle. Noëmi osait à peine s'avouer ce qu'elle éprouvait. D'abord elle se sentit forte et exaltée, elle relevait fièrement la tête et paraissait vouloir braver ce monde dans lequel sa pensée et ses sensations venaient d'entrer ; mais bientôt elle succombait sous des terreurs dont l'incertitude augmentait le poids ; livrée à de sourdes angoisses, elle redoutait ce qu'elle venait de défier, et, en présence d'un péril dont elle avait la conscience, Noëmi se demandait où elle trouverait un appui, loin de son père qui l'avait quittée ?

Puis, ainsi que cela arrive aux plus fortes natures, elle se prit à pleurer. Honteuse de cette faiblesse, elle essuya ses larmes, et ce fut avec une solennelle tranquillité qu'elle envisagea sa position.

Ben-Jacob avait cette fois mis son dévouement religieux au-dessus des affections de sa famille ; craignant sans doute de succomber dans cette épreuve, il avait évité les adieux, et il avait laissé sa fille, sans la fortifier par les consolations d'un dernier embrassement. Noëmi était accoutumée à une telle vénération pour les volontés de son père, qu'elle n'essaya pas même d'examiner sa conduite dans cette occasion. Quant à la protection qu'elle pouvait attendre de Ben-Saül et de sa femme, elle était nulle à ses yeux. Le vieillard avait une timidité que l'âge avait accrue en diminuant sa force physique et morale ; Sarah était une femme trop habituée à une soumission complète pour pouvoir lui offrir une vigueur qu'elle n'avait pas pour elle-même. Emmanuel eût pu la défendre contre le danger ; mais, dans les sentiments de Noëmi, il y avait tant d'indifférence pour ce jeune homme, qu'elle ne pouvait s'habituer à le compter dans sa vie.

Une autre personne, au milieu de ce délaissement général, se présentait à elle ; c'était le jeune homme qui l'avait secourue au jardin Pincio contre les attaques furieuses de Stephan. Sa mémoire caressait avec complaisance les souvenirs qu'elle avait gardés de cette généreuse apparition ; elle voyait son défenseur jeune, beau, courageux et dévoué. La reconnaissance que lui inspirait cette action allait bien au delà d'un sentiment de gratitude ordinaire, elle la poussait jusqu'à l'enthousiasme et jusqu'à l'admiration. Et, avec cet art ingénieux dont le cœur des femmes a si vite le secret, elle exagérait le danger qu'elle avait couru, pour exagérer le service et les remerc'ments qui partaient de son cœur. Elle croyait ne proférer dans son âme qu'une action de grâces, et son cœur chantait un cantique d'amour.

A ces élans succédaient des pensées sans espoir. Où était ce libérateur inconnu dont elle ne savait rien, pas même le nom ? Ah ! s'il s'offrait à ses regards, fût-il confondu dans la foule la plus nombreuse, ses yeux ne se tromperaient pas ; ils reconnaîtraient aisément des traits profondément gravés dans sa pensée. Un instant elle conçut le projet insensé de se mettre à sa recherche, de le rencontrer, de lui dire sa détresse. D'avance, sa confiance en lui était complète, elle ne doutait pas de son empressement à lui accorder un appui nécessaire, et c'était avec une joie ineffable qu'elle se plaçait sous sa protection. Avec un visage si beau, il était impossible qu'il n'eût pas un bon cœur... Les idées de Noëmi, en s'exaltant, allumaient le foyer ardent qui brûlait au fond de son organisation, et bientôt sa rêverie passionnée fut poussée jusqu'au délire. Il est des natures d'élite qui trouvent en elles-mêmes les éléments d'une passion qui, pour grandir, n'a besoin que de ses propres émotions.

Noëmi, pour cet amant absent et presque idéal, avait des transports que sa pudeur lui eût interdits en présence de l'objet aimé.

Le hasard, cette providence quelquefois si intelligente, lui donna des amis sur lesquels elle pouvait se reposer avec sécurité.

Afin d'échapper aux ennuis et à la torture morale de sa situation, elle résolut d'étudier la cité romaine dans toutes ses parties, et de connaître, quoique juive, cette religion catholique dont la domination, jadis si étendue, s'écroulait de toutes parts.

A Mantoue, dans le palais des ducs, elle avait vu les fresques de Montagna, la salle des Géants, cette œuvre colossale de Jules Romain ; depuis qu'elle avait contemplé ces chefs-d'œuvre, tous ses penchants la portaient vers les arts.

Pour cette exploration, elle mit à profit les franchises des mœurs italiennes qui, à Rome, permettent aux femmes de sortir seules.

Un jour, au Vatican, dans cette partie du palais qui, de la place Saint-Pierre, à droite du grand escalier conduisant aux appartements pontificaux, aboutit par une large rampe à la cour Santo-Damaso, qu'entouraient autrefois les portiques destinés à former la façade du Vatican, Noëmi s'était arrêtée sous le portique de gauche, que Raphaël a rendu à jamais illustre par ses immortels chefs-d'œuvre. Les ravissements que lui causait ce merveilleux aspect ne lui permettaient pas de voir d'autres objets que les peintures du maître, dont la contemplation l'absorbait tout entière, lorsqu'elle entendit murmurer près d'elle quelques mots à voix basse; elle porta ses regards vers l'endroit d'où partait ce bruit, et elle vit un groupe vivant qui formait lui-même un ravissant tableau.

C'était un vieillard et un jeune homme; celui-ci copiait quelques-unes des admirables figures qu'il avait sous les yeux; son attitude tenait de l'adoration, il était en extase devant son modèle, comme devant une œuvre céleste. L'autre était un vieillard dont la tête, modelée avec une noble vigueur, était encadrée par une longue chevelure blanche; les traits de ce visage, que le temps n'avait point flétri, respiraient une sérénité limpide et calme comme celle d'un beau jour; il y avait sur cette figure une transparence qui donnait à l'ensemble de la tête quelque chose de sanctifié, une lueur de béatitude. L'habit de ce vieillard semblait indiquer qu'il appartenait à l'Église. Le jeune homme avait un air ouvert et animé; dans les arrangements de sa barbe et de sa coiffure, on n'apercevait ni l'étrangeté ni la bizarrerie; il s'était tenu loin de toute excentricité; mais l'expression de son visage attestait son intelligence et sa ferveur pour l'art; chez lui, les signes de la bonté et de la douceur s'alliaient aux marques de l'énergie; il avait une physionomie toute française par l'esprit du regard et la grâce du sourire.

Pour son travail il s'était mis à genoux, comme devant Dieu; il avait la tête penchée de côté, et, par instant, il se mirait dans chaque coup de crayon, avec un sentiment d'enthousiasme satisfait; mais son compagnon tempérait cette satisfaction par des conseils tellement assidus, qu'ils semblaient guider la main de l'artiste. Le rapprochement de ces personnages formait un contraste plein d'harmonie. Noëmi, charmée et attirée par ce spectacle dont elle ne détachait pas le regard, se trouva auprès de ces deux personnes sans savoir comment elle y était venue, confuse et embarrassée de ce que sa démarche pouvait avoir d'inconvenant.

L'artiste, à l'approche de la jeune fille, avait tourné la tête; et, en la voyant, il avait poussé un cri qui témoignait de son étonnement devant tant de beauté. Puis, avec une exaltation galante, il ajouta en se levant, après avoir fermé son album et en regardant l'œuvre de Sanzio :

— Maître, pardonnez-moi, si, comme vous, je préfère les inspirations de la nature à celle de l'art le plus parfait.

Après un moment d'hésitation et d'examen mutuel, les deux jeunes gens se rapprochèrent, leur entretien s'anima, et le vieillard put, à son tour, jouir du charmant aspect de ces deux têtes parées, avec des caractères différents, de l'éclat d'une belle et radieuse jeunesse.

La conversation n'eut d'abord point d'autre sujet que l'art et ses prodiges; mais, dans ces effusions, les qualités de l'âme, les sentiments du cœur, les mérites de l'esprit et les richesses de l'imagination se manifestaient par des élans instinctifs et subits. Noëmi s'étonnait des connaissances vastes et multipliées, et aussi de la sûreté de jugement qui, chez l'artiste, se mêlaient à une saillie toujours prompte et à de poétiques inspirations. L'élévation d'un langage qui savait parler de l'art en l'associant à toutes les idées grandes et généreuses, excitait en elle de vives sympathies, et, dès ce moment, elle s'aperçut de tout ce que l'esprit et l'intelligence pouvaient gagner dans cet échange des idées.

Ce que, dans cette première entrevue, elle éprouva pour l'artiste français, était un penchant d'attraction vers un homme pourvu de tant de qualités aimables; elle sentait qu'elle ne pourrait lui refuser son amitié, mais qu'elle ne lui accorderait jamais son amour, et ce fut avec confiance qu'elle céda à l'inclination qui les réunissait.

Lorsque la nuit sépara Noëmi et l'artiste, la jeune fille fut étonnée des progrès qu'elle faisait dans la voie nouvelle où elle marchait depuis quelques jours.

Le lendemain, sans s'être rien dit la veille, on se retrouva au Vatican, au même endroit, près des fresques glorieuses ; les rencontres devinrent fréquentes, on en prolongea la durée. Un mois avait suffi pour nouer, entre les deux jeunes gens, les liens d'une étroite amitié.

Le charme que Noëmi trouvait dans cette liaison lui avait fait oublier les impressions pénibles auxquelles les faits devaient bientôt la ramener sans pitié. Dans la société de l'artiste français, en donnant à ses idées un libre essor, elle avait secoué la contrainte qui avait si longtemps gêné la gracieuse souplesse de ses mouvements. Ainsi délivrés des entraves qui les embarrassaient, la personne et l'esprit de la jeune fille croissaient en mérite et en beauté. Noëmi avait dans le maintien, dans le geste et dans la parole, une élégance naturelle qui se développait sans affectation, sans efforts, et par le simple épanouissement de ses heureux instincts.

Bientôt, sans questions indiscrètes, les nouveaux amis n'ignoraient rien de tout ce qui les concernait.

Noëmi raconta avec franchise tout ce qu'elle savait de soi-même ; elle apprit que l'artiste était effectivement Français : il se nommait Jules Bonneville ; il achevait à Rome, comme grand prix de peinture, la quatrième année du temps de ses études italiennes.

Le vieillard était un prêtre ; on l'appelait *dom* Salvi, parce qu'autrefois, sans être attaché à l'ordre des Bénédictins, il s'était associé à leurs doctes et utiles travaux.

Dom Salvi entra dans la communauté de cette amitié ; il éprouvait pour Noëmi l'attachement le plus vif, et une sympathie dont plus tard nous saurons le secret, que tous deux ignoraient encore. — Il avait longtemps habité la France, et ses goûts le portaient vers les habitudes de cette nation. Ses rapports avec quelques pensionnaires de l'Académie française à Rome les lui avaient fait tous connaître. Attaché à l'église Saint-Louis, qui est à Rome celle des Français, ses relations s'étaient multipliées et étendues. Dom Salvi, outre l'aménité constante de son caractère, avait pour les jeunes peintres un attrait particulier. Il était familier avec l'art de tous les siècles, de toutes les contrées, et avec les maîtres de toutes les écoles ; son expérience était, pour l'étude et pour le travail, dans le conseil et dans l'exécution, un guide sûr que sa complaisance et sa bienveillante amabilité faisaient rechercher.

Il s'était plus particulièrement lié avec Jules Bonneville, dont le caractère loyal et la sincérité allaient si bien à sa propre franchise ; et tous deux, depuis que Noëmi s'était réunie à eux, s'étaient juré l'un à l'autre de défendre la jeune fille contre tout danger, et de veiller sur elle à son insu.

Le moment de l'envoi des ouvrages de l'Académie de Rome à Paris approchait, Jules, inspiré par le nom et par les traits de la belle juive, la pria de poser comme modèle dans un tableau de *Ruth et Noëmi*, qu'il voulait lui dédier. Il fut convenu que dom Salvi assisterait à toutes les séances.

CHAPITRE VIII

La villa Medici.

Le tableau de Jules Bonneville était achevé ; avant de se séparer de cette toile, les trois amis voulurent la voir une dernière fois : le lendemain, elle devait partir pour Paris. La figure de Noëmi était l'œuvre tout entière ; sur elle, l'artiste avait concentré tous ses efforts; et il l'avait douée d'une pureté et d'une grâce angéliques. En conservant ce qu'il y avait de beauté matérielle dans la forme, il l'avait animée par la beauté idéale, par la chasteté qui l'enveloppait comme un voile céleste. Dom Salvi embrassait Jules et lui promettait un succès immense ; Noëmi tenait la main de l'artiste, qu'elle serrait avec attendrissement ; les yeux du peintre allaient de la copie au modèle, et il semblait désespéré et charmé de la différence qui existait entre eux.

Au moment de rouler la toile, on s'aperçut qu'on avait oublié la courte notice qui devait accompagner l'œuvre. Dom Salvi demandait un quart d'heure pour rédiger cette note, lorsque Noëmi, montrant un papier qu'elle avait caché dans son sein, dit avec humilité :

— J'y ai pensé.

Elle dicta à Jules ce passage du livre de Ruth :

« Orpha embrassa tout en larmes sa belle-mère, et s'en retourna ; mais Ruth s'attacha fortement à Noëmi.

« Celle-ci dit à Ruth : « Tu vois que ta
« belle-sœur retourne à son peuple et à ses
« dieux ; va, retourne avec elle. »

« Mais Ruth répondit : « Partout où tu
« voudras aller, j'irai ; partout où tu feras
« ta demeure, je demeurerai. Ton peuple et
« ton Dieu est mon Dieu... »

« Elles revinrent à Bethléem, vers le temps de la première moisson. »

Lorsqu'on emporta la caisse qui renfermait le tableau, on eût dit, à leur douleur, que c'était un cercueil contenant des restes chéris. Et tous les trois ensemble se mirent à raconter gaiement les charmes des journées employées à ce travail ; c'étaient comme ces souvenirs que la famille donne à l'enfant qui la quitte.

La villa Medici, où se passait cette scène, est placée à côté du Pincio ; elle fut édifiée par le cardinal Ricci, en 1540, sur les dessins d'Annibal Lippi ; plus tard, possédée par les grands-ducs de Toscane, elle prit le nom qu'elle porte aujourd'hui. Dans les premières années de ce siècle, elle fut acquise par le gouvernement français, au moyen d'échanges, et destinée à l'établissement de l'Académie que la France entretient à Rome depuis le dix-septième siècle. Jusqu'à cette époque, cet établissement, fondé par Louis XIV, occupait le palais Mancini, situé au *Corso*.

Cette demeure est parfaitement appropriée à sa destination ; elle est dans la plus magnifique position de la ville ; le monument a tous les caractères d'ordre et d'élégance particuliers aux œuvres du siècle de Léon X. Sa façade, assise sur d'énormes blocs, est d'un aspect noble et sévère ; elle est à la fois florentine et romaine : florentine dans l'ensemble, et romaine dans les détails. Il y a un jardin sur lequel règne un portique à colonnes et à puissantes arcades, que rehausse un perron à doubles rampes : on attribue à Michel-Ange cette partie de l'édifice. Au-dessus, les murs sont incrustés de

Réunion de prélats.

bas-reliefs antiques. C'est tout ce qui reste de la riche collection que les Médicis avaient rassemblée en ce lieu. La Vénus, l'Apolline, les Niobé, le Mercure en bronze et le Rémouleur sont partis de là pour Florence. On en a conservé le souvenir par des plâtres moulés, qui ont réuni dans une galerie, à la disposition des pensionnaires, les reproductions des statues les plus célèbres.

Il était difficile de rassembler plus d'éléments d'études et de succès. Cependant les résultats, depuis l'origine de l'Académie jusqu'à nos jours, ont démenti toutes les espérances : à Rome, la verve des concours parisiens semble frappée de langueur.

Chaque année on insère dans le budget de l'État cette phrase stéréotypée :

« L'administration s'occupe d'un nouveau règlement qui a pour objet de donner une direction plus utile aux travaux des élèves lauréats de l'Académie de France à Rome. Cette nouvelle mesure et le zèle du directeur actuel garantissent que cet établissement dans un pays étranger continuera de faire honneur à la France. »

Le total des frais d'entretien de l'Académie de France à Rome s'élève, par an, à la somme de 120,000 francs.

Les pensionnaires se composent des grands prix de peinture, sculpture, architecture et musique, qu'envoient à Rome, chaque année, les concours des beaux-arts ; la gravure en taille-douce n'y compte un lauréat que tous les deux ans ; le paysage historique et la gravure en médailles concourent tous les ans. Les élèves couronnés restent cinq ans à Rome ; ils sont logés et nourris aux frais de l'État, et reçoivent un traitement pour leurs dépenses particulières et pour les frais de modèles. Outre les travaux de copie qui leur sont imposés, ils doivent expédier tous les ans, à Paris, un ouvrage de leur composition. Ces œuvres sont exposées dans le palais des Beaux-Arts ; il en est rendu compte dans la séance annuelle de l'Institut. Les reproches sur la négligence avec laquelle les obligations sont accomplies et les regrets sur le peu de progrès des élèves forment ordinairement la base du rapport solennel.

L'Académie de France à Rome est sous la direction d'un membre de l'Académie des beaux-arts et élu par elle ; ses fonctions durent six ans. S'il meurt avant ce temps, il est remplacé provisoirement, en vertu d'une convention de 1676, par le directeur de l'Académie romaine de Saint-Luc.

Parmi les noms des derniers directeurs, toujours choisis parmi les peintres, on cite ceux de Guérin, d'Ingres et d'Horace Vernet.

En parcourant la liste des grands prix, depuis vingt ans, on est surpris de la rareté des noms vainqueurs devenus illustres. Quelques-uns sont arrivés à une renommée médiocre, les autres sont oubliés.

Ces tristes annales de l'Académie de France à Rome, que Jules ne songea point à dissimuler à Noëmi, ont été pour tous un sujet d'étonnement : les voyageurs, le gouvernement, les artistes, la diplomatie qui s'en est mêlée, les pensionnaires et les directeurs n'ont rien compris à cette situation, et chaque année, aux Chambres et à l'Institut, on indique le mal sans trouver le remède. Jules expliquait très-nettement les causes de ce malaise.

— Les grands prix, disait-il, partent de Paris pour Rome avec des idées gonflées de vanité et d'orgueil. Le succès qu'ils ont obtenu dans l'École leur paraît être le terme de leurs études ; ils ne comprennent pas que ce n'en est que le point de départ.

De leur côté, les maîtres ne sont pas plus prudents que les élèves ; il semble que si l'expérience n'existe pas encore pour les uns, elle soit déjà perdue pour les autres. Au lieu de soumettre à une discipline ferme, mais sans être sévère, les pensionnaires de Rome, on les livre tout d'un coup à une vie sans règle et sans frein.

Pour bien comprendre la fausseté de cette position, il faut connaître l'existence de la plupart des élèves qui se livrent à la culture des arts. Presque tous ils sortent de la classe pauvre ; beaucoup d'entre eux n'ont pu suivre ce qu'ils appellent leur vocation que contre le gré de leurs parents, qui préféraient un métier profitable à l'art si souvent ingrat.

Il y a loin de Paris à Rome, et le chemin est rude pour l'artiste qui, parti de ses premiers essais sur les murailles, se met en route pour le grand prix. Les études sont d'autant plus longues que tous les maîtres sont intéressés à les prolonger. Quand l'élève studieux est glorieusement parvenu, après plusieurs années, à l'estompe d'après la bosse, il entre dans un atelier. Il y est le souffre-douleur d'une troupe sans pitié ; il est voué aux commissions, au décrottage, à la plus honteuse domesticité ; et, sans cesse courbé sous les coups et sous les injures, il perd son nom : c'est le *rapin*, le *rat huppé*.

— Eh quoi ! s'écria Noëmi, tant d'avilissement avec une si haute destinée !

— Les extrêmes se touchent, reprit Jules, et il continua :

Enfin il a un chevalet, une boîte de couleurs et une palette. Fier de ces attributs comme un jeune officier qui promène sa première épaulette, le *rapin* est devenu peintre : il va mettre la main à la pâte. La seule idée de peindre d'après nature, d'après le modèle, d'après une femme peut-être, le met en feu. Ordinairement, dans ses premiers essais, le jeune artiste recueille d'abord les sarcasmes de ses camarades et ensuite les malédictions du maître, qui lui prédit un avenir négatif : cette règle est presque sans exception. Vient alors le douloureux chapitre des incertitudes : sans conseils, sans leçons, sans exemples et sans guide, à quel genre se vouer ? La peinture moderne a des affections pour toutes les écoles ; l'art symbolique, gothique, achaïque et séraphique, a souvent les premières tendresses des jeunes cœurs que séduisent les auréoles d'or et d'azur ; d'autres se vouent à l'art germanique. Le plus grand nombre, à force d'emprunter un peu à tous les âges, à tous les pays et à tous les genres, finissent par n'avoir rien à eux. Heureux alors si le besoin ne les voue pas aux portraits bourgeois et à la pacotille noire et coloriée ; odieuse et vulgaire besogne, qui met la pensée et la main en contact perpétuel avec le laid.

Et la tyrannie des opinions, et les manies qui imposent leurs travers à votre travail et à toute votre personne, sous peine de voir votre nom maudit et proscrit ! Si vous donnez la préférence au dessin sur la couleur, vous êtes sec et dur, sans âme, sans mouvement et sans lumière ; êtes-vous épris de la couleur, vos tableaux crient... Si vous vous efforcez de mettre d'accord ces deux éléments de peinture, vous ne signifiez plus rien. Dans cette extrémité, si le hasard ne vous prend par la main et ne vous porte, à force d'extravagances, en pleine vogue, vous végétez.

A ces tourments de l'intelligence, ajoutez une vie de misère et de privations, et remplie de peines que la gaieté et l'insouciance de la jeunesse ne parviennent pas toujours à surmonter. Dans cette lutte continuelle entre les regards du passé, les souffrances du présent et les peines de l'avenir, que de fois le talent a succombé !

— Vous allez trop loin, dit Noëmi épouvantée.

— Et si je n'avais fait, reprit Jules, que vous raconter ma propre histoire, les douleurs de ma jeunesse !

— Oh ! mon Dieu !

— Quand, après ces épreuves, arrive l'ivresse du triomphe et de la victoire, elle vous trouve éperdu et troublé : le grand prix, la médaille d'or, les honneurs d'une ovation publique, la couronne de l'Institut, Rome et cinq ans d'une existence aisée et honorable...

C'est une fortune immense. Avec quels transports on en prend possession ! Comme dans ces joies de succès la pensée s'élance vers les hautes régions et rêve la gloire et la fortune !

Et puis, pour les artistes, il y a dans ce nom de Rome quelque chose de magique qui nous met face à face avec l'art de toutes les époques glorieuses et les splendeurs de tous les temps.

— Ah ! s'écria Noëmi, en s'unissant à cet enthousiasme, j'aime à vous entendre parler ainsi : voilà l'artiste ! Ce n'est plus cet être souffreteux, dégradé et chétif que vous avez peint tout à l'heure.

— Attendez, répondit avec un accent plein d'une sombre tristesse Jules, un instant auparavant si prompt à s'exalter. C'est assurément, ajouta-t-il, un beau jour que celui où l'on entre dans Rome par la porte *del Popolo* ! Lorsque, après avoir franchi la place qui doit le même nom au peuplier planté au centre, on aperçoit la villa Medici, cette royale demeure que la France a préparée pour nous, on sent en soi de nobles et grandes inspirations.

Hélas ! quels désenchantements cruels succèdent à ces élans ! quelle funeste réalité remplace ces brillantes illusions !

Rome, comme le savent tous ceux que sa renommée a conduits dans ses murs, est loin de tenir les promesses faites en son nom.

Pendant quelques jours le charme dure encore, mais bientôt on sent je ne sais quelle mollesse et quelle langueur qui laissent le corps et l'esprit sans force et sans volonté. L'influence d'une température variable, les vents du nord, qui succèdent si rapidement à ceux du midi et rendent si fréquentes les phthisies et les affections fiévreuses, sont d'abord accusés de cette fatigue. La chaleur, dans ce pays où le thermomètre ne descend pas au-dessous de trois degrés et s'élève jusqu'à trente-trois, a aussi une action qui brise l'énergie morale et la vigueur physique ; on plie sous une lassitude somnolente ; on se débat vainement contre la torpeur et contre l'inertie. A la villa Medici, il est passé en tradition qu'un Français, en arrivant à Rome, dort deux ans sans s'éveiller.

Le climat n'est pas le seul agent de cet épuisement ; les habitudes romaines sont toutes portées à l'indolence. N'ont-elles pas proclamé, comme le souverain bien, ce *dolce far niente* dont ils ont presque fait une vertu ?

Il est cependant un point sur lequel Rome montre une surprenante activité. Toutes les distractions graves et futiles, depuis les *funzioni* des églises jusqu'au spectacle des *burattini*, ces incomparables marionnettes, depuis *pulcinella* jusqu'au *santissimo bambino*, font les délices des Romains du dix-neuvième siècle. Vous aurez, Noëmi, dans vos courses à travers les mœurs de Rome, plus d'une occasion de constater ces faits.

On se laisse entraîner par le torrent, on suit la foule, et le temps perdu est irréparable, comme dit le poëte latin ; n'est-ce pas, dom Salvi ?

Comment vous parler des autres séductions qui détournent du travail les nouveaux venus et les plongent dans le désordre. Ces plaies, chère Noëmi, vous les rencontrerez aussi sur vos pas : je ne veux pas à l'avance en affliger votre pensée. Qu'un dernier mot me suffise sur ce triste sujet. On parle beaucoup de *l'aria cattiva*, cette peste sortie des marais Pontins pour infester la campagne de Rome et quelques quartiers de la ville. On n'a rien dit d'un autre fléau plus redoutable. A Rome, si la poitrine n'aspire qu'une atmosphère viciée et malsaine, le cœur et l'esprit ne voient que le vice et la débauche.

Aussi l'oisiveté des nouveaux pensionnaires est-elle de longue durée ; leur paresse est ingénieuse à se trouver des prétextes, parmi lesquels la visite des antiquités est toujours le premier. Plus tard, lorsque arrivent les échéances du travail, le temps marqué à l'application, le talent, la main et les yeux se sont rouillés, et le bon vouloir et le zèle sont frappés d'incapacité. Les travaux ne sont point exécutés ou ne sont faits qu'à la hâte. C'est dans les cafés que la plupart des pensionnaires passent leurs journées ; ils livrent au jeu et à l'ivresse tous les instants qu'ils ne donnent pas à d'autres plaisirs. A la villa Medici, dans l'intérieur de l'Académie, les charges de l'atelier, les entretiens, les longs récits, les confidences, les jeux, le sommeil, et tout ce qui n'est pas le travail, sont en permanence. D'ailleurs, quel intérêt a-t-on à se montrer fidèle à ses devoirs ? Il n'existe parmi nous nulle émulation ; il n'y a point de récompense pour l'application. Ce tort n'est pas le nôtre, c'est celui de nos maîtres.

Un des obstacles qui s'opposent le plus à nos progrès, c'est la mobilité des directions imprimées à l'enseignement.

Ce ne sont point les immuables principes de l'art qu'on présente à nos études, ce sont les caprices, les manies de la fantaisie du directeur en fonctions. Pour ne pas remonter trop haut dans le passé et aller trop loin dans le présent, je citerai les trois derniers directeurs de l'Académie de France à Rome : Guérin, l'auteur de la *Didon*, Ingres, le peintre de *saint Symphorien*, et Horace Vernet, ce trompette éclatant de nos batailles. Sous M. Guérin, il fallait faire tout lilas et couleur de rose, avec des teintes de soleil couchant et des regards baignés et humides de larmes de volupté. Sous M. Ingres, il fallait faire tout en terre cuite, d'un seul ton régulier, correct, austère, anatomique et rectangulaire. Rubens, ses chairs luxuriantes et ses robustes couleurs étaient des modèles de perdition. Sous M. Horace Vernet, il fallait aller vite à tout prix, négliger la structure des figures pour ne songer qu'à les habiller au goût de la mode ou selon l'ordonnance. Aujourd'hui, sous le directeur actuel, dont rien ne justifie l'élévation, nul de nous ne sait quelle route il doit suivre ; mais maintenant, comme toujours, à ceux qui se conforment aux vœux du maître, toutes les grâces et toutes les faveurs ; à ceux qui résistent, la malveillance et l'injustice.

Après cela, notre existence ici n'est pas sans quelques agréments. On aime notre humeur joyeuse, on nous recherche, on nous fête, non pas dans les hautes régions et dans le clergé, où l'on craint notre libéralisme et notre philosophie, mais dans la classe moyenne. Pour nous la vie est oisive et facile ; en évitant dans nos aventures le drame de la *vendetta*, nous pouvons passer gaiement les jours de notre émigration.

Nos chansons, nos saillies, nos caricatures et nos scènes aristophaniques plaisent à la médisance romaine ; nous avons à peu près remplacé Marphorio et Pasquin, ces deux vieux oracles jadis si bavards, et devenus presque muets. Nous amusons la cour, qui nous hait, le clergé, qui nous damne, et la ville, qui applaudit.

Quelquefois nous opérons des révolutions ; nous avons aidé les *gentlemen* britanniques à introduire les jockeys dans les courses de chevaux ; nous avons naturalisé le cornet à pistons dans les orchestres des bals ; nous avons remplacé les danses romaines par celles de nos bals masqués. La chasse au renard, venue d'Angleterre à Rome avec ses gens, sa meute et ses bêtes, au grand ébahissement de toute la fashion pontificale, a été protégée par notre patronage. On nous doit l'eau-de-vie de France dans les cafés. C'est G. P..., un des meilleurs critiques de la presse parisienne, qui, le premier, sans notre autorité, l'a imposée au café Grec, à la place de la détestable *acqua-vita* qu'on y débitait. Il a poussé la constance jusqu'à porter sur lui, pendant huit jours, un flacon rempli du breuvage qu'il voulait substituer à un autre.

Le plus fameux de nos exploits, celui qui a le plus fait pour notre popularité, c'est notre invasion dans le carnaval de 18...

Une gigantesque mascarade sortie de la villa Medici se répandit dans *le Corso*, où la population romaine de tous les rangs était accourue en équipages et en habits de gala. Les masques de la comédie italienne, *Brighella, Pantalon, Arlequin, Cassandro, il dottore*, et le seigneur *Policinello* ont cédé le pas à nos *titis*, à nos *débardeurs*, à Robert-Macaire, au Postillon de Longjumeau, aux hussards des deux sexes, à Jean-Jean et à nos *lorettes*.

La foule nous contemplait avec admiration et nous regardait avec ravissement...

Jules avait une verve de récit qui faisait baisser les yeux à Noëmi, et que dom Salvi tâchait vainement de réprimer, lorsqu'un incident vint l'interrompre.

Un message de Ben-Saül rappelait au Ghetto la jeune fille.

Jules et dom Salvi voulurent accompagner Noëmi jusqu'à la grille du Ghetto.

Que ce fût l'effet d'une préoccupation ou que leurs regards ne les eussent pas trompés, ils crurent voir, échelonnés dans les rues, de mystérieux agents qui les suivaient de distance en distance, comme s'ils se transmettaient l'un à l'autre, et de poste en poste, une mission d'espionnage et de surveillance.

Noëmi et ses amis ne s'étaient pas trompés : la jeune fille était l'objet d'une vigilance active; toutes ses démarches étaient épiées.

Stephan n'avait point renoncé à Noëmi; il ne savait d'elle que ce que Carlo lui avait rapporté, c'est-à-dire qu'elle habitait le Ghetto. Il lui importait d'en savoir davantage; il voulait connaître sa famille, et, par ses parents, juger de l'éducation qu'elle avait reçue. Le neveu de monsignor Panfilio n'était point accoutumé à rencontrer d'invincibles résistances, et un peu revenu d'un premier moment de désarroi, il se promettait de triompher de la belle juive, comme il avait vaincu tant d'autres femmes, surtout si par ses largesses il pouvait l'éblouir. Pour cela, il était nécessaire qu'il fût exactement instruit de tout ce qui concernait Noëmi.

Un matin, après une nuit sans sommeil, il s'était rendu à Transtévère, dans un endroit bien connu de lui, la maison de Carlo. Elle était située au fond d'une ruelle étroite et tortueuse; basse et n'ayant qu'un seul étage, cette habitation se composait de deux pièces à une seule fenêtre; l'une des chambres était au niveau du sol, l'autre au-dessus. En bas, un pot de terre pour faire cuire *la polenta*, et une cruche de grès toujours remplie d'eau fraîche; en haut, une natte de roseaux étendue sur le plancher dans un coin de la chambre; et des armes riches et précieuses de toutes les formes et de toutes les espèces pendues aux murailles, tel était le mobilier du logis, vide en ce moment, et à la porte duquel Stephan frappait depuis plus d'une heure sans obtenir de réponse.

— Maudit ivrogne! s'écriait-il, c'est le vin d'Orvietto qu'il a bu hier qui le fait si bien dormir aujourd'hui. Carlo!... Carlo!...

Les coups qui ébranlaient la porte, et les cris qu'on entendait au loin, restaient sans écho. La maison de Carlo, reléguée à l'extrémité de la ville, était séparée des autres par un assez long intervalle.

Stephan s'en retournait en maudissant Carlo et ses pareils, lorsqu'en passant auprès d'une petite *osteria* de mauvaise apparence, il entendit les transports furieux de la *murra*, ce jeu que toute la plèbe italienne, depuis le pied des Alpes jusqu'à la Calabre, joue du geste et de la voix avec une exaltation qui ressemble à la violence et aux emportements d'une dispute. Parmi ces voix retentissantes, Stephan crut reconnaître celle de Carlo ; il frappa avec précaution, afin de ne point inquiéter l'hôte et les buveurs, et la porte bâtarde qui donnait dans la salle s'ouvrit discrètement et se referma tout de suite. Stephan entendit que l'on parlait bas, et il comprit qu'il s'agissait de lui.

— C'est un *sior*, dit une voix en patois *transteverino*.

— Ouvrez, répondit une autre voix ; c'est de l'ouvrage qui nous vient.

Ces paroles ne laissèrent aucun doute à Stephan : c'était Carlo qui les avait prononcées.

La porte, qu'il poussa, céda sans résistance ; mais Stephan recula de quelques pas, repoussé par les vapeurs lourdes et vineuses qui l'assaillirent à son entrée. Une lampe, dans laquelle brûlait une huile infecte, avait rempli cette salle sans air, sans espace et sans lumière, d'un brouillard noir et fumeux qui saisissait désagréablement la gorge et l'odorat ; l'odeur du vin et des brûlots de *brandevin*, mêlée à d'autres émanations, composait une atmosphère épaisse et empestée, dans laquelle une douzaine de bons compagnons avaient passé la nuit.

Les camarades de Carlo n'avaient pas meilleure mine que lui : leur air, leur costume, leurs propos et toute leur façon d'être et d'agir, dénotaient de vrais bandits ; les longs couteaux étaient posés sur la table, tout ouverts et prêts sans doute à se mêler de l'entretien et à trancher les querelles du jeu ; les visages et les regards des joueurs étaient ardents, enflammés et fortement empourprés ; les voix étaient rauques et l'accent aviné, c'était l'ivresse dans toute son ignoble laideur.

Stephan voulait se retirer, pensant avec raison qu'il n'y avait rien à attendre d'un homme dans l'état où se trouvait Carlo ; mais celui-ci se leva, et, en chancelant, il s'approcha du jeune homme, le retint par un bouton auquel il se cramponna pour ne pas tomber, et, d'une voix entrecoupée de hoquets :

— *Caro signorino*, lui dit-il, vous allez boire avec nous un verre de muscat de Montefiascone, et après cela je suis à vous.

Stephan sentit qu'un refus l'exposerait à trop d'embarras ; d'ailleurs, au premier mot de Carlo, l'hôte avait apporté le *fiasco* et un verre, et, après avoir dextrement fait sauter hors du goulot l'huile qui servait de bouchon, il remplit le verre, et, le présentant à Stephan, il lui dit avec orgueil :

— Buvez cela, signor, c'est *un vino da vescovo* (un vin d'évêque).

Le jeune cavalier garda bonne contenance ; il but, après avoir fait avec le verre une façon de salut ; mais il se borna à dire à Carlo :

— Demain !

Carlo eût bien voulu tout de suite entrer en affaire, mais Stephan était déjà loin avant qu'il eût pu seulement prendre son aplomb.

Vers le soir, Carlo, qui s'était remis à boire et à jouer, et dont la journée avait été joyeusement partagée entre la *bocali*, la *murra* et *il salterello*, au son de la guitare, avec les belles filles de Transtévère, se rappela qu'il devait aller le lendemain chez Stephan, et rentra se coucher dans sa maison ; il laissa sa fenêtre ouverte, afin que le premier rayon du soleil ou l'air du matin vînt le réveiller.

De bonne heure Carlo était au rendez-vous, et il trouva Stephan levé.

— La journée d'avant-hier, lui dit le neveu de Panfilio, a donc été bonne ? Vous l'avez fêtée gaiement.

— Oh! oui, vostra excellenza, répondit Carlo d'un air rayonnant de satisfaction, bonne, très-bonne!

— Eh bien! je veux que celle-ci le soit aussi...

— Est-ce que, fit Carlo en portant la main à l'arsenal de sa ceinture, *la vostra excellenza...*

— Non! s'écria Stephan avec l'horreur que lui inspirait une proposition dont il comprenait toute l'atrocité.

— *Chè perdona ella!* repliqua Carlo un peu confus.

Il prit un siége sans y être invité, se drapa dans son manteau, et, de l'air d'un homme qui sent qu'on a besoin de lui, il dit à Stephan d'un ton emphatiquement familier :

— Seigneur, je vous écoute.

Dans un premier entretien de ces deux personnages, nous avons vu combien était vif et profond le dégoût que Carlo inspirait à Stéphan; celui-ci, comme la première fois, eut hâte d'en finir. Il se borna donc à ordonner à Carlo d'observer les démarches de la jeune fille du *Ghetto*, d'obtenir sur elle tous les renseignements qu'il pourrait se procurer, de ne lui faire aucun mal, et de la défendre même au besoin si elle était en danger.

Carlo s'inclina, sortit précipitamment et se rendit chez monsignor Panfilio, l'oncle de Stephan, pour lui vendre, d'après leurs conventions, les secrets de son neveu.

De sorte que le *Ghetto* et ses environs étaient cernés et explorés par trois polices différentes : celles de Stephan et de Panfilio, que dirigeait Carlo, et celle du gouvernement, que monsignor avait secrètement avertie des machinations cachées dans le quartier des juifs. Les premiers rapports de cette triple observation avaient révélé les visites fréquentes de Noëmi à la villa Médici. Il n'en fallait pas plus pour établir les preuves d'un complot entre les juifs et les Français, unis par leur haine commune. A Rome, il n'est accusation si absurde qui ne trouve quelque crédit, lorsqu'elle s'adresse à la peur, qui siége dans les conseils de l'Église.

Les races italiennes ont une astuce originelle qui les porte volontiers vers les manœuvres occultes. On sait jusqu'à quel point de perfection Venise poussa l'art de l'espionnage et de la délation. Les annales de cette république sont pleines de mystérieuses horreurs. Les autres États d'Italie adoptèrent, par un penchant naturel, les mœurs et le masque de la police vénitienne. Rome marcha la première dans cette voie de ténèbres, et, chez elle, ces sombres et déloyales traditions font partie des fastes intimes. La police de Rome ne se borna pas à la ville sainte; par les ordres religieux soumis à sa discipline et à son pouvoir, le saint-siége sut pénétrer les secrets des rois et des peuples. Les confessionnaux de tous les souverains catholiques avaient des échos sous les voûtes du Vatican.

A Rome, presque tous ceux qui se mêlent des affaires publiques font la police, non point par état, mais par zèle, afin de se rendre utiles, de gagner quelque chose à leurs moments perdus, et pour utiliser leurs loisirs. Toute l'Église, depuis le plus humble estafier de sacristie jusqu'aux membres du sacré collége, est enrôlée dans cette milice. La révélation et la surveillance font partie des devoirs imposés aux lévites. Sur les flancs de cette vaste agrégation se groupent les communautés religieuses, les familiers

Moribond, jésuites et testament.

du clergé et la gent dévote. Les employés du gouvernement seraient mal venus à ne pas joindre leurs efforts à ce concours; l'armée elle-même s'y associe. Une autre partie de la population romaine prend part à ces opérations : c'est la tourbe des mendiants, des bandits, des courtisanes, si nombreuses à Rome; la domesticité, les *ciceroni* et toute la multitude dont la vie de hasard et d'aventure s'attache aux étrangers; tout ce que Rome contient de puissant et de honteux est affilié à sa police. Heureusement, là comme en toutes choses, dans ce pays, l'indolence paralyse les actes.

Au moment où se passent les événements que nous racontons, la police des États pontificaux était levée tout entière, non-seulement à Rome, mais dans toutes les possessions de l'Église. Les légations étaient en feu, et les mécontents avaient partout leurs réunions secrètes et leur culte caché. Nous conviendrons volontiers que l'inquisition a presque disparu du gouvernement romain. Elle n'est plus aujourd'hui qu'un épouvantail pour effrayer le judaïsme et la philosophie, qui ne la redoutent pas; mais l'inquisition, avant de disparaître, a laissé son venin dans la police romaine. Nous sommes loin, bien loin, sans doute, des persécutions sanglantes qui, dans les âges précédents, ont tant de fois souillé l'histoire des pontifes; mais Rome, en perdant ses forces, n'a point abandonné ses haines vigoureuses et ses rancunes vivaces; sous sa faiblesse et sous son épuisement, ses colères et ses menaces rugissent. Elle n'a plus dans la main que des foudres éteintes, mais son bras désarmé menace encore le monde.

Dans sa décrépitude, le courroux du clergé romain s'acharne sur la nation juive, qui refuse de livrer ses trésors pour se soustraire à ces inimitiés; mais, sous ces coups, les juifs restent inertes et assis sur leurs coffres fermés : c'est pour Rome un sujet de désespoir toujours renaissant.

Les idées libérales et le mouvement qu'elles impriment aux esprits, l'affaiblissement progressif des idées dévotes dans les classes éclairées, l'esprit d'examen et de discussion qui pénètre partout, n'affligent pas Rome autant que l'immobilité des juifs et l'impossibilité de saisir la fortune qu'ils possèdent.

Chaque pontife marque son passage au pouvoir par une atteinte portée à la condition des juifs. Le 24 juin 1843, le pape publia contre les juifs une bulle qu'on croirait inspirée par les plus mauvais jours de la barbarie et du fanatisme. Cette pièce, que nous empruntons à l'*Histoire des Papes*, est signée : FRA VICENZO SALMA, *inquisiteur général*.

« Tous les juifs qui résident à Ancône et à Sinigaglia ne pourront plus recevoir de nourrices catholiques, ni engager des chrétiens à leur service, sous peine d'être punis conformément aux décrets pontificaux. Tous les Israélites devront vendre, dans un délai de trois mois, leurs biens, meubles et immeubles, sinon ils seront vendus à l'encan. Aucun d'eux ne pourra résider dans une ville sans l'autorisation du gouvernement; en cas de contravention, ils seront renvoyés dans leur *Ghetto* respectif. Aucun Israélite ne pourra coucher hors du *Ghetto*, ni engager un chrétien à coucher dans cette enceinte réprouvée, ni entretenir des relations amicales avec les fidèles, ni faire le commerce d'ornements sacrés ou de livres d'aucune espèce, sous peine de cent écus d'amende et de sept années d'emprisonnement. Les Israélites, en enterrant leurs morts, ne devront faire aucune cérémonie, et ils ne pourront point se servir de flambeaux, sous peine de confiscation. Ceux qui violeraient nos édits encourront les peines de la sainte inquisition. La présente mesure sera communiquée au *Ghetto* pour être publiée dans la synagogue. »

Lorsque, conformément à sa dernière prescription, cette bulle fut connue dans le *Ghetto*, elle y fut accueillie par un concert de lamentations plaintives et dolentes, comme celles du prophète. Un instant, les malheureux juifs crurent que l'on allait rétablir contre eux la marque jaune qu'ils portaient autrefois sur l'épaule.

C'était un concert de doléances.

Ainsi, disaient les uns, se complétait le système injuste qui les place en dehors du droit commun; la nouvelle mesure était la conséquence rigoureuse de celle qui leur interdisait l'acquisition de la propriété foncière.

— Quel nouveau malheur, s'écriaient ceux-ci, les menaçait encore! N'était-ce donc pas assez d'être renfermés dans ce *Ghetto*, dans lequel ils ne peuvent plus rentrer, quatre heures après le coucher du soleil, qu'en gagnant à prix d'argent les bonnes grâces des portiers!

— L'orgueil de Rome, ajoutaient les autres, ne se contenterait-il plus de cette démarche humiliante qui leur est imposée chaque année : l'obligation de venir, représentés par leurs syndics et leurs rabbins, demander au sénateur la permission d'habiter la ville des papes!

Il y en avait qui craignaient qu'on ne ravît au *Ghetto* un dernier privilège acheté par leurs ancêtres à prix d'or, *la Gazzaga*, payée si cher par ceux qui leur avaient légué ce droit.

Les maisons que les juifs, qui ne peuvent rien posséder, habitent à Rome, appartiennent toutes à des chrétiens; mais, par une espèce d'emphytéose, le propriétaire ne peut ni augmenter le loyer ni expulser les locataires. Ces conventions sont les mêmes depuis un long cours d'années. Si la maison menace ruine, le propriétaire est obligé de la réparer et de la reconstruire, quoique le revenu ne soit plus en proportion de cette dépense : seulement le syndicat est garant du payement des loyers. Le droit de logement est tellement établi, qu'il se transmet, entre les juifs, par dot et par contrat.

— Hélas! disaient les vieillards, on appela longtemps Rome le paradis des juifs, lorsque l'or de nos pères fournissait à ses prodigalités.

— Maintenant, répondirent les jeunes gens, Rome veut tout prendre et ne rien accorder; si on compare notre sort à celui de nos frères dans les autres États, Rome n'est plus que l'enfer des juifs.

En effet, les écrivains qui ont le plus cherché à exalter Rome moderne et le saint-siége, sont forcés de reconnaitre que l'avilissement dans lequel les lois pontificales tiennent les juifs est réellement à déplorer.

C'était pour lui communiquer ces affligeantes nouvelles, que Ben-Saül avait fait mander Noëmi. Le vieillard voulait quitter Rome, cette ville où il n'avait trouvé que la désolation pour lui et les siens; mais Noëmi soutint son courage : elle lui rappela les longues épreuves du peuple de Dieu et la récompense qui attendait Israël; elle lui parla de Ben-Jacob et de ses espérances.

La parole de Noëmi consola le vieillard et fit rentrer dans le cœur de Ben-Saül un calme qui n'était pas dans le sien. Quant à la jeune fille, elle avait pu s'assurer qu'autour de la maison se préparaient contre elle des piéges et des embûches.

Pour s'y soustraire, elle mit à exécution un dessein qu'elle avait conçu dès le premier jour où elle avait vu dom Salvi.

CHAPITRE IX

Un Prêtre.

Si la bulle contre les juifs avait causé une vive indignation dans l'enceinte du *Ghetto*, toute la ville blâmait également cette mesure cruelle et éloignée des idées de tolérante charité, dont la religion catholique fait une loi. Les patriciens et la jeune aristocratie de l'Église, dont les dissipations avaient si souvent recours aux juifs, craignaient de ne plus trouver auprès d'eux les ressources faciles de l'emprunt.

Noëmi, sans comprendre tout à fait les conséquences funestes de la bulle, avait le continuel pressentiment du péril; elle éprouvait des craintes personnelles, dans la persuasion que certaines atteintes lui étaient particulièrement destinées. Tourmentée par ces alarmes, elle passa la plus grande partie de la nuit à écrire à son père une lettre qu'elle lui ferait tenir par Ben-Saül : les juifs de Rome ne confient à la poste que celles qui traitent d'objets et d'intérêts étrangers à leurs affaires secrètes, aux affections et aux devoirs de la famille. Elle adressa aussi quelques lignes à Ben-Saül, pour lui donner l'assurance qu'elle ne s'éloignerait que pendant un temps, et qu'elle reviendrait, au retour de son père, afin d'obéir à sa volonté. Elle acheva ensuite ses préparatifs de départ. Quelques hardes, quelques bijoux de peu de valeur, une faible somme en or que lui avait laissée Ben-Jacob, ce fut tout ce qu'elle emporta.

Au moment de s'éloigner du sol hospitalier, elle pria pour son père, pour ceux dont elle se séparait, et aussi pour elle-même. Le jour commençant à paraître, elle sortit de la maison par une petite fenêtre du rez-de-chaussée qu'elle avait eu le soin de tenir ouverte; le portier du *Ghetto*, à qui elle avait donné une pièce d'or, l'attendait; elle franchit la grille de l'enceinte, et Rome présenta à ses regards ses rues désertes qu'éclairaient les premiers rayons du soleil. D'abord, elle eut peur en se voyant seule; mais bientôt sa situation même lui rendit le courage, et elle marcha d'un pas rapide. Elle se dirigea vers le Panthéon. Parvenue au point de jonction des rues de la *Scrofa* et *del Governo*, et près de l'église Saint-Louis, celle qu'à Rome on appelle l'église des Français, elle frappa à la porte d'une maison de modeste apparence; après quelques moments d'attente, elle vit paraître à une fenêtre basse une vieille gouvernante qui, à travers les barreaux d'une grille épaisse, lui demanda ce qu'elle cherchait de si bonne heure.

— Je voudrais, répondit Noëmi, parler à dom Salvi.

— A M. l'abbé ? *Per la santissima madonna*, ce n'est pas moi qui irai le réveiller, pauvre cher homme, qui s'est levé cette nuit pour aller confesser un mourant !

— Je ne vous demande pas de l'éveiller, *cara donna*, mais je vous prie de me laisser entrer.

— Mais qui êtes-vous ? d'où venez-vous avec votre paquet qui n'est, ma foi, pas gros ? M. l'abbé n'attend personne.

— Dom Salvi me connaît, et il ne sera pas fâché de me voir.

— Le fait est que vous n'avez pas l'air méchant, et si je n'avais pas peur d'être grondée...

— Il ne vous grondera pas, ouvrez-moi.

— Bien sûr ! Eh bien, je vous crois, on ne ment pas avec cette figure-là.

La porte s'ouvrit, et Noëmi entra dans une salle basse, espèce de parloir dans lequel il n'y avait pour tout meuble qu'une longue banquette recouverte d'une vieille brocatelle, et pour tout ornement que quelques images de saints, dont la gravure était fort ancienne.

— Attendez là, dit la vieille gouvernante ; je vais monter bien doucement pour voir si M. l'abbé est réveillé.

Un quart d'heure s'était à peine écoulé, que Noëmi était prévenue que M. l'abbé allait descendre. Dom Salvi se présenta un instant après ce message. Son étonnement fut grand en voyant la jeune fille ; cependant, réprimant sa surprise, il s'avança vers elle avec bonté, et lui demanda s'il lui était arrivé quelque malheur qu'il pût réparer ou adoucir. Comme il s'aperçut que la vieille gouvernante écoutait ce qu'il disait, il emmena Noëmi et la conduisit à l'étage supérieur, dans une pièce d'aspect sévère, à laquelle une bibliothèque donnait l'air d'un cabinet, tandis qu'un prie-Dieu indiquait un oratoire. Dom Salvi se plaça dans un fauteuil, et se recueillait comme s'il s'agissait d'entendre une confession ; il ne se souvenait plus que Noëmi fût juive.

— Mon père, dit la jeune fille, je voudrais vous ouvrir mon cœur.

— Parlez, mon enfant ; mais, avant de vous adresser au prêtre, élevez votre âme vers Dieu.

La juive récita en langue hébraïque quelques versets des saintes Écritures ; alors dom Salvi sortit de la préoccupation qui le dominait, et se rappela tout ce qu'il avait oublié.

Noëmi lui raconta la bulle, ses propres terreurs, les pièges et les embûches dont elle se croyait entourée.

— J'ai quitté le *Ghetto*, ajouta-t-elle, parce que j'ai craint qu'on ne vînt nous y égorger.

— Oh ! mon enfant, quelle affreuse pensée !

Alors elle lui avoua que depuis ce qui lui était arrivé au jardin Pincio, elle ne pouvait se défendre de la frayeur à laquelle son cœur venait de céder.

— Eh ! que vous est-il donc arrivé au jardin Pincio ? Dans le récit que vous nous avez fait, à Jules et à moi, vous avez omis cette circonstance.

Noëmi redit alors l'attaque furieuse de Stephan et la généreuse défense de l'inconnu.

Dom Salvi l'écoutait avec avidité, et lorsqu'elle eut fini, il s'écria :

— Quoi! c'est vous?

Mais il n'acheva pas sa phrase commencée. Il s'opéra en lui un changement qui n'échappa point à Noëmi. Le vieillard devint avec elle plus affectueux ; il y eut tout à coup dans ses manières quelque chose de la tendresse paternelle dont elle avait deviné les douceurs sans les connaître. Il se rapprocha avec intérêt, lui demanda si elle avait besoin de repos après une nuit sans sommeil ; il lui proposa de rétablir ses forces par quelques aliments, et dans les paroles qu'il lui adressa sur sa fuite de la maison de Ben-Saül il y avait tant de bonté que le blâme et le reproche se cachaient sous l'indulgence. Il la remercia avec un sentiment qui tenait de la reconnaissance, d'être venue à lui, et il lui promettait de ne pas l'abandonner... En ce moment, à la haute horloge qui était dans cette pièce et qui marquait les heures à la française, sept heures sonnèrent.

— Il faut que je vous quitte, ma fille, dit dom Salvi ; à sept heures un quart je dis la première messe à Saint-Louis... Jacinthe !

La vieille gouvernante parut.

— Prenez bien soin de cette *signorina*. Adieu, mon enfant, je vais prier Dieu pour vous.

— Pour une pauvre juive ? dit Noëmi.

A ces mots, la vieille gouvernante, dame Jacinthe, recula d'effroi.

— Oui, mon enfant, reprit dom Salvi, je prierai Dieu pour vous ; j'espère en obtenir la grâce que je vais lui demander, et votre cœur, j'en suis sûr, partagera ma reconnaissance.

Il sortit.

Dans ces derniers mots de dom Salvi, il y avait un sens caché que Noëmi ne comprit pas.

Pendant une heure que le prêtre passa dehors, Noëmi resta en butte aux incessantes questions de Jacinthe, fort inquiète de voir une fille d'Israël dans le logis d'un abbé catholique : mais celle que ses interrogatoires torturaient avec tant d'indiscrétion sa vengea de cette importune curiosité en rendant inutiles tous les efforts de la vieille gouvernante, et en y échappant par des réponses évasives. Jacinthe ne sut donc rien de ce qu'elle était si désireuse de connaître, et cela augmentait sa mauvaise humeur contre la jeunesse et la beauté de Noëmi, qui d'abord paraissaient avoir trouvé grâce devant elle.

Dom Salvi, en rentrant, fit à Noëmi signe de le suivre, et il la conduisit de nouveau dans son cabinet ; là il lui dit avec une gravité calme :

— Mon enfant, vous ne pouvez rester ici plus longtemps. Si j'avais connu votre résolution, je l'aurais combattue, et il m'eût été facile de vous prouver qu'il valait mieux, pour vous, rester où votre père vous avait mise. Mais, avec les craintes qui vous agitent, c'est un asile sûr qu'il faut maintenant vous préparer. J'y ai songé. Je vous laisse encore seule pendant quelques heures : qu'elles ne soient pas perdues pour vous, chère Noëmi, et si d'ici là vous pouvez, triomphant de vos terreurs et peut-être de vos secrètes répulsions, retourner dans l'asile où vous avez été déposée par celui-là seul auquel Dieu ait permis de disposer de vous, je vous reconduirai moi-même à Ben-Saül. Si, au contraire, vous persistez dans vos desseins, j'espère que l'abri sous lequel vous vous réfugierez sera assez puissant pour vous protéger contre vos ennemis.

— Adieu, mon enfant, votre Dieu est le mien, c'est le créateur du ciel et de la terre ; invoquons-le tous deux.

Noëmi, vivement émue par ces paroles, tomba dans une profonde méditation que Jacinthe elle-même respecta, et qui ne fut interrompue que par le retour de dom Salvi.

Il est temps de faire connaître dom Salvi,

et de reporter nos regards sur la suave et consolante figure d'un prêtre digne du sacerdoce.

Don Salvi était né à Ornaglia, un hameau de la Sabine; ses parents étaient de pauvres agriculteurs; le père et la mère, qui, après bien des années de mariage, n'avaient point d'enfant, avaient fait un vœu, celui de consacrer à Dieu le premier fruit de leur hymen; s'il leur naissait un fils, il serait prêtre; s'il leur naissait une fille, elle serait religieuse. Ces vœux, qui ressemblent si bien à ceux que font les rois et les reines des contes de fées, sont très-fréquents dans la campagne de Rome. Les prêtres entretiennent les habitants de ces contrées dans une ignorance qui favorise ces pratiques superstitieuses; ils exploitent cette crédulité dont ils savent tirer des offrandes qui augmentent les bénéfices de leur charge. Les neuvaines, les pèlerinages et les pratiques dévotes sont autant de branches de revenu.

Quoi qu'il en soit, le vœu des époux fut exaucé, il leur fut donné un fils, dont les heureuses et précoces facultés favorisaient les espérances que sa venue avait fait naître dans la famille. On l'appela Gaétano. Dès ses premières années, son esprit était si prompt et si ouvert, qu'un beau jour son père, en se rendant au village voisin, prit avec lui le marmot et le présenta à l'archiprêtre. Celui-ci, qui depuis longtemps connaissait les parents de Gaétano, adressa à l'enfant plusieurs questions auxquelles le petit garçon, âgé d'un peu plus de six ans, répondit avec la plus aimable gentillesse et d'une façon tout intelligente. Le digne archiprêtre consentit, sans hésiter, à se charger de l'enfant; mais il exigea qu'on lui lassât le soin de le diriger, et que rien ne vînt contrarier l'éducation qu'il voulait lui donner. Le père de Gaétan promit tout ce qu'on voulut, tant il se trouvait heureux de voir son fils sur le chemin des dignités de l'Église.

Le lendemain, par les soins de la signora Giulia, la sœur de l'archiprêtre, l'enfant avait une soutane qu'il portait sans trop d'embarras. Lorsqu'il parut ainsi vêtu dans le village, les habitants, qui connaissaient les prétentions de ses parents pour Gaétano, l'appelaient le *monsignorino*.

Pendant les premières années que l'enfant passa près de ceux auxquels son père l'avait confié, il apprit à lire, à écrire et à compter; il étudiait seul, et le bon archiprêtre le guidait de ses conseils; mais il suffisait toujours d'indiquer à Gaétan l'endroit où était le précepte, pour qu'il cherchât et prît lui-même la leçon. Cette éducation était douce et exempte des fatigues que n'aurait pu supporter l'âge de l'instituteur.

La religion, Gaétan l'apprit dans l'Évangile et le catéchisme d'abord, et ensuite dans les entretiens de l'archiprêtre, et surtout par les exemples de piété et de charité qu'il avait sous les yeux.

Pour maître de latin, il eut le bréviaire, qu'il lisait à la dérobée quand l'archiprêtre faisait la sieste; plus tard, il s'aventura dans une grosse bible latine qui servait à serrer les rabats, et ses progrès furent rapides, tant il prit de peine et tant il travailla avec application pour parvenir à lire couramment et à bien comprendre les beaux et prodigieux récits de l'histoire du peuple de Dieu.

Dans cette première période de son existence, Gaétan eut tous les honneurs auxquels il pouvait prétendre. Il servit la messe; plus tard, il eut le soin de l'église dont la signora Giulia était le sacristain; puis il revêtit la soutanelle rouge et l'aube, il porta la croix, il mania l'encensoir, il fut l'honneur du lutrin, et ensuite il institua une école dont il fut le chef: bienfait immense qu'on n'avait pas pu réaliser avant lui.

L'enfance de Gaétan s'était passée sereine et pleine d'une paisible félicité. Il avait grandi entouré des soins les plus tendres ; il croissait en force aussi bien qu'en sagesse, et il faisait les délices de l'archiprêtre, de sa sœur et de tout le village, qui le chérissait. On admirait ses bonnes grâces et ses belles qualités, et toutes les mères le proposaient pour modèle à leurs enfants. Plusieurs prétendaient que la présence de Gaétan portait bonheur à leurs moissons ; cet heureux enfant était la joie de tout le monde. L'archiprêtre, qui croyait très-sincèrement avoir fait l'éducation de Gaétan, dont l'âge s'approchait de la jeunesse, n'hésitait pas à déclarer qu'il serait un jour une des lumières de l'Église.

Il avait dix-huit ans lorsqu'il se rendit à Rome pour se présenter aux examens qui devaient lui ouvrir l'entrée des classes de théologie du collége romain, qui était alors, comme il l'est encore aujourd'hui, entre les mains des jésuites.

Outre le bréviaire de l'archiprêtre et la grosse bible latine, Gaétan n'avait lu d'autre livre que l'*Imitation de Jésus-Christ;* mais il avait lu ce divin ouvrage sous la voûte du ciel, et la nature lui révélait les mystères de la création et ceux de son âme. Ce fut sous cette double et sainte inspiration que Gaétan, avec une foi fervente et avec tous les jeunes élans d'un cœur pur, fit ses premiers pas dans le monde moral. Il craignait que les professeurs ne le trouvassent pas assez instruit pour commencer les hautes études qui devaient le conduire aux ordres sacrés ; et ce fut avec une extrême timidité qu'il voyait arriver le moment des redoutables épreuves. En s'avançant vers Rome à travers la campagne désolée, il demanda à Dieu de soutenir et d'éclairer son esprit, promettant à son culte un ministre fidèle et dévoué.

Gaétano fut proclamé le plus instruit de tous les élèves qui se présentaient en même temps que lui aux études.

Le bâtiment du collége romain, édifié par les jésuites près du *Corso*, est immense, et ce ne fut pas sans quelque effroi que Gaétano, accoutumé à la solitude des campagnes, se vit au milieu de onze cents étudiants qui venaient comme lui chercher la science. Presque tout l'enseignement du collége romain est théologique : c'est la pensée dominante et générale de l'instruction ; mais les jésuites, avec l'habileté qui leur est propre, ont mêlé pour le monde, aux chaires de théologie, d'institutions canoniques et de rites sacrés, des classes de physique, de chimie, de mathématiques et des lettres hébraïques et grecques. Le collège romain a le privilége de conférer le doctorat en théologie et en philosophie, et par conséquent tous les grades qui le précèdent.

Il n'est pas d'endroit où les instituteurs exercent sur le moral de leurs élèves une plus grande influence que celle des jésuites sur les jeunes gens qu'ils instruisent dans le collége romain. Cette domination les suit même dans l'âge où l'ardeur de la jeunesse développe les passions. Lors des troubles politiques qui agitèrent l'Italie, en 1831, comme une secousse lointaine du mouvement de Paris en 1830, toutes les universités, la docte *sapienza* elle-même, furent obligées de suspendre leurs cours ; le collège romain seul continua ses leçons, tant les jésuites savent établir leur empire sur les disciples de leurs écoles. Entre leurs mains, l'instruction de la jeunesse a toujours été un moyen d'acquérir et d'opprimer, d'envahissement et d'oppression.

Le jeune Salvi jugea de bonne heure les vues de ses instituteurs, et il sut se tenir à l'abri de leur influence. Lorsque les supérieurs furent avertis par les professeurs des qualités éminentes de cet élève, ils lui prodiguèrent les caresses pour l'engager à entrer dans la compagnie, en commençant par le professorat qu'on lui offrit. Salvi reconnut bientôt la perfidie de la bienveillance dont il était l'objet ; avant de se laisser aller au penchant naturel qui le portait vers l'enseignement, il voulut connaître quels étaient ceux dont on lui proposait de partager les travaux.

Sa droiture native, sa probité originelle, l'innocence de son âme, tout ce qu'il y avait en lui de pur, de grand, d'élevé, de chrétien et de généreux, recula devant l'abominable diversité des doctrines enseignées par les docteurs de cette compagnie. Externe, comme tous les élèves du collège romain, Salvi, sur la recommandation de l'archiprêtre, avait été mis en pension chez un affilié de la compagnie, et ce fut dans la bibliothèque de son hôte qu'il découvrit, cachés derrière d'autres volumes, les écrits des jésuites, arsenal pourvu de toutes les espèces d'armes pour attaquer ou pour défendre les mêmes principes, selon qu'il importe de les soutenir ou de les anéantir. Là il vit toutes les doctrines perverses justifiées suivant l'application, l'occasion, l'utilité et la circonstance. Il vit les principes et les préceptes les plus contradictoires enseignés, expliqués, répandus et recommandés avec un zèle égal. Le long chapitre des restrictions mentales et celui des transactions, des accommodements, des capitulations de conscience et de l'interprétation des serments, se déroulèrent devant lui ; il apprit comment on pouvait, par certaines formules prononcées à voix basse, délier et nier ce qu'on liait et affirmait à voix haute. Les doctrines insidieuses sur la fin et les moyens, qui se soutiennent et s'absolvent mutuellement dans certaines conditions, se montrèrent à lui sans voile. Il connut par quels sophismes le vice devenait semblable à la vertu ; comment on conciliait les intérêts du monde et ceux de la religion ; comment on rapprochait le ciel de la terre en les réunissant pour le succès des entreprises, et aussi comment les choses sacrées pouvaient servir aux choses terrestres. Il s'aperçut que les actes qu'il avait regardés comme impies et sacrilèges pouvaient être sanctifiés. Les attentats contre la puissance temporelle, lorsqu'elle s'oppose aux conquêtes du pouvoir spirituel ; les rois contraires aux œuvres de l'Église, livrés aux coups des assassins ; le trafic des choses saintes ; la spoliation et la détention du bien d'autrui ; tous ces forfaits déclarés innocents, loués, exaltés et prescrits dans plusieurs cas, voilà ce qu'il trouva dans les écrits des plus savants docteurs de la compagnie. Il y avait bien d'autres théories encore, tout aussi admirables que celles que nous venons d'énumérer rapidement. Nous les retrouverons.

Salvi eut horreur de cette cupidité et de cette ambition qui enveloppaient les deux mondes dans un vaste réseau de corruption ; l'histoire, dont l'étude suivit celle de la théologie, vint fortifier en lui l'aversion qu'il éprouvait pour une compagnie dont les rapines, les forfaits avaient porté la désolation dans les deux hémisphères pour satisfaire une insatiable avidité de richesse et de domination.

Les jeunes lévites romains sont dévorés par une ambition précoce ; tous, ils aspirent au pontificat. L'un d'eux, en entrant dans les ordres, s'écriait : « Depuis que j'ai ma robe de prêtre, je me sens un tout autre homme. J'aspire à tout ! »

Ce fut dans ces sentiments que l'élève des jésuites acheva ses études. Dès qu'il eut reçu les ordres sacrés, il sépara de ces détestables instituteurs.

L'évêque qui avait conféré à Salvi le sacrement de l'ordre avait voulu connaître, sur les points importants du dogme, les principes et l'instruction des aspirants au sacerdoce. Ce prélat, frappé par la sûreté

Stephan et son valet de chambre.

des lumières et des doctrines de Salvi, dont la facile et brillante élocution le charma, ce prélat, auquel le cardinal nouvellement désigné pour être envoyé comme nonce de Sa Sainteté près la cour de France, demandait un secrétaire jeune, instruit, actif et intelligent, et surtout distingué par le style et par la parole, lui indiqua Salvi. Mis à l'épreuve sur une question politique et religieuse qu'il traita de vive voix et par écrit, le jeune prêtre, guidé par la simple droiture de ses convictions, développa le sujet avec justesse, avec éloquence et avec éclat.

Il partit pour Paris comme attaché au nonce, qui s'y rendait; il avait auprès de Son Éminence les fonctions et le titre de secrétaire intime.

Salvi, chez les jésuites, avait conçu une telle aversion pour le mensonge, qu'il s'était consacré tout entier et par un vœu intérieur au culte de la vérité, prêt à lui sacrifier sa fortune.

Avec de telles idées, malgré la distinction de ses talents, il ne pouvait être qu'un diplomate médiocre; il s'aperçut bientôt que l'aptitude et le bon vouloir ne suffisaient pas pour satisfaire aux exigences de sa position.

Il fut tout de suite épouvanté de tout ce qu'il devait en coûter à sa candeur native et à sa conscience, pour faire ce qu'on lui demandait. Dans cette atmosphère de ruses, d'intrigues, de faussetés, d'embûches, d'artifices et de mensonges, il sentait sa franchise oppressée ; il ne pouvait respirer. Les mystères des *chiffres* et de ces encres qui tracent d'invisibles caractères importunaient sa loyauté ; les cachets qu'il fallait amollir, cette perpétuelle hypocrisie du langage et de l'attitude, les masques du visage et du maintien, humiliaient et blessaient sa sincérité.

Il eut le courage de s'en expliquer avec le nonce dans une occasion solennelle ; il s'agissait d'une dépêche latine dont il fallait, afin de déjouer une combinaison française, faire tenir au cabinet de Versailles une traduction fausse. Le ministre, trompé par cette communication occulte dont on lui vendrait le secret, serait ensuite confondu par la dépêche vraie ; Salvi refusa nettement de se prêter à l'altération du texte qu'on lui ordonnait de travestir.

— Je vous croyais plus fort... lui dit dédaigneusement l'éminence ; votre protecteur ne m'avait parlé que de vos talents et ne m'avait rien dit de vos vertus. Allez ; mais rappelez-vous qu'un seul mot sur tout ceci vous attirerait un châtiment contre lequel, dans le monde entier, vous ne trouveriez pas un asile.

Au sortir de l'hôtel du nonce, Salvi se trouva soulagé d'un poids énorme. Il se préparait à retourner à Rome et à y vivre pauvre et obscur, sans autre espoir que l'avenir, placé hors de la portée des hommes, lorsqu'il fit, dans la modeste pension où il prenait ses repas, la rencontre d'un vieux prêtre.

Un jour, en se promenant tous deux, le vieux prêtre dit à Salvi :

— On m'a proposé ce matin une occupation qui ne peut plus aller ni à mon âge ni à mes habitudes, et qui peut-être conviendrait à vos goûts, permettez-moi de dire aussi à votre mérite. D'après ce que je sais de votre séparation d'avec le nonce, je ne vous verrais pas sans chagrin retourner à Rome. Vous êtes jeune, on connaît vos talents ; vous pouvez paraître dangereux, et...

— Ils ne l'oseraient pas !

— Ils osent tout ! Quand vous les connaîtrez comme je les connais... Mais vous froncez le sourcil... vous n'aimez pas les entendre accuser ; c'est bien... Maintenant, parlons de vous. On m'offre d'aller en Bourgogne, dans un couvent de bénédictins, pour travailler à une de ces œuvres gigantesques dont cet ordre semble s'être réservé la glorieuse exécution. C'est une existence laborieuse dont les fatigues effrayent ma vieillesse ; c'est une vie dont l'austérité peut effrayer votre jeunesse ; mais c'est s'associer à une vaste et utile entreprise, dont la première récompense sera le bienfait d'une instruction nouvelle et étendue.

Quelques semaines après cet entretien, Salvi était installé chez les doctes bénédictins, et, selon l'usage établi parmi eux, il s'appela dom Salvi ; ce fut le nom qu'il conserva depuis cette époque.

Il passa plusieurs années dans les plus savantes occupations, et ce ne fut qu'après l'entier accomplissement de cette tâche qu'il se sépara de ses collaborateurs avec des regrets dont la sincérité était partagée. On le força d'accepter une somme assez considérable, comme le prix légitime de ses longs travaux ; il se trouva ainsi possesseur d'une fortune qui était au-dessus de la modestie et de la simplicité de ses goûts.

Cette aisance n'était pas le seul bien qu'il emportait de chez les bénédictins ; les lumières nouvelles et les clartés d'une immense érudition avaient agrandi le cercle de ses idées et augmenté son éloignement pour l'Église, telle que l'avaient faite les passions et les erreurs du clergé romain; mais aussi, son affection pour le culte de foi, de charité et d'espérance, enseigné par le Christ et ses apôtres, était-elle devenue alors plus vive et plus ardente.

Il était dans la force de l'âge ; il résolut de se vouer à la direction de quelques-unes de ces âmes délaissées qu'abandonnent les puissances de l'Église romaine aux soins mercenaires et intéressés d'hommes ignorants et abaissés. Dans ce dessein, il alla se présenter à l'évêque qui l'avait donné au nonce, et il lui demanda, cette fois, une petite cure, la plus humble des paroisses des environs de Rome.

L'évêque était devenu cardinal, et, malgré ce qui s'était passé, il obtint facilement ce que personne ne se souciait d'obtenir.

Dom Salvi fut donc mis promptement en possession de l'église de *Nettuno*, village de la campagne de Rome, qui, malgré l'antique grandeur de son nom, est un des plus chétifs endroits des alentours de la ville. Dom Salvi s'y installa, comme s'il se fût agi de la plus importante légation.

Nettuno est situé à quelques milles de Rome, sur le bord de la mer, à peu de distance de *Porto d'Anzio*, et en avant de la forêt qui porte son nom.

Au salon de 1831, à Paris, M. Horace Vernet, qui était alors directeur de l'Académie de France à Rome, envoya deux tableaux qui représentaient une chasse dans la forêt de *Nettuno*. Ces deux toiles furent fort admirées ; mais les artistes eux-mêmes refusaient de croire à la teinte singulière des arbres et à l'étrange et âpre majesté du site ; on attribuait ces effets à l'originalité habituelle de l'artiste ; mais à Rome, tous ceux qui avaient vu ces tableaux reconnaissaient la vérité de leur aspect. Rien ne peut donner l'idée de cette étonnante nature du bois de *Nettuno* ; il était sacré dans l'antique païenne.

Nettuno était habité par des bûcherons et par des pêcheurs, gens pauvres et dont le travail suffisait à grand'peine aux besoins de familles chargées de nombreux enfants. Dom Salvi, le nouveau pasteur de ce malheureux troupeau, comprit les devoirs que lui imposaient ces misères confiées à sa charité.

Il fit d'abord réparer à ses frais l'église, qui tombait en ruine, en même temps qu'il rendait au culte une attitude convenable et qui lui permit de donner au service divin une autorité qu'on avait laissé s'affaiblir ; il distribua dans le village les premiers secours. Puis, profitant de la solennité de la première fête, il convoqua les habitants à l'office, et quand ils furent tous réunis, il prit la parole.

Son discours fut rempli d'une onction touchante ; il consola ces infortunés, et se présentant à eux comme l'agent d'une mission providentielle, il leur prouva que Dieu ne les avait pas abandonnés ; il leur promit d'employer sa fortune et ses efforts au soulagement des maux qui les accablaient, ne leur demandant pour toute récompense que d'aimer Dieu et de s'aimer les uns les autres.

Cette allocution, débitée sans emphase, mais avec un accent pénétrant, émut et amollit ces cœurs restés jusqu'ici rebelles à toute soumission ; les sanglots de l'assemblée entière répondirent aux paroles de dom Salvi, et la fête fut célébrée avec un recueillement qui fut le même à toutes les heures où la population fut appelée à l'église.

Une fois ce premier pas fait, dom Salvi, qui vit dans cette disposition favorable des esprits un témoignage manifeste de la protection divine, s'occupa activement de tout ce qui pourrait corriger les mœurs et améliorer la condition de ceux dont il se regardait comme le père.

Il pourvut à l'enseignement des enfants, il sut attirer leurs parents à l'église, rétablir le respect des bonnes mœurs, en récompensant ceux qui quittaient le désordre pour revenir au bien ; il visita les habitations une à une, répandant partout les secours, l'aumône, les paroles d'espérance et les encouragements ; il fournit à tous les besoins et soulagea toutes les souffrances ; aux uns il donna les moyens de travail ; aux autres il procura de quoi réparer leurs pertes ; pour tous il se montra bon et généreux, et, à force de bienfaits, il soumit les plus indomptés.

Sous cette paternelle sollicitude de dom Salvi, le village de Nettuno devint un modèle d'ordre et de prospérité ; deux années suffirent au digne prêtre pour obtenir ces heureux résultats.

Dom Salvi se montra surtout tolérant ; c'était une âme douce et tendre, en qui l'amour de Dieu, au lieu de l'étouffer, avait su féconder, en l'épurant, le germe des affections humaines. Son esprit était affable et charmant ; il savait voiler l'éclat de son immense instruction, afin de ne pas éblouir ceux qu'il voulait instruire ; affectueux pour tous, profondément épris des beautés de la nature, c'était aux inspirations du créateur de toutes choses qu'il demandait la lumière et l'intelligence ; pour se guider, il interrogeait l'éternelle sagesse des œuvres de Dieu. Il trouvait dans l'Évangile le côté poétique et sublime de son ministère, et dans la sérénité de son imagination le précepte et l'action se confondaient, et, pour lui, la charité n'était plus seulement une vertu, c'était un plaisir.

On comprend que dom Salvi ne fût point l'ennemi des joies du village ; il s'y mêlait avec gaieté, et sa présence, loin de l'arrêter, encourageait une allégresse, qui, sans contenir des chants que sa bonté encourageait, n'osait pas devant lui franchir certaines bornes ; seulement, il réclamait le respect et l'observance des devoirs pieux, dont il avait su mettre le nombre, les heures et la durée en harmonie avec le travail et les récréations. Des jeux, il accompagnait ses enfants, c'est ainsi qu'il appelait les habitants de Nettuno, aux champs, et là, il savait les éclairer par les conseils de son expérience et aussi par des secours. Dans tous ses arrangements si propices au bien-être général, dom Salvi avait apporté une sage économie ; son revenu et celui de la cure suffisaient à tout, au culte qu'il avait fait attrayant et dont le village était fier, et aux nécessités des indigents. Jamais un malheureux n'invoquait en vain la charité de dom Salvi, seulement il agissait avec discernement et avec prudence : économe dispensateur du bien des pauvres, comme d'un dépôt confié à sa fidélité.

La science, que dom Salvi avait tant aimée et tant recherchée, n'avait mis en lui aucun orgueil ; sa foi était humble et ferme et se tenait isolée de toute dispute et de toute subtilité. Sa parole était celle du maitre à ses disciples. Chaque dimanche, et à chaque fête, il expliquait aux fidèles l'Évangile, et il en tirait avec clarté et avec simplicité des enseignements, des leçons et des avis appropriés à leur situation. Comme pasteur, il profitait de ces occasions pour donner quelques conseils spécialement appliqués aux travaux et aux besoins du moment ; c'était aussi alors qu'il recommandait aux prières ceux qu'une fin prochaine pouvait conduire dans le sein de Dieu. On le trouvait partout au chevet des mourants, près des vieillards et au berceau des enfants. Il avait des soins, des avis et des remèdes pour les malades; il en avait aussi pour guérir les bestiaux; mais il s'occupait bien plus de prévenir les maux que de les combattre. Dom Salvi rendait une justice que tous acceptaient avec confiance; mais la conciliation était toujours le principal objet de ses efforts.

Par ses soins, Nettuno devint un village exemplaire; la détresse y avait disparu, et partout on y voyait régner l'abondance et le bonheur. Le bruit de ce progrès et de ces améliorations en vint jusqu'à Rome; les uns y virent un sujet de louange, les autres, craignant qu'on ne leur opposât la conduite de dom Salvi, plutôt comme un reproche que comme un exemple, le présentèrent comme un novateur dangereux, un de ces prêtres trop épris des idées nouvelles et dangereux pour l'Église, dont il immolait les coutumes et les traditions. On lui reprochait surtout d'avoir supprimé certaines fêtes admises par la discipline de l'Église et consacrées par l'usage. Un des griefs de dom Salvi était aussi de n'avoir pas souffert qu'une influence étrangère contrariât ses vues; il avait écarté de Nettuno les moines mendiants qui, selon lui, dévoraient la substance des véritables pauvres; les prédicateurs qui récitaient des sermons pleins d'ignorance et de superstitions grossières, pour obtenir des aumônes qu'ils empochaient, et aussi tous les saltimbanques de dévotion qui, de Rome, ce centre d'impostures, se répandent sur toute la surface des États pontificaux.

La calomnie fit si bien, qu'il fut ordonné à dom Salvi de quitter Nettuno pour venir à Rome rendre compte de sa conduite. Il cacha cette nouvelle à la population du village, et obéit discrètement à l'ordre qui lui était donné. Sa justification fut simple; il montra ce que Nettuno avait été et ce qu'il était; ceux qui voulaient le perdre trouvèrent cette réponse haute et coupable d'orgueil, et ils le menacèrent des censures ecclésiastiques. Dom Salvi demeura calme et résigné; mais lorsqu'il vit qu'on parlait de l'arracher à Nettuno, il sentit un moment fléchir sa fermeté; mais bientôt il se rassura en songeant à l'affection dont il était entouré.

Ce projet eût été mis à exécution si une démonstration énergique des habitants de Nettuno n'avait pas protesté contre cette mesure; à la première nouvelle qui arriva de cette retraite, que tout le monde regardait comme funeste, il y eut un soulèvement.

Dom Salvi apaisa lui-même cette dangereuse émotion. Sa parole seule fut écoutée et ramena le calme.

— Restez avec nous! criaient tous les habitants de Nettuno; que deviendrons-nous sans vous?

Il fallut céder à ces vœux; mais les mauvais vouloirs et les inimitiés jalouses ne se rebutèrent pas; à voir la rage avec laquelle certains ressentiments se déchaînaient contre la vertu de dom Salvi, on aurait cru qu'il s'agissait de punir un scandale.

Ce que l'on n'avait pas pu faire par la violence, on essaya de l'accomplir par la ruse.

On passa subitement du reproche à la louange; la conduite de dom Salvi fut publiquement célébrée, et l'on parla de récompense. A ce prêtre qui avait si bien mérité de la religion, il fallait donner une récompense; pour dom Salvi, l'honneur de l'Église, on proposait un avancement dans l'ordre hiérarchique. Ses confrères affectaient surtout de vanter les qualités qui les désolaient par une accablante comparaison; ils étaient les plus empressés à se parer de cette *feinte douceur* que le poète donne au prêtre de Baal.

Un émissaire fut secrètement envoyé à Nettuno pour sommer dom Salvi, au nom de la paix de l'Église, d'abandonner son poste. Les règles de l'obéissance canonique lui faisaient un devoir rigoureux de céder à cette injonction ; il s'éloigna, et le lendemain un prêtre, membre de la compagnie de Jésus, prenait sa place.

Nettuno retomba bientôt dans l'état déplorable de misère et de corruption, d'impiété et d'indolence dont l'avaient tiré le zèle et le dévouement de dom Salvi.

Pendant que cet ecclésiastique habitait ce village, pour lequel son départ fut une calamité, il lui était arrivé une aventure qui devait plus tard exercer sur sa vie une grande influence,

Une nuit, au moment où il goûtait le premier repos après une journée bien remplie, il entendit frapper violemment à sa porte. Il crut d'abord qu'on venait le chercher pour assister un mourant, et il se leva en toute hâte, descendit à demi vêtu, et ouvrit sa porte avant d'avoir de la lumière. Une main le saisit fortement, le retint, et une voix lui dit à l'oreille :

— ¡Ne craignez rien : nous ne voulons vous faire aucun mal; laissez-nous agir ; ne bougez pas, ne dites pas un mot; point de lumière surtout. Si vous ne vous résignez pas au silence et à l'inaction, nous vous tuons.

En même temps il entendit, dans l'ombre, le bruit que faisaient les batteries de plusieurs pistolets qu'on armait.

Don Salvi aurait vainement tenté de se soustraire aux recommandations qui lui avaient été faites ; il avait les yeux bandés, un mouchoir fortement attaché sur la bouche, et deux bras robustes contenaient chacun des siens. Il se résigna à la tranquillité.

Au dehors, près de la porte, il entendit le bruit de plusieurs chevaux et les pas des postillons ; il reconnut aisément à ces signes qu'une voiture était arrêtée près de la porte. Il lui sembla que les gens auxquels il avait affaire s'approchaient de la voiture et y prenaient un objet qu'un d'entre eux recommanda de porter avec précaution ; cet objet parut être déposé à tâtons dans le vestibule ; puis dom Salvi crut deviner qu'on se préparait à la retraite. Effectivement, on monta dans la voiture ainsi que l'annonçaient le cri de la portière qui s'ouvrait et le claquement du marchepied qui s'abattait ; par un mouvement subit, le captif fut délivré et débarrassé de toutes les entraves ; au moment même où les bras qui le serraient étroitement le quittaient, la porte se fermait avec violence et la voiture s'élançait vers la forêt de Nettuno au grand galop de plusieurs chevaux.

Dom Salvi s'étant procuré de la lumière sans réveiller Nona, sa vieille et fidèle servante, chercha tout de suite l'objet qu'on avait déposé dans le vestibule. En se baissant, il aperçut une corbeille du travail le plus délicat, dans laquelle, sur un oreiller moelleux garni de dentelles précieuses, enveloppé de langes riches et brodés, était un enfant, le plus beau garçon qui se pût voir, frais et rosé, et qui paraissait né depuis environ six mois; la lumière le réveilla, il se prit à sourire en tendant ses petits bras vers le prêtre.

La surprise de celui-ci était extrême; mais il ne songea pas un seul instant à refuser cette faible créature que Dieu lui envoyait. En arrangeant l'enfant dans sa petite couche, dom Salvi se piqua douloureusement à une épingle, par laquelle un papier était attaché à l'oreiller.

Sur ce papier, on avait tracé quelques lignes ainsi conçues :

« La connaissance que l'on a de votre piété vous a fait choisir pour ce dépôt. Élevez l'enfant sous le nom de Paolo; faites-lui connaître de bonne heure qu'il est destiné à l'Église. Quant aux frais de son éducation, vous trouverez sous l'oreiller une bourse qui contient mille écus en or ; cette somme est destinée aux premières dépenses ; chaque année vous en recevrez autant que le banquier T... a ordre de vous payer. Lorsque l'enfant, qui est aujourd'hui âgé de moins d'une année, aura dix-huit ans, vous recevrez de nouvelles instructions. »

Ce billet n'était pas signé ; l'enfant portait au cou un riche chapelet de jais, de corail et d'or, avec quelques médailles bénites. L'écriture avait été évidemment déguisée, mais il était facile de reconnaître la main d'une femme.

Dom Salvi exécuta scrupuleusement toutes les prescriptions. Nona reçut l'enfant avec mille démonstrations de tendresse ; après l'avoir couvert de caresses, elle le recoucha douillettement dans sa corbeille, le berça et l'endormit. Le lendemain, on lui trouva une nourrice, et Paolo, comme dom Salvi lorsqu'il était chez l'archiprêtre, grandit au pied de l'autel.

Quand Paolo eut atteint l'âge de dix-huit ans, un messager inconnu remit à dom Salvi un billet par lequel on lui prescrivait de conduire le jeune homme à l'église de San-*Pietro in Vincoli*, et de le remettre à un prêtre dont on désignait le nom.

Cette lettre, dans laquelle on remerciait dom Salvi des soins et de l'excellente éducation qu'il avait donnés à son élève, était de la même écriture que la première ; on avait pris les mêmes précautions, seulement, il était évident que la main avait vieilli.

Le secret de ces faits avait été religieusement gardé par dom Salvi ; Nona était morte sans l'avoir révélé : Paolo lui-même l'ignorait ; le nouveau guide donné à sa jeunesse agissait sans rien savoir ; mais depuis quelques années, et avant l'époque où Paolo avait été séparé de lui, la naissance de cet enfant n'était plus un mystère pour le prêtre. Il avait tout appris de la bouche d'un brigand blessé, un des hommes qui avaient pris part à l'expédition nocturne, et qu'il confessa au moment de mourir, frappé d'une balle reçue dans une attaque, sur la route de Rome à Civita-Vecchia.

CHAPITRE X

Done Romane.

Dom Salvi, malgré sa naissance italienne, semblait faire partie de la colonie française que l'art et la diplomatie ont officiellement établie à Rome ; il était le commensal habituel de l'ambassade de France, et l'usage de n'employer dans la paroisse de Saint-Louis que des ecclésiastiques français n'avait pas empêché de l'admettre parmi les prêtres de cette église. Il est vrai que les fonctions qu'il remplissait étaient gratuites, et qu'il ne demandait à sa place que de nouvelles occasions de bienfaisance et de charité.

Donna Olimpia, que nous avons vue si profondément découragée par les revers de sa fortune, avait, au moyen d'habiles manœuvres, presque reconstruit l'édifice de son influence ruinée. Pour s'éloigner de Rome, elle avait adroitement répandu le bruit qu'elle allait recueillir dans le royaume vénitien une importante succession. Ce prétendu surcroît de richesses devait la mettre à même de démasquer tout à coup, s'il le fallait, une opulence mystérieusement acquise et que sa prudence avait tenue cachée. Elle connaissait assez bien le monde, et surtout la société romaine qu'elle avait si longtemps dirigée, pour être sûre que le faste de sa nouvelle existence ferait oublier le scandale de sa vie passée.

Après une seule année d'absence, donna Olimpia était revenue à Rome; mais elle se montra, dès son arrivée, toute différente de ce qu'elle était au départ. Elle se garda bien de rentrer dans la dévotion affectée et dans l'hypocrisie religieuse dont elle s'était servie au début de sa carrière; elle ne témoigna pour le monde qu'un empressement calme et loin du zèle qu'elle déployait autrefois pour l'intrigue et pour le plaisir. L'habile comtesse sut se composer un maintien également loin de ces deux points extrêmes, et auquel elle s'étudia surtout à donner une gravité calme et méditative qui laissait apercevoir un certain penchant vers le mysticisme et l'exaltation, mélange bizarre de fausse dévotion et de philosophisme, plus près des sens que de la pensée, et dont le jésuite Molina fut l'apôtre.

A ce dogme emprunté au quinzième siècle, elle avait, pour le rajeunir, uni les idées plus récentes puisées dans les croyances germaniques. Le temps qu'elle avait passé hors de Rome avait été employé à se préparer à cette comédie; elle avait étudié les doctrines occultes des Sigier, des Bœhm, des Wier, des Cardan, des Swedenbourg et de tous les inspirés du Nord.

Ce plan, qui paraissait au premier aspect si singulièrement obscur, était cependant conçu avec une intelligence profonde du caractère de ceux auxquels s'adressaient les desseins de donna Olimpia; il allait au but qu'elle se proposait par une voie inconnue et souterraine sur laquelle nul obstacle ne pouvait s'opposer à ses pas.

Ce qui détermina Olimpia à ces projets, c'était le succès jadis obtenu par plusieurs femmes qui avaient ainsi conquis une faveur presque royale.

Dans le siècle dernier, la princesse de Guéménée n'était-elle pas parvenue à persuader à la cour de France, la plus éclairée de toutes les cours, qu'elle communiquait avec les esprits et vivait avec eux dans les relations les plus intimes? Elle fonda la secte des *Illuminés*. Cazotte ne fit-il pas croire à la cour de Louis XV qu'il avait le don de prophétie?

Le baron suédois Swedenbourg n'a-t-il pas fait admettre par toutes les populations du nord de l'Europe la croyance qu'il avait vécu vingt-huit ans de la vie des esprits, et dans une communication constante avec les puissances invisibles? On pensait généralement qu'il avait été transporté par un ange dans tous les mondes créés. Après sa mort, plusieurs personnes affirmèrent l'avoir vu à la fois en Angleterre, en Suède et en France. Il possédait une fortune immense dont on ne connut jamais la source; il prédit lui-même la date de sa mort, arrivée le dimanche 29 mars 1772, à cinq heures.

On a prétendu que toutes les nombreuses prophéties de Swedenbourg s'étaient exactement accomplies. Plusieurs souverains voulurent le voir, et sa mémoire est restée vénérée. Le nombre des sectaires de ses croyances fantastiques fut, dit-on, considérable; on va jusqu'à lui donner, dans les contrées septentrionales, en Angleterre, aux États-Unis du nord américain, huit cent mille adeptes. Cette secte portait le nom de *nouvelle Église de Jérusalem*.

Ce qu'il y avait d'exalté et de bizarre dans ces combinaisons séduisit le caractère aventureux de donna Olimpia; elle n'adopta pas toutes les idées et tous les sentiments de la secte; elle n'en prit que les surfaces et ce qui pouvait aller au penchant que la superstition romaine avait pour le merveilleux. Elle savait qu'il n'était point d'absurdité assez énorme pour effrayer les esprits dont elle aurait séduit les goûts et flatté les inclinations.

Fontaine Trévio, à Rome.

A une autre époque de sa vie, la comtesse s'était proposé pour modèle la fameuse donna Olimpia, la belle-sœur d'Innocent X, dont la domination avait été le scandale de toute la chrétienté. Cette fois, elle choisit un exemple plus rapproché des idées de l'époque actuelle.

Il avait existé une certaine baronne Valérie Krudener, née en 1765, fille du comte Wiltenkoff, gouverneur de Riga, et petite-fille du célèbre maréchal Munich.

Une physionomie ravissante, un esprit facile et léger, des traits mobiles qui exprimaient toujours le sentiment et la pensée; une taille moyenne et parfaite; des yeux bleus, toujours sereins, toujours vifs, dont le regard pénétrant semblait vouloir traverser le passé ou l'avenir; des cheveux cendrés retombant en boucles sur ses épaules; quelque chose de neuf, de singulier et d'imprévu dans ses gestes et dans ses mouvements, telle était la baronne de Krudener.

En 1788, elle remplissait à Berlin les fonctions d'ambassadeur; elle suivit à Paris en 1814, l'empereur Alexandre, qui, chaque jour, prenait ses avis avant ceux de ses conseillers intimes, sous l'inspiration des idées mystiques dont nous venons de parler, et dont elle était imbue; madame Krudener constitua la Sainte-Alliance.

La princesse de Lieven, actuellement représentant à Paris la pensée secrète de la politique russe, exerce sur l'empereur moscovite et sur le cabinet français une influence que l'on ne songe plus à nier et dont personne ne connaît la cause.

Mme la princesse de Lieven n'a jamais été jolie; elle en convient volontiers; elle a donc pu, sans distraction, tourner vers l'intrigue toutes ses facultés, et c'est par cette application constante qu'elle a porté ses idées vers les hautes sphères politiques. Elle a aujourd'hui plus de quarante-cinq ans. Au lieu d'une demeure somptueuse, elle habite un petit appartement de l'hôtel de la rue Saint-Florentin, ancienne demeure de M. de Talleyrand; c'est un sanctuaire riche de souvenirs inspirateurs. La princesse ne reçoit pas la diplomatie, mais elle voit les hommes d'élite de tous les partis politiques.

On ne s'explique point l'empire qu'elle exerce sur le czar; elle touche de lui un traitement occulte de quarante mille francs par an. L'empereur ne cesse de dire publiquement que Mme de Lieven est folle et qu'il s'en soucie peu; mais, secrètement, la correspondance de la cour de Saint-Pétersbourg avec le frère de la princesse est fort active. Les ténèbres de la politique sont l'élément de Mme de Lieven; elle a vécu longtemps à Londres dans ces sombres agitations; son train est modeste, la société qu'elle admet est confuse, trouble et mêlée, mais originale et attrayante. Le seul luxe de sa maison est dans la beauté de sa femme de chambre, qui est remarquablement jolie. A la diplomatie tous les moyens sont bons.

On conçoit que le type de Mme de Lieven allait mieux à l'âge et aux habitudes de donna Olimpia que celui de Mme de Krudener; elle s'inspira de la baronne, et elle imita la princesse.

Elle était occupée à fonder à Rome ce que les Français ont encore à Paris, dans la sainte retraite de l'Abbaye-aux-Bois, sous le nom de *canapé politique*. Sans chercher à être accréditée officiellement au Vatican et au Quirinal, donna Olimpia s'efforça de s'insinuer dans le gouvernement pontifical, et songea à être à Rome ce que la société française a si plaisamment appelé une *femme d'État*.

Elle avait renoncé à son premier nom d'Olimpia et abandonné son titre de comtesse de Serravalle; elle s'appelait modestement la signora Naldi, du nom du parent dont elle prétendait avoir recueilli l'héritage; elle n'habitait plus le palais de la place Navone, mais elle s'était blottie dans une villa d'humble apparence, aux environs du Capitole. Là, avec un domestique peu nombreux, elle avait une maison sans appareil, et menait une existence opulente, mais sans faste. Son goût fit de cet endroit, qu'on appelait l'*asile*, un lieu de délices paisibles, et dont quelques-uns seulement avaient la confidence. Ce fut en ce lieu que la signora Naldi fonda des bienfaits et des largesses qu'elle ne dissimulait que pour les mieux faire voir, une réputation de richesse et de bienfaisance favorable à ses nouvelles espérances.

Dans sa mise, elle fut d'une dignité sévère; dans ses paroles et dans sa démarche, elle observa une réserve continuelle; elle se produisait peu au dehors, mais elle avait l'art d'attirer chez elle ceux qu'il lui importait le plus de recevoir et d'éblouir.

Tout semblait favoriser les desseins de la signora; une seule chose manquait à ses vœux: elle eût désiré avoir près d'elle une compagne jeune et attrayante, dont la beauté dût amener les personnages considérables qu'elle avait besoin de mettre dans ses intérêts. Cette personne qu'elle souhaitait ne devait point appartenir aux classes inférieures et à la domesticité, il fallait qu'une certaine distinction de pensées, d'expressions et de manières, vînt rehausser en elle la jeunesse et les attraits.

Dom Salvi avait rencontré plusieurs fois la signora Naldi à l'ambassade de France; la juste considération dont il jouissait le fit remarquer par cette femme. Pour gagner les bonnes grâces du vieux prêtre, elle lui remettait le soin de distribuer la meilleure part de ses aumônes, en s'avouant tout bas que, dans le clergé romain, elle ne trouverait point un cœur aussi droit et des mains aussi pures que le cœur et les mains de dom Salvi.

Celui-ci, qui dans sa candeur ne connaissait rien de la vie de donna Olimpia, était touché par les dispositions bienfaisantes de la signora Naldi. Noëmi, dans ses récits, n'avait parlé à Jules et à dom Salvi que de monsignor Panfilio ; elle n'avait rien pu dire de donna Olimpia, qu'elle ne connaissait pas. Ce fut donc aux bontés de cette femme qui lui paraissait si respectable, que dom Salvi confia Noëmi. Quelquefois il s'étonnait de l'exaltation qui se manifestait dans les discours de la signora Naldi ; mais ce n'étaient à ses yeux que des travers de l'esprit, rachetés par les mérites du cœur.

Lorsque dom Salvi eut raconté à la signora Naldi ce qu'il savait de la vie de Noëmi, donna Olimpia reconnut tout de suite la jeune fille juive qui avait contrarié ses desseins. Sa première impression, à la vue de cette jeune fille que le hasard lui livrait, fut celle d'une joie féroce, en tenant la proie qu'elle avait poursuivie sans pouvoir l'atteindre, et autour de laquelle sa haine avait tendu des embûches qu'une main invisible avait toujours déjouées.

Noëmi ne se trompait pas en craignant pour elle-même d'autres dangers que ceux qui menaçaient sa race ; l'importune et continuelle surveillance dont elle était l'objet était pleine de menaces, de mauvais desseins et de périls. Cependant elle avait toujours échappé au danger, sans l'avoir connu ; une protection active veillait sur chacun de ses pas et confondait toutes les trames. Combien n'eût pas été grand le bonheur de la jeune fille, si cet être tutélaire s'était révélé à elle ! Peut-être eût-elle reconnu celui que son cœur avait déjà deviné, et dont le sentiment vivait dans sa pensée.

Souvent elle avait cru saisir dans les regards de dom Salvi quelque chose de mystérieux, comme les signes d'une tendresse instinctive ; il lui parlait de périls qui semblaient imaginaires, et lorsqu'elle essayait de pénétrer le sens obscur de ces insinuations, elle ne rencontrait plus que des mots évasifs.

Un peu remise des sombres émotions qu'elle avait éprouvées à l'aspect de Noëmi, la signora Naldi regarda avec admiration la beauté de la fille juive. Une lumière soudaine éclaira sa pensée, et au lieu d'immoler Noëmi à ses ressentiments, elle résolut de la faire servir à ses projets ; nulle ne paraissait plus propre à cette destination.

Une seule chose embarrassait ces arrangements. Si monsignor Panfilio, ou Stephan son neveu, venait à reconnaître Noëmi, c'en était fait de tout ce qu'on avait préparé ; mais un tel obstacle n'était pas de nature à embarrasser une femme comme la signora : elle se hâta d'aller elle-même au-devant du coup qu'elle craignait.

Par un faux avis donné à Panfilio, elle lui apprenait que la fille du Ghetto dont Stephan était épris, avait quitté Rome pour rejoindre son père à Mantoue. En même temps, elle lui annonçait que s'il voulait voir le plus beau visage qu'il eût jamais contemplé, il devait venir tout de suite chez elle, où se trouvait, depuis quelques heures, sa cousine Anastasie, dont elle lui avait si souvent parlé, et que ses parents, qu'elle venait de perdre, avaient fait élever dans une île de l'Archipel. Monsignor ne se rappelait pas cette cousine ; mais conduit par un vif sentiment de curiosité, il arriva en toute hâte, et il fut d'autant plus aisément dupe de cette ruse, qu'il n'avait jamais vu Noëmi. Il la trouva merveilleuse de grâces, noble et pleine d'agréments dans toute sa personne, et obsédé par la pensée qui le tourmentait sans cesse, il s'écria :

— Ah ! si mon neveu avait au moins fait un pareil choix !

A cette exclamation, la jeune juive ne put se défendre d'un vague embarras, le rouge lui monta au visage ; elle se sentit ensuite pénétrée par une terreur subite qui la fit pâlir.

Panfilio ne vit rien de ce trouble, occupé qu'il était à annoncer à la signora que son neveu Stephan venait de partir pour Ravenne, chargé, sans le savoir, d'une mission importante.

Il s'agissait d'annoncer au cardinal légat de Ravenne qu'il était remplacé par un successeur envoyé de Rome.

— Cet exil déguisé, ajoutait finement monsignor en clignant de l'œil avec l'astuce italienne qui affectionne cette expression de physionomie, est attribué à une intrigue du Quirinale ; le cardinal qu'on expédie de Ravenne portait ombrage à une passion jalouse et alarmait de saintes amours.

— Ah ! je sais, reprit la signora, c'est l'histoire de cette jeune nourrice de Tivoli si remarquablement belle, et attachée à la famille du *cameriere* de Sa Sainteté ; on raconte cette anecdote dans tous les salons ; et dernièrement chez la marchesa di Torre, on disait que les charmes de la nourrice avaient attiré les regards du santo padre.

A ces mots, Panfilio se leva tout effrayé, mais riant sous cape, comme pour confirmer ce que venait de dire la signora, et paraissant même plus instruit qu'elle sur certains détails.

La signora n'eut plus alors qu'une seule pensée, celle d'inspirer à Noëmi une affection tendre et dévouée ; elle n'avait pu elle-même se défendre contre le sentiment qui l'attirait vers la jeune fille ; elle s'efforça de ui faire partager ce penchant.

Dans la jeune juive, il y avait deux traits principaux et distincts : d'un côté, une pureté native, un cœur droit et bon ; puis on remarquait le germe caché de passions violentes, une imagination vive et un esprit encore peu éclairé pour la mettre en garde contre les décevantes illusions. Nous avons dit que c'était dans le livre sacré que Noëmi avait puisé les notions morales que la vigoureuse discipline de la famille israélite avait comprimées au lieu de les développer. La Bible, si féconde en prodiges et si magnifique dans ses récits, l'Écriture, radieuse de l'éclat de la toute-puissance divine ou remplie des terreurs d'une vengeance redoutable, avaient porté ses pensées vers des régions au-dessus de celles de la terre. Ce que d'autres attendaient du temps, elle le demandait à un événement surnaturel ; elle croyait que Dieu, qui n'avait point abandonné son peuple, tenait en réserve quelques-uns de ces faits par lesquels il avait tant de fois étonné le monde.

Ce fut avec une joie secrète que la signora vit combien cette âme ouverte à toutes impressions de l'idéal était façonnée pour ses projets.

Elle eut avec Noëmi de longs entretiens ; dans l'asile était une retraite délicieuse : là, loin du bruit et dans un isolement profond, Olimpia retrouvait ses séductions d'autrefois pour fasciner ce cœur et cette imagination, dont les heureuses facultés devaient être si favorables à sa fortune. Ce fut dans ces entrevues qu'elle laissa percer une partie de ses idées et de ses plans. D'abord Noëmi ne comprit pas bien ce qu'on attendait d'elle ; puis elle crut apercevoir un piége et conçut une défiance qui émoussait la force du charme ; à la vue de cette impuissance, la signora reprit un instant ses fureurs ; mais la réflexion et surtout l'intérêt la détournèrent de toute violence, et elle poursuivit patiemment l'œuvre de séduction qu'elle avait commencée.

Il est difficile qu'une vieille perversité aux prises avec la candide inexpérience de la jeunesse, ne surprenne pas bientôt le point vulnérable du cœur qu'elle veut soumettre. Cette première lutte révéla à la signora les faiblesses de Noëmi. D'abord, elle reconnut que la jeune fille, dans ses doutes, n'avait pas eu l'énergie d'une fuite ou d'une rupture, elle était donc retenue par un motif secret; ce motif, elle le pénétra bientôt : Noëmi aimait; une femme ne pouvait se tromper sur les symptômes d'un amour qui se trahissait par des indices multipliés. La jeune juive avait aussi un désir immodéré du monde. Elle mettait cette envie sur la curiosité; mais la signora découvrit que c'était une recherche ardente et passionnée de l'objet que ses vœux appelaient, et qu'elle était prête à poursuivre à travers tous les événements de la vie.

Forte de ces découvertes, la signora exerça sur Noëmi une domination à laquelle rien ne pouvait plus la soustraire.

Elle fit accepter à la juive le déguisement grec et lui imposa le langage qu'elle devait tenir. Instruite par dom Salvi, elle avait persuadé à Noëmi que celui dont l'image vivait en elle ne pouvait longtemps lui échapper, et qu'en la voyant entourée de tous les hommages dont elle allait être l'objet, il tomberait à ses pieds.

Sous cette double attaque qui s'adressait à son amour et à sa vanité, Noëmi se courba soumise et vaincue.

Ce fut alors que la signora triomphante commença sur une vaste échelle l'exécution des actes qui devaient la rendre formidable à la cour de Rome, et qu'elle se prépara à élever autel contre autel.

Dans cette guerre audacieuse, elle chercha ses auxiliaires parmi les femmes, convaincue d'ailleurs qu'une attraction naturelle et irrésistible triompherait de toutes les résistances, et conduirait chez elle ce que Rome comptait d'hommes influents et distingués.

Ces calculs ne furent pas trompés.

A Rome, dans toutes les classes de la société, les femmes exercent un pouvoir dont elles semblent ne pas avoir la conscience ; elles plaisent par des qualités et par des attraits qui ne sont point ceux du cœur et de l'esprit. La coquetterie, c'est-à-dire l'art de séduire, leur est inconnue; chez elles, les instincts dominent les sentiments ; la sensualité les absorbe tout entières, et ne laisse que peu de place aux autres émotions, qui leur semblent toujours importunes.

L'amour, que la poésie italienne idéalise avec tant d'enthousiasme, l'amour, si subtil dans la pensée et dans l'expression du sonnet, est, dans les mœurs des femmes de Rome, quelque chose d'outrageusement matériel.

Dès leur enfance, l'éducation qu'elles reçoivent les prépare et les destine à une existence positive, bien plus qu'à la vie de l'intelligence ; il est vrai que leur organisation est un sol sur lequel, comme dans l'éternel printemps de l'âge d'or chanté par les poëtes, on trouve des fleurs nées sans culture.

Les jeunes Romaines, même dans les classes élevées, ne subissent pas les lenteurs de l'éducation des demoiselles françaises et des *young ladys*. Ces talents d'agrément que les parents payent si cher, et que les enfants acquièrent aux dépens de tant de choses utiles, et dont les autres époques de la vie tirent si peu d'avantages, ne sont point dans les habitudes des familles.

A Rome, l'enfant croît et s'élève comme la plante ; les uns habitent les palais, les autres naissent et grandissent au milieu du travail ; ceux-ci sous la voûte du ciel, ceux-là sur le pavé de la ville, tous suivent, sans rien faire pour la changer, la direction que leur imprime le sort. Il y a dans cette existence un fatalisme qu'entretiennent l'indolence et la paresse, ces deux éléments de la race italienne.

L'enfance est d'ailleurs de trop courte durée chez les femmes romaines pour être surchargée de tous les soins que nos mœurs imposent dans d'autres contrées. A un âge où les filles de ces pays sont encore sous le joug des études, les filles de Rome s'ébattent librement, et leur organisation précoce annonce déjà la présence de la femme.

Montesquieu a trouvé la cause de l'esclavage des femmes de l'Orient dans cette jeunesse hâtive dont l'épanouissement développe leurs charmes avant d'avoir formé la raison, et les livre sans moyen de résistance aux désirs qu'elles excitent. C'est à des causes semblables qu'il faut attribuer la dissolution, les vices, le désordre moral, la prompte corruption, les excès et les impudentes franchises de la majorité des femmes romaines, depuis la fille du peuple jusqu'au sommet de la société.

Nulle part on ne rencontre dans les relations des deux sexes cette pudeur ou cette pruderie dont la majorité des nations européennes supporte les exigences. A Rome, dès que la femme a percé l'enveloppe de la jeune fille, elle se manifeste avec la sincérité de tous ses penchants, auxquels elle cède comme la rose se livre au souffle de l'air, au rayon du soleil et à toutes les impressions qui la réjouissent et la vivifient. Pour ces jeunes cœurs, la volupté et l'amour sont, non pas seulement des joies, mais des plaisirs.

La beauté exerce sur leurs sens un empire suprême. A Rome, l'amour, c'est le culte de la forme, et il est bien rare que le choix se détermine par d'autres préférences ; là, les qualités morales n'ont de prix que lorsqu'elles touchent à des qualités physiques. Le courage et l'audace plaisent à la femme romaine, parce qu'ils sont à l'intelligence ce que la force et la vigueur sont au corps. Les funestes enseignements d'une civilisation corrompue ont altéré ces généreux instincts dont la trace se trouve pourtant encore dans cette dégradation.

La robuste villageoise de la campagne de Rome, au lieu de se marier au paisible compagnon de ses travaux, se livre au brigand, dont la belle et haute prestance l'a séduite. Heureuse de son choix, elle s'écrie :

— C'est un brave ! avec lui j'aurai *danaro e ricca acconciatura,* de l'argent et une belle parure.

Ces inclinations ont de l'écho dans les hautes régions, où les plus habiles et les plus prodigues sont préférés à tous les autres. Mais lorsque viennent les jours mauvais, ceux de la défaite et de la captivité, la pauvre fille, tout à l'heure si abaissée par son amour, y puise un dévouement dont l'élévation semble lui rendre son honnêteté perdue, tant il se montre complet et fidèle, tandis que la dame ou la courtisane abandonne lâchement l'amant tombé dans la disgrâce de la fortune.

Ces contrastes se représentent dans tous les rangs, et il est peu de femmes romaines dont l'existence n'ait subi ces alternatives et ces brusques oppositions du bien et du mal.

Il est un sentiment, celui qui paraît le plus propre à contenir les passions, c'est le sentiment de la famille et du devoir ; la plupart des femmes romaines n'en ont pas même l'idée. L'affection naturelle, cet instinct sublime que la femme apporte en naissant, est étrangère à presque toutes les mères dont la vie se passe dans les plaisirs et les distractions de l'opulence. Sous ce rapport, le peuple seul a conservé la trace de ces vertus primitives.

On rencontre encore dans Rome ces vierges mères dont Raphaël aimait tant à fixer les traits sur ses toiles immortelles, belles et radieuses de leur tendresse pour l'enfant qu'elles portent sur leur sein ; mais toutes appartiennent à la foule plébéienne. Dans les familles, même de rang médiocre, les enfants sont abandonnés à des mains mercenaires.

En présence de ces faits, l'indignation qu'ils inspirent a souvent quelque peine à modérer les expressions d'un blâme mérité.

Les ménages romains, disent quelques voyageurs, ressemblent bien plus à des accouplements qu'à des unions. D'autres vont plus loin : Chez nous, s'écrient-ils, les mères font des enfants ! A Rome, il semble qu'il en soit autrement.

Dans cette ville où fleurit le *népotisme*, c'est-à-dire le zèle de la famille et l'ambition domestique poussés à outrance, les mères ne font aucune attention et ne donnent aucun soin à leurs enfants.

Le mariage, pour les deux tiers de la population romaine, n'est qu'un lien formé par l'intérêt, et que les vices et d'infâmes complaisances relâchent bientôt.

Ici se place une des plus monstrueuses anomalies de la société romaine : le mariage est pour elle, non pas seulement un lien civil, il est élevé par l'Eglise jusqu'à la sainteté du sacrement. Eh bien ! il n'est pas de lieu où le mariage et les obligations qu'il impose aux époux soient méconnus avec plus d'audace que dans la cité romaine.

La dissolution flagrante du clergé romain, qui ne prend pas la peine de cacher ses désordres, porte partout l'impureté et la souillure; le sigisbéisme est installé et honoré dans tous les logis, et se montre partout avec une révoltante arrogance. Le célibat des prêtres dans une ville que le clergé peuple et remplit d'une foule ecclésiastique, a été dans tous les temps un fléau pour les mœurs romaines, et pour le monde catholique un perpétuel sujet de blâme et de scandale. C'est à cette situation fausse et dangereuse qu'il faut imputer l'éclat de ces désordres qui ont causé tant de préjudice et porté de si rudes atteintes à la considération de l'Église.

Sur ce point, les mœurs de la ville des papes sont dans le présent ce qu'elles furent dans le passé : seulement il semble qu'il y ait pour ces hontes une prescription acquise par les siècles; mais ceux qui persistent dans cette licence ont mauvaise grâce à se plaindre du mépris que le monde entier leur jette.

Cette plaie de l'adultère, dont le clergé romain entretient le foyer, est un des plus odieux fléaux de la cité pontificale.

Aussi rien n'égale l'insolence de ce vice; il marche dans la ville tête levée; on le trouve en tous lieux insolent et superbe; il infeste les rues, les promenades, les théâtres, les salons, tous les lieux publics; c'est aux églises qu'il se plaît surtout à étaler ses détestables prouesses.

Il semble qu'à côté de ces écarts si nombreux et si étendus, Rome pût au moins se préserver d'autres souillures. Il n'en est point ainsi; la ville des pontifes, où le saint caractère et le principe social du mariage sont sans cesse outragés, renferme dans son sein un plus grand nombre de prostituées qu'aucune autre ville. A Rome, la prostitution a des priviléges et des franchises d'impudicité qu'elle n'a point ailleurs; on la rencontre à chaque pas, elle guette l'étranger à son arrivée, elle le guide dans la voie infâme; les proxénètes de Rome ont une célébrité universelle.

A tous ces éléments funestes, si l'on joint l'intervention du clergé dans la famille par la confession, et abusant de la faiblesse et de la crédulité des femmes pour surprendre les secrets du foyer, convoiter les héritages et porter, au profit de coupables desseins dont les prêtres sont les auteurs ou les complices, le trouble dans les maisons, on comprendra qu'une corruption qui dispose de moyens si multipliés peut tout entreprendre et tout braver.

Le secret de ces infâmes arrangements, dont le confessionnal est le refuge et l'abri, couvre le délit et assure l'impunité.

C'est donc encore à l'Église et à ses débauches qu'il faut imputer cette immoralité des femmes romaines, source infecte dont sont sortis l'abomination et le scandale, qui ont tant de fois changé le lieu saint en un vaste lupanar où se vendaient à la fois la luxure et le sacrilége.

Cette atmosphère pestilentielle semble être naturelle à la société romaine, tant il y a de sécurité dans la tranquille possession de ces honteuses immunités.

C'est à Rome qu'une femme de celles qui se piquent de qualité et de distinction fait répondre par ses gens à ceux qui demandent à la voir :

— *La signora è innamorata;*

Paroles qu'on ne saurait traduire en langage honnête, et qui affiche une lasciveté dont l'antique luxure latine semble avoir légué à Rome moderne les épouvantables traditions.

C'est à cette société livrée à tant de passions furieuses que la signora Naldi venait offrir le voile d'une doctrine nouvelle qui, par l'intervention de puissances occultes, pouvait tout abriter sous une obscurité bienfaisante, et promettait à ses élus des ravissements, une extase, des délices et des biens ineffables.

Cette invasion parut-elle d'abord sans péril? ou bien sembla-t-elle trop redoutable ? L'avenir des faits peut seul répondre à cette question.

CHAPITRE XI

Le Monde et l'Église.

Il ne fut bientôt plus bruit dans les salons de Rome que de la secte nouvelle ; le clergé donna l'alarme; les confesseurs déclarèrent qu'ils ne comprenaient plus rien au langage exalté de leurs pénitentes. Un instant on crut à un schisme au sein de la cité catholique; plusieurs avis considérables auraient même proposé de rendre à l'inquisition ses armes rouillées par le temps, et de sévir contre l'hérésie naissante ; mais des conseils plus sages et plus prudents recommandèrent la patience et la modération, c'est-à-dire la ruse, la dissimulation ou la perfidie.

Monsignor Panfilio fut mandé au palais du Quirinale; il fut instamment prié de se rendre auprès de cette signora Naldi, dont les nouveaux préceptes semblaient menacer l'Église. Malgré le retentissement de ces dangereuses doctrines, la haute société seule paraissait initiée à ce mystère ; mais s'ils venaient à pénétrer dans le peuple, il était impossible de dire où s'arrêterait le ravage de cette prédication.

L'auteur de ce trouble moral n'avait pas mesuré la portée de ses actes ; la signora recula elle-même devant les succès qu'elle obtenait; son œuvre l'épouvantait.

Lorsqu'à cette foule de femmes sensuelles ses paroles dévoilèrent le dogme secret d'un commerce extatique, et ces relations occultes et surnaturelles dont les pressentiments étaient présentés aux esprits exaltés comme des ordres divins et providentiels, la folie, le délire et l'extravagance ne connurent plus de bornes, et les excès n'eurent plus de frein ; les actions les plus insensées devenaient, aux yeux des sectaires, des inspirations divines.

Dans d'autres temps, Rome avait, sans s'émouvoir, contemplé ces fureurs religieuses; dans d'autres pays, et notamment en France, on avait vu se manifester ces fougueux égarements de la dévotion ; les possé-

Vue de Rome, prise de la terrasse de l'église Saint-Pierre.

dés, les convulsionnaires et les prodiges sur les tombes des cimetières n'avaient point excité le courroux des prêtres, parce que l'Église, habile à tout exploiter, avait su tirer de ces transports de bons profits d'exorcismes, de vœux, de pénitences et d'expiations. Cette fois, l'inquiétude ne fut si vive que parce que le clergé avait ignoré ces émotions, dont les bénéfices lui échappaient.

Ce matérialisme de la pensée, si bien d'accord avec les passions d'une société livrée tout entière à l'entraînement des sens, n'effrayait pas sincèrement ceux qui avaient toujours parlé aux sensations avant de s'adresser aux sentiments; la religion matérielle de Rome pouvait aisément concilier ce dévergondage de l'idée avec la servilité qu'elle impose à l'intelligence.

Cependant, de toutes parts, les résistances se levèrent si véhémentes et si pleines de colère et de menaces, qu'il fallut céder à des répressions dont la violence s'annonçait implacable et terrible.

Contre cette tempête déchaînée et qui grondait d'en haut, que pouvaient deux faibles femmes autour desquelles s'agitaient la calomnie, la crainte et l'envie? Noëmi et son institutrice cessèrent les enseignements et les assemblées; mais dans les cœurs dévoués et fidèles, le dogme se conservait intact.

Nous avons souvent vu les étrangers s'étonner de l'espèce de pacte et du lien commun qui semblent unir, à Rome, toutes les femmes dans un vaste système de dissipation et d'affranchissement. Nulle part, cette association féminine, qui est partout instinctive et mystérieuse, n'est plus forte, plus active, plus puissante et plus générale qu'à Rome.

C'est que, de ces tentatives mystiques, il est demeuré des traces profondes qui se révèlent par le quiétisme de la population romaine et par sa facilité à confondre dans ses penchants le monde et l'Église.

A Rome, entre ces deux choses si distinctes l'une de l'autre, l'alliance est surprenante.

Nous avons donné place à cet épisode de la société romaine, parce qu'il est une des phases les plus bizarres du travail des mœurs dans les États du souverain pontife. Plus tard, nous retrouverons ces symptômes dans la région politique. Nous verrons l'indépendance naître de la servitude, et la liberté de la pensée jaillir de l'esclavage moral.

Les signes précurseurs sont encore obscurs et cachés, mais ils existent comme le feu du volcan dont l'éruption est proche ; c'est à la civilisation et au progrès qu'il appartient surtout de signaler les conséquences fatales d'une compression excessive, et cette partie de notre tâche est celle qui nous est la plus chère.

Quelque rapide qu'ait été à travers les croyances romaines le passage des idées extraordinaires que nous venons de rencontrer dans le cours des événements, nous ne pouvions omettre un symptôme si grave dans le présent, et peut-être si fécond pour l'avenir.

La signora Naldi, forcée de renoncer publiquement à l'étrange propagande dont elle avait attendu le retour de sa fortune, ne se laissa point abattre par ce nouveau revers, elle rassembla les débris de la force qui venait de se briser dans ses mains, et pleine d'espoir dans ce qui lui restait, elle recommença la lutte avec une énergie nouvelle.

Pour voiler ses résolutions, son esprit fertile en artifices inventa des moyens dont elle n'avait pas encore fait usage, et ce fut dans la frivolité des mœurs et des distractions de Rome qu'elle se retira, comme si elle avait rompu avec toute action sérieuse.

Instruite par les naïfs épanchements de dom Salvi et par les aveux qu'elle savait arracher à Panfilio, la signora Naldi n'ignorait rien de ce qui concernait Noëmi ; elle connaissait même ce secret de son cœur que la jeune fille n'avait dit à personne.

Elle savait que le but de la politique romaine était d'amener les juifs, par la persécution ou par des promesses que l'on ne tiendrait pas, à verser dans le trésor pontifical la somme dont le saint-siège avait un si pressant besoin. Elle n'ignorait pas que les banquiers israélites ne livreraient leur or que contre l'octroi des franchises sociales qu'ils réclamaient depuis si longtemps et avec tant de justice.

La haine particulière que Panfilio, sans la connaître, portait à la juive à cause de l'amour de son neveu pour elle, quelques renseignements vagues qui l'avaient signalée comme la fille du plus riche d'entre les juifs, les fréquentes visites à l'Académie de France, l'affection de dom Salvi dont la piété était importune, et les rapports de Carlo avaient dénoncé Noëmi au zèle de la police. Il y avait un dessein formé de s'emparer de sa personne et de s'en servir comme d'un otage, ou de la perdre par quelque scandale éclatant. Contre une fille de sa nation, cette mesure violente n'était qu'un acte ordinaire, et dont personne ne songerait à demander la réparation. Ce plan allait être mis à exécution, lorsque le départ de Noëmi, quittant le Ghetto, avait fait perdre sa trace.

La belle Grecque, que la signora Naldi avait produite dans le monde de Rome, avait eu un succès immense. Quelquefois, au milieu des adeptes, elle prenait la lyre et chantait les cantiques sacrés dans la langue des Hébreux. Son accent avait alors quelque chose de si grand et de si sonore, une harmonie dont les accords étaient si puissants et si suaves, si purs et si élevés, que l'âme de ceux qui écoutaient suivait ces chants et quittait avec eux les régions de la terre. S'il arrivait que, sous ces vives émotions, et sous le magnétisme et la fascination du regard et du geste de la signora, Noëmi tombât dans l'extase, alors sa parole retentissait ardente, simple et haute comme celle des prophètes; elle annonçait les grandeurs de Dieu et l'abaissement de ceux qui avaient méconnu sa loi; cette exaltation se résumait toujours par des larmes et par de tendres lamentations, dans lesquelles son cœur aspirait à une félicité qui fuyait devant lui. La nature impressionnable et l'extrême sensibilité de la jeune fille se prêtaient et s'abandonnaient avec délices à ces transports; elle semblait même y goûter une volupté sensuelle, dont la crise des pleurs n'était que l'expression suprême.

Pour tous ces phénomènes apparents, la science a des explications naturelles; mais la crédulité et l'ignorance y voient des faits merveilleux, et sont subjuguées par ces facultés étranges dont elles placent le foyer en dehors de l'humanité.

Ce pouvoir d'attraction, Noëmi le possédait à un degré éminent: sa beauté et la molle langueur de toute sa personne ajoutaient à la force du charme qu'elle exerçait.

Ces illusions ne sont point d'origine récente; elles sont anciennes comme le monde; le paganisme leur demanda ses sibylles et ses oracles; toutes les croyances leur ont emprunté leurs prophètes, et l'Église romaine n'a pas toujours dédaigné ces artifices et ces mensonges.

La renommée de la Grecque Anastasie était donc bien établie dans la société de Rome, et attirait auprès de la signora toute la foule élégante.

Une pensée infernale, telle que pouvait la concevoir donna Olimpia, disposa du sort de Noëmi. Celle à qui l'imprudente probité de dom Salvi avait confié ce trésor refusa de s'en séparer; cet objet précieux, elle voulait le posséder seule, et attendre qu'une occasion de l'enchâsser avec éclat et de la faire briller avec splendeur se présentât.

Noëmi, convertie au catholicisme, perdait tous les mérites de son originalité native; il fallait qu'elle restât juive. Telle n'était pas la volonté de ceux qui avaient sur elle de secrets desseins bien connus de sa perfide protectrice. Celle-ci, toujours habile, résolut de flatter en apparence l'idée de la conversion au catholicisme, et de paraître conformer sa conduite à ses vues. Elle demanda à ceux dont elle subissait la domination, de diriger elle-même les pensées de Noëmi vers la religion catholique; elle obtint qu'on cesserait les persécutions et les embûches, et elle promit de garder la juive comme un dépôt.

Ces conditions étant obtenues, elle disposa tout pour montrer à Noëmi les choses sous leur aspect véritable, bien sûre que la droiture de ses sentiments, loin de se laisser convaincre, éprouverait une invincible répulsion pour Rome et pour ses croyances.

D'abord, elle lui fit voir le monde dans ses plus tumultueux ébats; le moment était propice, c'était pendant le carnaval de Rome. Elle se rendit au *Corso*. La signora Naldi, vêtue d'un travestissement vénitien d'une sévère et sombre richesse, voulut présider elle-même à la toilette de Noëmi; pour cette occasion, elle avait fait exécuter sous ses yeux un costume grec d'une admirable magnificence. La grâce de cet habit se prêtait délicieusement aux attraits de la jeune juive, et rehaussait par un charme piquant le caractère de sa beauté. La calotte coquettement posée, les longs cheveux bouclés, la veste découpée qui modelait les contours et les formes, la fustanelle aux plis élégants et soyeux, la jambe avec toute la finesse de ses proportions, et le pied caché sous les broderies qui le diminuaient et l'effilaient; le choix des étoffes, l'harmonie et le contraste des couleurs, la profusion orientale qui couvrait de bijoux, de reflets d'or et de feux étincelants cette adorable parure, charmaient et éblouissaient les regards. A son arrivée au *Corso*, la signora Naldi avait donné l'ordre à son cocher de parcourir toute la ligne, et de revenir ensuite au palais qu'elle avait désigné. Un embarras arrêta le carrosse et d'autres voitures de masques; c'était un rassemblement causé par le cortége d'un criminel condamné à mort et qu'on menait au supplice. Une manie singulière, et dont il est difficile de comprendre le motif, ouvre ordinairement le carnaval à Rome par une exécution capitale, par la promenade sur un âne d'un condamné au *cavalletto* et au fouet, ou bien par la rencontre d'une troupe de galériens en marche vers le bagne. Est-ce une leçon qu'on veut donner au peuple pour l'engager à se contenir dans ces jours de licence?

Toute la longue rue *del Corso* était garnie de gradins et d'amphithéâtres; sur le trottoir du café du palais Ruspoli, les chaises se payaient un prix fou; aux balcons tendus de draperies était une société nombreuse et presque toute masquée. Les carrosses et les équipages étaient en gala; dans les cavalcades brillantes et nombreuses, les jeunes cardinaux et les *monsignori* se cachaient sous le masque. Dans la rue, au milieu et sur les côtés, se pressait une foule bariolée, et dont les charges grotesques passaient toute imagination. Les costumes diaprés et pittoresques de la campagne de Rome y étaient riches et variés; les *pagliacette* y étalaient leurs grâces provoquantes; les lourds polichinelles s'y promenaient en faisant sonner des grelots comme ceux qu'on attache au cou des mules; tandis que d'alertes filles juives armées de fil et d'aiguilles attachaient aux masques les signes qui, pendant la nuit, devaient les faire reconnaitre au bal masqué.

La pluie de *confetti* qui couvre toutes ces joies d'un nuage et d'une grêle de plâtre, tombait de toutes parts au bruit des cris, des lazzi et d'un tumulte général.

Dans cette confusion, Noëmi, pendant que la voiture de la signora parcourait le *Corso*, avait remarqué un cavalier revêtu d'un riche costume arabe et qui n'avait pas quitté la portière du carrosse; au moment où elle parut sur le balcon du palais d'où elle devait voir la mascarade, son premier regard tomba sur ce masque, dont les yeux suivaient tous ses mouvements. Noëmi recevait les petits présents de fleurs et de dragées que les femmes portent dans des corbeilles et échangent entre elles, lorsqu'elle vit tout à coup monter jusqu'à elle la double pince d'un *scaletto*, qui, s'allongeant comme ces jouets d'enfants où des soldats placés sur des bandes de bois croisées se meuvent en avant et en arrière, portait jusqu'au balcon un énorme bouquet, lequel ne se laissa saisir que par la main de la jeune juive. Le *scaletto*, avant de se replier, avait eu l'adresse d'enlever une fleur que tenait Noëmi; la jeune fille eût pu voir avec quels transports cette fleur, rapidement descendue, fut recueillie, couverte de baisers, et cachée dans les plis d'un ample burnous. Elle s'en aperçut sans doute, et une vive rougeur se répandit sur ses traits.

Dans le bouquet remis à Noëmi était un billet blotti sous le pli d'une feuille de rose; la jeune fille s'en saisit discrètement, et dès qu'elle put le lire, elle le déplia et le parcourut avec une impatiente curiosité.

Il ne contenait que quelques lignes; mais cette lecture causa à la jeune fille une vive impression. Sur son visage se montraient la douleur et le dépit, et pourtant on distinguait aussi une lueur de satisfaction. « On l'avertissait de nouveaux périls; on lui recommandait de se méfier des personnes qui paraissaient lui témoigner le plus d'intérêt; elle n'était entre leurs mains qu'un instrument de fortune; le vice et la corruption l'entouraient de leurs piéges, et peut-être celui qui veillait sur elle, *depuis le jardin Pincio*, ne pourrait-il pas la sauver de tous les dangers qui la menaçaient. »

Du reste, le billet ne portait pas de signature; c'était toujours le même langage vague et obscur, rien de précis, et une incertitude plus cruelle que la souffrance. Un seul mot jetait quelque clarté sur ces ténèbres. Le souvenir du jardin Pincio était si doux au cœur de Noëmi! Elle revint en toute hâte au balcon; ses yeux cherchaient le cavalier arabe dont la figure était masquée, mais elle espérait le reconnaitre à la bonne grâce de sa personne, qui l'avait si vivement frappée.

Il avait disparu dans la foule.

La vingt-troisième heure venait de sonner aux horloges romaines, et la détonation de deux boîtes d'artifice tirées de la place de Venise, et à laquelle avait répondu une semblable salve partie de la place du Peuple, annonçait que la course des chevaux allait commencer, et qu'il était temps de ne plus laisser entrer de voitures dans le *Corso*. Un officier, suivi de quelques dragons et parti du palais du gouverneur, venait de donner l'ordre d'arrêter les carrosses qui arrivaient et de faire évacuer par les rues adjacentes ceux qui remplissaient le *Corso*, dont une double haie de soldats garnissait la longueur.

A ces signaux qui proclamaient le prochain départ des chevaux, les balcons, les fenêtres et les estrades s'étaient garnis d'une foule nombreuse, brillante de mille couleurs, resplendissante de luxe et d'un merveilleux éclat; cet aspect présentait un coup d'œil ravissant.

Les chevaux, la tête parée de plumes et de fleurs, garnis de lanières de cuir terminées par des balles de plomb qui battaient leurs flancs, couverts de paillons flottants dont le bruit retentissant et sonore devait exciter leur course, étaient retenus par une corde tendue en travers devant eux. Près de ces coursiers se tenaient des écuyers pittoresquement vêtus qui leur adressaient des paroles de bienveillance et d'encouragement, pour les engager à contenir leur ardeur.

L'impatience de ces animaux était extrême et s'augmentait encore par les impressions de la foule qui les entourait.

A un nouveau signal, ils s'élancèrent vers le but, qui était au palais de Venise, dont le gouverneur de Rome, juge de la lutte, occupait le balcon.

Noëmi était attentive à ce spectacle pour lequel elle se passionnait; elle regardait avec curiosité à qui allaient échoir les prix, consistant en bannières et en pièces d'étoffes que, dès la veille, on avait portées au palais de Venise, lorsqu'à ses côtés elle entendit cet entretien entre un jeune abbé et un vieil officier :

— Ce sont les juifs, disait celui-ci, qui fournissent ces huit prix; c'est un tribut qui leur est imposé.

— Ils le payent, reprit l'abbé, pour racheter l'obligation où ils étaient autrefois de courir eux-mêmes. Afin de divertir les spectateurs, on chargeait les coureurs de cailloux; cela les rendait plus lourds, ou bien on les enveloppait jusqu'au cou dans un sac.

— J'aime mieux les *barberi!* s'écria l'officier.

— Ma foi non, répliqua l'abbé; les juifs devaient être plus amusants; surtout, ajouta-t-il, si on y joignait, comme on la affirmé, quelques-unes des belles filles du *Ghetto*.

Noëmi ne put retenir un cri en entendant ces abominables paroles.

L'abbé sentit aussitôt un rude poignet lui serrer fortement la main, et une voix menaçante qui lui glissa dans l'oreille ces seuls mots :

— *Tazzi! zitto!*

Docile à ce commandement fait d'un ton qui n'admettait pas de réplique, l'abbé demeura muet et immobile.

Ces courses sont un des spectacles pour lesquels le peuple de Rome a les plus vives prédilections ; elles sont d'un usage fort ancien ; différentes espèces de chevaux sont admises à ces luttes, dont les barbes (*barberi*) sont les héros. Arrivés au but sans que leur ardeur soit épuisée, les chevaux sont repris par les palefreniers ; ce moment, que l'on appelle la *ripresa de' barberi*, est celui où les acclamations de la foule saluent les vainqueurs. Pour arrêter ces chevaux au plus fort de leur course, il suffit d'une pièce de toile tendue et contre laquelle s'émousse leur fougue et se brisent leurs transports.

Les chevaux qui courent librement ont été élevés librement aussi ; jusqu'à l'instant où ils ont subi le mors, leur vie a été sauvage et errante au milieu de campagnes désertes. Ces races déclinent par le travail précoce qu'exigent les éleveurs. Autrefois, les princes et les seigneurs romains tenaient à honneur de conserver dans leurs haras des races variées et illustres : les *Chigi, Rospigliosi, Braschi, Sforza, Cesarini Giorgi, Colonna*, étaient alors justement fameux. Les chevaux de bronze par lesquels Guido Reni fait traîner le char de l'Aurore sortaient des vastes domaines des Borghèse. Maintenant c'est à l'étranger que Rome demande et paye le luxe de ses attelages.

D'autres courses, celles *del Fantino*, ont lieu dans quelques occasions importantes ; elles servent le plus souvent à célébrer le passage d'un souverain, ou un heureux événement. On élève sur la place Navona un cirque vaste et magnifiquement décoré ; trois escadrons de cavaliers vêtus de couleurs différentes, sur des chevaux montés à poil, font plusieurs fois le tour de cette enceinte avec une vitesse extrême. On lutte ensuite de rapidité ; puis les trois vainqueurs se disputent un dernier prix et recommencent une quatrième course. A ces fêtes, le concours des spectateurs est toujours immense ; ces jeux hippiques sont dans les goûts des habitants de la cité romaine. Quelquefois les nobles animaux courent en pleine liberté, sans cavaliers, et semblent partager alors l'émulation qui anime leurs maîtres.

La *giostra*, espèce de combat contre des bœufs et des buffles, n'est à Rome qu'une misérable parodie des combats de taureaux en Espagne, tant de fois décrits.

Aux *confetti* et aux courses des barberi, succèdent les *mucoletti*, véritable folie carnavalesque qui consiste à éteindre et à rallumer de petits lumignons que chacun tient à la main ; les bizarreries, les caprices, la fantaisie de ce jeu aux bougies, varient à l'infini et excitent une gaieté qui va toujours jusqu'à l'extravagance.

Les *focchetti* du Colisée ne sont que des divertissements du soir, qui, à la lueur de quelques pièces d'artifice, éclairent l'antique majesté de ces ruines.

Les nuits qui séparent l'une de l'autre les dernières journées du carnaval s'achèvent ordinairement au bal masqué.

Noëmi y fut conduite ; il fallait, dans l'ordre des desseins dont elle était l'objet, qu'elle se montrât partout où se réunissait la foule opulente et dissipée.

Pour la nuit, elle avait quitté son costume du jour, suivant l'usage des dames romaines; mais quelle ne fut pas sa surprise, en entrant au théâtre Alberti, où ces fêtes nocturnes ont lieu, de rencontrer à ses côtés le riche et beau costume arabe qui ne l'avait pas quittée durant toute la journée, sans cesse attaché à ses pas !

Il s'approcha d'elle, et, d'un air étrangement mystérieux, il laissa lentement tomber ces mots :

— Ne vous irritez pas ; vous êtes en péril, et je veille.

Et il parut s'éloigner ; mais son regard, qui dardait sous le masque, ne quittait pas la jeune fille.

Sans doute, cette active vigilance déjoua cette fois encore les sinistres projets formés contre la jeune juive. Noëmi, sous la conduite de la signora Naldi, n'eut à se défendre que contre les intrigues banales qui remplissent les heures qu'on donne à ces distractions.

Un jeune cavalier, vêtu d'un costume espagnol des plus galants, et dont la tournure, le langage et les manières annonçaient une distinction parfaite, accosta Noëmi. Pour capter l'attention de la signorina, il entra tout de suite dans le propos intime ; sur elle, sur sa famille, sur son existence à Mantoue et à Rome et sur les faits les plus récents, il donnait des détails si exacts, si nombreux et si précis, que Noëmi parut d'abord épouvantée.

La signora Naldi, qui s'aperçut de cet effroi, voulait en connaître le cause ; mais le cavalier lui lança à travers le masque un regard si formidable, qu'on vit le bas du visage de la dame pâlir et rougir tour à tour sous la dentelle noire qui le voilait. L'Espagnol ne prononça qu'un seul mot, et la signora Naldi, étrangement troublée, reprit le rôle d'une duègne discrète.

La conversation, si l'on peut donner ce nom au monologue du cavalier dont les paroles n'obtenaient point de réponse, continua.

Noëmi avait peur de cet homme, dont elle ne s'expliquait point les lumières sur tout ce qui touchait à ses intérêts, à sa position et à ses sentiments ; rien ne la mettait sur la voie de ce mystère. Le malaise moral qu'elle éprouvait était tellement violent, qu'un moment elle parut chanceler; le cavalier, dont la courtoisie ne s'était pas démentie un seul instant, comprit qu'il était temps de mettre fin à ce tourment : il fit un mouvement pour se retirer ; mais avant de s'éloigner, il lui dit d'une voix émue, basse et solennelle :

— Écoutez, Noëmi, je vous aime, et plus que ma vie ; j'aurais pu mériter votre amour, et à ce bonheur j'aurais tout sacrifié. Une seule faute m'a perdu : cette faute, je l'expierai par le malheur. J'ai voulu pénétrer vos sentiments les plus secrets, et pour cela rien ne m'a coûté ; mais ce que je sais, d'autres ont eu intérêt à le savoir. Mon amour ne pourrait être pour vous qu'importun et dangereux. Je me retire. Adieu, Noëmi ; je n'éprouve qu'un regret en m'éloignant, c'est que je vous laisse au milieu d'ennemis acharnés et implacables.

Trop surprise pour trouver une prompte réponse, Noëmi était à peine revenue de son étonnement, que déjà le cavalier était loin d'elle et perdu dans la foule des masques.

Elle s'épuisait en conjectures sur ce personnage si bien instruit de toutes les particularités de sa vie ; une émotion douloureuse pesait sur son cœur.

— Ainsi, se disait-elle, je ne puis faire un pas sans voir s'épaissir les ténèbres qui m'entourent. On me parle sans cesse de dangers que je ne vois pas. Jusqu'ici je n'ai pourtant rencontré que tendresse et bienveillance. Mon père, la famille de Ben-Saül, dom Salvi, Jules, la signora, m'ont entourée de leur affection ; et ce protecteur inconnu, cet ange gardien, cette providence visible que Dieu, dans sa bonté, semble avoir placée près de moi, ce ne sont pas là des ennemis, je ne connais d'eux que leur dévouement...

Noëmi s'efforçait de se tromper elle-même ; mais elle ne parvenait pas à obtenir une sérénité qui la fuyait. Rien, sinon quelques indices confus, n'avait confirmé les avertissements répétés qui lui signalaient un danger prochain, et cependant elle avait compris qu'il y avait dans sa situation quelque chose de funeste et de menaçant. Plusieurs fois elle avait surpris dans les regards de la signora de sombres et secrètes colères ; il lui semblait, lorsqu'elle apercevait ces lueurs funestes, que cette femme nourrissait contre elle une haine profonde.

Ces pensées isolaient la jeune juive de la foule qui s'agitait autour d'elle. Noëmi ne prenait plus aucune part aux plaisirs du bal. Cette tristesse subite n'avait point échappé à l'observation de la signora, et pour dissiper ce nuage, elle se consumait en efforts impuissants ; toutes ses séductions échouaient contre un accablement profond. Elle espéra que l'éclat et la gaieté du souper changeraient ces sombres dispositions, et toutes deux s'avançaient vers la salle du festin, où Noëmi se laissait entraîner, lorsqu'un tumulte soudain s'éleva dans une partie de la salle.

On venait d'arrêter un masque en costume de brigand ; c'était un des plus fameux bandits de la campagne de Rome. Voulant prendre sa part des plaisirs du carnaval, il avait parié qu'il viendrait au bal d'Alberti, et qu'il y danserait toute la nuit sans être reconnu. Un de ses compagnons, le voyant sur le point de gagner le pari, l'avait bravement dénoncé. Dans l'émotion que causa cet événement, Noëmi s'aperçut qu'elle était vivement pressée par quelques individus qui se parlaient à voix basse ; mais un masque, couvert tout entier d'un vaste manteau brun, l'enleva brusquement en la forçant d'accepter son bras ; une douce pression la rassura bientôt, et conduite vers une table chargée de mets, elle se plaça près de la signora, et sans vouloir accepter rien de ce qu'on lui présentait, elle demeura morne et silencieuse.

On s'entretint d'abord de l'affaire du brigand : un jeune abbé, qui sous l'habit de Figaro avait rempli le bal de ses bons mots, apprit à la société que le bandit serait pendu le lendemain.

Cette nouvelle fut accueillie avec de grands éclats de rire ; chacun trouva un trait, une plaisanterie et une saillie sur la figure que ferait le pauvre hère dansant à six pieds du pavé ; les femmes se mêlèrent à ces aimables lazzi, et le souper s'acheva dans les excès et le raffinement de gourmandise friande qui sont particuliers à la race romaine.

Noëmi, en proie à une mélancolie dont sa volonté même ne pouvait pas triompher, était tombée dans un abattement qui lui faisait rechercher la solitude ; là, tout entière à ses pensées, elle revoyait les derniers événements de sa vie.

Séparée de sa famille sans autre motif qu'un impétueux désir de liberté et d'indépendance, elle s'était privée de tout ce qui pouvait la guider et la soutenir dans un monde qui lui était inconnu. Elle n'avait pu résister à la curiosité et à cette soif de tout connaître dont les ardeurs la dévoraient. Et maintenant où allait-elle, emportée par le tourbillon, livrée sans défense à une femme dont plus d'une fois elle avait reconnu le caractère artificieux ? Comment échapperait-elle à ces pièges, à ces embûches et à ces périls tendus sous ses pas, et

Le pénitencier.

que tant d'avertissements et tant de signes lui montraient?

Courbée d'abord sous le poids de ces pensées, elle relevait bientôt sa noble tête, radieuse alors d'une clarté divine; dans son regard brillait l'exaltation et une admirable confiance; ses yeux semblaient fouiller l'avenir : il y avait de la fierté dans son sourire, et toute sa personne rayonnait d'assurance et de fermeté.

On eût dit qu'elle écoutait une voix intérieure dont les paroles la fortifiaient; et soudain on voyait briller dans toute son attitude une résolution et une volonté qui se reflétaient sur ses traits calmes et reposés.

C'est que Noëmi avait puisé dans le dogme hébraïque cette fatalité dont Israël avait fait son Dieu, comme l'islamisme en a fait son prophète; elle croyait de toutes les forces de son âme à une intervention divine en faveur du peuple juif. Fille de Ben-Jacob, initiée de bonne heure par son père aux espérances de cette nation dispersée parmi toutes les autres, sans être désunie, elle regardait le vieillard comme un des instruments prédestinés à l'accomplissement de cet acte de réparation, auquel elle-même se croyait appelée à concourir. Elle entendait bruire comme de secrets avis qui la poussaient en avant; placée sous une protection plus puissante à ses yeux que la force des hommes, toute crainte s'évanouissait dans sa pensée contre les dangers; et dans la pureté de son cœur, elle était bien sûre de se préserver d'une corruption qu'elle contemplerait en face afin de mieux la braver. Noëmi se promettait alors de poursuivre jusqu'au bout sa course d'exploration à travers la société romaine; elle voulait connaître l'ennemi que sa foi et ses justes ressentiments lui ordonnaient de combattre.

Ces mouvements intérieurs étaient toujours rapides chez la jeune juive; elle y puisait une singulière énergie, et pourtant, même lorsque naissait cette vigueur morale, elle ne parvenait pas à se soustraire à une certaine faiblesse. Dans ce cœur si bien trempé, il y avait un point vulnérable ; cet amour mystérieux qui vivait en elle et qui semait sur toutes les actions de sa vie un parfum secret et de si tendres incertitudes, affaiblissait toutes ses résolutions ; elle sentait qu'elle était prête à tout sacrifier aux délices dont le rêve remplissait sa pensée et ses vœux.

Sans avoir la pleine intelligence de ce qui se passait dans les idées de Noëmi, la signora Naldi avait facilement compris que la jeune fille était en proie à de vives préoccupations. Alarmée par tout ce qui pouvait contrarier ses desseins, elle observait, et ce ne fut pas avec une médiocre satisfaction, qu'après avoir craint que la juive ne lui échappât, elle la vit revenir à elle rêveuse et docile à ses désirs.

Celle qui fut autrefois donna Olimpia, malgré la perversité de ses instints, n'avait pu se défendre d'une certaine affection pour Noëmi ; elle l'accueillit donc sans rien lui témoigner de ses terreurs, et elle lui annonça qu'elle se préparait à de nouveaux plaisirs.

Noëmi reçut cette communication avec une tranquillité qui pouvait ressembler à de la résignation.

Ce fut vers les théâtres, ce rendez-vous de toute la société élégante, que la signora dirigea la jeune fille dont elle voulait compléter l'affiliation aux mœurs romaines.

A Rome, les théâtres sont nombreux ; on en compte huit pour une population d'un peu plus de trois cent mille âmes.

Le théâtre *Valle*, où se jouent l'*opera-buffa* et la comédie ; *Argentina*, où l'on représente l'*opera-seria* et le ballet ; la salle *Alberti*, consacrée aux bals masqués ; *Tordinone*, où s'évertuent les bouffons napolitains ; *Capranica*, où se montrent l'opéra, la tragédie, le drame et la farce ; *Pace*, scène populaire livrée à pulcinella, pour les grandes marionnettes ; *Graneri*, pour les petites, et les immortels *Burattini*, les délices de Rome.

A ces théâtres, la haute société, comme dans toutes les villes d'Italie, occupe les loges, qui ont des propriétaires auxquels on les loue en payant un prix pour en avoir la clef.

Ce sont des salons dans lesquels on se visite ; on y prend des rafraîchissements, et l'on y cause plus qu'on n'y écoute.

La multitude, les vrais spectateurs s'entassent dans la *platea*, le parterre. C'est là que, surtout dans les théâtres populaires, jaillissent les émotions de la foule. Les péripéties du drame s'accomplissent sous de perpétuelles acclamations.

— *Traditore!* — *Sia ammazzato il cellerato!* — *Poverina!* — *Quanto è cara!* — *Fa compassione!* — *Dio, ajutatela!*

— Traître ! — Qu'on tue ce scélérat ! — O la pauvrette ! — Qu'elle m'est chère ! — Elle excite la compassion. — Mon Dieu, venez à son secours !

Ces commentaires de la sensibilité publique illustrent, à Rome, toutes les soirées du théâtre.

Les démonstrations fougueuses et passionnées, les manifestations extravagantes et les transports insensés de la foule romaine, nous les retrouvons aux églises.

Le moment n'est pas encore venu pour nous de pénétrer profondément dans le faste des cérémonies religieuses que Rome étale avec tant d'orgueil ; plus loin, elles se trouveront sous nos pas et nous en montrerons toute la vanité ; sous leurs splendeurs, nous ferons voir leur mensonge, et nous apprécierons leur caractère véritable dans l'ordre de la religion, et selon les idées vraiment chrétiennes.

Aujourd'hui nous suivrons la multitude qui se presse aux églises. A Rome, les *funzioni della chiesa* excitent autant de zèle que le *serate del teatro*. Dans les affections de toute la population romaine, le théâtre et l'église se partagent la tendresse et l'affluence. Seulement, pour l'art, pour la musique surtout, les races italiennes professent un culte fervent, et c'est à ce goût des spectacles et des représentations qu'il faut attribuer les empressements, l'exaltation et la *furia* d'une dévotion si loin de la piété sincère.

L'habileté du clergé romain a, dans tous les temps, su adroitement profiter de ces dispositions, et c'est par le double spectacle de la scène et des cérémonies religieuses, que les prêtres ont su séduire, étonner et charmer ceux qu'ils voulaient asservir.

A Rome, le nombre des lieux saints et le parti que l'Église sait tirer de ses fêtes, multiplient les solennités; elles sont de chaque jour, et si le peuple de la ville des papes n'était pas voué à la plus lâche oisiveté, il pourrait dire, comme le savetier de La Fontaine :

On nous ruine en fêtes;

mais au lieu de se plaindre de cette profusion, il court avec ardeur à ces réjouissances religieuses.

Pour ces circonstances, les églises, généralement belles et d'une riche architecture, ajoutent encore à leurs magnificences monumentales des ornements de tentures et de tapisseries de velours cramoisi rehaussées d'or et taillées de manière à ne rien cacher des beautés de l'édifice. Les autels et les corniches sont chargés de pièces d'argenterie; chaque chœur rivalise de zèle pour la perfection de la musique et du chant. On entre dans l'enceinte sacrée au bruit des tambours et des trompettes, qui font, à la porte des églises, un bruit semblable à celui des bateleurs pour attirer les passants; en outre, chaque église expose au dehors les armes de son cardinal, avec ces mots : *Indulgenze plenarie*. Le sol est jonché de feuillage.

Il n'est pas rare qu'à l'entrée il se trouve des valets en livrée qui présentent des bouquets aux dames, aux cardinaux et aux personnes considérables. Ces fêtes sont quelquefois défrayées par des protecteurs riches ou titrés qui sont les patrons des maisons religieuses; souvent aussi elles sont données pour célébrer le nom d'une dame à laquelle on veut plaire.

Au fond de tous les actes de la piété de ce peuple, il y a une pensée sensuelle; grattez la prière qui semble monter vers le ciel, et vous trouverez tout de suite un intérêt qui la ramène à terre.

Autrefois, on poussait l'abandon du maintien jusqu'à prendre sous ces nefs des eaux glacées, des rafraîchissements et du chocolat; ces usages reparaissent encore, surtout dans l'intérieur des chapelles de certains couvents.

En avant et aux approches du lieu où se passe la *funzione*, on rencontre d'espace en espace divers spectacles; ce sont des comédies représentées par des enfants, de petits concerts ambulants, des marionnettes, ces *burattini* qui sont toujours sur les pas de la vie romaine.

Si l'office a lieu le soir, on en est averti par les illuminations dont les lueurs dessinent la façade, et par des feux d'artifice.

Afin de mieux honorer le saint qui est l'objet de ces hommages, les marchands profitent de cette occasion pour produire au dehors ce qu'ils ont de plus beau et de plus précieux; quelques-uns, parmi ceux qui, dans l'intérêt de leur achalandage, font montre de dévotion, dressent des autels sur lesquels ils placent la figure du bienheureux avec les attributs de leur profession. On rend aux saints et aux saintes d'autres honneurs encore; dans certaines fêtes, on lance des ballons sur lesquels sont peintes la figure du saint et les principales actions de sa vie.

Noëmi vit la voiture de la signora Naldi arrêtée par la foule rassemblée devant la boutique d'un charcutier qui, en l'honneur de saint Antoine de Padoue, avait placé la sainte image dans une niche composée de saucissons, de jambons et de boudins; à cet aspect, la foule battait des mains.

En ce moment, un geste de dégoût échappa à un jeune homme placé si près du carrosse, que la juive ne put éviter de remarquer cette action; mais un mouvement brusque cacha le visage de celui qui n'avait pu retenir ce témoignage de son indignation, et cette circonstance, en apparence si futile et si indifférente, rendit à la jeune fille ses rêves sinistres, ses angoisses et le tourment de ses incertitudes.

Le nombre des carrosses était si grand dans les endroits qui avoisinent les principales églises, que ce concours de voitures toutes en gala rappelait les plus brillantes promenades *del Corso.*

Les femmes si montraient fort parées, et les cavaliers, les abbés surtout, redoublaient auprès d'elles d'empressement et de galanterie ; c'est principalement dans les cérémonies de la semaine sainte que se déploie cet appareil mondain. C'est aussi l'époque des théâtres élevés, en beaucoup d'endroits de la ville, pour représenter des scènes religieuses qui marchent de front avec les *funzioni* ecclésiastiques. Dans ces représentations, on emploie quelquefois des figures de cire magnifiquement vêtues et de grandeur naturelle ; mais souvent on a recours à d'horribles réalités. On montre la hache du bourreau tachée d'un rouge sanglant ; les flammes des damnés ; l'archange, suspendu à des fils de laiton, sonne la trompette, et de vrais cadavres, fournis la veille par l'hôpital du Saint-Esprit, figurent la résurrection de la chair !

La Vierge est en grande vénération et a la meilleure part de ces fêtes; on regarde son culte comme le plus fécond en grâces célestes.

Les saints des jésuites jouissent aussi d'une faveur générale ; la compagnie a su les mettre en bonne odeur et en bonne renommée dans l'opinion publique. Les jésuites ont à Rome onze églises, parmi lesquelles se font remarquer, par leur magnificence, celles *del Gesu,* du Collége romain, et du Noviciat. Dans la seule église *del Gesu,* il y a pour un million de marcs d'argent. Pour amener le concours au pied de leurs autels, ces religieux ont imaginé un effet de perspective fantasmagorique. Le saint sacrement est exposé dans un lointain dont le fond transparent et lumineux représente une scène de l'Ancien et du Nouveau Testament. Tous les deux ans, on renouvelle à grands frais cette exposition, qui n'épargne rien pour se défendre contre la concurrence que lui fait l'église de Saint-Laurent *in Damazo.*

Sous de telles impressions, comment le peuple de Rome, convié par l'Église à des spectacles qui lui rappellent d'une manière si frappante l'optique et les jeux du théâtre, ne confondrait-il pas le sacré et le profane ?

En observant les détails des dispositions des églises romaines, on est frappé par le faste et l'éclat qui resplendissent sur les tombeaux des saints, surtout de ceux qu'affectionnent les superstitions de la multitude. Ces sépultures sont éclairées par des lampes d'argent si nombreuses, qu'elles éblouissent le regard, et permettent à peine d'apercevoir l'autel sur lequel repose le saint sacrement, près duquel on n'allume qu'une ou deux lampes. A Saint-Pierre, deux cents lampes d'argent brûlent la nuit et le jour devant le tombeau des Apôtres, placé sous le maître-autel au milieu du dôme. Cette lumière radieuse appelle la foule ; elle est si grande, qu'on approche difficilement de cet endroit, et qu'on laisse à peine le loisir de s'arrêter quelques instants auprès du saint sacrement, posé dans un somptueux tabernacle, mais dans une humble place, à droite, vis-à-vis une chapelle, et près duquel ne sont que trois lampes.

Le secret de ces préférences, si contraires à l'adoration et au dogme catholiques, est dans une basse cupidité.

Pour l'Église matérielle, les saints dont la foule superstitieuse invoque l'appui sont d'un meilleur rapport que la divinité elle-même, à laquelle n'osent pas s'adresser les prières de bas aloi et les demandes intéressées que le clergé catholique semble tenir en réserve pour les saints. Dans la légende, chacun de ces amis de Dieu, ainsi que les appelle l'Église, a ses attributions spéciales, comme cela arrivait à la tourbe des dieux du paganisme, dont l'Église romaine a si misérablement continué les traditions, dans l'intérêt d'un honteux trafic.

Rome met ces parades religieuses au nombre de ses amusements, et la manière dont elle prend ces distractions n'inspire aux étrangers qui en sont les témoins qu'un sentiment contraire à celui que de tels actes devaient faire naître. C'est donc à ceux qui traitent si légèrement des choses de la religion, qu'il faut imputer le discrédit dans lequel sont tombés aujourd'hui des actes jadis vénérés. Ces dédains que Rome elle-même témoigne aux objets qu'elle présente à notre respect, se retrouvent à chaque pas que l'on fait dans le sanctuaire pontifical.

Dans l'intérieur des églises, l'attitude d'une réunion si peu préparée au recueillement par les bruits du dehors, répond à tout ce qu'on peut attendre de semblables dispositions.

Les femmes dont le monde s'occupe le plus, la jeune noblesse, les abbés coquets et les brillants officiers arrivent avec fracas, et cherchent par tous les moyens possibles à attirer l'attention sur les grands airs qu'ils se donnent. Les valets, les serviteurs et les officiers dont la foule suit ou précède les personnages considérables, apportent les carreaux moelleux et les riches missels aux pompeuses armoiries; tout ce luxe orgueilleux entre insolemment dans ces asiles de l'humilité chrétienne, où vont peut-être retentir les préceptes d'une charité fraternelle et de cette égalité sublime que l'Évangile a enseignée aux faibles et aux puissants.

Dans les tribunes étagées, où s'entassent les femmes que font remarquer leur naissance, leur opulence, leurs titres, leur beauté et aussi leur galanterie, il y a des disputes fréquentes au sujet des places : toutes veulent être au premier rang pour attirer les regards. Alors on entend retentir, avec cet accent de *contralto* particulier aux femmes italiennes, de grosses et sonores injures, comme celles du marché, de la place publique et d'autres lieux.

Ces habitudes triviales de la haute société romaine ne se montrent jamais avec plus d'énergie et de violence que dans ces circonstances où tant de retenue serait nécessaire; il est vrai que les grands dignitaires de l'Église, devant ces scandales, les approuvent et s'y mêlent en quelque sorte par leurs rires, au lieu de les réprimer par leur autorité.

Cette indifférence est parfois troublée; on entend des exclamations, des airs et des paroles sans suite qui retentissent au milieu des chuchotements des conversations particulières. Ce sont les clameurs des dévots de bas étage, les émotions nerveuses de quelques femmes du peuple, les extases des béats, les supplications des malades, les vœux qui s'échappent des poitrines haletantes. Dans ces effusions, on retrouve ces nterjections passionnées que les impressions de la scène arrachaient la veille aux spectateurs. A l'église et au théâtre, c'est le même besoin de bruit et de démonstrations turbulentes, ce sont les mêmes explosions d'une hypocrisie inquiète, convulsive et avide de bruit et d'ostentation. La cupidité n'est pas non plus étrangère à ces efforts, qui ont souvent pour but d'exciter la pitié et de provoquer les largesses de l'assistance.

La *funzione* est jugée dans tous ses détails, comme le serait une soirée éclairée *a giorno*, au théâtre.

Dans les tribunes on discute sur l'éloquence d'un orateur chrétien, comme dans les loges on parle des qualités d'un chanteur ou d'une *prima donna*.

Ainsi qu'au spectacle, les premiers moments, ceux qui précèdent le commencement des cérémonies, sont donnés aux saluts bruyants et aux reconnaissances éclatantes qu'échangent entre elles la nef et les tribunes. L'audace des femmes dans ces élans est sans bornes; elles nomment tout haut les prélats qu'elles provoquent du geste. En bas, la scène est tout aussi animée, on se montre les femmes en les lorgnant, on raconte leurs aventures et la chronique des salons et des boudoirs.

C'est au milieu de cette turbulence préliminaire que le prêtre monte à l'autel et que le chant du chœur fait entendre les préludes de l'office sacré. Les femmes continuent à ne prêter aucune attention à la cérémonie; tout entières à leur manège, elles cherchent et provoquent les regards des prélats, des officiers chamarrés de broderies, et des abbés frisés et parfumés, dont la hardiesse pétulante prend des allures de pages. C'est dans les églises, au moment où la religion y a rassemblé les fidèles pour élever vers Dieu l'âme et le cœur de ce peuple, que le scandale se plaît aux plus inconvenantes manœuvres; c'est dans ces instants solennels que se nouent, se forment et se serrent par les regards, par les signes, par les sourires, et aussi par un mystérieux contact, les intrigues galantes et les voluptueux contrats de la société romaine. Sur ce sujet, notre récit se renferme dans une modestie et une décence que les faits ne connaissent pas et bravent impunément. Quant à la multitude qui remplit tout entière le vaisseau de l'édifice, elle s'agite, elle cause, elle se promène, elle regarde, elle se montre tour à tour curieuse et insouciante; son maintien est libre, dégagé, exempt de toute contrainte et loin de toute réserve. Le propos est partout gai, folâtre et plein de *desinvoltura*; on pourrait se croire dans une allée du Pincio, dans un café du Corso, dans un foyer d'Opéra, dans une nuit de bal ou dans le *rout* d'un palais; mais rien de tout ce que l'on voit et de tout ce que l'on entend ne rappelle la sainteté du lieu.

A l'approche de l'instant solennel où la prière appelle sur l'autel la présence du divin holocauste, il y eut un recueillement général. Tous les fronts s'inclinèrent, tous les genoux fléchirent, et sur cette foule soumise et suppliante s'élevèrent les modulations de l'*O salutaris hostia*.

En ce moment, par une impulsion instinctive, Noëmi se tint debout et au-dessus de toutes les têtes courbées; son front se redressa superbe comme ces arbres que le vent ne fait point plier. D'un regard prompt comme l'éclair, elle parcourut l'enceinte du temple.

Une autre personne était debout comme elle; tous deux ils se regardèrent, ils se reconnurent. Noëmi venait de voir enfin, de retrouver son libérateur du jardin Pincio. Paolo avait fait passer dans les yeux qu'il fixait sur elle tout son amour.

Ce regard venait de former entre eux un lien indissoluble; et malgré la rébellion de ses croyances, Noëmi sentait qu'il y avait quelque chose de sacré dans cette union de deux cœurs, en présence d'un autel et d'un sacrifice.

CHAPITRE XII

Dévotion et superstitions populaires.

Dans toute l'Italie, la dévotion à la Vierge est vive et fervente; c'est avec tendresse, avec élan, *con amore*, pour nous servir d'une expression locale et consacrée, que le peuple italien invoque Marie, la mère de Dieu. Nulle part ce culte ne rencontre un zèle, un empressement et une dévotion plus constants qu'à Rome et dans tous les États du saint-père.

La Vierge est honorée avec une ardente et sincère affection dans toutes les régions catholiques; mais il semble que l'Italie se soit placée, plus que les autres contrées, sous la protection immédiate et spéciale de Marie, et que, malgré les images officielles de saint Pierre et de saint Paul, la population romaine ait choisi la *madonna* pour sa patronne.

C'est donc surtout par la manière dont le peuple de Rome comprend ce culte préféré, que se fait connaître et se révèle tout ce qu'il y a de puéril, de faux, d'humain et de sensuel dans les plus sincères effusions de la dévotion romaine.

La Vierge n'est l'objet de l'adoration que dans l'idée catholique, qui d'ailleurs n'a pas fait de cette pratique un point du dogme et un article de foi strict. L'Église, en considération du mystère divin pour lequel Marie a été choisie entre les femmes, honore en elle l'incarnation céleste qui a visité son sein, trouvé digne d'être ainsi sanctifié. Mais l'Église s'est bien gardée de donner à Marie une part de la divinité; elle la fait monter au ciel, exaltée et soutenue au-dessus des nuages par les chœurs des anges; elle l'a placée près de ce fils qu'elle a aimé de toutes les forces de son âme et de toutes les facultés de son cœur; l'Église a fait de la mère de Dieu une protectrice dont l'intercession puissante devait beaucoup obtenir. Les vertus de la femme, les douleurs de la mère, l'ineffable pureté de la Vierge immaculée, tout entourait Marie d'une auréole radieuse et limpide, et la présentait naturellement à la prière des hommes pour demander à son fils les grâces qu'elle ne pouvait pas dispenser elle-même.

Ainsi compris et renfermé dans de justes limites, le culte de la Vierge a une délicieuse et suave candeur qui lui est propre et dont l'innocence et la chasteté se réjouissent. La simplicité et la fraîcheur de ces hommages, qui, de cœurs purs, s'élancent vers la source de toute pureté, ont quelque chose de si élevé que le souffle des instincts terrestres semblait ne pouvoir le souiller.

Qu'un mysticisme maladroit, et nous ne savons quelles gauches affectations viennent altérer cette naïveté primitive, et vous aurez ce culte prétentieux et théâtral qui, dans les églises des pays catholiques, pousse toutes choses à une représentation qui les éloigne de leur origine. Le mois de mai, le *mois de Marie*, tel qu'on le célèbre dans plus d'une nef, n'est que la distraction d'une dévotion élégante et coquette. C'est du moins ce que nous apercevons dans les empressements du culte récent qui flatte et caresse les goûts d'une vanité mondaine.

S'il arrive, comme à Rome, que la prière qui monte vers la Vierge sans tache soit tout empreinte de passions humaines et de désirs matériels; si la pieuse invocation, au lieu d'implorer les grâces salutaires, ne recommande à la providence céleste que des intérêts terrestres, alors le culte, détourné de sa sainteté et de sa vénération, n'est plus qu'une expression sensuelle à laquelle l'âme et le cœur demeurent également étrangers. C'est un matérialisme déguisé et caché sous les apparences d'une fausse dévotion.

Si ces actes, qui prennent leur source dans un égoïsme opposé à la charité qu'enseigne et que prescrit l'Évangile, troublent ensuite par la forme même et par de nouveaux éléments charnels les émotions de l'âme qui devaient être exemptes de cette impression, alors ne semble-t-il pas que l'hommage se change en offense, et que cette adoration ne soit plus qu'une idolâtrie passionnée et plus attachée aux biens périssables qu'à la gloire éternelle?

Tels sont, en effet, les principaux caractères du culte de Rome pour la Vierge. Ses images sont multipliées à l'infini; on sait avec quelle magie d'immortels pinceaux ont donné à ses traits le charme et la beauté. L'imagination des artistes illustres idéalisait les types les plus parfaits de la création pour atteindre le type divin que contemplait leur pensée ravie; leur extase touchait au ciel, mais les regards vulgaires n'aperçurent dans ces œuvres que les séductions de la beauté corporelle, et la pensée profane diminuait la sainteté du sentiment intime; la volupté pénétrait dans une piété trop faible pour résister à de tels assauts.

Lorsque Lévis, l'auteur du *Moine*, veut perdre l'homme consacré à Dieu, il introduit dans la cellule du religieux le démon impur, qui cache ses traits hideux sous la délicieuse figure d'une madone.

Cette citation explique trop bien notre pensée, pour ne pas nous dispenser d'autres développements.

A Rome, la madone est partout, au dedans et au dehors des églises; elle habite le palais du riche aussi bien que l'humble toit du pauvre; son image, devant laquelle brûlait une lampe ou un cierge, a été longtemps le seul moyen d'éclairage des villes; maintenant on la rencontre au coin des rues, sur les plus pauvres maisons aussi bien que sur les plus magnifiques édifices; dans les cours, les corridors, les auberges, les cabarets, les étables et les écuries, sur les routes et sur les chemins, à l'entrée des villages, on retrouve la madone. Trois fois dans les vingt-quatre heures la cloche rappelle aux fidèles la salutation angélique. Tout se place sous la protection de Marie; il n'est labeur, entreprise, industrie ou travail, qui ne s'abrite sous une image de Marie. Les noms sous lesquels elle est invoquée sont nombreux; les attributions que lui assignent les croyances populaires varient à l'infini et embrassent tous les détails de la vie. On voue à Marie l'enfant qu'on veut conserver pur; l'adolescence et la jeunesse ont pour Marie une sympathie particulière; c'est à elle que l'épouse et la mère confient leurs douleurs, persuadées qu'elles seront comprises par ce cœur qui a tant souffert; vers elle aussi se tourne l'âge mûr lorsque les déceptions du monde l'accablent; la vieillesse implore au pied de ses autels les forces du corps et de l'âme qui peuvent soutenir ses pas chancelants; enfin, chaque jour, le chrétien la prie de l'assister à l'heure de sa mort. Marie est appelée le *refuge des pécheurs* et la *consolation des affligés*; c'est qu'effectivement il n'est pas une souffrance pour laquelle elle n'ait une consolation. Ce n'est donc pas seulement à sa beauté qu'il faut appliquer les paroles que l'ange lui adressa : « Je vous salue, Marie, *pleine de grâces;* » c'est à l'inépuisable bonté

Le jeu de la murra.

de son cœur que parlait l'envoyé du Très-Haut.

Plus nous trouvons de délices dans ce culte de Marie, placé entre le ciel et la terre comme un intermédiaire entre les souffrances des hommes et la puissance de Dieu, entre la faute et le châtiment, plus il doit nous être permis d'exprimer notre indignation contre tout ce qui tente de rabaisser cette mission sublime. Marie, par sa douceur, tempère la majesté ███, et rend aux cœurs effrayés et désolés la confiance et l'espoir.

A Rome, et dans tant d'autres lieux, on demande à Marie de favoriser la cupidité, l'ambition, les caprices, l'envie, la haine et la vengeance, tout ce que les passions mauvaises engendrent de désirs pervers et insensés. Est-ce que le brigand de l'Espagne et de l'Italie ne met point sous l'invocation de la madone le meurtre et la rapine? Est-ce que l'impudique courtisane de Rome ne croit pas assez faire en voilant l'image de la Vierge placée dans son boudoir? Est-ce qu'à la ceinture de l'assassin ne pendent pas le chapelet et le rosaire à côté du poignard et du stylet? Est-ce qu'au chapeau du bandit ne sont pas attachées les médailles bénites? Est-ce que le scapulaire ne repose point sur cette poitrine dans laquelle rugit le crime?

A Rome, le culte de Marie est compris par une superstition ignorante et féroce comme le comprenait la sombre cruauté de

Louis XI, qui mettait sous la protection de toutes les vierges connues et inconnues ses fureurs sanglantes et ses parjures.

De ces abominations qui outragent si cruellement Marie, ce modèle de dévouement le plus tendre, la stupide dévotion du peuple de Rome tombe dans la bassesse.

C'est à la madonna qu'il demande le succès et la satisfaction de tous les souhaits mesquins que lui inspirent l'avarice, les désirs et les appétits sensuels; il mêle à ses prières toutes ses fantaisies grossières et tous les caprices de sa nature vile et intéressée. Tout à l'heure il l'associait à l'atrocité du crime, maintenant c'est à sa corruption qu'il essaye de la faire descendre. On oserait à peine demander à un homme ce que ses vœux, dans leur impudence et dans leur sottise, osent demander à l'intercession de la mère de Dieu.

Notre intention n'est pas d'imputer tout entière cette déplorable situation des esprits au clergé catholique. Si tel avait été notre dessein, les faits scandaleux ne nous eussent pas manqué. Nous voulons croire que l'Église n'est point tout à fait complice de ces tristes erreurs; mais qu'a-t-elle fait pour arrêter ces égarements? N'a-t-elle pas au contraire, par ses complaisances, encouragé ces croyances superstitieuses qui lui soumettaient les esprits d'une multitude ainsi affaiblie et dégradée? Ne pourrait-on pas trouver dans certaines pratiques minutieuses le germe de ces superstitions? Puis, en reportant le regard et la pensée sur l'influence, le pouvoir et les profits que rapportent au clergé ces exercices qui ont si misérablement changé la cause et le but du culte de Marie, ne pourrait-on pas croire qu'il y a eu quelque intérêt dévot à favoriser cette tendance?

Nous avons dit combien les fêtes de la *madonna* étaient multipliées à Rome: l'Assomption et la Nativité, les madones d'août et de septembre, sont surtout célébrées avec éclat. Ces jours-là, les images de Marie, rehaussées par de riches ornements, sont exposées avec splendeur; pour ces solennités, les églises ont des orchestres choisis et des quêtes en permanence.

Noëmi, avec sa nature impressionnable et le tendre mystère qui vivait en elle, s'était d'abord éprise du culte de Marie qui va si bien à la secrète mysticité des femmes et flatte la vanité de leur sexe; mais à la vue de ce culte bas et indigne, de cette grossière adoration, elle fut effrayée.

Un jour, dans une course d'exploration hors des murs de Rome, elle remarqua que son cocher saluait toutes les madones devant lesquelles passait la voiture, tandis qu'il n'accordait aucune attention aux croix et autres images, fussent-elles celles de Dieu lui-même.

— Gaétano, lui dit-elle, pourquoi ne salues-tu que la madonna?

— Parce que, répondit-il, c'est une femme; les autres, et Dieu lui-même, ne sont que des hommes. — *Perchè femina, e gli altri maschi.*

Ce trait caractérise avec une vérité frappante la petitesse de la dévotion romaine.

La jeune juive se serait peut-être brouillée avec le culte de Marie, sans une circonstance imprévue qui lui inspira une prompte et vive affection pour ce dogme qu'elle aima, sans intéresser ses croyances dans cette affection.

On rentrait à Rome; les dernières lueurs du soleil couchant avaient disparu, l'obscurité commençait à s'étendre sur la campagne; à l'entrée d'un village dont la calèche approchait, il s'éleva dans l'air un chant dont la mélodie était harmonieusement soutenue par une harmonie pure et sonore, comme les accents d'une harpe éolienne. Les voix retentissaient seules et n'étaient accompagnées par aucun instrument; on entendait deux chœurs qui chantaient alternativement : l'un, par sa fraîcheur et son élévation, semblait composé d'enfants, de jeunes filles et de femmes ; l'autre, plus grave, était formé par des voix d'hommes. Plus on avançait, plus les sons devenaient distincts ; cependant, ils avaient une délicieuse mollesse et une douce langueur, dont le charme restait le même.

Au détour de la route, Noëmi aperçut une foule de villageois pieusement agenouillés au pied d'un tertre vaste et touffu, dans le feuillage duquel on avait taillé une niche qui renfermait une *madonna*. C'était au mois de mai ; tous les soirs, les populations de la campagne italienne se réunissent ainsi autour de l'image de Marie pour chanter les litanies de la Vierge. Il est impossible d'imaginer quelque chose de plus touchant et de plus agréable que ce chant, dont la délicate cantilène va jusqu'au cœur par une délicieuse émotion.

Noëmi, par un mouvement involontaire, descendit de voiture, se mit à genoux dans la poussière du chemin, et mêla sa voix au chœur des enfants, des jeunes filles et des femmes.

Ce sentiment de tendre vénération qu'elle n'avait point éprouvé devant l'appareil des *funzioni* de Rome, elle le sentit. Ce fut le premier sentiment chrétien qui pénétra dans son cœur. Le germe de la foi catholique était déposé dans le sein de la juive ; peut-être l'avenir le développera-t-il.

D'un seul grain recueilli par une bonne terre peut sortir une moisson abondante.

A chaque pas que faisait Noëmi dans Rome, de nouvelles superstitions s'offraient à elle ; son esprit ne pouvait concevoir cette alliance burlesque d'une religion si grande et si élevée à son origine, et d'une religion si abaissée à mesure que le temps la séparait de son principe. Il lui semblait qu'il y avait deux religions, celle du Christ et celle des papes.

C'était pour elle un sujet d'étonnement qui s'accroissait chaque jour par quelque cause nouvelle.

Au pied de l'escalier du Capitole, à la porte d'une église bâtie sur l'emplacement même du temple de Jupiter Capitolin, elle avait vu une multitude se presser avec de hideuses contorsions pour recevoir la bénédiction d'une idole que brandissait un prêtre sur cette foule prosternée devant un jouet dont le clergé romain avait fait un objet sacré.

C'était *il santissimo bambino* !

L'église de l'*Ara-Cœli* est construite sur le monticule du nord ; elle fut édifiée en 1348 par Lorenzo Simone Andreozzi, et restaurée en 1564 ; elle contient un grand nombre d'objets d'art ; on y arrive par cent vingt-quatre degrés en marbres antiques.

C'est de ce sommet que l'on montre au peuple assemblé le *santissimo bambino* qu'un prêtre en chape, sous un dais et entouré d'un clergé nombreux, en l'exhaussant dans ses bras, présente à la multitude agenouillée sur les marches et sur la place. Cette exhibition, dont il est difficile de connaître le motif, a lieu le jour de l'Épiphanie. Le *santissimo bambino* est une poupée qui représente fort irrévérencieusement le divin enfant. Ce jouet impie est vêtu d'une robe recouverte de pierreries et coiffé d'une couronne d'or. A la vue de l'idole, les Romains baisent la terre, se frappent la poitrine, poussent des cris et versent des larmes.

Le *santissimo bambino* est, depuis la fête de Noël, exposé dans une crèche avec les figures de l'empereur Auguste et de la sibylle de Cumes.

Il est impossible de s'expliquer ce mélange singulier et bizarre.

On a prétendu que la sibylle fut placée là

dans un temps d'ignorance à cause de son oracle sur le Messie. On sait aujourd'hui que cette prédiction a été frauduleusement interpolée dans les vers sibyllins, à la fin du premier siècle et au commencement du second de l'ère chrétienne.

Mais Auguste, sa présence n'est-elle pas inconcevable ?

Le *santissimo bambino* a des vertus productives : outre les aumônes qu'il provoque, on le porte en carrosse chez les malades opulents, qui payent fort cher cette visite ; c'est donc un des plus précieux joyaux du clergé de Rome.

Après le *bambino*, la *scala santa*, tout aussi dérisoire et tout aussi burlesque.

La *scala santa* est si pieusement vénérée par la population romaine, que longtemps on a cru à Rome que les marches de cet escalier étaient celles qui conduisaient jadis au prétoire et qu'avait franchies Jésus pour se rendre chez Pilate ; Hélène, mère de Constantin, les aurait fait transporter à Rome de Jérusalem. L'Église a laissé s'accréditer cette opinion qu'elle savait être fausse, mais qui attirait les pèlerins, les visites et les offrandes des dévots. Les degrés de la *scala santa* ne se montent qu'à genoux ; un frottement continuel les a tellement usés, qu'il a fallu les recouvrir de planches pour les préserver d'une destruction complète. On assure que cette manière de gravir les escaliers sacrés n'est qu'un plagiat fait comme tant d'autres, par les superstitions catholiques, à l'antiquité.

Est-il vrai que César gravissait ainsi l'escalier qui menait au temple de Jupiter Capitolin ?

Un portique à cinq arcades précède la montée sainte, et quatre autres escaliers parallèles répondent aux arcs latéraux, à droite et à gauche ; les marches de ceux-ci peuvent être franchies dans la position naturelle.

La *scala santa* aboutit à une chapelle qui possède une image de Jésus, travail byzantin échappé, dit-on, aux fureurs des iconoclastes, mais certainement fort ancien, puisqu'au douzième siècle Innocent III le fit enfermer dans une armoire d'argent qui ne s'ouvre ordinairement que pour les papes, pour les cardinaux et pour les membres du haut clergé. Derrière la chapelle se trouve le *sanctus sanctorum*, dont la porte est murée, et qui n'est qu'une petite chambre dans laquelle on ne peut pas pénétrer.

Ce secret, si rigoureusement défendu, a en tout temps mis en travail les imaginations romaines. Les hypothèses fabuleuses et les contes de toute espèce ont couru sur ce mystère, auquel personne ne songe plus aujourd'hui. Assurément le *sanctus sanctorum* ne renferme pas un trésor : Rome, dans sa détresse, s'en fût emparée.

Plusieurs fois les Anglais ont monté, au grand scandale des Romains, la *scala santa* au pas ordinaire ; on va même jusqu'à assurer qu'un gentleman hérétique essaya de lancer son cheval sur les marches, et qu'il ne renonça à ce dessein que sous les clameurs et les menaces de l'indignation publique.

Devant ces pratiques et ces croyances, Noëmi ne parvenait pas toujours à garder l'air sérieux et à contenir le rire qui éclatait en elle.

Un jour, en rentrant dans l'appartement qu'elle occupait chez la signora Naldi, la jeune juive trouva dans sa chambre un prêtre catholique en rochet, accompagné d'un enfant de chœur qui portait l'eau bénite dont l'ecclésiastique arrosait tous les meubles avec son goupillon. Surprise et pensant qu'il s'agissait de quelque visite de l'inquisition, Noëmi croyait se trouver face à face avec les périls dont on l'avait tant menacée.

Elle apprit avec une vive satisfaction qu'il ne s'agissait que de la bénédiction annuelle et générale de la maison, que l'on purifiait tout entière par ces aspersions de haut en bas, de la cave au grenier; chaque pièce, même celles réservées aux usages les plus intimes, était ainsi parcourue, et pour chaque endroit il y avait une formule particulière selon sa destination. Les meubles et tous les ustensiles du ménage furent aussi bénits. Le prêtre qui est chargé de ces fonctions fait la quête dans chaque maison, et reçoit ou de l'argent ou des provisions.

Près de l'église de Sainte-Marie Majeure est l'église de Saint-Antoine ; il y a là une colonne élevée en 1595, à l'occasion de l'absolution conférée à Henri IV. Une fois par an, à la fête du saint, le pape, les cardinaux, les princes et les prélats envoient bénir en cet endroit leurs chevaux, leurs mules et leurs mulets; les particuliers et les villageois y amènent aussi leurs chevaux, parés de fleurs et de rubans. Un prêtre en surplis, placé dans une niche fermée par une petite porte latérale, asperge d'eau bénite les bêtes, les gens, les harnais et les équipages. Sur une table est placé un buste du saint, colorié et portant sur l'épaule une croix rouge que l'on fait baiser aux fidèles ; un enfant de chœur présente ensuite le plateau de l'offrande.

Dans la campagne, on accomplit les mêmes formalités pour les bestiaux, les troupeaux, les basses-cours, les pigeonniers et toutes les parties du domaine rural ; la quête termine toujours ces cérémonies.

Les principales invocations sous lesquelles se placent ces bénédictions sont celles de sainte Cécile, de saint Antoine de Padoue, qui fait, dit-on, retrouver les objets perdus ; de saint Antoine l'Ermite, de saint Nicolas de Tolentin, de saint Philippe de Néri et de saint Charles de Borromée.

Dans la légende catholique, chaque saint et chaque sainte a ainsi ses attributions, le plus souvent communes, vulgaires et presque basses ; ainsi que, dans le paganisme, chaque dieu, chaque déesse et chaque demi-dieu présidait aux choses de la terre, aux vices même et aux passions des hommes.

Le moindre inconvénient de ces superstitions ridicules auxquelles s'unissent, comme nous venons de le voir, le chef de l'Église et le haut clergé, et qui entretiennent chez le peuple l'ignorance et la crédulité, est de remplacer dans l'esprit des populations la prévoyance et l'attention par l'insouciance d'un fatalisme funeste et qui semble remettre à une protection surnaturelle des soins dont la prudence humaine ne doit jamais se départir. De là, cette indolence particulière au peuple romain, persuadé que tous les saints du paradis sont occupés à veiller sur les moindres détails de son existence.

Une fois l'observation lancée sur cette pente de dégradation superstitieuse, elle roule jusqu'au fond d'un abîme de ténèbres.

Nulle part les vœux ne sont aussi fréquents qu'à Rome ; les femmes du peuple mettent une certaine coquetterie à se parer des signes de cet abaissement intellectuel ; elles portent à leur ceinture des rubans dont la couleur indique la nature du vœu qu'elles accomplissent. Le blanc marque celles qui se sont consacrées à saint Vincent; le rouge les voue à Jésus le Nazaréen ; le bleu est la couleur de la Vierge ; le violet rappelle la Madonna des Douleurs ; le noir est dévolu à sainte Anne, qui préside aussi aux accouchements.

Lorsque les personnes riches ont fait un vœu qu'elles ne veulent pas accomplir, elles payent les femmes pauvres qui portent pour elles les couleurs de l'engagement.

Ces vœux sont faits le plus souvent dans des intérêts mondains, dans un but personnel, et jamais dans une intention vraiment religieuse. Il s'agit habituellement de la guérison d'un malade, d'obtenir un emploi désiré, de triompher des obstacles que rencontre un projet ou un souhait passionné, d'avoir un enfant, d'une heureuse délivrance, ou de gagner un gros lot à la loterie. Afin d'obtenir des grâces, on fait vœu de ne pas aller au spectacle durant un temps prescrit, de s'abstenir de l'œuvre de chair, de faire maigre et de monter trente ou quarante fois à genoux la *scala santa*.

Les *ex-voto*, c'est-à-dire les emblèmes et les tableaux votifs que l'on suspend dans les chapelles de la Vierge et des saints, sont la conséquence nécessaire des étonnantes superstitions que nous venons de décrire.

A la fête de Noël, les pénitenciers occupent leurs confessionnaux, auprès desquels viennent se prosterner les pénitents. Le prêtre frappe alors leur front incliné d'une longue baguette. Ce coup a des vertus singulières ; il porte avec lui une indulgence de quarante jours et l'absolution du péché véniel. Si la baguette est tenue par le grand pénitencier, le bienfait de l'indulgence s'étend à cent jours.

Noëmi vit toutes ces indignités protégées, maintenues et encouragées par le clergé romain, dont la cupidité exploitait ces faiblesses. Ces superstitions, en abaissant et en soumettant ces esprits, livrent à l'avarice des prêtres le denier du pauvre et la fortune du riche ; elles entretiennent des terreurs qui arrachent l'offrande, comme le bandit obtient la bourse du voyageur par la menace et par l'épouvante.

CHAPITRE XIII

Un Message.

Noëmi reçut un matin l'avis que Ben-Saül désirait la voir et avait à lui communiquer d'importantes nouvelles.

La jeune fille, docile à cet appel, se rendit au Ghetto seule, à pied et enveloppée d'un de ces longs voiles que portent les dames romaines. Le vieillard, toujours plongé dans la tristesse que lui causaient ses sombres pressentiments, reçut Noëmi avec bonté et sans prononcer un seul mot de reproche.

— Je n'ai pas, lui dit-il, le droit de blâmer une conduite que votre père approuve ; malgré les craintes que m'inspire votre séjour au milieu des chrétiens, je respecte le sentiment de Ben-Jacob, et je joins mes prières aux siennes pour que le Dieu d'Israël semble enfin prendre son peuple en pitié.

Après cette invocation par laquelle Ben-Saül paraissait avoir contracté l'habitude de commencer tous ses entretiens, on arriva à l'objet sérieux de cette entrevue.

Un fidèle messager, envoyé par Ben-Jacob, avait apporté aux juifs de Rome des motifs de consolation et d'encouragement. Toute la nation israélite, répandue dans les divers États de l'Europe, s'unissait par un lien commun pour la délivrance des juifs de la contrée romaine. Le plan de cette vaste association venait d'adopter une mesure qui devait augmenter la force de son action. A l'influence que donnait aux juifs l'immense fortune dont ils disposaient, devait se joindre une autre autorité, celle de l'intelligence. Plusieurs israélites avaient déjà acquis en Europe, dans les lettres, dans les arts, une éclatante renommée ; leurs œuvres les plaçaient haut dans l'opinion générale, et cette gloire avait commencé la réhabilitation morale du peuple juif. Cette tâche de progrès, il fallait la poursuivre dans tout ce qu'elle avait de grand et d'utile, afin de féconder pour les autres pays l'exemple donné par la France, où les Israélites sont admis aux avantages et aux bienfaits de la cité politique et sociale.

Pour atteindre le but que se proposait cette direction nouvelle, il était nécessaire de réunir tous les éléments d'une connaissance exacte et complète des sociétés européennes.

Il importait surtout d'avoir sur Rome et sur son organisation morale, politique et religieuse, des renseignements nombreux et certains. Cette mission, Ben-Jacob était heureux d'être autorisé à la confier à sa fille bien-aimée.

Elle devait s'entourer dans sa conduite d'un secret profond et inviolable qui ne permît à personne d'apercevoir le point vers lequel elle marchait. En travaillant pour affranchir le peuple de Dieu du joug de la domination des chrétiens, Noëmi pouvait donner à ces actes une latitude que ne bornaient plus les prescriptions de la loi, quand il s'agissait des intérêts de la communauté israélite.

Cette doctrine a été plus tard empruntée par les jésuites au Talmud, dont elle est tirée.

Les sommes nécessaires à son entreprise étaient mises à sa disposition partout où elle aurait besoin d'en faire usage.

Enfin, plein pouvoir lui était accordé pour arriver à une observation générale et détaillée de tout ce qu'il fallait connaitre.

Après ces instructions qui lui furent remises, écrites en langue et en caractères hébraïques et sous une forme authentique, la jeune juive reçut verbalement de Ben-Saül des avis que son père l'avait chargé de lui transmettre.

Elle devait, par tous les moyens possibles, pénétrer dans le cœur de la société romaine, s'introduire dans les habitudes de la vie populaire, dans le secret du Vatican et dans les mystères de l'Église, du clergé et de la milice des congrégations religieuses.

Cette exploration, par un instinct originel, Noëmi déjà l'avait commencée, fermement persuadée qu'elle travaillait pour l'avenir de sa race, mais ne croyant pas cet avenir si près d'elle. Nous avons vu comment ses propres idées l'avaient disposée à cet événement.

Ben-Jacob, par la voie de Ben-Saül, recommandait à sa fille de se donner tout entière à la cause des juifs ; il lui prescrivait un dévouement sans bornes, et il n'exceptait de cette abnégation totale que le double devoir de conserver saufs et intacts l'honneur de la famille et la foi de leurs pères.

Ces dernières injonctions portèrent, dans les sentiments de Noëmi, un trouble dont elle ne se rendait pas compte ; il lui semblait que, dans le secret de ses affections, elle avait peut-être rendu difficile l'exécution des deux préceptes paternels.

Par cette propension à la ruse et à l'artifice qui est naturelle aux femmes, même à celles qui se croient le plus loin de l'astuce et de la dissimulation, la juive se rapprocha de la signora Naldi, dont les faits récents devaient la séparer, mais qu'elle affecta de rechercher avec plus d'empressement, afin de détourner sa surveillance et ses soupçons. Avant de se lancer dans le champ qui venait de s'ouvrir devant elle, Noëmi résuma dans une lettre à Ben-Jacob le résultat de ses premières observations.

CHAPITRE XIV

Le Manuscrit.

LETTRE DE NOEMI A BEN-JACOB.

« Rome...

« Mon père,

« Que la bénédiction du Dieu d'Abraham, d'Isaac et de Jacob soit avec vous ! J'ai compris vos desseins et je me suis fait une loi de les seconder et d'obéir à votre volonté.

« Dieu m'avait avertie, avant que Ben-Saül m'eût fait connaître vos ordres ; je savais ce que vous me demanderiez un jour, et dès votre départ, je m'étais préparée à vous servir avec fidélité. Vous savez aussi combien les sages enseignements que j'ai reçus de vous m'ont fortement attachée aux préceptes divins et à la foi de nos pères. Ma vie n'est pas à moi ; comme celle du fils qui suivit le père sur la montagne, elle appartient à Dieu et à vous ; disposez donc de cette existence que vous m'avez donnée.

« C'est d'après les conseils de Ben-Saül que je vous écris ; les notes que j'avais recueillies et rassemblées pour moi seule et que je lui ai soumises lui ont paru dignes de vous être communiquées. Je n'aurais jamais eu cet orgueil ; mais en obéissant à Ben-Saül, j'ai cru obéir à vous-même.

« Chaque soir, après les saintes ablutions et avant d'élever mon âme vers l'Éternel, j'ai voulu purifier ma pensée comme j'avais purifié mon corps. J'ai rejeté au dehors tous les souvenirs des instants passés au milieu des ennemis de notre loi, mais sans me séparer de la science des hommes et des choses. Lorsque Ben-Saül m'a communiqué vos intentions, je me suis trouvée heureuse que ma soumission eût précédé vos vœux.

« De ces notes de chaque jour, j'ai mis à part, pour vous, ce qui m'a paru être le plus utile à vos desseins ; lisez, mon père, avec indulgence ce que je n'ai point fait dans un esprit de vérité et d'orgueil, mais avec une pieuse et filiale humilité.

« Et maintenant, que le Dieu de Moïse tienne sur vous ses mains étendues pour vous donner la victoire, et qu'il se souvienne du peuple qu'il s'était choisi pour être l'objet de ses plus chères complaisances ! »

I. — MANUSCRIT DE NOEMI.

Les Italiens de Rome.

« En arrivant à Rome, j'étais tout émue par les idées de la grandeur antique, et je cherchais dans leurs descendants les traces de ces fiers Romains, dont les armes victorieuses avaient jadis soumis la Judée. Cette illusion fut de courte durée. Et comme je témoignais à cet égard un douloureux étonnement, on me fit comprendre qu'il n'y avait plus de Romains, dont les traits et les traces s'étaient effacés et perdus d'âge en âge ; mais seulement des *Italiens de Rome*.

« Je ne puis dire combien cette expression si connue, ainsi que je l'ai su plus tard, a rendu mon observation prompte, sûre et facile, en lui indiquant tout de suite le point vers lequel je devais la diriger. C'est

---

1. Ce manuscrit est effectivement le résultat des observations d'une fille juive, pendant son séjour à Rome ; nous avons cherché à conserver, autant que nous avons pu le faire, la naïve énergie de ses impressions.

Rome. — La voie Appienne.

par reconnaissance que j'ai donné ce titre à la première partie de mon manuscrit.

« Ils sont Italiens à Rome comme à Venise, et dans d'autres villes de l'Italie; mais ils m'ont généralement semblé d'humeur moins vindicative et moins portés au meurtre et à l'assassinat que leurs compatriotes des autres contrées. Ce qui m'a le plus frappée, ce sont les grimaces continuelles de cette population; il n'existe pas de lieu où il y en ait davantage. Les cérémonies religieuses y sont perpétuelles, et, à plusieurs signes, j'ai reconnu que la fourberie et de honteux désordres se mêlaient à ces pompes.

« L'indolence et l'oisiveté de ce peuple m'ont ensuite étonnée; la plupart ne savent ce que c'est que de s'occuper de quelque chose de bon. Ils se lèvent avant le jour, se promènent jusqu'aux premières clartés du soleil et rentrent pour se remettre au lit; après leur repas, ils dorment jusqu'à ce que la [chaleur soit passée. La promenade et le souper les mènent au soir, et font passer le temps jusqu'à la nuit.

« Je ne connais pas de ville où les nouvelles soient en aussi grand nombre qu'à Rome, à cause de l'affluence des étrangers de tous les pays qui y viennent et s'y réunissent. Ces bruits entretiennent les

15

paresseux loisirs de cette multitude curieuse et bavarde.

« En approchant de Rome, j'aperçus dans la campagne des palais splendides, de riches villas et de magnifiques demeures ; ces habitations nobles et élégantes s'élevaient au milieu de vastes jardins, et ceux que je visitai étaient d'une beauté merveilleuse. Ces édifices témoignaient d'une splendeur passée et d'une puissance déchue, et ces vestiges défiaient la faiblesse du présent.

« Ce fut, pour moi, la première marque d'une décadence dont je connais aujourd'hui toute l'étendue.

« Rome est la ville des contrastes choquants ; j'y ai vu au Corso les processions de pénitents confondues avec les files de masques ; il y a des papes qui ont voulu interdire tous les plaisirs ; il en est d'autres qui ont accordé à un carnaval trop court des bulles de prorogation. Saint Ambroise, le pieux archevêque de Milan, n'a-t-il pas doté sa ville métropolitaine du *carnavalone*, qui envahit de vive force les trois premières journées du carême?

« Pendant que les mascarades s'agitent dans le Corso, au Colisée, la *Via Cruce* répand sur son trajet des larmes et des prières.

« On m'avait beaucoup vanté les musées des palazzine et des *ville* de la campagne de Rome ; dans presque toutes ces collections, je n'ai rencontré qu'une abondance confuse, une profusion dont l'aspect fatigue, et qui atteste toujours plus d'orgueil que de goût.

« Le peuple de Rome n'a d'ailleurs plus rien du sang de ses ancêtres ; lorsque le pontificat, transporté en France, revint prendre possession du Vatican, une foule accourue de toutes les contrées européennes se précipita avec les papes dans la ville sainte, et sous cette masse étrangère la nationalité romaine fut si bien étouffée, que l'on put dire qu'à Rome les étrangers étaient la règle, et les nationaux l'exception.

« A ces Italiens de Rome, je n'ai vu déployer de l'énergie que dans la fougue de leurs transports superstitieux ou dévots. Incapable de s'émouvoir pour une noble cause, ils ont toujours de fortes et promptes émotions au service des jouissances sensuelles. Pour bien juger ces molles et vicieuses dispositions, il faut les suivre, comme je l'ai fait, dans tous les lieux ouverts à la foule : là, on voit clairement tout ce qu'il y a de bas dans les penchants de ce peuple, dont la trivialité étouffe si souvent l'instinct artistique de l'organisation italienne.

« A Testaccio, et dans les *osterie* de Transtévère, lorsqu'il boit alternativement le vin *dolce* ou *asciutto*, l'Italien de Rome, livré à l'ivresse, au jeu et à la danse, oublie tout ; la madonna elle-même, pour laquelle il montrait le matin une si fougueuse dévotion, n'est plus rien auprès de sa jolie maîtresse du soir, et de sa danseuse si souple et si légère.

« A la villa Pamphili, lorsque les fêtes d'automne ouvrent à la foule les prairies et les bois de ces domaines ; à la villa Borghèse, promenade charmante que remplit une multitude brillante et joyeuse, on retrouve, dans toutes les classes, dans les somptueux équipages, parmi les cavaliers et parmi les piétons, la turbulence, la fierté et l'arrogance du caractère des Italiens de Rome.

« C'est à la villa Borghèse que, dans les soirées d'octobre et de novembre, se danse *il saltarello*, dont le mode semble traditionnel, et venir en droite ligne de l'Étrurie et de la Campanie.

« *Il saltarello* est moins une danse qu'un mouvement mesuré ; il s'exécute au son du tambourin.

« Au milieu d'un cercle de nombreux

spectacteurs, se placent deux couples de danseurs ; ils sautent et se balancent sans exécuter de pas et sans s'astreindre à aucun ordre et à aucune figure ; ils avancent et reculent alternativement tantôt en inclinant, tantôt en tordant leur buste et en lui imprimant des oscillations dont la souplesse ressemble aux ondulations du fandango espagnol et n'est pas sans grâce. Puis, par une impulsion violente, ils tournent les uns autour des autres avec une extrême vitesse, jusqu'à ce que cette agitation devienne convulsive. En s'arrêtant, la danseuse se pose subitement immobile sur le pied gauche, le pied et le bras droit levés, mais de manière que la main soit plus basse que le coude tourné vers le danseur. Cette pose est celle que j'ai remarquée dans les peintures antiques et sur les vases étrusques.

« *Il saltarello* n'a point de préférence pour la jeunesse, et plus d'une femme d'âge mûr goûte encore le plaisir de cette danse nationale, si chère aux Italiens de Rome.

« De là aux *burattini*, il n'y a qu'un pas ; là, l'Italien de Rome se montre dans toute la profondeur de son abaissement. Produit dégénéré de cette race antique qui assistait aux spectacles sanglants du cirque et aux luttes mortelles des gladiateurs, il ne recherche plus ces terribles émotions ; il s'empresse maintenant aux lazzi de Patrinella et de Cassandrino : c'est tout ce que peut supporter sa fibre amollie ; ce n'est plus qu'un grand enfant qu'il faut amuser.

« Au rez-de-chaussée du palais Fiano se rassemble une foule avide de ce spectacle des marionnettes, du reste fort amusant. Le genre de cette petite scène est tout à fait dans le goût des comédies d'un auteur grec, auquel dom Salvi, mon savant instituteur, donne le nom d'Aristophane. On s'y moque des bourgeois, de la petite noblesse et de l'astuce des gens de la campagne, cachée sous une feinte bonhomie. Cassandrino, le personnage principal, a tous les types de l'Italien de Rome ; tantôt fou de musique, il veut qu'on admire son talent plus que médiocre et sa voix fausse ; tantôt bourgeois enrichi, il se gonfle de sottise et d'importance, et n'a pour tout esprit qu'une certaine finesse ; lorsqu'il s'agit de ses intérêts, il n'en est pas moins dupé par ses parents et ses maîtresses. S'il se marie, s'il épouse quelque belle villageoise ou quelque jolie grisette dont sa vieillesse s'est éprise, il est assailli par de continuelles tribulations domestiques.

« *I burattini* donnent, par soirée, plusieurs représentations qui sont fort suivies ; ils ont l'esprit mordant, sont souvent heureux dans leurs saillies, et parlent le langage populaire avec ses proverbes et ses dictons, ce dont les spectateurs leur savent beaucoup de gré. Les Italiens excellent dans le mécanisme de ces marionnettes, qui est, chez eux, plus parfait que partout ailleurs. Les franchises des *burattini* et de leur ironie doivent s'arrêter devant la cour et l'Église.

« Pasquino et Marphorio, ces deux vieux interprètes de la raillerie romaine, ont été condamnés au silence.

« Située derrière le palais Braschi, la petite place triangulaire qui porte le nom de *piazza Pasquino* est ornée d'une statue antique dont il ne reste plus que le torse et une partie des cuisses, débris dans lesquels on aperçoit la perfection du travail ; elle reçut son nom de Pasquino, qui était celui d'un tailleur voisin dont l'humeur plaisante poursuivait tous les ridicules. De la statue, le public fit un oracle chargé de lancer les satires de l'opinion. Marphorio, qui habitait le Capitole, adressait les questions auxquelles Pasquino répondait. Ce sarcasme emportait la pièce et s'attaquait sans merci aux puissants, au pape et à ses parents, aux favoris et aux favorites. Ce que tant de siècles avaient supporté patiemment, le xixe siècle en a eu peur. Depuis qu'on les a forcés à se taire, Pasquin et Marphorio, dit l'Italien de Rome, ne parlent plus, mais ils n'en pensent pas moins.

« Rien n'est sérieux dans la vie des Romains ; je trouve la preuve de ce fait dans les observations que j'ai recueillies durant le carême. Ils n'observent aucune abstinence ; c'est même, je le crois, le temps où ils font la meilleure chère ; nul ne s'abstient des mets défendus ; après ce repas, ils vont aux églises, assistent aux offices et aux sermons, et l'on entend alors ces hommes qui viennent d'enfreindre la loi de l'Église, crier : *Misericordia ! misericordia !* de toutes leurs forces et en se frappant la poitrine.

« Chez l'Italien de Rome, la friandise domine tous les autres goûts ; le clergé est surtout curieux de ces raffinements. Il y a des cafés dans lesquels on met en réserve certains biscuits fins et succulents pour les jeunes abbés.

« Les cafés sont à Rome, pendant le jour, ce que les théâtres sont pour la soirée. Le café qui occupe à l'entre-sol du palais Ruspoli une façade haute de huit mètres et donnant sur le Corso, est le plus beau de Rome et le plus fréquenté. Toute la journée, une foule mouvante vient y prendre des glaces, des sorbets, des *acque* et des liqueurs fraîches, avec cette espèce de pâtisserie sèche et sucrée que, dans toute l'Italie, on appelle vulgairement *roba dolce* ; j'ai remarqué que les femmes et les ecclésiastiques sont les plus empressés à ces collations, qui se succèdent sans interruption.

« Cependant, il y a une population fixe et sédentaire qui ne se mêle pas aux flots de la foule qui entre et sort ; ces habitués, qui sont les naturels de l'endroit, se tiennent retirés dans les embrasures des fenêtres et loin du tumulte ; chacun y a sa place assignée. L'entretien porte ordinairement sur les antiquités, dont on examine le mérite et l'authenticité ; la littérature et les sciences y sont aussi traitées avec une érudition souvent pleine de goût. Tout est contradiction et tout excite la surprise dans cette société romaine. A côté de l'ignorance, on rencontre la science ; sous l'étude, l'instinct admirable de l'intelligence italienne se développe avec élégance et rend alors plus regrettable tout ce qui énerve, détruit, anéantit ces heureuses qualités. Ces conversations sont souvent instructives et généralement recherchées par les étrangers. Les nouvellistes et les politiques abondent dans les cafés ; on assure que leurs propos sur les actes et sur les hommes du gouvernement s'expriment avec une hardiesse que la police n'a jamais songé à réprimer. Quelques récits ont même été jusqu'à affirmer qu'il n'y avait pas de pays où l'on parlât plus librement qu'à Rome ; je sais qu'il faut beaucoup rabattre de ces assertions. Les Italiens de Rome se bornent à censurer ou à discuter quelques faits de l'administration, mais ne touchent pas à ce qu'ils nomment respectueusement la trinité politique : la cour, le gouvernement et l'Église.

« On ne peut se faire une idée du bruit qui règne dans ce café du palais Ruspoli ; pour se montrer empressés, les garçons répondent aux appels par de hautes clameurs et annoncent à grands cris ce qu'on leur demande. A Rome, dans tous les lieux publics, les abbés remplacent les officiers et se font tapageurs. L'argenterie, jetée avec fracas et ostentation sur une longue table, retentit et augmente le bruit ; le chef de la maison ne se pique pas de la tenue habillée des limonadiers parisiens : selon la saison, il porte une veste blanche, ou bien il reste en manches de chemise ; au-dessus de l'endroit où il est assis pour faire la recette, est une *madonna* devant laquelle brûle une lampe toujours allumée.

« Une large porte s'ouvre sur un jardin planté de citronniers et de lauriers-roses de taille gigantesque : c'est un refuge contre les chaleurs de l'été ; le soir, les habitués se réunissent dans ce lieu. Les embrasures des fenêtres sont désertes, et c'est à la clarté des étoiles que s'établissent l'entretien et cette causerie italienne dont la fantaisie et le caprice ont quelque chose de l'imagination arabe.

« J'entrai à ce café à la sortie du spectacle, et je ne saurais dépeindre les scènes tumultueuses dont je fus le témoin. Deux cantatrices célèbres, que je désignerai sous les noms de Géorgina et Faustina, se partageaient la faveur publique. L'une venait du théâtre de Madrid, l'autre venait de San Carlo de Naples, et chacune d'elles était notoirement protégée par les ambassadeurs de Naples et d'Espagne. On se disputait sur leur talent avec fureur, et tous les *dilettanti* de Rome étaient partagés en deux camps, les Espagnols et les Italiens ; chacun de ces partis comptait avec enthousiasme le nombre de fois que les applaudissements avaient redemandé *la sua diva*, et l'avaient fait sortir de la coulisse par les cris de *fuora*. Les autres, non moins exaltés dans le calcul des triomphes de leur idole, parlaient avec ravissement de sa grâce à saluer le public, à porter la main sur son cœur et à envoyer des baisers aux loges et à *la platea*. Les acteurs, en Italie, et surtout à Rome, ont effectivement l'habitude de témoigner leur reconnaissance ; lorsqu'on les applaudit, ils interrompent leurs rôles pour faire la révérence, et reprennent ensuite le plus naturellement du monde la situation du personnage qu'ils représentent. Dans ce feu des relations de la soirée, on n'oublia point la double pluie de sonnets et de bouquets tombée des loges sur la scène. De là, on partit pour donner aux deux artistes des sérénades de voix, avec des symphonies d'instruments. Le lendemain, on apprit que chacun de ces harmonieux hommages avait eu ses partisans ; les uns criaient : *Viva Italia!* les autres clamaient : *Viva Spagna!* Ces exclamations retentissaient dans tous les quartiers ; elles étaient répétées par les plus lointains échos, et cette *mescolanza* d'Italiens et d'Espagnols parut un moment menacer la tranquillité de la ville. Le peuple prenait un grand plaisir à ces sérénades, qui finirent trop tôt à son gré. Les rivalités, à propos de l'art et des artistes, sont très-fréquentes dans toutes les villes de l'Italie.

« La noblesse romaine a seule le privilége des réunions et de la société ; le reste de la population met donc beaucoup d'empressement à se rendre au théâtre, où du moins on échappe à cette ligne de démarcation des castes qui rend à Rome les relations sociales si froides et si rares. Le flegme romain, dont on a tant parlé, n'est qu'à la surface, il ne tient pas plus sur le visage qu'au masque mal attaché et toujours près de tomber. La tranquillité romaine n'est qu'apparente ; au théâtre, elle disparaît bientôt, et fait place aux démonstrations les plus véhémentes.

« J'ai toujours été surprise d'entendre, le soir, adresser aux virtuoses de l'opéra les mêmes apostrophes que, le matin, à l'église, les mêmes gens adressaient à la *madonna*.

« Les soirées au bénéfice des artistes d'élite, et surtout des cantatrices, sont des occasions de munificence, de largesses et de prodigalités. Ces représentations prennent le nom de *serate*; la *donna* qui en est l'objet se tient ordinairement sous le péristyle du théâtre, dans le costume du rôle qu'elle doit jouer. Les *cavalieri* déposent leur dons dans un plateau d'argent placé sur un carreau de velours cramoisi ; souvent ils se dépouillent de riches bijoux pour les jeter en offrande. Pour ces occasions, le théâtre est éclairé *a giorno;* en avant de chaque loge, deux candélabres font resplendir la salle de bougies; cet aspect est magique.

« De ces distractions aristocratiques, si nous descendons aux récréations plébéiennes, nous y trouvons les mêmes habitudes de luxe, de jactance et de vanité prodigue.

« Quelques *osterie* ont l'aspect d'un temple antique, et s'établissent sur des ruines illustres; des fragments de monuments anciens et des fûts de colonnes y servent de siéges et de tables; le vacarme qui se fait dans ces lieux imite assez bien le bruit des grands cafés, la variété des vins, dont la liste est fort longue, n'est que nominative; les divisions réelles sont moins compliquées : vin blanc ou rouge, et, comme je l'ai dit, doux ou acide. Le jeu de la *murra* remplit de querelles, de disputes et de rixes ces lieux quelquefois ensanglantés par la *coltellata;* on danse dans les *osterie;* les femmes y sont en grand nombre. Les brigands fréquentent ces endroits.

« C'est de ces lieux que sortent les meilleurs quolibets; en voici un dont l'histoire a gardé le souvenir :

« Innocent XII avait l'intention de corriger les mœurs de Rome. Dans toutes les *osterie,* les buveurs s'étonnaient qu'un pape, issu d'un *pot* et d'une *carafe,* voulût les empêcher de boire. Innocent XII s'appelait *Pignatelli,* mot qui signifie *petits pots;* il portait ces emblèmes dans ses armes; sa mère était une *Carafa.*

« Il n'est point de peuple qui ait moins le sentiment de sa dignité que les Italiens de Rome; il n'est profession si basse et si dégradée qui ne trouve des gens pour l'accepter : de là cette hideuse multiplicité des métiers vils et honteux qui courent les rues de Rome, et les ignobles propositions qui sont faites aux étrangers.

« Un autre signe de dégradation se révèle par la servilité de ces classes immondes toujours courbées devant *la buona mancia,* et prêtes à tous les services infâmes pour gagner quelque argent. Cette ignominie inspire aux étrangers un dégoût profond; il est vrai que souvent l'homme qui vient de s'abaisser devant vous se redresse tout à coup, et se venge de sa propre bassesse en lançant à celui qu'il a servi un sarcasme venimeux.

« Ce dont les Italiens de Rome ont le plus d'horreur, c'est la fatigue du travail; excepté les races robustes, laborieuses et actives qui se rencontrent dans la population transtévérine, tous les autres ne recherchent et ne veulent accepter qu'un travail facile, exempt de peine, de lassitude et d'efforts.

« De là naissent les petits métiers qui s'attachent à la fabrication et au débit des images.

« La gravure et le dessin lithographique y occupent de nombreux dessinateurs qui ne sont pas sans mérite, et chez lesquels existe un sentiment de l'art qu'on ne rencontre point ailleurs à un si haut degré.

« Le coloriage et l'enluminure sont d'une grande ressource pour le travail romain; on estime que la vente de cette imagerie produit annuellement plus d'un million de francs. L'Italien de Rome se mêle de tous les détails de la confection et du débit de ce menu commerce, qui presque partout ailleurs est laissé aux femmes. Les camées sur pierres dures et sur coquilles, à couches variées, occupent beaucoup d'artistes de mérite.

« Les murailles des appartements de Rome ne sont point garnies de papier; on peint sur les parois des espèces de fresques au moyen d'un poncé très-rapide; le stuc et les meubles reçoivent aussi des applications moulées ou coloriées. Il faut rendre justice au bon goût et à l'élégance de cette industrie, qui fait travailler un grand nombre d'ouvriers, non-seulement au dedans, mais au dehors, par l'exportation et les colonies de peintres qui vont à l'étranger.

« Les ornemanistes et ceux qui incrustent les pierres de couleur insérées dans les marbres, les jaspes, le porphyre, le lapis-lazuli, la malachite et les beaux granits de Corse et d'Orient, forment une population considérable occupée à la décoration des meubles et des grandes demeures.

L'orfèvrerie et la bijouterie conservent à Rome les traditions de l'art italien, jadis si fécond en ce genre ; les produits qui sortent des ateliers romains sont très-recherchés.

« La parure des femmes de la campagne de Rome, qui portent dans leurs coiffures les longues aiguilles d'or et d'argent, des chaînes de ceinture, de larges colliers et d'énormes pendants d'oreilles, est entretenue par l'industrie romaine, qui fournit à cette coquetterie villageoise les bijoux dont elle se charge.

« Les chapelets et les rosaires, la verroterie, la lave et les coraux qui y sont employés, sont pour Rome un objet considérable de fabrication et de commerce. Les pays catholiques, à la tête desquels on place l'Italie, l'Espagne, le Portugal, et tous les États du sud américain, font entrer dans Rome, chaque année, 1,070,000 francs, employés à l'emplette de ces objets qui, de la cité des papes, se répandent dans le monde entier.

« On imite aussi en liège les monuments anciens et modernes ; les statues, les vases, les bustes, et tous les objets d'art journellement découverts, font vivre par leurs réparations un grand nombre d'ouvriers employés par les sculpteurs.

« La mosaïque et la fonte des émaux sont aussi des branches importantes de l'industrie romaine.

« Comme on le voit, rien n'est plus placide que ce travail consacré à des ouvrages d'art et aux délicatesses de la parure des femmes, aux ornements des habitations et aux hochets de la dévotion.

« Les Italiens de Rome sont, avant toutes choses, fermement attachés à leurs intérêts ; ils détestent les Anglais peut-être un peu moins qu'ils ne haïssent les Français. Comment arrive-t-il que les uns, étant hérétiques, soient cependant l'objet des prévenances romaines, tandis que les autres, au mépris de la fraternité catholique, sont en butte à la malveillance ? C'est que les hérétiques anglais sont riches, prodigues et aisément trompés, tandis que les fidèles français sont généralement pauvres et ne font pas d'achats.

« Le caractère belliqueux n'est pas le propre de l'Italien de Rome.

« Il existe en principe dans les États romains et dans la ville pontificale une garde civique, dont les fonctions sont semblables à celles de la garde nationale en France ; mais son existence est idéale et ne se révèle que par les cadres d'officiers sans soldats.

« Lors de la restauration du gouvernement des papes en 1817, le service de cette garde fut obligatoire ; celle de Rome se composait de 4,000 hommes pris parmi les propriétaires et divisés en quatre régiments dont le sénateur était le chef suprême. La bourgeoisie ne pouvait parvenir qu'aux grades de lieutenants et de capitaines ; les commandements supérieurs, appartenant à la noblesse, étaient à la nomination du pape.

« Léon XII, en déclarant cette milice volontaire, lui porta un coup mortel ; aujourd'hui, elle n'a plus qu'un effectif de 250 soldats, retenus sous les drapeaux par les privilèges dont ils jouissent. Ils sont exempts de payer la patente ; plusieurs places inférieures de l'administration leur sont réservées : enfin, on ne peut exécuter contre eux des jugements pécuniaires sans la permission de leur commandant. Ces faveurs sont dédaignées ; l'esprit des modernes Romains est si loin de la valeur de leurs ancêtres, que la garde civique de Rome tend plutôt à diminuer qu'à augmenter.

« Un dernier trait achèvera cette peinture morale des Italiens de Rome. On a vu longtemps, dans l'église de Santa Barbera, le tombeau de la fameuse courtisane Imperia, si célèbre au temps de Léon X, et l'on avait gravé sur le marbre une inscription en l'honneur de la beauté de cette femme. Voici cette inscription :

« *Imperia cortisana romana, quæ digna*
« *tanto nomine raræ inter homines formæ spe-*
« *cimen dedit, vixit annos XXVI, diis XII,*
« *obiit* 1511, *die* 15 *Augusti.* »

« Personne ne paraissait surpris de cet hommage rendu à une vie de débauche.

« A tout prendre, l'Italien de Rome n'est point à craindre ; s'il arrive qu'il manie quelquefois le poignard, le stylet, le couteau ou l'escopette ; s'il se fait brigand, s'il devient assassin, ce n'est chez lui qu'une exaltation passagère dont il ne tarde pas à se repentir.

« Il a trop de vices honteux pour avoir une seule vertu redoutable.

« C'est un enfant doué de qualités qu'une
« bonne éducation pouvait développer, mais
« que les prêtres qui l'ont élevé *ont gâté à*
« *plaisir,* » ainsi que l'a dit un des plus naïfs historiens de la papauté. »

Si l'autorité des faits ne donnait pas à cette première partie du manuscrit de Noëmi une sanction suffisante, nous citerions les paroles si foudroyantes de saint Bernard, lorsque, dans son indignation, ce saint abbé, s'adressant aux prélats romains, leur criait, dans son premier sermon sur la conversion de saint Paul :

« Seigneur, bon Dieu ! ceux-là sont les premiers à te persécuter, qui aiment la primauté et tiennent la principauté en l'Église.

L'*iniquité* est sortie des anciens juges tes vicaires ; ils ont envahi la forteresse de Sion, saisi les munitions, et par ce moyen ils ont le pouvoir de mettre à feu et à sang toute la cité.

« *Ils pervertissent malheureusement le peuple par leur méchante vie, au lieu de le régir et gouverner par le bon exemple. Bien loin de surveiller à notre conservation, ils travaillent à notre ruine pour nous perdre.* »

Saint Bernard vivait au XIIe siècle, sur lequel il exerça, par ses prédications et par ses ouvrages, une influence extraordinaire. Il fonda en France, en Allemagne et en Italie, cent soixante maisons de son ordre. Il est assurément difficile de voir en lui un ennemi de la religion, et c'est dans ses affections pour le christianisme qu'il puisait cette vigueur de haine contre la dépravation du clergé romain.

II. — MANUSCRIT DE NOEMI.

« La première sensation que j'avais éprouvée dans la campagne de Rome, à la vue des *ville* qui témoignaient de tant de magnificence dans le passé, et de tant de misères dans le présent, se renouvela à mon entrée dans Rome.

« En passant devant le palais, dont j'admirais l'architecture, je me promis de visiter quelques-unes de ces belles demeures, et dès le lendemain je me fis conduire par mon guide aux plus fameux d'entre ces édifices.

« J'appris alors que ces palais, construits à si grands frais par leurs fondateurs, n'étaient pour leurs possesseurs actuels qu'un embarras. Les étrangers les occupent ou les parcourent, tandis que le propriétaire habite quelque coin des étages supérieurs. Je retrouvai là cette profusion sans ordre des objets d'art et de curiosité que j'avais vus

La Scala Santa.

dans les *palazzine* de la campagne de Rome. C'était le même chaos. En visitant l'intérieur de ces palais, ma première admiration diminua beaucoup. Je trouvai les appartements qui sont réservés aux réceptions mal distribués, plus vastes que grands, et plus riches que beaux, malgré les chefs-d'œuvre qui en décorent plusieurs pièces.

« La détresse de Rome est mise à nu par cet état de choses; le délabrement actuel des fortunes du haut clergé et de la noblesse ajoute encore à l'indigence du trésor public. On compte à peine aujourd'hui, dans les États du *santo padre*, trois ou quatre nobles maisons qui aient conservé une partie de l'ancienne opulence de leur race. Les Colomna, les Doria, et d'autres noms patriciens, ont été presque seuls sauvés de ce naufrage général. Les autres princes romains, presque tous issus des frères, sœurs ou parents des papes, n'ont plus qu'une faible partie des richesses que leur avait léguées le népotisme, et leur existence est devenue trop exiguë pour remplir l'espace des vastes demeures qui leur sont échues. L'entretien de ces édifices est pour les pauvres possesseurs une charge trop lourde ; le défaut de réparations devenues impossibles laisse tout tomber en ruine. De génération en génération le mal s'accroît, et reculant devant les dépenses au-dessus de leurs forces, les propriétaires se réfugient dans les petits appartements, laissant ces merveilles déchues livrées à la curiosité des touristes, dont les petites gratifications, ce qu'on nomme la *buona mancia*, sont souvent les seuls gages des gardiens de ces illustres débris.

« Luxe et indigence !

« Lorsque l'on a ainsi pénétré dans ces secrets de la décadence romaine, on est moins surpris par le pompeux étalage des trois cent quatre-vingt-dix-sept églises ou oratoires, des cent cinquante fontaines, des trois cent trente palais, des onze théâtres et des trente-cinq *ville* contenus dans l'enceinte de Rome, dont le faste orgueilleux ne parvient plus à cacher la progressive agonie.

« La ville des pontifes est en outre décimée par un fléau mortel. Les classes inférieures du peuple auraient besoin à Rome, plus que partout ailleurs, du bien-être que procure le travail ; mais l'Église, ainsi que je l'ai vu, entretient l'oisiveté par le nombre des fêtes ; elle nourrit, par les espérances chimériques qui s'adressent au ciel, le dédain et l'insouciance d'intérêts plus réels, et la plus grande partie de la population est livrée sans défense aux fléaux qui l'accablent. Ce que ces malheureux pourraient employer à se procurer des vêtements convenables, des habitations saines et une bonne alimentation, est absorbé par les quêtes, par les offrandes et par la longue série des exactions dévotes. Le reste se dépense dans l'extravagance et la dissolution des habitudes d'une vie dissipée, et aussi dans les vanités de la parure. Alors, on rencontre cette population maladive et débile frappée par la phthisie et par la fièvre, dont les ravages jettent, chaque année, douze à quinze mille malades dans les hôpitaux. Et dans cette ville si pieuse, si remplie des ministres d'une religion de charité, il ne se trouve pas de secours suffisants pour soulager ces infortunes !

« On a attribué ces désastres à l'*aria cattiva*, le mauvais air qui désole Rome et sa campagne. Toutes les recherches faites pour découvrir la cause du fléau sont, jusqu'ici, restées sans résultat ; les opinions les plus contraires ont été émises, sans faire cesser les incertitudes. Les plus doctes médecins, tout en attribuant ces souffrances et ces maladies au temps chaud, au brusque changement d'une température toujours variable, ne songent point à dissimuler que le peu de moyens qu'ont les pauvres de se garantir contre ces maux, les livre sans merci aux atteintes d'un fléau dont les riches peuvent toujours se préserver.

« Ce qui n'a permis aucune marche certaine à ceux qui ont cherché les causes de l'*aria cattiva*, attribuée tour à tour aux miasmes de l'air, aux émanations volcaniques du sol et aux vapeurs délétères des marais voisins, c'est que cette pestilence ne s'étend pas également sur toutes les parties de la ville. Vous savez, mon père, comment, par la volonté du Très-Haut, le *Ghetto*, dans lequel nous ont relégués les chrétiens pour nous jeter à ce mauvais air, en a été miraculeusement exempt. On m'a dit que jadis l'*aria cattiva* n'était point aussi funeste qu'elle l'est aujourd'hui. Ses progrès sont effrayants ; de la place *del Popolo*, elle s'étend jusqu'à la place d'Espagne, et par la fontaine de Trévi et le palais Colomna elle touche au centre de la ville, et elle commence à gravir les rampes de plusieurs collines.

« Le desséchement des marais Pontins pourrait, dit-on, porter remède à cette affliction ; mais le déplorable état des finances ne permet pas d'achever les travaux commencés par plusieurs pontifes. Cette situation de la ville qui se proclame, à la face de l'univers, comme étant la cité de Dieu, n'est-elle par un démenti donné par le ciel à ces mensonges de la terre ? Ce n'est pas ainsi que le Dieu d'Israël traitait les villes de ses prédilections. Ces châtiments terribles, il les réservait aux villes maudites.

« Rome, si fière de ses monuments antiques, abandonne ces vestiges glorieux à un abaissement poussé jusqu'à l'ignominie. Du Forum, ce foyer de la grandeur de la république romaine, la Rome des papes a fait le *Campo-Vaccino*, ignoblement réservé au marché aux buffles et aux bestiaux. Ces lieux qu'ils n'ont pas respectés, les fils abâtardis des géants de l'antiquité osent les présenter à notre vénération !

« Je n'ai jamais pu concevoir l'antipathie que le gouvernement de Rome affiche contre la nation française. Rome doit aux Français une reconnaissance particulière, et je ne m'écarte pas de mon sujet en en parlant ici.

« En 1810, l'administration française alors établie à Rome fut frappée par l'abandon dans lequel gisaient les ruines historiques auxquelles se rattachaient les annales d'un peuple qui fut si grand dans les destinées du monde. L'état misérable du Forum excita surtout son indignation, et jusqu'en 1813 cet endroit fut l'objet de sa sollicitude. Le terrain nivelé laissa à découvert les bases de l'arc de Septime Sévère, et du temple d'Antonin et Faustine, que l'on entoura de murs protecteurs contre les envahissements du sol ; il fallut se borner à ces précautions. Les débris amoncelés par quatorze siècles avaient élevé le sol de six à sept mètres au-dessus de son niveau primitif ; pour les enlever, il eût fallu dépenser des sommes énormes.

« Le Colisée, actuellement fréquenté tour à tour par les soirées des *focchetti* et les cérémonies religieuses, fut aussi dégagé jusqu'à sa base, ainsi que les colonnes du temple de la Fortune, de Jupiter Tonnant et celles de Phocus, serrées entre deux bâtiments, toutes furent mises entièrement au jour. La basilique de Constantin, démasquée par la démolition des masures, et dont on retrouva le pavé en jaune antique, laissa voir ses voûtes gigantesques. En détruisant des groupes de maisons, on rétablit la communication entre le Colisée et l'emplacement du Forum, tel qu'il était autrefois. L'arc de Titus fut isolé, et en abaissant le sol autour du temple de Vénus, on fit apparaître une multitude de précieux fragments d'architecture. Enfin, d'importantes restaurations exécutées aux thermes de Titus, contribuèrent à leur conservation.

« Pour sauver le Colisée, dont on avait fait une carrière immense qui fournissait des pierres à la construction de palais, parmi lesquels on cite ceux de la chancellerie, Barberini, Chigi, Farnèse, demeures élevées par et pour le népotisme, il fallut, vers le dix-huitième siècle, sous le pontificat de Clément X, construire quatorze chapelles qui placèrent l'édifice antique, en le défigurant, sous la protection de la dévotion romaine.

« J'ai dit tout ce que les dehors du Colisée devaient aux soins de l'administration française ; l'intérieur de ce monument ne leur a pas de moindres obligations. Les portiques furent nettoyés, les dalles du pavé mises à découvert, et l'on put circuler librement sous la triple rangée des arceaux. Ces opérations, régulièrement dirigées, convergeaient vers l'arène ; un moment arrêtées par des obstacles, elles furent bientôt poursuivies. Le déblaiement étant terminé, on reprit en sous-œuvre les murailles dégradées et ébranlées par le temps ou par la main des hommes, on raffermit les arcs lézardés, et ces intelligentes réparations assurèrent une longue existence à l'amphithéâtre de Vespasien, construit avec cette brique romaine qui semble indestructible.

« Cette conduite des Français, opposée à l'inconcevable négligence et au vandalisme destructeur des Romains, n'est-elle pas le blâme le plus manifeste de cette incurie pour les monuments antiques, dont Rome moderne vend aux étrangers son hypocrite admiration?

« Les *ciceroni*, dont la bavarde et louangeuse imposture est devenue proverbiale, se gardent bien de révéler ces faits; ils ne manquent pas d'attribuer tout ce qui a été fait pour la conservation de ces monuments au gouvernement romain, dont ils célèbrent avec affectation les vertus antiques.

« Les *ciceroni*, race fâcheuse et loquace, infestent l'exploration des voyageurs; leur ignorance menteuse n'étale qu'une science vaine, et une érudition de parade et de *libretto*; ils exploitent sans pudeur la crédulité et l'inexpérience; mais depuis, quelque temps, les *guides*, ces *vade-mecum* du touriste indolent, leur font une rude concurrence, et chaque jour les *ciceroni* voient, surtout parmi les Anglais qu'ils ont tant exploités, diminuer leurs dupes. Leur profession n'est plus qu'un métier bas, obséquieux et servile; pourvus de notions recueillies à la hâte, ils ne sont jamais embarrassés de mettre un mensonge ou une énorme imposture à la place d'un fait, d'une date, d'un souvenir et d'un document qui leur manquent. Jadis, plusieurs *ciceroni* appartenaient à une classe éclairée qui utilisait son savoir pour améliorer une situation peu fortunée; mais la fourberie a maintenant remplacé la science et ne propage plus que l'absurdité et l'erreur. Les *ciceroni*, d'ailleurs, ne craignent pas toujours de s'associer à d'infâmes manœuvres et de céder à d'indignes complaisances; nous n'hésitons pas à les classer parmi les misères de Rome.

« La mendicité et la gueuserie fleurissent à Rome et dans toute l'étendue des États romains, avec l'activité que Le Sage a donnée aux mendiants et aux gueux de *Gusman d'Alfarache*.

« Les plaies et les souffrances feintes, les infirmités supposées, l'affreux étalage de cette hideuse imposture, les artifices abominables et les ruses si multipliées et si tristement ingénieuses par lesquels ces êtres misérables cherchent à exciter le dégoût et la pitié, sont une des plus repoussantes misères de Rome. Les mendiants, dont l'aspect révolte, ont à Rome une importunité que les gens de cette espèce n'ont point ailleurs; ils assiègent, ils souillent et ils salissent tous les accès des églises, des monuments, des promenades et des palais. Cette lèpre des rues se rencontre à chaque pas, comme un fumier humain. Ils débitent de longues litanies, psalmodiant d'une voix gémissante des prières et des invocations avec une exagération dolente qui s'abaisse à mesure qu'elle excite ceux qu'elle essaye de toucher. C'est quelque chose de singulièrement pénible, pour la pensée et pour le regard, que cette perpétuelle obsession.

« A Rome, les pauvres, que la police ne songe point à inquiéter, se partagent la ville, que leur détestable industrie divise en différents quartiers, qui composent autant de fiefs. Ils marchent par bandes; chacune a son organisation particulière et forme une fraction de l'agrégation générale. Les églises, les palais et les lieux publics semblent leur appartenir; ils se transmettent, comme on se transmet une propriété, les places qu'ils occupent dans ces endroits. Ils courent aux distributions de vivres que font quelques couvents; là, ils se gorgent avec affectation d'aliments grossiers, pour faire croire à une faim factice; durant toute la journée, ils se jettent avec une hypocrite avidité sur ce qu'on leur donne; mais le soir, dans leurs repaires, ils se livrent à l'orgie.

« A la mendicité, ces êtres abjects joignent l'intrigue, l'espionnage et les rapines.

« Les moines quêteurs, qui appartiennent aux ordres mendiants, se croient autorisés à pénétrer de vive force partout où ils espèrent remplir leur besace; c'est le complément de la mendicité des rues.

« Les pèlerins viennent ensuite; les principales fêtes, et surtout la semaine sainte, les amènent à Rome en grand nombre. Ils portent le costume consacré, la longue robe, le large chapeau, le bourdon et les coquillages; après les *ciceroni*, les pèlerins qui racontent leurs voyages pour obtenir des dons et des aumônes, sont les plus impudents menteurs qu'on puisse imaginer.

« Pendant trois jours, ils sont admis et demeurent hébergés à l'hospice de la Trinité; puis ils se répandent dans la ville, visitent les sept basiliques, baisent les saintes statues et les saintes images, et gravissent à genoux les marches des autels et les degrés de la *scala santa*. Dans ces momeries, il y a quelque chose qui dégrade l'humanité; cependant les pèlerins sont en grande vénération auprès du peuple de Rome.

« La cité pontificale n'est plus, comme autrefois, la ville orgueilleuse où les pontifes mandaient les souverains pour les voir se courber sous la puissance papale! Rome est aujourd'hui l'asile de toutes les grandeurs tombées; les ruines des trônes écroulés et les débris des couronnes brisées s'entassent dans cet amas de débris et de ruines. On dirait qu'une pente funeste entraîne vers cet abîme, où se sont éteintes tant de splendeurs, toutes les disgrâces éclatantes.

« Pour ne parler que de ces derniers temps, ce fut à Rome que se retirèrent l'oncle, la mère et le frère aîné de Napoléon; les étrangers se font montrer les lieux qu'ils ont habités. Don Miguel, ce monstre précipité d'un trône usurpé, c'est à Rome qu'il est allé cacher ses fureurs et sa défaite. Il s'y est rendu célèbre par ses détestables extravagances, sa débauche, ses emportements, le scandale de ses amours. Il a reproduit cette vie dissolue et excessive qu'on voyait fleurir à la cour des Borgia. Nous ne savons s'il est vrai que don Miguel soit, comme on l'a dit, les délices de Rome; mais nous pouvons affirmer qu'il est l'exécration de l'Europe.

« N'est-ce pas vers Rome que se dirigea don Carlos, qui vient de renoncer à ses droits sur la couronne d'Espagne?

« On m'a parlé d'un conte de Voltaire, un écrivain français dont à Rome on ne prononce le nom que tout bas, dans lequel il a placé à Venise un souper de rois détrônés. Dans ce siècle, la même réunion a été possible à Rome.

« Ainsi, les ruines vivantes vont se mêler et se confondre avec les ruines mortes, dans ce foyer de tant d'éboulements.

« La loterie existe encore à Rome; tout ce qui a été dit au nom de la morale n'a point prévalu contre les nécessités cupides du trésor romain. Cette institution nourrit et entretient dans le cœur, dans les sentiments et dans les mœurs de la population de la ville qui se proclame sainte entre toutes les villes, le germe de l'avarice, que l'Église a mise au nombre des péchés mortels.

« A la *Curia innocentia*, le palais des administrations, à côté des chancelleries, des tribunaux, des appartements du cardinal-camerlingue, du trésorier général et de leurs secrétariats, se trouve la loterie.

« Là, deux fois par mois, on peut, à quelques pas des sommités administratives, et presque sous leurs yeux, contempler le peuple romain en proie à de violentes convulsions où éclatent une fougue et une véhémence que je n'avais rencontrées ni aux églises, ni aux théâtres. C'est que, dans cette nation pervertie, il est une chose au-dessus de toutes les autres, c'est l'avidité.

« Les témoignages de la joie et de la douleur sont également insensés; dans leurs colères, les espérances déçues s'en prennent à tous les objets vénérés. Dieu, la madonna, les saints, sont hautement accusés et injuriés ; on leur reproche leur ingratitude et on leur demande compte de tout ce qu'on a fait pour les rendre favorables aux numéros qu'ils ont abandonnés.

« C'est surtout aux classes pauvres que s'adressent ces funestes excitations. La loterie et ses déloyales séductions engendrent la mendicité et le vol, la corruption et toutes les industries infâmes. L'exemple donné par la France a été dédaigné ; cependant, cette plaie des mœurs françaises a été fermée sans causer aucun désordre ; mais tout ce qui tend à avilir le peuple va trop bien à ceux qui veulent l'asservir, pour que Rome ait pu songer à supprimer la loterie : pour les uns c'est une misère de plus ; pour les autres, un nouveau moyen d'oppression.

« J'ai tant entendu parler des brigands des environs de Rome, que je n'ai rien négligé de ce qui pouvait me les faire connaître. Presque tous les récits que l'on a faits devant moi sur leurs attaques ne m'ont point paru assez véridiques pour m'y arrêter ; dans ce que j'ai lu et entendu sur ces hommes redoutés, j'ai partout retrouvé le roman.

« Le hasard vient de me servir mieux que ne l'avait fait jusqu'ici l'assiduité de mes recherches.

« Les habitants de la campagne de Rome ont, dans les habitudes de leur vie, dans leurs traits et dans leurs idées, des signes qui les séparent, sur plusieurs points, de la dégradation romaine.

« Sans connaître le vrai courage et sans avoir de bravoure réelle, ils ont une certaine hardiesse et une certaine audace qui, bien dirigées, pourraient produire de bons résultats ; mais, abandonnés à eux-mêmes, c'est vers le mal qu'ils portent cette vigueur et cette énergie. Un gouvernement éclairé ferait de ces hommes des soldats ; sous les influences vicieuses qui les entourent, ils deviennent brigands. Il y a des localités où cette passion criminelle a tous les caractères d'une épidémie morale.

« L'opinion et le sentiment publics ne leur sont d'ailleurs pas aussi contraires qu'on pourrait le croire. Les attaques à force ouverte, les exploits des grands chemins, les combats et même le meurtre, trouvent chez quelques-uns des admirateurs et ne rencontrent nulle part la honte ou l'infamie ; à cette existence de bandit, on attache même quelques idées d'intrépidité et de valeur. Les femmes surtout se passionnent pour ceux qui affrontent cette lutte et bravent ces périls.

« Tout le monde, excepté ceux qui le poursuivent, témoigne de l'intérêt au bandit ; on le protège contre le gendarme, on le plaint s'il succombe ; ce n'est point, comme ailleurs, un ennemi de la société, c'est un téméraire qui trouve aide et sympathie Aussi la police romaine rencontre-t-elle, dans la répression du brigandage, des obstacles nombreux. C'est à ces difficultés que l'on attribue les lâches transactions du gouvernement pontifical avec les bandits, pour obtenir d'eux des trêves qu'ils n'observent jamais, et un repos qui contrarie trop leurs désirs pour pouvoir durer longtemps.

« Parmi les brigands modernes, le célèbre Gasparone a pris le rang d'un héros, et résume en lui seul le type le plus frappant, le plus vrai et le plus animé du bandit romain.

« Voici ce que m'a raconté une des compagnons de Gasparone, lui-même brigand retiré et pensionné par l'État.

« Dès l'âge de seize ans, Gasparone débuta dans la carrière du meurtre en assassinant son confesseur, qui lui refusait l'absolution d'un vol. En brigand bien appris, il était dévot, se confessait et croyait fermement que l'absolution du prêtre et un acte de contrition lui assuraient le pardon de ses péchés; il lisait le rosaire, portait un scapulaire, avait pour la madonna une dévotion vive et éclatante, et il ne commettait jamais un crime qu'à la condition de se repentir.

« Précipité dans le mal par ce premier forfait, Gasparone, pris en flagrant délit, tua de deux coups de stylet deux soldats qui voulaient l'arrêter. Poursuivi par six carabiniers, il se réfugia dans les broussailles, se défendit bravement, et ses six ennemis tombèrent sous ses coups.

« C'est de ce jour que Gasparone fut illustre; nommé chef de bande, il commandait à quatre cents hommes.

« A la tête de cette troupe, vers l'année 1825, ce chef redoutable parcourait les États pontificaux et tout le littoral napolitain, désolant ces contrées par le vol, l'assassinat et le pillage avec une atrocité jusqu'alors inconnue.

« La terreur était générale : souvent, arrêtés par la frayeur, les voyageurs demeuraient des mois entiers dans un village, sans oser continuer leur route. Rome et Naples mirent à prix la tête du bandit. Le gouvernement romain envoya contre lui une armée de dragons; toutes ces forces échouèrent, et ne servirent qu'à exalter la renommée de Gasparone.

Dans les évolutions de ce chef et de sa troupe, il y avait quelque chose de fantastique. Toutes les cavernes de la basse Italie et tous les défilés de l'Apennin leur étaient familiers. On les cherchait sur la montagne, ils étaient dans les marais Pontins; si l'exploration fouillait les marais, Gasparone et les siens se montraient sur la montagne. Le peuple, dont ce bandit était l'idole, disait qu'on le prendrait pour un démon si l'on ne connaissait pas sa dévotion à saint Antoine, et le soin scrupuleux avec lequel il s'abstenait d'assassiner les jours de dimanche et de fête.

« Cette impuissance de la police romaine était d'autant plus à déplorer que, de jour en jour, la bande de Gasparone recevait des recrues nouvelles attirées par la réputation de ce chef terrible; avec le nombre des bandits croissait la férocité de leurs actes.

« Enfin, cerné de tous côtés, Gasparone et sa troupe se rendirent, mais à condition qu'ils auraient la vie sauve.

« Aujourd'hui, le bandit et ses compagnons vivent paisibles, retirés du monde et riches de ce qu'ils ont volé.

« Gasparone habite le bagne de Civita-Vecchia comme une villa. Ce bagne n'est point soumis aux règlements infligés aux autres lieux de détention.

« Il y reçoit, m'a-t-on dit, des lettres adressées ainsi :

« *A l'illustrissimo signore Gasparone, ai bagni di Civita-Vecchia.*

« La renommée de Gasparone a laissé bien loin derrière elle tous les noms qui l'ont précédée.

« Spartacus, Marco-Sciara, Zampa, Dieci-Nove, Fra-Diavolo, Barboza, Giuseppe-Mastrilli, Pietro-Mancino, Gobertino, qui tua de sa main neuf cent soixante-quatre personnes et *six enfants*, et qui n'eut en mourant qu'un seul regret, celui de n'avoir pas poussé le nombre de ses meurtres jusqu'à mille, ainsi qu'il en avait fait le vœu, pâlissent devant Gasparone.

« Aronzo Albagna, qui massacra toute sa famille, son père, sa mère, ses deux frères et sa sœur; Badino, Maïno, Funcatripa, Perella, Coramprano, Calabrese et Mezzapinta, malgré leurs récents exploits et la gloire qu'ils doivent aux légendes et aux entretiens des habitants de Rome et de sa campagne, s'effacent auprès de Gasparone.

« Quelqu'un qui a vu cet homme dans sa retraite m'a affirmé que rien en lui ne répondait à l'idée qu'on pouvait se faire de lui d'après ce qu'on sait de sa vie. C'est un vieillard au regard doux, aux traits nobles et reposés ; son sourire est calme et affable, et rien ne décèle en lui des instincts de férocité.

« Sur sa physionomie, on aperçoit une gaieté sereine et paisible qui s'allie à une gravité vénérable, sous laquelle il est tout à fait impossible de retrouver le brigand et le bandit, qui savait si bien manier le stylet et le tromblon, et le septième jour prier Dieu pour obtenir la rémission des horribles péchés commis pendant le reste de la semaine.

« Peu de vieux brigands arrivent à une métamorphose aussi complète que celle de Gasparone. Ces exemples d'une conversion totale sont aussi rares dans la contrée romaine qu'ils sont fréquents chez les déportés anglais.

« Les brigands du pays romain s'attaquent aujourd'hui aux personnes mêmes des voyageurs, bien plus qu'à leur argent, à leurs joyaux et à leurs effets ; ils entraînent leurs captifs dans les montagnes, fixent le prix de leur rançon, et expédient à Rome les émissaires qui doivent rapporter les sommes demandées par les prisonniers eux-mêmes.

« Ceux-ci restent entre les mains des bandits comme otages, et comme garantie d'une sûreté que la fraude ou la malveillance pourraient compromettre.

« Aux portes mêmes de Rome, la campagne est infestée par ces attentats. Le prince de Canino Lucien, le frère aîné de Napoléon, fut arrêté il y a quelques années à quelques pas de la ville et soumis à une forte rançon.

« C'est du dedans que les brigands du dehors reçoivent les indications qui leur signalent surtout les riches étrangers. Ces renseignements sont toujours d'une inconcevable exactitude ; la route, la valeur des objets, la désignation des personnes, leur fortune, leur situation et celle de leur famille, tout est soigneusement rapporté dans ces notes transmises par toute la partie de la population romaine qui vit aux dépens des étrangers, qu'elle livre ainsi à la furie et à la rapacité des brigands.

« Entre les Italiens de Rome, leurs basses perfidies et l'audace des brigands de la campagne, il y a la différence qui existe entre un voleur de grand chemin et un filou.

« De ces faits, dont je ne vous ai parlé, mon père, qu'avec réserve et modération, il résulte que, du monde entier, l'Italie et l'Espagne, les deux régions les plus catholiques de l'Europe, l'Italie est celle dont le brigandage s'éloigne le plus lentement ; et que, de toutes les contrées italiennes, les États romains sont l'endroit où les brigands subsistent le plus longtemps sans pouvoir être complétement extirpés.

« Une meilleure éducation, plus de lumières, moins de crédulité, de bons exemples et surtout le travail, épargneraient au peuple de Rome ces misères qu'entretiennent et propagent l'ignorance et la superstition, que le clergé catholique cultive dans les cœurs et dans les esprits avec une si coupable complaisance.

« Mon père, j'ai vu et j'ai touché les pieds d'argile du colosse ; on dit que sa tête est d'or ; c'est elle maintenant que je vais examiner. Le Dieu d'Israël soutiendra mon courage dans cette course nouvelle, comme je le prie de veiller sur vos jours. »

Ici se terminait le manuscrit de Noëmi.

D'autres misères que celles qui ont frappé les regards de la jeune juive nous sont apparues ; elles se rencontreront sur nos pas, dans le chemin qu'il nous reste à parcourir ; nous les signalerons avec tout ce qui peut mettre en relief les infirmités de cette prétendue puissance romaine qui n'est plus que l'ombre d'elle-même.

Au moment où Noëmi quittait Ben-Saül, après avoir déposé entre ses mains le ma-

Une cavalcade.

nuscrit qu'elle envoyait à Ben-Jacob, elle fut brusquement poussée par un homme qui courut violemment à sa rencontre; à peine remise de cette secousse, elle portait la main à son cœur pour en retenir les battements précipités, lorsqu'elle s'aperçut qu'on avait introduit dans le corsage de sa robe un billet.

Une secrète inspiration lui conseilla de lire tout de suite cet écrit; en déployant le papier, elle y vit tracée une seule ligne :

« Je pars pour les légations.

« Paolo. »

Ces mots étaient pour elle obscurs et sans signification; mais elle comprit, par de mystérieux saisissements, que ce nom de Paolo avait un écho dans son cœur; elle sentait aussi à son émotion que cet avis avait un rapport caché avec les intérêts de sa race et avec ceux de son amour.

CHAPITRE XV

La Cour de Rome.

Lorsqu'on passe subitement d'une obscurité profonde à une clarté soudaine, le regard, ébloui, troublé ou surpris par un si prompt changement, ne peut d'abord distinguer les objets ; pour les regarder attentivement, il faut que les yeux se remettent de cette première émotion.

Devant la cour de Rome, lorsqu'elle se montre dans le faste orgueilleux dont elle a entouré le trône et l'autel, il est difficile d'échapper à cette impression. La sensation qu'on éprouve pénètre rarement jusqu'au cœur ; elle est aussi fugitive et aussi passagère qu'elle a été rapide. Cette magnificence ne frappe que les yeux ; pour l'âme, elle reste froide, muette et inerte ; à côté de la splendeur se montre le mensonge de ce faux éclat.

Ces impressions, Noëmi les éprouva ; elle venait de contempler tant de misères, elle se trouvait en face de tant de magnificence ! La réflexion dissipa promptement le charme, et l'examen sérieux fit bientôt succéder à son enthousiasme et à son admiration d'autres idées. La foule, étourdie par cet appareil, est charmée de la beauté d'un spectacle qui la ravit et l'entraîne ; mais les esprits éclairés, ceux qui se séparent du vulgaire, s'efforcent de mettre la vérité à la place de l'illusion et savent se préserver de ces entraînements.

Parmi les personnages considérables que la signora Naldi avait su attirer près d'elle, on remarquait un cardinal napolitain, un des plus jeunes du sacré collège ; nous le désignerons sous le nom de Ferdinand, qu'il portait dans l'intimité.

La beauté de Noëmi et ses attraits, qu'il était difficile de regarder impunément, l'avaient séduit ; il ignorait qu'elle fût juive, et ne savait de la jeune fille que ce qu'il avait plu à la signora Naldi de lui raconter. Lorsqu'il vit Noëmi au Corso, il s'informa de ce qui concernait cette belle personne. On lui répondit nonchalamment que c'était une fille grecque que la vieille signora produisait dans le monde. Le cardinal Ferdinand eut envie de la connaître et se fit aisément présenter à elle. Entre la juive et l'éminence, il se passa quelque chose de singulier. Le cardinal, sous les formes les plus polies, laissa cependant entrevoir ses désirs et percer les espérances qu'il avait conçues. Noëmi s'aperçut tout de suite des intentions qu'on avait sur elle, et loin de céder au premier mouvement de son indignation, elle se contint, et il lui parut piquant de mettre aux pieds d'une fille d'Israël un prince de l'Église catholique soumis et respectueux.

Ce ne fut point à Dieu qu'elle demanda le succès de ce dessein, elle craignait trop le créateur du ciel et de la terre pour le mêler à de semblables vœux ; mais ce fut au nom de *Paolo*, qui vibrait dans son cœur, qu'elle invoqua en suppliant celui qui le portait de ne point s'irriter contre ce qu'elle allait entreprendre.

Noëmi avait une intelligence trop élevée pour se servir des petits artifices de la coquetterie ; afin d'arriver au but qu'elle se proposait, elle suivit une route opposée. Elle se para d'une dignité sévère et d'une imposante retenue ; elle accueillit sans colère, mais aussi sans empressement, les hommages dont elle était l'objet ; elle sut faire comprendre qu'elle avait deviné ce qu'on attendait d'elle, mais sa ferme résolution de rester pure se manifestait en même temps par des signes qui ne permettaient pas d'en douter.

Sous ce calme glacé, Noëmi, avec une admirable adresse, savait ne rien perdre des avantages de sa figure et de son esprit ; sans cesser de se montrer avec tout ce qui pouvait plaire, elle se fit honorer.

Le jeune et bouillant cardinal n'était point accoutumé à combattre des obstacles de cette nature ; mais il y avait dans la pudeur et dans l'honnêteté de Noëmi un sentiment si chaste et si sincère, qu'en présence de tant de candeur il abandonna ses premières vues, et il voua à la jeune fille une affection désintéressée.

A cette époque, Noëmi reçut la visite de Jules de Bonneville et de dom Salvi. Le jeune peintre retournait à Paris, le vieux prêtre restait à Rome ; sur sa figure, ordinairement si sereine, on apercevait les traces d'un chagrin récent ; il regardait Noëmi avec un sentiment douloureux. Elle essaya quelques questions que le vieux prêtre éludait de son mieux ; mais elle insista pour connaître la cause de cette affliction, sur laquelle on ne pouvait l'abuser. Dom Salvi, cédant à son émotion, lui dit en larmes :

— L'enfant que j'ai élevé, Paolo...

A ce nom, un frémissement secret fit tressaillir Noëmi ; le prêtre continua :

— Paolo, dont je surveillais la jeunesse, est parti pour les légations !

— Eh bien ? reprit Noëmi pâle et tremblante.

— Une généreuse ardeur le précipite dans une lutte désespérée, il n'y trouvera que la captivité ou la mort... Je ne suis rien, je ne puis rien ; si l'implacable et cruelle sévérité des châtiments vient à le menacer, il m'est impossible de le sauver ; mais puisque Dieu réservait à ma vieillesse cette amertume... que sa volonté soit faite !

Et ce fut en pleurant que dom Salvi s'éloigna.

Restée seule, Noëmi réfléchit à ce qu'elle venait d'entendre : des deux amis dévoués que la Providence semblait avoir placés près d'elle, l'un retournait dans sa patrie, l'autre s'éloignait accablé par la douleur... Paolo !... les légations... une lutte désespérée... la captivité... la mort !

Et puis elle rapprochait les paroles de dom Salvi : « Paolo que j'ai élevé, » avait-il dit. Dans ces mots, elle cherchait le motif de l'affection qu'il lui avait témoignée dès leur première rencontre.

Toutes ces lueurs vagues et terribles passaient devant sa pensée comme les éclairs qui précèdent l'orage ; elle se rappelait alors qu'elle avait entendu échanger entre son père et Ben-Saül quelques paroles sur des résistances que le pouvoir voulait réprimer ; il avait était question, dans cet entretien, de soldats étrangers, d'emprunt pour la solde de ces troupes, et de tribunaux sanguinaires dont les arrêts étaient exécutés sans délai.

Oui, elle se souvenait de ces choses... dont elle comprenait maintenant le sens formidable... Entre ces menaces et le sort de Paolo, il y avait une sinistre coïncidence. Elle ne pouvait plus douter que l'objet de sa tendresse ne fût le même que celui dont le vieux prêtre venait de parler ; n'avait-elle pas reçu l'avis de son départ pour les légations?

Noëmi fit tout de suite avertir dom Salvi qu'il la prévînt lorsque le moindre danger menacerait Paolo. Elle se trouvait heureuse de pouvoir reconnaître ainsi les services et la protection qu'elle devait au courage de ce jeune homme ; elle éprouvait aussi une secrète satisfaction à protéger ceux qui l'avaient défendue quand elle était faible et isolée, et ces dispositions la conduisirent naturellement au ferme propos de ne rien négliger pour s'assurer des protections puissantes.

En ce moment, une *cameriera* vint la prier de passer dans l'appartement de la signora, où l'attendait le cardinal Ferdinand ; depuis que celui-ci avait renoncé à posséder Noëmi, il lui témoignait le plus tendre dévouement.

La conversation était fort animée, et l'éminence parlait avec enthousiasme d'une prochaine réception qui devait avoir lieu au Vatican, dans laquelle Sa Sainteté donnerait audience à plusieurs ambassadeurs de têtes couronnées, chargés de lui remettre des notifications officielles de la part de leurs souverains.

Il demanda à Noëmi si, depuis qu'elle était à Rome, elle avait assisté à ces réceptions dont il vantait la splendeur.

Elle répondit que jamais elle n'avait eu ni l'occasion ni le moyen de voir ces pompes de la cour romaine, mais qu'elle éprouvait une vive curiosité de les connaître, et qu'elle avait le plus ardent désir d'être admise à les contempler.

A cet élan tout féminin, le cardinal sourit, et il annonça à Noëmi qu'il pouvait contenter son envie ; il ajouta que le lendemain il enverrait un de ses carrosses chercher la signora et sa jeune compagne pour les conduire au Vatican.

Le palais Vaticano est le séjour des papes en hiver. Assez d'autres ont parlé et parleront encore des richesses artistiques qu'il renferme, pour que nous ne revenions pas sur ce sujet : les seules loges de Raphaël sont un trésor inappréciable.

Situé sur le mont Vaticano, cet édifice touche à la colonnade et à la basilique de Saint-Pierre ; son étendue est de 365 mètres en longueur, et 246 mètres en largeur.

Cette masse nuit à l'église, qu'elle dépasse en la dominant de la moitié de sa hauteur. Les abords du palais étaient encombrés par les voitures de cardinaux, qu'on reconnaissait à ce luxe lourd et pesant des derniers siècles, et auquel l'étiquette de la pourpre n'a rien changé.

Par un escalier à deux rampes d'une large et magnifique construction, œuvre du Bernini, dont les marches partent de l'extrémité du portique qui entoure la place, on monte aux appartements du santo padre.

La garde suisse, portant le costume du XVe siècle, est au bas de l'escalier. En voyant ces habits d'un autre temps, on dirait que la cour de Rome veut, sur le seuil même de la demeure pontificale, faire connaître son immobilité dans le passé, et sa résistance aux progrès du présent et aux espérances de l'avenir.

Le salon royal est fastueusement décoré de marbres et d'albâtres précieux. Perino del Vaga et Daniélo di Vitterra en ont posé les stucs ; George Vasari y a peint Grégoire IX excommuniant Frédéric II au concile de Lyon, et la flotte chrétienne se préparant à combattre les Turcs à Lépante. Taddeo Zucchari a représenté Charlemagne confirmant la prétendue donation de Constantin, cet acte si contesté, sur lequel les pontifes essayent, depuis tant de siècles, de fonder l'établissement de la puissance temporelle ; l'absolution que donna Grégoire VII à l'empereur Henri IV en présence de la comtesse Mathilde, et la prise de Tunis sous le pontificat de Paul III ; Marco di Sienne a retracé Othon restituant les biens de l'Église ; et Geronimo Sicciolante a fait revivre Pepin, remettant aux successeurs de saint Pierre la ville de Ravenne, après la défaite d'Astolphe, roi des Lombards.

Ces orgueilleuses peintures célèbrent toutes le triomphe de la papauté. Dans l'une, on montre le pape, souverain spirituel, excommuniant un empereur; dans l'autre, on exalte le catholicisme vainqueur de l'islamisme en combat naval; plus loin, c'est la représentation vivante de l'établissement de la puissance temporelle; ici, l'acte le plus odieux de tous ceux par lesquels les pontifes aient fondé leur domination; ailleurs, une nouvelle victoire contre les infidèles; puis, la double restitution de biens et d'une ville faite par deux souverains, six empereurs et un roi, et sans doute proposée comme exemple aux autres monarques.

Eh bien, la vanité haineuse des pontifes ne s'en est pas tenue là. Il a fallu qu'après les contentements donnés à toutes les superbes passions de l'Église, on satisfît aussi ses ressentiments et son fanatisme. Trois autres tableaux du salon royal du Vatican représentent donc les massacres de la Saint-Barthélemy, les assassins jetant par la fenêtre le corps de l'amiral de Coligny, et Charles IX donnant en plein parlement son approbation à ces actes épouvantables auxquels s'associent les joies secrètes de Rome, comme l'attestent suffisamment ces peintures et le lieu où elles sont placées. C'est dans cette salle, et sous les inspirations de ces souvenirs, que le pape reçoit les ambassadeurs des puissances étrangères.

Lorsque la cour de Rome est réunie pour ces solennités politiques, c'est une confusion de titres, de dignités, d'insignes et de prétentions dont il est impossible de donner une idée exacte; l'observation s'égare dans ce chaos de distinctions bizarres, arrogantes, multipliées, et qui étalent avec une si complaisante ostentation les marques de leur pouvoir et de leur servitude; depuis les cardinaux jusqu'aux plus humbles officiers, c'est une inconcevable agglomération et un mélange grotesque de charges et de fonctions.

La cour de Rome est la seule où l'on rencontre un telle cohue d'ambitieux.

En présence de ce flot tumultueux d'intérêts et de passions, on comprend combien d'intrigues doit enfanter cette perpétuelle tourmente de tant de brigues, d'artifices et de manœuvres, pour parvenir à la fortune et à la faveur.

Princes de l'Église, nobles, dignitaires du clergé, dignitaires de l'État, officiers du palais, officiers de l'armée, magistrats et administrateurs, chefs et généraux des ordres religieux, tout se meut dans un seul but, celui d'arriver à l'opulence et au pouvoir; tous gravitent, satellites soumis, autour de la volonté qui dispose des biens qu'ils désirent.

Le pontificat est le centre de cette circonférence; chaque rayon reçoit les impulsions de l'axe sur lequel tourne cette machine aux rouages si compliqués, et qui, par son mouvement, prétend régler celui du monde entier.

Et lorsqu'on demande à l'histoire comment s'est formée, à travers les siècles, cette puissance si longtemps redoutée, et comment elle n'est plus aujourd'hui qu'un simulacre vain, un seul mot répond à cette double question. La grandeur et la décadence du saint-siége eurent une cause unique et commune.

L'ambition!

Dans les premiers siècles du christianisme, lorsque les successeurs des apôtres n'avaient point encore élevé le trône des papes sur les ruines de la chaire de saint Pierre, Rome apparait sainte, presque divine, n'agissant que dans l'intérêt du ciel, et se rappelant alors que le royaume fondé par le Christ n'était pas de ce monde.

C'est Rome spirituelle, celle qui fut pour l'humanité un phare et un foyer de lumières et de civilisation.

En suivant le cours des âges, un autre Rome nous apparait.

C'est Rome matérielle, corrompue, idolâtre et profane, et tout entière livrée aux intérêts de la terre.

C'est Rome temporelle, celle qui fut le fléau du monde au lieu d'en être le flambeau, celle qui doit compte à la religion du Christ de toutes les afflictions qu'a subies l'Église; celle à qui seule il faut imputer les souffrances et les douleurs du sanctuaire.

Par quelle monstrueuse association d'idées prétendrait-on réunir, dans un même culte et dans une même vénération, des choses si diverses l'une de l'autre et si contraires entre elles ?

A Rome apostolique, à la cité des apôtres, appartiendraient tous nos hommages, notre respect et notre affection.

A Rome papale, l'époque actuelle, l'écho de l'inexorable histoire et des faits récents ne doit qu'anathème et indignation.

Au moment où le palais du Vatican se remplissait de cette multitude superbe, au moment où tant d'hommages s'empressaient autour du santo padro, la cour de Rome était agitée par de sombres et mystérieuses inquiétudes.

Les nouvelles de toute l'Europe contrariaient ses desseins; et c'était surtout de la France, cette belle contrée si longtemps soumise au joug de Rome, que venaient les bruits sinistres et menaçants. Les légations étaient toujours irritées et frémissantes; là, sur ce sol tourmenté, on retrouvait encore la semence et le germe des idées qu'à Rome on appelle les *idées françaises*, et dans ses afflictions politiques, le gouvernement pontifical regrettait le temps où les rois de France portaient les titres de rois très-chrétiens et de fils aînés de l'Église, et vouaient à la Vierge leur couronne, leur royaume et leurs sujets.

Lorsque le santo padre sortit de ses appartements particuliers pour paraître devant la foule brillante rassemblée dans les salons, on pouvait facilement apercevoir sur les traits du vieillard les mystérieuses inquiétudes du chef de l'État. Toute la cour composa son visage sur celui du maître, et à la malicieuse gaieté et à la pétulance de la conversation italienne, succéda un maintien sombre et austère; seulement, la raillerie lançait à voix basse les traits qui éclataient tout haut avant l'arrivée du souverain pontife. A Rome, dans les circonstances les plus graves aussi bien que dans les plus futiles, le sarcasme ne perd jamais ses droits.

Un autre sujet d'angoisses se joignait aux peines cachées du gouvernement romain; on se disait l'un à l'autre, à l'oreille et sous le manteau, que les juifs, dont on ne cessait de solliciter des emprunts, les refusaient avec une obstination nouvelle. On parlait d'une ligue puissante formée entre tous les capitaux israélites pour repousser les demandes de Rome. On affirmait que, le matin même, le trésorier s'était rendu au Vatican, et qu'après une longue conférence avec le santo padre, on l'avait vu descendre par la *scala segreta*, pâle et consterné.

Ces sombres rumeurs, qui affligeaient directement les désirs de chacun, les convoitises et les espérances de tous, répandirent dans les groupes des courtisans une tristesse subite.

Ce changement n'échappa point à Noëmi; elle parut elle-même agitée et tremblante, comme si elle ressentait le contre-coup d'un trouble dont la cause lui était inconnue.

Recommandées par le cardinal Ferdinand, la signora Naldi et la belle juive avaient été placées parmi les grandes dames et les princesses; comme elles, toutes deux avaient baisé le pied du pontife, et, sur l'indication du maître des cérémonies, elles s'étaient assises devant le pape, sur des carreaux de drap rouge dont le nombre est proportionné au rang et à la qualité, de telle sorte que celles des moindres conditions en ont trois. Les femmes que distingue leur position ou leur mérite ont depuis quatre jusqu'à sept carreaux. Ce nombre est celui des princesses souveraines ou de sang royal. Parmi les femmes, les têtes couronnées se tiennent en dehors de ce cérémonial; elles ne baisent pas le pied du pape, Le santo padre les fait asseoir sur des fauteuils, et, après l'audience des dames, il leur offre une collation dans une chambre richement décorée et destinée à ces festins.

Le nombre des personnes qu'on rencontre à la cour de Rome ne se compose pas seulement de la foule des nobles, des étrangers de distinction, des cardinaux, et de la multitude des dignitaires de l'État et de l'Église. La seule maison du pape fourmille d'officiers de toute espèce, et qui suffiraient pour remplir les plus vastes palais. Cette tourbe de valetaille bariolée a pris un accroissement successif et gigantesque. A la fin du XVIIe siècle, sous le pontificat d'Innocent XI, le chiffre des officiers et des serviteurs du pape était considérable. Dans son *Tableau de la cour de Rome*, Jacques Aymon, prélat et domestique de ce pontife, en donne la liste la plus exacte.

A Rome, l'État n'est pas séparé du trône; la souveraineté et le gouvernement se confondent dans un pouvoir unique; les dignités publiques, même les plus éminentes, font donc, en quelque sorte, autant partie de la maison du pape que du gouvernement, qui réside dans sa seule personne. Les cardinaux eux-mêmes sont soumis à cette condition, et n'occupent les plus hauts emplois que sous le bon plaisir pontifical; il n'existe pas à Rome de fonctions placées hors des atteintes de ces caprices individuels.

La cour de Rome et son gouvernement sont donc étroitement unis.

Il y a plus : l'Église vient mêler ses charges, ses dignités et ses fonctions à la cour et à l'État; il résulte de ces alliances bizarres une incohérence et une confusion inexprimables. Ainsi, à côté des ministres du gouvernement pontifical, existe une série de fonctions dont les attributions sont à la fois honorifiques, politiques, civiles et religieuses; il n'est même pas rare que l'autorité militaire soit admise à ce partage. Nulle part le désordre n'a été ordonné avec plus de luxe et plus d'ostentation.

Partout on se heurte contre le monstrueux accouplement de la puissance temporelle et du pouvoir spirituel.

Ce n'est point dans les nombreux écrits publiés à toutes les époques contre le pontificat que nous avons cherché les traits principaux de cette organisation. Notre sincérité a puisé aux sources intimes, et consulté les documents légués par ceux qui ont vécu loyalement au milieu des faits et des actes qu'ils rapportent.

Si nous voulons rapprocher l'ordre du gouvernement romain de celui qui régit les autres États, nous dirons que le cabinet ou le ministère du pape se compose de huit emplois : celui de secrétaire d'État, de ministre de l'intérieur, de secrétaire des pétitions, de secrétaire des brefs, d'auditeur de Sa Sainteté, de ministre des finances, de ministre pour les affaires de la guerre, de gouverneur de Rome et de directeur de la police. Cinq d'entre eux, parmi lesquels nous comptons le trésorier démissionnaire dont nous avons parlé, sont cardinaux; les trois autres ne sont que *monsignori*.

A ces fonctionnaires se joignent :

Les légats, les nonces et l'internonce, qui forment le corps diplomatique.

Les légats sont les envoyés du pape aux conciles généraux pour les présider en son nom. Il y a des légats-nés du siége apostolique; ils représentent dans leur nation le souverain pontife, comme furent en France les archevêques d'Arles et de Reims ; en Espagne, ceux de Séville et de Tolose; en Angleterre, l'archevêque de Canterbury.

Le légat *a latere* est un envoyé direct et par la personne même du pape, *a latere*, de son côté, en quelque sorte. Les ambassadeurs extraordinaires de Rome sont dans cette position. Les gouverneurs des provinces des États romains prennent aussi le nom de légat.

Le nonce, lorsqu'il est envoyé directement par le pape, est un nonce ordinaire. L'internonce est un nonce extraordinaire envoyé pour assister à une réunion d'ambassadeurs, lorsqu'il n'y a pas de nonce en titre.

Viennent ensuite :

Le vicaire du pape, qui, depuis Pie IV, est toujours cardinal, et nommé à vie; il juge de toutes les personnes ecclésiastiques, séculières et régulières de l'un et de l'autre sexe, les juifs et les courtisanes, dans Rome et dans tout son district. Il a le droit d'inspection et de visite sur toutes les églises, les monastères, hôpitaux et autres lieux de fondations pieuses. Un vice-gérant, qui est évêque, lui est attaché pour l'aider dans les fonctions épiscopales; deux juges l'assistent, l'un pour les sentences civiles, l'autre pour les sentences criminelles. Ce qui rend la place de ce grand vicaire lucrative, c'est le pouvoir qu'il a de décider de la validité des mariages.

Ce fonctionnaire a sous ses ordres des notaires, de greffiers, des bandes de sergents et de sbires (*sbirri*) qui empoignent les récalcitrants et les jettent, sans autres formes de procès, pieds et poings liés, dans les prisons.

Le grand pénitencier est aussi cardinal; il a seul le pouvoir d'absoudre de tous les cas que le pape se réserve ; huit jours avant Pâques, il se rend aux églises pour entendre les confessions; il siége alors dans une chaise élevée sur trois degrés, en forme de tribunal, placée près du maître-autel ; il tient à la main une baguette en forme de sceptre, composée de trois parties; la poignée est d'ivoire; le milieu, du bois des îles; l'extrémité, d'ébène. Outre l'absolution des cas réservés, le grand pénitencier donne des dispenses contre les prohibitions de la loi civile ; il légitime les enfants, il dispense des défauts qui empêchent de recevoir les ordres sacrés; il relève des vœux et absout de la simonie, qui est le trafic des choses sacrées ; il permet le cumul des bénéfices ; il efface le meurtre, *in foro conscientiæ*, c'est-à-dire devant le tribunal de la conscience. A l'égard des clercs, ce pouvoir de pardon s'applique non-seulement à la conscience, mais aussi à la juridiction humaine.

Il envoie des confesseurs délégués pour absoudre en sa place les *cas réservés* qui ne peuvent pas faire le voyage de Rome. Il tient des *congrégations*, pour les doutes de conscience, avec d'autres fonctionnaires de sa pénitencerie, des théologiens ordinairement choisis parmi les jésuites et d'autres canonistes. Il dispose des charges vénales, parmi lesquelles sont celles des vingt-quatre procureurs chargés de présenter les suppliques.

Afin de ne point être suspect d'exagération nous copions *textuellement* ce que dit un historien de la cour de Rome.

« Nous ne parlerons pas des abus qui se commettent dans cette charge, ni des profits casuels du *tour de bâton* (sic), ou de la baguette du grand pénitencier, car tout cela est suffisamment connu par la taxe scandaleuse de la chancellerie qui a été imprimée en diverses langues et envoyée par toute la chrétienté, dans laquelle on voit que l'absolution des plus grands crimes contre la loi de Dieu ne coûte pas *grand'chose* (sic), mais que celle de la moindre contravention contre les statuts des papes, et les dispenses de quelque règlement de la discipline ecclé-

Saint-Jean de Latran.

siastique, ne sont accordées qu'à ceux qui ont le moyen de payer de grosses sommes, tellement que, pour de l'argent, on obtient devant ce tribunal la permission de faire tout ce que l'on veut; le bien, par ce moyen, est changé en mal, et le mal en bien. Ces étranges métamorphoses valent autant à la chancellerie, dont nous allons parler, que ferait la transmutation métallique de la meilleure pierre philosophale qu'on puisse avoir dans le monde, puisqu'un petit océan de plomb rend plusieurs millions d'or.

Pour les petits péchés, il y a, au-dessous du grand pénitencier, des pénitenciers *mineurs*, ainsi nommés parce qu'ils ne connaissent que des fautes légères; cependant ils ont le pouvoir de remettre des péchés dont il est défendu aux confesseurs ordinaires de donner l'absolution.

Le chancelier est le secrétaire du pape *ab intimis;* c'est lui qui est chargé de l'expédition des lettres apostoliques, excepté celles qui sont expédiées par bref, *sub annulo piscatoris*, sous l'anneau du pêcheur. Il a sous lui un régent et douze abréviateurs chargés des copies des pièces. Le vice-chancelier tient registre des collations des titres et des promotions des cardinaux, des évêchés et des abbayes directoriales.

On trouve dans les bulles expédiées de Rome tous les titres que l'orgueil et l'ambition les plus effrénés peuvent suggérer; il y a eu des papes qui ont tenté de s'égaler à Dieu.

Au XIIIe siècle, dans un rescrit de Nicolas III, cité en la quatre-vingt-seizième distinction du droit canon, il est dit :

Qu'il est évident que le pontife romain ne peut être jugé de personne, parce qu'il est Dieu!

Vers la même époque, dans une bulle de Grégoire IX, insérée dans les *Décrétales*, au titre de la *Primauté*, on lit ce qui suit :

Dieu a fait deux grands luminaires pour le firmament de l'Église universelle, c'est-à-dire il a institué deux dignités, qui sont l'autorité pontificale et la puissance royale; mais celle qui préside sur les jours, c'est-à-dire sur les choses spirituelles, est plus grande, et celle qui préside sur les choses matérielles est moindre. C'est pourquoi on doit reconnaître qu'il y a autant de différence entre les pontifes et les rois, qu'entre le soleil et la lune... Nous disons que toute créature humaine est soumise au souverain pontife, et qu'il peut (selon la *Décrétale* d'Innocent III, au titre des *Prébendes*), *en vertu de son plein pouvoir et souveraine autorité, disposer du droit naturel et du droit divin.*

Le chancelier, conformément à ce qu'il connaît des intentions de la cour de Rome, enfle les bulles d'épithètes fastueuses et d'orgueilleuses dénominations; il n'omet rien de ce qui peut faire entendre et persuader que la puissance du pape est au-dessus de toutes les autres puissances. De là ces traditions extravagantes et cette arrogance excessive qui se sont transmises jusqu'à nous de siècle en siècle.

Il y a deux camerlingues : l'un qui est celui du pape; il est nommé à vie et s'acquitte de fonctions privées; l'autre est choisi par le collége des cardinaux, dont il fait lui-même partie; il n'est élu que pour une année. C'est ce fonctionnaire qui préside aux préliminaires du conclave; il a une des trois clefs du trésor du château de Saint-Ange; le doyen du sacré collége en a une autre, et le pape a la troisième.

Le préfet de la signature de justice, celui de la signature de grâce et le préfet des brefs sont ordinairement choisis parmi les cardinaux.

Le général de la sainte Église reçoit en particulier, dans la chambre de Saint-Pierre, un bâton de commandement; il prête serment dans le même lieu. Cet officier commande aux troupes et aux gouverneurs des places fortes.

Les maîtres des cérémonies sont au nombre de six ; ils portent ordinairement une soutane violette garnie de boutons et de parements noirs, avec des manches traînantes jusqu'à terre; et dans la chapelle papale ils portent la soutane rouge comme les cardinaux, et le rochet comme les prélats. Quand ils sont revêtus de ce costume de cérémonie, ils ne cèdent le pas à aucun des officiers ou domestiques du pape, si ce n'est au majordome, au maître de chambre, au premier gentilhomme et au grand échanson.

Le maître du sacré palais est toujours religieux de l'ordre des dominicains, pris dans les rangs des cardinaux; il est logé et nourri au palais avec ses compagnons et ses serviteurs, et il a un carrosse entretenu par les écuries pontificales.

Il est le juge de tous les ouvrages imprimés et gravés; les livres et les estampes sont visités par lui à leur entrée dans Rome; il confisque tous ceux que condamne l'*index;* mais, de tout temps, quelques présents ont adouci ces rigueurs. A la cour de Rome, l'or a toujours été un puissant intercesseur.

Il existe plusieurs camériers secrets, aussi vêtus de violet, à manches traînantes et sans manteau ; il y a parmi eux un trésorier secret qui pourvoit aux frais des aumônes et des plaisirs du saint-père. Ce dernier chiffre dépasse, dit-on, tous les autres. C'est à un camérier secret que sont confiés la vaisselle, les joyaux, les riches reliquaires et les objets précieux. Le médecin ordinaire porte le nom de camérier secret. Les présents que quelques-uns d'entre eux, nommés *participants*, et qui ne touchent pas d'appointements, reçoivent dans les occasions solennelles, dépassent le double du salaire attribué aux autres.

Enfin, on n'élève pas à moins de *cent quatre-vingts* le nombre des officiers et valets qui, sous des titres divers, sont attachés au service personnel du pape.

Tout affecte un air mystérieux dans les charges les plus proches de la personne du pape.

Aux camériers secrets et aux chapelains secrets sont accolés des balayeurs secrets, des cuisiniers secrets, un trésorier secret.

Quant au mélange des fonctions, il est poussé jusqu'au burlesque; on y voit figurer le confesseur du pape et ses appointements, le prédicateur de Sa Sainteté et les *facchini* et les goujats, les poulaillers et les muletiers, avec les monsignori des secrétaireries d'État.

A la vue d'une maison si nombreuse, on se demande comment il est arrivé que l'héritier direct de l'humilité du Christ et de la simplicité apostolique ait une foule d'officiers, de valets et de domestiques au-dessus de celle que renferment les demeures des plus magnifiques souverains.

Ces myriades de serviteurs s'effacent devant l'innombrable quantité des personnes qui prennent part aux emplois publics. Sans faire une de ces énumérations qui ressembleraient à un dénombrement homérique, nous ne parlerons que de la daterie.

La daterie n'est autre chose que la chancellerie où se confèrent les titres des bénéfices ecclésiastiques.

Il y a un dataire, un sous-dataire, un préfet des compositions ou accords qui se font à la daterie, des réviseurs, des régistrateurs et des abréviateurs de la daterie, cent écrivains apostoliques de la daterie, et plus de *mille* officiers de la daterie.

Il faut que les bulles qui sortent de la daterie passent par les mains de plus de mille personnes, qui stationnent dans quinze bureaux différents. Les frais sont en proportion de ce personnel colossal qui se compose de :

Cent cubiculaires apostoliques, cent écuyers apostoliques, cent chevaliers de Saint-Pierre, cent chevaliers de Saint-Paul, cent chevaliers du lis, cent chevaliers lauretans, cent janissaires, cent écrivains des brefs, quatre-vingts abréviateurs du grand parquet, quatre-vingts régistrateurs des bulles, six maîtres des requêtes, un archiviste, un sommiste et un receveur.

Il n'est pas un de ces offices qui ne rapporte un casuel plus élevé que les appointements. On peut ainsi se faire une idée des sommes qui affluent dans les bureaux de la daterie, où les évêchés et les riches bénéfices ne sont accordés qu'à ceux qui peuvent payer ces énormes taxes.

Ce que nous venons d'exposer, c'est le passé de Rome, dont les regrets et les inspirations vivent si profondément dans les vœux et les actes du présent et dans les espérances de l'avenir.

Ce sont ces produits de la daterie et du secrétariat des brefs qui augmentent le revenu personnel de Sa Sainteté, et permettent à *la liste civile* de se montrer modeste et désintéressée.

On voit que parmi les services secrets de la maison du pape, il faut compter celui des recettes secrètes.

A la suite de cet exposé, on est frappé par une réflexion : c'est qu'à la cour de Rome, comme dans les nobles demeures désertes, vermoulues et délaissées, les gens ne vivent pas de légitimes salaires, mais des menus profits qu'ils extorquent aux affaires.

Quel vaste développement d'avidité et de passions cupides s'agite autour du trône pontifical, depuis les plus hauts fonctionnaires jusqu'aux plus obscurs estafiers, depuis les princes de l'Église jusqu'aux sacristains!

L'orgueil et l'avarice y excitent sans cesse des luttes implacables et des rivalités furieuses.

L'étiquette et la préséance y sont des causes de perpétuelles disputes; les plus graves conseillers de la tiare sont sans cesse occupés à régler ces futiles débats.

La prélature marche dans l'ordre suivant :

Le gouverneur de Rome précède tous les prélats de la cour pontificale, comme étant le premier d'entre eux après les cardinaux; l'auditeur de la chambre apostolique et puis le trésorier vont après lui; ensuite viennent les patriarches honoraires et *in partibus* de Constantinople, d'Alexandrie, d'Antioche et de Jérusalem. Si les patriarches d'Aquilée et de Venise s'y trouvent, ils suivent immédiatement les quatre plus anciens que nous venons de nommer devant ceux-ci.

Les archevêques s'avancent après ces patriarches, selon la date de leur promotion, et les évêques marchent dans le même ordre, non pas par ancienneté d'âge, mais par ancienneté d'épiscopat; il en est de même des protonotaires apostoliques. Les auditeurs de rote, les clercs de la chambre, les abréviateurs du grand parquet, les généraux des ordres réguliers, les référendaires de la signature de grâce et de la signature de justice, les avocats consistoriaux, tous les prélats qui portent le rochet, précèdent les ambassadeurs de Malte, de Bologne et de Ferrare. Le maître de la chambre du pape précède tous les prélats qui ne portent pas le rochet.

C'est d'après cet ordre qu'est réglée la préséance entre les ecclésiastiques de la cour de Rome.

Le faste de ces misères a cédé presque partout à la raison publique; Rome seule a conservé ces témoignages d'un orgueil caduc.

La cour de Rome, qui semble si éloignée des lumières et de la civilisation, compte pourtant dans son sein beaucoup de personnages aussi éminents par leur esprit que par leur savoir, l'élégance, la finesse et la distinction des manières et du langage. Le cardinal Ferdinand était de ce nombre; il se faisait un plaisir de guider Noëmi dans ce dédale de la cour, et bien souvent, sous la malice de ses explications et de ses commentaires, il cachait une piquante ironie.

Noëmi éprouvait un étonnement naïf à voir la différence qui existait entre les hommes publics et les hommes privés.

Que de fois, lorsqu'elle croyait rencontrer une docile crédulité, n'avait-elle trouvé qu'un scepticisme railleur, le persiflage et une indifférence moqueuse. C'était surtout dans ce qu'on appelait les petites soirées de la signora Naldi, que se dévoilaient ces anomalies. On était prêtre et dévot tout le jour, le soir on était philosophe. Cette convention était si générale qu'elle ne semblait choquer personne.

Noëmi comprit alors comment ces exemples de fourberie, descendus d'en haut, avaient façonné tout un peuple à l'hypocrisie; sous l'apparente et splendide austérité de la cour de Rome, elle vit ses désordres, ses vices et sa dissolution; mais elle fut forcée de reconnaître que, nulle part plus que dans ce monde des courtisans du pape, on ne se montrait adroit et rusé.

La cour de Rome lui parut être une merveilleuse école d'astuce, de diplomatie, de politique et d'artifices; c'était là que devaient se former les négociateurs habiles; elle comprit aussi toute l'énergique vérité de ce mot d'un voyageur célèbre :

— Je reviens de Rome, j'ai vu la cour, ses dignités et ses indignités.

CHAPITRE XVI

Le Pape.

Ces rapides éclaircissements, Noëmi les devait à la complaisante affection du cardinal Ferdinand, qui se prêtait à toutes ses fantaisies; dans ses entretiens sur la cour de Rome, elle s'était aperçue que, sous le prétexte d'éviter des détails trop sérieux, son interlocuteur usait de prudence et de réserve, laissant toutefois deviner ce qu'il ne voulait pas dire.

En revenant du palais pontifical, la jeune juive était sortie du Vatican, persuadée que la cour de Rome était le lieu qui renfermait le triple secret, ce but de toutes ses recherches, cet objet de toutes ses pensées. C'était là qu'elle devait apprendre :

« Quels étaient les dangers qui menaçaient Paolo ;

« Quels étaient les périls qu'avaient à redouter son père et ses frères en Israël ;

« De quelles embûches elle était elle-même entourée. »

Fatiguée de ce mystère que d'autres savaient, et dont elle poursuivait en vain l'explication, elle s'irritait contre cette énigme, dont on lui jetait le mot en fuyant et sans qu'elle pût l'entendre ; elle voulait, à tout prix, sortir de ces ténèbres.

Le jeune cardinal ne lui paraissait pas assez expansif pour satisfaire sa curiosité; cédant à la causticité naturelle de son esprit, il avait consenti à quelques entretiens sur la cour de Rome ; mais toutes les fois que Noëmi avait essayé de porter plus haut sa curiosité, les questions n'avaient point obtenu de réponses.

Elle ne s'étonnait pas de cette discrétion ; ce qu'elle savait des habitudes intérieures de la vie du pape lui avait appris de quelles précautions était entouré le secret de cette existence.

La signora Naldi et monsignore Panfilio avaient de nombreuses intelligences parmi les familiers de la maison papale. Le cameriere qui approchait le plus de la personne du santo padre leur était dévoué et leur devait son élévation ; c'était par lui que monsignore, bien instruit des événements intimes, conservait encore dans la société romaine une influence qui, pour être occulte, n'en était que plus efficace.

Noëmi pénétra, par cette voie souterraine, jusque dans l'enceinte des palais, et fut ainsi à même de connaître par sa propre exploration ce qu'il lui importait tant de savoir.

La famille du cameriere était chère au pape ; la juive sut se faire aimer des femmes qui avaient accès près du saint-père, et obtenir de leurs confidences des révélations aussi certaines que nombreuses.

Pour parvenir au pontificat, depuis que les passions politiques et les intrigues ambitieuses ont banni de l'élection des papes toute idée religieuse, il faut user d'une longue *industrie* et de cette habileté que le père Maimbourg, de la compagnie de Jésus, a si naïvement appelée *inganno*, mot italien qui signifie ruse, tromperie, mauvaise foi, dol et fraude.

La vieillesse est un titre pour être promu à la papauté ; on y arrive formé par l'expérience et par le maniement des artifices politiques et des pratiques astucieuses ; il est impossible de secouer complétement les habitudes qui, pendant tant d'années, ont accompagné chaque pas qu'on a fait dans la vie.

Aussi, voit-on cette finesse dominer dans le caractère et dans la conduite de presque tous les pontifes.

Aspirer à la première dignité de l'Église, c'est se vouer durant toute sa carrière à une entière soumission ; c'est en flattant toutes les volontés dont on dépend, c'est en servant toutes les passions qui disposent de ce qu'on désire, que l'on s'approche du but. Une fois maître de cette élévation suprême offerte à tous les vœux, le nouveau pontife s'efforce presque toujours de faire oublier, à force d'orgueil, les humiliations qu'il a traversées pour monter jusqu'à ces grandeurs qui troublent sa raison.

Ceux qui sont nés près du trône se préparent et se façonnent de bonne heure au pouvoir qui les attend ; tout les accoutume à la souveraineté ; ils y arrivent par des droits qui n'ont rien coûté à la dignité de leur caractère ; ils peuvent en jouir sans excès. Il n'en est pas ainsi de ceux auxquels les rêves de l'ambition montrent sans cesse la tiare qui peut leur échapper, s'ils ne savent, par une machination continuelle et par de perpétuelles manœuvres, s'en assurer la possession.

Dans les éléments mêmes du pontificat, tel que l'ont fait les brigues de l'élection, se rencontrent ces vices originels.

Il est d'autres inconvénients graves attachés à la nature même de la puissance qui est confiée aux souverains pontifes. N'est-ce point d'abord une amère dérision que cette mission prétendue divine remise aux mains les plus débiles, et que la préférence toujours accordée aux prévisions d'une fin prochaine ? Eh quoi ! vous cherchez, dites-vous, un représentant de Dieu sur la terre, et c'est dans les bras de la mort que vous allez le prendre !

Ici, l'imposture est manifeste et criante.

Ceux qui font les pontifes n'ignorent pas qu'ils n'accomplissent qu'une œuvre humaine, et leurs votes, en nommant un pape, ne se proposent que d'écarter un obstacle placé entre leur ambition et le pontificat.

Ces sentiments de l'élection, l'élu en conserve les impressions. Il sait tout aussi bien que ceux qui l'ont nommé, qu'on ne lui a cédé le pouvoir que pour une courte durée. Sans ancêtres, le pontife de Rome est sans descendants ; le présent lui appartient ; mais pour lui, le passé n'existe plus et l'avenir n'existe pas. De là naissent ces abus et cette insouciance d'une jouissance temporaire ; de là ces atteintes portées à la fortune de l'État, que chaque règne amoindrit ; de là les familles pontificales enrichies aux dépens du trésor public ; de là, enfin, ces ruines auxquelles chaque pape, usufruitier dévorant et prodigue, a fait une brèche.

Il y a dans l'histoire de la papauté un signe funeste. On voit presque toutes les bonnes résolutions des pontifes tourmentées, arrêtées ou contrariées par la brièveté du temps et par la rapidité de leur passage au pouvoir. Les doutes et l'incertitude naissent alors autour d'eux et ne permettent plus à leur esprit éperdu une résolution prompte et énergique. Ils osent à peine commencer une œuvre, qui ne trouvera après eux que des mains pour la détruire et personne pour l'achever. Des scrupules viennent se joindre à ces agitations, et c'est au milieu de ces bouleversements que périssent étouffés des projets qui pouvaient recommander un siècle à la reconnaissance du monde. Que de papes ont expiré dans ces angoisses !

Ceux, au contraire, qui ne voient dans le pontificat qu'une occasion de satisfaire leurs passions, leurs appétits et leur concupiscence, se hâtent de jouir des voluptés que leur présentent l'orgueil et l'opulence. Cette fougue sensuelle n'a-t-elle pas, à diverses époques, engendré ces débauches furieuses et les crimes atroces qui ont souillé et ensanglanté les annales du pontificat ?

En présence de ces faits dont l'histoire témoigne si haut, n'est-il pas permis de dire que les conditions du pontificat sont mauvaises, contraires à l'œuvre du progrès intelligent, et dangereuses pour le peuple soumis à cette domination, et pour l'Église dont le pape est le chef ?

D'autres enseignements montreront comment l'unité catholique dont Rome devait conserver le lien, a été rompue par la situation même où le pontificat s'est placé en déviant de son origine apostolique.

Ces influences pernicieuses altèrent les meilleurs naturels, et il est peu d'organisations assez fortes pour pouvoir résister à cette contemplation ambitieuse qui, du fond d'une cellule, montre à un religieux les splendeurs du Vatican; les meilleures qualités succombent sous ce charme et sous cet assaut persévérant; c'est alors qu'au lieu de se donner à Dieu, on se voue aux pompes de l'orgueil humain.

Cette vanité, tout contribue à l'entretenir.

Au train si nombreux qui entoure le pape se joignent tous les raffinements du luxe et de la mollesse.

Le pape est ordinairement vêtu d'une soutane de soie blanche, d'un rochet de lin garni de dentelles; il porte sur les épaules un petit camail de velours rouge en hiver, et de satin incarnat l'été, avec le bonnet de même, qui est fourré l'hiver. Sans changer la forme et la couleur de ses habits, il emploie, au lieu de soie et de velours, des tissus de laine pendant les jours que l'Église a désignés à la pénitence du jeûne. Le samedi soir, il met le camail de damas blanc; il porte toujours l'étole au cou.

Les ornements avec lesquels il officie sont d'étoffe brochée et glacée d'or et d'argent, et enrichie de perles et de pierreries; dans ses plus riches parements, il se conforme aux couleurs que l'Église indique pour les différentes époques de l'année.

C'est avec la chape et la mitre, ou la tiare resplendissante, que le pape fait toutes les autres fonctions publiques; la nuit de Noël, il porte un capuchon et une chape de velours rouge; pendant la semaine sainte, il est revêtu d'un simple manteau de drap rouge; sous la mitre et sous la tiare, une calotte blanche remplace la calotte rouge. Au premier consistoire du règne, celui dans lequel le nouveau pape va remercier les cardinaux, il se présente en chape et en mitre; pour tous les autres, il ne quitte pas son habit ordinaire. Lorsque le pape porte la chape et la mitre, les cardinaux marchent devant lui sur deux files, par ordre inférieur: les diacres, les prêtres et les évêques; lorsqu'il n'a pas la chape et la mitre, il marche au milieu des deux plus anciens cardinaux; les autres le suivent deux à deux, dans l'ordre supérieur: les évêques, les prêtres et les diacres.

Nous verrons, en parlant des cavalcades et des cérémonies, comment ces costumes se modifient et se rehaussent avec une magnificence si contraire à l'esprit d'humilité.

La grandeur du pape, quoi qu'on fasse, n'est plus qu'une convention romaine. Personne ne prend plus au sérieux les hommages dont le pontificat est l'objet de la part de l'Église qu'il domine et des sujets qu'il gouverne. Le pape, comme souverain temporel, obtient des autres cours de légitimes déférences. Dans les États catholiques, ses envoyés prennent le pas sur tous les autres; on ne lui conteste et on ne lui refuse aucun des vains honneurs qu'il recherche; la pompe et l'orgueil même de ses formules politiques et de ses protocoles souverains sont admis; mais, chaque jour, la suprématie du saint-siége décroît en considération et en puissance ; chaque jour, elle est de plus en plus circonscrite dans des limites qu'elle n'aurait jamais dû franchir. L'influence politique est réduite à l'importance de chaque État, et les États romains tiennent peu de place ; leur poids pèse peu aujourd'hui dans la balance de l'Europe; contre cet abaissement qui la désole, la papauté lutte au dehors par les influences secrètes, les artifices et les ruses de sa diplomatie, et par l'action occulte de la milice sacrée et de l'armée monacale qu'elle cherche à faire pénétrer dans toutes les contrées ; au dedans, elle se console par les fausses splendeurs de l'Église et de la cour, anachronismes vermoulus dont la vétusté ne trompe plus personne.

L'*adoration* du pape se multiplie autour de lui sous toutes les formes ; on la trouve à la base de chaque règne pontifical et dans l'exercice de toutes les fonctions publiques ou religieuses auxquelles se mêle le *santo padre:* elle s'infiltre aussi dans les détails de la vie intime. A Rome, les cardinaux et les valets y sont également soumis ; il y a eu des têtes couronnées qui ont subi elles-mêmes et qui subissent encore ce joug par leurs représentants ; enfin, depuis les princes de la terre et les princes de l'Église, depuis les plus grands jusqu'aux plus petits, Rome a tout mis aux pieds du pape.

Par une abominable dérision, il n'est point un seul de ces actes d'orgueil que les courtisans du pape n'aient essayé de présenter comme un enseignement, un précepte, un exemple et une conséquence de la céleste humilité du Christ et de ses disciples.

L'acte par lequel se manifeste l'adoration a lieu par deux faits : celui de la génuflexion et celui du baisement des pieds. Pour établir le droit de cet hommage rendu au pape, on invoque d'abord le témoignage de l'histoire, et l'on énumère avec une superbe complaisance les noms des empereurs et des rois qui ont fléchi le genou et baisé les pieds. Constantin, Justin Ier et Justinien, Luitprand, roi des Lombards, Charlemagne, Signolfe, prince de Bénévent, Sigismond, Frédéric Barberousse, Étienne, roi de Hongrie, Charles VII, roi de France, et l'empereur Charles-Quint se sont, dit-on, soumis à l'adoration. En 827, le peuple de Rome se porta en foule à Saint-Jean de Latran pour baiser les pieds du pape Valentin. Enfin, un tableau qu'on voit à l'église de Saint-Sabas, sur le mont Aventin, montre Paul III chaussé de mules de chambre, sur lesquelles brille la croix d'or rayonnante que le pape porte sur sa chaussure.

Nous ne prétendons pas révoquer en doute ces témoignages historiques ; mais Rome et ses arrogantes prétentions ne s'en contentent pas.

Les prélats qui sont à la cour du pape ont imaginé de faire procéder le baisement des pieds de l'action des deux femmes qui baisèrent les pieds de Jésus, après les avoir parfumés et essuyés avec leurs cheveux. Quelle humilité dans ce rapprochement !

Et c'est en réclamant et en supportant cette adoration si voisine de l'idolâtrie, que le pape, par une amère et détestable ironie, prend, à la face de la chrétienté, l'humble titre menteur de *serviteur des serviteurs de Dieu!*

En parcourant les diverses parties de l'existence des papes, on rencontre partout la fastueuse mollesse dont est entourée la vie des pontifes et celle de leurs parents et de leurs favoris. Le nombre des demeures pontificales, leur luxe, la vanité de leurs habitudes, le peuple d'officiers et de valets qui les entourent, ne révèlent-ils point cet orgueil dont le double cérémonial du trône et de l'autel témoigne si haut !

Paolo.

Toutes les vertus prêchées par le Christ et par les apôtres n'ont pas seulement été foulées aux pieds par les papes et par leur cour, mais il semble que dans tous les siècles les chefs de l'Église et les souverains de Rome se soient étudiés à leur donner, par leur conduite, les plus scandaleux démentis.

Le Christ a dit :

« Mon royaume n'est pas de ce monde. »

Et l'évêque de Rome a rêvé et presque obtenu l'empire du monde.

Le Christ a fait une vertu de la pauvreté.

Les papes ont fait leur principale affaire de l'opulence.

Le Christ a enseigné la charité.

Les papes ont excité dans tout le monde chrétien la discorde et la guerre civile.

Le Christ a béni.

Les papes ont maudit.

Le Christ a recommandé l'aumône.

Et les papes ont été spoliateurs et prodigues.

Le Christ a voulu qu'on rendît à César ce qui est à César.

Et les papes ont voulu dépouiller les rois de la terre et usurper la puissance souveraine.

Le Christ a prêché le pardon.

Et les papes ont vendu les indulgences.

Sur la pierre même où le Christ a posé son Église, les papes, pour élever un trône, ont renversé l'autel.

A la place des souffrances et de la chasteté évangéliques, les papes ont mis la volupté impure, la dissolution et la débauche.

Où le Christ avait apporté le salut et l'espérance, les papes ont apporté le désespoir et l'abomination.

Ils ont tiré l'épée que le Christ leur ordonnait de laisser dans le fourreau, et c'est par l'épée que l'Église a péri.

« Notre Père, qui êtes aux cieux, » a dit le Christ dans la divine oraison.

C'est aux intérêts de la terre que les papes ont ramené la prière.

Le Christ a prescrit le pardon des offenses, c'est l'implacable vengeance que pratique le pontificat; cette odieuse tradition a été léguée de siècle en siècle jusqu'à l'époque contemporaine.

Tel fut le cri d'indignation qui retentit dans le cœur de Noëmi à l'aspect de tout ce qui s'offrait à son regard dans le logis pontifical. Elle se prit d'une vive et sincère affection pour le dogme de charité, de foi et d'espérance annoncé par le Christ, comme la bonne nouvelle des nations; mais en même temps naissait en elle une répugnance profonde pour les hommes et les choses qui avaient tourné contre les peuples tout ce qui avait été fait pour eux. Son cœur la portait vers la religion chrétienne, mais les nouvelles lumières de son esprit et de son intelligence l'éloignaient de l'Église romaine.

Ce combat donnait à ses recherches une nouvelle ardeur; elle transmettait à Ben-Jacob, avec une ponctuelle régularité et par des voies sûres et discrètes, tous les documents qui intéressaient la politique et le gouvernement de Rome; mais elle gardait dans sa pensée les traits de cette physionomie morale si avilie chez le peuple et si pervertie chez les grands.

Conduite dans tous les détours des demeures pontificales par une main amie et fidèle, elle continuait ainsi l'œuvre d'une exploration patiente et dévouée. A la cour de Rome, et dans les palais du pape, on est sobre de paroles; ce n'est que parmi le peuple qu'éclate la franchise à l'humeur caustique et frondeuse : cependant elle sut recueillir de précieux documents.

Le pape actuel, qui règne sous le nom de Grégoire XVI, est né à Bellune, le 18 septembre 1765; il s'appelle Maur Capellari; il a été élevé, le 2 février 1831, au pontificat qu'il occupe depuis plus de quatorze ans; il est maintenant âgé de près de quatre-vingts ans. Il a été promu au cardinalat par Léon XII, le 21 mars 1825. On montra à Noëmi une église restaurée en 1635 et en 1725, bâtie sur l'emplacement du palais de la famille Anicia, propriété patrimoniale de Grégoire Ier, qui obtint au vi^e siècle le titre de Grand, fut saint et donna son nom à cette église. Cet édifice est précédé d'une cour, dont trois faces sont entourées d'arceaux; la quatrième, où se trouve l'entrée du temple, est ornée de colonnes ioniques de marbres variés. Sous ce portique, on voit un grand nombre de tombeaux. Le plus digne d'attention est celui des Florentins Bonsi; il date du xvie siècle, et le style de ses ornements a le cachet de cette époque. C'est là que le pape a commencé, comme moine, sa carrière religieuse.

Depuis son avénement au pontificat, Grégoire XVI s'est plu à embellir ce couvent. C'est dans cette église que se trouvait le tombeau de la célèbre courtisane Imperia.

La vie du pontife, avant d'arriver aux dignités, s'est tout entière passée dans les pratiques étroites de la vie monastique et dans les petites intrigues du cloître. Sa Sainteté Grégoire XVI est un exemple frappant du danger d'une élection qui peut appeler au trône pontifical des vieillards qui ignorent le monde, dont ils ont toujours vécu séparés, et qui veulent gouverner un État à un âge où ils ne peuvent plus apprendre ce qu'ils ne savent pas.

Le cloître produit deux résultats sur l'esprit de ceux qui y sont renfermés ; les uns s'exaltent dans l'étude et dans la méditation, et deviennent ces lumières de l'Église, torches ou flambeaux dont les écrits et la parole brûlent ou éclairent.

Saint Bernard, qui a tant fait pour la religion, était moine ; Luther, qui a tant fait contre l'Église, sortait aussi d'un monastère !

Quelquefois les plus vives qualités de l'esprit et de l'intelligence s'émoussent et se dessèchent sous le froc ; tout entier aux artifices mesquins, à une pâle hypocrisie, aux ambitions intimes, à toutes les misères des rivalités monacales, l'esprit se rétrécit et s'amoindrit, et sous ces influences morbides le cœur se dessèche et s'atrophie. Un dévouement aveugle et une servilité complète aux intérêts d'une société détachée de la communion générale, bornent, resserrent et compriment les idées et les sentiments dans un cercle restreint, et l'on n'apporte dans le monde, en y entrant, qu'une organisation affaiblie et impuissante.

Quelques-uns, dominés par l'esprit de solitude, quittent la terre pour élever leur âme vers le ciel : ceux-là n'ont plus rien qui les attache aux choses humaines. On ne les rencontre jamais sur le chemin des grandeurs.

Il est difficile de savoir à laquelle de ces variétés du cloître appartient le cardinal Capellari, l'ancien moine de Saint-Grégoire.

A juger le pape actuel par ses actes, on peut reconnaître, sous la tiare, les infirmités et les faiblesses d'une existence passée presque tout entière dans une piété oisive et dans les minuties de la dévotion claustrale. Rien, si ce n'est sa propre ambition, n'avait préparé à son élévation l'élu du dernier conclave.

Au moment où s'ouvrit au palais Quirinale l'élection qui devait désigner le successeur de Pie VIII, l'Europe était encore ébranlée par la secousse de la commotion de 1830 ; tout le sol politique tremblait, et Rome, aux prises avec d'accablantes indécisions, ne trouvait pas un seul expédient qui pût la tirer de l'embarras où la jetait la *furia francese*.

S'il faut en croire ceux que leur position plaçait de manière à bien juger les événements, le conclave fut ouvert sous les plus funestes préoccupations. L'inertie bien connue de Pie VIII et sa mort laissaient sans solution presque toutes les questions qui touchaient aux intérêts les plus chers de Rome temporelle et de Rome spirituelle.

Durant les soixante-quatre jours du conclave, il n'est pas de sinistres rumeurs qui ne furent répandues dans tous les entretiens de la ville ; on ne parlait que de brigues, de luttes, de marchés et du scandale du résultat obtenu par ces menées.

Le cardinal Maur Capelari était un des plus fougueux *zelanti* ; il affectait surtout une extrême piété et une profonde humilité. Cependant, il débuta par un acte de présomption ; il choisit le nom de Grégoire, non pas tant à cause du couvent où il avait été moine, qu'à cause de la canonisation du premier pape de ce nom, dont il espérait continuer la sanctification. Ainsi l'humble cardinal, dans la modestie de ses vœux, aspirait tout de suite aux honneurs du ciel, après avoir conquis ceux de la terre.

Malgré le zèle de vertu dont il faisait si

haute profession avant d'arriver au pontificat, Grégoire XVI n'a réformé aucun abus ni dans la cour, ni dans l'Église, ni dans l'État. Rome, sous le nouveau pape, n'a rien oublié et rien appris : les vices qui la souillaient autrefois la souillent aujourd'hui.

Le cardinal Capellari aurait eu l'art de persuader à la faction de l'*exclusive* qu'il était le seul membre du sacré collège qui pût conjurer l'orage des idées nouvelles et préserver Rome de l'atteinte des révolutions; aux couronnes, il se présentait comme le plus capable des cardinaux par l'influence salutaire qu'il pourrait exercer sur les résolutions apostoliques, en les rendant favorables à la royauté contre les tentatives de la démocratie.

Il trompa tous ceux qui crurent à ces promesses.

Ce fut surtout aux ordres religieux qu'il demanda un appui efficace; nul mieux que lui ne connaissait la force souterraine et le pouvoir occulte de ces milices religieuses, dont il avait si longtemps fait partie.

Il pactisa avec les jésuites, et nous verrons bientôt quel parti il sut tirer de leur concours.

En politique, Grégoire XVI s'est fait le soutien du despotisme, en fomentant secrètement la lutte du clergé contre les gouvernements.

Dans les États de l'Église, au lieu de développer les principes de l'égalité chrétienne qui élèvent les petits, abaissent les grands et donnent si souvent aux derniers la place dont sont indignes les premiers, il a fait renaître tous les priviléges de caste et de naissance; il a restitué aux lois les coutumes et les abus de la législation féodale; dans toutes les tendances de sa conduite, on aperçoit la haine des franchises populaires et sa tendance pour la domination. Au peuple des États romains, il n'a créé que des misères nouvelles et des charges plus pesantes.

Pour rétablir les finances du trésor épuisé, il a eu recours à tous les expédients; il a judaïsé afin d'obtenir des emprunts, et pendant qu'il flattait et décorait les banquiers juifs de grands comptoirs européens, il persécutait les pauvres Israélites du Ghetto.

S'il est arrivé que le peuple des États romains ait essayé de réclamer, non pas l'indépendance, mais quelque adoucissement aux misères morales et matérielles sous lesquelles il se voit courbé, les commissions militaires, les baïonnettes, les supplices, l'exil et la captivité lui ont répondu.

L'histoire consignera et transmettra les faits sanglants et les atrocités qui ont affligé les légations.

C'est une des pages les plus lamentables du règne de Grégoire XVI.

Noëmi osait à peine se souvenir de tout ce qu'elle avait entendu sur l'intérieur du palais Quirinale, et sur de honteux excès dont les entretiens de Rome plaisantaient assez haut. Les bruits les plus bizarres couraient sur la place Cajetanina; le barbier, son mari, devenu premier camérier de Sa Sainteté, afin que sa femme, disait-on, fût logée au Quirinale, de plain-pied avec l'appartement du pape, et les sept enfants, dont le digne serviteur croyait être père; une belle nourrice de Tivoli; un drame de jalousie, un jeune cardinal jugé dangereux et exilé à Ravenne comme légat; enfin, on ne sait quelles scènes d'intempérance, où chaque soir le vin d'Orvieto était mêlé au vin de Champagne pour en tempérer les ardeurs.

C'étaient des chroniques licencieuses comme celles des plus mauvais jours de Rome dissolue.

Ce qu'il y a de certain, c'est que les demeures pontificales sont pleines de mystéres; sans cesse, dans la *scala segreta*, on entendait le bruit sourd des personnes qui montaient et descendaient. Cet escalier, dont l'existence et l'accès sont cachés à tous les regards, est une des parties essentielles de tous les logis qu'habite le pape. C'est par la *scala segreta* qu'à toutes les époques pénètrent auprès du pontife ses neveux, ses favoris, ses ministres, ses maîtresses et les délateurs. C'est par la *scala segreta* que le général des jésuites s'introduit dans le gouvernement de Rome et de l'Église. C'est par la *scala segreta* que grimpent, à tâtons, les confidences diplomatiques.

C'est l'échelle montante et ascendante de toutes les perfidies et de toutes les ténébreuses machinations.

La *scala segreta* communique directement avec la chambre du pape; c'est aussi par cet escalier que se glissent les visites qui ne doivent point passer par les grands appartements.

Un pape qui, afin d'écarter un concurrent, avait promis de le choisir, à son avénement, pour premier ministre, objectait ensuite que ce cardinal était trop vieux, et qu'il avait la vue trop affaiblie.

« Ces infirmités, ajoutait-il, nous sont communes; quand il descendra la *scala segreta* pour me venir trouver, *comme un secrétaire d'État est obligé de le faire plusieurs fois par jour*, il se cassera la tête à tout moment, et moi qui voudrais l'aller secourir, je me la casserais aussi. »

Quant aux annales galantes de la papauté, elles ne le cèdent pas, malgré le vœu de chasteté qui lie les pontifes et les prélats, aux fastes des règnes les plus voluptueux des autres pays.

Il existe au fond du délicieux jardin pontifical, au milieu des longues allées, des bosquets, des eaux fraîches et jaillissantes et des admirables points de vue, une retraite destinée aux loisirs du pape; bâtie par Pie IV, on l'appela d'abord la *Villa pia*; maintenant, on la nomme *Casino del papa*. Cette charmante habitation fut construite au seizième siècle par Pirro Ligorio. L'architecte s'est inspiré, du reste, des maisons de campagne des riches sénateurs aux jours heureux de l'empire. Au centre de massifs de verdure et d'un amphithéâtre couvert de fleurs, s'élève, sur une terrasse entourée de fontaines, de vases et de statues, ce gracieux édifice à huit colonnes doriques, parfait et harmonieux dans ses proportions, ses détails et ses profils. Au soubassement percé d'un arceau contenant une divinité marine, quatre cariatides soutiennent la façade et le balcon.

Deux autres portiques de moindre dimension et revêtus intérieurement de stucs, conduisent par une double issue à une cour pavée en compartiments de marbres et de granits. Au fond de cette cour, en face du *Casino del papa*, un vestibule ouvert et à colonnes précède le rez-de-chaussée du pavillon principal, et laisse voir des mosaïques et des sculptures en bas-relief, d'une merveilleuse composition. Au-dessus du bâtiment se dresse le belvédère, d'où l'on découvre l'ensemble de la ville et les champs qu'arrose le Tibre. L'intérieur répond à la magnificence du dehors, et les appartements sont enrichis de peintures, des stucs et des sculptures des Zucchari, des Baruccio, des Santi-Tito et des plus habiles artistes du temps.

MM. Percier et Fontaine, dans leur ouvrage sur les plus célèbres maisons de plaisance de Rome et de ses environs, ont cité le *Casino del papa*, auquel ne manque sans doute ni la *scala segreta*, ni les portes dérobées.

Les papes ont donc aussi leur petite maison!

C'est par les femmes que la politique du

pape s'insinue dans les cours européennes; elle arrive au cabinet en passant par le boudoir. Dans une chapelle du Vatican, où le pape célèbre tous les jours la messe, on voit un superbe prie-Dieu brodé par la reine des Français. Le pape a, dit-on, promis à Marie-Amélie de ne jamais prier en ce lieu, sans invoquer le ciel pour elle et pour sa famille.

En voyant ce meuble pieux, Noëmi demanda si le saint-père récitait l'oraison dominicale.

— Oui, lui répondit-on.

— Alors, s'écria-t-elle, comment concilier les rigueurs de ses arrêts avec ces mots du divin maître : *Pardonnez-nous nos offenses, comme nous pardonnons à ceux qui nous ont offensés !*

La cour de Rome a su d'ailleurs se montrer toujours habile dans ses relations intimes avec les cours catholiques. En 1831, Grégoire XVI, qui venait d'arriver au pontificat, reçut le plus gracieusement du monde la duchesse de Berri, qui passait par Rome et ne cachait pas ses projets et ses espérances sur l'insurrection vendéenne. La meilleure des biographies faites sur cette princesse va même jusqu'à affirmer que Deutz, le juif baptisé dont on sait l'exécrable trahison, fut recommandé à la princesse par le pape ; le santo padre lui en parla comme d'un homme *sûr* qui avait rendu des services à la *religion* en Amérique, où il avait été envoyé pour des affaires de mission. Le pape devait, peu après cet entretien, envoyer Deutz à Gênes, où il prendrait quelques jésuites pour les conduire à Lisbonne, où don Miguel voulait alors établir un pensionnat de cet ordre. Ce fut à cette occasion que Deutz se présenta à Massa, à la princesse qu'il devait vendre à l'ambition de M. Thiers et à de secrets ressentiments.

En 1839, lorsque le duc de Bordeaux passa par Rome, on lui rendit beaucoup d'honneurs.

Le pape flatte la branche cadette, mais il console la branche aînée... *È sempre bene!*

CHAPITRE XVII

Les Cardinaux.

C'est dans le collége des cardinaux, qui prétend être le sénat de Rome, qu'il faut chercher le caractère véritable du gouvernement romain et de ce haut clergé catholique, dont les membres prennent le titre de princes de l'Église, et qui ont prétendu jadis marcher de pair avec les têtes couronnées.

Princes de l'Église ! Est-ce que ces deux mots ne hurlent pas de se trouver ensemble ? L'Église, qui ne doit rechercher que les biens du ciel, manquerait au premier devoir qui lui est imposé par son divin fondateur, si elle acceptait l opulence et les dignités.

Un jour Noëmi, au retour d'une de ses excursions au Quirinale et au Vatican, rentrait plus affligée que jamais; elle avait peine à contenir son émotion. Depuis quelque temps, le cardinal Ferdinand remarquait avec chagrin le changement qui s'était opéré dans l'humeur de la jeune fille; la douce aménité s'éloignait peu à peu de leurs relations. L'Éminence reprochait à Noëmi avec affection ce caprice qu'il ne comprenait pas.

Tout à coup la juive s'écria avec force :

— Tout ce que je vois et tout ce que j'entends m'indigne et m'afflige!

Puis elle fondit en larmes.

Le cardinal ne comprenait rien à ce nouvel accès; il le laissa passer et se retira, après avoir confié Noëmi au soin d'une *cameriera*.

Le lendemain il revint; le nuage s'était dissipé, et l'entretien reprit son cours d'abandon et de confiance. Alors la jeune fille para son beau visage du sourire le plus séduisant; elle mit dans ses yeux les plus charmantes caresses, et se penchant mollement vers le cardinal, elle semblait avoir une grâce à lui demander.

Cependant elle gardait le silence; mais que son regard et son sourire étaient éloquents!

Celui auquel s'adressait cette muette prière ne paraissait pas la comprendre, et Noëmi se dépitait, comme quelqu'un qui veut être entendu sans parler.

— Décidément, dit-elle avec un mutinerie d'enfant, je ne vous parlerai pas, vous ne m'entendriez point.

Et avant que le cardinal eût pu songer à la retenir, elle avait disparu par une porte qui s'ouvrait dans la boiserie.

Nous la suivrons dans l'endroit retiré et mystérieux où elle vient de se réfugier. Ce réduit tenait à la fois de l'oratoire et du boudoir. C'était là que la jeune fille laissait échapper et se répandre les émotions pénibles qui s'amassaient dans son cœur.

Cette boutade, et la manière dont elle avait agi avec le cardinal, étaient si loin de son maintien toujours si convenable, qu'ell ne s'expliquait pas elle-même l'étrangeté et l'inconcevable bizarrerie de sa conduite. C'est qu'il y avait peu d'âmes aussi tourmentées que la sienne; et plus tard, nous saurons combien les secrètes angoisses de Noëmi avaient de justes motifs d'augmenter le trouble qu'elles jetaient dans sa pensée.

Avec cette imprudence particulière à son âge, surtout lorsque l'aiguillon de la curiosité s'unit aux transports de la passion, la jeune fille avait poussé si avant ses investigations, qu'elle était elle-même effrayée de ce qu'elle avait appris et découvert.

La veille même du jour où se passait la scène que nous venons de raconter, elle avait vu au Quirinale une émotion générale et qui était d'autant plus apparente, que chacun s'efforçait de la cacher.

On avait reçu des légations des nouvelles désastreuses; l'insurrection redoublait. En recevant ces avis, le santo padre avait eu un violent accès de colère; on affirmait qu'il avait juré, avec imprécation, d'être sans pitié pour les rebelles, et qu'il avait déclaré que personne n'eût à implorer sa clémence pour des sujets révoltés qui ne méritaient aucune grâce.

Dans tous les appartements du palais, on s'entretenait à voix basse de ces événements; les haines et les fureurs descendaient du maître à la tourbe subalterne; ce n'étaient que conseils féroces, résolutions cruelles et desseins sanguinaires. Des commissaires et non des juges, des exécuteurs et des soldats suisses, allaient partir pour ce malheureux pays, afin de multiplier et de hâter les massacres et les exécutions.

Ces sinistres rumeurs s'étaient répandues dans Rome, et toute la population était agitée. Rien n'égalait l'anxiété de Noëmi, qui avait eu les prémices de ces sombres nouvelles; depuis deux jours en proie à des souffrances qu'elle était contrainte de dissimuler, elle souffrait dans son amour, et voyait succomber sans espoir de salut, dans ces périls et contre ces implacables ressentiments, l'objet de ses plus chères affections, Paolo, qu'elle adorait dans le silence de son cœur.

Fantôme charmant et terrible auquel elle devait tant de joies et aussi tant de douleurs!

Pour distraire l'opinion publique, on avait

eu recours à un coup de théâtre. Le pape venait de faire une promotion de cardinaux, et dès ce moment l'on ne parla à la cour et à la ville que des magnificences par lesquelles les nouvelles Éminences allaient célébrer leur élévation.

A Rome, ces nominations sont toujours un événement qui ramène sur le collége des cardinaux l'observation et l'attention publiques.

L'origine des *cardinaux* est obscure et toute hérissée d'incertitude ; voici, toutefois, la version qui paraît être la plus plausible.

Les évêques, ou les premiers pasteurs des grandes villes, ne pouvant pas suffire aux besoins de la prédication et du service divin, prirent des coadjuteurs choisis parmi les plus pieux, les plus zélés et les plus éclairés des fidèles. On les appelait *prêtres*, c'est-à-dire *anciens*; plus tard, on leur adjoignit des *diacres*, c'est-à-dire des *ministres*, pour les aider dans leurs fonctions.

L'Église de Rome fut obligée de créer un très-grand nombre de ces ecclésiastiques.

On lit dans le *Pontifical romain*, attribué au pape Damase, que, du temps de Clet III, il y avait à Rome vingt-cinq prêtres. Évariste, cinquième pape, fixa à sept le nombre des diacres de Rome, à l'imitation des sept diacres de l'Église de Jérusalem. Il assigna aux prêtres et aux diacres les différents quartiers de la ville. Hygin, dixième pape, fut obligé d'agréger d'autres prêtres à chaque titre, un seul n'y pouvant vaquer ; il ordonna à ces nouveaux prêtres de reconnaitre les anciens comme leurs *cardinaux*, c'est-à-dire comme principaux, chefs, doyens et archiprêtres, auxquels ils étaient soumis.

Les cardinaux furent donc d'abord au nombre de sept ; ce chiffre s'éleva ensuite à cinquante-deux. Ce nombre subsista pendant plusieurs siècles, et jusqu'au temps du grand schisme qui suivit le transport du siége papal à Avignon. On vit alors se lever plusieurs papes vivants et se portant tous comme successeurs de saint Pierre. Chacun de ces pontifes avait un collège de cardinaux complet. Après le concile de Constance, on fut obligé, pour la paix de l'Église, de réunir ces différents colléges en un seul. Sous Léon X, il y avait soixante-cinq cardinaux sous Paul III, soixante-huit ; sous Pie IV, soixante-seize ; Sixte-Quint réduisit le collége des cardinaux à soixante-dix membres. Ce pape voulait ainsi égaler ce nombre à celui des vieillards du conseil de Moïse et du grand sanhédrin des juifs ; il désirait aussi avoir autant de cardinaux que Jésus eut de disciples. Ce nombre est demeuré fixe, il se divise ainsi : six évêques, cinquante prêtres et quatorze diacres. Le premier cardinal-évêque, le premier cardinal-prêtre et le premier cardinal-diacre sont appelés les chefs d'ordre ; ils remplissent au conclave d'importantes fonctions.

Ainsi qu'on le voit, les cardinaux, dans l'Église primitive, ne furent placés auprès de l'évêque de Rome et des autres pasteurs, que pour travailler à la propagation de la foi évangélique. Sous la conduite des différents chefs de l'Église, ils marchèrent d'un pas rapide dans la voie de l'opulence et de l'ambition.

Chaque cardinal porte le titre d'une église ; il y a soixante-douze titres, quoiqu'on ne compte que soixante-dix cardinaux. Léon X a désuni celui de *Santa-Maria in Transtevere* de celui de Saint-Calixte, afin qu'il y eût quelques titres disponibles pour les cas extraordinaires. C'est un appât que Rome présente à ceux qu'elle veut séduire, pour attirer quelque dévouement considérable ou quelque illustre conversion. Une pasquinade du temps disait que c'était un chapeau que le pape offrait au Grand Turc pour remplacer son turban.

Malgré la différence de leurs titres, les

Habitants des provinces de Rome.

cardinaux sont tous égaux en dignités ; ils prennent rang selon l'ancienneté des promotions, chacun dans l'ordre dont il fait partie ; les trois ordres sont ainsi classés : les évêques, les diacres et les cardinaux.

Dans le principe, les cardinaux étant appelés à se consacrer exclusivement aux fonctions ecclésiastiques, faisaient, en acceptant leur charge, l'abandon de tous les bénéfices, pensions et offres qu'ils avaient auparavant. Il en est toujours ainsi... mais, par une fiction, ces bénéfices sont censés vacants, et le pape, dans sa munificence, en dispose gracieusement en faveur du nouveau cardinal qui vient de les quitter. Il fait plus, il ajoute de nouveaux bénéfices aux anciens, afin que les cardinaux revêtus de leur dignité récente puissent vivre avec splendeur.

Quant à leurs emplois, ils les perdent, et la chambre apostolique s'en empare pour les vendre au profit du pape ; mais... les cardinaux ainsi dépouillés reçoivent bientôt des emplois plus considérables que ceux qu'on leur a enlevés.

Pour les cardinaux étrangers désignés par les souverains, il y a d'autres arrangements ; ils ne reçoivent le chapeau qu'avec un indult, *de non vacando*, par lequel ils gardent leurs charges, le pape renonçant à les confisquer.

Ces manières d'interpréter et d'appliquer des dispositions primordiales et essentielles à la dignité même, ne pouvaient pas produire d'autres résultats que de vicier l'institution des cardinaux.

Les cardinaux prétendent que leur dignité les égale aux rois, qui les appellent *leurs cousins*, et ils prétendent aussi marcher de pair avec eux. Si les princes de l'Église ont consenti à ne point disputer le pas aux souverains, ils le disputent à tous les princes du sang royal.

Les cardinaux, qui n'étaient appelés

d'abord qu'à gouverner l'Église de Rome, eurent bientôt la prétention de régir toute la chrétienté ; alors, on admit dans le sacré collége des hommes éminents par leur nom, leurs dignités ou leurs mérites, choisis d'après la désignation de leurs monarques, chez les nations étrangères. La France était autrefois le pays le plus favorisé par ces nominations. Pour arriver à la dignité de cardinal, il n'est point nécessaire d'être dans les ordres sacrés, ce titre ne conférant aucune des fonctions du sacerdoce.

La nomination des cardinaux est délibérée dans un consistoire que le pape tient à cet effet ; mais ce n'est plus qu'une formalité. Les membres du sacré collège étaient jadis consultés par le pape sur le choix des nouveaux cardinaux ; maintenant le souverain pontife agit seul.

Cette atteinte portée aux attributions du cardinalat semblait être le châtiment de l'usurpation des cardinaux, qui ont eux-mêmes enlevé au peuple et au clergé le droit d'élection des papes pour se l'approprier exclusivement. Les cardinaux spoliateurs ont été à leur tour dépouillés par le pape ; juste retour des choses d'ici-bas !

La charge des cardinaux leur donne à tous le droit d'assister aux consistoires, chapelles, processions, cavalcades et autres fonctions *papales et cardinales*. Ceux qui résident à Rome sont députés pour assister à divers conseils et congrégations.

Dans les églises dont ils portent le titre, les cardinaux exercent la juridiction d'accord avec le vicaire général ; ils ont la collation, dans les églises collégiales, de plusieurs canonicats, prébendes ou autres bénéfices. Ils assistent en rochet aux offices que leur église célèbre aux principales fêtes, bénissent le peuple et sont assis sous un dais, dans un fauteuil auquel on a soin de donner la forme d'un trône. Les cardinaux ont le privilège de conférer les quatre ordres mineurs, ceux de *portier*, *lecteur*, *exorciste et acolyte*, à leurs *domestiques* et aux *sujets* de leur titre. Ils peuvent disposer par testament de leurs biens *ecclésiastiques*, comme de leur propre fortune. La résignation de leurs pensions qu'ils transmettent, l'indépendance de l'autorité des évêques dans leurs évêchés, le droit d'être crus en justice sans prêter serment, la valeur de leur témoignage égalée à celle de la déposition de deux témoins, l'exemption de l'impôt dans les villes où réside le pape et dont ils sont citoyens, le droit d'accorder des indulgences à qui bon leur semble, et celui de ne relever que du pape ; tels sont les principaux priviléges dont jouissent les cardinaux.

On les retrouve dans les cérémonies publiques et religieuses, portant des habits de pourpre, un manteau royal dont la queue trainante a sept à huit mètres de longueur, le chapeau rouge ou une mitre épiscopale, bien qu'ils ne soient que prêtres, diacres ou simples clercs.

Chaque cardinal renferme en soi le germe d'un pape ; il devrait donc posséder toutes les vertus nécessaires à l'exercice du souverain pontificat, tel qu'il existait aux siècles de l'Église sainte ; les cardinaux semblent, au contraire, ne se préparer qu'à être indignes de cette élévation qu'ils convoitent.

L'élection du pape peut s'étendre sur tous les membres du sacré collège ; mais, par un adroit artifice, on a su la concentrer sur les sujets italiens. On a persuadé aux couronnes qu'en donnant la tiare à un Italien, on évitait de funestes et continuelles rivalités, et l'on échappait au danger de voir le siége pontifical déplacé et enlevé à la ville des pontifes. On citait les règnes de Clément V et d'Urbain VI. Sous le premier, le saint-siége fut transporté à Avignon, où il demeura soixante-dix ans, au grand regret, disent naïvement les historiens romains, des citoyens de Rome et des peuples de l'Italie; sous le second éclata le grand *schisme d'Occident*, qui fut si fatal à l'Église et si honteux pour la papauté infaillible divisée entre plusieurs pontifes. Les rois et les empereurs ne s'aperçurent pas de cette nouvelle entreprise de la politique des cardinaux, qui conférait à un sujet italien la suprématie catholique sur toutes les puissances européennes.

Ce pouvoir exorbitant des cardinaux, ils l'ont saisi au moment où l'Église avait été troublée, pendant tout un siècle, par les antipapes, les empereurs schismatiques, les factions du peuple et du clergé de Rome, après les schismes qui avaient bouleversé la chrétienté. Saint Bernard venait de rétablir la paix dans l'Église; Innocent II, aidé par les principaux cardinaux, fit si bien, qu'il donna au sacré collége une autorité suffisante pour nommer après lui Célestin II. Depuis ce temps, les cardinaux sont restés nantis de ce beau droit d'élection papale qu'ils ont dérobé au sénat, au peuple et au clergé, pendant le désordre des affaires de l'Église.

L'organisation du collège des cardinaux est toute fiscale et mondaine. Ils élisent tous les ans un d'entre eux résidant à Rome, pour être camerlingue ou trésorier de leur corps. Celui qui est pourvu de cette charge reçoit tous les revenus qui appartiennent au collége des cardinaux en commun; il les distribue chaque année aux cardinaux présents à Rome; ceux qui sont absents perdent leur part six mois après qu'ils se sont retirés de la cour.

Il y a un computiste qui tient un compte exact et un contrôle de tout ce que le camerlingue touche pour les cardinaux, et principalement des annates, des évêchés et des autres bénéfices qui forment la plus grande partie des revenus du sacré collége. Si ce computiste reçoit quelque chose en l'absence du camerlingue, comme il a le droit de le faire, il en rend compte au sortir de sa charge, qu'il n'occupe qu'une année comme le trésorier.

Le sacré collège à un secrétaire perpétuel qui est toujours Italien, et un sous-secrétaire qu'on appelle *clerc national*, parce qu'il est alternativement Français, Allemand et Espagnol. Sa charge l'oblige à remplacer le secrétaire, et à se tenir, dans le consistoire et dans les congrégations des cardinaux, en habit rouge. Ce clerc national touche de chaque cardinal nouvellement créé une somme que payent aussi les héritiers des cardinaux qui meurent.

Lorsque le siège est vacant, le secrétaire du collége des cardinaux entre dans le conclave pour expédier les lettres des trois chefs d'ordre, qui lui donnent chacun un cachet. Il assiste aux congrégations générales des cardinaux et à celle des chefs d'ordre; il tient le plumitif des consistoires secrets et publics, dont le camerlingue lui remet les minutes; il est obligé de sortir quand on prononce l'*extra omnes*, qui ordonne à tous ceux qui ne sont pas cardinaux de se retirer. Dans le consistoire, le secrétaire du sacré collège porte un vêtement rouge d'une étoffe de laine, trainant jusqu'à terre.

Les détails de cette organisation prouvent que le collége des cardinaux, fort occupé de ses propres intérêts, néglige, pour soigner sa fortune, les affaires de l'Église et de l'État.

Les promotions de cardinaux sont l'importante affaire de la cour de Rome, surtout depuis que le pape s'est réservé le droit exclusif de ces nominations. Les cardinaux sont nommés dans des consistoires secrets; le pape tire de son sein la liste des nouveaux élus en disant:

Habemus fratres, nous avons des frères.

Il dépose cette liste sur la table, où le

plus ancien du sacré collège la lit. Quelques papes ont fait des réserves et gardaient des cardinaux *in petto*. Cette expression, tout italienne, est consacrée depuis que Clément X s'en est servi en ajoutant :

Habetis fratres quos reservamus, in pectore, nominandos, ubicumque et quotiescumque nobis placuerit. — Vous avez des frères que nous réservons dans notre sein, pour les nommer en temps et lieu qu'il nous plaira.

Cette pratique a été abandonnée; elle était féconde en vaines espérances, ou bien frustrait du chapeau beaucoup de gens auxquels la mort ne permettait pas de l'attendre; mais le pape n'a pas renoncé à tenir le chapeau suspendu sur les têtes qu'il veut tenir courbées. Grégoire XVI a plusieurs cardinaux *in petto*.

Voici comment sont racontés les premiers actes de la promotion d'un cardinal.

« Ordinairement, les nouveaux cardinaux sont avertis de leur promotion de la part du doyen du sacré collège, qui, le lendemain, à la sortie du consistoire, les envoie chercher dans son carrosse, les fait venir dans son appartement, où il les traite à dîner avec toutes sortes de magnificences. Il les fait ensuite revêtir de l'habit de cardinal, et les vêtements qu'ils quittent appartiennent, comme régal, aux valets qui les déshabillent. Il était d'usage que le barbier du pape accommodât le poil au nouveau cardinal et lui fît la tonsure *à la cardinale*, dont le diamètre est de trente-trois centimètres ; pour cette opération, ce barbier reçoit de chaque cardinal une riche gratification. Cela étant fait, le nouveau cardinal est conduit à l'audience du pape, qui lui met le bonnet rouge sur la tête en lui disant :

« *Esto cardinalis !* Sois cardinal !

« Le saint-père fait en même temps le signe de la croix sur ce bonnet, qui est une espèce de calotte de satin rouge, sans aucune doublure. Le cardinal ôte ce bonnet aussitôt qu'il l'a reçu, se prosterne et baise le pied du pape. Il fait alors un petit compliment, le plus spirituel et le mieux tourné qu'il peut, pour exprimer sa reconnaissance ; à l'issue de cette audience, il va visiter les parents du pape, à moins d'une défense expresse. »

Depuis la réception du bonnet, le cardinal, vêtu de violet, reste dans ses appartements ; il y reçoit les visites de ses amis, qu'il ne peut reconduire que jusqu'à la porte de son antichambre.

Le consistoire secret, pour la nomination, se tient ordinairement le lundi ; un autre est indiqué pour le jeudi : c'est celui dans lequel la nouvelle Éminence doit recevoir des mains du pape le chapeau. Le cardinal arrive dans un carrosse de cérémonie qu'il a fait faire en toute diligence ; sa livrée et tout son train doivent être riches, nombreux et équipés à neuf. Il se rend ainsi en grand cortège et accompagné de beaucoup d'amis et de prélats, dans la chapelle Sixtine si c'est au Vatican, et dans un appartement si c'est en un autre palais. Conduit près du pape, il l'adore et lui baise le pied ; puis il est admis par le pontife *ad osculum oris*, le baiser de la bouche ; ensuite il donne aux anciens cardinaux et reçoit d'eux *osculum pacis*, le baiser de paix.

Ces premières cérémonies ont lieu avec des chœurs de musiciens et le chant du *Te Deum*. Mené dans la chapelle, après avoir fait processionnellement avec les cardinaux le tour de l'autel, le nouveau cardinal, qui a sur la tête un capuchon qui pend derrière sa chape, se couche sur le ventre, pendant que le cardinal doyen récite des oraisons indiquées par le pontifical romain. La formule du serment est ainsi conçue d'après une bulle :

Je jure que je suis prêt à répandre mon sang pour le service de l'Église romaine et pour le maintien des priviléges du clergé apostolique, *dont je suis l'agrégé*.

Il est ramené dans la chambre du consistoire ; là il s'agenouille devant le pape ; un maître des cérémonies lui tire le capuchon ; sur la tête, et par-dessus le capuchon, le pape pose le chapeau de velours rouge en récitant des prières.

Lorsque le pape s'est retiré, les cardinaux se réunissent dans la salle royale, où ils forment un cercle autour de leur nouveau collègue, qui les salue et les remercie de l'honneur qu'ils lui ont fait en le recevant parmi eux ; ceux-ci lui répondent par leurs félicitations. S'il y a dans le collége quelque parent du pape, il retient à dîner le nouveau cardinal.

Le chapeau rouge que le pape a remis à l'élu est porté chez lui par un camérier secret. Ce chapeau est placé dans un grand bassin de vermeil, et confié, sur l'ordre d'un camérier secret, à un huissier.

Les frais de cette réception s'élèvent très-haut ; à l'ancienne cour de Rome, on comptait vingt-quatre séries de personnes auxquelles le récipiendaire devait donner des gratifications, dont le total se montait à six cent soixante-six écus d'or, nombre mystérieux et cabalistique tiré de l'Apocalypse, et dont le sens est occulte ; l'origine de cette taxe est aussi inconnue. Pour éviter les fatigues de ces largesses qu'il faut distribuer à tant de mains, les cardinaux nouvellement promus mettaient les six cent soixante-six écus d'or dans une bourse qu'ils donnaient à un des maîtres des cérémonies, chargé de faire les parts suivant un tarif.

Au premier consistoire secret auquel assiste un cardinal de création récente, quand les affaires sont expédiées, le pape lui ferme la bouche en lui défendant étroitement de dire à qui que ce soit les choses qui s'y sont passées. Quelques cardinaux ont prétendu que ceux de leurs collègues placés sous cette interdiction n'ayant plus de voix, ne pourraient prendre part au vote du conclave si le pape venait à mourir pendant qu'ils sont dans cet état.

Cette misérable argutie fut détruite par une bulle de Pie V, en 1571, qui déclara que le pape posait le doigt sur la bouche du nouveau cardinal, pour l'avertir de garder une grande retenue, par un signe qui ne devait point avoir d'autre conséquence.

Au deuxième consistoire, le pape ouvre la bouche au nouveau cardinal, et, après lui avoir assigné un titre, il lui remet au quatrième doigt de la main droite un anneau d'or sur lequel est enchâssé un saphir oriental, dont l'élu, d'après une bulle de Grégoire XV, paye le prix au collége de la Propagation de la foi. Cet anneau est donné au cardinal afin de le faire souvenir qu'il a une Église pour épouse, et qu'il ne doit jamais s'en séparer.

Pour les cardinaux étrangers et qui sont choisis hors des États romains, la *barretta* leur est expédiée de Rome par un camérier d'honneur qui la remet au roi, au prince ou à quelque personnage des plus considérables du pays, au légat ou au nonce, ou à l'évêque, afin qu'il la donne solennellement au nouveau cardinal à l'issue de la grand'messe.

Le cardinal étranger qui vient chercher à Rome le chapeau, le reçoit avec le cérémonial déjà décrit. Il est accueilli par une cavalcade, par les cardinaux en chapeau rouge ; une autre cavalcade a lieu après les cérémonies préliminaires. Dans ces cavalcades, le cardinal qui n'a pas encore de chapeau rouge porte un chapeau garni de taffetas violet qui l'enveloppe, comme celui que les juifs portaient autrefois, fourré de jaune.

Il fait aussi ses visites avec beaucoup d'éclat.

Au départ, il est encore reconduit par une cavalcade.

Autrefois, on envoyait le chapeau aux cardinaux étrangers; mais depuis que Paul II a imaginé de leur adresser la *barretta*, qui est le bonnet de satin rouge, ils reçoivent le chapeau à Rome. On regarde même comme des exceptions Richelieu et Mazarin, que le pape exempta de ce devoir à cause des importantes fonctions qui ne leur permettaient pas de s'absenter de la France.

Les frais de munificence pour la réception des chapeaux ne sont pas moindres pour les cardinaux étrangers que pour les cardinaux romains.

L'habit ordinaire des cardinaux est la soutane rouge, le rochet de toile blanche, le mantelet rouge qu'on appelle la *mozzetta* ou chaperon, qui leur couvre l'extrémité des épaules et des bras et le derrière de la tête, sur laquelle ils portent la calotte rouge et le chapeau rouge par-dessus. Dans les fonctions publiques, au lieu du mantelet et du camail, ils portent la cape pontificale, laquelle est fourrée d'hermine en hiver, et doublée de satin en été.

Les cardinaux se servent de trois couleurs, le *rouge*, le *violet* et le *rose sèche*. Le bonnet, la calotte sont toujours rouges; mais le chapeau et les bas suivent la couleur de l'habit. La moire, le tabis, le velours, le taffetas, les brocarts et les tissus glacés d'or et d'argent, sont employés dans les habits des cardinaux, qui adoptent toutefois le camelot pour le mantelet, la *mozzetta*, le camail et la cape; le manteau se fait remarquer par l'ampleur de sa queue : jamais ces habits ne sont de drap ou de soie.

Chez eux, les cardinaux sont en soutane, par-dessus laquelle ils mettent une robe de chambre ou leur mantelet.

En particulier, ils portent le manteau long qu'ils jettent sur le camail; ce manteau est de soie ou de laine, suivant la saison, rouge, violet ou rose sèche, suivant la journée.

Les cardinaux-moines portent presque toujours l'habit de leur ordre, seulement ils y joignent les insignes du cardinalat; ce vêtement est d'une étoffe fine, mais il conserve la couleur prescrite.

C'est en violet, et non en noir, que les cardinaux portent le deuil.

Il est impossible de suivre le costume des cardinaux dans les différentes cérémonies du culte, selon les fêtes de l'Église et la *funzione*; les variations et les changements en sont infinis.

Les funérailles des cardinaux sont hérissées de formalités sans nombre.

Le corps est d'abord embaumé et porté dans l'église où doivent être célébrées les obsèques; on la choisit vaste et spacieuse, et on la tend de velours noir, aux armes du défunt; puis, de la nef, des deux côtés, brûlent une grande quantité de flambeaux.

Le catafalque sur lequel repose le corps du défunt, revêtu des ornements pontificaux, est d'une merveilleuse splendeur. Les restes des évêques portent la mitre et la chape, les prêtres ont la chasuble, les diacres sont couverts de la tunique. Toute la maison du cardinal et une grande partie de celle du pape assistent à cette cérémonie.

Les ordres religieux, les ordres mendiants, un concours immense de clergé, se rendent à ces funérailles, célébrées avec une pompe superbe et fastueuse.

La dépouille mortelle est enfermée dans un cercueil de plomb, enfermé lui-même dans un coffre de cyprès, sur lequel est étendu un drap noir; il est ainsi porté dans un carrosse de deuil, accompagné du curé et des aumôniers du cardinal défunt; à la clarté des torches, ce cortége se rend à l'église désignée pour être le lieu de la sépulture.

La plupart des cardinaux qui meurent à Rome sont ensevelis dans l'église dont ils ont porté le titre, à moins qu'appartenant à une famille illustre, le défunt ne soit déposé dans la sépulture de ses ancêtres, ou bien, qu'étranger, il ne soit, par son propre vœu, inhumé dans une église de sa nation à Rome.

Il y a quatre cardinaux qui sont honorés avec une pompe extraordinaire et en cavalcade. Ce sont le doyen du collége apostolique, le grand pénitencier, le vice-chancelier et le camerlingue, les quatre grands dignitaires de la cour de Rome.

Le train des cardinaux a toujours été fastueux ; quelquefois il a, non-seulement étonné les cours les plus opulentes, mais Rome elle-même et le pontificat, dont le luxe de la pourpre romaine surpasse souvent la magnificence. L'orgueil des princes de l'Église a suivi la progression de ce faste, et les simples prêtres, dont l'humble piété, le zèle religieux et la patiente pauvreté avaient été appelés à seconder l'œuvre de l'évêque de Rome, sont maintenant aussi loin de leur modeste origine que le pape est lui-même éloigné des pasteurs de l'Église primitive.

L'état de leur maison est toujours considérable ; il est encore aujourd'hui ce qu'il était autrefois ; leurs équipages et leur suite affectent même de conserver l'ancien appareil dans les dispositions, la forme et les ornements des harnais et des carrosses. Ils ont, en cela, suivi l'exemple du chef de la cour de Rome, qui se plaît à afficher, dans toutes ses habitudes, l'immobilité.

Parmi les cardinaux, ceux d'une position médiocre ont un état de maison déjà considérable. Un maître de chambre qui est toujours gentilhomme, deux gentilshommes de suite qui peuvent être ecclésiastiques ou laïques, des chapelains ou aumôniers, des secrétaires, une livrée nombreuse et au moins douze chevaux, composent leur train.

Les cardinaux de haut rang, ceux qui par leur naissance ou par l'action politique tiennent aux couronnes ou aux grandes familles de la noblesse romaine, ont un état de maison qui rivalise avec celui des princes souverains.

Cette arrogance des cardinaux éclate surtout au dehors ; il est peu de cérémonies publiques dans lesquelles l'insolence des valets ne témoigne de l'orgueil des maîtres. Ces prodigalités semblent braver la triple détresse de l'État, de l'Église et du peuple ; mais la cour de Rome, qui croit encore à l'influence de ces éclatantes séductions, s'efforce de cacher ses ruines et sa caducité sous ces splendides apparences.

Les membres du sacré collége ne sont pas, ainsi que nous l'avons vu, attachés à l'Église par les liens des ordres sacrés. Cette dignité fut jadis recherchée par l'ambition mondaine ; les personnages les plus élevés des cours étrangères briguèrent la faveur du chapeau ; mais il est arrivé aussi qu'après avoir obtenu le cardinalat, plusieurs y aient volontairement renoncé.

Les premiers exemples de cet acte sont fournis par des renonciations volontaires, pieuses et désintéressées ; c'est un pape, Pierre Célestin, qui descend du trône pontifical et, quittant un à un tous ses titres, rentre dans le rang des prêtres, dont le caractère est ineffaçable ; ailleurs, on rencontre un cardinal *Ardicinio della Porta*, qui, sous le pontificat d'Innocent VIII, essaya de quitter le monde et les dignités ecclésiastiques. Cette résolution, combattue par le pape ou par les membres du collége apostolique, qui ne voulaient point voir s'éloigner un homme qui avait rendu à l'Église d'éminents services, fut abandonnée. Cette tentative de démission est la première dont parle l'histoire.

Plus tard, César de Borgia, après avoir fait assassiner Jean, duc de Candie, son frère aîné, pria le pape Alexandre VI, son père, de lui permettre de quitter le cardinalat pour se marier. Cette proposition, qui purgeait le sacré collége d'un monstre fratricide, fut accueillie avec joie par le pape et par les cardinaux.

Henri, cardinal de Portugal, quitta la pourpre romaine pour monter sur le trône et succéder à D. Sébastien, son oncle, tué en Afrique. Rome essaya vainement de lui persuader que la couronne et le chapeau rouge n'avaient rien d'incompatible entre eux.

Odet de Châtillon poussa les choses plus loin ; il renonça au cardinalat pour épouser une fille du seigneur de Hauteville, et il abandonna le catholicisme pour la religion réformée.

Le cardinal Ferdinand de Médicis, après le décès de son frère, le grand-duc de Toscane, mort en 1587 sans enfant, prit le gouvernement de l'État et se maria afin de perpétuer son nom ; pour cela, il renonça au cardinalat, avec l'assentiment de Sixte-Quint.

Plusieurs cardinaux ont suivi cet exemple et dépouillé la pourpre pour se marier. Parmi eux, l'on cite Maurice de Savoie, Pamphile, Ferdinand et Vincent de Gonzague, et le roi Casimir de Pologne.

Il faut conclure de ces faits que, dans l'Église de Rome, la promotion au cardinalat n'est regardée ni comme un sacrement, ni comme consécration sacerdotale. Les papes voient avec plaisir les cardinaux prendre le diaconat, qui est le second des trois ordres sacrés ; mais ils ne l'exigent pas des personnes élevées que les intérêts de l'État ou de la famille peuvent séparer de l'Église. Lorsqu'il plaît à ces personnages de renoncer à leur titre, ils écrivent au pape, ou font verbalement supplier Sa Sainteté d'agréer le désistement complet de tout ce qui est attaché à la dignité de membre du sacré collége.

Quelquefois, ces brusques résolutions sont inspirées par des mécontentements particuliers ; mais lorsqu'il n'y a, de la part de celui qui se retire, aucun sujet de plainte, les choses se passent fort honorablement et dans les meilleurs termes, en se fondant sur une nécessité absolue, et en exprimant des deux côtés de mutuels regrets.

Les cardinaux qui se retirent rendent le chapeau rouge et la *baretta* au pape, quand ils sont à Rome, au nonce ou aux personnes qui les leur ont donnés, s'ils sont en pays étrangers ; ils acquittent aux officiers du palais apostolique la taxe qui se paye à la mort de chaque cardinal, c'est-à-dire la moitié de ce qui est distribué lors de la nomination. A Rome, la fiscalité ne perd jamais ses droits.

Ces notions, dont la grave futilité n'épouvanta pas Noëmi, lui parurent nécessaires pour bien comprendre le jeu des cardinaux à la cour de Rome, dans l'État et dans l'Église.

La jeune juive voyait souvent le cardinal Ferdinand, qui s'attachait à elle de plus en plus.

Un jour, elle fut conduite par lui à sa *vigne*, délicieuse *villa* aux environs de Rome.

C'était près de Frascati, dans une situation riante, pleine de fraîcheur, sur les flancs de la montagne, entre la ville et l'ancien Tusculum, au milieu des cascades jaillissantes et des verdoyants ombrages ; de là, on apercevait à la fois la mer, la plaine et les Apennins. La *palazzina* était placée entre une terrasse qui s'élevait sur la campagne, et une cour d'honneur en forme d'hémicycle, dont les galeries, qui s'ouvraient en face de l'édifice, étaient or-

Le Capitole.

nées de pilastres et de statues. Cette gracieuse et élégante disposition est celle de presque toutes les riches *ville* de la campagne de Rome.

La magnificence des jardins était admirable ; les sources qui sortaient de la montagne avaient été habilement dirigées pour former des méandres nombreux, variés, et qui portaient partout, entre deux rives vertes et fleuries, la fraîcheur et la limpidité de leurs eaux, tantôt agitées, bondissantes, se brisant en écume, tantôt calmes et transparentes. Là elles s'étendaient en nappes tranquilles ; plus loin, par des chemins cachés, elles se précipitaient dans des grottes profondes en rendant des sons harmonieux. Cette harmonie hydraulique, fort en usage dans les maisons de plaisance des environs de Rome, est produite par un jeu de tuyaux de divers calibres ; l'air pressé par un courant ou par une chute d'eau fait résonner des sons doux, continus, harmoniques, et dont les vibrations ont un accent mélancolique comme ceux de la harpe éolienne. Le paganisme les aurait comparés aux gémissements d'une nymphe éplorée.

Le cardinal Ferdinand, dans sa propriété, n'avait pas tout sacrifié aux agréments de ce séjour ; les eaux, après avoir baigné et embelli les jardins, s'écoulaient par les pentes vers la région inférieure, faisaient tourner des moulins et mettaient en mouvement les machines de plusieurs usines. Noëmi regardait avec étonnement ces arrangements si contraires à l'insouciance et à la routine des mœurs romaines.

C'est près de ces belles demeures que croissent les arbres toujours verts et luxuriants : l'yeuse, le cyprès, le pin, le laurier et le buis, qui s'élève, dans ces contrées, à la hauteur d'un fort arbuste ; c'est dans ces jardins que sont cultivées les fleurs si chères aux loisirs et aux délices de l'opulence romaine ; le rosier du Bengale y étale toute

21

l'année ses pétales aux teintes si douces et si délicieuses.

Dans les appartements, les meubles étaient rares et simples, comme dans toutes les habitations romaines; il y avait dans quelques parties retirées du logis des peintures d'un art merveilleux. Cette *villa*, tout entourée des palais champêtres des princes romains, était une exception; le goût l'avait préservée de la confusion qui encombre et gâte les autres habitations.

Une société nombreuse et brillante était réunie chez le jeune cardinal; elle était mobile, changeante, se renouvelait souvent et permettait à l'observation de la contempler sous différents aspects.

Il y avait là des cardinaux de tout âge, des prélats, de jeunes abbés, des officiers de naissance, des étrangers de distinction, des fonctionnaires et des magistrats, l'élite de la société romaine et les femmes les plus renommées dans le monde romain, auprès desquelles cette foule s'empressait. A la campagne, la haute société, qui à la ville semble s'éviter, tant les réunions de salon de Rome sont froides et prétentieuses, se livre et s'abandonne à toute la liberté de ses allures originelles. Considérée ainsi, sa physionomie est piquante et pleine de vivacité spirituelle; on dirait même, parfois, qu'elle s'oublie jusqu'à la franchise, et qu'elle dépose le masque de ruse et d'astuce dont ses traits sont toujours couverts.

Ce furent surtout les cardinaux qui attirèrent les regards de Noëmi.

Dans les hommages dont elle fut l'objet, elle remarqua ces élans de sensualité auxquels elle ne pouvait s'habituer et qui sont le principal caractère de la galanterie italienne; il semble qu'à Rome ces manières empruntent au costume ecclésiastique quelque chose de plus choquant. Les autres femmes paraissaient être tout à fait à l'aise dans cette atmosphère, où Noëmi ne respirait que difficilement.

Du reste, l'entretien était vif, brillant, fin et animé; il réalisait, pour la jeune juive, ce qu'elle avait entendu dire des finesses, de l'urbanité et des grâces délicates de la conversation française. Cependant, elle trouvait généralement à tous les interlocuteurs un langage affecté, plus éclatant que solide, plus sonore qu'énergique et souvent creux en voulant être profond. Le propos était en outre hérissé de ces traits de mauvais goût que les Italiens appellent *concetti*, et dont ils affectionnent tellement l'usage qu'ils le poussent jusqu'à l'abus. Les sujets les plus sérieux n'étaient point épargnés dans ces débauches de l'esprit. Un des plus vieux cardinaux soutenait une fois que le népotisme tant reproché au pape et à la cour de Rome était d'institution divine, et que c'était imiter l'exemple de Jésus-Christ, qui avait montré tant d'attachement pour ses proches, et qui les avait admis parmi ses disciples. Lorsque quelques lords et quelques ladys eurent bien ri de ce *divoto concetto*, le cardinal répondit que c'était une opinion si fort accréditée à la cour de Rome, qu'elle pouvait presque passer pour un dogme. En général, la conversation évitait tout ce qui risquait de la faire ressembler à une controverse religieuse; les sujets que l'on préférait étaient ceux qui touchaient aux questions de l'art familier à ceux qui en parlaient. Noëmi retrouvait, avec plus d'élégance, les idées élevées qu'elle avait entendu exprimer par Jules et par dom Salvi; tout entière au charme de ces discussions, elle se demandait avec étonnement comment des esprits aussi éclairés que ceux qui se manifestaient à elle pouvaient tomber dans des erreurs si voisines d'une ignorante crédulité.

Chez les cardinaux les plus renommés par leur adresse politique, elle apercevait les signes d'une érudition savante unie à une grande sûreté de jugement; elle reconnaissait en eux une pleine intelligence de l'art de tous les siècles et de ses rapports avec les différentes phases de la civilisation. Ces connaissances variées et étendues étonnaient et fascinaient son esprit; une singulière finesse de langage pur, correct et aiguisé par de fréquentes saillies, relevait le mérite de ces propos, qui n'évitaient pas toujours cette emphase si chère aux improvisations de la population romaine.

Le cardinal Ferdinand épiait avec joie ces impressions favorables, dont les lueurs éclairaient le visage de la jeune fille et lui donnaient une lumineuse transparence. Pour compléter l'effet de cette influence, il excitait lui-même, par la réplique ou par la contradiction, la verve de l'entretien, et provoquait ainsi des effusions lucides qui répandaient au loin la lumière. Quand il vit Noëmi dans ces dispositions d'enthousiasme, il essaya de la faire revenir sur ses préventions, dont il avait deviné le mystère.

— Ce sont là, lui dit-il, ces hommes que vous essayez de haïr, et que vous ne pouvez presque pas vous empêcher d'aimer.

— Non, reprit-elle avec une douce sérénité, ce ne sont pas là ceux que je déteste; ils ne ressemblent pas à ceux que j'ai vus à Rome, même aux théâtres, aux fêtes et dans les salons. Les autres, ceux que je ne saurais ni honorer ni chérir, ne m'ont laissé apercevoir que l'orgueil, la cupidité et l'hypocrisie; je trouve ceux-ci bons, simples, aimables et sincères; la haute opinion qu'ils m'ont donnée de leur esprit me fait bien juger de leur cœur.

Sous l'apparence candide de cette explication se cachait une malice si perfide, que le cardinal Ferdinand se recula tout à coup, comme si, à travers une touffe de fleurs, il eût vu darder la langue d'un serpent.

Ce mouvement, dont le véritable sens n'échappa point à Noëmi, la fit sourire avec une ineffable expression de raillerie féminine, et l'Éminence comprit que l'adroite jeune fille n'avait point été dupe des artifices dont on avait cherché à l'envelopper.

La cour de Rome se plaît à ces embûches, elle s'en amuse; et si la politique et l'Église se fâchent ou répondent par les foudres et par leurs colères aux attaques dont elles sont l'objet, le monde se plaît à ne se venger qu'en séduisant les farouches ennemis qui viennent à lui terribles et courroucés. Les cardinaux, qui comptent dans leurs rangs des hommes véritablement supérieurs, exercent surtout ce genre de séduction sur les étrangers dont il importe de se concilier les bonnes grâces. Ils y réussissent presque toujours. Il y a tel ambassadeur arrivé à Rome avec la menace à la bouche, et qui s'est retiré placide et soumis, et plutôt prêt à faire des concessions qu'à exiger des réparations.

Ces qualités attrayantes sont un des plus puissants instruments de la politique de Rome, et c'est à ce manège qu'elle doit des succès qu'elle ne peut plus devoir à son autorité.

La vie que l'on menait à la *villa* du cardinal Ferdinand était remplie de raffinements voluptueux. Les repas surtout y étaient excellents et d'une friandise achevée.

Le maître du logis, qui se montrait curieux de civilisation élégante et de progrès en fait de jouissances et de plaisirs, avait adopté les mœurs des tables françaises, sans toutefois rejeter entièrement les usages romains, et en prenant aux autres pays ce qu'ils avaient de plus exquis et de plus succulent; au moyen de cet éclectisme, il avait fait de ses dîners une des plus aimables et des plus attrayantes curiosités de Rome.

La table présentait habituellement un amas de pyramides, de statues, de palais, d'animaux et d'autres figures en sucreries peintes, bariolées de toutes les couleurs, et servies dans de grands plats d'argent. Ces objets étaient de pure décoration ; ils demeuraient intacts et comme un hommage rendu aux vieilles traditions romaines. A côté de ces simulacres circulaient les mets les plus délicats de la cuisine française, les pièces homériques des dîners anglais, toutes les délicatesses de nos caves, de nos buffets et de nos offices. A voir manger ces gens d'Église, on ne se serait jamais douté que la gourmandise fût un des sept péchés capitaux.

Aux vins de France se mêlaient ceux des meilleurs crus de l'Italie, parmi lesquels les buveurs érudits prétendaient retrouver les descendants du vin de Falerne et de tous ceux que les poëtes de Rome avaient célébrés dans l'antiquité, Tous ces breuvages de l'Ausonie moderne, le mont-alcin, les gianssane, l'albane, l'orviéto lui-même et le montefiascone, cédaient le pas aux nectars des coteaux transalpins. Les vins cuits et liquoreux, le *lacryma-christi* tiré de la vigne dont le fruit a mûri sur un sol de lave brûlante, ne parvenaient pas à détrôner le vin pétillant dont les vives ardeurs ont porté dans tout l'univers connu la renommée du cru champenois ; alors mille transports s'unissaient au bruit des verres, et Horace, Catulle, Martial, et toutes les poésies sceptiques, bachiques et lascives, avaient, dans la bouche des cardinaux, remplacé les passages de l'Écriture.

Dans ces expansions, les jeunes cardinaux se livraient à une liberté entière et sans contrainte. Leur âge les éloignait trop des chances papales pour qu'ils eussent à se contenir ; ceux d'un âge mûr se modé-

raient et ne s'écartaient jamais d'une prudente réserve ; mais les vieux *zelanti*, ceux qui ne veulent laisser aucun doute sur leur tempérance, suivaient l'usage irrévocable qu'ils ont adopté, de ne jamais satisfaire en public les appétits qu'ils gorgent en secret.

Les jeunes abbés se distinguaient par leur fougue gourmande, et les *monsignori* par leur sensualité.

Dans les jardins de la *villa* du cardinal Ferdinand il y avait de mystérieuses retraites ; les images des divinités du paganisme et de la mythologie, si féconde en inspirations passionnées, donnaient partout des conseils opposés à la pureté chrétienne, dont l'austérité effraye le plaisir.

Cependant, au sein d'un bois dont l'ombrage épais semblait sacré, s'élevait une petite chapelle dont l'architecture mystique se prêtait au recueillement et à la prière. Ce lieu, dans lequel des flambeaux toujours allumés brûlaient devant l'image de la madonna, était souvent visité par ces *donne romane* dont la tendre dévotion se confond avec l'impression sensuelle, et chez qui l'amour de la créature s'unit si étroitement avec l'amour du Créateur.

A la campagne, les jeunes cardinaux portaient avec beaucoup de coquetterie une façon d'habit de ville de coupe svelte, légère et dégagée, quelquefois l'habit de chasse ; mais, sous la casquette même, ils conservaient religieusement la calotte rouge.

Ces *dandys* de l'Église ont aussi leur *sport*, qui n'est ni moins intrépide, ni moins folâtre, ni moins prodigue que celui de la fashion britannique. Il est difficile de pousser plus loin qu'ils ne le font dans ces loisirs les distractions de la vie mondaine.

Quelle distance immense nous sépare du point de départ primitif, et combien ces princes, au sein de leur mollesse, sont contraires aux rudes travaux que leur ont légués les prêtres et les diacres qui aidaient dans la tâche évangélique les premiers évêques de Rome!

Écoutez un historien du dernier siècle terminer ce qu'il dit sur le collège des cardinaux par cette apostrophe :

« Tout y est mondain, tout y paraît impie et profane ; ce ne sont que cabales, intrigues, déguisements, souplesses, égards, surprises, embûches et factions, tantôt en faveur des princes et des États, tantôt à leur préjudice, mais toujours à l'avantage de la papauté ; ce sont là les exercices perpétuels des éminentissimes cardinaux et des dépositaires de la religion. »

Nous rencontrerons les cardinaux à chaque pas que nous ferons dans l'État et dans l'Église, et nous pourrons démontrer, par l'irrécusable témoignage des faits, que les cardinaux ne sont mus et conduits que par des vues ambitieuses ; ils servent le pape dans l'intérêt de leurs secrètes espérances ; mais ils haïssent le pontife de toute leur envieuse tendresse pour le pontificat.

CHAPITRE XVIII

La noblesse.

La lutte des barons italiens contre les papes fut longue et sanglante ; ces orgueilleuses dissensions mirent non-seulement en en feu toute l'Italie, mais elles portèrent la discorde et la guerre dans toute la chrétienté. Ces dissentiments étaient trop profonds pour ne pas laisser de traces ; on retrouve donc aujourd'hui dans l'attitude de la noblesse romaine les signes de ses anciennes prétentions. Du reste, entre l'aristocratie du patriciat et celle du clergé, l'alliance paraît exister, et les *hauts pavots* de l'État et de l'Église semblent avoir compris la nécessité de se réunir. Il est difficile de dire si le bon accord qui est à la surface de cette situation est sincère ; mais les apparences du calme sont partout. Peut-être pour troubler cette tranquillité et rallumer l'incendie ne faudrait-il que l'étincelle d'une question d'étiquette ou de préséance : dans ces superbes poitrines de princes et de cardinaux la vanité est si inflammable !

Plusieurs des grandes familles de la Rome des papes prétendent descendre directement des patriciens de la Rome des Césars.

Les Justiniani veulent être issus de l'empereur Justinien. La maison de Savelli fait remonter son origine à un roi d'Albe qui s'appelait *Arentin*, qui assista le roi *Latinus* contre Énée. Les Porcari se présentent comme les descendants de *Marcus Portius Cato*, Caton le Censeur. Les Marcelli de Florence se glorifient d'avoir pour ancêtre Marcellus, le célèbre général romain qui fut cinq fois consul. Ces excès d'arrogance nobiliaire sont de tous les pays. En France, un duc de Lévi ne prétendait-il pas descendre de la tribu de Lévi, dont était la vierge Marie, la mère du Christ, qu'il appelait sa cousine !

Dans la société des cardinaux, à la *villa* de Frascati, Noëmi vit plusieurs des princes romains qui portent les grands noms de la noblesse ; ils vivaient en bonne intelligence avec les princes de l'Église, et ces débris du trône et de l'autel s'appuyaient mutuellement, afin de se soutenir les uns par les autres et d'empêcher un double écroulement. Elle apprit par le cardinal Ferdinand le secret de cette union : les plus considérables des princes romains sont sortis du népotisme.

L'histoire de la noblesse romaine est tout entière écrite dans les registres du Capitole; les noms des familles nobles y sont inscrits par ordre alphabétique.

Le cardinal Ferdinand fit demander ces registres, que Noëmi témoignait le désir de consulter. La jeune fille vit rayonner devant elle les pages du livre d'or; mais, sans en être éblouie, elle recueillit avec avidité des documents d'autant plus précieux qu'ils sont plus ignorés.

Les Odescalchi, d'origine milanaise, ont eu un neveu d'Innocent XI; les Altieri comptent parmi eux un prince de Loriolo, qui fut le mari de la nièce de Clément X; un Rospigliosi fut neveu de Clément IX; dans la maison des Pamphile, il y eut un neveu d'Innocent X, et les Justiniani montrent avec orgueil un duc d'Onano, petit-neveu du même pape par sa mère; les Barberini se vantent d'un petit-neveu d'Urbain VIII; il y eut un Borghèse petit-neveu de Paul V; les Ludovisio descendent de la famille de Grégoire XV; les Boncompagno viennent de Grégoire XIII.

Comme on le voit, les papes ont une postérité.

Ces dix princes portaient devant leur nom la particule *dom*, qui est l'abréviation de *dominus*, seigneur; ils avaient des principautés et des duchés dont ils prenaient le titre. On estimait, il y a plus d'un siècle, le revenu de chacun d'eux au delà d'un million; ils disputaient le pas à tous les princes de l'Europe qui dépendaient des autres cours. Quelques-uns étaient princes du trône, *del solio*, ou du Saint-Empire.

Après eux se placent quatre familles principales : le Ursins, dont le chef est premier baron romain; les *Colomne*, dont le chef est grand connétable héréditaire du royaume de Naples, premier baron romain,

prince du trône et chevalier de la Toison-d'or; celle des Conti et celle des Savelli.

Sixte-Quint donna aux Ursins et aux Colomne le pas et la préséance sur les deux autres de ces familles, comme étant les premiers princes romains; il leur assigna la place la plus proche de son trône, aux chapelles et aux cérémonies publiques, après les ambassadeurs des têtes couronnées. Pour faire disparaître entre elles tout prétexte de différend, il régla qu'elles auraient la préséance selon l'âge de leur aîné. Ni l'une ni l'autre de ces familles n'a voulu accepter cette décision. Quand l'aîné des Ursins est plus âgé que celui des Colomne, celui-ci s'abstient de paraître, et laisse le premier seul auprès du trône; si la préséance de l'âge est du côté des Colomne, les Ursins s'abstiennent aussi jusqu'à la mort de celui qui leur fait obstacle.

N'est-ce pas là un trait singulier et frappant de l'entêtement nobiliaire?

De leur côté, les Conti et les Savelli ont protesté contre le décret de Sixte-Quint, comme injurieux pour l'antiquité de leur race, qui ne le cède à aucune autre; mais ils n'ont rien obtenu.

La famille des Ursins a la prérogative, à Rome, d'être nommée la première dans les statuts de la ville; les rois de Naples ont souvent fait alliance avec elle.

La maison Colomna est une des plus anciennes et une des plus illustres de l'Italie. Jean Colomna, qui fut fait cardinal par Honorius III en 1216, a beaucoup contribué à élever cette maison. En 1417, deux siècles plus tard, Othon Colomna fut élu pape au concile de Constance, sous le nom de Martin V; cette élection termina le grand schisme qui avait duré quarante ans. Marc-Antoine Colomna commandait les troupes du pape à la bataille de Lépante, et fut reçu en triomphe à son retour à Rome. On lui érigea une statue au Capitole, dans le palais des conservateurs du peuple romain. Autour de son écusson sont groupés des canons, des drapeaux, et des vaincus chargés de chaînes. Dom Laurent Colomna fut vice-roi d'Aragon et ensuite de Naples.

Une autre branche de la maison Colomna est celle des princes de Carbognano, issue de ce fameux Scierra Colomna qui fit tant parler de lui, quand Philippe le Bel, roi de France, l'eut délivré de l'esclavage où il était tombé en fuyant la persécution de Boniface VIII, qu'il alla surprendre à Anagnio, d'où il le conduisit à Palestrine dans une tour, dans laquelle ce pontife mourut de désespoir le 11 octobre 1303, après quarante jours de captivité.

La maison Conti se vante d'être la plus ancienne de Rome; elle était autrefois la plus puissante : les *Conti Tusculani*, c'est ainsi qu'on la nommait, faisaient élire des papes à leur dévotion. Depuis plus d'un siècle, elle est réduite à un état médiocre et ne possède qu'un mince revenu.

La famille de Savelli est plus ancienne à Rome que celle des Ursins ; la possession de la charge héréditaire de maréchal de l'Église lui donnait un grand relief pendant la vacance du saint-siége, parce que cet officier a le commandement des gardes du conclave. Les papes Honorius III et IV étaient de cette maison, aussi bien que Marcel Ier, et Libérius, saint et martyr, qui fit tant de bruit du temps des ariens.

Quatre autres familles prétendent marcher de pair avec les précédentes. Ce sont les Gaetani, qui tirent leur origine de Boniface VIII, qui donna aux cardinaux la robe rouge et l'ajouta au chapeau rouge que leur avait donné Innocent IV; les Cesarini, qui datent du douzième siècle; les Sforza, si célèbres dans l'histoire militaire de l'Italie, et les Cesi, dont l'ancienneté remonte au treizième siècle.

Les Altemps viennent d'Allemagne; les Frangipani, les Mattri, les Caffarelli, les Lanti, les Mati, doivent leur fortune aux Aldobrandini ; les Strozzi de Florence ont donné un maréchal à la France, et les Salviati sont aussi de noblesse florentine.

A Rome, et sur les registres du Capitole, la race noble est divisée en trois classes.

La première date d'au delà du treizième siècle; la seconde vient du douzième siècle et par delà; la troisième est du quinzième siècle.

Il y a aussi, établies à Rome, des familles nobles des diverses contrées italiennes, de Bologne, d'Urbino, de Ferrare, de Ravenne, de Parme, de Naples, de Sienne et de Gênes; celles de Florence sont les plus nombreuses.

Les *enrichis* ont leurs noms inscrits sur les registres du Capitole; l'opulence touche à la noblesse.

Enfin, on compte aussi les maisons que l'on désigne par cette indication : *Maisons agrandies par la banque*. Cette dernière liste est sans doute close par le nom du banquier Torlonia, qui a acheté des titres de noblesse à beaux deniers comptants.

Dans la prélature, il y a beaucoup de cadets de nobles familles italiennes, dont les aînés ne résident pas à Rome.

Rien n'est plus difficile que de concilier ces prétentions si multipliées et si variées qui se disputent la préséance; aucun pape n'a pu encore accomplir cette œuvre.

La noblesse romaine n'est plus que l'ombre de ce qu'elle fut autrefois; soumise à l'Église, hors de laquelle elle n'aurait aucune influence, elle ne se pose plus en face des dignités ecclésiastiques que pour les briguer ou s'incliner devant elles.

Le haut clergé romain, et notamment les membres du sacré collége, grâce à la sollicitude du pontificat pour le faste des cardinaux, peut encore dissimuler l'indigence de sa position ; mais la noblesse romaine, abandonnée et isolée sur les ruines de sa grandeur déchue, n'offre qu'un aspect misérable et honteux. Ce contraste entre le passé et le présent est une des plus poignantes humiliations de Rome moderne. Les événements des premières années du dix-huitième siècle ont achevé ce que le progrès des lumières et de la discussion philosophique avait commencé. Napoléon a traîné à son char de triomphe le pape, des cardinaux et des princes. Les Borghèse ont recherché son alliance et ont consenti à être les lieutenants de son empire, de son armée et de ses conquêtes.

La noblesse des États romains n'est point encore remise de ces violentes secousses qui ont si fortement ébranlé le trône pontifical.

Cependant on ne voit nulle part, même dans la morgue hautaine de l'aristocratie britannique, une arrogance et une jactance comparables à celles de la noblesse romaine, si amoindrie et si abaissée.

Comme les nobles hidalgos réduits à mendier, les nobles romains, à quelques exceptions près, se drapent dans leurs haillons, lambeaux de pourpre éraillés et flétris.

Les uns traînent, plutôt qu'ils ne portent, des noms trop pesants pour leurs épaules courbées et qui plient sous ce fardeau ; les autres, dépouillant toute pudeur et toute vergogne, couvrent de la livrée la défroque de leurs nobles aïeux. A la cour, les riches prélats, le luxe insolent des cardinaux et le service du santo padre, exigent un grand nombre de gentilshommes ; il en faut pour porter les queues traînantes des robes et des manteaux de cérémonie ; il en faut pour marcher en avant et pour marcher en arrière ; il en faut à la chapelle et dans les salles du Vatican ; il en faut dans les églises et dans les palais ; les péristyles, les escaliers, les vestibules et les antichambres doivent regorger de gentilshommes vêtus et bariolés de toutes les couleurs. Le cérémonial et l'appareil des processions et des cavalcades occupent une foule de ces nobles valets ; on en met partout ; tout le menu fretin de la noblesse romaine est employé à cette servilité. Les titres dont s'affublent ces pauvres hères pour cacher leur dégradation font mieux ressortir leur bassesse.

Dans Rome, on rencontre auprès des nouveaux riches des parvenus et des étrangers qu'on suppose prodigues, un essaim de nobles mendiants et parasites qui flattent et caressent toutes les vanités pour vivre à leurs dépens. La complaisance de ces quêteurs n'a point de bornes et se plie à toutes les fantaisies ; leur politesse, leur zèle et leur empressement ont une emphase et une affectation grotesques, et leur dévouement ne procède que par des protestations extravagantes et de prodigieux élans ; il est très-difficile de se soustraire à cette obsession intéressée, fourbe et cupide. A ceux qu'ils veulent séduire et tromper ils prodiguent les titres pompeux avec un *crescendo* burlesque, depuis la *signoria* jusqu'à l'*eccellenza*, multiplient les saluts profonds, ouvrent et étendent les bras comme prêts à vous embrasser. C'est le type de *Sbrigani* accueillant M. de Pourceaugnac à son arrivée. Les nobles romains qui courent ainsi l'aventure ont toujours un grand fracas de toilette ; ils se parent de faux bijoux, de linge jadis blanc, de jabots et de dentelles jaunis et fanés. Ils parlent beaucoup et souvent de leurs nobles parents, des charges et des emplois élevés qu'ils ont remplis et des services éminents qu'ils ont rendus à l'État. Quant à eux, ils ont dû posséder une fortune digne du nom qu'ils portent ; mais le malheur des temps et la méchanceté des hommes leur ont tout enlevé. Riche ou pauvre, grand ou petit, le noble romain est

Couvent de la Visitation.

toujours glorieux, hâbleur, intrigant et vantard.

Il aime et il recherche tous les insignes qui frappent le regard; il a toujours à sa boutonnière au moins une décoration, ne fût-ce que celle de l'Éperon d'or, afin de pouvoir prendre le titre de comte palatin attaché aux brevets de cet ordre, dont la chancellerie fait finance, et que tant de gens achètent parce que le ruban rouge ressemble à celui de la Légion d'honneur.

A la vue des ridicules prétentions de la noblesse romaine sur les questions d'ancienneté, de prérogatives et de préséance, on se demande s'il n'est pas tout à fait contraire à la nature même du pouvoir pontifical, essentiellement temporaire, passager et électif, de fonder une noblesse héréditaire et perpétuelle. Comment le saint-siége peut-il conférer à ceux qui entourent le trône romain un privilége dont il ne jouit pas, pour les souverains qui l'occupent? Le pape peut-il donc donner ce qu'il ne possède pas lui-même?

Il n'est point de cour où les fortunes soient et plus rapidement élevées, et plus promptement renversées. Le caprice d'un maître que rien n'attache au passé et que rien ne lie à l'avenir, fait et défait les destinées de ses courtisans. A Rome, comme dans les monarchies d'Orient, un sujet peut être porté, de la condition la plus humble, au rang suprême; un favori peut être précipité du faîte de la puissance : la volonté du pontife décide seule de ces vicissitudes.

Les papes surtout qu'on tire des ordres religieux sont souvent de basse extraction. Sixte-Quint était fils d'un jardinier ; le nom du pape actuel, qui fut moine, n'appartient à aucune noble famille. Comment les races si fières de leur antiquité peuvent-elles se soumettre à cette situation qui les place au-dessous d'hommes qui sont de si modique naissance !

La noblesse ne peut exister avec solidité que dans un État où le pouvoir est héréditaire ; partout ailleurs elle n'est qu'un effet sans cause. Venise et la Pologne n'ont pu être sauvées par les nobles du royaume électif et ceux de la sérénissime république; les races patriciennes n'avaient point de racine dans le sol; c'est là aussi qu'il faut chercher un des principaux motifs de la décadence de la noblesse romaine. Que l'on veuille bien remarquer que le nouveau patriciat romain s'est écroulé comme s'écroule un édifice lézardé et qui s'affaisse sur lui-même. Rien n'a battu en brèche cette noblesse que la vétusté seule a ruinée. Comparez cet état de choses à celui de la France, où les idées et les événements ont tant fait contre le principe aristocratique, sans en extirper le germe vivace. Voyez l'Angleterre, dont l'oppressive et tyrannique aristocratie se relève plus forte et plus robuste, après des révolutions qui avaient renversé de fond en comble l'ordre politique. Dans ces deux pays, l'hérédité royale elle-même a plus d'une fois succombé ; la noblesse et ses prétentions ont résisté à toutes les tempêtes. En Angleterre, elle a vu croître son opulence et sa domination; en France, dépouillée de tout ce qui la rendait puissante, elle subsiste debout sur des ruines, tandis que la noblesse romaine est enfouie sous les décombres de son pouvoir abattu. C'est que les nobles romains n'ont été, ne sont et ne peuvent être que de pompeuses inutilités, les accessoires d'un spectacle, les comparses des cérémonies religieuses et politiques, des processions et des cavalcades.

CHAPITRE XIX

Les ordres religieux.

C'était ainsi que, conduite par une direction qui semblait providentielle, Noëmi pénétrait chaque jour plus profondément dans le cœur du vieux colosse; elle avait, ainsi qu'elle l'écrivait à Ben-Saül, découvert d'abord les pieds d'argile, et maintenant elle trouvait au dedans la corruption et la poussière. La juive avait reçu de son père de nouvelles recommandations qui l'affermissaient dans ses desseins. Les plus opulents et les plus influents des Israélites redoutaient le pouvoir de Rome, et surtout celui de la cour pontificale; ces terreurs, contre lesquelles ils ne pouvaient point se défendre, étaient comme un souvenir des temps d'ignorance et de cruauté où Rome avait persécuté les fils d'Israël pour s'enrichir de leurs dépouilles. Il importait donc à la cause du peuple de Dieu que ceux qui pouvaient agir sur ses résolutions dissipassent les craintes que l'on exploitait avec une infernale adresse. Des agents, dont l'action mystérieuse se faisait sentir partout sans se montrer nulle part, étaient déjà parvenus à semer la division parmi les fils d'Abraham, d'Isaac et de Jacob ; ils avaient, par leurs discours insidieux et par la perfidie de leurs insinuations, détaché des sommets quelques-uns des hauts banquiers qui avaient pactisé avec Rome. L'argent obtenu par ces moyens devait servir à exterminer dans les légations les principes vivifiants et régénérateurs qui seuls pouvaient améliorer et rendre supportable la position des Israélites dans les États romains. Il était devenu urgent de prouver que Rome n'était pas seulement impuissante, mais qu'elle était insolvable, et qu'elle n'offrait aucune sécurité et aucune garantie pour acquitter des emprunts qui aggravaient sa détresse au lieu de diminuer ses embarras.

Ces nouvelles donnèrent aux recherches de la jeune fille une activité renaissante, dont le zèle et les ardeurs se fortifiaient à la vue du péril.

Au milieu de toutes les faiblesses qui laissaient Rome presque sans défense et sans autre moyen de résistance et de salut que le piége, l'embûche et les artifices, elle crut cependant avoir aperçu un élément d'action et de vigueur ; c'était à cette cause encore cachée pour elle qu'elle attribuait les langueurs, les incertitudes et les discussions qu'on avait semées parmi ses frères.

Sans quitter la cour de Rome, où elle avait établi le centre de son observation, elle étendit son regard sur les lieux circonvoisins, et pour Noëmi une nouvelle lumière se fit.

Dans la foule qu'elle rencontrait autour des hauts lieux de l'État et de l'Église, elle avait remarqué une espèce d'individus particulière ; ils étaient admis dans le commerce intime et familier des cardinaux et des princes romains, qui les traitaient toujours avec une bienveillance polie et souvent cordiale. Ces personnages ne remplissaient aucun emploi apparent ; ils semblaient n'être revêtus d'aucune dignité, et pourtant leur parole était écoutée, et on recherchait leurs bonnes grâces et leur intercession ; quoique rien ne transpirât au dehors, il était évident que ces hommes étaient mêlés et initiés à toutes les affaires.

Il était difficile de leur assigner un rang de préséance ; on les voyait se mêler à tous les rangs. Cependant leur costume ecclésiastique les plaçait parmi les gens d'église ; mais ce costume lui-même présentait une énigme : c'était un habit monastique, dont les délicatesses étaient loin de l'austérité du cloître. Les étoffes fines, souples et précieuses, des ornements recherchés et des bijoux de prix écartaient toute idée d'humilité et de pauvreté, et rappelaient les pompes du monde au lieu des stigmates de la pénitence.

On apprit à Noëmi que ces hommes étaient les généraux des ordres religieux. On comptait à Rome vingt-six ordres monastiques et vingt-neuf ordres réguliers, en tout cinquante-cinq espèces d'associations religieuses ; il y a en outre quatre-vingt-neuf ordres religieux pour les femmes.

La jeune juive, sans s'occuper d'abord de la nature de ces institutions et de leur influence sur la condition sociale d'un peuple, fut épouvantée à l'idée de la puissance occulte et redoutable que donnait à Rome cette milice religieuse, éparse dans des contrées si diverses et dont toute l'action aboutissait à la ville des papes, résidence des généraux de tous les ordres religieux ou centre de la puissance de ces agrégations.

A Rome, ce sont les moines qui supportent les fatigues du culte ; ils desservent soixante et onze églises : on les reconnaît aisément ; ils ne quittent jamais le costume de leur ordre, par-dessus lequel, pour officier, ils mettent les ornements sacerdotaux. En général, cette population des cloîtres est d'une ignorance dont il est difficile de se faire une idée. Les gens des campagnes abondent dans les couvents; ils n'y cherchent point un abri contre le monde qu'ils ne connaissent pas, ni un asile pour leur piété; ils y trouvent un refuge contre le travail manuel qui effraye leur paresse, un aliment à leur ambition, des immunités favorables à leurs mauvais penchants, une vie oisive, facile, insouciante et repue, et une certaine autorité sur la multitude, qui flatte leur vanité grossière.

Les nombreux asiles ouverts à ces existences qui se débarrassent si facilement des devoirs de la société, encouragent cette inertie funeste. Les champs restent incultes et stériles, partout le travail est délaissé, l'industrie nulle et inactive, la famille privée de soutiens, les villes et les campagnes infestées par la lèpre dévorante de la mendicité.

Tels sont les premiers résultats du fléau monacal.

Les ordres religieux ne se recrutent que dans la dernière classe de la société, celle que le défaut d'éducation et la rudesse de ses habitudes rendent la moins disposée à l'instruction et aux progrès. Il y a peu d'exceptions à ces conditions générales, et si quelques sujets éminents sont sortis de ces masses ignorantes, ce sont de rares et surprenantes exceptions.

Les individus de cette espèce qui se vouent au cloître n'ont ordinairement qu'une pensée d'égoïsme étroit, et ne sont pas assez éclairés pour comprendre les devoirs et les obligations qu'ils s'imposent. Aux qualités, à la vocation ou au savoir qui leur manquent, ils suppléent par l'hypocrisie et par le mensonge d'une dévotion fausse et exagérée. Leurs supérieurs savent adroitement exciter ce zèle et l'exalter jusqu'à un dévouement fanatique, auquel ils peuvent tout demander.

Le moine est un être qui s'est violemment et volontairement séparé de toutes les considérations étrangères aux intérêts de l'ordre dont il fait partie, et du monastère qu'il habite. C'est un instrument qu'une volonté supérieure, mais isolée comme la sienne de tous les devoirs de l'État et de la famille, fait mouvoir à son gré.

C'est dans les derniers rangs de la milice monacale que sont choisis ces fougueux énergumènes et ces apôtres insensés et furieux qui troublent l'esprit et le cœur des simples, et répandent dans les campagnes la stupide crédulité et la perverse intolérance. C'est aussi des basses régions du cloître que s'élancent cette vermine dévorante et ces nuées de sauterelles voraces qui absorbent et engloutissent la substance du labeur.

Ces moines sont les plus audacieux propagateurs et les plus intrépides défenseurs de toutes les superstitions qui retiennent le peuple dans l'ignorance et dans l'erreur, et rendent faciles les fourberies et la cupidité. Leur contact avec les classes inférieures, dont ils sortent, et qu'ils égarent, est de tous les instants et toujours funeste. Les moines, pour entretenir chez le peuple les croyances favorables à leurs rapines dévotes, ont pénétré dans toutes les habitudes de l'indigence, à laquelle ils savent enlever son dernier *bajocco*. Ils dépouillent les pauvres au lieu de leur porter l'aumône; ils sèment la terreur et la désolation dans les cœurs qu'ils devraient rassurer et consoler; ils exploitent les espérances et les craintes religieuses que leurs impostures ont su accréditer.

A d'autres étages de la société, on retrouve ces moines avec des manières moins brusques; ils savent s'insinuer dans les familles, capter les dons des vivants et la succession des morts ; ils s'étudient à profiter des confidences du foyer pour exercer sur la famille une domination occulte et lever un tribut secret.

Émissaires perfides et insidieux, ils s'introduisent dans les logis et désignent au cloître les héritiers dont les droits gênent leurs convoitises ; ils surprennent la confiance des parents, et, par les artifices dont ils les entourent, dirigent leur volonté vers un but mystique toujours propice à l'accroissement de la fortune monacale. Quelquefois c'est par la discorde qu'ils arrivent à l'accomplissement de leurs vœux. Habiles à fomenter les dissensions intestines, ils irritent les enfants contre leurs parents, et ceux-ci contre leurs enfants. Ils se ménagent des intelligences dans les maisons opulentes en corrompant les valets, qui leur vendent le secret des maîtres et favorisent ainsi les plans et les desseins de leur avarice.

Plus haut, presque sur le seuil du pouvoir, on se heurte encore contre l'invasion monacale, cette peste des États romains.

Là, ils sont les agents d'un espionnage ambitieux et dont les vœux visent au gouvernement ; dessous leur froc, ces diplomates du cloître se sont mêlés dans toutes les grandes intrigues politiques des derniers siècles ; chaque cour catholique avait un moine dans ses conseils ; toujours invisible, enveloppé d'une feinte humilité, il parvenait à fonder l'empire de ses conseils sur des influences mystérieuses ; c'était à la faiblesse des femmes que s'adressaient ces embûches, qui s'emparaient de l'esprit en attaquant le cœur avec les armes d'une dévotion méticuleuse et des transports ascétiques.

Quelquefois les moines soumettent des génies dont la puissance gouverne les États. Richelieu obéissait au père Joseph, ce moine inexorable qu'on appelait l'Éminence grise ; mais quand l'un d'eux est assis sur le trône pontifical, alors, comme cela arrive sous le pape actuel, l'autorité des moines préside à tous les actes politiques. C'est le père Vaures, religieux-pénitencier de Saint-Pierre, qui est chargé de présenter au pape les Français qui désirent recevoir la bénédiction du saint-père.

Le cérémonial de ces réceptions impose aux visiteurs trois génuflexions à distance. On s'étonne de la facilité avec laquelle on aborde le saint-père ; le secret de cette affabilité est dans le *regalo* qu'après l'audience on donne aux visites du pape.

Chaque membre d'un ordre religieux agit sous les inspirations du général ; des subalternes au chef suprême et absolu, cette obéissance, qui est le premier dogme de la discipline claustrale, suit les degrés de l'échelle hiérarchique.

Les généraux d'ordre sont donc les grands chefs de cette milice religieuse, publiquement ou secrètement répandue sur toute l'étendue de la chrétienté, dans l'un et l'autre hémisphère, et c'est au pape que vient affluer cette puissance.

A Rome, on sait quels secours ils apportent au saint-siège, et pour eux sont réservées les plus flatteuses prévenances. Les généraux d'ordre passent pour des hommes d'un mérite éminent. Cette réputation, dont on fait tant de bruit, n'est qu'un leurre pour flatter ceux qu'on veut se concilier. Ces dignitaires du cloître se distinguent souvent par leur savoir ; mais les subtilités théologiques tiennent dans cette science une telle place, qu'elle se recommande peu à l'estime des hommes sérieux ; et leur réputation, en ce genre, ne s'étend guère au delà du cercle de leur cloître ; chaque ordre est d'ailleurs trop intéressé à faire valoir son chef, pour qu'il n'y ait pas quelque excès dans l'admiration dont celui-ci est l'objet.

Ces généraux d'ordre sont élus au scrutin

par une assemblée générale ; mais le cloître, pour ces élections, a aussi son conclave, qui ne le cède point en brigues et en artifices à celui qui élit les papes. Là aussi, chaque nation intrigue pour qu'un des siens obtienne la majorité du suffrage. Ceux qui tiennent le plus à ce résultat n'ignorent cependant point que le général élu renonce à sa nationalité, pour n'être qu'un sujet du pape.

Dans les couvents et dans toute l'association religieuse, il existe, à l'égard du choix du général, une convention tacite ; ce ne sont point les qualités brillantes de l'esprit et de l'intelligence qu'on recherche en lui ; ni ses lumières, ni sa dialectique, ni son éloquence ne le désignent aux préférences du vote. Ce qu'on désire trouver en lui avant toutes choses, c'est un dévouement sans bornes à l'esprit de l'ordre, c'est la ferme volonté de tout immoler à ce sentiment. L'intelligence des affaires, la connaissance des hommes, le savoir-faire et non pas le savoir, une grande réputation d'habileté et une astuce incontestable, telles sont les facultés que chaque ordre religieux veut trouver dans son général.

Quant aux sujets distingués par d'autres mérites, on les voue aux controverses écrites, aux discussions théologiques, au professorat et à la prédication, de là ils peuvent monter jusqu'aux plus hautes dignités de l'Église, et arriver au trône pontifical par l'épiscopat et le sacré collège.

C'est aux généraux d'ordre que sont confiées toutes les négociations importantes qui intéressent l'association ; leurs relations embrassent les deux mondes, et, sous ce rapport, ils forment un immense réseau diplomatique qui enveloppe toutes les contrées. Rome se sert de ces ressources pour porter au loin son influence, et pour agir sous cette assistance cachée, et sans être vue, sous le froc et le capuchon. C'est ainsi que chez tous les peuples, Rome a des sujets qu'elle a dégagés de l'obéissance à leurs souverains, pour les soumettre à sa propre domination.

En présence de ces combinaisons, peut-on ne pas reconnaître qu'une des plus considérables ressources de la puissance romaine ne soit cette milice religieuse dispersée en tous lieux, mais réunie par un lien de soumission commune et par l'unité de l'obéissance, dont Rome a détourné l'action spirituelle pour la faire servir aux intérêts de son pouvoir temporel ?

C'est sous ce seul point de vue que Noëmi envisagea d'abord la question des ordres religieux et de leurs généraux. Elle se proposait sans doute de s'enquérir, dans le cours de son exploration, du régime intérieur des cloîtres.

Là, sous les dehors d'une vie humble et détachée du monde, elle eût reconnu la présence de toutes les passions mondaines ; elle eût contemplé face à face l'orgueil des abbés mitrés, leur petite cour monacale, leur faste, leur mollesse, et les voluptueux détails de la vie de ces faux cénobites ; elle les aurait vus loin du monde et proches de ses vanités, de ses délices et de ses désordres ; elle se fût initiée aux agitations de ces ambitions murées et au manège de leurs rivalités et de leurs luttes, à la cruauté et à l'opiniâtreté de leurs ressentiments et de leurs haines, à l'acharnement de leurs persécutions et à la tyrannie des possesseurs de ces fiefs ecclésiastiques.

Puis, elle aurait compris ce qu'il faut d'astuce persévérante pour échanger, ainsi que l'a fait Grégoire XVI, la bure du moine contre la pourpre du pape.

Ces tableaux, la jeune juive les reverra sans doute lorsque son regard plongera dans les mystères de l'Église romaine.

CHAPITRE XX

Rome temporelle.

En recherchant l'origine de ce pouvoir pontifical dont l'existence n'a été, dans tous les temps, qu'une anomalie monstrueuse, on voit naître la puissance temporelle des papes ; elle grandit et s'accroît en affaiblissant et en altérant l'autorité spirituelle, jusqu'à ce qu'enfin cette fausse et vaine possession d'un royaume de ce monde ait ruiné l'héritage céleste légué par le Christ à Pierre et à ceux qui se sont proclamés les successeurs de l'apôtre.

Pendant trois siècles, Pierre et ceux qui le suivirent sur la chaire de vérité, ensevelis vivants dans les sombres retraites, ne paraissaient aux yeux du monde que pour se placer en face des plus cruels supplices ; les premiers chrétiens ne sortaient des catacombes que pour courir au martyre. Dans les cinquante-sept premiers pasteurs de l'Église de Rome, on ne trouve pas moins de trente-deux martyrs et dix confesseurs de la foi. Alors il n'existait ni pape, ni cardinaux, ni princes de l'Église, ni prélats, ni cour de Rome, ni demeures pontificales. Les cryptes, les catacombes et les lieux écartés cachaient aux regards des bourreaux le culte et la prière. Plus de trois siècles s'étaient ainsi écoulés. Les siècles suivants virent se lever sur l'Église des jours dont la splendeur consolait le sanctuaire de ses afflictions. La religion chrétienne devint celle de l'empire, on édifia et l'on consacra des églises magnifiques, on enrichit le culte ; l'encens que les chrétiens avaient jusqu'alors repoussé, comme profané par l'idolâtrie, fut introduit dans les églises. Au IVe siècle, on chanta solennellement l'*Ite missa est;* pendant la persécution, ces paroles n'étaient prononcées que pour avertir les chrétiens de se retirer sans bruit et avec précaution.

Rome, la ville où vint saint Pierre quarante-deux ans après la naissance du Christ, la ville où il fut mis à mort par les ordres de l'exécrable Néron, le premier persécuteur des chrétiens, fut regardée comme le centre de l'unité chrétienne. De toutes parts, les populations se convertissaient à la foi nouvelle, et les peuples, pour contribuer à l'éclat de l'Église, apportaient à Rome leurs trésors.

L'avarice s'empara de l'évêque de Rome ; il oublia bientôt la simplicité de la première Église, dont toutes les nations honoraient les vertus, le courage et la pauvreté. Ébloui par les richesses que le monde déposait à ses pieds, à ces trésors il voulut ajouter la puissance, sans se rappeler que le divin maître, conduit par le démon sur la haute montagne d'où l'on apercevait tous les royaumes de la terre, refusa d'en accepter la possession.

Alors, on invoqua une donation de l'empereur Constantin, qui cédait la ville de Rome et son territoire au pape Sylvestre, dans l'intention qu'elle servit de patrimoine à tous ceux qui occuperaient le siège apostolique. On ne connaît point la date exacte de cette cession, et, dans ses annales, le cardinal Baronius n'hésite pas à la regarder comme supposée. Quoi qu'il en soit, lorsqu'en 329, sous le pontificat de saint Sylvestre, Constantin transporta de Rome à Byzance le siège de l'empire, Rome changea de maître sans que le pape en prît possession, et pourtant, de cette époque semble dater pour le siége papal une autorité sur toute la chrétienté, qui se manifesta par la convocation et la tenue des conciles, les constitutions, les décrets et les canons apostoliques, dont l'évêque de Rome était déjà ou l'arbitre ou l'auteur.

Tel fut, selon les historiens du pontificat, le principe de la puissance spirituelle des papes. Cependant cette situation ne donnait pas encore au siége de Rome la primatie sur les autres siéges ; cette prérogative lui fut disputée par les patriarches de Constantinople. Jusqu'au ve siècle, le siége de Rome ne dut son autorité et son influence sur les affaires de la religion qu'à la déférence volontaire que les autres évêques et les primats témoignaient pour ses décisions.

Aujourd'hui, le pape, ainsi qu'on l'a vu dans l'ordre de préséance réglé par la prélature, mène à sa suite les patriarches *honoraires* de Constantinople, d'Alexandrie, d'Antioche, de Jérusalem, d'Aquilée, de Venise et des Indes, comme des trophées vivants de sa domination spirituelle.

Si l'ambition des évêques de Rome se fût bornée à ce premier résultat, l'Église du Christ, qu'ils ont perdue, pouvait être sauvée.

L'empire fondé par Constantin étant venu à se démembrer, les évêques de Rome profitèrent de ces divisions ; ils firent revivre la prétendue donation de Constantin et se proclamèrent souverains de Rome. A ce moment, les barbares inondaient l'Italie, et il fut facile à l'habileté des papes de soumettre à leur nouvelle puissance les peuples dont ils faisaient leurs sujets, ceux-ci aimant mieux se donner à celui qu'ils reconnaissaient déjà comme leur chef spirituel, que de subir le joug dont les menaçait la conquête.

Les princes, occupés à se partager les débris de l'empire, ne s'opposèrent point aux prétentions des papes sur Rome ; chacun d'eux songeait à se maintenir dans son occupation, et le temps des rivalités n'était pas encore venu. Les Ostrogoths seuls voulurent traverser le dessein des papes et leur disputer la belle contrée dont ils s'emparaient; mais les princes chrétiens vinrent au secours de Rome contre les barbares.

Ainsi fut établie la puissance temporelle des papes.

Il ne faut point s'étonner de trouver là, comme à la base de presque tous les trônes, l'usurpation ; c'est la violence et la conquête, le dol ou la fraude, et souvent le crime, qui ont fondé tous les empires. La puissance de Rome temporelle nous paraît aussi légitime que toute autre puissance, et ce n'est ni son principe, ni ses droits, ni son existence, que nous voulons attaquer et contester.

Ce que nous voulons mettre dans tout son jour, c'est l'incompatibilité d'humeur entre la puissance temporelle et la puissance spirituelle, comme Rome prétend depuis si longtemps les exercer l'une et l'autre.

Il existe en Europe deux grandes nations chez lesquelles le pouvoir théocratique se confond avec l'autorité souveraine. Le czar, en Russie, et en Angleterre, la personne assise sur le trône, sont les chefs de la religion nationale. La différence entre ces suprématies et celle que Rome prétend exercer, est frappante. L'empereur de Russie et le souverain des trois royaumes-unis n'étendent pas l'action religieuse au delà des limites de leurs États, et ne régissent la religion que dans ses rapports avec l'État, laissant d'ailleurs aux ministres du culte la direction des choses religieuses. Rome, au contraire, s'arroge la suprématie spirituelle sur toutes les contrées connues et inconnues ; et c'est au moyen de ce pouvoir qu'elle déclare divin et qu'elle place à côté, sinon au-dessus de celui de Dieu lui-même, qu'elle vise à l'universalité de la puissance tempo-

Place Navone.

relle dans tous les États. Jadis Rome, dans l'ivresse et l'extravagance de son orgueil, n'a-t-elle pas essayé de faire et de défaire les rois de la terre, et de se poser comme l'arbitre suprême de toutes les souverainetés?

Mais laissons parler l'histoire.

Ce fut donc en s'appuyant sur la puissance spirituelle des évêques de Rome, que les papes fondèrent leur puissance temporelle.

Lorsqu'il s'agira d'examiner la puissance spirituelle des pontifes et l'usage qu'ils en ont fait, nous verrons Rome répondre à toutes les objections par ces paroles :

Tu es Pierre, et sur cette pierre j'édifierai mon Église. Jeu de mots qui existe en latin, mais qui ne paraît point exister dans la langue que le Christ parlait à ses disciples.

Puisque le texte de l'Évangile est en si grande vénération à la cour de Rome, comment les pontifes ont-ils oublié, non pas seulement les paroles, mais la pensée et le précepte d'humilité et de désintéressement tant de fois exprimés par le Christ dans sa conduite et dans ses discours?

D'abord, nous le voyons refuser la domination universelle que lui offre le démon, comme s'il eût voulu prémunir ceux qui dans l'avenir devaient être les chefs de son Église, contre les tentations de l'orgueil et de l'ambition.

Ensuite, il sépare si nettement le pouvoir des empereurs de celui des pontifes, et le trône et l'autel, qu'il ordonne de *rendre à César ce qui est à César, et à Dieu ce qui est à Dieu.*

Enfin, comme s'il craignait que les disciples qu'il instruisait ne fussent pas assez fortifiés contre les séductions de la domination terrestre, il leur répète à plusieurs reprises que *son royaume n'est pas de ce monde*, et il leur parle sans cesse du *royaume des cieux*.

A ce triple enseignement divin, Rome temporelle donne un triple démenti.

Elle constitue un État à l'abri de son autorité spirituelle, et change en royaume l'évêché confié à son zèle ; de leurs ouailles, les évêques de Rome ont fait des sujets. L'intérêt du ciel n'a donc servi entre ses mains qu'à l'intérêt de la terre ; au lieu d'aller à la conquête des âmes, Rome cherche à réduire les peuples.

Rome, à toutes les époques, depuis l'établissement de la puissance temporelle, a, sans relâche, contesté à César ce qui était à César ; lorsqu'elle n'a pu le faire ouvertement, c'est par les rapines de sa fiscalité qu'elle a prélevé les tributs.

Quant au royaume de ce monde que le Christ lui a tant défendu de chercher, il a été le but constant et perpétuel de ses vœux et de ses efforts.

Et s'il arrive que l'histoire, dans cet immense acte d'accusation dressé contre Rome à travers les siècles, prouve par l'évidence progressive des faits que, pour élever et pour augmenter le pouvoir temporel, objet de toutes ses prédilections, Rome a sacrifié la puissance spirituelle remise en ses mains par les souffrances et par les mérites des premiers pasteurs, sera-t-on surpris de l'indignation qu'inspire cet attentat sacrilège ?

Tant que les évêques de Rome se bornèrent à la mission spirituelle, leurs vertus furent l'édification de l'Église, comme leurs lumières en étaient le flambeau ; mais lorsque, après être devenus patriarches, ils eurent fondé leur domination temporelle, ils partagèrent leur zèle entre le ciel et la terre ; ils voulurent entourer d'éclat leur nouvelle dignité et abandonnèrent bientôt la simplicité évangélique. On les vit alors, renonçant aux pieuses fonctions de l'épiscopat, s'occuper de régner. Ils choisirent des ministres, nommèrent des conseillers, créèrent des officiers, amassèrent des richesses, fortifièrent leur territoire, songèrent à étendre leurs États, établirent des relations, formèrent des ligues et des alliances, se mêlèrent aux factions et aux partis.

La cour de Rome fut instituée, et les papes eurent recours à tous les moyens des souverains temporels pour conserver et accroître le pouvoir qu'ils venaient d'ajouter à la puissance spirituelle.

Dans ces ambitieuses et mondaines préoccupations, le soin de la religion, autrefois l'objet de tant de dévouement et de sollicitude, fut déserté. Les pontifes-rois ne consultèrent plus, dans leur choix, les vertus, la piété et la ferveur de ceux qu'ils appelaient à les aider ; ils accordèrent la préférence à ceux qui se montraient les plus ardents et les plus propres au maniement des affaires. Entourés d'ecclésiastiques, ce fut parmi eux qu'il fallut choisir ces agents; ce fut ainsi que tous les alentours de la papauté se remplirent de brigues, d'intrigues, de manège politique, de dévouement intéressé, d'astuce et de finesse, d'hommes plus intelligents pour les choses du monde que pour celles de la religion, et toujours prêts à seconder les vues terrestres du pontificat. Le collége des cardinaux et la prélature, que les papes entraînèrent dans cette voie matérielle, s'adonnèrent tout entiers à ces affections qui les séparaient des devoirs que leur imposait le sacerdoce.

La cour de Rome étant ainsi formée, vit accourir dans son sein la noblesse italienne et celle des autres pays, qui venaient y chercher aventure et fortune. Ces familles nouvelles se ménagèrent des alliances puissantes, et de cette réunion de tant d'ambitieux du dedans et du dehors, sortirent bientôt les fléaux qui désolaient les autres cours : les cabales, l'avarice, l'envie, l'excès du luxe, la corruption, la licence et toutes les passions perverses.

Doit-on s'étonner que, dans cette fermentation de vices, ceux qu'on avait forcés de se partager ainsi entre le spirituel et le temporel, se soient relâchés de la discipline ecclésiastique et précipités dans les excès, les abus et les désordres qui ont engendré, dans la religion pontificale, de si nombreuses, si funestes et si scandaleuses catastrophes?

Rome se remplit de luttes et de discordes. Les divisions éclatèrent de toutes parts, implacables et furieuses ; alors se dressaient, abominables et hideux, les antipapes et les schismes ; la chrétienté tout entière fut ébranlée et agitée par ces secousses et par ces violences ; les hérésies désolèrent l'Église et exercèrent leurs ravages chez presque toutes les nations. Les papes, fugitifs, exilés, emprisonnés, dépouillés de leurs États, persécutés, irrités et suppliants, attisèrent les flammes de ce vaste incendie, en appelant à leur aide les princes chrétiens qu'ils armaient les uns contre les autres.

Voilà quels furent les fruits amers de cette négligence des choses sacrées abandonnées pour les intérêts matériels, que l'imprudente dévotion de Constantin n'avait remis à l'évêque de Rome qu'afin d'assurer la splendeur de l'Église.

Ces faits, dont nous ne devions, après les récits de tant d'historiens, présenter que le sommaire rapide, sont reconnus par ceux même qui ont le plus écrit en faveur de la cour de Rome, parmi lesquels nous citerons Genebrard et le cardinal Baronius, si intéressés à les dissimuler.

Ainsi, c'est au crédit que lui ont acquis le sang des martyrs et la sainteté de tant d'hommes illustres par leurs perfections et par leurs lumières, que Rome temporelle a demandé les moyens d'édifier une puissance si contraire aux vérités établies sur tant de glorieux et sanglants témoignages. Elle s'est servie de son autorité catholique pour nuire au christianisme, et pour assurer le succès d'une situation si contraire à son esprit et à sa doctrine.

Et c'est pendant quatorze siècles que s'est prolongés jusqu'à nous cette indigne profanation d'une mission que les papes ont appelée divine !

En présence de ces abominations, quels seraient les scrupules qui pourraient empêcher le cri de l'indignation, et qui donc pourrait accuser de calomnie et de passion les écrits qui signalent des faits dont la situation actuelle de l'État et de l'Église rend la publicité et la connaissance si nécessaires?

En agissant comme elle a agi, l'intention de Rome ne pouvait être douteuse ; le pape a toujours éloigné, non pas de sa cour, mais de son gouvernement, la noblesse, les princes et les barons séculiers. Les papes n'ont voulu confier qu'aux ecclésiastiques le maniement des affaires. Les fondateurs de la monarchie romaine ont mis une singulière affectation à se distinguer des États séculiers par l'organisation politique, afin sans doute de séduire l'opinion, de se faire remarquer et d'attirer sur les dignités et sur les charges la curiosité, et de surprendre les hommages.

Le titre de *pape*, porté par les prêtres grecs, ne différa de tous les titres employés dans l'Église catholique, que pour s'élever au-dessus d'eux. La signification mystique du titre de *cardinaux*, ces gonds vivants du gouvernement romain qui veulent être aussi ceux du ciel ; les *nonces*, les *légats*, tous ces noms exceptionnels ; les conseils d'État appelés *congrégations*, la fameuse *rote*, et cette pompe absorbante qu'on nomme la *daterie*, n'ont reçu ces étranges nominations qu'afin d'attirer les regards.

Presque tous les dignitaires et fonctionnaires des États romains sont divisés en différentes congrégations, qui ont dans leurs attributions toutes les différentes parties de l'administration ; ces congrégations ont survécu à tous les changements.

Dans l'ancienne organisation, elles étaient au nombre de vingt et une.

Il y avait une congrégation du pape, une congrégation du saint office ou de l'inquisition ; d'autres pour l'accroissement de la religion catholique et la propagation de la foi, pour l'interprétation du concile de Trente ; celle de l'*index* ou des livres défendus par ce concile ; celle pour les immunités ecclésiastiques et celle des chevaliers de Malte, des évêques et des réguliers, de l'examen des évêques, des monastères à supprimer, de la visite apostolique, des reliques, des rites ou cérémonies de l'Église, de l'état préliminaire ou préparatoire, la congrégation d'État pour la consultation, celle du bon gouvernement, de la monnaie, des eaux, portes, aqueducs et chemins.

Au moment de pénétrer dans l'administration des États romains, on est effrayé par le mélange incohérent ou plutôt de la confusion de tous les rouages civils, militaires, religieux, politiques, spirituels et temporels qui se croisent, se heurtent ou s'engrènent dans un espace si étroit, et par des combinaisons qui compliquent si misérablement cette chétive machine.

M. Fulchiron, dont le *Voyage dans l'Italie méridionale* est si riche de documents exacts et précieux, a fort ingénieusement simplifié cet aperçu. Selon cet auteur, qui s'est efforcé de jeter la lumière dans ce chaos, on pourrait trouver dans l'organisation religieuse de l'Église romaine l'idée de l'administration française.

La *papauté* répondrait à la *royauté*, — le *cardinalat* au *ministère*, — les *archevêchés* aux *préfectures*, — les *évêchés* aux *sous-préfectures*, — les *cures* aux *mairies*.

Singulier rapprochement qui n'est vrai qu'en apparence, tant il y a dans la vie religieuse de Rome et la vie administrative française de notables différences !

En parlant de la cour de Rome, nous avons dit les hautes dignités de la maison du pape, celles de l'État, celles de l'Église, et aussi l'organisation fiscale de la daterie et de la chancellerie.

Quant à ce qui concerne l'administration judiciaire, c'est un inextricable dédale de juridictions, de lois et de formalités.

Dans les fréquents entretiens que Noëmi eut avec les plaideurs et surtout les plaideuses, qui se plaignaient des insupportables lenteurs de la justice romaine et de ce labyrinthe judiciaire dans lequel les plus expérimentés ne marchent qu'à tâtons, elle ne parvint qu'à des documents vagues, obscurs et incomplets. Partout elle rencontrait le trouble et les ténèbres. Pour arriver à une décision, il faut obtenir deux sentences conformes ; si la seconde diffère de la première, il faut avoir recours à un troisième jugement, qui peut encore n'être pas de l'avis des deux précédents : ce qui oblige à recommencer le débat. Cette procédure ne sert qu'à multiplier les frais et les délais.

La *rota*, qui prend le titre de *tribunal della sagra rota*, est composée de douze auditeurs, appelés *uditori di rota*, qui siégent en *tournant*, par rang d'ancienneté, autour d'une table ronde ; de là ce mot *rota*, qui signifie *roue*.

Voici, du reste, l'origine que l'on assigne à ce nom :

« Ce tribunal est ainsi appelé à cause qu'il a été établi par les papes, au lieu de celui que les anciens Romains avaient, dans une place publique, sur une terrasse toute ronde, entourée d'une balustrade soutenue par deux grands cercles de métal qui formaient une galerie, dans laquelle les orateurs faisaient des harangues et les magistrats publiaient les lois, et autour de laquelle les peuples venaient se rendre pour les écouter. C'est ainsi qu'étaient construits le Colisée, les basiliques et les temples des dieux, qu'on a appelés *rotondes*. »

Les historiens donnent à ce tribunal le nom de *parlement du pape*.

Les douze auditeurs de rote sont prélats; autrefois, il y avait parmi eux un Français, un Allemand et deux Espagnols. Les souverains de ces trois peuples nommaient ces magistrats. Les huit autres auditeurs étaient Italiens, dont trois étaient Romains, un Bolonais, un Ferrarais, un Milanais, un Vénitien et un Toscan. Nous pensons que l'État actuel de l'Italie a dû modifier ces dispositions.

Chaque auditeur a quatre notaires ou greffiers; le plus ancien auditeur fait les fonctions de président.

Les membres de la rote s'assemblent au palais apostolique tous les lundis et vendredis. Ce tribunal prend ses vacances dès le dernier jour de juillet jusqu'au 1er octobre. pendant le reste de l'année, il siége au palais apostolique; mais quand le pape réside au *Quirinale*, la rote s'assemble à la chancellerie.

Pour gagner une cause à la rote, il faut, nous l'avons vu, avoir trois fois raison. Les procès y sont jugés par demande et par réponse; les sentences émettent autant de décisions qu'il y a de points contestés. Le rapporteur étant choisi, on est d'abord jugé par les quatre membres assis à sa gauche; puis, une seconde fois, par quatre autres, et enfin, une troisième fois, par les quatre derniers.

Les auditeurs de rote ont le droit de donner le bonnet de docteur, *in utroque jure*, à ceux qu'ils en jugent capables. Ils sont généralement fort réservés dans l'exercice de ce privilége.

La rote connait des causes les plus ardues, et notamment de tous les procès de l'État, de l'Église, des matières bénéficiales et patrimoniales de toutes les contrées de l'univers catholique, qui n'ont point la faculté de porter ces questions devant leurs propres juges.

Il n'est point de juridiction qui prête plus aux fraudes, aux piéges et aux embûches que celle de la rote. Le caractère principal de cette magistrature est tout romain; la finesse, la ruse et l'astuce y ont plus d'accès que la vérité, la justice et la bonne foi; les arguties y sont en grand honneur dans la discussion. Les juges de la rote se plaisent à tenir une cause en suspens; ils ne prononcent que sur des incidents et des cas particuliers, laissant le fait principal indécis; ils multiplient les difficultés et plongent les parties dans un abime de frais et de lenteurs.

Il est peu de familles nobles et opulentes qui n'aient un de ces interminables procès, dont la rote fait pour elle un élément de destruction latente, par les embarras qu'elle apporte à la perception des revenus.

Après la dernière séance de chaque année, le pape régale magnifiquement, au palais apostolique, les auditeurs de rote et leur fait un présent en argent; le président reçoit une somme qui est double de celle donnée aux auditeurs. Cette gratification est une espèce de prime décernée au zèle de la rote pour augmenter les frais judiciaires.

La rentrée de la rote a lieu chaque année avec beaucoup de magnificence. Les deux derniers auditeurs de ce tribunal vont par la ville, pontificalement montés sur des mules et suivis d'une cavalcade très-nombreuse, à laquelle se joignent, pour leur faire honneur, les gentilshommes envoyés par les cardinaux et les ambassadeurs, montés sur les plus beaux chevaux de leurs écuries. Cette cavalcade est suivie à cheval par les avocats, les notaires, les greffiers, les procureurs et tous les praticiens. Cette partie de la cérémonie a une allure toute carnavalesque.

Les autres auditeurs sont réunis au palais apostolique ; ils s'y rendent dans leurs carrosses ; le dernier auditeur fait à l'assemblée un beau discours latin.

Les appointements des auditeurs de rote sont médiocres, et ils ne touchent point d'*épices ;* mais, comme récompense de leurs travaux, ils ont la perspective et presque la certitude du chapeau de cardinal.

Ces prédilections, ces caresses et ces complaisances de la papauté pour la rote sont inspirées par les grands et perpétuels services que rend aux intérêts et aux prétentions du clergé romain ce tribunal adroit et cauteleux dans lequel les papes, tout en admettant des sujets étrangers et des sujets italiens, ont su ménager la majorité du nombre et des suffrages aux sujets romains.

A la *sagra rota* est attaché un *juge des confidences ;* il est spécialement chargé de rechercher si, dans les actes, contrats, traités, cessions, permutations et résignations de bénéfices, il ne s'est point glissé quelque dol, pacte, convention ou disposition secrète et simoniaque, auxquels cas il confisque les bénéfices ; si les preuves de la fraude ne sont pas suffisantes, si le délit n'est attesté que par un seul témoignage, il condamne à des amendes, qui sont levées sur les bénéfices, celui qui est *soupçonné* de simonie.

Cette charge est vénale ; elle donne à celui qui l'a achetée l'habit violet et le rochet des prélats et une place dans la chapelle papale. A ces futilités de l'étiquette viennent se joindre des avantages plus réels. Ce poste est devenu un des plus lucratifs de la cour de Rome. Le juge des confidences s'enrichit discrètement aux dépens des ecclésiastiques qui ont affaire à lui ; il sert leurs désirs et leurs intérêts moyennant finance et pension, et voici ce que dit de ce magistrat un annaliste de la cour de Rome :

« Il a de beaux moyens pour favoriser ceux qui composent avec lui, et on est assuré de recevoir, pour le moins, trois fois davantage qu'on ne débourse ; c'est pourquoi bien des gens qui ne font pas conscience d'acheter des bénéfices, les font mettre secrètement à l'enchère devant ce tribunal des confidences, qu'on devrait appeler le *bureau des simonies.* »

Or, la simonie qui fleurit dans l'État, aussi bien que dans l'Église de Rome, est le crime de celui qui *trafique des choses sacrées.*

Après le juge des confidences vient l'auditeur des contredits de la rote.

Cet office est fort ancien ; il est vénal ; il rapporte peu, mais il donne les moyens de parvenir aux plus éminentes dignités. Celui qui possède cette charge peut réunir entre ses mains plusieurs bénéfices, les permuter, en faire des résignations à qui bon lui semble, et en choisir d'autres à la place de ceux qu'il cède, sans que le juge des confidences puisse lui intenter aucun procès ni recevoir contre lui des accusations ou des témoignages qui peuvent le convaincre de simonie. A ce poste est attaché un rang, parmi les prélats, à la chapelle papale et dans les cavalcades.

Cet officier instruit les procès des bénéfices accusés devant la rote ; il rédige sur ces causes des rapports qu'il remet au correcteur des contredits de la rote.

Ce dernier fonctionnaire tire de sa charge, qu'il achète, dix pour cent du prix auquel il l'a payée ; il jouit des mêmes honneurs que l'auditeur, dont il est le substitut.

Il y a aussi près du tribunal de la rote un avocat et un procureur des pauvres ; ces agents ont non-seulement la mission d'exercer ce charitable office devant la rote, mais devant tous les autres tribunaux de Rome.

Cette mesure, lorsqu'on en pénètre les motifs, perd beaucoup de son mérite. Elle est devenue nécessaire par l'élévation formidable des frais judiciares, et aussi pour les embarras si nombreux dont la procédure romaine est empêchée dans sa marche. L'avocat et le procureur de la rote doivent leur assistance gratuite à ceux qui, sans être pauvres, ne pourraient entamer et suivre un procès qu'en se ruinant.

C'est à la congrégation du *bon gouvernement*, chargée du redressement des malversations, que doivent s'adresser ceux qui réclament le bienfait de cette assistance gratuite.

L'avocat et le procureur de la rote allèguent toujours le nombre des affaires dont ils sont occupés, aux plaideurs qui ne leur donnent pas au moins quelques petites gratifications; ces solliciteurs ne voient jamais la fin de leurs procès.

Cette institution a en outre l'inconvénient grave d'entretenir l'esprit de chicane, la manie et l'opiniâtreté des procès.

La rote est, comme juridiction, un tribunal suprême et placé au-dessus de tous les autres. Il n'est pas d'institution judiciaire qui soit, plus que la *sagra rota*, frappée d'immobilité et d'esprit stationnaire. Plusieurs bons esprits n'ont pas hésité à regarder ces principes inertes comme l'obstacle le plus grand aux progrès de la législation romaine. En général, la religion et la politique romaines ont trop confondu l'immobilité avec la stabilité : celle-ci est la vie, l'autre est la mort.

Quant à la partie morale de cette rote que Rome a tant de fois proposée comme un foyer de lumières, d'équité et de justice, les faits nous ont montré la ruse sous la toge du juge, la vénalité, la cupidité et la corruption sous le costume de ses officiers.

En outre, rien n'est plus difficile que de connaître et de définir avec exactitude la compétence de la rote ; il y a lieu de penser que, par cette obscurité, on a voulu favoriser une incertitude si féconde en abus et en usurpations ; cela était surtout nécessaire pour un tribunal aux décisions duquel ne sont pas seulement soumis les intérêts romains, mais ceux de toute la fortune ecclésiastique de la catholicité.

Les autres juridictions civiles sont établies selon les divisions du territoire.

Les États romains sont divisés en provinces ; chaque province a plusieurs arrondissements ou gouvernements : ceux-ci sont partagés en districts; il y a des gouverneurs et des sous-gouverneurs dont la hiérarchie est réglée par les traitements; les communes ont un administrateur salarié qui porte le titre d'auditeur légal. Tous dépendent des légats et des délégués, les chefs de la province.

Chaque chef-lieu de province a un tribunal civil. Ceux de Bologne, Ferrare, Forli et Ravenne se composent d'un président, d'un vice-président et de quatre juges qui forment deux chambres. Ailleurs, il n'y a que trois membres en une seule chambre. Le gouvernement d'Urbin et de Pesaro a deux tribunaux, un dans chacune de ces villes.

Il existe à Bologne un siége d'appel pour les provinces de Bologne, de Ferrare, de Forli et de Ravenne; du ressort de Macerata dépendent Urbin et Pesaro, Ancône, Fermo, Camerino et Loreto. Ces corps jugent sur l'appel des tribunaux civils, et en troisième instance lorsqu'il a été déjà prononcé deux fois.

La juridiction de Rome est soumise à un autre ordre d'organisation. La complication des diverses magistratures est extrême. On y rencontre le tribunal du prélat auditeur de la chambre apostolique, le sénateur capitolin, un tribunal civil composé de six membres, prélats, conseillers, juges et auditeurs répartis en deux chambres ; à la première sont attachés deux prélats suppléants, un conseiller et deux auditeurs. La réunion de ces deux chambres prend le nom de congrégation civile de la chambre apostolique.

Pour pénétrer dans ce chaos et dans ces ténèbres, il faut une persévérance que les études les plus assidues n'ont pas toujours. Qu'on juge combien cette tâche était au-dessus des forces de Noëmi! Renonçant à un travail sous lequel son esprit succombait, ce fut dans la société romaine qu'elle apprit à connaître cette organisation judiciaire et cette législation qui ne sont qu'un assemblage informe d'usages, de mesures et de formules contradictoires, empruntés à tous les siècles.

L'expérience du monde indiqua à Noëmi, mieux que ne l'auraient pu faire ses efforts, les principaux traits de la justice romaine. Elle vit combien étaient nombreux et affligeants les désastres des familles nobles et opulentes ruinées et abaissées par l'iniquité des magistrats et par l'obscurité des lois. Il n'est point de pays où il soit plus difficile qu'à Rome d'obtenir la justice ; nulle part les obstacles ne sont aussi multipliés sur les pas du bon droit, que devant les tribunaux romains.

Les principaux caractères de cette situation déplorable sont les lenteurs légales, les rivalités de juridictions multipliées et mal définies, l'intervention sacerdotale mêlée partout à l'action civile et à l'action juridique ; l'astuce, la mauvaise foi et les ruses, qui sont les traditions familières de la magistrature romaine ; l'ignorance de quelques-uns et la cupidité de tous. La vénalité n'est pas seulement dans les charges, elle est dans les cœurs et dans la corruption des habitudes. A Rome, la rapacité des gens de loi est poussée à outrance ; le scandale des fortunes élevées par l'exploitation judiciaire forme un contraste affligeant avec la misère des plaideurs appauvris et désolés que l'on rencontre partout, et dont les doléances ressemblent aux complaintes des mendiants. On voit à Rome des procès se transmettre de génération en génération, non pas comme des éléments de fortune, mais comme des afflictions héréditaires ; sous cette action funeste qui les mine, les plus riches maisons s'écroulent.

Entre autres traits particuliers à cette déplorable situation, c'est la paresse et l'indolence des hommes auxquels est confiée l'administration de la justice. Le nombre de ceux qui les sollicitent s'accumule et s'augmente ; les couches de plaideurs se superposent et finissent par former une masse effrayante, devant laquelle reculerait le zèle, mais près de laquelle la paresse se couche et s'endort. La porte de ceux qui disposent de la justice est, à toute heure, littéralement assiégée par la multitude de ces affamés de sentences ; il arrive alors que les gens de loi, qui ne peuvent répondre à tous, ne répondent à personne.

Une circonstance frappa surtout Noëmi, et fit luire pour elle la lumière dans ces ténèbres. La signora Naldi avait pour amie une femme, jadis les délices de la société romaine, la comtesse de Castali, de bonne et ancienne noblesse. Tout à coup cette femme, remarquablement belle et que le monde entourait de ses hommages, disparut ; on s'occupa quelque temps de cette absence, puis on n'y pensa plus. Dix ans s'étaient écoulés depuis cet événement, lorsqu'un jour, la signora et Noëmi reçurent la visite d'une femme que l'indigence et la vieillesse avaient courbée. Elle eut toutes les peines du monde à se faire reconnaître par son ancienne amie, dont elle venait implorer la bienfaisance.

L'histoire de ses malheurs était courte et instructive. Née dans la classe plébéienne,

École de jésuites en Italie.

sa beauté l'avait fait rechercher par le comte de Castali. Dans un voyage que celui-ci avait fait à Bologne pour des intérêts de fortune, il était mort subitement. Sa veuve avait aussitôt réclamé, auprès de la famille de son époux, le douaire stipulé dans le contrat de mariage. D'abord on refusa de reconnaître ses droits, ensuite il y eut sur le bien qui était la garantie du douaire, des prétentions ecclésiastiques. Alors l'affaire s'embrouilla si étrangement par ce conflit, que le procès, malgré la clarté des droits de la veuve, parut interminable. La comtesse de Castali tenait de la munificence de son époux des présents et des bijoux d'une valeur assez considérable pour s'assurer une existence au-dessus de la médiocrité. Afin d'obtenir le douaire qu'on s'obstinait à lui contester, elle dépensa tout ce qu'elle possédait. Dix années de sollicitations et de sacrifices ne fatiguèrent pas son énergie; elle se trouvait sans ressources; mais après avoir été ainsi ballottée de juridiction en juridiction, de tribunal en tribunal, de l'église au prétoire, elle touchait enfin au terme de ses souffrances : elle allait obtenir la troisième sentence conforme aux deux autres, ce phénix de la justice romaine. A l'approche de cet instant décisif, son anxiété était affreuse; la moindre différence d'opinions entre les juges, un caprice, une erreur, une prévarication, pouvait la replonger dans l'abîme dont elle était si près de sortir.

Enfin, la troisième sentence lui fut favorable.

Et la pauvre veuve se croyait sauvée; elle remercia le ciel de l'aisance qui lui était rendue après tant d'angoisses. Un acte de *restitution* émané du saint-siége, obtenu par ses riches et puissants adversaires qui avaient allégué des déchéances encourues ou des défauts de forme, leur avait restitué leur faculté d'opposition à la délivrance du douaire. Abattue et consternée sous un coup si subit et si inattendu, la pauvre comtesse n'avait ni la force ni les moyens de soutenir une lutte nouvelle.

A Rome, ces exemples sont fréquents.

Ainsi, au-dessus de tous les droits, on rencontre le bon plaisir pontifical et l'abus inique du dogme infaillible.

Tandis qu'à la base de l'institution judiciaire on trouve une police hargneuse, tracassière et brutale qui, sous mille prétexte, d'édilité, traite les habitants de Rome comme le ferait la police expéditive du cadi.

Le premier élément de la législation romaine est le code de l'empereur Justinien, altéré par les principes canoniques. Cette mixture engendra, d'âge en âge, d'inextricables embarras. Le code Napoléon jeta quelques lueurs dans ces ténèbres épaisses; après les désastres de l'empire français, lorsque le pape rentra dans ses États, la cour de Rome rétablit dans toute son obscurité primitive l'ancienne législation. Les plaintes furent vives et générales; elles s'élevèrent d'abord des provinces qui les premières avaient joui des bienfaits des lois françaises. Quelques-unes de ces provinces obtinrent la suppression des majorats et des fidéicommis; mais, ailleurs, on autorisa les nobles à la fondation des majorats; les filles furent, comme dans le passé, exclues de la succession paternelle et masculine, et réduites à une dot congrue.

Léon XII, élu pape en 1823, confirma, pour tous les États pontificaux, les majorats et les fidéicommis; il abolit les tribunaux civils composés de plusieurs membres, et institua des juges uniques appelés préteurs, comme dans l'organisation autrichienne en Italie. Cette disposition livre à l'erreur, à l'ignorance ou à la perversité d'un seul homme, le sort et la fortune des familles.

Le pape actuel a conservé la législation féodale sur les majorats, les fidéicommis et l'exclusion héréditaire des femmes; il a réduit à deux le nombre des sentences; mais l'avidité des mesures fiscales qu'il a laissées subsister a annulé l'utilité de cette mesure. Il a supprimé les juges uniques et exceptionnels; mais une déclaration du 12 novembre 1836 ôte à cette résolution son caractère irrévocable.

Noëmi, égarée et perdue dans ce dédale, se rappelait avec quel sentiment de douleur profonde Ben-Saül parlait des embûches que les juifs des États romains, séparés d'ailleurs du droit commun, rencontraient à chaque pas qu'ils faisaient dans l'enceinte judiciaire.

Le résumé de ces observations sur l'organisation judiciaire et sur la législation romaine est bref mais énergique; on y aperçoit le retour aux lois nobiliaires aristocratiques, l'éloignement pour toutes les lumières nouvelles, l'orgueil féodal, l'injustice et la cruauté des vieilles exclusions, ces formes barbares, à peine tempérées par les tâtonnements, la timidité et la perfidie d'améliorations toujours incertaines et incomplètes.

Nous touchons à une page douloureuse de Rome temporelle; c'est celle de la législation criminelle. Ici le cœur, tous les sentiments et toutes les affections de la jeune juive étaient intéressés à bien connaître les différents cercles de cet enfer de peines et de châtiments.

On a essayé de faire honneur à Grégoire XVI de certaines réformes pénales et criminelles. Les anciennes peines infligées par des ordonnances rendues pour le crime qu'elles punissaient étaient excessives et atroces ; leur exagération épouvantait les bourreaux. Il y avait urgence d'en décréter de nouvelles ; c'est ce qu'ont fait les nouveaux codes. Les écrivains de ce temps qui ont porté leurs regards sur cette partie de la législation romaine sont forcés de reconnaître que toutes les complaisances pénales ont été réservées pour les crimes et les délits qui n'intéressent que la vie et la fortune des particuliers, la morale et l'ordre de la société. Ces méfaits ont trouvé des adoucissements, une gradation et une indulgence dont témoignent la fraude, le vol, le meurtre, le brigandage et les mœurs abominables. Toutes les colères, les haines et les fureurs du châtiment ont été gardées pour les fautes politiques. Cette détestable procédure redoute la lumière et la publicité ; elle agit dans le secret et dans l'ombre. A la confrontation des témoins, admise dans d'autres cas, on a substitué, pour les causes politiques, la simple communication des dépositions. Les prévenus politiques sont livrés à des formes occultes et exceptionnelles. Ces aveux sont faits par ceux-là mêmes qui ont le plus écrit pour la glorification du gouvernement pontifical.

On est aussi forcé de reconnaître, avec les plus favorables intentions, que, dans les États du pape, la procédure criminelle est chargée de frais et de lenteurs. On y retrouve les inévitables délais de la double instance. Un écrivain contemporain affirme qu'il s'écoule quelquefois cinq ans avant l'issue d'un procès criminel. On ne connait la prompte expédition que pour les sentences prononcées par les commissions dans les légations, et dont les arrêts sont quelquefois exécutés dans les vingt-quatre heures.

Après une longue et inconcevable immobilité, c'est depuis vingt ans seulement que la législation civile et criminelle a été plutôt remuée qu'améliorée dans le pays romain. Ces changements brusques, subits et inconsidérés ont porté le trouble dans les intérêts, dans la science et dans les doctrines. Riche de tant de vices, la législation romaine rejette toutes les lumières ; elle n'est sortie de sa torpeur séculaire que pour subir une mobilité insensée si loin de ce mérite de toute bonne législation, la fixité, c'est-à-dire le progrès marchant aux clartés de la civilisation morale et politique.

Comme dans les conceptions monstrueuses et difformes, le grotesque se place toujours à côté de l'horrible, l'organisation militaire de l'armée pontificale est la risée de l'Europe. Les *soldats du pape* ne sont-ils pas devenus, dans les traditions populaires de toutes les nations, le type du ridicule ? Nous n'attacherions qu'une importance médiocre à cette futile ironie, si les faits n'avaient pris soin, à toutes les époques, de justifier ce sarcasme universel.

A la tête de l'administration de l'armée qui est chargée de la défense militaire du territoire et des côtes, est toujours placé un prélat. Le ministre actuel de la guerre de l'État romain est monsignor Piccolomini ; il est assisté de trois généraux. Cette anomalie est tout d'abord choquante et provoque le rire. S'il faut absolument que l'Église, qui a horreur du sang, se mêle de guerre et de bataille, pourquoi ne pas mettre à la tête de l'armée un général assisté de trois prélats.

Il y a trois grandes circonscriptions militaires, dont les chefs-lieux sont Rome, Bologne et Ancône. On compte seize places ayant des garnisons et un commandant.

L'esprit belliqueux est, comme nous l'avons vu, si peu dans la nature des Romains, qui prétendent être les descendants des superbes conquérants du monde, que le pape est forcé d'avoir recours aux milices étrangères. Il y a dans l'armée pontificale deux régiments suisses forts de deux mille cent vingt-quatre hommes ; chacun de ces régiments est pourvu de deux compagnies d'artillerie armées de huit pièces.

C'est en 1832 qu'a été conclue, pour vingt ans, la capitulation entre le pape et les généraux suisses de Salis et de Courten. Ce fut un des premiers actes du pontificat de Grégoire XVI qui se leva menaçant contre les légations. Souvent, pour réprimer les mouvements des provinces mécontentes, il a fallu augmenter le nombre de ces soldats étrangers. Ainsi que nous l'avons vu, c'est, pour le trésor romain, une cause de détresse incessante, à laquelle remédierait une franche et loyale concession de droits légitimes. Dans ces régiments suisses, l'engagement des sous-officiers et soldats est de quatre à six ans. On admire la tenue, la discipline et l'exactitude du service de ces troupes ; mais on ignore à quel prix ces mérites sont achetés. Les soldats suisses, en vertu de leurs capitulations, gardent chez les autres nations leurs lois militaires. La peine de mort y est fréquente et s'applique à un grand nombre de manquements. Le procès du soldat suisse est instruit sous la voûte du ciel, au milieu d'un carré formé par les deux bataillons du régiment. On vote par le moyen de baguettes : brisées, elles condamnent ; intactes, elles absolvent. Le ministre de la religion est présent. Si le soldat doit subir la peine capitale, il est immédiatement exécuté et couché dans la fosse qu'on a creusée sous ses yeux.

Tous les officiers et soldats suisses de l'armée papale doivent être catholiques. Cette remarque n'est point indifférente.

Il y a en outre, pour le service du *santo padre*, une garde d'infanterie suisse qui a conservé dans tous ses détails le costume national de l'Helvétie, au XVIᵉ siècle. Cette garde, qui porte la hallebarde, a depuis trois siècles pour chefs des membres de la famille Pfiffer, de Lucerne. Ce corps est renommé par son dévouement ; on le recrute avec beaucoup de soin. Ces relations de Rome avec Lucerne et avec les cantons de la Suisse catholique sont-elles étrangères aux derniers événements de ces contrées ?

Dans les guerres civiles, les soldats étrangers déploient un acharnement qui rend leurs services précieux à tous les despotismes. En 1830, les troupes suisses se battirent contre la population parisienne avec une fureur sans égale. On retrouve cette cruelle ardeur dans les régiments suisses employés à réprimer les troubles des légations.

L'infanterie romaine se compose de vétérans, de grenadiers, de fusiliers et de chasseurs ; la cavalerie a des dragons et des chasseurs ; chaque compagnie a une batterie d'artillerie de huit pièces.

Ce qu'on appelle troupe de police se compose de carabiniers, de gendarmes, de sbires, de gardes de finances, de bataillons auxiliaires et de réserve dans les provinces, et de volontaires pontificaux.

L'effectif de l'armée nationale du pape est de 18,748 hommes ; le tiers de ces troupes est employé à la police des routes et à la surveillance politique. A ces différents corps il faut joindre celui de la garde noble à cheval, qui se fait remarquer par son faste et par sa coquetterie fanfaronne.

Le mode de recrutement s'effectue par engagement volontaire ; l'armée est ainsi infectée par des hommes flétris, débauchés, vagabonds et sans aveu. Les crimes et les délits sont plus nombreux dans les rangs de ces soldats qu'en aucun pays. On reconnaît sous l'uniforme la bassesse de l'Italien de Rome. Un voyageur, dont le témoignage ne saurait être suspect, affirme qu'à Rome, lorsque les soldats espèrent échapper aux regards de leurs chefs, ils demandent l'aumône, même étant en faction.

A voir l'activité des milices religieuses et la molle indolence des corps militaires, on peut dire que, dans les États du pape, si les moines sont soldats, les soldats sont moines.

Il n'est donc aucune proportion entre la cour de Rome, qui est la tête de l'État, et le corps du gouvernement; l'une est d'une ampleur prodigieuse, l'autre est outrageusement frêle et chétif. C'est que Rome ne montre et ne laisse apercevoir au dehors que la tiare étincelante de pierreries et cache les lambeaux de sa domination vieillie et usée. Au moyen de cette fourbe, la ville des pontifes espère imposer aux nations; mais, de toutes parts, on voit les crevasses et les lézardes de l'édifice prêt à s'écrouler.

Dans un isolement qu'elle voudrait faire passer pour de la vigueur, la papauté repousse avec une opiniâtreté persévérante tout ce que lui présentent le progrès et la civilisation.

Les chemins de fer, même comme voie de transit, ont éprouvé d'invincibles résistances. Malgré toutes les démarches faites à Rome, afin d'obtenir la permission d'exécuter les chemins de fer qui doivent aller à Naples, à Rome, de la Toscane à Bologne, de la Romagne en Lombardie, le gouvernement romain persiste à refuser son consentement à l'exécution de ces projets. Rome, cet ancien foyer de lumières, se blottit dans un obscurantisme absurde, et, pour nier la lumière, ferme les yeux à ses clartés.

Dernièrement, on a demandé au gouvernement pontifical d'autoriser l'importation du procédé nouveau par lequel on supprime, dans la dorure des métaux, l'emploi du mercure, dont les émanations sont si funestes à la santé des ouvriers. Cette découverte, propice aux intérêts de l'humanité, a été repoussée. A Rome, la science est considérée comme l'*aria cattiva* de l'esprit humain.

Au moment même où nous écrivons ces lignes, un signe éclatant et manifeste relève et dénonce à l'univers l'incurie du gouvernement romain. Voici ce que publie la presse de tous les pays :

« On annonce qu'un des plus splendides monuments de l'art catholique, le dôme de Saint-Pierre de Rome, édifice qui a coûté près de sept cent trente millions, inspire des craintes sérieuses aux architectes. Depuis longtemps déjà, la coupole, qui est la plus vaste qu'il y ait au monde, est fendue en plusieurs endroits, et dix arceaux de fer, du poids de soixante mille kilogrammes, ont dû être pratiqués aux endroits menacés de la voûte pour en prévenir la chute. On vient de s'apercevoir que le *lanternino*, intégralement exécuté en or, au-dessus duquel s'élève la croix qui couronne l'édifice, était crevé de part en part. Les nombreux paratonnerres que Pie VII a fait poser pour défendre l'édifice ne permettent pas de supposer que ces ravages soient dus à l'action de la foudre. On entoure en ce moment le *lanternino* de lourdes chaînes de fer, afin d'arrêter le prolongement des fentes. »

La coupole de Saint-Pierre de Rome, quoique soutenue par quatre piliers ayant chacun soixante-neuf mètres de tour, a éprouvé, à diverses époques, des ébranlements qu'on explique par la nature même du sol souvent agité par des tremblements de terre, à des percements, à un pilier creusé, malgré la défense de Buonarrotti, et à d'autres vices de construction. Le *lanternino* n'est point d'or, comme l'ont dit les journaux romains; c'est une hâblerie répandue par les *ciceroni*.

Ce qui a surtout causé ces ébranlements,

c'est le poids énorme des arceaux de fer qui ceignent le dôme et n'en relient les parties qu'en surchargeant les piliers et en produisant des pressions nouvelles. A Paris, on a éprouvé les mêmes alarmes pour le Panthéon, et la science des architectes français a bientôt dissipé toute inquiétude.

Le véritable nom de la boule qui surmonte la lanterne est la *palla*; on a inscrit sur des plaques de marbre enchâssées dans les parois de l'escalier les noms des personnes souveraines et des princes qui ont effectué l'ascension, avec la date du fait et cette mention : *Sali alla cupola ed entro nella palla*. Ces inscriptions datent de 1783; la première fut faite en l'honneur de Joseph II. La princesse Christine de Naples, se rendant à Madrid en 1829, pour aller épouser Ferdinand VII, passa par l'étroit conduit de bronze où est placé l'escalier qui mène à la *palla*; c'était alors une mince et svelte fiancée; aujourd'hui, la taille de la reine mère ne lui permettrait plus de faire ce trajet.

Depuis la visite d'un auguste exilé qui a eu lieu le 15 novembre 1839, la formule est changée; on écrit maintenant sur la plaque de marbre :

Onoro di sua visita la cupola Vaticana e sali nella palla.

Pendant qu'on réglait cette étiquette, la coupole menaçait ruine, le temple allait s'écrouler. C'est l'image de la puissance des papes qui s'entoure de tant de faste, craque de toutes parts et écrasera sous ses ruines la puissance spirituelle, dont elle a été la plus implacable ennemie.

Le pape ne règne que sur 2,800,000 sujets, épars dans des États divers. Rome, la ville capitale, ne compte que 175,729 habitants non compris les juifs.

Pour toute influence politique, le pape n'a plus que l'astuce, la finesse, l'intrigue et les secrètes relations avec le clergé catholique et les ordres religieux. La puissance temporelle, à laquelle ils ont immolé l'Église et la religion, s'est brisée dans les mains débiles des pontifes. Le gouvernement et l'Église se sont ainsi entraînés à une perte mutuelle, et les faits ont mis au jour la démence et l'impossibilité de cette alliance.

Cette caducité toujours croissante laisse Rome à la merci de toutes les dominations oppressives; elle redoute toutes les attaques; pliée sous le joug de l'Autriche, elle craint la France; elle est exécrée par l'Italie, comme le seul obstacle à l'établissement de la nationalité italienne.

CHAPITRE XXI

Rome et Paris.

Dans le cours des siècles, la bonne intelligence entre les rois très-chrétiens et les pontifes fut plus d'une fois gravement troublée. Les foudres de Rome n'ont point épargné la couronne des souverains auxquels le saint-siége avait décerné le titre de *fils aînés de l'Église*. La réforme porta un coup redoutable à la domination romaine en France; par cette brèche faite au catholicisme, l'esprit de discussion et d'examen pénétra dans les croyances, et la première pierre de l'édifice fondé sur la crédulité des peuples tomba.

Les persécutions, les massacres, le bûcher et l'exil ne parvinrent point à extirper le dogme nouveau; il se fortifia au contraire et s'accrut par ces luttes dans lesquelles il fallait payer de la vie les convictions religieuses.

La dévotion de Louis XIV, les pieuses atrocités de sa vieillesse fanatique, les hypocrites fureurs de la favorite et la rage des confesseurs jésuites, n'arrêtèrent point le mouvement qui poussait les esprits vers l'indépendance intellectuelle. A cette époque, pendant que l'ignorance populaire se débattait contre d'absurdes superstitions, pendant que la controverse discutait de misérables arguties, l'épiscopat français posait les premières bases des franchises gallicanes. Bossuet, dont la voix retentissante s'élevait pour exalter les pontifes, frappait au cœur la puissance romaine, en même temps que la couronne de France réprimait l'orgueil de la tiare et répudiait les traditions de la suprématie pontificale.

Le siècle suivant trouva la France merveilleusement préparée à l'avenir que lui présentait l'ère philosophique. La dissolution de la régence avait perverti le sens public; de l'excès de la contrainte qu'il secouait, il se jeta dans la licence; la philosophie, qui venait briser les derniers liens de l'ancienne soumission, fut bien accueillie et séduisit toutes les intelligences.

De ce temps date en France la ruine complète du pouvoir ultramontain. Il ne nous appartient pas d'examiner ici jusqu'à quel point fut poussée cette réaction de la pensée générale. Un ordre fatalement célèbre, cette compagnie de Jésus qu'on retrouve dans toutes les crises funestes des États catholiques, essaya de lutter seul contre le torrent; les jésuites furent emportés avec les autres débris.

Cette défaite, amenée et accomplie par le long enfantement intellectuel d'un grand peuple, Rome et les siens l'ont subie sans l'accepter. Depuis le jour où elles ont été chassées, non pas seulement par les clameurs de l'indignation nationale, mais par l'action régulière du pouvoir de l'État, Rome et sa milice religieuse n'ont pas cessé de rêver et de poursuivre la possession de tout ce qu'elles ont perdu.

Lorsque, après les actes des parlements français, le cri de l'Europe indignée et la voix de sa propre conscience eurent arraché à Ganganelli, en 1773, la supression des jésuites, ceux-ci jurèrent que cette nation, qui venait de fermer à leur ordre toute la chrétienté, leur appartiendrait. La suite des événements a prouvé que si la fermeté de Clément XIV sut prendre et exécuter une résolution énergique, la politique romaine, se séparant cette fois de la volonté du pontife, n'a pas cessé de tenter en secret la restitution de ce qui avait été aboli.

Dans ces circonstances, et surtout dans la série des faits qui touchent de plus près à l'histoire contemporaine, le clergé français a eu un tort immense : c'est de pactiser avec Rome et avec les jésuites contre l'indépendance du sentiment national. C'est à cette faute qu'il doit surtout attribuer les malheurs qui ont pesé sur lui pendant la tourmente révolutionnaire. En France, le clergé eût été honoré et protégé si, au lieu d'être l'instrument le plus actif et le plus puissant de l'asservissement, il avait franchement embrassé la cause de l'égalité fraternelle enseignée par le Christ. C'est aussi à l'influence de la corruption romaine qu'il faut attribuer l'immoralité, les désordres, la débauche et l'orgueil de tant de prélats français, contre lesquels s'est soulevée si véhémente et si indignée la colère du peuple. Les conséquences de ces griefs ont transmis à l'âge actuel une légitime défiance que les événements n'ont que trop bien justifiée. C'est donc à Rome et à ses perverses insinuations qu'il faut attribuer les maux qui depuis plus d'un demi-siècle ont si violemment contristé le sanctuaire gallican.

Lorsqu'on revoit par le souvenir et par

la pensée les nombreux et solennels avertissements que la France a donnés à la puissance romaine, on a peine à concevoir l'opiniâtreté pontificale, dans les voies de l'attaque, contre les franchises de l'Église française, et sa résistance aux progrès de la civilisation dont la France est si impatiemment avide.

Cette histoire offre à l'observation des tableaux si vifs et si animés, que ce fut avec tous les sentiments d'une curiosité passionnée que Noëmi explora les années qui nous séparent de la naissance du XIX° siècle, dans leurs rapports avec la France et les États romains, représentés par Rome et Paris, ces deux villes où se reflète avec tant de vérité le caractère des deux peuples.

Noëmi, qu'un sentiment de reconnaissance attachait à la France, qui a tant fait pour la réhabilitation sociale des Israélites, devait d'ailleurs trouver dans cette exploration la connaissance et l'intelligence de ces *idées françaises*, dont Rome paraissait si fort redouter les clartés et les ardeurs.

Élu et couronné le 3 juillet 1800, à Venise, par un conclave rassemblé à la hâte, Pie VII se montra d'abord docile aux vœux du vainqueur qui voulait rétablir en France la religion catholique et relever l'autel entraîné par la chute du trône. Le 3 juillet de l'année suivante, le concordat fut signé entre le pape et le premier consul, chef de la république française.

Au mois de décembre, en 1804, le pape sacrait Napoléon à Paris.

En 1808, l'empereur des Français, ayant vu dans les cauteleux artifices du gouvernement romain un obstacle à son désir de fonder la nationalité italienne, envahit les États du pape, fit de Rome le chef-lieu d'un département français, celui du Tibre, et établit dans la ville des pontifes les autorités françaises. Cet acte de répression avait aussi pour but de châtier les prétentions de Pie VII sur la nomination aux siéges de l'épiscopat français. Le pontife protesta contre cette violence ; dépouillé de ses États, le pape fut retenu captif à Savone. Une nouvelle opposition se manifesta au moment où Napoléon crut devoir demander à la cour de Rome l'autorisation de faire prononcer le divorce entre lui et l'impératrice Joséphine. Le refus du vieillard obstiné lui fit alors comprendre quelle faute il avait commise en restant sous le joug spirituel du pontife entêté et d'avoir laissé vacants les siéges épiscopaux, pour lesquels Pie VII n'avait pas voulu donner sa sanction.

La division éclata alors dans le collége des cardinaux, et sur vingt-six d'entre eux présents à Paris, treize s'abstinrent de se présenter à la cérémonie du mariage de Napoléon avec Marie-Louise, sous le prétexte que le pape n'avait pas autorisé le divorce. Cette protestation, sans péril, était une manière adroite de flatter le vieux pontife, qui restait encore le seul dispensateur des grâces de la cour de Rome. Napoléon répondit à cette bravade en faisant signifier au pape, par un sous-préfet, celui de Savone, qu'il eût à observer la défense de communiquer avec les églises de France et les sujets français, lui signifiant qu'il cessait d'être le chef de l'Église catholique, et que l'on se préparait à le faire déposer. On assure qu'alors Napoléon pensa sérieusement à assembler un concile national pour juger le pape, abolir le concordat de 1801 et établir les droits relativement à l'institution des évêques. Le pape, effrayé par ces menaces, se hâta de proposer des concessions ; il renoua les négociations qu'il avait rompues, consentit à étendre le concordat aux États de Toscane, de Parme et de Plaisance qui étaient sous la domination française, et à ratifier une clause qui légitimerait l'installation des évêques par le métro-

La place du Peuple et les églises Sainte-Marie de Monte-Santo et Sainte-Marie des Miracles.

politain ou par le plus ancien prélat de la province.

Ces concessions ne lui paraissant pas suffisantes, l'empereur convoqua les évêques en concile, le 17 juin 1811. Cette assemblée se signala d'abord par son opposition à la volonté impériale. Napoléon ne savait pas combien était vivace la ténacité des idées ecclésiastiques dans la soumission à la discipline romaine. Il fit cesser le concile dès la première session, et arrêter les évêques de Tours, de Gand et de Tournay. Une autre réunion fut convoquée le 5 août suivant, au palais de l'archevêché de Paris; la question de l'institution épiscopale fut résolue suivant le désir du gouvernement impérial. Pie VII, qu'on s'attendait à trouver contraire à cette résolution, eut l'adresse d'approuver ce qu'il ne pouvait plus empêcher; il déclara qu'il partageait l'opinion des prélats, et par un bref, il régla lui-même l'ordre de la matière en donnant de grands éloges au sentiment des évêques; il adressa à Napoléon une lettre dans laquelle il l'appelait *son très-cher fils*, et le suppliait de ne pas résister à une réconciliation.

De nouvelles contestations s'élevèrent toujours à l'égard de ce concordat que Napoléon prétendait étendre à tout le territoire de l'empire français, au royaume d'Italie, à la Hollande, aux provinces rhénanes, enfin à Rome elle-même, comprise alors dans les possessions françaises.

Le 20 juin 1812, le pape Pie VII fut confiné à Fontainebleau. Les cardinaux étaient alors divisés en deux catégories : l'une se composait des membres du sacré collége qui avaient assisté au mariage de Napoléon, et qu'on appelait les *cardinaux rouges*, parce qu'ils avaient conservé la pourpre; les autres, qui avaient refusé d'assister à cette célébration, étaient nommés *cardinaux noirs*, parce que l'empereur leur avait retiré la pourpre. Les premiers seuls jouissaient du droit de faire leur cour au saint-père.

Au retour de l'expédition de Russie, Napoléon se rendit auprès du pape à Fontainebleau; il posa les bases d'un nouveau concordat qui portait en substance :

« Que Pie VII exercerait les fonctions spirituelles en France et en Italie, comme ses prédécesseurs; que les ambassadeurs et autres envoyés près le saint-siège seraient considérés comme membres du corps diplomatique; que les domaines pontificaux non encore aliénés demeureraient la propriété du pape et seraient administrés par ses agents; qu'il lui serait alloué, pour les domaines aliénés, un revenu de deux millions.

« Que l'empereur aurait six mois pour nommer aux siéges vacants; que les métropolitains prendraient les informations nécessaires pour constater le mérite du sujet élu; que le pape l'instituerait dans les six mois qui suivraient la notification; que, dans le cas contraire, le droit d'investiture serait acquis au métropolitain ou au plus ancien évêque de la province; que la propagande, la pénitencerie et les archives seraient établies dans le lieu où séjournerait le pape; que celui-ci renoncerait à la souveraineté de Rome, et consentirait à transférer le saint-siège en France. »

Cet acte fut signé le 25 janvier 1813. Il y eut à ce sujet des fêtes à la cour. Pie VII embrassa Napoléon, quoique l'empereur ne fût pas encore relevé de l'excommunication qu'il avait encourue. Les cardinaux-ministres ayant été remis en liberté, et ayant obtenu la permission de se rapprocher du pape, les intrigues recommencèrent.

Les cardinaux Pacca et Gonzalvi effrayèrent le pontife sur les conséquences du concordat qu'il avait signé et le déterminèrent à protester contre ses propres actes.

On connait la déclaration par laquelle, deux mois après la signature de cet acte, le pape protesta contre ce qu'il contenait, en prétendant que Satan, l'esprit des ténèbres, avait seul pu le lui inspirer.

Un décret impérial passa outre et maintint le concordat.

Un schisme et un grand trouble étaient imminents dans l'Église, si la gravité des événements politiques n'avait pas appelé ailleurs l'attention de l'Europe.

La France, aux prises avec les puissances coalisées contre elle, ne pouvait sans danger garder dans son sein un sujet de discorde; Napoléon renvoya à Rome le pontife, dont l'obstination et la mauvaise foi avaient si gravement compromis la religion elle-même.

Ici, le cœur de Noëmi reçut une violente secousse. Quelques récits affirment que, pour seconder les mesures de rigueur que le pape exerça à son retour, des prêtres fanatiques prêchèrent une sanglante croisade; ils distribuèrent des poignards bénits pour égorger les républicains, les hérétiques et les juifs, contre lesquels on vociférait d'horribles menaces dignes des fureurs des cannibales. Les ambassadeurs intervinrent pour s'opposer à ces abominables desseins. Les juifs sauvèrent leur vie; mais la confiscation enleva leurs biens et leur fortune, les surchargea d'impôts et les relégua dans l'enceinte infecte du *Ghetto*.

Les persécutions recommencèrent avec la barbarie des anciens temps.

Rome ne fut plus occupée qu'à capter les bonnes grâces de la nouvelle cour de France. Le pape, qui avait tour à tour exalté Napoléon, sacré l'empereur à Paris avec tant de pompe, prodigua à Louis XVIII la louange et la flatterie. Il lui restitua le titre de fils aîné de l'Église; mais le vieux roi, dont les idées n'étaient point favorables aux prétentions de Rome, sut habilement esquiver l'acte qui devait constituer un concordat, calqué sur celui de François Ier, et qui faisait rétrograder de trois siècles la situation religieuse. On assure que le pacte fut signé; mais il ne fut pas rendu obligatoire, et il ne fut jamais soumis à la sanction des chambres.

Ces faits se passaient avant l'échec qui mit un terme à la carrière politique de Napoléon.

A la nouvelle du retour de l'empereur à Paris, Pie VII s'était honteusement réfugié à Gênes. Napoléon lui écrivit une lettre par laquelle il annonçait au pontife son second avènement. Cette pièce, qui appartient à l'histoire, montre combien l'empereur, malgré la vigueur des mesures qu'il prit contre le pontificat, avait de faiblesse pour le pontife.

« Très-saint père, lui disait-il, vous avez appris, dans le cours du mois dernier, mon retour sur les côtes de France. La véritable nature de ces événements doit maintenant vous être connue ; ils sont l'ouvrage d'une puissance irrésistible, l'ouvrage de la volonté unanime d'une grande nation qui connaît ses droits et ses devoirs. La dynastie que les baïonnettes étrangères avaient imposée au peuple français n'était pas faite pour lui. Les Bourbons n'ont voulu s'associer ni à ses sentiments, ni à ses besoins, ni à ses mœurs ; le peuple a dû se séparer d'eux. Sa voix appelait un libérateur, je suis accouru. Du point où j'ai touché le rivage, l'amour de mes peuples m'a porté jusqu'au sein de la capitale. Le premier besoin de mon cœur est de payer tant d'affection par le maintien d'une honorable tranquillité. Le rétablissement du trône impérial était nécessaire au bonheur des Français ; ma plus douce pensée est de le rendre en même temps utile à l'affermissement de l'Europe.

« Assez de gloire a illustré tour à tour les drapeaux des diverses nations ; les vicissitudes du sort ont assez fait succéder de grands revers à de grands succès. Une plus belle arène est aujourd'hui ouverte aux souverains, et je suis le premier à y descendre.

Après avoir présenté au monde le spectacle de grands combats, il sera plus doux de ne reconnaître désormais d'autre rivalité que celle des avantages de la paix, d'autre lutte que la lutte sainte de la félicité des peuples. La France se plaît à proclamer avec franchise ce noble but de tous ses vœux ; jalouse de son indépendance, le principe invariable de sa politique sera le respect le plus absolu pour l'indépendance des autres nations. Si tels sont, comme j'en ai l'heureuse confiance, les sentiments paternels de Votre Béatitude, le calme est assuré pour longtemps, et la justice, assise aux confins des divers États, suffira seule pour en garder les frontières. »

Après le désastre de Waterloo, le pape, un peu remis de ses terreurs, entra encore une fois triomphant dans Rome ; il s'empressa de nommer des ambassadeurs pour complimenter Louis XVIII sur son retour en France. Ce qu'il n'avait pas osé demander en 1814, Pie VII le demanda en 1815. Le cardinal-légat Hercule Gonzalvi et le sculpteur Canova, que l'empire avait comblé d'honneurs et de bienfaits, furent chargés de redemander aux vainqueurs, non-seulement les provinces conquises, mais les tableaux, les statues et les objets d'art, trophées dont Napoléon avait enrichi nos musées.

Louis XVIII fut si blessé de cet acte si funeste pour la dignité nationale, qu'avec cet esprit caustique qui lui était propre, il s'écria :

« Le saint-père m'appelle le fils aîné de l'Église, mais je trouve que le pape me traite en fils cadet. »

Alors, ce fut aux princes de la famille royale que s'adressèrent les caresses de Rome. On exploita avec une astucieuse dévotion les sentiments religieux qui entouraient le trône et l'on ménagea des influences intimes, occultes et puissantes. On sut ainsi, dans le présent, habilement préparer l'avenir.

L'histoire de l'apparition et des progrès des jésuites en France, au XIXᵉ siècle, marche parallèlement avec l'invasion du fanatisme religieux ramené par la restauration. C'est dans une autre partie de ce trajet à travers les faits contemporains, que nous rencontrerons ces annales.

Après la mort de Pie VII, arrivée le 22 août 1823, Léon XII monta sur le trône pontifical le 27 septembre suivant. Un an après cette exaltation, Charles X succédait en France à Louis XVIII.

Un des premiers actes du nouveau pontife fut d'inspirer au cardinal de Clermont-Tonnerre, archevêque de Toulouse, qui se trouvait à Rome, une lettre pastorale qui devait servir de ballon d'essai et mettre Sa Sainteté à même de juger de l'état des esprits. Dans cette homélie, le prélat réclamait des modifications législatives pour mettre la législation du royaume en harmonie avec les lois de l'Église. La réhabilitation des fêtes, les chômages d'observance dévote, le rétablissement d'un grand nombre d'ordres religieux, l'indépendance du clergé et la restitution des biens de l'Église composaient la liste des réparations sollicitées au nom de la religion.

C'était un retour brutal et absurde aux abus de l'ancien régime. Louis XVIII, trop adroit pour s'abandonner à ces dangereux excès, parut céder au sentiment national en rendant une ordonnance royale qui déclarait cette lettre abusive et la supprimait comme contraire aux lois du royaume et aux prérogatives de la couronne.

Le pape tomba dangereusement malade; plusieurs attribuèrent alors cet accident au chagrin violent que lui causa le mauvais succès de la démarche du cardinal français qui avait agi sous ses inspirations. Les cardinaux croyaient toucher à un nouveau conclave, lorsque le saint-père, trompant toutes les espérances, se rétablit après quelques mois.

Pour se venger de la volonté royale à laquelle il devait cet échec, Léon XII, en publiant une bulle à propos de l'ouverture du jubilé pour 1825, chercha, au grand détriment de la religion, à soulever les passions politiques et religieuses dans plusieurs États. Tantôt il s'alliait avec les souverains contre les peuples, tantôt il soulevait ceux-ci contre l'autorité souveraine. On vit alors se dresser les sinistres discordes dans les cantons de Berne, de Genève, de Vaud, dans quelques États d'Allemagne, dans le Hanovre et en Irlande. L'opinion libérale et philosophique fut mise au ban de l'Europe par une lettre encyclique.

C'était surtout aux régions protestantes que s'adressait l'anathème.

Le *santo padre* parlait ainsi :

« Il est une secte, mes frères, qui, s'arrogeant le nom de philosophie, a ranimé de leurs cendres les phalanges dispersées des erreurs. Cette secte, couverte au dehors des apparences flatteuses de la piété et de la libéralité, professe le tolérantisme ou plutôt l'indifférence, et l'étend, non-seulement aux affaires civiles, mais même à celles de la religion, en enseignant que Dieu a donné à tout homme une entière liberté; de sorte que chacun peut, sans danger pour son salut, embrasser et adopter la secte ou la doctrine qui lui sourit, suivant son jugement privé...

« Cette doctrine, quoique séduisante et sensée en apparence, est absurde au fond, et je ne saurais trop vous prémunir contre l'impiété de ces hommes en délire.

« Que dirai-je encore? L'iniquité des ennemis du saint-siège s'est tellement accrue, que, outre le déluge des livres pernicieux dont ils inondent l'Europe, elle va jusqu'au point de faire tourner au détriment de la religion les saintes Écritures. Leur société, vulgairement appelée biblique, se répand audacieusement par toute la terre, et au mépris des traditions des saints Pères, contrairement au célèbre décret du concile de Trente qui défend de vulgariser les saintes Écritures, elle publie des traductions dans tous les idiomes des peuples de la terre. Plusieurs de nos prédécesseurs ont fait des lois pour détourner ce fléau; et nous aussi, pour nous acquitter de notre devoir apostolique, nous engageons les pasteurs à éloigner avec soin leur troupeau de ces *pâturages mortels* (il s'agit toujours des saintes écritures)... Que Dieu se lève! qu'il réprime, qu'il confonde cette licence effrénée de parler, d'écrire et de publier. »

Après vingt ans, ne recueille-t-on pas aujourd'hui en Suisse et en Allemagne, dans la guerre civile et dans les crises convulsives du nouveau schisme germanique, la moisson sanglante dont la bulle et la lettre pontificale de 1825 contenaient la semence?

Les processions du jubilé et celle du vœu de Louis XIII montrèrent alors au peuple de Paris, le roi et la famille royale, marchant à la suite des prêtres arrogants et superbes. Cette humiliation, qui abaissait toute une nation dans la personne de son chef, fut vivement ressentie par le pays.

Parvenue à ce point de l'histoire actuelle, la jeune juive fut obligée de renvoyer à une autre partie de son exploration le récit des moyens accessoires dont la papauté se servit alors pour seconder ses vues d'oppression générale, et d'un seul bond elle s'élança dans les événements récents; là, elle put contempler les désastres engendrés par les implacables ressentiments de Rome contre les efforts de l'affranchissement et de la civilisation. Elle vit de cette source impure et empoisonnée jaillir les maux qui ont fait trembler sur sa base un peuple tout entier et renversé un trône.

Lorsque la *camarilla* dévote qui entourait Charles X eut persuadé à ce malheureux roi qu'il y allait de son salut et de celui de la France, s'il ne réduisait pas au silence les opinions libérales et les idées philosophiques; lorsque Rome lui eut fait un cas de conscience politique des mesures extrêmes vers lesquelles on l'entraînait; quand on eut égaré les sentiments du monarque et du chrétien, le clergé crut qu'après une victoire aisément remportée sur l'opinion nationale, il retrouverait tout ce qu'il regrettait. Rome devait aussi reconquérir son ancienne influence sur l'État et sur la religion, dans le royaume du roi très-chrétien.

Ce fut sous ces trompeuses impressions que parurent les ordonnances liberticides. Les premières résistances n'inspirèrent que le dédain. On disait au vieux roi qu'il ne s'agissait que d'une poignée de rebelles dont on viendrait facilement à bout.

Les événements démontrèrent avec une inconcevable rapidité combien était insensée la vanité de ces prétentions.

Aucune victoire ne fut plus pure que celle du peuple de Paris. Devenu maître d'une ville immense, il se montra désintéressé et généreux jusqu'à l'héroïsme. La religion, ses ministres, les églises et le culte furent respectés; rien ne troubla la paix et le recueillement du sanctuaire. Un seul prêtre fut dérangé par ces hommes qui venaient de combattre pour les institutions jurées, ce fut l'abbé Paravey, attaché à la paroisse de Saint-Germain l'Auxerrois, auquel on demanda avec instance une prière et une bénédiction pour tous ceux qui étaient tombés dans cette lutte. Le prêtre ne pouvait se refuser à cette demande, et, à l'issue de cette pieuse cérémonie, il fut reconduit chez lui, escorté par des témoignages d'honneurs et de reconnaissance. Cet acte, qu'il fallait interpréter dans le sens de la magnanimité et de la force, on l'attribua à la faiblesse, et l'on crut que l'on pouvait impunément braver un triomphe si modeste dans la prospérité.

L'année suivante, le 13 février 1831, d'imprudents regrets firent une manifestation hostile à laquelle s'associa ouvertement le clergé. Cette date était celle de l'anniversaire de la mort du duc de Berri, ce prince tombé sous les coups d'un assassin auquel il a été impossible de trouver un complice, ce prince dont on avait dit qu'il avait été frappé par un poignard dont la lame était emmanchée dans une idée libérale. La paroisse, jadis royale, souffrit qu'on célébrât, dans l'église de Saint-Germain l'Auxerrois, un service funèbre. Cet acte était une commémoration injurieuse pour les principes qu'on avait si souvent et si hautement accusés de ce meurtre. Le peuple de Paris, jusque-là si calme et qui avait respecté les nefs sacrées dans lesquelles les fidèles n'avaient pas cessé de se réunir, sortit tout à coup de sa mansuétude, et sa fureur ne connut plus de bornes. Il envahit l'église, renversa l'appareil mortuaire et mit à sac le temple et l'autel, qu'il ne quitta que jonchés de ruines et de débris. Cette première et violente manifestation ne suffit pas à sa colère ; il porta plus haut ses coups, et pour avertir le clergé des périls auxquels il s'exposait, il s'adressa au chef métropolitain ; il alla en masse piller et détruire de fond en comble le palais archiépiscopal, et, afin qu'on ne se trompât point sur le but de cette action, il livra au feu ou jeta dans la Seine toute la fortune du prélat, dont la maison de plaisance subit la même destinée.

Dans les fastes de Paris, cette journée du 13 février 1831 a un caractère singulier.

La ville était en liesse ; c'était le mardi gras ; les files de masques organisaient leurs promenades sur les principaux points de la ville. Les boulevards et toutes les grandes voies de communication se couvraient de voitures, de cavalcades, de troupes joyeuses et de tout l'appareil d'un carnaval qui, cette année, avait toute la fureur d'une renaissance. Le contraste était frappant : là se ruaient les masques entre la double haie de la longue avenue des boulevards ; ici, une multitude irritée se dirigeait par les quais vers le palais qu'elle allait renverser d'un seul coup de cette immense baliste qu'on appelle l'émeute. D'un côté, on entendait des cris de joie ; de l'autre, c'étaient des imprécations. Ici, la joie ; là, l'indignation ; toutes deux éclatantes et formidables comme le sont les émotions populaires.

La force publique et la garde nationale regardaient, l'arme au bras, le fleuve charrier les meubles somptueux et les objets les plus précieux ; personne ne songeait à recueillir ces vestiges que le courant emportait.

Le lendemain et les jours suivants, la foule effaçait et faisait disparaître partout, même sur les panneaux des voitures royales, les emblèmes du pouvoir déchu, et, il faut bien le dire, abattait les croix, non pas par une rage impie et en haine du signe vénéré de la rédemption, mais comme la marque et le symbole de la vassalité catholique.

Dans ce désordre, on vit régner un calme qui ne se démentit point ; l'ordre semblait n'être point troublé, et ailleurs que sur le théâtre de l'événement, la cité fut tranquille. Il y avait dans le sentiment public, non pas l'approbation de ces faits, mais comme une adhésion tacite. Après cette tourmente, tout rentra sans effort dans la situation ordinaire. A ces nouvelles, Rome fut consternée ; elle voyait s'écrouler en quelques heures l'œuvre de trente années de machinations et d'artifices. Après avoir résisté à la secousse de Juillet, l'édifice tombait par un simple froncement du sourcil populaire.

Il y eut alors un découragement profond dans toutes les manœuvres dévotes, et l'on désespéra un moment de reconquérir l'autorité qui venait d'être si violemment arrachée des mains de l'Église ; mais on ne s'arrêta pas pas dans la voie funeste.

D'abord on s'occupa de maintenir dans la loi fondamentale de l'État la suprématie constitutionnelle de la foi catholique. Ce premier point était important, et, pour obtenir ce résultat, on s'adressa à un homme qui, tout en défendant autrefois les écrivains de l'opposition devant les tribunaux où ils étaient accusés d'impiétés, avait porté à une procession un des cordons du dais sous lequel officiait un révérend père jésuite. Cet homme, attaché à la familiarité intime de la cour nouvelle par un emploi salarié, avait pénétré les sympathies secrètes qui existaient pour le catholicisme chez quelques personnes voisines du trône ; les idées et les penchants de la dévotion italienne, reçus avec le sang et sucés avec le lait, inclinaient vers le retour aux complaisances religieuses. Dans ces consciences pieuses, mais faibles et timorées, on sut habilement faire naître des scrupules et insinuer qu'en s'opposant, autant qu'il était possible, à l'invasion de l'irréligion, tout pouvait devenir légitime, par l'usage que l'on ferait d'un pouvoir qui, malgré les passions humaines, devrait toujours servir les desseins de la Providence sur un État qui, dans le sein de l'Église, n'avait pas cessé d'être le royaume très-chrétien.

M. Dupin aîné, le jurisconsulte dévoué aux intérêts du Palais-Royal, fut donc chargé de faire insérer dans la charte nouvelle, que *la religion catholique, apostolique et romaine* était professée par la majorité des Français. Si, à cette époque, on eût osé ce qu'on oserait aujourd'hui, l'ancienne déclaration, qui proclamait que la religion catholique était la *religion de l'État*, eût été maintenue. Quoi qu'on fasse, les paroles contenues dans l'article nouveau ne constatent qu'un fait qui peut cesser d'exister, elles ne consacrent point un principe. Il fallut se contenter de cette mention.

En France, quoi qu'on fasse, on ne parviendra jamais à soulever la vivacité des passions religieuses. De la fougueuse incrédulité du xviiie siècle, on est arrivé à cette indifférence en matière de religion que M. de Lamennais combattait si éloquemment dans les premières années de la restauration. De là les esprits ont passé à un scepticisme plein d'indolence et ne se soucient pas plus d'affirmer que de nier. Les étincelles qui de temps à autre tombent ou partent du foyer politique, ne parviennent point à rallumer le brasier éteint des ardeurs religieuses. Le sentiment général s'éloigne de cette dispute ; on veut bien se défendre et même avec vigueur, contre l'oppression sacerdotale, mais personne ne songe plus à des attaques passionnées. Nous avons vu plus d'un membre du clergé contristé par cette dédaigneuse immobilité, bien plus profondément que par les luttes les plus vives. Plus d'une fois ils appelaient, sur le sanctuaire ainsi délaissé, les émotions de la souffrance ; à cette mort lente, ils préféraient la vie du martyre.

Ces *zelanti* de l'Église gallicane avaient mal compris leur temps, et dans l'excès d'un zèle fervent, ils compromettaient la cause qu'ils voulaient sauver. On les a entendus, prédicants fougueux, s'irriter contre un siècle livré tout aux spéculations de la matière, et ne se souciant pas même de se fâcher contre ceux qui l'injuriaient.

Au temps actuel, ces cœurs honnêtes étaient, par leurs convictions mêmes, de véritables anachronismes.

Les exemples venus de Rome furent mieux avisés et enseignèrent au jeune clergé français une tactique plus habile que toute cette sainte véhémence. Les ecclésiastiques fraîchement sortis du séminaire furent instruits à se mêler au siècle ; ils attirèrent le monde en adoptant ses formes et ses mœurs, et renoncèrent à l'effrayer comme l'avaient fait leurs prédécesseurs. Ils surent persuader à l'opinion publique qu'ils n'étaient pas tellement détachés des choses de la terre, qu'ils ne pussent être utiles à ceux qui se montreraient dévoués à la religion. Ce plan était celui du clergé sous la restauration ; il ne songeait pas alors à dissimuler la faveur dont il jouissait dans les hautes régions, et, pour accroître sa puissance, pour arriver à l'opulence et à l'élévation qu'il convoitait, il s'adressa bien plus aux intérêts qu'aux sentiments.

Après 1830, lorsque le clergé se trouvait enveloppé dans la défaite, parce qu'on le regardait comme l'instigateur du combat, il ne pouvait pas marcher tête levée comme en 1815. C'était à petit bruit qu'il devait rentrer dans ses positions. On ne lui accordait d'occultes prédilections et un appui caché, qu'à la condition de ne point se vanter de cette faveur. C'était une fortune qu'il fallait faire deviner sans la montrer ; un secret diaphane et transparent, mais toujours voilé. Lorsque le clergé eut, sur les marches mêmes du trône, des protections certaines, il agit avec moins de circonspection, plus de liberté et plus d'étendue. Il s'était présenté partout comme étant le lien de conciliation entre des choses qui s'étaient brusquement séparées, mais que des intérêts de situation pouvaient réunir. Dans ces derniers temps, des conversions politiques, éclatantes, furent dues aux rapprochements préparés et ménagés par des hommes qu'on ne croyait occupés que de conversions religieuses.

Ce pouvoir renaissant, qui s'établissait aux alentours de la royauté, ce fut aux femmes et à leur mystique sensibilité que le clergé le demanda, et ce fut d'elles qu'il l'obtint. A l'égard du monde, on procéda de la même manière ; ce fut par les femmes que l'on chercha à repeupler les églises. Au moment de pénétrer dans cette partie du sujet, il est nécessaire de déclarer que le clergé français n'est point accusé ici de débauche et de licence ; à quelques exceptions près, ses mœurs, il faut le reconnaître, se sont, depuis un siècle, beaucoup améliorées, et sont aussi loin de la dissolution et de la mollesse de l'ancien clergé que de la corruption romaine.

Le culte catholique, tel que l'avait reconstitué l'empire, ne déployait de magnificences que dans quelques riches métropoles ; presque partout ailleurs, il était simple, souvent pauvre et dénué des choses les plus nécessaires ; cette indigence se faisait surtout sentir dans les campagnes.

Sous la restauration, le culte s'efforça de faire renaître dans les nefs catholiques les splendeurs qui pouvaient le recommander à l'admiration de la multitude. Les largesses dont il fut l'objet, et les dons pieux qu'il fut autorisé à accepter de toutes parts, semblèrent favoriser les désirs de sa vanité ; mais, sous ces pompes qui reparaissaient, il ne sut pas atteindre ce charme, ces attraits et cette élégance mondaine dont Rome devait, quelques années plus tard, lui révéler l'heureux secret.

Le culte de nos temples, jusqu'ici étranger aux séductions matérielles, devint tout à coup sensuel. Paris donna le signal de cette métamorphose dont l'église de Saint-Roch fut le berceau. On a souvent parlé de ces abbés coquets des salons de l'ancien régime, que l'on trouvait dans le monde frisés et musqués ; jeunes prestolets au visage poupin, à l'œil vif, ayant la main fine, le pied parfait, la jambe moulée, la dent blan-

Brigand romain.

che, l'oreille rouge et le teint fleuri, la taille souple et flexible et les signes de la force unis aux attraits de la volupté; ils vivaient dans la mollesse, les propos galants, la soie, les parfums et la dentelle. Plus tard, on les retrouvait trônant dans le cloître, seigneurs suzerains des grosses prébendes et des opulents bénéfices, crossés et mitrés, plaçant leur blason sur l'autel et vivant dans de perpétuelles délices. Ce type perdu, on le remarquait avec ravissement dans le curé de Saint-Roch, qui fut ensuite élevé à l'épiscopat. L'abbé Olivier, chef d'une paroisse importante et comptant parmi ses ouailles des maisons distinguées par leur position et par leur fortune, sut faire de son église un lieu où la société la plus brillante put se croire encore au sein des beaux logis du monde. Par ses soins, le chœur de l'église fut décoré comme un magnifique salon; les meubles précieux, l'or, le velours, les marbres, les tapis moelleux, les carreaux épais à lourds ornements d'or; les bronzes et l'orfévrerie, les lampes ciselées et l'exquise finesse des guipures de l'autel, tout concourait à la délicieuse harmonie de cette abside. Le reste fut mis d'accord avec ces magnificences, les ornements et la pompe des cérémonies. Saint-Roch posséda les suisses les plus beaux et les plus brodés qu'on put voir; ils portaient la plume blanche et la grosse épaulette comme des officiers généraux ; on vit sortir de la sacristie, et se mêler aux cérémonies, des huissiers vêtus de noir et portant au cou la chaîne d'argent comme dans les palais, chez le ministre et dans la double enceinte législative. Derrière le chœur, on construisit une chapelle privilégiée. Sur l'autel était le simulacre de l'arche du peuple de Dieu, avec les chérubins d'or ; devant elle pendaient de la voûte des lampes d'or. Cette enceinte était meublée avec un goût exquis; tout y avait été prévu pour le bien-être.

La fantasmagorie du Calvaire fut conservée et embellie par de nouveaux effets d'optique ; on y réunit tout ce qui pouvait augmenter le recueillement de la pensée par l'émotion des sens.

Les vitraux de la nef laissaient tomber une lumière trop vive, on y plaça des rideaux de mousseline qui tamisaient la clarté et ne donnaient issue qu'à un demi-jour et à des lueurs tempérées et adoucies.

Ce n'était pas pour la foule que le curé de Saint-Roch avait réuni toutes ces délicatesses; il conviait à ces raffinements une société d'élite, et c'était aux riches et aux grands qu'il assignait, dans la maison de Dieu, les premières places que le Christ a réservées aux plus humbles et aux plus pauvres.

De tout temps, l'Église a fait alliance avec l'art musical, dont elle fut en quelque sorte la patrie et qui lui a tant d'obligations dans le cours des siècles. Le curé de Saint-Roch voulut que sa *chapelle* rivalisât avec celle de la métropole ; il eut un orchestre et des chœurs dont l'exécution se faisait admirer ; habile à rechercher toutes les solennités de l'art, il a souvent réuni sous les voûtes de son église les musiciens et les chanteurs les plus renommés et les artistes chéris du public.

Cette nouveauté fut à la mode, et quelle que fût la cause de l'empressement général, une affluence considérable accourut à Saint-Roch. Lorsque l'heureux pasteur vit ses vœux réalisés, il mit aux dispositions du dedans et du dehors la dernière main. La façade fut restaurée, un perron et une grille s'efforcèrent de lui donner un air monumental. Alors des barrières séparèrent tout l'espace de la nef des bas côtés ; il fallut payer pour pénétrer dans cette réserve privilégiée ; les chaises y eurent leur tarif de location, dont le revenu perçu par la fabrique, qui en avait retenu l'exploitation, était d'un immense produit. Dans ce quartier séparé des autres, il y avait encore des castes diverses ; les places les plus voisines de la chaire ou du chœur étaient destinées exclusivement à des personnes d'une certaine qualité, d'un certain rang ou d'une certaine fortune. Ces préférences étaient fort recherchées, et le curé en était seul le dispensateur ; il faut convenir que tout concourait à rehausser l'éclat des pompes religieuses.

Rien n'égalait l'ordre et la gracieuse variété des processions qui se développaient sous les arceaux des bas côtés, et revenaient majestueusement vers le chœur. Les ornement sacerdotaux resplendissaient, l'autel était radieux de lumières, les mélodies du chœur, l'harmonie de l'orchestre et les puissantes modulations de l'orgue répandaient partout des impressions tour à tour graves, profondes et enivrantes.

Un des plus puissants moyens employés pour attirer la foule aux églises fut le choix des prédicateurs. On vit les fabriques se disputer les orateurs célèbres, comme les entreprises dramatiques se disputaient les comédiens fameux ; dans cette comparaison, il n'y a aucune intention d'exagérer ni d'offenser. On annonça les sermons à l'avance. La chaire évangélique, qui doit vivre surtout par la modestie et par l'humilité, rechercha le bruit, la publicité et l'éclat. On alla plus loin, le sermon affecta de renoncer aux formes et au langage qui lui étaient propres, il adopta les allures, les mœurs oratoires et le style de la tribune, de la discussion, de l'école et de la polémique ; quelquefois même il se laissait emporter aux nouveautés littéraires des idées modernes, dont le monde paraissait épris. Il ne s'agissait plus, comme autrefois, de convaincre et de persuader, il fallait plaire et séduire ; la vogue était à ce prix.

Le curé de Saint-Roch dut à ces soins les témoignages publics d'une haute bienveillance. Dès qu'il fut bien connu qu'il était fort utile de se montrer dans cette église, que la cour avait adoptée, on y rencontra les gens du monde, des fonctionnaires et toutes les ambitions sérieuses qui venaient s'y faire voir, au moins une fois l'an.

A ces moyens de grande séduction se joignaient des ressources accessoires : on multipliait les confréries d'hommes et de femmes, de jeunes garçons et de jeunes filles, d'enfants des deux sexes ; on créait cette foule de pratiques d'offices et de dévotions plus tendres que pieuses, et qui s'adressent toujours plus au cœur qu'à l'esprit.

On inventa alors le mois de Marie.

Ces arrangements n'avaient pas seulement pour but de fournir à l'appareil du culte une foule de comparses et d'acolytes, des chœurs aux voix pures et sonores, des groupes fleuris, éclatants de fraîcheur, candides, et dont le chaste maintien avait tant de charme pour les regards blasés. Ces agrégations enrégimentaient et disciplinaient les ouailles ; on enrôlait les familles en paraissant ne réunir que les individus,
et l'autorité sacerdotale s'étendait bientôt des enfants aux parents.

Le curé de Saint-Roch fit de sa paroisse quelque chose de plus qu'une cure ; il ne dirigeait pas les fidèles, il régnait sur eux ; et si la classe inférieure formait la masse de ses sujets, les personnes plus élevées composaient sa cour.

Il faisait beau le voir trôner au chœur et sous le dais radieux et étincelant de broderies ! Toute son attitude était pontificale ; autour de lui se pressaient des hommages et des adorations qu'il n'imposait pas, mais qu'il savait se faire rendre. A Saint-Roch, le curé, dans une sphère moins brillante et plus étroite, officiait au milieu d'un clergé sans cesse prosterné, ainsi que cela se pratique dans les basiliques des siéges les plus puissants. Cette suprématie n'était pas un des faits les moins surprenants de cette époque. Petits et grands, tous avaient accepté ces prétentions qui, plus d'une fois, essayèrent de franchir les limites du temple. Saint-Roch vient de voir combler ses vœux ; la reine y fait construire une tribune qui donnera à notre église un aspect de paroisse royale.

Les curés de Paris avaient un vieux renom de piété humble et sincère ; on reconnaissait volontiers qu'ils ne songeaient aux riches qu'afin de s'occuper des pauvres. Nous ne prétendons pas dire qu'il n'en soit plus ainsi, nous voulons constater les changements qui ont rendu pour eux l'exercice de la charité plus difficile.

Autrefois, nous l'avons dit, le culte des paroisses de Paris ne se piquait point d'une vaine ostentation ; mais depuis que la fastueuse impulsion donnée par Saint-Roch s'est fait sentir à toutes les églises de la capitale de France, nous craignons que les indigents n'aient perdu quelque chose à ce faste qui attire les classes opulentes.

Sous ces superbes inspirations, on vit

toutes les fabriques possédées du désir de briller, prodiguer à la décoration du sanctuaire les fonds qui devaient trouver un autre emploi; il y eut de toutes parts un pompeux développement, dont la recherche et la coquetterie enlevaient au culte la dignité qui inspire la vénération, alors remplacée par la curiosité.

Saint-Sulpice montrait avec orgueil les évolutions de son jeune séminaire. On édifia Notre-Dame de Lorette en oratoire qui ressemble à un boudoir, et la Madeleine, dont la physionomie corinthienne rappelle un temple mythologique. L'Église française avait elle-même, en imitant la sensualité et le matérialisme de Rome, égaré le sentiment religieux.

L'art chrétien disparut.

Cependant les églises de Paris réparaient leurs ruines; les vitraux merveilleux, des prodiges de restauration, des fresques, des tableaux, des orgues miraculeuses, la sculpture, les chefs-d'œuvre de la ciselure, le bois, le bronze et le marbre façonnés par l'art le plus ingénieux, recomposaient l'édifice ou y ajoutaient de nouvelles beautés; mais, à tous ces travaux, à ces efforts, à ces embellissements, il manquait l'âme, le souffle religieux.

Les restaurations si nombreuses mirent surtout ce défaut en évidence, le gothique moderne jurait à côté du gothique ancien; il ne savait pas inviter à la prière, il n'avait pas le recueillement et la mélancolie des vieilles nefs; ses tons criards troublaient la méditation.

Ce caractère faux et incomplet se retrouvait partout.

En aucun temps plus qu'en celui-ci les assemblées de charité ne furent nombreuses; les nobles dames briguèrent l'honneur de quêter en ces occasions; grossir la bourse de l'aumône est leur désir le plus cher, l'occupation de tous leurs instants, une pensée qu'elles mêlent à toutes les autres. Il n'est pas un seul plaisir, pas une seule distraction qui ne les trouve attentives à provoquer, solliciter et recueillir l'offrande; rien n'est plus touchant que cette bienfaisance opiniâtre, et jamais elle ne fut poussée plus loin que de nos jours. La vanité de tous est mise à contribution; on donne beaucoup pour paraître avoir quelque chose, et les quêteuses attribuent à leurs propres mérites les dons qu'elles reçoivent. Cette fausse émulation de charité n'est qu'une rivalité d'amour-propre. En tout ceci les pauvres, au nom desquels tout le monde semble avoir agi, sont ceux auxquels on a pensé le moins.

Lorsque arrive le jour indiqué, lorsque la foule brillante est réunie dans l'église, les choses prennent alors des airs de hauteur et de dissipation bien éloignées des sentiments de piété qu'il faudrait apporter à de pareilles œuvres. On sait et l'on se répète tout bas les noms et les titres des quêteuses; on tient à se faire remarquer par la largesse de son offrande, et cette fois c'est l'orgueil qui triomphe de l'avarice.

Avant le sermon, les préparatifs et les arrangements sont les mêmes que pour une soirée au spectacle; on se salue, on s'aborde, on échange des sourires et de petits compliments perfides et menteurs lancés à voix basse; on cause de ce que l'on va entendre, et dans ces entretiens préliminaires, le prédicateur est toujours le sujet de la conversation.

— Est-il jeune?
— Est-il bien?
— Où a-t-il déjà prêché?
— Avez-vous entendu l'abbé R... et l'abbé C...?

Le bruit de la hallebarde du suisse, qui résonne comme les trois coups frappés avant la représentation, met fin à ce babil féminin. L'orateur est monté en chaire. Il est connu, et sa parole est de celles qui ont acquis un renom d'éloquence.

Un frémissement de plaisir l'a accueilli ; il s'incline avec une humilité charmante et il commence son oraison.

Un nouveau frémissement se fait entendre et parcourt toute l'assemblée; le texte du discours a été choisi avec un tact exquis ; c'est ordinairement une de ces aspirations passionnées dont abonde l'Écriture, et qui semblent ne parler à l'âme que pour se faire écouter par le cœur. Lorsque l'orateur a traduit son texte en français, un murmure de satisfaction lui répond encore, et mille petits bruits de chaises et de frôlements de robes lui annoncent que chacun se dispose à l'écouter avec une attention pleine d'impatience et de désirs.

La charité est un sujet toujours fécond en tendres effusions, et le prédicateur, en parlant de cet amour du prochain que Dieu lui-même nous a prescrit, sait éclairer son discours de lueurs d'amour terrestre. Il y a dans tout ce qui s'adresse aux affections du cœur, une faconde mystique dont les ardentes aspirations se rapprochent du langage des passions humaines. C'est par ces artifices d'une parole sensuelle qu'ont été obtenus, dans ces derniers temps, les plus beaux succès de la chaire.

Sur ce ton le sermon continue le roman qu'on a lu la veille, ou le feuilleton du matin.

S'il s'agit du dogme, l'orateur sacré cherche à mériter la réputation d'une parole docte et imposante, et il copie tour à tour le Forum, le barreau et le Portique ; il se rapproche du débat politique et de ses habitudes véhémentes.

C'est surtout dans les péroraisons qu'on voit éclater le luxe et l'onction des paraphrases ; alors l'éloquence du prédicateur réunit tous ses efforts pour toucher les cœurs, exciter la vanité féminine et provoquer des aumônes larges et abondantes, ce qui est toujours le but principal de la cérémonie. A la fin du sermon, les quêteuses et leurs cavaliers se postent à toutes les issues, des deux côtés de la porte ; si leur nombre n'est pas suffisant pour occuper tous les points, ont tient fermées les portes que l'on ne peut pas garnir de quêteuses, et la foule est ainsi forcée de passer sous le feu des aumônières tendues à brûle-pourpoint. Nous pouvons affirmer que ces mesures, au moins singulières, sont tout à fait nouvelles dans les usages des églises de Paris.

Une fois livrée à cette fureur d'exploitation et jetée hors des limites de l'ancienne simplicité, l'Église française est devenue théâtrale comme l'Église romaine ; elle a peut-être attiré la foule, mais elle a chassé la piété et le recueillement.

Par une combinaison bizarre, tandis que le culte religieux empruntait aux jeux de la scène ses décorations et ses pompes, le théâtre copiait les solennités de l'Église. A Saint-Roch, on retrouvait dans les chœurs des offices les chanteurs du théâtre ; à l'Opéra, la cavalcade religieuse de la *Juive*, la messe de *Robert le Diable* et les funérailles de *Dom Sébastien* s'inspiraient du cérémonial catholique. La confusion ne fut pas moindre entre le monde et l'Église, et le soir on retrouvait au bal, comme dames patronnesses, les femmes que le matin on avait vues quêteuses. A l'église, elles s'étaient montrées discrètement vêtues comme Mme de Maintenon ; dans les salons, elles étaient voluptueusement parées comme Mme du Barri. La société et l'Église française sont tombées ainsi dans la dévotion romaine, tout extérieure et sans racine dans l'âme et dans la pensée. Pour excuser cette situation et pour justifier ce qu'elle avait d'étrange, on a prétendu que les églises avaient reçu plus d'aumônes. Nous croyons que les recettes des fabriques ont pu s'élever, mais nous sommes sûrs que les frais du culte et les splendeurs récentes ont diminué la portion des pauvres.

Lorsque le culte des églises de France avait une gravité qu'il semble avoir perdue, les dévotions accessoires n'occupaient qu'une place sans importance; on les tolérait comme des pratiques secondaires, et propres seulement à entretenir dans les cœurs un foyer d'affections pieuses et de tendresse divine. Une action occulte multiplia autour de l'autel les confréries et les adorations partielles, mesquines et étroites, telles qu'on les aperçoit dans les superstitions romaines. Ces minuties, si contraires aux grandeurs du dogme catholique, firent invasion dans le sanctuaire, et, à la place de la majesté d'un hommage digne de la Divinité, il n'y eut plus que de vaines démonstrations qui, moins les momeries de l'hypocrisie romaine, rappelaient les petitesses des Italiens.

Le chant des cantiques, le *mois de Marie*, si riches d'attraits mondains, les petits-offices du *sacré cœur*, et mille inventions de sacristie, fleurirent aux dépens du culte principal, plantes parasites sur l'arbre de la foi.

Les prêtres furent tout aussitôt possédés par les fureurs de l'ambition du siècle, et firent tourner au profit de leurs vœux toutes les ressources qui pouvaient servir leurs projets. L'éducation des enfants leur permit surtout de pénétrer dans les familles et de s'insinuer dans les intérêts du foyer. En voici un exemple frappant.

Au moment où M. de Talleyrand était si gravement malade qu'il paraissait impossible de le sauver, l'archevêque de Paris, dans une des réunions qui, vers cette époque, devinrent fréquentes à l'archevêché, parla avec enthousiasme du lustre que le clergé de Paris pourrait tirer de la conversion d'un homme aussi notoirement incrédule que l'ancien évêque d'Autun. M. l'abbé D..., un des plus célèbres prédicateurs de ce temps, recueillit ce propos. Il était attaché à la paroisse de l'Assomption, dans laquelle une petite-nièce de M. de Talleyrand se préparait à sa première communion. Il fut facile à l'abbé de gagner les bonnes grâces de l'enfant; il y réussit au point que la petite fille, revenue au logis, ne parlait plus que de M. l'abbé, et répétait avec beaucoup de mémoire tout ce qu'il lui avait dit. M. de Talleyrand, qui aimait le babil de sa petite-nièce, fut frappé par les progrès que le cœur et l'intelligence de l'enfant avaient faits dans ces entretiens, et il témoigna le désir de voir ce sage et habile instituteur. La petite-nièce lui amena l'abbé D..., homme de mérite. M. de Talleyrand, favorablement disposé, accueillit le prêtre avec bonté, et, plus tard, l'abbé prit sur lui un tel ascendant, qu'il s'en fit écouter; et ce fut à ses conseils que l'ancien prélat accorda à Dieu et à l'Église ce qu'on a obtenu de ses derniers moments.

Ce trait a été choisi entre plusieurs, parce qu'il peut être cité sans être soupçonné d'intention hostile, et parce qu'il prouve à quels résultats inattendus l'habileté peut conduire les moindres faits et les relations les plus indifférentes en apparence.

On n'a pas oublié le bruit que l'on fit de la prétendue conversion de M. de Talleyrand, qu'un autre prédicateur fameux, l'abbé Ra..., enviait à l'abbé Du...

Le scandale du trafic des chaises, contre lequel des voix se sont élevées jusque dans l'enceinte législative, et des places payées à l'église comme elles le sont au théâtre, s'étendit à toutes les paroisses de Paris; et dans cette religion, dont l'égalité est le principe, il ne se trouva si mince succursale qui ne prétendît avoir son aristocratie.

La loterie de Saint-Eustache fut le dernier terme de cette infusion du monde dans l'Église, que l'on ne connaissait plus en France. Toutes les petites ruses, les pieuses et honnêtes fourberies et les artifices usités dans les loteries de société, ont été mis en usage dans cette dévote *tombola*, dont Rome doit être jalouse. On a exagéré la valeur des lots, on a confié le placement des billets à toutes les séductions. Pour réaliser un gros bénéfice, l'Église a pactisé avec Satan et ses œuvres; on a présenté l'appât de gains menteurs afin d'attirer la foule. Ainsi la ruse, le dol, la fraude et tous les moyens que l'Église doit repousser, ont été mis en œuvre.

Après cela, a-t-on bonne grâce à se plaindre que le monde, dans son indifférence, ne prenne pas toujours au sérieux ce que traitent avec tant d'irrévérence ceux qui ont mission de faire respecter les choses qu'ils abaissent par un sordide intérêt?

Dans un ordre de choses et de pensées plus élevé, le fléau de l'influence romaine se fait plus gravement sentir. C'est le pouvoir romain qui soulève les passions des évêques contre l'autorité de l'État; ce sont les inspirations du pontificat qui les affermissent dans leurs résistances, excitent, fomentent et entretiennent ces ressentiments qu'elles ont fait passer jusque dans les rangs inférieurs du clergé français, dont les rancunes finiront par s'associer aux hostilités de l'épiscopat. D'où vient ce trouble, si ce n'est de Rome, dont l'autorité spirituelle essaye de détacher de l'obéissance nationale les sujets que l'Église prétend arracher à la soumission des souverains?

C'est à Rome qu'ont été retremper leurs ardeurs les prédicants furieux dont la fougue, pour maudire et anathématiser les institutions libérales, a pris le langage même de la discussion philosophique et du débat politique. Et ces moines qui se sont montrés dans la chaire de la métropole parisienne avec l'habit de leur ordre!

« D'où venaient-ils ?

— De Rome. »

La cour pontificale se plaint que les *idées françaises* pervertissent les mœurs politiques de ses sujets.

A meilleur droit, la France pourrait-elle se plaindre que les *idées romaines* altèrent son culte, le détournent de son ancienne droiture et l'égarent dans les voies du monde.

Rome accuse Paris d'être un foyer de révolutions.

Paris prouve que Rome est un foyer d'impiété.

Entre Rome et Paris, il y a la différence des ténèbres à la lumière.

Rome et Paris se connaissent peu. Il y a quelques années, ce fut un grand sujet d'étonnement de voir voguer sur la Seine, et s'amarrer au port Saint-Nicolas, deux bâtiments à vapeur qui, construits en Angleterre, se rendaient à l'embouchure du Tibre, portant sur leur pavillon blanc les clefs, la tiare et les images de saint Pierre et de saint Paul.

CHAPITRE XXII

Les Jésuites.

C'est ainsi que Noëmi, rassemblant tous les matériaux qui s'offraient à son observation, poursuivait avec une admirable persévérance sa tâche laborieuse, et préparait aux Israélites les moyens de continuer contre Rome ce blocus financier qui ajoutait à la pénurie pontificale.

Dans l'ardeur de ses recherches, la jeune fille semblait avoir oublié tout ce qui ne la conduisait pas vers le double but que visait sa pensée : sauver ses frères qu'accablait le présent, pour sauver Paolo que menaçait l'avenir.

Elle se souvenait à peine de tous ceux qui avaient entouré ses premiers pas dans Rome. Qu'était devenu l'insolent petit-maître, ce neveu d'un *monsignore*, qui avait si lâchement insulté une femme au jardin Pincio ? Et cet astucieux prélat, Pamphilio, dont elle avait enfin pénétré les artifices, où était-il ?

Sa famille même, à l'exception de son père vénéré, Noëmi semblait ne plus la connaître. Tout entière absorbée par le tourbillon des idées qui agitaient son esprit, elle accordait un doux et reconnaissant souvenir aux amis qu'elle avait trouvés bons et dévoués ; fidèlement et fermement attachée à ses devoirs de fille, et aussi à cet amour profond qui était pour elle une seconde vie, elle attendait que les événements prissent eux-mêmes le soin de ramener sous ses yeux ces êtres divers dont elle ignorait la destinée.

Noëmi, que de nouvelles alarmes n'avaient pas troublée, vivait donc dans un calme et une sérénité que ses investigations fécondaient et animaient, quand une émotion subite vint l'arracher brusquement à cette tranquillité.

Près de la jeune juive veillait une femme perverse, la signora Naldi, qui avait remplacé, sans la faire entièrement disparaître, la terrible et superbe donna Olympia. Nous l'avons vue un moment, subjuguée par l'aimable et touchante sensibilité de Noëmi, éprouver pour la jeune fille une attraction contre laquelle elle ne songeait point à se défendre. Fatiguée des lenteurs sans cesse répétées que la fille de Ben-Saül apportait à l'exécution des desseins qu'on avait formés sur elle, la signora crut s'apercevoir qu'elle était la dupe d'un adroit système de temporisation ; elle épia les démarches de Noëmi, et fut bientôt convaincue que la juive recueillait en secret des documents qu'elle transmettait au dehors. La signora Naldi sut mettre cette découverte à profit, et au moyen de cet espionnage dont les rouages sont si nombreux à Rome, elle parvint à saisir un fragment de la correspondance de Noëmi, et armée de cette pièce redoutable, elle se hâta de se rendre auprès de monsignore Pamphilio.

Elle le trouva furieux et dans un accès dont la violence troublait à la fois ses sens et sa raison ; il venait d'apprendre que Stephan, son neveu, s'était, ainsi qu'il le disait, jeté tout vif dans la fournaise des légations. Un des camériers lui avait appris cette nouvelle dont on s'entretenait au Quirinale, en attribuant à l'excessive sévérité de l'oncle la résolution coupable du neveu.

Ainsi, Pamphilio voyait Stephan, qu'il était parvenu à pousser dans la diplomatie,

Le Panthéon d'Agrippa.

détruire encore une fois toutes ses espérances, et le plonger dans de nouveaux embarras. Cette équipée de son neveu menaçait sa propre position et pouvait précipiter la chute d'une faveur déjà chancelante.

La signora Naldi, de son côté, éprouvait une vive irritation de ce qu'elle appelait l'ingratitude de Noëmi. Elle exposa à monsignore les faits dont elle avait surpris la connaissance ; elle lui fit comprendre qu'il était temps de mettre un terme à un système de tergiversations qui n'amenaient aucun résultat. Elle lui révéla la vérité sur la naissance de Noëmi.

Cette révélation fit bondir Pamphilio, que la goutte retenait dans son large fauteuil ; il adressa à la signora d'amers reproches pour avoir gardé si longtemps, et surtout pour lui avoir caché un secret de cette importance et duquel dépendait leur fortune.

Entre ces deux personnes qui confondaient leurs déplaisirs dans un courroux commun, la conférence fut longue et animée.

On prit une double résolution.

Il fut convenu que l'on montrerait au cardinal Ferdinand le fragment de la correspondance de Noëmi, que la signora avait en sa possession, et l'on espérait que l'indignation le porterait à partager leur désir de vengeance et de châtiment.

Le jeune cardinal refusa de se mêler à cette indignité ; mais il répondit qu'il ne ferait rien pour soustraire Noëmi à une punition qu'elle lui semblait avoir méritée ; il se réservait cependant le droit d'empêcher que les choses ne fussent poussées trop loin contre la jeune juive. Son regard confirmait si énergiquement sa parole, que Pamphilio et la signora comprirent que Noëmi pouvait leur échapper ; ils se décidèrent à agir en toute hâte.

Le lendemain même de cette entrevue, la juive comparaissait devant la signora et Pamphilio, réunis dans l'oratoire de donna Olimpia.

L'endroit dans lequel Noëmi fut amenée présentait un aspect sinistre. Les meubles et les murailles avaient été drapés de velours noir ; tous les ornements avaient été enlevés, il ne restait plus dans ce lieu qu'un grand christ d'ivoire placé au-dessus d'un prie-Dieu et qui se détachait sur un fond noir. Deux fauteuils noirs et un tabouret de même couleur composaient tout l'ameublement. Le jour ne pénétrait pas dans ce sombre réduit, qui était éclairé par la faible lueur de deux bougies de cire rouge.

La signora avait revêtu le costume d'inspirée qu'elle avait composé lorsqu'elle entreprit d'être la prêtresse d'un culte nouveau. C'était une longue tunique blanche, d'une forme antique ; ses bras et sa poitrine étaient nus, et pour toute parure elle portait de lourds bracelets d'or bruni, des agrafes, un large collier de fer, et sur sa chevelure grisonnante se dressait un diadème de même métal aux pointes aiguës ; ses joues creusées et pâlies, ses lèvres minces et serrées, son front creux, les saillies qui hérissaient sa poitrine et la maigreur de ses bras et de ses mains lui donnaient une apparence hideuse.

Comme elle avait vieilli rapidement, cette donna Olimpia jadis si fière de sa beauté !

Monsignore Pamphilio n'avait trouvé d'autre moyen de dignité que de cacher dans ses mains sa figure si peu imposante. Son attitude était abattue, et il semblait plier sous un fardeau trop pesant pour ses forces.

Il y avait dans le regard de donna Olimpia de la rage et une expression satanique.

Lorsque Noëmi parut, et quand ses yeux familiarisés avec l'obscurité purent distinguer les objets, elle eut pitié de ceux qui croyaient l'épouvanter par cette ridicule fantasmagorie, et en comparant leur décrépitude et sa robuste jeunesse, elle les prit en profonde compassion.

La signora Naldi essaya de parler, mais la colère semblait étouffer sa voix. Noëmi souriait en voyant ses efforts... puis elle ajouta avec bonté :

— Remettez-vous, madame.

Le ton paisible de ces paroles parut augmenter l'irritation de la signora ; elle laissa alors éclater le dépit qu'elle éprouvait à voir Noëmi si calme devant tout ce qu'on avait fait pour l'effrayer.

— Elle nous brave ! s'écria-t-elle ; imprudente ! vous ne savez donc pas, juive, que si je veux vous perdre, j'ai dans les mains la preuve de votre intelligence avec les ennemis de la religion, et que je puis vous livrer au bras séculier ou à la justice de l'inquisition !

Prononcé dans ce lieu qu'on eût pu croire préparé pour une séance du saint office, ce mot avait un retentissement sinistre.

Je sais, répondit Noëmi avec une dignité grave, que je suis en votre puissance. Quand dom Salvi m'a conduite auprès de vous, il ignorait que vous fussiez l'ancienne donna Olimpia, cette fameuse comtesse de Serravale ; moi, je le savais, et pourtant en vous approchant je n'ai point frémi, signora Naldi !

— L'insolente Madianite ! cria Pamphilio qui jusqu'à présent n'avait fait que des gestes qui s'associaient aux paroles de la signora.

— Vous avez donc oublié mes bontés ? ajouta celle-ci, dont le ton était devenu plus doux.

— Je me rappelle tout ce que vous avez fait pour moi ; mais il m'est en même temps impossible de ne pas me souvenir de ce que vous vouliez faire de moi.

— Que signifie ce langage?

— Signora, ne prolongeons pas un entretien pénible pour toutes deux. Je n'ignore rien de ce que vous pouvez contre moi, séparée de ma famille, fille juive, répudiée et maudite, faible et isolée; mais je connais aussi quelque chose de placé hors de votre portée, c'est mon cœur, que vous voudriez pousser à trahir toutes ses affections.

— Un mot, un seul mot adressé à votre père peut vous sauver, et vous aurez rendu à la cour un service immense dont plus tard vous serez magnifiquement récompensée. Peut-être même vos frères devront-ils à cet acte si simple leur salut et une condition sociale, ces objets de tous leurs vœux, et que rien encore n'a pu leur faire obtenir.

Le visage de Noëmi s'éclaira d'une lueur céleste; son regard jetait une flamme dont l'éclat semblait divin, et d'une voix inspirée elle fit retentir ces mots prononcés lentement :

— Comme Esther, signora, je suis prête à braver Assuérus et Aman pour sauver le peuple de Dieu; mais comme elle aussi, je suis prête à mourir plutôt que d'abandonner la sainte cause remise en mes mains. Je me fie à la bonté et à la force du Dieu de mes pères, dont les puissantes mains sauront me délivrer des méchants.

— Ainsi, toujours la même opiniâtreté.

— Les chrétiens convoitent nos trésors; ce sont les richesses de mon père que vous me demandez; que lui offrez-vous en échange?

Un morne silence succéda à cette interpellation.

— Je vais vous le dire! s'écria Noëmi d'une voix qui devenait formidable :

Après avoir enlevé par la fraude ou par la violence cet or que possèdent les fils d'Abraham, d'Isaac et de Jacob, et qui vous est si nécessaire aujourd'hui; après avoir dépouillé les juifs, vous les chasserez comme un vil troupeau, et avec les sommes que vous leur aurez bassement dérobées, vous solderez ceux qui doivent vous débarrasser de leurs réclamations. Ces juifs, que vous regardez comm une race avilie et stupide, connaissent vos desseins; ils savent que cet or, l'objet de votre cupidité, est leur seule défense contre votre insatiable cruauté. Vous pouvez les exterminer tous, aucun d'eux ne vous livrera le secret qui peut vous mettre en possession de cette opulence.

— Tremblez, fille maudite, vous blasphémez!

— J'invoque le Dieu tout-puissant.

— Nul pouvoir ne peut vous sauver, si vous résistez plus longtemps à nos désirs.

— Dieu seul est grand !

En prononçant ces paroles, Noëmi disparut sans que personne eût songé à l'arrêter, tant était profonde la stupeur de ceux qui venaient de l'entendre. Elle courut en toute hâte à son appartement; sans rien emporter des dons qu'elle avait reçus de la signora Naldi, et lui laissant même les bijoux et les ajustements qu'elle avait achetés de ses deniers, elle ne prit avec elle qu'un seul papier, le billet qu'elle avait reçu de Paolo au moment de son départ pour les légations. Elle le plaça sur son cœur et elle se sentit fortifiée.

La jeune juive retourna au Ghetto, où l'ami de son père la reçut comme un fille bien-aimée.

Au moment où Noëmi avait quitté l'oratoire, un personnage mystérieux, entièrement caché par les plis d'un ample manteau noir et par un large chapeau, parut par une porte qui s'ouvrait dans la boiserie, en un endroit que la sombre draperie ne recouvrait pas.

Il eut dans ce lieu même un long entretien avec la signora et le monsignore, et tous deux, lorsqu'il les quitta, paraissaient un peu remis de la consternation dans laquelle les avait plongés l'apostrophe de Noëmi.

Quelques jours après ces entretiens, il se répandit dans Rome le bruit de l'arrestation d'une belle fille juive, celle dont la beauté avait fait tant de bruit, et que la signora Naldi avait partout présentée sous le nom grec d'une fille de l'Archipel. On parlait aussi d'une vaste conspiration des juifs contre le saint-siége, et dans le taux de l'intérêt stipulé par les hauts banquiers juifs lors du dernier emprunt, la malice romaine voyait une preuve de complicité.

Dans le cours de la semaine qui avait suivi la fuite de Noëmi, la jeune juive, en rentrant au Ghetto, avait été suivie par trois hommes qui l'avaient entraînée dans une voiture. On se préparait à lui bander les yeux et sans doute aussi à la garrotter, lorsque, dans le chef de l'expédition, elle crut reconnaître l'homme qu'elle avait vu parler à Stephan quand celui-ci s'était élancé sur elle au jardin Pincio, et le même individu qu'elle avait vu l'observer et remettre une lettre à Ben-Jacob.

C'était effectivement l'honnête Carlo, qui avait accepté la conduite de ce coup de main, pour être agréable à monsignore Pamphilio.

A tout hasard, Noëmi prononça le nom de Stephan.

Carlo arrêta ses compagnons, qui se préparaient à lier les mains et à cacher les yeux de la captive, et il ordonna qu'on eût pour elle les plus grands égards.

Ce fut au milieu de cette bande que Noëmi arriva dans un couvent de la Visitation qui, comme presque toutes les maisons religieuses placées sous l'invocation de Marie, était dirigé par les RR. PP. jésuites et soumis à la domination de la compagnie.

La juive était donc tombée entre les mains de cette association qu'elle avait vue partout si puissante et si redoutée.

Elle était au centre de tout ce qui pouvait lui apprendre à bien connaître cette compagnie si fameuse et si funeste dans l'histoire de toutes les nations européennes, et qui porta au delà des mers sa pernicieuse influence.

Noëmi fut d'abord soumise à un isolement rigoureux; mais bientôt on se relâcha de cette sévérité. Le jour même où sa captivité devint moins étroite, elle reçut la visite d'un prêtre français, un ami de dom Salvi et de Jules, dont tous deux lui avaient souvent vanté les vertus et le courage. Il s'appelait Villiers; la vieillesse était venue pour lui sans l'avoir abattu. Sa taille était athlétique, sa noble figure et sa blanche chevelure avaient la grandeur, la simplicité et la beauté du type primitif. Il réunissait les signes du patriarche, du prophète et de l'apôtre. Sa vie tout entière s'était passée dans les rudes travaux des missions lointaines parmi les idolâtres. Sa foi était ardente et sincère, ses œuvres avaient été pures et fécondes; le don de la parole vive, pittoresque et animée qu'il avait reçu d'en haut, il l'avait sans relâche consacré à catéchiser et à enseigner, sans être arrêté dans cette tâche évangélique par les périls qui l'entouraient.

L'abbé Villiers venait de la part de dom Salvi; il apportait à la jeune fille des paroles de consolation.

— Mon enfant, lui disait-il avec une ineffable bonté, à un âge où vous devriez être assise au foyer de la famille, vous voilà aux prises avec les agitations du monde. Dieu, sans la volonté duquel rien ne se fait, vous donnera sans doute la force dont vous avez besoin pour la lutte dans laquelle il a permis que vous fussiez engagée. Ayez confiance en lui. Lorsque le danger sera passé, je m'efforcerai de faire pénétrer dans votre cœur une lumière qui lui manque ; mais aujourd'hui, je viens bannir vos craintes. Des affections dévouées veillent sur vous ; leur sollicitude est aussi active que la persécution qui vous afflige. Ma fille, soyez modeste, patiente et douce envers l'adversité.

Ce fut un grand soulagement pour Noëmi que les visites et les entretiens de ce nouvel ami que le ciel lui envoyait.

L'abbé Villiers aimait à parler de ses voyages et des contrées presque inconnues qu'il avait visitées ; dans ses récits se rencontraient souvent ces mots, les *jésuites*, la *compagnie de Jésus*. Noëmi ne pouvait s'empêcher de tressaillir en les entendant ; ils faisaient vibrer dans son cœur un écho douloureux.

Un jour le missionnaire, dont les visites étaient fréquentes, s'efforçait, comme à l'ordinaire, de faire comprendre à la jeune juive les sublimes vérités de la religion du Christ ; entraîné par ses souvenirs, il mêlait l'exemple au précepte, et il rappelait avec complaisance le langage qu'il avait tenu à des peuplades du Japon converties par ses discours au culte du vrai Dieu ; il ajouta :

— Cette conversion subite produisit la plus favorable impression, mais elle ne fut pas approuvée par les jésuites...

Noëmi l'interrompit :

— Mon père, vos paroles me touchent ; il me semble que la religion qui vous a inspiré à un si haut degré cette vertu que vous appelez la charité, doit être la vraie religion. Lorsque je vous entends, lorsque j'ai entendu dom Salvi, je ne vois qu'amour et espérance dans ce dogme que vous m'enseignez ; mais s'il arrive que je tourne ailleurs mes regards, je n'aperçois que le contraire de ce que vous m'annoncez et de ce que vous me promettez. O mon père, ne prenez pas en mauvaise part ce que je vais vous dire, mais si vous saviez ce que j'ai vu !

Le missionnaire ne répondit que par un profond soupir.

Noëmi s'animait.

— Ils ont, s'écria-t-elle, mis le crime à la place de la vertu, le mal à la place du bien, et partout où un devoir leur était imposé, ils ont mis un vice qui les en affranchissait. J'ai vu tout un peuple avili par leurs exemples. J'ai contemplé une cour corrompue par l'orgueil et l'avarice ; la religion indignement détournée de son origine et de son but, et tout ce qui devait servir à glorifier Dieu, employé à faire maudire ceux qui prétendent le représenter sur la terre. Dans cette abomination morale, dans ce désordre de toutes les idées divines et humaines, sur les ruines des bons principes détruits, au sein de ces ténèbres impures, dans ce chaos de perversités, au-dessus de toutes les calamités, il est un nom sinistre et néfaste qui se mêle partout au malheur, à la souffrance et à la plainte ; ce nom, c'est celui des jésuites. Dites-moi, mon père, ce que sont ces éternels ennemis de la vérité et de la lumière ?

L'abbé Villiers sortit ; son abattement était extrême ; on voyait des larmes filtrer à travers les doigts de ses mains, dans lesquelles il cachait son visage.

— Demain ! s'écria-t-il.

Le lendemain, Noëmi attendit vainement ; dans la journée, on lui fit savoir que désormais elle ne recevrait plus les visites du missionnaire, et elle vit se resserrer autour d'elle la surveillance rigide qui d'abord avait semblé s'éloigner.

Mais, dans le cloître même, elle parvint à connaître ce qu'il lui importait tant de savoir. Tous les bruits du monde pénètrent dans les couvents de Rome ; les intrigues religieuses du dehors y sont l'objet de tous les entretiens. Il est telle communauté de femmes qui exerce sur les affaires de l'Église un pouvoir occulte, dont les puissances ecclésiastiques ont plus d'une fois réclamé l'appui.

Il n'était question, au moment où la jeune juive commença à fouiller les mystères du jésuitisme, que d'un envoyé de France venu à Rome pour obtenir du saint-siège l'expulsion des jésuites, subrepticement et frauduleusement introduits dans le royaume, dont leur présence et leurs manœuvres compromettaient les lois et la constitution.

Au couvent dans lequel Noëmi était renfermée, il venait chaque jour une grande affluence de prélats, de *monsignori*, de religieux des divers ordres et ecclésiastiques. On se réunissait chez la supérieure, femme d'une haute noblesse, et dont l'appartement était fort somptueux. Les jésuites étaient très-empressés à s'y montrer. La belle juive, qui avait occupé tous les entretiens de Rome, excitait une curiosité générale, et chacun demandait à la voir. La supérieure, pour satisfaire ce désir, avait fait prier Noëmi de se rendre chez elle aux heures de ces réunions. La jeune fille témoigna d'abord quelque répugnance pour le rôle qu'on voulait lui faire jouer ; elle se fit adroitement supplier par de nouvelles instances ; afin d'atteindre plus sûrement le but de ses vœux intimes et cachés, elle affecta la froideur et la réserve, et se tint muette sous le feu croisé de conversations qui mettaient à découvert les secrets de la physionomie des jésuites dans les deux pays, Rome et la France, qui, depuis leur renaissance au xixe siècle, furent les principaux théâtres de leurs ténébreuses opérations.

Après une enquête sévère, scrupuleusement poursuivie, Clément XIV lança, en 1773, la fameuse bulle *Dominus et Redemptor*. On lisait dans cet acte :

« Inspiré par le Saint-Esprit, poussé par le devoir de ramener la concorde dans le sein de l'Église, convaincu que la congrégation des jésuites ne peut plus rendre les services pour lesquels Paul III, notre prédécesseur, l'a instituée, déterminé en outre par *d'autres motifs que la morale nous commande* de renfermer en notre âme, nous abolissons, en vertu de notre autorité souveraine en matières religieuses, et *nous détruisons à jamais* la société de Jésus, ses fonctions et ses instituts. »

Est-il vrai que le pontife ait dit, en apposant l'anneau du pêcheur au bas de cet acte :

« Je signe mon arrêt de mort, mais j'obéis à ma conscience ? »

Cette bulle fut aussitôt signifiée à la maison professe et aux autres collèges des jésuites, par les députés de la commission d'enquête. Afin de prévenir toute résistance, le pape s'assura de la personne du général de l'ordre, Laurenzo Ricci, et fit arrêter ses assistants, le secrétaire général, les PP. Faure, Forestier et Gautier, qui furent conduits au château Saint-Ange.

On a voulu, et plusieurs historiens l'ont rapporté, que Clément XIV fût mort empoisonné. Une femme de la Sabine, dévouée aux jésuites, avait, dit-on, dans son jardin, un arbre qui produisait les plus belles figues qu'on vit à Rome. Le pape aimait beaucoup ce fruit ; le poison, l'*aquetta*, fut insinué dans une figue remarquable par sa beauté, et placée parmi celles qu'on présenta au *santo padre*, qui la mangea.

Depuis ce temps, s'il faut en croire les mêmes chroniqueurs, le pontife, malgré les signes de vigueur et de santé qui semblaient lui promettre la longévité, fut atteint par un mal de gorge, inflammation violente dont les symptômes étaient mortels. Son agonie dura trois mois ; la violence du poison avait horriblement miné, détruit et ravagé cette robuste organisation. Il expira le 22 septembre 1774, à sept heures et demie du matin.

L'*Histoire des papes* fait connaître une

pièce, la dépêche de l'ambassadeur d'Espagne, dans laquelle se trouve relatée, avec ses moindres détails, l'autopsie du corps de Clément XIV, et qui, selon l'historien, viendrait ajouter aux preuves irrécusables de l'empoisonnement.

Cette description soulève un dégoût profond.

Lorsque Clément XIV disait dans la bulle de 1773 qu'il détruisait les jésuites *à jamais*, il était fondé à se servir de ces expressions. Les jésuites avaient été expulsés de tous les États de la chrétienté avant que Rome elle-même, qui se proclamait la capitale du monde catholique, les frappât d'exclusion, Venise les avait expulsés en 1606, la Bohême en 1618, Naples et les Pays-Bas en 1622, l'Inde en 1623, la Russie en 1676, la France en 1764, l'Espagne en 1767, le Portugal en 1769, et Rome en 1773. Ce dernier coup devait les anéantir. Pie VI, qui avait succédé à Clément XIV, maintint contre les jésuites les décrets de son prédécesseur ; mais il n'en voulait qu'à leurs biens immenses, dont il s'empara. Louis XVI confirma et renouvela les édits des parlements qui chassèrent les jésuites de France. Cependant le lien qui les attachait à Rome n'était pas rompu ; sous le pontificat de Pie VI, les jésuites obtinrent la faculté de fonder des établissements en Russie, en Prusse et dans le pays de Liége.

C'est toujours par l'enseignement que les jésuites se glissent dans les États qu'ils veulent soumettre à leur domination. En s'insinuant dans le présent, ils façonnent l'avenir à leurs vues, ils s'emparent de la jeunesse, c'est-à-dire de la génération future des nations.

Pie VII, revenu à Rome et rétabli sur le trône pontifical, rappela les jésuites.

Le rapprochement entre la bulle de Clément XIV et celle de Pie VII, l'une qui supprime et l'autre qui reconstruit la compagnie de Jésus, parut si plaisant à Noëmi, qu'en dépit de la gravité du sujet, elle ne put résister au désir de les opposer l'une à l'autre, comme dans une scène dialoguée entre Pasquino et Marphorio !

CLÉMENT XIV.

« Inspiré par le Saint-Esprit, poussé par le devoir de ramener la concorde dans le sein de l'Église...

PIE VII.

« Le monde catholique demande d'une voix unanime le rétablissement des jésuites, il reconnaît les fruits abondants que ces apôtres ont produits dans toutes les contrées...

CLÉMENT XIV.

« Par d'autres motifs que la morale nous commande de renfermer en notre âme, nous abolissons...

PIE VII.

« Nous nous croirions coupable devant Dieu d'un grand délit, si, dans les immenses dangers de la *république chrétienne*, nous négligions des secours que nous accorde la spéciale providence du Christ, et si, placé dans la barque de saint Pierre, agitée et assaillie par de continuelles tempêtes, nous refusions d'employer les rameurs vigoureux et expérimentés, s'offrant eux-mêmes pour rompre les flots d'une mer qui menace à chaque instant la papauté du naufrage et de la mort...

CLÉMENT XIV.

« En vertu de notre autorité souveraine en matières religieuses, *nous détruisons à jamais* la société de Jésus, ses fonctions et ses instituts.

PIE VII.

« Déterminé par des motifs si puissants, nous avons décrété de science certaine, en vertu de la plénitude de la puissance apostolique, *et à valoir à perpétuité*, que toutes les concessions, priviléges, facultés et droits accordés aux jésuites de l'empire de Russie et du royaume des Deux-Siciles, s'étendront désormais à ceux de nos États ecclésiastiques. »

Il est assurément difficile d'opposer plus positivement l'affirmation à la négation.

Clément dit : « Nous détruisons à jamais. »

A quoi Pie répond : « Je rétablis à perpétuité. »

« Moi, j'agis en vertu de mon autorité souveraine. »

« Et moi je décide par ma science certaine et par la plénitude de la puissance apostolique. »

Le soir même, la supérieure ayant parlé de l'infaillibilité du pape, Noëmi fut prise d'un tel accès de fou rire, qu'il fallut mettre son hilarité sur le compte d'une crise nerveuse, afin que ce transport soudain ne parût pas trop irrévérencieux.

Léon XII témoigna aux jésuites une bienveillance particulière; il les combla de biens. Il céda à la compagnie à perpétuité, pour plaire à son général, Louis Fortis, qu'il voulait attacher à lui, le collège romain et l'église d'Ignace, l'oratoire dit du père Caravita, le musée, la bibliothèque et toutes les dépendances; il leur livra les écoles et le privilège de l'enseignement public.

L'imbécile Pie VIII, qui avait été grand pénitencier et préfet de la congrégation de l'*index*, cette queue de l'inquisition, débuta par une homélie antiphilosophique qu'il terminait par cette apostrophe adressée aux évêques :

« Il faut, vénérables frères, poursuivre ces dangereux sophistes; il faut dénoncer leurs ouvrages aux tribunaux; il faut livrer leurs personnes aux inquisiteurs, et les rappeler par des tortures aux sentiments de la vraie foi de l'épouse du Christ. »

Avec de pareilles dispositions, ce pontife ne pouvait pas être défavorable aux jésuites.

Grégoire XVI, qui doit son élévation aux jésuites, n'a négligé aucune occasion de leur témoigner sa reconnaissance; sa conduite envers les légations en est une preuve incontestable.

Les jésuites sont donc solidement rétablis à Rome. Ils sont à toutes les issues du pouvoir et possèdent onze églises, toutes remarquables par leur magnificence.

La compagnie de Jésus a fondé à Rome sa fortune sur une triple base.

Elle est l'agent le plus actif de la politique extérieure et le conseiller le plus intime de la politique intérieure; elle dispose de toutes les faveurs secrètes et domine ainsi le gouvernement, la cour et l'Église. A cette influence conquise dans les hautes régions, les jésuites ont su joindre le bénéfice d'une certaine popularité.

Par l'instruction publique ils ont des rapports fréquents avec les plus chers intérêts des familles; plus tard, ils trouvent le monde peuplé de leurs élèves.

On sait le luxe théâtral de leurs églises et de leurs *funzioni*, les plus brillantes et les plus attrayantes de toutes. Le culte de Marie, la *santissima madonna*, si cher aux affections populaires, est pour eux l'objet d'une sollicitude particulière.

Riches en hommes éclairés, leur ordre exige de tous ses membres une soumission absolue; entre leurs mains, chacun des affiliés doit être, selon la terrible expression de leurs statuts, comme un cadavre, *perinde ac cadaver*. Les facultés, les dispositions, le caractère, les qualités et les défauts, les sentiments et les ressources morales, en un mot l'organisation intellectuelle et matérielle de chaque individu attaché à la compagnie est soumise à une étude approfondie qui, pour quelques sujets, commence avec les premières années de la vie.

La terreur était générale.

Une obédience stricte, implacable, une discipline inflexible, disposent de ces facultés selon les besoins et les desseins de l'association. Il est juste de reconnaître aussi que, par une habileté merveilleuse, les jésuites ont toujours su préparer les sentiments, les idées, le cœur et l'esprit de chaque membre à un dévouement sans bornes, de telle sorte que le précepte fût d'accord avec la volonté.

C'est par ces arrangements que les jésuites ont possédé pour toutes les parties des hommes éminents. Professeurs, écrivains, théologiens, confesseurs, orateurs sacrés, administrateurs, diplomates, missionnaires, hommes du monde, marchands et souverains, les jésuites ont été tout cela, et, il faut en convenir, non pas sans quelque distinction. Ils ont habité et conquis toutes les contrées du monde ; en Europe, on les trouve près de tous les trônes, recevant les confessions royales et parlant à l'oreille des rois ; ils pénètrent dans tous les cabinets et sont mêlés à toutes les affaires. Par delà les mers, dans le nouveau monde, aux Indes, en Chine, au Japon, tour à tour persécuteurs et persécutés, vendeurs et vendus, ils ont les premiers fait connaître ces contrées, qu'ils ont à la fois éclairées et désolées. Au Paraguay ils ont régné !

Les jésuites ont donc étendu sur le monde entier un vaste réseau, dans lequel il leur a été un instant permis de croire qu'ils envelopperaient l'univers. Ils ont su se plier à toutes les mœurs et à toutes les doctrines; ils improvisaient une morale, des principes, le blâme et l'éloge, suivant la circonstance. Chez les idolâtres, ils ont transigé avec le culte des idoles, pour se concilier et gagner les esprits. Ce procédé ils l'ont appliqué à toutes les choses du ciel et de la terre ; de là les monstrueux et abominables parjures de leur conscience morale et religieuse.

On est étonné que les jésuites, tant de fois chassés et bannis des États qu'ils infectaient de leurs exécrables enseignements, une fois mis à mort par un pape, n'aient jamais été entièrement détruits et anéantis. A chaque instant, on les voit renaître plus vivaces et plus opiniâtres. Cette ténacité, qui semble les rendre indestructibles, s'explique par la nature même de leur agrégation. Toutes les volontés sont confondues dans une seule ; lorsque vous dissipez l'association, son principe vital ne périt pas ; c'est l'âme qui survit au corps qu'elle quitte, pour remonter au foyer de l'animation générale.

Il est difficile de ne pas admirer l'art prodigieux avec lequel le fondateur de l'ordre des jésuites a conçu et accompli l'œuvre de leur organisation. C'est dans cette admiration même que nous puisons la vigueur de notre haine contre cette compagnie qui, pour mal faire, s'est abritée sous un nom sacré, le plus sacré de tous les noms. D'abord, l'indignation publique a le droit de demander compte aux jésuites de tout le bien qu'ils n'ont pas fait. Qu'on suppose les immenses moyens dont cette société a disposé mis au service d'une idée grande et utile, et l'on s'apercevra tout de suite que, pour le bonheur et pour la civilisation des peuples, il n'était pas de levier plus puissant. Le mal que les jésuites ont fait est donc en raison directe du bien qu'ils n'ont pas fait, et c'est pour cela qu'ils sont chez toutes les nations un objet de malédictions éternelles. Tout ce qu'ils avaient réuni d'excellent et d'efficace, tout ce qui pouvait servir le bien-être et le progrès du genre humain, ils l'ont méchamment détourné pour en faire un fléau et une source de calamités.

C'est pour cela que l'anathème des peuples contre les jésuites doit durer jusqu'à la fin des temps.

Rome ne s'est jamais sincèrement détachée des jésuites ; des querelles passagères, des dissentiments imprévus ont bien pu les séparer quelquefois : entre deux ambitions vives et turbulentes, le bon accord est malaisé. Un pape, cédant au cri de l'Europe et au scandale des odieux paradoxes émis et soutenus par les livres et par les actions des jésuites, a pu les exclure. Ce coup pouvait les exterminer ; mais, avec l'infernale prudence qui leur est propre, les jésuites ont déposé dans chaque conclave le germe et le gage de leur durée.

Est-ce pour cela que Clément XIV a expiré quelques mois après avoir signé la bulle de destruction de la compagnie de Jésus?

A Rome, tout favorisait donc le retour des jésuites. Au commencement de ce siècle surtout, lorsque le pontificat était si contristé par la défaite, il dut chercher partout un appui, et celui de la compagnie de Jésus, comme lui jadis si puissante et alors si déchue, devait exciter ses sympathies. Rome et le jésuitisme étaient deux grands débris qui se consolaient entre eux.

Cette pensée fut tellement celle du rétablissement des jésuites, que Pie VII, dans la bulle qui leur restitua leurs droits et leurs priviléges, l'exprime sans restriction et *proprio motu*. Lorsque ce pape, comme les disciples effrayés par la tempête et auxquels le Christ reprocha de manquer de foi, parle de la barque de saint Pierre prête à chavirer, il s'exprime ainsi : *Une mer qui menace à chaque instant* la papauté *du naufrage et de la mort...*

La religion n'est point intéressée à cette mesure ; ce n'était point la barque de saint Pierre qu'il s'agissait de sauver, c'était le vaisseau de l'État temporel.

Entre Rome et les jésuites, il existe de nombreux points de rapprochement ; l'astuce de l'une comprend la fraude des autres; entre les moyens que tous deux emploient pour parvenir presque au même but, il y a affinité réciproque et mutuelle affection. Ce sont deux augures qui ne peuvent se regarder sans rire ; et dans ce signe de leur intelligence, il y a un signe d'union. Rome et les jésuites s'entendent sur le but principal ; au lieu de se disputer l'univers, ils sont d'accord pour le partager.

Les jésuites, voyant Rome en proie à des tribulations sans cesse renaissantes et à des inquiétudes dont ils avaient sondé la profondeur, ont promis au pontificat de lui rendre sa puissance perdue et de lui donner tous les royaumes du monde, comme autrefois le tentateur les offrit au Fils de l'homme. Rome, toujours peu soucieuse d'imiter le Sauveur dans son humilité, a accepté l'offre qui lui était faite ; mais, en échange de ce qu'on lui promettait, elle promit son influence et son intervention spirituelle et temporelle. Entre Rome et les jésuites, le contrat est synallagmatique, non point seulement par la nature des conventions, mais par la nature même des choses. L'intérêt de l'une ne peut point souffrir sans que l'intérêt de l'autre ne périclite.

Ces notions claires et précises, et qui résumaient si loyalement les entretiens auxquels elle assistait muette et attentive, donnaient à Noëmi l'explication du crédit obtenu par les jésuites sur les trois classes de la nation romaine : le peuple, dont ils flattaient les superstitions et les goûts dévots par le faste religieux ; la cour, dont ils caressaient les vues et les passions ambitieuses et cupides ; et l'Église, à laquelle ils promettaient le pouvoir. La chaire, le confessionnal et les écoles publiques augmentaient encore leur action sur l'esprit des masses. Leurs richesses leur ouvraient l'accès du monde, toujours si bienveillant pour l'opulence.

C'est aux jésuites que M. de Talleyrand avait emprunté cet aphorisme :

« Il faut d'abord être riche. »

Les jésuites sont les premiers qui aient établi dans leurs églises des confessionnaux pour toutes les langues. Ces confidences venues de points si divers aboutissaient à un centre commun, et la maison professe, cette succursale du Vatican, était le fourreau dans lequel reposait cette épée dont la pointe est partout et dont la poignée est à Rome.

Quant aux prétentions des jésuites sur la France, elles étaient moins faciles à comprendre et à expliquer.

N'était-ce pas une entreprise insensée que d'espérer de faire reculer les idées de tout un peuple? Autant vaudrait dire au torrent de remonter la pente qu'il a descendue, ou au fleuve de se diriger vers sa source; depuis plus d'un demi-siècle, toutes les tentatives de ce genre ont échoué; mais, de la part des jésuites, c'était un acte de démence.

Avant d'aborder les faits contemporains, il est nécessaire de remarquer que si les jésuites se sont relevés de presque toutes leurs défaites, ils n'ont jamais pu obtenir une victoire complète. C'est que, malgré toute leur adresse, n'agissant que dans l'intérêt de leurs passions, ils n'ont pu échapper aux excès et aux emportements qu'elles excitent. Ces hommes, si habiles pour acquérir, n'ont jamais su conserver.

La Providence a voulu que les inspirations du mal fussent mobiles ; au bien seul elle a donné la stabilité.

Après le désordre moral et la vie matérielle de la régence, après le scepticisme de l'école philosophique, enfin après l'effroyable tourmente de la révolution de 1789, le retour du passé dans l'ordre religieux était impossible. Comment donc est-il arrivé que tant de gens ont essayé d'amener ce résultat? C'est qu'ils ont presque tous pris leurs espérances pour des réalités, et qu'au lieu de consulter l'esprit public, ils se sont arrêtés aux vues officielles.

En rétablissant en France la religion catholique, Napoléon a plutôt cédé à un entraînement qu'à une conviction ; séduit par la grandeur de l'œuvre, il a donné à l'édifice reconstruit plus d'éclat que de solidité. Il fallait profiter d'une circonstance unique pour écrire sur la table rase qu'avaient faite les événements, des franchises durables, et donner satisfaction à toutes les libertés de la conscience; choisir un culte, celui de la tradition nationale; mais ne le point exalter au-dessus des autres, et le délivrer de toutes les entraves du clergé romain.

L'empereur et ses conseillers furent trompés par l'astuce du pape et de ses cardinaux; ceux-ci furent si habiles à tout confondre, le spirituel et le temporel, leur science fut si subtile et si artificieuse, que l'inexpérience des théologiens français fut facilement défaite et mise en pleine déroute. Napoléon, victorieux et maître de Rome, fut battu par Pie, vaincu et captif.

Tout demeura incertain sur la situation de l'épiscopat français : de là les incertitudes de l'avenir et les prétentions de Rome ; en se retirant de la place, le chef ultramontain y avait laissé et conservé des intelligences.

L'histoire a dit quels ennuis cette imprudente omission avait causés à la grandeur, et plus tard à la décadence de l'empire.

Un des capitaines de Napoléon exprima énergiquement le malaise du sentiment général, à la vue du clergé ramenant avec la religion, rappelée en France par tous les bons esprits, des abus que repoussait le sens public.

Le légat du pape publia un jubilé extraordinaire à l'occasion du rétablissement de la religion catholique; il ajouta à cette faveur celle de racheter le pardon des fautes, accordée aux fidèles par l'acquisition des indulgences. En voyant ce trafic, le maréchal Lannes se prit à dire :

« Bonaparte se trempe dans l'eau bénite, il s'y noiera. »

Cette opinion était celle de la France tout entière.

Dès 1804, on vit le jésuitisme relever la tête. Et ici commence cette longue et audacieuse machination qui se continue jusqu'à nous.

Les jésuites n'ignorent pas que le dogme catholique et romain, qui impose la foi et qui étouffe toute discussion, ne déplaît pas aux puissants de la terre, toujours disposés à rétrécir l'exercice de la pensée libre. L'histoire a trop bien prouvé que de l'athéisme à l'anarchisme il n'y a qu'un pas, pour que e silence ne fût pas préféré à la discussion et à ses périls. Les jésuites trouvent donc dans les cours un appui qu'on n'avoue point, mais qu'on ne refuse pas. Ils ont su se ménager des secours occultes en tout temps et en tout lieu.

Le 15 août 1804, dans l'ancien hôtel des Sulpiciens, rue Notre-Dame-des-Champs, n° 28, plusieurs prêtres étaient réunis pour une cérémonie d'inauguration pieuse. La fête de Marie et celle de Napoléon se confondaient dans la date de ce jour. On voyait dans cette réunion plusieurs ecclésiastiques échappés aux coups de la révolution. Parmi eux se faisaient remarquer l'abbé Froment, le condisciple de Robespierre au collége Louis le Grand ; enveloppé dans la réquisition de 1793, incorporé dans le régiment du Doubs, et rentré au séminaire de Saint-Sulpice en 1801, — il avait ainsi quitté le casque pour le froc, et repris le froc en rejetant le casque ; — M. Legris-Duval, qui s'était offert pour être le confesseur de Louis XVI ; l'abbé Augé, ancien vicaire général de l'évêché de Boulogne, affilié à la *petite église* de Lyon, le premier schisme que des sulpiciens élevèrent contre le concordat, sous le nom de *Pères de la foi !* M. Émery, le vieil instituteur de MM. Froment et Augé ; et enfin M. Garnier, qui le suppléait à cette époque, tous deux fondateurs de l'enseignement religieux du séminaire de Saint-Sulpice.

Ces ecclésiastiques étaient réunis pour faire, à Paris, l'essai de la première maison de celles qu'on a appelées *Petits séminaires*, dans le but d'élever à la base de l'éducation, dans les mêmes idées, les enfants destinés au sacerdoce et ceux que réclamait la vie civile. Confusion précoce, dont, plus tard, les suites devaient être si funestes !

Dans le moment où le chef de l'État abandonnait au clergé quelques ruines des propriétés nationales pour y loger des séminaires, lorsque le *Génie du Christianisme* avait mis la piété à la mode et chassé des mœurs les affectations de l'impiété révolutionnaire, on ne fit qu'une médiocre attention à cette installation d'une simple maison d'éducation.

C'était un mince filet d'eau qui devait devenir la source d'un fleuve.

Un jeune homme s'était rencontré qui rêvait de conquérir, par l'éducation de la jeunesse, le rôle considérable que le père Lachaise avait joué sous Louis XIV par l'influence du confessionnal. Son dévouement pour le parti prêtre était aveugle ; il avait cet entêtement de sacristie qui est devenu proverbial ; son instruction était étendue, solide et brillante ; il possédait une faculté d'intrigue savamment développée, un rare talent d'organisation et d'administration, la connaissance du monde et l'usage de la cour. Tout secondait ses desseins ; sa naissance même semblait les justifier.

L'abbé Liautard était né à Versailles, dans les appartements de la maréchale de Tallard ; il fut l'objet des prédilections de M. le prince de Condé. En 1793, la réquisition fit de lui un défenseur de Maubeuge, dans le 3ᵉ régiment de dragons. On retrouve encore aujourd'hui, parmi les évêques français, plusieurs soldats des armées de la république, qui ne se doutait guère qu'elle élevait des conscrits pour l'Église. Ses condisciples, à Saint-Sulpice, étaient MM. de Quélen et Feutrier. Alors aussi florissaient à Saint-Thomas d'Aquin les fameux catéchismes présidés par M. de Sambucy ; tout annonçait dans le clergé des idées de renaissance et d'influence. On comprit que les débris des anciennes écoles ecclésiastiques ne pouvaient être reconstitués que sur un ensemble complet de l'enseignement religieux. La maison de la rue Notre-Dame-des-Champs, vaste institution placée dans le grand hôtel Traversaire, s'ouvrit sous la direction des abbés Liautard, sulpicien, Froment, oratorien, et Augé, jésuite.

On a dit que la France pieuse avait applaudi à cette manifestation. Cette école fut aussi accueillie par d'autres suffrages, et l'on ne conçoit pas aujourd'hui comment on ne s'aperçut pas alors que cet établissement n'était pas seulement posé contre l'Université, mais que c'était contre l'empire lui-même et contre les principes du régime nouveau, que se dressait un enseignement bien plus ecclésiastique que religieux.

Le piège ne fut point aperçu ; mais de 1804 à 1825, pendant vingt-quatre ans, rien ne fut négligé pour envelopper les mœurs politiques dans le réseau de l'éducation sacerdotale.

L'empire, malgré la création de l'Université en 1808, eut pour l'institution de M. Liautard une tolérance trop manifeste pour n'être pas calculée. Napoléon croyait avoir besoin du clergé militant ; il frappait le pontife et les hauts dignitaires de l'Église, mais il ménageait les abbés et leurs insidieuses écoles, afin de paraître animé par un esprit de conciliation.

Une autre maison, succursale de celle de M. Liautard, créa un double pensionnat sous la raison Bernard et Auger : l'un à Paris, rue d'Assas, l'autre à Montrouge, dans la propriété qui fut, sous la restauration, la maison de plaisance des jésuites.

Louis XVIII, dès les premiers moments de son règne, avait manifesté toute la répugnance que lui faisait éprouver une réaction religieuse ; il avait vu naître la révolution de 1789, et il s'était associé à ses premiers travaux. Sans refuser au clergé sa protection et sa bienveillance, il ne consentait pas à céder à des exigences qui pouvaient compromettre la popularité de la restauration. Mais un incident romanesque dérangea toutes ces résolutions royales, et Louis XVIII ne put pas échapper à l'obsession des prétentions religieuses, dont l'abbé Liautard était l'agent le plus actif.

Ici l'histoire touche de si près au roman, que, sans les témoignages les plus authentiques, on serait tenté de révoquer en doute les faits qu'un des interlocuteurs raconta dans un des entretiens du couvent.

Mme de Jaucourt, belle-mère de Mme la comtesse du Cayla, avait fait partie, comme dame de la reine, de la maison de la comtesse de Provence, dans l'émigration ; elle avait recommandé sa bru en mourant à la bienveillance de Louis XVIII. En 1819, des différends s'élevèrent entre M. du Cayla et sa femme, qui, par suite de la perte d'un procès qu'elle soutint contre son mari, se vit dans la nécessité d'éloigner de Paris son fils unique, le jeune Ugolin du Cayla, enfant débile âgé de quatre ans au plus. On sait que Mme la comtesse du Cayla fut fort avant dans les bonnes grâces du roi Louis XVIII, sans avoir pour cela rompu ses relations intimes avec M. le vicomte de Sosthènes de La Rochefoucauld. Ce fut par cet intermédiaire que l'abbé Liautard, qui avait connu le vicomte par l'abbé Legris-Duval, l'ancien précepteur de ce gentilhomme, s'insinua auprès de la favorite. Il eut l'adresse de faire proposer à la comtesse un asile pour son fils dans le petit séminaire de Terminies, près de Chartres, où il avait fondé une sorte de maison annexe et succursale de l'établissement de la rue Notre-Dame-des-Champs. M. Liautard, élevé parmi les personnes de l'ancienne cour, pouvait-il ignorer que Mme du Cayla, fille de l'ancien avocat général Talon, qui avait pris une part si active, comme membre du parlement, à l'affaire de Favras, avait reçu de son père le dépôt de pièces où la complicité de Louis XVIII, alors *Monsieur*, comte de Provence, était clairement établie ? C'est ce qu'on ne sait pas. Si M. Liautard, qu'on regardait comme un fils naturel du prince de Condé, a connu ces faits de famille, il a pu pressentir la fortune de Mᵐᵉ du Cayla. Louis XVIII, une fois assis sur le trône, devait tout faire pour effacer la trace des péchés révolutionnaires de sa jeunesse.

Quoi qu'il en soit, le jeune Ugolin du Cayla, confié aux soins de l'abbé Bernier, que l'évêque de Chartres, M. de Latil, accorda comme précepteur sur la demande de M. le comte d'Artois, resta trois ans caché dans Terminies, bourg de la Bauce, à trois lieues d'Arthenay et à six lieues d'Orléans, sans que personne connût sa retraite. Une correspondance toute paternelle entretenue par M. Liautard, et remise par le vicomte de La Rochefoucauld, informait la mère de la santé de l'enfant. A cette époque, auprès du roi, l'influence de la belle Bordelaise, Mᵐᵉ P..., n'existait plus ; Mᵐᵉ de M... à son tour avait échoué. Louis XVIII se rappelant les vœux de Mᵐᵉ de Jaucourt, instruit du procès de M. Achille du Cayla, et s'inquiétant peut-être bien aussi de la succession judiciaire de l'avocat général Talon, désira connaître sa fille. Au même moment, un rapprochement s'opérait à la chambre des pairs entre la vieille droite et la jeune droite, que représentaient d'une part MM. de Chateaubriand et de Montmorency, et d'une autre part MM. de Doudeauville et de Pastoret. Les intéressés se rencontraient sans affectation à l'hôtel de La Rochefoucauld, rue de Varennes, et chez Mᵐᵉ de Croisy. Ce fut même dans ce salon de Mᵐᵉ de Croisy que Mᵐᵉ du Cayla fut mise en présence de l'adroit ecclésiastique qu'elle ne connaissait encore que par les services que M. Liautard

lui rendait dans la personne de son fils. Cependant l'abbé avait déjà fait beaucoup de chemin dans l'esprit de la comtesse, par le charme d'une correspondance des plus séduisantes. Mᵐᵉ du Cayla lui avoua sans détour que ses lettres étaient lues par Louis XVIII. Les jésuites étaient enfin dans le cabinet du roi.

C'était un pas immense, mais il coûta cher à la favorite. Les *mémoires* du temps affirment que, pour prix de son influence, Mᵐᵉ du Cayla reçut l'ordre pressant de Louis XVIII de brûler sous ses yeux les pièces de la procédure de Favras[1]. Ce fut une grande perte pour l'histoire ; mais le roi ne pouvait plus rien refuser à la femme qui venait de lui donner cette preuve de dévouement. Il s'intéressa naturellement au fils d'une telle mère, et à M. Liautard, qui se fit demander un rapport sur la situation politique du royaume.

La faveur de l'abbé était fondée ; le premier essai qu'il tenta pour s'assurer de ce nouveau crédit, fut de faire entrer M. de Corbières au conseil des ministres.

Le roi voyait régulièrement tous les mercredis Mᵐᵉ du Cayla, qui, de son côté, par correspondance ou par lettre, avait des rapports continuels avec M. Liautard. Jamais secrète influence n'eut un jeu plus serré, plus exact et plus suivi.

Ce fut dans l'été de 1821, à ce qu'il paraît, que Mᵐᵉ du Cayla, imitant les favorites célèbres des vieux Bourbons, s'éloigna des Tuileries, sous prétexte qu'elle n'obtenait pas une confiance égale à son dévouement. Par les conseils de l'abbé, la comtesse écrivit à Louis XVIII une lettre de onze pages, dans le but de rompre les derniers obstacles qui s'opposaient à l'admission de MM. de Villèle et Corbières comme ministres

[1] Thomas de Mahy, marquis de Favras, fut pendu sur la place de Grève ; sa mort fut le premier acte de justice révolutionnaire.

à portefeuille. Cette lettre devait triompher de tous les scrupules du monarque. Cependant la comtesse, effrayée de sa démarche, hésitait à demander une réponse. M. Liautard la poussa en quelque sorte dans le cabinet du roi, et écrivit de son côté à M. de Villèle, qui s'était retiré à Toulouse. Quinze jours après ces faits, le 13 décembre 1821, parut l'ordonnance qui donnait le pouvoir au ministre des jésuites.

C'était quelque chose d'extraordinaire que cet abbé, du fond de sa chambre de la rue Notre-Dame-des-Champs, traitant des destinées de la France par l'intermédiaire d'une femme, avec un prince d'un esprit aussi absolu et d'un caractère aussi fin que Louis XVIII, demandant et obtenant la direction générale des beaux-arts pour M. Sosthènes de La Rochefoucauld, l'élève chéri des jésuites, la destruction du concordat, la création des huit pairs ecclésiastiques nommés par ordonnance royale du 31 octobre 1822, et enfin l'établissement du ministère des cultes remis à M. de Frayssinous, dont les conférences à Saint-Sulpice avaient commencé la réaction jésuitique, et qui fut appelé dans un but qu'on ne prenait pas la peine de déguiser.

M. de Villèle ne put échapper à l'audacieuse influence dont M. Liautard personnifiait les tendances ; il reçut de la main des jésuites, pour diriger son ministère des finances, M. de Renneville, tout frais émoulu de la jésuitière de Saint-Acheul. Il en fut réduit à subir des instructions ainsi conçues :

« C'est par nous que vous avez été élevé, non pour vous que nous ne connaissons pas, mais pour le bien de l'*État*, auquel nous vous avons cru propre ; c'est par vos œuvres seulement que vous pouvez vous soutenir, sans doute, mais ne croyez pas que, seul et sans appui, il vous sera possible de vous maintenir aux affaires et de *faire le bien*. Sur qui voulez-vous donc vous appuyer, si vous écartez les vrais amis du roi. Que tout sentiment d'orgueil et d'ambition fléchisse devant les intérêts de la monarchie... »

Cette lettre est copiée textuellement dans un document dont l'autorité ne sera pas contestée, les *Mémoires de l'abbé Liautard*, *publiés par lui-même*, que nous avons sous les yeux.

M. de Villèle crut avoir assez fait en montrant aux émigrés le lopin de l'indemnité qu'il devait leur donner plus tard, et voyant les nobles et les prêtres escalader le pouvoir, il tira l'échelle. L'accord entre lui et les jésuites paraissait être rompu, lorsque commença le règne de Charles X. Pendant l'agonie de Louis XVIII, la faveur de Mme du Cayla s'accrut ; M. l'abbé Liautard mit ses dispositions à profit pour demander d'entrer dans le conseil royal de l'Université. M. de Frayssinous, qui connaissait l'homme depuis longtemps, repoussa une mesure qui aurait détruit l'Université.

On jugea que c'était assez pour le triomphe du clergé, sous la restauration, de la création de trente nouveaux diocèses et d'environ soixante écoles ecclésiastiques. La lutte prit alors contre le conseil royal de l'Université un tel caractère de violence, que l'administration de M. de Villèle, malgré l'irrésistible ascendant des jésuites, approuva tacitement la conduite de M. de Frayssinous.

La comtesse du Cayla, piquée, fit désigner, par le roi, M. Liautard comme précepteur du duc de Bordeaux, tandis que la maison de la rue Notre-Dame-des-Champs, érigée en collège de plein exercice, prenait le nom de *collége Stanislas*. C'était un dédommagement accordé à la vanité humiliée du prêtre. M. Liautard en fut étourdi ; il voulut donner plus de relief à la pensée réelle de ses établissements d'instruction particulière ; il se retira et présenta, pour le remplacer,

Le Forum.

M. Augé, le jésuite. L'évêque d'Hermopolis comprit le sens et la portée de cet acte, auquel il se prêta de la meilleure grâce.

La mort de Louis XVIII était attendue avec une impatience extrême; comme on l'a fort énergiquement fait observer, le drame devenait digne des Le Tellier, des Malagrida et d'Ignace lui-même.

A propos de la guerre d'Espagne, en 1823, M. Liautard écrivait à M. de La Rochefoucauld : « Avec chaque régiment, ayez un trésor; prodiguez l'or, sans ménager la poudre; achetez! achetez! »

Il donnait aussi cet avis au pouvoir :

« Rédigez un journal officiel dans le style des *Nouvelles politiques de l'Ami de la religion et du roi*, sans fiel ni venin, sans esprit ni couleur. Là vous inscrirez, comme au *Journal de Paris*, les variations du thermomètre et l'élévation des eaux de la rivière, le cours des effets publics, le prix des blés, des sucres et des cafés, les principales nominations et destitutions, les lois qui intéressent l'universalité des citoyens, les événements les plus remarquables de l'Europe, afin que l'on sache que le sultan Mahmoud n'est pas étranglé. Supprimez tous les autres journaux politiques, ou réduisez leur nombre. Les mauvaises feuilles seront persécutées jusqu'à leur anéantissement.

« ... Par les Frayssinous, les Rauzan, vous tenez toutes les classes de la société, les grands, les dames vouées aux bonnes œuvres, depuis les plus pauvres jusqu'aux plus riches. Avec les frères des écoles chrétiennes, avec les admirables filles de Saint-Vincent de Paul, avec les sœurs de la Sagesse, de Saint-André, vous vous emparerez du peuple des villes, de la jeunesse des villages; vous donnerez à tous une direction uniforme. Tous vous aident à répandre, jusque dans les rangs les plus obscurs de la société, le dévouement pour le roi, la soumission à l'autorité, la résignation au malheur et cette philosophie sublime qui apprend à vivre satisfait dans l'état obscur où il a plu à la Providence de nous ensevelir.

— La plus grande des questions gouvernementales. »

Cette sublime philosophie dont parlait avec une si vive tendresse l'abbé Liautard était peu du goût de ceux qui conduisaient l'intrigue religieuse. MM. Fayssinous et de Latil se faisaient remarquer parmi les plus ambitieux et les plus ardents. M. de Latil, qui commençait à percer, n'était pas étranger à la bienveillance subite que le comte d'Artois avait témoignée à Mme du Cayla ; c'était dans son diocèse de Chartres que le jeune Ugolin avait été recueilli par ce fougueux prélat. Les jésuites s'étaient emparés du frère du roi. M. de Latil possédait à un haut degré tous les talents de l'intrigue, excepté l'art de réussir. Dans les derniers moments du roi, lorsque la favorite fut forcée de céder au confesseur le chevet de Louis XVIII expirant, le monarque mourant s'occupait encore de rendre impossible M. de Latil, dont les emportements l'épouvantaient. Ce fut l'évêque d'Hermopolis, soutenu par M. de Villèle, qui resta au ministère. Après la mort du roi, Mme du Cayla disparut. M. de Latil fit nommer M. Tharin, sa créature, précepteur du jeune prince, et l'abbé Liautard, qui n'était plus rien, pas même curé, tomba lourdement, mais sans bruit.

Le clergé fut très-ému par cette révolution du palais ; on l'attribua aux vieilles rancunes des jésuites et des oratoriens. Les jésuites attendaient l'avènement de M. de Polignac, leur messie. M. l'abbé Liautard se trouva broyé entre deux jésuites, M. l'abbé Augé, qu'il avait mis à la tête du collège Stanislas, et M. de Latil.

Il y eut à cette époque, entre les différentes congrégations religieuses, des discordes dont l'opinion libérale profita.

M. Liautard, ainsi joué par ceux qu'il avait aidés, eût pu se réjouir des ordonnances de M. Feutrier qui supprimaient tous les petits séminaires. Les jésuites avaient alors huit grandes maisons d'éducation en prospérité inouïe, qui furent atteintes par cette mesure. C'étaient Saint-Acheul, Sainte-Anne, Montmorillon, Bordeaux, Billom, Aix, Forcalquier et Dôle. M. Liautard voyait aussi s'écrouler ses établissements, qui n'étaient ni moins nombreux ni moins florissants.

La fureur des jésuites ne connut plus de bornes. Le ministère de 1828, celui que l'on personnifiait dans M. de Martignac, fut présenté sous le jour le plus funeste, et l'on rêva l'avènement de M. de Polignac.

Peu de temps avant la chute de M. de Villèle, M. L'abbé Liautard avait été consulté sur la nomination de M. de Polignac et d'autres ministres ; il avait répondu :

« C'est très-bien, sauf M. de Polignac. Cet homme nouveau ne doit pas connaître nos affaires de l'intérieur. »

La main fatale des jésuites, agents de Rome, poussait la royauté. Un an après, le 9 août 1829, M. le prince de Polignac était nommé premier ministre ; un an après, le 9 août 1830, Louis-Philippe montait sur le trône d'où descendait Charles X, qu'une révolution de trois jours en avait fait tomber pour avoir signé les ordonnances dictées par les jésuites.

Le mouvement populaire dissipa ces bandes, comme la paille que le vent chasse devant lui.

Les jésuites abandonnèrent toutes leurs propriétés avec cette facilité que leur permet une possession qui n'est jamais sous leur nom.

La maison de Montrouge, qui fut pendant toute l'intrigue française le quartier général de la compagnie, et la maison professe de la rue de Sèvres, composaient leurs principaux établissements de la province de Paris. La province de Lyon, qui forme la seconde division de la France partagée en deux par les jésuites, avait aussi des établissements considérables.

Ils enseignaient sous le nom de *Pères de la Foi;* ils se formaient en association sous le nom de lazaristes.

Balayés et emportés par la trombe de 1830, les jésuites se replièrent à Rome, et de là ils regardèrent passer les débris que roulait sous leurs yeux l'ouragan des révolutions.

Les événements de Paris, le double sac d'une église et d'un palais épiscopal, les croix abattues, les découragèrent d'abord; mais bientôt ils eurent des sujets d'espoir; il s'agissait seulement de procéder avec prudence. L'empressement que le gouvernement de Juillet mit à demander l'assentiment de Rome leur fut d'un augure favorable.

Ils avaient, sous la branche aînée, agi par invasion; sous la branche cadette, ils procédèrent par insinuation, et pendant que le peuple grondait au dehors, ils pénétraient, dès le lendemain même de la révolution de Juillet, dans le Palais-Royal.

Ils firent un pas. Casimir Périer et Ancône les effrayèrent un peu; ils s'arrêtèrent et se tinrent cois sans reculer.

Ici commence une autre série de faits.

Les jésuites, après s'être assurés que la cour ne leur serait pas défavorable et qu'ils pouvaient même compter sur certaines sympathies dévotes, rentrèrent un à un, sans bruit; ils s'occupèrent de reconquérir les positions perdues. La plus importante, et celle qu'ils ne cesseront jamais de convoiter, c'est l'instruction; elle est à la base du présent.

Les obstacles qui s'opposaient à cet envahissement étaient nombreux et formidables. L'Université et sa puissante unité se dressaient devant eux; l'opinion publique et le sentiment général les repoussaient, et les lois du royaume s'unissaient à l'Université et au pays. Les jésuites imaginèrent qu'ils pourraient triompher de ces résistances, aidés seulement par les secrètes sympathies qui lient l'oppression religieuse à l'oppression politique; ils s'appuyaient aussi sur une haine commune à eux et au pouvoir.

Sous la restauration, les jésuites recherchèrent comme auxiliaire le concours du petit clergé; les missions foraines, les parades religieuses, les prédications, les retraites, rien ne fut dédaigné; on eut même recours aux miracles, à la tête desquels se plaça la croix de Migné, vue dans un coin obscur du Poitou. Sous le nouvel ordre de choses, il en fut autrement. Les jésuites s'adressèrent aux sommités ecclésiastiques du haut clergé; ils persuadèrent aux évêques que l'instruction publique et le colosse universitaire renfermaient dans leurs flancs un immense complot, dont le but était d'anéantir en France la foi catholique, de ruiner l'Église et de dissiper les troupeaux des pasteurs.

Ils calomnièrent les écoles, les institutions, les collèges et les académies, la Sorbonne, l'école normale et le collège de France; ils firent si bien qu'ils parvinrent à alarmer, chez plusieurs, la conscience et la sollicitude de la famille, et à soulever l'épiscopat. comme si l'on touchait au temps de l'abomination et de la désolation prédit par les prophètes. Les évêques ne virent pas le piège qui leur était tendu; ils y tombèrent, il faut bien le dire, entraînés par les penchants cachés de l'ambition sacerdotale et par cet esprit d'opiniâtreté et d'insubordination ecclésiastique, par lesquels ils ont toujours été séparés de la communion de l'État.

Les jésuites avaient bien jugé ces passions, et Rome encouragea les hostilités des prélats français.

Le gouvernement, que ces tracasseries chagrinaient bien plus par leur impudence que par la nature même, essaya de se tenir dans un rôle dont la neutralité inclinait vers le clergé; la cour restait muette. Le petit clergé ne se mêlait point à ces querelles qui n'intéressaient que les évêques, demandant pour eux des franchises et une opulence qu'ils refusaient aux prêtres.

Cependant l'opinion publique s'alarmait, et ses instincts lui révélaient la présence de tendances funestes et l'approche du danger. Les jésuites reparaissaient sous mille formes et reprenaient leurs anciens noms. Un procès célèbre révéla, ou plutôt confirma l'existence de la maison professe de la rue des Postes, de ses opérations, de ses cupidités et de ses richesses ; c'était toujours le même système vivace et qu'on ne pouvait pas extirper.

En même temps que les évêques soutenaient ouvertement les jésuites, et parlaient, en cas d'expulsion, de les recevoir dans leurs palais, on infestait les campagnes de ces écrits mystiques qui égarent l'esprit et corrompent le cœur, et les curés ne pouvaient plus arracher les superstitions qui entretenaient une ignorance funeste au bien, mais si propice aux mauvais desseins. Le monde et ses frivolités altéraient l'ancienne pureté du culte.

Il s'éleva des voix pour redemander l'exécution des lois qui prescrivaient l'oisiveté des dimanches et des fêtes.

Rien n'égalait l'arrogance et l'audace de la polémique religieuse et des mandements des évêques, véritables brandons de conflagration générale.

S'il arrivait que le pouvoir essayât de contenir ces abus, ce n'était que d'une main débile et tremblante ; l'épiscopat bravait le châtiment.

Une popularité ambitieuse, voulant caresser le sentiment public, plaça sous les yeux du pouvoir le mal et les moyens que la loi, à différentes époques, avait mis à sa disposition pour le réprimer. On prouva au gouvernement que ces lois avaient conservé toute leur force.

Le délit était flagrant.

La présence des associations illégales fut démontrée, et la France n'apprit pas sans étonnement qu'elle n'était qu'une possession des jésuites, divisée en deux provinces, celle de Paris et celle de Lyon. On sut aussi que, par une obédience particulière, tout le corps des ecclésiastiques français, les évêques en tête, prétendait, sur les points les plus importants de la discipline religieuse, se séparer de l'obéissance nationale. Le petit clergé résistait seul à ce coupable entraînement.

Du reste, l'influence ultramontaine se faisait jour dans toute la conduite administrative.

Dans cette occasion, le gouvernement, embarrassé par les entraves qu'il avait acceptées, n'osa pas agir par ses propres inspirations, et il demanda à Rome comment il fallait exécuter les lois à Paris.

C'était le dénoûment de cette comédie qui occupait les conversations de Rome, jusque sous les voûtes du cloître.

L'envoyé de France arriva dans la ville pontificale, sans trop savoir ce qu'il y venait chercher. D'abord, on lui refusa l'accès du pape, sous le prétexte que le sujet de sa mission n'était pas suffisamment expliqué. Il fut ballotté, comme un procès de la rote, de secrétairerie en secrétairerie ; l'astuce du gouvernement pontifical, la finesse, la ruse et l'artificieuse ironie se jouèrent de lui, et ce fut au général des jésuites qu'on le renvoya, toujours pour obtenir l'exécution des lois françaises.

Le général affirma qu'il n'avait point d'obstacles à apporter à l'action légale, et il congédia l'envoyé de France, le légat de M. Guizot, embarrassé dans ce dilemme :

« Vous avez des lois contre nous ou vous n'en avez pas ; si vous en avez, qui songe à vous empêcher de les exécuter ? Si vous n'en avez pas, faites-en, cela ne saurait nous regarder. »

Lorsque M. de Rossi écrivit de Rome, tout le monde cria victoire.

Les uns disaient :

« Il a tout obtenu. »

A quoi les autres répondaient :

« Nous n'avons rien accordé. »

Les jésuites, lorsqu'ils voient sur leur chemin le vent soulever le sable et menacer de les engloutir, se couchent. La colonne mortelle passe au-dessus d'eux sans les toucher; ils se relèvent alors et continuent leur marche.

Le simoun soufflait de la tribune française; les jésuites ont laissé passer le fléau et se relèveront.

De toutes les choses qui leur semblaient si contraires, il ne reste que le vide et une énigme dont personne n'a le mot; cela est si vrai que le père provincial de Lyon est venu à Paris pour s'enquérir de la situation.

La maison de la rue des Postes a été évacuée; on a parlé de sommes considérables converties en traites sur l'étranger. Il a été interdit aux jésuites de vivre en France en communauté; pour cela, le lien de l'association n'est point rompu, il n'est que distendu.

Sous tout cela il est un secret; c'est celui de Rome.

Les jésuites le savent; nous le savons aussi.

Les jésuites ne se tiennent pas pour battus, et afin de mieux mettre en saillie les richesses qui composent leur fortune, il a semblé utile de réunir tous les documents de ce genre, à la fin des observations faites sur cet ordre.

Les divers établissements de la compagnie de Jésus sont compris sous les rubriques suivantes :

Les *maisons professes*, qui ne possèdent ni biens-fonds ni fortune, et dans lesquelles vivent en commun les pères jésuites, les profès de l'ordre ;

Les *résidences*, qui sont des établissements d'une moindre importance et qui ont le droit de posséder des propriétés ;

Les *maisons* proprement dites, qui sont des tentatives d'établissements dans des contrées où la compagnie a cherché à pénétrer ;

Les *missions*, qui ne sont formées que par des jésuites isolés, chargés de sonder le terrain et de tenir le général au courant des circonstances favorables qui peuvent s'offrir. Une mission constitue peu à peu, par l'adjonction de nouveaux membres, un *collège* ou une pépinière de la compagnie, une maison de noviciat ou une résidence.

Les *séminaires* sont les établissements spéciaux dans lesquels la société donne ses enseignements théologiques.

Quant aux membres mêmes de la société, on peut les diviser en trois grandes classes : 1° les prêtres, parmi lesquels sont tous les profès; 2° les écoliers et les novices ; 3° les frères occupés des services domestiques et des soins matériels dans les établissements.

En 1626, quatre-vingt-six ans après sa fondation, sous son sixième général, Mutius Vitelleschi, la compagnie comptait en Europe 29 provinces, savoir : 4 en Italie, 2 en Sicile, 1 en Sardaigne, 5 en Espagne, 5 en France, 3 en Belgique, 1 en Écosse, 1 en Irlande, 5 en Allemagne, 2 en Pologne. Hors d'Europe, elle avait créé 5 résidences en Turquie, 2 provinces dans les Indes orientales, 1 aux Philippines, 1 en Chine, 1 dans le Japon, 5 en Amérique.

Ces provinces renfermaient 803 établissements en 1626, et 960 en 1640, ainsi classés : 26 maisons professes, 222 résidences, 51 noviciats, 48 séminaires, 542 collèges et 71 missions. L'instruction de la jeunesse était alors presque partout entre leurs mains par le moyen des collèges. Ils en avaient 108 en Espagne, 79 en France, 91 en Allemagne, 36 en Belgique, 29 en Pologne.

Le nombre des membres de la compagnie s'élevait, en 1626, à 15,493, dont 13,369 dans les provinces d'Europe. L'Espagne en comptait dans son sein 2962 ; l'Allemagne 2283 ; l'Italie 2256 ; la France 2156 ; la Belgique 1841, etc.

Ceux qui séjournaient hors d'Europe étaient ainsi répartis : 510 aux Indes orientales, 128 aux îles Philippines, 30 en Chine, 140 dans le Japon, 1316 en Amérique, dans le Mexique, la Nouvelle-Grenade, le Pérou, le Paraguay, le Brésil et le Chili.

En 1710, les jésuites possédaient 612 collèges, 157 pensionnats, 59 noviciats, 340 résidences, 200 missions, 80 maisons professes, et ils dominaient dans 80 universités.

En 1749, ils avaient 89 maisons professes, 669 collèges, 61 noviciats, 176 séminaires, 335 résidences, 273 missions. Le personnel de la société s'élevait à 22,589 membres dont 11,239 prêtres.

Les documents relatifs aux années postérieures ne sont pas aussi complets. Lors de la suppression de l'ordre par le pape Clément XIV, en 1773, la plupart de ces pièces ont été détruites, et celles qui peuvent encore exister sont renfermées avec soin dans les archives de la cour de Rome.

On sait que, malgré la bulle papale, la société de Jésus continue à subsister d'une manière patente en Russie. Entre le dix-huitième général, Laurent Ricci, qui mourut le 23 novembre 1775, deux ans après la suppression de la compagnie, et le dix-neuvième général, Thadée Brzozowski, élu le 2 septembre 1805, à la suite de la bulle de rétablissement du pape Pie VII, les fastes de l'ordre enregistrent 4 autres chefs qui se sont succédé dans cet intervalle, avec le titre de *vicaires généraux dans la Russie Blanche*.

Il y a quarante ans maintenant que la compagnie est reconstituée d'une manière officielle. Ses progrès ont été lents et cachés dans les premiers temps ; elle s'est insinuée silencieusement dans les différents États de l'Europe ; elle a cherché à y prendre racine sous d'autres noms que celui de société de Jésus. Sur la fin de la restauration, elle commençait à lever la tête et à adopter des allures plus hardies, lorsque la révolution de 1830 est venue entraver son essor. Elle s'est effacée alors encore une fois, pour laisser passer l'orage qui grondait ; mais elle a bientôt repris confiance, et elle affiche aujourd'hui ouvertement la prétention de reconquérir tout le terrain qu'elle possédait au temps de sa splendeur. L'échec que la volonté du pays, énergiquement exprimée, vient de lui faire éprouver en France, ne saurait ni la décourager, ni la faire renoncer à ses projets. C'est une lutte qui se prolongera sous une autre forme. Il y a donc intérêt à connaître avec exactitude la force numérique dont les jésuites disposent en ce moment en France et dans les autres pays, et à constater par des chiffres certains leurs plus récents progrès.

La compagnie n'a plus aujourd'hui les 44 provinces, les 960 établissements et les 22,000 membres qu'elle pouvait énumérer avec orgueil au XVIIe et au XVIIIe siècles. Mais sa puissance s'accroît d'année en année ; elle jette ses semences partout, et elle espère bien que le temps saura les faire fructifier.

En Europe et hors d'Europe, la société de Jésus possède actuellement 14 provinces : celles de Rome, de Sicile, de Naples, de Turin, d'Espagne, de Paris, de Lyon, de Belgique, d'Angleterre, d'Autriche, d'Allemagne, d'Irlande, de Maryland et de Missouri.

Le 1er janvier 1838, elle avait dans ces

provinces 173 établissements et 3067 membres.

Le 1ᵉʳ janvier 1841, 211 établissements et 3565 membres.

Le 1ᵉʳ janvier 1844, 233 établissements et 4133 membres.

Ainsi, dans l'espace de six années, il y a eu un accroissement de 60 établissements et de 1066 membres.

En 1844, cet accroissement a été encore plus rapide. Dans les sept provinces de Rome, de Sicile, de Turin, d'Espagne, de Paris, de Lyon et de Belgique, les seules dont les renseignements soient déjà parvenus à Rome, l'ordre a reçu, du 1ᵉʳ janvier 1844 au 1ᵉʳ janvier 1845, 394 nouveaux membres. Les réceptions étaient même devenues si nombreuses dans ces derniers temps, que le père Rothoann, général de l'ordre, a cru nécessaire de modérer cette fièvre d'agrandissement, et en a signalé les dangers à tous les provinciaux dans une circulaire du mois de mars 1845.

La *province de Rome* comptait, le 1ᵉʳ janvier 1841, 601 jésuites, et 702 le 1ᵉʳ janvier 1845, dont 269 prêtres, 201 novices et 232 frères. C'est à Rome que réside le général de l'ordre; c'est à Rome aussi que sont concentrés les principaux établissements. La compagnie y possède sa maison professe la plus importante, et un collége spécialement destiné à former des prêtres pour les besoins de l'Allemagne. Elle y a encore un collége et une résidence composés de 49 prêtres, 69 novices et 42 frères ; un noviciat proprement dit, où sont 8 prêtres, 58 novices et 30 frères ; un noviciat du troisième degré ; un pensionnat noble ; un séminaire où sont préparés des missionnaires pour la société de la Propagation de la foi.

Les autres établissements de la province de Rome sont, en général, des colléges par le moyen desquels les jésuites sont maîtres de l'enseignement de la jeunesse. Tels sont les colléges de Camerino, de Fano, de Faenza, de Ferrentino, de Ferrare, de Fermo, de Forli, de Modène, de Spolette, de Tivoli, d'Orviéto, de Lorette, de Vérone. Depuis le commencement de 1845, ils ont ouvert un collége à Venise, un autre à Parme, et ils sont sur le point de transformer en un collége la mission de Malte. Ils ont, en outre, un grand noviciat à Vérone, et des résidences à Galloro, à Brescia et dans quelques autres villes des États romains.

La *province de Sicile*, qui renfermait 251 jésuites en 1841, en possède aujourd'hui 272. Les principaux établissements de la compagnie, dans cette province, sont la maison professe, le noviciat et le grand collége de Palerme. Dans ces trois maisons habitent 169 jésuites, dont 53 prêtres, 60 novices et 56 frères. Ils ont, en outre, un collége noble à Palerme, les colléges d'Alcamo, de Caltanisetta, de Marsala, de Modica, de Noto, de Salemi, villes de 15,000 à 20,000 habitants pour la plupart ; ils ont des résidences à Termini, à Trapani, à Mazari, une maison sur le mont Albano, et des missions en Albanie et dans l'île de Syra.

La *province de Naples* comptait 258 jésuites en 1841, et 279 en 1844. Leurs principaux établissements y sont le grand collége de Naples, qui renferme 98 jésuites, dont 32 prêtres, 36 novices et 30 frères ; le noviciat de Sorrente, le collége noble de Naples, le collége de Salerne, celui de Bénévent et celui de Lecce.

Dans la *province de Turin*, le nombre des jésuites s'est accru du 1ᵉʳ janvier 1841 au 1ᵉʳ janvier 1845, de 379 à 428. Ils ont à Turin un collége noble, un autre collége et un pensionnat renfermant 81 jésuites, dont 31 prêtres, 31 novices et 19 frères ; une maison professe à Gênes ; des noviciats à Chiari et à Cagliari, des colléges et des pensionnats à Aoste, à Chambéry, à Genève, à Cagliari, à Nice, à Novara, à Sassari, à San-Remo, à Voghera. Depuis 1845, un nouveau collège a été ouvert à Massa.

Les établissements de la *province d'Espagne* ont été désorganisés par les événements politiques dont ce pays a été le théâtre dans ces dernières années. Le 1er janvier 1845, il y avait 113 jésuites disséminés en Espagne, surtout dans les diocèses de Tolède, de Séville, de Pampelune et de Valence, dont 50 prêtres, seulement 6 novices et 57 frères, 96 jésuites appartenant à la même province, dont 45 prêtres, 32 novices et 19 frères, étaient retirés dans d'autres contrées. La province d'Espagne possède une résidence et un collège à Nivelle en Belgique, et une résidence à Aire en France. Elle avait eu en 1841, à Buénos-Aires, une mission, une résidence et deux collèges renfermant 24 prêtres, 12 novices et 14 frères. Ces établissements ont été dispersés depuis. Elle a encore des résidences dans l'Amérique méridionale, dans le Paruguay, l'Uraguay, la Plata, le Brésil, la Nouvelle-Grenade, le Chili. Les plus importantes sont la résidence de Cordova, le collège et le noviciat de Bogota, qui contiennent 11 prêtres, 5 novices et 6 frères.

La *province de Paris* se compose, avec Paris, de la partie septentrionale de la France. Au 1er janvier 1841, elle renfermait 291 jésuites, et 420 au 1er janvier 1845. A Paris même, ils avaient une résidence et un séminaire renfermant 23 prêtres et 10 frères ; à Saint-Acheul, un noviciat et une résidence où se trouvaient 15 prêtres, 20 novices et 14 frères ; des résidences à Angers, 10 prêtres et 3 frères ; à Strasbourg, 6 prêtres et 2 frères ; à Bourges, 6 prêtres et 3 frères ; à Quimper, 6 prêtres et 4 frères ; à Metz, 10 prêtres et 3 frères ; à Nantes, 8 prêtres et 4 frères ; à Vannes, 7 prêtres et 3 frères ; à Lille, 5 prêtres et 2 frères ; à Liesse près de Laon, 6 prêtres et 3 frères ; à Poitiers,

6 prêtres et 2 frères ; à Rouen, 6 prêtres et 2 frères. Ils avaient à Laval un noviciat et un séminaire renfermant 77 jésuites, dont 28 prêtres, 36 novices et 13 frères. A Issenheim, dans le département du Haut-Rhin, une résidence et un noviciat, créés il y a peu de temps, et qui contenaient, le 1er janvier 1845, 7 prêtres, 9 novices et 12 frères. Comme les colléges ne leur sont pas ouverts en France, ils en ont fondé un aux portes du royaume, à Brugelette, en Belgique. Ce collège *dépend de la province de France*, et il s'y trouve 19 prêtres, 35 novices et 11 frères. La province de France a encore 19 jésuites en mission dans le Canada, 8 en Chine, et elle possède dans l'Amérique du Nord deux établissements où sont réunis 19 prêtres, 35 novices et 11 frères. Ce sont le noviciat de Saint-Mary et le collège de Louisville, dans l'état de Kentucky.

La *province de Lyon* comprend la partie méridionale de la France. Elle renfermait 290 jésuites en 1841, et 446 le 1er janvier 1845. Il y avait à cette époque des résidences à Lyon, 18 prêtres et 10 frères ; à Aix, 6 prêtres et 4 frères ; à Bordeaux, 8 prêtres et 5 frères ; à Dôle, 13 prêtres, 13 novices et 9 frères ; à Grenoble, 6 prêtres et 3 frères ; à Marseille, 8 prêtres et 5 frères. Il y avait à Toulouse une résidence et un noviciat, 16 prêtres, 27 novices et 16 frères ; une résidence et une maison du troisième degré à Lalouvesc, 7 prêtres et 4 frères ; un noviciat à Avignon, 13 prêtres, 1 novice, 4 frères ; une résidence et un séminaire à Vals, 25 prêtres, 58 novices et 13 frères. La province de Lyon avait encore 39 jésuites en Afrique, dont 27 prêtres, 4 novices et 18 frères, répartis dans les résidences d'Alger, d'Oran et de Constantine ; 22 missionnaires dans les Indes orientales, à Trichinapaly, dans la résidence de Madras, et dans l'île de Madura, au nord-est de Java ; 10 en Syrie, 6 à Madagascar.

Un miracle.

La *province de Belgique* est une des plus florissantes en ce moment. Il y avait 319 jésuites en 1841, il y en a 472 en 1845. Le noviciat de Tronchiennes en renferme 129, dont 13 prêtres, 80 novices et 31 frères. Ils ont des colléges à Alost, Anvers, Gand, Bruxelles, Liége, Louvain, Namur, Tournay, Kattwyk; des résidences à Bruges, à Courtray et à Mons; des missions à Amsterdam, à la Haye, à Nimègue, à Dusseldorf, dans l'État de Guatimala, en Amérique. Le collége de Brugelette appartient, comme nous l'avons déjà dit, à la province de France, et le collége de Nivelle à la province d'Espagne.

La *province d'Angleterre* comptait 140 jésuites en 1841, et 164 en 1844. Ils y ont 33 établissements, maisons, colléges, résidences ou simples missions. Ils se montrent en Angleterre moins à découvert que dans d'autres pays; les colléges et les résidences ne portent pas, pour la plupart, les noms des villes où ils se trouvent, mais des noms de saints. Ainsi, il y a les colléges de Saint-Ignace, de Saint-Aloïse, des Saints-Apôtres, de Sainte-Marie, de Saint-Michel, de Saint-Stanislas, de Saint-Hugo, de Saint-Georges, de Saint-Jean l'évangéliste, de Saint-Thomas de Cantorbéry, de l'immaculée Conception, etc. Leur établissement principal est le collége et séminaire de Stonyhurst dans le Yorkshire; il renferme 20 prêtres, 26 novices et 14 frères. La province d'Angleterre a 20 missionnaires à Calcutta. Le gouvernement anglais les protége aussi bien que les missionnaires protestants, lorsqu'ils peuvent servir au dehors ses vues mercantiles, et il les aide même en ce moment à fonder un nouveau collége spécialement destiné pour la Chine.

La *province d'Autriche et de Gallicie* renfermait 268 jésuites en 1841, et 310 en 1844. Leurs principaux établissements sont le collége et le noviciat de Starawies, les colléges de Lintz, d'Inspruck, de Tarnopol, de Neusandeck, le collége noble de Lemberg.

La *province d'Allemagne* comprend la Suisse ainsi que les espérances et les tentatives de la compagnie dans les États allemands autres que l'Autriche. Il y avait, dans cette province, 245 jésuites en 1841, et 273 en 1844. Le collége, le noviciat et le pensionnat de Fribourg, en Suisse, en renferment 134, dont 44 prêtres, 66 novices et 30 frères. Ils ont à Brieg, dans le canton du Valais, un collége, un noviciat et un pensionnat qui contiennent 11 prêtres, 32 novices et 17 frères; des colléges à Sion, à Estavayer, à Schwytz. La guerre civile leur a ouvert les portes de Lucerne. Il y en avait plusieurs en Bavière en 1841; les renseignements postérieurs paraissaient incomplets. A Dresde, le dernier confesseur du dernier roi de Saxe était un jésuite; il est décédé au commencement de juin 1845. Mais, en attendant qu'elle puisse entreprendre de nouveau la conquête de l'Allemagne, l'influence de la compagnie de Jésus s'exerce sur ce pays par le collége allemand qu'elle a créé à Rome pour y former des prêtres séculiers destinés à être répandus en Allemagne, en Hongrie et en Suisse. De 1822 à 1842, 125 prêtres sortis de ce collége ont été placés dans les pays allemands, et 64 en Suisse. Ils sont là comme des instruments dévoués ou des sentinelles avancées de la compagnie.

La *vice-province d'Irlande* comptait 63 jésuites en 1841 et 73 en 1844. Ils possèdent en Irlande les colléges de Clongowes, de Tullabey et de Dublin. Ils ont créé récemment une seconde maison dans cette dernière ville.

La *province de Maryland* comprend les établissements de la compagnie dans la Colombie, le Maryland, le Massachussets et la Pensylvanie. Les plus importants sont le collége et le pensionnat de Georgetown, dans la Colombie, 15 prêtres, 13 novices, 26 frères, et le noviciat de Frédériktown, dans le Maryland. Depuis 1840, ils ont fondé à Frédériktown un collége et une mission. Les autres établissements sont plutôt des points d'observation et des jalons pour l'avenir. Ainsi, dans la Colombie, la maison et la mission d'Alexandrie; dans le Maryland, les maisons et les missions de Saint-Thomas, de Newton, de Saint-Inigoes, de Bohémie, de Saint-Joseph, de Whité-Marsh; dans le Massachussets, le collége et le pensionnat de Virgonot; dans la Pensylvanie, la maison et la mission de Philadelphie, de Goschenhoppen, de Conewago. La province de Maryland renfermait 109 jésuites en 1841, et 121 en 1844.

La *vice-province de Missouri* comprend les établissements de la Louisiane, du Missouri, de l'Ohio, des montagnes Rocheuses et des contrées voisines. Elle possède le collége et le pensionnat de Saint-Louis et le collége de Saint-Charles dans la Louisiane, le noviciat de Saint-Stanislas dans le Missouri, le collége et le pensionnat de Cincinnati dans l'Ohio. Il y a, dans ces quatre établissements, 107 jésuites, dont 29 prêtres, 37 novices et 41 frères. Les autres établissements sont, pour la plupart, des missions formées d'un ou deux pères; la plus considérable est la mission des montagnes Rocheuses, qui se compose de 2 prêtres et 6 frères. Le nombre des jésuites, qui était de 94 en 1841, s'élevait à 139 en 1844 dans la province de Missouri.

On voit, d'après ces chiffres, que les succès de la compagnie de Jésus ont été constants, pendant ces dernières années, dans toutes les provinces; partout elle a conquis du terrain; partout elle a étendu ou consolidé son empire; mais les progrès les plus marqués sont ceux qu'elle a faits dans les provinces de Paris et de Lyon; et les données qui précèdent vont bien au delà des aveux que le révérend père Ravignan voulait bien faire dans son livre sur les jésuites.

Le but principal des efforts de la société n'est pas, de nos jours, la conversion des païens et des infidèles ; elle n'a pas, comme il y a deux siècles, plus de 2,000 missionnaires dans les Indes, au Japon, en Amérique ; le prosélytisme dans les contrées lointaines n'est guère qu'une spéculation commerciale, une affaire d'argent. *L'association pour la propagation de la foi* a soldé, en 1844, la somme de 326,092 fr. 32 c. à la société de Jésus pour ses 134 prêtres, 30 novices et 61 frères, que celle-ci a bien voulu consacrer au service des missions parmi les infidèles. Le champ de bataille que les jésuites ont choisi au xixe siècle, c'est l'Europe ; l'Europe, qui a secoué le joug de la domination papale, et que l'armée du pape, comme la compagnie de Jésus s'intitule avec orgueil, voudrait river par de nouvelles chaînes au pied du trône pontifical.

Telle est la situation de la compagnie de Jésus dans le monde ; il n'y a presque rien de changé dans les provinces de France. Les pères y sont divisés en petits groupes ; ils n'y sont pas moins nombreux, ni moins actifs, ni moins riches, et leur dispersion apparente est devenue pour le gouvernement un prétexte d'incliner davantage vers le clergé.

En quittant la Suisse, les jésuites ont réalisé leurs possessions dans ce pays en traites, qu'on a vues à Bâle, à Zurich, à Saint-Gall, à Neuchâtel et à Genève. Les jésuites de la Suisse paraissent devoir se partager entre Lucerne, l'Espagne et le Portugal.

Avant leur départ de l'Espagne, l'ordre possédait une fortune de cent soixante-quinze millions de francs qu'il a su conserver. L'Espagne ne semble pas devoir leur être défavorable ; on affirme que, dans ce pays, on irait même jusqu'à leur confier l'instruction publique, en leur imposant toutefois certaines conditions.

La maison de Paris de la rue des Postes était habitée, non-seulement par les membres attachés au gouvernement général de la province, mais par d'autres membres. Le père Loriquet en était le supérieur ; on sait la célébrité historique de ce jésuite comme historien, et avec quelle fraude pieuse il a travesti l'histoire contemporaine. Le père Moirez en était le père procureur ; tous deux avaient un *socius* pour les affaires et pour la responsabilité du dehors.

La valeur totale des propriétés que la compagnie de Jésus possède en France est évaluée à deux millions.

Leurs revenus étaient considérables ; un de leurs colléges leur a rapporté 200,000 fr. par an. C'est celui de Brugelette, placé sur la frontière de Belgique, et qui appartenait à la province de France. Les jésuites étaient possesseurs de 200,000 fr. de rente en *métalliques* d'Autriche.

On estimait le produit de leurs sermons à 150,000 fr. par an ; les aumômes produisaient la même somme. A quoi il faut ajouter ce qu'ils gagnaient par le commerce des images qu'ils fabriquaient eux-mêmes, et qui leur a toujours donné un bénéfice considérable.

On a signalé d'autres spéculations accessoires.

« Des prélats, dit M. Michelet, spéculent sur les terrains et sur les constructions ; des lazaristes, sur les agences du recrutement militaire et autres entreprises ; les successeurs de saint Vincent de Paul, les directeurs de nos sœurs de charité, ont été pour leur charité tellement bénis de Dieu, qu'ils ont maintenant un capital de vingt millions. Leur général actuel, M. Étienne, alors procureur de l'ordre, était naguère agent des lazaristes dans une compagnie de distillerie. »

Le procès d'Affenaër, qui était le *socius* du procureur, a révélé l'étendue des relations des jésuites ; on sait qu'il venait des trappistes de la Meilleraye, où il avait fait une longue retraite ; il arriva à Paris, recommandé aux jésuites par la Trappe. Il y a donc un lieu commun aux affiliés.

Quant à l'avenir des jésuites qui devraient quitter la France, il est incertain.

Les statuts de l'ordre veulent qu'ils soient au moins trois ensemble ; si cette règle peut être maintenue, et il paraît difficile qu'elle ne le soit pas, les jésuites auraient déclaré qu'ils étaient prêts à soumettre leurs réunions à tous les chiffres qu'on leur prescrirait. Les maisons des deux provinces de France se morcelleraient en fractions, sans pour cela diminuer le nombre total des membres résidents. Est-ce bien là le sens des lois invoquées ? Il est vrai que dans cette nécessité de vivre par groupes peu nombreux, il créerait de grandes difficultés pour le noviciat.

Jusqu'à présent, un très-petit nombre de quinze membres de la compagnie ont franchi les frontières, et le père Ravignan aurait publiquement annoncé qu'il prêcherait l'hiver prochain le carême à Paris.

La seule résidence de Saint-Acheul, en Picardie, a vu se retirer les pères qui l'habitaient. Les jésuites ont une devise inébranlable : « *Sint ut sunt, aut non sint.* — Qu'ils soient tels qu'ils sont, ou qu'ils ne soient pas. » A quoi ils ont ajouté depuis les manifestations que l'épiscopat français a faites en leur faveur : *Nous maintiendrons !* Les jésuites, dit-on, demandent *humblement* au ministère de vouloir bien fixer le nombre de pères qui pourront vivre réunis. On leur prête le dessein d'échapper aux lois par l'astuce ; ils donneraient à leurs *résidences* l'apparence et le nom d'hôtels garnis.

En présence de ces embarras, une observation domine toutes les autres : c'est qu'il faut que le gouvernement français ait eu les mains liées par une haute influence pour laisser les choses venir à ce point, que le pays se demande aujourd'hui comment il pourra se débarrasser des jésuites.

Malgré cette prospérité, la compagnie de Jésus ne cesse de regretter le pouvoir et l'opulence qu'elle a perdus. La puissance qui lui a été enlevée s'étendait, comme on vient de le voir, sur tout l'univers, que les jésuites avaient partagé en provinces ; cette division dominait toutes les autres dominations de peuples et d'États, et la compagnie de Jésus imposait au monde entier une seule nationalité, celle des jésuites. Il y avait des contrées qui leur étaient soumises, leurs vaisseaux naviguaient sur toutes les mers, et, à côté de chaque établissement religieux, ils fondaient un comptoir de marchands. Le trafic a toujours été le pouvoir temporel des jésuites.

En 1773, lorsque la bulle de Clément Ganganelli les frappa, les jésuites, répartis en trente-neuf provinces, comptaient vingt-quatre maisons professes, six cent soixante-neuf colléges, soixante et un noviciats, cent soixante-seize séminaires, trois cent trente-cinq résidences et deux cent soixante-treize missions. Le personnel de la compagnie se composait de vingt-deux mille huit cent dix-neuf membres, dont onze mille quatre cents prêtres.

Parmi les vingt-trois généraux qui ont été placés à la tête de la compagnie de Jésus, y compris le premier général Loyola l'Espagnol et le général actuel le Hollandais Rothoann, on ne trouve pas un seul Français ; les Italiens y sont en majorité. Les papes sont Romains. Les jésuites, qui forment la milice prétorienne du saint-siége, n'ont rien omis de tout ce qui pouvait les unir étroitement à Rome.

CHAPITRE XXIII

Les Légations.

Un matin, au moment où les religieuses sortaient de la messe, deux mères, qui faisaient partie de la discrétion du couvent, entrèrent dans la cellule de Noëmi, et lui ordonnèrent de les suivre chez la supérieure. La juive obéit avec cette résignation dont elle s'était fait une loi. Dans le trajet qu'elle parcourut à travers les longs corridors, elle fut l'objet de la plus vive curiosité. Les portes des cellules s'entr'ouvraient sur son passage et laissaient apercevoir de jeunes et jolis visages pâlis sous le cloître comme les fleurs qui vivent sans air et sans soleil. Quelques-uns avaient un air de bonté compatissante, et lui adressaient des paroles de bienveillance et de compassion ; mais le plus grand nombre n'avait pour elle qu'un air menaçant et furieux, et lui jetait l'injure et la malédiction. Cette colère fanatique gâtait par son expression convulsive les grâces de la jeunesse et de la beauté.

Noëmi, sans s'émouvoir de ces marques d'irritation, souriait poliment à celles qui ne refusaient pas un mot de consolation à la captive. Lorsqu'elle passa sous les fenêtres qui s'ouvraient sur la grande cour intérieure, elle vit un carrosse dans lequel venait de monter une femme qui semblait vouloir se cacher. Cette affectation même la fit remarquer à la jeune juive, qui reconnut en elle la signora Naldi ; elle crut aussi apercevoir dans une masse informe blottie au fond de la voiture, les traits et la forme épaisse de monsignore Pamphilio, qui n'était pas descendu de voiture.

La signora venait de chez la *madre*, où la jeune juive était amenée.

La supérieure était assise et plongée presque tout entière dans un vaste fauteuil ; elle fit signe aux deux discrètes de se retirer, et resta seule avec Noëmi, qu'elle laissa debout devant elle.

Cette abbesse était une femme dont l'âge devait dépasser quarante ans ; elle était longue, maigre et osseuse. Dans toute sa personne, on voyait le type aristocratique, sec et orgueilleux ; l'habitude du commandement avait chez elle poussé l'orgueil jusqu'à la dureté ; de ses lèvres minces et serrées sortaient des paroles brèves, promptes et presque toujours désolantes ; il eût été difficile de deviner si c'étaient les macérations du cloître ou les regrets du monde qui avaient flétri et creusé ses traits avant le temps.

On l'appelait *madre veneranda* ; sous ce nom si austère se cachait un nom charmant, longtemps les délices de tous les sonnets, lorsque avant d'entrer dans le cloître celle qui le portait faisait le charme de la société romaine. La beauté de la femme qui était aujourd'hui *madre veneranda* avait été merveilleuse ; personne mieux qu'elle ne savait conduire une intrigue galante, religieuse ou politique. Donna Olimpia l'avait beaucoup connue avant sa retraite, qui fit bruit dans les salons romains, et la signora Naldi l'avait naturellement choisie pour être la gardienne de Noëmi. Le couvent que dirigeait *madre veneranda* n'était pas soumis à une règle sévère : il était surtout destiné aux noviciats des nobles *signorine* qu'on voulait éloigner de la famille, et aux *donne* qu'il fallait retrancher du monde. Pour obtenir le dévouement ou le repentir, *madre veneranda* avait un art admirable.

Elle devait donc amener Noëmi à ce que l'on n'avait pas encore pu obtenir de ce noble cœur, de trahir son père et son Dieu.

— Ma fille, dit-elle à Noëmi, vos fautes sont grandes vis-à-vis de Dieu et des hommes. Il n'y a qu'un moyen de vous soustraire au double châtiment que vous avez mérité, c'est de vous repentir et de prouver par votre soumission que vos regrets sont sincères.

L'abbesse croyant avoir ébranlé Noëmi par la violence subite de ce premier coup, ne laissa point à la jeune fille le temps de se remettre ; elle eut recours à ses plus puissants artifices pour la persuader, mais tout échoua contre une immobilité physique et morale dont l'ascendant troublait les pensées et les paroles de *madre veneranda*.

Elle essaya de faire entendre à la jeune fille que, comme juive et comme convaincue d'avoir entretenu des relations avec les ennemis de l'État, dans l'intention coupable et sacrilége de leur révéler ce qui pouvait aider leurs attentats contre la religion catholique et le saint siège, elle s'était exposée aux peines les plus terribles, sans que rien pût l'y soustraire. Tout aussitôt, et comme pour ne pas donner de répit au cœur qu'elle voulait toucher ou épouvanter, elle ajoutait que, si elle consentait à ce qu'on exigeait d'elle, il n'y avait pas de faveurs, de grâces et de fortune auxquelles elle ne pût prétendre, et, en même temps, elle lui peignait avec enthousiasme les biens et la félicité dont elle serait comblée.

S'excitant elle-même par ses propres paroles, cette femme astucieuse s'écriait avec une feinte tendresse :

— Ma fille, pourquoi résister si longtemps à la voix de ce Dieu de bonté qui vous appelle à lui, non pas pour vous faire souffrir les maux que sa justice nous a infligés, mais pour vous faire goûter sur la terre le bonheur que dans le ciel il réserve à ses élus !

Madre veneranda n'était point en verve ; l'attitude impassible, le sourire sardonique et la dédaigneuse immobilité de la juive la déconcertaient ; elle ne pouvait trouver dans le mot et dans la pensée que de ces inspirations banales et vulgaires, sans effet sur les âmes élevées qu'il faut ébranler par de puissantes secousses.

Elle s'arrêta ; le silence de la juive, et aussi sa beauté froide, élégante et correcte comme un marbre antique, la subjuguaient ; un moment elle parut déconcertée et vaincue, puis tout à coup elle se releva. Sa haute stature, qui avait fléchi, se redressa à la chaleur d'une flamme intérieure.

— Fille d'Israël, vous que ma croyance m'ordonne de maudire, je veux vous sauver. Rentrez dans votre cellule, lisez cette lettre qui vous est adressée ; lorsque vous aurez achevé cette lecture, dans une heure, vous me reverrez ; je vous apprendrai alors comment cette lettre est tombée entre mes mains, et vous me ferez à votre tour connaître vos résolutions.

Noëmi sortit précipitamment après avoir saisi une lettre que lui tendait la supérieure, et rentrant à sa cellule, elle ne remarqua pas la curiosité malveillante dont elle était encore l'objet de la part de ses compagnes. Elle s'enferma. Son trouble était extrême ; quelque temps elle contempla cette lettre avec effroi, comme si elle eût compris que sous les plis de ce papier se cachait toute sa destinée ; puis, cédant à un irrésistible mouvement d'attraction, elle déploya violemment cette lettre, qui portait pour suscription ces mots :

« A Noëmi, fille de Ben-Saül. »

Qu'on juge de l'émotion de la jeune juive ; dans cette ligne, elle avait reconnu l'écriture de Paolo.

Cette lettre, datée de Forli, près Ravenne... 18.., était ainsi conçue :

« C'est du fond d'un cachot que je vous écris, à l'heure où mes geôliers me croient endormi. Hier, dans une rencontre avec des dragons et les soldats suisses, que l'or emprunté par le gouvernement romain paye pour nous égorger, je suis tombé blessé. On m'a emporté pour me jeter dans une prison humide et infecte; mais actuellement je la préfère à un palais.

« Un autre prisonnier gisait à côté de moi; il était jeune, et tout dénotait en lui les habitudes d'une vie molle, opulente et fastueuse.

« Sa figure ne me parut point inconnue; j'avais comme un vague souvenir de l'avoir vu. Un rayon de lumière que laissa tomber la lanterne d'une ronde qui passait au-dessus de nous éclaira son visage et je me rappelai ses traits. C'était le jeune homme qui, dans l'ivresse, vous a insultée au jardin Pincio.

« Comme moi, il combattait dans les rangs des amis de la liberté soulevés contre le despotisme pontifical; comme moi, il était tombé frappé par la baïonnette d'un soldat étranger.

« Je lui témoignai mon étonnement de le voir parmi nous, lui que sa position semblait appeler ailleurs. Il entra avec moi dans des explications. Il prononça votre nom, et j'appris bientôt que c'était celui de la femme que j'avais protégée contre un outrage, et que depuis ce temps rien ne pouvait éloigner de ma pensée. C'était vous, Noëmi, vous que j'aime depuis que votre regard est descendu sur moi comme une lueur divine.

« Stephan m'a avoué son amour pour vous; et si vous saviez quel espoir il m'a donné!

« A toutes ses paroles, dont je savourais la douceur, je sentis disparaître ma souffrance et je me rappelai tout.

« Comment ne vous ai-je pas devinée plus tôt dans cette femme angélique pour qui dom Salvi, mon père, avait une affection si dévouée, et sur laquelle j'ai tant de fois veillé sans la connaître!

« Vous souvenez-vous, Noëmi, du jour où, devant Dieu présent sur l'autel, nous avons été fiancés l'un à l'autre? Il me sembla alors que vos regards s'unissaient avec les miens pour confondre nos cœurs dans cette lumineuse extase!

« Mais quel moment pour vous parler d'amour, à deux pas du supplice, et lorsque j'entends le bruit des apprêts du tribunal où demain sera prononcée ma sentence!

« C'est à Stephan que je dois cet instant qui suspend mes souffrances. Un nouveau gardien, arrivé de Rome depuis hier, Carlo, a été envoyé ici. Quelques heures après son arrivée, il a pénétré dans notre cachot, et il nous a expliqué comment monsignore Pamphilio, l'oncle de Stephan, l'avait expédié ici en qualité de gardien, afin de sauver son imprudent neveu... Carlo nous a procuré de l'encre et du papier, et il se charge de vous faire tenir cette lettre par une main sûre. »

Après avoir lu ces lignes, Noëmi se leva, et son visage s'illumina par une soudaine inspiration; ferme et rassurée, elle attendit le retour de *madre veneranda*, qui ne tarda point à paraître.

La jeune juive resta forte et intrépide jusqu'à ce que la supérieure lui adressât la parole.

L'abbesse la voyant décidée à ne point rompre la première un silence qui contrariait son impatience et sa curiosité, lui dit enfin :

— Eh bien! qu'avez-vous résolu?

— Je ne me refuse pas à ce qu'on exige de moi; mais je ne prendrai de décision qu'après avoir eu un entretien avec monsignore Pamphilio.

— Mais qu'a-t-il à voir dans cette affaire?

— Il s'en est déjà mêlé. N'est-ce pas lui, *madre*, qui vous a remis cette lettre?

— Non, c'est la signora...

— La signora Naldi, que monsignore attendait à la porte du couvent, dans son carrosse.

La supérieure la voyant si bien instruite, n'hésita plus. Une heure après que la *madre* eut quitté Noëmi, monseigneur Pamphilio entrait dans la cellule de la jeune juive.

Celle-ci ne put dissimuler sa joie en voyant son ennemi tomber dans le piége qu'elle avait préparé sous ses pas.

Pamphilio s'assit en murmurant sur le simple escabeau qui meublait la cellule, tandis que Noëmi se tenait debout et dans la plus haute attitude.

— Fille infidèle, lui dit le prélat, vous vous rendez enfin à nos désiirs!

— Pas encore, monsignore; mais j'ai des conditions à faire.

— Des conditions, avec une juive!

— Ne parlez pas trop haut maintenant, monsignore, pour ne pas parler ensuite trop bas.

— C'est donc toujours la même insolence!

— Ne perdons pas de temps, les moments sont précieux. Voulez-vous sauver votre neveu?

— Assurément.

— Alors, sauvez Paolo, et je sauverai Stephan.

— Paolo est un rebelle...

— Dont Stephan est le complice.

— Je ne peux rien pour Paolo.

— Et moi je peux tout contre Stephan. D'après vos conseils, la supérieure de ce couvent, espérant triompher de mes résistances, m'a communiqué une lettre que la trahison sans doute a fait tomber dans vos mains. Carlo, votre émissaire à Ravenne, n'en connaissait pas le contenu; il vous l'a vendue. Cette lettre, l'imprudence de la *madre* l'a remise entre mes mains, et j'ai déjà su la placer à l'abri de vos recherches et de vos violences, en la confiant à une personne sûre et dévouée.

— Damnation! la torture vous fera tout avouer.

— Si je dis tout, Stephan est perdu.

Ces paroles, lentement prononcées, frappaient au cœur le prélat abattu. C'était avec une rage farouche et concentrée qu'il voyait tous ses artifices vaincus et renversés par la finesse d'une jeune fille.

— Que faut-il faire? s'écria-t-il avec désespoir.

— Ordonner à Carlo de tirer de prison Stephan et Paolo. Si votre neveu est libre sans son compagnon de captivité, d'un mot je les plonge tous les deux au fond d'un cachot qui ne s'ouvrira plus.

— Mais vous ne savez donc pas que ce que vous me demandez est impossible! Si vous connaissiez cet enfer des légations, vous verriez qu'il vaudrait mieux, pour nous tous, être aux prises avec les puissances de l'abime qu'avec ceux qu'il s'agit d'implorer. Je peux obtenir la grâce de Stephan et le soustraire au supplice; mais je ne puis rien pour Paolo, sans nous entraîner tous dans le gouffre.

Noëmi restait muette, mais elle poussait de sourds gémissements qui trahissaient sa souffrance. Pamphilio, qui crut l'avoir touchée, reprit avec transport:

— Écoutez-moi, fille d'Israël, et peut-être alors vous céderez à mes prières.

Noëmi s'approcha de son lit et s'y appuya avec nonchalance.

— Parlez, lui dit-elle, mais soyez bref; je vous le répète, les moments sont comptés. Les juges et le bourreau demandent leur proie.

Pamphilio se recueillit un moment, comme quelqu'un qui rassemble ses souvenirs, et il commença:

La cellule.

— La secousse que la révolution française de 1830 imprima aux divers États de l'Europe ne fut nulle part aussi violemment sentie qu'en Italie.

Les conjurés italiens, soutenus et encouragés dans leur entreprise par le duc de Modène, le gouvernement français, le prince royal de Juillet et les sympathies de la nation française, ne tendaient à rien moins qu'à changer la face du catholicisme, en rayant le pape de la liste des États temporels, et en lui laissant le titre de chef suprême et inviolable de l'Eglise.

— C'est l'idée que Napoléon avait conçue et dont il ne sut pas poursuivre l'exécution si heureusement commencée... Rome a mérité ce châtiment ; l'alliance adultère de la cour de Rome avec toutes les tyrannies qu'elle avait d'abord combattues, est le fruit de cette puissance temporelle des papes fondée par l'exécrable et cruelle ambition d'Alexandre VI, et agrandie par Jules II, qui laissa si souvent la tiare pour porter le casque, et perpétuée par l'astuce du pontificat.

Enlever au pape son pouvoir temporel, c'est fortifier, en la purifiant, sa puissance spirituelle. Grande et noble idée !

— Taisez-vous, malheureuse !... vous nous perdez. Ce fut de Modène que partit le signal de la révolte ; mais les terreurs du père d'un conjuré, effrayé sur le sort de son fils, avaient éventé le complot. Menotti, le chef de la rebellion, après avoir soutenu un siège dans sa propre maison, succomba sous des attaques répétées ; plus tard, Menotti fut livré au bourreau.

La révolte éclata à Bologne ; de ce point elle parcourut rapidement la Romagne.

Le drapeau tricolore flottait à Pérouse, à Spoletti, à Terni ; l'incendie révolutionnaire, dont il était le brandon, embrasa la province d'Ombrie et celle de Trasimène ; à Cosimo, un légat *a latere* était aux mains des rebelles ; Marie-Louise abandonnait ses États, et déjà l'odieux étendard qu'arborait la jeunesse italienne flottait sur les hauteurs d'Ottricoli, à quinze lieues du Vatican terrifié.

— Quelle admirable ardeur !

— Les chefs manquaient aux révoltés ; les populations italiennes, façonnées à une longue servitude, regardaient passer le mouvement avec plus de surprise que d'enthousiasme. On hésita et on renonça au projet de marcher sur Rome. Cette attaque pouvait être décisive. La cour de Rome, tout entière à son épouvante, se préparait déjà à la fuite, lorsque des nouvelles venues de France lui rendirent le courage. On souleva les masses populaires par des proclamations, et les Transtévérins prirent les armes.

« Bonnes nouvelles, disait le colonel Ravinelli aux troupes papales, le roi de France, par un courrier exprès, donne au saint-père l'assurance de sa protection et de son intervention pour maintenir les États pontificaux sous le gouvernement du saint-siége. » Dans la lettre que M. de Saint-Aulaire, ambassadeur de France à Rome, écrivait à ce sujet le 29 avril, il donnait à son maître le titre de *roi très-chrétien*. En même temps, l'Autriche annonçait son intervention en Italie, et envahissait le duché de Modène, en s'appuyant sur le droit de reversibilité réservé par le congrès de Vienne. L'ambassadeur de France à Vienne présenta une déclaration qui interdisait aux troupes autrichiennes l'entrée des États romains.

Les Autrichiens ne tinrent aucun compte de ces remontrances, les soldats de l'empereur pénétrèrent en Italie et s'emparèrent de Bologne, dont le gouverneur se réfugia à Ancône. La place n'était pas en état de résister, et au milieu de la confusion des plans de défense, l'ennemi approchait. Une députation se rendit auprès du légat, le cardinal Benvenuti, fait prisonnier ; ils traitèrent avec lui comme avec un agent diplomatique du pape ; on stipula une amnistie pleine et entière, pour laquelle ce prince de l'Église engageait sa parole sacrée. Le lendemain. Ancône rentrait sous l'autorité du pape.

A Rome, on voulut d'abord regarder cette capitulation comme nulle, et j'étais de cet avis ; mais on eut recours à d'autres moyens, et l'on sut habilement cacher, sous l'indulgence, les projets de vengeance que l'on méditait. Les rebelles, trompés par cette apparence, se livrèrent de toutes parts ; une colonne toute entière mit bas les armes. Alors éclata la colère du Vatican. Les engagements pris par le cardinal Benvenuti furent considérés comme non avenus. Des édits de mort semèrent partout la terreur ; ces sentences frappaient les personnes et les biens. L'Autriche se joignit à Rome dans l'exercice de ses rigueurs ; elle plongea dans les cachots de Venise dix-huit sujets italiens, qui, embarqués avec le consentement formel du légat et avec leurs papiers visés par le consul de France, naviguaient vers l'Adriatique. Le jeune Napoléon Bonaparte n'échappa à une autre destinée que par une maladie mystérieuse à laquelle il succomba, au moment où son apparition au milieu des événements politiques portait ombrage à la diplomatie.

— Et la France, que faisait-elle pour ceux qu'elle avait promis de protéger ?

— Sa politique les abandonnait et pactisait avec la cruelle diplomatie des cabinets européens.

— Oh ! mon Dieu !

— Pensez-vous qu'après avoir vu ces choses et tant d'autres, je puisse entreprendre de sauver les deux prisonniers ! Si vous saviez comme moi, jeune fille, à quel point sont poussés les ressentiments de la politique de Rome contre les troubles des légations, vous cesseriez de me presser sur l'accomplissement de vos vœux.

— Mais si l'ambassade de France...

— Depuis l'occupation d'Ancône, la France est odieuse à Rome.

— Est-ce que le pape a toujours possédé les légations ?

— Non, il en obtint du congrès de Vienne ; il se fit mettre en possession d'Ancône, de Macerata et de Zermo, du duché de Camerino et des principautés de Bénévent et de Ponte-Corvo ; il eut aussi les provinces de la Romagne, Bologne et Ferrare, ce qu'on appelle les trois légations ; il réclamait encore d'autres villes situées au-delà du Pô, Avignon et le comtat Venaissin.

— Mais à quels titres ?

— Sans doute pour avoir excommunié Napoléon.

— Mais on a donc oublié qu'il l'a sacré !... Et les légations, quel est leur état présent ?... N'y a-t-il donc rien à espérer ?

— Rien. Les commissions militaires sont en permanence ; il y a peu de temps encore, la peine capitale a été prononcée contre trois détenus ; cent soixante autres attendent leur arrêt.

— Mais qu'ont-ils donc fait ?

— Ils demandent des franchises dangereuses ; ils osent réclamer la liberté des conseils communaux et provinciaux, et ils ont l'audace d'exiger l'exécution des promesses qui n'ont été faites aux cinq cours que pour obtenir ce que souhaitait la cour de Rome.

— Il n'y a donc plus ni justice ni clémence dans les juges et sur le trône pontifical ?

— Depuis que ce levain de révolte a pénétré dans ces malheureuses provinces, cette situation empire tous les jours.

— Ne faut-il pas attribuer cette position funeste à l'obstination du gouvernement romain, sans cesse appliqué à maintenir un régime d'oppression, dans le but de fatiguer la patience des populations ?

— Il est vrai que le colonel Freddi, le président de la commission militaire, est un fougueux ennemi du trouble ; il a forcé une partie des habitants des légations à émigrer en Toscane. Il y a en ce moment cent soixante personnes détenues dans les prisons de Ravenne. L'instant est peu favorable pour solliciter un pardon ; deux mille suisses et quatre cents carabiniers ont été réunis à Ravenne pour contenir les esprits ; jour et nuit, des patrouilles à pied et à cheval parcourent les rues. C'est dans une rixe sanglante entre les dragons, les soldats suisses et la garnison de Forli, que Stephan et Paolo sont tombés, en voyant fuir les troupes vaincues. Les dragons sont partis pour Bologne.

— Merci, ô mon Dieu !

— Ces nouvelles, parvenues ce matin au Quirinale, ont excité de nouvelles colères. On ajoutait que l'exaspération était si violente, que les membres de la commission n'osaient plus sortir sans une forte escorte. Les sentences qui condamnent les principaux rebelles aux galères perpétuelles ou à une réclusion de vingt années sont chaque jour expédiées de Rome, confirmées par la *sacra consulta*. On assurait que deux prisonniers étaient morts dans le fort de San-Leo par suite des souffrances de la captivité.

— Quelles horreurs ! O *santo padre*, comme vous traitez vos enfants !

— Les personnes les plus distinguées n'échappent point à ces répressions. Dernièrement, on a arrêté à Ravenne plus de cent individus, dont le cinquième appartient aux hautes classes de la ville ; ces prisonniers ont été partagés entre San-Leo et Ferrare.

— Stephan et Paolo sont si jeunes !

— Ce n'est point un motif de salut ; il a été prononcé à huis clos.

— A huis clos ?

— Oui. Pour l'instruction des procès politiques, il y a des formes secrètes et occultes ; on a donc condamné ainsi trois prévenus, dont l'un n'avait pas dix-huit ans, à la peine capitale ; plusieurs autres ont été de la même manière condamnés aux galères pour la vie. Eh bien, pensez-vous encore qu'il y ait quelque moyen de sauver Stephan et Paolo ?

— Oui.

— Enfant ! De nouvelles mesures ont été prises ; toutes les troupes des quatre légations ont été réunies à Bologne sous les ordres du cardinal-légat de cette province ; on veut pouvoir écraser d'un seul coup la rébellion. Des plans pour tenter un coup de main au printemps ont été découverts ; une brochure a été répandue en Italie ; dans cet écrit, les anarchistes avertissent ceux de leur parti de se tenir en garde contre les espions du gouvernement, qui se mêlent à leurs réunions. Faut-il tout vous dire ! d'ici vous ne pouvez entendre ni le bruit des armes, ni celui des canons qui roulent dans ces rues en se dirigeant, avec des troupes, vers le port de Civita-Vecchia. Les légations sont en feu ; l'impatience de la révolte n'a pu se contenir... Ils seront exterminés.

Noëmi apprit plus tard que cette triste et sanglante prophétie s'était réalisée. Les soldats pontificaux et les Suisses ont étouffé le mouvement des insurgés, qui, comme signe de la pureté de leur cause, avait arboré le drapeau blanc, étendard immaculé. La plupart des vaincus se sont réfugiés dans les montagnes pour y organiser une guerre de partisans.

— Tout cela ne me décourage pas, monsignore ; si vous voulez sauver votre neveu, laissez-moi agir seule, entendez-vous !

— Qu'allez-vous faire et qu'espérez-vous, vous qui êtes accusée et déjà convaincue de coupables rapports avec les ennemis de l'État ; vous dont la fatale beauté a jeté parmi les rebelles ceux que vous tentez enfin de soustraire au châtiment ; vous que tout condamne ? Cette lettre même, que vous refusez de me remettre, elle vous livre au supplice.

— Oui, mais elle y conduit aussi Stephan.

— Hélas !

— Stephan, c'est la fortune de votre ambition ; Paolo c'est le bien de mon cœur. Sauvez celui qui m'est cher, je sauverai celui qui vous est utile...

Monsignore, poussé ainsi dans ses dernières limites, parut céder.

— Le salut de Stephan m'est si cher, dit-il, que pour le préserver contre votre vengeance, je vous rendrai Paolo ; dans trois jours il sera à Rome ; je ferai en sorte de l'enlever à la commission militaire et de l'amener au château Saint-Ange.

A ce mot, Noëmi poussa un cri d'effroi.

— Misérable ! s'écria-t-elle, tu veux le faire assassiner !

— Eh quoi !...

— N'est-ce pas là que sont conduits ceux que l'on fait disparaître dans l'ombre ? Avez-vous oublié ce prêtre, assassin du neveu du pape, qui a reçu le coup mortel dans un cachot du château Saint-Ange, sous le prétexte qu'on ne pouvait pas le confondre avec des forçats et le livrer aux travaux publics[1] ?

Pamphilio ne répondit pas, il était muet d'épouvante ; il laissait lire sur son visage le dépit d'avoir été deviné.

— Et la galerie souterraine qui conduit du Vatican à Santo-Angelo, celle qui servait autrefois de chemin aux pontifes fugitifs qui s'abritaient dans la forteresse, à quoi sert-elle aujourd'hui ?

Pamphilio ne répondait pas.

— Toutes ces choses mystérieuses dont Rome sait interdire l'accès et la connais-

---

1. Ce fait est rapporté par M. Fulchiron, *Voyage dans l'Italie méridionale*, , t. IV, p. 414.

sance aux étrangers, je les ai vues. Rappelez-vous, monsignore, que Rome n'a plus de secret pour moi ; tous vos artifices ne parviendront pas à me tromper. Écoutez : je ne veux point vous communiquer mes desseins ; mais si vous tenez à la vie de Stephan, faites en sorte que d'ici à une heure je puisse avoir un entretien avec le cardinal Ferdinand.

— Juive, qu'y a-t-il de commun entre un prince de l'Église et vous ?

— Prélat, votre incorrigible ambition me répond trop bien de vous, pour que j'entre dans aucune explication. Je veux un entretien avec le cardinal ; ma soumission est à ce prix.

Monsignore Pamphilio, animé par le charmant espoir de voir revenir à lui sa fortune et son neveu, sortit après avoir salué Noëmi avec un sourire de bienveillance subtilement placé sur ses lèvres, à la place de l'air de courroux dédaigneux qui y régnait auparavant.

Une heure ne s'était pas écoulée que la *madre veneranda* rentrait dans la cellule de Noëmi, accompagnée des deux sœurs discrètes qui avaient déjà conduit la jeune fille chez la supérieure ; cette fois, elles l'aidèrent à se parer ; Noëmi voulut qu'on n'épargnât rien pour rehausser sa beauté. L'espérance rayonnait sur ses traits lorsqu'elle monta dans le carrosse qui l'attendait, et qu'elle entendit l'une des deux sœurs qui l'accompagnaient donner l'ordre d'aller au palais du cardinal Ferdinand.

Durant tout le trajet, Noëmi, recueillie, semblait prier tout bas, comme si du fond de son âme une invocation silencieuse montait vers le Seigneur.

A son entrée dans le Palazzo, elle vit le logis encombré de préparatifs. Des ouvriers de toute espèce se pressaient dans les cours, apportant des habits, des harnais et d'autres ornements. Il y avait aussi des écuyers qui essayaient ou examinaient des chevaux de prix et dont ils débattaient la valeur avec des marchands. Les valets regardaient les riches livrées neuves qu'on leur apportait, et chacun paraissait occupé à des préparatifs considérables.

Noëmi apprit du camérier qui l'introduisit chez le cardinal, qu'il s'agissait, pour le lendemain, d'une cavalcade destinée à honorer l'arrivée de l'ambassadeur d'un royaume, et elle put contempler dans ces pompeux apprêts le luxe avec lequel chaque cardinal voulait paraître à cette cérémonie.

CHAPITRE XXIV

Les cavalcades.

A Rome, on donne le nom de cavalcades aux cortéges publics qui, dans certaines circonstances, rendent honneur au pape ou à d'autres personnages de distinction. La cour de Rome étale dans ces cérémonies son faste temporel ; aussi a-t-on considéré les cavalcades comme étant de véritables processions politiques.

Les principales cavalcades ont lieu lorsque le pape nouvellement élu va prendre possession du souverain pontificat dans l'église de Saint-Jean de Latran, qui est le titre de l'évêque de Rome.

Le pape et les cardinaux n'ont gardé de leur origine que cette seule trace. L'évêque de Rome, pour être aidé dans ses travaux, s'adjoignit des prêtres qui furent partagés entre les diverses églises, qui, par la suite, devinrent en quelque sorte le fief religieux de chaque cardinalat.

Dans ces prises de possession, on déploie toujours une orgueilleuse magnificence, tandis qu'il serait au contraire conforme à la raison et à la logique de se montrer humble et modeste comme aux beaux jours de l'Église, que rappellent ces cérémonies.

Les cavalcades célèbrent la douleur et la joie, ou elles font partie des grandes funérailles et des grands événements.

Avant l'ouverture du conclave, nous avons vu le cortége funèbre portant à l'église de Saint-Pierre le corps du pape mort au Quirinale.

On y remarquait, comme dans tous les actes publics de la cour et de l'Église de Rome, cette incohérence d'éléments hétérogènes. Ainsi, le porte-croix du pape y est monté sur un grand cheval caparaçonné de mailles, comme pour un jour de bataille, lui qui, dans les autres circonstances, n'a jamais été porté que par une humble mule. Et cette autre mascarade du maître d'étable, qui est hissé sur un cheval noir, sans oreilles, ayant pour tout harnais des bandes de toile et un drap de satin blanc, et portant sur la tête une aigrette de verre à trois rangs, avec des ornements de clinquant doré! Ensuite, le pêle-mêle des corps militaires et de la cohue religieuse, l'or scintillant, et les sombres voiles de crêpe noir tombant jusqu'à terre.

Les cavalcades ont lieu surtout pour la promotion des cardinaux et la réception des ambassadeurs.

De toutes les cavalcades, la plus éclatante est celle qui accompagne le nouveau pape à l'église de Saint-Jean de Latran. Sa magnificence résume celle de tous les autres cortéges. La basilique de Saint-Jean de Latran est la première du monde catholique, comme le fait connaître cette inscription gravée sur le portique : *Sacrosancta ecclesia Lateranensis, omnium ecclesiarum mater et caput.* L'église et le palais de Latran occupent sur le mont Celio l'emplacement de l'ancien palais du consul Lateranus, d'où vient leur nom. L'histoire de cette basilique est racontée par les noms mêmes qu'elle a portés à différentes époques.

Elle s'est appelée successivement basilique Fausta, parce que la princesse Fausta habita ce palais ; basilique de Constantin, parce que cet empereur la fit bâtir vers l'an 324 ; basilique de Saint-Jean, à cause de deux chapelles qui furent construites dans le beau baptistère de Constantin, l'une en l'honneur de saint Jean-Baptiste, l'autre sous le nom de saint Jean l'évangéliste ; basilique Jules, parce que le pape Jules Ier y fit des augmentations considérables ; basilique dorée, à cause des richesses qui y sont rassemblées ; enfin, basilique du saint Sauveur, parce que Jésus-Christ y est particulièrement honoré. L'empereur Constantin l'enrichit de précieux ornements, et assigna un revenu considérable pour l'entretien des lampes et des ministres. Elle devint la proie des flammes en 1308, sous Clément V, qui la fit reconstruire ; incendiée de nouveau en 1361, sous Innocent VI, elle fut relevée sous ce pontife par les soins des fidèles. Une bulle de Georges XI, en 1472, déclara l'église de Saint-Jean de Latran la première basilique du monde chrétien.

L'ancien palais de Latran était au midi de l'église. Les papes l'habitèrent jusqu'à la translation du saint-siége à Avignon ; mais Grégoire XI étant revenu à Rome en 1377, fut s'établir au Vatican, parce que le palais de Latran tombait en ruine. Celui que l'on voit aujourd'hui a été édifié par les soins de Sixte-Quint, en 1586.

Le chapitre de Saint-Jean de Latran est un des plus illustres de Rome. Henri IV, roi de France, lui fit don, en 1608, de l'abbaye de Clérac, du diocèse de Bordeaux.

Les chanoines reconnaissants lui firent élever, en 1618, une statue en bronze, placée à l'extrémité du portique. Le 13 décembre, jour de la naissance de Henri IV, le chapitre célèbre une messe solennelle.

C'est du haut d'une loge située au-dessus du portail de Saint-Jean de Latran, que le pape donne la bénédiction à la ville et à l'univers, *urbi et orbi*.

Dernièrement, la cour de Rome a gracieusement fait rappeler à la cour des Tuileries que le roi des Français, Louis Philippe Ier, était chanoine du chapitre de Saint-Jean de Latran. On établissait cette succession en faisant descendre le roi actuel de Henri IV, dont il serait l'héritier direct. Cette prétention de légitimité est dans les pensées intimes des courtisans; mais, sans parler des obstacles vivants qui la contrarient, elle a de graves inconvénients et ne peut que difficilement se mettre en harmonie avec le principe de la royauté de 1830. Il faudrait ensuite savoir si Henri IV fut véritablement chanoine de Latran, ce dont les écrits de quelque autorité ne parlent point, et puis s'enquérir si le canonicat pouvait être transmissible. Ces politesses de la cour du pape servent à entretenir des relations dont l'intrigue religieuse qui s'agite à Rome et à Paris sait toujours tirer quelque parti. D'ailleurs, un autre obstacle se présente : les rois de France, depuis Henri IV, ont payé au chapitre de Saint-Jean de Latran une somme annuelle de 24,000 fr. Cet usage est de ceux dont le rétablissement ne tente personne.

Voici le chemin que tient la cavalcade papale se rendant à Saint-Jean de Latran.

On marche le long du bourg de Saint-Pierre jusqu'au pont Saint-Ange ; de là on s'avance in Banchi, on va à Parione, à Pasquin, à Saint-André *della valle*, à Cesarini, au Gesù, au Capitole, où, au nom du peuple de Rome, est dressé au pape un arc de triomphe ; là, le sénateur présente un *santo padre* les clefs *in campo*, et, tenant un sceptre d'ivoire à la main, fait au pontife une harangue. La cavalcade chevauche vers le *campo Vaccino*; jadis le duc de Parme faisait dresser en ce lieu un arc de triomphe ; les juifs en élevaient un aussi, sous lequel ils présentaient au pontife le Pentateuque de Moïse en hébreu, en lui disant :

« Très-saint pontife, voici les lois et les statuts que l'Éternel donna autrefois à Moïse pour les faire observer à nos pères et à leur postérité ; c'est pourquoi nous les présentons à Votre Béatitude, requérant très-humblement que pendant le cours de son pontificat, ils soient exécutés de point en point, afin que le Tout-Puissant bénisse le règne de Votre Sainteté et lui donne des jours de paix et de salut. »

A quoi le pape répondait :

« J'ai du respect et de l'estime pour la loi de Moïse, parce qu'elle est venue de Dieu ; mais je n'approuve pas l'interprétation que vous lui donnez en rejetant le Messie, dont je suis le vicaire : c'est pourquoi l'Éternel vous a dispersés sur la terre ; mais quand le Tout-Puissant vous aura tous réunis dans le sein du christianisme, vous y trouverez paix et salut. »

Après avoir entendu ces paroles, les juifs se retiraient sans y répondre. La cavalcade, sortant du Colisée, reprend sa marche à travers des rues tapissées, remplies d'un grand concours de peuple, et s'avance vers Saint-Jean de Latran.

Douze trompettes et douze chevau-légers ouvrent la marche sur six rangs, de quatre cavaliers chacun. Ils sont suivis par les porte-manteaux des cardinaux, tous bien montés et portant chacun la valise de l'Eminence, écarlate, brodée d'or et galonnée d'argent, avec de grosses houppes de soie rouge, pendantes de chaque côté, au bout de plusieurs cordons tissus de soie, d'or et d'argent, croisés en sautoir, comme on les représente autour des armoiries des prélats.

Les massiers des cardinaux viennent ensuite, sur des chevaux fauves, et portent sur les épaules la masse aux armes de leurs maîtres.

Les gentilshommes et les aumôniers des cardinaux, la maison des ambassadeurs et des princes, et plusieurs nobles et barons romains, se montrent montés et vêtus avec élégance.

Les capitaines réformés, qu'on appelle anspessades, caracolent hors des rangs, armés de lances garnies d'argent, pour régler la marche.

On voit ensuite quatre écuyers du pape, avec de grandes capes rouges, son tailleur et deux porte-manteaux, vêtus de même, ayant derrière eux des valises de velours rouge brodé d'or. Les valets d'écurie du pape, qui viennent après eux, sont habillés de casaques de serge rouge; ils conduisaient en main les haquenées que l'ambassadeur d'Espagne présentait tous les ans au pape, pour le tribut du royaume de Naples, portant des housses de soie garnies de franges d'or, de feuillage et lames d'argent, rehaussées en relief, qui tiennent lieu de dentelles et de galons.

Plusieurs autres domestiques du pape mènent par la bride un grand nombre de belles mules, caparaçonnées de velours rouge à franges d'or. Six litières de velours rouge, enrichies de pierreries, suivent, précédées de deux officiers à cheval; derrière elles se tient le maître des écuries du pape, à cheval, et accompagné d'un grand nombre d'estafiers.

La noblesse romaine et les porteurs de titres se placent sans ordre, pour éviter les préséances; ils sont habituellement montés sur d'excellents chevaux, dont les crins sont tressés avec une grande profusion de rubans. Une livrée et une valetaille nombreuse les accompagnent.

Après eux cinq massiers du pape se présentent, vêtus de longues robes de drap violet, galonnées de velours noir; ils portent des masses d'argent et des colliers de mailles; quatorze tambours à pied les suivent; leur habit est de satin rouge garni d'or; sur leurs chapeaux se dressent de hauts plumets, et ils portent les enseignes des quatorze quartiers de Rome.

Ceux-ci sont suivis par un chœur de trompettes du pape, habillés de rouge, avec des galons d'or.

On voit ensuite les cubiculaires apostoliques, les camériers hors des murs, le commissaire et le fiscal de la chambre apostolique, les avocats consistoriaux, les chapelains du commun de la famille du pape, les camériers secrets et ceux d'honneur, les quatre participants qui portent les quatre chapeaux de velours cramoisi du pape. Tous ces fonctionnaires ont des costumes noirs, rouges ou violets.

Quarante officiers du peuple romain, magistrats de la ville, qui portent la toge sénatoriale, la toque, et sur leurs chevaux la housse de velours noir.

Les abréviateurs du grand parquet, les clercs de la chambre, la rosa, le maître du palais, les quatorze maréchaux du peuple romain, les quatorze capitaines des quartiers, le gouverneur de Rome, les conservateurs du peuple romain : ceux-ci laissent ordinairement une place vide auprès du gouverneur; c'est celle du sénateur, qui n'assiste pas toujours à la cavalcade, pour éviter une dispute de préséance entre le gouverneur et lui.

Les princes du trône pontifical, les parents du pape, les ambassadeurs des têtes couronnées, avec leur suite et selon leur rang, deux maîtres des cérémonies du pape, le sous-diacre apostolique qui porte

Jules de Bonneville.

la triple croix tournée vers le pape, flanqué de deux officiers qui tiennent à la main des baguettes rouges, précédent le pape.

Un nombre considérable de valets et des détachements des corps de cavalerie ferment la marche.

Le pape est porté dans une litière, entourée de gentilshommes magnifiquement vêtus, de curseurs et de maîtres d'estrade.

La garde suisse et deux files de cavaliers escortent la litière, qui est de velours rouge brodé et frangé d'or; le pape y est assis, revêtu d'une soutane de tabis blanc, avec le rochet, l'étole, la mozzette rouge de velours ou de satin, suivant la saison, et la calotte rouge sous le chapeau rouge.

Lorsque le *santo padre* est arrivé devant le grand portail de la basilique, le cardinal-archiprêtre de Saint-Jean de Latran lui présente la croix à baiser; il est ensuite conduit à un trône élevé sous le portique; là, il est couvert de ses habits pontificaux et coiffé d'une mitre précieuse. Les chanoines l'adorent et lui baisent les pieds; le cardinal-archiprêtre fait une harangue au nom du chapitre, qui lui présente les clefs de l'église. L'une est d'or et l'autre d'argent: elles sont placées dans un bassin de vermeil rempli de fleurs.

Après que ces formalités préliminaires sont accomplies, les cardinaux s'habillent; le pape, qui a pris et jeté l'eau bénite et reçu l'encens, est porté sur un trône dans le chœur ; il y arrive sous un dais que soutiennent les chanoines de Saint-Jean de Latran ; les deux cardinaux-diacres lui ayant ôté la mitre, il donne la bénédiction.

Conduit au palais de Saint-Jean de Latran, après le chant des antiennes et quelques oraisons récitées par le cardinal premier prêtre, le pontife, la tiare en tête monte à la loge de la bénédiction.

Après cette cérémonie, le pape donne aux cardinaux, à chacun, une médaille d'or ; autrefois, on faisait largesse au peuple.

A la sortie, le nombre des carrosses est toujours prodigieux ; ils arrivent de tous les quartiers de la ville ; tous se chargent des personnes invitées à y monter ; les cardinaux se montrent surtout fort empressés à faire les honneurs de leurs nombreux équipages aux nobles étrangers et à la bourgeoisie de Rome, dont ils veulent capter les bonnes grâces.

Dans plusieurs cavalcades, le pape monte à cheval, il porte alors un vêtement blanc et le chapeau blanc. Les anciennes cavalcades des cardinaux avaient un grand renom de faste et d'élégance.

Toutes les églises devant lesquelles doit passer une cavalcade dont le pape fait partie, sont ouvertes ; les cloches sonnent ; sur le trajet les postes de soldats sont toujours nombreux.

Lorsque le pape marche, sans cérémonie par la ville, en habit privé, il ne mène avec lui qu'une partie de ses domestiques et de ses gardes ; ce train se compose modestement :

D'une avant-garde de cavaliers, d'écuyers, de massiers, de camériers, de porte-croix, de chapelains, le capitaine des Suisses et deux compagnies de gardes qui entourent la chaise, la litière ou le carrosse dont le pape se sert le plus habituellement. A la suite sont les pages, les estafiers et les coureurs ; il y a avec lui des cardinaux, des ministres, des ambassadeurs et une nombreuse noblesse.

En traçant cette relation de la cavalcade pontificale, Noëmi voulut seulement faire connaitre la plus éclatante et la plus pompeuse de toutes les manifestations du faste temporel de Rome. Quant au démenti que cet orgueil et cette ostentation donnent à la sainte humilité du christianisme naissant, il se retrouve partout. Cette contradiction sacrilège est le trait principal de la physionomie romaine ; mais dans les cavalcades son arrogance est poussée jusqu'à l'audace.

Il n'est qu'une chose dans laquelle l'orgueil satanique du pontificat se montre encore avec plus d'impudence que dans les cavalcades, ce sont les processions où se manifestent tant de hauteur chez les uns, et tant de bassesse chez les autres ; la fourberie du clergé romain et la stupidité du peuple de Rome.

Les cavalcades prétendent imiter les triomphes de Rome glorieuse, mais les papes n'ont plus à traîner après eux ni rois captifs, ni peuples vaincus.

CHAPITRE XXV

L'église romaine.

Que s'était-il passé entre Noëmi et le cardinal Ferdinand ? Ce fut un mystère que les événements nous apprendront peut-être, mais qu'aucune parole ne révéla. L'entretien dura un peu moins d'une heure. Si l'on eût pu observer le visage de la jeune juive, sur lequel était rejeté son voile, on eût peut-être saisi dans l'expression de ses traits cette résignation calme, sans être sereine, qui suit toujours un grand sacrifice ; mais on eût aussi remarqué les signes d'une satisfaction intérieure, comme après un acte qui assure le repos de la vie.

Le cardinal Ferdinand ne pouvait se dissimuler la joie qu'il éprouvait ; il témoigna publiquement à la jeune fille, en la quittant devant ses officiers, une gracieuse affabilité, et il envoya son aumônier solliciter une audience particulière du pape. Elle lui fut accordée le jour même, et tous ceux qui le virent revenir du palais Quirinale remarquèrent l'air joyeux de son visage ; cela parut généralement d'un bon augure pour la fortune du jeune cardinal qui, jusqu'alors, s'était distingué par sa modestie au milieu des brigues ambitieuses de la cour de Rome.

Noëmi était entrée au couvent, toujours accompagnée et gardée à vue par les deux sœurs discrètes ; leur figure rude et rébarbative lui faisait craindre de trouver, en rentrant dans le cloître, des rigueurs nouvelles ; sur ce point, l'accueil hautain et glacial que lui fit l'abbesse n'avait pas de quoi la rassurer.

Peu d'instants après qu'elle fut rentrée dans sa cellule, la supérieure vint la voir et lui apprit qu'un officier du cardinal Ferdinand venait de lui remettre des instructions sur son séjour dans le monastère. Elle devait y jouir d'une entière liberté, sans toutefois gêner ou enfreindre la discipline et l'ordre de la maison : les seuls lieux qui lui fussent interdits étaient ceux consacrés aux offices et à la prière. Du reste, il recommandait à son égard la plus grande douceur ; il désignait aussi un petit appartement isolé, et qu'il faisait disposer pour elle. On parla beaucoup, et avec de perfides intentions, des soins que le cardinal prenait de la belle juive ; mais devant l'imperturbable pureté de Noëmi, ces méchants propos se retirèrent. La *madre* ne prit point la peine de cacher le dépit qu'elle ressentait de ces recommandations ; elle se promit bien d'obéir à d'autres ordres, ceux qu'elle avait reçus de la signora Naldi et de monsignore Pamphilio. Forcée de garder vis-à-vis de la juive, que son fanatisme haïssait, des ménagements imposés par le cardinal, elle n'était occupée qu'à se venger de cette contrainte, par des tracasseries mesquines et continuelles.

La retraite que les soins de l'Éminence avait disposée pour Noëmi était délicieuse.

Elle se composait d'une petite chambre voûtée, large de quatre mètres et longue de cinq à six, couverte tout entière d'une natte de paille fine, souple et d'un dessin merveilleux ; la porte était étroite, allongée en ogive, et flanquée de deux croisées de même style, garnies de rideaux de satin cerise, bordés de franges noires et bleues. Le mobilier consistait en un lit bas et de forme antique, un divan de velours cerise, des piles de carreaux de même couleur et des tabourets en tapisserie ; au fond était une petite console dorée, à dessus de marbre blanc, qui représentait assez bien un autel. Sur cette console on avait posé des vases de forme étrusque, remplis de fleurs les plus rares ; il y avait aussi des chandeliers d'argent avec des bougies roses ; au milieu de la pièce était posée une table couverte d'un tapis de façon turque, sur laquelle on avait placé un cabaret de porcelaine, de vermeil, et deux belles carafes de cristal destinées à des rafraichissements. Cette chambre était simplement précédée d'une pièce, aux parois de stuc jaune, avec des ornements et des reliefs en blanc et un pavé de mosaïque marquetée. La promptitude avec laquelle ces élégants arrangements avaient été exécutés augmentait leur bonne grâce ; on y retrouvait les délicatesses et les raffinements de la villa. Noëmi sourit avec finesse en contemplant ces soins si attentifs ; elle comprit que sur un seul mot prononcé par elle dans le dernier entretien, le cardinal, secouant toute humilité, avait bâti dans ses vœux l'édifice d'une fortune pontificale dont elle était la base.

Dans ce charmant asile, Noëmi oubliait aisément les petites contrariétés que l'abbesse semait sur ses pas ; en visitant sa nouvelle demeure, elle avait trouvé trois ou quatre armoires toutes remplies des friandises les plus exquises. Presque toutes les sœurs auxquelles leur fortune permet ces délices ont dans les couvents de Rome, de ces retraites qu'en Espagne on appelle *retiro* ; chacune a ses réunions, espèces de conciliabules, dans lesquelles tous les bruits et toutes les rumeurs de l'Eglise mondaine ont de secrets échos. Chez Noëmi se rassemblaient les religieuses que n'avaient pas effrayées les malédictions qu'ailleurs on jetait à la juive avec une sourde férocité ; et puis les attraits de la collation étaient aussi pour quelque chose dans cet empressement. Quoi qu'il en soit, c'était en cet endroit que s'installait la conversation frondeuse, celle qui se riait un peu de tout et de bien d'autres choses.

Dans ces entretiens, Noëmi revit passer sous ses yeux tout ce qu'elle avait entendu sur l'orgueil de la cour de Rome, du haut clergé, le faste et l'arrogance du patriciat des cardinaux, et les haines occultes, et les rivalités cachées qui divisent ces grands pouvoirs. C'est l'éternel sujet de tous les loisirs romains, et celui qui se mêle à tous les autres. L'art et le plaisir, la galanterie elle-même, les plus frivoles et les plus voluptueuses distractions subissent cette loi commune ; mais, placée sur un point vers lequel tendaient tant d'intérêts religieux, la juive vit, pour ainsi dire, l'Église de Rome en action sous ses regards.

A Rome, depuis que toutes les affections, toutes les pensées, les prédilections et les complaisances du pontificat se sont portées vers les choses temporelles, les affaires spirituelles ne sont qu'un accessoire, une façon de décors et un appareil pour rehausser l'éclat de la puissance du saint-siège ; ce qui devait être la base, la cause et la règle est devenu, par une négligence impie, une pompe vaine et fastueuse. La religion, dont le dogme devait modérer, corriger et réprimer ces superbes et somptueux excès de la vanité temporelle, ne sert plus aujourd'hui qu'à entretenir, par une exaltation sacrilège, les faits, les actes et les principes les plus funestes au véritable esprit du christianisme.

Dans l'ordre même d'une certaine habileté, la puissance temporelle devait être le moyen, et le pouvoir spirituel le but ; c'est par l'aberration passionnée des idées contraires que ces rôles ont été changés, au grand dommage de l'une et l'autre autorité.

Il y aurait plus que de la candeur à chercher aujourd'hui ce que sont devenus à Rome la vérité de la morale catholique, la sincérité du précepte chrétien et le respect de la doctrine évangélique, toutes choses dont on n'y prend peu de souci. Forcée d'abandonner ainsi l'aspect moral et religieux, l'observation de Noëmi dut se borner à une contemplation matérielle.

Comme à la vue de la cour de Rome la jeune juive avait été éblouie par les magnificences du trône, en présence de l'Église romaine elle fut étonnée et surprise par les splendeurs de l'autel; mais bientôt, pour l'autel comme pour le trône, elle revint à une réalité qui ne lui montra plus que le néant, où elle croyait trouver la grandeur.

La jeune juive appliqua à l'Église de Rome la méthode qu'elle avait suivie pour connaître la cour du pontife; elle étudia les choses, les hommes et les faits. Mêlée au monde, elle avait connu les mœurs du peuple romain; initiée par de hautes intimités à l'existence, aux habitudes, à la politique et aux intrigues des puissants, elle avait surpris le secret de la cour de Rome. Les lumières qu'elle avait acquises dans les régions inférieures de la population romaine, elle les avait fait servir à connaitre les vices des grands par les défaut des petits; et maintenant, c'était à la lueur de ce flambeau qu'elle allait explorer l'Église de Rome, afin d'accomplir la triple tâche dont le résultat lui apparaissait comme la colonne rayonnante qui, dans le désert, éclairait et guidait les pas du peuple d'Israël en marchant devant lui par l'ordre de Dieu.

Au-dessous du pontificat et du sacré collége, qui prétendent former l'empire et le sénat de l'État et de l'Église, s'agite une foule noire et violette, multitude ecclésiastique à la tête de laquelle se trouvent la prélature et le corps des monsignori, race mixte et ambiguë, placée entre les sommets et les zones mitoyenne et inférieure; de là, on roule jusque dans les bas-fonds de la sacristie. Cette population cléricale forme comme une espèce de fourmilière toujours en mouvement, et sans cesse occupée à quelque lucre. De proche en proche, on voit descendre, des rangs les plus élevés jusqu'aux dernières classes, les vices, la perversité, la corruption, l'astuce et l'avarice, qui sont les principaux caractères des princes de la cour et de l'Église de Rome. L'ambition, l'orgueil et la cupidité papale et cardinale se retrouvent avec les mêmes convoitises, les mêmes passions et les mêmes concupiscences, sous la pourpre aussi bien que sous la serge, sous la toge et sous le casque, sous l'aube et sous le surplis, sous la chape épiscopale aussi bien que sous la plus grossière soutanelle, sous le chapeau rouge et sous la calotte noire.

Cette tourbe tonsurée, dont l'intrigue, l'hypocrisie et tout le manége d'une feinte dévotion dirigent les actes et la pensée, n'a qu'un seul but : celui de faire de la religion, métier, profit et marchandise.

La confusion est là peut-être plus choquante encore que dans les grands emplois; le trouble y est plus flagrant, plus continu et plus vivace; abbés, chanoines, vicaires, bénéficiers, prébendiers, officiers du saint-siége, clercs attachés aux administrations civiles, aux tribunaux, aux secrétaireries et aux chancelleries, gentilshommes, aumôniers, domestiques et valets, présentent une masse effrayante, à côté de laquelle se meut, dans la détresse et toujours affamés, cette troupe de pauvres prêtres, de vieillards blanchis dans le ministère, de vétérans du sacerdoce, que Rome, enivrée par le luxe de son culte, laisse errer misérablement dans la ville sainte.

C'est une des plaies les plus hideuses; c'est une des plus repoussantes misères de l'Église romaine.

Dans son intolérance si opposée à la charité du Christ, l'Église catholique a dit :
« Hors de mon sein, point de salut! »
Dans la fougue de sa cupidité temporelle, l'Église romaine s'est écriée :
« Hors de mon sein, point de fortune. »
Séduite et fanatisée par ce double appât de la richesse et de la puissance, et répondant à cet appel fait à son avarice et à son ambition, on voit se ruer aux avenues du sacerdoce toute la population romaine. Chacun s'imagine que l'Église, en lui donnant les moyens d'assouvir ses goûts, ses penchants et sa licence, saura encore l'absoudre des désordres dont elle aura fait les frais.

De cet entrainement funeste qui détourne tant de facultés qu'on pourrait employer utilement pour la société, il résulte un double dommage.

Le pays perd des services importants et nécessaires. Le culte se voit encombré, obstrué et embarrassé par une cohue dont les brigues et les rivalités interceptent toutes les voies et toutes les avenues ; ce flot, dont l'écume est déposée jusqu'au pied de l'autel, souille le sanctuaire, et l'excès de cette affluence engendre l'abaissement, l'indignité et l'ignorance, contre lesquels on se heurte si souvent au milieu des prêtres romains.

Dans ce chaos si rempli de troubles et de ténèbres se glissent la fraude et l'intrigue sous le masque ecclésiastique, sans qu'il soit possible de discerner l'ivraie du bon grain.

L'Église, sur les flancs de ce clergé si nombreux, voit se presser des myriades d'insectes parasites ; la valetaille sacrée forme à elle seule une population nombreuse qui traine dans la fange la corruption que d'autres étalent dans les palais. Les petits singent les grands, les valets copient les maîtres, la sacristie parodie le chœur ; autour des églises, des basiliques et des enceintes sacrées, les estafiers de l'Église couvrent les chants et les prières par le bruit de leur crapuleuse orgie. La fiscalité qui existe en haut se produit chez les inférieurs par une incessante et avide obsession, et par le salaire, imposé comme le dernier terme de chaque chose. Les contradictions flagrantes, les odieux contrastes et les impudents démentis par lesquels les cardinaux et ceux qui devraient être les lumières de l'Église insultent à la face du monde le dogme, les enseignements et l'exemple du Christ, se traduisent, au-dessous, par l'irrévérence avec laquelle cette valetaille bigote traite les objets du culte qui vont être exposés à la vénération des fidèles. Il est impossible de dire jusqu'à quel point est poussé, dans les sacristies et dans les officines de l'Église, cet oubli de toutes les convenances ; et, il faut l'avouer, ces honteux désordres ne sont pas seulement propres à l'Église de Rome, on les retrouve presque partout dans les habitudes du clergé catholique, toujours trop prompt à se familiariser avec les choses qu'il présente à l'adoration. Il n'est pas aisé de mesurer le tort que cet inconcevable laisser aller fait à cette considération qu'on ne doit jamais séparer des choses sacrées.

Après l'ordre hiérarchique, vient naturellement celui qui divise par l'âge les différents membres d'une agrégation.

A Rome, les vieux prêtres qui n'ont pas pu ou qui n'ont pas voulu escalader les dignités et les revenus de l'Église, végètent sans dignité, et achèvent ordinairement dans l'oubli une existence que rien ne recommande au respect et à l'estime ; les doctes travaux, une ancienne renommée, un mérite reconnu, le souvenir même des qualités éminentes, ne préservent pas de cette condition. Le succès est, à Rome, la seule mesure des honneurs publics et des égards particuliers. La vieillesse n'obtient la déférence qui lui est due que lorsqu'elle touche à l'élévation et aux dignités si grotesquement réservées à son impuissance.

C'est à Rome surtout qu'on rencontre ces vieillards dégradés et déchus bien plus par leurs vices, leur incontinence et leur gourmandise, que par les années. Les chapitres, les bénéfices, les églises, tous les établissements religieux sont peuplés de ces vieux démons, qu'on a vus jusque sur le trône pontifical, dans le cardinalat, dans l'épiscopat et dans la prélature.

Tous les prêtres d'un âge mûr sont violemment lancés dans les intrigues religieuses et politiques. La jeunesse n'est point admise par droit de conquête aux grandes faveurs de l'Église; elle y arrive par le népotisme ou par la naissance; aussi s'adonne-t-elle au plaisir avec un élan et des transports sans frein. C'est dans un âge plus avancé que se préparent les voies et les accès au pouvoir et à l'opulence qu'on veut recueillir dans la vieillesse; alors que la probabilité d'une fin prochaine fait plus facilement accepter les prétentions. On comprend alors combien cette fièvre et cette fureur de l'ambition s'accommodent mal avec le zèle purement religieux.

La jeunesse de l'Église a sa noblesse et sa roture; les clercs de race noble portent de bonne heure le titre de *monsignore*; c'est sans doute de leur part un acte abusif, peut-être une usurpation; mais on tolère cette prétention lorsqu'elle est soutenue par l'opulence, la naissance, ou par quelque autre distinction sociale.

Les clercs qui ne sont pas de race noble, élevée ou opulente, portent le titre d'abbés sous lequel, du reste, on désigne ordinairement toute la jeunesse de l'Église.

Les marquis d'autrefois, les roués, les petits-maîtres, et tout ce que la frivolité française a créé de plus fat, de plus impertinent et de plus merveilleux, n'égalent point la fatuité de l'abbé romain. A Rome, on retrouve souvent le type conservé de la courtisane antique; le type de l'abbé coquet et galant, tel que l'ont vu en France les cercles du XVIII° siècle, y existe aussi : ce sont de véritables raffinés de vices, comme l'on vit en d'autres temps des raffinés d'honneur.

L'abbé romain n'a peut-être pas des grâces aussi élégantes, aussi fines, aussi coquettes que l'abbé des anciens salons, mais il a une mollesse efféminée qu'on ne connaît point ailleurs; les allures voluptueuses dominent en lui; il a tous les petits défauts et tous les goûts mignons de la femme, et aussi toutes ses noirceurs et ses perfidies; sa toilette, son maintien et son langage minaudent comme celle d'une coquette.

Ces *monsignorini* vêtus de soie, portant la poudre et la dentelle, chérubins joufflus et fleuris, on les rencontre partout, à l'église, au théâtre, dont ils sont les tyrans, au Corso, dans les salons, dans les cafés, bruyants, tapageurs, persifleurs et importants. On les a vus friands et débauchés, on les voit galants, joueurs, écuyers, éventés, et menant avec fracas une vie de dissipation

Ces *dandys* de l'Église, ainsi que les appelait Noëmi, passent leur vie dans l'oisiveté ou dans de turbulentes distractions; plusieurs d'entre eux s'adonnent aux exercices de *gentlemen*, montent à cheval, chassent, manient l'épée et cultivent le pistolet. En public, ils se piquent d'impertinence; près des femmes, ils sèment à pleines mains les concetti et les sonnets, et vont ensuite porter aux courtisanes leurs désirs et leurs feux. Les *donne romane*, ainsi que la jeune juive l'avait déjà remarqué, raffolent de ces muguets tonsurés; elles préfèrent leurs abbés aux plus brillants cavaliers.

C'est ainsi que l'Église élève les héritiers qu'elle emprunte aux nobles maisons. A Rome, il n'est pas une famille, même dans les classes plébéiennes, qui ne veuille avoir un prêtre, qui, dans les prévisions du foyer, sera pour elle une providence vivante. A côté de la troupe fringante des *monsignorini*, on aperçoit une foule de petits abbés, fretin clérical, composé d'êtres pauvres, chétifs et souffreteux, que les familles s'épuisent à soutenir, et qui, malgré les efforts des parents, sont bien souvent réduits, pour vivre, à faire toute espèce de métier.

En Italie, et surtout à Rome, plusieurs familles possèdent des bénéfices qui ne peuvent être tenus que par des ecclésiastiques; pour ne pas perdre ces avantages, qu'on regarde comme faisant partie du patrimoine, on consacre un enfant au sacerdoce, sans consulter ni ses penchants, ni ses dispositions. Les obligations qu'imposent ces bénéfices, comme celle de dire des messes, sont cédées de main en main. Il y a telle messe qui rapporte trois ou quatre écus au titulaire de la fondation, et qui est dite chaque matin par un prêtre qui reçoit quelques *paoli*.

Ce qu'il y a d'inconcevable, c'est l'empressement des familles nobles à jeter dans les ordres sacrés leurs descendants et ceux qui doivent perpétuer leur nom. C'est par cette déviation que la noblesse romaine a tant de branches indirectes qui se greffent sur le népotisme. L'Église, par l'appât des honneurs qu'elle lui présente, encourage le patriciat dans cette voie, qui rétablit, entre les plébéiens qu'elle élève à ses dignités et les nobles de race, une égalité qui sied bien à son orgueil.

Ce dont les jeunes gens et les parents qui disposent d'eux s'occupent le moins, lorsqu'il s'agit d'embrasser l'état ecclésiastique, c'est la vocation. En se vouant au service du ciel, on ne cherche pour soi et pour les siens que les biens de la terre.

Dans quelques maisons de Rome, parmi les plus nobles, mais surtout chez la haute bourgeoisie, on rencontre un individu qu'on appelle le *prêtre*. C'est ordinairement le *factotum* qui surveille l'économie intérieure, veille aux cuisines, est le confident de la femme, l'ami du mari et le percepteur des enfants; il se mêle aussi des intérêts du dehors et s'occupe du soin de la fortune; rien ne se fait sans le consulter, et sa volonté, toujours dans l'ombre, règne et gouverne sans jamais se montrer. Sa position n'est point servile, mais il n'est pas non plus dans une situation honorée. Il est placé entre le maître et le valet, qui toujours le déteste. Il n'est pourtant pas rare que le prêtre soit le confident des galanteries de la femme, des amours du mari, des soupirs de la jeune fille, des dissipations du jeune homme et des larcins des valets. Alors son pouvoir est suprême; il tient tous les fils qui font agir ceux dont il lui importe d'asservir la volonté.

Les églises de Rome sont au nombre de trois cents, pour une population catholique de cent soixante-quinze mille sept cent quatre-vingt-neuf habitants, les juifs n'étant pas compris dans ce calcul. Une grande partie de ces églises renferment d'immenses richesses artistiques, en peintures précieuses, chefs-d'œuvre des plus illustres maîtres. Les voyageurs qui visitent ces merveilles sont péniblement affectés par la négligence que l'on apporte à leur conservation. A Santo-Onofrio, sous un portique qui sert d'entrée à l'église et au couvent, trois belles fresques de Domenichino couvrent les murailles. Cette œuvre est d'un si grand prix, qu'afin de la garantir contre la poussière on l'a abritée derrière des vitraux; mais comme on n'enlève pas les immondices qui s'attachent à ces chassis, ces

Le Jardin Pincio.

peintures admirables se détériorent et sont presque voilées et perdues pour le regard.

Il n'est pas rare de rencontrer des signes d'une fâcheuse incurie sur les toiles ou sur les autres travaux des grands maîtres; ils ne sont jamais nettoyés ni vernis, et finissent par disparaître entièrement sous la couche de crasse qui les recouvre.

Le triste état de la coupole de Saint-Pierre et les craquements des voûtes, des piliers et du dôme, récemment constatés, attestent cette coupable indifférence de Rome pour ses monuments.

L'orgueil romain envahit toutes les positions; à la ville, il se montre par ses palais; à la campagne, il éclate dans les villas, et jusque dans les églises il vient étaler son faste. Les Patrizi, les Sforza, les Massimi, et d'autres nobles familles ont fait construire, dans les nefs sacrées, des chapelles somptueuses, comme pour se poser à côté de Dieu et des saints que le peuple adore. Les deux familles qui, dans ce genre, ont déployé le plus de magnificence, sont celles des Césarini et des Borghèse.

A Santa-Maria-Mggiore, une des cinq grandes basiliques comprises dans l'enceinte de Rome, les chapelles construites par ces deux familles semblent comme des églises ajoutées à une église, si la dimension du vaisseau principal ne les ramenait à leur rôle d'appendice. La chapelle Borghèse est encombrée de matériaux précieux; l'or, l'argent, les pierreries, le jaspe d'Orient, le lapis-lazuli et l'albâtre y prennent mille formes. On voit dans cette chapelle une image de la Vierge, enrichie de pierreries par Paul V, un Borghèse, qui voulut par cette largesse accréditer l'opinion que c'était l'image attribuée au pinceau de saint Luc.

Le clergé de Rome, malgré l'éclat et l'ostentation des cérémonies religieuses, ne prend aux fonctions du culte qu'une part médiocre; les brigues de son ambition, le manége administratif et politique, absorbent tous les moments qu'il arrache à l'oisiveté; la paresse est un des signes distinctifs du clergé de Rome, qui ne se souvient plus qu'elle est au nombre des péchés capitaux.

Ce sont les moines qui supportent, presque dans toutes les églises, la chaleur du jour, qui font le service de l'autel et subissent les fatigues du culte.

Ce qu'on nomme la messe et la chapelle papale appartient tout entier au cérémonial de la cour de Rome, et met une superbe affectation à se séparer du caractère catholique, c'est-à-dire *universel*, de l'Église romaine. Lorsque le pape et les cardinaux officient hors des chapelles pontificales, la pompe dont ils s'entourent dans ces occasions est telle, qu'ils font plutôt un acte de juridiction qu'un acte de piété. Au sortir des églises où le pape a célébré la messe, il reçoit de l'archiprêtre une gratification, *pro bene cantata missa*, pour avoir bien chanté la messe.

Noëmi entendit sur, pour et contre le célibat des prêtres, de nombreuses, longues et profondes discussions; elle reconnut avec joie que cette interdiction n'était pas de précepte divin et qu'elle émanait des conciles.

De tout ce qui fut dit devant elle à ce sujet, la jeune juive, avec ce tact qui lui était propre, ne voulut retenir qu'un seul mot, celui de Pie II, qui avait écrit :

« Que pour de fortes raisons on avait interdit le mariage aux prêtres; mais que, pour de plus fortes, il fallait le leur permettre. »

Noëmi pensa qu'il était impossible de résumer avec plus d'énergie cette question tant de fois controversée.

Elle comprit aussi, avec plus de clarté, comment les bonnes mœurs, la pudeur, la chasteté des femmes, la pureté du foyer et l'honnêteté sociale, étaient mises sans cesse en péril par cette multitude d'individus en lutte ouverte, inévitable et continuelle, contre les devoirs de la famille.

Grégoire XVI, le pape actuel, vient de rendre trois édits qui sont l'expression complète de la haine du clergé romain pour le progrès, et de son opiniâtre intolérance.

L'un de ces édits prohibe tout congrès scientifique dans les États romains.

L'autre interdit toute entreprise de chemin de fer sur le territoire de l'Église.

En tête de ces deux édits est placé celui qui défend aux médecins de donner pendant plus de trois jours leurs soins aux malades qui n'ont pas fait appeler un prêtre !

CHAPITRE XXVI

Le Pouvoir spirituel.

Effrayée par l'autorité et par l'étendue que l'on donnait au pouvoir spirituel des papes, Noëmi voulut connaître la source d'où découlait cette puissance qui avait essayé d'asservir le monde entier, et qui prétendait placer au-dessus de tous les trônes, le trône pontifical, dont la domination était si bornée. La puissance temporelle des papes se fondait, comme elle l'avait appris, sur une donation de Constantin, acte contesté, et sur l'abandon de quelques États d'Italie, fait au pape par la princesse Mathilde. On a porté plus haut l'origine de la puissance spirituelle ; c'est à Dieu même que l'on fait remonter l'institution de ce pouvoir.

Le Christ a dit aux apôtres : Allez, *instruisez* toutes les nations en les baptisant. Je suis avec vous jusqu'à la consommation des siècles. Quiconque *reçoit celui que j'aurai envoyé, me reçoit, et celui qui me reçoit, reçoit celui qui m'a envoyé.* Allez, *enseignez* toutes les nations, les baptisant, et voici que je suis avec vous. » Enfin, Jésus dit à Pierre : « Je vous donnerai les clefs du royaume des cieux, et tout ce que vous délierez sur la terre sera délié aux cieux. »

Sur ces textes du Nouveau Testament, des pasteurs illustres, qui sont à bon droit regardés comme les flambeaux de l'Église, ont fondé la perpétuité des ministres, des pasteurs, dans l'Église catholique ; la succession directe des pasteurs, succédant aux apôtres comme ceux-ci avaient succédé au Christ ; la faculté donnée par le Christ à ses successeurs d'absoudre et de condamner, de lier et de délier, mot que les papes ont traduit par ceux de créer et de détruire, s'arrogeant le droit de faire et de défaire les trônes et les rois.

Devant cette argumentation, appuyée par le témoignage de livres qu'elle ne connaissait pas, Noëmi, étrangère à toute controverse sacrée, ne pouvait invoquer que l'appui de sa raison.

Elle vit le Christ, ce messie que les chrétiens croient être venu, se montrer au monde terrestre, sans y accomplir les hautes destinées annoncées par le Dieu d'Israël et par les prophètes, parlant en son nom. Elle le vit humble, méconnu et persécuté, mais fort de la mission divine dont il était le représentant sous une forme humaine ; il a choisi lui-même ses disciples parmi des hommes à l'esprit simple, au cœur droit ; lorsqu'il les eut éclairés et instruits par sa parole, il les quitta pour remonter aux cieux et pour s'asseoir à la droite du Père ; il laissait ses disciples sur la terre, afin d'achever, par l'humilité et par la souffrance, l'œuvre de régénération morale pour laquelle il avait lui-même voulu souffrir l'agonie, le supplice et la mort. Comment leur donnat-il ses dernières injonctions : « Allez, instruisez ; allez, enseignez... toutes les nations, en les baptisant. » Là se borna effectivement la tâche que le Christ a confiée aux apôtres ; ceux-ci l'ont remplie en versant leur sang, mais ils n'ont point recherché le pouvoir.

Quant aux clefs du royaume des cieux et à la faculté de lier et de délier, ce langage est celui de la parabole si familière au Christ ; confiant dans les principes de sagesse et de vertu qu'il avait donnés à ses disciples, le Fils de l'homme a déclaré qu'il avait tracé aux hommes les règles de la vie éternelle dans les rapports avec Dieu et avec le prochain, c'est-à-dire avec le ciel et la terre ; il a présenté au genre humain les apôtres, ceux qu'il avait instruits et enseignés, comme les dépositaires de la doctrine céleste qu'il avait apportée ici-bas.

Instruire et enseigner, là se bornent les fonctions des chefs et des pasteurs de l'Église, dans l'ordre sincère de leur succession au Christ et aux apôtres.

Après la disparition des apôtres, lorsque l'Église, c'est-à-dire l'assemblée des fidèles, fut établie, est-il vrai de dire que le peuple chrétien se démit de tous ses droits, pour confier aux pasteurs un pouvoir absolu ?

Le contraire est manifeste.

Les noms mêmes de ces pasteurs sont des preuves de la fausseté de cette assertion. Les *évêques* étaient des *inspecteurs* chargés de surveiller l'observation du dogme et de la discipline ; les *prêtres* étaient les *anciens* que leur âge et leur expérience investissaient de la confiance générale ; les *diacres* étaient des ministres, comme les apôtres furent des envoyés. Nulle part, ni dans la tradition du Christ, ni dans la conduite des premiers chrétiens et dans la constitution de l'Église primitive, on ne trouve les traces d'un pouvoir suprême et d'une autorité pontificale. C'est même, comme le remarquait la sagacité de la fille juive, ce qui distingue la nouvelle loi de l'ancienne.

Dieu lui-même, disait-elle, donna au peuple juif, un chef à la fois souverain et législateur, Moïse, dont il désigna lui-même le successeur ; il lui envoya des juges, des rois et des prophètes. Aux chrétiens, ainsi qu'ils le croient, il a donné son fils, mais il ne leur a pas désigné de chefs.

On veut prétendre que les pasteurs aient existé avant les fidèles, comme le dogme existe avant la foi ; cette argutie n'est pas sérieuse. Le corps pastoral était sorti du Christ, et il n'a reçu de lui que le pouvoir d'instruire et d'enseigner, mais non pas celui de régir. La religion du Christ affranchissait les nations et les éclairait ; c'eût été méconnaître le précepte divin que de chercher à opprimer les peuples !

L'enseignement est d'origine divine, comme la lumière ; mais la puissance et le pouvoir iniques, qui ont tenté d'en faire un joug pour l'esprit et pour l'intelligence, sont d'origine humaine.

Est-ce que l'élection des pasteurs qui devaient remplacer les apôtres n'a pas été exercée par le peuple ? N'est-ce point par suite d'une série d'usurpations injustes que ce droit est tombé dans les mains qui le tiennent aujourd'hui ? Est-ce que les annales des conciles, ces grandes assemblées de l'Église, abolies par la jalousie des papes, ne témoignent pas de cette élection des pasteurs par le peuple ?

La véritable succession du Christ et des apôtres résidait dans la conservation intégrale du dogme chrétien, d'où devait naître l'unité catholique.

Ce devoir était assez beau à remplir pour les évêques de Rome placés dans la chaire d'où saint Pierre avait distribué aux peuples l'instruction et l'enseignement ordonnés par le Christ ; l'Église glorieuse et universelle n'eût pas alors subi l'abaissement et les afflictions que lui ont infligés les tentatives insensées du pouvoir spirituel des pontifes.

— Un saint a, dit-on, demandé s'il peut arriver que quelqu'un ait assez de témérité sacrilége et d'égarement d'esprit, pour penser que l'évêque soit établi sans le jugement de Dieu.

C'est ainsi que Rome abrite toutes ses fraudes sous une protection divine.

Les papes, quand ils voulurent usurper le pouvoir spirituel, ont commis une haute imprudence. Aveuglés par l'orgueil, ils n'ont pas aperçu la démence de ces vœux insensés.

Ce fardeau de la puissance céleste est trop pesant pour les faibles épaules des hommes. Est-ce que les infirmités de la nature humaine peuvent atteindre la perfection suprême?

— Aussi, quelle a été la confusion de ces efforts!

Cette infaillibilité que les pontifes romains ont tant de fois placée au-dessus de toute raison humaine, comme étant le signe certain de la volonté de Dieu lui-même, à combien d'erreurs, de fourberies, de fraudes et de mensonges a-t-elle été exposée par ceux dont l'audace sacrilége abritait les folies humaines sous la divine sagesse?

— Cause de tant de discordes sanglantes, l'infaillibilité du pape a été pour la religion et pour l'Église le fléau le plus funeste ; elle a bouleversé le sanctuaire et soulevé contre l'autel la haine des rois et des peuples. Elle a égaré, asservi, corrompu, perverti et brisé les conciles, ces assemblées de l'Église qui ont toujours importuné l'orgueil et l'ambition des papes, quand elles n'ont pas cédé à leurs passions. Dès que les chefs de l'Église se furent détournés des choses saintes pour rechercher la possession terrestre, tout a été trouble et tumulte dans la foi. Le pouvoir spirituel, que la communauté des fidèles avait donné aux évêques de Rome, devait servir à maintenir l'unité et l'union catholiques ; dans les mains de la papauté, instrument de l'orgueil pontifical, l'infaillibilité n'a été qu'une source de divisions continuelles, implacables, partout elle a enfanté l'abomination et la désolation.

Que l'on jette les yeux sur les enseignements du passé, on voit l'Église, à laquelle le Christ avait laissé le précepte d'union et de charité, contenu dans ces paroles si touchantes : « Aimez-vous les uns les autres pour l'amour de moi, » déchirée par des dissentiments profonds et répétés. Ce ne sont pas ses ennemis qui lui causent ces douleurs, ce sont ceux qui, au nom de Jésus, parlent sans cesse de leur tendresse paternelle pour les enfants réunis dans son sein.

Laissant de côté les hérésies et les schismes nés de l'opposition aux croyances et aux règles catholiques, c'est dans le cœur même de l'Église, à la cour et dans les conseils des pontifes, qu'il faut chercher ces germes pestilentiels, pour bien comprendre jusqu'à quel point le pouvoir spirituel qu'ils avaient usurpé a été avili, dégradé, insulté et déshonoré dans les mains des papes.

Pendant les trois premiers siècles de l'Église chrétienne, on voit se dresser contre elle deux ennemis redoutables : les hérésies se levaient ardentes et multipliées, dans un temps où chaque novateur voulait faire adopter une religion à sa guise ; la persécution contre les chrétiens redoublait ses fureurs. Cependant, ce fut à travers ces obstacles si nombreux et si formidables que la foi chrétienne s'avança, soutenue par les évêques, à la conquête du monde. Cette voie, si glorieusement parcourue, était arrosée par le sang des martyrs.

Du IIIe au VIe siècle, on rencontre d'un côté l'arianisme, Pélage, Dioscore et Laurent, antipapes en 530 ; de l'autre, Julien, les Goths, conduits en Italie par Alaric et maîtres de Rome sous le commandement de Totila. Cette période, malgré ces afflictions, n'est pas moins propice à la splendeur de la foi chrétienne. Constantin, Augustin, Paul le premier ermite, le baptême de Clovis en 496, tels sont les hommes et les faits qui proclamaient la grandeur du christianisme. Les papes n'étaient pas étrangers à ce mouvement; en même temps que le patriarche de Constantinople prenait le titre de *patriarche œcuménique*, Grégoire Ier, celui que l'histoire a appelé grand et dont l'Église a fait un saint, adoptait dans ses lettres le titre de *serviteur des serviteurs de Dieu*.

Jusqu'au xe siècle, malgré l'invasion des Sarrasins en Europe, l'Église vit d'éclatantes conversions amener à elle des chefs et des peuples barbares; les conciles réglaient le dogme et la discipline, et, malgré la tendance ambitieuse qui se manifestait déjà, il était permis d'espérer pour la religion des jours sereins et prospères.

L'invasion des barbares avait laissé des traces d'ignorance et de corruption dans les esprits et dans les mœurs, qui souillèrent de crimes et d'opprobres le dixième siècle. La vérité de la foi et de l'unité de l'Église furent attaquées et ébranlées, et le pouvoir spirituel, divisé et éperdu, ne put point réprimer des désordres qui semblaient remettre en question l'existence même de l'Église. Depuis cette fatale époque, le saint-siège, tour à tour occupé par des passions furieuses ou dissolues, fut ensanglanté; le meurtre, l'usurpation, des luttes implacables, la rage des factions et tout ce que la cupidité et l'ambition peuvent inspirer de plus odieux, infestèrent ce siècle, qui est à la fois la honte de l'Église romaine et l'opprobre de ses chefs. Dans cette tourmente, tout ce qui restait de l'Église primitive disparut; les vertus des premiers pasteurs furent chassées; la piété bannie, l'humilité et la charité outragées firent place à l'impudence des crimes et des vices; à leur suite, la débauche et la licence, l'impiété et le sacrilège occupèrent les demeures pontificales, et l'esprit du mal y établit son règne et sa domination. Ce ne sont que papes contestés, égorgés, assassinés et emprisonnés, achetant ou vendant la tiare; pontifes institués et destitués; le fer et le feu portant la mort et l'incendie; les richesses temporelles de l'Église mises au pillage, et les grâces spirituelles indignement profanées. On peut dire qu'il n'est, dans l'histoire d'aucun peuple, des annales plus horribles que celles de cette ère pontificale.

Ce fut alors qu'au lieu de cette sainte modestie dont Grégoire Ier avait donné l'exemple à la chrétienté, le monde contempla l'arrogance assise sur la chaire d'humilité. Déjà les murmures que poussait l'indignation du peuple pouvaient présager au saint-siège les sinistres événements que lui réservait l'avenir. Trois siècles tout entiers sont remplis par ces atrocités.

Les croisades, dont le caractère ne doit point être jugé ici, eurent pour Rome et pour la chrétienté un résultat utile; elles portèrent au loin, vers l'Orient, les éléments fougueux et les ardeurs déchaînées qui mettaient en feu les régions de l'Occident. Sans elles, c'en était fait des lumières et de la civilisation européennes. L'habileté des pontifes sut mettre à profit l'élan religieux et le généreux enthousiasme des croisades; mais ce ne fut pas pour la gloire, l'élévation et la prospérité de l'Église que Rome employa l'influence qu'elle venait de reconquérir sur les esprits; cette puissance spirituelle, Rome la fit servir aux intérêts matériels du trône et du pouvoir souverain.

Alors l'orgueil et l'arrogance des pontifes semblèrent ne plus connaître de bornes. L'Église précipitait elle-même sa ruine.

C'est à travers ces querelles intimes de

l'Église, les disputes des papes avec les empereurs, la lutte de Rome contre les couronnes, les énormes abus et les monstrueux excès du pouvoir spirituel, qu'on arrive au grand schisme, celui qui transporta le saint-siége à Avignon. Temps d'humiliation et d'angoisses auquel les Italiens, empruntant aux malheurs du peuple de Dieu un souvenir lamentable, donnent encore aujourd'hni le nom de *seconde captivité de Babylone*. Ce schisme, qui mit si souvent en présence les uns des autres deux ou trois infaillibilités et deux ou trois représentants d'un seul Dieu, dura cinquante et un ans ; il plaça le pontificat à deux doigts de sa perte ; il a porté à la foi catholique un coup dont, après cinq siècles, on ressent encore la blessure. Il fut produit par la superbe opiniâtreté des pontifes prétendant à la suprématie infaillible. Les ténèbres qui couvrirent alors l'Église furent si profondes, que les plus savants historiens ne savent dans ce chaos à quel pape se vouer.

Le XVe siècle fut marqué par deux événements qui répandaient sur les nations une lumière nouvelle. Christophe Colomb découvrait un nouveau monde, dont Rome infaillible avait nié l'existence, et la découverte de l'imprimerie, que Rome avait déclarée impossible, ouvrait à l'intelligence des régions nouvelles. Rome, malgré ses négations, ne vit dans le premier de ces faits qu'une conquête dont elle s'attribua la disposition, en vertu du droit divin qui lui donnait le monde ; dans le second, son astuce lui signala un ennemi redoutable ; dès cet instant, elle résolut d'éteindre ce flambeau. Sa cruauté s'accrut par cette colère ; le supplice de Savonarole n'était que le prélude des fureurs dont la France et l'Espagne devaient être le théâtre.

Enfin Luther levait l'étendard de la réformation.

Noëmi, arrivée à ce point de sa pérégrination à travers les siècles écoulés, s'écriait avec l'accent d'une adoration dont le foyer brûlant était dans son cœur :

« O mon Dieu! ces hommes ont osé dire qu'ils tenaient de vous cette puissance, dont ils ne se sont servis que pour faire le mal. Si vous eussiez confié ce pouvoir à des hommes, comme vous l'avez fait pour Moïse, auriez-vous, ô mon Dieu ! souffert le détestable usage qu'ils en ont fait ? Auriez-vous permis cette longue suite de forfaits et d'iniquités ? Dans votre sagesse suprême, vous n'avez sans doute toléré ces actes qu'afin de prouver que vous seul êtes grand, et que, devant vous, tout le reste est petit. Ces hommes orgueilleux mentent quand ils disent que vous avez mis en eux l'esprit divin ; vous avez voulu seulement, dans l'ordre impénétrable de vos desseins, révéler le néant de leur vanité.

« O mon Dieu ! moi, une des filles de votre tribu bien-aimée, qui suis en butte à leurs méchantes poursuites, je vous conjure de leur pardonner, s'ils ont donné en risée au monde entier ce pouvoir insensé et cette audacieuse infaillibilité qu'ils n'ont point tenus de vous. Vos paroles ne sont jamais démenties ; leurs résolutions et leurs discours ont été frappés d'imprudence et d'erreur.

« Cette union de l'Église, cette unité catholique et cette alliance qu'ils devaient maintenir, qu'en ont-ils fait, ô mon Dieu ? ils ont laissé disperser, pasteurs infidèles, le troupeau que les apôtres avaient réuni. »

Ainsi parla Noëmi, et chaque jour une lumière plus vive pénétrait dans son cœur.

Sa surprise s'accrut, lorsqu'elle s'aperçut, en avançant vers les temps actuels, que, malgré ces grandes et terribles leçons, le pontificat avait, par une déplorable persévérance, augmenté le mal au lieu de le diminuer, et porté l'alarme, par ses empiétements occultes, chez toutes les nations.

CHAPITRE XXVII

Rome et le dix-neuvième siècle.

Le temps et les événements ont passé sur Rome catholique sans rien changer aux idées, aux principes et aux faits qui ont préparé et amené sa décadence. Sous cette immobilité, le pontificat s'imagine que le monde trompé verra l'accomplissement de cette durée tant prédite à l'Église ; mais le siècle clairvoyant n'y aperçoit qu'une preuve d'inertie et d'opiniâtreté.

Rome a conservé une congrégation du saint-office ou de l'inquisition ; mais ce n'est plus ce tribunal si puissant et si redoutable fondé par Paul IV, élu en 1555, et agrandi par Sixte-Quint, dont les Italiens disaient alors ouvertement : « *Il sommo pontifice Sixto non perdonarebbe. al Christo.* » Le pape Sixte ne pardonnerait pas au Christ lui-même. Maintenant ce n'est plus qu'un vain simulacre.

Il y a aussi un collége de la propagation de la foi fondé sous Grégoire XV, élu en 1621 ; cet établissement a été confié aux soins d'une congrégation. Les fonctions de ce corps consistent surtout à chercher les moyens propres à attirer vers la religion romaine tous ceux qui sont dans une autre communion. Cette congrégation délibère sur les expédients qu'on peut employer pour atteindre ce but, et sur les propositions des missionnaires et des agents de propagande dans toutes les parties du monde ; elle envoie des commissaires pour régler les différends, et, lorsque l'occasion se présente, établir chez les peuples la religion du pape. C'est de Rome que partent tous les missionnaires qui, avant de quitter l'Europe, vont adorer le souverain pontife et recevoir sa bénédiction. Cette milice est toute dévouée à la cour de Rome, et porte dans l'univers le dévouement absolu au saint-siége.

Cette congrégation a fait construire un palais d'une beauté et d'une grandeur remarquables, dans un des plus agréables quartiers de Rome, sur la place qui est au pied du mont de la Trinité. On loge dans les appartements de ce vaste édifice tous ceux qui viennent des pays étrangers pour embrasser la religion romaine, et en faire profession publique dans cette capitale. Les néophytes et les prosélytes, de quelque contrée et de quelque condition qu'ils soient, y sont entretenus de tout, *mantenuti*, aux frais de l'Église. Ils sont instruits et élevés de manière à pouvoir rendre à la religion des services importants. Les ecclésiastiques et les clercs, depuis les évêques jusqu'aux simples vicaires, forcés d'abandonner les lieux de leur résidence ou de leur établissement pour quelque cause que ce soit, pourvu qu'il n'y ait pas de leur faute, sont aussi reçus, logés et entretenus charitablement selon leur qualité, jusqu'à ce qu'ils soient rétablis dans leur situation ou pourvus de nouveau.

Le palais de la propagation a une imprimerie dans laquelle s'impriment, pour les besoins de l'entreprise, des livres dans toutes les langues.

Ce que l'on a de tout temps redouté le plus à Rome, c'est de voir s'établir chez les sectes réformées quelque chose de semblable au collége pour la propagation de la foi. On attribue à des soins de cette espèce l'accroissement de l'islamisme dans les contrées orientales.

La congrégation instituée pour l'inter-

Ben Saül et Noémi.

prétation des actes du concile de Trente ne doit être regardée que comme un aveu de l'obscurité qui entoure les décisions de cette assemblée. On se trompe généralement en pensant que l'*Index* est la table des livres défendus par l'autorité romaine; l'*Index* est la liste des livres défendus par le concile de Trente. On garde dans les archives de cette congrégation le volumineux travail auquel donna lieu le livre de Fénélon sur l'amour divin.

Ce concile commença le 18 janvier 1546, et s'ouvrit d'une manière burlesque. L'évêque de Bitonto y prononça un discours d'ouverture. Pour prouver la nécessité du concile, il donna de singulières raisons.

« Plusieurs conciles, dit-il, ont déposé des rois et des empereurs, et on lit dans l'*Énéide*, que Jupiter avait assemblé le conseil des dieux. »

Il ajoutait.

« Qu'au moment de la création de l'homme et de la construction de la tour de Babel, Dieu s'y était pris en forme de concile, et que tous les prélats devaient se rendre à Trente, comme dans le cheval de Troie. » Enfin, il disait encore que la porte du concile et celle du paradis étaient une seule et même chose; suivant lui, l'eau vive en découlait, les pères devaient en arroser leurs cœurs comme des terres sèches; faute de quoi, le Saint-Esprit leur ouvrirait la bouche comme à Balaam ou Caïphe. Cet évêque de Bitonto était un moine milanais nommé Fra Cornelio Musso.

Au concile de Trente, il y eut beaucoup

de théologiens et peu de prélats ; tous les docteurs étaient de l'ordre de Saint-François ou de Saint-Dominique.

Le savant Pierre Danès assistait à ce concile en qualité d'ambassadeur de France. Un jour que Nicolas Psaume, évêque de Verdun, déclamait avec beaucoup de force contre les abus de la cour de Rome, l'évêque d'Orvieto regardant les Français, dit avec un sourire plein d'amertume :

« *Gallus cantat;* » le coq chante.

Danès lui répondit :

« Plût à Dieu qu'à ce chant du coq, Pierre se repentit ! »

Ce fut à ce même concile que Barthélemi des Martyrs, primat de Portugal, parlant de la nécessité d'une réformation, dit :

« Les trois illustres cardinaux doivent être *très-illustrement* réformés. »

Tels sont les souvenirs que Rome conserve.

La congrégation pour l'examen des évêques et celle qui a charge de surveiller les mœurs de l'épiscopat, n'ont produit jusqu'ici aucune amélioration sensible dans la capacité et dans la conduite des évêques.

Si le titre d'archevêque de Rome ne contrariait pas la vanité des pontifes, le pape en remplirait les fonctions ; elles l'obligent à la visite pastorale des six évêchés, celui d'Ostie, hors de Rome, ceux de Porto, de la Sabine, dont le siège est à Magliano, Palestrine, Frascati et Albano, tous suffragants du patrimoine de saint Pierre. Sous le prétexte des occupations importantes auxquelles l'attachent les affaires de l'État, il néglige et dédaigne ce devoir de visite apostolique, pour lequel il délègue des commissaires qui vont faire la visite des églises, des monastères des deux sexes, à la ville et à la campagne ; à leur retour, ces délégués font un rapport sur les lieux qu'ils ont inspectés.

Le maintien de ces dispositions n'est-il pas la marque évidente de l'immobilité romaine ?

Ce n'est point assez pour Rome de garder en son sein ces stériles traditions du passé ; dans tous ses rapports avec les gouvernements et les peuples de l'Europe, la cour de Rome agit et traite avec une pensée unique, celle de tout ramener à l'inertie, qui est devenue pour elle une seconde nature.

Étendant sa juridiction religieuse sur tous les archevêchés et évêchés de la chrétienté, elle se trouve, par le fait spirituel, souveraine d'une partie de la population des États catholiques. Sous les inspirations qui lui viennent du chef de l'Église, le clergé n'a qu'un vœu, c'est celui de s'immiscer dans les affaires de l'État, afin de rapporter à Rome l'influence qu'il peut acquérir par ses manœuvres sur les destinées du pays.

En France, la lutte est flagrante ; l'épiscopat ne songe pas même à dissimuler son opposition ultramontaine, et s'il arrive qu'une association soit déclarée contraire aux lois du royaume, on verra les évêques se présenter comme les fauteurs de l'association, en protéger les membres et s'écrier du haut de leur siège épiscopal :

« Attaquer ceux que nous défendons, c'est nous attaquer nous-mêmes ; nous attaquer, c'est attaquer l'Église. »

Quant aux foudres de Rome, qui inspiraient jadis tant d'effroi, elles sont éteintes, émoussées : Rome ne fulmine plus du sommet du Vatican des anathèmes dont on se rit ; mais elle pratique des mines souterraines sous les idées et le progrès qui gênent ses vues ; sa marche occulte est parallèle à celle que suit la civilisation à la face des cieux. Tentatives tardives, et qui ne peuvent pas plus réparer les ruines de la puissance temporelle que celle du pouvoir spirituel, qui se sont détruits l'un par l'autre.

CHAPITRE XXVIII

Fiscalité sainte.

Maintenant c'est dans les émotions du passé qu'il faut chercher les émotions du présent.

Par une de ces journées brûlantes où l'Italie tout entière fait la sieste ; à ces heures ardentes où les rues de toutes les cités italiennes sont désertes, un homme, bravant la chaleur, était seul devant la basilique de Saint-Pierre ; il paraissait absorbé par la contemplation de l'édifice.

C'était en 1510, sous le belliqueux pontificat de Jules II. Le monument n'avait pas encore les admirables et gigantesques proportions qu'il a aujourd'hui ; on ne voyait là que des constructions inachevées ; mais à la manière dont cet individu regardait ces travaux récents, on eût dit que, par l'intuition de la pensée, il devinait la majesté et la grandeur futures de cet édifice, dont il paraissait supputer laborieusement la dépense.

L'air de cet homme était étranger, il portait l'habit de l'ordre religieux des Augustins, mais avec une simplicité que ne connaissait pas la mollesse des moines romains. Son extérieur était grêle, mais sur ses traits et dans toute son attitude, il y avait un singulier caractère d'énergie et de fermeté. Sa vie était simple et pieuse : chargé d'une mission par ses supérieurs, il s'était mis en contact avec le clergé romain dans toutes les conditions ; il avait vu de ses yeux ce qu'il était impossible de prévoir par la pensée. Venu à Rome avec un profond sentiment de vénération pour le saint-siège, il retourna dans sa patrie irrité, indigné et scandalisé contre la démoralisation de l'Église de Rome. Un bandeau, comme il l'a dit lui-même, sembla se détacher de ses yeux, et la vérité lui apparut hideuse et repoussante. Dès ce moment, l'autorité des papes ne fut pour lui qu'une œuvre de mensonge et de fourberie digne de mépris et de colère.

Rome sommeillait, mollement appuyée sur sa double puissance, et contre elle venait d'être suscité celui qui devait si profondément troubler le repos de la ville des pontifes.

Cet homme, c'était Martin Luther.

Né de parents pauvres, à Eisleben, en Saxe, le 10 novembre 1483, Luther avait alors vingt-sept ans.

Son père, Jean Luther, qui travaillait aux mines, lui inculqua de bonne heure les principes d'une morale pure et d'une piété sincère ; croyant avoir remarqué en lui d'heureuses dispositions pour l'étude, il l'envoya à Eisenach, dans la principauté de Saxe-Weimar, en 1498, pour suivre les cours du collége de cette ville. L'écolier fit des progrès rapides dans la langue latine et dans les autres parties de l'enseignement. Celui qui devait, vingt ans plus tard, fouler aux pieds la puissance des papes, manquait souvent des choses les plus nécessaires à la vie, et, comme ses pauvres camarades, il était réduit à aller chanter des cantiques de porte en porte. Il prit le grade de licencié à l'université d'Erfurt, et professa dans cet endroit la philosophie d'Aristote. Ce fut vers ce temps qu'il trouva une bible latine dans la bibliothèque de l'université, et il s'aperçut avec étonnement qu'elle contenait autre chose que les bibles vulgaires. Dès cet instant, il s'adonna avec ardeur à l'étude des saintes Écritures dans les textes mêmes, et acquit dans ces matières épineuses des connaissances que ne soupçonnaient pas la plupart des ecclésiastiques de son temps. Son goût passionné pour ces doctes recherches lui fit désirer d'embrasser l'état monastique. Son père eût désiré qu'il choisît la carrière de la jurisprudence. Luther était indécis, lorsqu'un événement terrible le jeta dans un cloître.

La foudre frappa mortellement sous ses yeux un de ses amis, nommé Alexis, dans un voyage qu'ils faisaient ensemble de Mansfeld à Erfurt; cette mort l'émut tellement, qu'il se retira sur-le-champ au couvent des Augustins de ce lieu, en 1505.

Luther se distingua bientôt par son mérite; son supérieur, afin de lui laisser continuer ses études théologiques, l'exempta des travaux manuels auxquels on était assujetti dans la maison.

Ordonné prêtre en 1507, il obtint une chaire de professeur à l'université de Wittemberg, récemment fondée par Frédéric, électeur de Saxe. Là, son génie se manifesta; les chaînes de la philosophie scolastique lui devinrent insupportables, et il entreprit d'en délivrer la raison humaine, depuis trop longtemps captive. La nouveauté et la hardiesse de ses opinions séduisirent la majorité des écoliers studieux, qui lui fit dans l'université une foule de partisans enthousiastes.

A son retour à Wittemberg, il accepta l'emploi de prédicateur, et fut, en 1512, nommé docteur en trilogie. Une fois parvenu à ce grade, il se consacra tout entier à la défense des saintes Écritures. Il avait une pleine intelligence des écrivains de l'antiquité et des Pères de l'Église, il possédait les langues grecque et hébraïque, il prêchait avec une éloquence entraînante, et ne tarda pas à rendre son nom fameux parmi les savants, et populaire dans les affections de la multitude.

Ce fut à cette époque, en 1518, que le trafic des indulgences amena aux environs de Wittemberg un moine dominicain, nommé Tetzel; Luther, excité par son zèle pour la vérité, attaqua avec force ce détestable négoce des choses saintes; le vendeur d'indulgences, qui était aussi le premier des commissaires pour leur publication, lui répondit avec beaucoup d'aigreur et d'emportement. La discussion dégénéra en dispute; mais Luther triompha. Enhardi par ce premier succès, il fit afficher à la porte de la cathédrale de Wittemberg quatre-vingt-quinze thèses où ses opinions étaient énoncées et développées. Le dominicain Hochertraten de Cologne, le docteur Eckins d'Ingolstadt, et Prierias, moine romain, écrivirent successivement contre lui. Ils n'employèrent aucun argument nouveau, et ne justifièrent les indulgences que par l'infaillibilité du pape.

Luther alors, au lieu d'attaquer, comme il l'avait fait, l'abus des indulgences, attaqua les indulgences elles-mêmes.

Léon X, épouvanté par les progrès de la nouvelle doctrine, cita Luther à Rome. Le souvenir de Jean Huss et du bûcher sur lequel il avait péri empêcha le jeune professeur d'obéir à cette citation.

Le cardinal Cajetan, légat du pape, fut envoyé à Augsbourg, en 1518, pour engager Luther à une rétractation qui aurait tout terminé; les conférences ouvertes à ce sujet furent très-vives. Luther, redoutant les embûches, quitta secrètement Augsbourg, après avoir fait afficher un acte d'appel « *du pape mal informé au pape mieux informé.* » L'année suivante, il entama d'autres conférences avec Miltitz, nonce du pape à Augsbourg. Celui-ci employa beaucoup d'adresse et de modération pour amener Luther à se soumettre au saint-siége. Luther demeura ferme dans la doctrine qu'il propageait. Cependant, il adressa au pape une lettre, dans laquelle, tout en protestant de son respect, il lui conseillait d'entreprendre lui-même la réforme de l'Église, si généralement désirée.

En 1520 parut la bulle d'excommunication, lancée par le saint-siége, contre Luther et ses prosélytes ; à Rome, à Cologne et à Louvain, on avait brûlé les écrits de Luther; il brûla, le 10 décembre 1520, à Wittemberg, la bulle de Léon X, avec toutes les décrétales des papes, en présence des écoliers et des professeurs de l'université et d'un grand concours de spectateurs. Il déclara hautement que le pape était l'homme du péché ou l'Antechrist, dont la venue était prédite dans l'Ancien Testament; il exhorta les princes chrétiens à secouer ce joug honteux ; il s'applaudit d'avoir mérité la colère de Rome, en défendant la liberté du genre humain.

De ce jour, la réformation protestante fut commencée.

La noblesse allemande offrit à Luther l'asile de ses châteaux ; mais il se plaça au-dessus de toute crainte. Le 4 avril 1521, malgré tout ce qu'on fit pour l'effrayer, il vint à Worms, il entra dans la ville accompagné par une multitude considérable à pied et à cheval.

A la diète, le 17 avril, il soutint ses doctrines avec vigueur, en présence de l'empereur Charles-Quint, assisté de six électeurs, vingt-quatre ducs, sept margraves, trente prélats, des seigneurs, des comtes et des ambassadeurs. Il obtint la faculté de se retirer ; mais quelques jours après son départ, il fut proscrit par un décret impérial, auquel la diète s'était associée.

L'électeur de Saxe, le plus zélé de ses protecteurs, sauva Luther et sa doctrine, en le faisant conduire dans son château de Wartbourg. Luther appelait cette retraite son *Pathmos*, faisant allusion à l'île dans laquelle fut relégué l'apôtre saint Jean. Dans ce lieu il écrivit plusieurs ouvrages importants ; il n'en sortit que pour modérer les fougueux excès de quelques-uns de ses partisans, qui pouvaient compromettre le succès de son œuvre.

Son plan de réforme étant achevé, il vint à Wittemberg pour le mettre à exécution. En 1523, il opéra le changement de la liturgie, supprima toutes les cérémonies ecclésiastiques qui lui parurent superflues. Il publia son traité du *Fisc commun*, par lequel il fondait un trésor public, dans lequel seraient versés les revenus des monastères, des évêchés, des abbayes et de tous les bénéfices. Les princes allemands furent séduits par cette riche proie et adoptèrent la doctrine de Luther. La sécularisation des couvents compléta ces mesures ; le 11 juin, Luther abjura ses vœux monastiques et épousa une religieuse, nommée Catherine de Bore.

La réforme s'établit en Allemagne, sur le modèle que Luther avait lui-même donné, et l'on ne pourrait, sans injustice, lui imputer les désordres et les sanglantes extravagances des anabaptistes, sous les inspirations de Storck, de Muncer et de Jean de Leyde.

A un grand talent et à une organisation prodigieuse, Luther joignait une inconcevable activité ; il a accompli des travaux immenses dans un espace de temps qui étonne la pensée. Son caractère, au milieu de ces occupations si multipliées, resta calme et même enjoué ; il se plaisait aux plus simples délassements, et, au plus fort de ces luttes terribles, il ne cessa de cultiver la musique; il jouait de la flûte et de la lyre ; il composait, et le célèbre Hændel se vantait d'avoir étudié les œuvres musicales de Luther.

Sa santé fut violemment altérée par ces

secousses; il mourut à l'âge de soixante-trois ans, à Eisleben, le lieu de sa naissance, le 18 février 1549.

Personne plus que Luther n'a été en butte à la calomnie. On lui a reproché ses violences contre Zwingli. Luther défendait la présence réelle dans l'Eucharistie; Zwingli la rejetait avec des transports furieux. Luther déploya contre lui la même violence qu'il avait montrée contre le pape et contre Henri VIII, le roi d'Angleterre.

On a prétendu que Luther croyait au diable, parce qu'il en a souvent parlé dans ses écrits; il faut mettre cela sur le compte des opinions, des croyances et des habitudes du temps. C'est aussi à ces causes qu'il faut attribuer la grossièreté et la trivialité du langage, dans la plupart de ses attaques et de ses réponses.

Les contes les plus absurdes ont poursuivi la mémoire de Luther. Né du commerce infernal d'un démon avec sa mère, il aurait étouffé le cri de sa conscience et il serait devenu athée. Il avait aussi échangé sa part du paradis contre dix années d'une existence agréable, pendant cent ans. Il s'est rencontré des gens qui ont affirmé que Luther avait nié l'immortalité de l'âme, qu'il était possédé par des idées basses et charnelles sur l'autre vie; qu'il avait composé des hymnes en l'honneur de l'ivrognerie; qu'il avait blasphémé contre l'Écriture sainte, et, en particulier, contre Moïse; il aurait dit aussi qu'il ne croyait pas ce qu'il prêchait.

Il est si facile de reconnaître la source de ces indignités, qu'il est inutile de l'indiquer. Cette fange de calomnie a si souvent coulé de la sentine romaine !

Bayle, ce haut justicier de l'histoire, a rendu dans son Dictionnaire, à l'illustre réformateur, une justice qui le venge de ces outrages; voici comment s'exprime sur Luther une ode du poète Cramer, dont la naïveté éloigne toute idée de flatterie :

« Jamais il ne fut hypocrite; jamais il ne flatta les princes pour en être protégé; il défendit constamment les droits de l'humanité, s'acquitta des devoirs de père et d'époux, d'ami et de sujet, fut le consolateur des pauvres, et marcha d'un pas ferme dans la voie brillante que le ciel lui avait tracée. Son bonheur sur la terre, au milieu des vipères du préjugé qu'il avait à combattre, était une femme vertueuse et sa cabane. »

Les ouvrages de Luther ont été imprimés à Iéna en 1556; ils forment quatre volumes in-folio.

Dans l'œuvre de la réformation, les principaux réformateurs avec Luther furent Philippe Mélanchton : il s'appelait Schwarzede et changea son nom en celui de Mélanchton, composé de deux mots grecs qui signifient terre noire; il naquit à Bretten, dans le Palatinat du Rhin, et fut le plus illustre des disciples de Luther; Carlostad, plus connu sous le nom de *Carlostadt :* il fut l'un des premiers disciples de Luther; Zwingli, réformateur suisse, du canton de Saint-Gall; il attaqua l'autorité du pape, le sacrement de pénitence, le mérite de la foi, le péché originel, l'effet des bonnes œuvres, l'invocation des saints, le sacrifice de la messe, les lois ecclésiastiques, les vœux, le célibat des prêtres et l'abstinence des viandes; Œcolampade : il fut le coopérateur le plus actif de Zwingli; Bucer, dominicain, fut le premier ministre de l'Église réformée à Strasbourg; Jean Calvin, de Genève, le chef d'une des communions protestantes les plus nombreuses, et dont les doctrines sont notamment professées en France.

Luther fonda la confession d'Ausbourg; Calvin fonda la confession de Genève.

La réformation de l'Église, dans son chef et dans ses membres, était au XVe siècle la pensée de tout esprit moral et religieux. Luther et sa doctrine ne pouvaient choisir un moment plus favorable pour se faire écouter. Personne ne songeait à nier les bienfaits rendus à la civilisation des peuples par l'Église primitive, dont les lumières et les vertus avaient dissipé les ténèbres et ramené les lumières; mais on reconnaissait généralement que l'Église catholique, destinée par le Christ à faire le bonheur du genre humain en élevant la pensée et le cœur des hommes, s'était éloignée de ce but à mesure qu'elle avait voulu pénétrer plus avant dans les États et se mêler à tous les actes de la vie politique et sociale.

Au xive siècle, l'autorité des papes fut encore assez puissante pour étouffer les clameurs qu'avaient soulevées des différents points de la chrétienté les désordres monstrueux qui désolaient le saint-siège et l'insupportable orgueil des pontifes. Cependant, on voyait s'approcher le moment où toute répression contre cette réprobation universelle deviendrait impossible.

Les écrits de Wiclef remuaient l'Angleterre; Huss se levait en Bohême. L'émigration grecque éclairait le monde en lui révélant les merveilles de l'antiquité. Partout les écoles s'ouvraient et secondaient le développement intellectuel. Des voix puissantes, parmi lesquelles on trouvait celle de saint Bernard, avaient appelé la réformation de l'Église. Les signes de l'indépendance morale éclataient partout; la résistance au pouvoir de Rome se manifestait déjà chez plusieurs nations, et l'on voyait se propager en Occident la séparation commencée en Orient.

Bientôt la lumière se fit; les voies étaient préparées pour la vérité. Que l'on nous permette une comparaison : c'était une trainée de poudre qui n'attendait qu'une étincelle pour porter le feu jusqu'à la mine et provoquer l'explosion.

L'Europe, vers le nord et dans les régions du centre, était donc merveilleusement disposée à de grands changements.

Léon X, Jean de Médicis, qui donna son nom au xvie siècle, élu pape le 11 mars 1513, fut un des pontifes qui ont occupé la tiare avec le plus d'éclat. Il fit renaître les traditions de Périclès et d'Auguste, par les hautes récompenses et les magnifiques encouragements qu'il prodigua aux œuvres de l'art et de l'intelligence; mais il ne sut pas se défendre des funestes conseils de l'orgueil. Il voulut attacher son nom déjà si glorieux à un des plus splendides monuments de l'architecture renaissante, et il résolut d'achever la basilique de Saint-Pierre, commencée par Jules II. Cette entreprise était de celles qui suffisent pour illustrer un règne; mais l'argent manquait aux vœux du pape. Le trésor, épuisé par les ambitieuses largesses d'Alexandre VI et de Jules II, n'offrait aucune ressource. Léon X ne fût point arrêté par ces obstacles; il eut recours à cette inépuisable fiscalité de l'autel, dont ses prédécesseurs avaient si souvent usé. Dans les brillants loisirs de son pontificat, le pape ignorait l'état nouveau des esprits, et croyait que la vente des indulgences ne rencontrerait, comme dans le passé, aucun empêchement. Léon X avait lui-même, par d'imprudentes prodigalités, contribué aux embarras financiers.

En 1518, il fit publier des indulgences plénières qui devaient être vendues dans toute la chrétienté. On a dit qu'il avait alors prétexté une nouvelle croisade contre les Turcs, qui, sous Sélim III, étaient devenus formidables; mais rien ne justifie ces assertions. Il y a un accord presque unanime à attribuer la vente des indulgences au désir d'achever la basilique de Saint-Pierre; et pourtant plusieurs historiens ajoutent que Léon X avait d'avance fait présent d'une partie du produit des indulgences à sa sœur, qu'il aimait beaucoup.

Quel que soit le motif de cette publication, elle eut lieu. Albert, électeur de Mayence et archevêque de Magdebourg fut chargé de diriger cette opération financière. Il confia au dominicain Tetzel, homme de mauvaises mœurs, mais d'un esprit actif et d'une éloquence populaire, la vente en détail des indulgences dans la Saxe. Ce moine remplit sa mission avec le plus grand zèle et le plus grand succès. Il établit partout des bureaux pour le débit des indulgences, que l'on distribuait sans distinction à ceux qui payaient le mieux. La vente prospérait ; on se pressait pour acheter le pardon des péchés, et ce trafic s'étendait et devenait de plus en plus lucratif ; mais Tetzel et les moines ses agents poussèrent l'impudence et l'audace si loin, l'extravagance de leurs discours et l'indécence de leur conduite furent si outrées, qu'ils soulevèrent contre eux l'indignation générale. On ose à peine rapporter, d'après des témoignages authentiques, les termes dans lesquels ils recommandaient les grâces qu'ils débitaient ; on ne saurait croire à une semblable dépravation :

« Quiconque, disaient-ils, achète des lettres d'indulgence, peut avoir l'âme en repos sur son salut ; les âmes renfermées dans le purgatoire, et pour la rédemption desquelles on acquiert les indulgences, aussitôt que l'argent sonne dans le coffre, s'échappent du lieu de tourment et montent au ciel. »

Ils ajoutaient quelque chose d'énorme : suivant eux, l'efficacité des ordonnances était si grande, qu'elles pouvaient effacer les crimes les plus monstrueux, même le viol de la sainte Vierge, s'il était possible. (Chemnitz : *Examen concilii Tridentini apud Germ.* Jan der hardt : *Hist. litt, reform.*, PARS IV.

Alors Luther se leva.

La brutalité de ces discours inspirés par l'ivresse avait soulevé l'indignation des hommes éclairés, indignés d'ailleurs de voir dissiper dans l'ivrognerie et la débauche une partie de l'argent qu'on retirait de ce trafic sacrilége.

Les princes et les seigneurs regardaient avec chagrin ces exactions, qui ruinaient leurs vassaux pour enrichir la mollesse, la volupté et le faste des pontifes. Les amis sincères de la religion gémissaient de l'ignorance et de la crédulité des peuples qui, sur la foi d'un pardon octroyé par les indulgences, se croyaient dispensés de tous les devoirs, affranchis de toute morale et débarrassés de la pratique des vertus chrétiennes. Les cœurs droits et honnêtes redoutaient le danger de ces doctrines perverses. Ceux-là mêmes dont la simplicité avait recherché les indulgences étaient choqués par la vie scandaleuse des ecclésiastiques qui en profitaient.

L'orage était formé depuis longtemps ; à la voix de Luther il éclata.

De l'Allemagne, la réforme se répandit de proche en proche dans tous les États de l'Europe ; depuis ce temps, chaque jour l'esprit de résistance au dogme catholique fait des progrès rapides, et le lien de l'unité romaine se relâche de plus en plus.

Les lettres par leur renaissance, et l'intelligence par de nouvelles lumières, avaient hâté l'avènement de la réforme ; celle-ci, par une juste réciprocité, aida le progrès intellectuel en affranchissant l'idée des entraves dans lesquelles elle était retenue.

Luther rendit un service immense à l'examen religieux en publiant une traduction en langue vulgaire de la Bible, dont les méticuleuses réticences du clergé romain avaient fait et font encore un arcane pour les fidèles auxquels la lecture en est interdite. On croirait que, dans la sagesse et la vérité de l'Écriture, Rome craint qu'on ne trouve la preuve de ses impostures et de ses erreurs.

C'est par ce concours que se prêtèrent fraternellement les lettres et la réforme,

Château de Saint-Ange.

qu'elles étendirent leurs progrès et leurs conquêtes sur toutes les contrées, et chassèrent de tant de pays l'adoration romaine, ses superstitions, ses mensonges et sa dégradante oppression.

En 1524, Adrien VI, l'ancien précepteur de Charles-Quint, qui venait de succéder à Léon X, essaya d'arrêter les progrès de la réforme. Ce ne fut plus un simple moine qui répondit au pontife; la diète germanique, assemblée à Nuremberg, dressa cette fameuse *liste des cent griefs*, sur laquelle étaient inscrits cent sujets de plainte contre la cour de Rome.

On s'y plaignait :

« Des sommes exigées pour les dispenses, les absolutions et les indulgences; des frais qu'entraînaient les procédures portées à Rome; des abus innombrables produits par les réserves, les commendes et les annates; du privilége accordé au clergé de se soustraire à la juridiction séculière; de tous les artifices qu'employaient les juges ecclésiastiques pour attirer à eux la connaissance des causes civiles; des mœurs indécentes et scandaleuses d'un grand nombre de prêtres, et de plusieurs autres désordres particuliers.

Ces justes doléances du passé, nous les avons reproduites parce qu'elles sont encore les griefs du temps présent; la fiscalité sainte, la félonie judiciaire, la cupidité de l'Église, les immunités, l'astuce, la dissolution et la licence des mœurs ecclésiastiques, telles furent les causes qui, au XVIe siècle, séparèrent l'Allemagne de la communion romaine. Les mêmes motifs, au XIXe sicle, détachent de Rome tous les esprits probes et éclairés.

Cette *liste des cent griefs* fut envoyée au pape; les princes de la diète terminaient en déclarant que si le saint-siége ne se hâtait de les délivrer de ces fardeaux intolérables, ils étaient résolus à ne plus s'y soumettre et à tout faire pour s'en affranchir.

Le pape Adrien, peu de temps auparavant, avait adressé à la diète un bref dans lequel, en condamnant les opinions de Lu-

35

ther, il avouait avec une étonnante naïveté, et dans les termes les plus positifs, que les désordres de la cour de Rome étaient la source de tous les maux qui frappaient ou menaçaient l'Eglise.

Cette candide déclaration du pontife devint, dans les mains des réformateurs, une arme puissante. A la diète de Nuremberg, les princes restés fidèles au dogme catholique étaient en majorité; mais Luther et ses disciples en appelaient toujours à l'aveu formel du pape sur la *liste des cent griefs*.

Charles-Quint, pour entraver la réforme, obtint dans la diète de Spire, le 25 juin 1526, que l'on consentît à attendre, pour le règlement des questions religieuses, la tenue et la décision d'un prochain concile général qu'il avait demandé au pape. On accorda ce délai; mais l'empereur avait lui-même si légèrement traité l'autorité des papes, que les Allemands s'autorisaient de son exemple pour s'encourager mutuellement dans leurs résistances à l'Église de Rome. On répandit avec profusion la longue réponse faite par Charles-Quint à un bref de Clément VII. La violence du style ne le cédait pas à celle du langage de Luther. Cette pièce enleva toute autorité aux efforts de l'empereur contre la réforme.

Une nouvelle diète fut tenue à Spire le 15 mars 1529. Au nom de Charles-Quint, il fut enjoint aux États d'observer les décrets rendus contre Luther, de ne faire aucune innovation à la religion catholique, et surtout de ne point abolir la messe avant la convocation d'un concile général. Ce décret fut adopté après une vive opposition. L'électeur de Saxe, le marquis de Brandebourg, le landgrave de Hesse, les ducs de Lunebourg, le prince d'Anhalt et les députés des quatorze villes libres impériales *protestèrent* solennellement contre cette décision. Cet acte leur fit donner le nom de *protestants*, qui, plus tard, s'étendit à toutes les sectes que la réforme a séparées de Rome.

Le 15 juin de l'année suivante, s'ouvrit à Augsbourg la diète où fut dressée cette mémorable confession d'Augsbourg, qui est la plus ancienne de toutes les confessions des protestants. Mélanchton fut chargé de la rédiger avec sincérité, mais dans les termes les moins choquants pour les catholiques romains. L'électeur de Saxe n'avait pas voulu que Luther parût à cette diète, dans la crainte que Charles-Quint ne crût qu'on voulait le braver. La confession d'Augsbourg fut lue devant la diète et discutée avec chaleur par les théologiens des deux partis. On ne parvint pas à s'accorder; l'empereur, après avoir tout épuisé pour amener une conciliation, employa son autorité. Il fit rendre par la diète un décret qui condamnait presque toutes les opinions soutenues par les protestants, défendait d'en protéger l'enseignement, et proscrivait sévèrement toute innovation pour l'avenir. Ce décret portait en outre que tous les ordres étaient obligés de concourir à son exécution, sous peine d'être déclarés incapables d'exercer les fonctions de juges, ou de paraître comme parties à la chambre impériale, qui était la cour souveraine de l'empire.

La rigueur de ce décret jeta l'alarme parmi les protestants; ils regardèrent ces mesures comme le signal de violentes persécutions. Luther seul ne perdit pas courage. Sa fermeté ranima l'énergie de ses disciples abattus. Les princes, électrisés par ses discours, prirent une résolution hardie. On venait d'apprendre que les princes catholiques avaient formé, pour soutenir la religion romaine, une ligue à la tête de laquelle était l'empereur lui-même.

A cette nouvelle, les princes protestants sentirent que leur sort dépendait de leur union; ils s'assemblèrent à Smalkalde, et y formèrent, le 22 décembre 1530, une ligue défensive contre tout agresseur, et d'après laquelle tous les États protestants de l'empire ne devaient former qu'un corps. La liberté se mêla à la religion dans cette manifestation solennelle, qui resserrait la puissance de l'empereur dans des bornes plus étroites.

Ainsi fut établie cette ligue de Smalkalde, qui consolida l'édifice de la réforme après l'avoir cimenté de son sang et de celui de ses ennemis.

La confession d'Augsbourg et la ligue de Smalkalde avaient fondé sur des bases solides l'œuvre de réformation.

Ces grands événements décidèrent de l'avenir religieux et politique de l'Allemagne. Après des guerres sanglantes auxquelles toute l'Europe prit part, après les alternatives les plus diverses, éclata la guerre de trente ans, qui devait décider de l'affranchissement germanique, et livrer l'Allemagne à la domination absolue de l'empire. Toute l'Europe fut embrasée ; le protestantisme, prêt à succomber, fut sauvé par Gustave-Adolphe, qui périt vainqueur à Lutzen. Dans cette guerre, on vit les Français, les Suédois et les Danois combattre ensemble ou séparément en faveur du *corps évangélique*, nom que prenait la ligue des princes protestants. Enfin, cette lutte, commencée sous Charles-Quint en 1520, finit sous Ferdinand III par la paix de Westphalie, signée à Munster et à Osnabruck, le 14 octobre 1648.

Les articles du traité furent convenus, donnés et reçus comme une *loi fondamentale et perpétuelle*, destinée à servir de base aux capitulations impériales. Par cette loi, la liberté de conscience fut établie en Allemagne, et ce pays devint une grande aristocratie, composée d'un souverain, des princes régnants et des villes impériales.

La séparation entre Rome et la plus grande partie de l'Allemagne fut définitive; elle est devenue de nos jours, et par des événements récents, plus profonde qu'au XVII° siècle.

De l'Allemagne, qui était son centre d'action, la réforme s'étendit dans les contrées septentrionales. Voici comment elle s'établit en Danemark.

Christiern II, surnommé le Néron du Nord, ensanglantait le trône et opprimait le Danemark et la Suède. Il avait, pour complice de ses cruautés, Troll, archevêque d'Upsal; tous deux étaient chargés de l'exécration publique, mais ils avaient l'affection de Rome. Ils usaient de cette bienveillance pour faire intervenir l'excommunication comme moyen de gouvernement. Une bulle venue de Rome, et lancée contre le sénat de Stockholm, punissait ce corps de s'être opposé aux déprédations et aux cruautés de Christiern et de son ministre. Le sénat essaya de détourner le coup qui le menaçait ; on parut s'accorder au moyen de concessions mutuelles ; le souverain et l'archevêque firent, sur une hostie consacrée, le serment de tout oublier. Christien proposa de célébrer cette réconciliation dans un banquet où tout le sénat fut convié; quatre-vingt-quatorze seigneurs et deux évêques se rendirent à cette invitation. Tous les convives étaient dans la plus complète sécurité, lorsque le roi et Troll entrèrent dans la salle du festin avec une troupe d'assassins, et ordonnèrent le massacre, qui commença aussitôt. L'archevêque y présida la bulle du pape à la main, et la lisant à haute voix; plus de six cents citoyens accourus à la défense du sénat furent égorgés. Jamais Troll ne s'était montré plus altéré de sang que pendant cette boucherie. Il fit, en sa présence, ouvrir le ventre du grand prieur de l'ordre de Jérusalem, et en fit arracher les entrailles avant qu'il fût expiré.

La Suède s'était levée à la voix de Gustave Wasa. Christiern, réfugié en Danemark, fut précipité du trône par le peuple indigné. Ces faits se passaient en 1523.

Quatre ans après ces événements, l'oncle de Christiern, Frédéric, duc de Holstein, établissait, dans les États du Danemark, la religion protestante, qui, du reste, n'y prit racine que douze ans plus tard, sous le règne de Christiern III. La Suède adopta la réforme en même temps que le Danemark. Le luthéranisme y fut fondé par Gustave Wasa, son libérateur. La Dalécarlie, contrée habitée par un peuple rude et farouche, repoussa la nouvelle doctrine; mais l'habileté de Gustave sut la lui faire adopter.

Comme en Allemagne, la réforme s'établit en Suisse par la résistance opposée à la vente des indulgences : Zwingli en fut le propagateur; il avait plusieurs traits de ressemblance avec Luther; comme lui, il était courageux et véhément; il savait presque toutes les langues de l'antiquité, et il cultivait les lettres avec ardeur. Voici le jugement que Bossuet a porté de Zwingli :

« Il y avait beaucoup de netteté dans son discours, et aucun des prétendus réformateurs n'a expliqué ses pensées d'une manière plus précise, plus uniforme et plus suivie; mais aussi aucun ne les a poussées plus loin et avec plus de hardiesse. »

Ce fut dans le canton de Schwyz que Zwingli se fit connaître, en s'opposant avec force à la vente publique des indulgences. En 1518, Zwingli émit, comme prédicateur, ses opinions religieuses; le clergé l'attaqua avec fureur. L'évêque de Constance publia un mandement contre lui. Zwingli répondit à cet acte par un appel aux cantons. Il s'élevait contre le célibat des prêtres, signalait les désordres qui en étaient la suite, et parlait avec ferveur de la nécessité d'adopter la doctrine évangélique.

Il offrit au conseil souverain de Zurich de soutenir sa doctrine en présence des députés de l'évêque de Constance et de toutes les personnes qui voudraient assister à cette discussion, promettant de se rétracter si l'on parvenait à le convaincre d'erreur, et demandant que, dans le cas contraire, on le protégeât dans l'enseignement de la vérité. Le conseil y consentit, et indiqua le 29 janvier 1523 pour le jour de la réunion; la dispute eut lieu, et la victoire resta à Zwingli. Le sénat de Zurich prononça en sa faveur; le peuple attendait au dehors le résultat de la conférence; quand le greffier eut annoncé le triomphe de Zwingli, la foule poussa des cris de joie. Zurich était protestant.

Le même fait se renouvela à Berne; après une discussion solennelle, le procès fut jugé, et le protestantisme victorieux accueilli avec enthousiasme. Bâle et Schaffouse accueillirent aussi la doctrine de Zwingli. Glaris et Apenzel virent alors leur population, comme elle l'est encore aujourd'hui, partagée entre les deux doctrines. Les cantons les plus petits et les plus pauvres, Lucerne, Uri, Schwyz, Unterwald, Zuc, Fribourg et Soleure, restèrent attachés à l'Église de Rome.

La Suisse fut alors déchirée par la guerre civile qui éclata entre les catholiques et les protestants. Ces inimitiés n'ont jamais complétement disparu du sol helvétique, dont on a dit que la réforme l'avait fendu en deux. Toutes les puissances européennes prirent ouvertement ou secrètement part à ces discordes, selon les intérêts ou les passions de leurs gouvernements.

Genève fut la métropole du calvinisme. A l'exemple de ceux de Zurich et de Berne, les magistrats de Genève firent discuter et soutenir publiquement des thèses entre les catholiques et les protestants; ces conférences remplirent tout le mois de juin de 1535; on y convia les docteurs des deux dogmes de tous les pays. Le conseil employa deux mois à examiner le résultat des discussions, et, après un mûr examen, l'abolition du culte romain fut prononcée.

Une plaque d'airain fut placée dans l'hôtel de ville, pour perpétuer le souvenir de cet événement ; elle portait cette inscription : « En mémoire de la grâce que Dieu nous a faite d'avoir secoué le joug de l'Antechrist, aboli la superstition et recouvré notre liberté. » La liberté fut à Genève, comme dans tant d'autres pays, le signe de la réforme. L'évêque de cette ville et le duc de Savoie se disputaient le droit d'opprimer Genève. La population termina le différend en chassant le prélat, en se déclarant libre.

Cette ville était partagée en deux factions, celle des catholiques et celle des protestants qu'on appelait *egnots*, du mot *eidgenossen*, liés par serment; c'est de là que vient le nom de *huguenots* donné aux calvinistes français.

Ces faits s'étaient accomplis avant que Calvin eût paru à Genève ; il y vint prêcher et enseigner la théologie en 1536. On le bannit parce que sa doctrine ne s'accordait pas en tous points avec l'opinion dominante ; mais après un séjour de trois ans à Strasbourg, il fut rappelé à Genève, qui devint la capitale du calvinisme.

Calvin ne fut pas pour Genève seulement un réformateur religieux, il fut un législateur. Il régla d'abord la discipline et l'ordre du culte dans toutes leurs parties ; il fit adopter par le peuple, le 20 novembre 1541, un corps de lois civiles et ecclésiastiques, et il institua une espèce d'inquisition ou chambre consistoriale, avec droit de censure et d'excommunication.

Rien n'égalait la sévérité de ces institutions. Les jeux, les danses et les spectacles étaient frappés d'interdit. Cependant, ces règlements furent accueillis par un enthousiasme presque unanime, tant il est vrai que la liberté, quelle que soit son austérité, sera toujours plus chère aux hommes que l'esclavage entouré de délices.

Ce qui distingua les mœurs de Calvin, comme celles de Luther, ce furent les deux qualités qui manquaient le plus au chef de l'Église romaine : la simplicité et le désintéressement. Tous deux furent mis à même de posséder de grands biens, et après une vie modeste, ils moururent pauvres. Rome, au contraire, non contente des richesses immenses qu'elle possédait, eût voulu s'emparer de toutes les richesses de la terre.

Les négociants protestants qui visitaient Anvers et Amsterdam apportèrent dans les Pays-Bas les premiers éléments de la réforme; dès 1523, les livres de Luther, traduits en hollandais, furent imprimés dans cette ville. Les soldats allemands et suisses qui suivirent Charles-Quint en cette contrée, les Français, les Allemands et les Anglais, dont les nombreuses émigrations cherchaient un refuge dans les Flandres, y importèrent les nouvelles idées religieuses. Les universités des Pays-Bas n'étaient point encore florissantes, et c'était à Genève que la jeunesse du Brabant et de la Hollande allait étudier ; toutes ces causes si diverses et si efficaces devaient amener la réforme. La fainéantise des moines irritait ces populations actives et laborieuses, pour lesquelles le travail était la première des vertus et la mendicité le premier de tous les vices. La réformation qui s'attaquait au fléau monacal devait donc inspirer de vives sympathies.

Ici se manifesta un fait que l'on retrouve dans les mœurs de toutes les nations européennes. Les satires, dont l'imprimerie facilitait la circulation, Érasme et ses facétieux ouvrages, les sociétés ambulantes des saltimbanques de Rodoryke, poésies, livres, chansons et représentations théâtrales, raillaient et tournaient en ridicule les abus du temps, et contribuèrent puissamment à perdre l'Église romaine dans l'opinion et dans les sentiments du peuple.

Rome prétend que ce sarcasme universel fut l'effet d'une convention universelle, et d'un mot d'ordre donné à tous les esprits méchants par l'impiété.

Nous avons sous les yeux un travail littéraire sur la satire, œuvre de conscience et de lumière, conçue et achevée loin de la controverse religieuse. L'auteur, en recherchant avec persévérance, dans toutes les littératures européennes, l'origine de la satire, a trouvé partout, même dans l'enfance et dans la barbarie des peuples, une première inspiration, et qui semble originelle tant elle est générale : c'est l'ironie contre les moines, la luxure et la gourmandise des gens d'Église. L'Espagne et l'Italie, ces deux terres de dévotion, n'ont point échappé à cette loi commune.

La rapidité des progrès du protestantisme dans les Pays-Bas fut étonnante ; la foule des gens qui acceptèrent les doctrines nouvelles surpassa toute espérance ; il est vrai que les étrangers réfugiés dans ces régions fournirent bien plus de prosélytes que les nations indigènes. Les persécutions atroces et multipliées aidèrent à propager le dogme réformé, que l'on poursuivait sans merci par le fer et le feu.

La lecture des Évangiles, toutes les réunions tant secrètes que publiques dont la religion pouvait être le prétexte, tous les entretiens sur les matières religieuses, même dans l'intérieur des maisons, étaient défendus sous les peines les plus sévères. Des tribunaux particuliers furent institués dans toutes les provinces ; quiconque avait des opinions hétérodoxes était, sans égard pour son rang, destitué de son emploi ; quiconque était convaincu d'avoir répandu des idées hérétiques, ou d'avoir assisté aux assemblées des novateurs, était puni de mort ; les hommes étaient décapités et les femmes enterrées vivantes. Les relaps étaient impitoyablement conduits au bûcher ; aucune rétractation ne pouvait les sauver. En abjurant, ils ne gagnaient qu'un faible adoucissement à leur supplice.

Les fiefs d'un condamné appartenaient au fisc, malgré toutes les lois du pays qui accordaient aux héritiers la faculté de les racheter pour une modique somme. Au mépris du droit, aussi précieux que positivement énoncé, qu'avait tout citoyen batave de n'être point jugé ailleurs que dans sa province, les prévenus étaient soustraits à leurs juges naturels et traînés devant les tribunaux étrangers.

Ces actes odieux sont attestés par de Thou et Grotius, deux historiens dont le témoignage fait autorité.

Un prêtre, Jean de Baillet, fut le premier martyr de la secte réformée, il fut étranglé et son corps fut jeté aux flammes. Les prisons étaient encombrées de protestants réservés au supplice.

Marguerite, la tante de Charles-Quint, gouvernante des Pays-Bas durant la minorité de ce monarque, commença cette atroce persécution.

Sous Philippe II, l'évêque d'Arras, l'exécrable cardinal de Granvelle, souleva par ses cruautés toute la noblesse des Pays-Bas, à la tête de laquelle se placèrent le prince d'Orange, les comtes d'Egmont et de Horn.

Il n'est point dans l'histoire religieuse de pages plus sinistres que celles de cette époque, lorsque les féroces emportements de ce roi, qu'on a nommé le *démon du Midi*, livrèrent les Pays-Bas à la tyrannie du duc d'Albe, qui a noyé dans le sang une des plus belles renommées militaires de son siècle.

Charles-Quint, et c'est la honte de sa grandeur, avait établi l'inquisition espagnole dans les Pays-Bas ; elle y portait le nom de *tribunal spirituel* ; il essaya de faire croire que ce titre était un gage d'adoucissement. Sous son règne, on a porté le nombre des personnes livrées au bourreau pour cause de religion à 50,000 ; chiffre excessif, que Grotius réduit.

Un mot prononcé à la cour par un courtisan qui engageait Marguerite de Parme, gouvernante des Pays-Bas, en lui montrant la noblesse, à ne pas *se laisser intimider par ce tas de gueux*, inspira aux nobles une résolution bizarre ; chacun d'eux prit une besace et une robe semblable à celle des pèlerins et des mendiants. Cette gueuserie gagna de proche en proche et de tous côtés. La gouvernante reçut des suppliques et des requêtes de cette nouvelle association de *gueux*, qui embrassait toutes les Provinces-Unies.

A ces folles démonstrations se joignit une démence furieuse ; la jalousie des protestants contre les catholiques, maîtres des plus magnifiques églises, tandis qu'ils n'avaient d'autres temples que les bois et les forêts, brisa les images, dévasta les églises et renouvela les abominables excès des Iconoclastes. Des deux parts, la fureur était à son comble.

Le duc d'Albe, nouveau gouverneur, envoyé par Philippe II pour réprimer ces excès, arriva dans les Pays-Bas en 1567 avec l'élite des bandes espagnoles qu'il avait commandées. Il s'annonça par l'établissement du *conseil des troubles*, auquel on donna plus tard le nom de *tribunal de sang* ; tribunal odieux, en effet ; juridiction féroce, qui envoyait à la mort sans procédure, non-seulement les prédicateurs calvinistes et leurs partisans, mais encore ceux qui s'étaient élevés contre l'inquisition papale, ceux qui avaient chanté les chansons des *gueux*, ceux qui avaient assisté à des enterrements protestants, enfin ceux qui avaient dit que la réforme pénétrerait en Espagne, et qu'il valait mieux obéir à Dieu qu'aux hommes.

La mort des comtes d'Egmont et de Horn, celle de dix-huit gentilshommes de la plus haute noblesse qui, en 1568, périrent sur l'échafaud, furent les préludes des nombreuses exécutions qui ensanglantèrent les Pays-Bas. Dans l'espace de trois années, le *tribunal de sang* fit périr plus de 18,000 personnes ; aussi les réformés ne balancèrent-ils plus à s'insurger contre le gouvernement espagnol.

Guillaume d'Orange, cité au *tribunal de sang*, embrassa publiquement la religion protestante, leva des troupes avec le secours des calvinistes de France et des Luthériens d'Allemagne, et pénétra dans le Brabant. Irrité de ce qu'il appelait une révolte, Philippe II promit 25,000 écus à quiconque le livrerait mort ou vif. L'appât de cette récompense suscita plusieurs assassins. Un Français, nommé Selcide, entreprit de l'empoisonner ; un autre assassin, en 1582, le blessa d'un coup de pistolet dans Anvers ; enfin, un troisième tua ce prince dans Delft, en 1584. Ce scélérat était élève des jésuites ; il se nommait Balthazar Gérard. Philippe II envoya des lettres de noblesse à sa famille.

A ce sujet, voici ce que dit Montesquieu dans l'*Esprit des lois*, liv. XXIX, chap. XVI : « Dans la proscription de Guillaume d'Orange, Philippe II promet à celui qui le tuera de donner à lui ou à ses héritiers 25,000 écus et la noblesse, et cela en parole de roi et comme serviteur de Dieu. La noblesse promise pour une telle action ! une telle action ordonnée en qualité de serviteur de Dieu ! Tout cela renverse les idées de l'honneur, celles de la morale et de la religion. »

Et c'est à ces fureurs que Rome poussait ceux que le pontificat chargeait de défendre la cause de l'Église !

La Hollande acheta par ses souffrances l'indépendance politique et la liberté auxquelles ce pays a dû sa prospérité et son opulence. Voltaire, qui ne fut jamais enthousiaste de la réforme, s'exprime ainsi à l'égard des Provinces-Unies :

« La religion réformée dominante dans la Hollande servit encore à sa puissance. Ce pays, alors si pauvre, n'aurait pu ni suffire à la magnificence des prélats, ni nourrir des ordres religieux ; et cette terre, où il fallait des hommes, ne pouvait admettre ceux qui s'engagent par serment à laisser périr l'espèce humaine. »

En Angleterre, la réforme ne fut qu'une dispute en quelque sorte personnelle entre le pape et le roi de la Grande-Bretagne.

Henri VIII, gouverné par le cardinal Wolsey, s'étant épris d'une violente passion pour Anne de Boleyn, fille d'un gentilhomme, résolut de l'épouser, et demanda au pape Clément VII de rompre le nœud qui l'unissait à Catherine d'Espagne, fille de Ferdinand et d'Isabelle et tante de Charles-Quint. C'était en 1529.

Le pontife, placé, comme l'ont dit les historiens, entre l'*enclume et le marteau*, voulant ménager à la fois le roi d'Angleterre, dont il redoutait les emportements théologiques, et Charles-Quint, négocia, éluda, amusa le roi, et mit en œuvre tous les artifices familiers à la politique romaine ; mais enfin, après deux ans de manéges et de subtilités, il se déclara pour Charles-Quint et refusa l'assentiment que lui demandait le roi d'Angleterre.

Henri VIII, furieux, s'adressa à un tribunal pour obtenir ce que Rome lui refusait, et, en vertu d'une sentence rendue par Cranmer, archevêque de Cantorbéry, assisté des universités, des docteurs, des rabbins, il épousa Anne de Boleyn, qui fut proclamée reine d'Angleterre.

Les foudres du Vatican éclatèrent ; Henri VIII fut excommunié. Cette bulle, que l'autorité de Charles-Quint imposa au pape, rompit pour toujours le lien de juridiction religieuse entre l'Angleterre et le saint-siége.

Henri VIII fit abolir par acte du parlement le pouvoir du saint-siége dans ses États ; il se fit déclarer le chef suprême de l'Église anglicane, et s'investit de toute l'autorité dont il dépouillait le pape. Rome perdit un de ses plus beaux fiefs ; une contrée sur laquelle ses exactions s'étaient exercées de la manière la plus productive, et où son influence avait toujours été considérable.

Les Irlandais, opprimés depuis longtemps par les Anglais, restèrent opiniâtrement attachés à la religion catholique, et refusèrent d'adopter le protestantisme, parce que c'était la religion de leurs oppresseurs.

Les prédications de Luther n'eurent point d'écho en France ; mais Calvin fut écouté avec tant d'empressement, qu'il semblait que toute la nation dût, pour adopter sa doctrine, renoncer à la religion romaine. La cour de François Ier mit à la mode le calvinisme, protégé par Marguerite, reine de Navarre, et sœur du roi qui la chérissoit. François Ier ne parut pas d'abord contraire à ce mouvement ; plus tard, ses dispositions changèrent au point qu'il persécuta les calvinistes avec fureur. On lui avait inspiré des craintes, et Brantôme rapporte que le roi dit un jour :

« Ces nouveautés ne tendent à rien moins qu'au renversement de toute monarchie divine et humaine. »

Les horribles persécutions de ce règne, qui alluma les bûchers de l'inquisition, éloignèrent de France un grand nombre de réformés et affaiblirent le royaume. François Ier se fit ensuite pardonner ces atrocités par ses cruautés contre les catholiques. Politique lâche, déloyale et insensée !

Sous le règne de Henri II, les réformés commencèrent à s'établir comme une fac-

L'absolution.

tion dans le royaume. Le parlement de Paris, ennemi des prétentions de Rome, favorisait le calvinisme. Anne du Bourg, neveu du chancelier, fut arraché de son siége de conseiller et livré au supplice. Il dit à ses juges :

« Éteignez vos feux, renoncez à vos vices et convertissez-vous ! »

Il fit, pendant sa captivité à la Bastille, une profession de foi conforme aux doctrines de Luther et de Calvin. Le supplice inique de cet homme de bien fit un grand nombre de prosélytes à la réforme.

Pendant la minorité de Charles IX, Catherine de Médicis convoqua le colloque de Poissy ; on y discuta l'unité de l'Église et la cène. Le général des Jésuites Lainez, qui ne parlait que la langue italienne, amusa l'assemblée par ses puérilités ; il disait entre autres choses :

« Que dans l'eucharistie Dieu était à la place du pain et du vin, comme un roi qui se fait lui-même son ambassadeur. »

De ces discussions si frivoles dans leur gravité, on en vint aux faits : la guerre civile s'alluma ; puis, à l'abri d'une paix trompeuse, on prépara et l'on exécuta, après la mort de Coligny, les massacres de la Saint-Barthélemy.

Le jésuite Daniel a trouvé des éloges pour cet acte exécrable ; Rome en a félicité Charles IX, et sous la restauration, au

XIXᵉ siècle, il y a eu des historiens qui ont appelé les horreurs de cette sanglante journée, des *rigueurs salutaires*.

Lorsque la nouvelle de la Saint-Barthélemy parvint à Rome :

« Le cardinal de Lorraine, dit Voltaire, était alors à Rome. La cour lui dépêcha un gentilhomme pour lui porter ces nouvelles. Le cardinal lui fit sur-le-champ présent de mille écus d'or. Le pape Grégoire XIII fit incontinent tirer le canon du château Saint-Ange ; on alluma le soir des feux de joie dans toute la ville de Rome. Le lendemain, le pape, accompagné de tous les cardinaux, alla rendre grâces à Dieu, dans l'église de Saint-Marc et dans celle de Saint-Louis, — la paroisse des Français ; — il y marcha à pied, en procession ; l'ambassadeur de l'empereur lui portait la queue ; le cardinal de Lorraine dit la messe ; on frappa des médailles en mémoire de cet événement (j'en ai une entre les mains) ; on fit un tableau dans lequel les massacres de la Saint-Barthélemy étaient représentés. On lit dans une banderole, au haut du tableau, ces mots : *Pontifex Colinii necem probat*. »

Sous le règne de Henri IV, après la Ligue, époque de fanatisme grotesque, après l'assassinat de Henri III par Jacques Clément, séide de sacristie, les protestants reprirent leur position qui devait les mettre à l'abri de nouvelles persécutions ; l'édit rendu à Nantes, en 1598, les confirmait dans tous les priviléges conquis par eux sous les règnes précédents.

Richelieu voulut anéantir cette puissance qui l'importunait et contrariait ses vastes projets d'unité nationale ; il leur fit la guerre, leur enleva les places qu'ils occupaient, et la prise de La Rochelle compléta son triomphe. Dans toutes les mesures que ce ministre prit à l'égard des réformés, on voit le désir de les amoindrir, mais non pas de les détruire entièrement. Il avait, dit-on, le projet et l'espoir de ramener les protestants à la communion romaine.

Pendant la Fronde, les protestants ne se mêlèrent point aux troubles ; Mazarin disait d'eux :

« Je n'ai point à me plaindre du petit troupeau ; s'il broute de mauvaises herbes, du moins il ne s'écarte pas. »

Louis XIV ne fut pas personnellement contraire aux calvinistes ; dans les mémoires qu'il composa, en 1671, pour l'instruction du dauphin, son fils, il se plaint de tout le monde, du clergé, des jansénistes, de la noblesse, des courtisans, des magistrats, des financiers ; les calvinistes sont les seuls contre lesquels il n'articule aucune plainte. Il impute le schisme qui déchirait l'Église aux vices des ecclésiastiques du siècle précédent, à leur luxe, à leurs débauches, à leurs mauvais exemples et aux abus qu'ils laissaient introduire dans la pratique. Selon lui, « les nouveaux réformateurs disaient vrai, visiblement, en plusieurs choses de cette nature, qu'ils réprimaient avec autant de justice que d'aigreur. »

Lorsqu'il explique ses pensées à l'égard des huguenots, « il annonce la volonté de ne rien leur enlever, mais de ne rien leur accorder au delà de ce qu'ils ont obtenu ; il espère *les réduire peu à peu;* il parle de les attirer par des récompenses et d'exciter le zèle des évêques à les convertir ; il ne veut confier les premières places de l'Église qu'à des personnes de piété, d'application et de savoir, afin, dit-il, d'ôter les scandales qui éloignent de nous les réformés, et d'avoir des gens capables de réparer, par une conduite toute contraire, ceux que celle de leurs anciens prédécesseurs avait principalement causés dans l'Église. »

Il est donc permis de croire que Louis XIV, livré à ses propres inspirations, eût épargné à la fin de son règne et à sa vieillesse les actes d'intolérance qui ont souillé sa gloire.

On organisa les conversions : « Le prix courant des conversions, dit Rulhière, était à six livres par tête de converti ; il y en avait à plus bas prix. La plus chère que j'aie trouvée, pour une famille nombreuse, est à quarante-deux livres. »

On ne tarda pas à s'apercevoir des fraudes qui se cachaient sous ce trafic des consciences qu'on vendait sans les livrer.

Le vieux roi pliait sous le poids des années et sous le joug du triumvirat qui réunissait madame de Maintenon, Louvois et le jésuite Lachaise, confesseur du roi. Jamais époque ne fut marquée par de plus nombreux signes de décadence ; l'absurdité et la cruauté agissaient de concert contre la raison et contre l'humanité. Ce fut le temps des discussions théologiques, celui des menaces extrêmes, des conversions achetées, des dragonnades et de la révocation de l'édit de Nantes ; acte insensé qui ruina le travail et l'industrie par l'émigration forcée d'une population active, intelligente et laborieuse. La sagesse de Colbert ne put point préserver la France de cette mesure désastreuse, et épargner à la vieillesse de Louis XIV une tache ineffaçable. Les funestes effets de la révocation de l'édit de Nantes se sont propagés jusqu'à nous ; l'année dernière, à Berlin, à l'exposition des produits de l'industrie prussienne, on lisait, avec un pénible étonnement, plusieurs noms français appartenant aux descendants de ceux que la révocation de l'édit de Nantes avait enlevés à la France.

La licence de la régence fit oublier les querelles religieuses ; plus tard, sous Louis XV et sous son successeur, le fanatisme religieux reparut dans le procès de Calas ; des évêques essayèrent de rallumer, contre les calvinistes, le feu des persécutions ; l'intolérance redressait sa tête hideuse, elle égorgeait au nom de la religion le fils qui avait essayé de sauver son père.

Fabre, modèle héroïque de dévouement et de piété filiale, expiait sa vertu aux galères ; tandis qu'un malheureux gentilhomme, le chevalier de la Barre, expirait sur la roue, accusé d'irrévérence envers la sainte Vierge. Mais déjà la lumière de la discussion éclairait les esprits, et le moment était proche où l'Église, précipitée dans l'abîme qu'elle avait creusé elle-même, verrait à la fois s'écrouler le dogme et le sanctuaire.

La doctrine de Luther était trop austère et trop simple ; elle exigeait trop de vertus et surtout trop de désintéressement, pour plaire beaucoup à la mollesse, à la dissolution, à l'orgueil et à la cupidité des Italiens. Elle était trop droite et trop pure pour l'astuce et pour la perfidie romaines ; elle ne fut point accueillie en Italie. D'ailleurs cette contrée avait trop à gagner à la superstition catholique pour s'en séparer volontiers ; on avait vu ces races italiennes danser autour du bûcher de Savonarole, en criant : *Vive le pape Borgia!* Machiavel, qui connaissait si bien son pays, écrivait en 1551 :

« Le plus grand pronostic de la ruine prochaine du christianisme, c'est de voir que plus les peuples sont proches de Rome, qui est la capitale de la chrétienté, moins ils ont de dévotion. Les exemples scandaleux et les crimes de la cour de Rome ont été la cause que l'Italie a perdu entièrement tous les principes de la piété et tout sentiment de religion... Nous avons donc, nous autres Italiens, cette première obligation à l'Eglise et aux prêtres d'être devenus des impies et des scélérats. »

C'est au fanatisme catholique entretenu par les jésuites qu'il faut attribuer les divisions religieuses qui amenèrent les divers partages de la Pologne en 1772, 1793 et 1795, et enfin la mort politique de cette nation.

Depuis le XIe siècle, la Russie était attachée au catholicisme, mais selon le rite de l'Église grecque; l'Église russe relevait du patriarche de Constantinople, comme celle du rite romain relevait du pape. Vers la fin du xvie siècle, l'Église russe devint indépendante comme l'empire des czars; le patriarche de Russie fut alors sacré par les évêques du pays et non par le patriarche de Constantinople; il prit rang, dans l'Église grecque, après celui de Jérusalem, et fut le seul patriarche libre et puissant; ceux de Jérusalem, de Constantinople, d'Antioche, d'Aquilée et d'Alexandrie n'étant que les esclaves des Turcs.

Pendant son séjour à Paris, on proposa à Pierre le Grand de réunir l'Église russe avec l'Église latine; cette proposition n'eut pas de suite. Pierre professait pour Rome et pour le pape un mépris souverain; il fit du pontife lui-même le principal personnage d'une fête burlesque. Déjà, depuis un grand nombre d'années, il s'était souvent joué du chef de l'Église russe dans ses débauches. En 1718, le czar imagina de jeter sur le pape le ridicule qu'il avait infligé au patriarche. Il avait à sa cour un fou nommé Zotof, qui avait été son maître d'écriture. Il le créa prince-pape. Le pape Zotof, ayant été intronisé en grande cérémonie par des bouffons ivres, quatre bègues le haranguèrent. Il créa des cardinaux et marcha en procession à leur tête. Les Russes virent avec joie le pape avili dans les jeux de leur souverain; mais ces divertissements indisposèrent les cours catholiques, et surtout celle de Vienne.

Sous Pierre le Grand, il y eut peu de catholiques en Russie; après lui, leur nombre s'accrut. Les jésuites voulurent fonder des maisons dans ses États, il les expulsa par un ukase du mois d'avril 1718.

Au commencement de ce siècle, Pie VII rétablit les jésuites en Russie.

De tous les pays, la Russie est celui qui est resté le plus étranger aux querelles religieuses; elle a été troublée, jamais ensanglantée.

On parle aujourd'hui d'un voyage du czar à Rome, pour avoir, on ne sait dans quel but occulte, une entrevue avec le pape. Nous pensons que la rudesse moscovite a tout à craindre de la finesse pontificale.

La réforme pénétra en Espagne; mais Philippe II avait juré l'extermination des protestants. On brûla à petit feu, à Valladolid, une quarantaine de personnes soupçonnées d'avoir trempé dans la nouvelle hérésie. Le roi contempla cet affreux spectacle sans émotion. Philippe fit aussi jeter dans les cachots du saint-office Carranza, archevêque de Tolède, et Constantin Ponce, ancien prédicateur de Charles-Quint, tous deux suspects d'hérésie. Constantin Ponce fut brûlé en effigie après sa mort.

Ce fut derrière ce double rempart de bûchers et de bourreaux que l'Espagne repoussa la réforme. Cependant l'Espagne ne fut pas complétement à l'abri des atteintes de la réforme. L'établissement des Provinces-Unies, la création de la marine anglaise unie à celle de la Hollande, anéantirent ses flottes si superbes et si fastueuses. La perte du Portugal augmenta ses douleurs; ce châtiment fut celui des cruautés de Philippe, dont il abaissait la fortune. Le pays reçut un bienfait inespéré, celui de voir l'inquisition, forcée par la réforme, reculer enfin devant l'horreur universelle qu'elle inspirait.

Après ce coup d'œil rapidement jeté sur l'état de l'Europe au xvie siècle sous l'influence de la réforme, il y a quelque intérêt à examiner la situation actuelle, sous le point de vue des relations de Rome avec la chrétienté.

L'Allemagne a vu le protestantisme s'affermir; Vienne, où les jésuites ont su conserver des établissements et de l'autorité, est le foyer de l'intrigue catholique sans cesse irritée contre le protestantisme. Rome et ses agents n'ont pas renoncé à leurs prétentions sur l'Allemagne. Les difficultés opposées sans relâche pour empêcher tout rapprochement entre la population catholique et les protestants ont témoigné de la perfidie de ces sourdes manœuvres. Aujourd'hui un nouveau schisme s'élève avec fureur en Allemagne; l'effroi qu'il inspire est bien plus vif chez les catholiques que chez les protestants. La nouvelle doctrine, dans ses excès mêmes, est un cri de liberté qui alarme les vieux trônes et fait chanceler l'autel romain. Rome a voulu intéresser les souverains catholiques à la répression de ce schisme. Le pape a aussi humblement supplié, par lui et par ses adhérents, la Prusse hérétique d'extirper la nouvelle hérésie. Le cabinet de Berlin, fier de la récente autorité qu'il a acquise en Allemagne, a répondu que le mal venait de l'obstination avec laquelle Rome s'était refusée aux mariages mixtes et à l'établissement du mariage civil, que réclame toute la contrée germanique. L'Allemagne n'a pas oublié avec quelle persévérance funeste Rome a encouragé les résistances politiques et religieuses. Qu'on ne s'y trompe pas; l'Allemagne tout entière est agitée par un secret désir de nationalité et de liberté. Les petites tyrannies qui pèsent sur son territoire morcelé l'importunent ou l'irritent. Cette pensée est au fond de toutes les agitations, aussi bien dans le zollverein que dans le néochristianisme de Ronge et de Tscherki. La sanglante échauffourée de Leipzig prouve que les princes catholiques sont les plus disposés à contenir l'élan des libertés religieuses ; tout ce qui affranchit l'idée et l'intelligence épouvante leur domination.

Rome fomente ces troubles sans renoncer à des espérances insensées et sans vouloir se soumettre à l'implacable volonté de faits accomplis depuis près de deux siècles.

Le schisme s'étend en Allemagne; ses progrès sont rapides, et rompent ou délient le lien catholique. On croit que le voyage de l'empereur de Russie, à Rome, aurait pour but de préparer des mesures de répression contre cette révolution religieuse, dont Rome se montre fort inquiète.

L'exaltation et le mysticisme des idées germaniques ne sont pas circonscrits par les limites de la contrée allemande; ils parcourent tout le nord de l'Europe, et partout ils sèment et déposent des germes de liberté politique. Rome, dont l'oppression débile et caduque rêve encore le spectre du monde, exploite avec son astucieuse habileté les terreurs des trônes, et se présente aux rois avec sa milice religieuse, comme la seule digue contre le flot populaire. L'action romaine parvient à peine à soulever quelques troubles, à provoquer quelques rigueurs officielles; mais elle est sans force. Dans toute la région septentrionale de l'Europe, le catholicisme n'a plus rien à perdre ; il a tout perdu. La fureur ultramontaine semble s'accroître par son impuissance même, et d'occultes manœuvres entretiennent les ambitieuses passions des cours et du clergé. La leçon que l'Allemagne du XVIe siècle a donnée à l'orgueil des pontifes est vaine pour Rome du XIXe siècle.

La Suisse a toujours été, pour la propagande catholique, un poste important ; placée entre l'Allemagne, la France et l'Italie, la contrée helvétique devait être un des centres des opérations religieuses qui, venues d'au delà des Alpes, voulaient soumettre ou ramener à la puissance romaine les États voisins.

Les jésuites, cette soldatesque pontificale que Rome envoie à la conquête du monde, ont fait de la Suisse une espèce de quartier général. Depuis que la réforme a divisé les cantons en deux partis à peu près égaux, Rome et ses émissaires, blottis dans les refuges catholiques, n'ont pas cessé d'entretenir un foyer toujours prêt à allumer l'incendie. La maison de Fribourg, une des plus importantes de l'ordre, attire à elle les enfants de l'Alsace et de toute la frontière allemande; elle maintient dans la Suisse catholique le fanatisme ardent et fougueux, dont la compagnie de Jésus a toujours attendu les violentes secousses favorables à ses projets. Les derniers événements de la Suisse ont éclairé l'Europe sur les périls de cette turbulence catholique, dont les jésuites sont les principaux agents. Les temps les plus mauvais des discordes religieuses n'ont pas eu de fureurs égales à celles de la guerre civile que la présence des jésuites a excitée dans la Suisse du xix° siècle. Les passions haineuses dont Lucerne, à la tête des cantons catholiques, a fait parade, disent assez haut à quel point d'exaltation les prédicants envoyés par Rome ont poussé les ressentiments religieux. La triste victoire de Lucerne a été saluée à Rome par des cris de joie; l'intervention de la France et de l'Autriche a seule empêché les bandes des jésuites de Rome de se rendre en Suisse.

En Belgique, les jésuites ont asservi le clergé catholique, dont l'influence s'est mise tout entière à la dévotion des projets de rétablissement qu'ils appellent de tous leurs vœux, dans ce pays jadis si désolé par les cruautés de Rome et de Philippe II, par le fer des soldats espagnols et par le feu des bûchers de l'inquisition. L'évêque de Liége, pendant son séjour à Rome, a obtenu du pape le pouvoir exorbitant, pour tous les évêques de Belgique, de destituer les curés autrefois inamovibles. Le bas clergé n'a donc aucun intérêt à l'indépendance nationale.

En France, c'est au nom de Rome que l'épiscopat s'est posé en révolte ouverte et en rébellion flagrante contre les lois de l'État, afin de rendre aux jésuites l'instruction publique, enlevée à leurs mains perverses par la pudeur sociale. Les dogmes nouveaux qui ont essayé de dresser leurs autels, n'ont fait que passer sur le sol français sans y laisser de traces.

En Espagne, c'est dans les ruines des révolutions qui ont si profondément ébranlé le sol, que Rome cherche et prétend retrouver ses anciennes prétentions; c'est dans les débris de la monarchie espagnole et dans les décombres de ce pays broyé sous ses coups que Rome veut reprendre l'exécrable puissance qu'elle exerça jadis sur la Péninsule ibérique. La restitution des biens du clergé, le rétablissement des insolents honneurs rendus à la vanité sacerdotale, la juridiction ecclésiastique, l'influence politique, les priviléges et les immunités du clergé, la renaissance de l'armée monacale, nuée dévorante emportée par le vent des révolutions, telles sont les conditions que Rome impose à l'Espagne pour reconnaître le nouveau règne, comme si le bon plaisir des pontifes régnait sur le monde et réglait les destinées des royaumes et des empires.

En Angleterre, les catholiques d'Irlande sont plus occupés à se défendre contre les perfides insinuations du clergé romain, qu'à reconquérir les droits que leur conteste et leur dénie le gouvernement britannique. Les enfants des riches familles irlandaises sont tous envoyés en France; élevés dans les maisons d'éducation des jésuites, ils rapportent en Irlande un fanatisme, une intolérance et une irritation qui enveniment une cause légitime et entretiennent de mutuelles défiances. C'est contre ces dispositions secrètes que se débat depuis tant d'années la véhémente et loyale parole d'O'Connell. Les ennemis de l'affranchissement de l'Irlande sont dans le sein même de la nation irlandaise. L'exagération des idées catholiques nourrit d'un côté des exigences outrées, de l'autre elle empêche des concessions raisonnables. Le bill qui proposait d'améliorer la condition des instituteurs en Irlande, n'a passé qu'à travers les méfiances britanniques.

Ainsi, ce que chaque contrée européenne a reconquis sur Rome, à la clarté des cieux, à la face du monde, par le droit, par le courage et par la raison, le pontificat et ses auxiliaires essaient de le ravir par la ruse et par la fraude. Cette grande lutte du xvie siècle contre l'usurpation romaine est réduite aujourd'hui à des proportions mesquines, mais la victoire n'en restera pas moins aux lumières et à la civilisation, contre lesquelles les ténèbres et la barbarie ne prévaudront pas.

Ce fut donc par l'avarice que Rome succomba sous les coups des réformateurs.

Noëmi s'exaltait en voyant se dérouler sous ses regards cet immense tableau, qui résume et rassemble avec tant d'énergie les griefs de l'humanité tout entière contre les indignités du pontificat, et ses idées la ramenaient vers ces jours du triomphe de la raison.

Pénétrant plus avant dans les mystères de la fiscalité sainte, la jeune juive vit la vénalité infester toutes les avenues de la foi religieuse. Ce n'est pas assez pour Rome de vendre ce pardon que la charité du Christ a voulu payer de son sang pour le genre humain; Rome trafique de la morale, de la discipline et des préceptes de l'Église; elle vend les mérites du sang du Juste; sous le nom de *dispenses*, elle vend le droit d'enfreindre les règles qu'elle n'a prescrites que pour en faire marchandise; elle vend cette justice de Dieu dont elle a proclamé l'équité éternelle; elle vend le royaume des cieux par la canonisation et la béatification; elle ouvre à l'or ce royaume des cieux que le Christ a fermé à la corruption des riches, et, par un abominable abus, elle a fait, des clefs du ciel remises à saint Pierre par son divin Maître, les clefs qui ouvrent la porte à tous les vices vomis par l'enfer. On dirait que l'Église catholique n'a fait des commandements que pour vendre le droit d'y manquer.

Les *brefs taxés* ont leurs mystères; ils vendent aux chapelles, dans lesquelles on dit au moins sept messes par jour, des autels privilégiés, dont les titulaires paient de grosses finances; les crimes de lèse-majesté divine ont leurs tarifs d'indulgences; on y suppute et l'on y cote le nombre et la nature des péchés dont on vend le pardon et celui des âmes délivrées du purgatoire, qui, dans plusieurs de ces brefs, est appelé le *faubourg de l'enfer*. Par une fourberie propre à l'astuce romaine, ces actes portent en caractères ostensibles ces mots, *gratis pro Deo*, inscrits en tête du texte. On espère, par cette fraude, échapper au scandale que causerait la connaissance du prix énorme qu'ils coûtent à ceux qui les obtiennent.

Rome, qui prétend gouverner le monde, n'a pas su échapper elle-même aux influences qu'elle veut combattre. Voici le dernier billet que Paolo adressait à Noëmi; il était daté de Ravenne :

« La désolation est à son comble; la commission militaire, présidée par le colonel Freddi, commandant des carabiniers, est en permanence pour nous juger, au nombre de soixante-sept, presque tous arrêtés par esprit de vengeance.

« La population a fait parvenir au pape une protestation contre ce tribunal excepnel, demandant que les prisonniers soient jugés par la *sacra consulta* de Rome, dont les sentences seront plus justes que celles de cette commission composée de trois militaires et d'un seul juge civil, et à la suite d'un procès instruit de la manière la plus ténébreuse; ce document se termine par ces lignes :

« L'Europe entière a jeté un cri de réprobation contre les commissions militaires et contre l'illégalité de leurs jugements. Votre Sainteté, qui doit donner l'exemple de la justice, ne peut pas permettre que la vie et les biens de soixante-sept personnes soient à la merci d'un tribunal exceptionnel; vous avez été trompé, et notre jeune légat, qui nous a dépeints à Votre Sainteté comme des méchants, a aussi été trompé. Le peuple de Ravenne ne demande que ce qui est juste. Malheur à ceux qui conseilleraient à Rome de persister dans un système de désordre et d'illégalité, blâmé par tout le monde. »

Paolo ajoutait :

« Voyez, nos amis, ne perdez pas un instant, la sentence est suspendue sur nos têtes. »

Éperdue et troublée, Noëmi courut en toute hâte demander à *madre veneranda* de la laisser aller chez le cardinal Ferdinand, ou de mander Son Éminence. D'après les ordres donnés pour la jeune juive, la supérieure la fit conduire chez le jeune cardinal.

CHAPITRE XXIX

Les Couvents.

Dans une cellule basse, étroite, obscure, est assise une jeune fille; son maintien est triste sans être abattu; elle ne s'est point agenouillée sur le prie-Dieu; ses yeux se promènent sur le Christ et la tête de mort, objets lugubres qui se détachent en blanc dans ces ténèbres visibles; son regard s'y pose quelquefois, mais sans s'émouvoir et presque sans s'y arrêter. Tout l'ameublement de ce lieu est austère, non pas comme celui d'une retraite; il est rigide et sinistre comme celui d'une prison. L'attitude de la jeune fille indique une méditation active et trop occupée pour ressembler au recueillement; sur ses traits règne une douce mélancolie, mais il y a de l'espoir dans le sourire qui effleure ses lèvres, et sur ses longues paupières, à travers les cils qui les voilent, on voit briller une lueur d'espérance et presque de joie.

Cette jeune fille, c'était Noëmi.

Comment a-t-elle quitté le refuge délicieux préparé pour elle par les soins du cardinal Ferdinand? Comment se trouve-t-elle dans ce misérable réduit, où tout menace et annonce le châtiment, la vengeance et la colère?

Elle ignore elle-même ce qui s'est passé.

Un matin, elle a été enlevée silencieusement de sa chère cellule, pour être conduite dans une autre maison et jetée vivante dans ce sépulcre qu'éclaire à peine une lumière éloignée et douteuse. Une des femmes qui servaient à cette expédition, durant laquelle pas un mot ne fut prononcé, a remis à la jeune juive un billet. Noëmi, depuis que ses yeux se sont habitués à l'obscurité qui l'environne, a lu cet écrit. Il ne contenait que quelques mots :

« J'ai rempli ma promesse, préparez-vous à remplir la vôtre. »

Au-dessous de cette ligne était, pour toute signature, un F.

Noëmi à cette lecture ressentit un vif sentiment de bonheur; Paolo et Stephan étaient sauvés comme l'annonçait le cardinal, dont l'initiale indiquait le nom. Il avait tenu sa parole; ce n'était pas un

La Trinité du Mont.

traître comme cet infâme Pamphilio qui voulait entraîner Paolo dans un piége atroce.

Maintenant, elle aussi avait contracté un engagement qu'elle devait remplir.

Le jeune cardinal, lorsque la juive était venue implorer sa protection, avait conçu tout le parti qu'il pouvait tirer de cette circonstance, pour sa fortune et pour la politique du saint-siége. Lorsqu'on est membre du sacré collége, tout s'efface devant l'intérêt de Rome et du pontificat. Dans Noëmi suppliante, malgré l'affection qu'il avait eue pour elle, il ne voyait plus que la juive soumise et réduite par la nécessité à subir les conditions qu'il lui imposerait.

Il prétendait d'abord la contraindre à entrer dans le sein de la religion chrétienne et dans le giron de l'Église catholique; mais il la trouva si ferme dans la foi de ses pères, elle rejeta si loin et avec tant d'indignation cette demande qui la révoltait, qu'il renonça à cette condition; mais les regrets qu'il exprimait à ce sujet ressemblaient à des menaces.

Il obtint de Noëmi qu'elle écrirait à son père pour l'engager à céder aux sollicitations du gouvernement romain, et à entraîner ses frères dans une voie favorable à l'emprunt, dont le trésorier avait fait la proposition. Cette lettre, que le cardinal avait fait écrire sous sa dictée, en langue italienne et dans des termes convenus, avait été confiée à son zèle pour être envoyée le plus promptement possible.

Il avait été décidé, en outre, que la jeune juive resterait comme otage dans un couvent, et sous bonne garde, jusqu'à ce que l'on eût obtenu une réponse. Ce temps de réclusion devait être employé à recevoir, avec docilité, les instructions destinées à faire pénétrer dans le cœur de la fille d'Israël les vérités éternelles du christianisme.

Noëmi avait consenti à tout; mais la violence dont on usait à son égard lui parut justifier une ruse par laquelle les desseins de ses ennemis étaient déjoués. Dès que le cardinal l'eut quittée, elle parvint, par une femme dont elle s'était assuré la fidélité à prix d'or, et qui pouvait sortir du couvent, à faire tenir à Ben-Jacob un avis secret par lequel elle lui mandait qu'il y allait du salut d'Israël s'il n'adressait à Ben-Saül une recommandation formelle de gagner du temps sur l'objet d'une lettre dont elle lui expliquait le mystérieux motif.

Cet avertissement fut porté par un de ces messagers rapides et invisibles qui marchent, passent et arrivent sans être aperçus, et dont les juifs de l'Italie se servent pour les communications dont le secret importe à leurs intérêts.

Quant à la triste captivité dont Noëmi était l'objet, elle n'avait pas compté sur cette augmentation de souffrances. Cette gêne rigoureuse la blessait, mais sans la soumettre. Ce surcroît de peine semblait d'ailleurs l'absoudre de l'artifice dont elle s'était servie pour tromper ses persécuteurs. Après avoir demandé pardon au Dieu de ses pères de cette supercherie, elle s'était armée de résignation, et sa pensée était calme et sereine.

Noëmi, sans cesse occupée d'atteindre le but vers lequel marchait sa pensée, triompha bientôt d'un premier moment d'impatience; ce qu'elle avait le plus redouté dans sa position nouvelle, c'était de se voir brusquement arrachée à ses projets et condamnée à l'inaction. Cette idée l'accablait; mais contre tous les autres obstacles, elle se sentait forte.

Bientôt, elle s'aperçut qu'à Rome la vie du cloître n'est point tellement séparée du monde que les bruits, les intérêts et les passions de la société ne trouvassent accès dans cette solitude, que tant de gens croient impénétrable. Une fois rassurée sur ce point et convaincue qu'elle pouvait continuer et achever l'œuvre commencée, elle éprouva une satisfaction qui augmentait sa force et exaltait son espoir.

A Rome, une conversion est un exploit brillant; c'est pour celui qui l'a obtenue un triomphe éclatant; ce succès est de ceux que chacun recherche.

La signora Naldi, sous les deux noms qu'elle avait portés, monsignore Pamphilio et le cardinal Ferdinand s'étaient tour à tour disputé l'honneur de convertir la belle juive à la religion catholique; c'était un morceau friand qui avait tenté la sensualité et l'appétit de leur ambition. Noëmi, avec cette adresse originelle que la nature a donnée aux femmes, avait entretenu toutes ces espérances en laissant habilement entrevoir à chacun des dispositions propices au projet qu'il avait formé. Par cette tactique, elle s'était servie de tous ceux qui avaient fondé sur elle l'espoir de leur fortune. Elle avait ainsi détourné le péril; tous craignaient de la perdre et voulaient la conserver pour leurs desseins. Ce fut à ces combinaisons que Noëmi dut le calme avec lequel fut traversée, par une jeune fille seule et sans appui, une position hérissée de dangers.

Madre veneranda, malgré la triple protection de monsignor, de la signora et du cardinal, avait perdu Noëmi, qu'une autre maison religieuse de son ordre même, rivale de la sienne, lui avait enlevée; elle ne pouvait se consoler de voir échapper à ses vœux une conversion qui devait être si glorieuse pour elle et pour sa communauté.

Le couvent dans lequel Noëmi avait été nouvellement transportée était ravi de cette fortune, et, depuis la supérieure jusqu'aux plus humbles sujets de la communauté, ce fut à qui montrerait le plus d'empressement et de zèle à toucher le cœur de la fille d'Israël. Elle était si jeune! elle était si noble! sa beauté était si parfaite, que c'était une épouse digne d'être offerte à Dieu! Et quelle grâce ne devait-on pas attendre du ciel et de l'Église, si l'on parvenait à leur faire ce beau présent. Conduire une juive au baptême, quel honneur pour le couvent!

Noëmi s'aperçut bientôt des manœuvres

féminines qui se remuaient autour d'elle, et, fidèle au plan qu'elle s'était tracé, elle se promit de profiter des brigues intéressées dont elle était l'objet ; elle sut si bien nourrir les espérances secrètes de chacune des religieuses, qu'elle séduisit toute la communauté, et que bientôt le couvent n'eut plus de secrets pour elle.

Dans les États romains, les établissements religieux sont presque tous construits sur un modèle unique. Le couvent est ordinairement adossé à l'église ; la porte principale du cloître est souvent attenante à celle du temple. Un première cour, entourée de portiques avec des arcades en retraite, est destinée aux bâtiments dans lesquels se trouvent les pièces réservées aux usages, aux communications et au service du dehors ; au delà, dans une seconde cour, est le cloître, l'habitation de la communauté : cette partie de l'édifice est aussi construite en arcades et en portiques. Il y a plusieurs couvents dont la construction est due à d'illustres architectes ; on montre avec orgueil des cloîtres dont Michel-Ange a bâti les arceaux.

Les couvents romains tempèrent l'austérité de leur architecture par des ornements souvent fort élégants ; il y a dans l'intérieur de ces enceintes sacrées des demeures délicieuses ; les cours sont rafraîchies et parées par des fontaines jaillissantes, des parterres fleuris, des touffes d'orangers, des touffes d'arbustes et des arbres verts ; les pièces de service intérieur aboutissent sous les colonnades ; il y a de la grandeur et de l'intelligence dans ces constructions religieuses.

On compte à Rome quatre-vingt-neuf communautés de femmes, ainsi que cela a été dit lorsqu'il a été question de l'organisation religieuse.

Lorsque Noëmi eut examiné ce qui se passait autour d'elle, la jeune juive, dans la candeur de ses affections, se demandait si les couvents avaient, pour l'État et pour l'Église, une utilité réelle. L'État y perdait ce que lui enlevaient l'oisiveté stérile et la population cloîtrée. L'Église gagnait-elle quelque chose à ces excès d'une dévotion routinière et machinale, auxquels la véritable piété et le sentiment religieux sont si étrangers ? Les macérations et les pénitences, l'affection rigide d'une souffrance sans cause et sans but, ne sont point des preuves de repentir et d'humilité. Ces pratiques, contraires à la raison naturelle, ne corrigent d'aucun défaut ; seulement, chez ceux qui s'y livrent, elles entretiennent l'orgueil et un fanatisme qui blesse la charité. Ce n'est point le Christ qui a institué les couvents ; les apôtres n'ont parlé ni de religieuses ni de moines. Ce sont les prêtres qui ont inventé le cloître, pour séparer du monde des passions qu'ils voulaient gouverner à leur gré et afin de dépouiller les familles. On a parlé du repos que goûtent dans la solitude les âmes inquiètes et agitées que le monde troublerait, et dont l'agitation serait funeste pour la société. Le cloître ouvre, dit-on aussi, un asile au désespoir que les déceptions du monde jettent à tant de cœurs. Noëmi, à force d'entendre répéter ces choses, les eût admises comme vraies, si la voix des faits ne l'avait pas avertie de leur fausseté.

Au lieu de ces délices tant vantées, elle ne trouva que des esprits éperdus et des cœurs désolés ; des intelligences aliénées jusqu'à la folie, des regrets inutiles et des vœux insensés, des natures révoltées, des passions excitées, par la contrainte, l'oisiveté et l'isolement, jusqu'à la frénésie ; la mélancolie profonde et le désespoir furieux ; la folie chez le plus grand nombre ; l'imagination tourmentée par les fantômes de la superstition, ou par les spectres de l'impureté ; tous les liens rompus, une dévotion stupide, et le hideux égoïsme remplaçant toutes les affections. Voilà ce que Noëmi trouva dans le cloître. En recevant les confidences des plus jeunes religieuses, elle apprit que, presque toutes, elles habitaient le couvent contre leur gré. Les unes y avaient été amenées par d'indignes surprises; les autres, par la tyrannie des familles; plusieurs, par les suggestions occultes des prêtres et des institutrices. L'avidité des couvents, toujours occupés de s'enrichir, en avait attiré un grand nombre; mais la plupart avaient été sacrifiées par la cruauté de l'orgueil des maisons patriciennes, que Rome encourage par l'iniquité de la législation à l'égard des femmes, exclues des droits de la famille et de l'héritage.

Dans les jeunes religieuses, un ennui profond et caché dominait toutes les distractions qu'elles recherchaient ou qu'on s'efforçait de leur faire partager. Chez les vieilles sœurs, la dévotion était poussée jusqu'à la férocité, et l'amour de Dieu jusqu'à la haine du prochain.

Dans les couvents de femmes, il n'est pas rare que ces plaies intérieures soient voilées sous une certaine élégance et sous ces ridicules mignons, dont la satire s'est moquée avec tant de goût et d'esprit. Le couvent a sa coquetterie; le maintien, le regard, la voix, la guimpe, le voile, les mains, les bras et la tête ont leur onction et leurs attraits; tout est composé pour plaire, chez ces femmes qui semblent si fort détachées de la vanité mondaine.

Les couvents de femmes sont remplis d'enfants que la mauvaise foi et la fraude, protégées par des lois injustes, ont chassés de la famille et dépouillés de leurs biens.

Quant aux communautés d'hommes, Noëmi les trouva si bien jugées par l'opinion d'un écrivain français du XVIIIe siècle, qu'elle ne voulut rien ajouter à ce sentiment qu'elle trouva imprimé dans un gros livre de théologie, composé tout exprès pour combattre ces quelques lignes.

« Faire vœu de pauvreté, c'est s'engager par serment à être paresseux et voleur; faire vœu de chasteté, c'est promettre à Dieu l'infraction constante de la plus sage et de la plus importante de ses lois; faire vœu d'obéissance, c'est renoncer à la prérogative inaliénable de l'homme, la liberté. Si l'on observe ces vœux, on est criminel; si on ne les observe pas, on est parjure. La vie claustrale est d'un fanatique ou d'un hypocrite. »

Quant aux désordres qui régnaient dans les couvents, personne n'ignore jusqu'à quel point ils ont été poussés, surtout dans les couvents de femmes, où le libertinage se transformait sous mille formes abominables et bizarres. L'impudicité des moines et la licence des religieuses ont excité les premiers cris d'indignation poussés chez tous les peuples contre ces honteux excès; ces débauches ont été la cause des premiers sarcasmes lancés contre la religion. Les moines unissaient la luxure à la gourmandise; les religieuses avaient une volupté friande. Les abbés et les abbesses des communautés religieuses autorisaient souvent cette dissolution, à laquelle ils se mêlaient avec les plus honteux emportements. L'intérieur des couvents a renfermé des souillures dont le monde, dans ses plus fougueux débordements, n'a pas même conçu l'idée.

Il y avait à Rome, entre les maisons religieuses d'hommes et de femmes, des relations fréquentes que le plaisir mettait à profit; ces intrigues s'ourdissaient par le confessionnal. Dans les couvents, on connaissait la beauté des moines et des religieuses, et l'on négociait les entrevues par de secrets messages. Une religieuse racontait à Noëmi qu'étant montée au sommet de l'édifice du couvent, par une de ces belles nuits aux clartés étoilées, si fréquentes en Italie, elle avait vu, sur les galeries supérieures des dômes et des clochers et sur les hautes plates-formes, venir, comme de nocturnes apparitions, des moines et des religieuses dont les couvents étaient voisins, et qui échangeaient entre eux des signes et des gestes passionnés, qu'elle ne pouvait se rappeler sans rougir. Il parait certain qu'il y avait certains ordres de femmes affectés à certains ordres d'hommes, et que ces scandaleux arrangements étaient respectés d'un commun accord.

En est-il encore de même ? Noëmi vit sa pudeur s'arrêter devant cette question que lui posait sa conscience; sa réticence et son embarras dénotent en cet endroit une muette pensée qu'elle exprima par cette phrase : « Il n'est pas d'endroit où l'immobilité des mœurs et des habitudes soit plus opiniâtre et permanente que dans les couvents de Rome. »

Le despotisme et la tyrannie des supérieurs de ces maisons surpassent toute croyance; foulant aux pieds les constitutions de l'ordre, ils mettent leur bon plaisir à la place de la règle et de la discipline. De là naît ce favoritisme, dont la servitude basse et avilie remplit à Rome les maisons religieuses de brigues misérables, de petites noirceurs, de trahisons infâmes, d'embûches et d'odieux artifices. Si dans les élections du cloître on revoit l'astuce, le dol et le manège des conclaves, dans le gouvernement des monastères on retrouve l'hypocrisie et les trames de la cour de Rome.

Diderot, dans un livre qui a soulevé une tempête dans ces solitudes, fait dire à la supérieure d'un couvent, en montrant à une novice ses nonnes si dévotement humbles et soumises :

« Entre toutes ces créatures que vous voyez autour de moi si dociles, si innocentes et si douces, eh bien ! mon enfant, il n'y en a pas une dont je ne puisse faire une bête féroce. Étrange métamorphose pour laquelle la disposition est d'autant plus grande, qu'on est entré plus jeune dans une cellule et que l'on connaît moins la vie sociale. Ce discours vous étonne; Dieu vous préserve d'en éprouver la vérité, ma sœur ! la bonne religieuse est celle qui apporte dans le cloître quelque grande faute à expier. »

Noëmi reconnut que le véritable recueillement, le seul qui convienne à la solitude, était seulement pratiqué chez les âmes profondément atteintes par le repentir; elle demeura persuadée aussi qu'on ne trouve dans le cloître que le repos qu'on y apporte.

De cette implacable domination sortent les tortures, les supplices, l'affreuse captivité, et ces mystérieuses horreurs qui se cachent dans les ténèbres des tombes où sont enfouies vivantes les victimes de ces fureurs.

A côté de ces sombres persécutions se placent les séductions trompeuses; les novices que l'on veut conduire à la prise de voile, sont surtout l'objet de caresses qui cachent à leurs yeux les rigueurs du cloître.

Dans les maisons de femmes, on est fort habile à tirer parti des talents ou des qualités des jeunes religieuses; pour certaines communautés, une belle voix est une puissante recommandation.

Chez les moines, on aperçoit les mêmes vices et les mêmes abus; seulement, toutes les passions y ont un caractère plus sévère, plus énergique et plus véhément. La population du monastère, comme cela a déjà été remarqué, est divisée en trois parties distinctes : la jeunesse y est fougueuse, l'âge mûr ambitieux, et la vieillesse cruelle, fanatique. On ne trouve d'humanité que chez ceux qui sont entrés tard en religion.

On a beaucoup admiré les doctes travaux des moines qui se plongent dans la science;

la simplicité de ceux qui se livrent à la culture des fleurs, fort en honneur dans les couvents de Rome, et la piété de ceux qui passent les heures du jour et celles de la nuit au chœur et dans les exercices d'une dévotion rigide; on n'a pas compris que, par ces occupations, ils ne cherchent tous qu'à se distraire des regrets et des dégoûts qui les importunent.

Les moines italiens ont une astuce qui leur est propre; personne, mieux que ces mendiants, ne sait extirper l'aumône, capter un héritage et amener au couvent les riches héritiers et la fortune des familles; ils savent habilement conseiller et dicter un testament. En ce genre, les jésuites ont fait des tours de force et ont de merveilleux exploits. Ils ont toutes prêtes des formules de donations fictives, de contrats imposteurs, de stipulations, de fidéicommis et de tous les moyens frauduleux pour dénaturer les actes et les biens, et se mettre à l'abri de toutes les réclamations.

Par le confessionnal et par la prédication, ils s'emparent d'une influence qui agit à la fois sur les masses et sur chaque conscience. Les conquêtes qu'ils recherchent par ce double expédient sont de perpétuels sujets de haine et de rivalité entre les différents ordres. On a faussement prétendu que Luther, moine augustin, ne s'était levé contre l'Église que par un sentiment de jalousie, parce que les énormes bénéfices de la vente des indulgences avaient été enlevés aux Augustins pour enrichir les Dominicains. Cette assertion n'a pas même l'apparence de la vérité. Le débit des indulgences n'a jamais été confié aux Augustins, qui n'y avaient d'ailleurs aucune prétention.

Le secret de la confession, commandé par l'Église, est contredit par les statuts monastiques, qui ordonnent aux religieux de ne rien taire de ce qui intéresse leur communauté.

Les jésuites sont les premiers qui aient institué, pour l'usage des confessionnaux, un conduit acoustique, dont la bouche est du côté des nonnes et l'orifice du côté des religieux, qui recueillent ainsi la confession sans voir la pénitente. Ce moyen favorise aussi la violation d'un secret que l'Église a déclaré sacré.

Les jésuites ont, sous leur domination, un grand nombre de couvents, dont la plupart sont des communautés de femmes.

On a beaucoup parlé de la charité et de la bienfaisance des couvents d'Italie et de l'Espagne; Noëmi reconnut, par sa propre expérience, tout ce qu'il y avait de mensonge dans cette renommée. Les moines, surtout dans les deux pays que l'on a cités, ne se mêlent des affaires des pauvres que pour faire les leurs. Sur ce point, la philanthropie du monde et celle de l'Église se touchent.

Il y a à Rome une congrégation qui est appelée *congrégation des monastères à supprimer*. Elle est instituée, en apparence, pour ordonner la suppression des communautés que des disgrâces temporelles ont rendues trop pauvres pour entretenir six religieux, qui, dans ce cas, sont mis en subsistance dans une autre maison de l'ordre. Le but réel de cette congrégation est indiqué par la nature même des membres qui la composent. Huit cardinaux y siègent, assistés de religieux délégués par les ordres dont les intérêts sont mis en question. Cette assemblée est chargée de régler les prétentions des fondateurs et des bienfaiteurs, et celles de leurs héritiers qui redemandent les biens qu'ils ont donnés aux maisons religieuses, attendu que la cause de ces dons ne subsiste plus. Cette congrégation fait rarement restituer ces biens aux successeurs et aux légataires, parce qu'elle prétend qu'il n'y a pas lieu à restitution, les couvents supprimés pouvant être rétablis. Les vestiges de ces biens sont destinés à des besoins plus importants, qui sont ceux de l'Eglise ; on les applique, par une insolente dérision, à aider les armées chrétiennes qui combattent les infidèles.

Cette congrégation examine aussi les requêtes des localités et des villes que les exhortations intéressées des moines portent à demander la fondation ou le rétablissement de couvents. Ces sollicitations sont accueillies avec une telle bienveillance, que l'on délivre gratuitement les actes de ces concessions ; faveur si rare dans les habitudes de l'État romain et de l'Église.

CHAPITRE XXX

Les Prédicateurs.

En entendant les orateurs de la chaire apostolique à Rome, Noëmi, distraite par les bruyantes émotions de la foule des auditeurs, n'avait pu apprécier la nature de leur éloquence ; mais, lorsque dans les longs loisirs de sa captivité claustrale elle fut réduite à écouter ces harangues sacrées, elle ne tarda point à en connaître le vide retentissant.

Les prédicateurs romains poussent l'emphase de la pensée, de l'expression et du débit, jusqu'à la plus grotesque extravagance; ils se tiennent dans une chaire spacieuse qui permet à leurs gestes, à leurs mouvements et à leurs continuelles évolutions de se développer librement. Ils marchent, s'agitent, s'avancent, reculent, s'élancent et bondissent avec mille contorsions burlesques et fantasques qu'ils varient à l'infini. Quelquefois ils sont sur une estrade qui leur laisse alors une latitude plus ample, dont ils profitent pour redoubler leurs convulsions et leurs gambades.

Généralement, les prédicateurs romains sont les plus emportés de l'Italie ; ils ressemblent quelquefois à des possédés et à des énergumènes ; sous l'orateur, on voit le comédien ; il aiment à s'entourer d'une pompe théâtrale qui achève et complète le rapprochement.

Les uns peignent les béatitudes de l'autre monde, la félicité du paradis et les délices du séjour céleste avec une voix traînante et lamentable qui veut toucher et vise à l'attendrissement ; ils roulent les yeux sous leurs paupières, élèvent leurs regards vers le ciel, auquel ils tendent aussi les mains, et poussent des soupirs retentissants. Les joies qu'ils peignent dans ces transports sont si grossières et si brutalement sensuelles, que l'âme se soulève de dégoût ; mais la population romaine s'émeut à ces promesses, faites bien plus pour ses passions que pour ses sentiments.

Les autres conduisent leurs auditeurs au milieu des régions infernales, des ténèbres extérieures et dans la cité dolente, où s'entendent les pleurs et les grincements de dents. Ils s'entourent de fournaises ardentes, de fourches aiguës et de bûchers dévorants. Ces tourmenteurs se plaisent aux plus horribles descriptions, et l'on dit à Rome que si Satan était à bout d'infernales inventions, il pourrait consulter les prêtres qui sont plongés dans ses chaudières bouillantes.

Ils ont de grands crucifix qu'ils brandissent avec véhémence et qu'ils montrent à la foule ; ils apostrophent cette figure terrible, et souvent ils font raconter par le Christ lui-même les douleurs de la passion. Quelquefois, ils font du drame du Golgotha des scènes pittoresques, variées, animées et dialoguées. Ils donnent la voix et le mouvement, l'action et le langage à Dieu, à la vierge, aux anges et aux démons, aux saints, aux vices et aux vertus, à l'enfer et au paradis, à la mort et au péché ; leur vive imagination personnifie tout et matérialise la pensée.

Ces sermons ne manquent ni de force, ni d'énergie ; ils empruntent à une vigoureuse originalité une certaine puissance ; mais ils tournent presque toujours au burlesque et à la farce. Les prédicateurs romains n'ont de modération ni dans la pensée ni dans l'expression ; leur verve italienne s'abandonne aux emportements les plus fougueux ; ils tombent fréquemment dans la bassesse, dans la trivialité ou dans les distinctions puériles, et dans de misérables subtilités.

Ce n'est pas seulement dans les églises que se démènent ces orateurs ; on les rencontre dans les rues, sur les places et dans les carrefours ; ils luttent contre les bateleurs, auxquels ils disputent la foule ; et il y a un trait des mœurs italiennes dans cette anecdote d'un prêtre qui, voyant le peuple courir aux *burattini*, le ramenait en lui montrant son crucifix et en criant :

« *Ecco il vero pulcinella!* Voilà le vrai polichinelle ! »

Il y a au Colysée des soirées religieuses d'un grand effet ; nous avons vu des dévots, pendant le délire du carnaval, parcourant pieusement le chemin de la croix ; des files de pénitents noirs et blancs, et des prêtres irlandais vêtus de rouge, y viennent psalmodier des chants sacrés. Les vendredis, la foule s'y réunit, pittoresquement drapée dans ses costumes étincelants, et groupée sur les ruines antiques pour écouter les prédications. En 1841, un jeune franciscain y acquit une grande réputation d'éloquence. Ces assemblées ont souvent lieu à la clarté de flambeaux de résine, dont les clartés rougeâtres se jouent sous les voûtes en mille fantaisies.

Les prédicateurs romains, quoi qu'on ait voulu prétendre à ce sujet, ont encore toutes les mauvaises habitudes du passé ; leur oraison est fausse, criarde, ampoulée et grimacière. Hérissé d'idées superstitieuses, bas, extravagant et déraisonnable, plein d'irrévérence et d'une inconvenante familiarité envers les choses et les personnes sacrées, leur discours manque de noblesse, de goût, de savoir, d'onction et d'élévation. Il n'est pas rare pourtant qu'ils parviennent à émouvoir leurs auditeurs, parce qu'ils s'adressent aux passions sensuelles et aux appétits grossiers d'un peuple impressionnable.

A Rome, ceux qui parlent du haut de la chaire de vérité ne se font aucun scrupule de mentir effrontément ; ils ne s'occupent ni de persuader, ni d'éclairer ; ils veulent épouvanter, ou amollir le cœur et la pensée ; souvent ils frappent fort, jamais ils ne frappent juste.

On rencontre parmi les prédicateurs romains un grand nombre de moines ; ce sont ceux dont la parole franchit le plus fréquemment les limites du goût, de l'honnêteté et de la vérité. Leur langage est fécond en excès qui blessent à la fois la raison et la décence.

Il arrive que ces furieux courent les rues et se posent comme des missionnaires de foi, tandis qu'ils ne soufflent que l'imposture, la discorde et la haine ; des villes, ils se répandent dans les campagnes, qu'ils infestent et qu'ils pervertissent.

La plupart des sermons ont à Rome un but plus temporel que spirituel. Ordinairement, entre les deux *points*, — c'est le nom qu'on donne aux divisions d'un sermon, — le prédicateur s'arrête, et d'un ton mielleux et radouci, il s'adresse à l'auditoire pour lui recommander la quête que va lui pré-

Un concile au moyen âge.

senter l'aumônière ; il exhorte les fidèles à faire l'aumône *generosa e abondante*.

Noëmi avait gardé le souvenir de deux exemples des licences de la chaire romaine.

Une fois, c'était au commencement du carême, le prédicateur se tourna à droite, à gauche, puis en face, en imitant les gestes d'un homme qui met un fusil en joue et le bruit de l'explosion d'une arme à feu ; puis il s'écriait :

« Le carnaval est mort, parlons du carême. »

Un autre orateur peignait la joie qu'éprouvaient les âmes du purgatoire lorsque ceux qui se rappelaient leurs affections faisaient l'aumône pour les délivrer de la souffrance.

« Imaginez-vous, disait-il, que la pauvre âme a les yeux sur vous, et regarde avec anxiété si vous allez donner ou refuser. Si elle s'aperçoit que vous mettiez la main à la poche, elle éprouve un bien-être qui s'augmente à mesure que l'offrande s'approche de la bourse ; lorsque l'argent est suspendu, l'âme sort des flammes, et lorsque la pièce retentit en tombant, l'âme satisfaite bondit de plaisir et ne se sent pas d'aise. Oh ! pour procurer à ceux que vous aimez un moment si doux, pour leur faire goûter ces délices, si vous n'avez pas d'argent, empruntez-en à votre voisin, qui, s'il vous refusait, serait plus coupable que vous. »

C'est par de tels artifices que la parole, cette nourriture de l'âme que le Christ ordonne à ses disciples de distribuer si généreusement, est devenue, dans la bouche des prêtres de l'Église romaine, un objet vénal.

A Rome, les sermons s'associent à tous les ressentiments de l'Église et de l'État et les servent aveuglément ; ce ne sont plus alors des flambeaux qui portent la lumière ; ce sont des torches qui allument l'incendie.

Il y a un prédicateur du pape qui prêche le carême et l'avent, une fois par semaine, dans la chambre même du saint-père. Le pape alors se tient dans une tribune où il n'est vu de personne, et les cardinaux sont assis autour de sa chambre, comme au consistoire.

CHAPITRE XXXI
Superstitions de l'Église de Rome.

La jeune juive put se convaincre aussi que les superstitions de l'Église de Rome, celles auxquelles s'associent les papes et les cardinaux, ne sont ni moins grossières ni moins absurdes que celles imposées à la crédulité du peuple, dont elles abaissent l'esprit et la pensée.

Elle avait entendu parler d'une épée d'or, d'un chapeau et de la rose d'or que le pape bénissait chaque année et envoyait comme présent à des personnes royales ou à des personnages éminents.

Cette cérémonie a lieu avant de commencer les offices de la nuit de Noël. L'épée est garnie d'un pommeau d'or, avec son fourreau et un ceinturon enrichis de pierreries ; le chapeau est de soie violette, fourré d'hermine, et entouré d'un cordon en forme de couronne chargée de bijoux.

Le chapeau est posé sur la pointe de l'épée et expédié ordinairement par le pape à quelque prince. Ces objets ont souvent été offerts aux grands capitaines qui, armés pour la foi, combattaient contre les hérétiques et les infidèles. Un vieux moine, chargé de l'instruire dans la religion catholique, apprit à Noëmi que Pie II envoya l'épée et le chapeau à Louis XI, roi de France, avec quatre vers latins par lesquels il exhortait ce souverain à employer toutes ses forces contre les Turcs, et lui promettait des secours pour détruire l'empire de Mahomet et venger le sang des chrétiens; après quoi, il assurait ce monarque de revenir en France chargé de lauriers.

Le même pape envoya une épée enrichie de perles à Philippe le Bon, duc de Bourgogne ; et sur cela on lit, dans le cérémonial romain, que l'épée signifie la puissance souveraine que Dieu a donnée aux pontifes romains et à ceux qui combattent pour le bien légitime des peuples, et surtout pour la défense de l'Église et de la religion.

Les papes fondent cet usage sur ce qu'on trouve dans le second livre des *Machabées*, au chapitre XV, que Judas Machabée étant prêt à combattre Nicanor, général de l'armée d'Antiochus, roi de Lydie, eut une vision dans laquelle il crut voir le grand-prêtre Onias, quoique mort, priant Dieu pour le peuple juif, et le prophète Jérémie qui présentait au même Judas une épée dorée, en lui disant :

« Reçois cette sainte épée que Dieu te donne, et avec laquelle tu détruiras les adversaires de mon peuple d'Israël. »

Le quatrième dimanche de carême et le troisième dimanche de l'avent, le pape bénit une rose d'or enrichie de pierreries, qu'il envoie à quelque reine, princesse ou grande dame, ou à une église, en signe de prospérité.

La rose d'or est une galanterie dont les pontifes se servent pour se concilier les bonnes grâces puissantes dans les cours. Léon XII, ainsi qu'on l'a vu, envoya le chapeau et l'épée au duc d'Angoulême. Grégoire XVI a offert cette année à la reine des Belges, fille du roi des Français, la rose d'or. C'est toujours la même conduite dans le même but.

Les historiens de la cour de Rome se montrent généralement discrets sur cette rose d'or si souvent profanée. Cependant Théophile Renaud, dans son livre intitulé *Pontificalia*, a parlé très-amplement de l'épée et de la rose d'or, auxquelles il attribue un sens mytique.

La première année de son pontificat, le pape bénit les *agnus Dei*. Cette cérémonie est renouvelée par le pontife la septième année de son règne ; elle s'accomplit avec beaucoup de pompe et de solennité.

Ici se réunissent les superstitions païennes, les textes hébraïques et les superstitions catholiques. Nous rapportons à ce sujet ce que nous ont transmis les écrivains de la papauté.

« Les anciens Romains avaient coutume, aux fêtes de Saturne, d'envoyer à leurs clients des petits présents de cire, selon le décret de Publicius, tribun du peuple, et suivant ce qui avait été établi par *Hercule*, qui enseigne aux Italiens à sacrifier de petites figures de cire en la place des hommes qu'ils immolaient cruellement à Saturne. »

A l'appui de cette assertion, les témoignages sont nombreux, graves et authentiques.

Ces figures de cire se portaient attachées au cou, comme on peut le voir dans les auteurs, et particulièrement celles de forme ronde, qu'on appelait *bullæ*, c'est-à-dire colliers, qui étaient un symbole de liberté, parce qu'il était défendu aux esclaves de porter cet ornement.

On attribuait à ces figures beaucoup de vertus superstitieuses, qu'elles ne pouvaient produire naturellement. C'était une espèce de ces faux remèdes que les Latins nommaient *amuleta* et *fascini*, cachets et charmes; chez les Grecs, *phileuteria*, préservatifs ; les Arabes les appelaient *talismans*, *images constellées ;* [les Juifs les désignaient sous les noms de *telaïm,* agneaux, et *teraphim,* petites figures en relief, dont il est question au xxxie chapitre de la Genèse, verset 19, au xviie chapitre des Juges, verset 5, au xviiie chapitre, verset 14, et dans le prophète Osée, au chapitre iii, verset 4, où il est dit :

« Que les enfants d'Israël demeureront sans roi, sans gouverneur, sans sacrifice, sans *statue,* sans *ephod* et sans *teraphim.* »

D'après cette menace faite aux Israélites, des théologiens ont affirmé que le téraphim était la même chose que l'*urim* et le *tummium,* que Moïse, par l'ordre de Dieu, devait mettre sur le *pectoral de jugement,* placé sur le cœur du grand prêtre Aaron, lorsqu'il allait devant l'arche, dans le saint des saints, pour consulter l'Éternel, ainsi qu'il est dit dans l'Exode. Comme on ne voit nulle part, dans l'Écriture, que les ouvriers qui ont travaillé aux ornements sacrés aient fait l'*urim* et le *tummium,* on a supposé que Dieu lui-même avait remis ces objets à Moïse. Quoi qu'il en soit, il est certain que les souverains sacrificateurs avaient des figures appelées *teraphim,* dont ils se servaient dans leurs fonctions les plus solennelles, tant pour le culte du vrai Dieu parmi les Israélites que pour le service des faux dieux parmi les infidèles, comme le rapporte l'Écriture.

Les papes allèguent, au sujet des *agnus Dei,* que leurs prédécesseurs, désespérant d'abolir les coutumes que le paganisme avait transmises aux chrétiens, avaient jugé qu'il fallait en sanctifier l'usage et imiter l'exemple de Moïse, qui, inspiré par Dieu, fit adopter à son peuple les usages et les cérémonies des Égyptiens. Ce fut ainsi que l'*eau lustrale* du paganisme devint l'eau bénite du culte catholique. Au lieu des petites figures des *teraphim* que portaient les sacrificateurs, qui, dans l'ancienne loi, représentaient le Messie, les pontifes chrétiens ont jugé convenable de faire porter aux fidèles de la communion catholique l'image de Jésus-Christ sous la forme d'un *agneau,* attendu que, selon le langage de Jean-Baptiste, le Christ est l'*agneau de Dieu,* qui ôte les péchés du monde.

François Scortius, dans son *Latium christianum,* dit que les Pontifes de Rome, après la destruction du paganisme, bénissaient des *agnus Dei,* c'est-à-dire de petites boules de cire sur lesquelles était formée en relief l'image de l'agneau de Dieu, qu'ils attachaient au cou des catéchumènes le jour de leur baptême, en signe de la liberté que Dieu leur avait donnée en les délivrant de leurs péchés, et qu'ils en distribuaient aux fidèles le jour de Pâques, en mémoire de la victoire que Jésus-Christ a remportée sur le péché, la mort et toutes les puissances de l'enfer, par sa résurrection.

En réunissant toutes les notions de l'histoire, on fait remonter l'usage des *agnus Dei,* dans l'Église romaine, au quatrième siècle.

Les papes ne les distribuent plus seulement aux souverains, aux cardinaux, aux ambassadeurs, aux princes et aux prélats : on les donne maintenant aux ecclésiastiques de tous les ordres, au commun du peuple et aux personnes que leurs affaires ou la dévotion amènent à Rome, l'usage étant de n'envoyer les *agnus Dei* à l'étranger qu'aux personnages de distinction.

La cire blanche et les autres ingrédients, dont sont composés les *agnus Dei* ont une signification mystique. On lit, dans le *cérémonial romain,* des vers latins envoyés, avec trois *agnus Dei,* à l'empereur des Grecs par Urbain V, élu en 1360 ; en voici la traduction :

« Le baume de la cire pure, l'eau sainte et le chrême, composent cet agneau que je mets en tes mains, grand, né d'une source pure et mystérieusement sanctifié. Il dissipe les éclairs d'en haut, il brise et chasse tout fléau funeste comme fait le sang du Christ. Il sauve la femme des douleurs et des suites de l'enfantement ; il a des dons pour ceux qui en sont dignes ; le feu le détruit ; porté purement, il échappe aux flots ; la moindre partie a autant de puissance que le tout. »

Les *agnus Dei* sont des petits pains de cire blanche, ronds, tant soit peu elliptiques ou ovales, montés en forme de médailles, où il y a, d'un côté, la figure de Jésus-Christ ressuscité, sous l'apparence d'un agneau qui tient l'étendard de la croix ; et de l'autre part, il y a sur le revers quelque saint en demi-relief, qui est ordinairement le patron particulier du pape régnant, c'est-à-dire le saint du nom qu'il a reçu au baptême, ou celui du saint auquel il a le plus de dévotion, et dont il croit l'intercession la plus efficace auprès de Dieu.

Dans le langage de la cour de Rome, on ne *bénit* pas les *agnus Dei*, on les *baptise*.

C'est aux religieux des Feuillants du monastère de Saint-Bernard, qu'est confié le soin de mouler les *agnus Dei*, que le sacristain du pape tient prêts pour la cérémonie du baptême. La cire dont ils sont formés est fournie par les restes du cierge pascal des années précédentes ; cette quantité n'étant pas suffisante, on y mêle pour une somme considérable de cire blanche.

Le mardi de Pâques, à l'issue de la messe pontificale, le pape, revêtu de l'amict, de l'aube, d'une étole de damas blanc garnie de dentelles d'argent, et ayant sur la tête une mitre de toile d'argent brodée de perles, bénit d'abord l'eau commune, préparée dans un grand bassin d'argent ; après les oraisons ordinaires, il en récite qui lui sont propres ; ensuite il prend le saint-chrême, c'est-à-dire l'huile sainte, dans laquelle au jus de l'olive se joignent un baume composé dans le Nord et le baume naturel de Galaad en Judée. Il répand ces liqueurs sur l'eau en forme de croix, récite des oraisons, et prononce des prières sur les *agnus Dei*, qu'on lui présente dans une douzaine de bassins de vermeil.

Assis sur un fauteuil, la mitre en tête, le pape reçoit de ses camériers les *agnus Dei*, qu'il plonge, en divers paquets, dans le bassin d'eau bénite. Les cardinaux, tous revêtus du lin le plus fin, retirent ces *agnus Dei* de l'eau, et les essuient avec une serviette attachée à la ceinture comme un tablier ; ils les remettent aux prélats assistants, qui les portent sur des tables couvertes de nappes très-blanches, où ils restent jusqu'à ce qu'ils soient complètements séchés.

Alors le pape se lève et se retire, après avoir dit de nouvelles oraisons sur les *agnus Dei*, que l'on remet dans leurs premiers bassins.

Cette étrange cérémonie est reprise les jours suivants, tant qu'il y a des *agnus Dei* montés et prêts à être baptisés ; cela dure jusqu'au vendredi, dernier jour du baptême.

La *funzione* des *agnus Dei* a lieu devant les ambassadeurs et leur suite ; il y vient aussi beaucoup d'étrangers attirés par la curiosité ; mais les gardes du pape ne laissent entrer dans la chapelle que les personnes de distinction. Il y a des tribunes où se placent les princes, les femmes de qualité et leur suite.

Coulanges rapporte qu'il assista au baptême des *agnus Dei* qui suivit l'exaltation d'Alexandre VIII ; par une faveur particulière, il eut l'honneur d'assister à cette cérémonie dans le côté réservé du balustre où se trouvaient le prince de Turenne, le duc d'Albert et le prince de Polignac. Le cardinal de Bouillon, celui que Louis XIV avait désigné pour représenter au conclave les intérêts de la couronne de France, était là avec le tablier et l'écumoire, retirant du bassin les pains de cire ; Coulanges lui tendit son chapeau, dans lequel le malicieux cardinal versa plus d'eau que d'*agnus Dei*. Cette plaisanterie amusa beaucoup les cardinaux, et le rire se communiqua de proche en proche jusqu'au pape. Ce trait est cité ici comme une nouvelle preuve des dédains de Rome pour presque tout ce qu'elle recommande à la vénération publique. Ce fut aussi après cette cérémonie que l'on vit le nouveau pape se retirer avec la mitre et le pluvial, et sa queue portée par le duc de Chaulnes, ambassadeur du roi de France à la cour de Rome, qui avait subi cette humiliation pour faire au pape une communication secrète. Ces choses se passaient à la fin du dix-huitième siècle. Est-il vrai qu'à plus d'un demi-siècle écoulé, en 1845, M. le commandeur Rossi, envoyé extraordinaire du roi des Français, ait ouvert la portière du carrosse du pape afin d'obtenir les bonnes grâces de Sa Sainteté?

Le samedi suivant, il y a chapelle papale; la distribution des *agnus Dei* a lieu à cet office ; nouvellement bénits, ils sont enveloppés dans du coton de la Chine, qui est naturellement de diverses couleurs. Le sacristain du pape les présente à genoux à la porte de la chapelle, tenant le bassin élevé en disant en latin :

« Saint-père, voici les nouveaux agneaux qui vous ont été annoncés par l'*alleluia*; ils sont venus tout à l'heure aux fontaines ; ils sont remplis de lumière et de beauté. *Alleluia !* »

Les cardinaux viennent les premiers, inclinés, à genoux et la mitre renversée, recevoir de la main du pape les *agnus Dei* ; après eux marchent les prélats, tout le clergé, les ambassadeurs, les princes, les nobles et autres personnages considérables; presque tous présentent au pape de fraîches et élégantes toilettes blanches, dans lesquelles le santo-padre place les *agnus Dei*.

Ce qui reste de la prodigieuse quantité d'*agnus Dei* qu'on a baptisés dans cette cérémonie est conservé par le prélat, grand maître de la garde-robe du pape; il est chargé de les distribuer tous les jours, à une certaine heure, aux pèlerins et aux étrangers qui viennent lui en demander.

Par une constitution de 1572, le pape Grégoire XIII a défendu à ceux qui n'ont pas reçu les ordres sacrés de toucher ces *agnus Dei*, si ce n'est en certaines circonstances extraordinaires. Le pontife a ordonné pour plus grande précaution, que les laïques auraient soin de les tenir enchâssés dans du verre, du cristal, du talc, ou toute autre matière transparente, et que ceux qui pourraient les envelopper dans quelques riches étoffes, les feraient ajuster de telle sorte que les *agnus Dei* parussent des deux côtés comme dans un reliquaire. La même constitution défend de les peindre, sous peine d'excommunication, la couleur blanche étant celle qui a paru à l'Église être la plus propre à l'Agneau immaculé.

Ce sont les propres termes dont les papes se sont servis, depuis Grégoire XIII jusqu'à nos jours, toutes les fois qu'ils ont parlé de ces *agnus Dei*. A ces images baptisées, la cour de Rome attribue des vertus bien supérieures à celles que l'astrologie donnait à ses talismans, dont la vente faisait concurrence aux saints amulettes. Ces médailles de cire, disait-on, jetées dans le feu, le ranimaient, détournaient la foudre, et suspendaient les pernicieux effets des autres éléments, tous les fléaux de la nature, afin de conserver la vie aux hommes.

Ces superstitions subsistent encore ; l'autorité pontificale, le pape en personne, les recommande et les présente à l'Église, au peuple et à toute la chrétienté. Il en est lui-même le principal artisan.

Noëmi sentait toute sa raison se soulever contre ces monstrueuses impostures et ces révoltantes puérilités. Elle s'indignait surtout de voir l'Église romaine appuyer ces énormités absurdes et burlesques sur le dogme de la loi de Moïse, dont elle persécutait les sectateurs en se servant du témoignage de leurs livres. Alors, et sous ces impressions qui froissaient à la fois ses pensées, ses croyances et ses sentiments, elle se réfugiait dans le dogme de ses pères, pleurant avec amertume sur ces mensonges qui l'éloignaient d'une religion d'amour, de foi, d'espérance et de charité, vers laquelle, malgré la résistance de sa raison, s'élançaient si souvent les secrets instincts de son cœur.

Cette indignation, déjà si vive, fut poussée à son comble lorsque la jeune juive s'aperçut qu'autour des demeures pontificales, dans leur enceinte, au pied même du trône du pape, s'établissait le trafic des indulgences, dont s'occupe toute la valetaille de la maison du saint-père; elle vit ce négoce sacrilége pénétrer jusque dans les retraites religieuses, et devenir, pour certains couvents, un objet de spéculation ou de bénéfice. C'est ainsi que, par l'ambition des uns, par la cupidité des autres et par les artifices de tous, l'idolâtrie a envahi le sanctuaire catholique. Ces images de cire empruntées au paganisme, admises dans l'Église par une tolérance stupide et intéressée, que sont-elles autre chose que des idoles, auxquelles le pape, de sa propre main, administre, par un insultant simulacre, le premier sacrement du chrétien? Quelle abominable et détestable profanation!

Et Noëmi, sans s'arrêter plus longtemps à sonder la profondeur de cette source d'abus et d'impiétés sacriléges, s'avançait vers ces régions, où, par d'autres erreurs, les intérêts de la terre, gonflés d'orgueil, s'efforcent d'escalader le ciel.

Autrefois, dans l'Église primitive, on ne canonisait que les martyrs; cet acte avait lieu sur la foi des paroles du Christ, qui a promis la félicité éternelle à ceux qui auront répandu son sang pour lui. A mesure qu'on s'éloignait des temps évangéliques, on mit au nombre des bienheureux les personnes dont la vie, les actions et les vertus avaient été exemplaires. Afin de constater ses droits, les Églises chrétiennes avaient emprunté aux Grecs l'image des tables appelées *diptyques*, espèce de registres ou de catalogues sur lesquels on conservait, *sans beaucoup de façon,* comme dit le naïf langage de ce temps, les noms des personnes vivantes qui se distinguaient par leur *rang*, par leur mérite et par leur vertu, et aussi les noms de ceux qui étaient morts en odeur de sainteté; les confesseurs, c'est-à-dire ceux qui avaient solennellement, et souvent au péril de leur vie, confessé la foi du Christ, étaient inscrits de droit sur ces listes.

Le clergé, réuni au peuple, sous l'autorité de l'évêque ou du président de l'assemblée des fidèles, déclarait saints ceux que l'on croyait admis, après leur mort, à la béatitude éternelle; toute l'Église adhérait à ces décisions. Dans la suite, on abandonna cette sincérité et cette bonne foi; les examens devinrent moins sévères; on agit même si légèrement et avec tant d'indiscrétion, les abus furent si nombreux et causèrent de tels scandales, que les évêques de l'Église latine, d'un commun accord, remirent au pape le pouvoir de canoniser les saints, après un rigide et scrupuleux examen.

Le pape Léon III fut le premier qui fit usage de cette prérogative, en canonisant publiquement, au commencement du viiie siècle, saint Suribert. Tous ses successeurs ont, depuis ce temps, joui du privilége de canonisation, à l'exclusion de tous les évêques et de tout le clergé de l'Église latine et occidentale, qui a pris le nom d'Église romaine.

Outre les difficultés dont sont entourées

l'information et l'enquête qui doivent précéder la canonisation, les frais sont immenses; on ne les évalue pas à moins de plusieurs millions. Les décrets de canonisation ne sont qu'à la portée des fortunes royales ou de l'opulence des plus riches maisons de la chrétienté. C'est de cette manière que Rome a compris et interprété ce que le Christ a dit du royaume des cieux, ouvert surtout aux pauvres, les meilleurs amis de son Père.

Ces sommes sont principalement employées pour payer les agents et les missions politiques et diplomatiques auprès des cours étrangères, afin d'arriver à une béatification préalable, mots qui indiquent une déclaration du pape annonçant qu'il existe plusieurs motifs de canoniser le bienheureux, quoique sa béatitude ne soit pas certaine. L'argent est aussi distribué aux protonotaires apostoliques, et aux prélats chargés d'entendre les témoins et de recueillir les preuves de la sainteté de la vie et des miracles de celui qu'on présente comme bienheureux.

C'est ordinairement bien plus par les miracles que par les bonnes œuvres que s'établit la béatitude; les uns sont toujours plus faciles à trouver que les autres. Les faux prodiges, ceux de la nature des merveilles opérées par les magiciens d'Egypte dans leur lutte contre Moïse, sont nombreux, d'ailleurs; que de phénomènes naturels ont dû paraître surprenants lorsque l'ignorance ne pouvait les expliquer! Christophe Colomb, averti par des signes certains, sauve sa vie des fureurs d'un équipage mutiné, en leur promettant, dans trois jours, le nouveau monde qui semblait fuir devant eux; l'éclipse de soleil qu'il annonça aux peuplades du rivage dont il venait de prendre possession les soumit à sa volonté. En fouillant profondément l'histoire des miracles, on en trouverait un bon nombre que la science actuelle expliquerait par les lois de la nature. Ce qu'il y a de vrai, c'est que les miracles sont devenus moins fréquents à mesure que les lumières ont éclairé l'esprit des peuples et dissipé les ténèbres qui enveloppent les secrets de la nature; mais il fut pendant longtemps facile d'attribuer au pouvoir céleste ou aux puissances de l'abime ce que l'on ne pouvait ni expliquer ni comprendre. L'obscurité et l'incertitude des miracles ont favorisé toutes les fraudes de la canonisation. Un autre fait domine d'ailleurs aujourd'hui tous les autres : la science et l'exactitude de ses calculs et de ses observations ont donné à des miracles attestés par l'Écriture elle-même d'éclatants démentis. Josué n'a point pu arrêter le soleil devant Gabaon pour obtenir de Dieu bon et clément le temps d'exterminer ses ennemis; le soleil est fixe, et c'est la planète terrestre qui accomplit autour de lui sa révolution. Il est démontré, pour tous les esprits droits et élevés, que la plupart des miracles fameux n'auraient pu être accomplis sans entraîner après eux une perturbation générale de l'ordre de l'univers. Chaque religion, l'idolâtrie elle-même, n'ont-elles pas leurs miracles?

Ces considérations si puissantes sont les motifs de la haine de Rome contre les lumières qui sapent par la base l'édifice qu'elle a élevé sur la crédulité des nations.

La procédure de la canonisation a des formalités qu'il importe de connaître.

Les témoignages de l'enquête recueillis en tout lieu sont produits devant les protonotaires apostoliques et autres officiers de la congrégation des rites, délégués par le pape pour l'instruction du *procès*. Ce nom est le mot propre; il y a des juges et des avocats qui discutent contradictoirement. Celui qui combat les preuves est appelé par le peuple *l'avocat du diable*. La cause étant

Le Palais des Papes, à Avignon.

mise en état est soumise à quatre consistoires tenus par le pape.

Dans le premier consistoire, le pape répond à la requête de béatitude et commet trois auditeurs de rote pour revoir diligemment le procès, et trois cardinaux pour le reviser après eux.

Au second consistoire, les cardinaux émettent leur sentiment sur la validité des preuves.

Si leur opinion a été favorable à l'autorité de ces témoignages, dans un troisième consistoire tenu publiquement dans la salle royale, un avocat consistorial fait, devant le pape et le sacré collége, le panégyrique du saint dont la canonisation est proposée.

Le quatrième consistoire, tenu dans la salle ducale, n'a qu'une demi-publicité; le pape y paraît simplement et sans cérémonial; l'*extrà omnes* fait sortir tous ceux qui n'appartiennent pas au sacré collége, et le pape, resté seul avec les cardinaux, prend leur avis par écrit; s'il y a unanimité, il prononce le décret de canonisation et fixe le jour de la cérémonie.

Ce jour étant venu, l'église de Saint-Pierre est splendidement ornée; elle est éclairée par des milliers de flambeaux; le portrait du saint se reproduit partout dans la magnificence de cette décoration. Le clergé séculier et régulier, la cour, les cardinaux et les prélats y arrivent en procession, précédant, accompagnant ou suivant le pape, avec des chants soutenus par des orchestres et des chœurs de musiciens. L'office de la messe est tiré du commun des martyrs, des confesseurs ou des vierges, selon la classe assignée au nouveau saint ; l'oraison secrète de la *collecte* est seule réservée et composée expressément pour demander le suffrage, c'est-à-dire l'intercession du nouveau saint.

Cette messe est célébrée avec la solennité de celle du couronnement du pape ; elle se distingue aussi des autres messes par une circonstance singulière. A l'offertoire, le cardinal-doyen, ou un autre des plus anciens cardinaux-évêques assistants, vient présenter au pape, assis sur son trône, deux pains, un petit baril de vin, trois cierges, deux tourterelles et quelques autres oiseaux enfermés dans deux cages grillées de fil d'argent, que le pape ouvre pour en tirer un de ces oiseaux, auquel il donne la liberté pendant que les autres sont retenus captifs dans les cages.

Cette cérémonie est symbolique ; les deux cages représentent les limbes et le purgatoire, d'où le pape prétend qu'il délivre les âmes qu'il veut introduire dans le ciel.

La congrégation des reliques est composée de six cardinaux et de quatre prélats ; elle compte dans son sein le cardinal-vicaire et le préfet de la sacristie du pape ; elle a dans ses attributions l'examen des reliques des anciens martyrs qu'on trouve souvent dans les catacombes et autres lieux souterrains de Rome. Les membres de cette congrégation inspectent les châsses, les ossements et les tombeaux, et séparent les saints vestiges des dépouilles profanes.

Les marques certaines du martyre qu'ont souffert ceux dont les restes se retrouvent dans les sépulcres sont : d'abord les petites ampoules de verre qui contiennent des restes ou des traces de sang, signes de leur supplice, enfermés avec leur corps ; quelques morceaux de l'instrument de leurs tortures, cimeterre, lance, épée, hache ou couteau ; enfin les inscriptions gravées sur les briques, cailloux ou pierres de taille. Les catacombes de Rome n'ont jamais été complétement explorées ; on leur donne une étendue de six milles ; on porte à cent soixante-dix mille le nombre des morts ensevelis dans cette nécropole.

S'il n'y a pas d'opposition à la certitude de ces témoignages, les reliques sont déclarées vraies, et on classe, selon leurs mérites, les divers ossements enfouis, sans nom, sous cette indication générale :

« Le même jour furent martyrisés et ensevelis avec ceux-ci plusieurs fidèles qui souffrirent la mort pour le même sujet. »

Lorsque le jugement est prononcé sur les reliques, on leur donne des noms selon les désirs de ceux qui les ont présentées, et qui sont en quelque sorte les parrains de ces vestiges. Les attestations sont délivrées gratuitement ou à un prix volontaire ; mais il est toujours fait abandon par les possesseurs des reliques de quelques fragments de ces précieux débris.

A Rome, le commerce des reliques est un des plus importants, il se renouvelle à une source inépuisable ; on y contrefait les reliques et leurs titres, comme on y contrefait les antiques. La science de l'anatomie a plus d'une fois donné de piquants démentis aux classements de la congrégation des reliques.

La congrégation des rites, fondée par Sixte-Quint, est établie pour régler les cérémonies et les rites des nouveaux offices des saints que chaque canonisation ajoute au calendrier romain. Cette assemblée connaît aussi de la canonisation et de toutes les pièces qui l'ont préparée.

Les termes du décret rendu pour la canonisation, et prononcé en latin, peuvent être ainsi traduits :

« A l'honneur de Dieu Père, Fils et Saint-Esprit, pour l'exaltation de la foi catholique, l'augmentation de la religion et de la consolation de N. — on nomme ici ceux qui font la poursuite et les frais de la canonisation ; — en vertu de l'autorité de Notre Seigneur Jésus-Christ, de celle de ses apôtres Pierre et Paul et de la nôtre, comme aussi, en conséquence, de l'avis du conseil et du consentement particulier de nos frères, nous décrétons et définissons que N. est maintenant dans la Jérusalem céleste, parmi les chœurs des bienheureux, et qu'il est fait participant de la vie éternelle, et qu'il doit être mis dans le catalogue des saints, et que nous y avons écrit nous-même son nom en présence de nos frères. C'est pourquoi nous déclarons et commandons qu'il soit religieusement honoré comme un véritable saint, tant en public qu'en particulier. Nous ordonnons aussi que sa fête soit célébrée toutes les années le jour de... et qu'on lui rende tous les honneurs que l'on sait devoir être rendus aux autres saints, dont les noms sont mis dans cette sorte de catalogue, et de qui les fidèles peuvent implorer le suffrage. »

Une autre superstition qui a toutes les complaisances de l'Église romaine, et pour laquelle le culte déploie une grande pompe, c'est le jubilé universel de l'année sainte, qui est encore emprunté, comme l'*agnus Dei*, au rite judaïque.

En hébreu, le mot jubilé signifie *rémission*, *repos*, *trompette*, parce que ce nom était donné à une année qui portait avec elle la *rémission* de toutes les dettes, obligations et engagements, un *repos* absolu, et que ce temps fortuné était annoncé au peuple par le son des *trompettes*.

Il y a, dans l'Église romaine, trois sortes d'indulgences : les *indulgences particulières*, qui s'appliquent à des peines disciplinaires ; les *indulgences plénières*, qui sont accordées à une nation ou à des individus pour la rémission de toutes leurs fautes ; et enfin l'*indulgence universelle*, donnée au monde entier. C'est le jubilé. On a voulu que Boniface VIII, élu vers la fin du XIIIe siècle, ait le premier fixé l'année du jubilé de siècle en siècle, pour des causes dont les auteurs qui ont traité cette matière ne conviennent pas. Il n'en est pas moins certain que le premier jubilé de l'Église romaine fut célébré en l'an 1300.

Clément VI, qui siégeait à Avignon, considérant que la durée ordinaire de la vie de l'homme ne peut atteindre cet espace de temps, le réduisit à cinquante ans, comme était celui des juifs. Il le fit célébrer à Rome par ses légats, les cardinaux Annibal Ceccano et Guy de Sainte-Cécile, en 1350, qu'il envoya pour ouvrir les portes saintes. Le pape Urbain VI, en 1389, fit un bref par lequel il réduisit le délai du jubilé à trente-trois ans, le nombre des années de la vie de Jésus-Christ, malgré de sérieux chronologues qui affirment qu'il a vécu plus longtemps. En vertu de ce bref, Boniface IX célébra ce jubilé en 1390, et Martin V le célébra en 1423. Nicolas V abrégea ce délai de six années, et fit publier un jubilé en 1450. Paul II et Sixte IV réduisirent le délai à vingt-cinq ans, et ce dernier pape le célébra en 1475. Depuis ce temps, on n'a plus avancé ni reculé ce terme ; mais les papes qui ont régné après cette époque ont introduit l'usage de faire publier un jubilé universel l'année de leur avènement au pontificat, et dans d'autres occasions extraordinaires, pour invoquer le secours céleste ; les portes saintes ne sont toutefois ouvertes qu'après une période de vingt-cinq années.

La bulle du jubilé est publiée le jour de l'Ascension de l'année précédente, quand le pape donne la bénédiction solennelle.

Un sous-diacre apostolique lit devant la cour de Rome la bulle en latin ; un autre la lit au peuple en italien. Les douze trompettes ordinaires du pape ex utent des fanfares ; les douze veneurs les accompagnent avec leurs cors d'argent, et l'artillerie du château Saint-Ange répond à ces saluts.

Le quatrième dimanche de l'Avent, le jubilé est annoncé de nouveau, et durant les trois jours qui précèdent la fête de Noël, les cloches, sonnant à toute volée, annoncent pour le lendemain le commencement de l'année sainte.

L'ouverture des portes saintes, par où le pape fait passer ceux qui vont faire les stations et les prières ordonnées dans les quatre basiliques de Rome, représente l'ouverture même des portes du ciel. Cette cérémonie a ordinairement lieu la veille du jour de Noël ; elle est faite par le pape lui-même, qui est remplacé, en cas d'empêchement, par le cardinal-doyen. Le 24 décembre, on se rend en procession du palais apostolique à Saint-Pierre, dont il trouve les portes fermées ; aux trois autres basiliques, des légats *à latere* sont délégués, le doyen du sacré collège à Saint-Paul hors des murs, et les cardinaux-archiprêtres de Saint-Jean-de-Latran et de Sainte-Marie-Majeure sont envoyés à ces églises ; mais ils ne quittent Saint-Pierre que lorsque la *funzione* pontificale est achevée.

Le pape se place sur un trône élevé devant la grande porte de Saint-Pierre, au milieu du portique ; il s'y repose quelque temps ; puis le premier prince du trône lui présente un marteau d'or qu'il prend de la main droite ; il descend vers la porte sainte qui est murée ; il frappe trois coups avec le marteau, un en haut, un au milieu et un en bas, en disant : « *Aperite portas justitiæ.* — Ouvrez les portes de la justice. » Les maçons de la fabrique de Saint-Pierre jettent à bas la muraille qui bouche la porte sainte, et en distribuent les matériaux aux assistants, qui s'empressent de les recevoir et qui les gardent comme de précieuses reliques.

Aussitôt après que cette porte est ouverte, les pénitenciers de Saint-Pierre lavent avec de l'eau bénite les linteaux, les jambages et les moulures de la porte sainte La cérémonie s'achève au milieu des chants. Le pape, après avoir récité des oraisons, se met à genoux et prie, la croix à la main, devant la porte sainte ; on entre dans l'église, on dit des vêpres en tenant chapelle papale ; après quoi les cardinaux, sous des capes rouges, accompagnent le pape jusqu'à la porte de son appartement et remontent en carrosse. Pendant que les cardinaux-légats vont faire, pour l'ouverture des portes saintes, les mêmes cérémonies aux basiliques que la bulle ordonne de visiter, les habitants de Rome doivent y aller trente fois et les étrangers quinze fois. L'année suivante, on ferme les portes saintes presque avec le même cérémonial.

Le dernier jubilé est de l'année 1826. Le pape Léon XII envoya à la duchesse d'Angoulême le marteau avec lequel il avait ouvert la porta santa.

Le prochain jubilé aurait donc lieu en 1851 ; il est permis d'espérer qu'on ne verra plus, comme on l'a vu, les rois et les grands corps de l'État marcher dans les rues, à la suite du clergé, en procession triomphale.

Ces superstitions de l'Église romaine sont empreintes d'un singulier mélange de bassesse et d'orgueil, de sottise et d'astuce ; à la fois ambitieuses et mesquines, impies et fastueuses, elle dénotent le vrai caractère de l'Église de Rome.

CHAPITRE XXXII

Les Processions.

La semaine sainte était proche ; à Rome, on l'appelle *la santa*. Les préoccupations dont ce moment est l'objet pour toute la population religieuse de Rome délivrèrent pendant quelque temps la jeune juive des obsessions dont elle était l'objet. Les couvents de religieux étaient tous dans une agitation violente, chacun voulant se distinguer des autres par l'ordre et la pompe, par le mérite du chant, dont la population romaine est si curieuse, par l'éclat et le nombre des lumières, et aussi par le faste des ornements. Toutes les communautés de femmes étaient occupées à ces travaux ; broder, plisser, coudre et blanchir le linge de l'autel, les rochets, les aubes et le surplis des prêtres et des lévites ; telle était l'œuvre qui avait remplacé tout autre soin, et qui trouvait assidues et empressées, vieilles et jeunes, les novices, les sœurs, et l'abbesse qui présidait à ce mouvement ; c'était une ruche d'abeilles sans cesse en activité.

On conçoit que dans cette effervescence féminine la langue ne se reposait pas plus que les mains, et les caquets du cloître passaient tout en revue.

D'abord c'étaient de longs et fastueux récits sur les magnificences de Saint-Pierre, la grande basilique, et des chapelles du Vatican, pendant les *funzioni* de *la santa*. Il y a, dans ces splendeurs, un appareil majestueux et superbe qu'on ne saurait contester. La surprise et l'étonnement qu'éprouvent tous les sens, émus à la fois, livrent sans défense l'esprit, l'âme, le cœur et l'imagination à ces puissantes impressions. L'Église romaine et son chef apparaissent alors avec tout ce qui pourrait les recommander à la vénération et à l'enthousiasme des peuples. Plus on est frappé par ce magnifique spectacle, plus on se prend à regretter que la salutaire influence et l'autorité morale qui devaient descendre de si haut sur les peuples, aient été indignement perverties, et que ce pouvoir presque divin ait si misérablement succombé sous les passions humaines de ceux qui l'ont usurpé.

La santa, il faut le dire, est loin d'inspirer les émotions pieuses qu'on devrait attendre de ce déploiement sacré ; il n'est même pas rare que l'idée que fait naître ce spectacle soit tout à fait opposée au sentiment religieux, lorsqu'on revoit par la pensée, ainsi que le fit Noëmi, le drame évangélique de la Passion du Christ accompli dans un espace de sept jours, comme la création du monde, depuis l'entrée triomphale du Fils de l'homme dans Jérusalem, jusqu'au sommet de la montagne douloureuse, et depuis le dernier soupir rendu sur la croix du Golgotha jusqu'au premier rayon de la résurrection glorieuse.

Dans l'Évangile se rencontrent partout, sous l'allégresse même du triomphe, l'humilité et la soumission ; partout les larmes, les gémissements et les lamentations fuient le luxe et l'éclat, et ce n'est qu'auprès du sépulcre ouvert que retentit le cantique de joie et d'actions de grâces. Pour honorer cette divine commémoration d'une manière digne de sa grandeur, il fallait écouter les enseignements qu'elle ramène avec elle chaque année, et suivre les humbles préceptes que le Christ et sa doctrine nous on légués en ce moment suprême.

C'est pendant cette semaine que le Christ a parcourue au milieu de l'agonie du jardin des Oliviers, veillée dolente, trempée de ses sueurs et de son sang, au milieu de la trahison du disciple qui le livra à ses ennemis, des outrages, des insultes, des tourments, de l'iniquité des uns et de la fureur des autres, et de toutes ces tortures échelonnées sur le chemin qui le vit plier sous le fardeau de la croix à laquelle il allait être attaché, que le pontife romain se montre au monde catholique avec un redoublement de faste et d'orgueil ; c'est alors que l'Église romaine tient sur l'autel même du Christ crucifié sa cour pontificale !

On a prétendu que si *la santa* était pour l'Église catholique le temps des plus vives douleurs, c'était aussi pour elle le moment des joies les plus grandes. Le mystère de la rédemption y est accompli, et le sacrement de l'eucharistie, qui lie si étroitement l'homme à la Divinité, y est fondé ; ce sont les deux bases sur lesquelles la foi annoncée par le Christ est établie jusqu'à la fin des siècles. Quel plus grand sujet d'allégresse peut avoir l'Église ? et n'est-ce point pour de tels souvenirs qu'elle doit réserver ses plus splendides ornements ?

Sans doute cette joie du sanctuaire est légitime ; mais n'est-ce point offenser ce qu'on veut honorer, que de prodiguer les biens de son Église bien plus pour la vanité et l'ostentation d'un homme que pour la gloire de Dieu, qui n'a pas besoin de ce luxe si loin de sa grandeur ?

Il est dans *la santa* deux jours principalement consacrés à des cérémonies d'une signification touchante : c'est celui du jeudi saint et celui du vendredi, où le Christ expira en demandant à son Père de pardonner à ceux qui le faisaient mourir. Le jeudi saint, le pape monte dans la loge de Saint-Pierre, et, en présence du peuple rassemblé sur la place, il fait publier la bulle *In cœna domini*, par laquelle il excommunie tous les hérétiques, tous ceux qui tiennent des biens de l'Église ; et il jette, de la loge en bas, un gros flambeau allumé en prononçant l'anathème de l'excommunication. Étrange interprétation de la bonté du Christ, qui, dans le dernier repas qu'il fit avec ses disciples, pardonna à celui d'entre eux qui devait le trahir.

Quant au lavement des pieds, cet acte d'humilité par lequel Jésus voulut, dans un dernier enseignement, graver dans le cœur de ses disciples la simple et modeste résignation de sa doctrine, et leur rappeler d'une manière frappante ce qu'il avait dit de ceux dont le cœur est doux et humble, le cérémonial de l'Église romaine, d'accord avec l'étiquette de la cour de Rome, en a changé l'auguste et saint caractère.

Le pape, sans chape et portant un tablier, lave les pieds de treize pauvres prêtres étrangers, qui sont assis sur un banc élevé et vêtus d'un habit de camelot blanc, avec une espèce de capuchon tombant jusqu'à mi-bras. Ce vêtement est réputé *apostolique*. Ces prêtres ont la jambe droite nue et bien savonnée avant de la présenter. Le pape lave cette jambe, et fait donner par le trésorier à chacun de ces prêtres deux médailles, l'une d'or et l'autre d'argent, qui sont du poids d'une once. Le majordome leur remet une serviette, avec laquelle le doyen des cardinaux, ou un des plus anciens évêques du collége apostolique, leur essuie les pieds. Le pape retourne à sa chaise, ôte son tablier, se lave les mains dans l'eau qui lui est versée par le plus noble des laïques présents, et se les essuie avec une serviette que lui présente le premier cardinal-évêque. Le saint-père se retire ensuite dans son appartement, accompagné par les cardinaux.

Est-il possible de retrouver, dans cette

orgueilleuse représentation, la moindre trace de la tradition évangélique?

Les treize prêtres, que durant tout ce jour on appelle les *apôtres*, sont conduits dans une salle où un repas splendide est préparé ; le pape est présent et les voit prendre place à cette table ; il leur présente le premier plat et leur verse le premier verre de vin ; à cette occasion, il leur distribue des grâces et des priviléges.

Pendant le repas, en guise de la lecture spirituelle des réfectoires des communautés religieuses, le prédicateur ordinaire du pape leur fait un sermon.

En même temps, les cardinaux se sont assis à un banquet plus magnifique et plus délicat que celui des apôtres. Ils se rangent sur les flancs d'une table longue toute couverte de pyramides, de statues, de palais, d'animaux et d'autres figures en sucreries peintes de toutes couleurs et servies dans de grands plats. Ce sont les parents du pape qui font les honneurs de cette table. Les aumôniers des cardinaux leur attachent sous le menton une petite serviette ; les estafiers leur servent un petit potage, et à chacun les plats par portion séparée. De là, les cardinaux se rendent dans une salle vaste, élégante et commode, où ils se reposent en attendant l'heure des *ténèbres*, qu'on chante dans la chapelle Sixtine ; pour ces offices, les cardinaux qui y mêlent leur voix ont adopté la plus lugubre psalmodie qui se puisse imaginer.

Quand le pape ne peut faire lui-même le lavement des pieds, cette fonction est confiée au cardinal-doyen.

On a beaucoup vanté l'excellence de la musique religieuse de *la santa* ; les lamentations du prophète et les gémissements du repentir du roi pénitent s'accommodent mal de ces délices et de ces raffinements mondains ; plus d'un pape l'a compris, et quelques-uns ont essayé de rétablir dans le culte la noble gravité du chant grégorien.

En pénétrant dans les nombreux orchestres et dans les chœurs qui sont réunis dans Saint-Pierre le vendredi saint pour y chanter les hymnes de douleur et de componction, la surprise est grande ; on y rencontre une foule de clercs portant la soutane et le petit collet, folâtres et éventés. Parmi eux, on trouvait encore des victimes d'une cruelle et infâme mutilation que la morale et la religion repoussent. Depuis trois années seulement, le chant sacré a été, dit-on, purgé de cette souillure et du contact des profanes délicatesses de la scène.

Le nombre ou plutôt la multitude des ecclésiastiques de tous les rangs, vêtus de soie violette et de rochets de dentelles, et la foule de leurs acolytes, remplissent une triple rangée de stalles. Ce faste et cette affluence sont autant de témoignages vivants de l'ambition et de la cupidité du clergé romain.

A Rome, les cérémonies de *la santa* n'excitent point un recueillement véritable. Rien n'est plus loin de la véritable piété que la dévotion romaine, sa turbulence, sa frénésie et ses excès. Les scènes extravagantes et furieuses que l'on a vues ailleurs se reproduisent dans les cérémonies pontificales de *la santa* ; l'assistance et le clergé de tout rang sont dans un perpétuel échange de distractions.

Aussi, à Rome même, on se raille gaiement de ces fastueux mensonges. Jadis, Pasquino n'a-t-il pas dit que *la santa* était le carnaval de l'Église romaine ? Et Marphorio n'a-t-il pas comparé ces magnificences sur les ruines de l'Église aux pompes des funérailles que les héritiers font au défunt dont ils recueillent les biens ? Ces propos, on les répète encore tout bas.

Le clergé romain s'assemble cinq fois par année pour les processions générales.

L'ordre commun à toutes ces processions est ainsi réglé : il ne faut pas oublier que, dans le cérémonial de l'Église catholique, les premiers sont les derniers.

Tous les moines mendiants et les ordres rentés, qui composent le clergé régulier, ouvrent la marche, selon la date de leur établissement à Rome.

Dans le clergé séculier, les chapitres des grandes basiliques ont le pas sur les autres ; après eux viennent deux chapitres insignes, celui de Sainte-Marie au delà du Tibre, et celui de Saint-Laurent *in Damaso*, qui alternent entre eux la préséance. Le reste du clergé séculier comprend les curés de Rome et les chapitres, dont quelques-uns marchent sous une même croix. Leur préséance est réglée par un camerlingue qui porte seul l'étole ; il est trois ans curé et trois ans chanoine, afin de mieux tenir la balance entre les paroisses et les chapitres.

Le jour de Saint-Marc, tout le clergé s'assemble dans l'église de ce saint, pour se rendre à Saint-Pierre.

Après les petits orphelins et ceux du collége Salviati, vingt-quatre communautés de religieux d'ordres différents prennent le rang qui leur est assigné ; les chanoines réguliers de Saint-Pierre et ceux de la Paix précèdent les curés de Rome, marchant selon l'ordre d'ancienneté, et précédés eux-mêmes par les clercs du séminaire romain, les vicaires et les chapelains des quatre-vingt-huit paroisses de Rome ; seize chapitres de chanoines suivent par rang d'ancienneté. La marche est fermée par le vice-gérant, accompagné d'un diacre et d'un sous-diacre et suivi d'une foule nombreuse.

Les trois jours des Rogations, cette réunion se renouvelle avec d'autres ordres qui se joignent à elle ; malgré cette affluence, il y a plusieurs ordres que les travaux des écoles et d'autres considérations retiennent.

Les jésuites ne paraissent qu'aux processions papales.

Aux processions romaines, on voit marcher cinq à six mille prêtres, moines ou clercs. Trente-sept confréries s'avancent sous la bannière de leur saint ; vingt autres marchent sous la bannière du saint sacrement ; huit s'avancent sous des bannières différentes, dont l'une est la bannière de la mort.

Toutes ces bannières sont des drapeaux et des étendards sous lesquels se groupent des légions de moines, des bataillons d'affiliés, des troupes de prélats qui, tous ensemble, forment un gros corps de milice religieuse bariolé de falots, de lanternes, de cierges, de carrosses, de croix, de crucifix, de masses, de bâtons et de baguettes, en avant et en arrière, au son des cloches, des chants et des instruments, avec mille bruits assourdissants.

La plus remarquable de ces processions est celle du *Corpus Domini* ou de la *Fête-Dieu*. Le pape, accompagné de toute la cour de Rome, de l'Église romaine et du clergé romain, de sa maison, de ses troupes et des corps de l'État, porté sur la haute litière pontificale, trône mobile dans lequel il paraît prosterné tandis qu'il est assis, que recouvre un dais, et autour duquel s'agitent les grands éventails en plumes de paon, et que les patriarches, les archevêques, les évêques, les nobles italiens, les conservateurs, le sénateur et les capitaines de quartiers se disputent le droit de porter, tenant dans ses mains le saint-sacrement posé sur une tablette de bois doré, dans un ostensoir radieux d'or, de lumière et de pierreries, parcourt plusieurs quartiers de Rome. La procession passe sous les portiques de la place de Saint-Pierre, entre dans la rue qui va au pont Saint-Ange, et revient à Saint-Pierre par le vieux bourg.

La noblesse, les princes, les ambassa-

La Bénédiction.

deurs et les étrangers de distinction se joignent à ce cortége colossal. Cette marche ne dure pas moins de quatre heures, et fait environ mille pieds géométriques ; sa marche est lente et composée. Le luxe des ornements et la magnificence des habits sacerdotaux, des costumes et des uniformes, y sont excessifs, mais plus splendides qu'élégants, comme tout le faste romain, dont l'opulence écrase le goût.

Pendant le temps de ce défilé, le château Saint-Ange fait trois décharges de son artillerie et de ses boîtes ; la première, quand le pape sort de la chapelle Pauline ; lorsqu'il prend dans ses mains l'ostensoir, la couleuvrine de Saint-Pierre l'annonce par une détonation ; la seconde décharge se fait au moment où le pape quitte le portique du collége apostolique, et la troisième quand il entre sur la place Saint-Jacques.

Cette procession est si essentiellement pontificale, qu'en l'absence du pape retenu par quelque empêchement, les princes et les ambassadeurs n'y assistent pas.

Toutes les paroisses de Rome ont leur procession de la Fête-Dieu ; celle del Gesu, l'église des jésuites, est la plus magnifique. De l'église splendidement tapissée sort une procession qui parcourt des rues jonchées de fleurs d'oranger et de jasmin, et tendues de toiles d'or et d'argent. Les ornements des jésuites sont resplendissants de pierreries mêlées de perles et composés des plus riches étoffes.

A la procession pontificale, le premier cardinal-diacre est assis à la porte du palais apostolique, ayant le gouverneur de Rome à sa droite, et à sa gauche le majordome du pape ; ils sont là pour prévenir et régler les différends touchant les préséances ; ils ont le droit de donner des ordres aux suisses, aux gardes, aux soldats et aux chevau-légers, qu'ils placent deux à deux, la lance en arrêt, au coin des rues où doit passer la procession.

Le jour de la fête de Saint-Pierre, il se passe quelque chose de semblable, et le soir la *girandola*, ce bouquet de neuf mille fusées, entoure de feux et d'éclats la coupole du dôme, qui craque et s'écroule comme Rome au milieu de ces splendeurs d'un moment.

On lit dans les *Mémoires de Coulanges* l'histoire des deux conclaves d'Alexandre VIII et d'Innocent XII, et les détails suivants sur une procession romaine :

« L'après-dîner du jeudi saint, les *ténèbres* furent dites à l'ordinaire dans la chapelle du Vatican, et, pour moi, je m'en allai d'église en église pour voir les reposoirs, dont quelques-uns étaient tout à fait beaux. Je me trouvai par hasard dans une petite église où je vis représenter une comédie spirituelle dont le sujet était la Vierge se lamentant sur la mort de Notre Seigneur, ce qui donnait lieu à des machines et à des minauderies fort ridicules ; mais rien ne me surprit tant que la procession des pénitents, qui se fit le même jour sur les onze heures et demie du soir.

« Je me rendis dans la place de Saint-Pierre, où je la vis arriver ; elle part tous les ans, à dix heures et demie du soir, de l'oratoire de Saint-Marcel, et vient à petits pas dans le Vatican faire une station dans la chapelle Pauline, devant le saint-sacrement, et de là dans Saint-Pierre, où on lui fait voir toutes les reliques qui s'y conservent. De ma vie, je n'ai rien vu qui donne moins de dévotion et plus d'horreur ; la croix et la bannière étaient à la tête ; ensuite marchaient les cardinaux Azzolini, landgrave (Frédéric de Hesse-Darmstad), et Carlo Barberini, revêtus chacun d'un sac, ayant le bourdon à la main, précédés de tous leurs domestiques vêtus de livrées, et de quantité d'artisans tenant chacun un gros flambeau de cire blanche ; derrière les cardinaux venaient les pénitents revêtus de sacs gris, le visage couvert, le dos nu et exposé à une rude discipline avec laquelle ils se fustigeaient jusqu'au sang. Quelques-uns avaient des sacs blancs, sur lesquels ils secouaient la discipline pour faire paraître le sang et rendre la chose plus horrible; entre deux qui se fustigeaient, il y en avait deux autres portant chacun un flambeau, qui n'étaient proprement en cette place que pour faire voir le dos de leurs camarades. Il y en avait un qui se rendait remarquable entre les autres par l'extraordinaire discipline dont il se mortifiait; il était tout nu, à la réserve d'une espèce de manteau qui le couvrait par derrière depuis les épaules jusqu'en bas, et il tenait dans chaque main un peloton tout rempli de pointes d'épingles avec lesquelles il se piquait jusqu'au sang, s'égratignait et s'écorchait, se mettant enfin dans un tel état, qu'il n'y avait pas un seul endroit où il ne coulât du sang. Les capucins accompagnaient cette procession, encourageant ces pauvres diables, et leur présentant du vin et d'autres restaurants, afin de leur donner des forces et le moyen de continuer la momerie jusqu'au bout. On voyait, pour cet effet, des gens qui portaient sur leurs épaules des barils de vin et des mannes pleines de viandes — le jeudi saint ! — La procession était bien composée, en tout, tant de pénitents et d'autres, de huit cents personnes, qui marchaient à la lueur de plus de six cents flambeaux de cire blanche. Quand elle fut arrivée dans la chapelle Pauline, toutes les disciplines redoublèrent, aussi bien que dans Saint-Pierre, lorsqu'on fit voir les reliques.

« Je puis dire que cette procession ne donne point du tout de dévotion; l'on est tellement persuadé que ces gens sont payés pour se fesser, et que la plupart ont le dos et leur discipline frottés de quelques drogues qui ont la couleur du sang, que, bien loin de produire dans le cœur l'effet que les Italiens prétendent, cela fait horreur à tout le monde, ne donne aucune compassion, et ne rend les gens ni plus saints ni meilleurs. Je m'étonne, quant à moi, que les papes ne l'aient point supprimée, sachant les railleries et les contes que l'on en fait. »

Ces processions, qui promènent leur orgueil sur les catacombes où gisent les martyrs dont les souffrances ont fondé l'Église primitive, insultent à ces mémoires vénérées. Dans les rangs du haut et bas clergé, les rivalités sont opiniâtres et se manifestent avec furie. Tout cardinal veut être pape, et ainsi de suite sur tous les degrés de l'échelle; de ces convoitises ardentes et multipliées naissent les haines envieuses et méchantes, qui du sommet à la base dégradent l'édifice. En s'inclinant devant le pape, les cardinaux souhaitent de le voir quitter le trône pour aller jouir de la béatitude céleste. Le pape voit sans déplaisir diminuer le nombre des cardinaux, chaque vacance dans le sacré collège lui offrant une occasion d'exercer son pouvoir; cette satisfaction n'a point été refusée à Grégoire XVI, le pontife actuel, qui depuis son avénement a vu mourir soixante-deux cardinaux.

CHAPITRE XXXIII

Le Baptême de la Juive.

Noëmi, depuis quelques jours, n'entendait parler que de *la santa* et des brillants préparatifs auxquels elle donnait lieu. Pendant toute la durée de cette semaine, toutes les affaires sont en suspens; et la juive, dans son couvent, était également oubliée par ses ennemis et par ses amis. Cette indifférence n'était qu'à la surface, et lorsque tout inspirait à Noëmi une trompeuse quiétude, l'orage grondait et se rapprochait.

L'impatiente ambition de la signora Naldi stimulait l'indolente inertie de monsignor Pamphilio, et chaque jour elle le pressait de hâter la conclusion de cette affaire des juifs, qui était, pour leur avenir, un embarras dont il fallait se délivrer à tout prix.

Le prélat, tout occupé par un double soin, celui d'arracher son neveu à la terrible commission de Ravenne et celui de conserver intact son crédit à la cour de Rome, craignait et évitait tout ce qui pouvait augmenter les angoisses de sa position.

Cette négligence désolait la signora; elle prit le parti d'agir seule et de brusquer l'événement. Elle se rendit chez son directeur, un jésuite, dont l'autorité de casuiste faisait loi; et après avoir mis sa conscience en règle au moyen de ces restrictions mentales qui répondent à tout, elle se rendit au couvent où était renfermée Noëmi. Elle engagea l'abbesse, en s'appuyant sur des noms puissants et redoutés, à lui livrer Noëmi pour la journée du lendemain, celle du jeudi saint; elle refusait de donner aucune explication sur ses projets à l'égard de la jeune juive, qu'elle réclamait au nom de l'Église et du saint-office. La supérieure, tremblante d'effroi, se préparait à obéir, lorsque l'énergique résistance de Noëmi remit tout en question; elle refusa de suivre la signora, en déclarant qu'elle était sous l'immédiate protection du cardinal Ferdinand, qui seul pouvait disposer de sa personne; elle protestait contre toute violence, et menaçait d'avertir son protecteur des persécutions qu'on renouvelait au moment où elle se disposait à accorder ce qu'on avait exigé.

La signora, malgré son audace, n'osa point passer outre sans avoir consulté monsignor Pamphilio. Celui-ci n'hésita pas à lui conseiller de renoncer à cette périlleuse tentative.

Cependant la fille de Ben-Saül, inquiétée par ces agressions sans cesse répétées, sentit que, captive et loin de tout secours, elle ne pourrait pas toujours résister à la perfidie et aux entreprises iniques de la signora, dont elle connaissait les passions et les artifices. Pour cette lutte qui se ranimait, il lui fallait la liberté; c'est là que devaient se trouver la force et l'espérance.

Quelques bijoux restaient encore à Noëmi, elle en fit deux parts; l'une fut destinée à séduire la femme qui chaque jour lui apportait ses aliments, et à qui la jeunesse, la beauté et les largesses de la juive avaient inspiré une tendre compassion. Avec l'autre moitié, elle devait pourvoir à ses premiers besoins. Le plan d'évasion était facile à former et d'une exécution aisée; il ne s'agissait que de se procurer deux vêtements d'un des ordres charitables des saintes filles vouées au service des pauvres et des malades. Sous cet habit, Noëmi et sa compagne pourraient se rendre, sans inspirer des soupçons, à un asile préparé. Les offices du chœur, si multipliés pendant *la santa*, devaient favoriser la sortie du couvent.

Tout réussit au gré des désirs de la jeune fille ; elle se rendit dans un quartier retiré, chez une vieille femme de sa religion, et dans cet abri elle fut cachée à tous les regards.

Encore une fois seule contre le danger, Noëmi ne retrouva point d'abord la force qu'elle avait eue dans les mêmes circonstances ; elle se sentit fléchir ; sa tête, jadis si fière et si superbe, se courbait, et dans ses yeux elle sentait poindre des larmes que son cœur oppressé poussait sous ses paupières. Elle pensait tristement, la pauvre jeune fille, à tout ce qu'elle aimait. Soudain, comme elle l'avait éprouvé tant de fois, le souvenir de Paolo fit bondir son cœur, et dans l'ardent désir qu'elle éprouva de connaître le sort de celui qu'elle aimait, elle puisa la vigueur et la vie.

Le lendemain, elle sortit éperdue et insensée, avec la ferme résolution de se rendre auprès du cardinal Ferdinand, sinon pour le sommer de tenir sa parole, du moins afin d'obtenir de lui des éclaircissements sur la destinée de Paolo.

Noëmi n'avait point songé à la chapelle pontificale du vendredi saint ; elle trouva le palais du jeune cardinal encombré par une valetaille religieuse, et ne parvint qu'avec beaucoup de peine à apprendre que le membre du sacré collége était à Saint-Pierre. Un instant, elle eut l'idée d'aller jusque dans la basilique interroger ce prince de l'Église ; mais le sentiment et la conscience de l'exaltation à laquelle elle était en butte ne lui permirent pas de céder à cette pensée. Pour elle-même, et quand il ne s'agissait que de sa perte et de son salut, elle pouvait tout braver ; mais pour l'objet de sa tendresse, elle devait tout craindre.

En rentrant dans son refuge, Noëmi, à quelques pas de sa nouvelle demeure, rencontra une des nombreuses processions qui parcouraient Rome dans tous les sens ; elle se hâta pour gagner son gîte, mais elle se trouva engagée dans les premiers rangs, et, pour ne pas se faire remarquer, elle se mit à genoux avec la foule qui s'inclinait.

Pendant que la procession défilait devant elle, la juive la regarda avec une attention distraite ; mais ses yeux s'étaient fixés sur un jeune clerc placé à la gauche d'un prêtre en chasuble ; elle poussa un cri et tomba évanouie.

Le jeune homme se retourna, puis, entraîné par ceux qui marchaient près de lui, il n'eut que le temps de lever les mains et les yeux vers le ciel, avec un signe de détresse et de désespoir.

C'était Paolo !

Lorsque Noëmi, après un long évanouissement, fut rappelée à la vie, elle était garrottée, liée et couchée sur la paille, au fond d'un cachot bas, obscur, étroit, infect et humide.

Elle essayait vainement de rassembler ses idées, dont le fil se brisait à chaque instant dans sa pensée confuse.

La jeune juive ne se rappelait qu'une chose, et c'était dans les battements de son cœur qu'elle trouvait ce souvenir.

Elle avait vu Paolo, il vivait ! il était libre !

Et cependant, cet habit sacré, les riches ornements qu'il portait, c'étaient ceux de l'Église ! Il était donc engagé dans les liens de l'Église ; mais l'Église romaine proscrivait, chez ceux qu'elle soumettait à son obéissance, l'union que Dieu lui-même avait formée entre le premier homme et la compagne qu'il lui avait donnée.

Paolo était prêtre chrétien ! Elle ne pouvait donc plus être à Paolo.

Noëmi tomba dans un délire dont elle ne

sortit que brisée dans toutes ses facultés ; le corps et l'âme semblaient avoir succombé sous cette violente secousse.

La jeune juive n'était pas de ces victimes que l'on voulait frapper dans l'ombre ; elle devait tomber avec éclat, pour que sa chute épouvantât ses frères et les soumît aux volontés de Rome.

On lui prodigua des soins cruels, pour la conduire comme un holocauste sur l'autel où elle devait être sacrifiée.

Mais cette attente devait être trompée : Noëmi restait anéantie sous le coup qui l'avait atteinte.

Cet obstacle n'arrêta point les sinistres projets qu'on voulait achever sur elle au péril même de sa vie. Victime inanimée, elle restait exposée à d'implacables fureurs.

A quelque temps de là, Noëmi, qui depuis la dernière crise qu'elle avait traversée n'avait vu dans la cellule où elle était retenue qu'une façon de prêtre chargé de l'instruire, avait repris ses sens et sa raison ; elle ne prêtait aucune attention aux leçons de l'instituteur, qui lui disait, sur l'Église et sur la foi catholique, positivement le contraire de ce que les faits et l'étude lui en avaient appris.

Elle ne voyait plus que le désespoir dans une existence passée sans Paolo ; pour se rapprocher de l'objet de son amour, elle eût renié son Dieu et abandonné sa famille ; cette exaltation de sa tendresse et les transports de cette âme brûlante n'avaient point échappé au cardinal Ferdinand lors de la dernière entrevue qu'elle avait obtenue de lui, et c'est sur cette affection qu'il avait fondé l'espoir de sa fortune, par la conversion de Noëmi.

La juive, lorsqu'on lui demanda si elle était prête à recevoir le baptême, ne répondit point ; son silence fut regardé comme un consentement, sans qu'elle s'y opposât. Elle ne voyait plus dans la religion chrétienne que le droit, le devoir et le charme d'adorer et de prier le Dieu que priait et qu'adorait Paolo, et puis le vague espoir de se réunir à lui un jour dans une autre vie. C'était pour le présent un lien de l'âme, et pour l'avenir l'union des cœurs.

On lui parla du cloître, elle l'accepta comme une retraite assurée contre les bruits, les passions et les vices du monde, qu'elle craignait et qui importunaient son cœur, désormais séparé de son Dieu et de son père.

Il était arrivé à Noëmi ce qui arrive à toutes les âmes fortes jusqu'à l'excès : ce que n'avait pu obtenir la violence, elle le céda, vaincue par la fatigue et par le dégoût ; elle fut aussi faible qu'elle avait été énergique ; elle ressentit, après une vive excitation, le contre-coup de l'abattement moral et de la lassitude physique ; elle se coucha près du fardeau qu'elle ne pouvait plus porter, persuadée que la solitude était le seul refuge des âmes fatiguées comme la sienne.

Huit jours après que Noëmi eût donné son consentement, c'était, dès le matin, fête au couvent et dans les alentours.

Une juive qui se fait baptiser et qui prend le voile, c'était pour la communauté une double fortune.

Les sacristains et les tourières ne pouvaient contenir leurs ravissements, que partageaient les bedeaux et les bas estafiers de l'Église et de la sacristie ; et puis l'on racontait des merveilles de la cérémonie. Ce serait le cardinal Ferdinand, qui est depuis quelque temps si avant dans les bonnes grâces du santo-padre, qui présiderait la cérémonie. Le sermon serait fait par un jeune moine du couvent des dominicains ; on vante sa beauté et son onction ; ce sont les jésuites qui l'ont mis à la mode. Quelle gloire pour le couvent !

Le jour désigné vint enfin.

L'église était parée comme pour un jour de fête solennelle; partout les guirlandes de fleurs et de feuillages s'étendaient en longs et verdoyants festons; l'autel était resplendissant et fleuri; tout annonçait l'allégresse du sanctuaire. Les apprêts rappelaient à Noëmi ceux d'une cérémonie de ce genre qu'elle avait vue avec la signora Naldi; c'était la prise d'habit de la marquise de Porzia Patrizzi. Jeune et riche, elle aussi avait quitté le monde sans l'avoir connu; elle y renonça avec résignation. Pour elle aussi, l'église avait pris ses habits de fête et fait retentir ses plus harmonieuses symphonies.

Dès le matin, on s'était empressé pour parer Noëmi; de bonne heure, la signora Naldi avait envoyé une de ses *cameriere* avec de riches ajustements et un écrin de joyaux précieux; cette femme, instruite dans l'art d'embellir, devait présider elle-même à la toilette de la jeune juive.

Au dehors de l'église, la foule était nombreuse; les mendiants assiégeaient les beaux équipages; les femmes, les cavaliers, les prélats et les abbés se pressaient à l'entrée.

Au dedans, le chœur était rempli de personnes de condition, parmi lesquelles se faisait remarquer monsignor Pamphilio assis à une place d'honneur; dans les hautes tribunes, la signora Naldi, étincelante de pierreries, brillait entre toutes les femmes. L'église présentait un coup d'œil magnifique, et les cantiques dont les voix des religieuses faisaient monter jusqu'à la voûte les suaves mélodies, préludaient à la solennité au milieu d'un nuage d'encens.

Le clergé ramenait en procession le cardinal qu'il était allé chercher jusqu'au parvis, lorsque Noëmi parut à la porte du chœur, sans y entrer, accompagnée par l'abbesse et le prêtre qui l'avait instruite.

La beauté de la jeune juive fit pousser un cri d'admiration; vêtue de blanc comme une catéchumène, enveloppée dans un long voile transparent, comme dans une vapeur de l'air, Noëmi avait un charme virginal et une angélique pureté. Les fleurs et les diamants se jouaient en mille fantaisies ravissantes dans sa coiffure et sur toute sa personne. Cette pâleur de marbre qui faisait comparer le buste de Noëmi à celui d'une statue antique, était alors plus mate et plus solide. Dans ses yeux était l'égarement, sur son front se plaçait quelque chose de fatal. La juive regardait tout sans rien voir; elle était étrangère à ce qui se passait autour d'elle.

On procéda d'abord à la cérémonie du baptême. Noëmi avait pour parrain un jeune cavalier et pour marraine une jeune demoiselle, tous deux riches, nobles, beaux. Elle se laissa conduire aux fonts baptismaux sans résistance; elle reçut la sainte immersion sans sortir de l'immobilité profonde qui semblait l'absorber tout entière.

On se préparait à la dépouiller de sa parure mondaine, et déjà le voile était prêt, les ciseaux qui devaient faire tomber sa noire et épaisse chevelure menaçaient son front, lorsque tout à coup un jeune clerc, portant la dalmatique de sous-diacre, écarta le clergé et tout ce qui se trouvait entre lui et Noëmi; puis, s'avançant vers elle et la prenant par la main:

« Elle est chrétienne, s'écria-t-il, vous n'irez pas plus loin. »

A l'étonnement et à la stupeur que causa cette inconcevable action, succéda un effroyable tumulte; les menaces éclataient de toutes parts contre ce prêtre sacrilège qui souillait le sanctuaire par un horrible attentat. Paolo, ferme et debout devant cet orage, bravait la violence qui se précipitait vers lui; sa voix et son regard devinrent formidables, et il s'écriait:

Arrêtez! je ne suis point prêtre; simple

sous-diacre, je n'ai point encore franchi le pas qui me sépare du monde. A cette jeune fille, maintenant chrétienne, je suis uni devant Dieu. »

Ces paroles ne calmaient pas la fureur d'une multitude irritée et fanatique, quand un vieux prêtre, vêtu d'un simple surplis, et que son humilité avait relégué dans les derniers rangs du clergé, s'avançant à son tour, apostropha Pamphilio.

« Monsignor, lui dit-il, lisez cet écrit avant de rien entreprendre contre ce jeune homme. »

C'était dom Salvi; grave, imposant comme le ministre de la justice divine, il remit au prélat une lettre; celui-ci, après en avoir rapidement parcouru les lignes, cacha son visage entre ses mains; en même temps, la signora Naldi calma les transports furieux qu'elle faisait éclater du haut de la tribune; on laissa retomber le voile épais qui séparait le chœur de la nef, pour cacher aux fidèles le clergé et la communauté qui fuyaient épouvantés.

La commotion avait été trop violente; l'organisation de Noëmi, déjà si fortement ébranlée par de précédentes agitations, ne put résister à ce choc; sur les dalles froides et humides, elle tomba froide et inanimée, et Paolo ne trouva que les restes sacrés de celle dont l'âme venait de remonter vers le Créateur pure et sans tache.

Quelques jours après cet événement, par lequel Rome tout entière fut d'abord émue, la signora Naldi et le prélat Pamphilio conduisaient dans leur carrosse un pauvre fou, Paolo, le fruit d'un amour coupable, leur fils, cet enfant dont leur ambition les avait séparés et qui fut mystérieusement remis aux soins de dom Salvi, alors curé de Nettuno. Le billet que le vieux prêtre avait présenté à monsignor Pamphilio était celui qui avait été placé dans le berceau de l'enfant, pour prouver un jour sa naissance.

Ben-Saül, le père de Noëmi, inflexible dans sa croyance, ne donna pas même une larme à sa fille, morte infidèle à la foi de ses pères. Ben-Jacob, accablé de vieillesse, toujours tremblant et blotti sur son coffre-fort, existe encore au fond du Ghetto, sous l'impression d'une terreur qui ne finira qu'avec lui. Emmanuel, fils de Ben-Jacob, celui qui fût destiné à Noëmi, est aujourd'hui un des premiers négociants de Trieste, et demeure opiniâtre dans sa haine contre le gouvernement de Rome; c'est un des principaux chefs de la ligue israélite formée contre les emprunts pontificaux.

Le cardinal Ferdinand, dont la faveur s'accroît chaque jour, a confié au savant dom Salvi le soin de sa bibliothèque, une des plus riches et des plus estimées de Rome. Le vieux prêtre, fidèle à ses habitudes simples et modestes, partage son temps entre les deux objets de ses plus chères affections, ses livres, et Paolo qu'il va revoir chaque jour.

La signora Naldi, après une retraite de quelques mois, a reparu dans la société romaine; elle se mêle de charité et de philanthropie, et refait directement sa fortune en administrant le bien des pauvres.

Monsignor Pamphilio, cloué dans son fauteuil par d'atroces douleurs, est condamné à une inaction complète; il a eu récemment un accès qui a mis sa vie en péril; il venait d'apprendre que Stephan, protégé ainsi que Paolo contre une sentence capitale par la protection du cardinal Ferdinand, était rentré dans l'ordre de la Trappe, en France, dans la Grande-Chartreuse de Grenoble. Deux motifs lui avaient commandé cette résolution : le premier était sa parole donnée dans les ordres; le second était le désir de s'éloigner de la corruption romaine, dont il avait pu mesurer toute la profondeur. Son oncle sait maintenant que la souffrance peut remplacer le remords.

Noémi se sauve sous l'habit de religieuse.

Ainsi le peuple romain, la cour de Rome et l'Église romaine insultent, à la face du monde, la morale et la religion sur lesquelles ils ont élevé un édifice de fraude et d'imposture. L'usurpation temporelle a frappé mortellement l'action spirituelle; celle-ci, par ses abominables excès et par ses monstrueux abus, a ruiné le pouvoir temporel; dans ce double naufrage, dans cette tourmente qui a bouleversé le monde entier, la foi du Christ, sa doctrine et ses préceptes, enseignés par les apôtres et l'Église elle-même, ont péri. Seule, dans l'univers chrétien, Rome contemple ce désastre immense sans s'émouvoir, et sur cet amas de ruines elle pose son orgueil et sa dissolution.

Les reproches et le blâme n'ont rien qui blesse Rome; elle est l'ennemi le plus constant et le plus implacable de la religion catholique, dont elle se proclame le soutien.

Les vertus et les devoirs, l'humilité, la pauvreté et la charité qu'enseignent, imposent et prescrivent le Christ et les apôtres, qu'en pourrait-elle faire, cette cité impure et flétrie par tant de souillures et d'opprobres? Est-ce que l'orgueil, la cupidité, la mollesse et la licence des chefs de l'Église romaine pourraient subir la rude simplicité et l'austérité des mérites et des souffrances de l'Église primitive?

C'est en haine d'une religion dont les sévères prescriptions épouvantent son infâme volupté que Rome a, dans le cours des siècles, étouffé sous la pourpre du pontificat les traditions de la vie apostolique. Elle a méchamment perverti et dépravé le culte et le dogme, pour voiler sous un faste mensonger son impiété et ses profanations.

A l'abri de cette fraude sacrée, elle a voulu asservir l'intelligence humaine. Comme les gouvernements nés de la liberté, et qui renient leur origine populaire pour se débarrasser d'obligations importunes, Rome n'agit envers la religion catholique que dans la vue de se délivrer des fâcheuses prescriptions qui gênent et contrarient ses passions cupides, superbes et impures.

Rome catholique établirait son empire sur les débris du monde chrétien, s'il ne fallait qu'immoler à son ambition et à son avarice une religion dont elle se joue plus que ceux-là même qui paraissent la combattre avec le plus de violence.

Ce n'est donc point par le côté religieux qu'il faut attaquer Rome : elle n'ignore point aujourd'hui que le monde n'est plus la dupe de son artificieuse hypocrisie. La puissance spirituelle des papes est ruinée ; Rome le sait, et pour sauver la barque de saint Pierre qui chavire, elle jettera, s'il le faut, par-dessus le bord tout le bagage sacré.

C'est la puissance temporelle de Rome qu'il faut battre en brèche ; caduc et lézardé, l'édifice pontifical s'écroule. Que les lumières, la civilisation et le progrès ferment à la domination romaine les avenues de tous les États; que ses milices sacrées soient partout légalement proscrites ; que l'impôt que lèvent sur les consciences ses exactions religieuses soit frappé d'interdit ; que tout emprunt lui soit refusé; que le clergé catholique de toutes les nations soit soumis aux lois de chaque État et dégagé de l'obédience et de la vassalité romaine, et Rome, réduite à son exiguïté réelle, à ses étroites proportions et à ses ressources chétives et amoindries, loin de la vie européenne et intellectuelle, achèvera paisiblement l'œuvre de sa décadence, sans qu'il soit donné à une poignée de prêtres impuissants et débiles de troubler le monde par les convulsions de leur agonie.

C'est là qu'il faut frapper ; ailleurs, les coups ne font que glisser.

Pour Rome, la religion n'a jamais été un but ; elle a toujours été un moyen. Voilà son secret !

Et maintenant, après avoir vu Rome accablée par les méfaits du passé, luttant opiniâtrement contre le progrès du monde en marche vers la civilisation, après l'avoir mise aux prises avec la première moitié du xixe siècle, c'est dans le temps présent, et pressée par ce que les faits contemporains ont de plus vif, que nous allons la considérer.

Ce spectacle est un des plus saisissants de l'époque actuelle.

CHAPITRE XXXIV

ÉPILOGUE

Rome et l'Europe en 1845.

Des quatre pontificats qui se sont succédé depuis le commencement du dix-neuvième siècle, celui de Pie VII fut à la fois le premier et le plus long. Pie VII, élu le 4 mars 1800, par un conclave rassemblé en toute hâte à Venise par les ordres du général en chef de la République française, mourut le 22 août 1823, après un règne de plus de vingt-trois ans. Dix ans d'agitations cruelles, la conquête de Rome, la captivité du pontife, le pouvoir spirituel vaincu et soumis, la puissance temporelle anéantie, Rome effacée de la liste des nations, pour n'être plus que le chef-lieu d'un département de l'empire, semblèrent alors avoir accompli la ruine du saint-siége, et l'histoire du pontificat compte peu d'angoisses et de souffrances comparables à celles qui furent alors infligées à la papauté.

Léon XII, élu le 27 septembre 1823 et mort le 10 février 1829, n'eut qu'un règne de moins de six années; mais elles s'écoulèrent calmes, paisibles et sans secousses, malgré la colère et les fureurs qu'il déploya contre les légations. Le pontificat, soutenu et appuyé par le royaume très-chrétien, put même espérer de reconquérir ce qu'il avait perdu. L'œuvre d'influence secrète que Pie VII, dans les dernières années de sa vie, avait reprise par des menées souterraines, fut continuée par son successeur. Léon XII acheva de creuser la mine; il la chargea, mais il n'eut pas le temps d'y mettre le feu. Ce fut sous Pie VIII qu'éclata la commotion des ordonnances de 1830, cette œuvre romaine qui devait, en ébranlant la France sur sa base constitutionnelle, faire trembler le monde.

Le pontife imbécile, après avoir essayé d'opposer aux événements une vaine et débile résistance, mourut de peur après un règne d'un peu plus d'une année.

Le 2 février 1831, le cardinal Maur Capellari, de Bellune, fut élu pape à l'âge de soixante-six ans. Il a passé maintenant l'âge de quatre-vingt-un ans, et il règne depuis plus de quatorze ans.

En jetant un regard rétrospectif sur cet espace de quarante-cinq ans, qui forme presque la moitié du siècle actuel, on peut assigner à chacun de ces pontificats le caractère historique qui lui est propre.

Le pontificat de Pie VII fut une époque de lutte et d'affliction; sans les fourberies de la politique romaine qui ont alors tant de fois compromis le caractère sacré du pontife, on pourrait voir dans la conduite de Chiaramonti une patiente et énergique résignation; mais l'astuce du sacré collége, aux conseils et aux insinuations duquel il a cédé, a tout perverti. Quoi qu'il en soit, le règne de Pie VII peut passer pour le plus affligé parmi ceux qui remplissent la première moitié de ce siècle.

Le signe distinctif du pontificat de Léon XII fut une perfidie latente et ténébreuse, et une haine fougueuse contre les principes d'indépendance; les sourdes machinations entourent tous les trônes catholiques, excités à la tyrannie pour rendre à l'Église romaine un pouvoir qu'elle promettait de mettre plus tard à la disposition de la monarchie absolue. Ce règne se fait remarquer par la perfidie de ses desseins et de ses actes;

il prépara le mal que d'autres devaient accomplir.

Pie VIII ne s'est assis sur le trône pontifical que pour y mourir dans la pourpre des papes; il n'a rien vu des événements sous lesquels il a succombé. Ce fut le soliveau de la papauté.

Après lui se montra l'hydre aux appétits cruels et dévorants.

Le pontificat de Grégoire XVI, le pape actuel, pèse depuis quatorze ans sur l'Église du Christ, de tout le poids des passions les plus funestes et les plus odieuses. L'inique domination dont il est le représentant et l'instrument le plus actif a compromis partout, chez tous les peuples et dans toutes les croyances, la pensée chrétienne, le dogme et la vérité catholiques. Ce n'est pas seulement sur Rome et sur les malheureuses contrées soumises à l'oppression pontificale que s'est étendue cette action délétère; c'est contre l'Europe et contre la civilisation universelle qu'a sévi la fureur de cette détestable persévérance avec laquelle Rome et ses pontifes poursuivent l'œuvre de destruction morale qui, depuis tant de siècles, semblent être le but de tous les efforts.

Nous ne pensons pas qu'à aucune époque de l'histoire du monde chrétien cette audace se soit manifestée avec plus de démence que dans le temps présent; depuis quelques années, surtout, ces intentions perverses et malfaisantes ont déployé une inconcevable activité.

Il semble même que l'année dans laquelle nous vivons ait été providentiellement marquée pour être la première d'un redoublement d'invasions injustes, d'intrigues déloyales, d'occultes et mystérieux envahissements, d'impudeur et de témérité, de colères implacables, de dissentiments acharnés, de discordes atroces et d'abominables persécutions.

Que l'on jette les yeux sur les différentes parties de l'Europe au moment où nous écrivons ces lignes, et l'on pourra juger de l'étendue et de la profondeur du mal, et aussi de l'immense perturbation dont le foyer est à Rome.

Notre tâche n'eût pas été complète, si ce chapitre, dans lequel nous nous efforçons de réunir tous les autres, n'eût pas été écrit; nous l'avons isolé à dessein et séparé de l'action dramatique, parce que nous avons voulu y réunir les enseignements les plus frappants, ceux des faits contemporains.

Ce n'est pas seulement à la lueur des nombreuses et sincères observations recueillies par nous dans le cours d'une longue et consciencieuse exploration, c'est à la lumière et à la clarté de l'histoire de chaque jour, que nous avons désiré dire par un avertissement suprême au monde moral, à la société de toutes les nations, à l'intelligence de tous les peuples, au progrès et à la civilisation du monde entier, quel est le péril qui les menace.

Tel est le but de ces dernières lignes, qui sont la conséquence et la conclusion d'un travail dont elles ne se détachent qu'afin de mieux attirer les regards.

Pour animer les faits, les documents et les avis que nous devons au passé, il nous a paru bon, utile et nécessaire de les vivifier et de les corroborer par les événements contemporains, si frappants et si éclatants dans leurs récentes explosions.

En combattant les violences et les emportements du fanatisme romain, nous devons nous garder de soulever ailleurs des passions tout aussi mauvaises et tout aussi coupables que celles contre lesquelles nous nous élevons; mais nous pensons que, sans remuer les cendres des querelles éteintes, l'insouciance et l'indifférence vont mal à une époque de mouvement et de civilisation. C'est par son immobilité que

Rome prétend arrêter l'autorité matérielle et morale ; c'est par cette activité même qu'il faut broyer et détruire cet obstacle qui prétend se mettre en travers sur les pas du siècle pour arrêter la marche du genre humain. C'est sous le pied du géant que doit être écrasé le reptile qui le mord au talon.

A ceux qui s'étonneraient de cette importance que l'on donne aux brigues, à l'ambition et aux intrigues d'une peuplade de prêtres sans force et sans pouvoir, sans autorité et sans considération, tombés des hauteurs où leurs fourberies les avaient élevés, déchus et dépouillés de tout ce qu'ils ont possédé, aussi abaissés qu'appauvris et aussi méprisés que détestés ; à ceux qui croiraient pouvoir nous reprocher de trop élever ce que nous voulons humilier, et de trop exalter une puissance dont nous nous appliquons à montrer la faiblesse, nous présentons le tableau des faits et des événements qui se passent sous les yeux de tous. Après avoir contemplé ce tableau qui donne l'âme et la vie à tout ce que nous avons écrit, on nous pardonnera peut-être la satisfaction que nous cause cette confirmation évidente et positive de tout ce que nous avons dit sur Rome et sur ses tendances pernicieuses. Peut-être aussi comprendra-t-on que l'ennemi le plus faible et le plus chétif voit croître sa force et augmenter ses ressources par la persistance et par la continuité d'attaques perpétuelles et opiniâtres.

C'est l'histoire de la guerre constante et acharnée que Rome livre à cette raison humaine et à la vérité qui battent en brèche un pouvoir fondé sur l'erreur et sur la sottise, sur la crédulité et sur l'ignorance. Dans cette lutte dont les accès ont, par des convulsions religieuses et politiques, introduit un trouble encore flagrant dans l'économie sociale de tous les peuples, est-ce donc une étude frivole vaine et futile que celle des signes de ces tempêtes redoutables?

Nous avons pensé qu'il en devait être autrement, et que, à une époque de discussion, il ne fallait point accepter et subir sans examen une absurde soumission, aussi contraire à la dignité de la conscience qu'à celle de l'esprit.

Dans ce chapitre, nous nous attacherons surtout aux émotions contemporaines, et jamais nous n'aurons mieux suivi les inspirations du sentiment public, sous la dictée duquel nous avons écrit.

En parlant des jésuites, nous avons rassemblé avec la plus laborieuse sollicitude tout ce qui pouvait faire toucher au doigt les empiétements d'une conquête persévérante, ardente, avide, et pour laquelle tous les moyens d'acquérir deviennent légitimes ; nous avons montré par quelle tactique et par quelle manœuvre cette invasion cupide et déloyale s'est efforcée de soumettre à la domination de Rome toutes les parties du monde connu. Au chapitre dans lequel le récit monstrueux des excès et de la fiscalité sainte nous a conduit à raconter les progrès d'une réforme née du trafic des indulgences, nous avons rapidement parcouru toutes les contrées pour établir, par le témoignage des faits, que la dissolution de Rome papale avait seule rompu le lien de l'unité catholique ; de là nous avons reporté nos regards sur les divers États européens pour constater, dans chacun d'eux, les ravages causés par le passage de l'influence romaine.

C'est à travers cette route si ardue, si hérissée de faits, de noms et de dates, que, d'étape en étape, nous sommes revenus aux États romains ; mais les faits ont marché plus vite que nous, et les derniers événements des *Légations* ont une telle signification, qu'il est impossible de négliger et d'omettre ces circonstances nouvelles, si pleines d'ailleurs de vives et saisissantes émotions.

Nous venons combler cette lacune qui s'est faite derrière nous, et nous ne retournons sur nos pas qu'afin de mieux éclairer le chemin que nous avons parcouru, pour nous avancer vers l'avenir avec plus de sûreté, et pour préparer, à ceux qui reprendront cette tâche où nous l'avons laissée, un point de départ certain.

L'histoire des légations est mal connue par l'âge contemporain ; les journaux italiens n'ont jamais donné sur ce point que des récits tronqués ou altérés ; la police qui veille à toutes les issues de la publicité n'a point permis à la vérité de se faire jour. Quant aux proscrits, ceux que les baïonnettes suisses et le sabre des dragons et des carabiniers, les arrêts des commissions militaires et l'atrocité des cachots ont épargnés, ils ont vu partout l'élan de leur indignation comprimé. Rome a présenté à l'Europe les résistances de ses sujets comme un incendie qui pouvait porter au loin le feu de la révolte, et la politique impitoyable de l'Autriche a laissé l'Église professer son horreur du sang, en éteignant par les massacres et par l'extermination le foyer d'une résistance légitime.

Ceux que la calomnie pontificale essayait de déshonorer avant de les livrer aux juges et aux bourreaux, en ont appelé aux princes et aux peuples de l'Europe, par un manifeste qui expose à la fois leurs droits et leurs griefs.

Cet acte est, à nos yeux, une des pièces les plus importantes de la cause de la liberté contre le despotisme. Nous le citons textuellement :

« Lorsque le souverain pontife Pie VII fut restauré dans les États romains, il annonça, par son *motu proprio* de 1816, l'intention d'établir un régime analogue à celui du précédent royaume d'Italie, et accommodé aux besoins ainsi qu'aux progrès de la civilisation ; mais bientôt la publication d'un code civil et criminel dans des principes surannés montra qu'on ne songeait qu'à s'appuyer sur un passé odieux, bien loin de vouloir accomplir les promesses faites et suivre les conseils que le congrès de Vienne avait donnés à la cour de Rome. La classe cléricale était comblée de dignités, de priviléges, et la classe laïque était écartée de tous les emplois de quelque importance.

« Malgré ces déceptions amères, le mécontentement public ne se traduisit pas en actes de violence, même dans les années 1821 et 1822, lorsque Naples et Turin poussèrent le cri de liberté. Après que les Autrichiens eurent comprimé le mouvement de ces deux provinces italiennes, la cour pontificale, dès qu'elle se vit délivrée de ses terreurs, au lieu de savoir gré à la population de sa tranquille attitude au milieu de l'effervescence des esprits, voulut tirer vengeance des pensées, des sentiments et des vœux secrets, par le moyen d'une inquisition politique, qui jeta les semences de ces haines de parti, dont on devait plus tard recueillir les fruits sanglants.

« Pie VII mourait en 1823, et il était remplacé, dans la chaire de saint Pierre, par Léon XII, dont le caractère, porté aux moyens extrêmes, fulmina contre les amis de la liberté civile, et envoya pour gouverner la Romagne un Rivarola, qui fut tout à la fois accusateur et juge, les fit incarcérer ou exiler, sans égard pour la position, pour l'âge, ni pour les antécédents d'une vie honorable. En même temps que le nouveau pontife persécutait ainsi les opinions, il portait la hache aux racines de la civilisation en rétablissant et amplifiant les priviléges de mainmorte, complétant ce système par l'abolition des tribunaux de district et par la remise en vigueur du tribunal du saint-office. Il accordait aux ecclésiastiques la faculté d'instruire et de juger la cause des laïques ; il imposait l'usage de la langue latine dans les barreaux et les universités ; il mettait sous la gouverne exclusive des prêtres toute l'instruction publique et tous les établissements civils de bienfaisance. Comme si Rivarola n'avait pas assez comprimé et attristé les provinces romagnoles, il lui donna pour renfort une commission extraordinaire composée de prêtres et d'officiers, qui les désola et les ensanglanta pendant plusieurs années de suite, à tel point que le souvenir en est encore vivant aujourd'hui.

« A Léon XII succéda Pie VIII, qui, marchant sur les traces de son prédécesseur, ne songea point à calmer les souffrances publiques. Peu avant sa mort éclatait en France la révolution de 1830, suivie de mouvements semblables dans plusieurs États de l'Europe. Pendant la vacance du siége apostolique, les populations de l'État romain pensèrent que l'occasion était propice pour améliorer la forme du gouvernement. L'autorité arbitraire fut renversée depuis Bologne jusqu'auprès de la capitale, et elle tomba sans effort, sans violence de la part des sujets. Le gouvernement n'aurait certainement pas pu se relever sans se modifier, si l'Autriche ne fût accourue aussitôt avec ses troupes pour lui rendre la force. Toutefois, cette puissance, en même temps qu'elle comprimait le mouvement populaire, s'unissait à la France, à l'Angleterre et à la Prusse, pour exhorter le nouveau pontife, Grégoire XVI, à améliorer le régime de l'État de façon à en assurer la tranquillité pour l'avenir. Dans ce but, les représentants des quatre puissances présentèrent, le 21 mai 1831, une note diplomatique dans laquelle, entre autres réformes, on proposait que les laïques fussent admissibles à toutes les dignités et à tous les emplois civils, administratifs et judiciaires ; que des électeurs nommassent les conseils municipaux, et ceux-ci les conseils provinciaux, lesquels éliraient une cour suprême, résidant à Rome, chargée de régler les dépenses civiles et militaires, ainsi que le service de la dette publique.

« A la publication de cet acte important, les sujets pontificaux ouvrirent leur cœur à l'espérance. Le pontife lui-même annonçait que ces améliorations devaient être le commencement d'une ère nouvelle. Mais bientôt les espérances durent s'évanouir, quand on vit paraître l'édit du 5 juillet, où on ne trouvait aucune mention d'élection municipale, ni de conseil suprême d'État, ni d'aucune des institutions propres aux monarchies tempérées. Cependant les Autrichiens étaient encore en Lombardie, la garde des villes et le maintien de l'ordre étaient confiés aux citoyens organisés, sous l'approbation du gouvernement, et la tranquillité régnait partout ; on jugea utile de faire une démarche légale. Les provinces envoyèrent à Rome des députations composées d'hommes les plus instruits, les plus honorés et les plus recommandables pour implorer du souverain les institutions promises qui devaient rétablir l'harmonie entre les gouvernants et les gouvernés. Mais la cour, qui détestait le corps des gardes urbaines et tous les novateurs, quelque modérés qu'ils fussent, ne songeait nullement à leur donner satisfaction. Dans le même temps, au contraire, le cardinal Albani rassemblait à Rimini une troupe composée de gens capables de tous les excès, et avec le secours desquels il était chargé d'installer le despotisme des provinces. Ce fut alors le règne de ces hommes grossiers et féroces, décorés du nom de volontaires pontificaux, et prêts à massacrer tout homme désigné comme libéral. Pendant dix ans, ce n'est pas le pontife suprême, ni Rome, ni les cardinaux qui ont gouverné les légations, mais cette faction brute et sanguinaire. Les commissions militaires étaient en permanence, jugeant sans forme de procédure, sans assistance de défenseurs, condamnant une multitude de gens à la prison, à l'exil, à la mort et à la confiscation.

« Faut-il s'étonner qu'on ait réagi contre tant de calamités? On nous reproche de demander des réformes civiles les armes à la main; mais nous supplions tous les souverains de l'Europe et tous les hommes qui siégent dans leurs conseils, de considérer que l'impérieuse nécessité nous y contraint; que nous n'ayons aucun moyen légal de manifester nos vœux; ne possédant ni représentation publique quelconque, ni même le plus simple droit de pétition, et réduits à un tel état de servitude, que la demande, la plainte, sont tenues pour crimes de lèse-majesté. Nos vœux sont purs; ils ont en vue la dignité du trône apostolique, aussi bien que les droits de la patrie et de l'humanité.

« Nous vénérons la hiérarchie ecclésiastique et tout le clergé; nous avons l'espoir qu'il reconnaîtra la noble essence de civilisation que renferme le catholicisme; aussi, pour que nos vœux ne soient pas interprétés d'une manière sinistre par l'Italie et par l'Europe, nous proclamons hautement notre respect pour la souveraineté du pontife, comme chef de l'Église universelle, sans restriction ni condition; quant à l'obéissance qui lui est due comme souverain temporel, voici les principes que nous lui donnons pour base et les demandes que nous formulons.

« Qu'il accorde une amnistie à tous les prévenus politiques, depuis 1821 jusqu'à ce jour.

« Qu'il donne un code civil et criminel modelé sur ceux des autres peuples de l'Europe, consacrant la publicité des débats, l'intitution du jury, l'abolition de la confiscation, et celle de la peine de mort pour les délits de lèse-majesté.

« Que le tribunal du saint-office n'exerce aucune juridiction sur les laïques, et que ceux-ci ne soient plus soumis à la juridiction des tribunaux ecclésiastiques.

« Que les causes politiques soient désormais jugées par les tribunaux ordinaires et d'après les formes communes.

« Que les conseils municipaux soient élus librement par les citoyens et les choix approuvés par le souverain; que ces conseils élisent des conseils provinciaux sur la liste triple présentée par les conseils municipaux, et que le conseil suprême d'État soit nommé par le souverain, sur les listes présentées par les conseils provinciaux.

« Que le conseil suprême d'État résidant à Rome ait la haute surveillance des finances et de la dette publique; qu'il ait voix délibérative sur les recettes et les finances de l'État, et voix consultative sur les autres objets généraux.

« Que tous les emplois et dignités civils et militaires soient donnés aux séculiers.

« Que l'instruction publique cesse d'être soumise aux évêques et au clergé, l'éducation religieuse leur étant exclusivement réservée.

« Que la censure de la presse soit restreinte au soin de prévenir les injures à la Divinité, à la religion catholique, au souverain et à la vie privée des citoyens.

« Que les troupes étrangères soient licenciées.

« Qu'il soit institué une garde urbaine qui sera chargée du maintien de l'ordre public et de l'observation des lois.

« Enfin, que le gouvernement entre dans la voie de toutes les améliorations sociales que réclame l'esprit du siècle et qui sont pratiquées par les autres gouvernements de l'Europe. »

Ce document est précieux, parce qu'il

Les Illuminés.

expose avec netteté la position des légations et de la cour de Rome.

Nous avons dit ailleurs la malheureuse issue de la dernière tentative des légations.

Les résultats funestes de la victoire inique remportée par le saint-siége sur ceux dont le pape devait être le père, ne se sont pas fait attendre.

L'émigration des Romagnols dans la Toscane continue; elle est très-nombreuse; elle augmentera encore, car les persécutions de la commission militaire installée à Rimini, sous la présidence du colonel Freddi, sont incessantes. Parmi les personnes qui émigrent, il y a même plusieurs dames de la Romagne qui ont été menacées personnellement par les soldats et obligées de se réfugier en Toscane. La commission ne se contente pas de faire des perquisitions et des arrestations, elle a mis aussi le séquestre sur les biens des émigrés, et notamment sur les propriétés de M. le comte Beltrami, un des plus riches habitants de Bagnocavallo. On cite, parmi les personnes arrêtées dans cette ville, M. Rubani, avocat distingué. Le gouverneur est lui-même tombé en disgrâce, et il a été renvoyé dans une ville de troisième ordre.

Malgré toutes ces rigueurs et ces arrestations, les autorités sont très-inquiètes, et la Romagne est, pour ainsi dire, en état de siége.

Les cinq chefs de la dernière insurrection ont été retenus prisonniers à Florence; traités avec les plus grands égards, ils étaient réunis dans le fort du Belvédère.

La cour de Rome a envoyé plusieurs notes au grand-duc de Toscane pour lui demander l'extradition de ces chefs. Cette mesure a déjà été repoussée, et l'on espère que le gouvernement florentin persistera dans cette voie généreuse; on s'est pourtant étonné d'une captivité contraire à la convention faite entre MM. les comtes de Pasi et Beltrami, chefs de la bande, d'une part, et le capitaine Fardonelle, aide de camp du général commandant les troupes toscanes, d'autre part. Il était stipulé par cette convention que les insurgés déposeraient les armes sur le territoire toscan, entre les mains du capitaine Fardonelle et Vangacci et du podesta de Galenta, et que toutes les personnes composant la bande seraient embarquées à Livourne, sous la protection du grand-duc, pour se rendre à l'étranger. Le désarmement fut exécuté, et tous les insurgés envoyés à Rocca di san Casiono, et de là à Livourne, à l'exception des chefs, qui, au nombre de cinq, ont été arrêtés et conduits dans les prisons de Florence. Le ministère français, mécontent des affaires de la Romagne, a, dès le commencement de l'insurrection, envoyé des instructions conformes à cette convention, en offrant un asile aux réfugiés.

Tant que le gouvernement papal n'aura point fait droit aux légitimes réclamations que nous venons d'exposer, et donné des garanties indispensables tant dans l'ordre civil que dans l'ordre politique, on peut prévoir que les mouvements insurrectionnels persisteront dans la Romagne, et que, pour ces contrées, il n'est pas de calme durable.

Cependant, le gouvernement pontifical se montre opiniâtrement rebelle à toute concession, et ne songe qu'à augmenter les moyens de force et d'oppression. Dans une congrégation de cardinaux présidée par le cardinal Lambruschini, secrétaire d'État, il a été résolu que l'on ferait un nouvel emprunt, afin de solder deux autres régiments suisses, et de porter ce corps à dix mille hommes. Les Suisses remplaceront les troupes nationales dans toutes les principales places de l'État.

Ainsi se trouvent réalisées toutes les prévisions sur lesquelles repose la base du *secret de Rome au dix-neuvième siècle.*

Ainsi Rome se montre obstinée dans son implacable immobilité et dans son absurde résistance; elle demeure fidèle, en toutes ses menaces, contre les lumières, la raison, la justice, le progrès et la civilisation.

Voici quelle est la situation actuelle du catholicisme allemand, qui se sépare de la domination de l'Église romaine.

Le 23 octobre, dans la soirée, les députés des communes catholiques allemandes des provinces de Brandebourg, Poméranie et Saxe, envoyés au synode, ont tenu à Berlin une séance préparatoire, dans laquelle M. le conseiller de justice Galli a été nommé président. Le lendemain 24, à neuf heures, l'ouverture du synode a eu lieu, et M. le curé Brauner a prononcé un discours solennel. L'orateur a traité notamment la question de savoir jusqu'à quel point notre époque était autorisée à entreprendre une réforme ecclésiastique.

« Il faut, a-t-il dit, écarter de cette importante affaire tout égoïsme et toute hypocrisie. Ce n'est point le hasard qui nous a réunis; mais un esprit plus puissant, à l'aide duquel vous voulez juger entre le passé et l'avenir. La croyance à une amélioration ecclésiastique s'est éveillée en vous tous, et nous sommes réunis ici pour que cette croyance porte des fruits. On a dit que la jeunesse avait pris l'initiative du mouvement; mais il y a ici des hommes aux cheveux blancs, et c'est une garantie du caractère sérieux et de la réussite de la réforme. On ne peut aimer la vertu et la vérité sans les servir avec énergie. »

Toute la pensée de l'entreprise est contenue dans ces nobles et simples paroles. Le catholicisme allemand n'est donc pas, comme on a essayé de le faire croire, une vaine et folle tentative à laquelle on ne doive opposer que le ridicule.

Rome se moquait d'abord de Luther et de ses doctrines; plus tard, elle substitua l'anathème à la raillerie; mais ceux qui avaient dédaigné son ironie bravèrent ses fureurs.

Nous verrons, par des faits récents, comme il se passe en ce moment à l'égard de l'Allemagne quelque chose de semblable.

L'orateur termina cette allocution en exhortant ses auditeurs à la concorde, à repousser toute paresse d'esprit, toute prévention et tout pédantisme; puis il a appelé la bénédiction divine sur l'assemblée.

Le président fait remarquer ensuite à l'assemblée combien il était important de conserver la gravité avec laquelle il convenait de commencer une pareille entreprise, et ses paroles, prononcées avec chaleur, produisirent une vive impression.

Il y avait vingt-sept députés, dont cinq ecclésiastiques. Dix-neuf communes étaient représentées dans cette réunion : Berlin, Postdam, Spandaw, Brandebourg, Haven, Hall, Ruppin, Genetien, Stetten, Francfort-sur-l'Oder, Stolpe, Cottbus, Erfurt, Neurappia, Memburg, Salzeveder et Mulhausen.

A l'ouverture de la séance, il a été décidé qu'il y aurait toujours les deux tiers des députés présents pour prendre des résolutions. Le président a ensuite donné lecture d'une lettre de l'abbé Ronge, du 16 octobre, qui exprime les vœux les plus ardents pour la réussite du système.

Puis les travaux ont commencé.

Les statuts du synode de Breslau, et notamment du synode des communes de Saxe, tenu en dernier lieu à Leipzig, ont servi de base à ceux de ce synode.

Le président a indiqué l'ordre des travaux et de la discussion; le dogme a été l'objet d'un long débat; il a été décidé sur ce point que l'on s'en tiendrait aux treize premiers paragraphes du concile de Leipzig, en se réservant une modification ultérieure au concile général.

La seconde partie du travail comprenait le culte général et les fonctions ecclésiastiques. Le président a lu les paragraphes des statuts de Breslau, de 21 à 31.

Alors ont été posées les principales questions :

« Quels sont les jours de l'année qui seront considérés comme fêtes par les catholiques allemands? »

Le président a proposé Noël, le nouvel An, Pâques, la Pentecôte, en un mot tous les jours de fête établis par l'État.

Quelques personnes proposèrent de supprimer l'Ascension, attendu que cela s'accordait mal avec le principe des catholiques allemands.

Les ecclésiastiques présents furent d'un avis contraire, et l'on décida que provisoirement on s'en tiendrait aux fêtes établies par l'État.

En ce qui concerne la liturgie, il s'agissait de savoir si celle du curé Theiner serait introduite partout. On a décidé qu'en général il convenait de régler la liturgie sur l'ouvrage du curé Theiner, mais que l'on pourrait la modifier et l'abréger. Là-dessus, les ecclésiastiques présents ont demandé qu'il leur fût permis de retrancher de la prière de l'Église générale les mots *surtout à ses fidèles*, dans la phrase *soit le Sauveur de tous les hommes*; ce qui a été adopté par un vote unanime. Puis on décida que cette prière générale aurait lieu après le sermon.

Les questions d'ordre et de discipline sont venues ensuite.

Célébrerait-on le culte le dimanche dans l'après-midi, ou bien ferait-on le catéchisme à la jeunesse?

Ce dernier point a été adopté.

Serait-il convenable de célébrer le culte certains jours, en dehors des dimanches et des fêtes, comme pour la veille du premier jour de l'année?

Cette proposition a été rejetée.

Célébrera-t-on le culte dans les jours de la semaine?

L'examen de cette question est renvoyé au prochain concile général.

En ce qui concerne les chants de l'Église, on a exprimé le vœu qu'il en fût fait un choix, et que les ecclésiastiques présents fussent chargés de rédiger un livre de cantiques complet. Pour les ornements de l'église et surtout de l'autel, il a été décidé qu'on s'abstiendra de toute exagération. L'ornement essentiel de l'église serait un simple crucifix.

Au ministère doit se joindre la parole : on s'est occupé du sermon.

Prêchera-t-on chaque fois d'après le texte biblique?

Le synode a répondu affirmativement sur cette question à l'unanimité; mais il n'a imposé aucune contrainte.

Les évangiles et les épîtres seront provisoirement indiqués par les ecclésiastiques; un synode général réglera ultérieurement ce point.

La forme extérieure de la communion devait aussi être réglée.

Après une longue discussion, il a été décidé que l'on fixerait certains jours de l'année pour cette cérémonie, avec une solennité particulière; indépendamment de cela, il y aura communion chaque dimanche pour le besoin des fidèles. On n'exigera aucune déclaration préalable. Les ecclésiastiques s'entendront, avant la rédaction des statuts, sur la formule sous laquelle elle sera donnée.

Pour le baptême, il a été décidé qu'il aurait lieu à l'église en règle générale; mais que, par exception, il pourrait aussi avoir lieu dans les maisons particulières; ces exceptions devront être justifiées. Les ecclésiastiques devront rédiger une formule de baptême.

Le mariage suivra les règles prescrites pour le baptême.

Les visites aux malades seront faites sur une demande adressée par l'ecclésiastique.

Les enterrements auront lieu sans pompe extérieure.

Les personnes du convoi devront aller à pied; l'ecclésiastique, si on le lui demande, prononcera un discours simple, qui sera suivi par un cantique. Toute musique est défendue.

La consécration des nouvelles églises a été l'objet d'une sollicitude particulière; elle sera entourée d'une grande solennité, et l'ancienne signification du mot consécration sera écartée.

Pour l'ordination des ecclésiastiques, on suivra la forme usitée. Deux membres de l'administration devront imposer leurs mains, outre l'imposition déjà faite par l'ecclésiastique à celui qui se présente à l'ordination.

Il y aura une grande solennité du culte à l'égard de la commune qui recevra, comme futur curé, celui qui se fera ordonner.

Tels sont les principaux points déjà réglés par les synodes allemands ; la bonne foi, la simplicité évangélique et l'esprit de vérité, il faut le reconnaître, président à ces premières dispositions.

L'organisation et l'administration des communes ecclésiastiques seront ultérieurement réglées.

Le catholicisme romain persiste pourtant à ne voir dans ces manifestations si graves et si solennelles, qu'une conséquence et une suite des rancunes de la monarchie prussienne contre la religion catholique et romaine, que le souverain actuel regarderait comme l'ennemi héréditaire de sa maison. Selon ces assertions, le roi de Prusse verrait aussi dans le catholicisme un obstacle à son vœu de réunir ses États sous une même foi religieuse. De là serait née cette longue lutte contre l'archevêque de Cologne, ce prélat auquel Rome a décerné le titre de confesseur, bien moins pour glorifier le prétendu martyr, que pour insulter le pouvoir royal dont la fermeté l'importune.

A toutes les époques, Rome a suivi la même marche pour éviter de reconnaître le progrès, la raison et la lumière, qui l'offusquent et la blessent ; elle a jeté à ses adversaires les reproches de passions et de vice, étrangers à la discussion religieuse.

Cette tactique et ces manœuvres, que tant de revers n'ont pas lassées, Rome les reprend aujourd'hui contre la Prusse, qu'elle regarde à bon droit comme le foyer du dogme nouveau.

Les jésuites se sont donc chargés de répandre ces calomnies dans la discussion et dans le récit, dans les idées et dans les faits.

Il est nécessaire, pour bien comprendre la situation de la contrée germanique où s'accomplit maintenant une nouvelle œuvre de réforme, de placer à côté des notions si claires et si droites que nous venons de présenter, les tortueuses allégations du jésuitisme.

Ces hommes, qui ont enseigné avec tant d'art et de tendresse la doctrine du parjure si souvent pratiquée par eux, reprochent d'abord au souverain dont l'énergie les irrite, d'avoir manqué aux promesses faites à l'Allemagne de 1814, au moment où les couronnes éperdues appelaient le peuple à leur défense ; ils ajoutent que des concessions politiques étaient dues aux provinces qui avaient connu les institutions françaises.

Ces accusations venues de Rome sont précisément celles que les Légations ensanglantées et expirant sous les baïonnettes suisses portent avec bien plus de droit contre le pontificat, dont elles ont cité l'iniquité au ban des royautés européennes.

Les jésuites rappellent au roi de Prusse la date du serment qu'il a fait le 22 mai 1814, de donner une constitution représentative à la nation prussienne.

Après cette excitation jetée aux passions politiques, la déloyale et astucieuse controverse pénètre dans la région religieuse.

Le roi de Prusse est présenté comme occupé surtout à accomplir l'œuvre de la destruction totale du catholicisme.

Nous avons reconnu les premiers que le nouveau mouvement religieux de l'Allemagne n'était ni indépendant, ni séparé du sentiment d'affranchissement politique qui vit au fond de toutes les espérances germaniques. Ces dispositions libérales, Rome prétend qu'elles ont excité le zèle catholique en Prusse, où il était un signe d'opposition au pouvoir. Nous ne sommes point surpris des artifices de cette interprétation, la subtilité romaine nous y a préparés ; mais les faits ont pris soin de démentir ces prétentions avec tant d'éclat, qu'ils interdisent toute réponse et toute démonstration.

Les jésuites ne se mêlent jamais à une discussion que pour la rendre obscure et confuse.

Au lieu de voir dans les événements récents un acte de liberté intellectuelle, sans autre passion qu'un amour fervent et sincère de la vérité, ils y ont vu des passions à exploiter. Toutes les conquêtes de l'esprit humain se tiennent par un lien commun; mais Rome est bien décidée à ne jamais reconnaître l'évidence de cette proposition confirmée par l'expérience et par le témoignage des siècles.

A la place de ces notions claires et lucides, les docteurs de la fourberie romaine et les princes des prêtres ont imaginé nous ne savons quel mélange et quelle influence réciproque de rationalisme, de philosophisme et de protestantisme, et qui tendraient à démontrer que c'est par zèle et par affection pour Rome que les populations allemandes viennent de se séparer si évidemment du catholicisme.

Tant il est vrai que la négation de la lumière conduit aux ténèbres, et que quand on refuse la raison, on tombe dans l'absurdité.

Rome, si opiniâtre et si cruelle dans ses résistances contre le progrès; Rome, si persévérante dans sa haine contre la civilisation lorsqu'il s'agit de ses propres États; Rome, si acharnée contre l'intelligence nouvelle qu'elle sait poursuivre et découvrir sous toutes les formes qu'elle prend, prêche en Allemagne la liberté politique, et pousse les peuples à sommer les rois de tenir leurs promesses.

Ce double côté de la politique romaine, opprimant au dedans ce qu'elle exalte au dehors, n'est pas une des moindres causes du mépris universel et de l'exécration générale dont elle est l'objet.

A cette mesure toute sacerdotale, la catholicisme allemand n'oppose que la pureté et la droiture de ses intentions. Ces succès et le calme dans lequel il procède à son organisation nouvelle, sont, pour Rome et sa milice, une défaite douloureuse qui achève de montrer aux deux mondes leur faiblesse et leur abaissement.

Pour arrêter cet élan si funeste à l'orgueil, à la domination et aux intérêts du pontificat, on évoque des fantômes terribles. C'est la Russie dont on veut bien oublier pour quelques instants le schisme grec, c'est l'Autriche, toujours si propice à l'absolutisme du pouvoir, qui vont fondre sur la malheureuse Allemagne; et si cela ne suffit point encore, la guerre civile se joindra au fléau de la double invasion, afin que soit accomplie cette menace permanente du sanctuaire romain : « Abîme tout, c'est l'esprit de l'Église. »

Cependant, la réforme du XIXe siècle parcourt le sol germanique en répandant partout les bienfaisantes clartés d'une lumière nouvelle.

Dans les émotions d'un peuple, tout a une signification : l'Allemagne vient de rechercher les descendants de Luther afin de les honorer; ils sont au nombre de quatre-vingts. Cette manifestation est un nouveau signe de l'éloignement pour Rome et sa puissance.

En Suisse, le jésuitisme s'établit fortement par le terrorisme, ruine le pacte fédéral et travaille de concert avec toutes les idées oppressives et rétrogrades qui tendent à la destruction de la nationalité helvétique. Ce que Rome considère comme une victoire n'est qu'un événement sans profondeur, sans durée et sans avenir.

En France, le désastre de la domination romaine est plus flagrant que partout ailleurs. Les passions ont perdu leur fougue et leur énergie, mais les répugnances et les antipathies ont pénétré dans le sentiment national et dans les idées morales de la population française.

Pie VII, lorsqu'il revint à Rome, disait qu'en France tout était bon ou tout était mauvais, et il ajoutait :

« Rien ne nous aliénera les cœurs des Français demeurés fidèles et soumis à nos préceptes, mais rien non plus ne ramènera ceux qui se sont séparés de nous. »

Ces paroles sont aujourd'hui plus vraies qu'elles ne l'étaient alors.

Il y a en France deux physionomies bien distinctes, lorsque l'on considère le pays sous l'aspect religieux.

Une partie de la population suit les traditions de la foi des ancêtres et du pays; une autre les néglige et les oublie. Ces deux sentiments vivent ensemble sans choc et se rencontrent sans se heurter. Les haines, les fureurs, les colères, les disputes elles-mêmes sur les matières religieuses ont disparu de nos mœurs, et les luttes du passé ne se renouvelleront pas.

Ce calme des idées est un des bienfaits d'une philosophie tant calomniée. Autrefois, lorsque le fanatisme se dressait contre l'impiété, lorsque de part et d'autre la raison avait disparu sous la véhémence des passions, la guerre était atroce; et elle a laissé des traces sanglantes sur les annales de toutes les époques de notre histoire jusqu'au XIXe siècle. Nous avons dit ailleurs à qui l'on devait imputer la désolation et l'abomination qui ont tant de fois affligé le sanctuaire et à qui l'Église doit ses plus vives douleurs : c'est à ses propres fautes.

Afin d'arriver avec plus de sûreté au point actuel que nous nous efforçons dans ces dernières pages de fixer avec exactitude, il est nécessaire de revoir rapidement les phases du sentiment religieux en France depuis le commencement de ce siècle.

L'empire ouvre les églises fermées; il rend au culte son existence; il pose les règles des rapports entre l'Église et l'État, reconstitue le clergé et lui donne, ainsi qu'au culte, une splendeur inattendue. La portion du peuple que les penchants, les habitudes, l'éducation et les sentiments portaient à l'observance religieuse, trouvait tout ce qui pouvait satisfaire ces inclinations; elle le trouvait sans trouble et avec une parfaite sécurité. Ceux que d'autres dispositions éloignaient de cette voie vivaient hors des choses sacrées, sans que rien vînt inquiéter leur dissidence.

L'affirmation et la négation vivaient en paix.

La religion avait, sur l'éducation et sur l'exercice du culte, une influence légitime. La France n'avait point cessé de se proclamer catholique; l'État mettait ses solennités officielles sous la protection de ses pompes; il prêtait au culte une bienveillante surveillance, et l'on put croire que la ligne qui devait séparer des choses si distinctes entre elles était aussi bien maintenue que l'harmonie intime qui doit les réunir était heureusement conservée.

Aussi, pendant que s'agitaient entre l'empereur et le pontife les hautes dissensions qui les divisaient, pendant que les princes de l'Église et les prélats se querellaient avec les conseillers de la couronne impériale, ces discordes passaient par-dessus la tête de la multitude, qui acceptait ou refusait le précepte, mais sans se mêler à la discussion. Comme chacun avait librement choisi le parti qu'il suivait, et comme personne n'était dérangé dans les actes et les desseins de sa conscience, il régnait partout une tranquillité digne de la raison d'un grand peuple.

L'observation et les paroles de Pie VII peignent avec une vérité naïve cette situation.

La restauration ne comprit pas cet état des esprits en France; au lieu de se ranger de tel ou tel côté, elle n'inclina vers la religion que pour commencer une guerre acharnée contre ceux qui ne partageaient pas ses préférences.

On sait jusqu'à quel point furent portées la fureur et la folie de ces extravagances.

L'intolérance s'annonça avec fracas, par le scandale des funérailles de Mlle Raucourt.

Nous ne voulons pas refaire l'histoire de ce temps, que nous avons déjà parcouru ; mais il est bien certain que les hommes qui ont tant accusé d'impiété la nation et le peuple, ont, par une inconcevable imprudence, réveillé des passions endormies, et dont les formidables étreintes devaient plus tard les broyer.

Sous prétexte de combattre une indifférence qu'on regardait comme contraire aux progrès et à la prospérité de la religion et à l'autorité de ses enseignements, on souleva des émotions dangereuses, qu'on espérait vaincre et détruire, mais qui se montrèrent indomptables. L'hypocrisie des uns, le fanatisme des autres, l'ignorance de ceux-là et l'orgueil de ceux-ci produisirent le mal. Sous d'imprudentes provocations, se relevèrent fortes et implacables des irritations qui ne demandaient point à se produire.

N'est-il pas évident que si, il y a trente ans, le clergé et ceux qui le protégeaient eussent compris qu'il n'y avait pas dans les choses de ce monde, pour l'autel, une place plus grande que celle qui lui avait été faite ; s'ils eussent eu le bon sens de jouir en paix de ces biens qu'on leur avait laissés, leur possession et leur état eussent été paisibles ?

Leur inexpérience des mœurs, des idées, des vœux et des opinions de la France, leur a fait rêver un retour vers des choses à jamais disparues ; l'instrument sacré leur a semblé le plus propre à les conduire vers ce but, et ils ont excité les plus violentes attaques contre ce que l'on ne demandait pas mieux que de respecter.

En 1830, cette grande et terrible leçon, qui montrait à tant de gens la vanité de leurs tentatives, n'éclaira personne. Les uns ne comprirent pas la magnanimité du peuple victorieux, et celui-ci, cédant à une irritation trop prompte, n'aperçut pas la faiblesse de ceux qui tentaient de le pousser à de funestes excès.

Sous ces piqûres, le lion tressaillit, et sous les frémissements de sa crinière on vit s'entasser les débris d'édifices écroulés.

Au lieu d'écouter ces nouveaux et solennels avertissements, on s'en empara pour essayer encore de rétablir un passé tant de fois détruit. La France, dans sa sincérité et dans sa bonne foi, ne crut pas à cette incroyable obstination ; mais les faits ne tardèrent point à dissiper tous les doutes. La quiétude morale que les ferveurs de l'intérêt matériel entretenaient dans les idées, trouva d'abord le sentiment général incrédule et insouciant ; à l'abri de cette situation, le mal fit des progrès souterrains.

L'ennemi avait des intelligences nombreuses par cette alliance secrète et mystérieuse qui existe entre toutes les dominations. On voulait contraindre et réprimer l'affranchissement politique ; tout ce qui tendait à opprimer la pensée menait à ce but ; entre l'absolutisme religieux et l'absolutisme politique, le pacte occulte fut signé : nous aurons aussi occasion de dire par quelles influences dévotes et privées on parvint à s'introduire dans les avenues du pouvoir.

De la part de ceux qui favorisèrent ces empiétements, il y eut encore cette fois une ignorance profonde des idées françaises ; mais il y eut, de la part de ceux qui crurent que le moment était venu de tout reprendre, une inconcevable démence.

Les jésuites reprirent une à une toutes

Jeune fille des environs de Rome.

leurs positions ; les complaisances administratives, la tendance et la direction de la conduite officielle, tout inclina vers la dévotion, et des encouragements cachés augmentaient la confiance et les forces de ceux qui se fortifiaient à l'ombre; pierre à pierre l'édifice se reconstruisait.

L'impatience du haut clergé éclata mal à propos ; les évêques, excités et encouragés par de perfides caresses et de mystiques imitations, se mirent en révolte ouverte contre l'université et l'enseignement élevé des chaires académiques; cédant à des instigations ultramontaines, ils accusèrent d'impiété ceux qu'ils voulaient chasser des postes de l'instruction publique, afin de livrer aux jésuites, qui les attendaient, l'éducation de la jeunesse et l'avenir du pays.

Comme cela était arrivé sous la restauration, le pays ne parut pas prendre au sérieux cette surprenante invasion ; pour lui faire connaître le péril, on le lui signala de haut, et chaque famille put alors voir clairement le danger qui menaçait ses enfants et son foyer.

Le sentiment public répondit avec tant d'éclat à cet appel, qu'il fallut lui donner satisfaction.

Les lenteurs, les tergiversations et les hésitations furent nombreuses et le résultat pouvait demeurer incomplet; mais le sens général revenant à ce calme imposant dont on l'avait encore fait si maladroitement sortir, il désespéra ceux qui comptaient encore sur les fautes où le jetteraient les emportements qu'on saurait bien faire naître.

Les jésuites se sont retirés lentement, et comme à regret, de cette terre de France tant convoitée par eux depuis qu'ils l'ont perdue.

Enfin ils paraissent résignés à subir la sentence portée contre eux par la volonté générale; quelques-uns de leurs chefs ont donné le signal de la retraite; leur missionnaire parisien, l'abbé Dupanloup, qui s'était si fastueusement vanté de prêcher à Paris le carême de cet hiver, vient de partir.

L'opinion publique semble avoir enfin la pleine conscience de sa force; elle ne s'est point émue, et surtout elle s'est sagement préservée de toute indignité. Nous n'hésitons pas à attribuer à cette modération l'issue que tant de désirs espéraient sans doute retarder.

Les jésuites avaient préparé mille artifices pour se fixer parmi nous, au mépris des lois qui les expulsaient; ils paraissent avoir renoncé à ces moyens. Sans doute ils s'éloignent sans nous quitter, mais tout atteste leur découragement et leur lassitude.

Cependant, il ne faut pas cesser de veiller contre un ennemi si actif et si prompt à tout entreprendre; la moindre circonstance peut leur rendre des espérances qu'ils paraissent abandonner.

Aujourd'hui, sous le coup des faits, ils croient peut-être, avec Pie VII, que la religion n'a rien à perdre et rien à gagner en France; mais leurs convictions sont mobiles.

L'épiscopat n'a point rompu le lien qui les attache à lui; les prélats français vont à Rome s'incliner devant le général des jésuites.

On a parlé de la venue de Ronge en France; nous lui conseillons, avant d'entreprendre ce voyage, de se rappeler l'abbé Chatel et son Église.

La nouvelle Église semble ne pas chercher à s'établir seulement sur les ruines de l'Église romaine, mais elle veut aussi se séparer du protestantisme.

Elle rompt avec Rome parce que, dit-elle, la conscience et l'esprit y demeurent enchaînés, la pensée libre en est bannie, la science y est morte ou asservie; ce sont les lois de l'homme qui y règnent à la place des lois de la liberté, de l'amour de Dieu et de son prophète Jésus-Christ.

Dans l'Église protestante, deux partis contraires sont en face.

D'un côté, un petit nombre d'*endurcis* tend vers l'esclavage spirituel de Rome, de la lettre morte et du pouvoir tyrannique des prêtres. Ils ne sont forts que par la base historique et par la protection qu'on leur accorde dans certaines régions politiques.

De l'autre côté, est la grande majorité des pasteurs et des laïques éclairés, aspirant à la liberté dans le protestantisme, ou par le pouvoir du Saint-Esprit dans l'Évangile.

Après eux, on rencontre la masse innombrable des indifférents qui ne sont devenus indifférents au christianisme que parce que les dogmes de l'Église ne s'accordent plus avec les progrès du temps et de la science.

Rome comprendra-t-elle enfin ce langage, qui est celui des faits, dégagé de mensonge et de passions?

Que reste-t-il à faire à une Église qui, prenant l'AMOUR pour clef de voûte, aspire à devenir véritablement catholique, c'est-à-dire *universelle?* Il a fallu d'abord poser une première pierre pour l'autel de la Paix, rendez-vous de tous les partis séparés depuis des siècles, refuge de toutes les libertés,

où doit se réaliser la parole de l'Écriture :
« *Il n'y aura qu'un berger et qu'un troupeau.* »

Se retrempant à la source du christianisme, la nouvelle Église tend à mettre en harmonie la foi et la science. Notre Sauveur n'a exigé de ses disciples que la foi en Dieu et en lui. Ni le Christ ni les apôtres n'ont formulé de profession de foi. Ce n'est que du moment où les hommes ont inventé une formule pour la doctrine du Christ que la guerre a commencé.

Forcée par l'État de formuler un symbole, l'Église universelle n'a articulé que la moindre partie de sa profession de foi que tout chrétien peut signer. Après la commune de Breslau, le concile de Leipzig a proclamé cette profession, dont toute la force réside dans la clarté, la simplicité et la vérité. Il n'est pas étonnant qu'elle soit attaquée ou niée par tous les obscurantistes romains, soit en Allemagne, soit en France. Gardez-vous bien, vous tous chrétiens, de vous en dessaisir. Notre Église est anéantie, dès que de notre profession on fera une nouvelle *camisole de force* pour l'humanité.

Ne croyez pas pour cela que ceci est la profession de foi de l'Église *universelle*. Notre base est et reste l'Évangile. Christ est la pierre fondamentale de notre édifice ; il est pour nous le modèle de la vertu, de l'amour et de la liberté ; mais jamais nous ne laisserons enduire le type chrétien par un obscur recrépissage d'arguties scolastiques et de subtilités fanatiques.

Regardez le ciel bleu parsemé d'étoiles, vaste temple dont la coupole couvre tous les hommes. Qu'importe que l'homme simple y voie une tente de cristal, le savant un océan de gaz, voire un espace vide... Il n'est pas moins beau pour tous ! Tous l'admirent. Sous sa voûte, les hommes élèvent des palais et des chaumières, des villes et des villages, selon le besoin des temps et des lieux. Eh bien ! regardez notre simple profession comme une tente qui se dresse au-dessus de la chrétienté tout entière ; toute commune élève son édifice de foi selon ses besoins et ses convictions ; mais que jamais un seul ne s'arroge le droit d'enclaver la chrétienté entière dans l'espace souvent étroit de son esprit individuel.

Cette pièce est datée de Dresde et de Leipzig.

Rome, qui ne voit pas le péril, peut avoir l'air de dédaigner ces démonstrations, dont sa politique est trop habile pour ne pas concevoir toute la portée.

Les protestants, mieux placés pour voir les choses, s'en sont émus. Les ministres chargés des affaires évangéliques ont publié, dans la *Gazette de Leipzig*, une exhortation pressante à tous les fidèles de la confession d'Augsbourg de conjurer le danger.

Le nouveau système croît, grandit, et tient trop de place dans l'histoire religieuse de ce temps pour mériter les imprudents dédains qu'on lui jette.

Nous avons cité ces documents dans toute leur naïveté textuelle et sans en modifier l'expression ; il nous semble que dans les franchises et l'incorrection de leur langage, on retrouve les traces de l'énergie vive et pittoresque de la langue de Luther.

Cette déclaration porte le titre de *nouveau manifeste de l'Église catholique allemande* ; elle est précédée par un préambule que nous en avons détaché, pour lui restituer la véritable place que lui assigne son caractère, qui est bien plus celui d'une conclusion que celui d'une introduction.

« Dès que le christianisme, mieux affermi, n'eut plus à lutter pour son existence politique, deux opinions surgirent de son sein relativement à la divinité du Christ, opinions qui, dans le cours des siècles, ont été le principe de toutes les guerres politiques ou scientifiques. Les uns, malgré les propres paroles de Jésus, le déclarent un Dieu fait homme, et invoquent plusieurs passages de la sainte Écriture, soufflant sur le parfum de la figure poétique et s'attachant à la lettre *nue*. Les autres ne voient dans le Christ que le Messie annoncé, messager de Dieu, et sauveur du monde par son amour et son dévouement à la vérité. Ceux-ci, non moins que les autres, s'appuient sur de nouveaux passages tirés de l'Écriture.

« Aussi longtemps que Rome s'arrogea l'infaillibilité, cette dernière opinion fut poursuivie par l'excommunication et l'extermination. Des milliers d'hommes, les plus éminents, payèrent leur conviction de leur sang ; des peuples entiers furent en proie à une guerre fanatique, des pays immenses furent ravagés et changés en désert pour l'amour de la divinité du Christ. Néanmoins, cette divinité ne fut point reconnue, car ce n'est pas la vérité qui se prouve par la force brutale.

« La réforme, qui fut un progrès en ce sens qu'elle brisa le pouvoir de Rome, ne put s'affranchir des chaînes de la foi romaine, et formula ses articles de foi avec la même rigueur dans les termes, selon le degré de civilisation de l'époque. Mais, à peine le protestantisme eut-il le droit de bourgeoisie, la même lutte éclata dans son sein. »

Il est assurément difficile de discuter sur l'existence de Dieu avec quelqu'un qui fait profession manifeste d'athéisme.

Sincère dans toutes nos appréciations, nous pensons que ce préambule du nouveau manifeste enlève à tout ce qui suit la force et l'autorité que la raison seule peut donner.

Il fait craindre de confondre la réforme avec la destruction, et ce n'est point corriger et amender la religion chrétienne que de proposer, avec tant d'irréflexion, un système qui n'est, après tout, que le christianisme moins son essence.

Tout en croyant à la bonne foi de ces erreurs, elles ne nous paraissent pas moins funestes à une cause qui veut s'appuyer sur la vérité. Si l'on persistait dans la témérité de ces assertions, il faudrait désespérer du succès de la nouvelle doctrine.

Nous sommes heureusement rassuré par d'autres manifestations plus calmes et plus près de la lumière.

Rome trouverait, pour attaquer et combattre, ce qui deviendrait un véritable schisme, de puissants auxiliaires dans la majorité des opinions et des convictions catholiques, et l'on verrait alors péricliter les sages réformes que la raison des peuples peut légitimement tenter et réclamer contre l'absurde despotisme de la papauté. Une cause digne en toutes choses d'une époque éclairée, intelligente et progressive, risquerait alors d'être déplorablement compromise, et les hommes qui auraient perdu par une précipitation funeste les avantages d'une situation propice ne les retrouveraient pas, tant il y a d'artifices adroits dans ceux qui sauraient leur fermer les issues d'une discussion nouvelle.

Dans ces circonstances, nous pensons qu'au lieu d'éparpiller et d'affaiblir, en les produisant au hasard, les prédications, l'Église nouvelle doit agir avec ordre, avec accord et avec circonspection. C'est le sage conseil qu'a donné le synode de Berlin, en avertissant ceux qui voulaient coopérer à cette œuvre que, s'ils n'agissaient pas dans des voies graves et dans un but sérieux, ils ne pouvaient espérer ni la durée, ni la solidité.

Il serait à désirer que, pour échapper aux véhémentes inspirations des idées nouvelles, une assemblée, composée de l'élite des chefs du mouvement et des prosélytes les plus distingués et les plus fervents, fût immédiatement convoquée pour régler le dogme et échapper au trouble et à l'incertitude de transports irréfléchis et d'idées insensées.

Cette promesse a été faite ; mais il n'y a aucune prudence à en retarder l'exécution.

Rome et ses ruses paraissent déjà avoir pénétré dans les actes de la propagande germanique. N'est-ce point à ses intrigues qu'il faut attribuer les dissentiments qui viennent d'éclater ? et ne serait-ce point par quelque conseil souterrain qu'aurait été suscitée cette négation de la divinité du Christ, si favorable à la haine que le pontificat voudrait exciter et entretenir contre ses nouveaux adversaires ?

La tactique romaine consiste à effrayer les rois par ces discussions religieuses dont le retentissement conduit à l'indépendance politique si redoutable aux couronnes, et à soulever les peuples en leur montrant, comme aux sujets de la Prusse, le pouvoir souverain prêt à étendre le sceptre sur leurs croyances en les réunissant toutes en une seule foi qui ne pourrait plus échapper au joug de sa double autorité.

Rome sait par sa propre expérience combien cette alliance de la puissance temporelle et du pouvoir spirituel est odieuse à toutes les nations, et, par une inconcevable audace, elle présente aux peuples, comme un épouvantail, cette arme à deux tranchants, qui depuis si longtemps sert à ses iniquités.

Le néo-catholicisme allemand a d'autant plus besoin de prudence et de raison dans ses dogmes, que l'on semble maintenant lui retirer un peu de la tolérance que l'on a eue pour lui.

Le mouvement religieux de l'Allemagne a suivi son cours sans que la puissance civile s'opposât à ses développements. Son caractère était avant toute chose, ainsi qu'on ne saurait trop le redire, celui de la liberté intellectuelle comprimée par la politique et se faisant jour par les idées de réforme religieuse.

Les gouvernements, d'abord satisfaits de voir ainsi dériver le courant des idées libérales, ont subi cette agitation morale et ont fermé les yeux sur les premières démonstrations des religionnaires. C'est à l'abri de cette tolérance que les dissidents protestants et les réformateurs catholiques ont pu se produire au grand jour, rassembler les populations, prêcher en plein air, et enfin officier dans des temples consacrés au culte orthodoxe qu'ils se sont fait concéder.

Toute émotion populaire tombe promptement dans des excès, quand elle a pour mobile le prosélytisme. Des luttes et des conflits sont sortis du sein de la controverse. Les cultes établis ne peuvent voir avec tranquillité le calme de l'autorité civile en présence de ces faits. Celle-ci, que tout mouvement effraye, s'est aperçue que l'ordre public pouvait bien être compromis par ces secousses.

Ronge, un des plus fougueux apôtres de la doctrine nouvelle, voyait grossir le nombre de ses disciples, et se constituait prédicateur et ministre nomade, répandant l'enseignement et le culte. Partout où se formait une réunion nouvelle, il allait diriger son action vers ses propres principes. Ses courses fréquentes ont attiré l'attention et fait connaître l'ardeur de sa prédication et les progrès de sa propagande. Il lui fut alors interdit, par un ordre supérieur, de célébrer son culte partout ailleurs que dans sa paroisse ou dans celles qui lui étaient immédiatement affiliées.

Cette décision émanait d'un gouvernement protestant ; elle ne détruisait pas la propagation du nouveau dogme, seulement elle la circonscrivait dans certaines limites.

Mais les coups que l'on n'osait pas porter directement, on les frappait d'une manière indirecte. Le gouvernement prussien proscrivait, par une interdiction formelle, la réunion de la secte novatrice protestante qui prenait le nom d'*Association des amis de la lumière*. Il obligeait les officiers des régiments à promettre, par écrit, qu'ils s'abstiendraient de prendre part aux nouvelles assemblées religieuses. Il a été même question de défendre aux ecclésiastiques de voyager. Ronge et plusieurs délégués des provinces rhénanes, qui ont trouvé le moyen de se rendre au synode de Stuttgard, ont provoqué ces mesures, qui n'ont été prises par le roi de Prusse qu'après les entrevues du Rhin, et sous les influences de la diplomatie étrangère.

Plus récemment, l'archevêque de Posen, M. de Przyluski, a fait une manifestation qui met le gouvernement prussien en demeure de prendre une attitude plus nette et plus décidée à l'égard des néo-catholiques. Dans une lettre adressée au roi de Prusse, ce prélat a protesté contre les doctrines du néo-catholicisme, et notamment contre celle de Czerski, ancien prêtre de son diocèse

L'archevêque s'étonne de voir ce sectaire et ses partisans prendre la dénomination de *catholiques* dans les brochures *censurées*, c'est-à-dire contrôlées par le gouvernement ; il déclare que, selon lui, cette *usurpation* n'est pas moins contraire aux lois du royaume qu'aux canons de l'Église, et il finit en priant Sa Majesté de vouloir bien empêcher la secte de Czerski de se parer du titre de *catholique*, et défendre que cette qualité lui soit attribuée dans les livres et brochures publiés dans le grand-duché de Posen.

On comprend tout ce que cet état de choses commande de circonspection à la nouvelle doctrine.

Cette conduite est d'autant plus facile à tenir, qu'elle ne diminue pas les moyens d'action ; l'enthousiasme des populations court au-devant des nouveaux missionnaires. Il faut mettre à profit ces dispositions de la multitude pour le progrès de la liberté religieuse, mais sans abandonner les principes d'une sage modération, dont l'autorité est supérieure à toutes les autres influences.

Les sentiments de la contrée germanique ont surtout éclaté à l'arrivée de Ronge à Francfort, cette cité fédérale dans laquelle la physionomie allemande se reflète avec tant d'énergie.

Dès qu'on apprit que le ministre de la nouvelle doctrine, celui que le gouvernement prussien poursuivait avec le plus d'acharnement, était à Francfort, on se précipita en foule à sa rencontre.

Ronge est entré à Francfort dans une calèche couverte de fleurs, et que suivaient une vingtaine de voitures venues de Hanau et d'Offenbach ; plusieurs milliers de personnes accourues faisaient entendre sur son passage les plus vives acclamations. On se faisait fouler aux pieds des chevaux pour obtenir une poignée de main du principal apôtre du néo-catholicisme. Pour répondre à cet empressement, Ronge est descendu de voiture et s'est installé au deuxième étage d'une maison voisine, d'où il a harangué la foule. Il n'a quitté Francfort pour Stuttgard, qu'en donnant l'assurance de revenir.

On le voit, c'est une des phases de la lutte éternelle du principe libre contre le pouvoir absolu.

A ces ébranlements lointains et à cette séparation de l'Église de Rome dont l'Europe se détache de plus en plus, se joignent, pour le pontificat, des inquiétudes et des angoisses que ses victoires mêmes semblent augmenter.

Les légations ne sont point vaincues ; opprimées pour un instant, elles sentent encore la chaleur d'un brasier qui n'est point éteint.

Rome, dans sa charité-apostolique et dans cette clémence qui commande à l'Église d'avoir horreur du sang, ne s'est point contentée d'avoir exterminé et fait massacrer par ses soldats étrangers ceux qu'elle a vaincus; elle a redemandé aux territoires voisins ceux qui avaient échappé à ses coups.

La cour de Rome a insisté par des notes répétées, auprès du grand-duc de Toscane, pour qu'on lui remît les réfugiés des légations. Ses exigences ont été plus loin; le cardinal Lambruschini, ce secrétaire d'État dont l'ambition est dévouée aux cruautés iniques du pontificat, a exigé que l'on fît interdire en Toscane la *Gazetta italiana* de Paris, favorable aux légations et que toute l'Italie accueille avec sympathie; à cette demande était jointe une liste de sujets toscans désignés comme les fauteurs des projets des Romagnols, et dont on demandait l'arrestation.

Le grand-duc a noblement résisté à ces demandes, et il a continué la généreuse hospitalité accordée aux réfugiés. La France leur a fait offrir un asile; pour ces deux actes, les proscrits ont publiquement exprimé leur reconnaissance.

Ainsi ce n'est plus seulement dans son sein que Rome est déchirée par des ressentiments profonds, l'Italie elle-même lui échappe et refuse de s'associer à son exécrable politique.

Dans la Romagne, les habitants qui n'ont point pris part à la lutte s'associent par leurs sentiments à la résistance de leurs compatriotes vaincus; mais ce n'est point par la lutte qu'ils expriment leurs griefs : c'est par des doléances que cette malheureuse population fait retentir ses plaintes, qui sont l'expression d'une douleur générale.

Voici le dernier manifeste qu'ils ont adressé au pape :

« Saint-Père,

« Le détestable gouvernement de vos ministres a épuisé la patience de tous.

« Si aujourd'hui l'État n'a pas été le théâtre de commotions politiques, remerciez-en la prudence du plus grand nombre, qui, comprenant les dangers d'une invasion étrangère, n'a pu se résoudre à seconder l'élan d'une jeunesse d'ailleurs généreuse, qui a voulu chercher dans les armes un remède aux maux qui nous accablent; elle serait profondément blessée si les infâmes commissions militaires, composées d'hommes pires que les bêtes féroces, continuaient encore; car la vie et la liberté des citoyens sont un jeu pour ces hommes.

« Saint-Père, ils sont passés ces jours d'une ignorance brutale, qui donna un pouvoir illimité aux souverains. Aujourd'hui, le peuple sait ce qu'il doit au prince et ce que le prince lui doit, et il ne souffre pas longtemps avec résignation les atteintes portées aux droits les plus sacrés. Empêchez que le ressentiment ne se change en désespoir; chassez ceux dont l'ambition et la cupidité enfantent les projets les plus dangereux et les plus coupables; n'ayez pas confiance dans vos agents; songez que c'est une œuvre sacrilége que d'irriter des citoyens contre des citoyens; chaque goutte de leur sang serait pour vous une faute très-grave aux yeux des hommes et devant Dieu.

« Nous ne voulons pas nous soustraire à votre souveraineté. L'appel aux princes d'Europe vous indique les lois dont nous avons besoin. Nous demandons que la religion, la raison, la justice et l'humanité ne soient plus foulées aux pieds; nous demandons des institutions qui soient en rapport avec les lumières du siècle. Et le chef visible de l'Église, le gardien des préceptes de mansuétude dictés par l'Évangile, demandera-t-il, pour des réclamations si honorables, l'extermination du peuple que les princes ont confié à son autorité temporelle? »

Ces plaintes ont été entendues par l'Europe, et le cri des nations indignées les a portées jusqu'à l'oreille des souverains; on a parlé de la réouverture de la *Conférence de Rome pour les affaires des États romains*; l'ambassadeur de France annonçait surtout l'intention d'y prendre une part active.

On a annoncé que les gouvernements européens s'étant émus de la situation de plus en plus menaçante des contrées pontificales, ils auraient compris qu'il y avait un intérêt général à obliger Rome à accorder sans délai les réformes demandées par les populations; dans toute l'Italie centrale, les esprits sont plus agités que jamais, et si l'on tarde à faire droit à leurs justes réclamations, le jour viendra où le mouvement dépassera les bornes de cette modération dans laquelle il s'est tenu jusqu'à présent.

Des bruits venus de Rome même ont parlé de notes remises à la chancellerie pontificale de la part des puissances étrangères. On y donnerait à la cour de Rome le conseil d'avoir plus d'égard aux vœux équitables des légations, et de désarmer en général l'esprit de mécontentement par une politique conciliatrice. Cet avis serait motivé par la considération qu'une agitation prolongée amènerait une intervention étrangère et mettrait en danger la paix de l'Europe.

Le gouvernement de Rome aurait répondu :

« Que ces assertions étaient inexactes; qu'il régnait, il est vrai, dans le pays, de l'agitation et du mécontentement contre le gouvernement; mais que les désordres qui avaient eu lieu n'étaient que l'œuvre des menées de quelques États voisins, notamment de la France et des possessions anglaises. »

Il aurait ajouté :

« Que toutes les plaintes et les représentations du saint-siége à cet égard étaient restées sans succès, et que l'on ne pouvait que regretter que les gouvernements ne dirigeassent pas précisément leur attention là seulement où l'on doit chercher la source de ces machinations. »

Il y a dans cette réponse une atroce perfidie et un admirable raffinement de subtilité politique.

Rome, en accusant de ces troubles et de ces désordres la France et l'Angleterre, les deux grands États constitutionnels, dont l'un lui échappe, tandis que l'autre est pour elle perdu sans retour, pactise avec l'Autriche et la Russie, que l'alliance des deux pays, fausse ou vraie, paraît importuner. Rome se réfugie dans le sein du despotisme et se sépare des idées de progrès et d'indépendance; elle s'allie aux États absolus en les excitant contre les États indépendants. Sa politique va plus loin, elle flatte les vœux secrets des deux empires du Nord qui s'irritent contre le lien intellectuel qui unit la France, l'Angleterre et la Prusse dans une communauté de lumières; elle se venge ainsi de ces trois peuples, qu'elle regarde comme les plus implacables ennemis de ses prétentions.

Rome ment avec impudence.

Le mouvement insurrectionnel de la Romagne date de quinze ans; si c'est aux menées étrangères qu'il faut attribuer ces troubles si profonds, pourquoi avoir fait peser depuis si longtemps sur les seuls nationaux le poids des persécutions et des mesures cruelles qui ont tant affligé les villes et les campagnes?

Funérailles à Rome.

Dans quel but tant d'arrestations qui ont décimé toutes les classes de la population? Pour quelle cause les commissions militaires et les tribunaux extraordinaires ont-ils été en permanence?

Non, Rome ne se fait point d'illusion sur la profondeur et sur la gravité des agitations de la Romagne; elle sait qu'elles tiennent au sol même, et que les réclamations qu'elle repousse par le fer et par la tyrannie sont fondées sur des droits et sur des engagements que le parjure des pontifes a violés. En essayant de rejeter au dehors le tort et le germe de ces faits, elle ne veut que détourner les regards de l'Europe de son atroce iniquité contre les légations.

Son anxiété ne s'est-elle pas manifestée par le zèle excessif de ses répressions, et les sacrifices que Rome a faits pour solder les troupes étrangères auxquelles a été remis le sanglant office de cette répression?

Les légations sont vengées par la détresse de leur vainqueur, mieux peut-être qu'elles ne l'auraient été par leurs propres succès. Rome succombe sous le poids des emprunts énormes et nombreux qu'elle a contractés pour payer ces tristes et funestes triomphes. Afin de défendre les injustes prétentions de son despotisme et de son orgueil, la cour de Rome s'est vue forcée d'appauvrir son trésor et de désoler une partie de ses États. C'est sur les ruines de sa propre puissance qu'elle a établi cette domination insensée.

Rome, malgré la sécurité qu'elle affecte, sait aussi à quoi s'en tenir sur la véritable situation; les défaites ne découragent pas les légations. La tentative de Rimini a échoué, d'autres se préparent. Les représentations n'ont pas cessé; les corporations de plusieurs villes ont envoyé à Rome des plaintes sur les abus qui règnent dans l'administration. Le parti du redressement politique n'est nulle part inactif, et tout semble menacer l'Italie d'une prochaine conflagration.

Le gouvernement papal est sans cesse tourmenté par la crainte d'autres démonstrations, non-seulement dans la Romagne, mais dans les Marches; le dernier échec n'a découragé personne.

Et l'Italie tout entière rit des angoisses de la puissance des pontifes qui s'écroule, comme pour se venger des terreurs que lui inspira si longtemps ce vieux colosse, jadis si redouté, aujourd'hui si méprisé.

S'il faut en croire certains bruits, dans le sein même des conseils romains, quelques voix se seraient élevées pour plaider la cause de la modération. Il paraissait prudent à ces sages conseillers de prévenir, par de justes concessions et par une administration plus conforme à l'esprit du siècle, une catastrophe qui jetterait le pontificat dans le plus grand danger, et l'Europe dans le plus grand embarras.

Ces familiers de la cour de Rome ont adroitement attaqué le côté faible, celui de l'égoïsme romain; ils ont échoué.

Le gouvernement du pape, loin de prêter l'oreille à ces conseils, s'enfonce de plus en plus dans la voie de la réaction. L'idée du progrès se confond dans son esprit avec l'idée révolutionnaire. La moindre amélioration demandée lui paraît une violation des traditions sacrées et des droits du saint-siége.

On s'explique cette erreur, en songeant que le pouvoir temporel est confié à des mains ecclésiastiques, et à la confusion perpétuelle qui naît inévitablement dans la cause, le but, les droits, les devoirs et l'exercice de l'autorité. Cette confusion, signalée à chaque pas que nous avons fait dans la vie romaine, est le plus formidable des abus contre lesquels s'élève le cri public. La séparation de la politique et de la religion, dans le gouvernement, ne s'opérera franchement que le jour où l'administration du pays sera exclusivement confiée aux laïques, et c'est ce que les insurgés des légations ont demandé en termes si formels.

A ces griefs si multipliés et si flagrants, qu'oppose Rome, dans l'absurde et perverse opiniâtreté de ses passions ambitieuses, avares, impies et cupides?

Elle s'abrite sous l'espérance néfaste d'un trouble général dans lequel sa main pourrait ressaisir sa puissance, et ses intrigues bouleversent la politique des rois et des peuples.

Des circonstances nouvelles, et certaines dispositions dont la cour de Rome a le secret instinct, semblent donner aux manœuvres du pontificat une force nouvelle.

Oubliant la haine et les dédains dont l'Église romaine a été abreuvée par la cour et le peuple de la Russie, le pape se flatte de trouver dans l'empereur de Russie un instrument favorable à des projets occultes.

Tout est encore incertain et vague dans ces desseins. La jalousie moscovite contre le progrès de la civilisation et de la puissance de la Prusse, au moyen d'une double influence industrielle et religieuse; les embarras que peut susciter à la religion russe la Pologne catholique, les faits d'abjuration grecque qui auraient été infligés au mariage catholique de la fille du czar avec un archiduc d'Autriche, et enfin l'annonce de l'arrivée à Rome de l'empereur de Russie, tout cela inspire des idées singulières dont l'orgueil secret et la ténébreuse ambition du pontife ont seules la pleine intelligence.

Rome s'appuie aussi sur l'Espagne; si les nouvelles lumières constitutionnelles lui refusent la domination qu'elle réclame, elle cherchera à reprendre ses droits en les redemandant aux superstitions populaires, toujours si vivaces sur le sol hispanique.

La Suisse et la Belgique sont, pour sa milice jésuitique, deux vastes quartiers généraux.

En France, elle vient de convier ses dévoués à une levée de boucliers; elle les invite à s'adresser aux lois et à réclamer les franchises cléricales par la voie constitutionnelle des pétitions; elle leur rappelle les dernières tentatives.

« N'est-ce rien, s'écrie-t-elle, que l'accord unanime et public de nos vénérables évêques? rien, que les quatre-vingt mille signatures déjà présentées aux Chambres? rien, que les députés, prémices de l'action électorale des catholiques, qui ont pris l'engagement de voter pour la liberté d'enseignement? rien, que les plaintes qui partent de toutes les bouches, qui accusent une poignée de chrétiens d'avoir fait de la question religieuse la question capitale de l'époque? »

L'année 1845 a été, cependant, peu propice à ces fastueuses congratulations.

Le catholicisme allemand, l'expulsion des jésuites français, la guerre civile de la Suisse, le trouble des légations et les représentations des puissances européennes laisseront une trace douloureuse dans les annales du pontificat. Il est peu d'années qui, dans le présent et pour l'avenir, aient réuni sur Rome plus de symptômes sinistres.

De là, les implacables rancunes dont le fiel se fait jour dans les moindres détails, comme on peut en juger par un acte récent.

Un relieur prussien, qui s'était établi à Rome, avait déjà gagné quelque argent; il voulut former un établissement permanent et forma une demande; mais le gouvernement la rejeta, parce qu'il était protestant; on lui promit toutefois de l'admettre, s'il consentait à embrasser le catholicisme, ce qu'il refusa péremptoirement. Alors, des agents de l'inquisition lui portèrent des livres défendus à relier; la police fut avertie, elle saisit les livres, et le malheureux fut condamné à une amende. Ne pouvant la payer, il voulut vendre publiquement son établissement; l'autorisation lui fut refusée : il fut obligé de le céder à vil prix et de quitter Rome.

Les cardinaux ont conservé les sanglantes traditions des vengeances patriciennes et des embûches religieuses. Leur débauche et leurs haines ont encore des sicaires; pour ceux qui s'attaquent par la rivalité aux amours des princes de l'Église, pour ceux dont les écrits signalent leurs excès, contestent leurs droits et rappellent leurs devoirs, il y a, dit-on, encore des poignards.

Le peuple romain, encouragé dans tous ses vices par ces exemples qu'il regarde comme sacrés, n'a pas tellememt renoncé à la *cotellata* que le pavé de Rome, dans les disputes populaires, ne soit encore ensanglanté par les coups de couteau.

En grattant la religion romaine et la magnificence du pontificat, on trouve toujours, sous l'épiderme du peuple et de la cour, la bassesse, la cruauté, la corruption.

Rome, en dépit de son astuce, est prise aujourd'hui dans le piége que sa fourberie a tendu au monde entier. Cette pêche miraculeuse, dont elle avait rêvé l'éternelle opulence, lui échappe par les mailles déchirées du filet de saint Pierre.

Un inexorable dilemme l'étreint :

Rome périra en s'éteignant dans sa propre immobilité, ou elle périra broyée par le mouvement auquel elle veut résister.

Et le pontificat de Grégoire XVI prendra place dans les plus mauvais souvenirs de la papauté!

L'ouvrage qui nous a si bien raconté la puissance occulte des jésuites, dont les ordres, partant de Rome, sont reçus par le monde entier, est complet.

A ce livre intéressant à tant de titres, qui nous a décrit les agissements de la papauté et de ses acolytes en Italie, il fallait un pendant.

Nous avons pensé que celui qui allait le mieux était celui qui nous montrerait, dans un roman d'un intérêt au moins égal à celui qui a pour titre : *Le Secret du Vatican*, quelle a été la puissance de la même société dans une partie de l'Europe si voisine de la France, en Espagne, si longtemps sous le joug infâme de cet odieux et terrible tribunal qui avait nom *l'Inquisition*, et qui terrorisa la Péninsule pendant plusieurs siècles :

LES MYSTÈRES DE L'INQUISITION

PAR

V. DE FERÉAL

CHAPITRE PREMIER

El Barrio de Triana.

Vers le milieu du seizième siècle, pendant le règne de Charles-Quint, la population de Séville, cette joyeuse et folle capitale de l'Andalousie, était peu à peu devenue sombre, silencieuse et attristée. C'était en vain que la cité mauresque étalait, aux rayons d'un soleil splendide, ses vastes terrasses couvertes d'arbustes et de fleurs; ses balcons élégants où couraient, comme des réseaux de dentelle, des lianes vertes et fleuries, des grenadilles rouges et des jasmins de Virginie aux larges corolles d'or.

On n'entendait plus, le soir, sous les balcons, la voix des cavaliers amoureux mariée aux accords stridents de la mandoline; et si, durant les heures délicieuses de la nuit, de timides jeunes filles osaient encore se montrer sur leurs terrasses, et aspirer l'air frais et parfumé qui s'élevait des rives du Guadalquivir, elles passaient silencieuses et graves comme des ombres, et de leurs lèvres muettes ne sortaient plus que des soupirs étouffés, au lieu de ces rires frais et joyeux, de cette mélodie harmonieuse de langage qui, dans la bouche des femmes, fait ressembler la langue espagnole à une musique sonore.

Partout la terreur avait, depuis longtemps, levé son étendard sinistre; plus de causeries de famille, plus de réunions patriarcales; la défiance et la crainte paralysaient les plus doux sentiments de l'âme. Le père redoutait son fils, le frère son frère, l'ami son ami; car, à cette époque, on tremblait toujours de trouver dans l'être qu'on chérissait le plus un espion ou un délateur. Nul n'était assuré de sa fortune ni de sa vie; on vivait au jour le jour, n'osant s'attacher à rien, refoulant au fond de son cœur tout élan de générosité ou de tendresse; ne trouvant plus même de consolation ni d'espoir en Dieu, ce grand consolateur de toutes les misères ; car on n'osait plus l'invoquer dans la liberté de conscience, incertain qu'on était si l'expression de sa prière ou la manifestation de sa foi serait bien l'expression *légale*, approuvée par le tribunal suprême, l'inquisition. Usurpateur *sacré* qui voulait qu'on adorât Dieu à sa manière, ou plutôt, se transformant lui-même en Dieu, s'arrogeait des droits infinis et une *fatalique* puissance sur les corps comme sur les âmes; tyran impitoyable qui cherchait, par tous les moyens possibles, à atteindre son but unique, la domination. L'inquisition était alors à l'horrible apogée de sa puissance ; elle avait pour chef le cardinal Alphonse Manrique, archevêque de Séville. Ce court aperçu était nécessaire pour l'intelligence des chapitres qui vont suivre.

Maintenant reportons-nous au 15 février de l'an 1534.

Il pouvait être sept heures du soir; les rues de Séville, autrefois bruyantes et animées, étaient obscures et silencieuses, quoiqu'on fût à l'époque du carnaval. Seulement, par intervalle, des moines à l'aspect sordide croisaient dans les rues quelques gitanos errants ; des familiers du saint office, espions vigilants, se saluaient en passant par un signe sacramentel[1], et les habitants *del barrio de Triana*[2] se pressaient aux avenues du pont de bateaux jeté sur le Guadalquivir qui réunit la ville à cet immense faubourg, égout immonde où pullule, encore de nos jours, le rebut de la population sévillane.

Parmi les personnes qui, à cette heure, traversaient le pont de Triana, on remarquait un homme de haute taille, vêtu d'un froc de moine prédicateur. Son front large et grave était plutôt calme qu'austère, son grand œil noir plein de douceur, bien que l'enthousiasme et la pensée y fissent briller des flammes, et sur ses lèvres muettes était empreint le sceau de l'éloquence et de la poésie. Il y avait sur cette physionomie rayonnante l'énergie de saint Paul et la douceur du disciple bien-aimé.

Cet homme marchait lentement, comme préoccupé de hautes pensées; et, dans la profonde insouciance des choses terrestres où il semblait plongé, il n'apercevait pas les passants qui se heurtaient à côté de lui, ni ceux qui, venant de la même direction où il allait, pouvaient le heurter lui-même dans la demi-obscurité de la nuit.

Lorsqu'il fut arrivé de l'autre côté du pont, il s'arrêta un instant, incertain si, des deux rues qui formaient devant lui une bifurcation, il prendrait à droite ou à gauche. Mais, comme à cette indécision peu formulée se mêlaient des préoccupations d'un autre genre, le moine, livré sans doute à l'entraînement d'une idée, resta pensif et sans mouvement à la même place. Il ressemblait ainsi bien plutôt à un homme qui attend à un rendez-vous qu'à un philosophe qui réfléchit; et, à cette époque surtout, peu de gens eussent compris, à voir ce moine ainsi immobile, qu'il ne faisait qu'obéir à une halte de sa pensée.

En cet instant, un homme proprement vêtu déboucha par la rue de droite, qui se nommait alors *calle de los Gitanos*, la rue des Bohémiens, s'arrêta quelques instants à l'angle de cette rue, regardant de tous côtés, comme s'il eût cherché quelqu'un ; puis, ayant aperçu le religieux, il se dirigea lentement vers lui.

---

1. *Signe sacramentel*. Ainsi que les maçons et autres sociétés secrètes, les familiers de l'inquisition avaient des signes, des attouchements et des paroles connus d'eux seuls, au moyen desquels ils se reconnaissaient les uns les autres.

2. *El barrio de Triana*. Le quartier de Triana : ce quartier, séparé de la cité de Séville par le Guadalquivir, a toujours été et est encore aujourd'hui le faubourg où les gens de mauvaises mœurs, contrebandiers, forçats libérés et autres repris de justice, établissent leur domicile.

Arrivé à quelques pas du frère prêcheur, il s'arrêta de nouveau; le moine ne le voyait pas encore.

Le laïque se rapprocha d'un pas, et prononça à voix basse ce seul mot :

« Hito[1]. »

Au son de cette voix, le franciscain releva brusquement la tête, envisagea un instant l'homme qui lui avait parlé, et répondit gravement par un autre mot :

« Coraza[2]. »

— Dieu[3] m'envoie, ajouta l'inconnu.

— Dieu a tout pouvoir sur les hommes, répondit le moine.

— Votre Révérence peut me suivre, poursuivit le laïque.

Le religieux obéit et se mit à marcher à côté de son guide d'un air aussi calme, aussi naturel, que si cet incident n'eût pas été imprévu; se laissant guider comme un enfant docile, et observant scrupuleusement l'impérieux *chiton*[4] commandé par la terreur qu'inspirait l'inquisition, et qui est resté comme un sinistre proverbe parmi les Espagnols.

---

1. *Hito*. Ce mot, diminutif de *chito!* silence! et de *san-benito*, scapulaire de drap jaune dont l'inquisition revêtait les personnes condamnées à figurer dans un *auto-da-fé*, est une des paroles sacramentelles dont parle la note 1re, page 4. Ce scapulaire s'appelait aussi *zamarra*. Toute personne qui avait porté le *san-benito* demeurait éternellement déshonorée et privée de tout droit civil et politique. Cette flétrissure s'étendait à tous ses descendants!

2. *Coraza*. La coraza était un bonnet haut et pointu, comme le hénin que portaient les femmes au moyen-âge. Sur ce bonnet, dont on affublait les condamnés au bûcher, étaient peints des diables, des flammes et mille autres monstruosités bizarres. Le mot *coraza* fait également partie du vocabulaire sacramentel des familiers.

3. *Dieu*; dans l'argot mystique des familiers, ce nom signifiait l'*inquisiteur général* du royaume, celui de la province, ou l'*inquisition* prise dans un sens collectif.

4. *Chiton!* silence!!! La terreur que l'inquisition inspirait aux Espagnols était telle, que, de peur d'être dénoncés par celui même à qui ils en parlaient, les Espagnols l'avaient fait passer en proverbe. On dit encore en Espagne : « *En cosas de inquisition, chiton!* sur les affaires de l'inquisition, silence!!! » pour exprimer le danger qu'il y aurait à parler de choses qui doivent être tenues secrètes.

L'inconnu et le moine suivirent ensemble la *calle de los Gitanos*; une rue longue, noire, tortueuse, où l'on n'apercevait d'autre clarté que celle des nombreuses tavernes échelonnées le long de cette rue hideuse, d'où sortait un bruit aigre et confus, mélange de voix discordantes et avinées.

Le bas peuple de Séville, le peuple ignoble, filous et autres, prenait en ce moment ses ébats, et s'enivrait de *manzanilla* et de *pajarète*, qu'il buvait à longs traits dans les *chiquitas*, verres longs et étroits de forme carrée, encore en usage dans les cabarets andalous.

Arrivé vers le fond de la rue, le laïque s'arrêta devant une taverne mieux éclairée que les autres, et, désignant la porte à son compagnon, il lui fit signe d'entrer.

Le religieux franchit, sans hésiter, le seuil de cet horrible lieu; car ce n'était pas alors chose rare que de voir des moines dans une taverne. On sait, au reste, que de tout temps, en Espagne, ils se sont mêlés à toutes les choses ordes et réprouvées. De là sans doute le mépris et la haine qui les ont poursuivis et chassés.

Le frère prêcheur entra donc dans la taverne.

C'était une salle basse, longue et obscure, aux murs noirs et enfumés, couverts çà et là de larges crevasses dont la couleur, plus claire, tranchant avec les tons obscurs de la muraille, formait sur ce fond noir une mosaïque de hiéroglyphes.

Des bancs grossiers et boiteux s'étendaient tout autour de cette salle, devant de longues tables noires et crasseuses, mais auxquelles le frottement continuel des coudes avait donné une sorte de vernis.

Sur les murs, à moitié de la hauteur du plafond, on avait collé une multitude d'images grossières représentant les nombreuses madones qu'adore l'Espagne, ou des scènes horribles d'auto-da-fé. Au-dessous de chacune de ces images brûlaient deux petites bougies grosses comme un tuyau de plume, ou un lampion à l'huile fumeux et puant. Ces lumières, qui brûlaient constamment, étaient pendant la nuit l'unique éclairage de la taverne.

Aux poutres du plafond étaient vissés de nombreux crocs de fer à plusieurs branches, appelés *garabatos*, d'où pendaient pêle-mêle des jambons, du lard fumé, de la viande fraîche, des chapeaux d'hommes et même des manteaux : ces crocs servaient de patères aux habitués de la taverne.

A voir tous ces gens hideux d'aspect, moines, diseuses de bonne aventure, gitanos et familiers de l'inquisition, car il y avait de tout cela dans cette taverne ; à les voir, dis-je, assis autour des longues tables, à la clarté vacillante des bougies, au-dessous de leur étrange vestiaire, on eût dit une assemblée de démons assis sous des gibets au milieu d'une catacombe.

Le sol terreux, grisâtre et humide, ne résonnait pas sous les sandales des moines ou les pieds nus des gitanos ; le bruit des voix rauques ressemblait à une lugubre psalmodie. Ce lieu immonde inspirait autant de terreur que de dégoût. Telles étaient alors les tavernes del barrio, ou faubourg de Triana [1].

Le frère prêcheur alla s'asseoir à l'extrémité de la salle, à un bout de table où il n'y avait personne ; puis il invita son compagnon à se placer à côté de lui.

— Tout à l'heure, dit l'inconnu. Il faut auparavant que je parle à la Chapa [1]. Et il désigna une jeune fille qui se tenait debout à quelques pas d'eux sur la porte d'un étroit réduit qui lui servait de cuisine.

La Chapa, sœur du tavernier, était une jeune et brune Andalouse mi-partie de gitana, aux jambes fines et arrondies, à peine couvertes jusqu'au-dessous du mollet par une courte saye rouge. De longs cheveux noirs un peu ondés tombaient divisés en deux nattes, de chaque côté de sa tête jusqu'au-dessous de sa taille élancée, et une large mona de ruban orange était attachée au-dessus de la nuque par de longues épingles à tête d'acier dont les mille facettes brillaient comme des étoiles.

L'inconnu l'aborda familièrement, et lui dit d'un ton bref et à demi-voix :

— Frazco [2] est-il venu, Chapa ?

— Pas encore, répondit l'Andalouse, mais il ne peut tarder ; j'ai envoyé mon frère Coco [3] l'avertir que la senora Dolores sortira de chez elle à minuit ; Frazco doit venir vous joindre ici, ainsi que ce saint homme que Dieu [4] honore de sa confiance.

En même temps la Chapa jeta un regard curieux sur la belle et imposante figure du religieux.

— C'est lui, dit l'inconnu, c'est le confident intime du très-illustre et révérend père Pédro Arbues : je l'ai rencontré à l'entrée du pont de Triana, ainsi que me l'avait annoncé Son Éminence, et nous n'attendons plus que Frazco pour l'exécution de notre

---

1. Les tavernes telles que les décrit l'auteur sont rares aujourd'hui, même au barrio de Triana. Je n'en ai vu que trois ou quatre en 1822. En Espagne, comme partout ailleurs, les tavernes qui faisaient les délices de nos pères ont été transformées en magnifiques *cafés*, où l'on s'enivre, il est vrai, mais à plus de frais, mais entouré de glaces et de dorures, en buvant, dans des verres de cristal, des liqueurs et des vins inférieurs peut-être en qualité, mais beaucoup plus chers et portant des noms étrangers. Les taverniers, anciennement gens de la lie du peuple, souvent repris de justice, sont aujourd'hui métamorphosés en *citoyens honorables*; et, moyennant une patente, ils peuvent être à la fois marchands, usuriers, voleurs, sacristains, béats, électeurs, souvent éligibles et quelquefois même élus.

1. *Chapa*. Ce mot signifie plaque de métal brillant et sonore ; donné à une jeune femme, il signifie *gracieuse*, rempli de je ne sais quoi qui charme. Les gens du peuple seuls l'emploient dans ce sens.
2. *Frazco*, *Frazquito*, François.
3. *Coco*, Joachim.
4. Voyez, page 6, note 3.

Persécutions des juifs.

projet, si toutefois la senora Dolores tient sa parole.

— Elle sortira, senor, répondit la Chapa; je lui ai porté moi-même une lettre de son fiancé, que Son Éminence a fait écrire par Pierre de Saavedra[1] en manière de passe-temps.

— Et la jeune fille a consenti ainsi tout de suite à un rendez-vous? demanda l'inconnu que, pour plus de facilité dans notre récit, nous appellerons Enriquez.

— Elle refusa d'abord, dit la Chapa, mais la lettre était si pressante! Il s'agissait de la vie de son fiancé, et la jeune fille a promis tout ce que j'ai voulu. Elle doit se rendre ce soir au lieu indiqué. Vous pensez bien, ajouta la sœur de Coco, que je n'ai pas été étrangère à sa détermination, et que j'y aidé de tout mon pouvoir.

— Dieu soit loué! s'écria Enriquez avec une feinte componction; tu es une vraie sorcière, Chapa! et, sur mon âme, Son Éminence ne pouvait pas mieux choisir que toi pour en faire l'instrument de sa très-sainte et très-immuable volonté. Tu comprends bien, Chapa, que notre saint inquisiteur n'a d'autre but que d'arracher au démon l'âme de cette jeune fille, en empê-

---

[1]. *Saavedra* (Juan Perez de), surnommé *le faux nonce*, fut un intrigant très-célèbre par son adresse à contrefaire toutes sortes d'écritures. Ce fut lui qui, aidé d'un jésuite, établit en Portugal l'inquisition et la compagnie de Jésus, à l'aide de fausses bulles du pape et de fausses lettres de Charles-Quint et du prince Philippe, depuis Philippe II. Saavedra ne se contenta pas de servir les intérêts des jésuites et ceux de l'inquisition, son habileté à contrefaire des bons royaux et des titres de créance contre l'État et contre les particuliers lui procura des sommes considérables. L'inquisiteur Tabera fit enfin arrêter ce misérable au moment où il sortait d'une église, à Malaga, et l'inquisition, qui faisait brûler des milliers d'honnêtes gens pour une parole, se contenta de condamner ce scélérat à dix ans de galères. Il est vrai que le saint office profita des travaux du *faux nonce*; le tribunal inquisitorial établi par lui, et, qui plus est, tous les emplois et dignités que Saavedra avait conférés furent confirmés par l'inquisiteur général.

Dix-neuf ans plus tard (en 1562), Philippe II appela le *faux nonce* à la cour, et l'y employa. Ce monstre qui, de sa *propre main*, s'était fait évêque, nonce et légat *à latere*, mourut à Madrid, en 1575, riche de plus de 400,000 ducats (1,100,000 francs), et très-honoré. Ainsi furent établies en Portugal la compagnie de Jésus et l'inquisition, deux institutions dignes l'une de l'autre et néanmoins ennemies, sans doute parce que toutes les deux tendaient au même but, la domination. (*Histoire de l'Inquisition*, par Llorente).

chant son mariage avec don Estevan de Vargas, qui est dit-on fils de marrano[1] et petit-fils de Mauresque.

— Oh! c'est vrai, cela, dit la Chapa en faisant un grand signe de croix, monseigneur est un saint, il n'agit jamais que dans l'intérêt du ciel. Mais ne me dites pas que je suis une sorcière, ajouta-t-elle effrayée; un tel mot ne doit pas sortir de la bouche d'un familier du saint-office; car, pour prix de mon zèle à servir la très-sainte inquisition, ce mot-là pourrait bien m'envoyer figurer au premier grand auto-da-fé qui aura lieu pour célébrer les victoires du roi don Carlos, notre bien-aimé seigneur.

— Allons, calme-toi, Chapa; tu es trop bonne catholique et trop fidèle servante de la sainte inquisition pour la redouter. Nous ne pouvons manquer d'avoir bientôt un grand auto-da-fé; ce ne sera pas le premier depuis que notre bien-aimé seigneur et roi don Carlos est monté sur le trône, et je te promets la meilleure place au grand balcon de la plaza Mayor, pour voir rôtir tous ces chiens d'hérétiques.

— Bien vrai! s'écria la jeune Andalouse en frappant joyeusement ses mains l'une dans l'autre! Oh! senor Enriquez! on dit qu'il y aura plus de quinze hérétiques brûlés et un grand nombre à qui Son Éminence fera *grâce*, pourvu qu'ils fassent abjuration et veuillent mourir en bons chrétiens; ceux-là seront étranglés avant[2] d'être livrés aux flammes. Oh! que ce sera beau! senor Enriquez, vous me ferez voir tout cela, n'est-ce pas?

— Je te le jure, répondit le familier, au nom du Père, du Fils et du Saint-Esprit, et avec la permission du très-saint inquisiteur de Séville. Ce sera magnifique, ajouta Enriquez, charmé de voir la Gitana s'animer ainsi de zèle pour le saint office.

Mais s'il eût regardé attentivement le visage de l'Andalouse, il aurait vu ses lèvres rouges blanchir imperceptiblement; son œil, vif et brillant, plein d'une terreur vague, et, sous son corset de velours noir, il eût, d'un peu plus près, entendu son cœur battre à coups inégaux et précipités.

La sœur de Coco ne pouvait pas, en remontant à ses aïeux, trouver assez loin d'elle la source d'un pur sang catholique pour être bien tranquille vis-à-vis de l'inquisition dont, par peur, elle s'était faite l'humble servante; et, peu rassurée par l'air béat et hypocrite du soldat du Christ[1], elle s'écria d'un air exalté qu'elle s'efforçait de rendre joyeux:

— Oh! que ce sera beau, que ce sera beau!

En cet instant, elle aperçut les grands

---

1. *Marrano*, pourceau; c'est ainsi qu'on appelait en Espagne les Maures et les Juifs convertis à la religion catholique.

2. Il arrivait souvent que des victimes vouées au bûcher se *réconciliaient avec l'Église*, c'est-à-dire avouaient des crimes et des forfaits qu'elles n'avaient point commis, et se confessaient au pied de l'échafaud. Dans ces cas-là l'inquisition sentait ses *entrailles de mère* s'émouvoir, et accordait aux condamnés la *grâce* d'être *étranglés* avant d'être livrés aux flammes. (*Annales de l'inquisition*.)

1. *Soldat du Christ*. On appelait ainsi les familiers du saint office depuis que, sous Alexandre VI, Torrequemada fit, en 1494, armer les plus jeunes de ceux qui le composaient. « Cette étrange milice » dit Llorente, *Histoire de l'Inquisition*, « était très-nombreuse : Torrequemada s'était montré si cruel, il avait si bien encouragé l'espionnage et la délation, qu'un grand nombre de gentilshommes illustres, jugeant qu'il était plus prudent d'appartenir à l'inquisition que d'être tôt ou tard déclarés *suspects*, s'offrirent volontairement comme *familiers* du saint office; l'exemple des gentilshommes, joint aux privilèges que Ferdinand d'Aragon accorda aux *familiers*, entraîna une foule de gens du peuple. Bientôt il y eut autant de *familiers* que de personnes soumises aux charges municipales, dont tout individu qui appartenait à l'inquisition était exempt. Les familiers armés constituaient ce qu'on appelait la *milice du Christ*; cette milice faisait l'office de *garde du corps* tant auprès des inquisiteurs généraux que des inquisiteurs provinciaux. »

La *milice du Christ* fut créée en France par Dominique de Guzman, l'an 1208, pendant le règne de Philippe-Auguste, roi de France, et du pape Innocent III.

yeux noirs du frère prêcheur fixés sur elle. Le moine n'avait pas perdu un mot de sa conversation, pas un seul mouvement de sa physionomie.

— Sers-nous du vin, ma fille, dit le familier.

Et la pauvre Chapa, toute heureuse d'échapper aux regards perçants du religieux et à cette causerie où elle tremblait à chaque instant de trahir ses terreurs, la Chapa, vive et légère, alla chercher un jarro[1] rempli de vin, qu'elle plaça devant Sa Révérence.

Comme Enriquez avançait un tabouret de bois pour s'asseoir en face du franciscain, un nouveau personnage entra dans la taverne. Le nouveau venu s'approcha du familier, et désignant le moine du regard :

— Est-ce là notre saint commissaire ? demanda-t-il d'un ton mielleux.

— Lui-même, senor Frazco, répondit Enriquez.

Le religieux se leva et croisa ses deux mains sur sa poitrine. Le nouveau venu fit le même geste ; le moine les croisa ensuite en sens inverse, puis il s'inclina vers Frazco comme pour le saluer. Frazco fit, de son côté, le même mouvement, de sorte qu'en s'inclinant leurs fronts se touchèrent légèrement. C'était là le salut distinctif des familiers du saint office.

Mais Frazco ne se contenta pas de ces signes de reconnaissance ; il découvrit sa poitrine, et, sous son justaucorps, montra une plaque d'argent qui avait la figure d'un Christ renversé. Au milieu de la poitrine du Christ brillait un soleil, symbole de la lumière, devise dérisoire de l'inquisition, cette messagère d'erreur et d'anéantissement.

A ce dernier signe, le franciscain ne répondit pas.

[1]. Espèce de cruchon en terre vernie de la contenance d'un litre environ, et goudronné en dedans.

Frazco jeta sur Enriquez un sombre regard de défiance.

Enriquez haussa les épaules d'un air insouciant et convaincu.

— Il n'est pas des nôtres, murmura sourdement Frazco.

Enriquez fit un geste de doute.

— Il n'est pas des nôtres, te dis-je, répéta Frazco, et nous sommes trahis ; trahis, entends-tu ? poursuivit-il en serrant fortement le poignet d'Enriquez ; et son visage sinistre exprimait une féroce colère.

Tout cela se passait à voix basse, mais pas si bas cependant que les habitués de la taverne ne se fussent aperçus d'un mouvement d'agitation qui annonçait une querelle. Tous les yeux se dirigèrent alors vers le religieux qui, resté calme et impassible, semblait être témoin plutôt qu'acteur de cette étrange scène.

Quelques-uns, à l'aspect du franciscain, dont la figure imposante inspirait le respect, quelques-uns osèrent murmurer, et des menaces contre Enriquez et Frazco sortirent de la bouche de ces bandits.

Quoique sûrs de leur vengeance, en cas d'insulte, les familiers de l'inquisition ne se souciaient pas d'en venir à une rixe avec les habitants del barrio de Triana ; ils les connaissaient assez pour savoir qu'à la défense d'un moine, ils se feraient tous hacher jusqu'au dernier ; mais il y avait quelque chose qui imposait plus encore au peuple que les prêtres et les moines, c'était l'inquisition.

Avec une ruse infernale, Frazco, se tournant donc vers les buveurs, dont les regards et les gestes exprimaient des intentions hostiles :

— Frères, s'écria-t-il, serez-vous assez mauvais catholiques pour défendre un ennemi de l'inquisition ?

A ce mot redouté d'inquisition, vous eussiez vu se courber toutes les têtes, et une pâleur livide faire place à l'animation des visages; on eût dit la foudre tombée au milieu de ces hommes rudes et turbulents. Aucun d'eux n'osa plus dire un mot.

Alors le frère prêcheur, sans faire attention ni à la colère de Frazco ni à la stupeur des bandits de la taverne, se leva gravement, et se dirigea vers la porte au milieu d'un silence morne.

— Quoi! s'écria Frazco, le laisserez-vous s'échapper ainsi? Un de vous n'ira-t-il point avertir les sbires du saint office?

— Moi, moi! s'écria la Chapa épouvantée.

En même temps, elle s'élançait vers la porte, voulant échapper par son zèle au danger qu'elle redoutait toujours pour elle-même; mais, comme elle allait lever le loquet, le franciscain jeta sur elle un long et profond regard; et la Chapa, fascinée, joignit les mains en tombant à genoux devant l'homme de Dieu.

Par une impulsion simultanée, les bandits tendirent leurs bras vers lui, comme pour implorer son secours contre un pouvoir occulte qu'ils n'osaient braver.

Alors le moine, se tournant d'un air majestueux vers cette assemblée muette et recueillie, la bénit avec un regard céleste, et, s'élançant dans la rue, il disparut sans que personne, sans que Frazco lui-même eût songé à le retenir.

— Nous sommes trahis, imprudent! dit Frazco en s'adressant à Enriquez, plongé comme les autres dans une stupéfaction profonde.

— Il ne sait rien, répliqua Enriquez.

— Eh bien! à l'œuvre donc! s'écria Frazco rassuré; nous n'avons pas besoin d'un tiers pour cela.

Et les deux soldats du Christ sortirent ensemble de la taverne.

CHAPITRE II

El palacio de la Garduna.

A l'extrémité du barrio de Triana, il existait une vieille masure de style mauresque, dont les ruines servaient de refuge aux oiseaux de nuit[1].

Des mendiants sans asile, d'insouciants gitanos dormaient souvent parmi les pierres durant ces nuits tièdes, qui, en Andalousie, rendent tout abri inutile; et pendant les jours d'hiver, de vieilles femmes, accroupies au soleil, venaient chercher derrière ces ruines un abri contre l'âpreté de la bise.

Aux larges proportions des murailles démantelées, à certains ornements d'architecture parfaitement conservés, on pouvait aisément reconnaître que là avait dû exister jadis une vaste et somptueuse demeure; car au milieu de ces débris, une longue colonnade élégante et légère soutenait une voûte semée d'arabesques d'une parfaite conservation. Un mur presque intact, quoique d'une construction fragile en apparence, enfermait cette colonnade, qui avait dû orner une salle splendide; une porte d'une remarquable solidité en défendait l'entrée.

Çà et là, dans les décombres, croissaient quelques arbustes sauvages, des gramens aux fleurs d'un rose pâle, des gerbes de

---

1. Les catholiques d'Espagne faisaient s peu de cas des beaux monuments que les Maures avaient légués au pays, qu'à l'exception de quelques-uns des plus remarquables, dont s'emparèrent les moines, tous furent abandonnés aux mendiants, aux Gitanos et aux malfaiteurs qui les possèdent encore.

giroflée jaune aux suaves parfums, des touffes d'églantiers et de lauriers sauvages, dont les buissons épais jetaient sur la nudité de ces ruines leur verdure ombreuse et vivace.

Ce lieu bizarre servait de salle de réunion aux assemblées des membres de la *confrérie de la Garduna*[1] ; c'était le *palais* du maître de l'*ordre*.

Tous ceux qui ont lu les nouvelles de Cervantes se rappellent le type délicieusement grotesque de *Monipodio*, le chef des filous à Séville. A l'époque dont nous parlons, c'est-à-dire plus de cinquante ans avant Cervantes, une confrérie de voleurs, protégés par quelques membres de la police, existait déjà en Espagne. Cette bizarre institution, dont l'origine remonte au commencement du quinzième siècle, avait alors pour chef, à Séville, un homme étrange à l'aspect à la fois grave et sarcastique, au langage hideusement pittoresque, type traditionnel, du reste, au moins dans le caractère, et qu'on retrouvait encore en Espagne en 1821.

Le même soir de février 1534 où avaient eu lieu les choses rapportées dans le chapitre précédent, il se passait une scène non moins curieuse et beaucoup plus originale dans le palais du maître de la *Garduna*.

---

1. *La confrérie de la Garduna*, confrérie de la rapine. Sous ce titre, il existait en Espagne, depuis l'an 1417, une société secrète composée de brigands de toute sorte. Cette société, parfaitement organisée, avait pour but l'exploitation en grand de toute espèce de crimes en faveur de quiconque avait une vengeance à exercer, quelque ressentiment à satisfaire. Elle se chargeait, au plus juste prix et à la garantie, de donner des coups de poignard, mortels ou non, au goût de la *pratique*, de noyer, de donner une bastonnade et même d'assassiner. L'assassinat coûtait cher, et il fallait avoir une certaine importance dans le monde pour l'obtenir : mais une fois promis on pouvait y compter, car la confrérie de la Garduna mettait une exactitude désespérante à servir ses *pratiques* dès qu'une fois elle s'y était engagée.

La confrérie de la Garduna se composait d'un grand maître appelé *hermano mayor*, frère supérieur, qui habitait la cour, où il occupait souvent un poste éminent. Ce frère supérieur envoyait ses ordres aux *capatases*, maîtres des provinces ; ceux-ci les faisaient exécuter avec une exactitude et un zèle qui feraient honneur à plus d'un fonctionnaire public. Le personnel de la Garduna, fort nombreux, se composait : de *guapos*, espèce de *bravos*, généralement grands spadassins, assassins hardis, bandits consommés, dont le courage était à l'épreuve de la *question* et même de la potence. Dans l'argot de la *société* ces *guapos* étaient appelés *punteadores*, pointeurs, donneurs de coups de pointe. Après les *punteadores* venaient les *floreadores*, les escarmoucheurs ; c'étaient des jeunes gens, filous adroits, pour la plupart échappés du bagne de Séville, de Malaga ou de Melilla ; on les appelait *frères postulants*. Venaient ensuite *los fuelles*, les soufflets, ainsi nommés parce que leur emploi dans la *société* était de *souffler* à l'oreille du maître de l'ordre ce qu'ils savaient des familles de la ville où ils s'introduisaient grâce à leurs dehors hypocrites. Les *fuelles* étaient tous des vieillards d'un aspect béat, qu'on voyait toujours à l'église, un chapelet à la main, sauf pendant les heures de *service* auprès du maître de la Garduna ou de l'inquisiteur, car la plupart de ces vieillards cumulaient l'emploi de fa-miliers du saint office avec celui d'espions de la Garduna. La Garduna avait aussi un grand nombre de recéleuses qu'elle appelait *coberteras*, couvercles, du verbe *cubrir*, couvrir, cacher ; et un grand nombre de jeunes gens de dix à quinze ans qu'elle désignait par le nom de *chivatos*, chevreuils. Les chivatos étaient les novices de *l'ordre*. Il fallait être chivato au moins pendant un an pour mériter l'honneur de *travailler* en qualité de postulant. Un postulant qui avait bien mérité de la confrérie devenait *guapo* au bout de deux ans de *service*. C'était là, après celle de maître et de grand-maître, la plus haute dignité que conférât la *société*. Outre les gens que je viens de désigner, la Garduna comptait un grand nombre de *serenas*, sirènes. C'étaient de jeunes et belles femmes, pour la plupart Gitanas. Les *serenas* étaient les *odalisques* des gros bonnets de l'ordre. C'étaient elles qui attiraient les personnes qu'on leur indiquait dans des lieux propices pour les *opérations* de la Garduna. A tout ce personnel qu'on ajoute des alguazils, des escribanos, des procureurs, des moines, des chanoines et même des évêques et des inquisiteurs, qui étaient autant d'instruments ou de protecteurs de la Garduna, dont ils avaient souvent besoin ou qui leur donnait de l'argent, et l'on aura une idée de cette société qui a désolé l'Espagne pendant plus de quatre siècles.

La Garduna, établie au commencement du XVe siècle, fut entièrement détruite, en 1821, par les chasseurs de montagne sous mes ordres. Les papiers de cette étrange et horrible société, qui consistaient en plusieurs registres contenant les *ordres du jour*, les statuts de la confrérie et grand nombres de lettres, furent déposés par moi au greffe de Séville, le 15 septembre 1821. Ils y étaient encore en 1823. Francisco Cortina, maître en 1821 de cette société, arrêté avec une vingtaine de ses complices, fut pendu sur la place de Séville, ainsi que seize de ses coaccusés le 25 novembre 1822.

Je donnerai en temps et lieu une traduction presque textuelle des statuts de la Garduna. Dans ce chapitre, l'auteur copie, presque mot pour mot, *l'ordre du jour* du 15 février 1534.

Il était environ dix heures; la porte lourde et massive del palacio de la Garduna tournant sur ses gonds, donna passage à une trentaine d'individus de tout sexe et de tout âge. Ils entrèrent silencieusement et en ordre, observant scrupuleusement les droits du rang et de la hiérarchie.

Au milieu de la salle, assez bien éclairée par des torches de résine fixées à des pitons implantés dans les colonnes, se tenait le maître de l'ordre.

C'était un homme d'une grande taille, fort et osseux; son visage olivâtre, sillonné de quelques cicatrices, offrait un singulier mélange de ruse, d'audace, de sang-froid, et parfois, quand il daignait sourire, de sarcasme et d'ironie. Sa voix mâle et grave avait un accent énergique, et lorsqu'il commandait, la force de sa volonté imprimait à son regard et à son geste une grande puissance de domination. Il portait une chemise de grosse toile et une veste brune, jetée sur l'épaule en guise de manteau; des *zaragüelles*, sorte de braies en toile, couvraient ses cuisses jusqu'au-dessus du genou. Ses jambes, nues et nerveuses, étaient couvertes de poil, et ses pieds larges, aplatis et rugueux, indices d'une basse extraction et d'une impondérable force physique, étaient chaussées d'*alpargatas*, espèce de sandales nouées autour des chevilles par une multitude de cordons.

Cet homme se nommait Mandamiento[1].

Les divers personnages qui venaient d'entrer dans la salle firent cercle autour du maître de la Garduna y floreo[2].

Près de lui, et par ordre de mérite, se placèrent, l'un à sa droite, l'autre à sa gauche, deux guapos dans la force de l'âge.

Le premier se nommait *Manofina*, fine main, à cause de son adresse sans égale à donner un coup de poignard en passant sans que sa victime s'aperçût d'où partait le coup, et de son talent prodigieux de spadassin et de tireur de pistolet.

L'autre était appelé *Cuerpo de Hierrio*, corps de fer. Il avait souffert trois fois la question sans avouer ses crimes, sans dénoncer personne, et sans que son corps parût s'en ressentir.

Venaient ensuite deux vieillards appelés *fuelles*[1], soufflets, nom que la société donnait à tous ceux de ses membres qui, à la faveur d'un extérieur béat lui servaient d'espions et d'introducteurs partout où il y avait un vol à faire.

Puis de vieilles femmes, utiles personnages appelés coberteras[2]; puis encore quelques chivatos[3] sous divers costumes; et enfin, plusieurs jeunes femmes appelées serenas[4]; c'étaient les bayadères des gros bonnets de l'ordre. Elles avaient en outre mission d'attendrir, par leurs charmes, les juges, les procureurs, et même les escribanos, de qui dépendait souvent la vie des frères de la Garduna. Souvent aussi leurs séductions ne furent pas impuissantes auprès de quelque voluptueux chanoine, ou de quelque prieur lascif, dont l'influence était alors sans bornes sur le temporel comme sur le spirituel.

En dehors du cercle, et un peu à l'écart, se tenait modestement un jeune homme, objet principal de cette réunion; on le nommait Garabato[5].

---

1. Voyez la note 1, page 13.
2. *Idem.*
3. *Idem.*
4. *Idem.*
5. *Garabato*, croc à plusieurs branches. Les Espagnols donnent ce nom aux jeunes gens de basse classe, dont l'éducation négligée a rempli l'Espagne de filous, ainsi qu'à toutes les personnes qui se livrent à l'escroquerie sous quelque forme que ce soit; *garabato*, pris dans ce sens, signifie *Robert-Macaire* et filou.

---

1. *Mandamiento*, commandement.
2. *Floreo* est un mot qui vient de *florear*, escarmoucher; dans l'argot des voleurs espagnols, *florear* signifie donner des coups de couteau; *floreo* doit donc être traduit par *poignardement*.

Le senor Mandamiento promena sur l'assemblée un regard puissant, fit dévotement un grand signe de croix, et marmotta une oraison en se tournant vers une grossière image de la sainte Vierge collée sur le mur. Tous les assistants l'imitèrent.

Puis Madamiento parla en ces termes.

— Nobles et vaillants chevaliers du poignard, fidèles fuelles, utiles coberteras, séduisantes serenas, chivatos légers, et autres membres de cette honorable confrérie, salut! Que Dieu Notre-Seigneur, et sa sainte Mère vous accordent leur divine protection, et vous délivrent des *corchetes*[1], *pencos*[2], *potras*[3], *ansias*[4] et *vomitos*[5], souvent mortels pour vous et toujours dangereux pour vos frères.

Je vous ai réunis ici aujourd'hui pour vous consulter sur un fait qui intéresse nos droits, et pourrait compromettre notre société.

Vous le savez tous, mes enfants; depuis que, par la grâce de Dieu, vous travaillez sous ma direction, nous n'avons eu à déplorer qu'une douzaine de *volteos*[6]. environ quarante *paseos asnales*[7], et quelques engagements dans la *marine royale*[8].

1. *Crochets*, c'est ainsi qu'on appelle les alguazils.
2. *Pencas*, la *penca* est une espèce de raquette de cuir dont se servait le bourreau, en Espagne, pour fouetter ceux qui étaient condamnés au fouet et à l'exposition.
3. *Potro*, poulain; c'est ainsi qu'on appelait le chevalet, poutre triangulaire sur laquelle on mettait à califourchon les accusés qui ne voulaient pas avouer. Cette poutre, qui était un des instruments de torture dont se servait l'inquisition, était aussi employée par la justice ordinaire dans l'application de la *question*.
4. *Ansias*, angoisses; la pendaison, les angoisses qui précèdent la strangulation.
5. *Vomitos*, vomissements; dans l'argot des Gardunos ce mot signifie *aveu*.
6. *Volteos*, voltiges; les balancements des pendus.
7. *Paseos asnales*, promenades sur un âne. En Espagne, les personnes condamnées à l'exposition sont promenées sur un âne par toute la ville, le corps nu jusqu'à la ceinture.
8. *La marine royale*, en terme d'argot, signifie les galères du roi, où les forçats étaient condamnés à ramer pendant plusieurs années; les forçats s'appelaient alors *galéotes*.

Séville en fournissait six fois autant chaque année aux *étouffements de la fumée*[1], avant que vous m'eussiez nommé chef de votre confrérie. A peine soixante-quinze *ganchos*[2], dont la moitié au moins marrons, sont tombés dans la *gueule du loup*[3] et sur une trentaine de nos frères qui sont en ce moment entre ses dents, j'ose affirmer qu'il y aura à peine trois *angustiados*[4], cinq ou six *mariniers*[5] et une douzaine de *chevauchés*[6]. Je pense que nous aurons encore deux ou trois *mosqueteados*[7] et autant de nos sœurs *passées au miel*[8]; mais nous

1. *Les étouffements de la fumée*, les mains de la justice. Les voleurs espagnols appellent *fumée*, la justice.
2. *Ganchos*, crocs; voleurs.
3. *La gueule du loup*, la prison.
4. *Angustiados*, pleins d'angoisses; pendus.
5. *Mariniers*, galériens; condamnés aux galères.
6. *Chevauchés*, exposés; promenés sur un âne par toute la ville.
7. *Mosqueteados*, émoustiqués, fouettés.
8. *Passées au miel* (puestas en dulce). Les femmes de mauvaise vie, surtout les personnes qui font l'horrible métier de corrompre la jeunesse, étaient punies d'une singulière façon en Espagne. Il n'y a pas encore longtemps que, dès qu'une femme était convaincue de s'être prostituée, ou d'avoir entraîné une autre à le faire, on la condamnait à être *emplumée*. Voici comment l'exécution de cette sentence avait lieu. A onze heures du matin le bourreau se rendait auprès de la condamnée, et, aidé de ses valets, la déshabillait entièrement depuis la ceinture jusqu'en haut. Puis, il enduisait son corps d'une couche épaisse de miel. Cela fait, il la coiffait d'une *coraza*, ou bonnet de carton pointu. Ainsi affublée, la condamnée était montée sur un âne, là on lui attachait le cou à une espèce de carcan fixé à une barre de fer dont l'extrémité inférieure s'appuyait sur le bât de l'âne; puis on la promenait lentement entre deux haies de soldats et d'alguazils et escortée par une foule de peuple. Derrière la condamnée marchaient deux valets du bourreau portant un panier plein de plumes de poule, le crieur public et le bourreau lui-même. La cavalcade faisait halte dans les principales rues et places de la ville, et à chaque halte le crieur public lisait à haute voix la sentence qui condamnait la patiente à être emplumée, en disant pourquoi; le crieur public finissait toujours par cette formule : *quien tal hizo que asi pague*; ainsi doit payer qui a fait cela.

Aussitôt ces paroles prononcées, le bourreau prenait deux poignées de plumes et les jetait sur le miel dont le corps de la condamnée était enduit; ces plumes y restaient attachées, ce qui, au bout de quelque temps, lui donnait un aspect à la fois hideux et grotesque qui faisait rire la foule. En argot cela s'appelle être *mis au miel*, être *confit*.

n'avons pu l'empêcher. Lorsque nous aurons assez d'argent pour faire dire plus de messes et mieux payer les alguazils, nos affaires iront autrement. Tel est aujourd'hui, mes enfants, l'état florissant de la Garduna[1].

Si je vous ai rappelé mes légers services, reprit Mendamiento avec une feinte modestie, ce n'est pas pour faire parade du faible talent que Dieu Notre-Seigneur, dont je ne suis que le très-humble instrument, a daigné me départir; mais pour vous faire comprendre combien il est important que l'union la plus étroite, que le plus parfait accord règne entre nous, afin que nous puissions exercer avec tout le succès possible notre utile profession, et mériter l'estime des dames et des cavaliers qui nous font l'honneur de nous employer. Je passe à l'objet de cette réunion.

En même temps, le maître promena autour de lui son regard scrutateur, et, ayant aperçu Garabato qui se tenait humblement appuyé sur une colonne, il lui fit signe d'approcher.

Garabato se hâta d'obéir.

Le cercle vivant qui le séparait du maître s'ouvrit pour lui faire un passage. Le jeune homme s'avança, et en quelques pas se trouva à portée du senor Mandamiento.

Le maître de la Garduna prit le jeune homme par la main, et, le montrant à l'assemblée, continua ainsi son discours :

— Frères! les seigneurs Manofina et Cuerpo de Hierro ont surpris ce jeune homme, sous le péristyle de la cathédrale, éclipsant[2] d'abord un mouchoir de poche à un gentilhomme, puis une bourse assez bien garnie au sacristain d'un couvent de nonnes.

A vrai dire, il a mis à cela une grande habileté, mais il n'en est pas moins vrai que, n'appartenant pas à notre confrérie, il a violé les statuts de notre ordre en éclipsant sans en avoir l'autorité, et de plus, en s'attaquant aux biens de l'Église.

Les seigneurs Manofina et Cuerpo de Hierro, considérant les bonnes dispositions et le talent précoce de ce jeune homme, talent qui, disent-ils, deviendra l'honneur de la Garduna, Dieu et nos bonnes leçons aidant, Manofina et Cuerpo de Hierro ont mieux aimé l'amener chez nous, que de le jeter dans la fumée[1], qui eût peut-être étouffé d'aussi heureuses dispositions. Cependant ce jeune homme a violé nos statuts et a mérité un souffle[2].

— Qu'en pensez-vous, messeigneurs? dit Mandamiento en promenant son regard sur l'assemblée.

— Le maître a raison, murmurèrent les bandits; ce jeune homme a mérité un souffle.

Manofina et Cuerpo de Hierro firent entendre un grognement sourd, expression de murmure et de mécontentement.

— Canaille maudite, grommela Manofina, c'est ici comme au Rosario[3]; cette tourbe répond toujours *amen*.

---

1. Le mettre entre les mains de la justice.
2. *Mérité un souffle*, mérité d'être dénoncé. Les Espagnols appellent les mouchards *soplones*, des *souffleurs*.
3. Le *guapo* fait ici allusion à certaines confréries qui, même encore en 1820, parcouraient les rues des villes d'Espagne demandant, pour faire des neuvaines à Notre-Dame du *Rosaire* ou à toute autre Notre-Dame, des aumônes qu'elles dépensaient *très-saintement* à faire des repas mignons, après avoir prélevé *les frais*. Or ces frais consistaient en une douzaine de bougies de cire qu'on promenait dans autant de lanternes plantées au bout d'un bâton, et dans le payement d'un portefaix chargé de porter une bannière à l'effigie d'une *Notre-Dame*. Le nombre de ces confréries s'élevait à soixante-dix-neuf seulement à Madrid, en 1820. A cette époque encore on pouvait à peine se promener dans les rues des grandes villes d'Espagne pendant la soirée sans rencontrer plusieurs *Rosaires*, c'est-à-dire plusieurs troupes d'hypocrites et d'imbéciles rangés sur deux haies, récitant le chapelet à haute voix et d'un air plus que distrait, sans autre interruption que la voix criarde de *los demandaderos* (les demandeurs), beuglant à chaque fin d'*Ave Maria* :

Maria santisima del Rosario, hermanos! Donnez à Notre-Dame-du-Rosaire, frères! Et les pièces de monnaie de tomber enveloppées dans un papier enflammé afin que le *demandadero* pût les voir! O moines d'Espagne! voilà de vos traits.

---

1. Voyez la note 1, page 357.
2. Volant.

Un auto-da-fé.

— Une si bonne griffe! ajouta Cuerpo de Hierro.

— Un souffle! un souffle! répétèrent quelques coberteras, en montrant, par un ricanement d'hyène, deux ou trois dents longues et branlantes qui retombaient sur leur lèvre inférieure comme les défenses d'un sanglier.

Mandamiento restait impassible, mais rien ne lui échappait de ce qui se passait autour de lui. Il laissa cette houle se calmer; puis, s'adressant de nouveau à l'assemblée :

— Quelle est votre opinion, messeigneurs? fit-il d'une voix qui avait bien plus l'accent du commandement que celui de la déférence. Tout le monde se tut, et ces physionomies stupides n'exprimèrent que la passive et instinctive obéissance que les êtres vulgaires ont toujours pour les hommes de génie.

— Seuls, les deux guapos jetèrent sur le

chef un regard oblique, empreint de mécontentement et de haine.

Le maître feignit de ne pas s'en apercevoir, et, se tournant de nouveau vers l'assemblée :

— Messeigneurs, dit-il, mon avis à moi est, en considération du génie précoce de ce jeune homme, et aussi de nos très-honorés frères les seigneurs Manofina et Cuerpo de Hierro qui le protégent, mon avis, dis-je, est que nous recevions ce jeune homme parmi nous en qualité de frère postulant[1], avec dispense de l'année de noviciat, et que, pour mieux l'encourager, nous lui accordions tous les priviléges auxquels ont droit ceux de nos apprentis qui se sont distingués pendant leur année d'épreuves, pourvu qu'il paye tous les droits que les autres frères payent à la confrérie, et qu'il donne le denier à Dieu. En un mot, je le prends sous ma protection. Et maintenant, ajouta le grand maître de sa voix sonore, si quelqu'un de vous a des observations à faire, qu'il parle.

Tout le monde se tut : quelques serenas jetèrent des regards de complaisance sur le jeune Garabato, qui était fort joli garçon.

— Stupide bétail ! murmurèrent les guapos.

— C'est bien ! messeigneurs, poursuivit Mandamiento, votre volonté est d'accord avec la mienne, et je vous en remercie.

Alors, s'avançant vers Garabato, il le prit de nouveau par la main, le présenta individuellement à tous les assistants, qui lui donnèrent l'accolade fraternelle. Le grand maître lui fit le même honneur ; puis il lui donna le mot de passe, et lui enseigna les divers signes et attouchements de l'ordre. Enfin, il lui remit un parchemin sur lequel étaient écrits les charges et priviléges des frères de la Garduna[1].

1. Les frères de la Garduna passaient par trois degrés comme les francs-maçons, ils étaient d'abord *chivatos*, apprentis ou novices, puis *postulantes* ou compagnons ; puis enfin ils étaient reçus *guapos* (*bravos*), maîtres. Ce n'était qu'après avoir obtenu ce dernier grade qu'ils pouvaient être chargés des meurtres et des assassinats que l'on *commandait* à la confrérie.

1. La Garduna n'était pas une société irrégulière. Voici les statuts qui la régissaient.

Article 1. — Tout honnête homme (hombre honrado), ayant bon œil, bonne oreille, bonnes jambes et point de langue, peut devenir membre de la Garduna. Pourront le devenir aussi les personnes *respectables*, d'un certain âge, qui désireront servir la confrérie, soit en la tenant au courant des bonnes opérations à faire, soit en donnant les moyens d'exécuter lesdites opérations.

Article 2. — La confrérie recevra aussi sous sa protection toute matrone qui aura *souffert pour la justice* et qui voudra se charger de la *conservation* et de la vente des divers objets que la divine Providence daignera envoyer à la confrérie ; ainsi que les jeunes femmes qui seraient présentées par quelque frère. Ces dernières à condition de servir, *de toute leur âme et de tout leur corps*, les intérêts de la confrérie.

Article 3. — Les membres de la confrérie seront divisés en *chivatos* (voyez la note 1 page 357), *postulantes* (voyez la note 1 page 357), *guapos* (voyez la note 1 page 357), et *fuelles* (voyez la note 1 page 357). Les *matrones* seront appelées *coberteras* et les jeunes femmes *serenas* (voyez la note 1 page 357). Ces dernières doivent être jeunes, alertes, fidèles et appétissantes (voyez la note 1 page 357).

Article 4. — Les *chivatos*, tant qu'ils n'auront point appris à *travailler*, ne pourront rien entreprendre *seuls* et ne se serviront jamais du *punzante* (le poignard) que pour leur propre défense. Ils seront nourris, logés et entretenus aux frais de la confrérie. Chacun d'eux recevra, à ces fins, des *capatazes*, 186 maravédis (1 franc) par jour. Dans le cas de quelque service signalé rendu par un *chivato*, celui-ci passera immédiatement à l'honorable catégorie de *postulant*.

Article 5. — Les *postulants* vivront de leurs *griffes* ; ces frères seront exclusivement chargés des *éclipsements* opérés à main leste pour le compte et en faveur de l'ordre. De chaque éclipsement le frère opérant recevra le tiers brut, dont il donnera quelque chose pour les âmes du purgatoire. Des deux autres tiers, l'un sera versé à la caisse pour subvenir aux frais de la *justice* (pour payer les alguazils, les greffiers et même les juges qui protégeront les frères), et pour faire dire des messes pour le repos de l'âme de nos frères trépassés ; l'autre pour être à la disposition du grand maître de l'ordre, obligé de vivre à la cour (a), pour veiller au bien et à la prospérité de tous.

Article 6. — Les *guapos* auront pour eux les *obscurcissements*, les *enterrements*, les *voyages*, les *bains* et les *baptêmes*. (Pour les mots soulignés voyez les notes suivantes.) De ces deux dernières opérations ils pourront charger un frère postulant, sous leur responsabilité. Les

(a) En 1534, le grand maître de la Garduna se tenait encore à Tolède. Ce ne fut que beaucoup plus tard, sous le règne de Philippe III, qu'il s'établit à Madrid, où il devint secrétaire du monarque, sous le nom de don Rodrigo Calderon, grâce à la faiblesse du duc de Lerma et à la puissante protection du jésuite Francesco Luis de Alliaga, confesseur du roi et inquisiteur général d'Espagne depuis 1618 jusqu'en 1621.

La cérémonie ainsi terminée, Garabato alla se mêler à ses nouveaux compagnons de meurtre et de rapine.

Puis le maître, tirant de sa poche un méchant papier couvert de griffonnages :

— Mes frères, dit-il, voici l'ordre du jour :

« Trois baptêmes[1] à appliquer aussi légèrement que possible, l'un à un beau jeune homme à moustaches noires, qui passe tous les soirs, à sept heures, sur le pont de Triana. C'est un gentilhomme de haute taille et de bonne mine ; il porte un manteau écarlate. Ce baptême sera payé cinquante réaux, plus cinq cents maravédis, s'il peut être appliqué sur le visage de manière à bien marquer l'individu. La personne qui paye est une dame fort belle et encore assez jeune : ainsi, senor Garabato, je m'en rapporte à votre galanterie pour le beau sexe, car c'est vous que je charge de cette besogne.

Voici trente-sept réaux et demi qui vous reviennent, sans compter les cinq cents maravédis de gratification que la dame donnera, si vous pouvez parvenir à faire au visage du *baptisé* une balafre ineffaçable, chose facile, et pour laquelle il suffira de frotter la plaie que vous aurez faite avec un peu de suie délayée dans du vinaigre.

En même temps, Mandamiento remit à Garabato une fiole remplie d'une liqueur noirâtre.

— Le deuxième baptême, continua le maître, payé seulement quarante réaux, doit être administré à Sa Paternité le prieur du couvent des moines de la Merci : il a enlevé une pénitente à Sa Béatitude le père provincial. C'est Sa Béatitude qui paye ; elle donnera quatre doublons de gratification, si on parvient à crever un œil à son prieur ; car la pénitente en question n'aime rien tant au monde que les beaux yeux.

Je crois qu'afin d'assurer le gain des quatre doublons, je dois charger de ce baptême le senor Manofina et sa bien-aimée *Culevrina*, dont l'adresse saura amener en lieu convenable le révérend prieur des moines de la Merci. Voici trente réaux, ajouta-t-il, et n'oubliez pas la sainte Vierge[1]. Les quatre doublons regardent la serena.

— Oui ! oui ! je m'en charge, s'écria celle des sirènes que le maître avait désignée sous le nom de Culevrina. Je m'en charge, senor Mandamiento !

— Silence ! ma rose des bois, interrompit le maître en retroussant sa moustache ; nous connaissons ton adresse et ton dévouement.

Vraie perle que vous avez là, mon fils, continua-t-il en se tournant vers le Guapo ; conservez-la et ne la battez pas trop.

— Oui, vrai trésor à conserver pour les autres, murmura le bandit avec une expression de brutale jalousie.

— Allons, allons, fit le maître, ayez donc plus de dévouement pour la cause commune, senor Manofina.

---

guapos auront le tiers brut du produit de toutes leurs opérations, seulement ils donneront 30 pour cent de leur *revient* pour l'alimentation et l'entretien des chivatos, et ce qu'ils voudront pour les âmes du purgatoire ; le reste du produit de leurs opérations sera distribué comme il a été dit à l'art. 5.

Article 7. — Les *coberteras* recevront 10 pour cent sur toutes les sommes qu'elles réaliseront, et les sirènes six maravédis pour chaque *peseta* (franc) versée dans la caisse de la confrérie par les guapos. Tous les cadeaux qu'elles recevront des nobles seigneurs, des moines et autres membres du clergé, leur appartiendront en propre.

Article 8. — Le *capataz*, ou chef de province, sera nommé parmi les guapos qui auront au moins six ans de service et qui auront bien mérité de la confrérie.

Article 9. — Tous les frères doivent plutôt mourir *martyrs* que *confesseurs*, sous peine d'être dégradés, exclus de la confrérie, et au besoin, poursuivis par elle.

Fait à Tolède, l'an de grâce 1420, et le troisième après l'institution de notre honorable (honrada) confrérie.

Signé : EL COLMILLUDO (Le Dentu).

1. *Baptême*, coup de poignard.

1. En recevant son salaire, chaque Garduno avait coutume de jeter quelques maravédis dans un tronc attaché au mur, sous une image de la Vierge, dans la salle de la Garduna.

Le Garduno se tut, mais il jeta sur la serena des regards de défiance et de colère.

La Culevrina se rapprocha de lui, et, passant son bras dans le sien, elle se mit à le regarder tendrement au visage avec ses grands yeux flamboyants.

— Allons, Manofina mia, dit-elle, ne vas-tu pas te fâcher à présent? Ne sais-tu pas bien que je n'aime que toi?

Le visage du Guapo se radoucit; il subissait cette fascination des sens toute-puissante sur les fortes natures physiques.

— Oui, dit-il à voix basse, tu m'aimes, n'est-ce pas? mais ce prieur?...

— Eh bien! ce prieur, je te l'amènerai, voilà tout. Avec lui, promettre n'est pas tenir. Tu sais bien que je suis à toi seul.

Le Guapo la regarda avec un mélange de joie confiante et de doute cruel. Et, chose étrange! la Serena ne mentait pas. Par une exception bien rare, cette femme, vouée par métier à tout le dévergondage possible, se servait de sa merveilleuse beauté pour attirer les victimes dans les piéges de la Garduna; mais jamais son cœur ni son corps n'avaient été les complices de ce manége obligé; elle était constamment, et de tout point, restée fidèle au Guapo farouche qu'elle avait choisi pour amant.

Mandamiento poursuivit :

— Un troisième baptême payé six doublons : c'est un chanoine qui paye, le chiffre vous l'indique assez. Ce baptême doit être donné demain à un confrère du mandataire avant six heures du soir, afin que le baptisé ne puisse faire aux membres du chapitre les visites obligées, et solliciter leurs voix pour l'élection du doyen; ce qui laisse plus de chances à son rival. Si, au bout de quelques jours, ce baptême pouvait se changer en *enterrement*, le chanoine doublerait la somme. Bien entendu qu'il faut agir avec adresse et ne pas obscurcir [1] votre homme tout de suite. Tel est le désir du mandataire, et qui paye bien a le droit d'être bien servi. En outre, si ce chanoine était élu doyen, il va sans dire que la confrérie de la Garduna pourrait compter sur sa protection; Sa Seigneurie me l'a formellement promis. C'est à vous, seigneur Cuerpo de Hierro, que ce baptême revient. Servez-vous d'un poignard fin, et, mieux, d'une lame triangulaire ou d'un poinçon, à moins que vous ne possédiez une bonne aiguille de bourrelier; c'est le meilleur instrument pour faire une blessure qui dure dix ou douze jours et qui ne saigne pas. Voici votre argent : partez et soyez exact.

Six bains [1] à donner, continua le maître; et il distribua cette besogne facile à six vulgaires compagnons.

Plus, trois voyages [2], dont un sur la route de Jaen, demain, à neuf heures; c'est l'heure où doit y passer la galera [3], portant quatre-vingt mille réaux pour le nonce de Sa Sainteté, produit de la vente des bulles et des indulgences dans le royaume de Séville; l'autre, sur la route de San-Lucar, à minuit, aussi au passage de la galera; elle porte cent vingt mille réaux qui appartiennent à un banquier juif et sont destinés à un banquier maure de Séville. Nous devons enlever cet argent aux ennemis de Dieu, qui ne peuvent s'en servir qu'au détriment de notre sainte religion.

Le troisième voyage aura lieu sur la route de Grenade, à l'embranchement de la route de Xérès. Trois gentilshommes doivent y passer, portant le gousset bien garni et une garde-robe neuve. Or, vous savez que plusieurs de nos frères sont assez mal nippés.

Ces trois expéditions furent confiées à trois frères sûrs et passés maîtres.

1. Assassiner.

1. Noyades.
2. Vols sur la grande route.
3. La messagerie.

— Enfin, dit Mandamiento, et ceci est une chose grave, un obscurcissement[1] sur la personne du jeune don Estevan de Vargas. Il sort tous les soirs, à minuit, de la maison de Son Excellence le gouverneur de Séville. Il est, dit-on, le fiancé de sa fille, jolie personne de dix-sept ans, à qui cet obscurcissement va sans doute coûter bien des larmes; mais cela ne nous regarde pas. Cette opération nous sera payée cinquante doublons d'avance, plus une somme égale après la réussite, et la protection du très-saint inquisiteur de Séville, que la chose intéresse sans doute, puisqu'il nous a fait offrir sa protection, monnaie dont il n'est pas prodigue.

— Et qui nous garantit ces belles promesses? interrompit Manofina, que les vives œillades et les caresses de la Serena avaient singulièrement attendri en faveur des deux amants.

— La personne qui me les a faites et signées m'est parfaitement connue, répondit le maître; et si on y manquait, ces promesses écrites seraient remises par moi à la grande cheminée de Séville[2]. Vous voyez, mon fils, que j'ai pris mes sûretés.

Au même instant, un Chivato, qui faisait le guet à quelque distance des ruines, accourut tout effrayé.

— Maître! maître! s'écria-t-il, voici un Corchete qui vient vers la maison.

Les Gardunos, alarmés, portèrent la main à leur poignard. Le maître ne se troubla aucunement; il se tourna vers ses compagnons :

— A genoux! enfants, s'écria-t-il; et, regardant l'image de la Vierge, il se mit à réciter dévotement le chapelet, auquel répondirent en chœur les voix mêlées des assistants.

1. Assassinat.
2. La cour criminelle.

Quelques minutes après, l'alguazil entre-bâilla la porte et introduisit sa tête dans l'intérieur de la salle. Mandamiento sans discontinuer son oraison, tourna lentement la tête vers lui, et, tout au beau milieu d'un *Ave Maria*, il s'écria joyeusement :

— Eh! c'est Coco, notre frère fidèle.

Un signe de croix général mit fin à l'oraison commencée; tout le monde se releva. Le capataz, attirant vivement l'alguazil dans un coin de la salle :

— Qui t'amène, dit-il, frère Coco? Es-tu à la piste de quelque danger pour notre sainte confrérie?

— Pas précisément, répondit le Corchete. Tu sais que je fais bonne garde, et que ma double mission d'alguazil et de familier du saint-office me met à même de vous sauver de bien des piéges.

— C'est vrai, tu es un bon ami, un frère dévoué.

— Eh bien! poursuivit Coco, à ton tour de me rendre un service, maître.

— Parle, frère; de quoi s'agit-il?

— Il s'agit d'abord, reprit l'alguazil, de rendre à un de mes parents, sacristain des Carmélites, une bourse qui lui a été volée ce matin.

— Tu auras cette bourse, frère; nous sommes en mesure de te satisfaire sur ce point. Après?

— Après, il y a quelque chose de plus sérieux, dit le Corchete en baissant la voix : il ne s'agit de rien moins que d'obscurcir au besoin deux ou trois familiers de la sainte inquisition.

— Frère! fit Mandamiento effrayé, vous abusez de votre position, vous demandez des choses impossibles.

— Impossibles ou non, il faut qu'elles se fassent, répondit Coco d'un ton ferme.

— Mais, mon frère, ignorez-vous que le

saint inquisiteur de Séville est notre meilleure pratique[1]?

— N'importe, il faut me servir, ou, dès ce soir, je ne suis plus des vôtres, dit résolûment l'alguazil.

— Eh bien! que faut-il faire? demanda le capataz, vaincu par cette menace.

— Il faut me donner, sur l'heure, deux ou trois Guapos éprouvés et une demi-douzaine de Chivatos pour les conduire où bon me semblera, pour leur faire obscurcir qui je voudrai, enfin, qui obéissent à mes ordres comme aux vôtres.

— Tu es trop exigeant, Coco.

— L'apôtre le veut, répliqua sèchement

1. Mandamiento avait raison. Parmi les papiers saisis, lors de l'arrestation de Francisco Cortina et de la destruction de la Garduna en 1821, se trouvait un registre sur lequel les *commandes* que divers membres de l'inquisition avaient faites à la confrérie dans l'espace de cent trente-sept ans, c'est-à-dire depuis 1530 jusqu'en 1667, s'élevaient à 1,986, et avaient produit 198,670 francs, c'est-à-dire 100 francs chacune environ. Parmi ces commandes, faites par les *propagateurs de la foi*, les enlèvements de femmes figuraient pour un tiers environ, les meurtres et les assassinats formaient un autre tiers ou à peu près; des corrections, c'est-à-dire des noyades, des coups de poignard, de fausses dénonciations et de faux témoignages constituaient le reste. Ce registre, déposé au greffe criminel de Séville, fut une des pièces les plus accablantes contre Francisco Cortina et consorts. Pour rendre témoignage à la vérité, je dois ajouter qu'aucune *commande* faite par un membre de l'inquisition ne figurait dans ce registre depuis 1797.

l'alguazil. Hâte-toi donc, Mandamiento : hâte-toi, je n'ai pas de temps à perdre.

— Puisque l'apôtre le veut, il faudra obéir, dit en soupirant le maître; sa volonté doit être comme celle de Dieu; car il a ressuscité Manofina, et délivré Cuerpo de Hierro de la gueule du loup; c'est lui qui nous soigne dans nos maladies. Soit fait ainsi que tu le veux, Coco; prends mes deux meilleurs Guapos, et qu'ils t'obéissent comme à moi-même.

En même temps, le maître fit signe à Cuerpo de Hierro, lui dit quelques mots à voix basse, puis, appelant Manofina, il leur enjoignit d'accompagner l'alguazil.

— J'oubliais de te dire, ajouta-t-il en s'adressant à Manofina, que je te charge d'obscurcir le jeune Estevan de Vargas : cette opération te remettra dans les bonnes grâces de l'inquisiteur, en cas d'échec dans celle dont va te charger notre frère Coco. Adieu, senores, et bon courage!

Les deux bravos choisirent, chacun de leur côté, trois Chivatos alertes et robustes.

— Allez, dit le maître en faisant un geste de la main, et que la Vierge vous garde!

L'alguazil se mit à leur tête, et, à la faveur des ténèbres, la petite troupe sortit sans bruit de l'antre de la Garduna.

CHAPITRE III

Dolores.

Pendant que se passait dans le palais de la Garduna cette scène à la fois horrible et bizarre, un incident d'un autre genre avait lieu chez le gouverneur de Séville.

C'était une de ces maisons andalouses vastes et commodes, éclairées seulement par des portes vitrées et des fenêtres ouvertes sur une grande cour remplie de fleurs.

A l'étage supérieur de cette maison, qui servait ordinairement de résidence d'hiver, à côté d'une grande salle où se réunissait la famille, se trouvait une petite chambre meublée comme la cellule d'une religieuse.

— Un petit lit blanc et dur, garni d'une simple moustiquaire de batiste, deux chaises de bois noir sculpté, un prie-Dieu du même style surmonté d'un grand Christ d'ivoire, et enfin dans un enfoncement ou sorte de niche pratiquée dans le mur, une petite vierge de marbre blanc, précieuse statuette due au ciseau d'un sculpteur célèbre, devant laquelle brûlait incessamment une lampe de vermeil remplie de l'huile d'olive la plus pure.

Cette chambre était celle de la fille du gouverneur.

Cette jeune fille, âgée de dix-sept ans à peine, était loin de ressembler aux autres femmes de l'Andalousie. D'une beauté simple et noble, d'un caractère ferme et élevé, Dolores n'avait point passé ses jeunes années dans cette oisiveté mystique, qui exalte si immodérément l'imagination et les sens des femmes espagnoles.

Elle avait eu pour précepteur un frère de sa mère, homme savant et grave, qui, ayant longtemps voyagé en France et en Allemagne, s'était plu à cultiver, à orner cette brillante intelligence, à la fortifier par la philosophie. Il n'avait pas semé dans une terre ingrate : Dolores eût été, même de nos jours, une femme très-remarquable.

Ardente de cœur et d'âme, douée d'un jugement exquis, d'une raison droite, d'une volonté énergique, elle avait la foi pure et éclairée des Pères de l'Église; son indulgente charité repoussait toutes les erreurs, toutes les cruautés du fanatisme. Elle était pieuse comme le fut Isabelle la catholique, cette grande reine dont la douce et tendre piété lutta si longtemps, et avec tant de terreur, contre l'établissement de l'inquisition et toujours contre ses œuvres[1]. La fille du gouverneur suivait l'esprit et la morale de l'Évangile, chose dangereuse alors, où, pour vivre en sécurité, il fallait être, non pas le disciple du Christ, mais la créature de l'inquisition.

Cependant, malgré sa philosophie si avancée pour son âge et surtout pour l'époque où elle vivait, Dolores, fille de bons catholiques, n'avait point attiré sur elle les regards du redoutable tribunal.

Le grand inquisiteur de Séville, Pierre Arbues, semblait au contraire étendre comme une agape de paix son amitié toute-puissante sur la maison du gouverneur.

Reçu à toute heure dans cette famille, en sa double qualité de prêtre et de chef du tribunal inquisitorial, Pierre Arbues, alors dans l'âge des passions fougueuses, il avait à peine quarante ans, n'avait pu voir la pure et sainte jeune fille, sans que le démon de la concupiscence l'embrasât pour elle des plus violents désirs : il n'avait pu voir, sans éprouver une horrible jalousie, le jeune Estevan de Vargas devenir l'objet unique de l'amour de la fille du gouverneur de Séville; il avait suivi les progrès de cette passion avec une ardente inquiétude et une haine que toute son astuce de prêtre inquisiteur avait peine à dissimuler.

Vainement, sous le voile d'une amitié sainte et paternelle, avait-il cherché à exciter dans l'âme de cette belle enfant des sentiments qui répondissent aux siens; vainement il avait essayé sur elle la fascination de son regard et de sa beauté vraiment remarquable.

Dolores n'avait jamais pu se défendre auprès de lui d'un sentiment de crainte qu'elle essayait de prendre pour du respect;

---

[1]. Isabelle de Castille, femme de Ferdinand d'Aragon, eut toujours horreur des cruautés du saint-office, et s'opposa pendant très longtemps à l'établissement de l'inquisition moderne en Castille. Torrequemada, confesseur de Ferdinand, homme rusé autant que fanatique, sous prétexte de servir la politique avaricieuse du roi força plutôt qu'il n'obtint le consentement de la pieuse Isabelle, toutes les fois qu'en sa qualité d'inquisiteur général il voulut empiéter sur l'autorité royale. La noble reine répondit un jour à une nouvelle exigence de l'inquisiteur, qu'il osa accompagner de menaces : « Moine! n'oubliez pas qu'une ordonnance royale a établi l'inquisition, et qu'une ordonnance peut l'anéantir. » (Cronicas de los reyes catolicos, don Fernando de Aragon y dona Isabel de Castilla. Par Luis Ponce de Leon, chroniqueur de Castille.)

le regard de l'inquisiteur lui causait un trouble douloureux qui la faisait pâlir et trembler.

Ce jour-là, Pierre Arbues avait passé la soirée dans le salon du gouverneur.

Vers dix heures, la jeune fille, inquiète et agitée, venait de se retirer dans sa chambre; elle en ferma simplement la porte au loquet, comme elle avait l'habitude de le faire, n'ayant rien à redouter dans la maison de son père, où elle était adorée de ses serviteurs. Dénouant alors sa coiffure, elle laissa ses longs cheveux se dérouler sur ses blanches épaules; et, s'agenouillant sur son prie-Dieu, elle se mit à prier avec ferveur.

Elle exhala ainsi pendant quelques minutes le sombre désespoir qui oppressait son âme; puis, tirant de son sein une petite lettre, elle la lut avec une douloureuse avidité.

— C'est bien cela, dit-elle, c'est bien son écriture. Pauvre Estevan! je ne m'étais donc pas trompée! l'inquisition le hait, et il craint de me compromettre en venant chez moi. Ce voyage, qu'il m'a dit être indispensable, n'était qu'un prétexte pour s'éloigner d'ici pendant quelques jours; et cependant il ne peut vivre sans me voir; il me conjure de me rendre ce soir au pied de la Giralda, où il doit m'attendre; il mourra si je refuse...

Oh! oui, il mourrait sans moi, et je mourrais sans lui, ajouta-t-elle en essuyant une larme; notre amour n'est pas de ceux-là que l'absence peut éteindre.

O mon Dieu! poursuivit-elle, en quel temps malheureux vivons-nous, où il faut contraindre les plus doux sentiments de la nature! Lois divines du Christ, qu'êtes-vous devenues? Siècle des apôtres, où deux époux chrétiens s'aimaient librement en Dieu, vivaient l'un pour l'autre et mouraient ensemble, est-ce donc toi qui as enfanté ce siècle de fer, où l'on ne peut même pas aimer Dieu à sa manière? où les prêtres ne sont plus nos consolateurs, mais nos bourreaux? où l'arbre de vie est devenu un arbre de mort, qui étend ses rameaux funèbres sur le monde[1]!

O Estevan! où fuir avec toi sur une terre amie où cette lèpre n'ait pas encore pénétré!

Et, dans un accès de désespoir insensé, la malheureuse enfant se tordit les mains, s'élança vers le christ d'ivoire qui surmontait son prie-Dieu, et, le serrant avec force contre sa poitrine, elle murmura d'une voix brisée :

— Toi qui as tant souffert, mon Dieu! apprends-moi à souffrir!

Aussitôt, par une réaction soudaine, des sanglots déchirants se firent jour à travers sa gorge desséchée, et elle couvrit de larmes amères l'image de celui qu'elle venait d'invoquer.

En cet instant, on poussa légèrement la porte de sa cellule; la triste Dolores, se relevant droite et épouvantée, recula jusqu'à la fenêtre de sa chambre devant le grand inquisiteur lui-même, qui s'avançait lentement vers elle, revêtu de sa longue tunique.

Dolores n'eut pas même la force de jeter un cri.

— Je trouble vos prières, mon enfant? dit Pierre Arbues d'un ton doucereux.

— Monseigneur, dit-elle d'une voix entrecoupée, pourquoi donc entrez-vous ainsi de nuit chez moi? La chambre d'une jeune fille ne doit-elle pas être sacrée?

— Le grand inquisiteur a tout pouvoir

---

1. On sait que, vers cette même époque, Charles-Quint établissait l'inquisition espagnole dans les Pays-Bas, sous le nom de tribunal spirituel; plus tard, sous Philippe II, ce tribunal fit périr plus de dix-huit cents personnes dans l'espace de trois années (Meiner, *Histoire de la Réformation*). L'Amérique et toutes les possessions espagnoles d'outre-mer et de l'Italie étaient aussi sous le joug de l'inquisition espagnole.

Vue de Séville.

de dispenses, répliqua le dominicain, et vous ne faites point un péché en me recevant chez vous.

— Monseigneur, répliqua Dolores rouge de fierté et d'indignation, je ne comprends pas ces misérables arguties, qui limitent ainsi au gré de ceux qui les emploient les lois immuables de la conscience; qui rendent licite aux uns ce qui est un crime pour les autres: la vertu est une, ses lois doivent être invariables et éternelles. Vous êtes un homme, monseigneur, et un homme ne doit pas entrer la nuit dans la chambre d'une femme, à moins d'être son mari.

— Dolores, fit l'inquisiteur d'une voix sévère, oubliez-vous que le Christ a dit à ses apôtres : « Ce que vous délierez sur la terre sera délié dans le ciel. » Qu'il nous a donné tout pouvoir sur les âmes et sur les corps?

— O monseigneur! ne défigurez pas ainsi les paroles de l'Évangile ; le texte en est si clair et si pur, qu'à moins de mauvaise volonté, il n'y a qu'une seule manière de le comprendre, qui est la même pour tous, monseigneur ; pour vous, ministre du Dieu vivant, comme pour nous, vos humbles disciples.

— *La lettre tue, et l'esprit vivifie*, répliqua l'inquisiteur ; et tu es bien imprudente, jeune fille, d'oser ainsi parler devant moi. Les livres saints sont un code sacré, une charte divine, dont à nous seuls est confiée l'interprétation ; à vous l'accomplissement passif. Malheur à ceux qui, les interprétant seuls et sans notre secours, veulent hors de

47

nous chercher la lumière ! Malheur à ces insensés qui, marchant sans l'appui des représentants de Jésus-Christ, tombent dans l'erreur et dans l'hérésie.

— Il n'y a point d'hérésie à suivre l'Évangile, monseigneur !

— Si tu avais parlé ainsi devant un autre que le grand inquisiteur de Séville, dit Pierre Arbues avec un regard terrible, la journée de demain ne te retrouverait pas dans la maison de ton père, et l'inquisition !...

— Je n'ai rien fait contre l'inquisition, interrompit la fiancée d'Estevan d'une voix qu'elle s'efforçait de rendre assurée ; cependant une invincible terreur la faisait trembler malgré elle.

Pierre Arbues s'en aperçut et se rapprocha de la jeune fille, qui ne pouvait plus faire un pas en arrière : ses pieds touchaient le mur de la fenêtre.

— Dolores, dit-il, tu ne sais donc pas que je suis ton ami?

— O monseigneur! alors retirez-vous, et n'abusez pas de votre autorité pour violer ainsi ma demeure. Sortez, monseigneur, sortez, je vous le demande à genoux!

Pierre Arbues, absorbé dans la contemplation d'une beauté si merveilleuse, semblait ne pas entendre sa prière; Dolores était là devant lui, ses longs cheveux épars, vêtue d'une robe noire, dont la large échancrure, selon la mode du temps, découpait d'une manière admirable le galbe riche et pur de ses épaules de marbre. Sa taille élevée semblait plus haute et plus fière encore, et l'éclat de ses grands yeux noirs, où toute la vie semblait s'être réfugiée, prêtait un nouveau charme à l'éblouissante pâleur de son visage.

— O enfant! s'écria le prêtre, enfant, que tu es belle, et qu'Estevan est heureux !

— Monseigneur! fit Dolores épouvantée

de la cynique expression des regards du dominicain ; monseigneur, est-ce que je rêve? N'êtes-vous plus le grand inquisiteur de Séville, le prêtre du Seigneur, le gardien de la vertu des autres?

— Non! s'écria le moine emporté par la passion fougueuse qui le dévorait, il n'y a plus ici de grand inquisiteur, il n'y a plus de prêtre ; il n'y a que Pierre Arbues qui t'aime, Pierre Arbues qui meurt de désespoir et d'amour.

Un cri rauque et inarticulé sortit de la poitrine de la jeune fille, et tout son corps devint froid comme un bloc de pierre.

L'inquisiteur était à ses genoux ; la violence de sa passion brutale rendait horrible en ce moment son visage, naturellement beau et régulier ; il cherchait à saisir la fille du gouverneur. Celle-ci, à force de terreur, se faisait si mince en se rapetissant contre le mur, qu'elle semblait échapper comme une ombre aux mains tremblantes du dominicain. Cependant, il touchait déjà le bord de sa robe ; Dolores, incapable de faire un mouvement, se tenait raide et comme pétrifiée devant l'étroite fenêtre.

Mais comme, dans la situation où le prêtre indigne l'avait surprise, elle avait gardé le christ d'ivoire serré contre sa poitrine, au moment où l'inquisiteur, enhardi par sa terreur, lui jetait les bras autour de la taille, elle étendit vers lui l'image sainte par un mouvement énergique et spontané :

— Pierre Arbues, s'écria-t-elle, franchis cette barrière si tu l'oses! Prêtre du Christ, oseras-tu braver ton maître?

L'impudique dominicain baissa la tête et se recula en arrière : il eut peur !... ce prêtre fanatique pouvait bien violer, dénaturer la loi de Dieu, mais non pas profaner une image.

Il se releva lentement, jeta sur la jeune fille un regard plein de haine, et sortit sans se retourner.

Dolores pressa de nouveau l'image protectrice contre sa poitrine :

— O toi qui m'as sauvée, s'écria-t-elle, merci !...

La voix lugubre du sereno[1] cria onze heures et demie. Quoique brisée, l'amante d'Estevan releva ses cheveux sous un grand peigne d'écaille, s'enveloppa d'une longue cape brune, descendit lentement les degrés de pierre qui conduisaient à la porte extérieure de la maison, et s'achemina vers la Giralda.

Comme elle passait le seuil de sa demeure, une ombre vague sortit d'une arcade, grandit peu à peu sur le mur de face, faiblement éclairé par la clarté d'un pâle reverbère, et profila distinctement la silhouette d'un homme enveloppé d'un manteau. Dolores tressaillit; mais elle poursuivit sa marche sans s'arrêter.

— Bien ! dit l'inquisiteur, car c'était lui ; elle est sortie, Enriquez fera le reste !

[1]. Crieur de nuit.

CHAPITRE IV

La Giralda.

La petite troupe qui, sous la conduite de Coco, était sortie de l'antre de la Garduna, suivit en silence le chef provisoire qu'on venait de lui donner. Les guapos, en avant aux deux côtés de Coco, les chivatos derrière, se glissant le long des maisons dans ces rues noires et tortueuses, et ne parlant non plus que si tous ces hommes eussent été muets de naissance.

En France, nous ne savons rien faire qu'à grand bruit ; mais, en Espagne, c'est bien autre chose vraiment. L'Espagnol agit sans parler, sans démonstrations extérieures; sa physionomie ne trahit rien ; vous aurez beau frapper sur la statue, elle ne rendra qu'un son mat, et vous ne devinerez jamais quelles sensations orageuses enferme cette poitrine de marbre.

Culevrina suivait à quelques pas, alarmée de la mission secrète qui avait été donnée à Manofina, inquiète pour cet homme rude qu'elle aimait, et peut-être aussi poussée par cet instinct des femmes qui les attire irrésistiblement là où il y a douleur à soulager ou danger à prévenir.

Coco et sa troupe marchèrent ainsi jusqu'au pont de Triana, traversèrent encore quelques rues étroites et obscures, et arrivèrent enfin près de la cathédrale, sur la place de l'Esplanade. Il faisait très-sombre en cet endroit-là ; toutes les lumières étaient déjà éteintes dans les maisons autour de la place.

Au ciel bleu brillaient, il est vrai, de scintillantes étoiles ; mais ces astres radieux, trop éloignés de nous, roulaient paisiblement dans l'espace, dédaigneux de laisser arriver jusque sur la terre leurs étincelantes clartés qu'ils prêtaient, sans doute, à des créatures plus heureuses que celles de notre triste planète.

Arrivé devant la cathédrale, Coco fit blottir les deux guapos dans un enfoncement formé par deux énormes piliers ; puis, il dit quelques mots à voix basse aux chivatos, qui allèrent immédiatement se poster aux quatre angles de l'Esplanade, où ils se couchèrent à plat ventre, l'oreille collée au sol pour ne pas perdre le plus léger bruit.

Après avoir ainsi disposé sa troupe, Coco se dirigea vers le portique de la cathédrale, et choisit à son tour un abri sous cette haute masse de pierres.

La serena, craignant d'être aperçue, prit alors le bord des maisons tout autour de l'Esplanade, marchant d'un pas si léger qu'on eût dit qu'elle était portée sur des ailes invisibles; puis, se glissant entre les arbres, elle s'arrêta enfin sous un énorme oranger près de la fontaine.

Au faible bruit qu'avait fait la serena, un léger *cri-cri* imitant celui du grillon[1] se fit entendre à l'un des angles de la place; mais, tout étant rentré aussitôt dans le plus profond silence, Coco comprit que c'était là une fausse alarme, et personne ne bougea.

A ce moment, le *sereno*[2] traversa l'Esplanade, et, s'arrêtant près de la fontaine, cria minuit de sa voix rauque et monotone.

La serena tressaillit...

Minuit! c'était l'heure des crimes; l'heure où la malheureuse avait été le témoin ou l'acteur de tant de drames sanglants; l'heure où revenaient *pour elle* les ombres de ceux qu'elle avait vus mourir!

Elle eut peur!...

Le sereno passa. — Et on n'entendit plus que l'imperceptible bruissement des feuilles doucement agitées par la brise.

La serena s'agenouilla et se mit à prier.

Mais bientôt un pas rapide et léger cria sur le sable dans la direction de la Giralda. L'un des chivatos poussa un cri-cri plus aigu que le premier, qui fut aussitôt répété par les trois autres.

Coco, Manofina et Cuerpo de Hierro mirent la main sur leur poignard.

La serena se releva et tendit le cou en avant, cherchant à découvrir de quel côté venait le danger.

En ce moment, Dolores traversait l'Esplanade.

Arrivée au pied de la Giralda, elle regarda de tous côtés, et, n'apercevant personne, elle se mit à appeler à voix basse:

— Estevan! Estevan!

Personne ne lui répondit...

Mais, au même instant, une jeune femme sortit de la tour et se jeta toute effarée aux pieds de la fille du gouverneur,

— Qui êtes-vous? que me voulez-vous? lui demanda Dolores.

— Fuyez! fuyez! s'écria la Chapa, car c'était elle; fuyez, senora; vous êtes trahie, je vous ai trompée...

— Mais, où est Estevan? demanda la jeune fille reconnaissant à la voix celle qui lui avait porté la lettre supposée de son fiancé.

— Je n'en sais rien, répondit la Chapa anéantie; je ne le connais pas...

— Vous ne le connaissez pas!... vous m'avez pourtant dit qu'il m'attendrait ici ce soir.

— Je vous ai trompée, répéta la Gitana

---

1. Les *chivatos*, ou apprentis de la Garduna, servaient principalement à faire le guet pendant toutes les opérations des gardunos. En cas de danger ou d'alarme ils imitaient, à s'y méprendre, le cri d'un animal ou le chant d'un oiseau. La nuit, c'était le cri-cri du grillon, le cri du hibou ou de la chouette, le coassement des grenouilles ou le miaulement du chat, suivant la saison ou consigne qu'ils avaient reçue. Le jour, c'étaient les aboiements du chien ou le cri de quelqu'un des animaux qui partagent la vie et les habitudes de l'homme.

2. Le *sereno* est le garde de nuit. Dans toutes les grandes villes d'Espagne, des hommes chargés de veiller à la sûreté publique et de donner l'alarme en cas d'incendie, se promènent chacun dans son quartier, armés d'une lance appelée *chuzo*, d'une lanterne et d'un sifflet de cuivre. La lance leur sert à se défendre et même à attaquer au besoin; la lanterne à les éclairer et à fournir de la lumière aux *rondas* (patrouilles bourgeoises) en cas de nécessité, et le sifflet à s'appeler les uns les autres en cas d'attaque contre quelque malfaiteur. Les serenos sont tenus de crier l'heure toutes les cinq minutes, pour constater qu'ils veillent. L'utile institution des serenos remonte au XVe siècle. Ce fut Isabelle de Castille qui les créa en 1495 à Grenade, pour veiller sur les Maures de la cité, qu'on craignait toujours de voir se révolter. Les serenos existent encore dans la plupart des grandes villes d'Espagne. Il serait à désirer que la police de Paris, qui a la prétention de bien veiller à la sécurité publique, mit quelque chose de semblable aux environs des ponts et aux abords du canal où, faute de lumière et d'agents de police, la vigilance des serenos parviendrait peut-être à diminuer le nombre des cadavres que l'on voit journellement exposés à la Morgue.

éperdue; on m'a dit *marche*, et il m'a fallu marcher... Car moi, voyez-vous, je ne suis qu'un misérable instrument... Je dois obéir sous peine d'être brisée... Oh! mais, quand je vous ai vue si noble et si belle, j'ai juré de vous sauver, dussé-je y périr. Fuyez donc, senora, fuyez, je vous en conjure... bientôt il ne sera plus temps... ils vont venir.

Mais Dolores, éperdue, ne songeait pas à son propre danger; elle n'était occupée que d'Estevan, poursuivi par l'inquisition, et l'incertitude où elle était la jetait dans d'inexprimables angoisses.

Tout à coup un roulement sourd, accompagné d'un léger piétinement, se fit entendre du côté du fleuve.

Le cri-cri des chivatos, retentissant et prolongé, vint redoubler l'attention des membres de la Garduna.

— Entendez-vous? entendez-vous? ils viennent! s'écria la Gitana épouvantée, en se relevant et cherchant à entraîner Dolores.

La fille du gouverneur la repoussa par un geste énergique et plein de mépris.

— Sois maudite, dit-elle, toi qui as menti!

A ces mots, la Chapa se réfugia de nouveau dans la Giralda ; Dolores, à demi folle de désespoir et de terreur, se mit à courir vers l'Esplanade.

A peine avait-elle fait quelques pas, que quatre sbires, partis des quatre angles de la place, la saisirent et l'enlevèrent dans leurs bras robustes sans qu'elle fît la moindre résistance ni qu'elle eût la force de crier.

Après s'être emparés de leur proie, les sbires s'acheminèrent vers le Guadalquivir, où les attendaient Enriquez et Frazco à côté de la voiture inquisitoriale. Cette voiture, spécialement affectée aux expéditions nocturnes, était une espèce de carrosse dont les quatre roues, enveloppées de cuir souple et épais, ne produisaient aucun bruit en roulant sur le pavé. Les mules qui le traînaient étaient chaussées du *brodequin de nuit*[1].

Au dernier signal des chivatos, Coco et les deux guapos étaient sortis de leur cachette, et, se glissant le long des murs de la cathédrale, ils avaient suivi la trace des ravisseurs.

La serena les suivait à pas de loup.

Les chivatos, rampant comme des couleuvres sur les pieds et sur les mains, avaient, pendant ce temps-là, pris les devants et s'étaient dirigés du côté de la voiture.

Enriquez et Frazco y veillaient ; mais lorsqu'ils entendirent venir les sbires, ils s'avancèrent de quelques pas au-devant d'eux. Les chivatos, en vrais filous, profitèrent de cette distraction pour couper les traits de la voiture et enlever les mules qui semblaient avoir été chaussées tout exprès pour être volées.

C'était un butin comme un autre.

En véritables enfants de la Garduna, les chivatos avaient commencé par jeter prestement à l'eau le cocher, qui les gênait.

Tout cela avait été exécuté en moins de

---

1. Le *brodequin de nuit* était une chaussure de cuir de buffle en forme de brodequin que l'on adaptait, par des boucles et des courroies, aux pieds des mules qui traînaient les voitures employées aux arrestations nocturnes de l'inquisition. La semelle de ce brodequin consistait en une épaisse couche d'étoupe cousue entre deux cuirs. Ainsi chaussés, les mulets eussent marché à quelques pas de vous sans qu'aucun bruit vous eût averti de leur approche. Ce brodequin, dû au génie infernal de l'inquisiteur Deza, existait encore à l'arsenal inquisitorial de Malaga en 1820, lorsque les portes du saint office furent brisées et les prisonniers délivrés aux cris de vive la liberté. A cette même époque, l'infortuné général Torrijos qui fut fusillé lâchement quelques années après par les ordres de Ferdinand VII, le général Torrijos, délivré des cachots de l'inquisition où il était enfermé depuis deux ans, s'empara d'un de ces brudequins. Deux autres furent pris par un Anglais, Thomson Wilkins, esquire, qui les conservait encore en 1830, à Londres, Paddington-place, où il les montrait à tous ses amis. On voit que ce tribunal, qui se prétendait le défenseur de la religion d'un Dieu de paix, savait prendre ses précautions pour que les *hérétiques* ne lui échappassent pas. On n'est pas plus zélé que cela.

temps que nous n'en mettons à le décrire.

— La voilà, dit Enriquez à Frazco, lorsqu'ils furent près des sbires qui portaient dans leurs bras Dolores évanouie.

— C'est bon! répondit Frazco d'un ton bourru : tais-toi et dépêchons-nous.

— Oh! maintenant nous la tenons, reprit Enriquez d'un air de triomphe.

— Pas encore, fit Manofina en frappant le familier au bras gauche d'un vigoureux coup de poignard.

Enriquez, un peu surpris, chancela par l'effet de la douleur subite qu'il avait ressentie; mais, reprenant soudainement courage :

— A moi! cria-t-il aux sbires, dont deux, abandonnant aussitôt la fille du gouverneur à leurs camarades, accoururent au secours du familier.

Frazco n'avait pas attendu cela : au premier cri du blessé, il s'était élancé vers Manofina. De son côté, Enriquez, furieux et ne distinguant plus ses ennemis dans l'ombre, s'était retourné sur Cuerpo de Hierro et avait engagé avec lui une lutte acharnée.

Pendant ce temps-là, Coco s'était jeté à la poursuite des deux sbires qui, au bruit du combat, s'étaient enfuis à grands pas vers la voiture; mais, après y avoir déposé Dolores, ils se sauvèrent de toute la vitesse de leurs jambes sans attendre l'issue de la lutte qui venait de s'engager.

Coco, partagé entre le désir de garder la fille du gouverneur et celui de secourir ses *frères*, hésita pendant quelques instants; cependant, ses instincts guerroyers prirent le dessus : il retourna vers le lieu du combat et arriva à temps pour délivrer Cuerpo de Hierro, qui, malgré son courage de lion et sa force athlétique, avait beaucoup de peine à tenir tête à la fois à trois adversaires, les deux sbires et Enriquez.

Celui-ci, malgré sa blessure, se défendait en désespéré.

L'arrivée de l'alguazil changea la face des choses.

Tout en combattant, les agents de l'inquisition cherchaient à gagner le pont où se trouvait la voiture. De leur côté, les gardunos redoublaient d'efforts pour les y pousser, sûrs qu'une fois arrivés là ils auraient bon marché d'eux. En effet, les sbires avaient à peine mis le pied sur le pont de Triana, que les deux gardunos les avaient mortellement frappés et jetés à l'eau. Enriquez, déjà épuisé, était tombé à quelques pas. Cuerpo de Hierro revint à lui, et, le croyant mort, il l'enleva dans ses bras à la hauteur du parapet et le lança dans la rivière.

Coco était retourné vers la voiture, comptant bien que Manofina, seul à seul avec Frazco, n'aurait pas de peine à se débarrasser de lui; il se trompait cependant. Frazco, se voyant seul contre le guapo et comprenant qu'il avait mauvais jeu avec ce farouche garduno, lui avait jeté autour du cou un de ces lacets de soie appelé *el nudo escurridizo* [1].

C'en était fait de Manofina, dont le courage et l'adresse devenaient inutiles. Étouffé par le cordon assassin, il perdait peu à peu la respiration et les forces. Le poignard s'échappa de sa main tremblante, ses yeux, rouges et gonflés, se voilèrent d'un nuage, et déjà Frazco levait la main

---

1. Les Espagnols, les Andalous surtout, sont d'une adresse prodigieuse à manier cette arme meurtrière. Les familiers du saint-office, principalement les sbires, ne sortaient jamais pour une expédition sans avoir dans leur poche *el nudo escurridizo*, le nœud coulant. Ce lacet de soie leur servait rarement à étrangler un ennemi qui résistait. Qui eût osé résister à l'inquisition! *El nudo escurridizo* était principalement employé à étrangler les chiens qui, en aboyant, pouvaient donner l'alarme, — et, au besoin, pour étouffer les cris des prisonniers en attendant qu'on eût pu leur mettre un bâillon. On voit combien la cruauté de l'inquisition était froidement et habilement calculée.

sur lui pour l'achever, lorsque atteint lui-même au cœur par une lame acérée, il tomba raide mort sur la place.

La Culevrina l'avait frappé de sa petite lame andalouse.

La jeune femme s'empressa de dénouer le cordon qui serrait encore la gorge de Manofina. Malgré ce supplice atroce, le guapo était resté debout.

— Bravo ! Culevrina, dit-il en serrant vivement la main de la serena ; tu es une brave et courageuse fille, et le maître te récompensera.

— Non, pas cela ; c'est de toi seul que je veux ma récompense.

— De moi ! fit le guapo surpris ; parle, que veux-tu ? Par la Vierge des Douleurs, je jure de t'accorder ce que tu me demanderas.

— Manofina, dit-elle en se suspendant à son bras par un gracieux mouvement de câlinerie féminine, je te demande la grâce de don Estevan de Vargas.

— Culevrina ! fit le guapo d'un ton chagrin, tu me demandes là une chose impossible..... Que t'importe la mort de ce jeune cavalier ? ajouta-t-il d'un air ombrageux.

— Il ne faut pas *obscurcir* ceux qui s'aiment bien, répondit la serena, et la fille du gouverneur mourrait de douleur si on lui enlevait son fiancé, comme je serais morte ce soir si on t'avait tué, Manofina mia !

— Je ne peux pas promettre cela, répondit le guapo, attendri à la fois et embarrassé ; car il ne voulait pas trahir ce qu'il appelait son devoir, et il s'affligeait à la pensée de déplaire à celle qu'il aimait.

La serena baissa la tête et se prit à pleurer.

— Ne pleure pas ainsi, *alma mia*, dit le guapo en la serrant avec tendresse contre sa poitrine : nous verrons ce que nous pouvons faire.

Pendant ce temps, Coco et Cuerpo de Hierro avaient retiré de la voiture Dolores toujours évanouie.

— Que ferons-nous de cette senorita ? demanda Manofina en se rapprochant de Coco.

— Suivez-nous et *veillez au grain*, répondit l'alguazil.

Et prenant les devants avec Cuerpo de Hierro, Coco s'achemina vers la maison de l'apôtre, située sur l'autre rive du Guadalquivir.

Manofina et la serena les suivirent à distance, prêts à les défendre contre de nouvelles embûches de l'inquisition.

CHAPITRE V

Une collation de moines.

Le palais du grand inquisiteur, Pierre Arbues, était un immense et somptueux édifice mauresque, habité jadis par le roi de Séville. En traversant de magnifiques jardins plantés des plus belles fleurs et des arbres les plus rares, on arrivait à un pavillon isolé qui servait autrefois de salle de bains. Le voluptueux Arbues lui avait donné une tout autre destination.

Ce pavillon, éloigné du corps de logis principal, et comme perdu dans un massif de feuillage, était le lieu ordinaire des joyeuses réunions du grand inquisiteur et de ses favoris. Évêques et moines, gens dissolus s'il en fut, exhalaient avec emportement dans leurs nuits d'orgie l'ardeur brutale qui les dévorait ; jetant au loin, comme un vêtement trop lourd, la contrainte de la crosse ou du froc, et lâchant la bride à l'esprit de débauche qui s'épuisait alors en sales fantaisies, en licencieuses paroles, en incroyables défis, en forfanteries gigantesques, qui dépassaient tout ce que l'imagination d'un laïque en pourrait concevoir.

Ces moines réservaient pour leurs scènes nocturnes tout ce que la contrainte habituelle de leur vie imprimait de force à leurs facultés morales. C'était un torrent grossi de tous les obstacles qui s'étaient rencontrés sur son passage, de toutes les immondices que son courant impétueux avait entraînés avec lui ; — et là aussi, faute d'autre aliment à la lave dévorante de leur imagination, ils élaboraient les lois monstrueuses de l'inquisition : code barbare auquel chaque règne d'inquisiteur ajoutait quelques articles plus féroces ; monstre hideux, né d'enfantements adultères, qui, ainsi que les fils d'Antée, cherchait à détrôner le ciel.

Ces hommes avaient un si grand besoin d'émotions dévorantes, qu'ils ne trouvaient que dans le sang et les bûchers un apaisement à leur insatiable désir de sensations. Le démon s'était fait chair en eux, et on serait tenté de croire qu'après l'incarnation d'un Dieu sous la figure du Christ, est venue l'incarnation de tous les esprits infernaux dans la personne des inquisiteurs.

Quelques-uns, nous dira-t-on, furent de bonne foi dans leur fanatisme. Qu'on lise l'histoire de l'inquisition et qu'on nous réponde. Cette monstrueuse institution créée par la politique des papes, tolérée, protégée en Espagne par la politique des rois, n'a point menti à sa source impure, et les agents d'un pouvoir inique ont tous été iniques comme lui.

Il était minuit.

Dans le pavillon solitaire qui tenait au palais inquisitorial, au milieu d'une salle élégante, s'élevait une table somptueuse. Le plafond de cette salle était semé de délicates arabesques, ouvrage précieux des artistes maures. Sur les murs, des fresques brillantes représentaient des fruits et des fleurs de toute espèce, imitant la nature à la rendre jalouse, et encadraient des panneaux que le goût artistique des inquisiteurs avait ornés des scènes les plus voluptueuses de la mythologie païenne.

C'était Clytie, à demi-nue, couchée sur un lit de fleurs, ardente et énervée à la fois, tournant vers le soleil ses yeux brûlants d'aspirations amoureuses ; Jupiter, cet immortel débauché, se jouant dans les ondes auprès de Léda, sous la forme d'un cygne, exprimant dans les attitudes les moins voilées l'ardeur de plaisirs qui le dévorait ; c'était enfin Vénus, la grande prostituée, dans toutes les phases de sa vie amoureuse et libertine. Il aurait fallu être un saint pour rester calme en présence de toutes ces peintures licencieuses, destinées à alimenter les passions sensuelles de messieurs les inquisiteurs. Une riche mosaïque de marbre formait le parquet de cette salle, et sur la table dressée au milieu, les fruits les plus rares, les mets les plus exquis remplissaient de grands vases de cristal de roche et de porcelaine de la Chine.

Le Xérès, le Tintarrota, le doux vin de Malaga, la liqueur du bananier, récemment importée d'Amérique ; tous ces vins brûlants, nés sous un ciel de feu, circulaient à flots parmi les convives, évêques musqués et moines joyeux présidés par Son Éminence monseigneur le grand inquisiteur de Séville.

Une gaieté folle et quelque peu mystique animait tous ces visages sombres et ardents. Les yeux de Pierre Arbues brillaient surtout d'un feu inaccoutumé : les angoisses du désir et de l'incertitude mêlaient leur âcreté mordante à la légère ivresse du grand inquisiteur. Les têtes étaient exaltées ; cependant, la raison les gouvernait

Palais de l'Inquisition.

encore, les rangs n'étaient point intervertis ; chacun se tenait à sa place, et une teinte de pruderie monacale voilait encore la liberté des discours.

Monseigneur Arbues se lassa le premier de cette contrainte.

— Savez-vous, mes pères, s'écria-t-il d'une voix légèrement avinée, que le portier du ciel forge sans cesse de nouvelles clefs pour garder plus sûrement les avenues de ce beau royaume, et augmenter pour nous les joies de la terre !

Voilà l'inquisition établie en Portugal, et il n'y aura bientôt plus un petit coin du globe où ne s'étende notre domination.

— Tant mieux, fit l'archevêque de Tolède ; l'inquisition est un moulin où le mauvais grain qu'on écrase se change pour nous en beaux doublons d'Espagne.

— Et les doublons en joies célestes, en festins délicieux, dit un prieur de dominicains à la face luxurieuse et aux yeux enflammés.

— Pauvres gens ! fit Pierre Arbues en se penchant à l'oreille du novice, dont la pâleur profonde contrastait avec la gaieté de ses manières; pauvres gens ! ils sont plus ivres de vanité que des vins que je leur prodigue.

— Aussi Votre Éminence est leur maitre à tous, monseigneur, dit tout bas le novice; vous savez conserver votre raison au milieu de l'orgie, et faire de sang-froid tout ce dont ils se vantent dans l'ivresse.

Le tumulte des voix couvrait cette conversation à voix basse.

— Enriquez ne vient pas, dit l'inquisiteur avec inquiétude ; tu ne l'as donc pas rencontré au pont de Triana, José ?

— Non, répondit le jeune moine, j'ai jugé plus prudent de le laisser agir seul ; mais soyez tranquille, monseigneur : Enriquez est fidèle.

En ce moment, une lourde portière de soie s'ouvrit au fond de la salle, et un familier s'approcha du grand inquisiteur.

— Monseigneur, dit-il, Enriquez demande à être introduit près de Votre Éminence.

Un sourire de triomphe éclaira le visage de Pierre Arbues.

— Messeigneurs, le diable vous a servis à plaisir ; vous allez voir la fille du gouverneur. Puis, se tournant vers le familier : Enriquez peut entrer, dit-il.

Le familier disparut.

Tous les yeux se dirigèrent vers l'entrée de la salle du festin.

— Monseigneur, poursuivit Arbues en se tournant vers l'archevêque de Tolède, je vous demande cent jours d'indulgences pour ce bon Enriquez, qui nous amène la fille du gouverneur ; c'est le meilleur serviteur de la très-sainte inquisition.

Comme Arbues achevait ces mots, la portière se souleva de nouveau, et le *bon* Enriquez, pâle, saignant, trempé d'eau, entra, mais seul, et pouvant à peine se soutenir.

— Qu'est cela ? fit l'inquisiteur surpris.

— Monseigneur, répondit le familier d'une voix affaiblie, tous nos sbires ont été tués, la fille du gouverneur nous a été enlevée, et je me suis à grand'peine sauvé à la nage pour venir vous rendre compte de ma mission.

Tout le monde fit cercle autour d'Enriquez, qui raconta alors, d'une voix faible, les événements de la soirée.

Pendant ce récit, les yeux du grand inquisiteur étincelaient de colère.

— Vous avez donc tous été également lâches ? dit-il enfin avec un effroyable sarcasme.

— Nous avons tous fait ce que nous avons pu pour exécuter les volontés de Votre Éminence, répliqua timidement Enriquez.

— Et Frazco ? fit Pierre Arbues.

— Mort ! monseigneur ; mort comme les autres, répondit le familier, qui ignorait la fuite des deux premiers sbires.

— Tu es un misérable ! s'écria l'inquisiteur d'une voix terrible. Sors de ma présence et ne reparais jamais devant moi.

Enriquez, affaibli par la perte de son sang, par son bain improvisé dans le Guadalquivir, par les émotions de la soirée, Enriquez ne résista point à ce dernier coup ; il faiblit sur ses jambes, et tomba privé de sentiment.

Pierre Arbues sonna, deux domestiques parurent.

— Qu'on emporte cet homme ! dit-il avec indifférence.

Puis, se tournant vers ses convives :

— A table, messeigneurs ! et terminons la nuit ainsi que nous l'avons commencée.

Les moines et les évêques reprirent leurs places, et les liqueurs enivrantes circulèrent de nouveau.

Pierre Arbues avait la rage au cœur, et il l'exhalait en joie folle, en paroles vives et mordantes.

José, son favori, le regardait avec une imperturbable attention : le novice était plus pâle encore que d'habitude, et son œil noir et flamboyant étincelait d'une sombre ironie.

— José, dit Arbues en se penchant à l'oreille de son favori, voilà une soirée qui coûtera cher au gouverneur de Séville.

Une pensée, pleine de joie amère, traversa le front du novice ; mais elle resta intraduisible pour l'inquisiteur.

L'orgie se prolongea jusqu'au matin.

CHAPITRE VI

La maison de l'hérétique.

La demeure de l'*apôtre* était une chartreuse isolée, au milieu d'un jardin rustique baigné par les flots du Guadalquivir. L'*apôtre* était un de ces moines prêcheurs et confesseurs qui, bien que suivant librement la règle de l'ordre qu'ils avaient embrassé, n'appartenaient à aucune corporation religieuse.

Ce moine était le même que nous avons déjà vu à la taverne de la Chapa.

Il avait choisi cette humble retraite, où il venait se délasser de ses travaux apostoliques, et qui, par son éloignement de la ville et sa proximité du fleuve, avait maintes fois servi de refuge aux victimes de l'inquisition.

C'était le lendemain du jour où tant d'événements avaient eu lieu dans la même soirée.

Dolores était seule dans la chambre qui lui servait d'asile. La nuit commençait à tomber, et, voilant les objets d'une teinte pâle, donnait au fleuve l'aspect d'un large ruban de moire.

Malgré l'âpreté de la bise qui soufflait au dehors, Dolores ouvrit sa fenêtre, et de sa main blanche écartant les longs cheveux qui voilaient son visage, elle offrit son front nu et brûlant à ce souffle âpre et glacé.

Un sombre désespoir oppressait son âme ; ses yeux étaient gonflés de larmes, et des veines bleuâtres sillonnaient ce visage de marbre.

Vainement, dans la douleur profonde qui la dévorait, avait-elle eu recours aux consolations de la prière ; l'ange qui emporte aux pieds de Dieu l'expression brûlante de nos maux, et nous rapporte en échange les larmes qui consolent, avait vainement secoué ses ailes sur le front de Dolores : la plaie mortelle de son âme n'avait pu être soulagée. Cette jeune fille au cœur fort, à la raison droite et sévère, dont toute la foi reposait sur les principes les plus purs de la morale évangélique ; cette naïve enthousiaste qui voulait retrouver Dieu dans le prêtre ; car le prêtre, pour elle, n'était point un homme, mais un être transformé ; cette amante exaltée de toute perfection idéale, poëte dans l'amour et dans la religion, n'avait pu sans une horreur profonde entrevoir l'abîme de luxure et d'hypocrisie où se plongeaient, au nom du Christ, ceux qui se disaient ses ministres.

Le doute, cette plaie rongeante presque inguérissable, qui souvent ne s'arrête qu'après avoir tout dévasté, le doute avait effleuré l'âme de Dolores, et gonflé son cœur de ce poison mortel dont l'atteinte brûle et dévore.

— Quoi ! se disait-elle avec amertume, voilà donc les représentants du Sauveur ! voilà les dépositaires de la loi ! Oh ! si Jésus a autrefois chassé les vendeurs du temple, n'en peut-il aujourd'hui bannir les prêtres inquisiteurs ? La flamme des bûchers qu'ils allument ne se tournera-t-elle pas contre eux-mêmes pour les dévorer ?

Une colère ardente et sainte grondait au cœur de la jeune fille ; elle regardait en haut ce ciel si calme qui n'était point ému des angoisses de la terre ; et, songeant à son impuissance et au terrible pouvoir de l'inquisition, elle se demandait avec terreur si Dieu prenait en souci ses créatures. Elle en était venue à formuler ses doutes, et de là à l'incrédulité il n'y a qu'un pas.

Au reste, et il faut le remarquer, cette époque de terreurs et de persécutions fut la plus féconde en sectes diverses et absurdes. Chacun voulait se créer une foi à sa guise, ne pouvant se contenter de cette foi barbare cruellement imposée par la torture et les flammes. En effet, la seule chose à laquelle pouvait faire croire l'inquisition était l'enfer, qu'elle avait transporté sur la terre.

— Jésus ! Jésus ! disait la pauvre désespérée, toi qui n'as su qu'aimer et bénir, pourquoi souffres-tu les crimes de ces bourreaux ?

— Pour purifier les bons, dit auprès d'elle une voix douce et grave.

Et, tournant la tête du côté d'où partait la voix, Dolores crut entrevoir la figure de Jésus-Christ lui-même, tant il y avait de mansuétude et de force dans cette tête qui rayonnait comme sous une auréole.

C'était celle de l'apôtre.

— O mon père ! s'écria la jeune fille en tombant à genoux devant lui, mon père, soutenez-moi, car je chancelle, et mon âme épouvantée ne peut plus croire qu'au mal. Le démon ne s'est-il point fait maître de ce monde pour en chasser le vrai Dieu ?

— Enfant ! dit l'apôtre en posant sa main sur le front brûlant de la jeune fille, comme eût fait Jésus lui-même, depuis quand la force peut-elle être terrassée par la faiblesse ? n'est-ce pas le Mal qui est faible et le Bien qui est fort ?

— Non, répondit-elle d'une voix altérée, c'est le Mal qui est fort ; car ce sont les méchants qui oppriment et les bons qui souffrent.

— Le Christ aussi a souffert, et il était fort, car il était Dieu ! Es-tu donc chrétienne pour renier le Christ ?

— O mon père ! pardonnez, dit la jeune philosophe ; je n'ai pas la force des martyrs, et le bonheur me semble un droit de l'homme.

— Le bonheur ! il est là, fit l'apôtre en posant la main sur son cœur.

— Non ! s'écria la jeune fille avec désespoir ; car cet asile même n'est pas inviolable pour les inquisiteurs.

— Peuvent-ils en comprimer les pulsations ou en accélérer les mouvements ? répliqua l'apôtre ; peuvent-ils en bannir une image chérie, ou en chasser la foi de tes pères ? Ne sens-tu pas en toi cette force surhumaine de l'âme qui te dit : « Marche, ne crains rien, aime et crois ; on peut briser le corps, mais ce qui aime en nous est impérissable, mais le souffle éternel ne meurt pas ! »

— Oh ! merci, merci, fit Dolores en baisant les mains de l'homme de Dieu qu'elle couvrait de ses larmes ; merci à vous qui consolez, à vous qui ressemblez à Dieu.

L'apôtre dégagea ses mains de l'étreinte qui les pressait ; sa douce humilité ne pouvait accepter ce témoignage de déférence, je dirai presque d'adoration, que les moines d'Espagne recevaient, non comme un hommage, mais comme un tribut.

— Oh ! poursuivit Dolores qui comprit sa pensée, vous êtes humble et fort, et vous croyez ; je dois donc croire aussi, moi, faible femme persécutée.

— Oui, tu dois croire, ma fille, et souffrir sans murmurer ; car tu es une âme choisie. Arme-toi donc de force et de constance, enfant ; et si Dieu t'envoie d'autres épreuves, dis-lui comme cette grande victime qui mourut pour sa doctrine : « Que votre volonté s'accomplisse et non la mienne ! »

— Oh ! qui êtes-vous ? demanda la jeune fille ; qui êtes-vous, mon père, vous qui rendez l'espoir et l'énergie au cœur ? Votre nom, que je puisse le répéter dans mes prières !

— Je suis un humble serviteur de Dieu, et je me nomme *Jean*, répondit l'apôtre ; quand tu te sentiras faible, jeune fille, invoque le nom du Christ et non pas le mien ; car lui seul donne la force et la consolation. Mais il se fait tard, poursuivit-il, c'est l'heure de rentrer chez ton père. Viens, je serai ton guide ; et si jamais tu souffres, si tu as besoin d'appui, rappelle-toi cette humble demeure ; elle est toujours ouverte à ceux qui pleurent.

Dolores leva vers le ciel un regard ardent et résigné.

— Je vous suis, mon père, dit-elle.

Et regardant une dernière fois ce toit béni qui l'avait abritée, elle s'enveloppa de sa cape et sortit avec le moine.

Ils marchèrent longtemps côte à côte sans dire un seul mot. De vagues pressentiments agitaient l'âme de la jeune fille : ce front, naguère calme et pur, pliait sous le poids de l'orage qui en avait enlevé sa couronne de bonheur.

Les femmes les plus fortes d'âme et de principes ont toujours un côté faible au cœur ; la puissance de souffrir qui est en elles rend quelquefois impuissants tous les arguments de la raison et de la philosophie, elles ne savent pas comme l'homme se raidir contre les événements. Leur nature enthousiaste et fébrile, qui les rend si fortes par moments, leur refuse ce courage énergique qui souffre avec patience, qui sait attendre et repousser un choc continu ; elles s'irritent, s'exaltent, et, dans l'âpreté de leurs souffrances, une seule chose les calme, les larmes ; une seule les console, l'amour.

Ramenée à des sentiments plus doux par les paroles consolantes de l'apôtre, la fille du gouverneur versait d'abondantes larmes, et son amour pour Estévan se réveillait plus fort de toute l'intensité de sa douleur. Inquiète pour lui, elle franchissait rapidement l'espace, impatiente d'arriver auprès de son père, qui peut-être avait revu son fiancé. Mais, toujours poursuivie par sa terreur de l'inquisition, elle rêvait de fuir avec Estevan et son père sur une terre lointaine ; dans cette Allemagne où la tolérance et la liberté régnaient déjà, où elle pourrait sans crainte suivre les inspirations de son cœur et de sa conscience. Puis, elle jetait un regard douloureux autour d'elle ; elle admirait son beau ciel d'Espagne, si doux et si pur, et, involontairement, elle frissonnait à la crainte de le fuir ; elle avait froid de la pensée d'un ciel sombre, d'un sol couvert de neige.

L'apôtre la laissa tout entière à ses douloureuses rêveries, plongé qu'il était sans doute lui-même dans de graves méditations.

On approchait de la demeure du gouverneur. La jeune fille poussa un cri de joie en reconnaissant la rue où s'élevait son palais.

Elle doubla le pas, en entraînant le moine qui la suivait.

— O mon père ! s'écria-t-elle, je vais le revoir !

Dolores n'osa pas prononcer le nom d'Estevan.

Elle avance...

Mais pourquoi le réverbère qui, tous les soirs, brille sur la façade de son palais, n'a-t-il pas été allumé ? La porte, ordinairement ouverte, résiste à ses efforts.

Elle frappe... rien... Elle appelle par leurs noms ses serviteurs les plus chers... nulle voix ne répond à la sienne.

Un silence effrayant règne dans cette maison. — On dirait une de ces demeures où, durant une épidémie, tous les habitants sont morts sans secours les uns après les autres, et qu'on n'a pas encore ouverte de peur de la contagion.

Dolores, éperdue, frissonnant d'une terreur croissante, frappe à coups redoublés de ses poings nus sur la porte insensible dont les clous de fer meurtrissent ses mains délicates.

— Mon père ! mon père ! s'écrie-t-elle d'une voix désolée...

Rien !...

L'apôtre a deviné la vérité ; il se rapproche de la jeune fille, prêt à lui offrir des consolations ; car il sent qu'elle en aura besoin.

Dolores regarde autour d'elle avec égarement. Au bruit qu'elle a fait, quelques portes se sont entr'ouvertes.

— Mon père, qu'est devenu mon père ? s'est écriée la malheureuse enfant.

Mais personne ne lui a répondu.

— C'est la fille du gouverneur qui a été arrêté ce matin par ordre du grand inquisiteur, ont dit quelques voix ; et les portes se sont refermées, et on s'est éloigné de la jeune fille comme si elle était pestiférée.

Mais Dolores a entendu ce mot *inquisiteur*, et elle a été éclairée d'une horrible lumière. Son père est dans les cachots de l'inquisition, et comme aux malheureux prévenus l'horrible tribunal ne laisse rien, la demeure du gouverneur est fermée, ses biens sont confisqués ; il ne reste plus à sa malheureuse fille que l'aumône !... l'aumône qu'on refusera peut-être à la fille d'un hérétique.

Dolores ne pleure plus ; nulle plainte ne sort de sa bouche ; ses yeux sont devenus secs et brûlants ; un rire amer contracte ses lèvres décolorées.

Elle se rapproche du moine, le saisit d'une main crispée par la manche de son vêtement, comme si elle voulait s'attacher à lui, son dernier refuge ; puis, d'une voix brève et saccadée :

— Mon père, dit-elle, voici ma montagne des Oliviers, priez Dieu qu'il ait pitié de moi...

L'apôtre s'était attendu à une douleur moins résignée. Malgré sa profonde connaissance du cœur humain, il n'avait pas compris qu'un coup terrible et imprévu affaisse l'âme, et la plonge dans une atonie qui ne lui laisse que la force de souffrir. Frappée dans ce qu'elle avait de plus cher, frappée par l'inquisition, ce tourmenteur aussi impitoyable que l'enfer ; abattue sous cette terrible pensée que nul espoir n'existait plus pour elle, Dolores n'avait plus la force de se plaindre ; elle ne pouvait que dire comme Jésus, avec la certitude de n'être point exaucée : « Mon Dieu ! détournez de moi ce calice. »

L'apôtre ne lui parla pas ; en ce moment terrible, toute parole eût été impuissante. Il lui prit doucement le bras qu'il passa sous le sien, et la guidant à côté de lui comme un enfant timide, il reprit le chemin de sa demeure.

La jeune fille ne se retourna même pas pour jeter un dernier regard sur son palais ;

elle baissa la tête sur sa poitrine et suivit sans rien dire son guide compatissant.

Ils avaient à peine fait quelques pas dans la rue que, dans l'obscurité, ils heurtèrent un homme qui, l'épée à la main, se défendait contre un autre dans une lutte acharnée.

Réveillée de sa léthargie, la fille du gouverneur poussa un cri aigu ; elle venait de reconnaître cet homme.

— Estevan !
— Dolores !

S'écrièrent-ils en même temps, tant est irrésistible cette puissance d'attraction, ce fluide invisible et magnétique qui circule autour de nous à la seule approche de l'objet aimé, que l'air qui vibre autour de lui nous le fait aussitôt reconnaître.

Dolores entraîna Estevan.

La lutte cessa un instant ; une jeune femme suspendue au bras de l'autre combattant, qui portait le grossier costume des enfants de la Garduna, semblait vouloir arracher le poignard de sa main, et par des supplications ardentes lui demander une grâce qu'il ne voulait pas accorder.

— Je ne puis ! te dis-je, s'écria tout à coup cet homme d'une voix vibrante et concentrée ; je ne puis, Culevrina ; j'ai promis de le tuer, il faut qu'il meure !

En disant ces mots, l'étrange groupe se trouva auprès de l'apôtre, qui s'était avancé de quelque pas, alarmé de cet incident.

La jeune femme le reconnut. Sans lâcher le bras de l'homme qu'elle retenait toujours serré d'une étreinte vigoureuse, malgré ses efforts pour se dégager, elle tomba aux pieds de l'apôtre :

— O mon père, dit-elle, empêchez Manofina de tuer ce jeune homme ! N'avons-nous pas assez de meurtres comme cela ?

— L'apôtre ! fit le bravo qui le reconnut aussi, et il courba humblement la tête devant l'homme de Dieu.

— Manofina, dit le moine qui connaissait tous ces hommes par leur nom, Manofina, qui donc t'a donné la mission de tuer ?

— La société de la Garduna, mon père, à laquelle j'appartiens corps et âme ; c'est mon métier de *baptiser* [1] et d'*obscurcir* [2], comme le vôtre de confesser et de prêcher. Laissez-moi donc faire ma besogne, et non pas *éclipser* [3] l'argent qu'on me donne pour cela.

— Manofina, dit le moine, crois-tu en Jésus-Christ ?

Le bravo s'inclina à ce nom sacré.

— Sans doute, mon Révérend ; je suis bon catholique, c'est pour cela que je veux faire mon métier en conscience. La justice avant tout ; j'ai promis de tuer, il faut que je tue.

— « Celui qui frappe du glaive périra par le glaive, » poursuivit l'apôtre. — Manofina, en vérité je te le dis, le métier que tu fais est un métier de sang, et Jésus a horreur du sang, mon fils !

— Et si je renonce à ce métier, mon père, l'inquisition, que je ne voudrai plus servir, me fera brûler comme hérétique ou me forcera à sortir de l'Espagne, comme elle fait de tous ces pauvres Mauresques qui s'en vont de Séville par milliers. Alors, que deviendra cette femme qui est mienne, et que je fais vivre ?

— Qu'importe ! s'écria la serena attendrie par la douce parole de l'apôtre, il vaut mieux mourir que de vivre ainsi.

— Mais ma confrérie, fit le bravo, est-ce que je puis l'abandonner, moi ?

— Non, dit le moine, trop philosophe pour croire qu'on pouvait ainsi en un instant détacher cet homme rude des habitudes de toute sa vie. Non, tu ne quitteras pas la confrérie de la Garduna ; mais, comme

1. *Baptiser*, blesser.
2. *Obscurcir*, tuer.
3. *Éclipser*, voler.

une bonne action rachète plusieurs crimes, tu ne t'emploieras plus désormais qu'à sauver les victimes de l'inquisition.

— Mais je tromperai, dit le bravo, toujours épris de sa singulière probité, de sa fidélité chevaleresque aux statuts de son ordre.

— L'intention fait tout, répliqua le moine; n'auras-tu pas l'intention de bien faire? ne feras-tu pas du bien en effet?

C'était à contre-cœur que l'apôtre, ce loyal et brave défenseur de l'Évangile, employait cette subtilité devenue depuis l'arme d'un ordre célèbre[1], le moyen à l'aide duquel il a bouleversé le monde, et répandu partout le venin de l'hypocrisie : mais certes, si jamais la subtilité fut sainte et permise, c'était bien en ce moment, où l'homme de Dieu réunissait toutes ses forces persuasives pour éviter d'innombrables maux par son ascendant sur un seul homme.

Le bravo l'écoutait avec recueillement ; un doute l'obsédait encore.

— Et vous, mon père, dit-il enfin, m'absoudrez-vous de toutes les infidélités commises envers ma confrérie? A ce prix, je ferai tout ce que voudra Votre Béatitude, car vous serez seul responsable du salut de mon âme, et elle ne peut être mieux qu'entre vos mains.

— Je te bénirai toutes les fois que tu sauveras une victime, et je t'absous de tous les meurtres que tu ne commettras pas. Va en paix, mon fils, et que Dieu te guide!

Le bravo tomba aux genoux de l'apôtre à côté de la serena, et leurs têtes s'inclinèrent ensemble sous ses deux mains réunies pour les bénir.

— Il nous a fiancés, dit tout bas la serena en se relevant.

Et cette Bohémienne vagabonde, élevée comme l'oiseau des bois, sans autre guide que les instincts de sa sauvage nature,

1. Les jésuites.

tressaillit d'une émotion chaste et religieuse; elle venait d'entrevoir le ciel dans l'amour, la consécration du plus pur sentiment de l'âme.

A quelques pas d'eux, Estevan et la fille du gouverneur confondaient leur douleur et leurs larmes ; la joie de se retrouver avait au moins apporté ce soulagement à leur désespoir, qu'il ne brûlait plus leur sein sans pouvoir s'épancher au dehors. L'espérance, une espérance triste, fugitive et lointaine, l'espérance, qui jamais n'abandonne l'amour, leur souriait au milieu de leur ciel sombre.

— Vois, dit la serena, dont l'instinct de femme avait tout deviné, vois, Manofina, combien nous serions malheureux, si, au lieu de retrouver son beau fiancé, cette pauvre senorita avait heurté son cadavre.

— Culevrina, fit le guapo, il me semble que la voix de l'apôtre m'a donné une seconde vie et que je ne suis plus le même homme que ce matin. Jésus! que j'ai de monde à sauver pour effacer tout le sang que j'ai versé! Je vois bien qu'il faudra quitter la société de la Garduna.

— L'apôtre a dit qu'une bonne action rachète plusieurs crimes, répondit la serena ; sois donc tranquille, *mi alma*, et ne t'inquiètes pas du reste. Sa Révérence s'est chargée du soin de ton âme; et si nous quittons la Garduna, le bon Dieu, qui nourrit les animaux, nourrira bien deux pauvres créatures chrétiennes.

Le guapo et sa compagne s'éloignèrent.

Estevan et Dolores avaient tout oublié pour pleurer ensemble.

— Venez, mes enfants, dit l'apôtre ; nous aviserons demain à choisir une retraite pour ma fille Dolores.

— Mon père, dit Estevan, il faudrait aviser, je crois, à fuir cette malheureuse terre d'Espagne, qui dévore ses enfants les plus purs.

Charles-Quint.

— Fuir, quand mon père est captif! s'écria Dolores. Estevan! l'avez-vous pu penser?

— Mais vous vous perdrez sans fruit, dit le jeune homme; vous partirez seule, Dolores; vous irez m'attendre hors de l'Espagne, tandis que moi j'emploierai mon crédit et ma fortune pour sauver votre père.

— Sauver les vivants! dit le moine à voix basse, quand l'inquisition ne respecte pas même les cendres des morts!

— Taisez-vous, mon père, dit Estevan qui l'avait entendu, n'ôtons pas tout espoir à cette malheureuse enfant.

— Je ne quitterai l'Espagne qu'avec mon père, dit résolûment la fille du gouverneur.

— Pauvre enfant! pensa l'apôtre ému; tu as, toi aussi, une de ces âmes faites d'abnégation qui conduisent toujours au calvaire.

— Ma fille, dit-il, demain je vous mènerai au couvent des Carmélites.

49

— Estevan, fit tout bas la jeune fille, prends garde! l'inquisition a les yeux sur toi.

On était arrivé devant la maison de l'apôtre. Dolores entra la première, Estevan s'arrêta en dehors, n'osant en franchir le seuil.

— Venez tous deux, mes enfants, dit le franciscain; nous passerons ensemble la nuit à prier; venez, car il faudra vous quitter demain.

Estevan les suivit en silence.

La porte se referma sur eux.

CHAPITRE VII

Estevan de Vargas.

Près de onze années avant l'époque à laquelle se passaient toutes ces choses, avait eu lieu l'avénement du cardinal Alphonse Manrique, archevêque de Séville, au poste éminent d'inquisiteur général de Castille. Déjà, depuis longtemps, sous le règne des prédécesseurs de Manrique, la haine des Espagnols contre le saint office avait vivement éclaté en conspirations hardies, en révoltes continuelles, en plaintes véhémentes formulées hautement, et apportées jusqu'au tribunal des papes, dont la lâche complaisance et l'intérêt particulier, aidés de la faiblesse égoïste des rois, restèrent impassibles devant les misères de l'Espagne.

L'inquisition la couvrit impunément de bûchers, dépeupla les villes, stérilisa les campagnes en les privant des bras qui les cultivaient, et d'un pays riche, chevaleresque, amant des arts, de la liberté, de la gloire, fit une vaste catacombe où l'aspect des morts épouvantait les vivants, une arène honteuse où l'on tombait sans combattre, où la main infamante du bourreau jetait la flétrissure au front des plus purs, sur un signe de ce hideux despote qui portait une couronne de flammes et un sceptre de fer.

Mais pendant que la lâche politique des rois laissait ainsi décimer ce beau royaume, de nobles Espagnols, des cœurs pleins de séve, brûlant de l'amour de la liberté, protestaient hautement, au péril de leur vie, contre les iniquités du tribunal de l'inquisition [1].

Au nombre de ces héroïques défenseurs des droits de l'humanité se trouvaient de nobles Castillans, de savants et saints évêques, et même des membres du conseil de

1. On croit généralement que l'Espagne a subi patiemment et lâchement le joug du despotisme et de l'inquisition; c'est une erreur. Les Espagnols n'ont jamais cessé de lutter pour leur liberté politique et pour leur liberté religieuse. Depuis le commencement du xve siècle, les *communes* et les *cortès* ont toujours protesté avec énergie contre le despotisme hypocrite ou stupide des rois, et contre l'avarice insatiable des moines et de Rome. Padilla, Porlier, le grand justicier d'Aragon, et des milliers d'autres courageux défenseurs des droits de l'humanité, ont payé de leur sang les efforts qu'ils ont faits pour délivrer l'Espagne du despotisme royal. Jeanne Bohorques, Marie de Bourgogne, surnommée la mère des pauvres, Rodriguez de Valero et bien d'autres chrétiens selon Jésus-Christ, ont été les martyrs dont le sang a fécondé la religion de l'Évangile, et marqué au front d'un stigmate d'infamie les superbes bourreaux qui osaient s'appeler prêtres d'un Dieu de paix.

Et qu'on ne dise pas que tous ceux qui ont été poursuivis par l'inquisition étaient des hérétiques. Jean d'Avila, saint Jean de Dieu, sainte Thérèse, saint Jean de la Cruz, frère Luis de Léon, frère Luis de Grenade, Mariana, c'est-à-dire des hommes que Rome elle-même s'est vue contrainte de proclamer saints, et ceux dont le talent a rempli l'Europe, ont aussi souffert les persécutions de ce tribunal odieux, qu'on eût pu appeler succursale de l'enfer, et ont constamment lutté de leur éloquente parole contre ce pouvoir inique, contraire à toutes les lois de Dieu et des hommes. — (*Procès-verbaux de l'inquisition*, et *Histoire générale d'Espagne*, par Mariana.)

Castille. L'Espagne était alors en état d'insurrection permanente ; mais cette généreuse croisade contre l'inquisition n'étant pas soutenue par les rois, et ne pouvant l'être efficacement par le peuple courbé sous le joug du fanatisme, et trop ignorant alors pour comprendre sa véritable force, demeurait impuissante à détruire l'hydre dévoratrice. Tout se bornait à quelques mesures inefficaces, à de fallacieux sévices obtenus à grand'peine contre quelques inquisiteurs trop audacieux. Ainsi, vingt-six ans auparavant, Philippe 1er avait suspendu de ses fonctions le grand inquisiteur Deza et son ami l'inquisiteur de Cordoue, Lucero, dont l'horrible cruauté déclarait presque tous les accusés, qu'ils avouassent ou non, coupables de réticence, et les faisait ainsi condamner comme faux pénitents [1].

Parmi les seigneurs espagnols hostiles à l'inquisition, le jeune Estevan de Vargas s'était fait remarquer par l'âpreté de son indignation. Il descendait d'une de ces illustres familles maures qui, dès avant la conquête de Grenade, avaient volontairement embrassé le christianisme [2].

Jeune, ardent, passionné, Estevan possédait cette beauté mâle et poétique qui accuse plus encore l'énergie de l'intelligence que la force du corps. Son teint brun, d'une finesse extrême, avait ces tons dorés dont la vague transparence laisse à peine deviner, sous le réseau délié des veines, la circulation rapide d'un sang riche et ardent.

Son œil noir, doux et calme d'ordinaire, étincelait au moindre mouvement de l'âme. Il avait cette taille élevée, souple et gracieuse, qui était l'apanage des belles races maures, et sur son front pâle des cheveux noirs et brillants projetaient leur ombre épaisse et couronnaient cette belle tête, faite pour porter une couronne d'or, ou plutôt de laurier; car Estevan avait la poésie qui charme, l'éloquence qui persuade et entraîne, et sa philosophie puissante était digne du maître qu'il avait suivi.

Estevan s'était nourri de l'Évangile.

Sans donner dans aucune secte particulière, sans adopter les doctrines de Luther ou de Mélanchton, sans devenir anabaptiste ou illuminé (*alumbrado*), excès qui tous lui semblaient également absurdes, Estevan avait réglé sa vie sur la pure morale du Christ : sa philosophie était la charité, la charité excessive, la charité quand même ; ses pratiques, la charité, toujours, sous toutes les formes. Son culte, Dieu, Dieu grand et pur, Dieu détaché de toutes les passions humaines, Dieu source de la vie, prodiguant à l'homme des biens sans me-

---

1. Lorsqu'une des victimes de l'inquisition avouait tout ce qu'on voulait et se soumettait à toutes les pénitences et à toutes les humiliations qu'on exigeait d'elle, le tribunal était bien forcé de la relaxer et de se contenter de quelque grosse amende, aux termes des lois inquisitoriales elles-mêmes. Le génie destructeur et avide de Deza et de Lucero trouva le moyen de ne pas se contenter de si peu, en accusant ceux qui leur échappaient ainsi d'avoir fait des aveux sans sincérité, et en les déclarant faux pénitents. Les faux pénitents étaient brûlés ou condamnés à un emprisonnement perpétuel, et tous leurs biens confisqués. (*Histoire de l'Inquisition*, règne de Deza).

2. Quelque temps avant la prise de Grenade par Ferdinand d'Aragon et Isabelle de Castille, c'est-à-dire vers l'an de grâce 1493, un grand nombre de chevaliers des tribus des Abencerrages, Gomelès et Gazuls, exaspérés par les cruautés de Muleï Hassan et fatigués de la faiblesse de Boabdil, quittèrent la ville maure, allèrent trouver les rois catholiques et embrassèrent la religion chrétienne. Les rois catholiques assurèrent par des lois spéciales de grands privilèges à ces chevaliers et leur accordèrent de grandes faveurs. A leur tour, les nouveaux chrétiens rendirent d'éminents services à la couronne de Castille en combattant vaillamment pour la cause de l'Espagne et pour celle du catholicisme, qu'ils avaient embrassé de bonne foi. (*Histoire des guerres civiles de Grenade*, par Gines de Hita.) Sous Deza et depuis lui, les descendants de ces chevaliers, c'est-à-dire la fleur des chevaliers andalous, furent désignés par l'épithète de *marranos*, *pourceaux*, et poursuivis comme rebelles... Quelques mots expliqueront cette persécution. Les descendants des chevaliers maures convertis au temps des rois catholiques, étaient tous fort riches, et l'inquisition a toujours beaucoup aimé les richesses.

sure, et n'exigeant en retour qu'un amour semblable au sien, indulgent aux mauvais et secourable à tous, et pour toute glorification, une vie pure, aimante et dévouée.

Tout le reste n'était, aux yeux d'Estevan, que des jouets plus ou moins frivoles, ou des moyens honteux et coupables.

La sublimité de son âme, la profondeur de ses convictions, l'éloquence de sa parole, donnaient au jeune philosophe cette puissance de fascination qui entraîne les masses. A sa voix, le peuple exalté se fût soulevé comme par magie, et eût fait trembler le redoutable tribunal. Son père, membre du conseil de Castille en 1502, avait, par sa courageuse opposition, favorisé l'établissement de cette junte connue sous le nom de *Congrégation catholique*[1], appelée à réprimer les excès, à réparer les injustices de l'indigne Lucero[1] contre les habitants de Cordoue. Malheureusement, cette mesure tardive et incomplète ne fut qu'une trêve fallacieuse accordée aux Espagnols par l'inquisition, hydre monstrueuse dont les têtes renaissaient toujours après avoir été coupées.

Le jeune Vargas, devenu un homme, avait à lutter contre les mêmes abus, et peut-être contre de plus grands encore.

Quel empire un homme tel qu'Estevan n'avait-il pas dû prendre sur une âme comme celle de Dolores !

L'amour pur, l'amour complet ne naît pas dans les âmes vulgaires ; l'amour d'un être fort pour un être médiocre n'est pas non plus de l'amour vrai, il devient alors erreur ou faiblesse. Mais cette fusion parfaite de deux âmes, qui les fait vivre de la même vie, souffrir des mêmes tourments, qui unit les désirs et les volontés de telle sorte qu'il semble qu'il n'existe plus qu'un seul être en deux individus, cet amour-là se forme seulement dans les âmes sœurs, pareilles, liées par une affinité parfaite.

---

1. Pendant le règne de l'inquisiteur général Deza et de son protégé l'inquisiteur de Cordoue Lucero, les cruautés, ou, pour mieux dire, les iniquités du saint office, exaspérèrent si fort les Espagnols, que, de toutes parts, s'élevèrent des voix éloquentes contre ces hommes qui, sous le nom de défenseurs de la foi, eussent fait douter de la foi les apôtres eux-mêmes. Deza, après avoir été suspendu de ses fonctions par Philippe Ier, reprit son poste à la mort de ce prince arrivée en 1506, dans le quatrième mois de son règne, et aussitôt il cassa tout ce qu'avait fait le conseil de la *Suprême*, et réinstalla Lucero dans ses fonctions. Dès lors commença une persécution atroce contre le saint évêque de Grenade, Ferdinand de Talavera, et contre le sage Antonio de Nebrija, ce dernier, dénoncé au saint office pour avoir découvert et corrigé plusieurs erreurs qui s'étaient glissées dans le texte latin de la *Vulgate*. Ces persécutions, jointes aux cruautés de Lucero, fatiguèrent les Andalous, qui se soulevèrent, forcèrent les prisons du saint office, et en firent sortir les détenus dont le nombre était incalculable. Le fiscal, le greffier du tribunal de l'inquisition et plusieurs employés subalternes furent arrêtés à Cordoue, et Lucero ne dut son salut qu'à une prompte fuite. Ces événements, joints à l'arrivée en Espagne de Ferdinand V, régent du royaume, inspirèrent tant de terreur à Deza, qu'il renonça de lui-même à son emploi après avoir fait brûler vives deux mille cinq cent quatre-vingt-douze personnes et l'effigie de huit cent vingt-neuf autres, et avoir condamné à l'emprisonnement perpétuel ou aux galères, avec confiscation de leurs biens, trente-deux mille neuf cent cinquante-deux accusés.

Ce fut pour connaître des procès des nombreuses personnes arrêtées à l'occasion de ces troubles, que l'inquisiteur Cisneros, successeur de Deza, plus politique et non moins cruel que son prédécesseur, sollicita et obtint du roi la permission de former une *junta* composée de vingt-deux personnes des plus marquantes du royaume, pour terminer convenablement les procès intentés aux habitants de Cordoue par l'inquisiteur Lucero. Cette junta, qui prit le nom de *Congrégation catholique*, tint sa première assemblée à Burgos en 1508. Après un travail de plusieurs mois, la junta déclara : 1° que les témoins entendus par Lucero dans l'affaire de Cordoue étaient indignes de foi ; 2° que tous les accusés qui se trouvaient dans les prisons étaient innocents et devaient être immédiatement mis en liberté ; 3° que la mémoire de ceux qui avaient été brûlés serait réhabilitée ; enfin que les maisons rasées par ordre de Lucero et de Deza devraient être reconstruites aux frais du trésor. Cette décision de la Congrégation catholique reçut son entière exécution après avoir été solennellement publiée à Valladolid au milieu des applaudissements du peuple, qui croyait avoir enfin brisé le joug de l'inquisition. Pauvre peuple! dans sa loyauté il ignorait que l'inquisition, en lui accordant une trêve fallacieuse, se réservait de le mieux frapper à l'avenir, après l'avoir bien enveloppé dans l'immense réseau de ces ruses sans nom que le clergé a toujours su employer pour agrandir sa puissance temporelle. (*Histoire de l'inquisition.*)

1. Lucero avait reçu des Espagnols l'épithète de *ténébreux*. Lucero, en espagnol, signifie étoile brillante.

Forte par essence, douée de cette candeur sublime, idolâtre du vrai, qui rejette avec horreur toute maxime fausse ou lâche, toute action entachée de dissimulation ou de mensonge, Dolores avait en Estevan cette foi aveugle qui naît d'une admiration profonde. L'élévation de leur âme, les cruelles péripéties de leur existence, encore si jeune, leurs tendances religieusement philosophiques et l'entière pureté de leur cœur, avaient, pour ainsi dire, spiritualisé leur amour.

Fiancés l'un à l'autre par la volonté de leurs parents, ils sentaient que leur union ne dépendait pas du consentement des hommes; que déjà, par une convention tacite et inviolable, leurs âmes étaient fiancées l'une à l'autre et que la mort même ne pourrait les séparer. Aussi leur amour était-il paisible en apparence; ils attendaient avec joie, mais sans trouble et sans impatience, l'époque qui rendrait leur union parfaite aux yeux du monde. Ils sentaient que cette consécration pouvait ajouter à leur bonheur; mais ce bonheur, ils l'attendaient calmes : tant l'esprit en eux dominait la matière.

Pendant la journée que Dolores avait passée dans la demeure de l'apôtre, elle lui avait naïvement raconté sa vie, son enfance pieuse, sa jeunesse pure et éclairée, son amour pour le noble Estevan.

Et l'apôtre, homme au cœur chaleureux, rempli d'indulgence, en qui, peut-être, le souvenir mystérieux d'un chaste amour brisé par la main des hommes ou par celle de la mort, avait seulement changé de nom et s'appelait maintenant charité ; l'apôtre, ému de ce touchant aveu, n'avait point hésité à dire au jeune homme:

— Entre chez moi avec ta fiancée ; l'amour pur n'offense pas le Dieu du ciel, il est un hommage rendu à sa toute-puissance.

Et lorsqu'ils furent réunis tous trois dans cette humble demeure, dont les blanches parois n'avaient d'autre ornement que l'image de celui qui mourut sur le Calvaire :

— Mes enfants, dit le religieux, bénissez Dieu, qui vous frappe; les persécutions des méchants sont autant de couronnes pour l'autre vie. Bienheureux sont ceux qui passent sur la terre en priant et en pleurant !

— Mon père, répliqua le jeune homme, vos paroles sont saintes et consolantes, et j'adore comme vous la main qui s'appesantit sur nous; mais nous autres jeunes hommes à la vie forte et pleine de sève ; nous, chevaliers espagnols, dont les pères ont toujours loyalement servi la religion chrétienne ou l'ont volontairement embrassée avec foi et conviction ; nous, fidèles observateurs de la loi du Christ, cette loi d'amour et d'indulgence, pourrions-nous, sans être lâches, supporter le joug d'un pouvoir inique qui, au nom de Dieu, brave impunément toutes les lois divines et humaines ? La révolte contre lui n'est-elle pas un devoir ?

L'apôtre resta quelques instants sans répondre : il semblait réfléchir profondément.

— Mon fils, dit-il enfin, je crois que le pouvoir inquisitorial est un abus qu'il faut combattre avec le glaive de la parole, avec la logique, avec la vérité, et non avec l'insurrection, fille de la colère et de la haine, et partant aveugle, passionnée, sans règle, sans frein, sans mesure ; allant toujours trop loin ou pas assez ; verre d'eau jeté sur un immense incendie, qui, au lieu de l'éteindre, irrite la fureur de la flamme.

— Oui, fit Estevan avec un mouvement énergique ; mais à la bouche éloquente on met un bâillon; on étouffe la vérité sous les verrous, et la logique... O mon père ! vous savez assez combien ils sont habiles à la combattre. Le sombre génie de l'inquisition l'étouffe sous les nœuds déliés de subtilités de tout genre, ou sous l'étreinte de fer de l'absolutisme; ils tuent tout avec cette phrase : « Au nom de Dieu », et le peuple ignorant courbe la tête. Il a peur de devenir sacrilége en se révoltant.

— Le peuple souffre, dit l'apôtre ; car dans tous les temps, sa force, à lui, est la résignation : lorsque, trop fatigué du joug, il se révolte et le secoue à terre, à quoi cela lui sert-il? à changer de maître, voilà tout. Son sang et ses efforts ne servent qu'aux puissants, aux chefs de la révolte ; quant à lui, il reste souffrant et esclave.

— Mon père, dit Estevan d'une voix grave, quand les chefs sont purs, le peuple est heureux; le malheur n'est pas dans l'obéissance, il est dans la haine pour celui qui commande.

— Sans doute, répondit l'apôtre; car celui qui est digne de commander se fait volontairement le frère et l'égal de ceux qui lui obéissent : il ne leur reste supérieur que par l'intelligence... C'est le pilote qui tient le gouvernail pour assurer le salut de l'équipage.

— Mon père, interrompit la jeune fille, qu'ont de commun un chef qui gouverne par droit ou par choix, et ce pouvoir barbare qui, au nom de Dieu, dépeuple l'Espagne et la couvre d'un linceul funèbre ?

— Dolores ! répliqua vivement Estevan, si celui qui gouverne était un bon pasteur, il ne laisserait pas tondre ses brebis par d'avides spéculateurs qui enfoncent les ciseaux jusque sous la chair, pour avoir la laine et le sang des troupeaux. La tolérance du roi pour l'inquisition n'est que le calcul d'une politique avaricieuse. C'est l'amour de l'or qui couvre le royaume de bûchers.

L'apôtre leva les yeux au ciel, et deux larmes saintes glissèrent le long de ses joues pâles.

— Mon fils, dit-il, Dieu éclairera les rois sur leurs véritables intérêts et touchera leur cœur d'une compassion efficace. La voix des prédicateurs de l'Évangile finira par être entendue; plusieurs d'entre eux, avec un courage héroïque, un courage aussi grand que celui qui arme la main d'une épée, s'élèvent en chaire contre les erreurs du fanatisme, et, au péril de leur vie, prêchent la doctrine de Jésus-Christ dans sa pureté et sa simplicité premières. Espérons en eux, mon fils ; la force de la conviction est plus puissante que celle des armes, et le jour du triomphe pour les vrais chrétiens n'est peut-être pas éloigné.

— Mon père, dit Estevan, vous nous recommandez la patience et la résignation, et pourtant je vous ai entendu, dans nos églises, élever votre voix éloquente contre les scribes et les pharisiens de nos jours; car, je ne me trompe pas, poursuivit-il en considérant avec admiration la noble physionomie de l'apôtre ; vous êtes un de ces courageux athlètes qui, jusque sous la hache des bourreaux, luttent de la parole et du geste contre les disciples de Dominique de Gusman, ce moine fanatique dont la cour de Rome a fait un saint.

— Je suis le plus humble des serviteurs de Dieu, répondit le moine avec une humilité vraie, et quant à la couronne des saints, Dieu seul la donne, qui lit au fond des cœurs.

— Mon père, demanda Estevan, seriez-vous partisan de la doctrine de cet illustre réformateur appelé Luther, qui a converti à sa nouvelle doctrine tant de savants docteurs en théologie, des princes et même des évêques?

— Je suis chrétien, répondit le religieux; toute controverse me semble un sacrilége envers cette loi si simple, si humble et si douce que nous a apportée Jésus. A force de dogmatiser, mon fils, on se perd dans d'incompréhensibles ténèbres, et la foi, la charité, qui sont la base de notre culte, s'attiédissent ou se dénaturent; car toute désunion entraîne avec elle de l'aigreur ou du doute. La religion chrétienne est si simple! pourquoi la hérisser de difficultés de toute sorte? pourquoi, surtout, la mettre au service des passions humaines?

— Mon père, dit Estevan, votre religion est la mienne et celle de Dolores; voilà pourquoi on nous regarde comme des hérétiques.

— Le Christ aussi fut condamné comme impie et comme blasphémateur. De quoi vous plaignez-vous, mon fils? Il est beau de souffrir pour sa doctrine.

Dolores écoutait avec ravissement ces deux hommes d'une foi si pure, et la crainte de l'inquisition, qui l'avait tant tourmentée, s'effaçait devant ces sublimes pensées qui fortifiaient son courage.

Ils passèrent ainsi cette nuit cruelle qui avait amené, pour les jeunes fiancés, de si déplorables changements dans leur destinée. L'apôtre les consolait ou priait avec eux, et, en leur inspirant la résignation, donnait plus de force à leur espérance.

Le besoin de sommeil ne s'était pas fait sentir : quand l'âme est vivement excitée, elle domine le corps, qui alors lui obéit en esclave, et cet empiétement de l'esprit sur les besoins physiques semble augmenter encore la force et la lucidité de l'intelligence.

Une fièvre généreuse circulait dans les veines de la jeune fille; elle eût en ce moment souffert le martyre avec joie, si sa mort eût pu sauver ses frères, rendre le calme et la liberté à l'Espagne.

Vers le matin, une lueur blafarde mêlait déjà ses tons vagues à la clarté limpide de la lampe qui brûlait dans la chambre; on frappa doucement à la porte.

Estevan et Dolores tressaillirent involontairement.

— Ne craignez rien, dit l'apôtre, c'est sans doute un de nos amis.

Il ouvrit.

Un jeune moine, revêtu d'un froc d'étamine noire serré à la taille par un cordon blanc, se jeta dans les bras de l'apôtre, et, posant sa tête sur son sein :

— C'est ton fils, dit-il, qui a besoin de toi.

— Sois le bienvenu, dit l'apôtre en le baisant au front comme eût fait une mère; parle, mon fils, et dis-moi ce qui t'amène.

Le jeune moine s'assit.

— Parle, mon fils, répéta l'apôtre en montrant les fiancés; ce sont deux frères, deux amis; parle, que veux-tu?

— Mon père, dit le jeune moine, j'ai voulu mettre en pratique les leçons que tu m'as données; j'ai songé, comme toi, que ce n'est point assez de la prédication, et qu'au soin des âmes il fallait ajouter celui du corps. Aidé des dons de quelques âmes pieuses, et grâce au sublime renoncement de quelques jeunes hommes illustres dont l'âme chaleureuse et pleine d'amour n'a trouvé que du vide aux joies de la terre, j'ai formé un corps assez nombreux, animé du seul désir d'être utile à ses semblables et de secourir leurs misères. Par nos soins, un hospice vient d'être élevé à Cadix[1], destiné à recueillir des membres souffrants de Jésus-Christ. Nous les soignerons de nos mains, et nous tâcherons, en guérissant le corps, de panser aussi les blessures de l'âme.

— Tu as eu là une sainte pensée, dit l'a-

1. Hospice fondé par saint Jean-de-Dieu vers le milieu du seizième siècle, pour le traitement de la lèpre et de cette cruelle maladie importée en Europe par les compagnons de Christophe Colomb.

pôtre ; la vie est belle quand elle a un si noble but.

— Mon cher maître, poursuivit le jeune moine, une seule chose m'embarrasse. Les douleurs de l'humanité sont si nombreuses et si variées ! quelle espèce de misères chercherons-nous à soulager ?

— Mon fils, répondit l'apôtre, parmi les membres souffrants de Jésus-Christ, il en est dont les maux, loin d'être un objet de pitié pour leurs semblables, deviennent au contraire un sujet de haine et de mépris ; la société entière les repousse, et, loin d'affaiblir et de soulager leurs souffrances corporelles, elle ajoute encore à ces douleurs les douleurs morales plus cruelles mille fois. Ce sont ceux-là qu'il faut plaindre, ceux-là qu'il faut recueillir et consoler [1].

— O mon père ! s'écria le disciple, la sagesse est en vous, et la charité parle par votre bouche. Vous avez fixé mes incertitudes.

Oui, parmi les infortunés, nous choisirons les plus souffrants, tous ceux-là que personne n'ose approcher, et nous leur apporterons d'autant plus de consolations et de joie, qu'ils sont plus délaissés et plus désespérés. Merci, mon saint maître ; nos pauvres malades vous béniront, car c'est vous qui êtes leur père [2].

Puis ils causèrent encore longuement, quoiqu'ils eussent passé la nuit sans sommeil : la ferveur qui les animait les rendait peu sensibles aux fatigues corporelles. Le jeune moine soumit à celui dont il était le disciple les statuts de l'ordre qu'il voulait fonder ; ils en discutèrent ensemble la sagesse, le nombre, l'utilité, et les deux jeunes fiancés tirèrent de leur entretien cette conclusion juste et vraie, que toute la pratique de la religion chrétienne consiste dans ce seul précepte :

« *Aimez-vous les uns les autres.* »

Ainsi fut fondé cet ordre célèbre, qui existe encore de nos jours sous le nom des Hospitaliers de Saint-Jean ; car le jeune moine n'était autre que ce grand prédicateur connu depuis sous le nom de saint Jean-de-Dieu. Cette fois, au moins, Rome fit justice en lui accordant la couronne des saints que lui avait depuis longtemps décernée l'Espagne.

La cloche du matin sonna l'Angelus.

Dolores et son fiancé s'unirent aux deux religieux dans cette prière matinale.

Le jour allait paraître.

— Mes enfants, dit l'apôtre, il faut vous dire adieu. Ce matin, je conduirai cette jeune fille dans le cloître pour y attendre la volonté du ciel. Quant à vous, jeune homme, vous savez ma retraite : je vous répète ce que j'ai dit hier à votre fiancée : « Elle est toujours ouverte à ceux qui pleurent. »

Dolores leva vers le ciel un regard empreint d'une résignation douloureuse.

Estevan ne parla pas ; la pâleur de son visage trahit seule les combats de son âme. Il pressa avec force la main de sa fiancée, tendit l'autre à l'apôtre qui les regardait avec une tendre compassion, et s'enfuit en prononçant ce seul mot :

— Courage !

Une larme unique glissa sur la joue pâle de la fille du gouverneur. L'apôtre sortit avec son disciple bien-aimé.

Il revint au bout de quelques minutes : il avait renoué ses sandales, et sa main droite s'appuyait sur un bâton de hêtre.

---

1. Lettres de saint Jean d'Avila à saint Jean-de-Dieu, son disciple.
2. Saint Jean-de-Dieu a consacré soixante ans de sa vie à soulager l'humanité souffrante. C'est lui et ses disciples qui ont découvert la plupart des spécifiques employés encore aujourd'hui dans le traitement des maladies qu'ils s'appliquaient à guérir. Avant de mourir, saint Jean-de-Dieu dota l'Espagne de plus de soixante hôpitaux, tous desservis par des religieux de son ordre. Pourquoi tous les moines n'ont-ils pas su attirer sur eux les bénédictions des peuples comme les frères hospitaliers ?...

Dolores était agenouillée devant l'image du Sauveur. A l'approche du moine, elle tourna la tête vers lui : le voyant prêt à partir, elle se releva brusquement, et étouffant un soupir douloureux qui gonflait sa poitrine :

— Mon père, dit-elle, je suis prête à vous suivre.

Séville un jour de marché.

CHAPITRE VIII

Manofina.

La fille du gouverneur est restée sous la garde de son saint conducteur. Revenons à Manofina, que nous avons laissé sous l'impression d'une conversion nouvelle.

Le bravo reprit lentement avec sa compagne le chemin de la Garduna. Leur trajet fut silencieux; seulement, par intervalles, Manofina pressait avec ardeur le bras de la serena qui s'appuyait sur le sien, et, par cette étreinte muette, cherchait à s'affermir dans la résolution qu'il avait prise.

Ils arrivèrent ainsi aux ruines qui servaient d'avenue à l'étrange demeure de Mandamiento.

Une faible lueur éclairait l'intérieur de la salle qui, à cette heure, était presque déserte. Aucun des membres de la confrérie n'était encore revenu de ses expéditions nocturnes. Seul, le maître attendait, assis sur un débris de colonne tronquée, en comptant, d'un œil avide, une poignée de doublons. Çà et là, quelques vieilles coberteras avaient étendu leur tablier sur le sol, et dormaient, sur ce mince matelas, d'un sommeil profond et tranquille.

Averti par le bruit des pas du jeune couple qui s'avançait dans l'ombre, le maître releva brusquement la tête, et apercevant le bravo, il s'écria d'un air joyeux :

— Eh! c'est Manofina; toujours le premier à la besogne. Don Estevan de Vargas?...

— Se porte aussi bien que vous et moi, répondit le guapo d'une voix sombre.

— Par saint Jacques! s'écria Mandamiento, les sorciers auraient-ils brisé la lame de ton poignard dans le fourreau, mon brave; ou bien don Estevan posséderait-il un talisman qui le met à l'abri de l'acier?

— Ni l'un ni l'autre, maître. Je suis venu pour vous dire que je suis las d'obscurcir, et que je ne fais plus partie de la confrérie. Voici l'argent qu'on m'avait donné.

Et il jeta une bourse aux pieds de l'irrité Mandamiento.

— Mille démons! s'écria le maître; est-ce toi qui parles, Manofina, ou l'esprit malin qui a pris ta forme pour m'abuser et te faire du tort?

— C'est bien moi en chair et en os, maître, répliqua le guapo, moi qui viens prendre congé de vous, et vous remercier de la protection toute particulière dont vous m'avez honoré.

Mandamiento fronça le sourcil; il se tourna vers la serena, qui se tenait derrière le bravo, l'air humble et les yeux baissés.

— Et toi, Culevrina! fit le maître, veux-tu aussi renoncer aux agréments et aux bénéfices du métier, pour suivre ce fou qui n'aura plus d'autre pain à te donner que la méchante melopia [1] des moines?

— J'y renonce, répondit la jeune femme en se rapprochant de celui qu'elle aimait.

— Race de fous! murmura le maître.

---

1. *Melopia.* C'est ainsi qu'on appelle en Espagne la soupe ou, pour mieux dire, l'ignoble ragoût que les moines distribuaient aux nombreux mendiants dont le pays était rempli, grâce au fanatisme et à la cruauté de l'inquisition. Le mot mélopia est une corruption du mo *mezclopia*, mélange, dérivé du verbe *mezclar*, mêler L'auteur, dans son seizième chapitre, donnera des détails exacts et malheureusement trop vrais sur cette charité monacale.

Manofina ne répondit pas.

Mandamiento s'étant levé brusquement de son siége de pierre, se mit à marcher à grands pas dans la salle, en murmurant des paroles inintelligibles.

C'était l'heure où rentraient d'ordinaire les membres de la confrérie ; ils venaient rendre compte au capataz du résultat de leurs missions respectives. Peu à peu l'enceinte se remplit de monde ; le maître, toujours absorbé, n'avait encore regardé ni questionné personne.

Enfin la chambrée fut complète : il ne restait plus à venir que quelques chivatos attardés, personnages de peu d'importance. Tous les gros bonnets de l'ordre étaient réunis, et remarquant que Mandamiento, absorbé dans ses idées chagrines, ne songeait pas plus à eux que s'ils eussent été de l'autre monde, Cuerpo de Hierro prit sur lui de s'approcher du chef, et le tirant doucement par la manche de sa chemise :

— Maître, dit-il, tous tes enfants ont rempli leur mandat.

— Non pas tous, s'écria le maître, en jetant un sombre regard sur Manofina qui se tenait à l'écart à côté de la serena.

Tous les yeux se dirigèrent vers le guapo apostat.

Manofina ne baissa pas les yeux, il regarda ses anciens compagnons d'un air parfaitement calme et ne répondit pas.

— Qu'est-ce à dire ? s'écrièrent les autres ; est-que cela est possible, maître ?

— Oui, reprit Mandamiento d'une voix ridiculement solennelle ; un garduno a failli à son mandat ; la société perd d'un coup deux de ses plus braves soutiens, et cette lâche défection entraîne pour nous de grands malheurs.

Oui, poursuivit le maître en désignant par un geste Manofina et sa compagne qui semblaient impassibles, l'ordre perd en eux deux de ses meilleurs enfants ; mais il perd plus que cela encore, il perd sa réputation de probité, sa renommée jusqu'ici sans tache, acquise par de longs et périlleux services [1]. Que diront les nobles seigneurs ? que diront les belles dames ? que dira surtout le clergé, notre meilleure clientèle ? que diront les dominicains, qui ont rempli nos coffres de doublons [2] ? Nous allons passer dans tout le royaume de l'Andalousie pour de misérables escrocs qui prennent de l'argent pour obscurcir et qui n'obscurcissent pas. On nous comparera aux alguazils qu'on solde pour arrêter les voleurs et qui n'arrêtent que les honnêtes gens, ou à ces moines sans foi qui se font payer dix fois une messe dont ils ne disent pas la moitié.

Comprenez-vous, frères, continua le maître en s'animant progressivement au bruit de ses propres paroles ; comprenez-vous dans quelle colère va entrer le grand inquisiteur, lorsqu'il saura qu'un obscurcissement par lui commandé n'a pas été accompli ? Et monseigneur l'archevêque ne dira-t-il pas aussi que nous sommes des lâches et des voleurs ? Et nous perdrons la protection de don Pedro Peladeras y Martinez y Cabrera el Colmilludo [3], protecteur

---

[1]. On se ferait difficilement une juste idée du fanatisme que les malfaiteurs espagnols mettent à l'accomplissement de leurs promesses. Ils croiraient se rendre fort coupables et se déshonorer à tout jamais si, après avoir reçu de l'argent pour commettre un meurtre, ils manquaient à leur engagement. Ils ont, si l'on peut s'exprimer ainsi, la probité du crime, tant la loyauté a de racines profondes dans le cœur de ce peuple si horriblement dénaturé par un mauvais système politique, asservi aux insatiables exigences de Rome et à l'incroyable cruauté de l'inquisition.

[2]. Que diront les dominicains, qui ont rempli nos coffres de doublons ?... Pour comprendre toute la portée de cette exclamation du chef de la Garduna, le lecteur n'a qu'à relire la note 1, page 357.

[3]. *El Colmilludo*, le Dentu ; il y avait en effet, à cette époque, un employé à la cour dont les fonctions tenaient milieu entre celles de complaisant du roi et surtout des grands seigneurs de la cour, et celles de bouffon, ou pour mieux dire il cumulait ces deux emplois. Les Sévillans prétendent encore aujourd'hui que le Dentu était le chef de la Garduna ; et quand ils veulent exagérer l'habileté ou la scélératesse d'un bandit, ils

de notre ordre et lanternier du roi notre seigneur don Carlos, que Dieu garde ! O Manofina ! Manofina ! fais un retour sur toi-même, et répare un moment de faiblesse.

L'assemblée avait écouté cet étrange discours dans une stupéfaction profonde.

Dès que Mandamiento eut cessé de parler, quelques fuelles hypocrites s'approchèrent de Manofina :

— Frère, lui dirent-ils, il n'est pas possible que tu nous abandonnes, n'est-ce pas?

— C'est fait, répondit le bravo d'un ton bref.

D'un autre côté, deux coberteras, des plus vieilles et des plus repoussantes, s'étaient approchées de la serena, et par des paroles mielleuses, des flatteries empoisonnées, cherchaient à la ramener à sa vocation première.

— C'est inutile, répondait-elle ; ce qui est dit est dit, nous ne changerons pas.

— Manofina escroc! s'écria un guapo promu de la veille.

— Manofina n'est point un escroc, répondit le bravo ; il a rendu l'argent qu'il avait reçu : mais il déclare devant tous qu'il a failli, que le métier lui déplaît et qu'il renonce à ses titres et priviléges.

Manofina parlait d'une voix tranquille ; ce n'était plus cet homme turbulent de la veille, avide d'actions périlleuses et horribles ; c'était un homme fort et courageux, converti par les paroles de l'apôtre, aimant toujours le danger et les périls, mais non le péril sans but ; toute son ardeur belliqueuse se tournait maintenant contre les oppresseurs des faibles, contre les sbires de l'inquisition.

— A la *cheminée* ! à la *cheminée* [1] ! s'écria le nouveau gradé.

— Frère, répliqua sévèrement le maître,

disent : *Es mas ladron y mas malo que el Colmilludo*, il est plus voleur et plus méchant que le Dentu.
1. La justice.

la confrérie de la Garduna n'a jamais livré à la grande cheminée de Séville ses enfants, même les plus coupables. S'ils sont faibles, fainéants ou maladroits, elle les dégrade et les renvoie ; s'ils sont traîtres, elle les obscurcit, mais elle ne charge jamais *Mateo* [1] de la venger.

— Maître, dit Manofina, la confrérie ne livre pas ses enfants, et ses enfants non plus ne la trahiront pas ; elle n'aura jamais rien à redouter de moi.

— Mon fils, répliqua le maître attendri, pourquoi veux-tu nous quitter? as-tu à te plaindre de moi? tu peux encore réparer ta faute.

— Jamais! répondit Manofina d'un ton résolu.

— Sais-tu, reprit Mandamiento irrité, que tout membre infidèle mérite une punition?

— Tout membre infidèle encourt la dégradation ; dégradez-moi donc et que tout soit dit.

— Tu dois savoir qu'il y a certains cas où on l'*obscurcit*, répliqua sévèrement Mandamiento.

— On n'*obscurcit* que les traîtres, et je ne suis pas un traître.

— Mais...

— Mais on pourrait craindre que je le devinsse, veux-tu dire, et alors on m'obscurcirait, n'est-ce pas ? ajouta le bravo d'un air défiant. Eh bien ! je conseille à celui qui sera chargé de cette mission de dire dévotement son *confiteor;* car, par la barbe du roi, il aura là une rude besogne. Mon poignard ne sera plus à l'ordre de qui que ce soit, mais il sera toujours prêt pour me défendre.

Le défi de Manofina blessa l'amour-propre de quelques *frères*, qui portèrent la main à leur poignard. La serena, à qui ce mouve-

1. Le bourreau.

ment n'avait pas échappé, serra convulsivement le manche de sa petite lame andalouse.

Le guapo promu de la veille s'approcha alors de Manofina d'un air goguenard, et lui dit à voix basse :

— Je n'aurais jamais cru que tu pouvais avoir peur, Manofina ?

Le *converti* sourit dédaigneusement.

— Que faites-vous là ? s'écria le maître ; ne savez-vous pas qu'on ne parle point à voix basse pendant les séances solennelles ?

— Je disais à Manofina, répliqua le nouveau gradé, qu'il est dommage qu'il soit devenu si poltron ; car je maintiens que c'est la peur qui l'a empêché de faire son devoir.

Ces mots étaient à peine prononcés, que le guapo de la veille, emporté comme dans un tourbillon par le plus vigoureux soufflet appliqué par la main du terrible Manofina, était allé rouler aux pieds de Mandamiento.

Vingt poignards brillèrent à l'instant au-dessus de la tête de Manofina.

Mais lui, sans se déconcerter, roula son manteau autour de son bras gauche, saisit son poignard de la main droite, et, se posant en athlète prêt à tout braver, attendit les assaillants de pied ferme.

La serena, le voyant ainsi, roula aussi sa mantille autour de son bras gauche, et, se plaçant dos à dos avec le bravo, attendit, le poignard levé, ceux qui auraient pu attaquer son amant par derrière.

Personne n'osa faire un mouvement.

— Eh bien ! fit Manofina, voilà tout ?

— Avancez donc, race de poules ! s'écria la Culevrina, les yeux étincelants comme ceux d'une tigresse ; avancez donc pour voir si nous avons oublié de *baptiser !*

Mandamiento resta impassible.

Le guapo, qui déjà une fois avait été renversé, se releva furieux comme un chacal atteint d'une flèche, et se rua sur Manofina ; mais, au grand désappointement de l'assemblée, il roula de nouveau sur le sol. Manofina, lui voilant la face de son bras gauche, lui avait en même temps lancé un vigoureux coup de pied qui l'avait renversé sur-le-champ.

Les autres membres de la Garduna n'avaient pas bougé.

— Senores ! vous êtes un tas de lâches, s'écria Manofina ; vous voulez me laisser *obscurcir* ce jeune *poulain*, qui a plus d'ardeur que d'expérience.

— Manofina, dit alors le maître, ce jeune poulain, comme tu l'appelles, a droit à une réparation, et tu es trop brave pour la lui refuser.

— Je suis prêt à lui donner toutes les satisfactions possibles, mais en règle et seul à seul.

— La Culevrina t'aidera, firent les autres en raillant.

— La Culevrina se tiendra tranquille comme une morte, répondit le bravo ; faites comme elle, et laissez-nous, ce jeune homme et moi, régler nos affaires en paix.

— A l'ordre ! mes enfants, s'écria Mandamiento, et que chaque poignard rentre dans le fourreau.

— Et vous, senor Garabatillo [1], ajouta-t-il en se tournant vers un jeune garduno qui lui servait de page, allez faire le guet et grenouillez [2] au moindre atome de fumée [3]

---

1. Jeune croc, apprenti voleur.
2. *Coasser*. Les malfaiteurs et tous les gens sans feu ni lieu, qui vivent de rapines et d'escroqueries, marchent par bandes et environnés de jeunes adeptes qui font le guet pendant leurs *opérations*. Ces jeunes gens, très-exercés à imiter le cri-cri du grillon, l'aboiement du chien, le miaulement du chat et le coassement des grenouilles, avertissent par un␣de ces cris ceux qui sont occupés à quelque besogne défendue. Il arrive souvent en Espagne qu'en plein jour, au milieu d'une promenade, vous entendiez un concert de grenouilles ou une dispute de chats, et tout à coup vous voyez fuir une bande de filous qui étaient occuper à flouer, en jouant aux cartes ou aux dés, des gens simples du bas peuple, et souvent des enfants.
3. Alguazil ou autre agent de la justice qui approche.

que vous verrez s'approcher du cours de l'eau.

L'envoyé partit.

Il se fit un grand cercle d'hommes et de femmes dans la salle de la Garduna ; le guapo et Manofina, armés tous deux de leurs énormes couteaux d'Albacète [1], s'avancèrent au milieu de ce cercle vivant.

Avant de commencer le combat, les deux adversaires confrontèrent scrupuleusement leurs armes pour s'assurer qu'elles étaient exactement pareilles.

Et ceci est un fait qui réfute victorieusement la qualification de *traîtres* donnée aux Espagnols par les étrangers, que les gens même de la plus basse classe, le rebut de la population, escrocs, filous, repris de justice, forçats libérés et autres, apportent à ce genre de combat une loyauté, une générosité chevaleresque qu'on ne devrait guère s'attendre à trouver dans des êtres aussi abjects. Il n'y a pas d'exemple qu'un baratero [2] ait frappé son adversaire, dès que celui-ci a déclaré ne pouvoir plus, ou ne vouloir plus se battre. Si l'un des deux combattants n'a pas de manteau, l'autre se dépouille du sien, et se sert de son bras nu pour parer les coups. Cette générosité est d'autant plus remarquable, que ces gens-là se battent le plus souvent pour des causes fort minimes, pour quelques liards, souvent pour moins [3].

Les armes des deux gardunos se trouvèrent être exactement de la même longueur ; leurs lames affilées étaient d'une largeur égale. Cet examen fini, les combattants roulèrent leur manteau autour de leur bras gauche en guise de bouclier ; puis ils se posèrent fièrement en face l'un de l'autre.

Ainsi posés, ils attendirent le signal.

Le nouveau guapo, impatient comme un jeune coq qui sent pousser ses ergots, cria le premier :

— *Ande usted !* allez donc !

A ce cri, ces deux hommes se ruèrent l'un sur l'autre, se courbant, se redressant, se tordant comme des couleuvres ; se rejetant en arrière pour bondir de nouveau d'un élan plus sûr et atteindre leur ennemi. Dans ces mouvements rapides et imprévus qui n'ont d'autre but que d'halluciner son adversaire, afin qu'il ne puisse sûrement diriger ses coups, Manofina, plus calme et plus exercé, avait un incontestable avantage.

Le jeune guapo, étourdi par la colère, furieux de poursuivre une ombre qui lui échappait sans cesse, se ruait en désespéré sur l'adroit Manofina, négligeant de se défendre pour attaquer, et offrant vingt fois sa poitrine au couteau meurtrier.

---

1. Couteaux longs et pointus, d'une trempe incomparable, dont se servent les duellistes au couteau, en Espagne.
2. *Baratero*. C'est ainsi qu'en Espagne on appelle certains filous qui, sans autre bien qu'un jeu de cartes crasseux, parcourent les marchés, les foires et les abords des *presidios* (galères correctionnelles), prêtant leurs cartes ou pour mieux dire les imposant pour tant la partie à ceux qui veulent jouer. Les barateros sont si jaloux les uns des autres, que souvent ils décident dans un duel au couteau lequel d'entre eux louera les cartes. Le mot de *baratero* vient de *barato*; c'est ainsi qu'on appelle les quelques maravédis que ces filous font payer aux joueurs sous peine d'avoir un duel au couteau.
3. Un duelliste au couteau ayant rencontré son ennemi endormi au pied d'un arbre, le réveilla et lui offrit ga-

lamment le combat, que l'autre accepta avec une égale politesse. Le duel terminé, le moins blessé des deux combattants aida l'autre à gagner le premier corps de garde, le soutenant comme un ami tendre et dévoué. Arrivés au poste que je commandais, tous deux se remirent entre nos mains. L'un fut envoyé à l'hôpital, l'autre à l'infirmerie de la prison de ville ; car des lois très-sévères défendaient en Espagne le duel au couteau, le plus dangereux de tous les duels. Un de ces hommes succomba à ses blessures, l'autre fut pendu. Il avait mieux aimé se livrer, que d'abandonner son adversaire mourant au milieu des bois : ce qui eût été pour lui une tache indélébile. Il eût été déshonoré à jamais aux yeux de tous les barateros, de toutes les majas (grisettes), aux yeux de toute la séquelle de galériens libérés ou échappés. Cet abandon eût été regardé comme un acte de lâcheté plus dégradant que le fer rouge du bourreau, plus infamant que le bagne. Abandonner un brave qui s'était volontairement exposé aux chances du duel au couteau, de peur de trois heures de potence ! allons donc, est-ce que cela était possible ?

La Culevrina suivait d'un regard étincelant, et la poitrine haletante, ce combat atroce qui tenait toutes les âmes en suspens. Quelques-uns des assistants priaient intérieurement pour le jeune bravo, qu'ils voyaient déjà étendu mort sur la poussière.

Le maître se taisait; son visage n'exprimait rien.

Le jeune garduno, déjà fatigué, s'essoufflait à poursuivre cette manière imprudente de combattre. Vingt fois le poignard de Manofina avait effleuré sa poitrine; mais Manofina, qui ne voulait pas le tuer, saisit le moment où son adversaire se jetait sur lui la main horizontale, le couteau dirigé vers sa poitrine, et, relevant brusquement le bras gauche, d'un coup violent et imprévu il envoya l'albacète du jeune homme rouler aux pieds du maître.

— Bravo! bravo! s'écria-t-on de toutes parts; bravo, Manofina, tu es digne encore d'être des nôtres?

— Merci, frères, répondit l'amant de la serena; merci, votre approbation me suffit.

— Tu es vraiment un homme courageux, Manofina, dit le vaincu en lui tendant la main; sans rancune, frère.

Manofina serra cordialement la main qui cherchait la sienne.

Puis, s'avançant vers Mandamiento :

— Maintenant, maître, dit-il, terminons la cérémonie et que je sois libre.

Mandamiento vit bien que toute tentative serait inutile pour changer la résolution du guapo; le maître tira donc son poignard, en appuya la pointe sur le sol, et, ployant fortement la lame, il la brisa et en remit les débris à Manofina, qui lui donna le sien en retour.

Par cet échange, le bravo restait dégradé et indigne de partager les exploits de la Garduna et de contribuer à sa gloire.

Mandamiento prit ensuite le bravo par la main, et le conduisit devant une image de la Vierge : là, Manofina s'étant agenouillé, prononça la formule suivante :

— Par les douleurs de Notre-Dame, et par le sang de son fils Notre-Seigneur versé pour nous, je jure de ne jamais trahir la confrérie de la Garduna ni aucun des frères de l'ordre; de ne jamais devenir membre de la grande cheminée au détriment des frères gardunos, et de ne jamais tirer mon poignard contre aucun d'eux, si ce n'est en légitime défense... Dieu m'aide selon la sincérité de mon serment et me punisse si j'y manque!

— *Amen!* répondirent en chœur tous les membres présents, agenouillés derrière le guapo.

Cette ridicule cérémonie achevée, Manofina prit le bras de sa compagne, et, jetant un regard d'adieu à ses anciens camarades, il sortit de l'antre de la Garduna pour n'y plus rentrer jamais.

— Frères, s'écria le maître dès que Manofina eut disparu, nous ferons une neuvaine à Notre-Dame des Sept-Douleurs, afin qu'elle daigne nous envoyer un digne successeur de ce pauvre enfant égaré qui vient de nous quitter.

CHAPITRE IX

Le favori de l'inquisiteur.

C'était le surlendemain de l'orgie.

Il pouvait être dix heures du matin ; l'inquisiteur venait de se lever. Son visage portait encore les traces des excès de la nuit précédente, et de ce sommeil intempestif qui fatigue et use les forces au lieu de les réparer.

Pierre Arbues était d'une pâleur livide.

A l'excitation nerveuse causée par l'intempérance, se joignaient les agitations d'une passion contrariée, une colère sourde contre les agents de ses crimes. Enriquez, surtout, excitait au plus haut point son ressentiment ; la sauvage passion de l'inquisiteur pour Dolores s'exaltait de tous les obstacles qui étaient venus renverser ses projets.

Le teint bilieux de Pierre Arbues se mélangeait par moments de taches violettes ; son grand œil d'un bleu sombre, lumineux et profond, devenait fauve comme celui du tigre, et son profil d'aigle, violemment contracté, s'empreignait d'une férocité effrayante.

Il se rapprocha d'un brasero [1] qui brûlait au milieu de la chambre, et présenta ses mains raidies à cette chaleur bienfaisante ; il avait froid : la violence de ses sensations concentrait au cerveau toute la chaleur vitale.

— Dolores ! s'écria-t-il ; Dolores !

Son imagination exaltée lui représentait, comme dans un miroir magique, la beauté surhumaine de la fille du gouverneur : il bondit sur son siège, et ses dents se serrèrent par un accès de frénésie indomptable.

— Oh ! qu'elle était belle ainsi ! continua Pierre Arbues, irrésistiblement poursuivi par l'image de la jeune fille ; qu'elle était belle au milieu de sa terreur ! Oh ! l'avoir vue ainsi chez moi... l'avoir tenue ici en ma puissance, sans redouter sa colère ni ses cris !... Cela serait pourtant sans la lâcheté d'Enriquez...

Vil esclave ! qui ne sait que flatter et non servir ; race maudite ! qui baise la poussière de nos sandales, et recule devant le danger quand il s'agit de nous satisfaire.

Mais, quoi ! poursuivit le farouche inquisiteur en relevant fièrement la tête, ne suis-je pas le maître ici, et ne puis-je obtenir par la force ce que l'adresse n'a pu faire ?

Holà ! fit-il en s'approchant d'une portière de soie qui le séparait d'une antichambre où se tenaient ses familiers de service, qu'on fasse venir mon secrétaire.....

Le secrétaire accourut.

C'était un jeune homme noble, de famille pauvre, qui, pour éviter la misère et les persécutions, s'était mis au service de Son Éminence.

Tout n'était-il pas au service de l'inquisition !

— Don Philippe, dit l'inquisiteur, a-t-on arrêté cette nuit le gouverneur de Séville ? A-t-il été conduit dans les prisons du saint office ?

Don Philippe s'inclina.

— Monseigneur, les ordres de Votre Éminence ont été exécutés.

---

1. *Le brasero* est une machine de cuivre en forme de coupe, remplie de braise, qu'on mettait dans les salons espagnols pour les chauffer pendant l'hiver. La cheminée à la française et le poêle des nations du Nord n'ont été introduits en Espagne qu'après la guerre de l'indépendance.

Procession de l'inquisition.

Un éclair de joie sombre jaillit des yeux de l'inquisiteur.

— Dites, je vous prie, qu'on m'envoie José, poursuivit Arbues.

Le secrétaire sortit.

L'inquisiteur se mit à marcher à grands pas dans la chambre.

— Au moins, dit-il, je me vengerai d'elle; et puis, continua Pierre Arbues toujours en se parlant à lui-même, j'espère que ces Gitanos maudits que je protége auront mieux rempli leur tâche que mes familiers; d'ordinaire, les enfants de la Garduna ne manquent pas leurs coups. Cet Estevan que je hais n'existe déjà plus; j'aurai du moins enlevé Dolores à ce rival odieux.

Comme il parlait ainsi, la figure pâle de José se montra à la porte de la chambre. A sa vue, la physionomie de l'inquisiteur s'adoucit d'une façon singulière.

— Entre, José, dit-il, ta présence m'est toujours chère.

Le novice était en effet un de ces êtres indispensables aux puissants désœuvrés du monde, qu'on a toujours désignés sous le nom de favoris : instruments de bien ou de mal, selon la bonté ou la perversité de leur âme, êtres faibles qui règnent par la douceur et par la complaisance, et à qui pourtant rien ne résiste : influences mystérieuses, fatales comme la destinée, génies familiers du maître dont ils inspirent toutes les actions bonnes ou mauvaises, ils semblent agir en vertu d'un talisman enchanté, car le jour où ce talisman leur échappe, ils tombent eux-mêmes entraînés par cet irrésistible pouvoir qui les brise ainsi qu'il les a élevés, sans cause et sans but.

— Monseigneur a mal dormi cette nuit? demanda le favori d'une voix caressante;

— Oui, j'ai mal dormi, José ; j'ai passé une nuit fatigante et cruelle.

— Monseigneur, il y a aussi dans le palais un pauvre homme qui a mal dormi, blessé qu'il a été dans son corps et dans son âme pour le service de Votre Éminence. Les yeux de Pierre Arbues étincelèrent de courroux.

José poursuivit sans se déconcerter :

— Cet homme, monseigneur, a manqué perdre la vie au service de Votre Éminence, et lorsqu'il est revenu vers vous, saignant et meurtri, Votre Éminence l'a chassé comme une bête immonde ; et depuis, elle a refusé d'entendre sa justification.

— José, s'écria l'inquisiteur avec colère, sais-tu que si un autre que toi osait intercéder pour Enriquez...

— Votre Éminence l'écouterait comme elle daigne m'écouter, poursuivit le favori d'un ton calme ; car Votre Éminence est juste avant tout, et elle se reproche dans son âme sa cruauté envers ce pauvre Enriquez.

— Un traître ! murmura Arbues.

— Un serviteur à mourir pour vous, monseigneur, un serviteur brave, fidèle, et dont vous avez besoin. Qui ferez-vous maintenant gouverneur de Séville ?

— Par la pantoufle du pape ! vous raillez, maître José ; je ne sais lequel de nous deux est le plus fou, vous, jeune écervelé qui m'entretenez de pareilles sornettes, ou moi, grand inquisiteur de Séville, qui vous écoute.

— Monseigneur, dit José, je vais vous prouver sur l'heure que nous sommes très-sages tous les deux.

— Je suis curieux de voir comment tu me prouveras cela.

— Rien de plus facile, monseigneur. Vous venez d'enlever à la noble cité de Séville son très-honoré et très-honorable gouverneur, le comte Manuel Argoso ; voilà la cité sans Mentor, et Votre Éminence sans auxiliaire. Dans ces temps d'hérésie, monseigneur, un auxiliaire est une chose dont Votre Éminence ne peut se passer.

— Où veux-tu en venir ? dit l'inquisiteur qui commençait à écouter avec complaisance.

— J'en veux venir à vous prouver, monseigneur, que le meilleur auxiliaire de l'inquisiteur est le gouverneur de la ville, et qu'il est urgent que ce gouverneur soit une créature de Votre Éminence. Or, où trouverez-vous un homme plus dévoué que ce pauvre Enriquez, qui, dans un simple enlèvement de jeune fille, a souffert deux ou trois *baptêmes*, comme disent ces damnés bohémiens de la Garduna, et le *bain* le plus complet qu'il soit possible d'imaginer ?

Pierre Arbues sourit légèrement, l'influence du favori avait calmé la fièvre qui embrasait son sang.

— Enriquez gouverneur de Séville ! s'écria-t-il tout à coup dans un accès de gaieté spontanée ; mais sais-tu, José, que c'est un homme de rien.

— Plus grand sera le pouvoir de Votre Éminence, qui en fera quelque chose, répliqua José sans se déconcerter.

Un rire bruyant, mais sans entraînement ni sympathie, un rire d'inquisiteur, répondit seul à cette saillie.

José reprit avec la persistance câline d'un enfant gâté :

— Monseigneur, faut-il que j'appelle ce pauvre Enriquez, afin qu'il se justifie et implore le retour de vos bonnes grâces ?

— Il est donc bien repentant de l'insuccès de son expédition ?

— Il a la contrition parfaite, monseigneur.

— Au fait, dit Arbues, un homme qui a reçu trois baptêmes et qui possède la contrition parfaite, mérite certainement l'absolution. Va donc me chercher Enriquez, mon petit José.

Le novice baisa la main de l'inquisiteur avec un empressement fébrile : quelqu'un qui aurait pu voir alors sa tête penchée sur la main de Pierre Arbues, aurait jugé à l'expression haineuse et farouche de sa physionomie, que le favori eût volontiers déchiré de ses dents la main du maître, au lieu de la couvrir d'un baiser hypocrite.

José sortit.

— Après tout, se dit à lui-même l'inquisiteur, l'idée de cet enfant n'est peut-être pas si mauvaise. Enriquez gouverneur de Séville, élevé par moi et soutenu par moi seul, deviendra l'instrument docile de mes volontés, le licteur à qui je dirai frappe et qui frappera.

Oui, José a raison, et la sagesse réside en lui.

Comme il achevait ces mots, le favori accourait suivi d'Enriquez.

Le familier était encore pâle, sa tête meurtrie et son bras blessé étaient enveloppés de bandelettes : son maintien hypocrite donnait à ce visage maigre et fatigué l'air encore plus maladif et plus souffrant.

A sa vue, le front de l'inquisiteur se rembrunit de nouveau.

Le disgracié mit un genou en terre, et, par un geste, sollicita la faveur de baiser la main de Son Éminence.

Pierre Arbues regarda son favori.

— Allons ! un peu d'indulgence, dit le regard de José.

— Je vous pardonne, Enriquez, fit le grand inquisiteur : remerciez don José qui a plaidé pour vous mieux que n'eût fait un avocat, et racontez-moi en détail l'expédition nocturne qui vous a valu ces blessures.

Enriquez ne se fit pas prier deux fois ; il raconta de nouveau à Son Éminence tout ce que nous savons déjà de l'enlèvement de Dolores, sans faire faute de s'attribuer tout l'honneur des coups donnés et reçus ; au fait, il ne prenait que le bien des morts, c'était un héritage et non un vol.

Quand il eut fini, l'inquisiteur, un peu radouci, ou pour mieux dire tout à fait radouci en sa faveur, lui dit d'un ton où perçaient la bienveillance et la protection :

— Enriquez, je te crois fidèle, et bien que tu n'aies pas réussi dans cette entreprise, j'espère qu'à l'avenir tes efforts et tes soins pour le service de Dieu [1] rachèteront cet échec, et pour te prouver que je ne garde contre toi aucun ressentiment, que je te considère comme mon serviteur le plus dévoué, je vais écrire au roi et lui demander pour toi le titre de gouverneur de Séville.

— Le comte Argoso est-il mort ? demanda Enriquez partagé entre la surprise et la joie.

— Autant vaut, murmura José entre ses dents, il est dans les prisons du saint office.

— Monseigneur, dit un familier en soulevant un coin de la portière de soie, maître Mandamiento demande à parler à Votre Éminence.

— Estevan est mort, pensa l'inquisiteur.

— Faites entrer le maître de la Garduna, dit-il en appuyant avec ironie sur ces derniers mots.

Mandamiento fut introduit.

Il resta debout et la tête couverte en présence de l'inquisiteur. Cet homme sauvage avait une idée tellement bizarre et fanatique des prérogatives de sa charge, qu'il croyait traiter de puissance à puissance.

Enriquez fit signe à Mandamiento de se découvrir, le maître répondit par un regard de mépris. L'inquisiteur sourit, et se tournant vers le garduno :

— Eh bien ! dit-il, tout est fini, n'est-ce pas ?

— Rien n'est fait, répliqua Mandamiento d'un air sombre.

1. On sait que *Dieu* c'était l'inquisition.

— Quoi ! Estevan de Vargas ?...

— Estevan de Vargas court les champs, et pas un cheveu n'est tombé de sa tête. Pour la première fois depuis son existence, la Garduna a compté un traître dans son sein, et ce traître s'est trouvé parmi ses plus braves enfants, poursuivit Mandamiento avec une douleur comique.

Il s'apitoyait sur la désertion de Manofina, comme un bon père de famille sur les débordements d'un fils unique et chéri.

— Par Satan! s'écria l'inquisiteur en frappant du pied avec rage, tout me trahit donc en cette circonstance! Comment s'appelle le traître ? fit-il d'une voix brève.

— J'ai juré que personne ne le saurait, monseigneur, et ce nom importe peu à Votre Béatitude. Je suis venu auprès d'elle seulement pour lui restituer la somme avancée à... celui qui avait été chargé de l'expédition.

Et avec la plus scrupuleuse probité, le bandit posa sur la table les pièces d'or qu'il avait reçues pour assassiner don Estevan.

— N'y a-t-il donc personne parmi tes Gitanos qui veuille se charger de cela ? demanda l'inquisiteur.

— Oh! les braves et les fidèles ne manquent pas chez nous, et j'ose vous promettre pour l'avenir... Mais nous avons perdu les traces de notre homme, et il me faudrait un délai.

— Qu'à cela ne tienne, répondit l'inquisiteur, si tu me promets que don Estevan ne t'échappera pas. Reprends donc ton or, Mandamiento, ce n'est là qu'un à-compte du marché ; plus la besogne sera devenue difficile, plus grosse sera la récompense, mon brave.

— Soit, dit le bandit en reprenant les pièces d'or ; d'ici à huit jours, monseigneur, je puis promettre à Votre Révérence que le jeune homme aura reçu un baptême de main de maître.

— Amen, fit José ; et il sortit d'un air indifférent.

— Ne saurais-tu me dire, Mandamiento, demanda Arbues, en quel lieu s'est réfugiée la fille du gouverneur de Séville.

— Monseigneur ne m'avait pas chargé du soin de sa garde, répliqua le garduno.

— Juste la réponse de Caïn au Seigneur, hasarda de dire Enriquez.

On tolérait de José ce qu'on ne souffrait pas du familier. Arbues fronça le sourcil : il avait l'âme trop préoccupée pour s'arrêter à des plaisanteries.

— Mandamiento, continua-t-il, voilà une capture pour laquelle l'or de mes coffres sera prodigué ; tâche de découvrir cette jeune fille et de me l'amener.

— Saine et sauve ? demanda froidement le bandit.

— Par le Christ! s'écria l'inquisiteur qui jurait indifféremment par les choses saintes et les choses réprouvées ; par le Christ! sans qu'il tombe un cheveu de sa tête, entends-tu ? sans qu'on lui cause la moindre frayeur. N'avez-vous pas des femmes, vous autres, qui font métier de cela? Qu'on découvre où est cette jeune fille, elle ne se défiera pas d'un être de son sexe ; qu'on emploie la ruse, enfin, tu dois savoir comment il faut s'y prendre.

— Oh! la serena! pensa Mandamiento, celle-là était adroite et câline.

— Monseigneur, continua-t-il tout haut, on tâchera ; mais je ne promets rien, cela est plus difficile qu'on ne pense.

— Monseigneur, fit Enriquez à voix basse, je la découvrirai, moi ; ne serai-je pas bientôt gouverneur de Séville ?

Arbues congédia le maître garduno.

Cet étrange personnage sortit la tête au vent, le regard assuré ; il avait une haute idée de son importance, et cette folie, exaltée encore par une existence toute excentrique, et par la tournure naturellement orgueilleuse et poétique de l'esprit espagnol, imprimait à tous les gestes, à tous les mouvements de Mandamiento quelque chose de solennellement sauvage que la pensée est impuissante à traduire.

Quand il fut dehors, Arbues haussa les épaules.

— Être en contact avec cette espèce, murmura-t-il; et tout cela pour la faute de la milice du Christ. Si les familiers avaient assez de zèle, aurions-nous donc besoin de ces bohémiens?

— Monseigneur, dit Enriquez, si ces bohémiens ne nous servaient pas ils nous feraient la guerre.

— C'est peut-être vrai, répondit Arbues.

Le familier, rentré en grâce, continua de causer avec l'inquisiteur.

Ce qu'ils dirent, nous n'en savons rien; mais très-certainement l'enfer dut sourire à cette causerie intime, à ces confidences cyniques ou impies échangées entre ces deux horribles personnages; et si Dieu ne s'indigna par de se voir mêlé à tout cela, c'est que sa bonté est infinie, et qu'il souffre les méchants sur la terre, non pour purifier les bons comme on l'a dit, mais parce qu'il est père, et qu'un père est toujours indulgent, même pour ses enfants les plus pervers.

A peine le senor Mandamiento avait-il fait quelques pas dans la rue, qu'il se sentit arrêté par la manche de son habit.

Le maître se retourna et ne fut pas peu surpris de reconnaître le favori de monseigneur dans celui qui l'avait ainsi arrêté.

— Sa Béatitude aurait-elle oublié quelque chose? demanda le bohémien.

— Sa Béatitude a oublié de te dire que *je ne veux pas* que don Estevan de Vargas meure, répondit José.

— Il fallait l'en faire souvenir, répliqua Mandamiento sur le même ton.

— Pourvu que tu le saches, toi, n'est-ce pas tout ce qu'il faut? fit le novice.

— Monseigneur m'a donné des arrhes pour obscurcir don Estevan, continua le bandit, et je ne connais rien qui m'empêche de faire la volonté de Monseigneur.

— Excepté la mienne, dit don José avec autorité. *Je ne veux pas* que don Estevan meure, entends-tu bien, Mandamiento! et je rendrai les arrhes à Monseigneur; sois tranquille sur ce point, et va-t'en.

Le maître connaissait la toute-puissance de José sur l'inquisiteur; le ton résolu du novice le jetait dans l'indécision : fallait-il déplaire au maître, fallait-il déplaire au favori?

Mandamiento réfléchit un instant, puis se tournant vers le jeune moine qui l'interrogeait de son œil perçant:

— Révérence, dit-il, quoi qu'il doive m'arriver, vous serez obéi.

Un courtisan n'eût pas mieux fait.

— C'est bien, dit José; quoi qu'il t'arrive aussi, réclame-toi de moi; et glissant une bourse pleine d'or dans la main du garduno, le favori disparut au détour d'une rue.

— Ceci est un don, pensa Mandamiento en considérant le riche présent du jeune moine. Rien n'est mieux acquis que ce qu'on nous donne; je puis donc le garder.

Le maître de la Garduna s'éloigna en chantant à demi-voix un de ces vieux refrains espagnols que les Gitanos chantent encore en Andalousie.

CHAPITRE X

La profession.

A quelque distance de Séville, sur une riante colline qui baigne ses pieds dans le Guadalquivir, s'élevait un couvent de dominicains, vaste et somptueux édifice bâti au milieu d'une oasis, entouré au dehors de tous les prestiges d'une nature riche et variée, embelli au dedans de toutes les recherches du beau et du commode, pour rendre sans doute plus facile aux enfants de Dominique de Gusman le renoncement et l'abnégation.

Ce couvent, ou plutôt ce palais, ancienne demeure d'un prince maure, servait d'asile à une trentaine de moines destinés à alimenter les tribunaux de l'inquisition. Plusieurs d'entre eux avaient figuré avec éclat dans le haut grade d'inquisiteur provincial, tous se faisaient remarquer par leur zèle impitoyable pour l'extirpation de l'hérésie, et monseigneur Arbues affectionnait particulièrement ce *saint* asile, où il venait se délasser de ses *pénibles fonctions*.

Ce jour-là, une affaire importante dans ce séjour de *béatitude*, une brillante cérémonie se préparait, à laquelle la présence de l'inquisiteur devait donner plus de solennité.

C'était deux mois après la disparition de la fille du gouverneur. La passion de Pierre Ardues, bien que non éteinte, laissait quelques instant de trêve à cette âme ardemment despotique, et les plaisirs piquants de la domination attiédissaient par instant les déceptions de son amour effréné.

Puis, Dolores n'était pas le seul intérêt de la vie de l'inquisiteur. Ce jour-là, José, son favori, devait faire sa profession au couvent des dominicains, et l'amitié de Pierre Arbues pour ce jeune homme, d'une beauté féminine, était assez vive pour faire diversion à une passion plus ardente.

Dès le matin de cette journée solennelle, le couvent avait été sur pied ; la chapelle, vaste rotonde qui avait conservé sous ses ornements chrétiens une physionomie mauresque, avait été parée de guirlandes et de fleurs.

Notre-Dame-du-Rosaire, patronne spéciale des dominicains, avait revêtu ses habits de fête ; la soie et le velours avaient voilé la chaste image de l'humble mère du plus humble des hommes, et cette modeste reine des anges étala des diamants et des perles comme une reine de la terre.

Le marbre blanc des colonnes disparut sous un tissu de roses, des cierges innombrables resplendirent sur l'autel, et à la senteur enivrante des parfums, à l'éclat mondain des draperies, à l'élégance mythologique et fabuleuse de la colonnade, à la profusion des fleurs qui remplissaient cette enceinte, on eût dit le temple d'une Vénus antique soudainement transformé en chapelle chrétienne : seulement, à la place de la divinité païenne, on avait mis l'image de la Vierge du ciel ; et dans un des côtés de la nef, la statue en pied du sombre patron des dominicains rappelait, par sa physionomie sévère, aux pensées graves que l'aspect riant de ce lieu eût laissé sans cela naître difficilement.

A droite, dans l'abside, un siège, recouvert de velours et surmonté d'un dais élégant, avait été préparé pour monseigneur le grand inquisiteur ; à sa droite, sur un fauteuil un peu plus bas, devait s'asseoir le prieur du couvent, qui d'ordinaire occupait la première place. Ce jour-là, il fallut bien se conformer aux lois de la hiérarchie.

Vers neuf heures, un chant large et solennel éclata sous les voûtes de la chapelle, déjà remplie de nombreux invités, dames et seigneurs de la cour pour la plupart.

Les moines, bannière en tête, s'avancèrent lentement sur deux rangs en chantant le *Gloria in excelsis*. Chacun d'eux avait un cierge allumé à la main. Ces sombres figures déguisaient mal, sous un ascétisme sauvage, des passions toutes terrestres ; toutefois, cette longue procession d'hommes, revêtus des insignes de la tombe (le noir et le blanc), avait quelque chose de lugubre qui glaçait d'effroi ; le prieur, revêtu des ornements pontificaux, fermait la marche.

Les chants finis, les moines s'arrêtèrent, en se faisant face. Le prieur passa au milieu d'eux ; deux moines, remplissant l'office de diacres, le suivirent ; ils accompagnaient le novice, revêtu du riche et gracieux costume des chevaliers espagnols.

Tous les quatre allèrent s'agenouiller au milieu de l'abside, sur des coussins de velours qui avaient été préparés pour les recevoir.

Un seigneur espagnol servait de père à don José.

Monseigneur Arbues occupait déjà la place qui lui avait été réservée.

Après l'évangile eut lieu le sermon d'usage, discours ampoulé et mystique sur les béatitudes de la vie claustrale : phrases sans ordre, obscures et alambiquées, empreintes d'un profond et inintelligible ascétisme, ne disant rien au cœur, rien à l'imagination, mais tendant toujours au but unique de Rome :

Éteindre pour dominer.

L'auditoire en fut très-satisfait ; toutefois, l'éloquence du prédicateur n'empêcha pas les belles dames présentes à la cérémonie de lorgner très-saintement le jeune novice et d'admirer sa bonne mine et sa belle figure.

José cependant était fort pâle, mais son œil noir avait une expression étrange, et des éclairs de joie sombre passaient sur son visage.

Après la messe, le prieur s'avança vers le novice :

— Qu'êtes-vous venu chercher ainsi paré dans la maison de Dieu ? lui demanda-t-il.

— Je cherche le salut de mon âme, répondit José.

— Est-ce au milieu des pompes du monde que tu penses le trouver ?

— Eh bien ! je renonce aux pompes du monde.

— Ce n'est point assez, il faut renoncer à la chair et à ta volonté.

— Je ferai vœu de chasteté, et je serai humble et soumis envers celui qui voudra me conduire dans la voie du salut.

— Va donc, fit le prieur.

Deux moines s'emparèrent du novice et le conduisirent derrière l'autel, dans un lieu préparé pour le recevoir.

C'était un endroit sombre, éclairé par une lampe sépulcrale qui pendait à la voûte, au milieu, sur le sol tapissé de drap noir, une bière couverte d'un poêle, autour de laquelle brûlaient quatre cierges de cire blanche, semblait attendre qu'on la descendît en terre.

Sur le couvercle de la bière, une tête de mort posée sur deux os en croix grimaçait en étalant deux rangées de dents d'une blancheur d'ivoire.

Au-dessus, fixés en terre par la haste, s'élevaient, comme deux étendards sinistres, la grande croix d'argent et la *manga*[1],

---

[1] La *manga* est une espèce de bannière ronde qui a la forme d'une tour, terminée en pointe et surmontée d'une croix ; elle est en velours noir orné d'un galon

qu'on portait aux enterrements.

Vers le haut bout du caveau, à côté d'un prie-Dieu surnommé d'un crucifix de plomb, on voyait une table drapée de noir, où étaient déposés les nouveaux vêtements destinés au novice.

Enfin, à l'autre bout, en face du prie-Dieu, une grande plaque de métal poli, attachée au mur, reflétait et multipliait tous ces objets lugubres.

Ce lieu s'appelait le *caveau du salut* [1].

Là on laissa le novice seul.

Il se dépouilla de ses vêtements profanes revêtit l'habit des dominicains, une tunique blanche et un scapulaire noir : sombre costume qui semble être la livrée de la mort ; puis il déposa sa toque ornée de plumes pour n'avoir jamais d'autre coiffure que ses cheveux ras, et au lieu du ceinturon doré qui supportait son épée, il ceignit ses reins d'une corde, insigne de la pauvreté, puis enfin il quitta ses riches bottines

---

d'or pour les personnes mariées et les veufs, et d'un galon d'argent pour les célibataires, les jeunes personnes et les enfants. Dans les enterrements espagnols, la manga est la compagne inséparable de la croix.

1. Le *caveau du salut* était, chez les moines, ce qu'est pour les francs-maçons la chambre de méditation. Dans ce caveau, tout était calculé pour agir sur l'imagination du néophyte qui, déjà exalté par trois jours de jeûne presque absolu, travaillait d'une manière inconcevable. J'ai entendu dire au père Antonio, moine honnête homme s'il en fut jamais, et bon vivant autant qu'homme au monde, le lendemain de son élection au priorat des hiéronymites de Madrid, que, quoiqu'il aimât beaucoup mieux être prieur de son couvent que grand d'Espagne de première classe, il eût renoncé volontiers à cette dignité s'il lui eût fallu passer encore par les cérémonies de la *profession* et demeurer une heure seul dans le caveau. « Je crois, disait-il, qu'on devrait l'appeler la caverne de Satan ; car, si je croyais au diable, je ne douterais pas de l'avoir vu avec toute sa séquelle de démons, diablotins et farfadets. Après avoir entendu les exhortations du maître des novices, après avoir passé trois jours à jeun et presque sans boire, et être resté une demi-heure dans le caveau du salut, je comprends la tentation de saint Antoine et j'y crois. »

Ce discours d'un moine ne prouve-t-il pas qu'aux cérémonies graves et pleines de simplicité du culte chrétien, les moines ont substitué une fantasmagorie à la fois ridicule et impie, plus faite pour halluciner les sens que pour élever l'âme ?

---

et chaussa les sandales qu'il ne devait plus quitter.

Tout cela dura environ une demi-heure.

La main du novice tremblait comme s'il avait eu la fièvre, son cœur battait à coups inégaux et précipités, une sueur froide courait sur son visage blanc et poli. Il s'agenouilla devant le crucifix, et d'une voix amère et lamentable il se mit à prier.

Des sanglots déchirants sortaient de sa poitrine ; il murmurait des paroles inintelligibles, et un nom que lui seul pouvait comprendre revenait constamment sur ses lèvres.

Pendant ce temps, l'orgue remplissait la chapelle de sa grandiose harmonie. Le chant des moines, retentissant et heurté, s'élevait en notes brillantes et métalliques ; les nerfs du jeune novice, déjà excités par un long jeûne, s'exaltèrent immodérément : ces chants humains, et cette voix de l'orgue qui ressemble à une voix gigantesque d'un autre monde, prirent pour lui un caractère étrange et fantastique : au lieu de pensées religieuses et saintes, des idées infernales envahirent son cerveau... ces chants sacrés se changèrent pour lui en une épouvantable ironie ; au lieu de fleurs, d'encens et de lumières, il ne vit plus que du sang et des échafauds... La voix des moines lui sembla le ricanement affreux d'autant de démons assistant froidement à l'agonie du genre humain ; et, dans sa pensée, il murmura ces sombres paroles de l'Évangile : « *Ils iront tous dans la géhenne, là où il y a des pleurs et des grincements de dents ; allez, maudits, au feu éternel.* »

Le novice sentit alors comme une main de feu se poser sur sa main nue et froide ; une voix moqueuse, âpre, infernale, murmura à ses oreilles au milieu d'un horrible tintement :

— Viens !...

L'amende honorable.

En même temps, cédant comme malgré lui à l'ascendant de ce conducteur invisible, sans même avoir la peine de se relever pour marcher, José se sentit brusquement rouler d'abîme en abîme, à travers une atmosphère chaude et bourdonnante, jusqu'à une incommensurable profondeur.

Là il s'arrêta; il était dans les entrailles de la terre. Une nuit compacte l'enveloppait comme d'un lourd manteau de ténèbres. Sa respiration devenait rapide, pénible et saccadée; il crut être enfermé vivant dans une tombe scellée.

Mais, à ce moment, une porte s'ouvrit

devant lui, et lui laissa voir le plus étrange spectacle.

C'était un lieu immense, affreux et brûlant, d'où sortait une flamme infecte. Des monstres bizarres et hideux volaient sourdement dans l'espace au-dessus de la sombre vapeur du feu, portés sur de larges ailes membraneuses semblables à du parchemin noir et racorni. Ces monstres poussaient des hurlements de joie sinistres et féroces ; ils riaient en grimaçant du rire ténébreux des démons et des damnés ; puis ils répétaient en chœur, d'une voix lugubre et fatigante, comme le bruit d'une crécelle :

— Les voilà! les voilà!...

José se prit à regarder.

D'innombrables légions de moines se pressaient à l'entrée de ce vaste pandémonium ; il les vit tous défiler l'un après l'autre ; — et à mesure qu'ils arrivaient dans ce lieu, ils dépouillaient leur forme première ; — et à la clarté rouge de l'éternel incendie, il les voyait prendre des formes honteuses ou bizarres, et, malgré cette transformation, conserver les désirs, les penchants et l'intelligence de l'homme, et être réduits à suivre les instincts de l'être immonde qu'il avaient revêtu! — ou bien, ils prenaient à la fois la forme de deux animaux d'instincts opposés, et assujettis aux besoins de ces deux natures contraires, trouvaient dans cette éternelle contradiction d'épouvantables souffrances et des désirs impossibles à satisfaire.

Ce supplice atroce, inconcevable, inventé par une imagination en délire, fit tressaillir le novice ; un rire strident et saccadé sortit de sa gorge... il venait d'apercevoir l'inquisiteur Arbues sous la forme d'un tigre, avec le bec et les pattes d'un oison.

A cette fatigante hallucination succéda une prostration presque complète ; lorsqu'on vint chercher José pour le ramener dans l'église, il pouvait à peine se soutenir : sa démarche était lente et mal assurée, son visage pâle s'inclinait sur sa poitrine, et un souffle pénible s'échappait de son sein.

Mais en approchant de l'autel, il aperçut Pierre Arbues assis sur le siège épiscopal, cette vue sembla le ranimer ; un éclair de haine jaillit de son œil sombre, le sang lui revint au cœur : il était rentré dans la réalité de la vie.

Alors il s'agenouilla humblement sur la dalle nue, non plus escorté de son père adoptif, comme il l'était au commencement de la cérémonie, mais seul, il n'avait plus d'autre père que Dieu.

Il prononça ses vœux d'une voix ferme. Le prieur les reçut, et après la dernière formule, l'orgue recommença son chant sublime, et les moines entonnèrent le *Te Deum*.

Ceci était l'action de grâces pour remercier Dieu d'avoir enlevé une âme au démon.

Le chant fini, on étendit le profès dans une bière, et on commença l'office des morts. Pendant ce temps, José, brisé d'émotions et de fatigue, s'endormit d'un sommeil profond. Il semblait que la tombe fût le seul lieu où il y eût pour lui paix et repos. Le drap mortuaire qui le couvrait l'avait séparé de la vie, et des douleurs qu'elle entraîne après elle.

Le mouvement que firent les moines en enlevant le cercueil pour le transporter dans les catacombes, ne put même réveiller le jeune moine : lorsqu'il sortit de ce sommeil léthargique, il était seul dans les caveaux souterrains de l'abbaye, entouré de tombes et d'ossements.

Telles étaient les cérémonies qui accompagnaient la profession d'un moine dominicain ; une fois affilié, il était bientôt initié aux jouissances égoïstes de la vie monastique, à moins qu'il n'eût pris au sérieux toute cette fantasmagorie.

Lorsque José s'éveilla, un soupir profond souleva sa poitrine, il jeta autour de lui un regard sinistre.

— La mort ! murmura-t-il : oui ! la mort est douce, elle réunit... Mais moi, je ne puis mourir encore. Oh ! non, s'écria-t-il avec énergie, avant de mourir, il faut me venger !...

Fernand ! poursuivit-il d'une voix sourde, comme si, en s'éloignant de ce lieu funèbre, il eût parlé à un être invisible ; Fernand ! attends encore, à bientôt !...

CHAPITRE XI

Une passion d'inquisiteur.

Depuis deux mois, Dolores, miraculeusement délivrée des persécutions de Pierre Arbues, vivait paisiblement, sous la protection de l'apôtre, dans l'asile qu'il lui avait choisi. Depuis deux mois aussi, le malheureux Manuel Argoso, l'ancien gouverneur de Séville, languissait au secret [1] dans les cachots de l'inquisition, vastes sépulcres d'où l'on s'étonne qu'il ait pu sortir des êtres vivants.

Malgré ses recherches et le zèle d'Enriquez, nommé par son influence gouverneur de Séville, l'inquisiteur n'avait pu découvrir la retraite de Dolores Argoso, cachée dans l'abbaye des Carmélites sous un nom qui n'était pas le sien. Sa passion impure s'en était accrue, et dans l'impuissance où il était de la satisfaire, un dégoût profond, une rage intérieure et dévoratrice rongeait le cœur de ce prêtre immonde, qui chaque jour cherchait à satisfaire son besoin de vengeance sur les malheureux qu'il était appelé à juger.

Poussé par les insinuations de José, excité dans les instincts pervers de sa féroce nature par ce jeune moine qui semblait s'être fait son mauvais génie, Pierre Arbues accumulait sur sa tête les malédictions de l'Espagne ; mais ni l'aspect des supplices, ni les lugubres solennités de l'échafaud ne pouvaient assouvir ce besoin d'émotions brutales, ces désirs ardents et charnels que le souvenir de la belle Andalouse soulevait dans l'âme de l'impudique Arbues.

En faisant peser sur le gouverneur son indignation et sa colère, l'inquisiteur n'avait eu d'autre but que de contraindre par la terreur la malheureuse enfant à se donner à lui ; il avait agi en homme adroit, en homme qui connait le cœur des femmes. L'arrêter elle-même, la plonger dans les geôles de l'inquisition, la livrer à la torture, à la mort, qu'était-ce que tout cela ? l'héroïque jeune fille pouvait souffrir et mourir, elle aimait !... Mais s'attaquer à son père, le jeter en pâture aux tourmenteurs de l'inquisition, le dévouer à l'ignominie et au bûcher, était-ce un supplice assez atroce pour la fille du gouverneur ? Voir livrer aux bourreaux du redoutable tribunal ce père vieux et honoré, ce père qui l'avait aimée de l'amour le plus tendre, qui lui avait fait la vie si heureuse et si douce, qu'elle ne s'était point aperçue qu'il lui manquait une mère ; ce malheur devait être l'écueil du courage de la jeune fille. Aussi Pierre Arbues ne s'indignait-il que d'une chose, c'était de ne pas la retrouver.

Vainement la milice du Christ avait été

---

1. Tous les historiens qui ont écrit sur l'inquisition s'accordent à dire que, dès qu'une personne avait été arrêtée et enfermée dans les cachots du saint office, on ne la laissait communiquer avec qui que ce fût, pas même avec ses parents les plus proches ; bien plus, si quelqu'un osait intercéder en faveur d'un prisonnier, ou cherchait à le disculper, il était immédiatement arrêté sous la même prévention que celui qu'il avait voulu défendre.

mise à sa recherche; vainement la ténébreuse confrérie, qui avait pour chef le vigilant et rusé Mandamiento, avait reçu les plus magnifiques promesses d'argent et de protection; un pouvoir providentiel semblait s'étendre sur la jeune fille que le plus saint des hommes avait prise sous sa garde; ou bien, dans les célestes décrets, le moment de la persécution n'était pas encore arrivé pour elle.

Ce moment ne devait pas tarder à venir.

Le désappointement de Pierre Arbues était si profond et si amer, que les habitudes même de sa vie de débauches avaient perdu, pour lui, leur piquant attrait. L'orgie lui semblait fade; les femmes que le vice ou la peur livrait à ses impudiques désirs le laissaient froid ou irrité au sortir de ces passagères ivresses dont le facile retour lui devenait insupportable.

Le souvenir seul de Dolores avait pour lui des charmes enivrants; il se plongeait à plaisir dans une solitude absolue peuplée de cette ravissante image : non que cette âme dépravée fût susceptible d'une passion vraie; mais, par suite de cette loi mystérieuse qui veut que l'être le plus pervers subisse parfois l'influence d'un être beau et pur, et, sans pouvoir comprendre son essence divine, ni s'élever à sa hauteur par le repentir qui régénère l'homme, se fasse volontairement et avec délices l'esclave de cet être adoré.

Malheureusement, dans les passions de cette nature, l'esprit reste tellement assujetti aux sens, que, ceux-là satisfaits, l'étincelle d'amour qui avait amolli le rocher s'éteint; il ne reste plus rien qu'un être brutal et farouche, là où pendant quelques instants on avait cru voir un homme.

Plongé dans les incroyables hallucinations d'une passion non satisfaite arrivée à son dernier période, l'inquisiteur de Séville avait cherché sous la sombre verdure de ses jardins un refuge contre les fantômes qui le poursuivaient. Il essayait d'échapper à lui-même.

Mais, loin de calmer l'agitation de son sang, les émanations embaumées des orangers en fleur, philtre puissant, capable de troubler la raison du plus sage, exaltaient immodérément les fibres de son cerveau. Des torrents de volupté semblaient circuler autour de lui avec ces senteurs enivrantes.

L'air était déjà tiède comme il l'est en été dans les régions du Nord, bien qu'on ne fût encore qu'à la fin d'avril.

Sur le ciel bleu scintillaient des milliers d'étoiles qui semblaient autant de regards fascinateurs.

La nuit n'était pas claire, et pourtant des vapeurs blanchâtres et diaphanes passaient comme des ombres rapides sur les objets; on eût dit une danse de follets, impalpables et légères créations d'un autre monde, venues un instant dans celui-ci pour présider au réveil de la nature, à la joyeuse florescence du printemps.

Aucun bruit distinct ne troublait le silence de cette fantasmagorie; mais le bruissement des feuilles ressemblait à une mystérieuse harmonie de baisers furtifs, et peut-être aussi, dans cette immense fécondation de la nature entière au moment de son réveil, la main invisible et puissante qui la remue jusque dans ses entrailles produit-elle ce bruit vague et insaisissable, ce murmure étrange et harmonieux qui souvent échappe aux perceptions de l'ouïe matérielle, mais qui se fait entendre à l'âme dans ses heures de recueillement et de méditation.

Bientôt, épuisé de lassitude, brisé par les combats incessants de la nature, par cette irritation sans but qui énerve à la fois l'esprit et le corps, Pierre Arbues se laissa tomber sur un des bancs de marbre posés çà et là dans cette voluptueuse oasis.

Là, il appuya dans ses mains sa tête brûlante, et des larmes de rage et de regret tombèrent de ces yeux farouches dont le regard faisait trembler toute une province.

Une lassitude extrême s'empara de lui ; il resta ainsi quelques instants sans parler, sans que les soupirs de sa vaste poitrine trahissent la douleur qui le dévorait.

Vaincu comme un enfant timide, le tigre inquisitorial dormait de ce sommeil terrible qui épouvante.

Tout à coup, un pas léger cria sur le sable ; les branches des orangers s'écartèrent avec un sourd froissement, et le bruit d'une respiration saccadée troubla le silence qui régnait en ce lieu.

Au milieu de son sommeil factice, Pierre Arbues entendit ce bruit ; mais en ce moment, sous l'influence d'une espèce de léthargie amenée par la violence de ses sensations antérieures, il n'ouvrit pas les yeux, n'ayant ni la force ni le désir de savoir qui venait le troubler ainsi. Il était sous le charme d'un rêve, et l'image de Dolorès, la seule qui, durant son sommeil, se reproduisit aux yeux de son âme, l'image de Dolorès se mêlant au bruit réel qui se faisait entendre, le songe de l'inquisiteur acquit une telle lucidité qu'il lui sembla voir la femme qu'il désirait.

Quelqu'un marchait effectivement dans cette direction, et l'inquisiteur crut aussi voir Dolorès s'avancer jusqu'à lui : Lorsqu'elle fut assez près, il étendit les bras vers elle, et saisit, par une étreinte passionnée, son favori José, qui poussa un cri aigu en se trouvant ainsi dans les bras de Pierre Arbues.

Pierre Arbues ouvrit les yeux, et, à l'aspect de la sombre figure qui était devant lui, il la repoussa par un geste énergique.

José alla tomber à quelques pas sur le gazon.

Il était pâle comme un spectre, et son cœur battait à peine.

— Maudit soit ce rêve, s'écria l'inquisiteur d'une voix sombre ; j'ai cru embrasser le corps souple d'une femme.

José ne répondit pas, il n'avait pas la force de parler. Un souvenir terrible s'était dressé devant lui, et, au moment où Pierre Arbues l'avait saisi dans ses bras, il s'était senti glacé par une terreur affreuse.

Cette terreur s'évanouit bientôt. L'inquisiteur passa la main sur son front comme un homme qui cherche à rappeler ses idées ; puis, regardant son favori qui était resté à terre immobile et terrifié, il partit d'un grand éclat de rire.

— Pauvre enfant ! dit-il, je t'ai pris pour une femme.

Une sueur froide couvrit le front du jeune dominicain.

— Allons, relève-toi, poursuivit l'inquisiteur, et fais avec moi le tour de ces bosquets ; aide-moi à chasser les farfadets dont l'air est rempli ce soir. Les génies de la Giralda [1] se sont donné rendez-vous chez moi. Je rêve et ne vis plus de la vie réelle ; allons, José, aide-moi donc à y rentrer, je te prie.

José avait eu le temps de se remettre pendant cette joyeuse sortie ; il se releva, et, saluant Son Éminence, lui demanda des nouvelles de sa santé.

— Je suis bien, très-bien, mon petit José, dit l'inquisiteur d'un air joyeux.

Les rêves pénibles de la soirée n'avaient laissé aucune trace.

Pierre Arbues était ainsi ; il passait rapidement d'une sensation à une autre ; ceci

1. D'après une tradition mauresque parvenue jusqu'à nos jours, on croit généralement, parmi le peuple, que la Giralda a été bâtie par les génies qui en font encore leur habitation.

est le fait des personnes qui ont dans l'âme beaucoup de violence et peu de profondeur.

Cependant, l'image de Dolores n'était pas tellement effacée qu'elle ne revint bientôt obséder l'imagination de l'inquisiteur, qui, tout en continuant à se promener dans les jardins, côte à côte avec son favori, donna à la conversation la tournure toute naturelle que devait lui imprimer l'obsession de sa pensée.

— José, demanda-t-il, toi non plus tu ne sais donc rien ?

— Rien, monseigneur, je n'ai pu rien découvrir.

Cette demande et cette réponse étaient fort obscures ; mais ces deux hommes se comprenaient d'un mot ; José savait à fond l'âme de l'inquisiteur.

— Que puis-je faire? murmura Arbues avec rage ; j'ai mis sur pied toute la milice du Christ, j'ai soulevé avec un peu d'or toute cette misérable race de Gitanos qui font métier d'espionnage et de meurtre !... rien ! J'ai fouillé tous les couvents de Séville, rien ! Dolores aurait-elle quitté le royaume ? cette fille tendre et pieuse aurait-elle, pour sauver sa tête, abandonné son père à ma vengeance ?

Pierre Arbues disait vrai quand il assurait avoir fouillé tous les couvents de Séville. Celui des Carmélites n'avait pas été excepté ; mais une circonstance bien simple avait sauvé Dolores. Comme elle n'avait pas manifesté l'intention de se faire religieuse, et qu'elle était vivement recommandée par l'apôtre, on lui laissait une liberté presque absolue ; elle ne suivait, des exercices de la maison, que ce qu'il en fallait pour une femme du monde bonne catholique. Dolores aimait beaucoup les fleurs, et, dans l'immense jardin de l'abbaye, elle avait choisi un lieu solitaire où elle cultivait de ses mains les plantes qu'elle affectionnait le plus. Lors de la visite de l'inquisiteur, elle se trouvait dans ce lieu fort éloigné des bâtiments.

Pierre Arbues avait pourtant demandé à l'abbesse si elle n'avait pas de novices ou de nouvelles professes, outre celles qu'il connaissait ; mais Dolores n'était ni l'une ni l'autre, et l'abbesse, la considérant comme une pensionnaire libre dont le séjour serait de courte durée, n'avait rien dit de sa présence à monseigneur l'inquisiteur.

Ce ne fut donc ni par prudence ni par précaution, ce fut simplement par oubli.

Voilà pourquoi l'inquisiteur resta persuadé que la fille du gouverneur avait quitté Séville.

— Monseigneur, dit José, si réellement cette jeune fille a voulu échapper, par la fuite, aux poursuites de l'inquisition, ne pouvez-vous donc écrire aux tribunaux d'Aragon et de Castille, à ceux de Malaga et de Cuença, à tous ceux de l'Espagne, et enfin au roi, pour qu'on mette partout les sbires du saint office sur les traces de la fugitive ?

— Non ! non ! répliqua vivement Arbues ; ce n'est pas sa mort qu'il me faut, c'est elle, elle seule.

— Le gouverneur de Séville n'est-il pas dans les cachots de l'inquisition ?

— Sans doute, et c'est pourquoi je ne puis comprendre la fuite de sa fille ; elle est si forte et si courageuse ! elle aime tant son vieux père !

Oh ! qu'elle vienne, qu'elle vienne ! poursuivit-il avec une espèce de délire ; avec quel bonheur je lui dirais : « Ton père sera libre, mais sois à moi. » Et elle se donnerait pour sauver son père.

— Et son père ne serait pas sauvé ! murmura sourdement le favori en jetant un regard d'hyène sur l'inquisiteur.

— Que dis-tu là tout bas, José ? fit Pierre Arbues.

— Je calculais, monseigneur, quels tourments nouveaux on pourrait inventer pour épouvanter cette jeune fille, dans le cas où elle se retrouverait?

— Qui va là? fit tout à coup Arbues en se reculant d'un pas.

— Votre fidèle Enriquez qui vous cherche, monseigneur, répondit le nouveau venu, qui n'était autre que le gouverneur de Séville Enriquez, ancien familier du saint office.

— Pourquoi me surprendre ainsi? dit Pierre Arbues de fort mauvaise humeur.

— J'apporte de bonnes nouvelles à Votre Éminence, répondit humblement le gouverneur, et j'ai cru...

— Parle, voyons, qu'y a-t-il?

— Dolores Argoso...

— Eh bien !

— Est au couvent des carmélites, de l'autre côté du Guadalquivir.

— Dolores ! et depuis quand?

— Depuis deux mois.

— Tu mens! s'écria l'inquisiteur ; j'ai visité moi-même le couvent, et Dolores n'y était pas.

— Elle y est, monseigneur, je vous le jure par la sainte eucharistie ; j'en ai la certitude, et je vous le prouverai.

— Brave Enriquez ! s'écria l'inquisiteur avec une explosion de joie; brave Enriquez ! comment as-tu découvert cela?

— Monseigneur, répondit le familier en s'inclinant d'une façon grotesque, que Votre Éminence me donne l'absolution de ce péché : je me suis déguisé en moine, et j'ai confessé l'abbesse.

— Vrai Dieu! fit Pierre Arbues, voilà une idée qui ne m'est pas venue, à moi qui suis prêtre.

— Votre Éminence me donne l'absolution? poursuivit Enriquez avec un regard sournois.

L'inquisiteur fit dans l'air un grand signe de croix, et le nouveau gouverneur de Séville, relevant fièrement la tête, se posa en homme qui comprend toute l'importance de ses services.

— C'est bien ! s'écria l'inquisiteur en se frottant les mains ; à nous deux maintenant, fière Lucrèce.

Rentrons, poursuivit-il; Enriquez a à m'entretenir de détails sur son gouvernement.

— Comment va l'hérésie? continua Pierre Arbues tout en marchant.

— Monseigneur, elle gagne de proche en proche et d'une manière effrayante, les couvents eux-mêmes ne sont pas exempts de cette lèpre [1].

— Diable ! fit l'inquisiteur, il faudra y mettre bon ordre et réchauffer le zèle catholique en traitant comme hérétiques tous ceux qui ne dénonceront pas l'hérésie.

— Qui a-t-on arrêté cette semaine?

— Quinze ou vingt personnes seulement, monseigneur.

— De qualité?

— Mais oui, pour la plupart ; deux ou trois docteurs en théologie qui s'avisent de trouver des fautes dans le texte latin de la Vulgate, et quelques autres de la même trempe qui, tout en se disant catholiques, sont les zélés admirateurs de Martin Luther.

— Parmi ceux-là, dit Pierre Arbues, il en est que je hais d'une manière toute particulière ; ce sont des orgueilleux qui emploient tout leur savoir, toute leur éloquence à détruire le pouvoir de l'inquisition. Jean d'Avila, Luis de Grenade, Jean qu'on a surnommé Jean-de-Dieu, et quelques autres illuminés qui se posent en apôtres, et au

1. Les doctrines de Luther et de Calvin ne remuaient pas seulement l'Allemagne, l'Angleterre, la Suisse, la république de Genève et le midi de la France: en Espagne, dans les couvents surtout, elles avaient aussi de nombreux partisans. « Il paraît certain qu'un grand nombre d'Espagnols, parmi lesquels on comptait des ecclésiastiques, avaient trouvé le moyen de se procurer les livres publiés en Allemagne par les protestants de Spire. » (Llorente, *Histoire de l'inquisition*.)

besoin en martyrs, pour jeter jusqu'au fond du cœur des peuples de profondes racines de révolte et d'indépendance... Mais, par le Christ! ils se briseront comme du verre contre l'inquisition...

— Monseigneur, fit José, n'avez-vous donc point le pouvoir de rendre toutes ces bouches muettes?

— Oui, s'écria Pierre Arbues ; je suis las de ces prédications sans fin qui ne tendent à rien moins qu'à inspirer au peuple le désir et le courage de la liberté. Ces gens-là se font simples et humbles pour être forts, et le peuple croit en eux parce qu'ils se font peuple pour lui parler ; mais, vrai Dieu ! chacune de leurs paroles est un coup de hache dans la chaire de saint Pierre, et si le vicaire de Jésus-Christ entend les véritables intérêts de l'Église, il me laissera sévir contre eux en toute liberté, et les brûler comme de simples laïques, puisqu'ils sont hérétiques par le fait, et que, nonobstant leur caractère ecclésiastique, ils se séparent de l'Église romaine par le cœur et par la volonté.

— Monseigneur, dit froidement José, pour faire périr l'arbre il faut arracher les racines ; tant qu'il restera un seul hérétique en Espagne, l'hérésie se reproduira comme ces mauvaises plantes dont il ne faut pas laisser le moindre brin en terre.

— Nous y mettrons bon ordre, répliqua l'inquisiteur, et, par la Vierge ! nous enlèverons jusqu'à la terre qui les porte, pour les détruire.

— On ne peut trop faire pour Dieu, dit Enriquez d'un ton hypocrite ; j'ai déjà songé à cela, poursuivit-il d'un air important.

Tout en parlant ainsi, ils étaient arrivés à la porte de l'appartement de l'inquisiteur.

— Viens-tu, José? fit Pierre Arbues.

— Que monseigneur m'excuse, j'ai un sermon à préparer pour demain.

— Et après ton sermon, tu nous accompagneras au couvent des carmélites.

— Je suis tout aux ordres de Votre Éminence, répondit le favori en prenant congé de l'inquisiteur.

Arbues et le nouveau gouverneur de Séville entrèrent seuls.

José sortit.

Comme il allait passer le seuil du palais inquisitorial, une femme, vêtue de noir de la tête aux pieds, se jeta à sa rencontre, et pensant bien, à voir son habit de dominicain, qu'il devait appartenir au saint office, elle s'avança vers lui, les mains jointes, et avec l'accent d'une incroyable douleur :

— Mon révérend, s'écria-t-elle, faites-moi parler à monseigneur Arbues.

— Qui êtes-vous? demanda José surpris ; qu'avez-vous à faire auprès de l'inquisiteur?

— Je veux lui demander la vie de mon père, répondit la jeune femme avec exaltation ; de mon père qui est innocent, et qu'on accuse d'hérésie ; de mon père, qui était gouverneur de Séville, et qui aujourd'hui...

— Dolorès! s'écria José en considérant avec une ardente curiosité la noble figure de la jeune fille, à moitié cachée sous ses dentelles noires.

— D'où savez-vous mon nom? fit-elle en tremblant.

— Dolorès Argoso, poursuivit le dominicain d'une voix douce et pleine de tendresse, Dolorès Argoso, n'approche pas de cette maison : car là est pour toi le déshonneur ou la mort.

— Comment savez-vous cela? demanda-t-elle épouvantée.

Le dominicain entraîna Dolorès, qui se laissa guider sans résistance.

— Viens, pauvre enfant, poursuivit le jeune moine en se hâtant d'éloigner Dolorès du palais de l'inquisiteur ; viens, et si tu tiens à rester pure, si tu veux que ton

La cour de Charles-Quint.

père soit sauvé, cache-toi; oh! cache-toi surtout aux regards de Pierre Arbues!

— Eh bien! dit-elle en prenant confiance; car, malgré sa livrée terrible, le dominicain avait dans la voix un accent irrésistible d'affectueuse tristesse : eh bien! que faut-il que je fasse pour sauver mon père?

— Te cacher et me laisser agir, répondit José. Confie-moi ta cause, jeune fille.

— A vous? fit-elle en le regardant d'un œil un peu hagard, car elle venait de se souvenir qu'il appartenait à l'inquisition.

— Oui, à moi, répondit-il avec amertume; à moi, qui, sous cet habit sinistre, porte un cœur chaud et ardent.

Il est si jeune! pensa Dolores en considérant, aux pâles lueurs de la nuit, la noble figure et les petites mains blanches de José.

— O mon Dieu! pourquoi êtes-vous dominicain?

— Pour te sauver peut-être, dit José attendri; crois-moi, jeune fille, ne cherche pas à sonder les mystères de ma vie : l'habit n'est quelquefois qu'un masque qui cache les blessures du cœur.

— Et vous aussi! s'écria Dolores, qui se sentait entraînée vers le jeune religieux par une irrésistible sympathie.

— Ne songe point à moi, occupons-nous de toi seule. Que vas-tu devenir maintenant ?

— Ce qu'il plaira à Dieu ! dit-elle.

— Où te cacheras-tu ?

— Je retournerai au couvent des carmélites.

— Garde-t'en bien, dit José ; l'inquisiteur a découvert ta retraite, et, dès demain, il doit s'assurer par lui-même de la vérité d'un rapport qu'on lui a fait ce soir à ce sujet.

— Comment a-t-il pu savoir cela ? demanda Dolores ; l'apôtre n'a dit mon nom à personne, pas même à l'abbesse.

— Pauvre enfant ! tu demandes comment l'inquisition viole tous les secrets et toutes les consciences ? Elle sait tout, te dis-je, et il n'y a rien pour elle d'inviolable, pas même la tombe [1] !

— Oh ! mon Dieu ! mon Dieu ! s'écria Dolores en cachant sa tête dans ses mains.

Et elle donna un libre cours aux larmes qui la suffoquaient.

— Calme-toi, calme-toi, ma sœur, dit José, se servant de ce doux nom pour inspirer plus de confiance à la jeune fille, et aussi parce qu'il se sentait entraîné vers elle par une communauté de souffrances.

— C'est vrai, mon père, il n'est même pas permis de pleurer.

— Non, dit José, le bruit des sanglots irrite le tigre, et sa soif de meurtre devient plus ardente.

— Plus bas, plus bas, mon père : on pourrait nous entendre.

— Oui, tu as raison, il y a autour de nous un écho délateur dans chaque pierre. Silence ! silence donc ! Mais avant de me quitter, pauvre enfant ! dis-moi, que vas-tu devenir ?

— Rassurez-vous, dit-elle, j'ai un asile ; et vous, me promettez-vous de sauver mon père ?

— Par l'âme de ce que j'ai le plus aimé si ton père meurt, dit José, c'est que je n'aurai pu rien pour lui, et que toi-même n'aurais pu le sauver en te sacrifiant tout entière ; entends-tu, Dolores ?

— Je vous crois, dit-elle en lui serrant les mains, qu'elle couvrait de larmes ; je vous crois. Mais où pourrai-je vous revoir, mon père ?

— Ecoute, dit José : à l'extrémité de la rue des Bohémiens, dans le faubourg de Triana, il existe un lieu horrible, immonde, qu'on appelle la taverne de la *Buena Ventura*.

Véritable nid de vautours, où le vol, le meurtre et le brigandage se donnent rendez-vous chaque soir.

L'aspect de ce lieu est repoussant et lugubre ; là, tu n'entendras que des rires cyniques ou d'effroyables malédictions.

Ce lieu est hanté par tout ce que l'Espagne renferme d'impur, des bandits, des filles de joie, des bohémiens et des moines.

Et là, de la bouche des moines, sortent aussi des blasphèmes et des paroles obscènes ; l'ivresse confond dans un commun abrutissement ceux que la société rejette

---

1. En 1559, dans un auto-da-fé général qui eut lieu à Valladolid sous les yeux du prince don Carlos et de la princesse Jeanne, on brûla les os et la statue d'une dame appelée Éléonor de Vibero y Cazalla, morte en bonne catholique, accusée et convaincue, après sa mort, par des aveux arrachés à des témoins qu'on soumit à la torture, d'avoir prêté sa maison aux luthériens de Valladolid pour s'y livrer aux cérémonies du culte protestant. Cette dame fut déclarée morte dans l'hérésie, et sa mémoire condamnée à l'infamie jusque dans sa postérité ; ses biens furent confisqués et sa maison fut rasée, avec défense de la reconstruire. Sur les ruines de cette maison on éleva un monument avec une inscription relative à cet événement. (*Histoire de l'inquisition.*)

de son sein, et ceux-là qui s'arrogent le droit de la conduire.

Là s'élaborent les crimes honteux, les assassinats juridiques, les persécutions injustes, les délations fausses, poignard à deux tranchants qui tue à coup sûr ; les enlèvements nocturnes, les meurtres et le viol ; car, dans ce lupanar immonde, on trouve des instruments pour tous les crimes.

— Où voulez-vous en venir, mon père? fit Dolores épouvantée.

— Eh bien ! poursuivit le moine, c'est là qu'il faudra venir me trouver.

— Est-ce que je rêve? s'écria la pauvre fille ; que demandez-vous là, mon père?

— Tu venais chez l'inquisiteur ce soir ; eh bien ! crois-moi, jeune fille, le lieu dont je viens de te faire l'horrible tableau est moins dangereux mille fois que le palais de Pierre Arbues.

Les yeux de José étincelaient d'un feu sombre ; ses joues, d'ordinaire si pâles, étaient devenues d'un rouge ardent ; il semblait brûlé par une fièvre intérieure.

Dolores le crut fou.

Mais tout à coup, radoucissant sa voix, d'ordinaire très-grave, et à laquelle l'exaltation venait de donner une vibration éclatante, José regarda Dolores avec tendresse.

— Va, pauvre enfant, dit-il, ne crains pas de venir où José te dira d'aller ; je voudrais te sauver au prix de ma vie !

La taverne de la Buena Ventura, poursuivit-il, appartient à un alguazil nommé Coco, brave et honnête garçon qui m'est dévoué, et à sa jeune sœur la Chapa, une excellente fille qui se jetterait dans le Guadalquivir pour rendre service à quelqu'un. Ces braves gens sont pauvres ; ils gagnent leur vie comme ils peuvent, mais tu peux te fier à eux. Si tu as besoin de moi, tu diras seulement à Coco ou à sa sœur :

« Je voudrais voir le père José. »

Et tu me reverras ; mais prends garde, ne sors que la nuit et déguisée.

— Ne craignez rien, je ne vous compromettrai pas...

Mais, reprit-elle, n'ai-je pas à redouter?...

— Rien, dit José ; on ne soupçonnera jamais que tu hantes ce lieu ; seulement, viens-y déguisée en fille du peuple.

Tout en parlant, ils étaient arrivés vis-à-vis le pont de Triana ; lorsqu'ils l'eurent traversé, José se retourna vers Dolores :

— Où est ton chemin? lui demanda-t-il.

— Par ici, dit-elle en montrant à sa droite la rive du Guadalquivir.

— Et moi par là, dit José en désignant la rue des Gitanos. Adieu, Dolores, repose-toi sur moi ; mais songe que tu ne peux me nommer que devant deux personnes, l'alguazil Coco et sa sœur. Adieu, sois prudente.

— Et vous, mon père, ayez pitié de moi, lui dit-elle en s'éloignant.

José suivit la *calle de los Gitanos*.

Dolores longea le Guadalquivir.

C'était le chemin qui conduisait chez l'apôtre.

CHAPITRE XII

El Rastro.

En proie à cette espèce d'hallucination commune à tous ceux dont la vie est ainsi soudainement accidentée, Dolores franchit en peu de temps la distance qui la séparait de la maison de l'apôtre.

Malgré l'extrême bienveillance que venait de lui témoigner un membre de l'inquisition, elle n'était pas entièrement rassurée, et il lui tardait de se sentir sous la protection de son saint ami.

Son désir de revoir l'apôtre était d'autant plus violent, que depuis son séjour aux carmélites elle ne l'avait vu qu'une fois et n'avait eu que cette seule fois des nouvelles d'Estevan.

Ce malheureux jeune homme, suspect à l'inquisition à cause de ses idées larges et philosophiques, et, en outre, odieux à Pierre Arbues qui voyait en lui un rival aimé; ce malheureux jeune homme n'avait dû la vie qu'à l'intervention de José, qui, on le sait déjà, avait déjoué, en gagnant le maître de la Garduna, les ordres cruels de l'inquisiteur.

Ignorante de la destinée de celui qu'elle aimait, Dolores éprouvait des craintes mortelles.

— Est-il libre encore? se demandait-elle avec effroi ; et cette affreuse incertitude accélérait les battements de son cœur, et lui faisait hâter sa marche pour arriver plus tôt.

Lorsqu'elle fut près de la maison de l'apôtre, elle fut surprise de ne pas voir, à travers les étroites fenêtres, briller la pâle lumière de la lampe qui éclairait les pieuses veillées de l'homme de Dieu.

Cependant la clôture du jardin était ouverte et céda aisément.

C'était une espèce de treillis fait de légères branches de palmier sur un encadrement de bois.

Dolores alla frapper à la porte de la maison, mais cette porte était fermée et personne ne répondit.

— O mon Dieu! il n'y est pas! dit la pauvre fille, atterrée de ce nouveau malheur.

Elle frappa de nouveau avec plus de force et d'insistance; ce fut en vain : la porte resta inébranlable, personne ne vint ouvrir.

Alors Dolores parcourut le jardin, espèce d'enclos assez spacieux où croissaient des arbres à fruits couronnés de vignes grimpantes, patrimoine des enfants et des passants fatigués, qui venaient impunément dépouiller ces beaux arbres de leurs fruits, et ces vignes de leurs grappes dorées. L'apôtre l'avait permis, sans cela la vénération qu'il inspirait les eût de reste garantis, et la simple barrière d'osier de son jardin n'eût jamais été franchie.

Dolores explora vainement tous les recoins de ce lieu agreste ; personne! Il était évident que l'apôtre était absent.

Mais comme sa demeure isolée était loin de toute habitation, nul ne pouvait lui dire ce qu'il était devenu.

Que faire ?

Elle ne pouvait retourner aux Carmélites, il y avait trop de danger pour elle.

Dans la ville?

Laquelle de ses connaissances eût-elle osé exposer à la vengeance de l'inquisition en lui demandant un asile?

Et puis, toutes les portes ne se fermeraient-elles pas pour la fille d'un homme accusé d'hérésie?

Elle avait bien encore la ressource de la taverne; mais la peinture qui lui en avait faite José lui ôta le courage d'y chercher un refuge. Elle aima mieux passer la nuit dans le jardin.

Il faisait encore frais, malgré la beauté du printemps; la proximité du fleuve rendait l'air pur et humide.

Dolores n'avait d'autre vêtement qu'une robe de soie noire et une mantille de dentelle.

Les arbres étaient couverts de feuilles et de fleurs; une herbe épaisse croissait à leurs pieds. Dolores se blottit contre un énorme bananier; elle abattit ses longs cheveux autour de ses épaules comme un manteau, roula sa mantille autour de sa tête, et, levant vers le ciel son regard suppliant, elle s'assit à terre dans l'herbe fraîche et touffue.

Elle espérait que l'apôtre ne tarderait pas à rentrer.

Mais les heures s'écoulaient; éveillée par l'inquiétude, Dolores souffrait de la fraîcheur de la nuit; par moments, des pas se faisaient entendre sur le chemin, alors elle relevait la tête pour regarder de ce côté, espérant voir arriver celui qu'elle était venue chercher; mais le passant s'éloignait, et Dolores retombait dans son accablement.

Près d'elle, le Guadalquivir roulait ses flots paisibles avec un bruit égal et monotone; le cri-cri élevait son chant aigu dans le silence de la nuit, et par moments une brise de printemps, soufflant par petites rafales, balayait la cime des arbres, d'où tombait alors une pluie rose et odorante.

Mais pour l'infortunée jeune fille, cette nuit magnifique était pleine de vagues terreurs et de pressentiments sinistres.

Vers le matin, brisée de douleur et de lassitude, elle s'endormit. En s'endormant elle avait froid; bientôt il lui sembla qu'une chaleur douce réchauffait ses membres engourdis; elle était dans un palais de fée.

Sous un plafond bleu, dôme immense de ce palais splendide, un grand lustre d'or allumé par la main des génies montait lentement dans la coupole, enlevé par des êtres invisibles, et à mesure qu'il montait, il grandissait d'éclat et de chaleur, jusqu'à ce qu'enfin il répandit dans le palais des torrents de lumière et de flamme.

Mais à peine le lustre d'or eut-il touché la coupole, que ce palais magnifique, peuplé d'êtres diaphanes d'une merveilleuse beauté, changea tout à coup d'aspect. Les meubles brillants, les fleurs qui l'ornaient, disparurent. Les ailes des sylphides et des génies tombèrent en poussière dorée; leurs corps si beaux devinrent difformes et prirent une transparence rougeâtre; une chaleur torride menaça d'embraser le palais; Dolores voulut s'éloigner pour échapper à ce supplice intolérable; mais ces monstres se rangèrent en cercle autour d'elle pour l'empêcher de sortir, et un d'eux éleva sur sa tête un immense miroir ardent sous lequel elle se sentit brûler comme dans un bûcher.

Éveillée par les souffrances de ce rêve, Dolores ouvrit les yeux.

Le soleil, ardent et lumineux, était monté lentement dans le ciel, et dardait ses rayons sur le visage de la jeune fille.

Elle avait dormi longtemps: il était dix heures du matin.

Étonnée, elle promena ses regards autour d'elle comme pour rassembler ses idées, interrompues par le sommeil, et, les événements de la veille se retraçant alors à sa pensée, elle fut prise d'un amer découragement.

Dolores était forte de cœur et d'âme; mais elle était trop jeune, trop peu habituée aux vicissitudes sans cesse renaissantes d'une existence brisée ; elle savait trop peu des choses d'ici-bas pour se raidir spontanément contre les malheurs qui venaient l'accabler à l'improviste; il y avait dans son courage plus de résignation que d'énergie; elle n'était vraiment forte qu'en face d'un grand danger. Pour les douleurs ordinaires de l'existence, elle n'avait d'abord que des larmes, l'énergie ne venait qu'après la réflexion ; Dolores avait l'esprit juste et élevé, et elle se fortifiait par le raisonnement.

Ainsi sont toutes les femmes qu'on nomme supérieures. Leur courage n'est qu'un éternel combat de leur raison contre leur cœur, excepté dans les choses où le cœur est intéressé; alors il défie à lui seul les plus fiers courages d'homme. Hors de là, la force des femmes n'est que le don de savoir souffrir. Seraient-elles femmes s'il en était autrement ?

Dolores resta quelques moments accablée sous le poids de cette nouvelle infortune.

Elle tourna ses regards vers la maison ; tout y était encore dans le même état que la veille; les fenêtres étaient fermées et un silence de mort y régnait. Pour être plus sûre encore, Dolores rajusta ses vêtements, releva ses magnifiques cheveux qui l'avaient abritée, abaissa sa mantille sur son front, et alla de nouveau frapper à la porte de l'apôtre.

Mais ce fut en vain : l'apôtre n'était pas revenu.

Dolores était seule, abandonnée, sans asile, sans pain, et elle n'osait s'aventurer de jour dans les rues de Séville, craignant d'y être reconnue et arrêtée.

Pourtant elle était décidée, en elle-même, à se rendre à la taverne; c'était là sa dernière ressource; elle s'abandonna donc à la Providence.

Mais pour ne pas s'exposer à être surprise par les shires de l'inquisition, elle résolut d'attendre la nuit pour s'aventurer dans la ville.

Le jardin de l'apôtre était, en quelques endroits, planté de hautes cannes à sucre. Des arbres d'Amérique, qui croissent si vigoureux et si beaux sous le chaud soleil de l'Andalousie, entrelaçaient leur sombre verdure aux ramaux de la vigne à peine couverts de feuilles naissantes et aux pêchers fleuris qui s'épanouissaient au soleil en aigrette rose et parfumée.

Dolores choisit un abri dans le carré de cannes à sucre, décidée à passer ainsi cette longue journée.

Elle attendit jusqu'au soir, dévorée d'inquiétude, accablée de fatigue et de besoin ; elle n'avait rien mangé depuis la veille.

Elle brisa entre ses dents quelques tiges de canne à sucre, et puisa dans ses mains de l'eau limpide du Guadalquivir pour étancher la soif qui la dévorait, mais c'était trop peu pour réparer ses forces. Toutefois, elle se trouva heureuse encore, dans son dénûment, de ce secours dû à la seule Providence.

Durant cette longue et mortelle journée, bien des gens passèrent sur le chemin, quelques enfants entrèrent dans le jardin de l'apôtre pour attraper des papillons ; ce furent-là les seuls incidents qui troublèrent la pauvre abandonnée. Elle se tint bien cachée dans les branches, et personne ne soupçonna que la brillante Dolores Argoso, la fille d'un des plus riches seigneurs de l'Espagne, était là comme une mendiante, obligée de dormir sur la terre nue, n'ayant ni nourriture ni abri.

Enfin le soleil descendit à l'horizon; c'était l'heure où d'ordinaire tout le monde en Espagne fait la sieste. Dolores pensa qu'elle pouvait sans crainte sortir de sa cachette.

José lui avait recommandé de ne sortir

que déguisée ; il fallait donc songer d'abord à se procurer un vêtement.

Dolores n'avait pas d'argent ; mais sa robe de soie était d'une magnifique étoffe, et sa mantille de la plus fine dentelle. Elle songea donc à se rendre au Rastro[1] pour y faire un échange. Là seulement elle pouvait, sans argent, se procurer un déguisement convenable.

Elle sortit du jardin, se voila le visage, et reprit la route qu'elle avait faite la veille, car le Rastro se trouvait dans le Barrio de Triana.

A l'extrémité de la calle de los Gitanos, il existait alors une place irrégulière à laquelle venaient aboutir une foule de ruelles salles et obscures où étaient les abattoirs de la ville. D'un côté de cette place, dans des baraques de bois rangées l'une à côte de l'autre comme des maisons, se tenaient des marchands de dépouilles d'animaux. Sur le devant de ces baraques on voyait appendus à des crocs de fer (garabatos) des foies de bœuf, de veau, de mouton et même de porc, des cœurs et des rognons de ces mêmes animaux, des cervelles saignantes dans des crânes tout ouverts. Puis, dans d'immenses baquets d'eau sale nageaient les têtes, les pieds, les boyaux entassés pêle-mêle. Toutes ces viandes dégoûtantes et hideuses, que méprisaient les riches, étaient destinées à servir de nourriture au bas peuple de Séville.

Qu'on se fasse une idée, s'il est possible, de l'odeur qui s'exhalait de ce lieu immonde, à laquelle venait se joindre encore la puanteur des abattoirs.

Puis, par terre, sur le pavé de la place, figurez-vous une multitude de femmes mal vêtues, rangées symétriquement en file, chacune ayant devant elle une immense guenille qui lui servait d'étal. Oh ! si vous êtes amateur de contrastes, assurément vous ne pouvez mieux faire que de visiter le Rastro de Séville : là, aujourd'hui encore, vous trouverez de tout, depuis le chiffon qui sert à faire de la charpie, jusqu'au manteau de cour de la duchesse ; depuis l'écuelle de bois où mange le bohémien, jusqu'à la Vierge d'argent devant laquelle il s'agenouille. Quelquefois cette Vierge sera coiffée d'un vieux feutre d'homme, destiné comme elle à être vendu.

Plus loin, un chapelet à grains de corail pend à un gril encore couvert de graisse et de suie ; un magnifique service de vermeil se dresse à côté d'un vase de nuit ; une mantille est quelquefois suspendue à un balai ; d'autres fois, c'est un Christ accompagné d'une superbe paire de pistolets qui pendent aux deux bras de la croix. Enfin, le Rastro était un capharnaüm incroyable, où venaient s'étaler toutes les misères, depuis celle du grand d'Espagne trop prodigue de ses revenus, jusqu'à celle du dernier des malheureux dont la sueur était absorbée par la rapacité des moines : c'était un assemblage confus de choses disparates ou hétérogènes, l'image la plus vraie et la plus exacte du salon d'un roi constitutionnel.

Et qu'on ne s'étonne de ce mélange bizarre de richesse et de misère ; les revendeuses del Rastro ne sont pas comme celles du Temple à Paris, elles ne vendent pas pour leur compte : elles vendent pour tout le monde, et sont tout bonnement des courtières de confiance.

---

[1]. Le *rastro*. Le mot rastro veut dire piste. Dans leur langue si imitative et si riche d'images, les Espagnols appellent *el rastro* le lieu où aboutissent, pour être vendus, tous les vieux objets ainsi que les objets volés. Dans chaque ville d'Espagne une place publique est affectuée à ce commerce ; cette place est assez semblable pour les mœurs, les usages et la physionomie, au Temple de Paris. Dès qu'un Espagnol s'aperçoit qu'il lui manque un objet quelconque et soupçonne qu'on le lui a volé, il le dit au juge de son quartier qui, après avoir pris le signalement de l'objet disparu, envoie un alguazil à ce marché en lui disant : *Siga el rastro*, suivez la piste. La description de ce lieu, telle que la donne l'auteur, est parfaitement exacte.

L'église leur confie sa Vierge à vendre pour en acheter une plus belle ; la grande dame, ses bijoux pour payer ses dettes, ou pis encore ; la courtisane, ses atours, dont elle est lasse au bout d'une heure ; et la manola, ses vêtements du dimanche, qu'elle est parfois obligée de vendre pour avoir du pain.

La courtière del Rastro se fait toute à tous ; elle sait satisfaire les plus difficiles ; elle fait des ventes, des échanges ; et là, comme avec toutes les courtières du monde, c'est au plus fin ; mais rarement elle laisse échapper la victoire : le bénéfice, et un large bénéfice, reste toujours de son côté.

A l'époque où se passait notre histoire, ce commerce était plus considérable encore que de nos jours, à cause des nombreuses dépouilles des condamnés de l'inquisition qui revenaient à leurs délateurs, et que ceux-ci faisaient vendre.

Lorsque Dolores arriva sur la place del Rastro, elle recula de dégoût, saisie par l'excessive puanteur de ce lieu, mais bientôt, faisant un effort sur elle-même, elle continua d'avancer, et s'approcha en tremblant d'une revendeuse encore assez jeune, dont la physionomie lui inspira plus de confiance que celle des autres.

Mais comme ces femmes comprirent qu'elle avait l'intention d'acheter, elles firent cercle autour d'elle, et ce fut un brouhaha de paroles à étourdir un sourd.

Chacune vantait sa marchandise avec des gestes plus ou moins engageants et un babil à fasciner un sorcier.

— Senorita, disait l'une, achetez-moi ce beau collier de perles fines, il a appartenu à la princesse Jeanne, fille de la reine Isabelle ; il a été vendu à sa mort par une de ses dames d'honneur à qui elle l'avait donné.

— Voyez, disait l'autre, ce chapelet d'émail orné de croix de rubis : les paters sont en émeraudes ; il a été bénit par notre saint-père le pape. On gagne cent jours d'indulgences chaque fois qu'on le dit, senora.

— Achetez-moi cela, s'écriait une troisième en soulevant des flots de dentelles de Flandre, dont le réseau délié était couvert d'arabesques de broderie.

— Senora, cet anneau bénit qui préserve des maléfices.

L'anneau en question était tout simplement un anneau d'or très-gros, dont le chaton figurait une main fermée passant le pouce entre le médius et l'index. C'était un reste de superstition mauresque adoptée par les chrétiens, et à laquelle le peuple ajoutait une foi telle que, pour déjouer tous les maléfices des sorciers, il suffisait de leur présenter sa main fermée avec le pouce passé entre les deux premiers doigts. Voilà pourquoi on attribuait une vertu toute particulière à la bague dont nous venons de parler.

Malgré sa douleur, Dolores sourit légèrement ; elle ne partageait pas les superstitions de son temps et ne croyait point aux maléfices.

Heureusement pour elle, son sourire fut si imperceptible que personne n'y fit attention ; je ne sais si sans cela elle n'eût pas couru de grands dangers.

— Voyons, dit la première courtière de qui Dolores s'était approchée ; vous ne voulez rien de tout cela, n'est-ce pas, senorita ? Tenez, achetez-moi cette belle image de la Vierge ; celle-là vous portera bonheur : elle m'a été donnée par un saint homme, celui que nous appelons l'apôtre : il avait besoin d'argent pour secourir un malheureux ; quant à lui, il n'a jamais besoin de rien ; aussi je lui ai avancé de l'argent tout de suite sans attendre de l'avoir vendue.

— L'apôtre ! s'écria Dolores ; vous connaissez l'apôtre, bonne femme ?

— Santa Maria ! dit la courtière, qui ne

Une exécution sous l'inquisition.

le connaît pas à Séville ? N'est-ce pas lui qui nous console et qui donne du pain à nos petits enfants ?

— Savez-vous où il est en ce moment ? poursuivit Dolores.

— Non, dit la courtière, il est comme le bon Dieu, invisible ; mais on le trouve toujours quand on a besoin de lui.

Déçue dans l'espoir qu'elle avait conçu un instant d'apprendre où était son protecteur, Dolores songea à faire son échange le plus vite possible.

— Je ne veux pas acheter votre sainte Vierge, dit-elle timidement, je n'aurais pas de quoi la payer ; mais j'ai besoin d'un costume complet de manola [1], et si vous voulez m'en donner un contre le mien...

— Contre le vôtre! senorita, fit la courtière en toisant Dolores d'un vrai regard de revendeuse à la toilette qui apprécie d'un coup d'œil la valeur d'un habit, et voit sans y toucher ses moindres détériorations, depuis la légère éraillure du coude jusqu'à la

1. *Manola*, grisette.

raie blanchâtre que la poussière empreint sur le bord du vêtement le plus neuf, pour peu qu'on l'ait porté une heure.

— Contre votre mantille aussi? continua la marchande en examinant la fine dentelle qui couvrait les beaux cheveux de la jeune fille.

— Sans doute, dit Dolores, vous m'en donnerez une de soie.

Les yeux de la marchande brillèrent de cupidité.

Elle palpa le jupon de satin de la jeune fille ; il était, comme on dit, à pleine main ; et après s'être bien assurée que le corsage et les manches étaient neufs, elle alla chercher une robe de serge violette et une mantille noire de drap de soie. Ce vêtement était juste à la taille de Dolores.

— C'est bien cela, dit la jeune fille.

— Cela vous va-t-il? demanda la courtière.

— Oui, je crois que cela m'ira bien.

— Va pour celui-là, senorita ; combien me donnerez-vous de retour?

Dolores ouvrit de grands yeux, et regarda la marchande avec stupéfaction. Son vêtement valait dix fois celui qu'on lui offrait.

— Oui, combien me donnez-vous ? répéta la courtière.

— Mais je ne peux rien vous rendre, moi, fit la pauvre Dolores ; je vous ai bien dit que je n'avais pas d'argent.

— Oh ! alors, c'est différent ; si vous n'avez pas d'argent, pauvre enfant, prenez toujours : vous me devrez le reste. Dieu me garde de faire de la peine à une jolie fille comme vous !

— Comment vais-je faire pour me déshabiller?

— Venez, venez, fit la marchande, ma maison n'est pas loin d'ici.

En effet, vis-à-vis son étal de revendeuse à la toilette, la courtière possédait une baraque de bois où son mari vendait des viandes de rebut. Derrière la boutique, il y avait une pièce carrée avec un seul matelas par terre, et un bahut où la courtière serrait ses chiffons : c'était sa demeure, c'est là qu'elle conduisit Dolores.

Comme elle l'aidait à se déshabiller, elle aperçut dans sa robe un fichu qui lui servait de guimpe; ce fichu était d'un magnifique point de Bruxelles.

— Senora, dit la marchande, puisque vous n'avez pas d'argent à me rendre je me contenterai de ce colifichet.

— Prenez, fit Dolores avec un mouvement de dégoût ; aussi bien cela n'irait pas avec mes nouveaux vêtements ; mais donnez-moi au moins une guimpe de batiste, que je ne sente pas sur mon cou cette laine rude.

La marchande lui apporta un fichu qui n'était pas neuf, mais dont la blancheur était assez satisfaisante. Dolores s'en contenta faute de mieux.

Lorsqu'elle fut habillée, elle se regarda dans une petite plaque d'étain poli qui servait de miroir à la revendeuse; elle fut contente de sa métamorphose. Son vêtement lourd et grossier déguisait passablement l'élégance de sa tournure. Elle s'enveloppa de sa mantille et sortit.

— Gardez-moi votre pratique, senora, lui dit la marchande.

Mais Dolores ne l'entendit pas, elle s'achemina rapidement vers la calle de los Gitanos.

CHAPITRE XIII

Un miracle.

On se souvient qu'Enriquez, gouverneur de la très-noble cité de Séville, par la grâce de monseigneur Arbues, avait signalé les premiers jours de sa puissance par de nombreuses arrestations.

Quelques hommes très-remarquables, de savants et pieux docteurs en théologie, des femmes spirituelles, aimables, au cœur fort, à l'âme énergique et puissante, gémissaient dans les prisons du saint office sous le simple soupçon de luthéranisme.

Alarmé, non pour lui, mais pour ceux qu'il aimait, de cette recrudescence de persécutions, l'apôtre avait engagé Estevan à s'éloigner pendant quelques jours de Séville; lui-même désirait visiter ses pauvres. Ils partirent donc ensemble et se dirigèrent du côté de San-Lucar.

Voilà pourquoi Dolores n'avait trouvé personne dans la maison du franciscain.

C'était l'habitude de cet homme de Dieu de faire de temps à autre des excursions dans les nombreux villages de l'Andalousie; là, sa tolérance confondant toutes les sectes et toutes les professions, accueillait également les juifs et les chrétiens, les Mauresques et les Gitanos. Il consolait les uns, détournait les autres du mal, les encourageait tous, et répandait sur tous également les dons de son inépuisable charité[1].

1. Quelques moines pieux de ce temps-là parcouraient l'Espagne, demandant aux riches, donnant aux pauvres, prêchant à tous les saintes doctrines de l'Évangile, et consolant toutes les douleurs. Cette conduite vraiment apostolique était trop en contradiction avec celle de la monacaille et avec celle des inquisiteurs; aussi la monacaille et l'inquisition poursuivaient-elles avec acharnement ces moines charitables.

Dans toute l'Andalousie le nom de l'apôtre était un talisman magique ; il suffisait de le prononcer pour voir aussitôt toutes les bouches sourire, et tous les yeux se lever vers le ciel avec une expression de reconnaissance.

Aussi, quand d'un village à l'autre, sur la route, le bruit se répandait qu'il avait commencé sa tournée, auriez-vous vu, le long du chemin, des femmes échelonnées portant leurs enfants dans leurs bras. Elles attendaient le passage du saint pour être des premières à en être bénies ; quand elles avaient pu toucher le bord de son vêtement, elles se croyaient à l'abri de tous les maux.

L'apôtre avait beau leur dire avec une douce autorité :

— Ce n'est pas à moi qu'il faut rendre hommage, je ne suis qu'un peu de poussière comme vous : c'est à Dieu qui est là-haut et qui vous parle par ma voix.

Le peuple, toujours un peu païen dans ses adorations, trouvait beaucoup plus simple de se prosterner devant cet homme qui le comblait de biens et qu'il voyait, que devant Dieu qu'il ne voyait pas.

— Mon fils, disait l'apôtre à Estevan étonné de la douceur et de la docilité de ces hommes grossiers qui redevenaient des agneaux dès que le saint leur avait parlé, voyez combien il serait facile de rendre ces hommes probes et pieux si, au lieu de les abrutir par la terreur et de les aigrir par les tortures, on les disposait, à force de bienfaits et de douceur, à croire en Dieu et en sa providence dont on se ferait l'image vivante. Au lieu de cela, on leur remplit le cerveau de superstitions ; on les tourmente tant et on leur fait si peu de bien, qu'ils ne croient plus qu'aux démons et à l'enfer, dont on leur donne un avant-goût sur la terre. Privés de bonheur, de consolations et d'espoir, ils deviennent à la fois fanatiques, faibles et cruels.

— Comment en serait-il autrement? répondit Estevan; ces hommes ne possèdent rien, les moines ont tout envahi [1], et chaque jour l'inquisition enlève à ces malheureux le seul bien qui leur reste, la liberté de conscience. Il serait si facile de le rendre heureux cependant, ce peuple si ardent et si poëte !

— Il est mieux encore que cela, dit l'apôtre ; il est intelligent et brave : son esprit est un singulier mélange de gaieté, de finesse et d'un bon sens naturel qui lui rend aisée toute méditation sérieuse. Ce peuple est capable de comprendre la vie dans son but le plus large et le plus élevé, la fraternité universelle. Eh bien! de ces hommes naturellement braves, loyaux et aimants, on fait des lâches et des hypocrites ; pire que cela, des dénonciateurs ! Et moi-même, oui, moi, je ne dois ma sécurité qu'à l'habit que je porte. Laïque, je leur aurais fait le même bien, je leur aurais prêché la même morale, ils m'auraient regardé comme un luthérien ou un illuminé, et j'aurais payé de ma vie mon zèle pour leur bonheur et pour la vérité ; mais j'étais prêtre, j'étais moine, un moine peut-il se tromper ?

— Prenez garde, mon père, répondit Estevan avec un sourire amer ; monseigneur Alphonse Manrique et monseigneur Arbues pourraient bien ne pas plus respecter votre habit que l'inquisiteur Torrequemada, d'odieuse mémoire, ne respecta la dignité épiscopale des évêques de Calahorra et de Ségovie [1].

— Torrequemada était un génie bien cruel, dit l'apôtre avec un soupir ; mais du moins à son brutal fanatisme, à sa cruauté inexorable, il ne joignait pas la plus infâme débauche [2]. Le fanatisme l'avait rendu fou, car autrement la cruauté d'un homme pourrait-elle aller si loin ? Et après que le grand inquisiteur avait prononcé la sentence d'un infidèle, le sévère dominicain, Thomas de Torrequemada, s'agenouillait

---

1. Au treizième siècle, les moines et les membres du clergé comptaient pour un centième dans la population de l'Espagne, qui était alors de trente millions d'âmes. Les employés du gouvernement, y compris les troupes, se montaient à un million environ. On pouvait compter à peu près deux millions de grands et petits propriétaires ; tout le reste de la population était composé de prolétaires et de mendiants. Les moines et le clergé possédaient à eux seuls un bon tiers de l'Espagne. (*Statistique* de Belmonte y Baldivico.)
Les moines et le clergé espagnols, grâce à leur intolérance et à leur insatiable avarice, ont réduit le peuple espagnol au nombre de onze millions environ. L'inertie et la cruauté des gouvernants auront bientôt changé l'Espagne en un désert si Dieu ne prend en pitié ce malheureux pays.

1. Ces deux évêques étaient fils de juifs baptisés, mais ils jouissaient de l'estime générale. L'inquisiteur Torrequemada les fit mettre en jugement, bien que, selon les bulles apostoliques, les évêques ne fussent pas justiciables de l'inquisition. Les deux prélats se rendirent à Rome pour en appeler au pape. Le souverain pontife renvoya l'affaire devant d'autres évêques, dont la décision fut favorable aux accusés. En dédommagement des persécutions qu'ils avaient éprouvées, le pape nomma l'évêque de Ségovie à l'ambassade de Naples, et celui de Calahorra à celle de Venise. L'inquisiteur ne se rebuta pas. Torrequemada trouva encore le moyen de leur intenter un nouveau procès, dans lequel il réussit à démontrer que ces évêques étaient tombés dans l'hérésie, et à les faire enfermer dans un château où ils moururent après avoir été dépouillés de leurs biens et dégradés de la dignité épiscopale. (Llorente, *Histoire de l'inquisition*.)

2. De tout temps, les Espagnols ont accusé les inquisiteurs et autres employés du saint office de rendre les femmes enfermées dans l'inquisition victimes de leurs débordements. Cette accusation n'est pas si injuste que l'ont prétendu les défenseurs de ce hideux tribunal. Après la révolte de Cordoue et la fuite de l'inquisiteur Deza, le successeur de ce dernier, Ximénès Cisneros, « voulant mettre un terme aux excès scandaleux commis avec les femmes qui étaient dans les prisons, décréta, d'après l'avis des conseils de la Suprême, que toutes les personnes attachées au saint office, qui se rendraient coupables de pareils excès, seraient punies de mort. Les occasions d'appliquer cette loi n'ont pas manqué dans la suite, cependant elle est restée sans effet. » (Llorente, *Histoire de l'inquisition*.)

humblement devant son crucifix, se donnait lui-même la discipline, et mettait son corps en lambeaux pour expier toutes les hérésies du royaume de Castille[1].

— O mon père! dans quelques siècles, si l'humanité marche comme elle doit le faire, voudra-t-on croire à toutes ces horreurs mêlées à tant de folies ?

— Sans doute, mon fils, mais pour les déplorer ; les erreurs du passé seront un enseignement pour l'avenir. Il viendra un temps où tous les hommes liront l'Évangile, et alors tous auront le droit de se dire les uns eux autres:

— Nous sommes vos frères, pourquoi nous traitez-vous comme des étrangers ?

Lorsque tous les individus d'une nation connaissent bien le code de lois qui les régit, il est bien difficile qu'ils se nuisent les uns aux autres. Bien mieux, quand ce code est l'Évangile, ce guide de l'âme, alors l'âme est bien gouvernée, et il est rare que les actions ne le soient pas. Là où règne l'ignorance règnent aussi le désordre, la superstition, la folie : tous ces fléaux qui font de la terre un enfer habité par des démons et des damnés.

Comme ils s'entretenaient ainsi, l'apôtre et son compagnon arrivèrent à un petit village bâti tout en haut d'une montagne, ainsi qu'on en rencontre beaucoup en Espagne. Des maisons basses pour la plupart, peintes en rouges et en vert, s'allongeaient tortueusement en deux rangées sur la crête de la montagne, formant ainsi une rue irrégulière terminée par une petite église dont le clocher pointu s'élevait à plus de quarante pieds au-dessus des habitations, Quant la cloche de cette église était en branle, on eût dit, à voir l'ensemble de ce village, un immense boa qui dressait sa tête en sifflant et en dardant vers le ciel sa langue mobile.

Lorsque les deux voyageurs y arrivèrent, tout était calme. Il était presque nuit : les villageois, revenus des champs, s'occupaient en silence du repas du soir. Quelques enfants à moitiés nus jouaient devant les portes entrebâillées ; du fond des maisons s'échappait un piquant parfum de puchero[1], et quelques bergers gravissaient lentement le dos de la montagne en ramenant leurs chèvres à l'étable.

L'apôtre n'était venu qu'une ou deux fois dans ce village, et les petits enfants, qui ont d'ordinaire la mémoire légère, ne le reconnurent pas.

Estevan et lui traversèrent donc la plus grande partie de la rue sans que personne vint entraver leur marche.

Mais comme ils passaient devant une maison basse dont l'extérieur délabré annonçait la misère, et une misère insoucieuse, ils s'arrêtèrent simultanément, frappés d'un mélange extraordinaire de voix jeunes, viriles, vieilles et chevrottantes, fraîches et rudes. Il y avait certainement beaucoup de monde dans cette maison, et il devait s'y passer un évévement étrange.

Les voyageurs écoutèrent pendant quelques instants ; tout à coup ils entendirent une petite voix claire qui disait avec un accent de compassion féminine :

— Ce pauvre Pablo, il se portait si bien ce matin.

— Il y a ici quelqu'un qui a besoin de

---

[1]. Le fanatisme de Torrequemada égalait sa cruauté, ou, pour mieux dire, sa cruauté n'était que le résultat de son fanatisme. Chaque fois qu'il se voyait contraint d'agir contre quelque hérétique, le confesseur de Ferdinand d'Aragon se préparait par le jeûne et par la pénitence. Cette dernière consistait à se donner la discipline jusqu'à ce que la chair fût déchirée et que son sang eût coulé. (*Vie de Torrequemada*, par Ponce de Léon.)

[1]. Le *puchero* est un pot-au-feu composé de plusieurs sortes de viandes, de légumes et de pois chiches. Les gens riches y ajoutent *el chirizo*, le saucisson, *la morcilla*, le boudin noir. Le *puchero* s'appelle alors *olla podrida*.

nous, dit l'apôtre en poussant la porte vermoulue, qui céda aussitôt,
Estevan entra avec lui.

Dans une méchante baraque où le jour pénétrait à peine, et dont le sol inégal et terreux était couvert de débris de tout genre, une vingtaine de Gitanos, hommes et femmes, enfants et jeunes filles, entouraient un homme revêtu de ses habits de fête et assis sur une chaise, dans une attitude gracieuse.

Cet homme était très-pâle et paraissait dormir.

La *rancho*[1] entier des Gitanos, présidé par *l'abuela*[2], la reine de ces étranges corporations, entourait le Gitano, qui était assis.

A l'arrivée de l'apôtre et de son compagnon, le cercle ne se dérangea pas; mais l'abuela, qui vénérait beaucoup le moine, lui fit apporter un petit escabeau de bois en forme de trépied, l'unique siége qui fût dans le rancho. Estevan resta debout.

— Que signifie cela, mon père? demanda-t-il à l'apôtre.

— Cet homme est mort, et ils font la cérémonie des funérailles, regardez.

Un Gitano s'avança vers le mort et lui plaça une mandoline entre les bras. Puis, à haute voix et sans vergogne, il s'accusa de tous les crimes qu'il avait commis depuis la mort du dernier frère décédé dans le rancho.

Après qu'il eut fini cette singulière confession, le Gitano interpella le mort.

— Joue, lui dit-il, et si j'ai mal fait, que ta musique me rende sourd; si j'ai bien fait, ne bouge pas, et je me croirai absous.

Comme on le pense bien, le mort n'eut garde d'obéir à la première de ces injonctions, et le Gitano se retira aussi léger de conscience qu'un usurier qui vient de recevoir l'absolution sous promesse de restituer tout ce qu'il a volé.

— Quelle barbarie! dit tout bas Estevan.

— Attendez, mon fils, dit l'apôtre, ce n'est pas là tout.

En effet, chacun des membres du rancho fit à son tour sa confession, et la chambrée complète resta pleinement rassurée sur l'énormité de ses crimes; le défunt les avait absous, ils se croyaient tous innocents comme des colombes.

La chambre venait d'être éclairée par des torches de résine; l'apôtre qui avait, pour le temps où il vivait, de profondes connaissances en médecine, mais qui avait surtout le don de seconde vue, privilége exclusif de quelques hommes de génie, l'apôtre examinait attentivement le mort.

— Cet homme a les membres bien souples, dit-il tout bas à Estevan, et son teint n'a pas subi la moindre altération; seulement il est très-pâle.

— C'est vrai, fit Estevan, qui se mit à l'examiner à son tour.

Mais bientôt il ne lui fut plus possible de se livrer à ces observations physiologiques; une jeune fille se mit à danser devant le mort un fandango lascif et animé; peu à peu tous les membres du rancho se mirent aussi à danser l'un après l'autre : la chambrée ainsi en branle, ils se prirent par la main et formèrent une ronde autour du mort.

Ils commencèrent par se mouvoir lentement et en cadence, comme s'ils eussent voulu se mettre au pas et se familiariser avec la mesure; puis la danse devint plus rapide, ils s'enlevèrent l'un l'autre en tournoyant, et s'animant ainsi par degrés, ils finirent par tourner si vite qu'on eût dit

---

1. *El rancho*, la chambrée.
2. *L'abuela*. C'est ainsi que les bohémiens appellent leur chef de chambrée, qui est toujours une vieille femme.

une bande de démons emportés dans l'espace par une puissance invisible [1].

Tout à coup, cette troupe furieuse s'arrêta en poussant de grands cris : le mort avait été renversé de son siége, et il était tombé au milieu du cercle formé autour de lui, sur une jeune fille qui, moins leste que les autres, avait accroché son écharpe aux boutons de métal de la veste du décédé. La Gitana se recula avec un mouvement d'horreur, et le mort alla donner du visage contre terre.

— Jésus ! s'écria l'abuela ; quel malheur, pauvre Marica ; que Pablo soit tombé sur toi.

— Oui, dirent les autres, voilà de grands maux qui l'attendent et peut-être la mort, à moins qu'elle ne veuille passer la nuit auprès de Pablo.

— Moi, passer la nuit toute seule avec un mort ! s'écria la Gitana épouvantée : moi, passer la nuit avec Pablo pour voir tous les diables de l'enfer venir danser devant lui et l'emporter [2].

— Je resterais bien avec toi, pauvre Mariquilla, dit un grand jeune garçon qui faisait les doux yeux à la Gitana ; mais alors cela ne compterait pour rien.

— Oh ! j'ai trop peur, disait la Gitanilla en pleurant ; j'aime encore mieux mourir si Pablo le veut.

Pendant que les Gitanos débattaient ainsi cette grave question, l'apôtre s'était élancé vers le mort, et, en se baissant vers lui pour le relever, il s'était aperçu qu'en tombant Pablo s'était fait au visage une légère blessure, et que cette blessure saignait.

— Silence, enfants ! s'écria-t-il d'une voix forte ; cet homme n'est pas mort ; attendez.

Les cris cessèrent comme par enchantement, et tous les Gitanos restèrent enchaînés à leur place par un étonnement stupide. Ils avaient dansé sans crainte autour du mort, ils avaient peur d'un homme qui ressuscitait.

Aidé d'Estevan, l'apôtre assit Pablo sur la chaise, et, tirant de sa poche un flacon qui ne le quittait jamais, il fit respirer des sels au malade pendant qu'Estevan lui frottait vivement les mains pour y rappeler la chaleur et la vie.

Au bout de quelques minutes le Gitano ouvrit les yeux ; la face se colora soudainement : la réaction menaçait d'amener une attaque d'apoplexie.

Le moine alors excita la blessure du Gitano pour la faire saigner, et ordonna à Estevan de lui frictionner fortement les membres inférieurs.

Bientôt le malade respira librement, ouvrit lentement ses yeux appesantis, et promena ses regards autour de lui avec un étonnement stupide.

Il était sauvé.

Il n'avait eu autre chose qu'un évanouissement suivi de léthargie, occasionné par un excès d'ivresse.

Mais en revoyant vivant celui dont ils venaient de célébrer les funérailles, les bohémiens se jetèrent à genoux, et les plus

---

[1]. La danse que l'auteur décrit dans ce chapitre fait partie de la cérémonie appelée la *Veillée des morts*. Cette cérémonie a beaucoup de rapport avec le *wake* des Irlandais.

[2]. Les Gitanos ne professent aucune religion ; ils feignent toujours d'être de celle du pays qu'ils habitent ; mais ce sont les gens les plus superstitieux de la terre. Ainsi un Gitano accoutumé à vivre de vols et d'escroqueries de tout genre, ne volera point, et n'escroquera point le lendemain d'une nuit pendant laquelle il aura entendu le cri d'une chouette ; car selon la superstition de sa caste, le cri de la chouette annonce toujours une arrestation judiciaire ou pour le moins des démêlés avec la justice. Le Gitano ne boira pas d'une liqueur dans laquelle sera tombée une mouche ; car toute personne qui boit d'une liqueur qui noie, sera noyée. Enfin le Gitano qui a été touché par un cadavre lors de la veillée, doit passer la nuit avec le mort et avoir le courage de voir les diables venir et emporter le corps du défunt après avoir dansé autour de lui, sous peine de mourir dans l'année. Aussi est-ce un grand malheur quand un mort tombe pendant la danse ; que, la veille de son enterrement, font ses parents et ses amis autour de lui pour le garantir de la visite des démons.

jeunes se mirent à courir par la rue en criant que le saint venait de faire un miracle.

Le ressuscité lui-même, encore faible et pouvant à peine se soutenir, baisa les mains de l'apôtre en lui disant :

— J'étais mort et vous m'avez rappelé des lieux de ténèbres.

— Ce n'est pas moi, dit l'apôtre, c'est Dieu seul.

— Mon père, lui demanda Estevan en langue latine pour n'être point compris, pourquoi leur laissez-vous croire que cet homme était mort et qu'il est ressuscité?

— Mon fils, répondit le saint, ce peuple n'est pas mûr pour la vérité. Si on cherchait à lui expliquer d'une manière naturelle le phénomène qui vient de s'opérer, il crierait à la magie et nous prendrait pour des sorciers. Laissez-lui donc sa foi naïve, elle est sa seule consolation. Croyez-moi, Estevan, éclairer la raison d'un peuple, l'améliorer par la science, est l'œuvre de plus d'un jour, surtout lorsque déjà depuis longtemps on a faussé ses instincts naturels. On imprime aisément sur une étoffe blanche, mais sur une étoffe déjà peinte, il faut d'abord effacer les couleurs pour y en apposer de nouvelles.

— Il faudra donc que ce peuple reste dans une éternelle ignorance?

— Non, mon fils, non ; laissez filtrer l'eau goutte à goutte, elle finira par creuser son lit.

Cependant, au bruit du miracle qui venait de s'opérer, les habitants du village avaient abandonné leurs maisons ; les petits enfants eux-mêmes, malgré leur appétit, s'étaient éloignés du foyer où cuisait l'olla podrida, pour voir, eux aussi, le saint qui venait de ressusciter un mort.

Après avoir laissé quelques légers bienfaits aux Gitanos, et les avoir exhortés à renoncer au vol et au meurtre, exhorta-tions qu'ils écoutaient toujours avec attendrissement, mais qu'ils oubliaient bientôt après par suite de leur sauvage nature, de leurs habitudes enracinées, et aussi de la difficulté qu'il y avait pour eux de vivre autrement, l'apôtre sortit pour aller dans le village porter des secours et des consolations aux malades et aux affligés, et leur faire don de quelques pièces de monnaie, bienfaits précieux pour ces pauvres serfs des monastères qui avaient du pain et de la soupe, mais d'argent, jamais ; aussi bien des fois ces pauvres gens conservaient-ils comme des reliques les maravédis qui leur venaient de l'apôtre ; ils les perçaient et en faisaient des boutons dont ils ornaient leurs jaquettes de velours [1].

Les voyageurs n'eurent pas la peine d'entrer dans les maisons, une foule compacte se précipita au-devant d'eux ; mais à l'approche du saint, elle s'ouvrit en deux rangées pour laisser le passage libre. Et lui, s'arrêtant devant chacun, le questionnait sur sa famille, sur ses besoins et sur ses souffrances ; à ceux qui lui semblaient malades ou affligés, il donnait des remèdes et des consolations ; aux mal vêtus, quelque argent pour acheter des habits.

Mais il prêchait également à tous l'obéissance et la résignation ; car, disait-il, le murmure et l'irritation de l'âme ne remédient à rien : cela ne sert qu'à rendre les maux plus lourds.

L'impétueux Estevan, malgré ses doctrines philosophiques qui tendaient à une réforme plus active, ne pouvait s'empêcher d'admirer la profonde sagesse de l'apôtre.

— C'est ainsi, pensait-il en lui-même, que

[1]. Les Gitanos et beaucoup d'autres gens du bas peuple en Andalousie aiment à se faire des boutons avec des pièces de monnaie. Les pauvres gens percent les *ochavos* (liards), les plus aisés percent les pièces d'un *real* (25 cent.), petite pièce d'argent. Il y a de riches muletiers, et de riches contrebandiers qui font percer plusieurs centaines de pièces d'or de 5, 10 et 20 francs, pour en faire des boutons à une seule veste de velours.

Dolores et Estevan.

devraient être tous les réformateurs : sobres, persévérants dans l'action, patients au résultat ; ce n'est qu'ainsi qu'on régénère un peuple.

Ce fut une scène touchante que le passage de l'apôtre au milieu de cette population enthousiaste et opprimée, un rayon de soleil tombé sur les ténèbres de ces âmes simples mais ardentes.

— Francisca, disait un jeune homme à sa femme; notre enfant sera beau et fort, l'apôtre l'a regardé et a baisé sa petite main.

— La récolte sera bonne, disait un autre, l'apôtre est venu nous visiter dans la saison où les épis commencent à s'emplir.

— Le feu du ciel respectera ma maison, s'écriait un troisième, l'apôtre s'est arrêté en passant devant la porte.

— Dieu vous bénira parce que vous êtes bons, leur dit le saint ; et vous serez heureux parce que vous ne ferez de mal à personne.

— Père, s'écria en pleurant une jeune femme qui portait sur ses bras deux petits enfants jumeaux, on a mis mon mari en prison dans le saint office parce qu'il était Maure converti, et qu'il avait manqué la messe pour me garder le jour où j'ai mis au monde ces deux enfants.

L'apôtre leva vers le ciel un triste regard.

— Prends patience, ma fille, dit-il à la pauvre femme, ton mari te sera rendu ; aie confiance en Dieu qui te consolera, et moi, j'aurai soin de toi, entends-tu ?

— C'est bien véritablement un saint, dit tout bas une vieille femme; il n'a pas peur de l'inquisition.

— Femme, dit l'apôtre qui l'avait entendue, ceux qui croient véritablement en Dieu n'ont peur de rien.

Ainsi se termina cette journée.

Estevan et son guide acceptèrent quelques provisions dont on remplit leur sacoche, et qu'il trouvèrent le moyen de payer au centuple ; puis ils s'éloignèrent au bruit des bénédictions, pour aller passer la nuit dans une de ces cabanes de feuillage que les bergers élevaient au haut des montagnes pour y passer l'hiver avec leurs troupeaux.

CHAPITRE XIV

Encore José.

Revenons à Dolores que nous avons laissée sur le chemin de la taverne.

Arrivée à l'extrémité de la *calle de los Gitaños*, il lui fut aisé de reconnaître l'enseigne DE LA BUENA VENTURA, qui était écrite en grosses lettres sur le mur; malgré l'obscurité naissante, Dolores ne pouvait s'y tromper.

Il y avait encore peu de monde ; quelques moines vidaient, en causant, leur pot de vin de *pajarete*, et, à un des bouts de la table, un homme et une femme assez mal vêtus mangeaient un morceau de pain noir, accompagné de quelques oignons crus ; ils avaient devant eux deux gobelets d'étain et une mesure du vin le plus commun.

Les petites bougies allumées contre le mur projetaient leur clarté douteuse dans l'obscurité de la salle.

Le calme qui y régnait rassura un peu la fille du gouverneur. Elle hésita toutefois pendant quelques minutes, car elle ne voyait pas la Chapa, et ne savait à qui s'adresser; mais la Chapa parut bientôt à l'entrée de sa cuisine. Alors Dolores, s'armant de courage, poussa la porte et marcha droit à la jeune hôtesse.

Quand elle fut près d'elle, elle écarta les bords de sa mante, et la Chapa la reconnut bientôt.

Mais Dolores avait aussi, de son côté, reconnu la jeune fille qui avait servi de messagère dans l'horrible complot dont elle était la victime, et elle se recula avec un mouvement d'horreur.

La Chapa la regarda alors, sans parler, d'un air suppliant ; et, avec une présence d'esprit toute andalouse, elle lui prit vivement la main, et feignit de l'embrasser sur les deux joues.

— Eh ! c'est toi, ma pauvre Anna ! fit-elle d'un ton joyeux ; qui aurait dit que j'aurais le bonheur de voir aujourd'hui cette bonne cousine !

Viens donc, ajouta-t-elle en entraînant Dolores dans l'étroit et sombre réduit où elle faisait cuire le *puchero*, viens que nous causions de ma bonne tante et de tes frères, ma pauvre Annita. Que je suis contente de te voir !...

Pendant ce flux de paroles, la Chapa avait soustrait Dolores aux regards des gens de la taverne, et Dolores, qui pouvait à peine se soutenir tant elle était émue, s'assit sur une méchante chaise de paille qui se trouvait dans un coin.

— Rassurez-vous, señora, lui dit tout bas la sœur de Coco en se mettant presque à ses genoux; rassurez-vous et ne craignez rien; je donnerais ma vie pour vous sauver.

— Mais, ajouta-t-elle, voyant que Dolores reprenait un peu de confiance, ayez l'air de causer avec moi, comme si vous étiez ma cousine; il faut tromper les espions.

En ce moment, un moine demanda un pot de vin; la Chapa, vive et alerte, se hâta de le servir.

— Cette pauvre petite cousine! dit-elle à la jeune femme qui soupait au bout de la table, comme elle est gentille d'être venue me voir!

Mais la femme à qui la Chapa s'adressait ainsi était la seule pour qui Dolores ne fût point inconnue; cette femme, c'était la Culevrina; et au moment où la fille du gouverneur était entrée dans la taverne, la serena l'avait reconnue.

Manofina, car tel était l'homme qui soupait auprès d'elle, avait eu moins de mémoire que cela. Les femmes seules possèdent cette perspicacité de coup d'œil rapide comme la pensée.

La serena sourit doucement, mais sans rien dire. Quelques instants après, Manofina voulut se retirer; la Culevrina s'approcha alors de la tavernière qui s'était avancée sur le devant de sa porte pour voir si son frère ne revenait pas.

— Chapa, lui dit-elle, aie bien soin de ta cousine, et si elle avait besoin de moi ou de Manofina, tu sais où nous trouver.

La Chapa regarda la serena avec des yeux ébahis.

— Je connais ta *cousine*, ajouta tout bas la jeune bohémienne en appuyant sur ce mot, *cousine*.

— Culevrina, lui répondit la Chapa, prends garde de parler au moins.

— Allons, fit la bohémienne avec un gracieux mouvement d'épaules, qu'as-tu peur? une protégée de l'apôtre! Je l'aime autant que toi... Souviens-toi seulement de ce que je t'ai dit; si elle a besoin de nous, viens nous chercher. Adieu.

Le bravo et sa compagne s'éloignèrent.

— Fais-nous donc voir ta cousine, Chapa, dit un gros moine ventru que les fumées du vin commençaient à égayer; est-elle aussi jolie que toi, petite?

— Oh! la pauvre fille, laissez-la donc tranquille, répondit la Chapa; c'est timide comme un mouton.

— Mais ça n'empêche pas d'être jolie.

— Vous verrez ça quand elle aura dormi, fit la Chapa tout en rangeant ses brocs, elle a fait plusieurs lieues à pied et elle est bien fatiguée.

L'arrivée d'une nombreuse bande d'ouvriers qui venaient souper mit fin à ce colloque. Le moine continua de boire. La Chapa, après avoir servi tout son monde avec une vivacité et une adresse remarquables, profita de l'occupation générale qui suit toujours le commencement d'un repas, et du bruit que faisaient en mangeant toutes les mâchoires affamées, pour s'entretenir à voix basse avec la fille du gouverneur.

— Chapa, lui demanda Dolores un peu revenue de sa première défiance. Connais-tu le moine José?

— Jésus! si je le connais, dit-elle; c'est un saint, senora... quoiqu'il porte l'habit de l'inquisition, ajouta-t-elle très-bas. Il est venu hier, poursuivit la tavernière, et m'a prévenue que si vous le demandiez, il faudrait aller le chercher.

— Ah! fit Dolores en respirant plus librement, il ne m'a donc pas trompée!

— Et moi, dit la Chapa presque en pleurant, m'avez-vous pardonné au moins!

— Oui, répondit Dolores, je te pardonne quoique tu m'aies fait bien du mal.

— Oh! j'ignorais ce que je faisais, j'obéissais, voilà tout; si vous saviez tout ce qu'il faut faire pour conserver sa vie!

— Pauvre enfant! va, on t'appelle, ne t'occupe pas de moi; sers ton monde pour qu'on ne s'aperçoive de rien.

La Chapa retourna dans la salle et servit à chacun ce qu'il demandait : puis elle revint auprès de Dolores.

La fille du gouverneur était excessivement pâle, elle n'avait rien pris de la journée.

— Donne-moi quelque chose, dit-elle à la tavernière, je me meurs de besoin.

— Jésus! fit la Chapa, que ne le disiez-vous plus tôt, senora? tout ce que j'ai ici est à vous.

En même temps elle lui servit une tasse de chocolat qu'elle tenait toujours préparée, en cas qu'un moine voulant se rafraichir en passant vînt à la demander.

Dolores avait à peine terminé cette légère collation, qu'un bruit inaccoutumé se fit dans la salle où l'on mangeait; elle avança un peu la tête.

Tout le monde s'était levé par un mouvement spontané de respectueuse déférence, le favori de l'inquisiteur venait d'entrer dans la taverne. Les enfants de saint François eux-mêmes n'avaient pas craint de donner au jeune dominicain ce témoignage public de soumission et de respect.

José, lui, passa fier et hautain au milieu de ces gens inclinés, et sa lèvre inférieure se retroussa dédaigneusement; sa figure exprimait le plus profond mépris.

Il marcha droit à la *cuisine*. Dolores éleva vers lui son beau visage tout empreint de tristesse et d'angoisses.

— Ici déjà? fit José en la reconnaissant.

— Déjà? répondit-elle avec douceur; ce mot-là, mon père, ressemble à un reproche. Vous repentiriez-vous *déjà* aussi de la protection que vous m'avez accordée?

— Non, certes, pauvre enfant, dit le jeune moine? ce que j'ai promis je le tiendrai de grand cœur; mais ne vous étonnez pas de ma surprise, ne m'aviez-vous pas pas dit hier que vous aviez un asile?

— Je le croyais, mon père, mais je suis maudite comme Caïn : celui que j'allais chercher était parti, mort peut-être; j'ai passé la nuit dans les roseaux, et ce soir, je me suis à grand'peine procuré ces humbles vêtements pour n'être point reconnue.

— Et vous avez agi prudemment, ma fille; plus que jamais vous êtes exposée, mais j'y pourvoirai, et nul, je l'espère, ajouta-t-il en souriant avec amertume, nul ne soupçonnera le dominicain José d'avoir donné asile à une femme poursuivie par l'inquisition.

— Mon père, fit Dolores un peu inquiète, car il lui arrivait depuis quelque temps des choses si extraordinaires, qu'il lui était bien permis de douter, mon père, où donc, allez-vous me conduire?

— Te défies-tu de moi, Dolores? lui demanda José en fixant sur elle son regard ardent et plein de franchise.

— Oh! pardonnez-moi, dit-elle en joignant les mains; mais chaque pas que je fais dans la vie me conduit à un abîme, et cependant... Oh! je vous crois, je vous crois! s'écria-t-elle; si vous vouliez me trahir, vous ne me regarderiez pas ainsi.

— Pauvre innocente enfant! n'as-tu d'autre garantie de ma bonne foi que la franchise de mon regard? Sais-tu si je ne suis pas de ceux qui cachent un cœur de tigre sous les traits d'un ange? N'y a-t-il rien de plus, pas un pressentiment secret qui te dise que ta cause est la mienne, et que je te défendrai comme si tu étais ma propre sœur et que le même sein nous eût portés?

— Faites de moi ce que vous voudrez, dit la fille du gouverneur en se mettant presque aux genoux de cet homme étrange.

Deux larmes amères, corrosives, de ces larmes longtemps contenues, qui jaillissent une fois ou l'autre, et malgré lui, du cœur le plus énergique, glissèrent lentement, des longues paupières de José, sur ses joues pâles et un peu amaigries.

— Vous pleurez, mon père! dit la jeune fille attendrie; oh! vous aussi n'auriez pas dû naître dans ce siècle de fer.

— Dieu, répondit José, nous jette ici-bas quand il veut et pour ce qu'il veut, pour persécuter ou pour souffrir; et de celui qui souffre, il fait quelquefois l'instrument de son éternelle vengeance. Voilà peut-être pourquoi toi et moi vivons dans ce siècle, Dolores.

— Mon Dieu! dit-elle, votre tristesse m'épouvante, et pourtant j'ai foi en vous, et j'irai partout où vous voudrez me conduire... Et puis, ajouta-t-elle avec un peu d'hésitation, j'aurais encore autre chose à vous demander.

— Parle, dit José, qui devinait presque.

— J'étais fiancée à don Estevan de Vargas.

— Je le sais, répondit José en étouffant un douloureux soupir; sois tranquille, don Estevan est en sûreté.

— Vous l'avez sauvé aussi? s'écria-t-elle avec joie.

— Non, ce n'est pas moi qui l'ai sauvé, c'est toujours la justice éternelle, Dieu est le maître qui commande, je ne suis que la main qui obéit.

— O mon père! soyez béni pour m'avoir conservé mon Estevan.

Tout ceci se passait à demi-voix dans la cuisine de la taverne; la Chapa allait et venait, distribuant tour à tour à ses convives des mets et du vin, des tranches de thon frit dans l'huile, des sardines fraîches, et du pain qui surpassait en blancheur celui du reste de l'Espagne; et tel était le respect pour la sainte inquisition en général et les inquisiteurs en particulier, que nul ne songea à trouver inconvenant ce long entretien du jeune moine avec la *cousine* de la Chapa.

Pendant ce temps, Coco rentra à la taverne.

José le prit à part.

— Coco, dit-il, pendant que ta sœur est occupée; suis-moi avec cette jeune fille jusqu'à la sortie de la ville.

— Qu'il soit fait comme l'ordonne Votre Béatitude, répondit Coco en s'inclinant; mais allez-vous donc traverser tous deux la salle qui est pleine de monde?

— Toi et moi la traverserons seuls, répondit José; la jeune fille passera par la petite porte de l'impasse.

Il y avait en effet dans cette espèce de cuisine une porte qui communiquait à une autre petite salle basse, un taudis où couchait l'alguazil, et qui ouvrait sur un cul-de-sac.

Le dominicain sortit de la taverne toujours accompagné des saluts respectueux de la *noble* assemblée. Coco le joignit dans la rue quelques minutes après.

Ils firent ensemble le tour de la maison et rentrèrent par la ruelle. Dolores était prête à partir. Elle dit adieu à la Chapa, et suivit José qui leur servait de guide, car l'alguazil lui-même ignorait en quel lieu il allait les conduire.

— Vous n'avez pas peur au moins? dit José en pressant la main tremblante de Dolores Argoso.

— Voyez, dit-elle en s'appuyant sur son bras avec une noble confiance.

Ils sortirent tous trois de la taverne, et personne ne s'aperçut de rien.

CHAPITRE XV

L'abbesse des carmélites.

Pendant que se passait à la taverne de la *Buena Ventura* cette scène d'un médiocre relief, mais nécessaire au développement de notre histoire, un incident d'un autre genre avait lieu dans l'abbaye des Carmélites.

L'abbesse, issue d'une maison presque princière, celle des ducs de Lerme [1], et que cette considération avait fait élire malgré sa jeunesse, trônait en ce moment au milieu de quelques-unes de ses favorites ; trônait, c'est le mot, car cette humble fille de saint François occupait un large fauteuil de velours élevé sur une estrade de quelques marches, et surmonté d'un dais à crépines d'or.

Près d'elle était la crosse ou bâton pastoral, insigne de sa dignité abbatiale. De sa ceinture tombait, sur son jupon d'étoffe brune, un long rosaire de filigrane et d'émeraudes, dont chaque *Pater* était représenté par une perle d'Orient grosse comme une petite noisette ; enfin, sur sa poitrine brillait une grande croix d'or ciselé, et chaque mouvement de sa main blanche et délicate faisait scintiller, à éblouir, l'énorme chaton de l'anneau abbatial formé d'un seul diamant de la plus belle eau : un diamant sans prix enlevé aux mines de Golconde ou de Visapour.

L'abbesse avait environ vingt-quatre ans. C'était une femme d'assez médiocre taille, qui paraissait grande tant elle portait fièrement les épaules, tant sa belle tête se détachait droite et ferme sur le cou le plus gracieux du monde. Son teint, d'une pâleur rosée, plus blanc que ne l'est d'ordinaire celui des Andalouses, avait encore blanchi davantage à l'ombre du cloître ; et ses yeux, d'un bleu sombre, brillaient d'un éclat métallique sous deux longs cils noirs comme de l'ébène. Cependant, la physionomie de l'abbesse n'avait d'autre signe distinctif qu'un orgueil de race et une grande disposition à la sensualité : penchant visiblement indiqué par deux lèvres rouges, voluptueuses, ombragées d'un léger duvet presque aussi noir que celui des sourcils, bien que d'une finesse extrême.

Mais la passion dominante de l'abbesse était l'orgueil ; elle tenait par-dessus tout aux prérogatives de son rang ; son affection était tout entière pour ceux qui savaient le mieux flatter sa vanité aristocratique ; elle voulait être reine, même dans le cloître.

Autour d'elle, sur des sièges très-bas, ses favorites causaient en s'occupant d'ouvrages à l'aiguille, broderies féeriques qui ne peuvent sortir que des mains d'une religieuse. Quelques-unes même, par plus grande humilité, s'étaient assises aux derniers degrés du trône, presque sous les pieds de l'abbesse : c'était une flatterie muette aussi adroite que possible ; le saint troupeau connaissait le faible de sa supérieure.

Un grand événement occupait en ce moment la pieuse oisiveté de ces saintes filles ; c'était la disparition de Dolores.

— Claire, disait l'abbesse à une jeune

---

[1]. Françoise de Lerme n'est pas un personnage historique, mais seulement un type, une personnification des abbesses de ce temps-là, [et même de quelques-unes de nos jours.

religieuse assise auprès d'elle, comprenez-vous pourquoi cette jeune fille a déserté le couvent, où je la traitais comme ma propre sœur ?

— Non, en vérité, ma mère, dit la carmélite, à moins qu'on ne l'eût enfermée ici ici pour la soustraire à un amour mondain auquel elle sera retournée.

— Elle était d'une modestie exemplaire, dit l'abbesse, et malgré ses manières un peu fières et réservées, elle avait un caractère adorable. J'avais cru vraiment que je pourrais l'attacher à notre humble troupeau, et cet espoir était d'autant mieux fondé qu'elle m'avait été amenée par un saint, le moine le plus pur de l'Espagne.

— Quel dommage qu'elle soit allée se perdre dans le monde, dit une novice dont l'œil étincelant était loin d'exprimer le calme parfait des sens et de l'âme. Où sera-t-elle plus heureuse que parmi nous !

— Ma fille, répondit Françoise de Lerme, bénissez Dieu qui, en vous arrachant au même danger, vous permet de passer ici paisiblement votre vie.

La jeune recluse étouffa un soupir en s'efforçant de donner à son visage l'expression du contentement. Elle eût cependant préféré aux saintes délices du cloître l'indépendance et la joyeuse liberté de la vie mondaine.

— Convenez, ma mère, poursuivit-elle en étalant sur ses genoux une large bande de moire blanche semée de fleurs d'or d'une délicatesse infinie, qu'elle achevait de broder, convenez que voilà un beau devant d'autel, et que pas un couvent de Séville ne pourra se vanter d'en avoir un pareil.

— Admirable, vraiment ! répondit l'abbesse ; il ornera dignement notre chapelle le jour de votre profession, ma fille. Mais qu'avez-vous donc là, Catherine ? poursuivit-elle en s'adressant à une très-jeune religieuse qui feuilletait sous son voile un volume grossièrement imprimé, orné de gravures plus mauvaises encore que le texte.

La religieuse rougit légèrement et cacha le volume dans sa poche.

— Montrez-moi cela, dit sévèrement l'abbesse.

— Donnez-donc ce livre, ma sœur ! firent les autres dont la curiosité était vivement excitée.

Catherine était un peu gâtée par l'abbesse à cause de son caractère aimable, mais surtout de la grande fortune et de la haute position de sa famille. Catherine tendit le livre d'un air mutin, et ses compagnes purent lire sur la couverture ces mots imprimés en gros caractères : *La sainte Bible*.

C'était une bible protestante traduite en espagnol et imprimée en Hollande.

— C'est un livre de dévotion, fit Claire ; il valait bien la peine d'y mettre tant de mystère.

— Oui, mais c'est une Bible luthérienne, dit l'abbesse moins ignorante et tout aussi curieuse que les autres ; d'où avez-vous eu cela, Catherine.

— D'un frère de ma mère, madame ; il l'avait apportée de Flandre où il commandait un régiment. Mon oncle était fort partisan de la religion réformée ; aussi, lorsque ma mère insista pour me faire entrer en religion, mon oncle qui s'y était longtemps opposé me donna ce livre en me disant : « Ma nièce, tu ne resteras pas toujours enfermée ; quand la réforme du grand Luther aura pénétré en Espagne, les religieuses seront libres, et elles pourront se marier comme elles l'ont fait en Allemagne. »

— O ma mère ! quel sacrilège ! s'écrièrent les recluses, qui écoutaient avec une incroyable avidité.

— Chut, Catherine ! fit Françoise ; cela est imprudent à dire, ma fille.

— Est-ce qu'il y a bien loin d'ici en Allemagne ? demanda l'ignorante Claire.

— Oh! certainement, répondit Catherine, et nous serons mortes quand Luther viendra.

— Tais-toi, tais-toi! s'écria l'impétueuse Françoise, dont le cœur battait violemment à la seule pensée de la liberté, tant était ardente et vivace cette femme si peu faite pour l'abnégation et l'indolence claustrale, qui avait cherché un aliment à son incroyable énergie dans l'exercice du despotisme monastique.

— Oh! pensa-t-elle en elle-même, la liberté pour nous aussi!... Mais nous serons mortes avant qu'elle arrive, murmura-t-elle tout bas en répétant les paroles de Catherine.

— Notre mère est pensive, dit Claire à à voix basse.

Un grand coup de sonnette retentit aux oreilles des recluses.

— Claire, dit l'abbesse subitement rappelée à elle-même, voyez donc ce que c'est; je n'attends pas visite à cette heure.

— Qu'est-ce que cela peut être, murmura la troupe oisive, pour qui le plus léger incident était une grave occupation, tant cette existence de couvent se passe en niaiseries futiles, en cancans mystiques, en exaltations vides; tant on y gaspille le temps et la vie.

Claire s'était levée; mais avant que, de son pas lent et mesuré, elle eût traversé la salle longue d'au moins trente pieds, une sœur converse soulevant la portière de soie, s'avança vers l'abbesse, portant de ses deux mains un plateau d'argent sur lequel était une lettre.

Claire prit le plateau des mains de la converse, et malgré les efforts des autres religieuses qui, toutes à la fois, avaient allongé le bras pour saisir le bienheureux plateau, Claire, plus grande que les autres, l'éleva au-dessus de sa tête; arrivée au pied du trône, elle en monta légèrement les marches jusqu'à la dernière, et là, s'agenouillant devant l'abbesse, elle lui présenta le plateau [1].

L'abbesse prit la lettre, en brisa le cachet de cire verte, et après avoir lu les premières lignes, elle se leva toute droite de son siége.

— Mes sœurs, dit-elle, allons au-devant de monseigneur le grand inquisiteur Arbues, qui nous fait l'honneur de nous visiter.

Sur un signe de l'abbesse, la converse sortit. Alors, sa crosse en main, Françoise de Lerme prit les devants, et suivie de ses élues, elle s'avança jusqu'à la porte extérieure du couvent pour recevoir Son Éminence.

On voit qu'elle n'avait pas daigné faire avertir le reste du troupeau. Dans un gouvernement despotique, l'État, c'est le roi et ses favoris.

Arrivée à la porte du cloître, Françoise de Lerme la fit ouvrir à deux battants. En même temps monseigneur Arbues descendit de sa litière; il était seul, ne s'étant fait accompagner que par ses valets. José avait feint d'être malade pour se dispenser de cette visite.

Le lecteur sait où il était allé.

L'inquisiteur s'avança vers les religieuses, et quand il eut mis le pied sur le seuil, l'abbesse s'agenouilla devant lui pour recevoir sa bénédiction. Toutes les religieuses l'imitèrent. Puis Françoise de Lerme reprit le chemin de la grand'salle qu'elle occupait naguère, et faisant avancer deux larges fauteuils à franges d'or, elle fit asseoir monseigneur Arbues et s'assit elle-même vis-à-vis de lui. C'était l'usage de l'abbesse

1. Ce cérémonial, *tout chrétien*, s'est conservé jusqu'à nos jours parmi les servantes de Jésus-Christ. C'est un genou en terre, un plateau d'argent ou de vermeil dans les mains, que les religieuses de la rue Saint-Dominique présentent à l'humble supérieure des jésuitesses les missives qui lui sont adressées.

Intérieur d'un cabaret.

de conserver ainsi au moins l'égalité du rang vis-à-vis du grand inquisiteur. Pierre Arbues, très-pointilleux aussi sur l'étiquette, se contentait de sourire de cette subtilité ; il aurait même souffert de l'abbesse des carmélites bien d'autres empiétements encore sur ses droits et prérogatives, et il fut tel temps où il se serait assis volontiers sur la dernière marche de ce beau trône doré si bien occupé par la belle Françoise de Lerme.

Mais ce jour-là Pierre Arbues était sombre et sévère, et, de son regard hautain, il toisa d'un air de mécontentement cette assemblée féminine. L'abbesse comprit qu'il se passait quelque chose d'extraordinaire.

— Ma sœur, dit enfin l'inquisiteur, j'ai à vous entretenir seule ; faites, je vous prie, retirer nos sœurs qui sont ici.

L'abbesse fit un signe, et la troupe voilée disparut comme une nuée d'oiseaux.

Pierre Arbues alla s'assurer par lui-même que les portes étaient bien fermées, puis il revint s'asseoir auprès de l'abbesse.

— Madame, dit-il d'un ton glacial, la dernière fois que j'ai visité cette communauté, je vous ai demandé si vous n'aviez pas de religieuse ou de novice que je n'eusse pas encore vue. Vous m'avez répondu non, je crois.

— Et cela était vrai, monseigneur ; il n'y avait ici aucune religieuse qui ne fût connue de Votre Éminence.

— Non, poursuivit Arbues, mais il y avait une femme que vous m'avez cachée.

— Je ne vous l'ai pas cachée, monseigneur, répondit Françoise de Lerme : elle ne s'est pas trouvée ici quand vous nous avez fait l'honneur de nous visiter, voilà tout; et comme elle n'était ni religieuse ni novice, je n'ai pas cru nécessaire d'en parler à Votre Éminence.

— Et si c'était précisément cette femme que je cherchais ?

— Voilà une chose dont je ne me doutais pas le moins du monde, fit l'abbesse avec un peu d'ironie.

— Trêve de sarcasme, madame, dit l'inquisiteur avec rudesse ; il avait les passions trop violentes pour se contenir longtemps et arriver à son but avec adresse ; cette femme est ici et je veux la voir.

— Il fallait dire cela plus tôt, monseigneur ; cette femme, ou mieux cette jeune fille est partie sans que je puisse comprendre pourquoi elle s'en est allée, car j'ai eu pour elle toutes sortes d'égards.

— Partie ! s'écria l'inquisiteur stupéfait ; partie !... Oh ! vous me trompez, madame. Dolorès Argoso est ici, et vous me la montrerez sur l'heure, entendez-vous ?

— Dolorès Argoso ? reprit Françoise ; ce n'est pas là le nom de la jeune fille qui était chez moi, monseigneur ; elle se nommait tout simplement Maria ; c'était une orpheline qui m'avait été confiée par un saint prédicateur, Jean d'Avila, surnommé partout l'apôtre de l'Andalousie [1].

— Jean d'Avila ! fit l'inquisiteur d'une voix amère ; je ne m'étonne pas si tout cela tourne à mal contre moi. Jean d'Avila appartient aux carmes déchaussés ; tous ces mendiants de Saint-François sont nos ennemis.

— Que vous a fait Jean d'Avila, monseigneur ? dit Françoise qui, par une taquinerie de femme, se plaisait à irriter la colère de l'inquisiteur.

— Ce qu'il m'a fait, madame ? vous demandez ce que me font à moi, grand inquisiteur de la province, tous ces moines prêcheurs qui, au détriment de Rome, affectent de suivre et d'enseigner l'Évangile mieux que nous ? Ces humbles orgueilleux, qui font au peuple une religion si large, que la très-sainte inquisition lui semble une tyrannie et notre zèle une cruauté.

— Eh ! que vous importe, monseigneur, fit l'abbesse ; ils ont la parole, vous avez le pouvoir ; ils prêchent dans le désert ; croyez-moi, ne vous inquiétez pas tant de la propagation de leur doctrine.

— Mais cette femme, cette jeune fille, reprit le farouche dominicain, faites la donc venir, madame ! je vous dis qu'elle est ici et que je veux la voir.

— Monseigneur, répliqua l'abbesse avec un peu de dépit, j'ai dit à Votre Éminence que cette jeune fille avait disparu ; Votre Éminence me fera-t-elle l'honneur de me croire sur parole ?

— Françoise ! s'écria l'inquisiteur en fixant sur l'abbesse un regard irrité.

— Pierre Arbues ! reprit Françoise de Lerme, dont le visage s'éclaira soudain de colère et de jalousie, as-tu donc pensé que je devais être la gardienne de tes maîtresses ? Cette fille est partie, que m'importe ? Fais-la chercher par tes sbires et tes familiers ! Manques-tu donc d'espions à Séville pour retrouver une femme qui te fuit !

— Dolorès est ici et je veux la voir ! s'écria Pierre Arbues d'une voix tonnante.

— Dolorès Argoso n'est pas ici, répondit l'abbesse avec une rage froide et concentrée ; et si elle y était, je ne vous la livrerais pas, entendez-vous, monseigneur !

— Par le Christ ! cela est téméraire à vous, madame, de jouer avec l'inquisition. Sais-tu ce que je peux et ce que je suis, Françoise de Lerme ! le sais-tu ?

— Je sais que vous êtes un prêtre abominable ! s'écria Françoise exaspérée, un

---

[1]. Je parlerai en temps et lieu de Jean d'Avila, âme noble et dévouée, dont le nom est si populaire et si aimé en Espagne.

moine impudique qui ne cherche qu'à satisfaire ses passions brutales à quelque prix que ce soit.

Pendant cette énergique sortie de l'abbesse des carmélites, l'inquisiteur avisa sur un siége la bible protestante que Catherine avait oublié d'emporter.

Il lut rapidement le livre imprimé sur la couverture : à cette découverte, un éclair sinistre jaillit de ses yeux, et, poussé par une arrière-pensée infernale, il prit le livre et le cacha sous sa tunique.

Puis relevant les yeux sur Françoise, trop exaltée pour s'être aperçue de ce larcin, Pierre Arbues se prit à considérer d'un air singulier de concupiscence et d'admiration cette femme ardente et passionnée que la colère rendait plus belle encore. Un rouge vif animait le teint blanc et pur de Françoise, et ses yeux scintillaient d'une lumière si vive, qu'on eût dit qu'il allait en jaillir des étincelles.

La colère de l'inquisiteur fondit un moment à cet éblouissant spectacle. Jamais Françoise de Lerme ne lui avait paru si belle. Le visage austère de Dolores, dont l'expression chaste et sévère éloignait les désirs au lieu de les réveiller, ne pouvait lutter en ce moment avec la beauté incomparable de l'abbesse des carmélites. Pour un homme charnel, la comparaison était toute à l'avantage de Françoise ; et puis Dolores était absente. Les hommes qui vivent par les sens n'ont pas d'yeux à l'âme, le présent a tout empire sur eux, et celui-là domine qui fait vibrer les fibres matérielles de leur être.

— Oh! que tu es belle, Françoise! s'écria Pierre Arbues, qui la contemplait depuis quelques instants dans une admiration muette.

Cette passion échevelée allait à sa nature sauvage, et le mélange de remords qui s'y laissait voir était de plus un piquant attrait.

— Belle pécheresse! continua-t-il en prenant dans ses mains la main blanche de l'abbesse, que la colère avait rendue froide comme du marbre.

— Pierre, dit la religieuse en tombant à genoux pâle et affaissée par une soudaine r action, Pierre, j'ai peur... j'ai peur de l'enfer!...

— Folle, fit le prêtre, a-t-on peur de l'enfer quand on est au ciel!

Un nuage passa sous les yeux de l'abbesse éperdue...

Pierre avait oublié Dolores.

CHAPITRE XVI

La Mélopia[1].

Après qu'il eut visité avec Estevan les plus pauvres des environs de Séville, l'apôtre se résolut à borner là ce voyage. Il était inquiet pour Dolores, et la fête de la Pentecôte étant proche, époque à laquelle on célébrait d'ordinaire un auto-da-fé, il craignait que le moment ne fût arrivé où il faudrait, non pas sauver le malheureux gouverneur de Séville, Jean d'Avila n'osait l'espérer, mais le tenter du moins, et consoler sa malheureuse fille si ses efforts demeuraient impuissants.

Estevan partageait toutes les craintes de l'apôtre, et les dangers qui les attendaient à Séville étaient une bien faible considération pour ces deux hommes courageux. Ils

---

1. Voyez note 1, page 394.

ne redoutaient de perdre leur liberté que parce qu'elle était utile au salut des autres.

Ils approchaient donc de la cité mauresque, à pied tous deux comme les prophètes de la Judée, trompant leurs inquiétudes et la longueur du chemin par des entretiens graves, pieux, s'animant l'un l'autre à suivre courageusement leur pèlerinage terrestre. La fougue d'Estevan pliait sous la douce autorité de Jean d'Avila ; le jeune homme apprenait de lui à lutter de patience et de résignation.

Il était environ six heures du soir.

Une immense population circulait dans les rues ; c'était l'heure où les innombrables monastères de Séville distribuaient la mélopia aux mendiants et aux vagabonds de la cité. Après que les moines avaient tout enlevé à ces malheureux, c'était bien le moins qu'ils leur donnassent à manger [1].

Estevan et l'apôtre se trouvaient en ce moment en face d'un couvent de moines de la Merci [2].

La foule était grande dans la rue, car il ne manquait pas de mendiants à Séville ; et dans son ardeur à être le premier servi, chacun cherchait à se frayer un passage aux dépens de son voisin, en sorte que cette foule compacte obstruait entièrement le passage.

[1]. Voyez la note, page 428.
[2]. Les moines de la Merci suivaient, comme les dominicains, la règle de saint Augustin. A sa naissance, l'ordre de la Merci fut très-utile. Les frères de cet ordre se répandaient dans toute la chrétienté, demandant et obtenant de nombreuses aumônes qui étaient fidèlement employées à racheter des chrétiens captifs en Barbarie. Quelques moines de la Merci, envoyés à Alger pour racheter des captifs, sont restés eux-mêmes à la place de ceux dont ils ne pouvaient payer la rançon. Il y en a même qui ont souffert le martyre, mais ce sublime dévouement n'a pas duré longtemps. Pendant le dix-huitième siècle, les moines de la Merci demandaient toujours et obtenaient de nombreuses aumônes ; seulement, au lieu de les employer à la rédemption des captifs, ils les employaient comme le reste des moines employaient les sommes énormes qu'ils extorquaient à la crédulité publique... à agrandir leur puissance et à étendre leur domination.

— Arrêtons-nous un instant, dit Jean d'Avila ; attendons que ces pauvres affamés soient repus ; nous continuerons notre route ensuite.

Ils se reculèrent de quelques pas, et allèrent s'adosser contre le mur, de manière à tout voir sans gêner personne.

Peu à peu cette agglomération d'hommes devint plus compacte ; ils se serraient les uns contre les autres, parlant très-haut et très-vite ; on n'entendait qu'un bruit sourd et confus de voix discordantes, où le ton qui dominait le plus était celui d'une impatiente colère ; on eût dit des chiens hargneux attendant la curée.

Tout à coup, cet aigre murmure se changea soudainement en exclamations joyeuses, vives et prolongées ; cette masse d'hommes, resserrés à s'étouffer sembla ne plus faire qu'un corps immense avec des centaines de têtes dirigées vers le même but par une volonté unique.

La porte du couvent venait de s'ouvrir.

Deux frères lais, jeunes et robustes, portaient, à l'aide d'un gros bâton passé dans les deux anses, un énorme chaudron de cuivre, où bouillait encore la bienheureuse mélopia.

Alors vous eussiez vu tous ces bras et toutes ces mains s'agiter convulsivement, en élevant en l'air l'écuelle de bois destinée à contenir la ration.

Des cris rauques, des hurlements farouches, accueillirent l'apparition de ce mets réparateur ; on eût dit que tous ces malheureux allaient s'y jeter à la fois pour le dévorer ; mais en cet instant parut une troisième frère lai. Celui-ci était armé d'une énorme cuiller à pot, et vêtu d'un froc si crasseux qu'on n'en pouvait plus distinguer l'étoffe ni la couleur.

— *A las fila!* (à vos rangs!) s'écria-t-il d'une voix tonnante.

Aussitôt, chacun se rangea en murmurant entre ses dents; on eût dit le grognement d'un dogue à qui on a enlevé un os.

— *Para todos hay, silencio*[1], cria de nouveau le frère *dispensero* (dispensateur).

Cette assurance fit taire, comme par enchantement, toutes ces voix murmurantes.

La distribution commença.

Et comme toutes les écuelles étaient de la même grandeur, personne ne pouvait se plaindre ; il y avait une impartialité complète dans la distribution de la mélopia, mot corrompu de *mezclopia*, mélange. Et en effet, c'était bien le mélange le plus immonde, le rebut de la table des moines, des restes souillés et rongés, bouillis dans une eau salé avec un peu d'huile ou des rognures de lard. Il fallait être chien ou Gitano pour y toucher.

Mais la faim! la faim! et tous ces gens-là avaient faim.

Aussi c'était plaisir de les voir manger leur portion sans plus de dégoût que nous n'en avons à avaler un excellent potage; mais c'était pitié aussi, pour qui savait le fond des choses, de voir ce pauvre peuple d'Espagne ainsi réduit à la plus dégradante de toutes les misères.

— Quel étrange ragoût ! s'écria tout à coup Estevan, qui cherchait vainement à deviner de quoi se composait ce brouet de toutes les couleurs, qui n'avait aucune forme distincte, et qui exhalait une odeur nauséabonde de graisse brûlée et d'huile rance.

— Oui, étrange en effet, répondit Jean d'Avila avec tristesse; si vous saviez de quoi il se compose !

— De quoi donc, mon père? vous savez cela, vous ?

— Quand les moines ont dîné, poursuivit l'apôtre, ils jettent à ce pauvre peuple les os dont ils ne veulent pas, comme à

[1]. Il y en a pour tous, faites silence.

des chiens. Les frères lais ramassent, dans ce chaudron que vous voyez là, tout ce que la sensualité des moines leur fait rejeter au bord de leur assiette, les os à moitié rongés, les têtes de poissons, les pattes de volaille, les asperges dont ils ne font que sucer la pointe, tout ce qu'il ne mangent en un mot.

Parmi ces débris, il se trouve toujours quelque chose à ronger; puis on coupe du pain dans ce chaudron, on y verse de l'eau et un peu d'huile; tout cela, bouilli sur le feu pendant un quart d'heure, s'appelle la mélopia; elle fait vivre un quart au moins de la population de l'Espagne.

— Quelle indignité! s'écria Estevan.

— Ce n'est pas tout, continua Jean d'Avila, les moines ne se contentent pas d'exploiter la misère des pauvres car les pauvres n'ont plus rien à leur donner ; et cette pâture immonde qu'ils leur jettent ainsi chaque jour n'est qu'un semblant de restitution pour tous les biens qu'ils leur ont enlevés; pour ceux-là, les moines ont inventé la mélopia intérieure.

— Qu'est-ce que cela ? demanda Estevan.

— Mon fils, quand un riche est malade, il fait appeler son médecin, mais le plus souvent aussi il consulte son confesseur.

— Je souffre, dit le malade.

— Faites un vœu, répond le confesseur.

Ce vœu consiste pour l'ordinaire à vivre d'aumônes pendant un certain temps. Eh bien! dans tous les couvents d'Espagne, il y a une table sainement et abondamment servie à laquelle viennent manger *gratis* tous ceux qui se sont voués à la mélopia. Un régime sain et réglé produit d'ordinaire d'heureux résultats; la santé du riche s'améliore, et, en terminant son vœu, il laisse une riche récompense au couvent, en bénissant Dieu d'avoir daigné le guérir. Voilà comment on exploite la religion, mon fils, voilà comment ces pharisiens vendent la grâce de Dieu qu'on n'obtient que par la prière, la pureté du cœur ou les larmes du repentir. Voilà comment ils faussent l'esprit d'un peuple généreux, enthousiaste, amant du merveilleux, cherchant partout des miracles, qu'on lui fait voir à l'aide de subterfuges grossiers : comme si la création entière n'était pas un éternel miracle ! comme si la main invisible qui fait tout mouvoir avait besoin de moyens humains pour accomplir sa volonté souveraine !

Comme l'apôtre achevait ces mots, arriva un mendiant qui, armé de sa large écuelle, venait prendre sa part du *souper* commun.

— C'est fini, il n'y en a plus, lui cria un jeune garçon qui avalait sa portion avec une voracité indigne d'un Andalous.

— Tant pis pour la mélopia, répondit fièrement le vagabond en regardant l'assemblée avec un superbe dédain.

Et il se mit à chanter comme s'il eût fait le meilleur repas du monde.

— Pauvre homme ! dit Estevan, il ne va donc pas manger ce soir ? Il faut convenir que ce peuple est bien malheureux.

— Pas si malheureux que vous pourriez le croire ; l'Andalous est poète par essence, mais paresseux, indolent et contemplatif comme tous les êtres chez qui l'imagination domine. Pour lui, les besoins du corps sont peu de chose, la matière est subordonnée à l'esprit ; aussi, faute d'aliment aux facultés de son intelligence, il se plonge dans une immense paresse, ou se livre à un vagabondage inouï, selon les alternatives d'ardeur ou d'apathie qui se succèdent d'ordinaire dans les riches organisations. Il joint à cela un immense orgueil, né de la conscience qu'il a de son propre mérite ; les mauvais traitements ne le domptent pas, ils ne font que soumettre la matière. Ces gens-là attendent le règne de l'esprit ; c'est le seul qui pourra développer leurs bons instincts et leurs vertus naturelles.

— Quel dommage ! dit Estevan, quel dommage de laisser s'abrutir ainsi ces imaginations brillantes, ces âmes exaltées et, partant, généreuses si elles étaient dirigées vers le bien !

— Sans doute, mon fils, et ceci est un crime de lèse-majesté divine, c'est méconnaître la grandeur de Dieu dans des êtres formés à son image ; abrutir, ravaler le peuple, c'est saper une nation par sa base, c'est préparer sourdement la mine qui, un jour enfin, éclate en révoltes et en guerres civiles.

— Mon père, dit tout à coup Estevan en regardant avec admiration la belle figure de l'apôtre rayonnante de tristesse, de colère sainte et d'amour de l'humanité ; mon père, pourquoi donc vous êtes-vous fait moine ?

— Pour lutter, répondit Jean d'Avila ; pour connaître à fond la plaie secrète qui dévore l'Espagne, et porter ma pierre à l'édifice nouveau qui doit s'élever un jour sur les ruines du fanatisme et de la persécution.

Mais les temps ne sont pas arrivés, s'écria-t-il avec douleur, et trop de nuages cachent encore le soleil de la liberté pour qu'il puisse éclairer l'Espagne... N'importe ! poursuivit-il avec enthousiasme, la régénération d'un peuple est l'œuvre lente des siècles ; l'homme ne recueille pas toujours sur l'arbre qu'il a planté. Malheur à qui ne sème que pour lui et espère sa récompense ici-bas !

— Mon père, dit le jeune homme, vous ne ressemblez guère à la plupart des réformateurs, qui d'ordinaire travaillent pour eux et pour leur gloire, sans songer sérieusement au bonheur de ceux qu'ils viennent régénérer.

— Mon fils, celui-là seul est digne d'être

appelé réformateur, qui fait abstraction de lui-même, et apporte du bonheur aux hommes aux dépens même de son propre bonheur, et, s'il le faut, au prix de sa vie. Je ne connais qu'un réformateur digne de ce nom; celui-là s'appelle le Christ. Nous tous qui travaillons à propager sa doctrine sacrée ou à la rétablir lorsqu'elle a été faussée, nous ne sommes que ses mandataires.

Le peuple avait achevé de *souper*.

Peu à peu la rue était devenue libre.

Jean d'Avila poursuivit son chemin avec Estevan.

Comme ils approchaient d'un groupe de mendiants, occupés à improviser des séguidillas après avoir vidé leur écuelle, Jean d'Avila se sentit arrêter par la manche de son vêtement, et en se retournant il reconnut la Serena.

— Que Votre Béatitude me pardonne, dit la jeune femme; mais je suis allée chez elle, et je n'ai trouvé personne.

— Qu'y a-t-il donc? demanda Estevan, comprenant bien qu'il était question de Dolores.

— Que Votre Révérence sache, poursuivit la Culevrina en s'adressant toujours à l'apôtre, que la jeune dame qu'elle a prise sous sa protection est venue, il y a quelques jours, à la taverne de la Chapa.

— Comment donc, s'écria l'apôtre, Dolores aurait quitté le couvent des carmélites ?

— Je ne sais, répondit la Serena; mais toujours est-il que je l'ai vue de mes yeux entrer dans la taverne.

— En es-tu bien sûre? demanda Estevan avec inquiétude.

— Comme de ma mort, seigneur; je l'ai parfaitement reconnue, quoiqu'elle fût vêtue comme une *manola*, et que son visage fût très-pâle.

— O mon Dieu! quel nouveau malheur l'a frappée?

— Courons, mon père! s'écria Estevan.

— Imprudent, dit l'apôtre, ne savez-vous pas que la taverne est le rendez-vous des familiers de l'inquisition? J'irai seul, ou plutôt nous y enverrons d'abord cette jeune femme.

— Culevrina, fit-il en se tournant vers la Serena, va de ce pas chez Coco, et reviens me dire ce qu'est devenue la senora Dolores.

— Où retrouverai-je Votre Béatitude?

— Chez moi, répondit Jean d'Avila; va, ma fille, et que Dieu te conduise.

La Serena partit comme un trait.

Estevan et Jean d'Avila hâtèrent le pas pour arriver plus vite à la maison de ce dernier.

CHAPITRE XVII

La cavalcade.

Près de la grande place de Séville, dans une rue écartée longeant un des côtés de la cathédrale, on voyait une petite maison basse dont les murs de briques rouges et certains ornements d'architecture attestaient qu'elle avait dû être bâtie dans le même temps que l'Alhambra [1].

On entrait dans cette maison par une porte cintrée, étroite et basse, et aucune ouverture apparente ne lui donnait jour sur la rue. Cependant, à quelques pieds au-dessus de la porte, était pratiquée une ouverture carrée assez large pour y pouvoir

---

[1]. Alhambra est un mot composé de deux mots arabes qui signifient *château* ou *palais rouge*. En effet l'Alhambra est construit en briques rouges.

passer la tête, et qu'on scellait à l'intérieur à l'aide d'une masse de briques réunies en bloc, exactement de la même dimension que l'ouverture, et joignant si parfaitement que, lorsqu'elle y était placée, personne n'eût soupçonné dans le mur cette ouverture qui se fermait comme une tombe.

La maison n'avait qu'un seul étage, une terrasse où on ne voyait jamais personne, et derrière, un petit jardin clos de murs si élevés que, des maisons voisines, le regard ne pouvait y plonger. Ce jardin, ou plutôt ce puits, car il en avait la forme, était rempli de verdure et de fleurs qui croissaient malgré l'absence du soleil intercepté par les murs, tant l'air est chaud et la terre féconde en Andalousie.

On disait que cette demeure avait, au temps des Maures, appartenu à un santon. Au moment où se passait notre histoire, elle était habitée par une femme déjà âgée, très-pieuse, très-assidue à l'église, mais qui ne recevait jamais personne, si ce n'est un jeune prêtre dominicain qu'on supposait être son confesseur.

On avait commencé par s'étonner d'une vie si entièrement solitaire : mais comme cette femme était en règle vis-à-vis de l'inquisition, on avait fini par attribuer sa sauvagerie à une dévotion excessive, et personne ne songeait à la blâmer. On ignorait de quel pays elle était venue ; elle habitait la maison du santon depuis quelques années. Toutefois, on jugeait à son costume et à ses manières qu'elle était Espagnole pur sang.

Il était midi.

Dans une petite salle basse qui donnait sur le jardin, deux femmes causaient en s'occupant d'ouvrages à l'aiguille.

Une d'elles, âgée de plus de cinquante ans, avait une physionomie douce et grave, empreinte d'une profonde tristesse ; un secret pénible, douloureux, semblait peser sur ce front pâle tout couvert de cheveux blancs ; une lutte longue et cruelle avait ridé ce visage qui avait dû être beau, et courbé légèrement cette haute taille. Cette femme se nommait Juana ; c'était la maîtresse du logis. L'autre, dans la fleur de la première jeunesse, était aussi triste qu'elle et aussi abattue ; c'était Dolores.

Tel était l'asile où José l'avait cachée.

Juana était la nourrice du jeune dominicain.

— Je n'ai pas vu mon fils hier, dit tout à coup la vieille femme ; serait-il malade, mon pauvre José ?

— Il viendra aujourd'hui sans doute, répliqua la fille du gouverneur ; ne m'a-t-il pas promis de m'apporter des nouvelles de l'apôtre ?

— Et il le fera, soyez tranquille, dit Juana. Mon José a un cœur d'ange ; il n'a jamais fait que du bien.

En disant ces mots, Juana essuya deux larmes qui coulaient sur ses joues flétries.

— Allons, ma fille, poursuivit-elle en pliant son ouvrage et le posant sur son siége, il est temps de dîner : laissez donc cette tapisserie et venez vous mettre à table.

— Je n'ai pas faim, dit tristement Dolores.

— Mais il faut manger pour vivre... pour avoir la force de vivre, poursuivit amèrement la vieille femme.

En même temps elle déposait sur une table des mets simples mais abondants, du riz à l'eau, du mouton grillé et des fruits.

Dolores se leva lentement et alla s'asseoir devant la table plutôt par obéissance que par besoin.

Il faisait chaud ; tout en ce moment était silencieux autour de la maison, et dans cette retraite si bien fermée on eût pu se croire éloigné de la ville.

Cathédrale de Séville.

Tout à coup, le son d'une éclatante fanfare retentit dans l'éloignement.

Dolores tressaillit brusquement sur sa chaise, et recula loin d'elle les mets qu'on lui avait servis.

— Qu'avez-vous? demanda Juana avec intérêt; qu'avez-vous, mon enfant?

— Écoutez! fit Dolores épouvantée, en fixant ses yeux vagues et terrifiés sur le visage de Juana; écoutez, ma mère, n'entendez-vous pas?

La fanfare retentit de nouveau plus bruyante et plus animée, car elle approchait, et à ce bruit éclatant se mêlait un piétinement de chevaux.

— Eh bien! dit Juana feignant de ne pas comprendre, que vous fait ce bruit, mon enfant?

— Ce bruit, ma mère, c'est celui qui annonce la marche triomphale de l'inquisition; ne comprenez-vous pas? Le roi des bourreaux [1] se promène dans les rues, annonçant à la ville que sa main n'est pas restée inactive et qu'il a fait sa moisson de victimes pour l'auto-da-fé prochain; n'entendez-vous pas, ma mère?

— Vous vous trompez, je crois, fit Juana en tremblant.

— Oh! non, je ne me trompe pas; écoutez plutôt, dit-elle.

La cavalcade était déjà arrivée sur la grande place, et le bruit des fanfares, plus retentissant et plus distinct, arrivait maintenant à leurs oreilles.

— Venez, venez! s'écria Dolores en entraînant la vieille femme et la forçant à la suivre au premier étage de la maison, vous allez voir, ma mère!

Et arrivée dans la chambre qui donnait sur la rue et d'où l'on pouvait voir une partie de la grande place, Dolores enleva lestement la pierre qui formait l'ouverture pratiquée dans le mur.

— Que faites-vous? grand Dieu! s'écria la vieille femme.

— Ne craignez rien, ma mère, personne ne s'en apercevra; ils ont trop à faire à ragarder le cortége de l'inquisiteur.

Juana, alors emportée elle aussi par la curiosité, regarda à travers l'ouverture.

La place était couverte de monde.

Le grand inquisiteur Pierre Arbues, revêtu d'une longue robe violette et monté sur un cheval blanc de la plus pure race, qui piaffait sous son cavalier, s'avançait suivi de son cortége.

La belle figure de l'inquisiteur, fière, hautaine et passionnée, sa grande taille qu'il dédaignait de courber, imposaient au peuple autant que sa dignité.

Pierre Arbues était ouvertement et franchement despote à force d'audace, car il n'y avait pas au monde une âme plus perfide que la sienne dès que l'intérêt de ses passions l'exigeait. Mais dans la vie ordinaire il méprisait trop les hommes, il se croyait trop leur maître pour descendre à l'hypocrisie.

A la suite de Pierre Arbues venaient les autres inquisiteurs, à cheval comme lui, mais vêtus de noir.

Une troupe de gardes du corps [1] escortaient cette cavalcade [2].

Le peuple s'inclinait ou s'agenouillait sur le passage du saint cortége; les visages devenaient pâles, et un silence de mort régnait dans cette foule agenouillée.

Arrivé au milieu de la place, le grand inquisiteur s'arrêta.

Puis, d'une voix éclatante qu'il cherchait à rendre pieuse et convaincue:

---

1. Depuis Deza, les Espagnols appelaient l'inquisiteur général le roi des bourreaux.

1. Des familiers armés. (Voyez note 1, page 354.)
2. La description de cette cavalcade est telle qu'on peut la lire, *Histoire de l'inquisition*, par Llorente, chapitre VI, deuxième partie.

— Mes frères, dit-il, dans un mois à pareil jour la très-sainte inquisition fera justice des hérétiques qui déshonorent la divine religion de Notre-Seigneur.

Un grand auto-da-fé aura lieu pour célébrer les succès de notre grand roi Charles cinquième, en Flandre, et son zèle contre l'hérésie. Priez, mes frères, pour que Dieu nous dévoile tous les hérétiques, même ceux qui ne le sont que dans le fond du cœur, et dénoncez vous-mêmes tous ceux que vous connaîtrez, si vous voulez mériter les indulgences promises à cet effet par Sa Sainteté le pape.

— O mon Dieu ! s'écria Dolores, que va devenir mon père ?

Le peuple ne répondit à la proclamation de l'inquisiteur que par de grands signes de croix.

Les fanfares sonnèrent de nouveau.

— Mon père ! répéta la fille du gouverneur en s'agitant dans la chambre comme une insensée.

— Calmez-vous, lui dit Juana, José va venir ; ne craignez rien.

Dolores retourna à la fenêtre. Le cortége quittait la place et s'approchait de la maison.

— Otez-vous donc de là ! fit Juana épouvantée ; ils vont passer par ici et ils vous verront. Dolores, Dolores ! écoutez-moi.

Mais Dolores ne l'écoutait pas.

Les yeux invinciblement attachés sur l'inquisiteur, il semblait qu'elle voulût lire sur son visage le sort de son père et le sien.

Le cortége était presque sous la maison.

Dolores avait toujours le visage tourné vers la rue.

La chambre était fort obscure.

Toutefois, dans le pénombre où elle se trouvait, la silhouette délicate de la jeune fille se détachait vaguement sur le mur de l'ouverture. En passant, Pierre Arbues releva la tête ; mais en ce moment Juana, saisissant Dolores par la taille, réussit à l'éloigner de la fenêtre.

L'inquisiteur bondit sur son cheval ; il fixa de nouveau ses regards sur l'ouverture où cette vague ressemblance lui était apparue ; mais, plus prompte qu'un éclair, Juana avait replacé la pierre. Au lieu de l'apparition qui l'avait ébloui, Pierre Arbues ne vit plus qu'un mur uniforme, une maison sans fenêtres.

Il se crut le jouet d'un rêve ; et se tournant vers un familier qui était à quelques pas derrière lui :

— Sais-tu, dit-il, à qui appartient cette maison ?

Les familiers savaient tout.

— Éminence, c'est la demeure d'une pauvre veuve à qui votre aumônier don José fait l'aumône.

— Je suis fou, pensa l'inquisiteur ; mais je vois cette femme partout.

Le cortége poursuivit sa marche.

Juana déposa sur un siége Dolores évanouie.

Le bruit des fanfares se perdait dans l'éloignement. Dolores était toujours privée de sentiment.

Agenouillée devant elle, Juana lui frottait vivement les mains et lui mouillait le visage avec de l'eau fraîche.

Seule, et n'osant appeler personne, elle commençait à concevoir des inquiétudes, lorsque la porte extérieure de la maison s'ouvrit avec un bruit léger ; on monta l'escalier d'un pas rapide.

— Dieu soit béni ! s'écria Juana, ce ne peut être que José.

C'était José en effet ; au moment où il entrait dans la chambre, Dolores ouvrit les yeux en poussant un long soupir.

— Qu'est-ce donc, nourrice ? demanda José.

— Mon père ! mon père ! s'écria Dolores

en apercevant le jeune dominicain, don José! vous voyez bien qu'ils veulent tuer mon père!

— Rassurez-vous, Dolores, dit José avec douceur ; qui vous dit qu'on veut tuer votre père ?

— N'ai-je pas entendu tout à l'heure ces cris de mort ? Ne vient-on pas de proclamer un auto-da-fé prochain ?

— Qu'est-ce que cela prouve ? répliqua le jeune dominicain ; si votre père était désigné pour en faire partie, ne suis-je pas là, moi, pour y veiller ?

— Oh ! vous me trompez, don José ; votre pitié cruelle vous engage à me cacher la vérité. Ne sais-je pas que l'inquisiteur a soif du sang de mon père et qu'il le fera mourir ?

— Calmez-vous et écoutez-moi, dit José en se rapprochant de la jeune fille.

— Non, je ne vous crois pas ! s'écria-t-elle avec une exaltation croissante ; ne portez-vous pas, vous aussi, la livrée de l'inquisition ? Eh bien ! laissez-moi, je n'ai pas besoin de vous pour sauver mon père ; j'irai me jeter aux pieds de monseigneur Arbues; j'embrasserai ses genoux ; je prierai et je pleurerai tant, que si son âme n'est pas aussi dure qu'un rocher, il se laissera attendrir et il me rendra mon père.

— Pauvre insensée ! dit José d'une voix amère en regardant Juana, qui pleurait, est-ce que les inquisiteurs ont une âme? est-ce qu'ils savent ce que c'est que d'avoir un père, une mère, une amante ou une sœur? Jamais un sentiment a-t-il fait tressaillir leurs entrailles de marbre? Connaissent-ils donc d'autres sensations que les désirs lascifs, féroces et impitoyables; les délires menstrueux d'une débauche effrénée, la soif du sang, le spectacle de l'agonie ?

— J'irai, j'irai ! dit Dolores plus enflammée encore à cette peinture terrible, mais palpitante de vérité.

En même temps elle se leva, soutenue par l'exaltation, et, repoussant Juana, qui cherchait à la calmer en l'enlaçant doucement de ses bras :

— Laissez-moi, dit-elle, vous êtes tous ligués pour me tromper; vous m'avez enfermée ici comme dans une prison, pour que le bruit des événements ne pût arriver jusqu'à moi ; mais Dieu a déjoué vos projets et j'ai su ce que vous vouliez me cacher, Laissez-moi donc, laisse-moi libre; de quel droit me retenez-vous ici prisonnière ? s'écria-t-elle avec égarement en jetant sur le dominicain un regard fier et courroucé.

José se tut, il était ému et très-pâle. Juana le regarda d'un air qui voulait dire.

— Cette pauvre fille devient folle.

— Elle est plus heureuse que moi, répondit tout bas José.

Juana, dénouant alors ses deux bras qui avaient cherché à retenir Dolores, alla s'asseoir à l'autre bout de la chambre.

La jeune fille, se voyant libre, s'arrêta et se mit à considérer José dont le pâle et beau visage frissonnait de pitié.

Juana pleurait ; ces deux êtres souffrants ressemblaient bien plus à des victimes qu'à des bourreaux. L'œil de Dolores perdit tout à coup son flamboyant éclat ; elle se rejeta, affaissée, sur sa chaise : cette grande colère était tombée.

José alors s'approcha d'elle.

— Pardonnez-moi, dit-elle en lui tendant la main ; j'ai été injuste; la douleur ôte la raison : pardonnez-moi, don José; mais je vous le déclare maintenant avec calme, ma résolution est inébranlable : je veux aller me jeter aux pieds du grand inquisiteur ; je le dois ; je dois tout tenter pour sauver mon père, et il ne sera pas dit que j'aie été lâche.

— Vous ne ferez pas cela, Dolores ! s'écria avec force le jeune dominicain.

— Oh ! fit Juana, ayez pitié de vous-même.

— Je ne crains rien, répondit la jeune fille avec noblesse; est-ce que j'ai peur de la mort, moi?

— Mais vous avez peur de l'infamie, s'écria énergiquement José ; ne connaissez-vous donc pas l'inquisiteur de Séville ?

— Oh ! c'est vrai, fit-elle avec épouvante, je n'avais pas songé à cela.

— Eh bien ! poursuivit José, suivez donc mes conseils ; suivez-les, Dolores, ou, sur mon âme, vous êtes perdue !... Laissez agir vos amis, c'est assez d'une victime ; vous vous perdriez sans fruit, et votre sacrifice ne servirait de rien à celui que vous voulez sauver.

— Oh ! si du moins je savais où est Estevan ! dit la fille du gouverneur avec un désespoir inexprimable.

— Je le saurai, moi, je vous le promets. Estevan est comme moi occupé de vous seule ; soyez donc calme, et comptez sur nous. Vous êtes en sûreté ici, ajouta-t-il, n'essayez pas d'en sortir ; c'est le seul endroit de Séville où l'inquisition ne viendra pas vous chercher.

Malgré les consolations de José, Dolores resta plongée dans un profond abattement.

— Je reviendrai bientôt, lui dit en la quittant le jeune dominicain.

Juana l'accompagna jusqu'à la porte extérieure.

— Ma bonne Juana, dit José, veille bien sur cette jeune fille, prends garde qu'elle ne sorte jamais... C'est assez de victimes comme cela, poursuivit-il avec amertume.

— O mon noble enfant! fit la nourrice en le pressant avec force contre sa poitrine, que Dieu bénisse votre courage !

— Te semble-t-il donc que j'aie faibli? répliqua vivement le jeune moine.

Juana ne répondit pas, mais elle détourna la tête pour cacher ses larmes.

— Ne crains rien, s'écria José en lui pressant la main avec énergie ; ne crains rien, Juana, j'arriverai au but!...

CHAPITRE XVIII

La colère du peuple.

La nuit était venue.

En quittant Dolores, José se dirigea vers le palais de l'inquisition. Il fallait pour y arriver, traverser la rue où demeurait le gouverneur de Séville. En approchant de cette rue, José fut surpris de voir à cette heure un grand rassemblement de peuple assiéger les avenues du palais du gouverneur.

Un bruit vague d'imprécations et de menaces proférées d'une voix rauque, sourde, terrible, courait comme un souffle de tempête parmis ces groupes irrités.

On eût dit le grondement du vent dans une forêt de chênes.

Pas de cris aigus, pas de ces bruits variés et discordants qui, en France, éclatent dans les émeutes, et jettent tout de suite au dehors la colère d'un peuple, qui s'évapore aussi vite que la fumée de la poudre.

Ce peuple d'Espagne, si opprimé, si patient et si calme, faisait entendre, sous une torsion plus forte, le craquement sourd de la branche qu'on veut briser et qui résiste. Et encore, n'était-ce pas pour lui-même que ce peuple réclamait en ce moment les droits de l'humanité et de la justice : il savait souffrir et mourir sans se plaindre, il protestait contre un acte inique de l'inquisition. Il avait dans le cœur le sentiment du juste et de l'injuste, et s'il a toléré si longtemps le joug du despotisme, c'est qu'au-dessus du pouvoir humain qui le persécutait, on lui montrait un pouvoir plus grand, celui de Dieu; et, dans sa foi naïve, ce peuple, qui ne savait de Dieu que ce que lui en avaient appris ses persécuteurs, adorait cet être souverain tel qu'on le lui avait fait, et se soumettait sans murmure à ceux qu'il regardait comme ses ministres.

Ce n'était pas l'intelligence qui manquait aux Espagnols, c'était la lumière, et la lumière, on ne la laissait pas arriver jusqu'à eux. Voilà pourquoi l'Espagne s'est débattue si longtemps dans les liens inextricables de l'ignorance et des préjugés.

Toutefois, malgré les grandes persécutions, l'esprit d'investigation qui tend incessamment vers la vérité s'est toujours agité dans l'âme droite et intelligente des Espagnols; et, au milieu des tortures mêmes de l'inquisition et du despotisme des rois, il a jailli parfois en étincelles brillantes, qui de loin en loin ont éclairé l'Espagne d'une fugitive lueur d'avenir: émanations divines, fragments du grand tout, qui se manifestaient à la terre sous des formes et des noms humains, comme de vigilantes sentinelles échelonnées dans la vie des nations par celui qui gouverne le monde, pour empêcher un grand peuple de périr et de s'abîmer dans les ténèbres de l'ignorance.

Une troupe d'hommes et de femmes exaltés s'avançaient vers le palais du gouverneur de Séville, éclairé par un seul réverbère.

La rue était sombre.

Cette masse vivante s'avançait lentement; puis elle était brusquement refoulée sur elle-même par une autre troupe qui venait dans le sens contraire. On eût dit les ondulations de la vague.

On se portait en foule au palais du nouveau gouverneur.

Le peuple de Séville, lassé de l'administration inique d'Enriquez, avait enfin conçu le désir de se venger. Cette colère du peuple, sourde, contenue, mais persévérante, implacable, était effrayante à voir.

L'émeute avait été si soudaine, si peu bruyante, qu'on n'avait pas eu le temps de lui opposer la force armée; elle avançait vers le palais du gouverneur, comme ces trombes invisibles qui fondent sur terre avec la rapidité de la pensée.

Cependant quelques alguazils accouraient de divers côtés, et çà et là de sombres gardunos regardaient l'émeute sans y prendre part, prêts à vendre leur secours au plus offrant.

— D'où vient ce rassemblement? demanda José à un familier du palais qui accourait en tout hâte, envoyé par Son Éminence pour s'assurer du fait.

— Révérence, ce n'est rien qu'une vieille juive qu'on vient d'arrêter.

— Révérence, s'écria une courageuse manola qui avait entendu la réponse du familier, cette *juive* était aussi bonne catholique que vous et moi; mais elle avait un serviteur infidèle, elle l'a chassé ignominieusement, et son serviteur l'a dénoncée comme hérétique *judaïsante*[1].

— Comment appelez-vous cette dame? demanda José.

— Marie de Bourgogne, Révérence; elle a plus de quatre-vingts ans, et c'est une sainte qui donnait tout son bien aux pauvres. Nous l'appelions notre mère; voilà pourquoi, lorsqu'on a su qu'elle était dans les prisons du saint office, on s'est porté tout d'une voix au palais du gouverneur: car c'est lui qui l'a fait arrêter.

Le familier allait donner des ordres con-

---

1. Pratiquant la religion des Juifs.

tre la manola ; José lui fit signe de se retirer ; ce n'était pas le moment d'user de violences.

Le familier se dirigea d'un autre côté, essayant de percer cette foule compacte qui lui opposait une digue presque infranchissable ; mais il se promit de ne pas oublier le visage de la femme imprudente qui venait de s'exprimer avec tant de témérité.

— Je vous conseille fort, dit tout bas José à cette courageuse Andalouse, de quitter Séville le plus tôt possible ; les paroles de tout à l'heure pourraient vous coûter cher.

— Je le crois, fit-elle en regardant le jeune dominicain et en souriant amèrement ; vous êtes inquisiteur, vous aussi !

— Je suis indulgent, et j'aime ce peuple qui souffre, dit José ; va, pauvre femme, ne crains rien de moi.

La foule se pressait plus furieuse et plus épaisse devant le palais du gouverneur. Quelques-uns, armés de leviers de fer, cherchaient à ébranler la porte soigneusement barricadée, pendant que les autres, élevant en l'air leurs redoutables couteaux d'Albacète, se préparaient à une mortelle défense. Les jeunes filles elles-mêmes, serrant de leur main droite leur poignard affilé, se jetaient en avant furieuses et animées d'un sentiment d'indignation impossible à peindre.

C'était beau et effrayant à voir, toutes ces brunes figures dont les yeux étincelants jetaient partout comme des éclairs terribles et ces lèvres animées qui, à chaque parole de colère, laissaient voir en s'entr'ouvrant des dents blanches et brillantes comme celles du tigre.

Le caractère africain s'était réveillé.

Le sang ardent des Bérébères du désert, non encore attiédi à travers huit siècles de générations dans les veines des Andalous, bouillonnait alors comme une lave. La haine, la haine profonde, amère, dévorante, les poussait invinciblement à la révolte. Ils avaient dit enfin : « C'est assez ! » et ils se ruaient en désespérés contre ce gouverneur inique que le caprice du grand inquisiteur avait imposé à la cité : cet homme sorti des rangs du peuple, qui écrasait et opprimait le peuple.

Enriquez, retiré dans son palais d'où il n'osait sortir, Enriquez, aussi lâche au moment du péril qu'il était cruel dans la prospérité, attendait en tremblant un secours qui ne venait pas.

Chacun des coups de levier qui ébranlaient la porte du palais allait retentir comme un glas de mort au cœur de ce misérable.

Agenouillé dans sa chambre, devant une image de la mère de Dieu, cette admirable statuette qui avait orné le virginal oratoire de Dolores, l'ancien familier de l'inquisition, le complaisant de Pierre Arbues, murmurait en tremblant des paroles inintelligibles, vain et banal formulaire de tous ceux qui honorent Dieu seulement du bout des lèvres.

Enriquez se frappait la poitrine en s'accusant de péchés puérils, sans songer, à ce moment suprême et terrible, à demander à Dieu de l'absoudre de ses crimes.

Comme les païens d'autrefois, Enriquez, dans un accès de ferveur inspirée par la crainte de la mort, promit à la mère du Sauveur cent victimes de plus par an aux auto-da-fé de l'inquisition ; ce fut là l'unique expression de son repentir.

La porte du palais, lourde masse de bois semée de clous de fer, allait céder sous les coups redoublés de mille bras robustes et acharnés ; et comme on n'avait pas eu le temps de sonner le tocsin d'alarme pour avertir les troupes, ils étaient six cents hommes du peuple, hardis et déterminés, contre cinquante familiers ou sbires accourus çà et là à la suite les uns des autres.

Bientôt, aux coups retentissants et pressés dirigés contre la porte, succéda un craquement de bois et de fer; la porte avait cédé, et abandonnant les gonds qui la soutenaient, elle tomba contre le pavé avec un bruit épouvantable.

A ce moment, un silence morne succéda comme par enchantement au cri de triomphe poussé par le peuple à la vue de la porte abattue. Ces hommes naguère si acharnés, restèrent immobiles devant cette barrière brisée; nul n'osa franchir le seuil du palais gouvernemental.

D'où venait ce miracle si aisément opéré?

C'est qu'à une des extrémités de la rue où commençait le rassemblement, Jean d'Avila était soudainement apparu.

— Que faites-vous? s'était-il écrié de sa voix grave et puissante, accoutumée à retentir dans les basiliques; où allez-vous, insensés? arrêtez!...

Ce mot avait couru de bouche en bouche; et, au nom de l'apôtre, la fureur de ce peuple, tombant comme un vent d'orage à la voix de l'Éternel, s'était changée en adoration. Le peuple s'était souvenu que Jean d'Avila lui avait recommandé la patience et promis le ciel en retour.

C'est que ce noble et vaillant peuple d'Espagne ne se révoltait pas par turbulence, par désir inquiet ou par vaine bravade; non, il était calme et grave; la longanimité et la mansuétude résidaient en ces âmes courageuses. Ce peuple avait eu un moment la colère du lion qu'on torture, et il s'était retourné en rugissant contre la main qui ne cessait de le meurtrir; mais au premier mot de douceur, il était revenu à sa grande et magnifique obéissance, l'obéissance de l'être fort qui accomplit un devoir. C'est que l'Espagne a toujours été éminemment chrétienne, et si on ne lui eût imposé le fanatisme à force de rigueurs et de persécutions, elle eût été peut-être la nation de la terre qui aurait le plus religieusement conservé l'esprit sacré de l'Évangile.

Pour peu qu'on ait étudié les Espagnols, cela est aisé à comprendre; la base du caractère espagnol est une simplicité pleine de grandeur. Or, quoi de plus simple et de plus grand que l'Évangile?

Jean d'Avila s'avança sans efforts au milieu de cette foule naguère impénétrable; tout le monde s'écarta à son approche.

— Mes enfants, leur dit-il, pourquoi vous révoltez-vous? quel bien vous en arrivera-t-il?

— Père, dit l'un d'eux, on vient d'arrêter Marie de Bourgogne, qui nourrissait nos petits enfants.

— Dieu vous la rendra, répondit le saint; est-ce en vous révoltant que vous espérez la sauver?

En même temps, un homme armé d'un énorme levier de fer s'avança au-devant de l'apôtre. Cet homme semblait être un des chefs de la révolte. Jean d'Avila reconnut Manofina.

— Que fais-tu ici? lui demanda le saint avec douceur.

— Je voulais venger une victime, répondit le bravo sans se déconcerter, nous venions tuer ce misérable Enriquez qu'on nous a donné pour gouverneur.

— Il ne faut tuer personne, dit Jean d'Avila.

— Pour celui-là, il n'y aurait pas eu grand mal, répondit le bravo; un coquin de cette espèce... mais puisque Votre Béatitude ne le veut pas...

— C'est Dieu qui ne le veut pas, mes enfants; retirez-vous et laissez à Dieu le soin de vous venger.

Ces hommes, tout à l'heure si farouches, étaient redevenus doux comme des agneaux.

Comme ils s'éloignaient en silence sans

Les familiers de l'inquisition.

plus faire aucune manifestation hostile, des sbires s'approchèrent pour arrêter quelques-uns d'entre eux.

— Que faites-vous? s'écria le saint; voulez-vous donc punir le lion parce qu'il a été généreux? Retirez-vous; vous n'avez pas besoin d'armes; tout le monde est tranquille, ne le voyez-vous pas?

Les émissaires de l'inquisition, cédant malgré eux à l'influence de cet homme extraordinaire, éprouvèrent un instant d'hésitation.

A ce moment, José, sortant de la foule, fit un signe aux alguazils; à cet ordre muet, ces hommes s'éloignèrent comme des ombres.

Malgré son immense charité, Jean d'Avila jeta un regard de mécontentement et de défiance sur le favori de l'inquisiteur.

A cette époque, les dominicains et les franciscains n'avaient pas encore fait alliance[1].

[1]. On connaît l'éternelle dispute des franciscains et des dominicains au sujet de l'immaculée conception de la Sainte-Vierge. Les dominicains ont toujours affirmé qu'elle a été conçue dans le péché, et, pour le prouver, ils auraient brûlé tous les fils de Saint-François qui déclarèrent la mère de Dieu immaculée. Ces *graves* disputes, qui occupèrent si vivement les docteurs du concile de Trente, sont loin d'être terminées.

Ils étaient en général cruellement ennemis ; Jean d'Avila, malgré sa sainteté, ne se défendit peut-être pas d'un sentiment involontaire d'aversion et de répugnance à la vue du jeune dominicain.

Mais José s'approcha de lui, et, d'un air confiant et calme :

— Mon père, lui dit-il, celle que vous cherchez est en sûreté.

Jean d'Avila tressaillit ; il croyait que Dolores avait été arrêtée par l'inquisition.

— Mon père, répéta José en le regardant avec douceur, ne voyez-vous pas sur mon visage que je vous dis la vérité ?

— Rendez-moi donc cette pauvre enfant, dit Jean d'Avila ; nous l'avons assez pleurée, Estevan et moi.

La serena n'avait pu leur rien apprendre ; la chapa avait refusé de lui dire ce que Dolores était devenue.

— Demain, à minuit, reprit José, je vous attendrai sur l'Esplanade, près de la fontaine ; venez m'y joindre, je vous conduirai près de Dolores.

— Chut ! fit l'apôtre en voyant approcher Estevan qui l'avait suivi à quelque distance. A demain, à minuit, près de la fontaine.

José disparut ; mais, à quelques pas de là, il se retourna pour considérer la belle stature d'Estevan, et son noble profil qui se détachait nettement dans le clair-obscur d'une nuit d'été. A cette vue, un soupir profond souleva la poitrine du jeune dominicain, et deux larmes brûlantes jaillirent de ses yeux.

Jean d'Avila ne parla point à Estevan de cette rencontre ; il voulait aller seul à ce rendez-vous, où peut-être il redoutait un piége.

Cette nuit-là encore, Enriquez dormit tranquille.

CHAPITRE XIX

L'amulette du grand inquisiteur Torrequemada.

En rentrant au palais inquisitorial, José se rendit auprès du grand inquisiteur.

Pierre Arbues était seul dans sa chambre ; mais, au dehors, on avait doublé les gardes, car ce bruit d'émeute, si vite apaisé, dont le retentissement était à peine arrivé jusqu'à lui, l'avait tellement épouvanté, qu'il lui semblait à chaque instant voir la porte de son appartement forcée par des assassins. Il avait la lâcheté de l'hyène qui fuit le grand jour et ne se repaît que de cadavres.

Assis devant une petite table d'ébène incrustée de nacre, ouvrage précieux du commencement de la renaissance, Pierre Arbues, la tête appuyée dans ses deux mains, considérait avec une attention méditative un bijou étrange enchâssé dans l'or ciselé.

C'était une défense de licorne qui avait appartenu à Thomas Torrequemada, le fondateur de l'inquisition moderne en Espagne ; ce moine farouche dont la cruauté dépassa tellement toutes les bornes, que le pape Alexandre Borgia lui-même en fut épouvanté. Cette *relique*, tombée on ne sait comment entre les mains de Pierre Arbues, avait, disait-on, la faculté de faire découvrir et de neutraliser les poisons [1].

Pierre Arbues avait tellement imité Torrequemada dans ses barbaries, qu'il

[1]. L'inquisiteur Torrequemada avait en effet une défense de licorne qu'il croyait réellement douée de la propriété de faire découvrir et de neutraliser les poisons. (Llorente, *Histoire de l'inquisition*.) Les inquisiteurs avaient conservé ce préjugé des Maures.

l'imitait aussi dans sa superstitieuse prudence. Cette défense de licorne ne quittait jamais sa chambre.

A l'approche de José, l'inquisiteur releva la tête.

— Eh bien ! José, quelles nouvelles ?

— Tout est calme, monseigneur ; vos sbires ont fait merveille, et les manants ont été bientôt dispersés.

— Dieu soit loué ! s'écria l'inquisiteur... et ce pauvre Enriquez n'a pas eu de mal ?

— Aucun, monseigneur ; on n'a fait que briser la porte de son palais ; Enriquez est en ce moment aussi en sûreté que Votre Éminence peut l'être.

— Ils n'ont donc pas eu l'intention de se diriger vers le palais inquisitorial ?

— Aucunement, monseigneur ; qui oserait s'attaquer au grand inquisiteur de Séville ?

— Je ne risque rien, n'est-ce pas, José ? Ils n'oseraient s'attaquer si haut. — Peut-être, poursuivit Arbues, ai-je mal fait d'élever Enriquez au poste difficile de gouverneur ? Cet homme manque de force et de résolution.

— Pas tant que Votre Éminence peut le croire.

— Mais c'est un homme de rien, ignorant, grossier.

— Qu'importe, monseigneur ? il vous est dévoué ; et, croyez-moi, la toge de gouverneur est tout aussi bien sur ses épaules que sur celles d'un autre.

— Le peuple regrette Manuel Argoso, dit Pierre Arbues. Cet homme avait une tolérance coupable pour les hérétiques et les chrétiens tièdes ; aussi tous l'aimaient.

— Voilà pourquoi on se révolte contre Enriquez, monseigneur. Il n'est qu'un moyen de remédier à cela : c'est de redoubler de rigueurs.

— Oui, il faut que ces révoltes finissent ; il faut que l'inquisition d'Espagne étende sa domination sur le monde, et s'élève même au-dessus de la puissance des papes. Il faut que la lèpre de l'hérésie disparaisse à jamais de la surface du globe.

— Et que le globe entier appartienne à l'inquisition, ajouta José moitié sérieux, moitié raillant.

— Il faut, poursuivit l'inquisiteur, que les cendres des hérétiques fécondent la terre et nous la fassent pleine de délices. Les biens de ce monde comme ceux du ciel appartiennent de droit aux vrais catholiques ; eux seuls sont dignes d'en jouir. Ils n'y parviendront qu'à force de persévérance et de rigueurs salutaires.

— Monseigneur, plus l'inquisition immolera d'hérétiques ou de mauvais catholiques, plus elle deviendra forte et puissante.

— Sans doute, dit l'inquisiteur avec un ricanement féroce ; aussi, j'y ai pourvu, José ; nous aurons près de cent dix-huit condamnés à l'auto-da-fé prochain.

— Cinquante de plus qu'au dernier, monseigneur.

— Que ferez-vous de l'ancien gouverneur de Séville ? poursuivit José négligemment.

— Je le traiterai comme il le mérite, en hérétique luthérien, s'écria l'inquisiteur exaspéré par le souvenir de ses vaines tentatives contre Dolores.

José, on le voit, flattait habilement les passions de Pierre Arbues ; on voit aussi que l'inquisition n'était pas, ainsi qu'on a voulu le dire, mue seulement par un ardent fanatisme.

Sa cruauté indicible, implacable comme la fatalité, n'était pas certainement le résultat d'un zèle outré, aveugle, pour la gloire du catholicisme. Elle avait bien un autre véhicule vraiment ! L'intérêt de la religion ne venait qu'en seconde ligne, ou plutôt, la religion elle-même servait de masque et de prétexte à l'ambition effrénée, à la soif de richesses des inquisiteurs.

Il n'est permis de croire au fanatisme absolu, à la foi aveugle que chez les insensés ou les intelligences obtuses ; les inquisiteurs n'étaient certes ni fous ni stupides. Ils voulaient envahir, voilà tout ; ils voulaient régner, et, dans leur astucieuse politique, ils avaient compris que la seule couronne qu'on ne brisera jamais, c'est la couronne d'épines de l'Homme-Dieu, voilà pourquoi ils en avaient abrité leur royauté despotique ; pourquoi ils s'étaient fait une égide du divin nom du Christ, en le rendant solidaire de leurs iniquités.

— Il est temps, poursuivit Pierre Arbues, de recueillir l'héritage que nous a légué notre saint fondateur, Thomas de Torrequemada.

En ce moment, l'inquisiteur s'aperçut que José, comme un enfant, jouait avec la défense de licorne qui était sur la table.

— Garde-toi de toucher à cela, mon fils, dit Pierre Arbues en la lui retirant doucement des mains ; c'est une précieuse relique que nous ne devons pas profaner ; c'est elle qui a constamment protégé la vie du bienheureux Torrequemada, et qui maintenant protége la mienne.

— Comment ce joyau est-il tombé entre vos mains, monseigneur ?

— Par héritage ; je descends, par ma mère, quoique en ligne indirecte, de la même famille que le premier grand inquisiteur de Castille.

José se tut et se hâta de remettre la défense de licorne à la place où il l'avait prise. Le scepticisme du jeune moine n'excluait pas une légère superstition ; il avait encore trop de l'ardente imagination des Maures pour ne pas croire à la vertu d'une *amulette*.

— José, reprit l'inquisiteur, puisque maintenant tout est calme dans Séville, je suis d'avis que nous fassions ensemble une légère collation pour goûter un excellent vin de Lacryma-Christi qui m'a été envoyé par le nonce du pape.

— Je n'ai pas faim, répondit nonchalamment José.

— N'importe, mon enfant, ce vin délicieux réveillera ton appétit. Sonne donc, et demande qu'on nous serve.

José n'eut pas le temps d'exécuter les ordres de l'inquisiteur. Un familier entra brusquement et remit une lettre à Son Éminence.

— D'où vient cela ? fit Pierre Arbues.

— C'est le gouverneur de Séville qui l'envoie, répondit le familier.

Pierre Arbues brisa le cachet de cette lettre et la lut rapidement :

« Monseigneur, lui disait Enriquez, l'abbesse des carmélites est fort malade, et a fait demander un franciscain pour la confesser. J'ai cru devoir en prévenir Votre Éminence. Ce moine doit se rendre ce soir même au couvent, car il paraît que le cas est pressé. Voilà tout ce que j'ai pu apprendre. Ma lettre, écrite depuis deux heures, n'a pu être envoyée plus tôt à Votre Éminence à cause de l'émeute qui a troublé la ville et menacé ma vie. »

— Pauvre Enriquez ! s'écria l'inquisiteur dont le visage avait, pendant toute cette lecture, exprimé la plus violente colère, quel zèle pour mon service !

— Vous voyez, monseigneur, dit José sans savoir de quoi il était question.

— Par le Christ ! poursuivit Arbues, cette femme est audacieuse. Faire demander un misérable franciscain, lorsque je suis son confesseur ; devait-elle avoir recours à d'autres qu'à moi ? Oui, je comprends, murmura-t-il à voix basse, elle a peur de la mort, et peut-être !... Oh ! mais il en est temps encore... Cette folle pourrait me compromettre, il faut que je la voie sur l'heure.

— Holà! fit-il en appelant ses familiers, qu'on apprête ma litière ; j'ai besoin de sortir.

Puis, se tournant vers José qui cherchait vainement à deviner ce qui se passait dans l'âme de Pierre Arbues :

— José, dit-il, une affaire importante m'appelle. L'abbesse des carmélites se meurt, elle réclame de moi les secours de la religion. Je te laisse ; adieu.

Pierre Arbues s'élança hors de sa chambre, descendit rapidement l'escalier de marbre de son palais, monta dans sa litière et partit.

Comme il arrivait à la porte du couvent, un moine franciscain en franchissait le seuil et s'avançait vers l'inquisiteur.

Lorsqu'ils furent en face l'un de l'autre, Pierre Arbues jeta un regard curieux sur le visage du moine; malgré l'obscurité, ces deux hommes se reconnurent.

Pierre Arbues regarda fixement le moine.
— Qu'êtes-vous venu faire ici? lui demanda-t-il d'un ton sévère.
— Sauver une âme, répondit le franciscain.

Ce moine était Jean d'Avila.

L'inquisiteur lui jeta un regard plein de haine et franchit rapidement la porte du cloître.

Lorsqu'il arriva au chevet de l'abbesse, Françoise de Lerme, rassurée par les douces paroles de l'apôtre, semblait goûter un instant de calme. Elle n'était pas sérieusement malade ; mais cette femme passionnée et robuste, soudainement attaquée d'un mal qui avait brisé ses forces, avait eu peur de la mort et horreur de sa vie dépravée.

Ne pouvant se confier au complice de ses fautes, dont elle redoutait la violence, elle avait fait appeler Jean d'Avila, dont la sainteté lui inspirait une confiance sans bornes; et, dans une confession sincère, la malheureuse femme avait épanché dans le sein de cet apôtre de la vérité les remords qui dévoraient son âme.

Oh! comme l'homme de Dieu dut verser des larmes de sang sur l'Église du Christ indignement profanée, à ces aveux d'une âme tremblante et déchirée qui s'échappaient des lèvres de la hautaine abbesse des carmélites !

La maladie avait abattu ce caractère indomptable, et le remords, seule vertu qui reste à ceux qui ont beaucoup péché, le remords l'avait ramenée au repentir. Malgré les perfides insinuations et les mensonges que Pierre Arbues avait employés pour lui persuader qu'elle ne faisait point de mal, Françoise n'avait jamais été rassurée, et elle avait certainement péché en connaissance de cause.

— Madame, dit l'inquisiteur lorsqu'il fut demeuré seul avec la malade, pourquoi avez-vous demandé un autre confesseur que moi?

A cette voix bien connue, Françoise de Lerme se retourna brusquement, et d'un long regard parcourant l'inquisiteur des pieds à la tête, elle fit des lèvres, sans répondre, un signe de mépris et d'ironie.

— Ne saviez-vous pas, ma sœur, continua Pierre Arbues d'une voix mielleuse, que j'ai le pouvoir de vous absoudre?

— Avant d'absoudre les autres, répondit lentement Françoise de Lerme, couvrez votre tête de cendres, monseigneur ; abaissez votre orgueil dans la poussière, et priez à deux genoux sur la terre nue, pour que Dieu vous pardonne vos crimes. De quel droit parlez-vous d'absoudre les autres, vous qui avez tant péché?

— Pauvre âme égarée! reprit l'inquisiteur ; est-ce qu'il peut y avoir des bornes à nos droits et à nos pouvoirs spirituels? ne sommes-nous pas l'oint du Seigneur, et y a-t-il quelque chose au monde qui puisse effacer ce caractère sacré [1] ! N'avais-donc plus le droit de délier les âmes des liens du péché? Le prêtre, quelque indigne qu'il soit, poursuivit-il avec une feinte humilité, n'est pas moins le représentant de Jésus-Christ, et n'avez-vous pas compromis les intérêts de l'Église en vous confessant à un moine choisi parmi les franciscains, qui sont nos plus mortels ennemis?

— Ce moine est un saint, monseigneur; il m'a consolée et réconciliée avec Dieu. Laissez-moi donc mourir en paix et ne vous inquiétez plus du soin de mon âme.

Puis, se tournant de l'autre côté, Françoise couvrit sa tête de son drap, comme si elle eût voulu mettre entre elle et l'inquisiteur le suaire de la tombe.

Pierre Arbues vit bien que cette âme était sincèrement revenue à Dieu, et que son empire sur elle était fini. Mais, en inquisiteur habile, jetant sur sa colère un manteau de douceur et d'humilité, il se retira sans violence, sans rien faire éclater de son mécontentement; et, comme il jugea bien que la maladie de Françoise était loin d'être mortelle, il se promit d'empêcher qu'elle pût revoir Jean d'Avila.

La conversion de Françoise de Lerme était devenue pour elle un implacable arrêt [1].

[1]. « Rien ne peut effacer notre caractère sacré; notre pouvoir spirituel est si étendu que, quoique nous ordonnions de faire à un pénitent, il ne saurait pécher en nous obéissant. » Cette manière d'expliquer leur puissance a toujours été employée avec succès par les mauvais prêtres lorsqu'ils ont voulu pervertir une femme. Nous donnerons plus tard une histoire fort curieuse à l'appui de cette assertion.

[1]. Voyez la note 1, page 457.

CHAPITRE XX

Le rendez-vous.

L'heure du rendez-vous donné par José à Jean d'Avila approchait.

Estevan venait de prendre le repas du soir avec l'apôtre, et malgré lui ce dernier n'avait pu dissimuler une préoccupation pénible, étrangère à sa physionomie sereine, quoique habituellement méditative.

Déjà inquiet sur le sort de celle qu'il aimait, Estevan craignit que Jean d'Avila eût à lui cacher des secrets douloureux. Toutefois, il n'osa pas l'interroger, peut-être par suite de cette faiblesse humaine qui nous fait à la fois désirer de savoir et redouter d'apprendre un malheur.

Jean d'Avila gardait malgré lui un silence inaccoutumé.

Estevan suivait d'un œil inquiet les moindres mouvements de sa physionomie.

— Mon père, se hasarda-t-il à dire enfin, n'avez-vous donc rien appris du malheureux gouverneur de Séville? n'a-t-on pas encore commencé son procès, et ne pourrions-nous rien pour le sauver?

— Non, dit Jean d'Avila; le procès de Manuel Argoso n'est pas commencé, et lorsqu'il en sera temps ne savez-vous pas que je vous avertirai? Jusque-là, tenez-vous dans l'obscurité et dans la retraite. Ignorez-vous quel danger il y aurait pour vous à braver l'inquisition?

— Je la braverai quand il le faudra, répondit Estevan d'une voix calme.

— Eh bien! donc, réservez vos forces pour le jour de la lutte! vous en aurez besoin.

En même temps, Jean d'Avila, voyant que le sable de la clepsydre posée sur la table était presque entièrement épuisé, sortit sans dire un mot ainsi que souvent il avait coutume de le faire.

Mais, quoique ce jour-là il ne se fût rien passé d'extraordinaire, Estevan, inquiet et tourmenté, laissa l'apôtre s'éloigner de quelques pas, puis il sortit à son tour, ferma la porte de la demeure, et, à la faveur de l'obscurité, il suivit Jean d'Avila à distance pour ne pas en être aperçu.

Arrivé près de la fontaine qui est en face de la cathédrale, Jean d'Avila s'arrêta.

José l'y attendait.

Assis sur le rebord de la fontaine, le visage appuyé sur une de ses mains blanches et effilées, le jeune dominicain avait une grâce indicible dans cette pose mélancolique.

Seul au milieu de cette vaste esplanade ombragée d'orangers touffus, au bruit de l'eau vagabonde qui tombait en murmurant dans un grand bassin de marbre, José s'était un moment abandonné à l'entraînement d'une mystérieuse et profonde rêverie : c'était pour lui, sans doute, un de ces moments où les événements de la vie, vains rêves qui déjà appartiennent au passé, se dressent en groupe devant nous, comme une réalité vivante, ou, se déroulant l'un après l'autre, vagues et confus, passent sous nos yeux comme une fantasmagorie, et riants ou terribles nous font détourner la tête avec dégoût, tant ils offrent de vide à l'âme insatiable de l'homme. Quel est alors celui de nous qui, au prix des épreuves, voudrait recommencer sa vie ?

Jean d'Avila avait fait bien peu de bruit en approchant de la fontaine; toutefois, José l'entendit ; et, se levant de la pierre où il était assis, il alla au-devant de l'apôtre.

A quelques pas d'eux, Estevan, blotti dans le massif d'orangers qui entourait la fontaine, avait pu s'approcher sans être entendu.

Quelle fut sa surprise en voyant Jean d'Avila aborder un dominicain!

Il prêta une oreille attentive.

— Mon père, dit José en s'inclinant devant l'apôtre de l'Andalousie, j'aurais voulu vous épargner cette démarche, mais je ne pouvais aller chez vous sous peine de devenir suspect... à l'inquisition, ajouta-t-il en baissant la voix ; ce qui vous aurait nui en m'empêchant de vous servir.

José parlait avec tant de candeur, il y avait tant de noblesse et d'enthousiasme dans sa voix et sur son beau front pâle, jeune et dévasté, qui brillait comme un marbre sculpté aux lueurs argentées de la nuit, que Jean d'Avila qui avait, lui aussi, toute la candeur des hommes de génie, perdit presque toute la défiance que lui inspirait un habit de dominicain.

Entre ces deux âmes d'élite, l'étincelle magnétique avait jailli.

— Eh bien! Dolores? fit vivement l'apôtre.

Au nom de Dolores, un bruissement léger fit tressaillir le feuillage des orangers, comme si la brise les eût agités.

— Oserez-vous me suivre? demanda le jeune dominicain d'une voix douce.

— Pourquoi ne l'oserais-je pas ? répondit Jean d'Avila dont le grand cœur était inaccessible à la crainte ; je vous suis, ajouta-t-il d'une voix assurée ; conduisez-moi, mon frère.

— Non, votre fils, mon père, fit José en se retournant par un mouvement plein d'entraînement et de grâce, et en joignant ses deux mains devant l'apôtre, votre fils, qui aura besoin de vos prières...

Jean d'Avila se sentit ému, José lui inspirait un sentiment indéfinissable ; il exerçait sur lui aussi cette fascination irrésistible des êtres beaux, nobles et enthousiastes.

— Suivez-moi, mon père, reprit le jeune

dominicain en s'éloignant, nous n'avons pas loin à aller.

En effet, quelques minutes après, ils étaient devant la porte de la maison mauresque où demeurait Juana.

José tira alors une clef de sa poche, il ouvrit cette porte et entra le premier; mais, comme Jean d'Avila allait à son tour en franchir le seuil, Estevan, qu'il n'avait pas aperçu, s'avança vers lui, et lui dit d'une voix presque suppliante.

— Mon père, s'il y a ici des dangers à courir laissez-moi les partager, et laissez-moi aussi *la* revoir, puisqu'il est vrai qu'elle nous est rendue.

— Je l'espère du moins, répondit Jean d'Avila; j'avais voulu vous épargner peut-être une déception, mais puisque vous savez tout, venez.

En même temps, se tournant vers José qui attendait en dedans et qui avait un peu avancé la tête pour voir quel obstacle arrêtait Jean d'Avila :

— Je n'entrerai pas sans mon fils Estevan, dit l'apôtre.

— Estevan! murmura José; oui, qu'il entre, mon père, et qu'il la revoie.

Lorsqu'ils furent entrés, José referma soigneusement la porte.

Dolores et Juana attendaient dans la salle basse.

Dolores, prévenue par José, s'élança au-devant de son libérateur; mais lorsqu'elle aperçut Estevan, qu'elle n'attendait pas, une pâleur profonde couvrit son visage, et elle retomba affaissée sur le divan d'où elle venait de se lever : une si grande émotion l'avait accablée.

— Dolores, dit Jean d'Avila en s'approchant de la jeune fille, il faut être forte dans la joie comme dans la douleur. En ces temps mauvais, celui qui se laisse courber par tous les vents contraires est bientôt abattu et brisé.

A la douce voix de l'apôtre, Dolores revint à elle, et, regardant José, elle le remercia du regard.

José détourna la tête pour cacher une larme qui, malgré lui, avait jailli de ses yeux.

Mais après cette émotion première accordée au plus vif sentiment de l'âme, Dolores eut honte de n'avoir pas, comme toujours, donné sa première pensée à son malheureux père; et regardant José avec inquiétude :

— Don José, lui dit-elle, quand instruit-on le procès de mon père?

— Après-demain, répondit José, car il ne voulait pas tromper Dolores.

— En êtes-vous bien sûr? demanda Jean d'Avila; je croyais que ce serait dans quelques jours seulement.

— C'est après-demain, répondit José; je le tiens du grand inquisiteur, qui n'a rien de caché pour moi.

— Eh bien! s'écria Dolores avec angoisse, que faut-il maintenant pour sauver mon père? Nous n'avons encore rien fait pour cela.

— C'est qu'il n'y avait rien à faire, répondit le dominicain.

— Et maintenant? demanda la jeune fille.

— Maintenant nous allons nous occuper de lui chercher des témoins, c'est le seul moyen de le sauver.

Dolores ne répondit pas, mais elle réfléchit un moment en elle-même et sembla prendre une résolution; puis, s'adressant à Jean d'Avila :

— Mon père, dit-elle, vous lui servirez de témoin, n'est-il pas vrai?

— Sans doute, répondit Jean d'Avila; ne vous tourmentez pas de cela, soyez calme autant que vous le pourrez, chacun de nous a besoin de tout son courage. Laissez donc

Dolores.

agir vos amis en toute liberté sans les affliger par vos chagrins.

A ce moment, pendant que Dolores prêtait toute son attention aux paroles de l'apôtre, José entra dans le jardin comme pour considérer quelques fleurs, et fit un léger signe à Estevan qui le suivit sans affectation.

Lorsqu'ils furent assez loin pour ne pouvoir être entendus :

— Don Estevan, dit José, nous ne sauverons jamais le gouverneur par le témoignage ; cherchons donc un moyen plus efficace.

— Je n'en connais pas d'autre, répondit gravement le jeune philosophe, trop prudent pour livrer sa pensée intime à un homme qu'il ne connaissait pas.

— Cependant, répliqua vivement le dominicain, si ce moyen-là échoue, que faire?

— J'espère en la justice de Dieu, répondit Estevan.

José sourit amèrement, et prenant la main du jeune Vargas qu'il serra vivement dans la sienne :

— Don Estevan, dit-il, vous vous défiez de moi ; qu'ai-je fait pour mériter cette injustice? J'ai rencontré un jour sur ma route votre fiancée éperdue, qui accourait au palais de l'inquisiteur pour demander la grâce de son père ; je l'ai arrachée à une mort certaine, mieux que cela, à l'infamie peut-être. Je l'ai abritée dans ma propre maison, gardée et protégée comme une sœur. Je veux maintenant sauver son père ; que puis-je faire de plus pour que vous ayez foi en moi? Pourquoi vous défiez-vous?

— Vous êtes dominicain, répondit Estevan avec franchise.

— J'en porte l'habit, répondit José.

— Je conviens, dit Estevan, que tout en vous inspire la confiance ; votre physionomie respire la candeur, et vos paroles portent l'empreinte de la vérité ; mais est-ce ma faute à moi si, aujourd'hui, en Espagne, il faut se défier même de ses plus chers amis?

— Jean d'Avila a eu confiance en moi, répondit simplement José.

— J'en ai aussi, fit Estevan en lui tendant la main.

— Eh bien! prouvez-le moi, don Estevan; répondez-moi avec franchise, si nous ne pouvons réussir à sauver le gouverneur par le témoignage, quel moyen voulez-vous employer?

— Je ne sais, répondit Estevan avec hésitation.

José comprit qu'il avait une arrière-pensée.

— Soulever le peuple, enlever le gouverneur pendant l'auto-da-fé... Frapper le grand inquisiteur, dit vivement le dominicain.

Estevan le regarda d'un air de défiance.

José comprit qu'il venait de frapper juste sur la secrète pensée du jeune Vargas.

— Ce moyen-là ne serait bon que dans un cas entièrement désespéré, répondit Estevan; mais sa physionomie mobile démentait la prudence de ses paroles.

José l'avait deviné.

Le jeune moine n'insista pas toutefois davantage; mais, en ramenant Estevan auprès de sa fiancée, il lui dit d'un ton pénétré et plein de candeur;

— Don Estevan, quoi qu'il arrive, comptez sur moi à la vie à la mort!

— Merci, don José, répondit Estevan; mais les amis se reconnaissent à l'épreuve.

— L'épreuve viendra, fit tristement José, O Estevan! vous n'avez pas de plus fidèle allié que moi, et dans cette lutte je laisserai peut-être ma vie... alors vous croirez, reprit-il avec douceur.

Estevan était jeune, il fut ému, ébranlé; il allait peut-être dire toute sa pensée, se confier à cet homme étrange qui l'étonnait et le fascinait à la fois; mais comme ils rentraient dans la salle basse, on frappa vivement à la porte de la rue.

— Nous sommes trahis, pensa Estevan.

Jean d'Avila regarda José comme pour lire sur son visage, mais ni le dominicain, ni Dolores, ne témoignèrent la moindre surprise.

Juana alla ouvrir.

C'était Coco, qui venait tous les soirs à la même heure prendre les ordres de José, et lui rendre compte de ceux qu'il avait reçus la veille.

A la vue de ce visage ami, toutes les craintes se calmèrent.

— Quoi de nouveau, mon brave Coco? demanda le jeune dominicain.

— Révérence, répondit l'alguazil en hésitant, le gouverneur de Séville...

— Comparaîtra dans deux jours devant le tribunal, dit José; je le sais, après?

— Je serai de garde à la porte de son cachot, dit Coco.

— Oh! s'écria Dolores avec anxiété, vous pourriez donc?

— Je ne serai pas seul, répondit Coco comprenant sa pensée.

— Eh bien! pensa Dolorès, puisque personne ne peut rien pour lui, c'est à moi seule de le sauver.

Jean d'Avila se leva pour sortir.

— Dolores, dit Estevan à voix basse, je mourrai ou je sauverai votre père.

— Soyez béni, Estevan! répondit-elle.

— Ma fille, dit à son tour Jean d'Avila, soyez prudente, comptez sur vos amis, et ne sortez sous aucun prétexte.

Dolores baissa la tête sans répondre, car elle ne voulait ni mentir, ni rien promettre. Ses yeux ne quittèrent ceux d'Estevan que lorsque la porte de la rue se fut refermée sur lui.

Estevan, José et l'apôtre s'éloignèrent ensemble. José les accompagna jusqu'au pont de Triana; là il se sépara d'eux.

Coco les avait suivis à quelque distance.

José se retourna et se rapprocha de l'alguazil.

— Coco, lui dit-il, surveille avec soin toutes les démarches de don Estevan de Vargas, et quelles qu'elles soient, viens m'en avertir sur l'heure.

— Révérence, répondit Coco en hésitant, c'est pour son bien sans doute, que vous le voulez ainsi? Un ami de l'apôtre...

— Sois tranquille, mon pauvre Coco; ai-je jamais fait de mal à personne, dis?

— Oh! vous êtes bon comme les anges de Dieu, répondit l'alguazil; je ferai tout ce que voudra Votre Révérence.

CHAPITRE XXI

Le puerto de Despenaperros.

Le soleil venait de se lever; ses premiers rayons d'un jaune pâle, mélangé de rose, diapraient de reflets chatoyants la brume légère qui couvrait encore les cimes de la Sierra-Morena; on eût dit des milliers de paillettes brillantes jetées sur un voile de gaze blanche.

Deux voyageurs suivaient lentement un chemin aride coupé dans le flanc des montagnes, si étroit quelquefois, qu'à peine il semblait possible qu'un chamois pût y poser ses pieds, et le plus souvent surplombant d'affreux précipices dont la profondeur béante donnait le vertige. Çà et là, quelques pins rabougris mariaient leur triste verdure à la teinte granitique des rochers; ou bien, par un bizarre contraste, un églantier sauvage s'élevait, tout couvert de roses fleuries, sur la pente ardue des précipices dont l'œil n'osait mesurer la vertigineuse profondeur. Les voyageurs étaient en ce moment parvenus à une des plus hautes cimes de la Sierra-Morena.

Ils se tournèrent alors du côté de l'Orient, et le soleil éclaira en plein leurs visages.

Le plus âgé des deux n'avait guère plus de trente ans; mais son front était si grave, si empreint de cette douce austérité qui brilla sur le visage de l'Homme-Dieu, qu'on aurait pu, au premier aspect, le croire déjà arrivé à la pleine maturité de l'âge.

En le regardant avec attention, on voyait que les veilles laborieuses, le renoncement aux choses de la terre et l'habitude de la méditation avaient seuls marqué d'un sceau particulier de profondeur et de sagesse la physionomie de cet homme, qui portait l'humble habit de franciscain.

L'autre voyageur, beaucoup plus jeune, il avait au plus vingt ans, offrait avec son compagnon un contraste d'autant plus remarquable, que, différents de physionomie, de mœurs et de caractère, ces deux hommes se touchaient cependant par un point unique qui rapprochera constamment les hommes, même les plus divisés d'opinions et de pensées; ils avaient une égale loyauté de caractère. En outre, ils professaient la même doctrine, et si les inclinations de l'un penchaient souvent d'un côté contraire à celles de l'autre, au moins agissaient-ils toujours dans le même but et pour la même cause.

Ils venaient de gravir le *puerto* de Despenaperros, une des crêtes les plus élevées de cette haute et inaccessible Cordillère appelée la *Sierra-Morena*.

Fatigués l'un et l'autre, ils s'assirent.

Après s'être reposés quelques instants, sentant leur respiration plus libre et leur courage leur revenir avec la force, ils jetèrent simultanément autour d'eux ce regard profondément investigateur du philosophe, qui, au milieu des merveilles de la création, cherche constamment la cause dans les effets, et, en admirant les œuvres de Dieu, voit, pour ainsi dire, Dieu lui-même ; tant les perceptions de l'âme, qui seules nous font communiquer avec l'Esprit, deviennent alors vives et lucides.

Derrière eux, la Sierra-Morena proprement dite dressait sa tête orgueilleuse, blanche de la neige de tous les siècles.

Devant eux, s'étendaient les plaines désolées de la Manche ; un peu à gauche, en arrière, la volupteuse Andalousie étalait, par un orgueilleux contraste, ses champs d'oliviers, ses vignes verdoyantes et ses citronniers fleuris.

Plus loin, à droite, c'était la Sierra-Nevada, la Sierra-Elvira et les Alpuxarras, continuant cette chaîne de montagnes inaccessibles qui enveloppent les deux Castilles comme dans une immense barrière de granit.

Puis enfin, franchissant par la pensée le long espace qui les en séparait encore, ils crurent voir les Castilles, ce *sanctum* de l'Espagne, jamais conquis par les étrangers ; les Castilles aux aspects bizarres et variés, où serpentent le Tage aux flots jaunes et le Mançanarès argenté.

De ce lieu élevé, les voyageurs dominaient l'Espagne tout entière..... En considérant ce riche et beau pays, une pensée amère se mêlait à leur admiration... Là-bas, sous leurs pieds, dans ces plaines fertiles parées par la main de Dieu, un pouvoir inique et brutal enlevait aux hommes la libre jouissance des biens de la terre et d'eux-mêmes, ce bonheur qui est un droit de la vie.

— Voilà le but de notre voyage, dit tout à coup le religieux en étendant la main à l'horizon, vers un point où la pensée seule pouvait atteindre, car il était perdu dans l'espace.

— Mon Dieu ! mon Dieu ! s'écria douloureusement le jeune laïque, arriverons-nous assez tôt ?... Et, surtout parviendrons-nous à toucher le cœur du roi ?

— Ayez confiance, répondit le religieux ; pourquoi vous tourmenter à l'avance d'une chose incertaine ? L'impétuosité nuit toujours au succès des entreprises ; avec le calme seul on arrive à tout. Le grand secret de la vie, c'est de savoir attendre, et ne pas faire de l'avenir incertain un tourment positif pour le présent. L'âme se fatigue et s'énerve dans ces appréhensions continuelles, ces inquiétudes prématurées. L'homme fort attend de pied ferme les événements sans les redouter ; il passe souvent pour insensible, tandis qu'il est seulement courageux.

— O mon père ! dit le jeune homme avec amertume, on voit bien que nul souci n'arrive jusqu'à vous, et qu'en renonçant aux joies terrestres vous avez aussi renoncé aux misères de l'humanité ; que vous vous êtes isolé dans votre règle religieuse comme dans un désert, et que, ne vivant plus de la vie commune, vous n'en pouvez comprendre les douleurs.

— Enfant ! reprit doucement le franciscain, pensez-vous que l'apostolat soit une mission d'égoïsme et de dureté ? N'est-ce pas pour entrer plus avant par l'esprit dans les misères de l'homme, que nous avons embrassé des misères volontaires ? Malheur à celui qui comprend autrement la mission de prêtre, à celui qui, de l'autorité évangélique, fait une puissance temporelle qu'il exploite au profit de ses propres passions, au lieu de l'employer au bien-être et à la consolation de tous ! L'apostolat n'a pas d'autre but. Celui qui en use autrement méconnaît les devoirs de son ministère. Quelle doit être notre vie en effet ? Être toujours prêts à verser notre sang pour nos frères, à les secourir, à les consoler dans leurs adversités, à leur rendre la vie plus douce en leur en faisant espérer une meilleure. Croyez-vous, mon fils, que celui qui renonce aux douceurs de la famille particulière pour se vouer au bonheur de la grande famille humaine soit un égoïste ou un lâche? Non, non, ne le pensez pas : le dévouement est une vertu qui vient de Dieu, et Dieu seul en donne la force !

— O mon père ! reprit le jeune homme, pardonnez-moi ; je suis ingrat et injuste ; je vous dois tout et je vous outrage ! la douleur égare ma raison. Vous êtes une exception sublime. Mais, dites-moi, poursuivit-il avec cet amer scepticisme que donnent parfois les grandes infortunes, où sont les descendants des apôtres ? J'ai beau chercher autour de moi, dans toute l'Espagne qui fourmille de moines, je ne vois que des mendiants serviles ou de lâches oppresseurs.

— Mon fils, répondit le franciscain d'une voix sévère, vous êtes trop jeune et trop peu expérimenté pour juger ainsi d'une manière absolue. Je reconnais avec vous les abus de l'Église d'Espagne ; je pleure tous les jours sur les maux qui en résultent ; je lutte contre eux de toutes mes forces ; mais lorsque, rentrant en moi-même, je me prosterne aux pieds de l'Éternel en lui offrant mes combats, mes prières et mes pleurs, je me dis parfois avec douleur, mais avec résignation : « Cela est peut-être dans les desseins de Dieu. »

— Non, non, cela ne peut pas être, s'écria impétueusement le jeune homme, Dieu est grand et magnanime ; Dieu, dont l'essence divine se compose d'amour, peut-il permettre qu'on opprime en son nom ceux à qui il a donné une âme immortelle, étincelle de lui-même ?

— Mon fils, dit le religieux assez embarrassé de cette question, mais trop ferme dans sa foi pour chercher à approfondir les mystères que sa raison ne pouvait comprendre ; mon fils, il y a une chose bien certaine, c'est que Dieu a créé l'homme pour le bonheur et que le bonheur est dans la perfection. Nous tendons incessamment vers ce but unique : peut-être n'y arrive-t-on que par la douleur ; peut-être les générations qui suivront ont-elles besoin du sang et des larmes de leurs pères comme nous avons eu besoin du sang de Jésus-Christ ; et, peut-être aussi, pour ceux qui souffrent, Dieu, qui est la source de l'éternelle justice, tient-il en réserve, même dès cette vie, des compensations incompréhensibles.

Dans les temps de persécution, l'homme, toujours en face du martyre, vivant au jour le jour, s'attache peu aux choses de la terre, il s'habitue à vivre de l'esprit, et de cette grande méditation des peuples sortent parfois ces grands enseignements qui régénèrent les nations.

Cessons donc de murmurer ; luttons avec persévérance ; la soumission volontaire aux arrêts d'un être tout puissant, mais infiniment bon, porte avec elle de magnanimes consolations. Ce n'est pas à une fatalité aveugle qu'on obéit, c'est à un être intelligent et plein d'amour, qui place toujours le bien à côté du mal, et souvent le bien dans le mal même par des combinaisons supérieures, quelquefois obscures pour nos intelligences bornées, mais qui, soyez-en sûr, conduisent toujours à un but marqué d'avance par sa volonté éternelle.

Le jeune laïque ne répondit pas. Il considérait en silence cet homme jeune, beau et grave, qui, doué des dons les plus précieux de l'intelligence et de la fortune, avait renoncé aux vains honneurs de ce monde pour vivre de la seule vie de l'esprit, et contribuer de tout son pouvoir, de toutes ses facultés, à l'édifice du bonheur social ; non pas de ce bonheur fragile basé sur de paradoxales utopies, mais de ce bonheur certain, éternel, infaillible, qui, en dépit des revers, de la souffrance et de la mort, naît au cœur de l'homme qui embrasse avec ardeur une foi consolante, et vit, pour ainsi dire, même ici-bas, d'une vie au delà de la tombe.

Quoique ce jeune homme eût été nourri dans des sentiments très-purs et très-chrétiens, l'ardeur naturelle d'un sang jeune et espagnol, l'existence toute chevaleresque que menaient les grands seigneurs de cette époque, avaient, malgré son goût naturel pour les méditations philosophiques, donné une tournure vive et martiale à l'expression de ses opinions et de ses idées. Fait pour embrasser toutes les grandes pensées religieuses ou humanitaires, il manquait encore au jeune philosophe la patience qui supporte et ne devance jamais l'ordre naturel des événements. Gentilhomme, il était au moral un lutteur hardi et intrépide qui, toujours sûr de sa force, attaque de front tous ses ennemis à la fois, et, au lieu de les combattre un à un, d'assurer sa victoire par la lenteur même de la lutte, court superbement la chance d'une défaite par son impétuosité.

Ceci explique peut-être la défaite constante, dans tous les siècles, de l'Espagne philosophique et libérale, dans ses luttes contre l'Espagne ultramontaine.

Ce n'est pas le courage, ce n'est pas la persévérance, qui ont manqué aux défenseurs de la liberté de conscience ; c'est la prudence d'Ulysse, c'est la défiance des hommes et des événements, cette adresse qui touche à la ruse. Ils avaient la vaillance des loyaux chevaliers ; ils combattaient au grand jour et la poitrine découverte, contre des ennemis ténébreux, retranchés dans l'ignorance et le fanatisme du peuple,

comme le bandit dans les broussailles du chemin ; des ennemis qui ne se défendaient pas pendant le combat, mais qui frappaient lâchement leur adversaire par derrière aussitôt qu'il était las de combattre le vide.

Cette habitude de trahison est depuis longtemps dans les mœurs de l'Église romaine ; elle ne combat jamais par légions ; elle ne présente à l'ennemi que des escarmouches ; elle le laisse user ses forces à poursuivre des antagonistes innombrables, invisibles, qui semblent fuir et se multiplier sous ses pas ; et, lorsqu'elle le croit abattu, alors elle se lève en masse comme un seul homme et pousse son cri de triomphe formidable, qui va retentir jusqu'aux dernières limites du monde.

— Voilà cinq jours, dit le jeune homme, que nous avons quitté Séville ; qu'il y a loin encore d'ici à Madrid !

— Huit jours de marche au moins, répondit le franciscain.

— Et, pendant ce temps, le vautour inquisitorial déchire sa proie, et peut-être, quand nous reviendrons, il sera trop tard.

— Soyez tranquille, fit le religieux, l'inquisition ne marche pas si vite ; elle boit la dernière goutte du sang de ses victimes avant de les abandonner au bourreau... Allons, courage, continua-t-il en voyant approcher les guides conduisant leurs mules qu'ils avaient laissées en arrière pour gravir la montagne à pied.

Les voyageurs se levèrent, et, descendant les étroits sentiers du versant septentrional de la montagne, ils rejoignirent leurs guides qui gravissaient péniblement, entre les rochers, la route qui conduisait en Castille, route à peine indiquée par la trace des voyageurs, et où s'élève aujourd'hui une magnifique route royale qui tourne en spirale jusqu'au faîte de la montagne, et par des détours et des circuits pareils, mène de la Castille en Andalousie et de l'Andalousie en Castille.

A l'époque où se passait cette histoire, ce chemin était beaucoup plus rude; mais le courage ne manquait pas à nos voyageurs.

Ils se remirent donc en route, et, tantôt sur leurs mules, tantôt à pied, descendirent la montagne pour gagner la Caroline, où ils arrivèrent le même soir.

Dans ces deux voyageurs, nos lecteurs ont sans doute reconnu Estevan de Vargas et Jean d'Avila.

CHAPITRE XXII

Le tribunal.

C'était un jour triste et lugubre, un jour de séance inquisitoriale. La grande salle du tribunal venait d'être ouverte.

Cette salle était un vaste carré long tendu de noir.

Vers le fond, s'étendait d'un côté à l'autre une table demi-circulaire. Derrière cette table, couverte dans toute sa longueur d'une épaisse flanelle noire on voyait un fauteuil de velours noir, surmonté d'un dais de la même étoffe.

C'était le siége du président ou grand inquisiteur.

Au-dessus du dais pendait, adossé au mur, un grand crucifix d'ivoire sur un fond noir. Deux autres siéges, de la même couleur que le dais, s'élevaient aux deux côtés du fauteuil du président: ils étaient destinés aux inquisiteurs conseillers qui composaient le tribunal.

Sur la table, à droite, était une sonnette; du côté opposé, un grand livre d'évangiles tout ouvert, et, au milieu, devant le président, un carré de papier blanc sur lequel il inscrivait ses notes particulières.

En face du Christ, en dehors de la table, s'élevait un banc, ou plutôt un bâton triangulaire porté sur quatre pieds en équerre, qui servait de siége aux prévenus.

Enfin, à la droite du président, aussi en dehors de la table, se tenaient les sbires et quatre hommes masqués, vêtus d'une longue robe de treillis noir, la tête couverte d'un capuchon de la même étoffe percé aux endroits des yeux, du nez et de la bouche, quatre hommes d'un aspect effrayant; puis, à gauche, deux greffiers, assis devant une petite table, écrivaient sous la dictée du président, ou, selon ses ordres, sous celle des témoins.

Pierre Arbues, revêtu de son grand costume de moine, paré de la croix blanche qui brille sur la poitrine des enfants de Saint-Dominique, Pierre Arbues, assis sur le siége présidial, promenait autour de lui un regard sinistre.

Ses deux assesseurs, indifférents aux orages qui grondaient dans l'âme de cet homme farouche, mais animés du même esprit de domination, attendaient dans un recueillement hypocrite la venue de l'accusé. Nulle émotion intérieure ne perçait leur masque d'airain; ils ignoraient les combats et les incertitudes du juge, partagé entre l'obligation de punir un coupable et la crainte de frapper un innocent.

Leurs arrêts étaient dictés à l'avance. Frapper, frapper sans relâche, telle était leur devise; ils ne redoutaient que d'absoudre, et n'absolvaient jamais volontairement.

Vers le fond de la salle se tenaient des moines de différents ordres, témoins ordinaires de ces solennités, et quelques grands d'Espagne dévoués à l'inquisition, que Pierre Arbues avaient invités par billets; car ce n'était pas un accusé vulgaire qui allait paraître sur la sellette, c'était un noble et puissant seigneur, un bon catholique accusé d'hérésie, que ses pairs allaient peut-être voir condamner sans oser élever un seul mot pour sa défense.

Un silence effrayant régnait dans cette lugubre assemblée; on eût dit un convoi funèbre grimé pour des funérailles, tant ces visages divers portaient une empreinte uniforme de tristesse et de mort.

Mais bientôt un léger mouvement presque imperceptible se fit dans cette morne assemblée; les regards se dirigèrent lentement vers la porte; l'accusé, mené par deux sbires, venait d'entrer dans la salle.

C'était un homme grand et pâle, d'une cinquantaine d'années environ. Ses cheveux d'un noir très-foncé, mais dont plus de la moitié avait déjà blanchi, encadraient un front vaste où siégeait la loyauté plutôt que le génie; son œil franc et ouvert avait l'expression loyale et chevaleresque d'un véritable fils de la Castille, et une grande résignation religieuse, caractère distinctif des chrétiens d'Espagne, tempérait l'expression d'amertume et de chagrin qui voilait la physionomie de cet homme. Il était, en outre, faible et amaigri par un séjour de plus de deux mois dans les cachots de l'inquisition.

Il s'avança à pas lents au milieu de ses gardes, et arrivé en face du président, il chercha autour de lui un siége pour se reposer; mais n'apercevant que cette espèce de *perchoir* triangulaire où le tribunal faisait asseoir ses victimes, un léger sourire amer et sarcastique entr'ouvrit ses lèvres flétries. Il s'assit comme il le put sur ce siége bizarre d'inquisitoriale invention[1].

Puis, relevant la tête sans bravade, mais avec une incroyable dignité, il fixa sur Pierre Arbues un regard clair et perçant qui eût fait baisser les yeux à tout autre qu'à un inquisiteur.

Pierre Arbues le soutint sans changer de visage, et s'adressant au prévenu :

— Accusé, dit-il, levez-vous, et jurez sur l'Évangile de dire la vérité.

Le prévenu se leva lentement, s'approcha de la table, et posant la main sur le livre saint, il dit d'une voix ferme et vibrante :

— Je jure au nom de Jésus-Christ et sur son saint Évangile de dire la vérité tout entière.

— Maintenant, votre nom? poursuivit l'inquisiteur.

— Paul-Joachim-Manuel Argoso, comte de Cevallos, grand d'Espagne de deuxième classe, et gouverneur de la cité de Séville par la volonté de notre bien-aimé roi don Carlos cinquième.

— Passez vos titres, fit l'inquisiteur, ils ne vous appartiennent plus[2].

Manuel Argoso ne répondit pas; mais sa lèvre inférieure se releva dédaigneusement : le pur sang de Castille s'était révolté en lui.

---

1. Lorsque les accusés comparaissaient devant le tribunal de l'inquisition, ce n'était pas sur une sellette qu'il leur était permis de s'asseoir, mais sur le tranchant d'un bâton triangulaire appuyé sur deux XX, appelé *potro*. Souvent, lorsqu'un accusé se refusait à faire les aveux qu'on exigeait de lui, on le tenait assis ou à genoux deux et même trois heures sur le tranchant du potro. N'était-ce pas là une torture préparatoire? Je dis préparatoire, parce que les inquisiteurs avaient mieux que cela.

2. Toute personne arrêtée par ordre du saint office perdait, par ce seul fait, tous ses titres et dignités, ainsi que ses droits civils, et ne les recouvrait qu'après avoir obtenu l'absolution définitive, ce qui arrivait très-rarement. Ainsi, le premier effet de la persécution inquisitoriale était la ruine, le déshonneur des familles! Et les inquisiteurs s'appelaient les défenseurs de la foi catholique!!!

Cortége de Charles-Quint.

— Votre âge ? demanda le président.
— Cinquante ans, répondit le gouverneur.
— Manuel Argoso, poursuivit Pierre Arbues d'une voix lente, métallique, impitoyable ; Manuel Argoso, vous êtes accusé d'avoir reçu chez vous un jeune homme issu d'une race hérétique ; un jeune homme qui professe des sentiments opposés aux doctrines de la sainte Eglise catholique romaine, et de ne l'avoir pas dénoncé.
— Monseigneur, je ne sais ce que vous

voulez dire, répondit gravement Manuel Argoso.

— Ne pas dénoncer l'hérésie, c'est encourager l'hérésie, poursuivit l'inquisiteur. Vous n'avez pu ignorer qu'Estevan de Vargas, descendant d'une famille mauresque, est loin d'être un pur catholique, et non-seulement vous l'avez reçu chez vous, mais vous lui avez fiancé votre fille unique.

A ce mot, un soupir douloureux souleva la poitrine du malheureux gouverneur, et on vit une larme glisser le long de sa joue pâle; mais se remettant aussitôt :

— Monseigneur, répondit-il, le jeune Estevan de Vargas descend d'un de ces nobles chevaliers abencérages qui se soumirent volontairement à la religion de Jésus-Christ et se reconnurent sujets du roi Ferdinand d'Aragon et de la grande Isabelle, notre glorieuse souveraine [1]. Ces chevaliers reçurent de nos rois les mêmes priviléges dont jouissent les seigneurs castillans; pourquoi leur dénierions-nous aujourd'hui un droit qui leur est légitimement acquis depuis le siècle dernier?

— Celui qui obtient un droit s'engage à un devoir, observa l'inquisiteur, et, dès qu'il manque à ce devoir, son droit devient nul. Don Estevan de Vargas, professant des doctrines contraires aux saints canons de l'Eglise, perd sa sauvegarde de bon catholique; il est entaché d'hérésie, et quiconque fait alliance avec lui est réputé hérétique et passible des peines attachées à ce crime.

— Monseigneur, dit gravement Argoso, je vous jure sur l'honneur que jamais don Estevan de Vargas n'a prononcé devant moi un mot qui ne fût d'un pieux chrétien et d'un loyal chevalier; comment donc serais-je complice d'un crime qui n'existe pas?

— Il nie! dit l'inquisiteur d'un air de compassion en se tournant vers ses conseillers comme pour les consulter du regard.

Les conseillers firent un geste d'horreur en levant les yeux au ciel d'un air hypocrite.

Cette pantomime leur était familière, et remplaçait chez eux la rectitude du jugement et la logique de la parole que nul d'entre eux n'avait en partage.

Les greffiers écrivaient les questions et les réponses.

Pierre Arbues semblait réfléchir.

Il se fit un long moment de silence pendant lequel cette âme impétueuse et passionnée s'était profondément recueillie en elle-même pour retrouver ces intonations doucereuses, ce regard béat et attendri, ces paroles pleines d'une douceur évangélique, seul langage usité parmi les inquisiteurs, et dont nul d'entre eux ne s'écartait jamais sous aucun prétexte et dans aucune circonstance, soit que cela fût un des statuts de leur règle [1], soit que cette douceur hypocrite ne fût qu'un raffinement de cruauté; car vainement voudrait-on se persuader qu'ils faisaient le mal avec conviction, et

---

[1]. Don Estevan de Vargas était en effet issu d'une famille mauresque appartenant à la tribu de *Venegas*, mot dont on a fait *Vargas*. Le père de don Estevan fut nommé membre du conseil de Castille par Philippe Ier, en 1506. Don Estevan avait un frère inquisiteur nommé don Pedro de Vargas de la Santa-Cruz, qui fut son plus cruel persécuteur. Don Estevan n'échappa à l'inquisition qu'en quittant l'Espagne.

[1]. Voici ce qu'on lit en note page 100 de l'*Ultramontanisme*, de M. Edgard Quinet, première édition in-8º, page 282 : « *Manière de donner la corde au prévenu qui refuse de répondre, ou ne veut pas répondre avec précision* (precisamente).

« Souvent il arrive que le prévenu ne veut pas répondre avec précision, mais il le fait en termes évasifs : Je ne sais, je ne m'en souviens pas, cela peut être, je ne crois pas, je ne dois pas être coupable de ce délit. Il doit répondre en paroles claires, précises. J'ai dit, je n'ai pas dit. j'ai fait, je n'ai pas fait. Dans ces cas, il est nécessaire de *venir contre lui au rigoureux examen* (la torture), pour tirer de lui une réponse absolue, précise, satisfaisante, suffisante. Mais, d'abord, il convient de lui faire les admonitions dues, après cela le menacer de la corde. Et le notaire enregistrera les admonitions et menaces. La formule sera la suivante... Bénignement averti, *benigne monitus*. »

que cette mansuétude étudiée, unie à tant de barbarie, était le résultat de leur zèle pour la religion et d'une tendre pitié pour les victimes qu'ils se *croyaient* obligés de torturer ainsi.

La dissolution de leurs mœurs répond victorieusement à toutes les apologies qu'on pourrait entreprendre à ce sujet. L'entière pureté du cœur est la seule garantie de sa bonté.

Enfin, regardant le gouverneur de Séville d'un air de componction :

— Mon fils, lui dit Pierre Arbues, vous me voyez sincèrement affligé de l'obstination que l'ennemi du bien a mise en vous. Je vous ai aimé en Dieu, et dans mon zèle pour la sainte cause de l'Eglise et mon amitié sincère pour votre personne, je prie le Seigneur qu'il vous envoie l'esprit de repentir et de pénitence, afin que, reconnaissant vos fautes, vous en fassiez abjuration solennelle et que vous retourniez dans la voie droite qui conduit au ciel.

— Mon père, répondit Manuel Argoso d'un air calme, Dieu m'est témoin que je n'ai jamais eu une seule pensée qui fût contraire aux lois de son saint Evangile, et que je l'ai toujours servi avec amour et confiance.

— Mais vous avouez que avez eu des relations avec un Mauresque, ajouta insidieusement l'inquisiteur.

— Don Estevan de Vargas n'est pas un Mauresque, répondit le gouverneur; il est aussi bon catholique que vous et moi, monseigneur.

— Dieu du ciel ! s'écria l'inquisiteur, l'esprit malin l'aveugle et il insulte à notre sainte religion.

— Monseigneur, objecta tout bas un des conseillers, il avoue ses relations avec don Estevan de Vargas.

Pierre Arbues fit un mouvement de tête qui voulait dire : « Bien, je me servirai de cela. »

— Mon frère, poursuivit-il en s'adressant à l'accusé, nierez-vous aussi que vous ayez élevé votre fille dans des sentiments contraires au véritable esprit de la religion catholique, et qu'elle se soit occupée de ces études pernicieuses qui nous viennent du Nord et qu'on appelle philosophie ?

— Je le nie, répondit le gouverneur.

— Pouvez-vous le prouver ? demanda l'inquisiteur.

Manuel Argoso se tourna vers l'assemblée qui occupait la partie inférieure de la salle, et, avisant plusieurs gentilshommes qui, au temps de sa faveur, fréquentaient habituellement sa maison :

— Messeigneurs, s'écria-t-il, lequel de vous viendra rendre témoignage de la vérité, et affirmer que ni Manuel Argoso ni ma fille, la noble Dolores, n'ont jamais pratiqué d'autres maximes que celles de l'Evangile; vous savez tous cela, messeigneurs, car mon âme vous était ouverte comme ma maison.

Le gouverneur attendit vainement une réponse; toutes les bouches restèrent muettes, et, les yeux baissés vers la terre, chacun craignait de laisser voir la moindre nuance d'attendrissement ou de pitié.

Manuel Argoso laissa retomber ses deux bras le long de son corps avec une expression de découragement impossible à dépeindre ; puis, se retournant vivement vers l'inquisiteur et comme éclairé par une inspiration soudaine :

— Monseigneur, s'écria-t-il, j'en appelle à vous-même ; vous veniez tous les jours dans ma maison, et en votre double qualité d'ami et de ministre de Dieu, vous devez mieux que personne connaître mes vrais sentiments et surtout ceux de ma fille.

— Je n'étais pas son confesseur, répondit le dominicain d'une voix glaciale.

— O monseigneur! fit Manuel Argoso d'un ton à attendrir un rocher; monseigneur, Dolores est donc aussi accusée d'hérésie? Dolores est donc prisonnière comme moi?

— Il n'est pas question de votre fille en ce moment, répondit l'inquisiteur qui voulait à dessein prolonger les incertitudes de ce malheureux père; c'est vous qui êtes accusé, Manuel Argoso; avouez votre crime si vous voulez mériter le pardon du ciel et celui de la sainte Eglise.

Le gouverneur ne répondit pas; son œil avide et fiévreux interrogeait celui de Pierre Arbues; il cherchait à deviner sur ses traits le sort qu'il réservait à sa fille; mais ce fut en vain, la physionomie de l'inquisiteur ne trahit rien qu'une effroyable dureté de cœur incrustée dans une auréole de douceur hypocrite.

— Ma fille! qu'avez-vous fait de ma fille? s'écria le gouverneur en joignant ses mains suppliantes; répondez-moi, monseigneur, je vous en conjure; dites-moi que rien ne la menace, et je pourrai tout endurer.

— Manuel Argoso, dit l'inquisiteur d'une voix lente et doucereuse, ce n'est pas le moment de vous occuper d'affections terrestres; songez à Dieu et à votre salut, et laissez à la Providence le soin de veiller sur ceux qui vous sont chers.

Malgré la douceur affectée de ces paroles, le visage de l'inquisiteur exprimait une volonté inflexible. Le père de Dolores comprit qu'il n'y avait rien à espérer de cette âme de bronze; il courba la tête sur sa poitrine, et, se résignant avec un héroïsme digne des premiers martyrs:

— Que la volonté de Dieu s'accomplisse! pensa-t-il, et il garda le silence.

— Mon frère, lui dit l'inquisiteur de sa voix la plus douce, avouez du moins que vous avez été tenté par l'esprit malin. Faibles créatures que nous sommes, nous n'échappons pas toujours à ses embûches malgré les meilleures intentions, Eh bien! mon frère, dites-nous que son pouvoir fatal vous a soumis; que vous avez été plus aveuglé que coupable, et, en adoucissant pour vous la rigueur des châtiments terrestres, nous tâcherons en même temps de sauver votre âme de la perdition.

Le gouverneur ne répondit pas.

— Avouez au moins que vous avez pris plaisir à entendre les maximes philosophiques et anti-chrétiennes dont le luthéranisme infeste l'Europe.

— Je ne sais pas ce que c'est que le luthéranisme, répondit le gouverneur; je ne m'en suis jamais occupé..... Il faut en effet que Luther soit un grand homme pour qu'il bouleverse ainsi le monde.

A cette réponse hardie, l'assemblée tout entière frissonna de terreur, car elle avait vu jaillir un éclair des yeux du grand inquisiteur. Il fallait beaucoup moins que cela pour faire condamner un homme par l'inquisition.

— Le malheureux! il blasphème!... s'écria Pierre Arbues! et il se livre! ajouta-t-il tout bas en lui-même.

Les deux autres inquisiteurs échangèrent un regard d'intelligence.

— Il est donc vrai, poursuivit Arbues, qu'on vous accuse avec raison de professer secrètement les maximes de l'ennemi de Dieu et d'être l'admirateur de Luther?

— Comment puis-je admirer un homme que je ne connais pas, et suivre ses maximes? répondit le gouverneur! sont-elles donc meilleures que les miennes? sa religion vaut-elle mieux que celle qui m'a été enseignée? et d'ailleurs, qui m'accuse? nommez-moi mon accusateur, afin que je puisse le confondre.

— La charité chrétienne ne le permet

pas¹, répondit le président. Avouez, mon fils, avouez et repentez-vous, c'est le seul moyen de salut qui vous reste pour l'autre vie.

— Je n'ai plus rien à dire, répondit le gouverneur ; je n'ai plus qu'à prier Dieu, qui connaît mon innocence, de la dévoiler au grand jour et de convaincre mes juges.

Quel que soit l'ennemi qui m'accuse, continua-t-il, je jure à la face de Dieu qui me voit et m'entend, qu'il est un infâme et un calomniateur ; je déclare que ma fille Dolores est un ange. Maudit soit donc celui qui oserait attenter à la pureté de sa vie !

Maintenant, ajouta-t-il, que la volonté de Dieu s'accomplisse sur elle et sur moi ; j'ai confiance en celui qui protége les innocents !

Puis, on eut beau l'accabler de questions insidieuses et multipliées, Manuel Argoso garda un silence imperturbable ; il fut impossible de le faire parler.

1. L'inquisition ne nommait jamais les témoins, et par ce moyen elle encourageait la délation. (*Annales du saint office*.)

— Le malheureux ! il le veut, dit Pierre Arbues d'un ton de commisération hypocrite.

Et, se tournant vers les hommes masqués qui se tenaient immobiles comme des spectres à la droite du tribunal, il étendit la main en avant en désignant du doigt le prévenu.

Un frisson glacial courut dans l'assemblée ; bientôt il y régna un silence effrayant ; nul souffle ne se fit plus entendre dans le vide sonore de cette salle immense ; on eût dit que tous ces êtres vivants étaient devenus de marbre.

Seuls, les quatre hommes masqués semblèrent se détacher du sol comme des fantômes, glisser lentement et sans bruit sur le parquet ; puis, arrivés auprès de l'accusé, ils le saisirent, l'enlevèrent presque dans leurs bras sans qu'il fît un seul mouvement, et disparurent avec lui par une porte latérale.

CHAPITRE XXIII

La chambre du tourment.

Au milieu d'une vaste rotonde, dans un caveau profond, éclairé par deux pâles flambeaux, quatre hommes masqués entouraient un autre homme triste et faible qui se soutenait à peine, et dont la vue affaiblie lui rendait pénible et fatigante la lugubre clarté de ce lieu funèbre.

Un air humide et épais s'étendait comme un brouillard malsain dans ces régions souterraines d'où s'exhalait une odeur fétide et sépulcrale.

Dans cette espèce de grotte, tout autour des murailles inégales et lustrées par l'eau qui suintait à travers la pierre molle, on voyait, appendus, des instruments de torture ; infernale invention de l'ascétique et farouche imagination des moines, et dont le seul aspect faisait frissonner.

C'étaient des chevalets, de brodequins de fer, des clous d'une dimension énorme, des cordes de toutes les grosseurs ; puis, dans un coin, à côté d'un chevalet, un brasier ardent qui dardait ses flammes rouges et bleues dans la profondeur de cet angle obscur.

C'était épouvantable à voir.

On descendait dans ce lieu infernal par une multitude de petits escaliers tortueux, dont les dalles humides étaient couvertes de moissures, et où l'on glissait à chaque pas comme sur une vase gluante ; mais les serviteurs de l'inquisition avaient, comme on dit, le *pied marin*. Il connaissaient les moindres détours de cet effroyable dédale où ils avaient conduit Manuel Argoso en quittant la salle du tribunal, et où nous les retrouvons maintenant avec le malheureux accusé, attendant la venue du grand inquisiteur [1].

L'ancien gouverneur de Séville s'était laissé guider ou plutôt porter, fermant les yeux pour ne pas voir le chemin qu'on lui faisait parcourir ; mais les bourreaux s'étant arrêtés au milieu de la chambre du *tourment*, c'est ainsi qu'on nommait cet antre ténébreux, le prévenu rouvrit les yeux, promena autour de lui un regard inquiet, et, lorsqu'il n'aperçut plus que la figure voilée des hommes sinistres qui, dans cet enfer terrestre, remplissaient l'office de démons, et qu'on appelait les *tourmenteurs*, lorsqu'il eut compté l'un après l'autre les horribles instruments de tortures qui l'environnaient, son imagination affaiblie par le jeûne et l'emprisonnement devint la proie d'une hallucination bizarre. Dans sa foi de pieux chrétien, il crut avoir quitté ce monde et être arrivé dans ce lieu terrible dont parle l'Évangile, où il y a des *pleurs* et des *grincements de dents*.

Doit-on s'étonner après cela que, dans des moments pareils et au milieu d'une semblable fantasmagorie, l'inquisition ait obtenu les abjurations et les aveux les plus étranges, les plus contraires au caractère des hommes dont elle faisait ses victimes ?

Pierre Arbues arriva enfin suivi d'un second inquisiteur et du notaire apostolique.

L'accusé était debout, au milieu de la *chambre du tourment*.

---

[1]. La description de la chambre du tourment est faite d'après celle qu'on peut lire dans l'*Histoire de l'inquisition*.

A l'aspect de son juge, il revint au sentiment douloureux de la réalité ; en levant les yeux vers le ciel, comme pour l'implorer, il s'aperçut qu'au-dessus de sa tête, dans la voûte, on avait fixé une forte poulie dans laquelle passait une solide corde de chanvre qui tombait jusqu'à ses pieds.

Involontairement il frissonna.

Les quatre hommes masqués se tenaient en silence auprès de lui.

Pierre Arbues et l'inquisiteur qui l'accompagnait s'assirent sur des sièges pour assister à cette lugubre scène, conformément au dix-huitième article du code de l'inquisition, qui voulait qu'un ou deux inquisiteurs, assistés du notaire apostolique, fussent toujours présents à la torture pour enregistrer les déclarations des prévenus.

Manuel Argoso, bien qu'il eût le courage des âmes fortes, ne put se défendre d'une terreur profonde. Il songeait à sa fille, qui peut-être aurait à subir les mêmes épreuves, et tout son courage l'abandonna.

S'il eût pu les lui épargner en avouant des crimes imaginaires, il n'eût pas hésité un seul moment ; mais il savait bien qu'un pareil aveu la perdrait au lieu de la sauver. Il rappela donc à lui toute son énergie et se prépara à souffrir.

Sur un signe du grand inquisiteur, les *tourmenteurs* dépouillèrent l'accusé de ses vêtements, et le laissèrent nu jusqu'à la chemise.

Alors Pierre Arbues s'avança vers lui :

— Mon fils, dit-il avec une douceur évangélique, mon fils, confessez vos crimes, et ne contristez pas notre âme en persévérant dans l'erreur et dans l'hérésie ; épargnez-nous la douleur d'obéir aux lois justes et sévères de la très-sainte inquisition en vous traitant avec toute la rigueur qu'elles réclament.

Manuel Argoso ne répondit pas, mais il

jeta sur l'inquisiteur un regard fixe, froid, aigu, un regard qui défiait la torture.

— Avouez et confessez-vous, poursuivit Pierre Arbues avec une incroyable persistance, mais toujours d'une voix pleine d'onction et de mansuétude. Nous sommes vos pères en Dieu, et le seul désir de sauver votre âme nous guide. Allons, mon fils, un aveu sincère peut seul vous sauver dans l'autre vie, et vous épargner en celle-ci les justes vengeances de Dieu ; confessez donc, confessez votre péché.

— Je ne puis avouer un crime qui n'existe pas, répondit le gouverneur.

— Mon fils, poursuivit le juge, je m'attriste de votre impénitence, et je supplie le Seigneur de toucher votre âme qui, sans la grâce, serait infailliblement perdue ; car le démon la tient en sa puissance, et c'est lui qui vous inspire cette coupable obstination dans le mal. Priez avec moi, s'il est possible, pour que Dieu ait pitié de vous et vous envoie les lumières de son Esprit-Saint.

En même temps, Pierre Arbues s'agenouillant sur la terre à côté du patient, marmotta à voix basse une oraison inintelligible d'un air béat et attendri. Puis il fit, l'un après l'autre, plusieurs signes de croix rapides, se frappa humblement la poitrine, et resta quelques minutes le visage appuyé sur ses deux mains jointes.

En ce moment, le farouche inquisiteur de Séville n'était plus qu'un humble dominicain, priant et pleurant pour les péchés des autres.

Enfin il se releva.

— Malheureux esclave du démon! dit-il alors en s'adressant à l'accusé, Dieu a-t-il daigné exaucer mes humbles prières et dessiller vos yeux fermés aux clartés de notre sainte foi ?

— Ma foi est toujours la même, répondit Argoso ; elle n'a jamais varié un seul instant ; telle que je l'ai reçue de mon père qui était un pieux chrétien, telle je l'emporterai dans la tombe.

— Dieu m'est témoin qu'il n'y a pas de ma faute, fit le juge en levant les yeux au ciel. Allez, poursuivit-il en regardant les tourmenteurs, qu'on lui applique la question de la corde...

A ces mots, l'accusé ferma les yeux ; un sourd bourdonnement résonna dans ses oreilles ; une sueur froide inonda ses membres et il frémit jusque dans ses entrailles.

Les tourmenteurs tirèrent à eux le câble qui pendait de la voûte.

— Vous continuerez la question jusqu'à ce que nous jugions convenable de la faire cesser, continua l'inquisiteur, et si pendant ce temps il survenait à l'accusé, soit une lésion, soit la fracture d'un membre, soit même la mort, je proteste devant tous que la faute doit en être imputée à lui seul...

Et maintenant, que la volonté de Dieu soit faite! ajouta-t-il en étendant la main vers les bourreaux.

Aussitôt les quatre hommes masqués s'emparèrent du malheureux gouverneur. et lui lièrent les mains derrière le dos avec un des bouts de la corde qui pendait au-dessus de sa tête ; puis, saisissant l'autre bout, à l'aide de la poulie, ils enlevèrent le patient jusqu'à la hauteur de la voûte, et le laissèrent retomber brusquement à un demi-pied de distance du sol.

Le malheureux resta à moitié évanoui de cette terrible secousse.

Les tourmenteurs attendirent pendant quelques minutes qu'il fût revenu à lui, et aussitôt qu'il eut rouvert les yeux, ils recommencèrent cette cruelle ascension, et le laissèrent retomber aussi violemment que la première fois.

Ce supplice dura une heure [1].

---

1. J'emprunte encore à M. E. Quinet une partie de la note page 101. « Après l'avoir fait suspendre (le prévenu), on l'interrogera dans sa torture sur ledit fait seulement

Le malheureux gouverneur n'avait pas proféré une plainte ; seulement, sa poitrine haletante et suffoquée rendait un souffle rauque et pressé qui ressemblait au râle de l'agonie. Ses yeux ternes, vitreux, comme ceux des mourants, paraissaient n'avoir plus qu'à se fermer du dernier sommeil. La corde qui serrait ses poignets était entrée si avant dans les chairs, que le sang du torturé ayant ruisselé par tout son corps, sa chemise, le seul vêtement qu'on lui eût laissé, était souillée d'une boue sanglante ; car le sol était terreux et humide, et la question finie, le malheureux gouverneur,

(sur le fait en question), en le maintenant suspendu plus ou moins longtemps, *ad arbitrio*, selon la qualité de la cause, la gravité des indices, la condition de la personne torturée et autres choses semblables que le juge devra considérer (et qu'il ne considérait pas toujours, en Espagne du moins), afin que justice ait son effet, sans que personne soit judûment lésé. (*Manière de donner la corde*, etc., page 286 et 287.) Si, dans la torture, le prévenu persiste dans la négative, on terminera l'examen (le tourment) comment il suit : MM. les inquisiteurs ne pouvant tirer de lui (de l'accusé) rien de plus, ordonneront que le prévenu soit légèrement descendu de la corde à laquelle il est suspendu, qu'on le délie, qu'on remette les articulations du bras, qu'on le rhabille, qu'on le ramène à sa place après l'avoir tenu suspendu dans la torture pendant une demi-heure à l'horloge de sable, et le notaire signera. (*Si terminera l'essame cosi...*)

Ce supplice, qui à Rome ne durait qu'une demi-heure, durait en Espagne plus d'une heure, suivant Llorente. (*Des supplices infligés par l'inquisition*.)

délivré de ses liens, était retombé à terre comme une masse inerte : ses os disloqués et ses muscles meurtris ne pouvaient plus le soutenir.

C'était un spectacle déchirant et horrible que cet homme fort, grand, robuste, encore dans la vigueur de l'âge, anéanti par une torture atroce, et supplicié avant d'avoir été jugé.

Que ne devait-on pas attendre d'une jurisprudence qui imposait aux prévenus de semblables épreuves !

Mais les inquisiteurs n'avaient pas d'entrailles ; ils *régnaient* par la torture, ils se repaissaient d'agonie.

— Qu'on ramène cet homme dans sa prison, dit Pierre Arbues d'un air affligé ; en voilà assez pour aujourd'hui ; et se tournant vers l'inquisiteur conseiller :

— Mon frère, fit-il, n'oubliez pas cet infortuné dans vos prières.

Telle était la manière d'agir des inquisiteurs vis-à-vis de leurs victimes : ils voilaient l'abominable dureté de leur cœur sous les dehors hypocrites d'une piété profonde.

Deux sbires enlevèrent dans leurs bras le malheureux gouverneur.

Manuel Argoso ne donnait plus aucun signe de vie.

CHAPITRE XXIV

Les cachots de l'inquisition.

Il était minuit.

Tout dormait à Séville, excepté peut-être les malheureux prisonniers plongés dans les cachots de l'inquisition.

Aux avenues de ce sombre édifice, appelé prison de la Foi, rien n'éclairait l'obscurité de la nuit. Un silence de mort y régnait ; ces tombes qui enfermaient des vivants étaient trop profondes pour que les cris d'agonie des victimes pussent arriver au dehors.

Deux personnes s'avançaient à pas furtifs vers la prison : un religieux et une femme.

La nuit était si obscure et leurs vêtements si sombres, qu'un espion même n'eût pu les

Paysans de Séville.

distinguer contre la muraille noircie qu'ils suivaient, en s'appuyant aux parois pour se guider dans l'obscurité.

Bientôt ils arrivèrent à la porte de la prison. Le religieux frappa un coup sec et sonore quoique léger, avec une clef qu'il tenait à la main ; au même instant, la porte tourna lentement sur ses gonds comme par magie.

Le religieux et la femme furent introduits dans l'intérieur.

Nulle lumière n'éclaira leur passage, et dès qu'ils furent entrés, la porte se referma doucement sans crier sur ses gonds, soigneusement huilés à l'avance.

— Oh ! j'ai peur, dit tout bas la compagne du religieux.

— Rassurez-vous, Dolores, répondit José;

rassurez-vous ; avec moi vous n'avez rien à craindre.

La jeune fille s'appuya sur le bras du dominicain pour se soutenir, car son cœur battait avec violence.

Le geôlier avait pendant ce temps allumé une lanterne sourde.

— Révérence, dit-il en s'adressant au religieux, où dois-je conduire Votre Paternité?

— Au cachot du gouverneur de Séville; va et marche devant nous.

Le geôlier hésita un instant; il savait avec quelle barbarie il serait traité par l'inquisition si elle venait à découvrir qu'il avait introduit une femme dans le cachot d'un prisonnier.

— Eh bien ! dit José, tu hésites ?
— Révérence !

Le favori du grand inquisiteur fit sans parler un signe impératif.

Le geôlier prit aussitôt les devants sans oser rien dire.

Le moine et la jeune fille le suivirent.

Avant d'arriver à la région souterraine où le saint office retenait ses victimes, ils descendirent par un escalier en colimaçon d'environ cinquante marches.

Une odeur nauséabonde, insupportable, s'exhalait de ces réduits infects. Le religieux et sa compagne se sentirent suffoqués et près de défaillir; la délicatesse de leurs organes leur rendait cette odeur intolérable[1]. Cependant José, plus courageux, soutint dans ses bras Dolores, pâle et presque évanouie.

— Oh ! s'écria la jeune fille avec angoisse en s'arrêtant sur la dernière marche de l'escalier, c'est donc là qu'habite mon père?...

— Courage, fit tout bas le dominicain, courage! vous en avez besoin.

[1]. Annales de l'inquisition.

A ce moment, une lourde porte de fer s'ouvrit péniblement, en laissant échapper au dehors une bouffée d'air si épais et si fétide, qu'il ressemblait à de la fumée.

— C'est ici, Révérence, dit le geôlier en remettant au jeune moine la lanterne sourde qu'il tenait à la main; entrez, mais au nom du ciel ne faites pas de bruit et ne restez pas longtemps.

— Éloigne-toi, dit impérieusement don José en prenant la lanterne des mains du geôlier; je n'ai pas d'objections à écouter de toi.

Le geôlier obéit, et se recula dans un angle obscur du corridor souterrain.

Alors, à la clarté incertaine et vacillante de la lanterne, José chercha à guider Dolores dans cette profonde obscurité. Ils passèrent le seuil de cette porte étroite et massive, et, après que leurs yeux se furent un peu habitués à la lumière douteuse qui les enveloppait, dans le fond du cachot, large de dix pieds sur douze, sur une estrade qui en occupait à peu près la moitié, ils aperçurent un homme étendu et comme endormi.

Cet homme était l'ancien gouverneur de Séville.

Il était seul; les cinq autres prisonniers qui d'ordinaire habitaient ce réduit, assez large seulement pour trois personnes, étaient morts l'un après l'autre pendant ou après la torture.

Le malheureux Argoso, plus fort ou plus courageux, avait résisté aux terribles ascensions qu'il avait subies ; quelques heures après avoir été rapporté dans son cachot, il était revenu à la vie et à la douleur. Au moment où sa fille entra dans son cachot, un léger sommeil l'avait soustrait au supplice d'habiter ce lieu immonde. Quelques vases de terre destinés à satisfaire les besoins naturels, et qu'on ne vidait que toutes les semaines, exhalaient autour de lui une odeur intolérable. Cet affreux réduit ne recevait de lumière que par une espèce de lucarne percée tout au haut du mur au niveau de la rue, et il était si humide, que la natte où dormait le prisonnier était entièrement pourrie et s'en allait en lambeaux. Lorsque la chambrée était complète, l'estrade se trouvant trop petite, les détenus les moins faibles dormaient sur la terre froide et fangeuse.

Tels étaient les lieux où l'inquisition enfermait ses victimes [1].

Dolores s'approcha doucement de l'estrade où dormait son père, et joignant les mains avec une expression de douleur navrante, elle le considéra pendant quelques instants ; cependant elle ne pouvait voir son visage tourné du côté du mur et appuyé sur un de ses bras ; il paraissait si calme qu'elle n'osa le réveiller.

Mais en s'approchant à son tour, José heurta une cruche de terre qui embarrassait son passage.

Au bruit qu'elle fit en tombant, le gouverneur releva la tête ; il était si pâle et si changé, que sa fille seule pouvait le reconnaître.

— Mon père ! s'écria Dolores avec un gémissement douloureux.

Elle se jeta en sanglotant sur son sein et, l'enlaçant de ses deux bras avec le sublime enthousiasme de la tendresse et de la douleur, elle le pressa contre sa poitrine.

Mais le malheureux père ne répondit pas à cette étreinte ; malgré lui, une plainte déchirante s'échappa de ses lèvres ; sa fille avait, en l'embrassant, réveillé les cuisantes douleurs de ses membres brisés.

— Qu'as-tu ? oh ! qu'as-tu donc ? s'écriat-elle en essayant de le soulever dans ses faibles bras.

— Rien, je n'ai rien, ma bien-aimée Dolores, dit-il en s'efforçant de sourire ; oh ! je suis heureux de te revoir !

José devina tout ; il fronça le sourcil en faisant un geste énergique d'indignation, et murmura à voix basse :

— Oh ! si j'avais su cela, mon Dieu !

Manuel Argoso faisait de vains efforts pour se relever ; ses bras, paralysés par la souffrance, ses os disloqués et ses muscles meurtris demeuraient inertes et refusaient d'obéir aux efforts de sa volonté.

Sa fille, le seul être qu'il aimait au monde, sa fille qu'il avait cru ne jamais revoir, était là devant lui, dans sa prison, où elle était descendue comme par miracle, et il ne pouvait la presser avec amour contre son sein ; il ne pouvait que balbutier des paroles sans suite, entrecoupées de sanglots et de larmes.

Cette mort extérieure qui le frappait vivant était une indicible torture. Ses yeux seuls pouvaient se rassasier de contempler sa fille ; il la considérait en détail avec un amour passionné, avec la tendresse saintement puérile d'une mère, mais sans parler ; des soupirs tumultueux gonflaient sa poitrine, son grand œil sombre, brillant et fiévreux dans son orbite profonde, se voilait de larmes, et ses lèvres tremblaient agitées de mouvements convulsifs.

— Oh ! tu es donc libre ! s'écria-t-il enfin avec une expression de joie si vraie et si triste, que le cœur de José vibra comme un métal sonore ; un frisson glacial passa dans sa chevelure, et, par un mouvement invo-

---

[1] « Les cachots de l'inquisition étaient des souterrains profonds, de véritables tombes à plus de trente pieds sous terre. Dans chaque cachot, long de douze pieds et large de huit environ, se trouvait un lit de camp de quatre pieds de largeur sur douze de longueur. Chaque cachot contenait ordinairement [six et souvent huit personnes, dont trois ou quatre, les plus robustes, couchaient sur le sol humide, et les autres sur le lit de camp. Un vase destiné à satisfaire les besoins naturels, et qui n'était vidé que tous les huit jours et quelquefois toutes les deux semaines, était dans un coin et achevait de vicier l'air déjà désoxygéné en grande partie par la respiration des infortunés condamnés à habiter ces lieux. » (*Histoire de l'inquisition*.)

lontaire, il tomba aux genoux du gouverneur.

— Quel est ce moine? demanda Manuel Argoso.

— Un ange, mon père, répondit Dolores, un ange qui nous a réunis.

— Trop tard! murmura sourdement le gouverneur.

— Pourquoi trop tard? répliqua la jeune fille; tu souffres, mais nous te sauverons.

Elle ne comprenait pas que, de cet homme robuste, l'inquisition avait fait un cadavre.

José ne se contenait plus. Des larmes amères gonflaient son sein; son indignation le tuait.

— Malheureuse enfant! s'écria-t-il avec explosion, ne voyez-vous pas qu'ils ont brisé ses membres!

— Taisez-vous! taisez-vous! dit vivement le père.

Il n'était plus temps. Dolores avait tout compris.

Anéantie, brisée, elle se jeta à genoux devant l'estrade où était couché son malheureux père; elle souleva doucement ses membres meurtris, elle les couvrit de baisers et de larmes : il lui semblait qu'à force de tendresse elle allait rendre à son père la vie qu'on lui avait enlevée.

Mais enfin, voyant que tous ses efforts étaient inutiles, et que le malheureux gouverneur, toujours immobile, ne vivait plus que par la douleur, elle se tourna avec colère vers le dominicain.

— Vous le saviez, dit-elle, et vous ne m'avez pas avertie!

— Si je l'avais su, répondit José, je ne vous aurais pas conduite ici; j'ai été trompé comme vous, Dolores; on a appliqué la question immédiatement après l'interrogatoire, ce qui ne se fait presque jamais; et vous savez qu'hier j'ai été forcé de m'absenter de Séville.

— O mon Dieu! ils l'ont tué, murmura douloureusement la jeune fille.

Et couvrant les mains de son père de baisers convulsifs :

— Voyez, don José, il ne peut plus faire aucun mouvement, et ils l'ont abandonné ainsi, dans ce cachot infect, sans même panser ses blessures. O mon père! comment avez-vous pu vivre ici? Mais, c'est un tombeau que cette prison!

— Calme-toi, enfant, dit doucement le gouverneur, mes maux ne sont pas sans remède; je guérirai, rassure-toi.

— Oui, vous guérirez, dit-elle avec résolution, car je resterai ici pour vous soigner.

Qui osera m'arracher d'auprès de lui? s'écria la noble fille en jetant autour d'elle un regard sublime.

— Moi, répondit José, moi qui veux vous sauver tous deux.

— Vous m'avez déjà dit cela, fit-elle, et pourtant, voyez en quel état on l'a réduit. Vous me trompez tous, je n'écoute que moi, je veux rester ici!

— Dolores, dit le jeune moine, croyez-moi, ne cédez pas à cette exaltation inutile; restez libre pour sauver votre père. On ne reprendra pas de sitôt l'instruction de son procès. Ignorez-vous qu'Estevan et Jean d'Avila s'occupent des moyens de l'arracher à l'inquisition?

— M'ont-ils donc cherché des témoins? demanda Manuel Argoso d'une voix faible.

A ce mot de témoins, la fille du gouverneur fit un retour sur elle-même, et se rappela un projet qui déjà l'avait occupée.

— Don José, dit-elle en se tournant vers le jeune dominicain, vous m'assurez que les blessures de mon père peuvent se guérir?

José, qui avait quelques connaissances en chirurgie, palpa l'un après l'autre les membres du prisonnier.

— Je vous le jure, répondit-il, dans quelques jours votre père pourra marcher : ses articulations ont été remises.

— Eh bien, poursuivit Dolores en dissimulant sa pensée, de peur que José l'empêchât de la mettre à exécution, j'attendrai le retour de Jean d'Avila.

— Don Manuel, dit le jeune moine en s'adressant au gouverneur, ne vous hâtez pas de vous montrer guéri; retardez autant que possible un second interrogatoire, laissez à vos amis le temps d'arriver... Dieu aura pitié de nous, continua-t-il avec une sombre exaltation, et le jour de la vengeance n'est pas loin.

— Je puis tout endurer maintenant, répondit le gouverneur, ma fille est libre : et vous ne nous trahirez pas! ajouta-t-il en regardant José d'un air indéfinissable.

Manuel Argoso avait peur de cet homme qui portait la livrée de l'inquisition.

— Je lui dois la liberté, dit vivement Dolores, qui comprenait les craintes de son père, c'est lui qui m'a sauvée du déshonneur et de la mort; espérez en lui... Et vous, don José, fit-elle avec douceur, pardonnez-moi mes injustices et mes révoltes; oh! je souffre tant, mon Dieu!

— Moi aussi j'ai souffert, répondit amèrement le jeune dominicain, voilà pourquoi je m'intéresse à vous et je vous pardonne.

En cet instant, des pas retentirent dans l'escalier qui conduisait aux cachots.

José cacha vivement sa lanterne sourde sous son manteau, et regardant le gouverneur et sa fille :

— Pas un mot, dit-il, attendez.

Un amer sentiment de douleur traversa le cœur de Manuel Argoso; malgré la confiance de sa fille, il redoutait une trahison : toutefois il n'en témoigna rien.

Le bruit continua pendant quelques minutes. Ceux qui descendaient l'escalier passèrent devant la porte du cachot où le gouverneur était enfermé, puis ils s'éloignèrent de quelques pas; la porte d'un cachot voisin s'ouvrit; se referma, l'on remonta l'escalier, et on n'entendit plus rien que des sanglots convulsifs que l'épaisseur des murs ne pouvait intercepter.

Les sbires du saint office venaient de terminer une expédition nocturne.

— Encore une victime! dit amèrement José.

— Une femme! ajouta Dolores en frissonnant; je l'ai reconnue à la voix.

— Va-t'en, va-t'en! s'écria le gouverneur, l'air de cette prison est contagieux; reviens à la liberté, ma Dolores, nous nous reverrons; va-t'en!

— Oui, nous nous reverrons, mon père; car je reviendrai, dit la jeune fille en interrogeant José du regard.

— Pas ici, fit vivement le gouverneur; pas ici, je te le défends; fais tout ce que tu pourras pour me délivrer, mais au nom du ciel, ne reviens pas ici.

— Venez, venez, dit José, il a raison; on n'est jamais en sûreté dans les prisons du saint office.

— Pas encore, oh! pas encore! disait Dolores en s'attachant à son père, qu'elle ne pouvait plus quitter.

— Il le faut, poursuivit le jeune moine en usant presque de violence pour l'en détacher. Adieu, don Manuel, espérez; vous avez des amis, ils vous sauveront.

A ce moment, le geôlier entr'ouvrit la porte du cachot et dit à José :

— Révérence, emmenez cette jeune fille, je vous en supplie; elle n'est pas en sûreté ici, et moi je risque ma vie; je vous en conjure, emmenez-la.

— Partons, dit résolûment Dolores, je ne veux compromettre la vie de personne.

— Adieu, mon père, il ne faut pas faire retomber notre malheur sur autrui; adieu et prenez confiance, ajouta-t-elle tout bas en l'embrassant une dernière fois.

Dolores et José sortirent ; la porte du cachot se referma sur le prisonnier.

CHAPITRE XXV
Une grande fête à Séville.

C'était un jour de grand gala à Séville.

Les balcons étalaient leurs coquettes tentures de soie ou de beaux tapis de Grenade. On avait fait largesse au peuple ; depuis le lever du soleil, du vin de Pajarète coulait à grands flots de la fontaine de l'Esplanade.

Les gitanos, les mendiants et les moines avaient fait une ample récolte ; car en Espagne, les jours de fête, le bon peuple espagnol était, comme on dit vulgairement, la *vache à lait* des moines et des Gitanos. Chacune de ces castes savait, à sa manière, exploiter sa crédulité ou sa bonhomie ; les religieux, au moyen des reliques à baiser, les autres en disant la bonne aventure et en donnant des talismans aux jeunes filles : toutes choses *importantes* qui ne restaient jamais sans salaire.

L'imagination du peuple, cette folle et vive magicienne si ardente dans ces climats brûlants, n'a jamais fait défaut aux exploitateurs, et les exploitateurs n'y ont pas manqué.

Pourquoi ne s'est-il pas trouvé des hommes graves, animés du saint amour de l'humanité, qui aient su, tournant à bien ce penchant au merveilleux, poétiser pour ainsi dire la philosophie, rendre la raison et la vérité prestigieuses, à force de faire leur vêtement de poésie gracieux et sublime, et enfin obtenir dans le bien ce que le fanatisme avait obtenu dans le mal, dominer les masses afin de les rendre heureuses, comme il régnait sur elles pour leur éternel malheur ?

Ce jour viendra sans doute ; la lutte est commencée ; le génie de l'avenir étend déjà ses ailes sur l'Espagne. Puisse-t-il, comme l'Esprit-Saint de Milton, féconder ce vaste abîme si longtemps insondable, et de ce profond chaos de passions et de pensées diverses faire jaillir l'éternelle lumière !

Mais revenons à Séville.

C'était, avons-nous dit, un jour de fête extraordinaire. La belle cité andalouse avait avec bonheur déposé pour un jour le deuil qui la voilait habituellement. Bien des cœurs saignaient sans doute, de profonds chagrins ou d'amers ressentiments vivaient dans l'âme des Andalous ; cependant, ces fils insoucieux de la plus belle contrée de l'univers, ces enfants du plaisir qui sont plus artistes et plus poëtes sans le savoir que les plus grands écrivains et les chanteurs les plus célèbres, étaient retournés follement à leur *Cana* chérie, à leur voluptueux fandango. L'inquisition était oubliée, les morts oubliés, les sbires oubliés, la terreur oubliée ; les Sévillans, redevenus musiciens, poëtes et amoureux, chantaient et dansaient avec délire ; ils ne vivaient plus que du moment présent, et, chose étrange, cette fête, objet d'un si vif enthousiasme, était une fête en l'honneur de l'inquisition.

La noble cité de Séville célébrait l'arrivée dans ses murs du duc de Médina-Cœli, grand porte-étendard de la foi[1], venu pour tenir sa place dans un auto-da-fé royal qui devait y avoir lieu pour célébrer un de ces innombrables *petits triomphes* de Charles Quint, qui en avait eu de si grands contre le protestantisme d'Allemagne : triomphes le plus souvent suivis de défaites, mélange de bien et de mal, d'alliances et de défections qui, depuis la ligue de *Smalkalde*[2], tinrent si longtempps l'Europe en suspens, et firent douter quel serait vainqueur, de Rome ou de Luther : triomphes qui servirent tant de fois de prétexte à l'Église romaine pour multiplier les bûchers.

La nuit était venue, belle et étoilée comme toujours. L'air vif et parfumé, l'excitation de la danse et le vin de la fontaine avaient amené un surcroît d'exaltation parmi le peuple de Séville. Jamais la *Jacara* n'avait été dansée d'aussi bon cœur, ni la *Cana* chantée avec un plus voluptueux abandon. Il est vrai que le duc de Médina-Cœli, qui payait la fête de ses deniers, s'était montré un grand et généreux seigneur ; il avait largement fourni de quoi boire aux hidalgos, aux mauresques et aux truands de la cité.

Mais, pendant que le peuple se réjouissait dans les rues, il fallait bien que les seigneurs et les grands d'Espagne eussent leur part de cette fête *nationale*.

Les nobles hidalgos de Séville *bien pensants* (c'est-à-dire les serviteurs de l'inquisition) s'amusaient donc de leur côté dans les splendides salons du comte et duc de Mondejar, gendre et neveu du puissant et excellentissime duc de Médina-Cœli.

A la suite d'un banquet somptueux qui avait eu lieu chez le comte de Mondejar, les convives, réunis dans un des magnifiques salons de l'hôtel, discouraient, assis sur de larges divans de soie qui rappelaient le luxe oriental des rois de Séville, en fumant de délicieux *cigaritos*, luxe qui, à cette époque, n'était encore permis qu'aux rois et aux très-grands seigneurs [1].

Des lustres nombreux de cristal de roche suspendus au plafond jetaient dans la salle une clarté flamboyante qui ruisselait, en ondulations vagabondes, sur les vêtements de soie de ces nobles seigneurs.

Nulle femme n'avait été admise à cette soirée, qu'on aurait pu désigner sous le nom de *club catholique et inquisitorial*, et dont le comte de Mondejar était le président, sauf toutefois les rares instants où son illustrissime beau-père daignait honorer de sa présence cette *sainte* réunion.

— Savez-vous, don Rodriguez, que voilà encore un triomphe remporté par le catholicisme sur les protestants d'Allemagne, dû à la politique admirable de notre bien-aimé souverain don Carlos cinquième ?

Ces paroles, prononcées avec toute l'emphase castillane par un jeune seigneur favori du duc de Mondejar, et que déjà l'on désignait comme son gendre, s'adressaient à un vieillard dont les habits malpropres et sans grâce contrastaient d'une façon singulière avec l'élégance recherchée, quoique sévère, des seigneurs qui composaient l'assemblée.

Toutefois, malgré la misérable et sordide apparence de ses vêtements, cet homme avait une grande aisance de manières, et ce désordre extérieur paraissait être bien

---

1. La maison de Médina-Cœli, une des plus illustres de l'Espagne, jouissait encore en 1820 du *haut privilége de garder et de porter l'étendard de la foi* dans les grands auto-da-fé et autres solennités de l'inquisition.
2. En 1530, le 28 décembre, les princes allemands qui avaient adopté les doctrines de Luther ayant appris que les princes catholiques de l'Empire avaient formé, pour le soutien de la religion établie, une ligue à la tête de laquelle se trouvait l'empereur lui-même, s'assemblèrent en toute hâte à Smalkalde, et y conclurent une ligue offensive et défensive contre tout agresseur. D'après cette ligue, tous les Etats protestants de l'Empire ne devaient former qu'un seul corps. (W. Meiners, *Histoire de la Réformation*, chap. IV.)

1. Le premier tabac introduit en Espagne fut envoyé de Tabasco par Fernand Cortés à Charles-Quint, en 1519.

plutôt l'effet de la négligence ou d'un cynisme superbe, que celui de la misère.

Sa physionomie rude et hautaine décelait le génie, tandis que les lignes horizontales qui coupaient son front vaste, jointes à un froncement de sourcils particulier, trahissaient des habitudes méditatives entées sur des passions tumultueuses et même désordonnées.

Ce visage devait avoir subi la même transformation que celui de Socrate; l'âme, en se modifiant, l'avait assujetti à cette métamorphose, et si le regard ardent et un peu oblique de cet homme témoignait qu'il était en proie à un enthousiasme habituel, les contours arrêtés de ses traits, la fine ironie de ses lèvres et la sévérité de son front annonçaient que sa pensée lucide et profonde n'avait rien de cette instabilité qui caractérise les insensés, mais qu'il y avait au contraire en lui un droit et complet développement des facultés intellectuelles.

Il se tourna lentement vers le jeune homme qui lui avait adressé la parole, et le regarda sans répondre.

— Voilà que nous aurons un mois de fêtes et de réjouissances publiques, continua le jeune seigneur, sans compter l'auto-da-fé royal, qui sera certainement d'un grand effet, si le programme tient sa promesse.

— Soyez tranquille, il n'y manquera rien, répondit le vieillard d'un ton que son interlocuteur prit pour une approbation, mais qui était rempli d'amertume et d'ironie.

— Rien, en effet, poursuivit le jeune homme, qui s'appelait don Carlos; car on assure que le grand inquisiteur a réservé pour cette solennité don Manuel Argoso, l'ancien gouverneur de Séville.

— Un vrai chrétien, dit gravement le vieillard.

— Hum ! fit don Carlos, il était l'ami bien intime de don Estevan de Vargas, et don Estevan de Vargas s'est toujours donné des airs de philosophie. Il sent le fagot d'une lieue; convenez-en, don Rodroguez de Valero.

— Don Estevan est un noble cœur, répondit don Rodriguez, mais il a des ennemis... Il n'a jamais voulu servir dans la milice du Christ.

Et vous, don Carlos, continua-t-il d'un ton légèrement sarcastique, êtes-vous enfin parvenu à vous faire donner le *santo* ?

— Pas encore, répondit tristement le futur gendre du duc de Mondejar; mais j'espère en glisser ce soir un mot à Son Excellence monseigneur le grand porte-étendard.

— L'occasion est belle vraiment; je vous conseille de ne pas la laisser échapper.

— Comment, don Carlos! vous voulez devenir familier? s'écria un jeune seigneur aragonais, venu pour la première fois dans cette illustrissime assemblée.

— Sans doute, don Ximenès; oserais-je sans cela prétendre à la main de dona Isabelle, la fille du duc de Mondejar?

— Triste rôle pour un chevalier castillan! fit l'Aragonais en secouant la tête.

— Beau rôle au contraire! dit Valero d'une voix stridente; beau rôle, don Ximenès! Être familier de l'inquisition... c'est être à cheval sur la roue de la fortune. Porter sous son vêtement les insignes de cet ordre, c'est avoir son passe-port pour les postes les plus importants du royaume; avec cela on arrive à tout! Quelles maisons en Espagne, dites-moi, réunissent plus de charges, de richesses et d'honneurs que les maisons de Médina-Cœli et de Mondejar? Croyez-vous que si don Manuel Argoso et don Estevan de Vargas eussent appartenu au saint office, ils seraient aujourd'hui l'un sur le point d'être brûlé vif, l'autre errant par monts et par vaux ? et que si le confes-

La Garduna.

seur de la belle Dolores se fût appelé don Pedro Arbues, ou simplement don José, cette charmante hérétique serait, à l'heure qu'il est, pauvre et vagabonde comme une Gitana, n'ayant pas même une pierre pour oreiller?

— Chut! fit don Ximenès : vous vous perdez, seigneur Valero.

— Soyez tranquille, ils me prennent pour un insensé.

En effet, les autres seigneurs qui composaient cette réunion, occupés de riens très-graves concernant les affaires de la *religion*, ne prêtaient nulle attention aux discours de Rodriguez de Valero, dont ils ne s'inquiétaient aucunement, car ils ne comprenaient pas sa profonde sagesse.

— Croyez-moi, seigneur, poursuivit le vieillard, aujourd'hui, en Espagne, il n'y a plus qu'une sorte d'honneur: *appartenir au maître*, et, vous le savez, le maître c'est l'inquisition...

Naguère, continua-t-il en s'animant par degrés, naguère, pour mériter le surnom de preux chevalier, il fallait savoir rompre une lance et dompter un cheval fougueux. On était réputé loyal et bon serviteur du roi, lorsqu'on avait combattu les Maures sur les champs de bataille. Il y avait de la gloire alors !... Aujourd'hui messeigneurs, il n'y a plus de Maures à combattre, il n'y a que des Maures à dénoncer ! Il n'y a plus de reine noble et belle qui vous récompensait d'un sourire au retour du combat en vous donnant sa blanche main à baiser, il y a des moines qui vous bénissent d'une main crasseuse quand vous avez perdu un fidèle serviteur du roi... Naguère, après un jour de bataille, les escadrons se formaient en cercle, et un héraut d'armes proclamait par trois fois le nom de ceux qui avaient bien combattu, et par six fois le nom de ceux qui étaient morts les armes à la main.

Aujourd'hui, le nom des serviteurs du saint office n'est prononcé par personne ; les serviteurs du saint office n'ont pas même le droit d'étaler leur infamie.

— Don Rodriguez! s'écria le jeune Aragonais effrayé des paroles qu'il venait d'entendre, sur mon âme ! je ne donnerais pas, à l'heure qu'il est, un maravédis de votre tête.

— Don Rodriguez de Valero a une audace et un bonheur insolents, ajouta don Carlos; on lui laisse dire tout ce qu'il veut.

— C'est fâcheux, n'est-ce pas, don Carlos? répliqua le vieillard avec plus d'amertume ; car si je ne m'appelais pas don Rodriguez de Valero, en rapportant seulement à Pierre Arbues le quart seulement de ce que vous venez d'entendre vous seriez assuré d'obtenir la main de dona Isabelle, et vous seriez inscrit, sans autre information, parmi cette horde de démons qu'on appelle les soldats du Christ [1]. Malheureusement, je ne vaux pas même la peine d'une dénonciation, et vous perdriez votre temps à cela.

En achevant ces mots, le vieillard quitta brusquement l'assemblée.

Don Carlos rougit jusqu'au front et demeura les yeux baissés.

A ce moment, le grand inquisiteur entra dans la salle accompagné du duc de Médina-Cœli.

Le duc était un petit vieillard rachitique, au teint maladif et jaunâtre. Son regard un peu fauve trahissait des mœurs ascétiques ; il avait la démarche inégale, la voix rauque et trop forte pour un si chétif individu, ce qui produisait un effet assez bizarre. Lorsqu'il parlait, on croyait entendre la voix d'un ventriloque, tant cet organe démesurément développé était en désharmonie avec l'extérieur du duc.

Le grand seigneur et le prêtre saluèrent l'assemblée ; puis, le duc s'adressant à don Carlos :

— Jeune homme, dit-il, mon gendre m'a parlé d'un désir exprimé par vous ; j'en ai dit un mot à Son Éminence, qui, je l'espère, ne vous refusera pas cette faveur.

— Seigneur don Carlos, ajouta Pierre Arbues, j'aime à voir votre zèle pour le service de Dieu.

— Allons donc, ne soyez pas si timide, reprit le duc ; Son Éminence connait votre mérite ; elle sait combien votre sang est pur [1].

---

[1]. Le plus sûr moyen d'obtenir l'*honneur* de compter parmi les familiers du saint office, était de dénoncer quelque personnage marquant ; car les pauvres, ceux qui n'avaient rien à perdre, n'avaient rien à redouter de l'inquisition. Ce fait, constaté par tous les ouvrages qui ont été écrits sur l'inquisition, prouve que ce n'était pas la gloire de Dieu ni le triomphe de la foi qui importaient aux inquisiteurs. Les inquisiteurs ne cherchaient qu'à s'enrichir des dépouilles des victimes, à acquérir de la puissance en amassant des richesses.

[1]. Par un calcul assez juste, l'inquisition tenait à avoir pour familiers des hommes de sang noble et de vieux chrétiens. Par ce moyen, elle s'assurait le respect du peuple assez porté, en ces temps-là, à croire noble et grand ce que faisaient les nobles seigneurs, ne comprenant pas qu'un gentilhomme pût faire une action basse et infâme ; pour être admis à l'honneur de compter dans la milice du Christ, il fallait au moins justifier de la pureté du sang, c'est-à-dire prouver que l'on ne descendait ni de Juif, ni de Maure, ni de parents qui eussent été condamnés ou pénitenciés par la *très-sainte* inquisition (règlement sacré des *conditions essentielles* pour pouvoir faire partie de la milice du Christ. Ce même règlement dispensait les femmes qui voulaient servir la

Don Carlos ne répondit pas. Ce jeune seigneur qui, deux jours auparavant, aurait donné tout au monde pour devenir familier du saint office, titre que le duc de Mondejar exigeait de lui pour lui accorder la main de sa fille, avait honte en ce moment d'en avoir fait la demande.

Le duc de Médina-Cœli ne comprenait rien à son hésitation, et, se méprenant sur les véritables sentiments du jeune homme, il se tourna vers le grand inquisiteur :

— Monseigneur, dit-il, ce jeune homme sera un chaud défenseur de notre très-sainte religion.

Pierre Arbues présenta sa main à baiser à don Carlos, et lui dit d'un ton mielleux :

— Demain, après la grand'messe, trouvez-vous à la cathédrale pour recevoir *el santo* de ma propre main.

Don Carlos s'inclina sans répondre.

En cet instant, un huissier, soulevant une des portières de velours cramoisi qui masquaient l'entrée de la salle, annonça à haute voix :

— Dona Dolores Argoso y Cevallos.

L'inquisiteur tressaillit, et avisant un cabinet ouvert, contigu à la pièce où il se trouvait, il y entraîna le duc de Médina-Cœli.

A ce moment, Dolores entrait dans la salle.

A l'aspect de tant de monde, la jeune fille s'arrêta confuse, cherchant du regard le maître de la maison.

Le duc de Mondejar s'était pourtant levé à son nom ; mais, en voyant l'inquisiteur disparaître avec le duc de Médina-Cœli, il redouta si fort d'offenser Pierre Arbues, qu'à peine il se sentit la force de faire un pas vers la fille de son ancien ami ; il resta cloué debout à sa place, balbutiant par habitude quelques formules de politesse.

Dolores s'avança vers lui d'un air noble et touchant.

Un murmure d'admiration circula dans l'assemblée, malgré la terreur qu'on avait d'*un hérétique*, tant était grand le prestige de cette beauté surhumaine unie à la dignité de l'âme.

— Monseigneur, dit Dolores en voyant le duc de Mondejar pâlir et trembler à son approche, la présence d'une fugitive est-elle donc si fatale chez vous, qu'elle doive changer en tristesse la joie qui anime cette noble assemblée ?

Le duc lui indiqua un siége sans répondre, un de ces tabourets sculptés, si riches et si durs, meubles déjà antiques qui appartenaient au moyen âge, conservés dans les familles comme une tradition.

Après qu'elle fut assise, la fille du gouverneur demeura quelques instants sans parler. Le duc gardait également le silence, un silence contraint et embarrassé.

Malgré son courage, Dolores se sentit prise de cette timidité de jeune fille qui, si elle n'est encouragée, dégénère en une véritable souffrance. Son front se couvrit d'une rougeur brûlante ; elle entendit son cœur battre à coups précipités dans sa poitrine, et ses lèvres frémissantes refusèrent d'articuler un seul mot.

Les témoins de cette scène attendaient dans une anxiété croissante.

En voyant Dolores en cet état, le duc de Mondejar se sentit ému d'une grande compassion pour cette jeune et belle créature, naguère si brillante, maintenant si pauvre, si abandonnée, et qui se présentait à lui sous l'humble livrée d'une fille du peuple. Mais le grand inquisiteur et le duc de Médina-Cœli, pouvaient, du cabinet où ils étaient entrés, voir et entendre ce qui allait se passer. La fortune, la vie d'un

<small>sainte inquisition, d'établir la pureté de leur sang, « considérant les grands services qu'elles pouvaient rendre à la cause de Dieu. »</small>

seigneur espagnol dépendaient entièrement de l'inquisition, et le duc de Mondejar avait cette terreur profonde qui, il faut bien le dire, dénaturait le caractère national natutellement si noble, si chevaleresque, si dévoué !

Dolores examina pendant quelques instants la physionomie du duc, et elle ne se méprit pas à cette froideur glaciale, à ce masque de bronze qui refusait de trahir les sensations de l'âme.

— Mon père est perdu! pensa-t-elle...

Toutefois, résolue à tout braver, elle retrouva par un grand effort de volonté son énergie accoutumée, et se levant de son siège avec une noblesse et une modestie pleine de séductions :

— Monseigneur, dit-elle en s'adressant au duc de Mondejar, je vois combien ma présence vous est pénible, et je ne saurais vous en vouloir, car je sais aussi combien elle est dangereuse. Le malheur est si contagieux !... Mais il ne sera pas dit que j'aie reculé devant l'accomplissement d'un devoir. Mon père gémit dans les cachots de l'inquisition; mon père, calomnié sans doute, ajouta-t-elle en rougissant, car elle ne voulait pas dévoiler le vrai motif de sa disgrâce, mon père sera condamné comme un coupable si ses amis ne lui viennent en aide.

Vous l'avez aimé, monseigneur, poursuivit-elle, et mieux qu'un autre vous connaissez la pureté de sa foi. Soyez son témoin dans cette malheureuse cause; que le témoignage d'un des plus purs chrétiens d'Espagne confonde la calomnie et l'imposture : rendez un père à sa fille... O monseigneur! rendez-moi mon père, et je vous bénirai !

— Quand je le voudrais, un témoin ne suffit pas, répondit le duc de Mondejar, très-embarrassé de l'effet de cette réponse sur les hôtes du cabinet.

Alors Dolores, se tournant vers l'assemblée avec un mouvement plein de douceur et de grâce :

— Messeigneurs, dit-elle d'une voix suppliante et pleine de larmes, messeigneurs, vous avez tous connu mon père !

Un silence de mort répondit seul à cet appel.

Dolores joignit ses mains crispées, et leva vers le ciel un regard désespéré.

A ce moment, Rodriguez de Valero rentrait dans la salle ; il avait entendu tout ce qui venait de se passer.

D'un air fier et grave, il s'avança vers la jeune fille, et la saluant avec courtoisie :

— Senora, dit-il, je serai le témoin de votre père.

— Oh! merci, fit-elle en joignant les mains.

A ce moment, un rire glacial, strident, métallique, un rire qui ressemblait à une cloche d'agonie, partit du cabinet où l'inquisiteur s'était réfugié ; puis, soulevant la portière et se laissant voir à l'assemblée, pâle et muette d'épouvante :

— Rodriguez de Valero, dit Pierre Arbues en continuant son effroyable rire, Rodriguez de Valero, on ne reçoit pas le témoignage des fous.

A l'aspect de l'inquisiteur, Dolores poussa un grand cri et s'évanouit.

Le duc de Mondejar, pâle et atterré, ne savait plus quelle contenance tenir.

Pierre Arbues le regarda d'une manière particulière. Le duc sembla se rassurer; il sonna, deux valets accoururent.

— Qu'on transporte cette jeune fille chez elle dans ma litière, dit-il à haute voix.

Les valets obéirent ; ils emportèrent dans leurs bras la fille du gouverneur toujours privée de sentiment.

Le duc sortit par une autre porte.

Au bout de quelques minutes il rentra. Son visage rayonnait.

— Duc de Mondejar, lui dit l'inquisiteur à demi-voix, quand Dieu appellera à lui le duc de Médina-Cœli, vous lui succéderez dans sa charge de grand porte-étendard.

— Monseigneur, dit Valero qui s'était approché, Dieu me garde d'aller en paradis si Votre Éminence y conserve sa dignité de grand inquisiteur.

CHAPITRE XXVI

La chambre de miséricorde.

La prison du saint office de Séville était située dans la rue qui se nomme aujourd'hui rue de la Constitution ; elle s'appelait alors rue de l'Inquisition.

Dans toutes les grandes villes d'Espagne, il y avait une rue qui portait ce nom, et un édifice appelé *Palais de l'inquisition*.

A Séville, le palais de l'inquisition était un grand monument carré flanqué de quatre tourelles, construit en briques rouges et recouvert en ardoise. Sur la façade extérieure, on voyait une multitude de fenêtres régulièrement percées. Ces fenêtres n'avaient point de volets extérieurs, mais chacune d'elles était masquée jusqu'à son sommet, et même un peu plus haut, par un mur qui s'élevait en angle droit, à peu près de la même manière que les clôtures de planches qu'on met aux fenêtres dans les maisons de fous ; en sorte que, des habitations voisines, l'œil ne pouvait aucunement plonger dans l'intérieur du palais, et que ceux qui l'habitaient ne pouvaient non plus voir à l'extérieur autre chose qu'un fragment du ciel de la dimension de l'étroite ouverture qui leur laissait arriver d'en haut une rare et faible lumière.

Dans le palais de l'inquisition se trouvaient à la fois la salle du tribunal, le greffe, les chambres du tourment, les chambres de miséricorde, les chambres de pénitence et les cachots : prisons diverses dans lesquelles on classait les prévenus, suivant ce qu'on espérait d'eux et le sort qu'on leur réservait.

Un accusé très-riche allait d'abord habiter la chambre de miséricorde. L'inquisition, doucereuse vipère, le convertissait au point que, dans un entier détachement des biens de ce monde, il faisait au saint office un don volontaire de sa fortune, et sortait, après quelques mois de réclusion, pauvre comme Job, mais *riche* des dons de la grâce, et marchant tout droit et sans broncher dans le chemin du ciel.

D'autres fois on confiait à la chambre de pénitence, que nous décrirons plus tard, le soin d'une conversion rebelle. Enfin, en désespoir de cause, on avait recours aux cachots, à la torture, à la mort.

Les chambres de pénitence étaient construites sous les toits, dans les tourelles ; celles dites de miséricorde occupaient, avec la salle du tribunal, le premier étage ; au rez-de-chaussée étaient le greffe et les habitations des employés subalternes du tribunal.

Les cachots et les chambres du tourment se trouvaient sous terre, ainsi que le lecteur le sait déjà.

Il était environ deux heures du matin. Les illuminations de la fête qui avait eu lieu dans la journée s'étaient lentement éteintes une à une. Aux danses et aux chants de joie avait succédé un profond silence. Les rues étaient entièrement désertes, et quelques rares lumières, qui brûlaient encore de loin en loin à l'intérieur des maisons, témoignaient seules que la cité, éveillée plus longtemps que de coutume, n'était pas entièrement endormie.

Une litière fermée sortit de l'hôtel du duc de Mondejar, longea la rue de l'Inquisition qui en était peu éloignée, et ne s'arrêta que devant le palais.

Un des valets de pied qui accompagnaient la litière souleva le marteau de la porte. Le concierge ouvrit. Aussitôt le valet de pied lui dit quelques mots à voix basse. Ces deux hommes s'approchèrent ensemble de la litière, et enlevant dans leurs bras une jeune fille évanouie, ils la transportèrent au premier étage dans une des chambres de miséricorde. Là, ils la déposèrent sur un lit, et le valet de pied se retira.

Le concierge alors ferma soigneusement la porte de la chambre et redescendit.

— Teresa, dit-il à sa femme, monte voir ce que devient cette senora, qui paraît plus morte que vive.

Teresa obéit; elle monta à la chambre où on avait déposé la jeune fille, qui ne donnait encore aucun signe de vie.

La femme du concierge, créature bornée et presque idiote, s'assit auprès d'elle en silence, attendant qu'il plût à Dieu de la rappeler à la vie.

Cependant ce spasme, qui durait depuis près de trois heures, parut enfin arriver à son terme. La prisonnière fit un mouvement, étendit les bras comme quelqu'un qui sort d'un profond sommeil, rouvrit lentement les yeux, et se soulevant sur un coude, elle parcourut la chambre d'un œil étonné, mais sans pouvoir en reconnaître les meubles ni la disposition.

Le lit en tombeau sur lequel elle était couchée avait un grand ciel carré garni de rideaux de cotonnade blanche. Un crucifix d'ivoire se détachait du mur sur une croix d'ébène ; quelques siéges commodes, mais simples, un bahut sculpté, une table aux pieds tors et une natte de sparterie de la Manche composaient l'ameublement. Quelques livres étaient rangés sur une étagère d'ébène, au-dessus d'un prie-Dieu du même bois, et des fleurs cueillies de la veille remplissaient un grand vase de terre poreuse et rosée, appelée *alcarraza de Valencia*, placé au milieu de la table. En outre, on pouvait remarquer çà et là quelques petits meubles à l'usage des femmes de ce temps-là : petits riens charmants et commodes qui, à toutes les époques, sont comme les jouets de ces grands enfants, et qu'elles préfèrent souvent aux choses les plus utiles.

Ces détails échappèrent à la jeune fille ; elle ne fut frappée que de l'ensemble et de l'aspect de cette chambre, étrangère pour elle, car sa pensée n'était pas encore redevenue claire et distincte.

— Juana? fit-elle d'une voix triste et douce.

— Je ne m'appelle pas Juana, répondit l'espèce d'idiote qui était assise à son chevet ; je m'appelle Teresa.

La jeune fille regarda alors cette femme, et ne reconnaissant pas son visage, elle poussa un cri de terreur.

— Où suis-je donc ? s'écria-t-elle tout à coup d'une voix pleine d'angoisse.

— En prison, répondit la stupide créature.

— En prison ! en prison, dites-vous ! mais qu'ai-je fait pour me trouver en prison?

— Je ne sais pas, moi ; ça ne me regarde pas.

— Oh ! oh ! mon Dieu ! fit la jeune fille en passant les mains sur son front comme quelqu'un qui cherche à se souvenir ; qu'est-il donc arrivé aujourd'hui et pourquoi suis-je ici maintenant ? Ah ! oui, oui, je me souviens ; je suis sortie ce soir de la maison de Juana ; on dansait dans les rues... tout le monde était content !... Moi j'étais accablée de désespoir !... J'avais vu mon père mourant, et je ne pouvais rien pour lui ; rien ! rien ! répéta-t-elle avec une amertume désespérée... J'ai voulu essayer pourtant, je me suis présentée à ses amis... à ceux qu'il appelait ses amis ! ! ! Je les ai surpris au milieu de l'ivresse d'une fête.... je suis tout à coup apparue au milieu d'eux avec mon deuil et ma tristesse... J'ai prié et pleuré, demandant à grands cris qu'on me rendît mon père, ils ne m'ont pas écoutée. Et là, caché comme un traitre, le grand inquisiteur épiait mes paroles ! Puis ils m'ont livrée au bourreau comme des infâmes ; et dans la maison de ce noble duc, je n'ai même pas eu la sauvegarde de l'hospitalité.

— Oui ! oui, c'est bien cela, poursuivit-elle en se rappelant peu à peu chacun des incidents de la soirée, le duc de Mondejar a généreusement payé de ma vie un sourire de Pierre Arbues.

— Quelle heure est-il? demanda-t-elle tout à coup en s'adressant à la femme du concierge.

— Je ne sais pas, senora, mais il y a bien longtemps qu'il est nuit ; je dormais quand vous êtes arrivée, car j'étais bien lasse ; c'était aujourd'hui fête, et il nous est venu tant de prisonniers !

— Jour de fête, en effet, dit la jeune fille avec ironie ; fête mémorable ! glorieusement terminée par une infâme trahison. Dolores Argoso était une victime digne d'être sacrifiée au dieu qui présidait à cette solennité !...

Dolores ne se trompait pas ; la plus lâche perfidie l'avait en effet livrée au pouvoir de l'inquisiteur.

On se souvient de l'ordre donné par le duc de Mondejar à ses gens de la reconduire chez elle. Cet ordre, donné à haute voix, n'était destiné qu'à abuser l'assemblée.

Pendant le peu d'instants où il avait quitté la salle, le noble duc, ayant parfaitement compris, sur un simple signe, la volonté de l'inquisiteur, avait donné de nouvelles instructions à ses valets, familiers de bas étage, et la fille du gouverneur fut immédiatement transportée au palais de l'inquisition.

Au lieu de la défendre en vrai chevalier, le duc venait de la livrer au saint office ; et pourtant le duc de Mondejar n'était ni un lâche soldat, ni un méchant seigneur, ni un ami déloyal : c'était tout simplement un homme qui avait peur du *quemadero*.

Mais qui pourrait exprimer la profonde horreur de la fiancée d'Estevan, de cette noble et loyale jeune fille qui se serait dévouée jusqu'au martyre plutôt que de trahir un ami? qui pourrait peindre cette douleur amère, profonde, déchirante, en présence d'une si odieuse trahison ?

Son premier mouvement fut une généreuse colère, une hautaine indignation; dans la noblesse et la dignité de son âme, elle se raidissait contre toute injustice et toute déloyauté; mais, peu à peu, cette exaltation d'un juste orgueil passée, la sensibilité, faculté d'autant plus douloureuse chez les femmes fières et passionnées, qu'elle est unie chez elles à la faiblesse physique, qui le plus souvent les condamne à l'inertie; la sensibilité reprenant le dessus, la rendit tout entière au sentiment de ses maux, et elle envisagea sa nouvelle position avec un effroi mortel.

La geôlière, à moitié endormie, fermait ses yeux hébétés, sans plus s'inquiéter de la prisonnière que si elle n'eût pas existé. Cet être inintelligent n'avait pas la moindre perception des douleurs morales.

Dolores resta quelques instants anéantie sous le poids d'une affreuse certitude; elle n'était plus libre !

Morne, la tête penchée sur sa poitrine,

elle s'abîma dans cette pensée désolante. Puis, par un retour soudain de désespoir insensé, elle poussa de grands cris déchirants et des sanglots convulsifs.

La gardienne, éveillée en sursaut, se leva alors, épouvantée de cette douleur navrante.

— Senora, dit-elle, ne criez pas si fort ; vous n'êtes pas si malheureuse, on vous a donné la plus jolie chambre du palais de l'inquisition.

A ce nom redouté, la fille du gouverneur bondit convulsivement sur sa couche, et ses sanglots se calmèrent. Sa terreur était devenue si grande, qu'elle n'osa même plus gémir ni se plaindre.

Le souvenir de son père qu'elle avait vu la veille, de son père qu'on avait brisé, tué, sans le faire mourir, s'était dressé devant elle dans toute son horreur. Peut-être lui réservait-on la même torture, et la mort serait le terme de leurs souffrances.

Au milieu de ses cruelles appréhensions, une seule idée fut pour elle douce et consolante, elle mourrait martyre de son dévouement filial.

La pieuse et magnanime résignation de cette âme vraiment chrétienne l'emporta alors sur ses terreurs mortelles. Dégagée des préoccupations terrestres, elle s'éleva plus haut, jusqu'à cette espérance sublime, héritage de l'Homme-Dieu, éternel consolateur de ceux qui souffrent. Elle avait dit comme le Christ, en buvant son amer calice : « Mon père, que votre volonté soit faite ! » et la mort ne l'épouvanta plus ; elle allait la recevoir comme un gage de l'éternelle vie.

Son beau visage, naguère si pâle, s'illumina soudain d'un rayonnement céleste. De ses grands yeux si ardents et si doux, une flamme divine semblait jaillir, et ses deux mains blanches et diaphanes, réunies sur son sein, lui donnaient l'aspect d'une de ces vierges héroïques qui, à Rome, mouraient pour la foi de Jésus-Christ.

— Senora, dit tout à coup la geôlière, puisque vous n'êtes pas morte, vous n'avez pas besoin de moi, je vais aller dormir.

Elle sortit.

Dolores ne l'avait pas entendue : son esprit planait dans des régions supérieures, et ses lèvres frémissantes murmuraient tout bas une prière à celui qui vint sur la terre pour prier, pour souffrir et pour mourir.

CHAPITRE XXVII

El Santo.

Les cloches de la vieille cathédrale de Séville sonnaient à grandes volées entrecoupées d'un carillon monotone, pour annoncer à la population que la grand'messe allait commencer. Cette messe, à laquelle devait officier monseigneur l'archevêque de Séville, était un des nombreux épisodes de la grande fête donnée à l'occasion de l'auto-da-fé royal, dont la veille, à la soirée du comte de Mondejar, le jeune don Carlos de Herrera s'entretenait avec tant de complaisance.

C'était une brillante solennité religieuse, car, après l'Évangile, monseigneur Pierre Arbues devait, de sa main inquisitoriale, donner le *santo* à un grand nombre de personnes, qui, sans distinction de rangs, agenouillées devant lui, allaient être en-

Enlèvement de Dolores.

rôlées dans la sainte milice du Christ [1].

Sublime égalité, vraiment! manants et gentilshommes allaient être marqués du même sceau, assujettis aux mêmes devoirs, appelés du même nom : *soldat du Christ*.

L'inquisition, en passant sa puissante main sur leurs têtes, les abaissait tous au même niveau; elle les marquait de son stigmate sans distinction de rang ni d'âge, comme le berger dans la bergerie marque indistinctement son bétail.

La vieille basilique au large pourtour, dont la haute nef séparée par quatre colonnes ressemblait à une forêt de granit, avait revêtu ses ornements les plus pompeux. Des milliers de cierges rangés en ordre autour de l'autel, jusqu'à la voûte, ruisselaient en gerbes de lumière dans l'enceinte sacrée. L'ombre gigantesque des colonnes marquetait de grandes raies noires les dalles du sol, d'un marbre blanc et mat; à travers les innombrables vitraux de mille couleurs, la lumière extérieure arrivait si faible et si assombrie, qu'elle pâlissait entièrement devant l'éblouissante clarté qui régnait dans le haut de l'église.

Dans le chœur, derrière le maître-autel, de larges stalles de chêne, sculptées et soigneusement polies, étaient déjà occupées

[1]. Lorsque l'inquisition faisait une fournée de familiers, ce qui lui arrivait presque tous les ans, quelques jours avant tous les auto-da-fé solennels, le grand inquisiteur, revêtu de tous ses ornements pontificaux, et après une messe chantée et un long sermon d'à-propos, exhortait les postulants à bien servir le saint office, et recevait l'abominable serment que l'auteur donne dans ce chapitre. Chaque nouveau familier recevait un parchemin renfermant les *paroles* sacramentelles et la description exacte des signes et attouchements au moyen desquels il devait reconnaître tous les agents du saint office et en être reconnu. Ces signes, ces paroles et ces attouchements constituaient *el santo*, ou mot d'ordre de la milice du Christ.

par les chanoines de la cathédrale, appartenant presque tous à l'ordre de saint Dominique.

Au milieu du maître-autel, un grand ostensoir d'or massif semblait darder ses rayons étincelants de pierreries, et, en fascinant les yeux, protéger le Dieu qu'il renfermait contre les regards profanes.

L'or, les diamants et le cristal étaient partout répandus à profusion comme dans un conte des *Mille et une Nuits*. Les candélabres étaient d'or massif; le tabernacle d'or, le calice d'or, les burettes d'or ; les anges qui, aux deux côtés du maître-autel, se voilaient la face de leurs ailes, étaient d'or.

De grandes statues d'argent, représentant les divers saints qu'honore l'Espagne, ornaient, tout autour de l'église, d'innombrables chapelles élevées dans les enfoncements des colonnes. Il y avait là plus de richesses que dans l'ancien tabernacle des juifs; seulement, la nation juive tout entière n'avait qu'une seule arche d'alliance, tandis que l'Espagne avait des centaines d'églises ou de chapelles où venaient s'entasser, sous différentes formes, les richesses du nouveau monde.

C'était un spectacle vraiment féerique, et très-propre à exalter l'imagination du peuple : ce pauvre peuple qu'on rassasiait d'encens, de lumière et de musique, pour lui faire oublier son esclavage et sa misère.

Aussi le voyait-on accourir en foule et se presser aux avenues de l'église chaque fois qu'une cérémonie religieuse était offerte en pâture à sa poétique paresse, à son besoin incessant d'émotions, à son ardente et puérile curiosité.

Voyez-vous déjà dans la basilique ces manolas agenouillées sur leurs talons, drapées dans leurs larges mantilles noires? Voyez-vous comme elles se frappent le sein à plusieurs reprises, en égrenant d'une main presque convulsive le chapelet luisant qui pend à leur ceinture? Remarquez tous ces petits pieds andalous qui s'échappent de dessous la courte basquine, et ces mains frêles et brunes, mais si gracieuses, et ces yeux noirs et brillants comme de l'émail à travers le réseau transparent de la dentelle qui leur couvre le visage.

N'y a-t-il pas un contraste bizarre et mystique entre cette immense cathédrale resplendissante comme une salle de bal, et ces femmes en deuil humblement agenouillées? Ces femmes, de nature si rieuse et si folle, qui, dans ce lieu, ressemblent maintenant à des âmes en peine priant d'en bas qu'on les laisse arriver jusqu'à ces radieuses merveilles qui brillent sur leurs têtes ?

Voyez-vous encore au fond de l'église, dans une immense tribune, ces hommes qui prient à voix basse d'un air contrit et humilié? Ils ont laissé à la porte leur amour du plaisir et de la danse; ils s'inclinent dans des sentiments de componction devant la majesté du Dieu vivant qu'on a revêtu d'une magnificence mondaine.

On les a accoutumés à n'adorer que la matière : la Divinité, pour eux, c'est un autel de marbre et d'or.

Puis enfin, à la grande porte, admirez cette foule compacte de mendiants et de Gitanos qui se pressent et se heurtent pour entrer. C'est leur spectacle à eux, cette messe musicale et parfumée. Allons, ouvrez donc la porte à deux battants ! laissez entrer ce peuple en guenilles ; laissez-lui respirer à pleine poitrine l'odeur enivrante de l'encens; laissez-le rassasier ses yeux de toute cette magnificence! c'est son pain à lui, qui ce soir ira dormir à jeun dans son manteau troué sur une pierre glacée; laissez, laissez entrer tous ces gens-là, qui n'ont d'autre toit que la voûte céleste ; il leur faut aussi leur part des jouissances et des biens de ce monde, et le temple de Dieu est le salon du pauvre!...

Mais silence! que chacun maintenant se tienne tranquille à la place qu'il a pu obtenir. Voici l'heure du recueillement et de la prière, le prêtre est au pied de l'autel.

C'était, avons-nous dit, monseigneur l'archevêque de Séville.

Deux diacres en chape brodée se tenaient debout à ses côtés.

A la droite de l'autel, dans l'abside, monseigneur Arbues, revêtu de la robe violette qu'il portait aux grandes cérémonies, siégeait au milieu d'un trône d'or et de velours posé sur douze marches recouvertes d'un riche tapis, qui l'élevaient de quelques pieds au-dessus de l'ostensoir, en sorte que le représentant de Dieu trônait plus haut que son maître [1].

A la droite du trône, et deux marches plus bas, était le fauteuil de l'archevêque.

De l'autre côté, un fauteuil pareil était occupé par José, aumônier et favori de Son Éminence.

Un grand nombre de prêtres et de moines en chasubles blanches, jaunes ou brodées, rehaussaient encore l'éclat de cette solennité, et un grand manteau brodé d'or, d'une lourdeur effroyable, couvrait les épaules de l'officiant.

Non loin du maître-autel, dans des stalles particulières, des dames et des seigneurs occupaient des places réservées.

Bientôt, un grand concert de voix graves,

[1]. Dans toutes les solennités où un inquisiteur se trouvait en présence du roi ou de Dieu, l'inquisiteur avait le pas. Dans les grands auto-da-fé, le trône des inquisiteurs était toujours plus élevé que celui du roi; à l'église, le trône inquisitorial était toujours à la droite du saint sacrement et beaucoup plus haut. L'inquisiteur Tabera fit languir deux ans, dans les prisons du saint office, l'archiprêtre de la cathédrale de Malaga, sous l'accusation d'irrévérence envers le saint office, parce que cet ecclésiastique, qui portait le saint viatique à un moribond, ne s'était pas arrêté pour le laisser passer, lui inquisiteur. (*Des droits des inquisiteurs vis-à-vis des autres membres du clergé.*)

rauques, rudes à l'oreille, mais d'une justesse parfaite, s'éleva jusqu'aux voûtes de la cathédrale. Ce plain-chant, dont la monotonie ne permet jamais à la voix de s'échauffer du feu de la passion, cet ensemble de notes de poitrine méthodiquement chantées sans art et sans entraînement, avait quelque chose de saisissant et de lugubre qui enveloppait l'âme comme dans un suaire. Il y avait désaccord entre les joyeuses magnificences de l'autel et cette glaciale et sombre harmonie. Il manquait là la divine mélodie des Italiens, ces voix ravissantes et sonores qui ajoutent un prestige si divin à la pompe théâtrale des cérémonies du culte romain.

Toutefois, le peuple espagnol, peu sensible, ou pour mieux dire peu accoutumé à la musique savante, repaissait avec délices ses yeux au défaut de ses oreilles, et le recueillement le plus complet régnait parmi cette foule agenouillée.

Mais bientôt un grand mouvement se fit dans l'église; tout le monde se leva debout en traçant du pouce un signe de croix sur son front, sur sa bouche et sur sa poitrine.

On était à l'Évangile de la messe.

L'archevêque le lut lentement, puis il alla s'asseoir auprès du grand inquisiteur, sur le fauteuil qui lui était destiné.

Les deux diacres se tinrent au bas du trône.

Alors, une large voie s'ouvrit dans la foule, et vous eussiez vu s'avancer au milieu d'elle, sans obstacle, un groupe de gens de toute espèce, qui tous aspiraient au même honneur; ce groupe se dirigea vers le trône de l'inquisiteur.

Puis, vers le bas, un peu en dehors de la nef, parmi la populace qui n'avait pu entrer ou se placer convenablement pour bien voir tout à son aise la cérémonie del santo, vous eussiez ouï les dialogues les plus étranges.

— Virgen santisima! dit un vieux Gitano

à la barbe blanche : voyez-vous ce mécréant de Juanito, comme il avance rapidement sa fortune ? La société de la Garduna n'a pas voulu de lui pour en faire même un gancho, tant il est bête et paresseux, et voilà qu'il a réussi à s'enrôler dans la milice du Christ.

— Bien vrai, tio [1] ? s'écria une jeune danseuse de castagnettes, aussi brune qu'une olive en novembre ; bien vrai ? Juanito va recevoir le santo avec tous ces beaux seigneurs empanachés que voilà ?

— Pourquoi pas, Conchica [2] ? répliqua le vieux Gitano ; n'est-il pas le fils du bon Dieu comme tous ces beaux seigneurs que Dieu garde ?

— Tiens ! tiens ! dit un autre, voilà Ramon Zocato [3] ; il paraît qu'il a fait son temps à Melilla [4], puisque le voilà.

— Où donc ça ? demanda un quatrième interlocuteur.

— Là-bas, tenez, ce jeune homme à la veste orange, à côté de Son Excellence monseigneur le marquis de la Ronca, qui s'avance aussi pour recevoir el santo.

— Combien sont-ils ? demanda la Gitana.

— Ils sont trop pour les compter, répondit le vieillard. Santa Maria, quelle recrue !

— Ceux-là sont comme les soldats du pape, fit une vieille femme en grommelant, ils ne marchent jamais au grand soleil.

— Qu'est-ce que c'est que le pape ? demanda la Gitanilla.

— C'est le majordome de monseigneur le grand inquisiteur, répondit la vieille femme, qui n'avait pas une idée plus précise ni plus haute du vicaire de Jésus-Christ.

— Taisez-vous, femmes, s'écria un vieux soldat des campagnes de Flandre, vous avez la langue trop longue, et quand on touche au feu on s'y brûle.

— Otez donc un peu votre casque que je voie, senor caballero, dit un jeune garçon de quinze ans qui n'arrivait pas à l'épaule du soldat.

— Tu en verras toujours assez, gandul [1], répondit celui-ci.

Pendant ce temps, les aspirants au santo s'étaient avancés jusqu'au pied du trône du grand inquisiteur. Et dans la tribune du duc de Mondejar, avait lieu une scène très-animée, quoiqu'elle se passât à voix basse, et que les divers acteurs de cette scène eussent tout l'art voulu pour garder un visage impassible au milieu d'une altercation très-vive, et pour se grimer de telle sorte, que personne ne pût comprendre l'objet de ces paroles brèves, incisives, rapides, échangées entre eux à voix basse.

Ils étaient au nombre de quatre : le duc de Médina-Cœli, le comte duc de Mondejar, la jeune Isabelle, fille du comte, et don Carlos de Herrera.

On se souvient que ce dernier avait été assigné, par monseigneur Pierre Arbues, à comparaître ce jour même devant lui, afin de recevoir el santo et de prêter serment entre ses mains. On se souvient aussi que don Carlos, d'abord très-enflammé pour la cause de l'inquisition, comme un jeune homme amoureux l'est d'ordinaire pour tout ce qui peut seconder ses amours, avait sollicité l'honneur de faire partie de la milice sacrée ; et que cependant cette âme jeune et ardente, ramenée au sentiment du véritable honneur par la noble indignation du jeune seigneur aragonais, don Ximenès, et les sévères paroles de Rodriguez de Valero, avait reçu timidement, et avec un sentiment d'indicible honte, les avances de l'inquisiteur et ses

---

1. *Tio*, oncle. C'est ainsi que les gens du peuple se désignent entre eux.
2. Marie de la Conception.
3. *Zocato*, gaucher.
4. Melilla est un petit port d'Afrique qui appartient aux Espagnols ; c'est le bagne où les gens condamnés à plus de dix ans vont subir leur condamnation.

---

1. *Gandul*, fainéant, flâneur, etc.

promesses de protection. Cependant, entraîné par un ardent amour, certain que le seul moyen d'obtenir celle qu'il aimait était d'obéir aux vœux du comte de Mondejar, don Carlos était venu à la messe, incapable de résister au désir de passer quelques heures à côté d'Isabelle.

Il était venu là, à la fois combattu et entraîné ; entraîné par une passion violente, une vraie passion espagnole ; combattu par une antipathie affreuse, née de ce seul mot prononcé devant lui : « Vilain rôle pour un Castillan ! »

Ce mot-là avait fait naître dans cette âme jeune, ardente et parfois irréfléchie, un abîme de réflexions sérieuses et profondes.

Chrétien, on lui disait : « Tu seras le soldat du Christ, le champion de la foi. »

Chevalier, sa réflexion ajoutait : « Ta loyale épée de combat deviendra la servante d'une étole et d'un bonnet carré. Tu auras vendu ta liberté, et ta conscience ne t'appartiendra plus.

Puis, dans son inexprimable désir de devenir l'époux de celle qu'il aimait, il se disait encore à lui-même, comme pour s'encourager : « Les plus grands seigneurs de l'Espagne sont devenus familiers du saint office » et il se demandait aussitôt : « Ont-ils bien ou mal fait en faisant cela ? »

Don Carlos n'était ni assez théologien ni assez profond philosophe pour résoudre ces questions difficiles. Dans son doute, un pur instinct, l'instinct de ce qui est droit et juste, l'avertissait seul que don Ximenès avait eu raison de jeter le blâme sur sa résolution première ; car il ne pouvait se dissimuler que, familier du saint office, il faudrait obéir en aveugle, être l'instrument passif de cette chose formidable qu'on appelait l'inquisition, et il savait fort bien qu'elle n'ordonnait pas toujours des choses justes.

Il était dans ces dispositions lorsque le cortége d'aspirants au santo arriva devant le trône de l'inquisiteur.

Pierre Arbues, avec ce regard perçant qui est passé en proverbe [1], compta à vue d'œil les hommes qui étaient devant lui, et n'apercevant pas don Carlos, il tourna la tête lentement du côté de la tribune du duc de Mondejar.

En ce moment le vieux duc, poussant le jeune homme du coude, lui dit vivement :

— Eh bien ! don Carlos, est-ce ainsi que vous témoignez de votre zèle pour le service de Dieu ? Serez-vous donc le dernier à vous présenter devant monseigneur l'inquisiteur ?

— Seigneur, répondit le jeune homme d'une voix tremblante, je ne sais vraiment si je suis digne...

— Allons donc, quel étrange scrupule ! N'êtes-vous pas gentilhomme de pure race ; et jamais le moindre mélange de sang mauresque a-t-il terni votre noble écusson ?

— Jeune homme, ajouta le duc de Médina-Cœli parlant aussi bas que le promettait son organe criard, jeune homme, est-ce ainsi que vous répondez à mes bontés ?

— Et moi ? ajoutait le regard éloquent d'Isabelle, ne ferez-vous donc rien pour moi ?

Don Carlos frémissait de honte, d'irrésolution et de colère. Malgré l'amour qui lui tenait au cœur, il se maudissait intérieurement d'avoir cédé à la tentation de venir à cette cérémonie.

D'un autre côté, le duc de Médina-Cœli et son gendre, irrités de cette indécision qui pouvait les compromettre aux yeux de l'inquisition, serraient leurs poings crispés en disant tout bas :

— Eh bien ! don Carlos, allez donc pren-

---

1. Regard inquisiteur, pour exprimer un regard qui fouille jusqu'au fond de l'âme.

dre la place qui vous attend, ou je vous s nie à tout jamais.

— Oh! allez-y, je vous en prie, dit bien bas la fille du comte de Mondejar avec un regard suppliant.

En même temps, le duc de Médina-Cœli poussait le jeune homme par le bras.

Don Carlos, éperdu, à moitié fou, sortit en chancelant de la tribune, traversa la foule qui s'ouvrait devant lui, et arriva au pied du trône inquisitorial.

Pierre Arbues avait tout deviné ; son regard étincela de la joie du triomphe.

Don Carlos, les yeux baissés et la rougeur au front, se tint derrière les autres, le dernier de cette foule avide d'infamie inquisitoriale.

Alors José, en sa qualité d'aumônier de l'inquisiteur, se leva du fauteuil où il était assis, reçut des mains d'un diacre un paquet de feuillets imprimés, et une boîte contenant une grande quantité de plaques de métal sur lesquelles était gravé un Christ renversé entouré d'un soleil.

Puis, les aspirants à l'affiliation s'avancèrent l'un après l'autre, montèrent les degrés du trône, et, agenouillés aux pieds de monseigneur Arbues, ils reçurent individuellement de ses mains une de ces plaques et un imprimé que José leur présentait au fur et à mesure.

Ce papier renfermait les instructions nécessaires aux familiers pour agir en toute circonstance selon les règles ou intentions du pouvoir auquel ils s'étaient voués. La plaque de métal était une marque distinctive, un signe de ralliement et de reconnaissance qui leur servait à se reconnaître partout, et à s'unir dans un but commun, quelles que fussent du reste leurs antipathies ou leurs inimitiés particulières.

Pendant cette distribution, qui dura environ vingt minutes, l'inquisiteur n'avait cessé de diriger ses yeux, tantôt sur le jeune don Carlos qui se tenait toujours derrière les autres de l'air d'un homme vivement contrarié, tantôt vers la tribune du duc de Mondejar où celui-ci gardait une contenance assez embarrassée, tandis que le duc de Médina-Cœli dardait des regards flamboyants sur sa petite-fille, comme pour lui dire : « Voilà l'homme que vous avez choisi ! »

Quant à don Carlos, il n'osait plus tourner les yeux du côté de sa fiancée.

Mais lorsqu'il n'y eut plus personne devant lui, et qu'enfin arriva son tour de recevoir el santo, il s'avança, en chancelant comme un homme ivre, jusqu'aux pieds de monseigneur Arbues, et reçut d'une main tremblante les insignes de son nouveau titre.

— Don Carlos de Herrera, lui dit l'inquisiteur à voix basse, auriez-vous quelque chose à vous reprocher?

Don Carlos s'inclina sans répondre : il eût voulu être à cent pieds sous terre.

Il redescendit lentement les degrés du trône et alla se mêler à la foule des nouveaux familiers, qui s'était élargie et rangée d'elle-même en demi-cercle devant le trône inquisitorial.

Le plus grand silence régnait dans l'église.

Ce spectacle bizarre était, pour la population sévillane, palpitant d'intérêt et fécond en émotions diverses. Tous les yeux étaient invinciblement dirigés vers le maitre-autel.

Monseigneur Arbues, avec sa grâce et sa majesté accoutumées, se leva de son fauteuil doré, descendit fièrement les marches du trône comme il convient à un prince de l'Eglise, et, suivi de José qui se tenait toujours à sa gauche, il s'arrêta devant don Carlos qui fermait le cercle à sa droite.

Don Carlos rougit et baissa les yeux; il ne put soutenir l'éclat du regard perçant que monseigneur Arbues attachait sur lui.

Alors, de cette voix pleine, brève, impérative, qui, en certaines circonstances, savait si bien prendre le ton du commandement :

— Don Carlos de Herrera, dit le farouche dominicain, jurez-vous de vous consacrer corps et âme au service de notre très-sainte religion catholique, apostolique et romaine ?

— Je le jure ! répondit d'une voix assurée le jeune seigneur castillan, ne voyant dans ce serment-là rien qui dût alarmer sa conscience de loyal chevalier.

— Jurez-vous de ne jamais prêter l'oreille aux doctrines corruptrices et empestées de ces impies du Nord qu'on appelle des philosophes et des réformateurs, et de ne les encourager en aucune manière que ce soit ?

— Je le jure ! dit encore don Carlos.

— Jurez-vous de ne donner jamais asile ni protection à un hérétique ou à un homme poursuivi comme tel par le saint tribunal de l'inquisition ?

Don Carlos leva, sans répondre, ses grands yeux effrayés sur la sévère figure de l'inquisiteur ; ce serment-là lui semblait atroce. Monseigneur Arbues fronçait le sourcil comme le Jupiter Olympien, et le jeune homme, dominé par cette superbe expression de despotisme et d'autorité, balbutia d'une voix inintelligible :

— Je le jure !

L'inquisiteur parut s'en contenter ; puis, d'un ton bref, incisif, il ajouta :

— Jurez-vous de poursuivre de la parole et du glaive tout marano, morisque, juif, chrétien judaïsant ou luthérien ; de les dénoncer au saint tribunal pour la plus grande gloire de Dieu, et de les livrer, fussent-ils vos hôtes, soit que de vos oreilles vous les ayez entendus proférer des hérésies, soit que vous les ayez vus commettre des actions indiquant qu'ils ne sont pas dans le vrai chemin du salut, soit que vous les ayez seulement soupçonnés de ne pas être attachés de cœur et d'âme à notre très-sainte religion, ou que vous vous soyez aperçu qu'ils en aient négligé quelque pratique ; soit enfin que, dans leur maison, ils aient toléré quelque négligence semblable de la part d'un des leurs ?

— Monseigneur ! monseigneur ! dit tout bas le jeune chevalier dans une angoisse inexprimable, ce que vous me demandez là est d'un espion et d'un...

Le regard terrible de Pierre cloua la parole dans la gorge du jeune homme, ses lèvres restèrent entr'ouvertes et frémissantes sur un mot inachevé : on eût dit qu'il parlait bas ; mais, en effet, il n'articulait rien. C'était seulement une convulsion de la bouche.

L'inquisiteur parut s'en contenter. Il continua sur le même ton :

— Jurez-vous d'être toujours prêt à marcher pour le service de Dieu au premier appel de ses représentants, fussiez-vous auprès d'un ami mourant, fussiez-vous au chevet de votre mère agonisante ?

Les yeux du jeune homme restèrent fixes et épouvantés, et ses cheveux se dressèrent d'horreur.

— Grâce, grâce, monseigneur ! murmura-t-il d'une voix éteinte.

L'inquisiteur et José entendirent seuls ces paroles. Pierre Arbues eut l'air de ne pas comprendre. Il ajouta en appuyant sur chaque mot :

— Jurez-vous de renoncer à tous les liens d'amitié ou de famille, lorsqu'il s'agira de la cause de Dieu... et de dénoncer sans restriction vos frères, vos sœurs, votre mère, votre femme, votre père et même vos enfants, si vous veniez à découvrir en eux des sentiments contraires à notre sainte foi catholique ?

A ces dernières paroles, don Carlos, rendu à lui-même par un vif sentiment d'indignation, releva fièrement la tête :

— Monseigneur, dit-il d'une voix ferme, mais sans éclat, je ne jurerai pas cela ; je ne se serai pas à la fois un dénonciateur et un infâme. Tenez, ajouta-t-il avec une amère ironie, en rendant à l'inquisiteur le santo et le Christ qu'il en avait reçus, je suis indigne d'un tel honneur ; gardez cela, monseigneur, pour un plus dévoué serviteur que moi.

En même temps, il s'élança de la place où il était, traversa le cercle d'hommes qui entourait le trône, passa au milieu de la foule agenouillée, et sortit sans se retourner, comme si, en se retournant, il eût craint de voir l'église s'écrouler sur lui.

Le duc de Mondejar et son gendre frémirent d'épouvante et de courroux. Isabelle pleurait sans comprendre ce qui venait de se passer, et la foule scandalisée attendait, la bouche béante, l'explication de cette énigme. José, seul, semblait impassible au milieu de l'effroi général : seulement, un rire imperceptible et sarcastique retroussait les commissures de ses lèvres expressives.

Monseigneur Arbues éleva vers le ciel un regard inspiré, et s'adressant à l'assemblée :

— Mes frères, dit-il, ce jeune homme était en péché mortel, il s'est fait justice en se jugeant indigne de participer aujourd'hui à cette sainte cérémonie... Prions pour lui, mes frères, ajouta-t-il en s'agenouillant.

Tout le monde imita l'inquisiteur. Ils prièrent environ dix minutes, pendant lesquelles Pierre Arbues eut le temps d'imposer un frein à sa rage et de composer sa physionomie.

Lorsqu'il se releva, son visage ne portait plus la moindre trace d'émotion ni de colère ; il était digne, calme, impassible : on eût dit une tête sculptée.

Le grand inquisiteur recommença alors la formule du serment, à laquelle tout le monde répondit avec joie et sans restriction.

Ce jour-là, la milice du Christ s'enrichit de plus de deux cents membres.

Le même soir, les geôles du saint office comptaient un prisonnier de plus.

CHAPITRE XXVIII

Candeur et hypocrisie.

Malgré les fatigues de cette longue cérémonie qui avait duré jusqu'à deux heures de l'après-midi, monseigneur Arbues, retiré dans le palais inquisitorial, ne put coûter un seul instant de repos. L'ardeur inextinguible de cette âme despotique et passionnée imposait à son corps un continuel besoin de mouvement et d'activité, une insatiabilité effrayante. Cette âme était comme le gouffre dont parle l'Ecclésiaste, *jamais rassasiée*.

Les hommes ainsi faits deviennent inévitablement la providence ou le fléau de l'humanité.

Pourtant, une satisfaction intérieure se lisait sur le visage de l'inquisiteur ; la certitude que Dolores était désormais en sa puissance, imprimait à ses traits un rayonnement infernal ; et comme l'esprit des ténèbres, lorsqu'une âme pure tombe entre ses mains, il se réjouissait dans son triomphe.

Isabelle de Mondéjar et don Carlos.

José, silencieux et triste, feuilletait une Bible latine dans un coin de la chambre. Un sombre pressentiment semblait l'agiter. Il ignorait que la fille du gouverneur eût disparu de la maison de Juana ; la joie de l'inquisiteur avait quelque chose de sinistre et de fatal ; José en fut épouvanté comme d'un malheur.

Pour la première fois aussi, et par un instinct secret, l'inquisiteur se sentit disposé à la défiance envers son favori ; non qu'il ne se crût très-sûr de lui, mais il trouvait un charme indicible à cette satisfaction ignorée ; il avait eu tant de peine à arriver à l'accomplissement de ses vœux, qu'il lui sembla que parler de son bonheur, même à un confident intime, c'était en quelque sorte en faire évaporer la plus fine saveur ; il se tut.

Seulement, par intervalles, un sourire involontaire effleurait ses lèvres, son œil étincelait d'un éclat étrange, et une rougeur passagère illuminait ce front ordinairement si pâle.

De temps à autre, José relevait lentement ses grands yeux noirs de dessus son livre pour considérer le visage de son maître. Il voyait que ce visage trahissait des émotions inaccoutumées ; mais il n'en pouvait deviner la cause.

C'était après le dernier repas du soir. Quoiqu'il fût déjà près de minuit, Pierre Arbues ne pouvait se résoudre à reculer jusqu'au lendemain le bonheur de voir Dolores. Il attendait que José se fût retiré, et José, en vrai favori, se pressait d'autant moins de s'éloigner qu'il comprenait que sa présence contrariait monseigneur. Il mettait une persistance calculée à rester ainsi les yeux collés sur sa Bible, dont il ne lisait pas un mot.

Enfin, Pierre Arbues perdit patience, il s'approcha de lui en riant, et lui arrachant le livre des mains :

— Laisse donc cela, mon petit José, lui dit-il ; tu reprendras ta lecture une autre fois. J'ai envie de dormir, et toi aussi, je gage, car te voilà pâle comme une jeune fille le lendemain d'un bal.

— Je puis cependant jurer à Votre Éminence que je ne ressens pas la moindre fatigue.

— Ton zèle est si grand, mon bon José ! Aussi j'espère bien, quand tu auras l'âge, et que la mort de monseigneur Alphonse Manrique me permettra d'aspirer au grade d'inquisiteur général, j'espère bien, dis-je, te faire nommer à ma place grand inquisiteur de Séville.

— Je n'en veux pas, s'il faut pour cela quitter Votre Éminence, répondit José avec une moue charmante.

— Pauvre enfant ! tu as raison, tu seras mieux que cela encore, et tu ne me quitteras pas ; mais, pour le moment, va dormir ; va, mon fils, nous avons besoin de réparer nos forces, afin de poursuivre nos rudes travaux apostoliques.

— Il a certainement quelque projet en tête, pensa José en se levant comme pour s'éloigner.

— L'auto-da-fé royal est proche, ajouta l'inquisiteur ; les prisons sont encombrées d'hérétiques jugés ou à juger, et il faut nous signaler en présence de notre grand roi Charles-Quint . un monarque si zélé pour la religion du royaume !

Mais en disant cela, on voyait que monseigneur Arbues parlait seulement du bout des lèvres, et que son âme était préoccupée d'autres projets.

José, doué d'une perspicacité extraordinaire, comprit que Charles-Quint était en ce moment ce qui occupait le moins l'inquisiteur ; il dissimula prudemment et dit en se frottant les yeux :

— Je crois, monseigneur, que l'envie de dormir me gagne aussi ; que Votre Éminence daigne me donner sa bénédiction, et je me retire.

Et le favori inclina sa belle tête couverte de cheveux noirs, sauf une petite place où la tonsure était à peine indiquée.

Pierre Arbues étendit sur lui ses deux mains réunies, prononça les paroles sacramentelles, puis il ajouta :

— A demain, mon enfant ; viens me voir avant l'heure de la question.

Et il s'esquiva par une porte qui conduisait dans sa chambre à coucher, et de là dans la rue par un escalier secret.

Au lieu de se retirer chez lui, José descendit l'escalier du palais ; puis, arrivé dans la cour, il se blottit derrière un grand laurier-rose et attendit.

C'était l'heure où bien souvent Pierre Arbues sortait accompagné de quatre familiers ou gardes du corps des inquisiteurs, emploi que leur avait assigné Thomas de Torrequemada, fondateur de la milice du Christ, dont la vie si souvent menacée, à cause de ses cruautés inouïes, avait nécessité ces précautions.

Pour l'ordinaire, José suivait l'inquisiteur dans ses pérégrinations mystérieuses. Aussi, se dit-il en lui-même en se faisant un rempart des branches touffues du laurier-rose :

— Voyons où l'on veut aller sans moi.

Il ne tarda pas à voir paraître monseigneur Arbues vêtu, par-dessus sa tunique et son scapulaire de dominicain, d'un ample manteau à l'espagnole et d'un chapeau uni à larges bords ; précautions qu'il prenait d'habitude pour n'être pas reconnu.

Pierre Arbues marchait devant, les quatre familiers le suivaient à distance, prêts, au moindre signe, à défendre au péril de leur vie cette *citadelle de la foi*.

A peine la porte du palais s'était refermée sur eux, que José, qui en avait toujours une clef sur lui, l'ouvrit sans la faire crier, et se glissa comme une couleuvre à travers cette porte entrebâillée.

Alors il vit Pierre Arbues se diriger vers la rue de l'Inquisition.

Il le suivit à pas lents, en se tenant loin des familiers, et marchant sans bruit à la faveur de ses sandales.

En moins de dix minutes, ils étaient arrivés à la porte des prisons du saint-office.

Monseigneur Arbues s'arrêta et frappa d'une manière particulière et convenue.

José s'était peu à peu rapproché de lui.

Il faisait sombre en cet endroit-là.

José se glissa doucement contre le mur, et à peine l'inquisiteur avait-il passé le seuil de la prison, que le favori entra doucement après lui, au risque d'en être aperçu.

Mais Pierre Arbues songeait bien à lui, vraiment ! Il s'élança à grands pas vers l'escalier qui conduisait au premier étage, et comme on avait l'habitude de voir partout José l'accompagner, le geôlier le laissa entrer sans obstacle ; puis il referma soigneusement sa porte, et prenant en main sa lanterne et son trousseau de clefs, il monta l'escalier en toute hâte afin d'ouvrir à monseigneur la chambre qu'il voudrait désigner, et lui donner de la lumière.

Le jeune dominicain s'assit sur un banc dans le corridor.

Les familiers étaient restés en dehors de la prison.

Quelques instants après, le geôlier redescendit, et sans s'inquiéter du jeune moine, il rentra dans sa loge où il s'étendit sur un banc de chêne pour dormir, en attendant qu'il plût à la très-sainte inquisition de le réveiller de nouveau.

José alors monta à son tour, et comme il avait entendu marcher et ouvrir une porte au-dessus de sa tête, il s'arrêta au premier étage, pensant que là il découvrirait ce qu'il voulait savoir.

En effet, à peine eut-il fait quelques pas en tâtonnant dans le corridor, qu'il aperçut un rayon de lumière qui s'échappait d'une des cellules par le trou de la serrure ; en même temps il entendit deux voix auxquelles il ne pouvait se méprendre : l'une appartenait à l'inquisiteur, l'autre était celle de Dolores.

José frissonna de terreur à l'accent de cette voix bien connue. Il ne pouvait comprendre par quelle fatalité Dolores avait été arrachée à la retraite qu'il lui avait choisie.

— Je me trompe, pensait-il en lui-même ; mais ce même son de voix s'élevant en notes plus distinctes, vint de nouveau le faire tressaillir.

Saisi d'une anxiété mortelle, il essaya de voir à travers l'étroite ouverture d'où s'échappait le rayon de lumière. La clef, qui était restée en dedans, ne lui permettait pas de distinguer les objets. D'ailleurs, la lumière lui sembla être placée vis-à-vis la porte, et les voix partaient d'un point plus éloigné ; il conclut que ce devait être à sa droite, du côté où était le lit.

Dans l'impossibilité de voir, il écouta.

Voici ce qui se passait dans cette chambre :

Au moment où Pierre Arbues était entré, la fille du gouverneur était assise au bord de son lit, la tête appuyée sur ses oreillers.

Depuis son entrée dans la prison, elle n'avait pas quitté ses vêtements; mais après une nuit et une journée entière, pleine de terreur et d'angoisses, cédant enfin à un abattement insurmontable, elle s'était légèrement endormie. Ainsi penchée sur ce lit d'une blancheur éclatante, sur lequel ses vêtements se détachaient comme en relief, la jeune fille avait une grâce touchante et inexprimable.

Le bord de sa robe avait été chastement ramené sur ses petits pieds dont on ne voyait que les extrémités. Une de ses mains était, ainsi que le bras, serrée contre sa taille; l'autre, jetée avec abandon sur les coussins, soutenait cette belle tête pâle et affaissée. Son front, si pur et si fier qu'il ressemblait à un beau marbre, était en ce moment d'une blancheur mate, et sillonné, vers les tempes, de veines bleues et transparentes. L'ombre de ses longs cils, qui se projetait sur ses joues fatiguées, donnait encore à ce noble visage une plus profonde expression de tristesse et de découragement. Il semblait qu'elle se fût endormie dans des pensées de mort en détournant les yeux avec dédain de ce monde où elle avait eu tant à souffrir.

En la voyant ainsi, plus belle dans son deuil qu'elle ne lui était jamais apparue aux jours de sa prospérité, le farouche inquisiteur s'arrêta ému et tremblant comme s'il eût craint de commettre un sacrilège. Une émotion inexplicable, un remords peut-être, fit chanceler cet homme indomptable qui ne reconnaissait d'autre maître que ses passions.

Il regarda autour de lui avec une espèce d'effroi, comme pour s'assurer qu'il n'y avait pas dans l'air des témoins invisibles prêts à l'accuser.

Le plus profond silence régnait dans la chambre, on n'entendait que la respiration égale et paisible de la jeune fille endormie.

Pierre Arbues secoua avec effort cette terreur importune qui était venue l'assaillir.

— Je suis fou! se dit-il à lui-même.

Et il s'assit sur un fauteuil au chevet de la prisonnière.

A ce contact Dolores frissonna dans tout son corps, rouvrit à moitié ses yeux appesantis, et à l'aspect de cette sombre figure qui se dressait devant elle, elle poussa un cri d'effroi en se couvrant le visage de ses deux mains.

— Vous avez donc peur de moi? dit Pierre Arbues avec douceur.

— O monseigneur! monseigneur! pourquoi me poursuivez-vous ainsi? s'écria la jeune fille d'une voix entrecoupée.

C'était à ce moment que José l'avait entendue.

— Ma fille, répondit Pierre Arbues ramené à son rôle d'inquisiteur par l'effroi qu'il inspirait; ma fille, le pasteur cherche toujours la brebis qui s'égare jusqu'à ce qu'il l'ait retrouvée.

Dolores, qui s'était relevée sur son séant, regarda l'inquisiteur avec défiance, et un sourire amer effleura ses lèvres; puis elle dit lentement :

— Le loup aussi cherche la brebis pour la dévorer.

— Dolores! fit le digne élève de Dominique de Gusman, irrité de voir son hypocrisie échouer devant la droiture et la candeur d'un enfant; Dolores! je vois avec douleur votre âme aveuglée et pervertie par les abominables doctrines de la réforme. Celui qui a foi en Dieu a foi en ses ministres et vous ne croyez plus en moi.

— Soyez juste et bon comme Dieu, répondit la courageuse jeune fille. J'obéirai au serviteur lorsqu'il suivra les préceptes du maître. Mais, que me demandez-vous, monseigneur ? d'adorer la main qui, pour frapper, cherche toujours la place où se trouve une tête innocente? Voulez-vous que je bénisse celui qui a fait de mon père, de mon noble père, un cadavre vivant.

— Pauvre insensée ! êtes-vous entrée si avant dans la voie de la perdition, que la vérité ne puisse dissiper vos profondes ténèbres ? Ignorez-vous que nous ne frappons le corps périssable qu'afin de sauver l'âme immortelle ?

— Ah ! monseigneur, si ce sont là vos moyens de sauver les âmes, croyez-moi, renoncez-y au plus vite, ils ne sont bons qu'à faire douter de la justice de Dieu !

— C'est bien cela ! c'est bien cela ! poursuivit l'inquisiteur; toujours cette raideur et cette insubordination aux lois de l'Eglise, puisés dans la doctrine du moine apostat. Ne savez-vous pas, jeune fille, que Dieu a dit lui-même : « Tout arbre qui ne portera pas de bon fruit sera coupé et jeté au feu ? » et qu'il a dit encore : « Chassez la brebis galeuse du troupeau? » Voilà pourquoi la très-sainte inquisition, pour obéir aux ordres de son maître, retranche tous les mauvais membres du catholicisme, dont la perversité menace d'infester la grande famille chrétienne.

— Monseigneur, le maître a dit cela; mais il a dit encore : « N'arrachez pas l'ivraie, attendez le temps de la moisson. » Pourquoi donc employez-vous contre moi les persécutions et la violence ? pourquoi m'avez-vous ravi mon père? que vous a-t-il fait pour le torturer ainsi ?

— Il a perverti votre âme par sa coupable tolérance. L'inquisition a fait justice en voulant le punir ; c'est par les pères que la corruption arrive aux enfants.

L'inquisiteur avait, en s'exprimant ainsi, une majesté toute biblique ; l'hypocrisie même était grandiose en lui. Sa parole sévère, son geste grave et mesuré, son accent énergique et sonore, la justese apparente de ses arguties, avait une grande puissance de fascination; mais Dolores, malgré sa jeunesse et son inexpérience, avait une raison trop droite pour s'en laisser convaincre.

L'usage abominable auquel Pierre Arbues employait les hautes facultés de son intelligence lui inspirait un souverain mépris, et ce sentiment se lisait sur sa mobile physionomie.

Puis elle avait peur de se trouver seule avec lui dans cette prison, où il commandait en roi.

Trop fière et trop candide pour dissimuler ses impressions, elle redoutait toutefois d'irriter encore cet homme, de qui dépendait la vie de son père ; et sur ce visage sévère où l'intolérance avait posé son masque d'airain, elle cherchait s'il n'était pas resté quelque trace de sensibilité; si ce farouche inquisiteur, pour qui la mort d'un homme n'était qu'un jeu, n'avait pas encore au cœur quelque fibre qu'on pût faire vibrer.

José entendait au dehors toute cette conversation ; lui aussi eut peur pour Dolores. Mais comme il collait son oreille près de la serrure pour ne pas perdre une syllabe, la porte céda légèrement, et il s'aperçut qu'on avait oublié de la fermer; alors il se recula un peu pour qu'elle ne s'écartât pas davantage, car il se réjouissait intérieurement de cette découverte.

L'inquisiteur poursuivit en se faisant une extrême violence pour demeurer calme, tandis qu'il était consumé de toutes les ardeurs de la passion :

— Qui vous a dit, mon enfant, que je n'ai pas agi ainsi vis-à-vis de vous afin de vous ramener à la vraie foi, dont vous étiez éloignée, et user ensuite de la miséricorde et de l'idulgence du bon pasteur ? Comprenez donc combien vous m'êtes chère, et que je ne veux pas vous faire de mal.

Un mouvement de lèvres presque imperceptible fut l'unique réponse de la fille du gouverneur.

— O Dolores! poursuivit le dominicain, vous ne pouvez comprendre, vous, combien est lourde et fatigante la tâche que Dieu nous a imposée de gouverner les hommes et de les ramener dans la voie droite. Souvent notre zèle même nous attire la haine et la colère des hérétiques, et notre récompense ici-bas est de porter incessamment une lourde croix. Mais, poursuivit-il d'un ton pénétrant et hypocrite, Dieu, dans sa bonté, nous réserve parfois des consolations inespérées. Il est des âmes d'élite, la vôtre par exemple, auxquelles il nous est permis d'accorder, non-seulement une affection spirituelle, mais encore cette part d'amour terrestre qui, sans offenser la majesté jalouse de Dieu, l'honore au contraire et le glorifie dans sa créature. Ce sont ces âmes choisies qu'il nous importe surtout d'arracher à l'erreur, car elles sont faites pour servir d'exemple aux autres ; et, pour arriver à ce but, les moyens de douceur, de tendresse et de persuasion étant les plus sûrs, notre âme s'attache tout entière, par un ardent amour, à cette conquête glorieuse. Voilà pourquoi je vous aime, Dolores, pourquoi je voudrais faire passer en vous cette tendresse profonde dont mon cœur est plein.

Pierre Arbues parlait avec onction, avec une chaleur entraînante, et la candide jeune fille ne pouvant comprendre une si profonde noirceur, douta un instant si elle ne s'était pas trop hâtée de condamner cet homme.

— Serait-il bien possible, pensa-t-elle, qu'il n'eût en vue que les intérêts de la religion ? Dans ce cas, se tromper est encore honorable.

Elle cessa de considérer l'inquisiteur avec défiance ; et, le regardant de ses beaux yeux fiers et candides.

— Monseigneur, dit-elle avec noblesse, je vous crois, je veux vous croire, quel intérêt auriez-vous à tromper une pauvre fille qui ne vous a rien fait ? Eh bien ! si vous pensez que je sois dans l'erreur, instruisez-moi, monseigneur, je serai docile et ne demande que la vérité. Je veux pratiquer avec amour la doctrine de notre divin Sauveur. Si je me suis écartée de cette voie, ramenez-moi dans le bon chemin, je vous promets de le suivre ; mais délivrez mon père et rendez-moi à sa tendresse.

— Dolores! s'écria l'inquisiteur triomphant, ma belle Dolores ! j'aime à te voir ainsi docile et charmante : oui, je te rendrai à ton père, je te rendrai à la liberté. Oh! quelle femme sera plus heureuse et plus aimée ! je mettrai sur toi toutes mes affections.

En parlant ainsi, le moine impudique s'était relevé ; son grand œil sombre, attaché sur la jeune fille, brillait d'un éclat flamboyant et fauve.

Par un instinct secret de pudeur alarmée, Dolores s'était laissé glisser en bas de son lit, et ses pieds s'appuyaient sur le sol.

L'inquisiteur ne parlait pas, mais sa poitrine, gonflée de désirs, se soulevait avec un souffle bruyant et terrible ; la noble candeur de cette jeune fille retenait seule encore le torrent de sa passion effrénée. Il se passait en lui un combat atroce.

Pendant quelques secondes, il resta debout, épouvanté, n'osant commettre un nouveau crime. Son imagination égarée vit passer et tournoyer, comme dans un songe, toutes les victimes qu'il avait faites ; elles étaient là, devant lui, grimaçant comme des spectres en poussant des cris et des hurlements, où le mot vengeance ! vengeance ! retentissait comme le tintement d'une cloche d'alarme. Bientôt sa vue se troubla, la passion l'étreignait tout entier comme dans des tenailles ardentes ; alors, comme un homme saisi de vertige qui se jette la tête baissée dans un gouffre, l'inquisiteur tendit ses deux bras en avant.

— Monseigneur ! s'écria José en ouvrant la porte de la prison.

Pierre Arbues, rendu à lui-même par cette brusque apparition, releva fièrement la tête, et d'un air sombre et irrité :

— Que venez-vous faire ici ? dit-il.

— Monseigneur, je venais, comme Votre Éminence, essayer de convertir quelques hérétiques.

— Par le Christ ! êtes-vous las de vivre, que vous vous jetiez ainsi sur mon chemin ?

— Monseigneur méconnaît le zèle de son plus fidèle serviteur, répondit le favori d'un ton d'humilité railleuse ; mais le serviteur n'a rien à redouter d'un si bon maître, et José l'inquisiteur n'a pas peur de l'inquisition [1].

Dolores regardait avec surprise le jeune dominicain ; mais d'un signe il lui enjoignit de ne pas le reconnaître.

---

1. Quoiqu'en règle générale, tout le monde fût soumis à la juridiction des inquisiteurs, il y avait cependant une exception pour les papes, leurs légats et leurs nonces, les officiers et les familiers du saint office ; de manière que, lors même qu'ils étaient formellement dénoncés comme hérétiques, l'inquisition n'avait d'autre droit que celui de recevoir l'instruction secrète et de l'envoyer ensuite au pape. La même exception avait lieu pour les évêques ; mais les rois et les princes restaient soumis à la juridiction des inquisiteurs. (*Histoire de l'inquisition*, chapitre II, deuxième partie, *Des crimes dont prenait connaissance l'inquisition ancienne*).

— Sortez ! dit impérativement l'inquisiteur.

— Je ne sortirai qu'avec Votre Éminence, répondit le favori ; des bruits de révolte circulent dans la ville ; on parle de conspiration contre votre précieuse vie.

— Bien vrai ? fit l'inquisiteur un peu inquiété.

— Très vrai, monseigneur ; je vous accompagnerai donc, car, au besoin, cette bonne lame de Tolède pourrait défendre Votre Éminence, ajouta-t-il en montrant un poignard affilé qu'il portait sous son scapulaire ; c'est une arme excellente, monseigneur, elle ne trahira jamais son maître !

Et José caressait du revers de son pouce le tranchant de cette lame aiguë, triangulaire, brillante comme une glace polie.

— Venez donc, monseigneur, et ne craignez rien.

Pierre Arbues cédant malgré lui à l'influence de José, qu'en ce moment il détestait de tout son cœur, se rapprocha de Dolores, et lui dit doucement :

— J'espère vous retrouver demain dans des sentiments plus soumis, ma fille.

— Oh ! je vous hais ! répondit-elle en détournant la tête avec dégoût ; faites-moi mourir avec mon père, c'est la seule grâce que je veuille de vous !...

José entraîna l'inquisiteur.

— Oh ! me venger d'elle ! s'écria Pierre Arbues en serrant les dents avec rage ; que ferai-je pour soumettre cet esprit indomptable ?

— Monseigneur, répondit le favori, envoyez-la à la chambre de pénitence.

CHAPITRE XXIX

La torture de l'eau.

On se ferait difficilement une idée de la rage et du désappointement de l'inquisiteur Arbues, en voyant ses machinations les plus secrètes et les mieux ourdies déjouées par une fatalité inexplicable.

Malgré son faible pour José, qu'il aimait de tout l'engouement tenace des êtres sans cœur pour le jouet favori de leurs passions ou de leurs caprices, il ne lui pardonnait pas de l'avoir surpris dans la prison de Dolores. Non qu'il devinât ou comprît en rien l'intérêt que son favori prenait à cette fille : rien n'est moins clairvoyant que les gens habitués à se servir de la ruse et de la fourberie, et l'inquisiteur n'avait pas la moindre arrière-pensée contre José. Il le regardait simplement comme un enfant gâté, tour à tour impudent avec le maître, ou rempli de câlineries charmantes qui faisaient pardonner son audace ; mais il ne lui venait point à la pensée que José, ce beau jeune homme, José, sa créature, pût le trahir : et il faut en convenir, le jeune dominicain lui était plus précieux encore que Dolores. Dolores excitait ses désirs, José était toujours là pour servir ses caprices, pour applaudir à ses actes les plus iniques, pour l'encourager dans le mal, lorsque son âme superbe, pliant quelquefois sous le fardeau de tant d'iniquités, il se demandait peut-être dans le secret de sa conscience, si ce même Dieu dont il profanait le nom n'aurait pas pour lui des vengeances éternelles et terribles.

Voilà pourquoi cet homme, qui parfois désespérait du ciel, qu'il s'était fermé par ses crimes, se jetait avec fureur dans les joies frénétiques de la débauche.

On se souvient que c'était jour de question. L'auto-da-fé approchait. Un grand nombre d'accusés devaient figurer dans une scène de ce long et terrible drame qui dura trois siècles.

José, avec son audace accoutumée, entra chez l'inquisiteur pendant que celui-ci était encore dans son lit, brisé d'une nuit d'insomnie.

A la vue de son favori, Pierre Arbues fronça le sourcil ; le jeune dominicain ne s'en émut aucunement, et s'avançant jusqu'à la dernière marche de l'estrade qui supportait ce lit fastueux et royal :

— Votre audace est grande vraiment, fit Pierre Arbues ; après la scène de cette nuit, osez-vous encore vous présenter devant moi ?

— Monseigneur m'avait ordonné de le voir avant l'heure de la question, répondit humblement le favori.

— Je croyais José fidèle, et José ne l'est pas, répliqua l'inquisiteur, qui ne pensait pas un mot de ce qu'il disait ; toute sa colère avait fondu à un sourire de cet être jeune, beau, excentrique, qui était devenu une nécessité de son existence.

— José s'est exposé au courroux de Votre Éminence pour veiller à votre sûreté ; l'humble dominicain recueille les bruits qui circulent, il voit venir l'orage et veut le conjurer : voilà tout ce dont il est coupable, monseigneur.

— Sommes-nous donc si faibles que nous devions trembler devant quelques juifs et quelques marranos révoltés ! répliqua Pierre Arbues d'un air hautain.

— Monseigneur, répondit le favori, le ser-

L'Alhambra. — Vue de la cour des Lions.

pent qui rampe et se traine sur la terre mort quelquefois le lion, qui est le roi des forêts. Tout petit ennemi est à craindre, et pour le briser sûrement, il faut d'abord ne pas s'en laisser atteindre. La prudence est la mère de la sûreté. Veillons, monseigneur; ce n'est pas le moment de nous endormir dans les plaisirs de la terre; l'ennemi est proche, préparons-nous à le combattre.

Pierre Arbues, comme toutes les âmes ardentes et passionnées, ne se défendait pas d'un léger penchant à la superstition, maladie, du reste, fort commune au temps où il vivait. L'accent profond de José et son air convaincu produisirent sur l'inquisiteur l'effet que le favori en attendait. Entre les mains de cet enfant, le farouche Arbues devenait une cire molle.

— Dolores Argoso sera donc la seule femme qui m'aura résisté? reprit-il bientôt avec dépit, obsédé par cette pensée.

— Dolorès Argoso n'est pas une femme comme les autres, monseigneur; elle comprend que se dévouer corps et âme pour sauver ceux qu'on aime ne les sauve pas, et qu'il vaut mieux mourir avec eux que de leur survivre.

Ceci fut dit avec un accent d'amertume qui frappa vivement l'inquisiteur; il tressaillit involontairement comme s'il eût été remué par un souvenir terrible.

José le couvrait d'un regard profond; il semblait savourer avec délices les tortures de cette âme qu'il dominait à son gré.

— Je suis à vous, José, dit tout à coup Pierre Arbues comme ranimé par une résolution soudaine... Allons, ajouta-t-il, il ne faut pas faire languir les tourmenteurs, ces braves auxiliaires... Combien sont-ils donc à la question aujourd'hui?

Et comme s'il eût voulu étouffer ses angoisses et sa rage dans les horribles voluptés de la torture, il se mit à compter à haute voix les victimes qui allaient passer sous ses yeux. Tigre lancé dans le cirque, il savoura par avance les douleurs de la proie qu'il avait à dévorer.

Quelques minutes après, il était debout.

— Viens, mon fils, dit-il à José ; que notre zèle pour la cause du ciel nous console des déceptions de la terre, et nous mérite la protection de Dieu !

Lorsqu'ils arrivèrent à la prison, les corridors étaient encombrés ; deux tourmenteurs, revêtus de leur costume lugubre, fouettaient, en les chassant devant eux, six prisonniers, au nombre desquels étaient trois femmes. Une d'elles, jeune, grande et belle, quoique défigurée par les souffrances du cachot, portait, entre deux rangées de dents éclatantes, un bâillon qui l'empêchait de crier.

Ces malheureux étaient nus jusqu'à la ceinture, les femmes comme les hommes ; leurs épaules, meurtries par le fouet, étaient couvertes de taches violettes, et malgré ce supplice affreux, aucun d'eux ne proférait la plus légère plainte.

L'inquisiteur passa devant eux sans paraître ému ; José seul frissonna intérieurement d'une douloureuse pitié.

La femme bâillonnée marchait la dernière. Arrivée en face de Pierre Arbues, elle le regarda fixement, et, à défaut de la parole, ses yeux noirs, sombres et terribles, encore agrandis par la pâleur et la maigreur de son visage, ses yeux, pleins de haine, de désespoir et de vengeance, s'arrêtèrent sur ceux de l'inquisiteur, comme pour lui dire :

— Ne me reconnais-tu pas ?

Pierre Arbues l'avait effectivement reconnue, malgré l'effroyable changement de ses traits.

— Françoise ! murmura-t-il à voix basse en baissant les yeux devant ce regard foudroyant.

L'abbesse des Carmélites ne pouvait parler, mais elle leva les yeux vers le ciel comme pour citer son bourreau au tribunal du grand juge.

L'inquisiteur passa, et les bourreaux poursuivirent leur cruelle exécution.

Pierre Arbues et son favori allaient avoir sous les yeux un spectacle bien autrement excitant et fertile en sensations que la misérable cérémonie du fouet [1].

Lorsqu'ils furent descendus dans la chambre du tourment, les sbires amenèrent devant eux une jeune et charmante femme d'une pâleur effrayante, si faible et si malade, qu'elle avait à peine la force de se soutenir ; son œil terne et éteint, d'une douceur angélique, semblait implorer et demander grâce. Lorsqu'elle fut en présence de l'inquisiteur, elle fit un effort pour joindre ses deux mains frêles et d'une blancheur presque diaphane.

— Mon enfant ! murmura-t-elle d'une voix qui s'entendait à peine, tant elle arrivait péniblement à ses lèvres décolorées.

— Ma fille, dit l'inquisiteur, toujours de la voix doucereuse qu'il savait prendre, votre sœur est luthérienne, et on vous accuse de l'avoir encouragée dans son apostasie.

— C'est faux ! c'est faux ! répondit la malheureuse avec toute l'énergie que lui laissait son état de dépérissement et de faiblesse.

---

1. Toute plainte était interdite aux prisonniers de l'inquisition. Lorsqu'un malheureux faisait entendre quelque gémissement, on lui mettait un baillon pendant plusieurs heures ; et si cela ne suffisait pas, on le fouettait cruellement le long des corridors. La punition du fouet était infligée aussi à ceux qui faisaient du bruit dans les chambrées ou qui se disputaient entre eux ; en pareil cas, toute la chambrée devenait solidaire, et on fouettait tous ceux qui la composaient, sans distinction d'âge ou de sexe, de sorte que de jeunes demoiselles, des religieuses ou des dames de distinction étaient souvent dépouillées de leurs vêtements et battues impitoyablement pêle-mêle avec des jeunes gens et des vieillards. (*Histoire de l'inquisition*, chapitre v, troisième partie, *des Supplices*, etc.)

— N'avez-vous rien à dire pour appuyer cette dénégation ?

— Mon enfant ! qu'on me rende mon enfant ! répétait cette infortunée avec un accent déchirant.

Cet enfant qu'elle réclamait avec tant d'angoisses avait à peine huit jours ; car cette pauvre mère, emprisonnée pendant qu'elle le portait encore dans son sein, avait été soumise à la question presque aussitôt après sa délivrance, ainsi que l'attestaient ses poignets meurtris.

Mais sous le poids d'une accusation aussi grave que celle d'avoir encouragé sa sœur qui venait d'embrasser ouvertement le luthérianisme et de passer en Allemagne, pouvait-on user de trop de rigueur ?

Ni ses larmes, ni ses supplications, si touchantes qu'elles auraient attendri un rocher, n'émurent l'impitoyable Arbues. José, seul, cachait sous son impassibilité extérieure une émotion terrible et profonde. Son cœur tremblait, oppressé par une immense pitié. Il lui fallut toute la force que lui avaient données de longues années de dissimulation pour ne pas éclater en sanglots et en imprécations.

Arbues, au contraire, comme si la douleur et les larmes dussent être son éternel aliment, jaloux en outre de montrer son zèle pour la foi catholique en poursuivant à outrance le luthérianisme, qu'il savait être l'épouvantail de Charles-Quint, Arbues fit un signe ; aussitôt les tourmenteurs saisirent leur victime.

Ils n'avaient pas besoin d'ordre pour savoir ce qu'ils en devaient faire ; c'était la seconde fois qu'elle subissait la question.

Deux hommes vigoureux et robustes apportèrent un chevalet au milieu de la chambre.

Cet horrible instrument de bois, fait en forme de gouttière, assez large pour recevoir le corps d'un homme, n'avait d'autre fond qu'un bâton sur lequel le corps se courbait par l'effet d'un mécanisme, en sorte que le patient avait la tête plus basse que les pieds.

Les tourmenteurs enlevèrent la pauvre femme à moitié morte, puis ils lui lièrent les membres avec des cordes de chanvre.

La victime les laissa faire sans pousser un cri.

Mais l'inquisiteur s'étant approché d'elle pour l'engager de nouveau à confesser le crime dont on l'accusait, la malheureuse protesta de nouveau de son innocence, aussi haut que le lui permettaient ses forces épuisées.

— Impénitente ! impénitente ! s'écria le grand inquisiteur d'un air triste et désolé.

A ces mots, deux hommes robustes tournèrent violemment un garrot de bois qui, resserrant les cordes dont la victime était liée, la meurtrirent si vivement, que le sang rejaillit jusque sur ses bourreaux.

L'infortunée poussa un cri d'agonie, faible, mais déchirant ; on eût dit que toute sa puissance de souffrir était résumée dans ce cri.

Les tourmenteurs essuyèrent froidement du revers de leur large manche noire, le sang dont leur robe était tachée.

Pierre Arbues s'approcha de nouveau.

— Avouez, ma sœur, dit-il d'un ton caressant.

La pauvre femme qui n'avait plus la force de parler, fit de la tête un signe négatif.

Dans la position où on l'avait placée, elle pouvait à peine respirer.

— Impénitente ! répéta l'inquisiteur.

Les tourmenteurs collèrent alors sur le visage de la patiente un linge très-fin imbibé d'eau, dont une partie fut introduite au fond de sa gorge : l'autre lui couvrait les narines ; puis ils lui versèrent lentement de l'eau dans la bouche et dans le nez.

L'eau s'infiltrait goutte à goutte à travers le linge mouillé, et à mesure qu'elle s'introduisait dans la gorge et dans les fosses nasales, la victime, dont la respiration devenait de plus en plus difficile, faisait des efforts inouïs pour avaler cette eau et aspirer un peu d'air ; mais, à chacun de ses efforts, qui nécessairement imprimaient à tout son corps une douloureuse convulsion, les tourmenteurs tournaient le garrot, et la corde pénétrait jusqu'aux nerfs.

C'était horrible !

José, le visage penché sur ses mains, dans l'attitude d'une profonde méditation, essuyait de ses doigts des larmes amères. Son cœur était gonflé à se briser, et lorsque parfois il relevait la tête, ses joues, à la lueur incertaine des torches qui éclairaient ce pandémonium, avaient la pâleur livide de la mort.

Pendant près d'une heure, les tourmenteurs versèrent ainsi de l'eau, goutte à goutte, dans la gorge de la patiente, la ranimant de temps à autre en serrant plus fortement les cordes autour de ses membres.

A chaque nouveau tour du garrot, cette misérable créature jetait un cri plus faible et plus plaintif, un cri d'inexprimable agonie, où s'exhalait à chaque fois une parcelle de son âme.

Enfin, ce cri devint si faible, que le médecin de l'inquisition, qui assistait d'ordinaire à ces lugubres tragédies, s'approcha de la patiente, posa le doigt sur son pouls, et se tournant vers le grand inquisiteur :

— Monseigneur, dit-il, cette femme ne saurait en endurer davantage sans mourir[1].

— Qu'on la délivre, fit Pierre Arbues ;

1. La question de *l'eau*, avec les circonstances horribles que l'auteur vient de décrire, fut appliquée à doña Jeanne Bohorques, sous Philippe II. La mémoire de cette martyre fut réhabilitée dans l'auto-da-fé général qui eut lieu à Valladolid en 1554.

la question est suspendue jusqu'à nouvel ordre[1].

Les tourmenteurs enlevèrent aussitôt le linge qui couvrait le visage de la torturée ; mais lorsqu'ils eurent détaché un à un les liens qui entouraient ses membres frêles, ils s'aperçurent que ses membres avaient été coupés jusqu'à l'os, tant les cordes étaient entrées avant dans les chairs.

José s'avança alors, saisi d'une horreur inexprimable, et après avoir considéré le visage de la victime :

— Monseigneur, dit-il, la question est finie, cette femme est morte.

— Croyez-vous ? demanda l'inquisiteur.

En même temps, les tourmenteurs l'ayant soulevée, et le corps reprenant sa position verticale, cette malheureuse fut prise d'un hoquet convulsif, et des flots d'un sang noir s'échappèrent de sa bouche ; puis, sans rouvrir les yeux, elle murmura tout bas une dernière fois ce mot presque inintelligible :

— Mon enfant !...

Enfin elle expira, et sa belle tête, pâle et échevelée, retomba sur le bras d'un de ses bourreaux.

— Dieu lui fasse miséricorde ! murmura Pierre Arbues.

— Monseigneur, si cette femme était innocente ? dit tout bas José.

— Dans ce cas elle est au ciel, répondit le grand inquisiteur ; pourquoi donc déplorer sa mort[2] ?

1. La cruauté des inquisiteurs fut poussée si loin que le conseil de la Suprême (conseil royal de l'inquisition créé par Ferdinand d'Aragon) se vit forcé de leur défendre d'appliquer plus d'une fois la torture à la même personne ; mais ces moines, froidement barbares, trouvèrent bientôt une escobarderie au moyen de laquelle ils éludèrent cette défense. Ainsi, lorsqu'ils avaient torturé un malheureux pendant longtemps, ils le renvoyaient dans les prisons en déclarant que la *question était suspendue* jusqu'au moment où ils jugeraient à propos de la *continuer*. (*Histoire de l'inquisition*, chap. v, troisième partie).

2. Les inquisiteurs, tout en convenant que la question

Deux sbires emportèrent le cadavre, et une nouvelle victime comparut devant Son Eminence.

Celle-là était une vieille et digne femme dont la tête avait blanchi dans l'exercice de la plus sublime charité. C'était cette noble Marie de Bourgogne, surnommée *la mère des pauvres* [1], arrêtée le jour de l'émeute sur la déposition achetée d'un esclave qui prétendait lui avoir entendu dire :

« Les chrétiens n'ont ni foi ni loi. »

Marie avait alors quatre-vingt-dix ans, et quoique le conseil de la Suprême défendît expressément d'appliquer la question à des personnes trop âgées [2], la courageuse octogénaire avait déjà subi la torture de la corde et celle de l'eau. Il semblait qu'une force divine soutînt ce corps frêle et débile qui n'avait plus que quelques jours à vivre.

Ses biens immenses avaient tenté le fisc, et ne sachant de quoi l'accuser, on l'avait arrêtée comme judaïsante.

— Ma sœur, lui dit le grand inquisiteur, toujours avec une mansuétude évangélique, voulez-vous enfin confesser votre crime et en obtenir le pardon ?

— Je suis innocente ! répondit fièrement la *mère des pauvres* : advienne de moi ce que Dieu voudra.

— O sainte religion de Jésus crucifié ! s'écria le dominicain, ne parviendrons-nous donc jamais à te faire triompher sur la terre ?

— Allez, dit-il aux tourmenteurs en montrant un brasier ardent qui éclairait le recoin le plus obscur de la grotte.

— Pierre Arbues ! s'écria la femme d'un accent inspiré, tu es maudit de celui qui descendit sur la terre pour bénir !

— C'est une juive ! c'est une juive ! firent les sbires et les tourmenteurs en se signant avec épouvante.

En parlant ainsi, ils arrachaient un à un les vêtements de la vieille femme.

Lorsqu'elle fut presque entièrement nue, ils voulurent l'enlever dans leurs bras ; mais elle les repoussa par un geste plein de dignité.

— Je marcherai, dit-elle ; ou faut-il aller ?

Les tourmenteurs désignèrent de la main le large brasier qui brûlait dans l'ombre à l'extrémité de la chambre du tourment.

Marie se dirigea d'un pas ferme de ce côté, et considéra sans pâlir ce gouffre de feu qui semblait darder dans l'obscurité ses mille langues de flamme, comme s'il eût été avide de la pâture qu'on lui destinait.

Les tourmenteurs étendirent la patiente

---

pouvait faire périr autant d'*innocents que de coupables*, soutenaient qu'on devait donner la question, vu que si quelques catholiques irréprochables périssaient par elle, ils allaient droit au paradis.

(*Guide de l'inquisiteur*, par Ximénez Cisnéros.)

1. Marie de Bourgogne avait quatre-vingt-cinq ans lorsque, dénoncée par un esclave qui prétendait lui avoir ouï dire : *Les chrétiens n'ont ni foi ni loi*, elle fut arrêtée comme suspecte de judaïsme. Faute de preuves, les inquisiteurs la gardèrent cinq ans en prison, espérant pouvoir en trouver de suffisantes pour la condamner et s'emparer des grands biens qu'elle possédait. Fatigués d'attendre, les juges du saint office soumirent plusieurs fois à la torture cette infortunée âgée de quatre-vingt-dix ans, malgré les dispositions du Conseil de la Suprême, qui défendaient expressément de donner la question aux personnes âgées de plus de soixante ans. Marie supporta, sans se plaindre, toutes les tortures qu'on lui fit subir, déclarant toujours qu'elle était catholique, apostolique et romaine. Elle mourut dans sa prison en protestant de son innocence. Cependant les inquisiteurs continuèrent son procès et la condamnèrent aux flammes; ses ossements et son effigie furent jetés au feu; ses biens, qui étaient considérables, devinrent la proie de l'inquisition et du fisc, et ses enfants et les enfants de ses enfants furent voués à une éternelle infamie !!! Cet assassinat sacrilège fut commis par les inquisiteurs de Murcie, la même année de l'abdication de Charles-Quint, pendant le règne de l'inquisiteur Valdès. Marie de Bourgogne était surnommée *la mère des pauvres*, à cause de sa grande charité. Elle subit les *trois questions* de la *corde*, de l'*eau* et du *feu*. (*Histoire de l'inquisition*.)

2. La torture ne pourra être appliquée, sous aucun prétexte, ni aux enfants au-dessous de l'âge de dix ans, ni aux personnes âgées de plus de soixante ans.» (Règlement de procédure, article 7 : Des cas où la question pourra être appliquée aux accusés.)

sur un banc de bois, à côté du brasier, et l'y attachèrent fortement avec des cordes, de telle sorte qu'il lui était impossible de faire le moindre mouvement.

Marie se laissa lier sans résistance.

Alors, imprimant au banc un mouvement de rotation, ils le placèrent de manière que l'une des extrémités, celle où reposaient les pieds de la patiente, touchait presque les charbons ardents.

Aux premières atteintes du feu, Marie de Bourgogne poussa un grand soupir, seule expression de douleur qui témoignât de ses horribles souffrances.

— Nous avons oublié quelque chose, dit tout à coup un des bourreaux en voyant les pieds de la victime devenir excessivement rouges, puis blanchir, comme un parchemin qui brûle.

— C'est vrai, dit l'autre, je n'y avais pas songé.

Il alla prendre dans un coin un petit pot de grès plein d'huile, et à l'aide d'une éponge attachée au bout d'un bâton, il en frotta les pieds de la patiente.

L'action du feu, excitée par la présence de ce corps gras, devint en quelques minutes si pénétrante, que la peau se fendit; les chairs se contractèrent, et en se retirant laissèrent à nu les nerfs, les tendons et les os.

L'inquisition était douée d'un abominable génie d'invention.

A cet incroyable supplice, Marie opposa une fermeté héroïque; et lorsque la douleur devenant intolérable lui arrachait une plainte involontaire, elle s'écriait comme le Christ agonisant :

— Mon Dieu ! pardonnez-leur, car ils ne savent ce qu'ils font.

Oui, sans doute, l'inquisition avait des instruments aveugles, fanatisés, et par cela même excusables, *qui ne savaient ce qu'ils faisaient.* Quelle corporation religieuse et secrète n'a pas les siens ? Aussi n'est-ce point eux qu'on accuse, mais bien ceux en qui réside l'esprit de la *chose*, mais ceux qui *commandent*, et prostituent une religion sainte au service des passions les plus mauvaises. Les autres ne sont que les instruments passifs de la société, inhabiles à prendre part aux succès et aux biens qui en résultent, gabions préservateurs derrière lesquels s'abritent les chefs pendant la bataille.

La pieuse exclamation de Marie était d'une martyre chrétienne, et non d'une juive. Toutefois, on prolongea son supplice aussi longtemps que le permirent ses forces épuisées.

Lorsqu'on la rapporta dans son cachot, cette chrétienne courageuse et sainte eut encore assez de force pour dire à Pierre :

— Que Dieu notre Sauveur vous pardonne comme je vous pardonne, monseigneur !...

La déposition d'un seul témoin avait fait condamner Marie de Bourgogne, et ce témoin était un esclave; mais Marie était trop riche pour trouver grâce devant le saint office.

José, brisé d'émotions, pouvait à peine se soutenir; il se pencha doucement à l'oreille de Pierre Arbuès :

— Monseigneur, lui dit-il, je me sens bien malade; l'odeur de ce charbon me donne le vertige, et le cœur me manque comme si j'allais mourir.

— Il faut pourtant t'habituer à cela, répliqua Pierre Arbuès; encore une seule torture et tout sera dit.

Comme il achevait ces mots, les sbires entrèrent dans la chambre du tourment.

— Monseigneur !... firent-ils en hésitant.

— Eh bien ! qu'y a-t-il ? parlez.

— Monseigneur, la prisonnière est morte.

— Morte! répéta Pierre Arbues.

— Elle s'est coupé la gorge avec des ciseaux.

— Pourquoi les lui avoir laissés? dit sévèrement l'inquisiteur.

Puis, ce moine hypocrite ajouta d'un ton désolé : Impénitente! morte impénitente!...

Cette prisonnière, qui se nommait Jeanne Sanchez, appartenait à cet ordre, moitié laïque, moitié religieux, de femmes désignées sous le nom de béates ; elle avait embrassé le luthéranisme, et était morte sans y renoncer [1].

[1]. Jeanne Sanchez, de la classe des femmes que l'on appelait *béates*, fut condamnée au bûcher comme luthérienne. Lorsqu'elle connut sa condamnation, elle se coupa la gorge avec des ciseaux et mourut impénitente dans sa prison. Son cadavre fut brûlé à Valladolid, en 1559.

— Toute prière pour la défunte serait inutile, poursuivit l'inquisiteur en se levant, son âme appartient au démon.

Là se termina cette séance.

Pierre Arbues et son favori sortirent du *palais de l'inquisition*.

— Oh! fit José en aspirant avec force l'air pur du dehors, et passant ses mains sur son front comme un homme qui se réveille.

— Tu es vraiment plus délicat qu'une femme, dit Pierre Arbues d'un ton caressant.

— Non, monseigneur, j'ai bien le courage d'un homme, croyez-moi, répondit le jeune moine d'un ton sérieux.

— Nous verrons cela à l'épreuve, poursuivit l'inquisiteur.

— Oh! nous le verrons quand le temps sera venu, monseigneur; soyez-en bien sûr !...

CHAPITRE XXX

La chambre de pénitence.

Les conseils de José n'avaient pas été perdus. Un soir, huit jours plus tard, dans une des tourelles qui formaient les quatre angles du palais de l'inquisition, la fille du gouverneur était seule, accroupie sur ses genoux.

Un petit escabeau de bois de forme ronde était posé à côté d'elle ; elle y avait appuyé un de ses coudes, et de sa main pâle elle soutenait sa tête affaissée.

La cellule où se trouvait Dolores n'avait guère plus de dix pieds de diamètre. Elle était entièrement ronde, et le plafond en voûte n'offrait aux regards, ainsi que les murs, qu'une surface unie d'une blancheur mate. Une petite ouverture pratiquée dans le haut de la voussure y laissait seule arriver une lumière crue, pleine, qui, ne pouvant se diviser dans aucun angle, ne produisait pas la moindre pénombre où l'œil fatigué de cet éclat monotone pût se reposer.

Dolores, accablée d'ennui, de dégoût et de lassitude, fatiguée même du siége unique qu'on lui avait laissé, s'était agenouillée sur le sol, essayant ainsi de vaincre, par un changement de position physique, le sombre désespoir où la plongeait l'éternelle monotonie de cet affreux séjour.

Brisée par d'incessantes épreuves, cette pauvre fille, si jeune et pourtant si forte, demandait à Dieu le courage de ne pas succomber. L'amour, ce saint aliment de l'âme, la soutenait encore de sa sublime énergie. L'amour dont elle n'avait fait qu'entrevoir les ineffables délices, lui inspirait le désir de vivre encore pour goûter ces joies infinies, espoir de celui qui souffre et qui aime, trésor divin que le ciel partage sur la terre avec ceux qu'il destine à le posséder un jour dans toute sa plénitude.

Dans le cœur de cette courageuse fille, son amour pour Estevan ne se séparait pas de sa tendresse pour son père. Estevan n'était-il pas le fils adoptif de Manuel Argoso?

Et comme ceux qui aiment ne désespèrent jamais entièrement, il lui semblait que tant que vivrait Estevan, tout n'était pas perdu pour elle.

La nuit la surprit dans ces méditations tendres et douloureuses.

Peu à peu, la lumière verticale et fatigante qui tombait autour d'elle en rayons droits, brusques et raides, s'éteignit doucement comme une lampe où manquerait de l'huile; le crépuscule se fit par degrés, comme si on eût superposé des feuilles de gaze sur l'orifice qui donnait passage à la lumière, soulageant ainsi la vue fatiguée de la captive.

Enfin il fit nuit, et Dolores ne distingua même plus les contours de sa cellule; il ne tint qu'à elle de se figurer qu'elle était au milieu d'une vaste plaine.

— Oh! quel bonheur! s'écria-t-elle en se relevant; ne plus voir ce mur tout blanc, éternellement blanc! ce mur circulaire et uniforme qui me rend aveugle.

Comme elle achevait ces mots, une vive lumière pénétra dans la cellule, et les yeux de la jeune fille, éblouis de nouveau, se fermèrent involontairement.

— C'est moi, n'ayez pas peur, dit une voix amie.

Dolores rouvrit les yeux : c'était José.

— Oh! merci! fit-elle en se jetant toute en pleurs sur le sein du jeune religieux; merci, mon bon José, d'être venu.

— Je n'ai pu venir plus tôt, répondit le dominicain ; je craignais d'éveiller les soupçons de l'inquisiteur.

— Oh! s'écria Dolores avec un geste d'horreur, comment pouvez-vous servir cet homme?

— Il le faut, répondit José d'un accent profond et convaincu.

— Oui, je comprends, reprit la jeune fille après quelques moments de réflexion ; il faut en effet qu'une bien puissante fatalité vous enchaîne à la destinée de Pierre Arbues; vous, si bon, si noble, si généreux, auriez-vous consenti sans cela à devenir, même en apparence, le complice de ce monstre!

— Vous croyez cela, n'est-ce pas, Dolores? fit le favori avec un sourire amer.

— Oh! oui, sans doute, il faut bien que cela soit ainsi; il faut que vous ayez des motifs bien grands, et qu'un affreux malheur ait présidé à votre vie. Aussi, quand je me prends à songer à vous, don José, à vous qui portez avec tant de courage cette lourde croix qui vous a été faite, je me trouve bien petite et bien misérable ; car, voyez-vous, il faut bien vous l'avouer, je succombe parfois aux maux qui m'accablent, et il me semble que ma raison m'abandonne. La captivité me tue, ou cela est peut-être une juste punition de mon orgueil, qui m'avait fait me croire capable de résister à tout.

— Pauvre enfant! dit José, en jetant autour de lui un triste regard.

— Oui, c'est cela, don José, c'est ce lieu qui me tue ; n'avoir que juste assez d'air pour ne pas mourir! ne pouvoir faire trois pas sans se heurter contre une infranchissable barrière ; et puis, autour de moi, voir tourner éternellement ce mur blanc et uni... Avoir le vertige comme si ou vous faisait

Manuel Argoso.

voltiger en l'air sur une balançoire enchantée... Fermer les yeux pour ne plus voir, et tourner, tourner encore par la pensée; sentir le plancher se dérober sous vos pas comme dans un rêve, et, lancée dans le vide, n'avoir pas un angle où s'accrocher... Vouloir dormir, et entendre sans cesse à ses oreilles un affreux bourdonnement qui vous tient éveillée; appeler la nuit comme les autres appellent la lumière, et redouter enfin de voir se lever le soleil, dont la clarté renouvelle chaque matin cet interminable supplice... Oh! c'est à en devenir folle, don José... Et voyez, voyez, poursuivit-elle avec une volubilité effrayante, ils ont peur que je ne souffre pas encore assez, que je puisse un instant reposer ma tête brûlante et brisée; dès que le jour a paru, on enlève mon lit, qu'on ne me rend plus que le soir.

L'expression animée du visage de Dolores, son extrême agitation, épouvantèrent le jeune moine. Il fallait en effet que le séjour de cette cellule eût quelque chose de bien affreux, pour amener à un tel degré d'exaltation cette jeune fille, ordinairement si douce et si résignée. José se repentit vivement d'avoir conseillé à l'inquisiteur de l'enfermer dans ce triste réduit, bien qu'il n'eût eu, en faisant cela, d'autre intention que de rendre plus facile l'évasion de Dolores par la position des tourelles, qui étaient, plus que les grands corps de bâtiments, à la proximité de la rue, et avaient en outre des sorties particulières et moins pratiquées. Ne pouvant remédier à cela, il essaya de consoler la pauvre captive par des paroles d'encouragement et d'espoir.

— Je reviendrai vous voir aussi souvent que je pourrai, lui dit-il; tout cela aura un terme. En attendant, appelez à vous toutes les forces de votre raison et attendez avec courage; Dieu ne vous abandonnera pas.

— Hélas! ce n'est pas le courage qui me manque, dit-elle ; je me raidis chaque jour de toute la force de ma volonté conte l'influence malfaisante de cette abominable cellule, qui agit si vivement et si fatalement sur les facultés de mon intelligence. Quelquefois, le soir, après avoir lutté toute la journée contre des hallucinations sans nombre, un peu calmée par la nuit qui repose ma vue, je me prends à réfléchir sérieusement à ma position, et je me dis qu'après tout, la fin probable de ceci sera la torture et une condamnation à mort.

— Non, dit José, ne croyez pas cela.

— Oh! je me suis d'avance accoutumée à cette idée, répliqua-t-elle vivement ; et je suis bien déterminée à tout endurer avec courage plutôt que de me montrer lâche, et de renier, par crainte de la mort, la pure foi de l'Évangile qui est la mienne; plutôt que de renoncer à mourir la fiancée de mon noble Estevan. Mais avant, voyez-vous, et ceci je le ferai pour le bien de ma patrie, de cette malheureuse Espagne dont on a tellement appauvri les veines, qu'elle n'a même plus la force de protester contre ses oppresseurs ; eh bien! moi, pauvre femme, je protesterai ; lorsque je paraîtrai devant cet inique inquisiteur de Séville qui s'engraisse du déshonneur des femmes et de la ruine des familles, je lui jetterai tout haut son infamie à la face, et nous verrons après si le sang d'une victime courageuse sera infécond pour la liberté de l'Espagne.

— Sainte et courageuse femme! fit José, ils ne vous laisseront pas même cette dernière ressource. Votre cause ne sera jamais appelée, et vous mourrez dans les cachots de l'inquisition, comme Françoise de Lerme qui y entrait la nuit où vous avez vu votre père!

— O mon Dieu, mon Dieu! s'écria la jeune fille avec un cri d'horreur, est-il bien possible que je sois ainsi ensevelie vivante? Que me dites-vous là, José? mais c'est impossible; vous voyez bien que toute justice s'y oppose. Qu'on me condamne, c'est bien : innocente ou non, il y aura toujours eu, aux yeux du monde, un acte juridique pour l'acquit de la conscience de mes juges. Mais que, par l'acte arbitraire le plus odieux, on attente éternellement à ma liberté ; qu'on me fasse mourir lentement de désespoir... oh! cela ne sera pas, don José, cela n'est pas possible, et vous calomniez l'inquisition.

— Françoise de Lerme était la favorite de Pierre Arbues, répondit froidement le jeune moine, et comme Françoise a voulu se convertir, Pierre Arbues l'a fait enfermer dans le saint office.

— L'abbesse des carmélites!... De quoi l'accuse-t-on ?

— Ce ne sont pas les chefs d'accusation qui manquent aux ingénieuses inventions du saint office; mais comme un procès pourrait compromettre l'inquisiteur, on ne fera point de procès ; Françoise mourra sans être jugée. Croyez-moi, Dolores, je ne calomnie pas.

— Oh! c'est horrible, don José! et comment notre roi Charles-Quint, qu'on dit si grand, peut-il souffrir de pareils abus?

— L'inquisition est plus forte que le roi, répondit le dominicain ; la force concentrée en un seul se brise contre la force de plusieurs, réunie en faisceau. Cependant notre roi est juste, et s'il pouvait connaître tous les abus qui se commettent, nul doute qu'il ne cherchât à les réprimer. Ces abus, il les ignore ; et puis, ne savez-vous pas que les inquisiteurs, qui ont le droit d'accuser et de juger les princes et les rois, ne sont eux-mêmes justiciables que du souverain pontife ?

— Bien, dit la fille du gouverneur avec un abattement impossible à peindre, je vois que je n'ai plus qu'à me résigner !

— Je n'ai pas dit cela, répliqua vivement José ; dussé-je le payer de ma vie, je vous rendrai à la liberté, Dolores ; mais le moment n'est pas venu encore. Estevan et Jean d'Avila sont à Madrid.

— Je le sais, don José ; je sais tout ce qu'ils ont fait pour moi.

— Peut-être obtiendront-ils du roi la grâce de votre père ?

— Sa grâce, dites-vous ? mais quelle grâce peut accorder le roi à un homme condamné par l'inquisition ? Ne m'avez-vous pas dit qu'il ne peut rien ?

— L'inquisition, afin de plaire au roi, se relâche parfois de sa sévérité habituelle, répondit José. C'est bien le moins qu'on laisse au souverain de l'Espagne, au grand empereur Charles-Quint, le droit de supplication[1].

— O mon Dieu ! dit la fille du gouverneur. Lorsque j'étais encore une enfant, et que je jouais sur les genoux de mon père, si j'entendais prononcer le nom du roi, ce nom me semblait rayonner comme une auréole, et je me figurais un être beau, puissant et magnanime, qui, d'un mot, pouvait changer les chaumières en palais, les larmes du peuple en cris de joie, et qui semait partout sur son passage la prospérité, le bonheur et l'espoir. Roi ! empereur ! ces deux mots magiques ne sont donc qu'un fallacieux symbole dont on revêt un homme mortel et périssable comme nous, aussi faible que nous et plus malheureux cent fois ; car, outre l'assujettissement de ses passions, il est soumis à toutes les choses et à tous les hommes qui, par une influence quelconque, peuvent atténuer sa puissance ou porter atteinte à son autorité. Est-ce là régner, mon Dieu ! et à quoi sert qu'on vous dise : « Sire, » et qu'on ploie les genoux devant vous, s'il ne vous reste pas même le droit de faire justice ?

— Justice ! mot vide et sonore, murmura José ; ce mot-là n'est qu'un masque, Dolores, comme beaucoup d'autres mots d'un usage fréquent et habituel. Pour moi, que m'importe ? Que me font ces mille riens si graves dont s'alimente la vie religieuse et politique des hommes, et qui se réflètent jusque dans le foyer domestique ? Que me font les luttes d'un dogme contre un autre dogme ? les susceptibilités d'une secte, l'orgueil insensé d'une autre, la cruauté de ceux à qui reste la victoire ? Ma route est tracée ici-bas, et, pour arriver au but, je n'ai que faire de me mêler à toutes ces fanges sanglantes soulevées par les pieds de ceux qui combattent ; je n'ai qu'à passer au milieu d'eux sans me retourner, sûr de ne jamais être atteint ; car, ajouta-t-il en désignant sa robe de moine, je porte là une cuirasse sur laquelle s'émoussent tous les glaives.

En l'écoutant parler ainsi, Dolores regardait fixement le jeune dominicain au visage. Elle cherchait à comprendre ce bizarre mélange d'amertume et de sensibilité, de scepticisme et de confiance, qui faisaient de lui un être tout à part. José montrait à la

---

[1]. Le *droit de supplication*. C'était en effet tout ce que l'inquisition avait laissé aux monarques et au pape lui-même. Les papes et les rois avaient bien le *droit* de casser les arrêts de l'inquisition, mais l'inquisition avait l'*adresse* de recommencer ses persécutions, d'intenter de nouveaux procès, et finissait toujours par se saisir des victimes que la justice du pape ou celle du roi lui avait enlevées pendant quelque temps. Témoins les évêques de Ségovie et de Calahorra, dont j'ai parlé note 1, page 99. Encore les *supplications* des rois étaient-elles le plus souvent impuissantes. Les inquisiteurs leur résistaient ouvertement sous le prétexte de servir les intérêts de la religion et de détruire l'hérésie. (*Histoire de l'inquisition* et *Histoire d'Espagne*, par Mariana, page 717).

fois dans ses discours l'énergie de l'homme le plus fort, et la sensibilité de la femme la plus tendre. Son âme, comme son corps, offrait un séduisant mélange des qualités les plus opposées. En voyant et en écoutant José, on oubliait qu'il était moine, qu'il était officier de l'inquisition ; on ne considérait en lui qu'un être jeune, séduisant, irrésistible, soit que son pâle et beau visage portât l'empreinte d'une douleur profonde, soit que son œil brillant et pur, éclairé d'une douce lumière, exprimât avec énergie la tendresse passionnée de cette âme mystérieuse, changeante comme les flots de la mer. Il avait un don que bien peu de gens possèdent, la fascination.

Peut-être aussi celui-là seul qui a lutté en sens contraire contre tous les orages acquiert-il cette mobilité de physionomie, cet abandon de manières, cette facilité de langage, mais surtout cette tristesse passionnée qui attirent irrésistiblement toutes les sympathies, tant le cœur de l'homme a de pente naturelle vers ce qui est étrange. Peut-être aussi ce pouvoir attractif de certains êtres est-il un mystère physiologique qui échappe à l'analyse... On le définit, il est vrai, par ce mot : « magnétisme. » Nous admettons le magnétisme, qu'on nous l'explique. Quel est celui qui le comprend ?

Par nous, il nous semble que, pour en trouver la cause rationnelle, il faudrait remonter jusqu'à Dieu.

A l'époque où se passait notre histoire, le mot magnétisme n'existait pas. On trouvait plus court d'appeler *magie* tout ce qui ne tombait pas sous la perception immédiate des sens extérieurs. Les esprits de ce temps-là étaient beaucoup plus spiritualistes que ceux de notre époque ; ils ne faisaient pas honneur à la matière des prodiges que l'intelligence supérieure qui régit le monde prodigue autour de nous. Ils avaient poussé les choses un peu loin, il est vrai ; car, non-seulement ils croyaient à un esprit bienfaisant et éternel, mais ils reconnaissaient encore l'influence de l'esprit des ténèbres sur l'homme ; et lorsqu'un être doué d'une raison supérieure ou d'un grand génie venait à surgir au milieu de ces hommes ignorants et bornés, ne pouvant le comprendre, on l'appelait *sorcier*, car on le croyait inspiré et servi par le démon. Quelquefois, cette superstition populaire seconda à merveille l'ambition et la politique des inquisiteurs, qui redoutaient tous ceux dont la science ou la philanthropie pouvait éclairer l'esprit public. C'est ainsi que saint Jean de Dieu, l'illustre fondateur de l'ordre des Hospitaliers, que nous avons déjà vu figurer dans ce livre, fut, quelques années plus tard, accusé de nécromancie par le tribunal de l'inquisition, et obligé de recourir au pape pour obtenir sa relaxation [1].

Mais dans tous les temps les esprits droits s'affranchissent de ces superstitions puériles.

La sympathie qui attirait Dolores vers José, et à laquelle elle ne cherchait point de cause surnaturelle, avait quelque chose de doux et de consolant, exempt de toute espèce de contrainte, qui ressemblait à l'amitié d'une femme pour une autre. José perdait auprès d'elle la raideur, la gravité du religieux ; Dolores la réserve un peu gênante qu'inspire à une jeune fille un homme revêtu d'une robe de prêtre. Il en résultait pour tous deux un charme inexprimable.

— Mon bon José, lui dit la fille du gou-

---

[1]. On lit dans l'*Histoire de l'inquisition*, chapitre VI, 4e partie : « Saint-Jean-de-Dieu, fondateur d'un ordre » hospitalier (voyez note 1, page 391) consacré au soin » et à l'assistance des pauvres malades, fut (en même » temps que le savant archevêque de Tolède, Barthé- » lemy Carranza, contre lequel l'inquisiteur Valdès » montra son acharnement, poussé plutôt par la jalousie » que par zèle pour la religion) arrêté comme suspect » d'hérésie et de nécromancie, et sa pieuse philanthropie » l'eût peut-être fait languir dans les cachots de l'inqui- » sition, si le pape ne s'y fût vivement opposé. »

verneur en le voyant devenir triste et pensif, vous me faites mal en parlant de vous ; ce sujet-là vous est pénible, et vous n'y revenez jamais sans qu'il vous laisse une tristesse navrante.

— Vous vous trompez, chère Dolores, ce n'est pas de la tristesse ; pourquoi m'affligerais-je maintenant ? Je vous l'ai dit, ma vie est tracée d'avance, j'obéis à une implacable fatalité ; de quoi donc voulez-vous que je m'inquiète ?

— José, vous me faites peur ; ces sentiments-là ne sont pas chrétiens.

— Ne parlons pas de moi, répondit le jeune dominicain, songeons à vous, Dolores, à vous seule ; là est la volonté de Dieu, je suis l'instrument dont il se servira pour vous délivrer ; je suis une victime d'expiation. Lorsque ma mission sera remplie, je pourrai retourner à Dieu les mains pleines des bénédictions de mes frères, et alors, si j'ai péché, ne serai-je pas en droit de lui crier : Grâce ! grâce ! car moi aussi j'ai été martyr, et le martyre est un baptême qui lave toutes les souillures ?

En parlant ainsi, José s'était animé, et une sombre exaltation enflammait son beau visage; c'était, moins le costume, la belle tête de Judith.

Dolores, assise par terre, les deux mains jointes sur ses genoux, l'écoutait en silence ; et, pendant que ses grands yeux humides suivaient d'un regard attentif les mouvements de la physionomie de José, des larmes silencieuses glissaient le long de ses joues.

Elle prit la main du jeune moine, cette main blanche, fine, élégante, d'une distinction exquise, et la pressa avec affection entre les siennes.

— José ! lui dit-elle, mon bon José, qu'avez-vous ?

— Rien, répondit-il, rappelé à lui par ces mots ; je songe à ma mission sur la terre : délivrer ceux qui souffrent. Voilà tout.

— Estevan reviendra-t-il bientôt ? demanda la jeune fille, cherchant à faire diversion aux tristes préoccupations du jeune moine en lui parlant d'elle-même.

— Avant huit jours peut-être, répondit José ; je saurai son arrivée tout de suite, et j'aurai certainement de bonnes nouvelles à vous apprendre. J'espère beaucoup de l'influence de Jean d'Avila auprès du roi.

C'est peut-être ici le lieu d'expliquer comment José avait appris le voyage d'Estevan et de l'apôtre. On se souvient que, dans leur dernière entrevue à la petite maison mauresque, José avait recommandé à Coco de surveiller les démarches d'Estevan et de lui en rendre compte. C'est par le tavernier de la *Buena Ventura* que José avait été instruit ; c'était Coco aussi qui avait été chargé par Jean d'Avila d'apprendre leur départ à Dolores pour la rassurer. Malheureusement, dans son désir de sauver son père, elle n'avait pas eu la patience d'attendre, et son imprudence l'avait livrée au saint office.

— Il faut nous quitter, dit enfin José voyant la prisonnière un peu rassurée ; soyons prudents, afin de rester forts.

— Oh ! pas encore, s'écria-t-elle en s'attachant aux vêtements du jeune dominicain, pas encore, don José ; vous voyez bien que je vais retomber dans mes horribles frayeurs, que je vais redevenir insensée...

Ce mot « Il faut nous quitter » l'avait subitement ramenée au sentiment amer de sa solitude. Ses nerfs, un moment calmés par les consolations de l'amitié, subirent une réaction douloureuse. Son imagination se repeupla de spectres et de fantômes, tristes effets d'une captivité si cruellement combinée, qu'elle faisait souffrir tous les sens à la fois, en agissant surtout d'une manière terrible sur le siége de toutes les sensations, le cerveau.

— José, José, ne me quittez pas! lui disait la jeune fille d'une voix étouffée ; vous voyez bien que je vais mourir ici. Oh! emmenez-moi, emmenez-moi avec vous; mettez-moi dans un cachot si vous voulez ; mais pas ici, pas ici !...

Et elle se traînait, éperdue, aux genoux de José. Cette forte organisation morale, cette jeune fille si pure, si pieuse et si dévouée, succombait aux effets terribles du régime cellulaire.

José la releva doucement, versa sur son front brûlant quelques gouttes d'eau restées dans un petit vase qui lui servait à boire, et, de sa main fraîche et caressante, il parcourut doucement, à plusieurs reprises, ce front d'une tempe à l'autre : sans doute, par un effet de magnétisme, ce contact réitéré sembla calmer la pauvre captive.

— Allez-vous-en, je serai calme, dit-elle en fermant les yeux ; car elle avait peur de regarder autour d'elle.

A ce moment, on frappa à la porte de la cellule.

— Entrez, dit le jeune moine en reprenant auprès de la prisonnière agenouillée l'attitude d'un confesseur vis-à-vis de sa pénitente.

C'était le geôlier qui rapportait le lit de sangle où couchait Dolores.

— La prisonnière est soumise, dit le dominicain ; vous lui laisserez son lit le jour.

— Votre Révérence sera obéie, répondit le geôlier.

— Adieu, ma sœur, poursuivit José, et, s'inclinant vers la jeune fille, il ajouta tout bas : « Je reviendrai bientôt. »

Il sortit.

Dolores resta agenouillée dans l'obscurité, la tête penchée sur sa poitrine...

Et maintenant, que le lecteur nous suive à Madrid au palais de Charles-Quint...

CHAPITRE XXXI

Madrid.

Par une joyeuse et fraîche matinée de mai, deux voyageurs suivaient la route qui, de la Manche, conduit à Madrid. Déjà, sur le plan incliné où elle est bâtie, leur apparaissait la ville royale, dressant dans les airs, comme une forêt de mâts, ses mille clochers aigus dominés par les hautes coupoles de Saint-Isidore et de Saint-François. Déjà ils apercevaient à l'occident de Madrid l'ermitage du saint laboureur, petite chapelle en grande vénération parmi les *Madrilenos*, à cause des nombreux miracles qui s'y opéraient ; poétique édifice qui, dessinant de loin, dans l'azur foncé du ciel, sa silhouette gracieuse et aérienne, ressemblait plutôt à un caprice de l'imagination ou à une fantaisie d'optique qu'à une ancienne habitation de laboureurs convertie en chapelle par la dévotion publique [1].

Bientôt ils traversèrent le pont de Tolède, admirable monument romain jeté sur le Mançanarès, ce triste fleuve qui serpente au milieu d'une plaine plus triste encore ; puis, gravissant la pente un peu rude de la route, ils arrivèrent devant l'abattoir, ou

[1]. L'ermitage de saint Isidore est situé sur une hauteur, à l'occident de la capitale. Cet ermitage est l'ancienne ferme où le saint était employé comme valet, et dont le clergé a fait une magnifique chapelle aux frais de la dévotion publique. Saint Isidore *doit* faire un grand nombre de miracles par an, sous peine de perdre sa réputation qui est immense et qui produit des sommes énormes au chapitre de la collégiale de Madrid qui l'exploite.

École des Toréadors. Là, ils s'arrêtèrent quelques minutes pour jouir du point de vue ; mais ils eurent beau chercher autour d'eux ces traces vivantes de la civilisation qui annoncent la présence d'une grande cité, cette culture riche, cette végétation variée qui attestent que la main des hommes n'a pas fait défaut au sol, et que l'industrie a partout prévu les besoins : au loin, tout autour de la capitale des Castilles, l'enfermant comme dans une ceinture, c'était la nudité du désert : un sol rouge ou blanchâtre, semé de pierres aiguës qui, aux rayons brûlants du soleil, semblaient se dissoudre en impalpable poussière.

— O tristesse et nudité ! s'écria le plus âgé des deux voyageurs, en qui le lecteur a déjà sans doute reconnu Jean d'Avila ; ne dirait-on pas un immense cimetière qui rejette de son sein d'innombrables ossements ?

— Oui, répondit Estevan, la mort où devrait palpiter la vie !... l'oisiveté des bras aussi profonde que celle de l'intelligence !

— Non, poursuivit l'apôtre, la vie qui s'agite au fond de la tombe pour soulever le poids qui l'opprime ; la vie qui, à l'insu d'elle-même, tend toujours à se produire au dehors, car elle a horreur des ténèbres...

— Et les ténèbres l'ont vaincue, mon père ; la voyez-vous partout, défaillante, désespérer d'elle-même comme on a désespéré d'elle ! Voyez, toujours le même silence. A Madrid comme à Séville, une tristesse morne, une absence de bruit à effrayer ; rien que le murmure sourd des vers dans un sépulcre, des gémissements étouffés grondant péniblement au fond des cœurs, et à la surface... une désolation muette ! Est-ce donc là la vie d'une grande nation ?

— Estevan, fit le religieux, lorsqu'au milieu de l'hiver vous considérez un arbre nu et aride qui semble mort, vous dites-vous que, sous cette écorce rugueuse et noircie qui ne trahit aucun signe de végétation, circule une séve ardente et généreuse qui, aux premiers rayons du soleil, couvrira ces branches dépouillées d'une riche toison de feuillage ? Ainsi en est-il de l'Espagne. Attendez que brille pour elle le soleil de la science et de la liberté, vous verrez quelle surabondance de séve et de vie est cachée sous les insignes de la mort, et comme ces cœurs brûlants, maintenant comprimés, bondiront aux premières lueurs d'une ère nouvelle, d'une complète régénération.

— Dieu vous entende ! répondit Estevan d'un air exalté.

Ils arrivaient à la porte de Tolède.

Cette principale entrée de la ville de Madrid, qui est aujourd'hui un beau monument de pierre, était tout simplement alors une large porte de bois à deux battants, fermée par une lourde traverse ; elle ne ressemblait pas mal à la clôture d'une grange.

Les voyageurs la franchirent et entrèrent dans la rue de Tolède.

Cette rue, une des plus belles de la ville à cette époque, se composait presque entièrement, en cet endroit-là, d'innombrables *mesones* (auberges de muletiers) ; c'était à peu près les seuls *édifices* qu'on rencontrât jusqu'à la place de la *Cebada* (marché aux grains [1]), qui terminait dignement ces deux longues files d'auberges.

En arrivant vers cette place, Estevan fut

---

1. *La plaça de la Cebada* est aussi le lieu des exécutions ; c'est sur cette place que le défenseur de la liberté, l'immortel Riégo, fut ignominieusement pendu en 1823, après avoir été traîné sur une claie attachée à la queue d'un âne, aux grands applaudissements de la populace excitée par les prédications des moines. Avant de mourir, le noble Riégo fut insulté par le bourreau lui-même. « Je te tiens, franc-maçon, fils du diable ! et cette fois tu payeras tout ce que tu as fait. » Telles furent les paroles que celui dont la justice se sert comme d'un glaive adressa à l'homme qu'en 1820 toute l'Europe avait salué du nom de libérateur de l'Espagne !

surpris de la quantité de personnes de tout sexe et de tout âge qui encombraient les avenues. Toutefois, malgré cette affluence, on n'entendait pas ce bruit criard et discordant qui se fait d'ordinaire dans les rassemblements populaires ; c'était plutôt un bourdonnement sourd, expression de terreur et de pitié, mêlé d'un certain recueillement.

— Que signifie ce rassemblement de peuple ? demanda Estevan surpris.

— C'est sans doute une exécution, dit Jean d'Avila ; un malheureux que réclame la justice humaine.

En effet, au moment où ils entraient dans la place, un spectacle à la fois bizarre et terrible frappa leurs regards.

Un homme monté sur un âne sans oreilles [1] descendait en sens opposé à celui où ils arrivaient. Cet homme, vêtu d'une tunique blanche, était coiffé d'une calotte verte, sur laquelle se détachait une croix de la même couleur que la tunique. Il marchait au milieu d'une double haie de soldats et de confrères de la *paix et charité*.

Devant lui, allaient lentement l'aumônier de la prison et quelques moines de l'ordre des agonisants, précédés d'une croix portée par un sacristain.

Un de ces moines, qui devaient se relever à tour de rôle, se tenait constamment à côté du patient, l'exhortant à bien mourir. Les autres récitaient d'une voix triste et monotone les prières de l'agonie, tandis que deux frères de paix et charité, armés chacun d'une clochette, accompagnaient d'un tintement lugubre les versets et les répons.

Le peuple se portait en foule vers la place, tendant le cou pour mieux voir.

D'un autre côté, par une rue adjacente, un grand nombre de frères de paix et charité venaient se joindre à ceux qui accompagnaient le patient ; ceux-là avaient parcouru la ville dès le matin, précédés d'un crieur armé d'une sonnette et répétant partout d'une voix lamentable :

« *Donnez, frères, pour dire des messes et faire du bien à l'âme de celui qui va être exécuté.* »

Ce pieux pèlerinage de la confrérie de paix et charité était si exempt de toute espèce d'hypocrisie, de ces ridicules momeries qui accompagnent d'ordinaire ces sortes d'institutions ; il y avait tant de vraie piété et une si haute idée philanthropique dans cette association des hommes les plus éminents de la ville pour adoucir les derniers moments de ceux que frappait la loi, et mettre pour ainsi dire en parallèle la justice humaine et la miséricorde divine, qu'on se sentait ému d'un saint respect en présence de ces pieux hidalgos, tous des meilleures ou des plus riches maisons d'Espagne, ainsi réunis pour l'œuvre la plus haute de la charité chrétienne, la consolation de ceux que tout abandonne.

— Sublime charité ! murmura Jean d'Avila ; voilà qui vous prouve, mon fils, que le germe de la vie est au cœur de l'Espagne, et qu'un peuple si noble ne saurait périr.

— Ces hommes appartiennent à un ordre religieux ? demanda Estevan.

— Non, mon fils ; ces hommes sont tout simplement des chrétiens animés du pur esprit de l'Évangile ; ils ramassent dans la boue des chemins le lépreux que tout le

---

[1]. *Un âne sans oreilles.* En Espagne, les condamnés au gibet, ou *al garote* (la strangulation), sont conduits au lieu du supplice sur un âne qui appartient au bourreau. Anciennement, l'exécuteur des hautes œuvres vendait ses ânes le lendemain d'une exécution pour n'en racheter d'autres que la veille d'une exécution nouvelle. Plusieurs des ânes vendus par le bourreau ayant été reconnus pour avoir servi à *un pendu*, ont attiré de sanglantes diatribes à leurs possesseurs. On a vu même d'honnêtes jeunes filles ne pas trouver à se marier parce que quelqu'un de leur famille avait acheté un de ces animaux. Ces inconvénients ont donné lieu à une loi espagnole qui ordonne au bourreau de couper les oreilles à tous les ânes dont il se sert, et qui sont nourris et achetés aux frais de l'État.

Arrestation de l'abbesse.

monde rebute; ils prononcent les paroles de paix sur celui qui se repent, et à force de douceur et de tendre compassion, ils touchent le cœur du pécheur endurci. Il est bien rare qu'à l'aspect d'une charité si vraie, si entière, si touchante, le malheureux dont la justice humaine réclame la vie en expiation de ses crimes, ne retourne sincèrement à Dieu et n'efface par une sainte mort toutes les souillures de son âme. Il ne désespère pas de lui, parce qu'on lui fait comprendre qu'il y a au-dessus de la justice humaine, et en dépit de ses arrêts inflexibles, une loi de pardon et d'amour qui protège le repentir, et à celui qui n'attend plus rien des hommes, laisse encore une espérance céleste. Ces frères de paix et charité sont véritablement les apôtres de celui qui pardonnait à la femme adultère; ce sont là les vrais missionnaires de la foi chrétienne.

— Est-ce qu'ils ne sont soumis à aucune règle? demanda Estevan vivement intéressé.

— Pas précisément, dit l'apôtre; cependant, la confrérie de paix et charité est infiniment plus sévère que beaucoup d'ordres religieux. Ainsi, pour être admis à en faire partie, il faut n'avoir jamais été repris de justice et jouir d'une réputation sans tache; car cette honorable corporation n'ayant été instituée dans aucun but de fanatisme ou de calcul, mais seulement dans un esprit de charité, ceux qui la composent tiennent par-dessus tout à la maintenir dans sa pureté première. Aussi, les plus grands seigneurs d'Espagne et les mieux famés tiennent-ils à honneur d'en faire partie. En entrant dans la société, il faut d'abord verser à la caisse une somme de 500 francs, et s'engager en outre à participer aux dépenses à venir, qui sont toutes faites en faveur des condamnés.

— Laissez-moi, je vous prie, approcher un peu, *senores*, interrompit une vieille femme appuyée sur une béquille, en se glissant comme elle put entre Estevan et Jean d'Avila, pour voir de plus près et se faire un abri de leur haute stature contre la vague populaire qui devenait de plus en plus pressée ; — vous voyez bien que le patient est arrivé au pied de la potence.

En effet, les balcons se garnissaient rapidement tout autour de la place ; de jeunes et jolies femmes, des enfants insouciants et joyeux ne craignaient pas de venir assister à l'horrible spectacle d'une pendaison.

— Que fait donc la confrérie de tout l'argent qu'elle verse à la caisse? demanda Estevan, plus occupé de sa conversation avec l'apôtre que de l'exécution.

— Cet argent n'est pas mal employé, croyez-moi ; d'abord, pendant la matinée de l'exécution, tous les prêtres de Madrid prient et disent des messes pour l'âme de celui qui va mourir ; puis, pendant les trois jours qui précèdent le dernier de sa vie, et que le condamné passe dans une chapelle ardente, la confrérie lui donne tout ce qu'il demande, cherchant ainsi à adoucir ses derniers moments en satisfaisant ses moindres caprices ; puis enfin, chose plus utile et plus louable encore, si le condamné laisse des enfants, une mère ou une veuve, ces malheureux peuvent compter qu'après lui, leur existence sera assurée, et qu'ils n'auront jamais à subir les angoisses d'une vie déshonorée, rendue affreuse par la misère.

— Oh ! oui, c'est là, en effet, une noble, une sainte institution, s'écria le jeune homme dont le cœur palpitait pour toute grande pensée ; oui, c'est honorer et servir dignement sa religion que d'en faire le mobile des actions les plus généreuses.

— Et ne croyez pas, Estevan, poursuivit l'apôtre, qu'on se borne, envers les parents du condamné, à ces bienfaits mesquins, humiliants pour celui qui donne et pour celui qui reçoit. On ne se contente pas de leur donner de l'argent, non ; à la vie du corps on ajoute la vie de l'âme : les enfants du condamné sont élevés avec soin, et la société de paix et charité ne les abandonne que lorsqu'ils sont en état de pouvoir à leurs besoins d'une manière large et honorable.

Comme Jean d'Avila achevait ces paroles, il se fit un grand mouvement parmi le peuple ; tout le monde se levait sur la pointe des pieds, le condamné était entre les mains du bourreau qui le hissait tout le long de l'échelle attachée à la potence.

Les aveugles et les mendiants récitaient d'une voix nasillarde et lugubre d'interminables complaintes ; quelques-uns chantaient sur une même note, variée par des demi-tons, le *Pater noster* et l'*Ave Maria* : cette manière est très-usitée en Espagne.

Toutes les âmes étaient en suspens.

— *Maria santisima !* s'écria une jeune fille, le voilà déjà attaché par le cou ; oh ! le bourreau lui monte sur les épaules.

— Mon Dieu ! mon Dieu ! fit un vieux mendiant à barbe blanche, voilà le frère agonisant qui commence le *Credo*.

Un frisson parcourut l'assemblée, et on n'entendit plus dans cette grande foule de peuple qu'une voix immense unie à celle du frère agonisant, qui, d'une voix triste et saccadée, récitait le symbole de la foi.

— *Credo en Dio padre todo poderoso, criador del cielo y de la tierra ; y en Jesus-Christo su unico hijo.*

— A ces deux derniers mots, le bourreau, toujours assis sur les épaules du patient, fit un mouvement de bascule en appuyant fortement ses pieds sur les mains liées du pendu, et se lança avec lui dans l'espace.

Au même instant, les cloches de San-Milan tintèrent le glas de l'agonie.

L'exécuteur et le pendu se balancèrent dans l'air pendant trois ou quatre minutes.

Le frère agonisant continuait de réciter le symbole.

— *Virgen santisima !* s'écrièrent à la fois une foule de voix étonnées ; il peut bien dire que le bon Dieu le protége, celui-là...

La corde de la potence venait de se rompre ; le bourreau et le pendu étaient tombés pêle-mêle par terre.

Au même instant, le frère majeur de paix et charité étendit vers le supplicié une longue baguette qu'il tenait à la main.

— Sauvé ! sauvé ! s'écria le peuple.

Les frères de paix et charité enlevèrent le malheureux patient ; il respirait encore, la strangulation n'avait pas été complète.

Pendant ce temps, une jeune femme, accompagnée d'un petit enfant de cinq ou six ans, avait retroussé sa jaquette et le fouettait jusqu'au sang.

— Qu'a donc fait ce pauvre petit ? demanda Estevan.

— Rien, dit la mère, c'est pour qu'il se souvienne de cela et qu'il ne soit pas voleur quand il sera grand... La corde ne casse pas toujours, ajouta-t-elle comme par réflexion.

— Que va donc devenir cet homme si miraculeusement sauvé ? demanda Estevan.

— Il appartient à la confrérie, répondit Jean d'Avila, car il a été manqué par le bourreau ; or, tout homme à qui pareille chose arrive a la vie sauve, par le seul fait d'avoir été touché de la baguette du frère majeur de paix et charité : ceci est un privilège assuré à cette société par plusieurs lois et ordonnances du roi Ferdinand d'Aragon, confirmées par Charles-Quint. Croyez-vous, Estevan, qu'un roi puisse trop encourager de semblables associations ?

— Et que deviendra maintenant cet homme ?

— Soyez tranquille, la confrérie en aura soin, et s'il ne devient probe et honnête, ce sera certainement sa faute ; s'il était mort, au contraire, sept heures après la confrérie eût réclamé le corps et fait, à ses propres frais, de magnifiques obsèques.

Une espèce de Gitano qui les écoutait se prit à rire d'un air narquois en marmottant entre ses dents :

— Ça ne lui aurait pas servi à grand'chose, ce bel enterrement. Quel dommage si Mateo n'avait pas manqué son coup ! quel fier gancho [1] de moins pour nous !

A ces paroles, Jean d'Avila reconnut dans le Gitano un membre de la confrérie de la Garduna.

— Quel contraste ! s'écria-t-il : là, l'élite de la population, les cœurs les plus purs, la foi la plus éclairée ; ici des hommes perdus de vices, abîmés dans le fanatisme, prêts à tout pour de l'argent ; d'un côté, l'œuvre de la vraie religion du Christ ; de l'autre, les funestes résultats d'une religion défigurée qui n'est plus un frein ou un consolateur, mais un moyen de corruption, un marchepied au pouvoir, un instrument de despotisme.

— Cet homme qu'on vient de sauver était donc un malfaiteur et restera un malfaiteur, puisqu'il appartient à cette immonde société de la Garduna ? demanda Estevan.

— Peut-être, répondit Jean d'Avila... Cependant, ajouta-t-il avec un soupir, le temps n'est pas venu encore où le bien dominera le mal, et dans cette route semée d'épines et de pierres que suivent ceux qui marchent vers le bien, beaucoup se découragent qui n'ont pas assez de force pour souffrir !

— N'importe ! s'écria Estevan, gloire à ceux qui marchent, et gloire aussi à ceux qui périssent ! ils auront frayé le chemin à ceux qui viendront après.

— Marchons donc, dit l'apôtre, la couronne des martyrs vaut bien celle des triomphateurs.

Le vide s'était fait autour d'eux. Jean d'Avila montra de la main l'autre côté de la rue de Tolède qui leur faisait face.

— Par ici, dit-il ; c'est là le chemin qui conduit au palais.

1. *Gancho, croc* : c'est ainsi que les gardunos appelaient les voleurs.

CHAPITRE XXXII

La promenade du roi.

Estevan et Jean d'Avila continuèrent de suivre la rue de Tolède jusqu'à la *plaza Mayor*, qu'ils traversèrent dans toute sa longueur; puis, prenant à gauche la rue des Orfévres (la *calle de la Patria*), ils arrivèrent à l'église de Sainte-Marie-Majeure, la plus ancienne paroisse de Madrid. De là, passant sous l'arcade du Palais (*arco de Palacio*), ils s'arrêtèrent au milieu d'un immense carré long d'où la vue plongeait au loin, à l'occident du palais, jusqu'à *las Ventas de Alcorcon* [1].

Ils étaient sur la *plaza de Palacio*.

A leur gauche, s'étendait le champ du Maure (*campo del Moro*), profonde et verdoyante vallée qui sépare le Mançanarès de Madrid, et s'étend depuis la porte de Saint-Vincent jusqu'à la porte de Ségovie. A leur droite, c'était *el Pretil*, monticule assez élevé au pied duquel sont adossés les grands corps de garde du palais; et enfin, en face d'eux, le palais lui-même, un immense et superbe édifice, étendant au loin ses larges ailes, et, du haut de ce sommet élevé, dominant la capitale des Espagnes.

Cet immense carré de granit, percé dans ses quatre étages de hautes et innombrables fenêtres, avait un aspect à la fois simple, noble et imposant. De larges balcons sculptés ornaient toute la façade supérieure. On entrait par trois grandes portes en arcades, ornées de colonnes d'ordre corinthien du plus bel effet; et la toiture plate, en ardoise, formait une terrasse inclinée, enfermée dans une balustrade de pierre. Tout cet ensemble était d'un aspect grandiose et vraiment royal.

— Enfin, nous voilà arrivés, dit Estevan en s'arrêtant pour admirer ce somptueux édifice; voilà le terme de notre voyage, le lieu où réside notre dernier espoir.

— Calmez-vous, calmez-vous, mon fils! dit Jean d'Avila qui cherchait toujours à réprimer cette tendance exaltée qu'il remarquait en ce jeune homme, persuadé que l'exaltation use vainement les forces et ôte cet esprit d'à-propos, ce sang-froid sagace dont l'homme a besoin dans les grandes circonstances de la vie.

Estevan sourit avec douceur, comme un enfant docile à l'être aimé qui le réprimande; le calme inaltérable de l'apôtre exerçait sur lui le plus grand empire.

Ils continuèrent d'avancer jusqu'à la principale porte d'entrée de la *mansion* royale. Elle était gardée par de nombreuses sentinelles, et il se faisait un grand mouvement à l'intérieur; le peuple allait et venait librement comme dans les jours de grande solennité.

— Entrons, dit Jean d'Avila, et voyons ce qui se passe.

---

[1]. Ce fut dans cette plaine, appelée *las Ventas de Alcorcon*, que, le 7 juillet 1822, s'entr'égorgèrent huit mille Espagnols, dont trois mille gardes nationaux de Madrid ou soldats des régiments d'Almansa et de Ferdinand VII, et cinq mille gardes royaux que le roi Ferdinand VII excita à se révolter contre la constitution de 1812 alors en vigueur, pour les abandonner, le lendemain, dès qu'il les vit vaincus. Ce fut pour cette bataille, où la garde royale perdit plus de quatre mille hommes, tous vieux soldats de la guerre de l'Indépendance, que le tigre couronné créa une décoration qui, plus tard, a été un signe de proscription. Que pouvaient attendre les Espagnols d'un roi qui, après avoir vendu l'Espagne à Napoléon, a poursuivi, fait exécuter et envoyé au bagne ceux qui l'avaient défendu depuis 1808 jusqu'à 1815, et qui, en mourant, a légué la guerre civile à son pays!

Après avoir franchi la première porte, sur le grand escalier de droite, ils virent une foule de peuple, hommes, femmes et enfants, échelonnés le long de la rampe ou vers le mur, formant deux haies de têtes d'une expression curieuse et empressée.

— Le roi va sortir pour la promenade, dit l'apôtre; mais il ne sortira pas de sitôt, les troupes ne sont pas encore sur la place. Venez, nous allons visiter la cour, qui mérite bien quelque attention. Comme il parlait ainsi, deux régiments de gardes wallonnes et espagnoles, en grand uniforme, défilèrent sur la place du Palais, et se rangèrent, musique en tête, sur deux lignes parallèles aux deux côtés de la principale porte.

Estevan et Jean d'Avila étaient entrés dans la cour d'honneur.

C'était un vaste carré parfait, pavé de larges dalles de granit luisant, sur lequel on avait taillé des cannelures en losanges pour que les pieds des chevaux pussent s'appuyer plus sûrement sur cette surface glissante et polie.

De hautes arcades de pierre soutenues par des colonnes cannelées formaient tout autour un large péristyle; au milieu de chacune des quatre façades intérieures s'élevaient, sur un piédestal, deux statues colossales des plus célèbres empereurs romains.

L'intérieur de ce magnifique palais répondait au dehors; c'était une somptueuse demeure digne du grand empereur Charles-Quint.

Comme les voyageurs admiraient cette grandiose architecture, le bruit augmenta sur la place et dans le palais. Les tambours battirent aux champs et la musique commença à jouer la marche royale. Un mouvement rapide se fit entendre, les carrosses de service, attelés de six mules magnifiques [1] richement caparaçonnées, menées par un cocher et un postillon à la livrée du roi, entrèrent majestueusement dans la cour d'honneur, en firent lentement le tour au pas des mules, et le premier vint s'arrêter au pied du grand escalier.

La foule était devenue plus grande. Estevan et Jean d'Avila eurent beaucoup de peine à se frayer un passage jusqu'aux premières marches.

Tout ce peuple tendait les mains vers le large palier qui dominait l'escalier du premier étage, composé de vingt-trois marches. Quelques-uns s'étaient perchés sur la large rampe de granit; d'autres s'étaient assis sur le dos et jusque sur la tête des deux lions géants qui ressemblent, dans leur attitude fière et calme et leur immobilité granitique, à deux impassibles sentinelles éternellement préposées à la garde de la majesté royale.

C'était beau à voir tous ces visages jeunes ou vieux, la plupart hâves et flétris, rayonnant d'espoir et de bonheur dans l'attente de celui qui allait paraître. Le roi, pour ce pauvre peuple si enthousiaste et si bon, si doux et si patient malgré sa fierté incomparable, le roi était bien véritablement l'image de la Divinité, l'image de la justice, de la force et de la toute-puissance; de celui en qui réside en même temps le pouvoir et la bonté, de celui qui peut et qui veut: car tout bien émane de lui, et son bonheur est de le répandre.

Oh! quel beau rôle c'était alors pour un roi que celui de protecteur et de juge! De quels sublimes tressaillements son âme royale devait frémir à l'aspect de ce peuple qu'il tenait, pour ainsi dire, tout entier dans sa main: car il le renversait d'un souffle, le faisait courber d'un mot et le relevait d'un sourire; parce que ce peuple, à la fois naïf,

---

1. Les voitures du roi d'Espagne ne sont traînées par des chevaux que le dimanche et les jours fériés.

fier et candide, adorait en lui la majesté du père plus encore que la majesté du roi ; son obéissance n'avait rien de servile, car, lorsque l'obéissance se résume par ces deux mots : respect, amour, cette obéissance-là honore l'homme au lieu de l'avilir, elle n'est plus qu'un acte d'indépendance et de libre arbitre.

Cette population espagnole, alors si opprimée, était là haletante, attendant celui en qui résidait tout pouvoir, pour se plaindre et obtenir justice ; à cette époque, et au reste cela se pratique toujours ainsi en Espagne, le pays le plus patriarcal du monde, le peuple, pour arriver jusqu'au roi, n'avait pas besoin de s'adresser à ses ministres. Le roi d'Espagne ne s'entourait pas de régiments armés, de barrières inabordables ; il laissait le peuple approcher librement de sa personne, comme un père fait de ses enfants ; et de cette communication libre et intime naissait cet amour immense et impérissable qui liait le peuple et le roi d'un lien moral impossible à briser : aussi, jamais un attentat n'a été même essayé sur aucun roi d'Espagne.

Toutefois, malgré l'expression radieuse d'espoir qui, ce jour-là, se lisait sur tous les visages, on ne remarquait pas sans un vif sentiment de pitié la tristesse profonde empreinte sur ces physionomies naturellement sérieuses, on voyait que ce peuple, si peu exigeant dans les besoins de sa vie matérielle, ce peuple, à qui il aurait fallu si peu pour être heureux, avait au cœur une plaie dévorante ; il portait au front le stigmate de ces affreuses luttes d'inertie des êtres forts, qui les tuent comme la foudre, sans paraître les avoir touchés.

Mais soudain tous les cœurs frémirent d'un sentiment unanime ; une large porte sculptée s'ouvrit au haut du premier palier, et un huissier frappa trois fois dans ses mains.

C'était le signal qui annonçait le roi.

Alors, précédé de ses huissiers de service, escorté de quatre hallebardiers, s'avança au milieu de ses gardes du corps ce grand roi Charles-Quint qui faisait trembler le monde.

Il portait le gracieux costume de l'époque, et bien qu'il ne fût pas d'une très-grande taille, il avait dans le port beaucoup de noblesse, et son visage, jeune et fier, avait ce charme particulier et puissant que donne un regard brillant et sagace illuminé par les flammes du génie ; la coupe de ses traits était en outre remplie de finesse et de distinction, et si la bonté ne dominait pas toujours sur cette physionomie un peu hautaine, au moins était-elle presque toujours suppléée par cet air d'extrême courtoisie auquel tant de gens se trompent, et que, chez les grands surtout, ils appellent volontiers d'un autre nom.

Jean d'Avila attacha sur le roi un regard profond et scrutateur ; c'était la première fois qu'il le voyait d'aussi près.

— Le roi a l'air bon, dit tout bas Estevan, qui le considérait aussi avec beaucoup d'attention.

Jean d'Avila ne répondit pas ; il avait plus qu'Estevan l'expérience des physionomies.

Le roi Charles-Quint était comme tous les hommes d'un grand génie, il avait de bons mouvements ; mais de là à être complétement et toujours bon, il y a encore fort loin.

L'empereur s'avança lentement pour descendre, et à chaque pas qu'il faisait il s'arrêtait pour prendre lui-même les suppliques qui lui étaient présentées et les passer ensuite à son capitaine des gardes du corps, qui marchait à côté de lui.

A ceux qui n'avaient pas de supplique à lui remettre, le roi présentait sa main à baiser de l'air le plus noble et le plus paternel; il portait vraiment bien la majesté royale, et il avait du génie jusque dans les plus petites choses.

Il descendit ainsi tout ce long escalier, s'arrêtant bien longtemps à chaque marche, accueillant d'un même sourire le pauvre en haillons et le riche citadin, parlant à plusieurs comme s'il les eût connus, faisant quelquefois droit et justice sur l'heure à celui qui le demandait.

Combien de fois ce fier conquérant ne retarda-t-il pas sa promenade pour remonter dans ses appartements avec un solliciteur qui lui demandait justice!

C'était noble et grand cette condescendance pour ceux qui se plaignaient, cet empressement à réprimer les abus, à satisfaire à une réclamation pressante.

Celui qui souffrait d'une exaction ou d'un malheur n'avait qu'à se plaindre, on ne le faisait pas attendre; il n'était pas besoin que sa plainte, méthodiquement formulée, passât d'échelon en échelon, du premier commis d'un ministère jusqu'aux derniers employés; il n'avait pas à supporter la morgue insolente de cette hiérarchie écrivassière : non, il allait directement au roi, sans empêchement, sans obstacle; car le roi était roi pour tout le monde, et, sur l'heure, réparation était faite : le plaignant n'avait pas à subir l'agonie d'une longue et incertaine attente, qui le plus souvent se termine par un atroce déni de justice.

— Voilà, dit Jean d'Avila, le plus bel attribut de la royauté, représenter la Providence.

— Puisse-t-elle la représenter aussi pour nous! répondit Estevan.

Charles-Quint continuait à descendre; la musique des gardes jouait la marche royale avec un redoublement d'animation, et les mules du carrosse piaffaient d'impatience malgré leur humeur naturellement pacifique.

Ceux des gens du peuple qui n'avaient pu trouver place dans l'escalier se pressaient à la porte pour avoir aussi leur part du baise-main.

La journée était chaude et resplendissante, il y avait de la joie et des sourires dans ces éblouissantes clartés que le soleil semblait jeter comme un voile sur la tristesse et la pâleur des visages un moment épanouis; l'affluence était si grande que Jean d'Avila craignit de ne pouvoir approcher du roi; il entraîna Estevan, cherchant à se faire jour avec lui au milieu de la foule, de manière à se trouver sur le passage du monarque. Mais à chaque halte que faisait le roi, des mains étendues en avant agitaient en l'air d'innombrables placets, qui tous étaient reçus avec bonté et immédiatement remis au capitaine des gardes.

Charles-Quint ne témoigna pas la moindre impatience; il ne parut nullement fatigué de ces nombreuses réclamations qui le retenaient si longtemps. Seulement, sa noble physionomie dénotait par moments une méditation intérieure, un travail constant et involontaire des facultés intellectuelles, une ardeur de génie infatigable, cette ardeur fébrile et dévorante qui tua le moine de Saint-Just pour avoir voulu cesser d'être roi [1].

1. *Qui tua le moine de Saint-Just pour avoir voulu cesser d'être roi.* On sait que l'empereur Charles-Quint quitta le trône pour aller s'enfermer dans une cellule au couvent de Saint-Just; mais ce que peu de personnes savent, c'est qu'après sa mort, l'inquisition de Castille osa faire le procès à la mémoire du père de Philippe II. Suivant MM. de Thou, d'Aubigné et le Laboureur. Charles-Quint fut, après sa mort, accusé et convaincu d'avoir eu un commerce continuel avec les protestants d'Allemagne, et de ne s'être retiré à Saint-Just que pour être libre, dans cette solitude, de finir ses jours dans des exercices de piété conformes à ses dispositions secrètes, *pour faire pénitence* en expiation des mauvais traitements qu'il avait fait souffrir aux princes du parti protestant... A l'appui de ces accusations on faisait valoir le choix qu'il fit du docteur Cazalla, chanoine de Salamanque, pour son prédicateur, et de Constantin Ponce, évêque de Dresde, pour son confesseur; deux personnages sus-

Enfin, il atteignit la dernière marche; les huissiers avaient un peu écarté la foule; cependant elle était encore trop serrée pour que Jean d'Avila pût approcher du roi; voyant qu'il lui était impossible d'avancer, il éleva ses deux bras en l'air et étendit vers Charles-Quint ses mains suppliantes.

A l'aspect de ce moine dont la belle figure et le vêtement sacré [1] inspiraient le respect, le peuple se recula de lui-même; le capitaine des gardes fit signe au religieux d'approcher, et Jean d'Avila, les mains toujours étendues, alla tomber aux genoux du roi.

Charles-Quint, surpris, le releva avec bonté.

— Que puis-je pour vous, mon père? lui demanda-t-il.

— Faire grâce, sire, grâce à un de vos meilleurs serviteurs; mais ce serait trop long à dire ici, ajouta l'apôtre en jetant un regard sur la foule qui les environnait; j'ai besoin de parler sans témoins à Votre Majesté.

— Venez demain, répliqua Charles-Quint, en présentant sa main à baiser à Estevan, qui s'était aussi avancé jusqu'à lui.

— Ce jeune homme est avec moi, dit Jean d'Avila.

— Que ce jeune homme vienne demain avec vous, mon père; nous ferons droit à votre demande.

— Dieu vous bénira, sire! répondit humblement Jean d'Avila.

— A l'audience de demain! répéta le roi avec bonté.

Un valet de pied ouvrit alors la portière du carrosse royal, Charles-Quint y monta d'un pas leste et dégagé, et le carrosse partit comme un trait, suivi des voitures de service qui portaient les gentilshommes de la suite du roi.

A ce moment, les régiments des gardes portèrent les armes, le peuple se retira lentement, heureux d'avoir vu celui qui, à ses yeux, était l'image de Dieu sur la terre.

---

pectés d'hérésie. Une autre preuve, dont se servit l'inquisition pour flétrir la mémoire de Charles-Quint, furent les nombreuses inscriptions qu'on trouva dans sa cellule de Saint-Just, inscriptions faites de la main du monarque, sur la *justification* et la *grâce*, dans le sens des doctrines des novateurs. Enfin, le testament de Charles-Quint servit encore l'inquisition pour flétrir la mémoire de l'empereur. Ce testament ne contenait presque point de legs pieux ni de fondations pour des prières, et il était rédigé d'une manière si différente de celle usitée par les catholiques zélés, que l'inquisition crut avoir le droit de s'en formaliser.

Aussi, dès que l'inquisition crut pouvoir se montrer rigoureuse sans trop effaroucher Philippe II, elle commença par s'attaquer à l'archevêque de Tolède, primat d'Espagne, à Cazalla, prédicateur de l'empereur, et à Constantin Ponce, son directeur, que Philippe II laissa emprisonner. Ces trois personnages furent condamnés au bûcher ainsi que le testament de l'empereur. Le roi Philippe II, réveillé au bruit que ce procès scandaleux faisait en Espagne, commença par se réjouir à l'idée de voir la gloire de son père flétrie; mais bientôt il eut peur des conséquences d'un si horrible attentat, et, à force de bassesses et de concessions, il obtint de l'inquisition qu'on écartât Charles-Quint de cette affaire. L'inquisition n'osa pas tout refuser au roi; mais comme il lui fallait des victimes, en 1559 elle fit brûler vif le docteur Cazalla avec l'effigie de Constantin Ponce, mort quelques jours auparavant dans la prison du saint office. L'archevêque de Tolède en appela à Rome, où, à force d'amis et surtout d'argent, il fut déclaré bon catholique. Ce fut à ce prix que l'inquisition consentit à ne pas flétrir la mémoire de Charles-Quint!

1. On sait qu'en Espagne le costume de moine ouvrait toutes les portes et facilitait l'accès auprès de tous les dignitaires du royaume, à celui qui le portait.

Estevan de Vargas.

CHAPITRE XXXIII

Charles-Quint.

Les audiences royales n'étaient pas en Espagne telles qu'on pourrait se le figurer dans un pays où le cérémonial de l'étiquette avait à la cour une si imposante sévérité.

Cette étiquette, enfantée par l'adoration toute filiale et presque fanatique des Espagnols pour leurs rois, était tout simplement une tradition conservée par le caractère constant de ce peuple aimant, grave et penseur, naturellement ennemi de toute innovation dans ses habitudes; c'était un hommage rendu à un père par ses enfants.

Mais, loin que ces formes respectueuses d'un amour profond et d'une déférence passionnée tendissent à éloigner le peuple du souverain, il les rapprochait au contraire par la sécurité même qu'il inspirait au roi, sécurité si grande que tous les jours, pendant plusieurs heures, le premier venu pouvait entrer dans le palais et obtenir audience, même pendant les grands jours de baise-main [1].

Le roi recevait ordinairement de dix heures du matin à deux heures de l'après-midi.

Estevan et Jean d'Avila n'eurent garde d'être inexacts au rendez-vous que leur avait donné Charles-Quint. Le lendemain de leur arrivée à Madrid, dix heures venaient à peine de sonner, qu'ils montaient ensemble le grand escalier du palais.

En face d'eux, sur le second palier, s'ouvrait la porte de la première antichambre. Ils entrèrent sans que les deux hallebardiers qui étaient de faction à la porte leur opposassent le moindre obstacle.

Personne n'était encore arrivé.

L'huissier *des rideaux* leur remit une carte portant le numéro 1, et les deux voyageurs allèrent s'asseoir sur une des banquettes couvertes de drap rouge qui meublaient l'antichambre.

Cette antichambre avait trois portes fermées seulement par de larges portières de velours. L'une d'elles, en face de la porte d'entrée, ouvrait sur la salle du trône; celle de droite conduisait aux appartements du roi; la troisième, à gauche, était celle des appartements des princes.

L'apôtre et son jeune compagnon purent admirer quelques tableaux des écoles flamandes et italiennes, dont les conquêtes de Charles-Quint avaient enrichi le palais.

Pendant ce temps, quelques autres personnes de tout sexe et de toute condition arrivèrent l'une après l'autre et reçurent à leur tour, de l'huissier des rideaux, un numéro d'ordre [1].

La salle du trône restait toujours fermée, et on entendait le bruit d'une conversation animée, mais dont on ne distinguait pas le moindre mot.

L'empereur était en conférence avec un ambassadeur de Tunis.

Cette audience se prolongea environ une demi-heure, pendant laquelle dominait toujours la voix de Charles-Quint, tantôt insinuante et persuasive, empruntant à l'éloquence naturelle de ce grand monarque un accent fascinateur; tantôt brève, accentuée, dominatrice, empreinte de cette puissance énergique de volonté qui faisait aussi le fond du caractère de Charles-Quint.

Aux inflexions variées de cette voix, il eût été impossible de deviner les véritables sentiments du roi. Elles présentaient le même caractère que ses paroles, ambiguës, astucieuses, profondément calculées, si adroites qu'elles lui laissaient toujours le moyen de réfuter ses adversaires, quelle que fût l'interprétation qu'ils eussent donnée à ses actes, à ses paroles ou à ses écrits. L'esprit de Charles-Quint était un réseau délié où les plus habiles se prenaient.

Enfin, l'envoyé tunisien se retira, et un huissier de la chambre, soulevant la large

---

1. Les audiences accordées par le roi ne sont pas plus difficiles à obtenir aujourd'hui qu'au temps de Charles-Quint. Quiconque veut parler au roi d'Espagne, n'a qu'à se rendre au palais avant dix heures et attendre son tour dans l'antichambre royale. Cette facilité de parler au monarque n'a même pas cessé d'exister dans les temps de révolution ou même dans les jours d'émeutes. Les rois d'Espagne, non plus que les Espagnols, n'oseraient soupçonner la possibilité d'un régicide!...

1. En entrant dans l'antichambre du roi d'Espagne pour attendre l'audience, l'huissier de service vous remet une carte portant le numéro d'ordre de votre admission. Qui que vous soyez, personne ne passera avant vous, si ce n'est ceux qui ont un plus faible numéro.

portière, appela à haute voix le numéro 1.

Estevan et Jean d'Avila furent introduits dans la salle du trône.

C'était un lieu d'une incroyable magnificence.

A droite et à gauche, à distances égales, quatre grandes ouvertures fermées par des portières de velours rouge conduisaient aux appartements du roi et à ceux des princes.

Dans les intervalles des portes, couvertes de panneaux sculptés, une console marquetée et dorée supportait d'énormes candélabres d'argent massif, quelques statuettes ou de magnifiques vases ciselés.

Le parquet, d'un dessin admirable, était fait d'un bois dur et poli, qui brillait à l'œil sans le secours de la cire.

Trois énormes lustres de cristal de roche étaient attachés au plafond légèrement voûté et couvert d'innombrables dorures d'une délicatesse exquise et d'un fini admirable. Au-dessus des portes courait, tout autour de cette salle, une large corniche dorée, dont l'entablement supportait de riches trophées; et sur la paroi supérieure, large espace qui séparait la corniche de la voûte, des fresques dues aux pinceaux des meilleurs peintres représentaient une foule de personnages revêtus des divers costumes de toutes les nations de la terre. L'Espagne avait ainsi personnifié ses conquêtes, qui embrassaient les quatre parties du monde.

Enfin, vers le haut bout de la salle, un trône de velours et d'or s'élevait sous un dais magnifique orné d'emblèmes de toute sorte, dont le plus remarquable était un pélican ouvrant son sein pour nourrir ses petits; au milieu brillaient les armes d'Espagne. Enfin, deux lions au repos, les superbes lions de la monarchie espagnole, veillaient, satellites immobiles, sur les marches du trône impérial.

De larges et hautes fenêtres laissaient tomber un jour éclatant sur sur toute cette magnificence.

Quelques grands d'Espagne, vêtus à la mode du temps, causaient çà et là à voix basse.

Le roi, légèrement préoccupé, se promenait à pas lents de droite à gauche.

Au moment où Jean d'Avila entra dans la salle, le roi le reconnut aussitôt.

Il s'avança gracieusement vers lui, en le regardant toutefois d'un œil plein de méfiance.

— Que veux-tu? lui dit-il enfin d'un ton bienveillant.

— Justice, sire, répondit Jean d'Avila en mettant un genou en terre et baisant la main de l'empereur; justice contre l'inquisition qui abuse de ses droits et compromet Votre Majesté par ses cruautés inouïes.

Au mot d'inquisition, Charles-Quint, ce fier despote, ne put se défendre d'une légère émotion; et comprenant que l'entretien serait plus grave qu'il ne l'avait pensé d'abord, il fit signe aux gentilshommes de sa suite de s'éloigner.

Quand il fut seul avec Jean d'Avila et le jeune Vargas, Charles-Quint, reprenant le ton sévère et despotique qui lui était familier, dit au franciscain :

— Savez-vous, mon père, qu'il faut un grand courage pour oser se plaindre ouvertement de l'inquisition?

— Non, sire, répondit l'apôtre; il faut seulement un grand amour pour la justice.

— Cet amour-là est dangereux et rare par le temps qui court, répliqua le roi.

— C'est pour cela, sire, qu'on vient le chercher jusqu'au pied du trône, ne le trouvant pas ailleurs.

— Eh bien, voyons, de quoi s'agit-il? Parle sans crainte; avant tout je désire, je veux faire justice. Que t'a-t-on fait?

— A moi? rien, sire; répondit Jean d'Avila; mais vous aviez un serviteur fidèle qui se nommait Manuel Argoso.

— Gouverneur de Séville, je crois, interrompit vivement Charles-Quint.

— Lui-même, sire; Votre Majesté lui avait, de sa propre volonté, conféré ce titre honorable, et jamais homme n'en fut plus digne. Mais l'inquisiteur Pierre Arbues avait à récompenser une de ses créatures. Il a donc fait jeter Manuel Argoso dans les cachots de l'inquisition, et mis à sa place un homme de la plus basse naissance, un homme méprisable, vendu à toutes ses fantaisies.

— En effet... je me souviens, dit le roi après un moment de réflexion; j'ai moi-même signé la nomination de cet homme qui m'avait été recommandé par l'inquisiteur de Séville... On m'assurait qu'il avait rendu d'éminents services à la religion. Mais, poursuivit Charles-Quint, savez-vous, mon père, que cette chose-là est infiniment grave? L'ancien gouverneur de Séville est, à ce qu'il paraît, coupable d'hérésie; de nombreux témoins ont déposé contre lui; il a été convaincu de luthéranisme, et je ne puis arrêter la marche d'un procès intenté par le saint office. Vrai Dieu! poursuivit-il, je n'ai pu sauver mon pauvre bénédictin Viruès, dont les sermons faisaient la plus agréable distraction de ma vie [1].

— Des témoins! sire, fit Jean d'Avila avec amertume; Votre Majesté ne sait-elle pas que le funeste droit de l'inquisition qui lui permet de ne jamais révéler le nom des témoins qui ont déposé contre un accusé, fait tous les jours commettre les abus les plus monstrueux; qu'il suffit qu'un homme soit l'ennemi d'un autre pour compromettre sa vie et le traîner devant le tribunal de l'inquisition?

— Manuel Argoso avait-il des ennemis? demanda le roi.

— Aucun, sire: Manuel Argoso était généralement aimé; un seul homme à Séville avait peut-être des motifs...

— Quel était cet homme?

— Cet homme, sire, c'est le grand inquisiteur de Séville.

— Mon père, dit sévèrement Charles-Quint, pour accuser ainsi légèrement un grand dignitaire de l'inquisition, oubliez-vous quel profond respect nous devons aux inquisiteurs et à tout ce qui se rattache au saint office, institué par mon noble aïeul et par ma sainte aïeule Isabelle la Catholique?

— Sire, répondit le religieux, je n'ai garde d'oublier le respect qu'on doit aux prêtres du Seigneur, étant moi-même un de ses ministres, ni de vouloir en éloigner les autres. J'approuve et je vénère tout ce qui tend à propager et à affermir parmi nous la sainte religion de Jésus-Christ; mais je proteste contre la fourberie et l'hypocrisie des ministres indignes qui deviennent sacrilèges et profanent cette sainte doctrine en la rendant l'instrument de leurs passions mauvaises, en s'en faisant un manteau pour couvrir leur injustice, leur turpitude et leurs iniquités.

Charles-Quint était homme de génie, il aimait le courage et l'audace; tout ce qui portait un cachet de grandeur excitait en lui une vive sympathie, et bien que sa terreur de l'inquisition fût grande, il considéra

---

1. Alphonse Viruès était un bénédictin très-versé dans les langues orientales, auteur de plusieurs ouvrages et grand prédicateur. Charles-Quint l'écoutait avec tant de plaisir, qu'il s'en faisait accompagner dans toutes ses expéditions en Allemagne, et qu'à son retour en Espagne, il ne voulait jamais entendre d'autre prédicateur. Soupçonné d'hérésie, en 1534, Viruès fût arrêté par le saint office et renfermé dans les prisons de l'inquisition à Séville. L'empereur ne douta pas que Viruès ne fût la victime de quelques moines jaloux, et ordonna qu'il fût mis en liberté; mais il fut désobéi. Ce fut en vain que Charles-Quint exila Alphonse Manrique, alors inquisiteur du royaume, Viruès n'en demeura pas moins pendant quatre années prisonnier et au secret dans les cachots de l'inquisition. (*Histoire de l'inquisition*, ch. IV, 4º partie.)

avec une profonde admiration cet homme loyal et courageux qui osait, en présence du roi, jeter ainsi l'anathème sur une institution dont le roi lui-même ne prononçait le nom qu'en tremblant.

— Mon père, dit-il enfin d'une voix calme, quelle preuve avez-vous de l'inimitié de Pierre Arbues pour le gouverneur de Séville, et de l'injustice de ses poursuites contre lui ?

— Sire, répondit Jean d'Avila en faisant allusion aux confidences qu'il avait reçues de Dolores, il est des choses qui appartiennent au secret de la confession et qu'il n'est pas permis de divulguer ; ces choses je ne les dirai pas, car elles m'ont été confiées au tribunal de la pénitence ; cependant, lorsque la vie et l'honneur d'un homme sont en cause, il faut, sans manquer à son devoir, dire tout ce qu'il est possible de dévoiler pour le sauver. J'affirme, je jure ici devant Votre Majesté que l'inquisiteur de Séville a agi contre Manuel Argoso par pure vengeance personnelle, qu'il l'a faussement accusé d'hérésie, et...

— Qui prouvera que c'est faussement? interrompit vivement Charles-Quint. L'hérésie ! voilà bien la véritable plaie du royaume. Les doctrines de Luther ont pénétré partout ; et ce moine insensé, qui se croit plus habile que les Pères de l'Église, plus saint que le pape le lui-même, a jeté sur toute l'Europe catholique un immense brandon de discorde. Sa doctrine est abominable et pernicieuse, et je ne saurais trop approuver le zèle que les inquisiteurs de mon royaume déploient contre les insensés qui s'en laissent séduire. Voilà bien les hommes, poursuivit Charles-Quint, toute nouveauté les charme ; un mot retentissant et sonore les soulève. Indépendance, liberté religieuse, ce sont là des mots vides qui les remuent, qui leur font prendre en haine le joug ecclésiastique ; ils se laissent séduire, comme les enfants, au plaisir d'échapper à l'autorité de ceux qui les dirigent, et ne veulent pas comprendre que le bonheur est dans l'obéissance, que la sûreté, que la prospérité des Etats et celle des familles ne peuvent avoir de meilleure garantie que l'accord unanime des gouvernants et des gouvernés ; mais non, ils veulent se soustraire à la légitime autorité de l'Eglise; ils raisonnent les choses qui doivent être aveuglément adorées, et de ce raisonnement naissent les soulèvements et la révolte. Ils ont nié l'autorité du pape, qui sait s'ils ne finiront pas par nier celle du roi? Croyez-moi, mon père, ne défendez pas les sectateurs de Luther : c'est une race abominable que je déteste.

Jean d'Avila avait écouté en silence cette longue sortie de Charles-Quint ; il le laissa exhaler, sans l'interrompre, sa haine contre les protestants ; puis, lorsque l'exaltation du roi se fut un peu calmée, ne rencontrant pas d'obstacle, Jean d'Avila prit Estevan par la main, et le présenta au roi en disant :

— Sire, voici ma réponse à Votre Majesté : J'improuve comme elle tout ce qui tend à dénaturer la religion de Jésus-Christ : voilà pourquoi je lutte contre les inquisiteurs qui la font haïr en prétendant la défendre. Ce jeune homme se nomme Estevan de Vargas. Son père fut fait membre du conseil de Castille par le roi Philippe Ier ; il a toujours été un pieux chrétien, un zélé défenseur de la monarchie. Estevan a suivi l'exemple de son père. Eh bien ! l'inquisiteur Arbues, ne pouvant le poursuivre judiciairement, a voulu attenter à sa vie.

— Que dites-vous là, mon père? fit sévèrement Charles-Quint.

— J'ai la preuve authentique de ce que j'avance, répondit le religieux, et je puis la donner à Votre Majesté.

— Taisez-vous, mon père, murmura le roi ; vous en avez dit là assez pour envoyer au Quemadero la moitié de l'Espagne.

— Votre Majesté est discrète, répliqua Jean d'Avila en souriant avec finesse.

— Vrai Dieu ! mon père, pouvons-nous compter sur votre discrétion comme vous pouvez compter sur la nôtre ? Dites-nous votre nom, s'il vous plaît ; car nous ne savons pas encore à qui nous parlons.

— Jean d'Avila, répondit simplement l'apôtre.

A ce nom révéré dans toute l'Espagne, qui emportait avec lui l'idée de toutes les vertus, Charles-Quint, saisi de ce respect involontaire qu'inspirent toutes les vraies grandeurs, se prit à considérer l'apôtre avec un vif sentiment d'admiration.

— Je ne m'étonne plus de votre courage, mon père, lui dit-il enfin, et je vois avec douleur les abus de l'inquisition ; car maintenant il ne m'est plus permis de douter.

L'empereur aurait dû ajouter. « Et devant vous je puis parler sans contrainte. »

C'est en effet ce qu'il fit, bien sûr qu'il n'avait rien à redouter d'un pareil témoin. L'amour apparent de Charles-Quint pour l'inquisition était loin d'être sincère ; il était au reste, comme tous les sentiments de ce monarque, réglé exactement sur les exigences de sa politique.

Loin d'être pieux avec conviction et fermement attaché aux doctrines de Rome, Charles-Quint en eût fait volontiers bon marché en faveur de celles de Luther, si les idées d'indépendance de la réformation n'eussent effrayé son despotisme ombrageux. Ennemi de l'inquisition dans sa jeunesse, il la protégeait dans son âge mûr, et, tout en la détestant, il la choyait comme le plus puissant auxiliaire de ses exactions, de son amour du pouvoir, de l'argent et de la conquête.

Toutefois, il se révoltait souvent contre elle dans son for intérieur, car il eut plus d'une fois à s'en plaindre. Charles-Quint était le roi de l'Espagne, l'inquisition était le roi de Charles-Quint.

Une chose a manqué au génie de ce grand empereur, c'est de comprendre que la plus belle gloire d'un roi est de favoriser les progrès des lumières, au lieu de chercher à « *les mettre sous le boisseau* » ; qu'il est plus facile, plus glorieux et plus doux de régner sur des hommes libres que sur un peuple d'esclaves, et que cela, d'ailleurs, est dans le véritable esprit de l'Evangile. La réformation tendait à instruire les masses, à répandre partout les trésors de la science ; et certes Charles-Quint, en lui devenant hostile, comprit mal ses véritables intérêts ; il eût trouvé un plus solide appui dans la philosophie éclairée et la loyauté des protestants, que dans le despotique et ambitieux fanatisme des moines. Mais il ne devina pas cela, et laissa tomber la balance du côté où il pensa que son intérêt la faisait pencher.

— Mon père, dit-il à Jean d'Avila, nous déplorons vivement les abus de l'inquisition, et nous voudrions pouvoir les réprimer ; mais songez que cette formidable institution, fondée dans un but utile et pieux, est aujourd'hui plus puissante que Rome elle-même, et que le pape n'ose lutter contre elle [1].

— L'empereur Charles-Quint a osé lutter contre le pape, répliqua Jean d'Avila, faisant allusion à la réponse de Charles-Quint à un bref que le pape Clément VII avait lancé contre lui quelques années au-

---

[1]. Au seizième siècle l'inquisition bravait la puissance de Rome, si bien que plusieurs cardinaux ont été emprisonnés et condamnés à différentes peines à Rome, quoique la personne d'un cardinal soit sacrée même pour les rois. On sait que Henri III fut excommunié par Sixte V, pour avoir osé punir le cardinal de Guise convaincu de rébellion et d'attentat contre l'État. Mais l'inquisition n'était-elle pas le roi des rois et la terreur des papes eux-mêmes ?

paravant, et l'empereur luttera contre l'inquisition, car il y va des droits de la justice et de l'humanité.

Un sourire de satisfaction glissa sur les lèvres du monarque ; il ne se rapelait pas sans un vif sentiment d'orgueil ce manifeste virulent publié en Allemagne, chef-d'œuvre d'énergie, d'amertume et de diplomatie, qui ramena à lui les esprits aigris par ses protestations antérieures contre les doctrines de Luther. Jean d'Avila avait fait vibrer la corde sensible en rappelant à l'empereur cet acte d'une haute politique qui ressemblait à un acte d'indépendance, et avait si bien servi ses intérêts dans le Nord.

Charles-Quint regarda le religieux avec bienveillance, et lui dit du ton le plus gracieux et le plus *royal* du monde :

— Voyons, mon père, comment vous prouverons-nous le désir que nous avons de vous être agréable ? Tâchons surtout de concilier la justice avec les intérêts de la royauté. Empêchons les abus de l'inquisition, mais ne frappons pas sur l'inquisition ; c'est un serpent qui se retourne pour mordre aussitôt qu'on le touche, et ses blessures sont toujours mortelles.

— Le lion ne redoute pas les morsures du serpent, et Votre Majesté est roi pour commander, répliqua l'apôtre ; ce n'est que par l'énergie de sa volonté qu'elle imposera à ces audacieux profanateurs d'une loi toute d'amour, dont les cruautés inouïes ont dépeuplé et appauvri l'Espagne. Qu'avaient fait ces familles mauresques, si ardemment persécutées par l'inquisiteur général Adrien, qu'elles ont abandonné le pays par milliers, emportant sous un ciel étranger leurs richesses et leur industrie, source de la prospérité du royaume ?

— Les Mauresques s'étaient révoltés, dit Charles-Quint.

— Les Mauresques imitaient le chameau du désert, qui jette sa charge à terre lorsqu'elle est trop lourde, répondit Jean d'Avila.

— Adrien Florencio était d'un caractère doux et pacifique, répliqua le roi ; il n'a jamais rien fait qu'à bonne intention.

— Adrien Florencio était faible, sire ; il laissait faire le mal sans le réprimer, et trompait Votre Majesté sur la véritable conduite des inquisiteurs [1].

— Moine, tu es bien hardi d'oser parler ainsi ! s'écria le roi dont l'orgueil indomptable ne souffrait pas qu'on le crût capable de se tromper ou d'être trompé par les autres.

— Je dis la vérité à Votre Majesté, sire, répondit le religieux, et la vérité a le droit d'être entendue. Les inquisiteurs d'Espagne ne sont pas des prêtres, mais des bourreaux ; ils oppriment le peuple, et le roi est le défenseur du peuple.

En parlant ainsi, Jean d'Avila regardait le roi bien en face, sans audace, sans forfanterie ; une majesté sainte rayonnait sur son visage.

Charles-Quint se sentit subjugué par ce mélange de simplicité et de noblesse, de génie et de sainteté, qui faisait de l'apôtre un homme si remarquable.

— Continuez, lui dit simplement l'empereur.

[1]. Adrien Florencio, troisième inquisiteur généra. d'Espagne, fut, dit-on, moins cruel que ses prédécesseur et que ses successeurs. Adrien Florencio fut peut-être le plus faible des inquisiteurs, peut-être en fut-il le plus adroit. Pendant son règne, qui dura près de cinq ans, l'inquisition d'Espagne condamna vingt-quatre mille personnes, dont seize cent vingt furent brûlées vives et cinq cent soixante en effigie. Ce fut Adrien Florencio qui établit le deuxième tribunal de l'inquisition en Amérique, et étendit sa juridiction sur les Indes et sur l'Océan. Ce fut encore Adrien qui empêcha Charles-Quint de réformer l'inquisition, comme il l'avait promis anx Castillans, aux Aragonais et aux Catalans en 1518; et cela, en trompant l'empereur sur la conduite des inquisiteurs. (*Histoire de l'inquisition*, ch. III, 4ᵉ part.).

Malgré le mal qu'il avait fait aux Espagnols, peut-être à cause de ce mal même, Adrien fut élu pape le 9 janvier 1522. (*Histoire des papes*.)

— Sire, poursuivit le religieux, un homme a été faussement accusé et injustement torturé. L'inquisiteur de Séville a commis ce crime, c'est à lui de le réparer. Que Votre Majesté ordonne à Pierre Arbues de mettre en liberté don Manuel Argoso.

— Je ne puis faire cela, dit le roi pensif.

— Ah ! sire, s'écria Jean d'Avila, sera-ce donc en vain que votre beau royaume d'Espagne aura salué par tant d'acclamations votre avénement à la couronne ? Votre Majesté aura-t-elle vainement promis aux cortès de faire cesser les persécutions et les supplices et d'éteindre les bûchers [1] ? Non, sire, vous ne voudrez pas faillir aux promesses de votre règne, et c'est à bon droit que j'ai espéré en vous. Manuel Argoso est innocent et vous le protégerez, sire, et vous sauverez la vie d'un des plus purs serviteurs de votre monarchie. Un mot de Votre Majesté suffit, poursuivit le religieux avec entraînement ; dites ce mot, et votre nom sera béni dans toute l'Espagne : car la justice des rois est la sauvegarde du bonheur des peuples.

— Ce jeune homme est-il le parent de don Manuel Argoso ? demanda Charles-Quint en désignant Estevan de Vargas.

— Je devais devenir son fils, répondit Estevan d'un air modeste et assuré.

— Manuel Argoso a donc une fille ?

— Un ange, répondit Jean d'Avila ; la plus belle et la plus chaste de toute l'Espagne ; comprenez-vous maintenant, sire, pourquoi le gouverneur de Séville est accusé d'hérésie ?

Charles-Quint se mordit les lèvres ; ce n'était pas la première fois qu'on portait une semblable accusation contre les inquisiteurs du royaume.

Le roi s'approcha vivement d'une table où il y avait des plumes, du papier et tout ce qu'il fallait pour écrire.

— Que ces choses se passent entre nous, dit-il en s'adressant au jeune Vargas ; veux-tu, pour cette fois, me servir de secrétaire ?

— Je suis aux ordres de Votre Majesté, répondit Estevan en se rapprochant de la table.

— Ecris, dit le roi.

Estevan prit une plume et une feuille de vélin.

L'empereur continua, dictant très-vite, sans s'inquiéter du secrétaire, selon son habitude.

« ÉMINENCE.

« Don Manuel Argoso, comte de Cevallos, en ce moment dans les prisons du saint office de Séville, a constamment été notre serviteur fidèle, et nous l'avons toujours

---

1. A son arrivée en Espagne, conseillé par son précepteur, Guillaume de Croy, et par son grand chancelier, Selvagio, l'empereur Charles-Quint était très-disposé à abolir l'inquisition ou du moins à organiser la procédure du saint office d'après les règles du droit naturel et sur le modèle de tous des autres tribunaux. Les cortès de Castille, croyant que le moment de délivrer l'Espagne du joug de l'inquisition était venu, s'assemblèrent, ainsi que celles d'Aragon et de Catalogne, au commencement de l'année 1518, pour demander au roi l'abolition du saint office, ou pour le moins des réformes que la conduite des inquisiteurs avait rendues indispensables. Charles-Quint fit rédiger un nouveau code par Selvagio, de concert avec les députés, et promit aux Cortès d'en ordonner l'exécution aux inquisiteurs. Mais, au moment où la justice allait triompher, le chancelier Selvagio mourut, et Adrien Florencio, troisième inquisiteur-général d'Espagne, et élu pape le 9 janvier 1522, après la mort de Léon, sut changer les dispositions du roi, et, à force de mensonges, en faire insensiblement un protecteur passionné de l'inquisition.

Cependant Charles-Quint promit solennellement aux Cortès qu'il forcerait *l'inquisition à respecter les privilèges et les coutumes de Castille, d'Aragon et de Catalogne, et à observer les saints canons.*

Les Cortès crurent à la bonne foi de Charles-Quint, et lui témoignèrent leur reconnaissance par un *don* en argent. Mais les Castillans, les Aragonais et les Catalans tardèrent peu à comprendre que les promesses de Charles-Quint étaient aussi fallacieuses que celles de ses prédécesseurs. (*Histoire de l'inquisition*, chap. III, 4e partie ; *Annales d'Aragon*, session des Cortès en 1518.. ; *Histoire de la principauté de Catalogne*, vœu exprimé par les Cortès en 1518, et *Histoire d'Espagne*, par Fernando de Higuera, t. Ier.)

Vue intérieure de la cathédrale de Cordoue.

cru bon et zélé catholique. L'accusation d'hérésie qui pèse sur lui nous paraît exagérée, et il se pourrait que cette accusation fût l'œuvre de quelque ennemi du comte, intéressé à le perdre. C'est pourquoi nous osons espérer que Votre Éminence cherchera à découvrir la vérité et à rendre justice à notre fidèle serviteur. Nous comptons même que Votre Éminence voudra bien terminer son procès au plus tôt et de la manière la plus conforme à la justice et à la charité chrétienne.

« En notre palais de Madrid, ce 20 mai 1534.

« CHARLES [1]. »

[1]. Cette lettre est apocryphe en ce qui touche le texte, la date et le sujet; mais elle est vraie comme type et

Cette lettre écrite, le roi la scella lui-même de son sceau royal, et la remit à Jean d'Avila, en lui disant :

comme fait. Charles-Quint en a écrit plusieurs dans la même sens; ces lettres ont souvent été considérées comme non avenues par les inquisiteurs, témoin Alphonse Viruès qui, en dépit des recommandations de l'empereur et même de ses ordres, languit pendant quatre années dans les prisons du saint office de Séville (voyez note 1, page 540). Puis nous devons ajouter que bien souvent les lettres que l'empereur écrivait en faveur de quelques victimes de l'inquisition, étaient détruites par d'autres lettres dont l'empereur avait soin de les faire suivre. Au reste, la duplicité de Charles-Quint est assez connue ; qui ne sait le trait que l'empereur fit à François Ier pendant que ce monarque était prisonnier à Madrid ? François Ier étant très-malade du chagrin que lui occasionnait la perte de sa liberté, Charles-Quint alla le visiter : — « Venez-vous voir si la mort vous débarrassera bientôt de votre prisonnier ? » lui demanda le roi de France. — « Vous n'êtes pas mon prisonnier, répondit Charles-Quint, mais mon frère et

— Nous sommes charmé, mon père, d'avoir vu de près l'apôtre de l'Andalousie. Et vous, jeune homme, ajouta-t-il en s'a-

mon ami ; je n'ai d'autre dessein que de vous rendre la liberté et toute la satisfaction que vous pouvez attendre de moi. » Puis il l'embrassa !
Les promesses de l'empereur produisirent un effet salutaire, et François Ier se rétablit, après une longue convalescence. Lorsque l'empereur sut son prisonnier bien rétabli, il redevint sévère et froid à son égard. Ce fut en vain que François Ier rappela à Charles-Quint la promesse qu'il lui avait faite pendant sa maladie ; Charles-Quint ne lâcha sa proie qu'après avoir obtenu, le 15 janvier 1850, le traité qui mit la liberté du roi de France à un prix si onéreux pour la nation.

dressant à Estevan, quand vous serez le gendre de don Manuel Argoso, revenez à notre cour, nous vous y ferons une position digne du nom que vous portez.

— Je rends grâce à Votre Majesté, sire, répondit le jeune Vargas ; mon cœur et mon bras sont à elle comme ma vie.

Le roi remercia Estevan par un gracieux sourire, et rentra dans ses appartements.

Le même jour, Estevan et Jean d'Avila quittèrent Madrid.

CHAPITRE XXXIV

Rodriguez de Valero.

Quinze jours s'étaient écoulés depuis l'audience où nous avons vu en présence Jean d'Avila et Charles-Quint.

De retour à Séville, le premier soin d'Estevan fut de s'informer de Dolores. José lui avait recommandé de n'aller jamais sans lui à la maison de Juana, et comme il ne pouvait pas se présenter au palais inquisitorial où habitait le favori de Pierre Arbues, Estevan se rendit à la nuit tombante à la taverne de la Buena Ventura, pensant que l'alguazil ou sa sœur pourraient l'instruire du sort de celle qu'il aimait, et sur ce qui se passait dans l'inquisition.

Lorsque le jeune Vargas arriva à la taverne, il n'y avait personne d'étranger ; ce n'était pas encore l'heure du repas du soir. La Chapa était donc seule dans sa cuisine, préparant, d'une main exercée, les différents mets qu'elle destinait à ses pratiques.

De temps à autre, elle quittait son fourneau pour aller regarder dans la rue et voir si personne n'arrivait ; puis elle retournait à sa *chanfaïna*, en murmurant entre ses dents :

— Voici pourtant l'heure où les ouvriers ont achevé leur besogne et les moines leurs sermons. Allons, poursuivit-elle, dépêchons-nous, ils vont tomber ici tout à l'heure comme une nuée d'oiseaux affamés.

Comme elle achevait ces paroles, elle aperçut un jeune cavalier enveloppé d'un manteau, qui se dirigeait vers la taverne. La Chapa se recula en arrière pour lui laisser le passage libre. Le cavalier entra, et après avoir regardé autour de lui, il parut satisfait de se trouver seul.

Il écarta un banc et s'assit, le dos tourné à la porte, devant une des longues tables qui meublaient ce sale réduit.

— Que désire votre seigneurie ? demanda la Chapa de cette voix douce et perlée qui distingue les femmes de l'Andalousie, et dont le charme s'accroît en raison de la bonne mine du cavalier auquel elles s'adressent.

— Sers-moi une tasse de chocolat, répondit Estevan en ôtant le chapeau à larges bords qui couvrait sa belle tête, et le déposant à côté de lui.

— Quel beau cavalier ! pensa l'Andalouse, en s'occupant de le servir de son mieux.

Lorsqu'elle eut posé devant lui la tasse, le verre d'eau et *los azucarillos*,[1] accompagnement obligé de tout *refresco*[2] espagnol, Estevan, regardant la tavernière avec confiance et amitié, lui dit en l'appelant par son nom.

— Assieds-toi près de moi, Chapa, j'ai grand besoin de toi aujourd'hui.

— De moi, senor? fit-elle étonnée; comment cela est-il possible, et que puis-je pour votre seigneurie?

— Tu connais la senora Dolores, la fille du gouverneur de Séville?

La sœur de Coco regarda Estevan avec de grands yeux étonnés.

— Je ne sais ce que vous voulez dire, senor, répondit-elle; je ne connais pas la personne dont vous me parlez.

— Tu la connais, et tu connais l'apôtre aussi, dit Estevan, qui vit bien que la défiance seule avait dicté la réponse de la tavernière. Eh bien! Chapa, ne crains rien, c'est l'apôtre qui m'envoie, et désire savoir si la senora Dolores est toujours dans la maison où sa révérence don José l'avait cachée... Mais parle donc, poursuivit Estevan en remarquant la pâleur soudaine qui avait envahi les joues brunes et fraîches de la jeune Andalouse.

La sœur de Coco, au lieu de lui répondre, se releva brusquement et courut vers sa cuisine en s'écriant :

— Ah! mon Dieu! voilà ma marmite qui verse; je suis à vous tout à l'heure, seigneur cavalier.

A ce moment, la porte de la taverne s'ouvrit, et Coco lui-même, revêtu de son costume d'alguazil, s'arrêta tout surpris de

1. *Les azucarillos* sont des pains de sucre très-raffiné et très-soluble, aromatisé de différentes manières. En Espagne, dans l'Andalousie surtout, l'eau n'est jamais sucrée qu'avec les *azucarillos*.
2. Rafraîchissement.

voir encore si peu de monde chez lui; mais, après avoir envisagé Estevan, qui s'était retourné à son arrivée, il le reconnut, et une expression triste et chagrine se répandit sur la mobile physionomie du tavernier.

— Enfin, vous allez me répondre, vous, fit le jeune seigneur; j'ai vainement interrogé votre sœur, je n'ai pu rien tirer d'elle. Asseyez-vous près de moi, senor Coco, et dites-moi, je vous prie, ce qui s'est passé depuis le jour où j'ai quitté Séville.

La Chapa s'était curieusement avancée sur la porte de sa cuisine.

L'alguazil se rapprocha d'Estevan et se tint debout devant lui d'un air embarrassé.

— Mais parlez donc, je vous en supplie! s'écria le jeune Vargas; ma fiancée serait-elle malade?

— Seigneur cavalier, répondit l'alguazil avec embarras, je n'ose en vérité...

— Qu'est-ce donc? mon Dieu! demanda le jeune homme avec impétuosité.

L'alguazil baissa la tête et ne répondit pas.

Estevan se releva par un mouvement désespéré et, courant vers la sœur de Coco, il lui prit les deux mains qu'il serra avec force en lui disant avec angoisse :

— Parle, toi, Chapa; qu'est devenue la fille du gouverneur? est-elle morte ou vivante? Quoi qu'il en soit, réponds; je veux tout savoir.

La Chapa, qui grillait de tout dire, regarda alors son frère comme pour le consulter.

— Tu peux parler, dit Coco comprenant ce regard; pour moi, je n'aurais pas la force; parle, ma sœur, c'est le fiancé de la jeune senora.

— Seigneur cavalier, dit alors la Chapa saisie d'une timidité excessive en présence de cette douleur qu'elle allait soulever, promettez-moi de ne pas trop vous affliger, au moins.

— Mais enfin, qu'y a-t-il ? s'écria Estevan dans une angoisse inexprimable.
— Seigneur, votre fiancée...
— Eh bien ?
— Elle est...
— Quoi ! achève donc, par le ciel !
— Dans l'inquisition, répondit la Chapa d'une voix basse et tremblante.
— Oh ! s'écria Estevan en se frappant le front, j'aurais dû m'en douter ; un dominicain !...
— Seigneur cavalier, fit vivement l'alguazil, gardez-vous d'accuser don José, il est innocent de tout cela.

Mais les protestations de Coco n'étaient pas suffisantes pour détruire les préventions d'Estevan. Il se reprochait vivement de s'être confié au jeune moine, et comme nous sommes toujours portés à rejeter sur autrui les malheurs qui nous arrivent, il blâmait amèrement en lui-même ce qu'il appelait l'imprudente confiance de Jean d'Avila.

— Tu as donc vu ma fiancée ? demanda-t-il à Coco, puisque tu es souvent de service dans cette abominable prison.

— Non, seigneur, répondit l'alguazil ; mais Sa Révérence don José l'a visitée plusieurs fois, et je suis certain, ajouta-t-il à voix basse, qu'il s'occupe des moyens de la délivrer.

Un sourire amer et sarcastique entr'ouvrit les lèvres d'Estevan ; un soupçon terrible venait de se glisser dans son âme : il connaissait la *profonde moralité* des moines ; et en ce moment la nouvelle de la mort de Dolores lui eût peut-être été moins douloureuse que la crainte qu'il venait de concevoir.

Accablé sous le poids de tant d'émotions diverses, il s'affaissa sur son siége, et posant ses deux coudes sur la table, il laissa tomber sa tête dans ses mains.

Le bruit de deux voix qui parlaient sur un diapason très-élevé lui fit bientôt relever la tête ; deux hommes venaient d'entrer dans la *Buena Ventura* : l'un portait le costume élégant et sévère des *caballeros* de l'époque, l'autre était vêtu avec une négligence sordide.

— Vous ici, Estevan ! fit ce dernier en tendant la main au jeune Vargas.

— Moi-même, don Rodriguez.

— Il y a un siècle qu'on ne vous a vu, ajouta don Rodriguez de Valero, que le lecteur connaît déjà ; je suis charmé de vous rencontrer, et je vous demande la permission de vous présenter un de mes amis, don Ximenès de Herrera, un noble seigneur aragonais, qui sera charmé de faire votre connaissance.

En s'exprimant ainsi, don Rodriguez de Valero présentait à don Estevan ce même gentilhomme aragonais que nous avons déjà vu figurer à la soirée du comte de Mondejar.

Les deux jeunes seigneurs se firent réciproquement toutes les politesses en usage à cette époque de mœurs chevaleresques, encore empreinte de l'exquise courtoisie des Maures ; mais Valero remarquant bientôt l'excessive pâleur d'Estevan et le feu inaccoutumé qui s'échappait de ses grands yeux sombres, lui dit d'un ton paternel :

— Qu'avez-vous, don Estevan ? vous paraissez souffrir.

— Je n'ai rien, seigneur don Rodriguez, répondit le jeune homme d'un air qui démentait ses paroles.

— Vous me trompez, reprit Valero ; vous savez cependant que vous pouvez avoir en moi toute confiance.

— Je le sais, dit Estevan, et je sais aussi que vous êtes le plus grand ennemi de l'inquisition ; mais ce jeune seigneur... ajouta-t-il en désignant don Ximenès du regard.

— Ce jeune seigneur est un loyal chevalier et une âme indépendante, répondit

Valero ; sans cela vous l'aurais-je présenté comme mon ami ? Parlez, dites-nous ce qui vous afflige, nous sommes prêts l'un et l'autre à faire cause commune avec vous.

— Oh ! don Rodriguez, s'écria don Estevan, heureux de trouver enfin un cœur où il pouvait épancher toute l'amertume du sien, nous vivons dans un siècle abominable ; la justice est bannie de la terre !

— C'est qu'elle est tombée entre les mains des moines, répondit Valero d'un ton âpre.

— Croirez-vous, messeigneurs, poursuivit Estevan, que, non content d'avoir jeté dans les cachots de l'inquisition le gouverneur de Séville, Pierre Arbues a aussi fait arrêter sa fille, la plus noble femme de toute l'Espagne ?

— Sa fille ! s'écria don Ximenès de Herrera, en jetant à Valero un regard d'intelligence.

— Oh ! fit Valero vivement, je vous avais bien dit, don Ximenès, que ce jour-là ne se passerait pas sans dénonciations ou même quelque chose de pire.

— Vous savez donc ce qui s'est passé, don Rodriguez ? demanda Estevan avec anxiété.

— Calmez-vous, calmez-vous, répondit le vieux chevalier ; je vais vous apprendre tout ce que nous savons là-dessus.

Et don Rodriguez de Valero raconta brièvement au fiancé de Dolores les événements qui avaient eu lieu pendant la soirée du comte de Mondejar ; moins, toutefois, la trahison de ce dernier, qui était restée un secret pour tous ses convives, excepté pour le grand inquisiteur.

Estevan écouta tout avec une profonde admiration pour Dolores, et un souverain mépris pour ses bourreaux ; mais ses terreurs s'en augmentèrent : il se défiait de José et connaissait Pierre Arbues.

— Savez-vous, messeigneurs, dit-il enfin en éclatant, qu'il ne faut pas s'étonner de ce sourd ferment de révolte caché sous l'obéissance apparente et passive des Espagnols ?

— Les Espagnols, répondit Valero, ne sont encore qu'un corps à qui il manque une tête ; ils souffrent et se remuent dans des convulsions douloureuses sous l'étreinte du despotisme ; mais ils n'ont pas l'intelligence qui conçoit, combine et organise les moyens de briser les liens qui les retiennent.

Ce n'est pas tout de dire : « je souffre », en se tordant sous ses chaînes, poursuivit le vieux chevalier ; on les enfonce plus avant dans sa chair ; il faut avoir la persévérance qui les ronge maille à maille, ou l'audace et la témérité qui, d'un seul coup, brisent le sceptre du despotisme.

En parlant ainsi, le visage du vieillard, animé du saint amour de la liberté, avait une expression sublime, et son grand front plein de génie brillait sous ses cheveux blancs comme sous une couronne.

— Don Rodriguez, dit Estevan remué jusqu'au fond des entrailles par ces généreuses pensées qui étaient aussi les siennes, don Rodriguez, ce n'est pas la tête qui manque au corps, ce sont plutôt les soldats qui manquent au chef ; notre armée d'hommes libres est trop faible encore pour lutter avec succès contre ces innombrables troupes de moines et de familiers.

— Si bien, répliqua le sarcastique Valero, qu'on pourrait presque envelopper l'Espagne dans un immense capuchon.

— Oh ! don Rodriguez, s'écria Estevan, ce n'est pas le moment de railler ; ma fiancée est dans les cachots du saint office, et son père est peut-être déjà condamné.

— Vous aurez bien de la peine à les sauver, mon pauvre Estevan.

— Je sauverai le gouverneur ; je l'espère,

du moins, répondit le jeune homme; mais Dolores, mon Dieu! Dolores!

— Et par quel moyen, s'il vous plaît, demanda le vieillard, espérez-vous arracher aux serres de ce vautour inquisitorial qu'on nomme Pierre Arbues, la proie qu'il a déjà saisie?

— Oh! fit le jeune homme avec confiance, il y a en Espagne un pouvoir plus grand que celui de l'inquisition.

— Ce pouvoir, où le trouverez-vous?

— Sur le trône, don Valero...

— Le roi est le premier valet de l'inquisition, répliqua sèchement le vieux seigneur; croyez-moi, cherchez ailleurs votre appui.

— Cependant, fit don Ximenès, il me semble que l'autorité du roi est au-dessus de celle d'un moine, et qu'après tout...

— Savez-vous, messeigneurs, interrompit Estevan, que j'arrive aujourd'hui même de Madrid, et que l'empereur Charles-Quint a daigné me donner une lettre pour l'inquisiteur de Séville?

— Et après votre départ, fit dédaigneusement Rodriguez, le grand empereur Charles-Quint aura sans doute fait partir un courrier porteur d'une seconde dépêche qui arrivera avant la vôtre, don Estevan [1].

— Oh! trahison! s'écrièrent en même temps les deux jeunes chevaliers...

— Cela est-il possible? demanda le fier et loyal Estevan; je sais que le roi est ambitieux et avide de richesses, mais qu'il soit fourbe à ce point, je ne puis le croire.

— Comment le savez-vous, don Rodriguez? ajouta l'Aragonais.

— Comment mes cheveux blancs ont-ils vu plus de choses que vos belles chevelures noires, messeigneurs? Croyez-moi, en fait d'appui, ne vous fiez jamais qu'à vous-même, ou à un autre vous-même, si le ciel vous a fait ce rare présent; mais surtout ne comp-

[1]. Revoyez la note 1, p. 540.

tez jamais sur l'amitié d'un moine ou sur une protection royale, c'est une voile légère qui tourne toujours au vent de l'intérêt personnel; celui qui s'y fie échoue le plus souvent sur un écueil.

— L'expérience est une chose amère, observa Estevan d'un ton chagrin.

— Voilà pourquoi la vieillesse est triste, répondit Valero. Cependant, ajouta-t-il, l'expérience ne rend pas tous les vieillards égoïstes, durs, indifférents aux souffrances des autres; elle ne sert quelquefois qu'à les rendre plus sages... ou plus courageux, car le vrai courage est aussi le résultat de la sagesse.

Pendant cette conversation animée, les trois seigneurs, complétement absorbés, n'avaient pas vu une jeune tête de moine s'avancer à la porte de la cuisine dans la pénombre formée vers le fond de la salle par la rareté et l'exiguïté des bougies; c'était José qui était entré par la porte de l'écurie, et, apercevant ces trois seigneurs occupés à une discussion si vive, avait écouté sans mot dire, car il lui importait de savoir tout ce qui regardait Estevan ou Dolores.

Les paroles de Rodriguez de Valero prirent pour lui un sens qu'Estevan n'avait pas songé à leur donner; José avait cette finesse d'intelligence qui, d'un mot, tire des déductions à perte de vue et ne s'arrête qu'aux dernières limites des conséquences tirées.

Il s'adressa donc à Coco qui, assis dans un coin de la cuisine, appuyait nonchalamment son menton sur une de ses mains, et lui dit:

— Coco, tu vois ces deux seigneurs qui causent avec don Estevan de Vargas?

— Oui, Révérence...

— Regarde-les bien afin de les reconnaître.

— Je les connais, répondit l'alguazil.

— Tu les observeras et tu me rendras compte de toutes leurs actions.

— Faudra-t-il aussi en rendre compte à monseigneur le grand inquisiteur?

— Non, à moi, à moi seul, répliqua sévèrement José.

— C'est bien; à vous seul, Béatitude! j'ai parfaitement compris, répondit Coco qui adorait José; car cette nature brute et ignorante comprenait d'instinct la supériorité du jeune religieux, et il subissait aussi la fascination de l'adorable bonté de José, séduction immense dans les êtres supérieurs.

Les trois seigneurs continuaient leur entretien :

— Vous espérez donc beaucoup de cette lettre de Charles-Quint? demanda Ximenès de Herrera.

— Si j'en dois croire don Rodriguez, il n'y a pas grand fond à y faire; n'importe, j'essayerai. Je dois tenter tous les moyens possibles, et si celui-là ne réussit pas...

L'arrivée d'une nuée de Gitanos et de moines de toutes les couleurs interrompit à ce moment Estevan.

Le jeune comte se souciait fort peu de se trouver en pareille compagnie, bien qu'à cette époque, en Espagne comme en France, les gentilshommes hantassent volontiers les tavernes; il entraîna Valero et son ami dans la rue.

— Adieu, leur dit-il, je suis forcé de vous quitter.

— Où nous reverrons-nous? demanda Valero.

— Le sais-je? fit Estevan.

— Écoutez, dit Valero d'un ton grave, je doute que votre lettre de Charles-Quint serve à grand'chose; si vous échouez, venez me retrouver al *Muelle* [1]. Je m'y promène tous les soirs avant mon souper... Peut-être, ajouta-t-il, trouverons-nous le moyen de délivrer le gouverneur de Séville et sa fille.

— Que voulez-vous dire? demanda Estevan.

— Je vous expliquerai cela lorsque vous n'aurez plus d'autre moyen de salut pour ceux que vous aimez. Adieu, à bientôt.

Estevan s'éloigna plein de douleur et de crainte.

Valero et don Ximenès rentrèrent dans la taverne.

C'était une jouissance toute particulière pour le sarcastique observateur Rodriguez d'étudier ces diverses physionomies des habitués de la taverne, moines et peuple, qui reflétaient mutuellement sur leurs visages les divers sentiments qu'ils s'inspiraient les uns aux autres. Aussi l'égoïsme et la rapacité des moines, leur immense mépris pour le genre humain, étaient-ils écrits en traits hâves et jaunis sur les visages souffreteux du peuple ou la physionomie rusée des filous, tandis que sur les figures épanouies des moines, dans leur embonpoint fabuleux et jusque dans leur humble hypocrisie, se lisait le respect profond et aveugle d'un peuple abusé qui croyait faire œuvre méritoire en se dépouillant jusqu'à la peau pour engraisser ces pieux fainéants.

— Asseyons-nous, dit Valero à son jeune ami; c'est ici que je viens faire ma moisson de mépris et de courage...

Au moment où ils allaient s'asseoir, le son argentin d'une cloche tinta lentement l'Angelus à une église voisine.

Les moines qui soupaient dans la taverne se levèrent gravement, et se mirent à réciter l'Angelus d'une voix rauque et nasillarde, avec des yeux baissés et hypocrites qui, tout baissés qu'ils étaient, ne laissaient pas de s'arrêter avec une grande complai-

---

1. Sur le quai; les bords du Guadalquivir sont, de toutes les promenades de Séville, les plus fréquentés jusqu'à neuf heures du soir dans l'été; après cette heure, les promeneurs se rendent à la *Alameda*; les quinconces et les quais demeurent déserts.

sance sur les jambes nues ou les brunes épaules de quelques Gitanillas venues là, comme les autres, pour prendre leur repas du soir.

Pendant ce temps, José s'était rapproché de la table où étaient assis Valero et don Ximenès.

Le peuple répondait en chœur à l'oraison récitée par les moines.

Valero, seul, resta les lèvres closes et ne fit pas même le signe de la croix.

A peine avait-il prononcé le dernier *Amen*, qu'un hiéronymite qui se trouvait près de lui l'apostropha d'un ton colère :

— Es-tu donc hérétique pour ne pas prier avec nous?

— Il est bon à vous de prier en public et de vous agenouiller dans les temples, répondit gravement Valero ; vous avez tant de turpitudes à expier, que ce ne serait pas trop de passer votre vie entière à genoux en criant à Dieu de vous faire miséricorde.

— Que dit ce mendiant? demanda un moine de la Merci en toisant d'un air dédaigneux les vêtements plus que négligés du vieux gentilhomme.

— Je dis, répliqua Valero, que tu as payé plus d'arpents de terre avec l'or des fidèles, que tu n'as racheté de captifs.

Le mercenaire se leva, les yeux étincelants de courroux, et s'avança avec un geste menaçant vers l'homme farouche qui osait le braver ainsi.

Les Gitanos et les gens du peuple baissaient la tête sur leur écuelle pour cacher la satisfaction intérieure que leur causait cette querelle.

José considérait Valero de son œil profond et scrutateur.

Le vieux gentilhomme resta ferme à sa place, et du ton le plus calme et le plus froid, envisageant le mercenaire dont le visage était empourpré par la fureur :

— Que me voulez-vous? lui demanda-t-il.

— Je veux t'apprendre comment on doit respecter les ministres du Seigneur! répondit le moine d'une voix étranglée par la colère.

— Les vrais ministres du Seigneur sont doux comme leur maître, reprit Valero sans se déconcerter ; ils sont bons et compatissants pour les faibles, et ils les servent au lieu de les opprimer.

— Bien répondu! dit à voix basse un guapo de la meilleure espèce, qui n'était autre que Cuerpo de Hierro.

Le mercenaire leva violemment la main sur le vieux seigneur comme pour le frapper.

José se jeta vivement au-devant de lui en lui disant froidement :

— Laissez cet homme, mon Révérend ; vous voyez bien que c'est un fou.

— Eh! oui, c'est Valero, s'écria un jeune carme qui n'avait encore rien dit ; ne le reconnaissez-vous pas, mon père?

— Fou ou non, il doit prier et s'agenouiller devant les saintes images, répondit brutalement le mercenaire.

— Sans doute, répliqua Valero ; adorer comme vous le bois et la pierre, et insulter par les œuvres au roi du ciel ; n'est-ce pas ainsi que vous adorez Dieu?

— C'est un hérétique! s'écria le hiéronymite cherchant à exciter la colère du moine de la Merci.

— C'est un fou, vous dis-je, répéta froidement José.

— Les fous disent quelquefois des choses sensées, répondit Valero en regardant José au visage.

José haussa légèrement les épaules, et regarda Valero d'un air qui voulait dire :

— Il vaut mieux passer pour fou que d'être brûlé.

— C'est un luthérien! continua le carme.

— Révérence, se hasarda à dire Coco qui redoutait une plus vive dispute, ce

Une auberge espagnole.

vieux seigneur est insensé, je vous assure ; notre très-saint inquisiteur n'a jamais voulu le faire arrêter à cause de cela.

— Ce fou-là parle bien, dit tout bas une vieille Gitana en s'adressant à Cuerpo de Hierro.

— *Abuela* ! répliqua le guapo, bienheureux sont les fous qui peuvent tout dire.

Un *roun roun* [1] des plus expressifs courut dans l'assemblée, semblable au bruit que fait la vague en se déroulant sur le sable.

Les paroles du *fou*, pleines de vérité, avaient un immense écho dans l'âme de ce peuple opprimé, dégradé par le fanatisme et la misère, je ne sais quel retentissement lointain de ses destinées éteintes. Les Gitanos seuls, avec cette superbe indifférence des êtres nomades pour tout ce qui tient aux questions morales, continuèrent tranquillement leur repas ; toutefois, dans ces âmes incultes, dégradées, mais pleines d'une sauvage poésie, les paroles de celui qu'on appelait le fou résonnaient d'une manière agréable et sonore, car elles réveillaient à leur insu une des plus vives sympathies de ces hommes sauvages ; elles étaient l'expression d'une fierté hautaine et d'un immense amour pour la liberté.

Si la dispute entre Valero et les moines fût devenue sérieuse, malgré le respect qu'inspirait leur robe peut-être les moines n'eussent-ils pas été les plus soutenus. Le peuple espagnol avait assez à se plaindre d'eux pour user volontiers de représailles lorsque l'occasion s'en présentait. Toutefois, il n'en fut rien ; les moines, en hommes *prudents*, on est toujours prudent quand on manque de courage, réussirent enfin à apaiser le mercenaire en lui opposant la folie de Valero ; cependant ils eurent beau faire, le peuple de la taverne ne demeura pas convaincu de cette folie. Le peuple a un instinct qui le trompe rarement ; ses jugements sont quelquefois plus sûrs que ceux de la science. Il a une philosophie toute particulière à laquelle il serait bon de se rapporter quelquefois.

Cet incident mit Valero en grande vénération parmi les habitués de la taverne.

Lorsqu'il sortit, tous les yeux le suivirent d'un regard oblique, car on n'osait pas témoigner devant les moines l'intérêt qu'il avait inspiré.

Mais aucune de ces diverses nuances n'échappa à l'œil pénétrant de Valero, qui était doué d'une sagacité admirable.

Lorsqu'il fut dans la rue avec don Ximenès de Herrera :

— Don Ximenès, lui dit-il, l'aventure de ce soir pourra nous devenir utile ; ces gens-là feront maintenant ce que je voudrai.

[1]. Ce mot, qui peut se traduire par *murmure*, est beaucoup plus imitatif.

CHAPITRE XXXV

Le témoignage.

Les séances du tribunal de l'inquisition étaient devenues journalières ; le moment de l'auto-da-fé approchait ; chaque jour, de nouvelles condamnations venaient augmenter le nombre des victimes qui devaient y figurer. Le monstre insatiable ne se lassait pas de frapper ; coupables ou non, il lui fallait sa moisson complète ; dîme royale destinée au *vainqueur* de François Ier.

Chaque matin, Estevan et Jean d'Avila se rendaient à la salle d'audience, espérant d'y voir le gouverneur ; mais le saint office avait tant à faire qu'il fallait bien que chacun passât à son tour.

Enfin, le troisième jour, comparut Manuel Argoso.

La séance était nombreuse et solennelle ; des accusés de la plus haute distinction devaient y figurer.

Estevan et Jean d'Avila s'étaient rendus de bonne heure à la salle d'audience ; grâce à son vêtement religieux, l'apôtre y entrait sans difficulté.

Une rumeur vague avait couru la veille, dans la ville, que le gouverneur devait ce jour-là être jugé, et, en outre, Coco, envoyé par José, avait averti Jean d'Avila. Estevan et lui allèrent donc se placer sur le banc destiné aux témoins[1].

Là ils attendirent.

Peu à peu la salle se remplissait de monde ; les sbires et les familiers allaient et venaient çà et là, occupés de missions diverses ; leurs pas retentissaient, comme un écho lugubre, dans les profondeurs de cette salle immense.

Les tourmenteurs, selon leur habitude, se tenaient, comme des spectres immobiles, à la gauche du tribunal.

Enfin, l'heure sonna ; les inquisiteurs entrèrent par la porte derrière le tribunal et allèrent s'asseoir gravement à leur place.

Les escribanos occupaient déjà la leur.

La salle était en ce moment remplie de moines et de familiers de haut parage.

La portière qui était à la gauche du président s'ouvrit, et les accusés parurent, amenés par les sbires et escortés par les tourmenteurs.

Le premier qui s'avança vers le bâton triangulaire qui devait lui servir de siége, était une femme ; elle portait l'habit des carmélites chaussées.

Le second était un prêtre dominicain. L'assemblée le vit avec étonnement figurer parmi les accusés.

Deux autres victimes suivaient : c'étaient deux hommes jeunes et dans la fleur de la vie. L'un portait sur son visage austère l'empreinte de la méditation et des profondes études ; l'autre, d'une physionomie franche et ouverte, avait cet abattement douloureux qui s'empare si vite des êtres naturellement enjoués lorsqu'ils sont frappés par un grand chagrin.

Ces deux prévenus allèrent se placer à côté de la carmélite, sur le *perchoir*.

Le cinquième était Manuel Argoso.

Ainsi que José l'avait prédit à Dolores, le gouverneur, guéri de ses meurtrissures, marchait à peu près sans difficulté ; mais son visage portait de si profonds stigmates de ses souffrances, qu'Estevan ne le reconnut pas.

— Voici le gouverneur, lui dit Jean d'Avila à voix basse.

— O mon Dieu ! est-ce possible ! fit Estevan ; et il se mit à chercher dans ces traits amaigris, dans cette physionomie hâve, dans ces yeux presque éteints qui pouvaient à peine supporter la lumière du jour, les traits remarquables du noble comte de *Cevallos*. Le comte de Cevallos avait perdu cette expression fière et chevaleresque qui le distinguait parmi les grands seigneurs de ce temps-là.

---

1. Tout en étant le plus inique des tribunaux, tout en procédant, non selon les lois de la justice et du droit commun, mais selon son caprice, l'inquisition voulait passer pour impartiale, et surtout pour miséricordieuse : on sait à quoi s'en tenir sur sa miséricorde ; quant à son impartialité, elle est devenue proverbiale en Espagne, où l'on dit encore aujourd'hui, en parlant d'un juge prévaricateur : « il est juste et impartial comme un inquisiteur. » Cependant, dans toutes les salles d'audience inquisitoriales, un banc était disposé pour les témoins. Seulement, lorsqu'un témoin à décharge osait venir s'y asseoir, l'inquisition trouvait le moyen de l'inculper et de le faire participer aux peines qu'elle infligeait à l'accusé..... Pour des témoins à charge, l'inquisition ne les faisant jamais connaître, que seraient-ils venus faire sur le *banc des témoins* ?

Une incroyable expression d'amertume contractait ses lèvres flétries.

Il s'assit.

Les sbires et les tourmenteurs prirent leur place accoutumée.

Alors, Pierre Arbues regardant les accusés, dit à la religieuse :

— Levez-vous.

La carmélite obéit, et, sur un ordre de l'inquisiteur, releva le voile qui jusqu'alors avait recouvert son visage.

Jean d'Avila tressaillit, il avait reconnu Françoise de Lerme.

Malgré les souffrances du cachot, le visage de l'abbesse des carmélites était encore d'une incomparable beauté. Sa forte et vivace jeunesse avait résisté à l'air infect, à la nourriture abominable de l'inquisition, à l'absence presque complète de mouvement; sa noble physionomie n'avait rien perdu de son expression hautaine. Elle attacha son œil noir et perçant sur le visage de l'inquisiteur, essayant de troubler sa conscience; mais l'acteur était prêt pour son rôle, Pierre Arbues resta impassible. Alors, sans attendre les questions d'usage, l'abbesse des carmélites élevant fièrement la voix :

— De quoi m'accuse-t-on? fit-elle.

— De luthéranisme, répliqua froidement l'inquisiteur. Vous auriez dû attendre mes questions, ma sœur, ajouta-t-il d'un ton doucereux.

Françoise sourit dédaigneusement.

— De luthéranisme ! fit-elle ; et comment le prouverez-vous?

— Ma sœur, Dieu prend toujours soin de découvrir les crimes cachés, afin qu'ils soient reconnus et châtiés selon sa justice.

— Dieu ne peut avoir découvert un crime que je n'ai pas commis, répondit la carmélite d'un air de défi.

— Ma sœur, continua Pierre Arbues, il serait plus conforme à l'esprit de notre sainte religion d'avouer votre crime et de vous en repentir.

— Cette accusation est absurde, répondit Françoise avec un léger mouvement d'épaules. Qui a jamais songé à me croire hérétique? Qui m'accuse enfin, monseigneur?

— Ce livre trouvé chez vous, répondit Pierre Arbues en montrant la bible luthérienne enlevée par lui dans l'appartement de Françoise le jour de leur avant-dernière entrevue.

Françoise reconnut parfaitement la reliure de ce livre qu'elle avait feuilleté avec tant de plaisir avec ses favorites ; elle devina tout d'abord par quelle infâme trahison Pierre Arbues s'était emparé de ce volume oublié par Catherine ; et dans la stupéfaction profonde où la jeta cette vue, elle garda un moment le silence, embarrassée de répondre à une preuve si convaincante qui valait tous les témoins possibles.

De ce moment, elle désespéra de son salut; elle comprit bien que si Pierre Arbues n'avait eu l'intention de la faire mourir, il ne se serait pas servi d'une preuve aussi irrécusable. Se voyant perdue, elle accepta cette position extrême avec un grand courage. Cette femme sensuelle, qui avait tant aimé la vie et si peu songé à l'éternité, se détacha soudainement, et comme par une inspiration divine, de ce monde où elle n'avait marqué ses jours que par des fautes. Sa religion superstitieuse et toute fanatique s'éclaira, pour ainsi dire, au bord de la tombe ; un rayon d'en haut descendit sur elle, elle voulut clore sa vie par un acte de résignation et de courage.

Elle releva lentement ses yeux, qui étaient restés baissés pendant quelques minutes, et regardant l'inquisiteur d'un air à la fois fier et inspiré :

— Monseigneur, dit-elle en appuyant sur chacune de ses paroles, je suis une grande pécheresse, et tous les supplices dont l'inquisition punit les relaps, les infidèles et les hérétiques, ne suffiraient pas encore à expier tous mes crimes... N'est-ce pas, monseigneur ! ajouta-t-elle avec un regard clair et perçant qui couvrit d'une imperceptible pâleur le visage de Pierre Arbues. Punissez-moi donc, poursuivit-elle, punissez-moi des tourments les plus affreux ; mais dans ce grand acte de justice, monseigneur, n'oubliez pas de frapper sur tous les coupables. Souvenez-vous que celui qui suggère le crime pèche plus encore que celui qui le commet. Je n'ai pas péché seule, monseigneur ; punissez donc aussi mon complice, et que la justice éternelle soit satisfaite.

— Vous êtes seule accusée, répondit le juge sans regarder Françoise.

— Monseigneur ! s'écria-t-elle d'une voix éclatante, je sais que je porterai seule la peine de mes crimes ; car, qui oserait accuser ceux qui ont mission de juger les autres ? Je serai donc en ce monde la victime expiatoire ; mais là-haut...

— Qu'on remène cette femme dans sa prison, interrompit froidement l'inquisiteur ; elle n'a pas sa raison, nous l'entendrons une autre fois.

— Monseigneur ! s'écria Françoise en montrant le ciel par un geste énergique, il y a là haut un tribunal suprême qui condamnera les juges prévaricateurs. Pierre Arbues ! tu es un prêtre infâme, tu ne verras jamais la face de Dieu ! Fais-moi mourir maintenant, ajouta-t-elle, la justice céleste saura bien punir le moine impudique et le bourreau inquisiteur !...

Françoise ne put continuer ; sur un signe de Pierre Arbues, les tourmenteurs la bâillonnèrent et lui lièrent les mains. Elle se laissa emmener sans faire la moindre résistance ; mais ayant aperçu Jean d'Avila, elle lui adressa un triste sourire d'affection et d'adieu.

Puis elle traversa la salle avec autant de dignité que si elle eût été au milieu de ses filles, dans son abbaye.

Cet incident excita une émotion dans l'âme de ceux des assistants qui n'étaient pas vendus au saint office [1]. L'inquisiteur était loin d'être aimé, et une pareille scène n'était pas de nature à augmenter la vénération des habitants de Séville pour Son Eminence.

— J'ai eu tort de faire comparaître cette femme, pensa l'inquisiteur ; c'est José qui m'a conseillé cela ; une autre fois je ne prendrai conseil que de moi-même.

Pierre Arbues interpella alors le premier des deux jeunes accusés qui étaient sur la sellette.

— Comment vous nommez-vous ? lui demanda-t-il.

— Antoine Herrezuelo.

— Votre profession ?

— Avocat licencié.

— Antoine Herrezuelo, on vous accuse de professer la religion réformée.

Antoine Herrezuelo ne répondit pas.

— Qu'avez-vous à dire pour votre défense ? poursuivit l'inquisiteur.

Même silence de la part du licencié.

— Antoine Herrezuelo, est-il vrai que vous ayez embrassé la religion de Luther ?

— Je professe la vraie religion du Christ, répondit l'accusé.

— La religion que vous appelez la religion du Christ est celle des apostats et non celle de l'Église, répliqua l'inquisiteur.

— Quand l'Église défigure et avilit les traditions évangéliques, et qu'elle confie à

[1]. Il était rare que l'inquisition jugeât les accusés à huis clos ; pour donner une apparence de publicité aux débats, la salle était ouverte à tous ceux qui étaient porteurs d'une *invitation*, seulement ces invitations n'étaient accordées qu'aux familiers de l'inquisition, rarement et en très-petit nombre à des *catholiques éprouvés*, c'est-à-dire à des âmes simples qui croyaient à la pureté du zèle des inquisiteurs et à la nécessité de détruire les hérétiques pour la plus grande gloire de Dieu.

des mains impures la garde du troupeau de Jésus-Christ, il faut bien que les savants et les sages se fassent eux-mêmes les dépositaires de la loi, et, l'Évangile à la main, condamnent ceux qui ont fait de l'Évangile un code de débauche et de brigandage.

Jamais peut-être parole aussi hardie n'avait été prononcée en face de l'inquisition. On reconnaissait bien là l'âpre courage des sectateurs du grand Luther, leur héroïque mépris de la vie terrestre, l'incroyable fermeté de ces hommes graves et sévères qui regardaient comme une violation de la loi chrétienne toute mollesse et tout abandon aux joies de la vie, et cherchaient à ramener les hommes à la simplicité pleine de grandeur des premiers siècles du christianisme.

L'inquisiteur ne voulut pas en entendre davantage : il eut peur de cette étincelle électrique si aisément communiquée par la parole d'un homme courageux, qu'elle suffit quelquefois à allumer un immense incendie.

— C'est assez, dit-il, cet homme avoue son crime et y persévère : qu'on le ramène dans sa prison.

— Dis qu'on le ramène au martyre ! s'écria le savant avec un sombre enthousiasme! Merci, mon Dieu! je mourrai pour ta cause. Le sang versé ne sera pas stérile ; la vérité luira un jour sur le monde !

Un tourmenteur s'approcha pour bâillonner Herrezuelo, l'accusé le repoussa avec dignité.

— C'est inutile, fit-il, je n'ai plus rien à dire, je me tairai.

Puis, se tournant vers l'autre jeune homme qui était son compagnon de cachot, il lui fit sans parler un geste amical comme pour l'encourager.

On emmena Antoine Herrezuelo.

L'autre victime se leva avant qu'on le lui eût ordonné.

— Votre nom ? demanda l'inquisiteur.
— Guillaume Franco, hidalgo [1].
— Guillaume Franco, vous êtes accusé d'avoir commis un sacrilége en frappant un prêtre du Seigneur.

— J'ai frappé un infâme qui m'avait déshonoré, répondit Franco d'un ton triste et farouche; un ministre indigne qui, à l'abri de son vêtement sacré, a apporté chez moi le désespoir et la honte, séduit une femme que j'aimais et dont j'avais des enfants ; un monstre qui avait béni mon mariage et en a lui-même brisé les liens. J'ai voulu le tuer, et je l'ai chassé de ma maison ; mais j'étais dans mon droit, c'est lui qui était le sacrilége, et je n'étais que le justicier.

L'inquisiteur se mordit les lèvres ; il semblait que ce jour-là tous les accusés qui comparaissaient fussent conjurés contre l'inquisition et doués de ce courage destructeur des abus, né d'une longue et cruelle oppression, qui inspire un superbe dédain de la vie ; c'était comme un réveil partiel de l'Espagne : secousse impuissante à la tirer de la profonde torpeur où ses bourreaux l'avaient plongée.

L'inquisiteur avait assez d'adresse pour neutraliser encore cette fois l'effet de ces courageuses révoltes.

— Guillaume Franco, dit-il avec douceur,

---

1. Les noms d'Herrezuelo et de Franco sont historiques. Je parlerai du premier en temps et lieu. Quant au second, voici son histoire telle que la rapporte Llorente, qui l'a extraite des dossiers de l'inquisition. Guillaume Franco, citoyen de Séville, vivait dans cette ville sous le règne de l'inquisiteur Valdès, et était doué d'un caractère jovial, d'une grande probité et d'un esprit droit. Un moine suborna sa femme, et troubla son bonheur domestique. Franco, ne pouvant empêcher cette intrigue, se plaignit de son malheur devant ses amis, dans une réunion. On parla de purgatoire, et Franco s'écria : « J'ai assez de purgatoire dans la société de ma femme, il ne m'en faut pas d'autre ! » Cette phrase fut rapportée à l'inquisition, qui fit enfermer Franco dans les prisons du saint office *comme suspect de luthéranisme*, et le condamna, pour ce seul fait, à une réclusion *indéfinie* ou perpétuelle.

il est bien douloureux pour nous d'entendre sortir de votre bouche de pareils blasphèmes ; l'esprit des ténèbres vous aveugle, mon fils ; il vous suggère ces sentiments impurs. Votre femme est pleine de vertu et de vraie piété ; elle s'approche souvent des sacrements ; qu'y avait-il donc d'extraordinaire à ce qu'elle s'entretînt fréquemment avec son saint directeur ? Vous étiez au contraire indifférent et froid pour les pratiques religieuses ; vous avez négligé de fortifier votre âme par la prière et les exercices de piété ; le démon, qui a vu la place mal gardée, a saisi ce moment pour s'en emparer ; il vous a inspiré une aveugle jalousie, un sentiment abominable, mon fils ; et au lieu d'admirer votre chaste épouse qui marchait d'un pas si ferme dans le chemin du ciel, saisi d'une criminelle folie, vous avez frappé l'oint du Seigneur, vous avez été à la fois meurtrier et sacrilège. Repentez-vous, mon fils, croyez moi ; on va vous ramener dans votre prison, et notre bien-aimé frère et aumônier don José ira vous entretenir pieusement, et tâcher d'arracher votre âme au démon et aux flammes de l'enfer.

— Ah ! mon Dieu ! s'écria Franco, je ne crains guère l'enfer de l'autre monde ; j'ai eu assez d'enfer en celui-ci !

L'inquisiteur fit un grand signe de croix pendant que les tourmenteurs emmenaient le prévenu.

Pierre Arbues se tourna ensuite vers l'assemblée :

— Mes frères, dit-il, prions pour l'âme de ce pauvre insensé possédé de l'esprit malin.

Et, s'agenouillant le premier pour donner l'exemple, il marmotta à voix basse quelques oraisons latines ; puis, s'étant relevé, il interpella le quatrième accusé.

Celui-là était un vieux prêtre dominicain.

— Mon frère, lui dit Pierre Arbues, il nous est infiniment pénible de voir un homme revêtu de cette sainte robe, que nous avons aussi l'honneur de porter, siéger sur le banc des accusés. Dans un temps où l'hérésie, fille de l'enfer, veille comme une prostituée aux portes de l'Eglise romaine, appelant à elle tous ceux qui y entrent ou qui en sortent avec des paroles de séduction et de licence qui lui gagnent le cœur des faibles, nous, sentinelles vigilantes de Rome, nous, colonnes éternelles de la foi catholique, ne devrions-nous pas redoubler de zèle et d'activité pour garder notre religion menacée, au lieu de nous laisser séduire par l'erreur et de la prêcher aux autres ?

— Monseigneur, répondit le dominicain, qui avait écouté cet étrange réquisitoire avec une indifférence apparente, je comprends mieux que personne combien il est important au maintien d'une religion que ceux qui la suivent la professent avec courage et la défendent jusqu'à la mort. J'avoue donc ici, en présence de Dieu, que lorsque j'ai comparu pour la première fois devant ce tribunal, j'ai été lâche et infidèle en reniant une doctrine qui n'est pas la mienne ; oui, j'ai embrassé et prêché la religion nouvelle parce qu'elle m'a paru être la seule conforme à celle des apôtres et des premiers chrétiens, enseignée par Jésus-Christ lui-même. Je déclare en outre que je n'ai point eu de complices dans mon abjuration, que je suis luthérien seulement de cœur et d'âme, et par la conviction de mon esprit. Que personne ne soit donc poursuivi à cause de moi.

J'ai avoué, faites-moi mourir, mais épargnez-moi la torture, je la redoute mille fois plus que la mort.

— Mon frère, répondit l'inquisiteur, vos esprits sont troublés aujourd'hui ; peut-être les pénitences que vous vous imposez...

— J'ai toute ma raison, interrompit Boxas.

— Vous avez pourtant déclaré devant nous avoir, par erreur seulement et sans intention, glissé quelques hérésies dans vos prédications ; et comme vous avez toujours été attaché fermement aux doctrines de l'Eglise catholique, nous voulons croire que vous n'êtes qu'égaré, mon frère ; nous irons nous-mêmes vous visiter dans votre prison, et peut-être Dieu, exauçant nos faibles prières, voudra bien envoyer son saint esprit sur vous. Allez, mon frère, et rentrez en vous-même ; veillez et priez : celui qui prie ne tombe point en tentation.

Dominique de Boxas se leva sans répondre ; il comprenait parfaitement le sens des doucereuses paroles de l'inquisiteur.

— Quel saint homme que monseigneur Arbues ! disaient quelques personnes peu au fait de ce qui se passait hors de la salle du tribunal.

— Pierre Arbues fera peut-être grâce à celui-là en faveur de l'habit, dit tout bas Estevan à l'apôtre.

— Celui-là et les autres seront brûlés sans autre forme, répondit Jean d'Avila ; l'inquisition a un talent merveilleux pour abréger les procès qui la compromettent.

Ceci fut dit à voix très-basse, pas assez cependant pour échapper aux oreilles d'un familier qui était debout à quelques pas d'eux.

Les familiers avaient des yeux de lynx et une ouïe fabuleuse.

Il ne restait plus que le gouverneur.

Le cœur d'Estevan battit violemment, et il se fit encore un plus grand silence parmi les assistants.

Manuel Argoso avait entendu tout ce qui venait de se passer avec une profonde indifférence. A ceux qui connaissaient l'inquisition, ces séances n'inspiraient qu'une sorte d'émotion, celle qui naît de l'horreur de l'injustice et d'une profonde pitié pour des victimes innocentes. Là, l'âme n'était point excitée par la sombre et dramatique poésie d'un débat judiciaire. Là, point d'avocat pour disputer au glaive de la loi une tête innocente ou coupable ; là, il n'y avait que des bourreaux et des victimes ; à quoi aurait servi de se défendre ? Lutter contre l'inquisition, c'était lutter contre la fatalité ! Comme la fatalité, l'inquisition rendait des arrêts irrévocablement dictés à l'avance ; et, comme la fatalité, implacable et aveugle, elle frappait sans relâche et sans pitié.

Oh ! c'était vraiment une chose dérisoire que de voir ces hommes habillés de noir, revêtant d'une solennelle fantasmagorie leurs actes ridicules et arbitraires ; mais c'était beau aussi de voir ce noble peuple d'Espagne rangé en bataille contre ce lugubre drapeau, se succéder et se resserrer pour ainsi dire de génération en génération pour combattre à pied le colosse, combler plusieurs fois à chaque siècle le vide immense laissé dans ses rangs par la mort des innombrables victimes tombées sur le champ de bataille, et saper ainsi peu à peu cet édifice de mort si longtemps debout sur les Espagnes.

Ceci est une chose de la dernière importance à observer pour l'historien philosophe. A partir de la fin du règne de Philippe II, les triomphes de l'inquisition ont toujours été s'affaiblissant, d'une manière presque imperceptible, sous les efforts persévérants des héroïques Espagnols ; et lorsqu'elle a enfin croulé en 1820 sous les derniers coups des patriotes, elle est tombée comme un vieil édifice lentement miné, dont les fondements auraient été détruits peu à peu par des milliers de bras occupés pendant des siècle à enlever chaque jour un grain de sable [1].

[1]. Lorsqu'en 1820 nous avons ouvert les portes de l'inquisition pour la dernière fois, le nombre des pri-

Moine et prisonnier.

Ce jour-là fut aussi un jour de combat; mais l'inquisiteur, ce vaillant athlète de l'obscurantisme, ne s'avouait pas battu pour si peu. Il avait dans l'occasion la patience perfide du reptile qui attend que son ennemi se retourne pour le mordre par derrière.

Délivré des accusés dont le courage aurait pu le compromettre, il se redressa de toute sa hauteur, alliant toutefois la plus parfaite modération de paroles à cet orgueil intime, conscience de sa force, qui le gonflait intérieurement.

— Levez-vous, mon frère, dit-il à Manuel Argoso.

Le gouverneur se leva d'un air complètement indifférent, comme un homme à qui toute espérance a été enlevée, et que nul intérêt ne rattache plus à ce monde.

— Mon fils, poursuivit l'inquisiteur en jetant un regard oblique vers le banc des témoins où étaient assis Estevan et Jean

souniers qu'elle renfermait était encore très-considérable ; à Madrid seulement, on y comptait plus de deux cents personnes; mais, je me hâte de le dire, en 1820 l'inquisition n'était plus un tribunal religieux, mais une prison d'État. Depuis 1801 on ne brûlait plus personne en Espagne. Cependant la procédure de l'inquisition était toujours la même ; toujours le plus grand mystère enveloppait ses moindres opérations; toujours la même iniquité dictait les jugements des inquisiteurs, jugements, du reste, dictés ou commandés par Ferdinand VII, et prononcés presque toujours, non pas contre des hérétiques, des mauresques ou des juifs, mais contre ceux qui travaillaient à la délivrance du pays. On le voit, l'inquisition devenue impuissante, usée à force de cruauté et d'iniquité, usée surtout par les progrès des lumières et par la lutte incessante qu'elle avait eue à soutenir contre le peuple espagnol, l'inquisition ne pouvant plus être juge, s'était faite bourreau au service des rois; faute de pouvoir fanatiser l'Espagne, elle voulait au moins la maintenir esclave, car esclave ou fanatisée, l'Espagne appartenait également aux prêtres et aux rois ; or, c'était là ce que Rome voulait, dominer. Que lui importaient les moyens à employer ?..

71

d'Avila, mon fils, vous le voyez, la religion catholique, cette religion sainte qui est celle de l'Espagne, est partout violemment menacée. Plus coupables encore sont ceux qui, en ces temps de controverse religieuse, n'usent pas des pouvoirs dont ils sont revêtus pour arrêter les progrès de l'hérésie ; non que l'église puisse périr, elle est appuyée sur des bases éternelles, mais pour éviter des maux immenses, et arracher à la perdition des milliers d'âmes qui chaque jour se précipitent dans les gouffres de l'enfer.

Vous, mon fils, qui, par votre position élevée, aviez une grande autorité à Séville, vous avez non-seulement à vous reprocher une complaisance personnelle pour les doctrines empestées de Luther, mais encore une criminelle indulgence pour ceux qui les pratiquaient... pour des hérétiques que votre devoir était de dénoncer au saint office.

— Étais-je donc l'espion ou le gouverneur de la cité ? répondit Manuel Argoso en relevant fièrement la tête.

— Toujours le même endurcissement ! murmura Pierre Arbues avec une tristesse hypocrite.

Vous avouez donc enfin, reprit-il d'un ton insidieux, que non-seulement vous avez eu commerce avec les hérétiques, mais encore que vous êtes hérétique vous-même?

— Je n'avoue rien de tout cela, répliqua Manuel ; j'ai déjà répondu à des questions semblables ; j'ai subi la torture sans avouer, car cela eût été mentir, et je ne mentirai pas, même pour éviter le bûcher.

— Pourtant, mon fils, des témoins vous accusent, et personne ne prend votre défense ; personne ne vient protester contre les premières dépositions. Voyons, mon fils, quels sont vos témoins ?

— Les voici, dit Jean d'Avila.

Estevan et lui se levèrent.

Pierre Arbues considéra le franciscain et le jeune chevalier avec une pitié dédaigneuse.

— Nous sommes ici pour protester de l'innocence de don Manuel Argoso, comte de *Cevallos*, poursuivit l'impétueux Estevan.

— Comment vous nommez-vous ? demanda l'inquisiteur.

— Estevan, comté de Vargas, répondit le jeune homme avec fierté.

— Seigneur don Estevan, poursuivit Pierre Arbues, nous ne pouvons vous admettre au témoignage ; votre grand-père ne se nommait pas Vargas, mais *Venegas* ; il n'était pas catholique, mais bien mahométan ; il a changé de nom en changeant de religion. Nous ne pouvons accepter comme témoins à décharge que des hommes de pur sang catholique et espagnol.

— Monseigneur, répliqua Estevan rouge d'indignation, le roi don Philippe Ier fut moins difficile que Votre Éminence ; il jugea que le descendant d'une tribu qui avait donné des rois à Grenade, le rejeton d'une race vaillante et fidèle qui s'était volontairement dévouée à la cause des rois d'Espagne, méritait bien quelque récompense : il fit mon père membre du conseil de Castille. Le fils d'un conseiller à la cour de Castille n'a-t-il pas le droit de comparaître comme témoin devant le saint office ?

— Tels sont nos statuts, mon fils, je ne puis les violer en aucune manière. Asseyez-vous donc, nous allons interroger ce saint religieux.

Pendant le dialogue de l'inquisiteur et d'Estevan, Manuel Argoso, saisi d'admiration et de reconnaissance pour le dévouement du jeune homme, n'avait cessé de lui exprimer par des regards le chagrin qu'il éprouvait de le voir s'exposer ainsi pour lui ; il semblait lui dire :

— A quoi bon? vous ne me sauverez pas.

Cependant, lorsque Jean d'Avila se leva

à son tour pour répondre aux interpellations de l'inquisiteur, un rayon fugitif d'espoir passa dans les yeux de l'infortuné Manuel.

— Votre nom, mon père ? dit Pierre Arbues.

— Jean d'Avila, répondit l'apôtre.

Ce nom révéré dans toute l'Andalousie produisit une grande sensation dans l'auditoire.

— Qu'avez-vous à dire pour la défense de l'accusé ?

— Je viens protester ici, devant tous, que Manuel Argoso s'est toujours conduit en vrai chrétien et en loyal chevalier; qu'il n'a jamais rien fait pour mériter les censures de Rome. Je le déclare donc innocent de tous les griefs dont on l'accuse.

— Mon père, répliqua Pierre Arbues d'un ton aussi humble que possible, votre témoignage est d'un grand poids, et il m'est pénible de vous dire que, malgré notre profond respect pour votre personne, nous ne pouvons nous contenter de votre témoignage seul. Les statuts de la très-sainte inquisition exigent l'assertion de douze témoins [1] pour renvoyer absous un accusé. Où sont les autres témoins, mon père ?

— Je suis seul, répondit Jean d'Avila ; mais puisque mon témoignage ne suffit pas, monseigneur, peut-être Votre Éminence ne refusera-t-elle pas de croire à celui-ci.

[1]. Lorsqu'un accusé était déclaré innocent par douze témoins de pur sang catholique, l'inquisition était bien forcée, d'après ses statuts, de le rendre immédiatement à la liberté. Cette délivrance, obtenue par la déclaration de douze témoins, s'appelait *l'absolution définitive*; mais il arrivait rarement que douze personnes de pur sang catholique osassent se présenter pour défendre un accusé, car, comme je l'ai dit note 1, page 411, toute personne qui osait défendre un accusé était poursuivie par le saint office et considérée comme entachée du même crime que l'accusé qu'elle avait défendu. Puis, à quoi aurait servi à un accusé d'obtenir *l'absolution définitive* lorsqu'une fois l'inquisition s'était emparée de lui ? A rien, car l'inquisition savait bien trouver de nouvelles raisons pour le poursuivre de nouveau, et finissait toujours par le perdre ou du moins par le ruiner. (Revoyez la note 1, page 428.)

En même temps Jean d'Avila présenta au grand inquisiteur la lettre de Charles-Quint, scellée du sceau royal.

Cet incident causa une vive surprise parmi les assistants.

Pierre Arbues, sans se déconcerter, comme quelqu'un qui s'attend à ce qui lui arrive, déplia lentement la lettre royale, la lut d'un bout à l'autre, en pesant bien chacune de ses expressions ; puis il jeta les yeux sur une seconde lettre [1] ouverte sur son bureau et retenue par un petit carré de marbre.

C'était une note de Charles-Quint, qui ne contenait que ces mots :

« Don Manuel Argoso, comte de Cevallos, en ce moment dans les prisons du saint office est, dit-on, innocent des crimes dont on l'accuse. Don Manuel Argoso m'a toujours fidèlement servi, et je désire qu'il soit favorablement jugé par le très-saint tribunal dont Votre Éminence est le chef. Cependant, comme la cause de Dieu doit passer avant la mienne, comme le saint tribunal est seul compétent en ces matières délicates, je désire que tout se passe de manière à ce qu'il en résulte le triomphe de notre très-sainte religion et la plus grande gloire de Dieu.

« Cette lettre seule doit être tenue pour valable auprès du saint tribunal et auprès de Votre Éminence, que Dieu garde de longues et prospères années.

« Au palais de Madrid, le de mai 1534,

« Don Estevan de Vargas ne doit pas être poursuivi. »

L'inquisiteur compara un instant les deux signatures, elles étaient parfaitement conformes ; le format des deux missives était exactement le même.

Pierre Arbues plia les deux lettres ensemble, les glissa dans la manche de sa

[1] Voyez la lettre de Charles-Quint, page 514, et la note de la même page.

tunique, et, regardant Jean d'Avila et le jeune Vargas :

— Nous aviserons à ce que nous devons faire, dit-il. Don Estevan de Vargas et vous, mon père, vous pouvez vous retirer.

— La séance est terminée, ajouta l'inquisiteur en se levant.

L'effet de ces derniers mots fut prompt comme la foudre ; il glaça l'assistance de terreur.

Le malheureux Argoso tourna un regard désespéré vers ses défenseurs, comme pour leur dire un suprême adieu.

Jean d'Avila se hâta d'emmener Estevan, terrifié par l'indignation et la surprise, de peur que, retrouvant ses facultés un moment anéanties, il ne se perdît peut-être lui-même par quelque parole imprudente et fougueuse.

Lorsqu'il eut soulevé la portière de velours noir qui était derrière son fauteuil, Pierre Arbues s'arrêta un moment sur le seuil ; puis il étendit la main vers Jean d'Avila avec un geste de menace, et murmura entre ses dents serrées par une colère contenue :

— A nous deux maintenant, moine insensé !...

CHAPITRE XXXVI

Conspiration.

C'était le soir ; les objets étaient voilés de cette demi-obscurité crépusculaire qui, dans les contrées méridionales, est si vite remplacée par la nuit. L'Angelus venait de sonner.

Quelques promeneurs attardés désertaient lentement le *Muelle* pour se rendre à l'*Alameda* [1].

La nuit tombait avec une rapidité effrayante ; à peine deux amants eussent-ils pu se reconnaître au visage.

Deux *caballeros* se rencontrèrent près de l'embarcadère, et quoiqu'il leur fût physiquement impossible de voir réciproquement leurs traits, ils s'arrêtèrent presque en même temps.

— Est-ce vous, don Valero? demanda celui qui venait du côté de la ville.

— Moi-même, don Estevan ; vous n'avez pas tardé à venir au rendez-vous que je vous ai donné l'autre jour à la taverne.

— Trois jours, répondit le jeune comte d'un air sombre.

[1]. *El Muelle*, le quai ; l'*Alameda*, les quinconces.

— Eh bien, poursuivit Valero en baissant la voix de peur d'être entendu, car les familiers de l'inquisition se glissaient partout comme des gnomes invisibles ; eh bien, mon jeune ami, avez-vous réussi dans votre entreprise ? Et le gouverneur...

— Le gouverneur sera brûlé dans huit jours, si nous ne parvenons à le délivrer.

— Ah ! je vous l'avais bien dit ; le roi est le premier valet de l'inquisition ; mieux eût valu, auprès de l'inquisiteur, la protection d'un garduno que celle de l'empereur.

— Oh ! Valero ! Valero ! dit Estevan avec rage, si vous saviez quel abîme d'iniquité est l'âme de Pierre Arbues !

— Je le connais mieux que vous, répondit le vieux seigneur ; mais vous ne le changerez pas, et il s'agit d'aviser aux moyens de délivrer le gouverneur de Séville.

— Vous m'avez promis de m'y aider, don Valero ; parlez, que faut-il faire ? je suis prêt à tout.

— A tout! cela est-il bien sûr, don Estevan?

— A tout! je vous le jure, répondit le jeune comte, exaspéré au dernier point par l'abominable fourberie de l'inquisiteur.

— Écoutez, don Rodriguez; mon père était membre du conseil de Castille, et il a constamment lutté pour la liberté et la prospérité de l'Espagne. Un profond oubli pour son fils a été la récompense de ses services. On n'a même pas daigné se souvenir que le comte de Vargas a laissé un héritier de son nom; mais ce n'est pas cela qui excite ma colère, je fais peu de cas des vains honneurs de la terre, et je méprise la faveur des cours. Ce n'est donc pas là le sujet de ma haine contre ce pouvoir barbare de l'inquisition qui dicte tous les arrêts du pouvoir royal, et tient pour ainsi dire en tutelle le vainqueur du monde. J'ai bien d'autres motifs de le haïr vraiment! J'étais l'ami intime du gouverneur de Séville, le plus noble cœur de toute l'Espagne; j'étais le fiancé de sa fille que j'adore; ils ont mutilé le père et emprisonné Dolores. Que sais-je? Pierre Arbues peut-être, ou quelqu'un de ces indignes moines, s'est porté contre elle à d'abominables violences. Je me suis présenté comme témoin du gouverneur; mais, comme on avait accusé un innocent et qu'il fallait absolument trouver en lui un coupable, on a refusé mon témoignage, et, joignant le mépris et l'insulte à l'injustice, on m'a reproché ma noble origine comme une tache. J'ai fait enfin le voyage de Madrid pour implorer la justice de Charles-Quint, et l'empereur m'a dicté à moi-même une lettre pour l'inquisiteur, dans laquelle il lui enjoint de ne pas condamner le comte de Cevallos. L'inquisiteur, au mépris de cette lettre, nous renvoie sans avoir fait justice...

— Je vous l'avais bien dit, mon pauvre Estevan!

— Oh! voyez-vous, don Rodriguez, toutes ces iniquités aigrissent l'âme; elles la remplissent de fiel et de haine; on se prend à détester l'humanité tout entière, qui produit tant de monstres.

— Il n'y a d'autres monstres que les inquisiteurs, dit Valero; ce sont les inquisiteurs qu'il faut frapper.

— Comment cela est-il possible?

— Écoutez, jeune homme; vous n'êtes pas le seul en Espagne dont le cœur ait été ulcéré par l'injustice et la persécution; des milliers de victimes aussi cruellement et aussi injustement poursuivies que vous, gardent au fond de leur âme une haine sourde et contenue qui ne demande qu'une étincelle pour éclater. L'inquisition a rempli l'Espagne de veuves, de vieillards sans enfants et d'enfants orphelins; elle a semé l'injustice, qu'elle récolte la vengeance! Le peuple, mécontent et opprimé, commence à comprendre qu'il n'aurait qu'à se retourner pour briser son joug; la lumière, venue de loin, éclaire déjà les esprits d'un lointain mais vif reflet. Le peuple est prêt, il ne lui manque que des chefs. Soyons les siens. Deux autres seigneurs que vous connaissez partageront avec nous cette gloire: don Ximénès de Herrera et le jeune don Carlos.

— Le gendre du comte de Mondejar! interrompit vivement Estevan.

— Il devait l'être, répondit Valero; mais les choses ont bien changé depuis quelques jours, et les sentiments de don Carlos aussi; il est maintenant plus ennemi de l'inquisition qu'il n'était naguère amoureux de la fille du comte de Mondejar.

— Je me défie de ces conversions soudaines, objecta Estevan.

— Vous avez tort, celle-là est sincère, ou plutôt la loyauté naturelle du jeune don Carlos s'est révoltée des conditions qu'on mettait à son mariage, et il a mieux aimé renoncer à dona Isabelle que de devenir infâme pour l'obtenir.

— Cela est différent, répondit le jeune Vargas, et je l'estime autant que je le méprisais.

— Eh bien! poursuivit Valero, soyons donc les chefs d'une conspiration contre l'inquisiteur Arbues, contre le bourreau de Séville.

— Que voulez-vous dire?

— Je veux dire, continua Valero, qu'il est temps que l'Espagne sorte de sa torpeur, qu'elle se délivre d'un monstre qui dévore ses plus purs enfants...

— Enfin, où voulez en venir?

— Ne me comprenez-vous donc pas? L'auto-da-fé est proche; d'ici là, organisons une armée d'hommes libres, comme l'inquisition a son armée de familiers; vous, don Ximenès, don Carlos et moi, nous en serons les chefs. Nous avons déjà plusieurs affidés. Je me charge de soulever le peuple. Le jour de l'auto-da-fé, lorsque la procession sera réunie sur la place de Séville, pendant qu'on lira la sentence aux condamnés, nous donnerons le premier signal en nous jetant sur les inquisiteurs; le peuple fera le reste, et nous délivrerons les victimes.

— Merci! don Valero, dit Estevan en serrant vivement la main du vieillard; merci! vous allez au-devant d'une pensée que je caresse depuis longtemps.

— L'inquisiteur mort, poursuivit don Rodriguez, le reste deviendra facile.

— Mort! ditez-vous? vous voulez tuer l'inquisiteur?

— La mort du méchant est une justice, répliqua Valero.

— Don Rodriguez! fit Estevan, à cette condition je ne suis pas des vôtres.

— Pourquoi cela? dit le vieillard; Pierre Arbues ne va-t-il pas immoler d'innombrables victimes? Si on le met à mort pour les sauver, est-ce donc un si grand crime?

— Son crime, à lui, est au moins revêtu de formes judiciaires, repliqua Estevan; le nôtre serait un assassinat, je n'y puis consentir.

— Il n'est que ce moyen cependant, fit le sombre Valero.

— Si nous sommes en force, dit Estevan, ne pouvons-nous enlever les prisonniers et nous rendre maîtres de l'inquisiteur sans attenter à sa vie?

— Le serpent qu'on laisse vivre finit un jour ou l'autre par vous mordre, dit Valero.

— Le sang souille celui qui le répand, répliqua Estevan dont le courage chevaleresque ne comprenait le sang versé que sur un champ de bataille ou en légitime défense.

Avisez à un autre moyen, don Rodriguez, je ne puis accepter celui que vous me proposez.

— Mais, poursuivit Valero, les familiers et les sbires sont en grand nombre; nous ne pouvons nous flatter d'être assez nombreux pour enlever les prisonniers et l'inquisiteur lui-même sans une grande perte du monde; alors notre tentative n'aura servi à rien; tandis que si l'on parvient à tuer Arbues, on aura délivré l'Espagne d'un monstre qui décime l'Andalousie.

— Un monstre qui serait bientôt remplacé par un autre, répondit Estevan. Croyez-moi, don Valero, il ne suffit pas d'abattre une branche pour déraciner un arbre. Quand nous aurons tué Pierre Arbues, aurons-nous détruit l'inquisition? Pour abattre ce colosse formidable, il faut creuser lentement le sol où il doit s'abîmer un jour; mais ce n'est pas à nous qu'est réservée cette gloire, croyez-moi. Il s'agit ici de délivrer le gouverneur de Séville. Enlevons Manuel Argoso sans attenter à la vie de personne.

— Nous ne serons jamais assez nombreux pour cela, dit Valero.

— Nous serons plus que vous ne le pensez; êtes-vous riche, don Rodriguez?

— Comme un gentilhomme qui a toujours eu plus d'orgueil que de rentes, répondit le vieux seigneur. Ma jeunesse a été fort dissipée; et s'il n'était pas nuit, vous ne m'eussiez pas fait cette question, ajouta-t-il en faisant ainsi allusion à la simplicité plus que négligée de ses vêtements.

— Eh bien! j'ai le bonheur de l'être, moi, dit le jeune Vargas; et avec de l'argent tout peut s'arranger. Laissez-moi faire, don Valero, je vous fournirai plus de bras qu'il n'en faut pour cela.

— Oh! je comprends, fit Valero, vous vous adresserez sans doute à cette société maudite de la Garduna qui désole le pays par ses vols et ses assassinats; mais, mon cher, ces gens-là sont vendus à l'inquisition...

— Ces gens-là sont vendus à qui les paye, et je puis vous répondre qu'ils ne refuseront pas la partie. Laissez-moi donc agir, et n'ensanglantons pas cette héroïque insurrection contre les bourreaux de notre patrie.

Tout en marchant et en parlant, ils étaient arrivés devant une maison d'assez belle apparence. Les fenêtres du balcon étaient éclairées. Rodriguez frappa à la porte.

— Que faites-vous? demanda Estevan.

— J'entre chez moi, répondit Valero, ou plutôt chez mon ami don Ximenès de Herrera, qui me donne asile dans sa maison; car je n'ai plus, comme on dit, ni feu ni lieu. Suivez-moi, don Estevan, nous causerons tous trois de notre projet.

On avait ouvert la porte. Estevan et Valero montèrent jusqu'au premier étage, où était situé l'appartement du jeune seigneur aragonais. Don Ximenès était seul. Il parut légèrement surpris à la vue d'Estevan.

— Don Ximenès, fit le vieux seigneur, nous avons enfin un digne complice de notre sainte ligue contre les oppresseurs; don Estevan de Vargas est des nôtres.

Ximenès tendit la main au jeune comte.

— Soyons donc amis, dit-il; unissons nos cœurs et nos volontés pour cette sainte cause.

— Avez-vous averti don Carlos? demanda Rodriguez.

— Don Carlos n'est plus libre répondit tristement don Ximenès; il a été arrêté le jour du *santo* et jeté dans les cachots de l'inquisition.

— Encore une victime! fit vivement Rodriguez; et comment avez-vous appris cela? ajouta-t-il.

— Par la jeune Isabelle qui l'adore, et qui, malgré la dévotion fanatique qu'on a cherché à lui inspirer dès son enfance, brûlerait volontiers tous les inquisiteurs pour délivrer celui qu'elle aime.

— Trois chefs suffiront, dit Estevan; et avec l'aide dont j'ai parlé tout à l'heure à don Rodriguez...

— Quelle aide? demanda don Ximenès de Herrera.

Estevan expliqua alors à don Ximenès ce qu'il espérait de la Garduna, et par quel moyen il la ferait agir.

— Il me répugne, ajouta-t-il, d'avoir recours à de pareilles gens; mais croyez-moi, messeigneurs, ne dédaignez pas ce moyen-là; si ces gens-là n'étaient pas pour nous, ils seraient contre nous, et Dieu sait ce que deviendrait notre entreprise.

— Vous les connaissez donc? demanda don Ximenès en souriant légèrement.

— Ne raillez pas, don Ximenès; de malheureuses circonstances m'ont mis à même de les employer. Ils ont déjà une fois délivré Dolores des mains de l'inquisition; malheureusement sa piété filiale l'a perdue.

— Oui, oui, je sais, dit le jeune Aragonais ; je l'ai vue le soir où sans doute elle a été arrêtée.

— Eh bien ! messeigneurs, ces gens-là peuvent m'aider à la sauver une seconde fois. Je me charge de les voir et de les attacher à notre projet.

— Moi, je me charge d'exalter les masses, dit Valero [1].

[1]. Rodiguez de Valero est un personnage historique auquel l'auteur a conservé son vrai caractère. Seulement ce personnage n'a pas vécu à Séville. Rodiguez de Valero était un seigneur aragonais, contemporain de Charles-Quint et de Jean d'Avila. Pendant sa jeunesse sa conduite fut très-déréglée ; mais elle changea tout à coup, et Rodriguez de Valero se livra avec ardeur à l'étude des saintes Écritures. De débauché qu'il était, il devint un des plus zélés apôtres du luthéranisme, et porta l'audace à tel point que partout où il trouvait des moines ou des prêtres, il les apostrophait et leur reprochait de s'être écartés des pures doctrines de l'Évangile. Heureusement l'inquisition le tint pour fou et ne le poursuivit pas. Pendant longtemps, profitant de cette croyance de l'inquisition, il prêchait dans les rues et sur les places où le peuple aimait à l'entendre, et s'assemblait pour l'écouter ; mais l'inquisition finit par se lasser de ses sermons, le fit arrêter et le condamna, comme hérétique, apostat et faux apôtre, à une prison perpétuelle et à la perte de tous ses biens...

Valero était très misérablement et assez malproprement vêtu, mais il forma de nombreux disciples parmi lesquels le plus remarquable fut le docteur *Egidius*, homme d'une conduite exemplaire et de mœurs très-pures, éloquent prédicateur et savant théologien. *Egidius* fut d'abord arrêté par l'inquisition et condamné à faire une pénitence comme suspect de luthéranisme. Quelque temps après, l'empereur Charles-Quint le nomma à l'évêché de Tortosa, nomination qui lui valut les persécutions des moines et la haine du saint office. Ce dernier emprisonna de nouveau Egidius dans ses cachots. L'empereur, qui l'aimait beaucoup, prit sa défense, et écrivit plusieurs fois en sa faveur à l'inquisiteur Valdès, qui le mit enfin en liberté. Egidius mourut presque aussitôt après avoir été relaxé (*Histoire de l'inquisition*.)

— Moi, de les diriger au besoin, ajouta don Ximenès.

— Moi, je voulais la mort de l'inquisiteur, reprit Valero ; il était juste qu'il fût puni ; mais don Estevan a fait comme vous, don Ximenès, il n'a pas voulu qu'il y eût de sang versé.

— Il y en aura trop peut-être, dirent en même temps les deux jeunes seigneurs.

— Il est tard, reprit Estevan ; il faut que je vous quitte pour m'occuper à préparer les voies.

— Où nous retrouverons-nous ? don Ximenès.

— Au barrio de Triana, répondit Estevan, à l'endroit où les gardunos tiennent leurs assemblées secrètes ; une masure isolée tout à l'extrémité du faubourg. Venez m'y joindre demain avant minuit ; c'est l'heure des nocturnes conciliabules de la Garduna.

— Soit, dit Valero. A demain.

— Êtes-vous au moins bien sûr de ces gens-là ? demanda don Ximenès.

— Comme de moi-même, répondit Estevan ; un garduno ne trahit jamais celui qui lui a donné de l'argent. Adieu, messeigneurs, n'oubliez pas notre rendez-vous.

Estevan sortit.

Nous verrons bientôt quel fut le résultat de ses démarches auprès de la Garduna.

CHAPITRE XXXVII

Deux ermites.

A quelque distance de Séville, du côté de la maison de l'apôtre, on voyait une espèce de caverne ou *cueva*, creusée dans la roche vive, au pied d'une colline boisée dont la cime touffue surplombait le fleuve.

L'entrée de cette grotte, presque circulaire et à hauteur d'homme, ressemblait à une couronne de fleurs.

Le pâle cytise, la vigne blanche, folle et empanachée, le nerprun vivace dont la

La loge royale un jour d'auto-da-fé.

fleur exhale un suave parfum de vanille et de cacao, et l'épine-vinette aux grappes de corail, croissaient à profusion sur la légère couche de terre végétale qui recouvrait le granit dont cette colline était formée.

Leurs racines et leurs rameaux flexibles, s'étendant çà et là comme des milliers de bras, leurs tiges fortes et déliées servaient à retenir autour de la grotte cette terre mobile et légère qui, sans cela, en eût obstrué l'entrée par de continuels éboulements.

L'intérieur de cette grotte, un peu humide, était tapissé de scolopendres et de capillaires, plantes sobres, nourries dans les fissures du granit, qui pendaient à la voûte en girandoles d'un vert lustré.

Il était nuit.

Dix heures venaient de sonner à l'horloge de la cathédrale.

Dans un coin de cette grotte, un homme et une femme étaient assis sur une natte grossière de sparterie de Valence, qui leur servait à la fois de siège et de lit.

Vers l'entrée, dans un autre coin, un feu vif de branches d'olivier éclairait les habitants de cette étrange demeure, et servait en même temps à chasser l'humidité de la grotte, un peu froide malgré la chaleur du climat et de la saison.

La femme, jeune, belle et bien faite, était gracieusement assise sur la natte.

L'homme, vêtu d'une simple braie de toile et de sa chemise ouverte sur la poitrine, était couché sur la natte, et son bras gauche appuyé sur les genoux de sa compagne, soutenait sa tête appesantie. Cet homme gardait un profond silence; son visage rude et plein d'énergie avait une singulière expression d'abattement et de tristesse; il ne levait pas même les yeux sur sa compagne, qui le considérait avec une expression profonde d'amour passionné et de mélancolie.

La physionomie, l'attitude de ces deux personnages étaient parfaitement en harmonie avec la solitude mélancolique de leur habitation.

Manofina et sa compagne, actuels possesseurs de cette caverne, s'étaient presque

72

faits ermites en cessant d'être gardunos.

Le farouche guapo subissait en ce moment l'affreuse réaction de son changement absolu d'existence.

L'inertie de l'âme et du corps pesait d'un poids accablant sur cette forte et vigoureuse nature. L'homme physique dominait par trop chez un être élevé de la sorte pour qu'il pût se contenter d'un pur spiritualisme. Il y avait en lui assez de poésie, de droiture, d'instinct, pour qu'il eût été facilement séduit par l'attrait du bien et converti par la sublime charité de l'apôtre; mais il fallait à ses facultés énergiques et puissantes l'exercice actif et non la contemplation extatique ou la résignation passive. Manofina eût supporté le martyre, car, là encore, il y avait lutte et exercice de force morale au défaut de la lutte physique ; mais renoncer tout à coup à sa vie aventureuse et accidentée, laisser le poignard se rouiller dans sa gaîne, et vivre éternellement d'oisiveté et de méditation, c'était au-dessus de la force du guapo. L'amour même de la Serena ne suffisait plus aux besoins de cette âme turbulente et vagabonde. L'atonie commençait à le gagner; Manofina avait la fièvre de l'inaction. Quelques jours encore, et il allait devenir idiot ou insensé, tant la matière a d'empire sur l'esprit quand celui-ci n'a pas été dès longtemps habitué à la dominer constamment par un exercice continuel et des luttes incessantes.

La Serena, plus douce, s'était mieux que lui accoutumée à cette existence négative. Le vide de l'âme ne pouvait exister pour elle ; elle était femme, elle aimait; aussi, quoiqu'elle ne partageât pas entièrement les sentiments du guapo, elle souffrait de le voir souffrir, et son ingénieuse tendresse n'avait d'autre but, d'autre occupation que de le consoler.

Voyant que depuis plus d'une heure Manofina, immobile, appuyé sur ses genoux, ne lui avait pas adressé la parole, Culevrina passa sa petite main délicate dans la rude et brune chevelure du guapo.

Manofina frissonna, et releva lentement sur sa compagne ses grands yeux tristes et sombres.

— Que veux-tu, *alma mia*? lui dit-il.

— Je voudrais te voir heureux, répondit tristement la Serena.

Le guapo tressaillit brusquement comme si on lui avait appliqué la main sur une plaie vive ; mais il ne répondit pas.

— Oh! vois-tu, Manofina, poursuivit la jeune femme avec une expression profondément passionnée, tu as beau dire que je me trompe, et faire l'*heureux* quand nous rencontrons d'anciens camarades, moi je vois clair au fond de tout cela ; tu t'ennuies, tu souffres, et cette retraite qui te paraissait si douce les premiers jours est devenue pour toi plus triste qu'une prison.

— Oh! Culevrina, ne me blâme pas, répondit le guapo, doux comme un agneau à force d'amour. J'ai fait tout ce que tu as voulu, j'ai obéi à l'apôtre ; eh bien ! malgré moi j'étouffe, et il me semble par moments que cette montagne qui nous couvre va s'écrouler sur nous. Vois-tu, *alma mia*, il y a quelque chose en moi que je ne comprends pas bien encore, pauvre ignorant que je suis, et que cependant je voudrais bien savoir ; car cette vie devient intolérable, et il serait temps d'en finir. J'avais fait un serment au maître de la Garduna, et j'avais juré de lui obéir toute ma vie ; tu sais si j'ai été pendant longtemps fidèle à ma promesse.

— Oh ! oui, tu étais le plus brave de nos frères, s'écria la Serena avec un éclair dans les yeux : l'instinct de la Gitana venait de se réveiller ; oui, la Garduna peut se flatter qu'elle ne te remplacera jamais.

— Eh bien ! poursuivit le guapo, le

maître m'avait ordonné d'obscurcir don Estevan de Vargas...

— Après ? fit la Serena.

— Ce n'est pas un reproche que je te fais au moins, continua Manofina ; mais tu m'as prié de ne pas obscurcir ce jeune cavalier, tu t'es attachée à mes pas comme une lionne pour arrêter mon bras et amollir mon cœur ; l'apôtre est venu ensuite... Enfin, j'ai manqué à mon serment, j'ai laissé vivre don Estevan...

Puis, ajouta le guapo d'un air farouche, comme un crime entraîne toujours un autre crime, j'ai renié la Garduna, j'ai abandonné mes frères... et maintenant... oh ! maintenant, poursuivit-il avec une sombre énergie, moi qui étais toujours le premier au danger, je passe ma vie couché par terre comme un chien ; moi qui vivais à la pointe de mon poignard, je vis de la mélopia des moines ; et enfin la nuit... oui, la nuit, vois-tu, pendant que tu dors à côté de moi et que je ne puis fermer les yeux, si le vent agite les branches des arbres, il me semble entendre des plaintes d'agonie !... Lorsqu'un éclair trace dans l'air une figure rouge et sanglante, je crois voir un spectre qui passe devant moi pour me défier ou m'épouvanter... Et enfin... enfin... moi qui ai tant de fois bravé la mort,.. je tremble au cri d'un grillon qui se roule dans sa hutte de terre...je suis devenu lâche comme une poule... j'ai peur...

En achevant ces mots, le guapo était devenu d'une pâleur livide, une sueur gluante et froide couvrait son front bronzé, et ses yeux ternes et hagards exprimaient une indicible souffrance.

La Serena souleva dans ses bras la tête égarée de Manofina, et, l'appuyant sur son sein avec une adorable tendresse, comme une mère eût fait de son enfant malade, elle le baisa doucement au front comme si le contact de ses lèvres eût eu le pouvoir de le calmer.

C'était en effet un baume consolant pour le cœur du guapo ; il ferma doucement les yeux pour ne plus voir les fantômes qui l'obsédaient, et pressa sa tête sur le sein de la Serena pour comprimer les battements rapides de ses tempes.

— Chère âme, dit la Gitana, pourquoi souffres-tu ainsi ? Pourquoi te reproches-tu comme un crime la plus belle action de ta vie ?

— Je crains que Dieu me punisse d'avoir trahi le serment fait à la confrérie.

— L'apôtre t'a donné l'absolution, que crains-tu ?

— C'est vrai, l'apôtre est un saint et il ne nous aurait pas trompés, dit le guapo un peu rassuré.

— N'est-ce pas lui qui a prié Dieu de te rendre à la vie lorsque tu étais si malade que tout le monde s'était éloigné de toi craignant de gagner ta maladie ?

— Excepté toi, ma Culevrina, toi qui as été chercher l'apôtre pour me ressusciter, toi qui n'as pas eu peur de gagner mon mal.

— Moi, je n'avais pas grand mérite à cela, fit-elle avec un léger mouvement d'épaules ; qu'aurais-je donc fait si tu étais mort ? Le plus court était de tomber malade et de mourir après toi.

— Oh ! je vois bien que tu m'aimes ! s'écria Manofina avec une joie mêlée d'orgueil ; je vois bien que tu m'as toujours dit la vérité.

— Pauvre innocent ! dit-elle, je t'aime ainsi parce que Dieu le veut ainsi, et c'est par sa volonté aussi que nous avons quitté la Garduna.

— Tu crois ? fit naïvement le bravo.

— L'apôtre me l'a dit ; je crois tout ce que dit l'apôtre, répondit pieusement la jeune femme.

— Tu as peut-être raison, Culevrina, murmura le guapo pensif... Oh! mais, poursuivit-il tout à coup avec une légère amertume, vivre sans rien faire, sans courir les aventures, sans exposer sa vie le jour et la nuit, sans que personne vous dise jamais : « C'est bien, c'est bien fait, Manofina! » vois-tu, *alma mia*, c'est à devenir enragé. Encore si je pouvais sauver les victimes de l'inquisition, comme disait l'apôtre; me battre contre les familiers du saint office, comme le soir où nous avons délivré cette jeune senora, tu sais?

— C'était bien fait cela, dit la Serena, l'apôtre avait ordonné de la sauver.

— Oh! sans toi cependant, poursuivit Manofina dont les yeux s'animaient au souvenir de ce combat nocturne, sans toi, Culevrina, c'en était fait de moi : Manofina n'aurait plus jamais joué de son couteau d'Albacete.

En s'exprimant ainsi, le guapo caressait avec complaisance le manche d'ivoire de son poignard espagnol, dont la large lame damasquinée étincelait à la clarté indécise du foyer.

— Calme-toi, *corazon mio!* fit la Serena ; sois tranquille, la guerre n'est pas finie ; nous aurons encore plus d'un ennemi à combattre. Ton poignard ne se rouillera pas dans sa gaîne; il y a à Séville tant de pauvres gens persécutés par l'inquisition!... Ne te souviens-tu pas que l'apôtre nous a recommandé de les sauver toutes les fois que nous le pourrions?

— Mais où les trouver? ajouta Manofina ; depuis que j'ai quitté la Garduna, mon couteau n'est sorti de sa gaîne que pour couper les joncs du Guadalquivir, dont tu fais les nattes qui nous servent de lit.

— Sois tranquille, dit tendrement la Serena ; l'occasion viendra, et bientôt.

Et en lui souriant de l'air le plus doux, elle montrait deux rangées de dents blanches et brillantes, pures comme celles d'un enfant.

A ce moment, un souffle venu du dehors agita vivement la flamme du foyer ; les branches déliées et touffues qui pendaient à l'entrée de la caverne comme une draperie brodée s'écartèrent avec un bruissement prolongé.

— Qui vient là? s'écria le guapo en se relevant brusquement et en portant la main à son poignard.

— Est-ce que tu as envie de m'obscurcir, frère? demanda le nouveau venu d'un timbre clair et sonore.

— *Virgen del Carmen!* s'écria la Serena, qui aurait pensé que c'était Coco qui venait nous visiter à cette heure!

— Est-ce que tu as besoin de nous? ajouta vivement Manofina.

— Bien! bien, Manofina! s'écria l'alguazil; toujours le même, mon brave ; tu n'as pas perdu ton courage, quoique tu te sois fait ermite.

— Ah! mon Dieu! soupira le guapo, qu'il y a longtemps qu'on ne m'avait dit cela!... Tu es bien heureux, toi, Coco, poursuivit-il, tu vas, tu viens, tu travailles, tu es bon à quelque chose enfin, tandis que moi...

La Serena lui appuya doucement la main sur la bouche pour l'empêcher de continuer; mais il n'en fallait pas tant à l'alguazil pour deviner l'état moral de l'âme du guapo. La finesse d'esprit est née en Andalousie. Coco avait lu jusqu'à la dernière syllabe ce qui se passait dans l'âme de son camarade.

— Bien, pensa-t-il, il s'ennuie, nous le tenons.

— Quoi de nouveau à Séville? demanda Culevrina en cherchant à détourner la conversation.

— Oh! bien des choses, répondit l'alguazil d'un ton mystérieux.

— Conte-nous cela, s'écrièrent en même temps la Serena et le guapo en tendant le cou vers lui par un mouvement d'avide curiosité.

— Patience, fit l'alguazil, cela est un peu long à raconter.

— Eh bien, dit Culevrina en ramenant sous ses pieds sa jupe rouge qui flottait sur la natte, assieds-toi là, Coco, et dis-nous ce qui se passe.

— Oui, assieds-toi, ajouta Manofina dont les yeux brillaient d'impatience; voyons, frère Coco, que se passe-t-il?

Coco s'assit.

La Serena roula dans ses doigts menus quelques brins d'épine-vinette qu'elle s'amusait à égrener sur son tablier.

Manofina attacha sur l'alguazil ses deux grandes prunelles fauves comme celles du lion du désert.

— Je dois te dire, Manofina, commença le rusé Coco, que la société de la Garduna ne t'a pas encore remplacé.

— Je le crois bien, répliqua vivement la Serena... Est-ce qu'elle l'espérait? poursuivit-elle avec une indicible vanité de femme et d'amante.

— Laisse-le donc parler, Culevrina, dit le guapo.

— Je disais donc, reprit l'alguazil, que la place est encore vacante à la Garduna.

— Après? voyons, fit Manofina.

— Cependant la société ne continue pas moins d'être brave, loyale et fidèle à ceux qui l'emploient.

— Est-ce un reproche que tu m'adresses? murmura sourdement le guapo.

— Non, mon brave, Dieu m'en garde! je voulais seulement te dire que les fonctions de la Garduna deviennent de jour en jour plus importantes, et que...

— Eh bien! qu'est-ce que cela me fait? interrompit brusquement le guapo; tu sais bien que je n'en fais plus partie.

— C'est ta faute, dit Coco.

— L'apôtre me l'a défendu, répliqua l'amant de la Serena.

— Pourquoi viens-tu le tenter, Coco? dit Culevrina fâchée; ce n'est pas d'un bon frère, cela.

— Si vous me laissiez le temps de parler, vous autres, grommela le jeune tavernier, vous ne perdriez pas ainsi votre temps en paroles inutiles.

— Eh bien! parle, voyons, nous ne dirons plus rien, nous écoutons...

— Aussi bien vous me faites perdre mon discours; taisez-vous donc une fois pour toutes... Où en étais-je? Ah! c'est bien! La Garduna est plus florissante que jamais, les inquisiteurs la payent pour obscurcir les hérétiques, les hérétiques veulent la payer pour obscurcir... non, pour arrêter les inquisiteurs.

— Comment cela? fit Manofina, dont le regard s'animait d'un feu étrange à chaque parole de l'alguazil.

— O mes amis! si vous saviez ce qui se passe, poursuivit Coco : le gouverneur de Séville va être brûlé, sa fille est en prison pour toute sa vie.

— *Jesus mio!* s'écria la Serena, et don Estevan, qu'est-il devenu?

— Chut! fit Coco en mettant un doigt sur ses lèvres et en tournant la tête de tous côtés comme s'il eût craint d'être entendu; de celui-là il n'en faut pas parler, car on le mettrait peut-être en prison aussi, et...

— Sois donc tranquille, se hâta de dire Culevrina, il n'y a pas de familiers ici; nous n'avons d'autres voisins que les vautours et les couleuvres, et ceux-là sont moins à craindre que les autres...

— O mes amis! continua le tavernier, si vous saviez ce qui se prépare.

— Enfin t'expliqueras-tu? dit Manofina impatienté.

— J'y suis, reprit Coco : don Estevan de

Vargas, qui veut à tout prix sauver son beau-père et sa fiancée, a résolu d'enlever le gouverneur et doña Dolores le jour de l'auto-da-fé, et d'arrêter les inquisiteurs.

— J'en suis! s'écria Manofina.

— Attends, tu ne ferais pas cela tout seul; c'est pourquoi il est nécessaire que la société de la Garduna, qui est toujours prête à se battre et à venger les innocents, soit de moitié dans le complot pour en assurer le succès.

— Tu sais bien que je n'appartiens plus à la société, objecta tristement Manofina.

— C'est justement pour cela que tu peux nous servir, frère, dit Coco, voyant qu'il avait déjà fait les trois quarts de la besogne, et que Manofina était à lui.

— Explique-toi, frère.

— Je t'ai déjà dit que le maître n'a pu encore te remplacer, et qu'il te regrette vivement. Or, nous avons besoin de l'aide du maître pour mener à bien notre entreprise. C'est donc à toi, Manofina, d'aller le trouver; tu as toujours été son favori, il ne refusera pas d'être du complot si tu lui promets d'en être aussi; car, dans l'espoir de te regagner à la société, il fera tout ce que tu voudras.

— Si je lui laisse cet espoir je le tromperai, répondit le guapo violemment combattu entre ses instincts batailleurs, son amour effréné pour le danger et la promesse qu'il avait faite à l'apôtre.

— Tu n'auras pas besoin de le tromper, répliqua l'alguazil; s'il a un espoir vain, tant pis pour lui; tu ne seras pas obligé à tenir ce que tu n'auras pas promis. En outre, ajouta-t-il, don Estevan est très-riche, et je crois que la récompense que je suis autorisé à promettre en son nom à la confrérie vaut la peine qu'on le serve. Allons, mon brave, prépare-toi à me suivre, c'est l'heure, viens trouver le maître et dépêchons; l'auto-da-fé est fixé à la huitaine, il n'y a pas de temps à perdre pour disposer les choses. En route et partons!

Celui qui aurait pu en ce moment étudier le visage du guapo eût été effrayé de l'immense poëme d'émotions qui se déroulait dans son âme à mesure que parlait l'alguazil. Toutes les forces vitales de cet homme énergique, depuis si longtemps inactives, s'étaient réveillées à la fois. Son cœur avait bondi dans sa vaste poitrine comme un lion déchaîné, et la fièvre de l'enthousiasme, l'ardente exaltation du courage longtemps comprimé, donnaient à cette mâle figure une grandiose expression.

On y pouvait lire également son souverain mépris du danger et un profond fanatisme religieux.

Le moment était enfin venu d'exécuter le commandement de l'apôtre, de celui qu'il regardait comme l'envoyé de Dieu.

Il allait enfin combattre pour la justice; combattre contre les oppresseurs en faveur des opprimés, et tout en donnant l'essor à ses facultés et à ses goûts les plus intimes, gagner le paradis de Jésus-Christ. Le paradis!... ce rêve sublime des pauvres et des affligés...

Le guapo était resté un moment anéanti sous le poids de tant de sensations diverses, accablé de l'immense bonheur qui venait à lui.

La Serena le considérait anxieuse et troublée, attendant la décision souveraine de son *maître* et *seigneur*.

Enfin Manofina se releva, bondit comme un taureau sauvage, et serrant autour de ses flancs la ceinture rouge qui retenait son poignard, il s'écria d'une voix puissante:

— Marchons!

La Serena, plus leste qu'une chèvre des montagnes, était déjà debout à ses côtés:

— Où vas-tu? demanda l'alguazil.

— Avec vous, répliqua fièrement la Ser(na; est-ce qu'il y aurait de bonne fête sans moi?

— Sans doute, fit le guapo en la pressant avec tendresse contre sa poitrine ; est-ce que nous marchons l'un sans l'autre?

Ils sortirent tous trois de la caverne.

CHAPITRE XXXVIII

El baile de Candil [1].

A mesure qu'il approchait du *palacio de la Garduna*, Manofina tendait le nez au vent; ses narines se dilataient, et il humait l'air comme eût fait un cheval arabe en reconnaissant la tente de son maître.

La Serena elle-même ne se défendit pas de ce léger tressaillement qu'on éprouve à la vue des lieux longtemps aimés, et qu'on avait cru ne plus revoir.

La nuit était calme, tiède et sombre; la lune, dans son plein, avait depuis longtemps disparu derrière l'horizon.

C'était une nuit délicieuse pour des amants ou des conspirateurs.

Comme ils allaient franchir la première enceinte de murailles qui enfermait le *palacio*, ils s'arrêtèrent pendant quelques minutes, étonnés et ravis à la fois du spectacle qui s'offrait à eux. Une grande masse de lumière s'échappait par la porte à moitié ouverte, et on entendait au loin le from-from d'une guitare, accompagné d'une mâle voix d'homme et des grêles accords du *pandero* [2].

— Comme ils sont joyeux ! fit la Serena avec un soupir.

— Quel est donc le saint du jour ? demanda Manofina.

— C'est peut-être la fin d'une neuvaine, répondit Coco.

— Entrons, fit la Serena dont les petits pieds impatients se remuaient d'eux-mêmes en cadence au son de cette musique connue.

La Serena était la meilleure danseuse de fandango de Séville; elle chantait en outre la *cana* de façon à faire délirer un anachorète.

Ils hâtèrent le pas, et comme ils passaient devant un massif d'ébéniers et de lilas, ils entrevirent dans l'obscurité trois hommes dont ils ne pouvaient reconnaître les traits ni les vêtements. Ces trois hommes étaient debout derrière le massif, et causaient ensemble à voix basse.

Le guapo était trop préoccupé pour faire attention à eux. Coco feignit de ne pas les voir, et la Serena ne s'inquiétait guère en ce moment que de la danse ; déjà elle entrevoyait les têtes des danseurs couvertes de rubans de diverses couleurs, flottant au gré de leurs pas comme des bannières au vent, et suivant toutes les ondulations que leur imprimait tour à tour la passion ou le caprice.

Oh ! c'est que c'était vraiment là une

---

1. Le bal au lampion. C'est ainsi qu'on appelle, en Espagne, les bals du bas peuple, bals où un lampion fumeux est l'unique éclairage, et dans lesquels deux ou trois guitares criardes et détériorées, unies à la voix des chanteurs ou chanteuses de séguidilles, composent tout l'orchestre.

2 *Pandero*. Qu'on s'imagine un châssis carré sur lequel est tendu et collé un parchemin, et autour duquel pendent de nombreux grelots de cuivre et force rubans aux vives couleurs, et on aura une idée assez exacte du *pandero*, cet instrument qu'on pourrait définir: *un tambour de basque à double face, de forme carrée*. Le *pandero* est l'instrument par excellence, et dans la plupart des *bailes de candil*, il remplace la guitare. Cet instrument n'est touché que par les femmes, et c'est un beau cadeau à faire à une femme du peuple espagnol que de lui offrir un pandero orné de rubans et garni de grelots, surtout si l'on a eu soin de faire peindre, d'un côté du parchemin, un cœur enflammé et percé de flèches, et de l'autre le portrait véritable d'un beau contrebandier ou celui d'un bandit en renom.

belle fête, le *baile de candil*, le plus animé et le plus joyeux qu'on eût vu depuis longtemps à Séville.

Cependant, malgré leur impatience, lorsqu'ils furent arrivés près de la porte, le guapo et la Serena s'arrêtèrent; un sentiment plus fort que leur désir, la pudeur de l'orgueil, si on peut l'appeler ainsi, les retint sur le seuil de cette demeure qu'ils avaient volontairement abandonnée ; ils hésitèrent...

— Eh bien! allez donc! fit l'alguazil.

— Entre, toi, dit Manofina à voix basse.

— A toi, Coco, dit à son tour la Serena ; c'est toi qui dois nous introduire.

— Oh! je n'y ferai pas tant de façons, répondit le tavernier en prenant la main de la Serena avec une galanterie toute andalouse ; entre donc avec moi, Culevrina, puisque seule tu ne l'oses pas... Et toi, Manofina, ajouta-t-il, suis-nous, mon brave, tu vas voir si nous serons bien reçus.

En même temps, Coco acheva d'ouvrir la porte dans toute sa longueur, et s'avança d'un air triomphant au milieu de l'assemblée. Manofina, enhardi, le suivit à peu de distance.

— Que Dieu garde vos seigneuries! dit l'alguazil en ôtant courtoisement son chapeau.

A cette apparition inattendue, un cri de surprise s'éleva dans la salle, et l'assemblée, si attentive à la danse un instant auparavant, se resserra, curieuse et avide d'apprendre par quel motif le guapo et sa compagne revenaient parmi eux.

A peine avaient-ils mis le pied dans le *palacio*, que l'œil perçant de Mandamiento, qui voyait partout, les avait reconnus. Il était cependant à l'extrémité de la salle, calme, paternel, surveillant avec une gravité pleine de bonhomie les plaisirs de ses *enfants*; car, autant le maître était sévère et despotique pour faire exécuter ses volontés, autant il savait, par une indulgence calculée et des concessions apparentes, subjuguer et rendre contents ceux qu'il dominait à leur insu. Mandamiento eût fait un roi très-populaire si, à cette époque, la royauté n'eût été une chose sacrée qui ne pouvait se transmettre que par héritage, et à laquelle personne ne s'avisait de toucher.

La Serena marchait timidement les yeux baissés.

Une éclatante lumière inondait la salle. Chaque colonne supportait deux grandes torches de résine dont la mèche enflammée s'élevait en jets rougeâtres et hardis, lançant à la fois vers le plafond voûté des éclairs de flamme et des nuages de fumée.

Sur le sol, tout autour des colonnes, on avait étendu une multitude de nattes de sparterie de Valence. Chaque femme avait la sienne qui lui servait de chaise, et ainsi accroupie, elle servait d'appui à un homme assis par terre comme elle, et qui s'accoudait sur ses genoux comme sur les bras d'un fauteuil.

L'assemblée était ainsi disposée en une double rangée d'hommes et de femmes : c'était d'un aspect bizarre et pittoresque.

Les Sévillans, bruns, sveltes et agiles, revêtus de leur costume des grands jours, présentaient dans leurs physionomies originales et variées un ensemble du plus piquant effet.

Le milieu du cercle formé par les gens assis était occupé par les danseurs.

Le fandango lascif, poëme d'amour lentement déroulé dans une pantomime expressive, était alors, comme aujourd'hui, la danse favorite des Andalous, le plus délicieux de leurs amusements; que devait-il être pour des *garduños*, gens sans frein et sans retenue, natures fébriles et passionnées, race du désert encore trop près de son origine pour l'avoir oubliée!

Juana.

Une folle ivresse présidait à cette fête. Les plus gracieux *chivatos* de la société se pavanaient et faisaient les *beaux* dans leur élégant costume de *majos* [1], la main posée fièrement sur la hanche, le nez au vent, s'annonçant à vingt pas par le tintement sonore de leurs boutons d'argent, et tendant le jarret en marchant de manière à

[1] *Majos.* Le mot *majo* n'a point de synonyme dans la langue française lorsqu'il est pris dans l'étendue que lui donnent les Espagnols. Le mot *majo* espagnol est un type qu'on ne trouve qu'en Espagne, dans l'Andalousie surtout où il existe encore dans sa splendeur primitive. Le mot *majo* désigne non-seulement un homme luxueux à l'excès et très-insouciant en ce qui touche ses dépenses, mais aussi une sorte de profession. Pour mériter le nom de *majo*, il ne suffit pas d'adopter le costume de Figaro, costume caractéristique des majos espagnols, moins la résille et les basques de la jaquette chamarrée, sotte invention des costumiers de l'Opéra. Un jeune homme qui aspire au titre de *majo* doit réunir une foule de qualités et les défauts de ces qualités. Ainsi, il doit être brave et fanfaron, bon cavalier, bon tireur, et très-expert dans le maniement *del cuchillo* (le couteau), *del punal* (le poignard), et *del albacete* (long couteau à ressort et très-pointu). Il doit danser avec grâce le *fandango, la cachucha, la matraca, la jerezana,* etc.; il doit être fort râcleur de guitare et savoir chanter tous les airs populaires à la mode, et surtout improviser une centaine de séguidilles ou une romance amoureuse d'à-propos. Enfin, sans être *torero* (toréador de profession), un *majo* est tenu de savoir *capear* (agacer), *banderillear* (planter des banderoles sur le cou d'un taureau), et *matar* (tuer) un taureau suivant toutes les règles de l'art, c'est-à-dire avec grâce, de sang-froid, et en plongeant le glaive entre les deux omoplates de la bête. Cependant, en sachant toutes ces choses, un jeune homme espagnol ne mériterait pas encore le titre de *majo* s'il n'était toujours amoureux fou d'une seule femme, et galant envers tout le beau sexe en général, car l'inconstance ainsi que l'indifférence lui sont interdites. Le *majo* est généreux jusqu'à la prodigalité ; lorsqu'il s'agit de plaire à sa bien-aimée, il sacrifie tout à ses moindres caprices ; mais pour lui il est sobre et endurci à toutes les fatigues, et habitué à supporter toutes les douleurs ; car le *majo* espagnol n'a rien de cette fatuité sentimentale, efféminée, dédaigneuse et souvent égoïste de nos lions. Le *majo* espagnol déteste l'orgie et toute sorte de débauche ; il ne connaît d'excès qu'en fait d'amour, de courage ou de luxe.

montrer avec avantage leurs jambes souples et nerveuses.

Les jeunes femmes dansaient ou coquetaient, agaçant de la voix, du geste, du regard, les majos les plus élégants.

Les *coberteras* causaient entre elles en médisant des jeunes filles et lorgnant encore en dessous les jeunes garçons.

Toutefois, ainsi que nous l'avons dit, l'apparition de Manofina et de Culevrina avait produit une telle sensation, que la danse fut un moment ralentie et que toutes les têtes se tournèrent de leur côté.

Afin de ne pas troubler la danse, la Serena fit le tour du cercle pour gagner le fond de la salle ; mais le maître ne lui en donna pas le temps ; il vint à elle avec autant de galanterie qu'on aurait pu en attendre d'un hidalgo, et en la regardant avec son plus gracieux sourire, il lui dit d'un air courtois :

— Quel saint du paradis t'a inspiré la bonne pensée de nous visiter, ma fille ? Sois la bienvenue... et Manofina aussi, ajouta-t-il en tendant au guapo sa main large et calleuse.

Manofina, un peu confus, mit, non sans quelque répugnance, sa main dans celle du maître ; il lui semblait que c'était presque s'engager avec lui, et c'est ce qu'il ne voulait pas faire.

A cet accueil bienveillant du maître pour les ex-gardunos, succéda un hourra général d'approbation. Tous les gardunos petits et grands s'empressèrent autour de leurs anciens camarades, et ce furent des accolades sans nombre et des acclamations assourdissantes.

Quelques serenas, nouvellement enrôlées, regardèrent d'un œil de jalousie cette belle et gracieuse Culevrina, qui n'avait pas sa rivale dans Séville.

Mais bientôt l'une d'elles se tournant vers une cobertera des plus antiques, lui dit avec un rire de triomphe et de satisfaction.

— Voyez donc celle-là, qui n'a pas seulement de *mona* neuve sur la tête ; sa jupe de laine est fanée comme si elle n'en avait pas eu d'autre depuis qu'elle est née, et ses chausses de satin lui tombent des talons comme si elles avaient envie de se sauver.

— Elle est devenue jaune comme un riz au safran depuis qu'elle nous a quittées, répondit la vieille ; et le moment est mal choisi pour se présenter vêtue de la sorte en si bonne compagnie. Voilà ce que c'est que de faire les fiers et d'abandonner la confrérie. Elle était ma foi plus pimpante quand elle faisait les yeux doux à ce gros prieur des Mercenaires que Manofina a si bien *baptisé* sur l'œil gauche.

— Tais-toi donc, vieille pie, fit Garabato, qui en ce moment se trouvait près de la co-

---

L'*avarice* est un péché dont aucun *majo* ne saurait être coupable ; un *majo* avare serait déshonoré. Il en est de même de l'ivrognerie ; un *majo* ivre serait, en Espagne, montré au doigt et méprisé au-dessous du Gitano mendiant et voleur.

Dans ses rapports avec les hommes, le *majo* a une sorte de dignité dédaigneuse qui lui sied à ravir ; le *majo* doit montrer une extrême susceptibilité envers les hommes et être prêt à jouer du poignard à la moindre provocation, en dépit des plus grands dangers. Car pour lui chaque duel, chaque meurtre, est un titre de gloire auprès du beau sexe, en général, et de sa bien-aimée en particulier, pourvu, toutefois, qu'il n'ait tué personne *perfidement* (perfidamente).

D'après ce que je viens de dire du *majo*, on comprendra aisément que les *majos* sont presque toujours brouillés avec la justice. Il en est qui ont fait plusieurs années aux *presidios* (bagnes) de l'Afrique, ce qui est encore un titre pour un *majo* pur sang, si ces années de bagne n'ont pas été la punition d'un vol ou d'un assassinat.

La *maja* est, dans le sexe féminin, ce que le *majo* est parmi les hommes ; elle manie le poignard aussi adroitement qu'un *baratero* (voyez note 2, page 398), et plus d'un amant infidèle, plus d'une rivale ont senti sa petite lame acérée. Les *majas* sont toujours des femmes du peuple, pour la plupart d'une condition équivoque, tandis que plus d'un jeune gentilhomme espagnol s'est fait *majo*. Pour se faire *majo*, il est indispensable d'être très-beau garçon et ne pas avoir dépassé l'âge de vingt-cinq ans ; après cet âge un *majo* commence à être usé et n'est plus bon qu'à improviser des séguidilles ou à faire le *chulo*, c'est-à-dire à servir dans leurs amours les *majos* plus jeunes que lui.

bertera ; Culevrina est toujours la plus belle fille de Séville ; elle est plus jolie en guenilles que les autres avec des perles et des rubans.

L'opinion de Garabato était généralement partagée par les hommes, et ceux qui ne le disaient pas le prouvaient assez par leurs regards et par leurs gestes.

De son côté, Mandamiento ne cherchait pas à dissimuler sa joie. Il conduisit la Serena à une natte restée vide vers le haut bout de la salle, et après avoir engagé la compagne du guapo à s'asseoir :

— Amuse-toi, ma fille, lui dit-il, je vais causer un peu avec mon frère Manofina.

En disant cela, Mandamiento prit la main du guapo, et faisant signe à Coco de les suivre, il les conduisit à quelque distance du cercle, dans un coin isolé.

Puis, seul avec eux, il leur dit :

— Je suppose, mes enfants, que la présence de Manofina ici n'est pas sans motif, et j'ai hâte de le connaître. Peut-être notre cher Manofina se trouve-t-il dans quelque situation périlleuse qui réclame notre secours ! Quoiqu'il ne fasse plus partie de notre honorable confrérie, et que nul devoir ne nous engage envers lui comme frères, nous sommes toujours disposés, comme amis et comme camarades, à lui venir en aide toutes les fois que cela se pourra... sans contrevenir aux règles de notre honorable confrérie.

— Frère Mandamiento, se hâta de répondre Coco, il ne s'agit pas en ce moment de venir au secours de Manofina, il s'agit au contraire de le faire consentir à nous prêter le sien.

Mandamiento fit un mouvement de surprise.

— J'ai à te proposer une opération... et des plus graves, poursuivit Coco ; voilà pourquoi je suis venu ici avec Manofina.

Écoute-moi maintenant, la chose en vaut la peine.

— Parle, dit le maître, de plus en plus surpris.

— Il y a à Séville, continua l'alguazil, un jeune seigneur très-riche qui a besoin de toi.

— Par la barbe du roi ! s'écria Mandamiento, je suis toujours au service des jeunes seigneurs qui ont beaucoup d'argent.

— Ce jeune cavalier t'en donnera beaucoup. En revanche, voici ce qu'il faudra faire.

— Obscurcir son rival ? interrompit le maître.

— Bien mieux que cela vraiment, dit l'alguazil ; une expédition comme la confrérie n'en a jamais certainement fait.

— Par la vierge del Pilar ! s'écria le maître, ce que tu me dis là commence à m'alarmer. De quoi s'agit-il donc ? Explique-toi.

Coco regarda autour de lui d'un air mystérieux : personne ne pouvait les entendre ; ils étaient à plus de quinze pas du cercle où l'on dansait. Toutefois, par surcroît de prudence, l'alguazil poussa Mandamiento et le guapo jusqu'à la colonne la plus reculée ; puis, s'étant penché vers le maître, il lui dit à voix basse :

— Il faut nous aider à délivrer le gouverneur de Séville le jour de l'auto-da-fé.

— Comment cela ?

— En enlevant le grand inquisiteur que vous retiendrez prisonnier. Deux jours suffiront pour que don Estevan puisse gagner le premier port d'Espagne et s'embarquer pour un autre pays.

— Frère, répondit le maître, as-tu bien songé à ce que tu demandes ? Sais-tu que dans une pareille entreprise nous jouerions notre vie...

— Contre deux cent mille réaux, ajouta vivement le tavernier ; c'est la somme que don Estevan de Vargas offre de vous donner en récompense de vos services.

— Deux cent mille réaux! fit Mandamiento ébloui de l'énormité de la somme; deux cent mille réaux pour...

— Pour enlever monseigneur Arbues et le retenir prisonnier pendant deux jours dans les caveaux de la Garduna, se hâta de dire Coco.

— Oui, reprit le maître, et après que monseigneur Arbues sera libre, il nous fera brûler comme hérétiques. Me prends-tu donc pour un niais, Coco? L'obscurcir, à la bonne heure, les morts ne peuvent plus faire de mal ; mais l'enlever, non, non, je n'enlève que les jeunes filles.

— Sa Seigneurie ne veut pas qu'on l'obscurcisse.

— Sa Seigneurie est candide comme un agneau; sans la complaisance de Manofina et les ordres de... mais il suffit, je m'entends... Si don Estevan est encore en vie, ce n'est pas la faute de l'inquisiteur.

— Oh! je ne tiens guère à la vie de l'inquisiteur, dit Coco ; mais si tu parles à don Estevan de l'obscurcir, il n'y consentira jamais, et le gouverneur de Séville sera brûlé.

— C'est bon, c'est bon, on sera discret, fit Mandamiento en souriant d'un rire de démon.

Deux cent mille réaux! pensait-il en lui-même, pour avoir le plaisir de poignarder ce maudit inquisiteur qui me garde rancune et ne me fait plus rien faire depuis que j'ai manqué don Estevan. Deux cent mille réaux! c'est un magnifique denier... De plus, on remplacera certainement monseigneur Arbues, cela ne sera pas difficile, et le nouvel inquisiteur, qui n'aura aucun grief contre moi, nous fera certainement travailler... Tout est donc profit pour la confrérie dans cette affaire.

Telles furent les réflexions rapides du maître de la Garduna ; mais, en habile diplomate, il se garda d'en faire part à ceux avec qui il traitait. S'adressant à Coco, qui attendait sa réponse, il lui dit :

— Et Manofina consentirait à être de cette expédition?

— Sans doute, répondit vivement le guapo.

— Tu trouves donc que la Garduna est une bonne mère, et tu veux revenir à elle? demanda insidieusement le capataz.

— Maître, je n'ai pas dit cela, répliqua Manofina ; cette expédition me plaît, je veux vous y aider, si vous le trouvez bon, et la Serena aussi, ajouta-t-il avec orgueil. Vous savez, maître, que la Serena vaut un guapo pour le courage et l'audace.

— J'entends, fit Mandamiento en clignant ses larges paupières sous lesquelles ses yeux verdâtres brillaient comme ceux d'un chacal; j'entends, la Serena et toi êtes bien aises de prendre part à cette opération à cause de la récompense promise.

— Maître ! dit Manofina d'un ton piqué, je n'ai jamais refusé un salaire honnêtement gagné ; mais si, cette fois, vous jugez convenable de ne nous rien donner, peu m'importe ; je partagerai de mon plein gré les dangers de cette expédition, sans exiger de récompense, puisque vous pensez que nous n'y avons point droit, n'étant plus membres de la confrérie.

— Et pourquoi n'en seriez-vous pas membres? continua Mandamiento, car c'était là où il en voulait venir.

— Ne me tente pas, maître, fit Manofina ; ce qui est fait est fait, je n'y reviendrai pas. Seulement, dis-moi si tu acceptes mon aide et celle de Culevrina ; c'est tout ce que je te demande. Dans ce cas, tu me rendras pour un jour mon autorité de guapo, tu me donneras une troupe à commander, et sois tranquille, je me charge du reste.

— Eh bien ! dit Coco, est-ce convenu,

maître? Puis-je amener ici don Estevan et ses amis pour que vous vous entendiez ensemble et disposiez la besogne?

— Tu le peux, répondit Mandamiento charmé de la résolution de Manofina malgré ses restrictions, car il espérait bien parvenir à le ramener entièrement à lui; puis, s'adressant au guapo:

— Vois, mon fils, lui dit-il, si la confrérie et moi conservons de l'amitié pour toi; nous n'avons encore trouvé aucun de nos plus vaillants *postulants* dignes de te succéder, et ta place est vacante encore à la Garduna. Reprends-la donc pour le jour de l'expédition projetée, et que Dieu t'inspire ensuite, mon enfant! Puisses-tu prendre une bonne et sage résolution.

— Moi, dit Coco, je cours avertir don Estevan; il faut que tout s'arrange ce soir.

— Va, dit Mandamiento, rien n'est plus favorable à une opération de cette sorte que le tumulte d'une fête. Et toi, Manofina, ajouta-t-il, ne vas-tu pas danser un fangando avec ta jolie Culevrina?

— Si vraiment, fit le guapo.

Et Manofina alla prendre la Serena pour la conduire dans le cercle des danseurs.

Malgré la pauvreté de son costume, tout le monde s'empressa pour voir danser la Serena; elle était si belle et si jolie, si agaçante et si mélancolique, qu'il était impossible de la voir sans l'aimer, et puis elle dansait si bien!...

Pendant ce temps, Coco était sorti du *palacio* et s'était dirigé vers le massif d'ébéniers, où tout à l'heure trois hommes causaient ensemble. Ils étaient encore arrêtés à la même place et semblaient attendre.

L'alguazil s'avança vers eux en faisant exprès un peu de bruit. Quoiqu'il fît sombre, Estevan le reconnut.

— Eh bien? lui demanda-t-il.

— Tout est prêt, senor caballero; le maître de la Garduna fera tout ce que vous voudrez.

— Je vous l'avais bien dit, fit Estevan en se tournant vers ses compagnons, don Rodriguez de Valero et don Ximenès de Herrera; maintenant, nous sommes sûrs de réussir.

— Don Estevan, murmura le vieux seigneur, vous avez jugé utile de vous adjoindre ces Gitanos; mais, mon jeune ami, vous ne comprenez pas la moitié de votre force; si j'avais votre âge, si j'étais beau comme vous, et si je m'appelais don Estevan de Vargas, je voudrais, à ma seule parole, faire lever comme un seul homme le peuple de Séville et bouleverser l'Espagne.

— Don Rodriguez, répondit Estevan, vous parlez en ce moment comme un jeune homme; laissez-moi parler à mon tour comme un vieillard.

Vous m'accordez une grande puissance de fascination; soit, je veux croire que je la possède et que je pourrais aisément, grâce au souvenir de mon père encore vivant dans le cœur des Espagnols, révolutionner Séville contre les inquisiteurs. En supposant qu'il en soit ainsi, quel bien cela ferait-il à l'Espagne? A quoi cela servirait-il? A faire périr des milliers d'hommes sans améliorer le sort de ceux qui resteraient. Savez-vous, don Valero, que pour briser à jamais le joug de l'inquisition, il faudrait que l'Espagne tout entière fût réunie dans un accord unanime de sentiments et de volonté. Les insurrections partielles enfantent la guerre civile, appauvrissent, détruisent un pays, mais elles ne le changent pas: ce sont des saignées réitérées sur un corps robuste, elles le font respirer un jour pour le ruiner à la fin. C'est la science, c'est la philosophie qui, seules, pourront régénérer l'Espagne et la rendre libre. Jusque-là, ne l'espérons pas, nous ne sommes pas destinés à voir ces beaux jours.

...ons-nous? in-
...liqua Estevan,
Moi, pour déli-
vrer ce... ...t don Ximenès,
par amitié pour moi; c'est là, croyez-moi,
notre plus grand véhicule.

— Estevan, dit don Ximenès, vous calomniez nos intentions en les restreignant
à un intérêt particulier.

— Non, reprit Estevan, je ne les calomnie pas; nous avons l'âme grande et chaleureuse, nous gémissons des maux de
l'humanité; et il y a trois mois, j'aurais
dit comme vous, don Rodriguez, que l'amour
seul de nos frères souffrants, l'amour du
peuple avili et persécuté nous poussait à
cet acte de révolte. J'ai appris depuis à
mieux analyser les sentiments de l'homme,
et je me dis que si Dieu nous avait créés
pour être les régénérateurs de l'Espagne, il
nous eût accordé d'autres moyens d'action
et nous eût peut-être fait vivre un siècle
plus tard; ou bien, nous aurions eu le don
de l'apostolat et nous aurions été d'humbles
et courageux athlètes comme Jean d'Avila,
comme Jean de Dieu et comme votre savant
disciple Egidius : âmes sublimes tellement
embrasées du saint amour des hommes
qu'elles font une complète abstraction d'elles-
mêmes et de tout sentiment personnel en
faveur de la grande famille humaine. A
ceux-là, le droit de remuer l'Espagne jusque dans ses entrailles et de la régénérer
par l'esprit! Quant à la régénération du
glaive, c'est une blessure sur une plaie,
voilà tout; et si je conspire aujourd'hui
avec vous, messeigneurs, ce n'est pas que
j'en attende un bien pour mes frères souffrants d'Espagne, c'est parce que j'aime et
que je veux sauver celle que j'aime.— C'est
là de l'égoïsme, je pense, ajouta-t-il en souriant avec amertume.

— Estevan, dit don Ximenès, vous valez
mieux que nous, et dans l'occasion vous
seriez plus dévoué que nous.

— Quel que soit le motif de notre révolte, il est sacré. Marchons donc, dit Valero, et soyez notre chef à tous, Estevan;
vous êtes plus éloquent que Cicéron, et
vous avez une franchise à laquelle on ne
peut résister.

— Où faut-il aller? ajouta le vieux seigneur en s'adressant à l'alguazil.

— Suivez-moi, messeigneurs, dit Coco,
et pour ne pas éveiller de soupçons, entrez
au *baile* sans cérémonie, amusez-vous, cau-
sez avec les jolies filles. Vous, seigneur don
Estevan, je vous conseille de faire danser la
Serena.

— Qui ferai-je danser, moi? demanda
le vieux Rodriguez.

— Que votre seigneurie se rassure, dit
en souriant l'alguazil, les danseuses ne
manquent pas à la Garduna; il y en a de
toutes les couleurs et de tous les âges.

— Précède-nous donc, dit Estevan.

L'alguazil rentra seul dans la Garduna.

La danse était en ce moment vive et animée. Un joyeux boléro, dansé par Manofina
et la Serena, tenait toutes les âmes en suspens. Des bravos multipliés accueillaient
chaque pose gracieuse, chaque légère pi-
rouette de la danseuse. La Serena, le cou
en avant, les yeux flamboyants et humides,
ses petites mains armées de castagnettes,
ondulait comme une couleuvre, balançant
avec une grâce désespérante sa taille souple et cambrée. Le guapo, animé par la
musique, par les agaceries de Culevrina,
et aussi par les applaudissements de l'assemblée, déployait avec une hardiesse inconcevable la vigueur et la souplesse de
ses jambes. Taillé comme un enfant de l'Andalousie, le guapo avait des muscles d'acier,
et avec cela, cette grâce hardie, sauvage,
accentuée, fruit d'une existence vagabonde
et d'une immense liberté.

Au dernier pas du boléro, un hourra unanime et prolongé s'éleva dans la salle.

Les trois seigneurs y entraient en ce moment.

Leur arrivée ne changea rien à l'entrain de l'honorable société. En Espagne, les gens titrés se mêlent volontiers aux gens du peuple, sans que les premiers croient déroger à leur dignité, ni que les derniers se tiennent honorés d'une telle condescendance.

Coco s'approcha du maître.

— Voilà le jeune seigneur qui doit payer, lui dit-il en désignant don Estevan de Vargas.

— Le même que Manofina devait obscurcir, observa Mandamiento ; il paraît qu'entre ce jeune seigneur et l'inquisiteur de Séville c'est une guerre à mort. Bien ! bien ! poursuivit-il en se frottant les mains ; où il y a des œufs cassés on fait des omelettes. C'est bien, Coco, qu'ils restent ; après la fête nous parlerons d'affaires ; pour le moment, la Garduna a besoin de souper.

En effet, au milieu du cercle des danseurs, une apprentie *serena* et deux ou trois chivatos, de cuisine ce jour-là, venaient de servir le repas.

Sur une grande natte étendue par terre en guise de table et de nappe, ils avaient dressé leur superbe *médianoche*. Il consistait en plusieurs jattes de terre cuite remplies de *gazpacho* [1], en un énorme *guizado* [2], et quatre *cabritos* rôtis. De cuillers ou d'assiettes, point. Les gardunos ignoraient complétement l'usage de ces objets de luxe ; ils mangeaient cordialement à la gamelle, et se servaient de leurs dix doigts en guise de fourchettes.

Le maître s'avança alors vers les conjurés.

— Messeigneurs, leur dit-il avec courtoisie, vos seigneuries daigneront-elles partager le repas de mes enfants ?

— Très-volontiers, répondirent-ils.

Et s'emparant chacun d'une natte, ils s'assirent par terre comme les autres, sans crainte de gâter leurs habits de soie.

Avec une adroite intention, Estevan s'était placé près de la Serena.

L'amante du guapo, déjà très-disposée en faveur de ce beau jeune seigneur à qui elle avait sauvé la vie, le regarda avec une douce tristesse, et des larmes lui vinrent aux yeux en songeant que sa belle fiancée était dans les cachots de l'inquisition, et que le malheureux Estevan était forcé de sourire.

Pendant que l'assemblée faisait disparaître les plats avec un appétit de gardunos, Estevan, tout en faisant semblant de dévorer quelques lambeaux de *cabrito*, dit à Culevrina qu'il voulait gagner :

— Tu danseras avec moi, n'est-il pas vrai ?

— Non, senor, répondit-elle avec une tristesse affectueuse. J'aime la danse, et je serais très-honorée de danser un fandango avec votre seigneurie ; mais, Dieu merci, vous n'aurez pas cette corvée ce soir. Le bal est fini pour aujourd'hui, et après le souper, chacun ira à sa besogne ; aussi

---

1 Le *gazpacho* est un met très usité en Andalousie, non-seulement par le peuple, mais par les gens du monde. Le *gazpacho* consiste en quelques morceaux de pain qu'on a fait tremper dans de l'eau et qu'on arrose ensuite de piment rouge, d'huile, de vinaigre et de sel. Puis on y ajoute encore de l'eau. Tel est le *gazpacho* du peuple. Les gens aisés y ajoutent, mariné et coupé par petits morceaux, du saucisson d'Estramature, et souvent des tranches de bœuf salé et fumé. Le *gazpacho* passe pour un met très-rafraîchissant. Les soldats qui tiennent garnison dans les différentes villes du midi de l'Espagne, en reçoivent une ration chaque jour depuis le 1ᵉʳ avril jusqu'au 30 septembre. Le *gazpacho* est, dit-on, le meilleur préservatif contre les fièvres chaudes qui, souvent, deviennent épidémiques dans les quatre royaumes de l'Andalousie, c'est-à-dire dans les provinces de Séville, Malaga, Cordoue et Grenade.

2 *El guizado*, mot pour mot le ragoût, est en Espagne un étouffé de bœuf et de mouton coupé par petits morceaux dans lequel on met force oignons et surtout beaucoup de piment et autres épiceries. Le *guizado* est un plat classique qu'on sert à tout souper vraiment espagnol.

bien, vous ne devez guère avoir envie de danser.

— Bonne Culevrina ! répondit Estevan.

— Soyez tranquille, dit-elle à voix basse, nous danserons autrement dans huit jours, car j'en serai, moi aussi... Mais mangez donc, pousuivit-elle, et ne parlons plus de cela, voilà des serenas qui sont jalouses de vous voir causer avec moi.

Le souper disparut avec une rapidité merveilleuse. Don Rodriguez mangeait comme un Gitano, et agaçait les jeunes filles. Don Ximenès riait de son mieux avec une serena très-jolie qui eût volontiers changé son guapo pour le beau seigneur habillé de velours.

Personne ne se doutait que cette gaieté apparente cachait une conspiration.

Mais aussitôt que Mandamiento vit le repas terminé, il fit un signe ; son visage, tout à l'heure souriant, devint imposant et sévère. Les gardunos, hommes et femmes, se levèrent comme un seul homme, et chacun, selon les ordres qu'il avait reçus du maître avant de commencer le bal, se rendit au poste qui lui avait été indiqué.

CHAPITRE XXXIX

Un complot.

Il ne restait plus dans le palais de la Garduna que le maître, l'alguazil, Manofina, sa compagne et les trois seigneurs.

Quelques-unes des torches s'éteignaient lentement, la salle immense devenait plus sombre, et la nuit avancée donnait encore plus de solennité à cette réunion mystérieuse.

Il était deux heures du matin.

Le maître ouvrit alors un grand bahut de chêne, placé à l'un des angles de la salle, en tira un registre de parchemin jaune et crasseux, un godet de plomb rempli d'encre, et une forte plume d'aigle grossièrement taillée ; puis il referma le bahut qui lui servait à la foi d'armoire et de table, et après avoir disposé sur son couvercle les divers objets qu'il en avait tirés, il alla vers la porte pour s'assurer qu'elle était bien fermée.

Le pène de la serrure n'était sans doute pas bien entré dans sa gâche, car, au moment où Mandamiento allait, de sa main vigoureuse, pousser cette lourde masse de chêne pour la fermer entièrement, elle s'ouvrit comme d'elle-même, et un nouveau personnage entra dans le palais de la Garduna.

C'était José.

Averti par Coco, il s'était rendu à cette réunion.

A la vue du jeune dominicain, Estevan poussa un cri de rage, et se tournant vers l'alguazil, il lui dit d'une voix sourde :

— Tu m'as trahi, misérable !

L'alguazil ne se troubla aucunement, et répondit du ton le plus calme :

— Non, seigneur, je ne vous ai point trahi.

Il y avait une telle expression de vérité dans la physionomie de Coco, qu'Estevan fut ébranlé.

En même temps, Mandamiento, ignorant le motif de cette visite nocturne, recevait le dominicain avec tout le respect dû au favori du grand inquisiteur.

— Que désire Sa Révérence ? demanda enfin le maître, quelque peu alarmé.

— Parler à ces trois seigneurs, répondit José.

Mandamiento fronça le sourcil.

Martyre de l'abbesse.

— Que veut ce moine? demanda tout bas Valero à Estevan.

— Nous allons le savoir, répondit le jeune comte.

En disant cela, il s'avança vers le jeune religieux.

José lui tendit amicalement la main.

Estevan ne la prit pas ; mais regardant le jeune dominicain au visage, il lui dit :

— Ce n'était pas assez de m'avoir trahi : vous voulez encore me perdre, n'est-il pas vrai ?

— Je ne vous ai point trahi, répondit José d'un ton doux et triste ; je viens vous consoler et vous aider.

— Mais Dolores ? poursuivit Estevan dont la jalousie se réveillait intense et cruelle en présence de celui qu'il soupçonnait : Dolores ! qu'en avez-vous fait?

— Dolores vous sera rendue saine et sauve, continua le dominicain.

— Oui, car je la délivrerai, moi, s'écria Estevan avec impétuosité ; vos perfidies ne m'abusent plus, don José, et si je voulais en ce moment, poursuivit-il avec amertume ! si je voulais !... Voyez, don José, vous avez été imprudent... nous sommes ici cinq contre vous, et ces hommes me sont dévoués.

— La preuve que je ne vous crains pas, répondit José, c'est que je suis venu et que je suis venu seul. Si je vous avais trahi, pourquoi vous chercherais-je ! quel besoin ai-je de vous ? Croyez-moi, Estevan, ne méconnaissez par vos vrais amis ; leur secours vous est nécessaire, et ils vous l'offrent dans toute la sincérité de leur âme.

— Vrai Dieu ! s'écria tout à coup Rodriguez, c'est le jeune religieux qui m'a sauvé l'autre jour de la fureur de ses confrères.

— Révérence ! continua-t-il en se rapprochant de José, permettez-moi de vous remercier du secours que vous m'avez donné il y a deux jours à la taverne de la *Buena Ventura*. J'ai recouvré toute ma raison, ajouta-t-il en souriant, et je tiens à vous le prouver, mon père.

— La raison ne consiste pas à dire des choses sensées, répondit froidement José, mais à les dire en leur temps et à propos ; quand on sème sur la pierre, les oiseaux du ciel mangent le grain, et il ne produit rien à celui qui a semé. Vos déclamations vous feront brûler vif, croyez-moi.

— On n'oserait, répliqua Valero, l'inquisition me croit fou.

— L'inquisition pourrait bien à la fin s'apercevoir que vous êtes un fou dangereux, et vous traiter comme elle traite les sages.

— Eh bien ! s'écria Valero, que m'importe ? le martyre est une belle gloire.

Pour la seconde fois depuis qu'il connaissait José, Estevan était vaincu par cette simplicité si vraie, par ce charme d'attraction qui respirait dans tous les traits du jeune religieux. Il lui tendit la main à son tour d'un air franc et amical ; José la prit et la serra avec affection en lui disant, de sa voix douce et enchanteresse :

— Soyons amis, croyez-moi... amis jusqu'à la mort... je le mérite... Un jour, José vous sera peut-être bien cher.

Estevan hésitait encore ; un doute cruel l'obsédait.

— Don José, dit-il enfin après quelques moments d'hésitation, une chose encore ; si vous voulez me convaincre, rendez-moi Dolores et son père, et je vous croirai.

— Pensez-vous, dit José, que le saint office rende aussi aisément ses victimes ?

— Non, mais José, le favori de l'inquisiteur, fait ce qu'il veut dans le saint office.

— José peut beaucoup, répondit le favori, mais il ne peut vous rendre un homme dont on a brisé et brûlé les membres.

— Que dites-vous ? demanda vivement Estevan.

— Je dis que Manuel Argoso a subi hier la question du feu et celle de l'eau, je dis qu'il est impossible que je le sauve puisqu'il ne peut marcher.

— Mais Dolores ! Dolores ! s'écria le malheureux jeune homme dans une angoisse inexprimable.

— Soyez tranquille sur elle. Dolores n'a subi aucune torture et je la délivrerai. Si après l'auto-da-fé vous ne la trouvez pas dans la maison de Juana, faites-moi ce que vous voudrez, don Estevan... Je ne suis pas un adversaire bien redoutable, allez, ajouta-t-il avec cet accent profond de tristesse qui semblait faire le fond de son caractère.

— Vous jurez de me rendre Dolores ? demanda Estevan.

— Le serment a été inventé pour les fourbes, répondit José ; je ne jure pas, je vous le promets.

— Messeigneurs ! s'écria le jeune Vargas, à l'œuvre, et convenons de nos moyens. Il s'agit de délivrer don Manuel Argoso ou de périr. Voici un aide que le ciel nous envoie, ajouta-t-il en désignant José.

— Dieu change le mal en bien, répondit José.

— Êtes-vous fou? dit tout bas don Ximenès à Estevan; voulez-vous nous livrer à cet inquisiteur?

— Dieu change le mal en bien, répéta Estevan ; eh bien! il a plu à Dieu de changer cet inquisiteur en une bonne et compatissante créature qui nous servira de tout son pouvoir... Soyez tranquille, don Ximenès, et ne craignez rien. Voyons, maître, poursuivit-il en se tournant vers Mandamiento qui attendait dans un coin le résultat de ce conciliabule, êtes-vous prêt à mettre à ma disposition toutes vos forces?

— Senor, cela dépend, répondit le maître ; nos forces peuvent être plus ou moins considérables, selon l'exigence des mandataires et le salaire offert à la confrérie.

— Il n'est pas question de salaire, je payerai généreusement.

— Notre frère Coco a parlé, je crois, de deux cent mille réaux, ajouta Mandamiento.

— N'est-ce point assez, maître? et ne pouvez-vous pour cette somme mettre en campagne trois ou quatre cents personnes?

— Où voulez-vous qu'il les trouve? observa tout bas don Ximenès.

— Il en trouverait vingt mille au besoin, dit José.

— Eh bien! maître, cela se peut-il? reprit Estevan.

Le maître réfléchit quelques instants ; enfin il répondit :

— Cela se peut, senor caballero ; mais il faut ajouter vingt mille réaux pour les frais de déplacement, car je serai obligé de faire venir des frères des villes environnantes [1].

— Je donne les vingt mille réaux, moi! s'écria don Ximenès de Herrera.

— En ce cas, dit Mandamiento, vos seigneuries veulent-elles me faire cette promesse par écrit? Moi, je vais inscrire la commande sur les registres de la confrérie.

— A cela ne tienne, dit Estevan.

Le maître prit alors dans son registre une feuille de vélin, et présentant la plume à don Estevan :

— Ecrivez, senor caballero, lui dit-il.

Estevan écrivit :

« Moi, Estevan, comte de Vargas, je m'engage d'honneur et promets de payer à Mandamiento, maître de la confrérie de la Garduna, la somme de deux cent vingt mille réaux, le lendemain de l'auto-da-fé royal qui aura lieu le 4 de juin de la présente année.

« Fait à Séville, le 27 de mai de l'année 1534.

« ESTEVAN, comte de VARGAS. »

Et plus bas, don Ximenès écrivit :

« Je m'oblige et m'engage d'honneur à payer ladite somme au senor Mandamiento, à défaut de don Estevan de Vargas, le lendemain du jour indiqué ci-dessus.

« XIMENÈS DE HERRERA. »

— On ne sait pas ce qui peut arriver, dit-il à Estevan, souffrez que je sois votre caution.

— Cela suffit, messeigneurs. Maintenant, à moi de prendre note de votre commande, continua le maître.

Et il écrivit sur son registre :

---

[1] J'ai dit, note 1, page 357, que la Garduna avait un chef auquel tous les chefs de province obéissaient. Les chefs de province eux-mêmes étaient également obéis par les chefs de district. Encore fois, la Garduna était organisée beaucoup mieux que quelque administration que ce fût de cette époque et si bien organisée que, détruite en Espagne en 1822, elle est allée se réorganiser dans l'Amérique du Sud où elle existe en ce moment. Au Brésil, dans la Colombie, dans la république argentine, au Pérou, à la Havane et au Mexique on peut faire assassiner un homme pour quelques dollars. Seulement les héros gardunos d'outre-mer sont des mulâtres et des nègres libérés, au lieu d'être des Gitanos ou des Mauresques.

« Commande faite à la confrérie de la Garduna pour le senor don Estevan de Vargas, le 27 de mai 1534 :

« 1° Disposer en faveur dudit seigneur de quatre cents personnes de la Garduna, tant postulants et chivatos que guapos, goberteras et serenas qui tous, dans leur genre, sont également utiles à la confrérie et concourent à sa prospérité;

2° Les disposer le jour de l'auto-da-fé prochain, de manière à obscurcir le grand inquisiteur... »

— Effacez; je n'ai pas dit cela, interrompit Estevan; vous l'enlèverez seulement : pas de meurtre, senor Mandamiento.

— Non certes, dit à son tour José; tu l'enlèveras, entends-tu, et tu le conduiras dans les caveaux creusés sous ton repaire. Garde-toi de le tuer, au moins, ajouta-t-il avec animation.

— Effacez, effacez le mot ʿobscurcir, ajouta Estevan.

Le maître feignit de biffer le mot obscurcir du bout de sa plume sans encre; il avait eu soin de l'essuyer sur sa veste sans qu'on s'en aperçût.

Il reprit.

« Les disposer de manière à pouvoir enlever le grand inquisiteur et délivrer sa seigneurie l'ancien gouverneur de Séville, injustement condamné par l'inquisiteur.

« Et après l'avoir délivré, conduire le gouverneur à la Garduna pour le remettre entre les mains de don Estevan de Vargas. »

— Ou entre les miennes, interrompit José.

— C'est sa seigneurie qui commande, dit le maître.

— Oui, oui, fit Estevan, écrivez : « ou entre les mains de sa seigneurie don José, aumônier de Son Éminence le grand inquisiteur. »

— Est-ce tout ? continua Mandamiento.

— Cela suffit, je crois, dit don Rodriguez; bien entendu, senor Mandamiento, que rien ne sera négligé par vous pour le succès de cette entreprise.

— Senor caballero, répondit le capataz d'un ton suffisant, comptez-vous pour rien notre honneur et notre réputation qui seraient compromis par un échec de cette nature ?

— Ajoutez, dit José :

« Retenir le grand inquisiteur dans les caveaux de la Garduna, jusqu'à ce que don José permette à Mandamiento de le mettre en liberté. »

— Inutile, répondit le maître; quand j'aurai fait de l'inquisiteur ce que j'en dois faire, votre seigneurie en disposera à son gré.

— Je me charge de lui, moi, dit Manofina, qui, par respect pour la noble assemblée, était jusque-là resté muet aissi que sa compagne.

— Je te donnerai des instructions là-dessus, fit Mandamiento en lui jetant un coup d'œil significatif.

— Bien, bien, maître, vos instructions seront suivies.

— Maintenant, messeigneurs, dit Valero, à nous le reste.

— Jusque-là, dit à son tour José, silence et discrétion absolue.

— Le jour de l'auto-da-fé, ajouta don Ximenès, trouvons-nous avec nos amis aux avenues de la place.

— Mes gardunos n'ont rien à faire avec vous, dit Mandamiento; croyez-moi, messeigneurs, ne vous en mêlez pas. Il s'agit d'enlever le gouverneur, n'est-ce pas? je m'en charge; mes guapos et moi ferons l'affaire.

— Cependant, dit Estevan, si une mêlée venait à s'engager, faut-il encore que nous puissions vous aider au besoin.

— C'est inutile, messeigneurs : préparez

seulement le peuple, non pour qu'il nous aide, mais pour qu'il nous laisse faire, cela suffira.

— Une révolte générale aurait sauvé toutes les victimes.

— Hélas ! ce garduno a peut-être raison, dit le jeune Vargas en soupirant, peut-être devons-nous le laisser faire.

— Oui, il a raison, dit José; une révolte nouvelle n'aboutirait en ce moment qu'à redoubler les cruautés de l'inquisition et à augmenter le nombre des victimes. Croyez-moi, les précautions sont prises pour se défendre au besoin, des troupes nombreuses sont prêtes, et ce n'est pas le jour de lancer ce pauvre peuple, qui après tout, est toujours la victime dans une insurrection. Il s'agit de sauver le gouverneur ; usons de ruse et non d'audace, ce n'est pas le moment. Oubliez-vous que l'empereur Charles-Quint doit assister à l'auto-da-fé et qu'une milice nombreuse l'accompagne !

— Don José a raison; ajouta don Ximenès de Herrera, une révolte ce jour-là ressemblerait à une conspiration contre le roi, et c'est l'inquisition seule que nous voulons attaquer.

— Eh bien ! messeigneurs, que décidons-nous ? demanda Valero.

A ce moment on frappa un grand coup à la porte de la salle.

Tout le monde tressaillit.

Mandamiento, sans se troubler, poussa une colonne mobile qui, en tournant sur elle-même, découvrit une ouverture donnant sur une autre pièce faiblement éclairée : c'était le cabinet du capataz.

— Entrez tous là, dit le maître.

Ils obéirent. Mandamiento replaça la colonne et courut vers la porte.

Il ouvrit.

C'était la Chapa.

Elle se précipita tout éplorée dans la salle.

— Qu'est-ce donc, Chapica ? dit le maître; est-ce que ta maison brûle.

— Où est mon frère ? demanda-t-elle en tremblant.

Mandamiento rouvrit la cachette.

— Ne craignez rien, messeigneurs, dit-il, il n'y a pas de danger, vous pouvez sortir.

Tout le monde rentra dans la salle.

— Oh ! messeigneurs, s'écria la Chapa, si vous saviez quel malheur vient d'arriver !

Et la Gitana, suffoquée par ses larmes, ne pouvait parler.

— Qu'est-ce donc? firent-ils tous à la fois.

— L'apôtre ! messeigneurs ! le père de Séville...

— Eh bien ! achève.

— Arrêté! arrêté par l'inquisition ! poursuivit-elle d'une voix entrecoupée de sanglots.

— O Dieu vengeur ! s'écria Estevan.

— Ils l'ont arrêté au sortir du sermon, continua la sœur de Coco, sous le prétexte qu'il avait prêché des hérésies.

— Eh bien ! don Estevan, fit Valero, ménagez donc le doux Pierre Arbues ! ménagez le roi qui permet de telles iniquités !

— Don Rodriguez, notre tour viendra, répondit Estevan ; la force de l'homme consiste à savoir attendre.

— Maître, dit-il à Mandamiento, vous agirez seul avec vos gardunos, vous enlèverez l'inquisiteur et don Manuel Argoso.... Nous, messeigneurs, ajouta-t-il, songeons à préparer le peuple ; il sera facile de le gagner à une cause pareille qui est la sienne.

— N'oubliez pas de vous assurer de la personne de Pierre Arbues, ajouta José.

— Que Votre Révérence soit tranquille, répondit Mandamiento, Son Éminence ne se sauvera pas.

Les choses ainsi arrêtées, les trois seigneurs et José sortirent ensemble du palais de la Garduna.

CHAPITRE XL

Le sermon au coin des rues.

On était au 4 juin de l'année 1534. Cinq heures du matin venaient de sonner.

La population de Séville s'était éveillée de meilleure heure qu'à l'ordinaire. Un grand événement tenait en suspens toutes les âmes :

C'était le jour de l'auto-da-fé.

Jour de fête solennel et sacré, où nul ne devait travailler, mais prier.

A cette heure, une troupe de jeunes gentilshommes, ayant à leur tête don Rodriguez de Valero, parcouraient les rues de Séville, causant entre eux d'un air de mystère, et arrêtant parfois les gens du peuple qu'ils rencontraient. Ils leur parlaient pendant quelques minutes ; puis les *manolos* s'éloignaient d'un air pensif et préoccupé, comme s'ils eussent reçu une importante et grave confidence.

La physionomie des caballeros était sombre et préoccupée ; il marchaient deux à deux, s'arrêtant quelquefois en cercle pour se communiquer une idée ; puis ils reprenaient le cours de leur promenade et continuaient leur propangande populaire, but unique de cette excursion matinale.

Quelque chose de mystérieusement terrible, comme ces sourdes convulsions de la nature qui précèdent l'orage, agitait le peuple de Séville.

Cette journée sinistre était grosse de révolte et de bruit.

Profondément exaspérés par les insinuations de Valero, d'Estevan et de leurs amis, séduits jusqu'au saint tribunal par l'éloquence insidieuse de José qui, de son côté, avait, ainsi que l'avait dit Valero, manœuvré dans les ténèbres, le peuple de Séville, presque tout composé de marranos, de mauresques ou de juifs en apparence convertis, le peuple attendait avec une colère concentrée le jour de l'auto-da-fé royal. Las des persécutions odieuses qui pesaient sur lui, las de sa longanimité qui n'avait servi qu'à augmenter l'audace et la cruauté de ses oppresseurs, il était dans cet état d'exaspération où la plus légère étincelle suffit à l'embraser, à le pousser terrible et furieux comme la flamme de l'incendie contre les obstacles qui l'irritent.

Tel avait été le résultat obtenu par l'adroit Valero. En ce moment pouvait se réaliser pour lui la prédiction qu'il avait faite quelques jours auparavant en sortant de la taverne :

— « Ce peuple fera maintenant ce que je voudrai. »

Valero avait été aidé dans ses menées par les jeunes seigneurs qui l'accompagnaient en ce moment, âmes ardentes et chaleureuses, éprises de cette grande et sublime chose qu'on appelle la Liberté, fille du ciel si souvent incomprise ; l'homme n'adore-t-il pas souvent à sa place une idole creuse et fardée, œuvre imparfaite de ses propres mains ?

Mais ces grands cœurs espagnols n'adoraient point un vain mot, une fallacieuse image ; c'était bien la liberté, fille du ciel, qui était l'objet de leurs aspirations et de leurs vœux ; la liberté protectrice et tolérante ; cette vierge sublime, sœur de la charité chrétienne qui couvre comme elle les pauvres et les petits des plis de sa blanche tunique, qui les nourrit, qui les console, qui souffle de son haleine divine sur les ailes du génie abbatu et découragé en lui disant : Marche ! marche ! je suis là pour te frayer la route et pour te soutenir. Vierge céleste, amante des grands cœurs de tous les âges, c'était elle qui animait ces fiers chevaliers espagnols qui, durant si longtemps, luttèrent contre le tigre inquisitorial : sublimes figures, types de noblesse, de courage et de force, immortalisés par le pinceau de Murillo et de Velasquez.

— Courage, courage, mes amis, disait Valero, nous arrivons au but ; cette journée, quoi qu'en dise don Estevan, ne sera pas inféconde pour le bonheur de l'Espagne.

— Ah ! répondit Estevan, que ne puis-je faire passer dans le cœur du peuple la conviction qui m'anime, et le rendre en un jour ce qu'il sera, je l'espère, dans quelques siècles, libre et heureux ! Une seule chose m'afflige... Ce peuple, bon, naïf et crédule, à qui on a dit : vous protégerez aujourd'hui ceux qui vont sauver votre ancien gouverneur, ce peuple croit, par ce seul fait, faire un grand pas vers la liberté... et il ne fait que servir un intérêt tout personnel.

— Redoubler la haine du peuple pour ses oppresseurs, dit don Ximenès, c'est déjà le servir ; c'est le préparer pour cette grande et générale révolte qui, plus tôt ou plus tard, aura lieu contre un pouvoir inique et impitoyable. Dans le grand procès d'un peuple contre ses oppresseurs, toute cause particulière est liée à la cause commune.

Comme ils parlaient ainsi, ils se trouvèrent arrêtés dans la rue par un groupe de moines mendiants à moitié ivres.

Ces moines sortaient d'une taverne où ils avaient passé la nuit.

Plusieurs d'entre eux étaient jeunes, et leurs visages basanés et luisant portaient l'empreinte de la gourmandise et l'insouci des biens terrestres.

Qu'avaient-ils besoin de s'en mettre en peine ?

Tout le monde travaillait pour eux.

Ces moines étaient bruns de visage ; leur cou nerveux et leur allure un peu dégingandée accusaient la vigueur et la liberté des races du désert, d'où sont venus les Andalous et les Valenciens. Ce type s'est conservé jusqu'à nos jours ; mettez un burnous à un moine espagnol, vous aurez un Bédouin.

Ils avaient des vêtements sodides, des mains sordides, et tout ce qui se voyait de leur personne témoignait de l'absence complète de tout soin extérieur.

L'expression de leurs yeux, à la fois audacieuse et ambiguë, effarouchait la pudeur et inspirait la crainte.

Leur barbe noire ou grise ressemblait à un buisson ; elle était en outre toute constellée de grains d'ellébore, poudre fine et rougeâtre dont on usait alors en guise de tabac, qui ne fut connu que plus tard sous Catherine de Médicis. Cette poudre d'ellébore est appelée aujourd'hui tabac d'Espagne.

Les moines en faisaient une énorme consommation.

Toutefois, ils savaient au besoin parer les *dehors de la coupe et du plat*, jeter un épais et vaste manteau d'hypocrisie sur la turpitude de leur âme.

Quoiqu'un peu ivres, à mesure que l'air frais arrivait à leur visage, ils reprenaient toute leur raison et se grimaient pour la circonstance.

Il y avait beaucoup de monde dans la rue.

— Mes frères, dit le plus âgé des moines, c'est aujourd'hui jour d'auto-da-fé ; nous ne pouvons choisir une meilleure circonstance pour propager la sainte foi catholique. Arrêtons-nous ici, je vais exhorter le peuple.

En parlant ainsi, le moine désignait une

large borne plate, adossée à une maison et surmontée d'une niche où la dévotieuse générosité des habitants de la maison avait placé une statue de la Vierge, devant laquelle elle entretenait constamment un luminaire.

Le moine monta sur la borne, fit un grand signe de croix, pria quelques instants devant l'image; puis, se tournant vers la foule qui s'était groupée autour de lui, il la bénit et se prépara à commencer son sermon en plein air.

A ce moment, Valero l'interrompit :

— Moine ! lui dit-il, tu devrais attendre d'avoir dormi pour prêcher, au lieu de venir ici, après une nuit de débauche, profaner la parole de Dieu. Ne sais-tu pas que tout ce qui passe par des lèvres impures devient impur ?

Le moine regarda avec une indicible colère celui qui osait l'apostropher ainsi.

— Ne faites pas attention, mon révérend, dit un des autres moines, c'est Valero le fou; il a le droit d'insulter tout le monde.

— Que fais-tu ici à cette heure ? poursuivit-il en s'adressant au vieux seigneur.

— Je viens voir comment les scribes et les pharisiens sont assis dans la chaire de Moïse [1], répliqua sévèrement Valero.

— Misérable fou ! te tairas-tu ? s'écrièrent les moines.

Valero continua d'un ton prophétique en regardant le peuple, émerveillé de tant d'audace :

— Toutes les choses qu'ils vous disent d'observer, observez-les et les faites, mais non leurs œuvres, car ils disent et ne font pas [2].

— Te tairas-tu ? répéta le prédicateur.

— Laissez-le, fit le peuple, laissez-le parler.

Valero poursuivit sans se déconcerter :

[1] Saint-Mathieu.
[2] Id.

— Ils lient ensemble des fardeaux insupportables, et les mettent sur les épaules des hommes : mais ils ne veulent point les remuer de leur doigt [1].

— Mes frères, commença le prédicateur, en ce jour de glorification pour Notre-Seigneur, où l'Église triomphante remporte la victoire sur les hérésies qui désolent la terre...

— Serpents ! race de vipères ! interrompit Valero, vous faites mourir les justes et les prophètes : et le sang des justes et des prophètes retombera sur vous [2]!

Ces mots énergiques empruntés à l'Évangile eurent un immense écho dans le peuple. Il était bien peu de gens dans cette foule qui n'eussent au cœur une plaie vive que ces paroles remuaient profondément. Un sourd murmure gronda autour des moines, et si on ne les hua pas, c'est qu'en ce moment une intime tristesse se mêlait au mépris et à la colère du peuple ; il sentait le besoin de se venger, mais de se venger grandement, comme il le fait quelquefois quand on a comblé la mesure.

— Rodriguez de Valero oublie les fredaines de sa vie passée, dit le prédicateur avec sarcasme.

— Rodriguez s'est repenti, et Dieu lui a pardonné, répliqua le vieux seigneur ; mais vous avez la conscience du mal, et cependant vous persévérez dans le mal. Prenez garde ! la colère de Dieu se fait quelquefois attendre, mais elle est sûre; aussi vous irez tous là où il y a des pleurs et des grincements de dents [3].

— « Le vin et les femmes ne font jamais d'hérétiques [4], » dirent les moines en mauvais latin : l'enfer est pour les hérétiques.

— Allez ! leur cria Valero, dépositaires

[1] Saint-Mathieu.
[2] Id.
[3] Id.
[4] Maximes des moines pendant les disputes du catholicisme et du protestantisme.
(Meiner, *Histoire de la Réformation*.)

Les remords de Pierre Arbues.

infidèles de la loi du Christ, vous dont le cœur est plein de rapine et d'intempérance; allez tondre les brebis que le bon pasteur portait sur ses épaules, pour vous enrichir de leurs dépouilles. Allez, vampires! sucer dans l'ombre le sang de ceux qui sont plongés dans le sommeil.

— Le fou est le plus raisonnable de nous tous, dirent quelques gens du peuple.

— Ces moines sont ivres, ajoutèrent quelques autres; allons-nous-en d'ici.

Le groupe de manolos et de manolas qui s'était formé autour du prédicateur s'éclaircit soudainement et se dispersa dans les rues.

Les moines se voyant privés d'auditeurs s'éloignèrent en murmurant entre leurs dents, et en jetant des regards de haine à celui qu'ils appelaient le fou.

L'horloge de la cathédrale sonna huit heures.

Un grand tumulte se fit dans la foule qui encombrait les rues, le peuple se porta vers le palais de l'inquisition.

On remarquait un grand nombre d'hommes qui ne se perdaient pas de vue, bien qu'ils n'y missent aucune affectation, seulement ils échangeaient entre eux des regards d'intelligence.

Quelques-uns s'abordaient en prononçant à voix basse ces deux mots :

« Dieu et liberté. »

Tous ces gens-là étaient du complot.

Ils se glissaient entre les autres, s'aidant des coudes pour se frayer un passage ; et lorsqu'on arriva devant le palais de l'inquisition, ils étaient parvenus à se trouver en tête de la foule avide et curieuse de ces lugubres tragédies si souvent renouvelées, dont on la repaissait comme d'un spectacle.

Les charbonniers ouvraient la marche. Ils étaient au nombre de cent ; chacun d'eux était armé d'une pique et d'un mousquet [1].

Venait ensuite une grande croix blanche, bannière des enfants de Saint-Dominique-de-Guzman, portée par un religieux de l'ordre ; puis les dominicains eux-mêmes, revêtus de leurs longues tuniques et du manteau *pie*. Sur leur poitrine, au milieu du scapulaire noir qui tombait jusqu'à leurs pieds, brillait une grande croix blanche [2] ; un long rosaire pendait à leur ceinture.

Cette milice *sacrée* était innombrable ; les dominicains pullulaient en Espagne.

A leur suite marchait le duc de Médina-Cœli. Il portait, suivant le privilége accordé à sa famille, le grand étendard de la foi [1]. C'était une bannière de damas rouge pourpré, sur laquelle on avait brodé d'un côté les armes d'Espagne, de l'autre une épée nue entourée d'une couronne de laurier, avec cet exergue : *Justicia et misericordia*.

Après le noble duc, venaient les grands d'Espagne et les familiers *avoués* de l'inquisition. Ces derniers étaient en grand nombre. Le pouvoir le plus inique a toujours de nombreuses créatures : la terreur et l'intérêt personnel sont de si grands véhicules ! et l'égoïsme est la lèpre de l'humanité.

La foule regardait en silence défiler le cortége. Les moines et les familiers mar-

---

[1]. Les *charbonniers ouvraient la marche*. Les charbonniers des villes où il y avait un tribunal inquisitorial avaient le droit de faire partie du cortége qui formait les processions dans les auto-da-fé ; mais ce droit leur imposait un *devoir*, ou pour mieux dire il n'était qu'une manière tout inquisitoriale d'acquitter les factures de bois que le saint office employait à brûler les hérétiques : les charbonniers de toutes les villes où l'inquisition avait établi des bûchers devaient fournir *gratis* tout le bois nécessaire pour les auto-da-fé. On voit que la sainte inquisition comprenait ses intérêts.

[2]. Le costume des dominicains, que beaucoup de personnes ont confondu avec celui des carmélites et des trinitaires, était comme celui de ces ordres, c'est-à-dire tunique blanche, scapulaire et manteau noirs, capuchon rond et noir doublé de blanc. Les dominicains se distinguaient néanmoins par la croix que plusieurs de ces ordres portent sur leurs scapulaires. Cette croix est de drap blanc et rouge pour les trinitaires ; rouge et blanche, c'est-à-dire le tronc rouge et les bras blancs pour les mercenaires, et blanche pour les dominicains. Les carmélites ne portent pas de croix.

[1]. Ce n'était pas assez pour l'inquisition d'abrutir le peuple, de le réduire à la mendicité, d'en faire un troupeau d'esclaves, elle ne se contentait pas de si peu, elle a tout fait pour le rendre infâme. Pour y réussir, l'inquisition commença par parler et agir au nom de Dieu, puis elle exigea que chaque citoyen devînt un espion ; mais les Espagnols refusèrent de s'avilir à ce point ; ils aimaient mieux se laisser brûler comme des hérétiques que d'accepter l'ignoble rôle de dénonciateur. Alors l'inquisition, toujours féconde en expédients lorsqu'il s'agissait de faire le mal, trouva moyen d'ennoblir et de *sanctifier* la délation. Elle fit accorder par les papes force indulgences à ceux qui auraient la *vertu* de dénoncer au saint office les ennemis de la foi ; l'indulgence plénière, et même le ciel, étaient offerts à quiconque, le cas échéant, serait assez *bon chrétien* pour dénoncer son parent, son propre fils, son propre frère, et même son père et sa mère : outre les indulgences que l'inquisition obtint du pape pour les dénonciateurs, elle demanda aux rois qui n'osèrent les refuser, des privilèges et des honneurs pour leurs familiers. C'est ainsi que Charles-Quint exempta de toute charge municipale et de toute corvée, et enfin de tout impôt, toute personne qui aurait dénoncé *dix* hérétiques, mauresques, apostats ou judaïsants, ou qui se ferait enrôler dans la milice du Christ, c'est-à-dire qui se ferait familier. Enfin, il arriva un temps où un grand seigneur eût été considéré comme suspect s'il n'avait appartenu directement ou indirectement à l'inquisition ; puis, appartenir à l'inquisition était le plus sûr moyen de conserver sa fortune. L'inquisition porta si loin son audace, qu'elle demanda et obtint, pour la maison de Médina-Cœli, du pape Adrien, ex-inquisiteur général d'Espagne, *l'honorable* titre de porte-étendard de la foi, et le privilége de porter cet étendard sinistre dans les auto-da-fé solennels, c'est-à-dire dans ceux auxquels le roi *se faisait l'honneur* d'assister. La maison de Médina-Cœli était et est encore aujourd'hui celle qui est le plus près du trône ; faute de prince du sang, c'est à l'aîné des Médina-Cœli que reviendrait la couronne.

chaient humblement, tête baissée, marmottant du bout des lèvres les sublimes prières de l'Église du Christ, devenues banales et inexpressives en passant par la bouche impure de ces hommes au cœur glacé. Ils connaissaient à fond le formulaire des dévots ; mais des pratiques de la vraie piété, rien !... c'était pour eux lettres closes, et ils ne s'en inquiétaient guère.

Malgré lui, le peuple restait muet et terrifié en présence de ces pompes de la mort.

Bientôt les condamnés parurent ; ils étaient au nombre de cinquante.

Ils marchaient pêle-mêle, hommes et femmes, vieillards et enfants, sans distinction de rang ni de sexe.

En tête étaient placées les victimes condamnées à de légères pénitences ; celles-là étaient revêtues d'un *san benito* de toile, avec une grande croix de Saint-André en drap jaune, sur la poitrine. Leur tête était découverte, et leurs pieds nus se meurtrissaient aux aspérités du chemin.

L'attitude de ces pauvres malheureux était triste et humiliée ; ils sentaient que, bien qu'ils eussent échappé à la mort, l'inquisition, en les marquant du doigt, les vouait à une éternelle infamie. N'osant détruire leur vie matérielle, elle annihilait leur vie morale ; et on appelait cela de *légères pénitences* [1].

Derrière les premières victimes, venaient les condamnés aux galères, au fouet et à l'emprisonnement [2].

Après ceux-ci, marchaient les condamnés au feu qui, grâce à un aveu tardif, avaient obtenu la faveur de la strangulation. Ils portaient un *san benito*, lequel était peint de diables et de flammes renversés.

Leur tête était couverte d'une *coroza* [1] haute de trois pieds.

Ceux qui devaient être brûlés vifs marchaient les derniers. Leur *san benito* était aussi couvert de figures diaboliques, mais avec des flammes ascendantes. Ils portaient également la coroza.

Chaque condamné, quel qu'il fût, avait à la main un cierge de cire jaune.

Ceux qui étaient voués à la mort étaient escortés par deux familiers et deux religieux. Ils étaient généralement maigres, pâles, livides ; plusieurs d'entre eux ne pouvaient marcher qu'avec l'aide des religieux et des familiers qui les portaient plutôt qu'ils ne les soutenaient.

C'était une procession d'agonisants allant au-devant de la mort.

Parmi ceux-là, l'infortuné Manuel Argoso venait le dernier.

Brisé dans tous ses membres, affaibli par ses douleurs morales, par le régime du cachot, par la torture de l'eau, à la suite de laquelle plusieurs vaisseaux s'étaient rompus dans sa poitrine et avaient provoqué des vomissements de sang, Manuel Argoso ne marchait pas ; ses pieds, brûlés jusqu'aux nerfs, étaient hors d'état de le soutenir. Il était porté par deux familiers. Deux moines dominicains qui l'aidaient aussi à marcher,

---

1. Le lecteur sait déjà que toute personne qui était condamnée à porter un *san benito*, demeurait éternellement inapte à tout emploi civil et à toute fonction publique, et que cette inaptitude s'étendait à toute sa postérité !!!

2. Ceux que l'inquisition *pénitenciait* légèrement et condamnait à porter le san benito, étaient, après l'auto-da-fé, conduits à une maison ou à un couvent où l'on avait la prétention de les instruire, *afin de* fortifier leur foi, et quelques mois après on leur rendait la liberté, après leur avoir fait jurer sur l'Evangile de ne jamais révéler *ni par écrit, ni de parole, ni au moyen de figures*, ce qu'ils avaient vu dans l'intérieur de l'inquisition. Il n'en était pas ainsi des malheureux condamnés au fouet ou aux galères. Les premiers restaient souvent dans les prisons du saint office, où ils mouraient ; les derniers étaient oubliés généralement dans les présidios ou bagnes ; encore, dans les bagnes, le san benito qu'ils portaient les rendait-il l'objet du mépris de leurs compagnons d'infortune ; car pas un assassin, pas un faussaire, pas un des misérables qui avaient mérité la corde et qui, grâce à la vénalité d'un escribano, était allé aux galères, n'eût voulu s'associer ni être accouplé avec un *ensambenitado* (qui porte un san Benito).

1. Voyez note 1, page 6.

l'exhortaient d'une voix doucereuse à se convertir; mais le malheureux comte de Cevallos semblait avoir perdu jusqu'au sentiment de l'existence.

Son visage terreux et livide portait déjà la couleur de la tombe, et ses yeux ternes, fixes, inexpressifs, avaient cette direction oblique que prennent les yeux des mourants, au moment où, prêts à quitter la terre, ils tournent leurs regards vers une autre patrie.

Qui peut sonder les mystères de l'agonie et de la mort, de cette lutte suprême entre la forme terrestre et l'homme immatériel?

A la vue de leur ancien gouverneur, de cet homme juste, doux et charitable qu'ils avaient aimé comme un père, les gens du peuple, natures chaleureuses et sensibles comme tout ce qui est primitif, se sentirent émus et attendris jusqu'aux larmes; mais ils n'osaient en témoigner tout haut leur compassion. Plusieurs baissaient la tête sur leurs mains jointes, ayant l'air de prier pour cacher des larmes involontaires.

Au moment où les condamnés au feu sortirent de la prison, les gardunos, confondus dans la foule, armés d'un rosaire d'une longueur *très-édifiante*, et ayant à leur tête Mandamiento, se rangèrent en procession aux deux côtés des victimes et suivirent dévotement le cortège en priant avec ferveur. Deux guapos forts et robustes se tinrent près du gouverneur; plusieurs chivatos marchèrent devant et derrière eux en priant et en donnant tous les signes extérieurs de la plus profonde piété.

Un grand nombre de gardunos s'étaient mêlés parmi les gens du peuple; ceux-ci, préparés par Estevan et ses amis, se prêtaient à leur insu à ce complot mystérieux; ils s'écartaient d'eux-mêmes, sans rien dire, chaque fois qu'un garduno avait besoin d'aller ou de venir librement selon le poste qu'il voulait occuper : c'était comme par une convention tacite.

A mesure que défilait la procession, de nouveaux gardunos se glissaient des deux côtés et faisaient dévotement corps avec elle.

Enfin parurent les dernières victimes, celles qui, après tout, défiaient la torture et les flammes, les morts [1] !...

A ceux-là mêmes on n'avait pas voulu laisser la paix de la tombe. Ne pouvant brûler leur chair, on brûlait leurs ossements et leur effigie. Ils étaient enfermés dans des coffres; et des statues en carton, images de ceux qui n'étaient plus, étaient portées au lieu du supplice pour être livrées au bûcher.

L'inquisition fût allée chercher ses victimes en paradis ou en enfer, pour satisfaire sa *sainte* vengeance !

Tout le temps qu'avait duré le passage des martyrs, un profond et religieux silence avait régné dans la foule; elle suivait d'un œil avide, attendri, leur marche lente et pénible. C'était triste et horrible à la fois, de voir ces moines impies ou fanatiques, un crucifix dans les mains et des paroles de paix sur les lèvres, exhortant les victimes de leur barbarie, au nom de celui qui, sur la croix, pardonna à ses bourreaux.

Oh ! comme en ces temps odieux de fanatisme et d'oppression religieuse, s'accomplissaient ces prophétiques paroles de l'Homme-Dieu :

« Je ne suis pas venu apporter la paix sur la terre, mais l'épée [2]. »

C'est que le divin réformateur savait tout ce que ses disciples de tous les âges auraient à souffrir des *scribes* et des *pharisiens*, race impure qui se perpétue par l'affiliation

---

[1]. L'inquisition faisait brûler les ossements de ceux qu'elle laissait mourir dans les cachots.
[2]. Mathieu.

et non par la *création*, et se repaît, comme les vers du sépulcre, de cadavres...

Bientôt un grand piétinement de chevaux annonça la présence des inquisiteurs.

Les conseillers de la Suprême, les inquisiteurs ordinaires, et les membres du clergé formant une immense cavalcade, venaient à la suite des martyrs.

Le grand inquisiteur fermait la marche, escorté de ses gardes du corps.

José se tenait à quelques pas devant lui.

A mesure que défilait la cavalcade, quelques gardunos s'échelonnaient aux deux côtés, toujours marmottant et priant en égrenant lentement leur rosaire.

Au moment où passa le grand inquisiteur, Manofina, suivi de sa fidèle Culevrina, se mit humblement à marcher à côté de lui en priant avec plus de ferveur encore que les autres.

Quelques instants après un aboiement prolongé se fit entendre ; c'était le signal qui devait avertir Mandamiento que la procession était entièrement sortie.

Alors le maître, qui était le point de mire des gardunos, fit un grand signe de croix et baisa la médaille de son rosaire.

A peine avait-il fait ce signe convenu la veille dans un ordre du jour, que les deux guapos qui se tenaient près du gouverneur, écartèrent violemment les familiers qui le portaient, enlevèrent Manuel Argoso dans leurs bras de fer, pendant que les chivatos retenaient les familiers, et s'éloignèrent avec la rapidité de la foudre.

La foule s'écarta d'elle-même pour favoriser leur fuite; et les gardunos disparurent comme par enchantement dans les rues tortueuses de Séville.

Les religieux qui escortaient le gouverneur, ainsi que ceux qui avaient vu le coup, effrayés et craignant une révolte, jetèrent au loin le crucifix et voulurent s'enfuir à leur tour[1] ; mais la foule s'était refermée autour d'eux : il leur fut impossible de sortir.

Les gardunos s'étaient prudemment esquivés l'un après l'autre; le reste de la bande avait continué de prier en suivant la procession.

Le grand inquisiteur, trop éloigné, ne s'était aperçu de rien.

Un nouvel aboiement se fit entendre à quelques pas de Manofina.

Aussitôt le guapo, avec la rapidité d'un chacal, sauta sur la croupe du cheval qui portait le grand inquisiteur, frappa Pierre Arbues de son poignard au milieu du dos, redescendit si lestement et s'éloigna avec une rapidité si grande, qu'il fut impossible de voir qui avait fait le coup[2]. La foule s'était écartée là aussi pour favoriser la fuite du guapo ; mais au moment où Manofina s'était glissé au bas du cheval, la Serena, saisissant vivement par le bras un sbire du saint office, se mit à crier : C'est lui, c'est l'assassin ! il a voulu tuer monseigneur le grand inquisiteur ! et elle le retenait de toute la force de ses petites mains nerveuses pour donner le temps à Manofina de s'éloigner.

Cet incident avait été si rapide qu'à peine ceux qui marchaient immédiatement devant l'inquisiteur avaient-ils pu s'en apercevoir. José seul, attentif à tout ce qui se passait, fronça le sourcil d'un air mécontent au moment où Manofina frappa l'inquisiteur.

Pierre Arbues, frappé d'un coup qui devait nécessairement être mortel, n'avait même pas chancelé.

---

1. Les moines espagnols formant la procession de la Fête-Dieu, en 1821, jetèrent par terre croix et bannières et se mirent à courir, en entendant le cri de « Sauve qui peut ! un taureau enragé ! » prononcé par quelques gamins.

2. Cette manœuvre du guapo est la même qu'employaient les Andalous pour tuer les cuirassiers français pendant la guerre de l'indépendance.

Les inquisiteurs et le clergé ne s'étaient retournés qu'aux cris de la Serena; ils s'empressèrent alors autour de Pierre Arbues.

Mais lui, fier et calme, les regardant avec un sourire de triomphe :

— Ce n'est rien, dit-il à ceux qui l'interrogeaient, un impie a voulu me tuer ; mais Dieu me protège, ajouta-t-il d'un air hypocrite, le poignard n'a percé que ma tunique.

Et il montra en effet une légère déchirure dans sa robe violette, qui seule témoignait de l'attentat de Manofina.

A cette vue, un éclair de joie rapide brilla dans le regard de José.

Et le peuple, ce pauvre peuple naïf et crédule, se reprit à vénérer celui que tout à l'heure il maudissait en son âme, car il crut à une intervention divine en faveur de son bourreau.

Le peuple ignorait que Pierre Arbues portait une cuirasse [1] sous ses vêtements.

Cependant les sbires avaient arrêté celui des leurs que Culevrina avait désigné comme l'assassin, et l'amante de Manofina se mêla alors à la foule des autres femmes qui priaient en suivant la cavalcade. Personne ne songea à la dénoncer, bien qu'on ne la crût pas étrangère à cette tentative d'assassinat sur la personne sacrée du grand inquisiteur de Séville ; puis l'action de Manofina avait été si rapide, que personne n'eût voulu croire le témoignage de ses propres yeux, et que plusieurs se disaient en eux-mêmes : « Celui que cette femme accuse est peut-être bien le coupable. »

Tout cela fut très-rapide ; l'ordre de la procession n'en fut pas troublé.

Seulement, un familier fut député à Son Éminence le grand inquisiteur, pour lui apprendre l'enlèvement du gouverneur.

A cette nouvelle, Pierre Arbues fronça le sourcil, mais ce fut tout.

— C'est bien, dit-il froidement, rien ne doit arrêter ni troubler cette auguste cérémonie. Marchons, il ne faut pas faire attendre Sa Majesté. Après l'auto-da-fé nous ferons rechercher et poursuivre les coupables.

La procession reprit sa marche, un moment interrompue.

Pendant ce temps, un moine dominicain était sorti avec les autres du palais de l'inquisition ; puis au lieu de suivre la procession, il se glissa dans la foule et gagna la rue où demeurait Juana. Arrivé devant la porte de la maison mauresque, il l'ouvrit avec une clef qu'il tenait à la main, entra et referma la porte sur lui.

Ce moine était Dolores.

José avait tenu sa promesse.

---

[1]. Pierre Arbues est un personnage parfaitement historique dont nous parlerons longuement quand il en sera temps ; ses cruautés ont fait souvent soulever le peuple contre lui. Craignant d'être assassiné, il portait en effet « une cotte de mailles sous sa veste, et une espèce de casque de fer sous son bonnet. » (*Histoire de l'inquisition*, IIIe partie, chap. XII.)

CHAPITRE XLI

L'auto-da-fé.

Pendant que la procession sortait du palais du saint-office, la *plaza Mayor*, où l'auto-da-fé devait avoir lieu, se remplissait peu à peu de monde.

Sur la plus large façade de la place, devant le palais ou plutôt la maison occupée par le roi et sa suite, qui appartenait au duc de Médina-Cœli, on avait dressé un échafaud de cinquante pieds de long, élevé jusqu'à la hauteur du balcon royal.

A droite de cet échafaud, et sur toute sa largeur, s'élevait un amphithéâtre destiné aux conseillers de la Suprême et aux autres conseils d'Espagne.

Au-dessus de ces degrés on voyait le fauteuil destiné au grand inquisiteur.

Ce fauteuil était beaucoup plus élevé que le balcon du roi. L'inquisiteur représentait le pouvoir *papal*, qui est *au-dessus* de toutes les puissances terrestres.

Un second amphithéâtre, destiné aux condamnés, s'élevait à gauche, en face du premier.

Au milieu, vis-à-vis le balcon du roi, il y en avait un troisième fort petit, sur lequel on avait placé deux cages où chaque condamné était enfermé pendant qu'on lui lisait sa sentence.

En face de ces cages on voyait deux chaires.

Au bas du premier amphithéâtre un autel était élevé.

Près de l'autel était plantée une croix verte entourée d'un crêpe noir [1].

Des balcons destinés aux ambassadeurs, aux grands de la couronne, et des échafauds pour le peuple, entouraient le reste de la place. De nombreux dominicains agenouillés sur le théâtre priaient avec une humble ferveur ; d'autres disaient des messes en se relevant, de manière à ce que le saint sacrifice fût célébré sans interruption. Ces moines étaient là depuis la veille, jeûnant et priant pour la rédemption de leurs victimes.

Chez ceux qui étaient de bonne foi, et le nombre en était bien petit, quel nom donner à un semblable fanatisme?

Au milieu de la place, sur un large et permanent échafaud de pierre, on pouvait compter quinze bûchers formés de bois résineux, de matières huileuses et de paille, pour que la combustion fût plus rapide.

Chaque condamné avait le sien : c'était le lit brûlant où devait se terminer sa terrible agonie.

Aux quatre coins de cet échafaud, quatre grandes statues de plâtre étaient posées là comme d'immobiles sentinelles. Autour de chacune de ces statues on avait élevé quatre tas de bois très-inflammable.

Ces apprêts de destruction étaient horribles.

L'endroit où s'élevaient les bûchers s'appelait le Quemadero.

L'empereur Charles-Quint occupait déjà le balcon royal. La tenue du roi était simple et sévère, mais élégante ; elle ne différait en rien de celle des seigneurs de sa cour. Cependant on le reconnaissait aisément à la couleur fauve de sa barbe, particularité remarquable qui distinguait le roi catholique d'Espagne, le fils de la maison d'Autriche, et qui lui était commune avec le dernier souverain de Grenade, Boabdil, le roi de l'Alhambra, qui versa des larmes si amères lorsque, dépouillé de son royaume et exilé de Grenade, il s'arrêta pour jeter un dernier regard sur sa ville chérie [1].

---

[1]. La veille de l'auto-da-fé, une procession composée de charbonniers, de dominicains et de familiers, partait de l'église de l'inquisition et se rendait sur la place où le lendemain devait s'accomplir la cérémonie ; arrivée là, elle s'approchait d'un autel élevé pour que les moines y pussent dire des messes pour l'âme de ceux qu'on allait livrer aux flammes ; et l'on plantait, à la gauche de cet autel, une croix verte entouré d'un crêpe noir. « Cette croix était un signe qui indiquait aux passants le deuil de l'Eglise pour la perte des âmes des hérétiques obstinés qu'on allait brûler. » Une fois la croix plantée, la procession, moins les dominicains, s'en retournait. Les moines passaient la nuit sur la place, à psalmodier et à dire des messes.

[1]. L'auteur fait allusion à Boabdil el Chico, dernier roi maure de Grenade, au moment où ce roi s'arrêta sur une colline en face de la ville, et se mit à verser des larmes, action que sa mère lui reprocha par ces paroles : « Pleure, comme une femme, le bien que tu n'as pas su défendre comme un homme ! » Le lieu où pleura Boabdil s'appelle, encore aujourd'hui, *El ultimo suspiro del Moro* (le dernier soupir du Maure). C'est de ce point qu'a été prise la vue de l'Alhambra et de

Charles-Quint aussi aima Grenade; on voit encore près de l'Alhambra le magnifique palais commencé par le vainqueur de Féz.

Un grand nombre de dames richement parées occupaient le balcon royal.

Les échafauds destinés au peuple se garnissaient rapidement. Après l'enlèvement du gouverneur, la foule, qui n'avait plus aucun intérêt de curiosité à rester près de la procession, s'était aussitôt portée vers l'endroit où elle pouvait espérer de satisfaire son goût naturel pour les spectacles et pour les exécutions : goût dépravé commun à tous les peuples, et que la civilisation seule, une civilisation bien entendue, aurait le pouvoir de faire disparaître en développant chez ces natures un peu sauvages les sentiments moraux aux dépens des instincts physiques.

Au moment où la procession arriva sur la plaza Mayor, Charles-Quint, malgré sa déférence pour le saint office, fronçait déjà le sourcil d'un air mécontent. L'incroyable activité d'esprit de l'empereur ne s'accommodait pas d'un retard.

Enfin il respira; la cérémonie allait commencer.

Les charbonniers se rangèrent sur le théâtre à la gauche du balcon royal. Les conseils de l'État occupèrent, selon l'ordre hiérarchique, les gradins qui leur étaient destinés.

Pendant ce temps les condamnés firent le tour de l'échafaud et, passant sous le balcon du roi, ils allèrent s'asseoir sur l'amphithéâtre de gauche. Les religieux et les familiers qui les accompagnaient restèrent auprès d'eux, continuant à les soutenir et à les exhorter.

Le duc de Médina-Cœli se plaça, selon son droit, sur le balcon royal.

Son gendre, le duc de Mondejar, membre du conseil de Castille, prit place parmi les conseillers.

La fille du comte, Isabelle, siégeait parmi les dames placées auprès de Sa Majesté; l'attitude de cette jeune fille était triste et affaissée; un chagrin profond la dévorait.

Enfin, le grand inquisiteur monta à son tour les degrés qui conduisaient à son trône, au-dessus du conseil de la Suprême, et s'assit avec une triomphante humilité sur le large fauteuil à crépines d'or qui lui avait été préparé; dominant ainsi les plus grands dignitaires du royaume et le roi lui-même, qui avait la bonté de le souffrir.

Bientôt un silence profond et morne régna dans cette foule immense.

Un prêtre dominicain, revêtu de ses ornements sacerdotaux, commença le sacrifice de la messe.

C'était un étrange spectacle.

Des moines de tous les ordres, milice innombrable qui formait à peu près le quart de la population, priaient humblement agenouillés; la foule, en ce moment sous l'influence d'un sentiment indéfinissable mêlé de terreur superstitieuse et de dévotion fanatique, la foule courbait la tête en se frappant la poitrine. Chacun tenait avant tout à se montrer zélé et dévotieux; il y avait tant de danger à ne pas le paraître!

La messe continua ainsi jusqu'à l'évangile.

A ce moment, tout le monde se leva.

Un moine dominicain monta dans une des chaires placées aux deux côtés des cages de bois élevées au milieu du théâtre. Dans la seconde se plaça le relateur du saint office, ou lecteur des jugements.

Alors le grand inquisiteur descendit de son fauteuil; arrivé au pied de l'amphithéâtre, José, son aumônier, posa une mitre d'or sur la tête de Pierre Arbues et le re-

---

Grenade, représentée dans la grande vignette intitulée *l'Alhambra*.

Le fouet.

vêtit d'une chape; puis l'inquisiteur s'avança jusqu'au balcon du roi. Quelques officiers le suivaient portant la croix, un livre d'évangiles, et un autre livre qui contenait la formule du serment que devait prêter le souverain.

Pierre Arbues franchit les premières marches de l'amphithéâtre jusqu'à la quatrième, de manière à être toujours placé plus haut que le monarque.

Là il s'arrêta et, d'une voix puissante et sonore, s'adressant à l'empereur catholique :

— Sire, s'écria-t-il, Votre Majesté juret-elle de protéger la foi catholique romaine, d'extirper les hérésies, et d'appuyer de tout son pouvoir royal les procédures de l'inquisition ?

Le fier empereur se leva debout, découvrit son front royal devant lequel se découvraient tous les autres fronts, et répondit d'une voix ferme et accentuée :

— Je le jure !...

Alors le grand inquisiteur se tournant vers l'assemblée et l'interpellant collectivement, s'écria de manière à être entendu à toutes les extrémités de la place :

— Vous tous, enfants de l'église de Rome, qui êtes ici présents, jurez-vous, chacun selon votre capacité et votre pouvoir, de défendre, de protéger la foi catholique, apostolique et romaine ; de poursuivre et de dénoncer les hérétiques, et de prêter votre secours à tous les actes de l'inquisition ?

— Nous le jurons ! nous le jurons ! répondirent en chœur des milliers de voix.

Presque toute la population de Séville était réunie sur la place ou aux environs.

— C'est bien ! c'est bien ! dit l'inquisiteur en faisant un geste de la main ; silence maintenant, et écoutez.

Pierre Arbues remonta lentement les gradins de l'amphithéâtre et reprit sa place sur son fauteuil.

Le dominicain qui devait prêcher fit un grand signe de croix et commença ainsi son sermon :

« Mes Frères,

« *Inquisitio superior regibus*, l'inquisition est supérieure aux rois, car le pouvoir du ciel est au-dessus des pouvoirs de la terre ; l'inquisition est la porte du paradis. L'eau vive en découle, et nous devons tous en arroser nos cœurs comme des terres sèches, faute de quoi le Saint-Esprit nous ouvrira la bouche comme à Balaam et à Caïphe. En effet, mes frères, l'inquisition est sainte et au-dessus des rois, *superior regibus*, car elle remonte à la création du monde et à l'origine de la tour de Babel. »

A ces mots, l'empereur fronça le sourcil, et il eut grand'peine à contenir l'indignation que lui causait ce burlesque sermon. Toutefois il ne dit rien, ne voulant pas s'aliéner le saint office. Il comptait en ce moment assez d'ennemis parmi les réformés, et ne voulait pas s'en créer de nouveaux parmi les catholiques. Ce n'était plus le temps où il répondait aux violences du pape par de plus grandes violences encore.

Il laissa donc le prédicateur continuer à son gré cette singulière apologie de l'inquisition, qui dura à peu près vingt minutes ; après quoi, la messe terminée, on commença la lecture des sentences.

Les deux premiers condamnés qui furent enfermés dans les cages de bois placées entre les deux chaires, étaient Françoise de Lerme, l'ancienne abbesse des carmélites, et le malheureux Herrezuelo que nous avons déjà vu figurer dans la même séance inquisitoriale que Françoise.

Herrezuelo, fort et courageux jusque dans la mort, refusa constamment les exhortations du confesseur qu'on lui avait donné, et lorsque, arrivé au milieu de la cage où il devait entendre sa sentence, le prêtre lui adressa de nouvelles sollicitations, il le repoussa doucement en lui disant avec amertume :

— Je vous abandonne le corps, laissez au moins l'âme tranquille.

Puis il entendit sa condamnation sans pâlir et retourna courageusement à sa place.

Il n'en fut pas ainsi de Françoise : cette pauvre fille sentit faiblir son courage en face du supplice, et comme elle était fort ignorante et incapable de discerner le faux et le vrai dans une religion, les premières impressions de sa jeunesse reprirent le dessus, ou peut-être cette nature physique, molle et sensuelle, éprouva-t-elle une frayeur trop grande du supplice atroce qu'on lui destinait. Arrivée dans la cage de bois, et au moment où le relateur prononçait ces mots, brûlée vive :

— Non, non ! pas vivante, s'écria la malheureuse abbesse; je me repens ; je veux mourir en bonne chrétienne.

— Dieu soit loué ! fit le grand inquisiteur en joignant les mains, voilà une âme de sauvée !

Ses entrailles ne furent pas émues de l'agonie de cette malheureuse femme qu'il avait perdue.

Deux nouveaux condamnés succédèrent aux premiers.

Un d'eux était un beau et noble jeune homme de Vérone. Issu d'une des premières familles d'Italie, il avait rendu d'éminents services à l'empereur Charles-Quint; savant et sage, de plus très-riche, il était ennemi né de l'inquisition.

Il se nommait don Carlos de Seso.

En passant devant le balcon royal, don Carlos jeta à l'empereur un regard où le reproche se mêlait à une profonde pitié. Ce regard semblait dire :

— Voilà pourtant celui qu'on nomme grand !...

Lorsqu'il fut agenouillé dans sa cage, il demanda de l'encre et du papier pour écrire sa confession. On s'empressa de le satisfaire. Un sergent de l'inquisition [1] lui apporta ce qu'il désirait. Après avoir écrit, don Carlos lut à haute voix ; mais, au grand désappointement des inquisiteurs, cette confession était calquée sur la célèbre confession d'Augsbourg [2].

— Assez ! assez ! s'écria l'inquisiteur pour forcer le courageux réformiste à se taire ; mais don Carlos poursuivit d'une voix éclatante :

— Je déclare que je veux mourir dans la religion de Luther qui est la véritable foi de l'Évangile, et non dans la religion romaine, doctrine corrompue que le clergé catholique a accommodée à ses vices !

— Qu'on bâillonne cet homme, dit Pierre Arbues ; il scandalise l'Église de Jésus-Christ.

On obéit, et don Carlos de Seso, forcé de se taire, entendit sa sentence sans pâlir.

Pendant ce temps, dans la cage qui touchait la sienne, François-Dominique de Boxas, ce vieux prêtre dominicain qui avait montré tant de courage à l'audience où nous l'avons déjà vu, Dominique de Boxas gardait un silence obstiné et refusait de répondre au religieux qui l'exhortait.

Lorsque fut arrivé le moment de lui lire sa sentence, il l'écouta jusqu'au bout sans rien dire, sans témoigner nulle crainte de la mort ; mais, en descendant de l'échafaud, il se tourna vers le roi en lui criant :

— Je meurs pour la défense de la vraie foi de l'Évangile qui est celle de Luther.

Pendant que don Carlos de Seso et Dominique de Boxas descendaient de l'échafaud pour aller au quemadero, les tourmenteurs, armés de grands clous et d'un marteau, s'approchèrent d'une croix de bois qui était sur l'échafaud, appuyée sur deux bancs grossiers.

A ce moment, on amena devant cette croix dix hérétiques judaïsants condamnés aux flammes. Ces malheureux posèrent chacun une main sur la croix, et cette main y fut impitoyablement clouée, en ex-

---

[1]. *Un sergent de l'inquisition*, c'est ainsi que l'on nommait les chefs des tourmenteurs.

[2]. La confession d'Augsbourg est une profession de foi que les protestants d'Allemagne firent à la diète d'Augsbourg, qui a eu lieu le 15 juin 1530. Cette confession fut rédigée par Mélanchton, comtemporain et disciple de Martin Luther.

piation, disaient les inquisiteurs, du crucifiement de Jésus [1].

Lorsque le clou pénétra dans les chairs, les malheureux poussèrent un hurlement terrible, mais les tourmenteurs n'en furent point émus ; ils continuèrent de clouer avec le plus grand sang-froid du monde. Ce fut en cet état que ces pauvres victimes entendirent leur sentence. On ne les délivra que pour les conduire à la mort.

Vinrent ensuite un prêtre et son domestique, puis deux religieuses [2], condamnés aux flammes et à la strangulation ; puis enfin vint le tour de ceux qui étaient condamnés aux galères, à la prison perpétuelle ou simplement au fouet.

Parmi ceux-là on apercevait Guillaume Franco, cet infortuné mari condamné à une prison perpétuelle pour n'avoir pas voulu souffrir dans sa maison un prêtre qui avait séduit sa femme.

Pendant qu'on lisait la sentence de ces derniers, les condamnés au feu étaient retournés à leur place.

La foule redoubla d'attention et de recueillement.

Le roi Charles-Quint restait sombre et méditatif ; une grande pensée semblait occuper en ce moment cet esprit profond, cet audacieux génie qui n'eut peut-être qu'un tort, celui de trop soumettre les hommes et les choses à son intérêt particulier ; l'excès de son despotisme et de son ambition le rendit constamment esclave. Né avec un esprit droit, vaste et juste, Charles-Quint se soumit presque constamment aux exigences de Rome, parce qu'il crut le concours de Rome nécessaire au maintien de sa puissance. Erreur bien grave des rois, qui en tout temps les a perdus.

Le spectacle terrible d'un grand auto-da-fé, auquel Charles-Quint assistait pour la première fois, lui faisait en ce moment deviner une grande partie des abominables abus de l'inquisition, sur lesquels on l'avait si souvent trompé [1]. Peut-être à ce moment germait déjà dans son âme le projet qu'il exécuta un an plus tard, d'enlever au saint office la juridiction royale et d'exiler l'inquisiteur général de Castille, Alphonse Manrique [2].

Quelques-uns prétendent que ce grand roi inclina, dans les dernières années de sa vie, vers les doctrines réformées qu'il avait si vivement combattues, et qu'après sa mort on trouva dans la cellule du moine de Saint-Just une foule d'inscriptions qui toutes témoignaient d'une tendance très-prononcée à la religion luthérienne [3].

Enfin le promoteur avait achevé la lecture des sentences.

Le prêtre continua la messe.

---

[1]. Dans l'auto-da-fé qui eut lieu à Valladolid en 1636, les inquisiteurs offrirent à Philippe IV qui y assistait avec toute sa famille, un nouveau genre de supplice inconnu jusqu'alors. Ce supplice, auquel les bourreaux soumirent dix malheureux Israélites, consistait à leur clouer une main sur une grande croix de saint André et à la leur tenir dans cet état pendant la lecture de la sentence qui les condamnait.

[2]. L'inquisition ne poursuivait pas seulement les séculiers. Tout ecclésiastique qui ne secondait pas ses actes d'iniquité ou qui se refusait à proposer les doctrines inquisitoriales, doctrines qui tendaient toutes à abrutir l'espèce humaine et à dépouiller les peuples, tout ecclésiastique honnête homme, en un mot, devenait par ce seul fait l'objet des persécutions du saint office. L'inquisition a fait brûler vifs des centaines de prêtres et de religieuses. On peut se convaincre de la vérité de nos assertions en lisant tout ce qui a été écrit sur l'inquisition.

[1]. Adrien Florencio, dont nous avons déjà parlé, et après lui Alphonse Manrique, ont étrangement abusé Charles-Quint au sujet de l'inquisition ; au reste, il est à présumer que tous les inquisiteurs ont trompé les rois à ce sujet : autrement comment qualifier les souverains qui laissaient ainsi décimer l'Espagne, l'Italie, le Portugal, l'Inde et toutes les Amériques, et qui, loin de s'y opposer comme ils le pouvaient, aidaient le saint office de toute leur puissance ? Néron eût été un roi très-débonnaire, comparé à ces souverains catholiques.

[2]. Alphonse Manrique fut exilé en 1535 par Charles-Quint, qui ne voulut pas pardonner au grand inquisiteur l'emprisonnement de Viruès, prédicateur favori de l'empereur.

[3]. Voyez la note 1, page 535.

Dès qu'elle fut finie, Pierre Arbues se leva de son siége et prononça tout haut l'absolution de ceux qui s'étaient repentis [1].

Pendant ce temps, tous ceux qui avaient été condamnés à de légères pénitences retournaient à la prison du saint office escortés par des archers de la *Santa-Hermandad*. Ceux-là ne devaient subir leur jugement que le lendemain ou quelques jours après.

Cependant, les malheureuses victimes condamnées aux flammes étaient arrivées au lieu du supplice. Pierre Arbues, toujours fier et hautain, avait bien mieux l'air d'être roi que le roi lui-même. Il jouissait en ce moment d'un double triomphe de vanité et de cruauté. Toutefois, l'enlèvement du gouverneur de Séville le préoccupait désagréablement. Sa vengeance lui échappait au moment où elle allait être satisfaite. Le farouche dominicain rêvait déjà de nouveaux supplices pour la courageuse jeune fille qui lui avait résisté. Toute sa colère se reportait sur Dolores.

L'insensé ignorait qu'en ce moment même sa proie venait de lui échapper.

José scrutait du regard cette physionomie sur laquelle il était accoutumé à lire depuis si longtemps. José, sombre et dédaigneux, cachait sous une impassibilité complète les battements prolongés de son cœur; mais, qui eût considéré attentivement sa noble figure aurait aisément vu briller dans ses grands yeux étincelants la fièvre intérieure qui le dévorait.

Acteur dans un long et terrible drame, il marchait à grands pas vers le dénoûment, et, à l'approche de ce moment suprême, son visage, déjà si beau mais si étrange, s'imprégnait de quelque chose de tragique, de fatal et d'inspiré.

Les yeux du jeune dominicain suivaient avec une incroyable attention tous les incidents de l'auto-da-fé.

Au moment où les victimes montaient ensemble au quemadero, une espèce de sanglot convulsif souleva la poitrine du favori; ses yeux, naguère si brillants, se voilèrent d'un nuage, et José s'agenouilla en voilant son visage de ses mains pour cacher une larme involontaire sous l'apparence d'un acte pieux.

Le roi quitta alors le balcon royal.

Comme il rentrait dans ses appartements, la fille du duc de Mondejar se jeta aux genoux de Charles-Quint, et toute en larmes elle éleva vers lui ses mains suppliantes.

— Que me veux-tu, mon enfant? demanda le roi surpris.

— Grâce! sire, grâce pour mon fiancé qui est dans les prisons du saint office!

— Ma fille, dit le roi attendri par cette douleur si vraie, bien petit est mon pouvoir auprès de la très-sainte inquisition; je crois que le meilleur intercesseur que tu puisses avoir en cette affaire est ton grand-père, le duc de Médina-Cœli, que voici.

— Sire, répondit le vieux seigneur, celui qui devait être mon gendre a déshonoré son titre de chevalier, de gentilhomme et de chrétien; le saint office a sévi contre lui, et don Carlos s'est fait justice lui-même en échappant par la mort à l'infamie du supplice; il s'est brisé la tête contre les murs de son cachot [1].

---

[1]. *L'absolution*. Dans les auto-da-fé, l'inquisiteur général de la province où l'auto-da-fé avait lieu prononçait l'absolution de tous ceux des condamnés qui ayant *avoué*, étaient rentrés dans le sein de l'Église ; mais cette absolution n'entraînait pas le pardon ; elle ne servait qu'à lever l'excommunication qui frappait toute personne hérétique ou accusée d'hérésie, et à *ouvrir les portes du ciel* à ceux qui *mouraient en bons catholiques*, c'est-à-dire à ceux qu'on étranglait avant de les livrer aux flammes.

[1]. Nous avons déjà dit qu'une de ces femmes qu'on appelait béates, s'était suicidée dans les cachots du saint office en se coupant la gorge avec ses ciseaux. Ce suicide n'est pas le seul qui eut lieu dans les prisons de l'inquisition. Plusieurs malheureux, pour échapper à l'infamie du san benito ou aux tortures, se brisaient le crâne contre les murs; d'autres s'asphyxiaient en aspirant à grands traits les gaz méphitiques qu'exhalaient

A cette cruelle réplique du grand porte-étendard, Charles-Quint ne put réprimer une exclamation d'horreur et de pitié; la malheureuse jeune fille était tombée la face contre terre et privée de sentiment.

Medina-Cœli fit un signe, et deux hommes emportèrent la malheureuse Isabelle.

Le roi s'éloigna en silence, d'un air profondément affecté.

Les exécutions allaient commencer.

Tous les yeux étaient tournés vers le quemadero.

C'était un spectacle saisissant et rempli d'émotions déchirantes.

Chacun des condamnés était agenouillé au pied du bûcher qui devait le dévorer.

Les moines, un crucifix dans les mains, priaient et exhortaient les victimes avec une persistance inouïe. Personne ne s'était encore confessé.

Les dix hérétiques judaïsants montèrent les premiers sur le bûcher. Quatre d'entre eux furent enfermés dans les statues [1], les six autres se laissèrent lier avec un grand courage : l'opiniâtreté naturelle à la nation juive, jointe à leur attachement inviolable pour la foi de leurs pères, leur inspirait en ce moment suprême l'héroïsme des martyrs.

Bientôt une fumée épaisse et noirâtre s'éleva autour de ces dix victimes; les bourreaux, armés d'une torche, venaient d'y mettre le feu.

A la vue des flammes qui commençaient à s'élever, les deux jeunes religieuses condamnées à mourir comme luthériennes se tournèrent avec angoisse vers leur confesseur.

— Mon père! mon père! s'écrièrent-elles, confessez-moi, je veux me convertir.

Le religieux s'agenouilla auprès d'elles, entendit cette confession forcée arrachée par la peur et par la violence; puis il prononça les paroles de paix sur la tête de ces deux victimes, dont la moins jeune avait vingt ans.

Les tourmenteurs les conduisirent alors auprès de Françoise de Lerme qui devait aussi être étranglée.

L'abbesse des carmélites était d'une pâleur violette; son teint, autrefois si blanc et si pur, était marbré de taches bleuâtres, et ses grands yeux bleus, si fiers et si beaux, avaient perdu cet éclat métallique qui les faisait ressembler à deux magnifiques saphirs.

Les deux autres jeunes victimes qui devaient mourir auprès d'elle étaient déjà pâles et glacées, et un tremblement convulsif agitait leurs membres; l'agonie était commencée, le bourreau avait bien peu à faire.

Deux tourmenteurs s'approchèrent d'elles, les assirent sur le *garrote*, les y lièrent, appliquèrent le carcan autour de leur cou blanc et frêle... puis le bourreau tourna violemment la vis placée derrière le garrot.

Les suppliciées penchèrent la tête en avant avec une convulsion générale; leurs yeux se

---

les vases pleins d'excréments qui étaient dans chaque cachot, et qu'on y laissait pendant huit jours.

En 1819, six accusés se trouvaient dans l'un des cachots de l'inquisition, à Valence. Un gardien, envoyé pour *éprouver* l'un d'eux, c'est-à-dire pour tâcher d'en obtenir une *révélation*, lui dit entre autres choses que s'il n'avouait pas et ne découvrait pas ses complices, on allait le soumettre à la torture. L'accusé n'avoua rien: mais, le lendemain, les six prisonniers étaient morts; ils s'étaient étranglés les uns les autres, et le dernier s'était asphyxié en employant le moyen dont nous avons parlé plus haut. Les six prisonniers étaient accusés de franc-maçonnerie.

1. *Dans les statues.* Voici ce qu'on lit dans Llorente : « La grande quantité de condamnés que l'on faisait mourir par le feu fut cause que le préfet de Séville se vit dans la nécessité de faire construire hors de la ville, un échafaud permanent en pierre, sur lequel on éleva quatre grandes statues en plâtre; ces statues étaient creuses en dedans; c'est dans ce creux que l'on enfermait vivants les nouveaux chrétiens relaps, pour les y faire périr lentement, au milieu d'une horrible combustion. Cet échafaud, appelé *Quemadero* (brûloir), existait encore naguère. Que pouvait-on attendre d'un tribunal qui débutait ainsi ? » (*Histoire de l'inquisition*; IIIe partie, chap. 1er).

Le *quemadero* de Séville fut construit au commencement du quinzième siècle. Les débris existaient encore en 1823.

vitrèrent, leur face devint pourpre, violette, puis livide. On entendit un léger râlement... et tout fut dit ; elles avaient cessé de souffrir.

L'agonie de Françoise fut plus longue. Au moment où le bourreau lui posait le carcan autour de cou, l'abbesse, retrouvant une soudaine énergie, étendit les bras vers l'amphithéâtre ; son œil éteint, ranimé un instant, étincela d'une sauvage énergie, et elle s'écria en regardant le grand inquisiteur.

— Prêtre indigne ! sois mau...

La dernière syllabe de ce mot se perdit dans le dernier souffle de Françoise. Le bourreau avait si fortement tourné la vis que la victime expira sur-le-champ.

Non loin du bûcher qui consumait les restes des trois religieuses, don Carlos de Seso et le courageux Herrezuelo repoussaient avec une invincible résolution les instances de leurs confesseurs.

Don Carlos, déjà lié au fatal poteau, avait été délivré de son bâillon.

Le prêtre s'agenouillant alors devant lui sur le bûcher même en lui présentant le crucifix, lui dit à plusieurs reprises :

— Mon fils, confessez-vous pour être absous.

— Laissez-moi en paix, répondit don Carlos.

Puis, se tournant vers les tourmenteurs, il leur cria d'une voix retentissante.

— Mettez le feu ! mettez le feu [1] !...

Les bourreaux obéirent, et don Carlos disparut dans les torrents de fumée.

A quelques pas de lui on étranglait Dominique de Boxas, et deux autres prêtres qui, au moment d'être brûlés, avaient manqué de courage et venaient de se confesser.

En voyant la lâcheté de Dominique qui avait ainsi que lui, embrassé la doctrine de Luther, don Carlos, déjà atteint par les flammes, fit un geste de mépris comme pour lui dire :

— Tu es un lâche, il faut avoir le courage de sa conviction.

A ce moment le domestique d'un des prêtres, attaché au poteau et atteint par les flammes qui avaient déjà brûlé les cordes dont il était lié, s'élança hors du bûcher ; mais voyant sur l'échafaud son maître qu'on venait d'étrangler et don Carlos qui se laissait tranquillement brûler, il remonta courageusement sur son bûcher en criant aux bourreaux de toute sa force :

— Du bois ! du bois ! mettez du bois : je veux mourir comme don Carlos de Seso.

Herrezuelo monta en ce moment sur le bûcher.

Vainement le religieux l'exhortait à se convertir ; Herrezuelo, courageux et railleur, ne répondait que par un amer sarcasme : déjà les flammes commençaient à l'atteindre : mais il semblait être insensible, et son visage ne témoigna rien de ses atroces souffrances.

Un des archers qui entouraient son bûcher, irrité de tant de courage, plongea sa lance dans le corps du licencié. Le sang jaillit à

---

[1]. Suivant Llorente, don Carlos de Seso était un noble gentilhomme de Vérone, fils de l'évêque de Plaisance, en Italie. Issu d'une des premières familles du pays, don Carlos était, selon l'historien, un homme habile et savant ; il avait rendu de grands services à Charles-Quint. Il fut arrêté à Logrono et conduit dans les prisons secrètes de l'inquisition de Valladolid, où, un an après on l'avertit de se préparer à la mort.

Don Carlos, sachant qu'il allait mourir, demanda du papier et de l'encre, et écrivit sa confession, qui fut toute luthérienne. Il y soutenait que la doctrine de Luther, et non celle qu'enseignait l'Eglise catholique, était la véritable foi de l'Evangile. Les moines exhortèrent vainement don Carlos durant toute la nuit qui précéda l'auto-da-fé, on lui mit un bâillon qu'on lui laissa, pendant qu'il se rendait au lieu du supplice, afin qu'il ne pût prêcher sa doctrine : puis le bâillon lui fut ôté lorsqu'il fut attaché au poteau du bûcher, et les moines recommencèrent à s'exhorter à se confesser ; mais, loin de céder aux exhortations des moines, il demandait à grands cris qu'on allumât le bois qui devait le consumer. Don Carlos fut brûlé à Valladolid au mois d'octobre 1559, sous le règne de Philippe II.

flots de cette large blessure, et le noble Herrezuelo expira avec un calme héroïque[1].

Quelques-uns, réconciliés et condamnés à porter perpétuellement le san benito de toile avec la croix de Saint-André, reprenaient tristement le chemin de leur demeure; morts désormais civilement, cadavres vivants destinés à alimenter la terreur qu'inspirait le saint office, témoignage muet de son abominable despotisme!

De longs jets de flamme s'élevèrent alors vers le ciel en gerbes rougeâtres enveloppées dans des torrents de fumée épaisse et nauséabonde. L'odeur fétide des cadavres brûlés se mêlait à la senteur résineuse du bois de pin ou de mélèze qui servait à alimenter les bûchers.

Les prêtres et les moines, agenouillés sur la place, priaient à voix basse en se frappant la poitrine, et le peuple, agenouillé comme eux, restait courbé sous une impression profonde de terreur et de pitié.

Par moments, des cris horribles et prolongés, des râles, des soupirs plaintifs, montaient du milieu de ces sinistres hécatombes; du sein des statues brûlantes où étaient enfermés les malheureux juifs, s'échappaient de loin en loin des hurlements sourds, déchirants... quelque chose comme les cris d'angoisse qui s'élèveraient des entrailles de l'enfer... refrain lugubre à cet immense concert d'agonie.

Un silence de mort régnait parmi le peuple!...

De temps à autre, la voix sévère des prêtres, dominant ces bruits divers, faisait entendre un verset du *De profondis* ou du *Miserere* : psalmodie lugubre qui se mêlait comme une épouvantable parodie aux lamentations humaines, aux râles des agonisants et à la sombre voix des flammes.

Puis, peu à peu les flammes s'apaisèrent, les soupirs, les plaintes et les cris devinrent plus faibles et plus rares; le peuple déserta lentement la place! Les grands corps de l'État s'éloignèrent.

Tout était fini. La nuit était venue.

Le clergé et les moines étaient restés les derniers.

Alors, du haut de son trône plus que royal, Pierre Arbues put comtempler le quemadero qui, en ce moment, ressemblait à un immense brasier parsemé çà et là de taches noirâtres.

De larges flocons de fumée se croisaient dans les airs, semblables à de grands nuages sombres. Au milieu des bûchers, quelques

---

[1]. « Le licencié don Antonio Herrezuelo, avocat de la ville de Toro, dans la Vieille-Castille, fut condamné comme luthérien, et mourut sur le bûcher sans montrer le moindre repentir. Pendant qu'on le conduisait au supplice, le docteur Cazalla, autre condamné, lui adressa en particulier quelques exhortations qu'il redoubla au pied de l'échafaud, mais ce fut inutilement. Antonio se moqua des discours du docteur, même après s'être vu attacher au poteau, au milieu du bois qui commençait à s'allumer. Un des archers de l'inquisition, furieux de voir tant de courage, plongea sa lance dans le corps d'Herrezuelo, dont le sang coulait encore lorsqu'il fut atteint par les flammes. » (*Histoire de l'inquisition*.)

Don Antonio Herrezuelo mourut, sans proférer une seule plainte, dans l'auto-da-fé qui eut lieu à Valladolid en 1559, sous les yeux du prince don Carlos et de la princesse Jeanne. « Un nombre considérable de grands d'Espagne, seigneurs de toutes les conditions et dames de la haute classe, occupaient les premières places, dans tout l'éclat du luxe, pendant cette horrible cérémonie, ajoute le même historien. » Dans ce même auto-da-fé périrent le docteur Augustin Cazalla, de Vibero, prêtre et chanoine de Salamanque, aumônier et prédicateur Charles-Quint, lequel docteur fut étranglé avant d'être brûlé; — François Cazalla, frère du précédent, curé du village d'Hormigo, brûlé vif; — doña Béatrix de Vibiero y Cazalla, sœur des deux victimes précédentes, étranglée avant d'être brûlée; — Alphonse Perez, prêtre de Palencia, docteur en théologie, dégradé et étranglé avant d'être brûlé; — et neuf autres personnes parmi lesquelles aucune n'avait dogmatisé, et dont plusieurs s'étaient converties et ne demandaient pas mieux que de vivre en bonnes catholiques. Mais l'inquisition aima mieux supposer que leur repentir avait pour cause la crainte de mourir. Outre les victimes condamnées au bûcher, il y en eut plusieurs qui furent *réconciliées*, c'est-à-dire condamnées à perdre leurs biens et leur liberté (le moins que prenait l'inquisition). Parmi ces dernières, on distinguait deux membres de la famille d'Augustin Cazalla, Jean Vibero-Cazalla, condamné, comme hérétique, à porter le *san benito* perpétuel, et anza Vibero y Cazalla, condamnée à la même peine. Cette dernière laissa quatorze enfants orphelins!!!

Confession de l'abbesse.

branches de mélèze qui achevaient de se consumer, jetaient encore de pâles éclairs sur cette profonde obscurité.

Pierre Arbues contempla avec d'infernales délices cette vaste arène de destruction.

Roi de la mort, il trônait sur le néant.

Puis il murmura, en levant les yeux au ciel, ces terribles paroles du Psalmiste :

« Que Dieu se lève et ses ennemis seront dispersés. Et ceux qui le haïssent s'enfuiront devant lui. — Tu les chasseras comme la fumée est chassée par le vent, comme la cire fond dans le feu. — Ainsi les méchants périront devant Dieu. »

Et, l'âme tranquille, l'inquisiteur et le clergé s'éloignèrent du théâtre de leurs crimes.

Ainsi se termina cette mémorable journée.

CHAPITRE XLII
Un martyr.

Lorsque les deux guapos eurent enlevé le gouverneur, ils s'étaient rapidement enfoncés dans les inextricables détours des rues de Séville, les plus étroites et les plus tortueuses du monde.

Le peuple s'était si bien prêté à leur

fuite, qu'avant qu'ils eussent pu être atteints par les sbires de la Sainte-Hermandad, ils étaient arrivés devant la porte de Juana. Cette porte s'était ouverte devant eux comme d'elle-même, et des guapos ni du gouverneur, plus de traces : personne n'avait pu les suivre, ni voir en quel lieu ils se réfugiaient ; et puis, un jour d'auto-dafé, on avait assez à faire sans s'opiniâtrer à leur poursuite.

Estevan, Dolores et Janua attendaient ensemble l'issue de cet événement ; c'était Janua qui, ayant vu arriver les guapos chargés de leur précieux fardeau, leur avait ouvert la porte. Elle les avait guettés par l'ouverture murée de sa maison qui donnait sur la rue, cette espèce de lucarne fermée d'une pierre où Dolores avait failli être aperçue le jour où Pierre Arbues avait annoncé aux habitants de Séville l'auto-dafé qui avait lieu en ce moment.

Les guapos déposèrent, avec des précautions inouïes, le père de Dolores sur un large divan qui garnissait la salle.

Manuel Argoso ne donnait plus aucun signe de vie. Ses bras et ses mains pendaient inertes le long de son corps presque glacé ; ses yeux étaient entièrement fermés, son visage sans couleur, et ses membres brisés en plusieurs endroits étaient couverts de plaies saignantes et de cicatrices à moitié fermées.

Son front, naguère encore couvert d'une forêt de cheveux noirs, était devenu presque entièrement chauve, et ce qui restait autour des tempes avait pris cette teinte blafarde et maladive qui n'est pas la blancheur de la vieillesse, et cette souplesse molle et inerte, témoignage certain d'une complète atonie et d'une désorganisation prochaine.

En retour, les ongles avaient crû démesurément, mais ils étaient devenus jaunâtres et mous comme ceux d'un enfant ou d'un homme qui sort du bain.

En voyant son père en cet état, Dolores ne put retenir un cri douloureux. Elle était elle-même si pâle et si affaiblie par les souffrances de la prison, qu'elle ne put résister à ce dernier coup ; elle tomba sur ses genoux devant le meuble où Argoso était étendu, et de ses lèvres sèches et décolorées elle baisa la main déjà livide de son père, la main chérie et révérée qui tant de fois l'avait bénie.

Mais le malheureux gouverneur ne répondit pas à cette étreinte filiale ; la main que pressait Dolores resta muette et glacée dans celles de la jeune fille.

— O Estevan ! Estevan ! s'écria-t-elle avec une terreur croissante, voyez, il ne répond pas même à mes caresses !... Sa main est froide... son cœur ne bat plus... Estevan ! mais dites-moi donc que mon père vit encore !...

Estevan, accablé par cette douleur nouvelle et imprévue, par le désespoir de celle qu'il aimait, Estevan, qui était resté frappé de stupeur en voyant le visage livide et défait du gouverneur, s'approcha timidement et posa la main sur le cœur de Manuel Argoso. Il battait encore, mais si faiblement et à de si longs intervalles, qu'on voyait bien que c'étaient là ses dernières pulsations.

Dolores suivait tous les mouvements d'Estevan avec des regards pleins d'angoisse et voilés de larmes.

Mais lui n'osait parler, il restait timide et craintif, il avait peur de ce désespoir immense, de cette douleur sainte d'une fille qui, après tant d'efforts et de résignation, ne retrouvait son père que pour serrer dans ses bras un cadavre.

— Eh bien ? demanda-t-elle enfin en tremblant ; eh bien ! répondez-moi donc, Estevan... parlez, que dois-je espérer ?

— Le cœur bat encore, dit le jeune

homme; il faudrait lui faire respirer des parfums.

— Tenez, tenez, dit Juana en tirant de sa poche un flacon de cristal de roche précieusement garni d'un fermoir d'or ciselé et rempli des parfums arabes, vivifiants et salubres, produits précieux de l'alchimie de ces temps-là, beaucoup plus avancée, surtout chez les Orientaux, qu'on ne le croit généralement aujourd'hui.

Dolores saisit vivement le flacon et en fit respirer l'odeur à son père.

Manuel Argoso fit un léger mouvement de tête; ses yeux, jusqu'alors fermés, se rouvrirent à moitié.

Dolores poussa une exclamation de joie, et soulevant entre ses bras la tête adorée de son père, elle l'appuya plus commodément sur les coussins de velours.

— O Estevan! il vit, dit-elle avec espoir.

Manuel Argoso avait en effet ouvert les yeux; mais, comme ceux des aveugles-nés, ces yeux regardaient et ils ne voyaient pas; une ombre mortelle les voilait. Cependant, ce nuage sembla se dissiper peu à peu. Manuel Argoso parut avoir une légère perception de ce qui se passait à côté de lui; l'ouïe était le seul organe qui, chez lui, n'eût pas été altéré : ce fut aussi le le premier qui se réveilla chez cette nature expirante. Il tourna la tête du côté où on parlait, cherchant sans doute à rassembler ses idées fugitives et à se rendre compte du lieu où il se trouvait.

Bientôt ses lèvres s'ouvrirent... il murmura faiblement :

— Le feu...

Il croyait être à l'auto-da-fé.

Tout le monde se tut, et on écouta dans le plus profond silence.

Ma fille... Estevan... dit le gouverneur très-bas, pendant que ses regards attachés sur ses enfants, agenouillés devant lui, erraient de l'un à l'autre sans les reconnaître.

— Mon père ! s'écria Dolores.

— Chut! fit Estevan, taisez-vous; laissez-le, voilà la vie qui revient.

— Tenez, dit Juana, faites-lui prendre ce cordial.

Et elle présenta à Dolores, dans une coupe d'argent, du vin d'Alicante vieux de dix années, mêlé à une légère teinture d'aloès.

Dolores mouilla les lèvres de son père; puis, elle introduisit à grand'peine dans sa bouche quelques gouttes du cordial.

Cette liqueur bienfaisante parut rendre quelque chaleur à ce sang presque tari et glacé. Le visage du gouverneur, naguère si pâle, se colora soudainement d'une nuance fugitive; ses yeux si ternes et si incertains s'arrêtèrent sur le visage de Dolores avec une ineffable expression d'amour, de douleur et de regret.

Il venait de reconnaître sa fille.

Il lui sourit faiblement avec une indicible tendresse; puis son regard affaibli se promena lentement de Dolores à Estevan et à Juana.

— Où suis-je? murmura-t-il enfin.

— Chez des amis, chez de vrais amis, répondit Dolores; vous êtes sauvé, mon père, et bientôt nous quitterons l'Espagne.

— Oui, oui... quittez-la au plus vite, dit Manuel d'une voix qui allait toujours en s'affaiblissant.

— Avec vous, mon père, dit à son tour Estevan en s'agenouillant devant le gouverneur, à côté de sa bien-aimée Dolores.

En les voyant ainsi, Manuel Argoso parut éprouver une joie suprême. Malgré la faiblesse extrême de ses membres brisés par la torture et déjà roidis par la mort, il souleva péniblement ses deux bras, prit la main de sa fille, la posa dans celle d'Estevan, et murmura avec une expression de joie céleste :

— Je vous bénis, ne vous séparez jamais, et fuyez... fuyez...

— Avec vous? avec vous? répétait Dolores éplorée.

— Oui!... emportez mes cendres... ils les jetteraient au vent... adieu... aimez-vous... toujours...

Ces paroles, entrecoupées par les derniers soupirs de l'agonie, avaient épuisé ce qui restait de vie à ce corps brisé.

Manuel Argoso referma les yeux, sa tête se pencha en arrière, son corps se roidit par une légère convulsion, et la main glacée de la mort arrêta sur ses lèvres un nom commencé.

C'était celui de sa fille.

Dolores ne jeta pas un cri, ne versa pas une larme ; elle se retourna vers Estevan les yeux secs, les lèvres blanches et frémissantes ; et joignant les mains d'un air suppliant, elle lui dit en regardant celui qui venait d'expirer :

— Il nous suivra, n'est-ce pas ?

— Partout, répondit Estevan.

Dolores déposa un baiser pieux sur le front pâle de son père ; puis elle jetta sur son visage un grand voile de batiste qui lui fut présenté par Juana.

José arriva en ce moment.

A l'attitude des personnages qui occupaient la chambre, il comprit tout de suite ce qui venait de se passer, et ses deux mains se crispèrent par un mouvement énergique de désappointement et de colère.

Sa vue causa un attendrissement profond à Dolores, dont les yeux jusqu'alors restés secs et brûlants se mouillèrent de tristes larmes ; elle se jeta en pleurant sur le sein de cet ami fidèle qui l'avait sauvée : puis, avec un geste de muette et éloquente douleur, elle lui montra le mort qui semblait dormir dans une attitude calme et tranquille.

— J'ai fait tout ce que j'ai pu, mon Dieu! dit José avec attendrissement.

— Je le sais, dit-elle ; vous avez exposé votre vie pour nous sauver, car si l'inquisiteur avait découvert...

— Ma vie, interrompit le jeune religieux d'un air de dédain et de découragement, qu'est-ce que ma vie, et à quoi peut-elle servir ?

Estevan entraîna le jeune moine dans une autre chambre pour ne pas troubler le silence religieux de la mort.

Dolores resta agenouillée devant le cadavre de son père.

— Don José, dit Estevan lorsqu'ils furent seuls, celui qui n'est plus nous a ordonné de quitter l'Espagne ; poursuivis comme nous le sommes, cela est fort difficile; cependant...

— J'y pourvoirai, dit José.

— Il nous a ordonné d'emporter ses restes.

— Ce soin aussi me regarde, répondit le jeune dominicain ; vous partirez dans trois jours, ce temps m'est nécessaire pour tout préparer. Jusque-là tenez-vous cachés ; ne vous montrez pas à Séville, votre vie serait compromise. Le tigre qui l'a épargnée par caprice pourrait, par un caprice contraire, vous priver de la liberté.

— Oui, dit Estevan, comme il l'a fait pour...

José regarda Estevan d'un air significatif; il ne voulait pas apprendre à Dolores l'arrestation de Jean d'Avila.

— Mais, dit Estevan, vous parlez d'un caprice de Pierre Arbues ; l'inquisiteur est, j'espère, entre les mains de Mandamiento. La Garduna manque rarement ses expéditions.

— La Garduna a mal exécuté nos ordres, dit José ; elle n'a pas enlevé l'inquisiteur, elle a voulu le tuer; et comme l'inquisiteur porte une cuirasse, Manofina a manqué son coup, Pierre Arbues est libre, Pierre Arbues est furieux, et sa colère s'étend à tout ce qui l'approche. Que sera-t-elle lorsqu'il apprendra la fuite de Dolores? Aussi, soyez prudents, et surtout soyez patients : trois jours passent vite.

— Ils sont bien long quelquefois, dit Dolores en se raprochant d'eux pour savoir à quel parti ils s'arrêtaient.

Les cruelles exigences de leur position leur défendaient de donner un libre cours à leur sainte douleur. C'est là ce que les grandes infortunes ont de plus amer ; elles ne laissent pas même le droit de s'affliger en liberté. Les proscrits doivent hâter ou suspendre leurs larmes : il ne leur est pas permis de pleurer.

— C'est vrai, dit José en répétant la phrase de la jeune fille, trois jours sont quelquefois bien longs ! et pourtant, il vous faut savoir attendre.

Oh ! Dolores, au milieu des maux qui vous frappent, une consolation vous reste, un ami de toute la vie, choisi et béni par votre père. Croyez-moi, l'avenir peut vous sourire encore ; et il ne manquera pas même à vos joies la vengeance, cette servante de Dieu qui prend souvent une forme humaine pour accomplir les volontés de son divin maitre, et qui alors s'appelle Justice !... Dieu, le justicier éternel, n'a pas oublié les iniquités de Pierre Arbues. Il le frappera sur son trône d'or au milieu des pompes de sa débauche et de sa vanité effrénée...

— Don José, vous me faites peur, dit la tremblante Dolores ; vous êtes sombre et terrible comme la fatalité.

— Je suis fort comme la justice, répondit José... ; mais, ajouta-t-il avec un amer sourire, mon âme est triste et désolée comme le désert. Je ne me réjouirai qu'au jour du châtiment, alors que Dieu élèvera sa grande voix, pour crier au bourreau de l'Andalousie :

— Assez ! assez ! disparais du théâtre de tes crimes : je suis las de meutres et de persécutions.

En parlant ainsi, José était beau et terrible comme l'ange de l'Apocalypse.

Estevan et Dolores se fussent presque prosternés devant lui.

Mais, par une de ces brusques transitions qui lui étaient familières, José appelant tout à coup Juana, qui était dans l'autre pièce, lui dit :

— Tiens-toi prête à nous suivre dans quelques heures.

Puis il s'éloigna en promettant de revenir les prendre lorsqu'il en serait temps.

Le même soir, entre onze heures et minuit, Estevan, Dolores et Juana arrivaient à la porte de Mandamiento.

Deux guapos allaient devant pour leur servir d'escorte.

Deux autres venaient derrière eux à quelque distance; ces derniers portaient sur leurs épaules un grand coffre de bois soigneusement recouvert d'étoffes, et lié avec des cordes.

Il portaient ce coffre avec des précautions inouïes et une sorte de respect.

Deux chivatos les escortaient pour donner l'alarme en cas d'événement.

De temps à autre, Dolores se retournait pour s'assurer que le coffre précieux les suivait et que rien n'arrêtait la marche des gardunos.

Arrivés à la porte de Mandamiento, les deux premiers guapos frappèrent d'une manière convenue; le maître ouvrit, et les sept personnes et le coffre furent mystérieusement introduits dans le *palais* de la Garduna.

CHAPITRE XLIII

Un dernier jour de dissimulation.

Le même soir, José était seul chez lui.

Assis devant une table aux pieds tors, couverte de livres ascétiques, il comptait l'un après l'autre et additionnait à mesure, après avoir inscrit le total de chaque valeur sur un petit carré de papier blanc, une énorme quantité de lettres de change qu'il venait de prendre chez un banquier juif [1].

C'était la fortune du jeune moine.

— Bien! dit-il avec satisfaction, après qu'il eut achevé ses opérations de calcul; cela peut maintenant être transporté où l'on voudra, et ces pauvres enfants auront de quoi vivre.

Puis il replaça soigneusement ces valeurs dans un petit portefeuille de satin rouge, y joignit une lettre qu'il venait d'écrire, un anneau qu'il ôta de son doigt et des cheveux enfermés dans un très-petit médaillon.

Il lia ensuite le tout avec une soie verte qu'il scella d'un cachet de cire de la même couleur.

Cela fait, il sera le portefeuille dans une poche placée sous la doublure de sa tunique.

Il prit encore un carré de papier, sur lequel il écrivit dessus en latin:

« Vous serez jugé demain; mais votre arrestation n'a pas été communiquée au conseil de la Suprême. Faites valoir ce défaut de forme, le saint office sera forcé de vous acquitter. »

— Ceci, dit-il en se parlant à lui-même, à faire parvenir à Jean d'Avila, demain avant l'audience.

Et il glissa le papier dans la manche de sa tunique.

— Allons! poursuivit-il, encore quelques heures à porter cette lourde chaîne de dissimulation et de mensonge! encore quelques heures de labeur, et ma vengeance sera accomplie? N'ai-je pas jusqu'ici rempli ma tâche avec courage? N'ai-je pas servi, complaisant, docile, les passions et les vices de ce monstre qui décime l'Andalousie? N'ai-je pas fait à son nom une sanglante auréole, drapeau sinistre qui appelle la haine et la révolte? N'ai-je pas lentement creusé de mes mains débiles l'abîme où il doit s'engloutir! O inquisition! n'ai-je pas réussi à te rendre assez infâme et assez odieuse dans la personne du plus criminel de tes membres, pour que l'Espagne, se levant tout entière comme un seul homme au signal que je vais lui donner, renverse à jamais ce colosse insatiable?..... N'importe! je ferai tomber la première pierre de cet édifice de mort: me suive l'Espagne si elle en a le courage!

— Oh! mon Dieu! dit-il ensuite en penchant sa tête dans ses deux mains d'un air d'abattement indicible, mon Dieu! quelle fatigue!... quand donc viendra le repos?... Quelle horrible journée que celle-ci!... Oh! ces flammes, ces cris d'agonie! ils me poursuivent partout... partout je revois des vi-

---

[1] On sait que la lettre de change a été inventée par les juifs; mais ce qu'on ne sait peut-être pas, c'est que ce fut en Espagne que, pour garantir leur fortune de l'avarice de Ferdinand d'Aragon et de la rapacité de l'inquisition, les Israélites créèrent la lettre de change au moyen de laquelle eux et les Moriques envoyaient leurs capitaux à l'étranger avant de s'exiler eux-mêmes. Ainsi ce papier, qui est aujourd'hui l'une des choses qui font le plus prospérer le commerce, en facilitant les opérations, fut, au seizième siècle, un instrument de ruine pour l'Espagne qui vit passer la plupart de ses richesses en France, en Allemagne et dans la Hollande.

sages livides, des spectres glacés... partout je le revois, lui... que j'aimais... lui, qui depuis tant d'années me crie sans relâche : Viens ! viens ! Oh ! les morts participent peut-être à l'éternelle clémence de Dieu, et ne connaissent plus que le pardon... Suis-je donc criminel, moi qui me venge?...

Mais ce visage sévère, où dans chaque muscle était empreinte une souffrance ou une pensée, s'éclaircit soudain ; cette physionomie hautaine qui semblait être la personnification vivante de la colère éternelle pour les méchants, redevint comme par magie douce et souriante ; ce large front, aux sourcils tout à l'heure contractés, se dérida comme une blanche toile sous le vent, et la bouche âpre et fière du jeune moine devint prête à mentir.

On avait frappé à sa porte.

Il ouvrit.

C'était Pierre Arbues qui venait le chercher jusque dans sa chambre.

En revenant de l'auto-da-fé, l'inquisiteur avait appris la fuite de Dolores, et cette âme impitoyable, non encore rassasiée de supplices et de tortures, rêvait déjà de nouvelles victimes.

Pierre Arbues était pâle et fatigué, mais l'insatiabilité de ses instincts destructeurs soutenait encore son inépuisable énergie.

Il s'assit.

Et regardant son favori qui restait debout devant lui.

— José, dit-il, tout me trahit aujourd'hui.

— Excepté moi, monseigneur, répondit le jeune moine.

— Toi... oui, je le sais, tu es le seul fidèle, le seul qui sache comprendre les besoins du cœur farouche qui bat dans ma poitrine ; le seul qui n'ait jamais contrarié mes penchants ; le seul, du moins, qui m'ait servi sans intérêt. Les autres, crois-tu que je ne comprenne pas leur dévouement égoïste ? La protection que je leur accorde, l'or que je leur prodigue, les plaisirs dont je les enivre, ne me sont-ils pas un sûr garant de leur dévouement et de leur fidélité ? Enriquez, que j'ai fait gouverneur de Séville, les autres, que j'ai faits conseillers, prieurs ou évêques !... En vérité, tous ces gens-là n'ont-ils pas un grand mérite à m'être fidèles ? Et pourtant... pourtant... ajouta-t-il avec rage, Manuel Argoso a été enlevé aujourd'hui, et Dolores a disparu des prisons du saint office.

— Qu'importe à Votre Éminence ? fit José en haussant les épaules.

— Qu'importe, dis-tu ? Par Satan ! j'enverrai aux galères tous les geôliers du palais de l'inquisition, je ferai brûler ces moines imbéciles, ces évêques muscadins... et ce manant revêtu de la livrée d'un gentilhomme, que j'ai fait gouverneur de Séville !

— Vous ferez bien, dit José.

— Ne suis-je pas partout environné de traîtres, reprit Pierre Arbues en s'animant au souvenir de l'attentat commis contre sa personne ; un homme s'est rencontré aujourd'hui dans la foule, qui a osé frapper le grand inquisiteur de Séville, et cet homme... cet homme, était un familier de l'inquisition !...

— Je le sais, dit froidement le favori.

— Sans toi, mon bon José, sans ta sainte et salutaire prudence, c'en était fait de moi aujourd'hui ; car je dois la vie à cette cuirasse que je porte sous ma tunique, depuis le soir où tu me suivis dans la prison, redoutant quelque danger pour moi.

— Avais-je tort, monseigneur ?

— Non, par le Christ ! et moi, injuste, j'ai osé m'irriter contre toi ! contre toi, l'ange gardien de ma vie !

— C'est que la vie de Votre Éminence m'est plus précieuse que la mienne, monseigneur, et je tenais à la conserver... —

Oh! elle m'est bien précieuse, poursuivit-il avec un sourire étrange ; mais pourquoi Votre Éminence daigne-t-elle s'inquiéter de la disparition de la fille du gouverneur ? Qu'importe à Pierre Arbues une femme de plus ou de moins ? qu'importe à un millionnaire qu'un doublon manque dans son coffre-fort ? Croyez-moi, monseigneur, là n'est pas votre véritable gloire. Ces préoccupations des sens ne servent, au contraire, qu'à amollir l'âme, à dissiper les pensées fortes, à éteindre l'énergie de la volonté. C'est par la peur que vous régnez. Eh bien ! augmentez encore votre toute-puissance. N'est-il point à Séville assez de têtes à frapper ? Ce moine arrêté il y a huit jours...

— Jean d'Avila ! s'écria Pierre Arbues ; oh ! je le ferai pourrir dans les cachots de l'inquisition [1].

— Ce serait fort maladroit, monseigneur...

Ce moine, reprit José, a prêché des doctrines contraires à la foi catholique ; il faut faire un exemple et assurer le triomphe de la religion qui fait votre gloire et votre puissance. Le pape et le roi vous en sauront gré : tous deux ont en abomination l'hérésie de Luther. Faites comparaître Jean d'Avila, mais d'une manière solennelle ; que cette séance soit publique ; laissez librement entrer tout le monde, et, à la face de Séville, prouvez en le condamnant que celui que l'Andalousie appelle l'apôtre, n'est qu'un misérable apostat, un hérétique dangereux.

A mesure que parlait José, le visage de l'inquisiteur exprimait d'une manière énergique les diverses pensées qui l'agitaient. Revenu à la grande passion de sa vie, la domination, Pierre Arbues écoutait avec une indicible complaisance ce démon tentateur à figure d'archange, devenu, à force de flatterie et d'adresse, l'âme de toutes ses volontés.

— Oh ! tu as raison, dit Pierre Arbues ; tu as raison, José, j'oublie trop souvent le véritable but de ma mission ici-bas ; je me laisse trop aisément emporter à la fougue indomptable des sens, au torrent de mes passions dévorantes ; l'homme domine trop souvent l'inquisiteur, et vingt fois déjà les imprudences où m'entraîne ce tempérament de feu ont failli me perdre. Tu es bien heureux, toi, José ; tes sens sont calmes comme ceux d'une vierge, ou plutôt tu les domines par la force de ta volonté. Tu es le seul parmi nous à qui on n'ait jamais pu reprocher la moindre faiblesse.

— Monseigneur, pour régner sur les autres, il faut commencer par régner sur soi-même. L'ennemi le plus difficile à vaincre, c'est le *moi humain*. Vous ne serez réellement puissant qu'alors que, sachant réprimer à temps une passion ou un caprice, vous la soumettrez sans miséricorde aux exigences de votre position et ne vous en laisserez pas dominer.

— Est-ce toi qui parles, José, toi qui tant de fois as servi mes penchants et mes caprices, comme tu les appelles ?

— Toutes les fois que cela n'a pu nuire à Votre Éminence, mais seulement dans ces cas-là ; aujourd'hui, encourager votre fol amour pour cette jeune fille qui, après tout, n'est pas plus belle qu'une autre, serait une insigne trahison envers vous.

Le peuple est mécontent, l'action d'aujourd'hui le prouve assez ; ne l'irritez pas davantage, monseigneur, en vous jetant ouvertement à la poursuite des deux fugitifs ; ils ont des partisans parmi le peuple. Pour le moment, laissez-les en paix ; si vous y tenez, vous les retrouverez plus tard ; manque-t-il donc de *cruciatos* [1] en Espagne

---

1. Jean d'Avila est en effet demeuré cinq ans dans les cachots de l'inquisition, comme nous le verrons lorsqu'il en sera temps.

1. Les *cruciatos*, à ce que dit un historien de l'inquisi-

Les inquisiteurs.

pour les poursuivre et les retrouver ? Croyez-moi, monseigneur, cherchez plutôt à attirer vers un autre point l'attention de ces masses turbulentes ; flattez le pape et le roi en montrant le zèle le plus rigoureux contre les réformés. Enfin, monseigneur, soyez un souverain spirituel tout-puissant, et non le misérable esclave d'une femme.

tion, qui n'a pas jugé à propos de signer son œuvre, étaient une sorte de *croisés* dont le but était l'extirpation de l'hérésie partout où ils pourraient l'atteindre. D'après le même auteur, les cruciatos formaient une confrérie à laquelle étaient affiliés des gens de toutes les conditions, moines et prêtres, évêques, archers et cardinaux, grands seigneurs et mendiants, des gens de bien remplis de fanatisme et des brigands sans foi ni loi. Cette confrérie, ajoute l'auteur précité, avait son siége en Portugal. Si une telle confrérie a existé, si elle a été composée comme le dit l'auteur anonyme, elle a dû exister en Italie et non en Portugal. D'abord le mot *cruciato*, croisé, est parfaitement italien : ce qui me ferait croire que cette société était tout italienne.

— José, dit Pierre Arbues, si j'étais roi, je te ferais mon premier ministre.

— Le ministre serait le premier esclave de Votre Majesté, répondit le favori.

— Eh bien ! soit, poursuivit l'inquisiteur avec enthousiasme ; soit, réprimons les révoltes de cette chair indomptable qui me rend par moment si faible et indécis comme un enfant. Soyons fort pour régner, et, pour régner sans partage, sachons soumettre nos propres penchants. Une femme ! qu'est-ce qu'une femme ? Qu'importe qu'elle se nomme Dolores ou Paula, qu'elle soit la fille d'un grand d'Espagne ou celle du dernier Gitano de l'Andalousie ? Elle n'est, après tout, qu'un misérable jouet indigne d'occuper une large place dans l'existence d'un homme.

— Sans doute, répondit José qui, au nom

de Paula, avait frissonné; sans doute une femme n'est pas digne que Votre Éminence s'occupe d'elle plus de quelques minutes : la considérer autrement que comme un jouet ou une esclave, serait une insigne folie. Ainsi donc demain, monseigneur, demain pas plus tard, Votre Éminence fera comparaître devant elle ce moine dangereux ?

— Oui, demain, répéta vivement l'inquisiteur ; n'ai-je pas à défendre les intérêts de Rome ? Et quels plus grands ennemis de Rome que ces prêtres insensés qui réduisent l'apostolat à la simple observance de l'Évangile, comme si ce code du catholicisme n'était pas une suite de fictions et d'allégories que chaque pape, que chaque concile, que chaque dignitaire de l'Église en particulier, a le droit d'interpréter à son gré selon les besoins temporels ou spirituels du pays où il vit, du peuple qu'il gouverne et de ses propres besoins.

Arrière ces novateurs insensés qui prêchent la liberté au peuple ! C'est pour lui un aliment malsain qui le grise au lieu de lui devenir salutaire. Jésus-Christ n'a-t-il pas dit lui-même: « Rendez à César ce qui appartient à César ? » Les réformés disent au contraire : « Enlevez au pape le pouvoir que le pape tient de Dieu. » Non, non, ils ne réussiront pas à abattre la chaire de saint Pierre; l'Église sévira contre eux avec une sévérité croissante; il ne faut pas que la mauvaise herbe étouffe le bon grain; dix moines comme Jean d'Avila auraient bientôt soulevé l'Espagne et chassé l'inquisition.

— Votre Éminence est fatiguée, observa José; elle a besoin de repos après une journée comme celle-ci.

— Et toi aussi, mon pauvre José, dit Pierre Arbues en passant la main sur le front brûlant de son favori ; mais, tu le vois, je me laisse toujours emporter au torrent de mes passions fougueuses... Allons, adieu, à demain ; je vais prier encore une heure pour que le Saint-Esprit daigne m'éclairer dans cette circonstance difficile.

L'inquisiteur se leva.

Le favori l'accompagna jusqu'à la porte extérieure de sa chambre.

— Monseigneur, lui dit-il en le quittant, je demande à Votre Éminence la permission de faire dans mon couvent une retraite de trois jours.

— Soit, mon bon José, je comprends... tu as besoin de te recueillir... mais trois jours seulement, entends-tu bien ; tu sais que je ne peux me passer de toi. Je dois dire la messe et prêcher dimanche à la cathédrale : sois de retour à l'heure du sermon.

— Je vous le promets, dit José.

— A dimanche donc, répéta l'inquisiteur.

— A dimanche, monseigneur.

— Sois exact au moins à ce rendez-vous.

— Soyez tranquille, monseigneur, je n'aurai garde d'y manquer.

José rentra, laissa retomber derrière lui une lourde portière de velours rouge ; puis il se jeta dans un grand fauteuil, au pied de son lit, en s'écriant d'un air de satisfaction indicible:

— C'est donc fini ! voilà mon dernier jour de dissimulation.

CHAPITRE XLIV

Un prêtre selon l'Évangile.

Revenons pour la troisième fois devant ce terrible tribunal où nous avons déjà vu comparaître tant de nobles victimes ; nous avons assisté naguère à une séance bien intéressante et bien solennelle. De grands noms y ont été jetés en pâture à l'hydre de Rome, et leur écusson s'est brisé contre ce simple mot « hérétique ; » ce mot, prononcé par un tribunal sans appel, a suffi pour anéantir à jamais et rayer de la liste sociale des familles entières dont la souche se perdait dans la nuit des temps.

Eh bien! aujourd'hui, ce n'est pas une famille, ce n'est pas un grand seigneur espagnol qui va s'asseoir sur la sellette pour y attendre de la bouche de l'inquisiteur la sentence qui le condamne à mourir ou à rester éternellement infâme.

Ce n'est pas le pouvoir, la richesse ou la beauté que l'inquisition incrimine aujourd'hui, c'est la charité elle-même ; la charité faite homme et revêtue d'une simple tunique de carmélite déchaussé, pour consoler l'Espagne persécutée ; l'esprit chrétien fait chair pour que, sous cette forme vulgaire, le peuple ne puisse le méconnaître et nier son existence : un pauvre moine enfin, qui a passé sa vie à prier et à bénir.

Ce moine, c'est Jean d'Avila.

L'inquisition a eu plus de peur de ses vertus que des vices des autres ; elle a dit :

« Brisons celui-là, qui est la condamnation vivante de nos crimes. »

Mais revenons en arrière de quelques heures.

On se souvient que, la nuit précédente, don José avait pris congé de Pierre Arbues, sous le prétexte d'une retraite.

Au lieu de se rendre à son couvent, ainsi qu'il l'avait annoncé à l'inquisiteur, José était sorti de très-grand matin et s'était rendu à la taverne de la Buena-Ventura.

Là il s'enferma avec Coco dans le triste réduit où couchait l'alguazil ; et le moine et l'homme du peuple causèrent longuement et à voix basse, José confiant à Coco d'importants secrets avec le plus complet abandon, comme quelqu'un qui est sûr de celui à qui il s'adresse, et Coco les recevant avec cette joie orgueilleuse d'un subordonné plein de dévouement, heureux qu'on se confie à lui et qu'on le mette à l'épreuve.

Ce colloque dura environ une heure.

Après quoi l'alguazil s'en alla droit vers l'inquisition, montra au geôlier un ordre de José scellé du sceau inquisitorial, pour qu'il eût à le laisser pénétrer dans le cachot de Jean d'Avila afin de l'éprouver [1], ainsi que cela se pratiquait souvent vis-à-vis des prisonniers du saint-office.

On le laissa entrer ; il remit au religieux le billet de José, et après avoir passé une demi-heure dans le cachot, il se rendit chez le président de la Suprême. Jean d'Avila avait, dans son cachot, écrit avec un crayon que lui avait fourni Coco, un billet destiné au président. Coco le remit en mains propres, puis il retourna à ses affaires.

José s'était dirigé vers la Garduna.

Reprenons maintenant notre récit où nous l'avons laissé.

[1]. L'inquisition n'avait pas que la torture et les paroles doucereuses pour arracher des aveux à ceux qu'elle voulait *sauver des peines éternelles;* elle avait des démons tentateurs qui, sous le prétexte de consoler les prisonniers, les visitaient et cherchaient à obtenir d'eux des secrets qu'ils allaient aussitôt communiquer à l'inquisition. Ces agents du saint office s'appelaient *probadores* (éprouveurs).

Nous sommes dans la salle d'audience du palais de l'inquisition. Autour de nous, c'est toujours le même appareil lugubre qu'on déploie en ces circonstances. Seulement, dès le matin, le bruit a circulé dans la ville que la séance serait publique, et que tout le monde aurait la liberté d'y assister.

Grande a été la rumeur parmi le peuple, et plus d'un a quitté ses affaires pour se rendre dès longtemps avant l'heure au palais de l'inquisition.

C'était si rare d'obtenir une pareille faveur !

Les audiences de ce tribunal, dont l'organisation ne ressemblait à celle d'aucun autre, et qui procédait presque sans règle et sans ordre, selon le libre arbitre ou le caprice de chaque inquisiteur, ces audiences, dis-je, dont la faveur était réservée aux amis de l'inquisition, étaient presque exclusivement le spectacle habituel des moines et des grands seigneurs familiers.

Cette fois encore Pierre Arbues avait cédé à l'influence des conseils perfides de son favori, en rendant publique cette séance où devait comparaître l'ami du peuple, le saint révéré des Sévillans, le consolateur des âmes affligées, le père des pauvres et des opprimés.

Une foule immense assiégeait le palais bien longtemps avant l'heure ; et ce n'était pas seulement le peuple qui était accouru à cette solennité, c'étaient des familles entières de riches hidalgos, surpris d'un procès pareil, et curieux de voir quel crime on reprochait à un homme qui était le modèle de toutes les vertus.

Au moment où les portes s'ouvrirent, cette foule avide se précipita dans la salle du tribunal, qui en un instant fut remplie. Beaucoup furent obligés de rester en dehors ; un plus grand nombre encore resta dans la rue et aux environs, attendant avec anxiété la fin de la séance, pour apprendre plus tôt de la bouche des premiers qui sortiraient le résultat de l'arrêt inquisitorial.

Tout Séville était en émoi comme pour un grand et fatal événement.

Cette fois encore, égaré par les insinuations de José, Pierre Arbues s'était abusé sur le véritable esprit public : ainsi s'abusent presque toujours les puissants de ce monde !

Lorsqu'il s'assit sur son fauteuil de président, Pierre Arbues avait une physionomie rayonnante qui trahissait ses sensations intérieures ; il se consolait en quelque sorte d'avoir perdu Manuel Argoso et Dolores, par l'espoir de condamner Jean d'Avila.

Cette nuance n'échappa point à l'assemblée, et la haine publique qu'on portait à l'inquisiteur s'augmenta ce jour-là de toute la tendre vénération qu'inspirait l'apôtre.

Bientôt l'accusé parut.

Sa contenance, sans être fière ni hautaine, avait une majesté infinie, et un calme évangélique siégeait sur son visage à peine altéré par huit jours de souffrances et de réclusion. Il portait sur son front la gravité douce mais énergique du vrai pasteur de l'Évangile, et en le voyant s'avancer au milieu de la salle avec la liberté et la simplicité de l'innocence et de la force, portant ses chaînes comme un autre aurait porté un sceptre ; à le voir promener autour de lui son regard serein, doux et paternel comme lorsqu'il visitait ses pauvres, et l'arrêter enfin sur le grand inquisiteur qui, malgré son audace habituelle, ne put soutenir ce regard accusateur, on eût douté lequel était le juge de Pierre Arbues ou de Jean d'Avila, si celui-ci, avec la plus touchante humilité, ne fût allé s'asseoir sur la sellette.

Là, il attendit qu'on l'interrogeât.

Mais Pierre Arbues, dédaignant les formes ordinaires, sans lui demander son nom ni son âge, sans procéder avec ordre et méthode, ainsi que cela devait se faire, lui dit d'un ton bref :

— Levez-vous.

Puis, s'apercevant soudain que cette brusquerie sortait de son rôle d'inquisiteur, il reprit avec une douceur affectée :

— Levez-vous, mon frère, et répondez-nous.

Jean d'Avila se redressa de toute la hauteur de sa belle et noble taille.

Tous les cœurs étaient en suspens, et malgré la présence des inquisiteurs, des paroles échangées à voix basse, un murmure général témoignèrent de la sympathie du peuple.

— Mon frère, poursuivit Pierre Arbues, notre zèle pour le service de Dieu ne peut nous permettre d'oublier que vous êtes un de ses ministres et que vous portez la robe sacrée des lévites, mais pour cela même aussi notre responsabilité est plus grande, et nous ne devons pas tolérer en vous la moindre chose qui tende à éloigner les autres de la stricte observance des saints canons qui sont le code de l'Église.

— Le code de l'Église chrétienne est l'Évangile, répondit simplement Jean d'Avila.

— Les conciles ont fait des additions à ce code, répliqua l'inquisiteur ; l'Église de Jésus-Christ a bien le droit de continuer l'œuvre de son divin maître.

Jean d'Avila resta muet ; l'inquisiteur avait espéré une réponse, il comptait le prendre insidieusement par ses propres paroles : son attente fut trompée.

Il poursuivit :

— Mon frère, chargé d'une mission sainte, chargé de conduire et de diriger les âmes par la prédication, pourquoi tendez-vous à les égarer au contraire, en propageant les doctrines des novateurs ? Savez-vous que cela est un crime de lèse-catholicisme ?

— C'est là ce dont on m'accuse ? demanda Jean d'Avila.

— C'est que là est votre crime, mon frère, ou plutôt votre erreur, ajouta Pierre Arbues avec une feinte modération.

L'inquisiteur fit une nouvelle pause ; cette fois encore Jean d'Avila ne répondit pas.

— Vous avez avancé en chaire, poursuivit l'inquisiteur, que Dieu est également bon pour tous, et qu'il répand également ses bienfaits sur les justes et sur les pécheurs.

— Ce n'est pas moi qui ai dit cela, répondit l'apôtre ; c'est Jésus-Christ lui-même qui, non-seulement l'a prouvé par ses paroles, mais encore par ses actions.

— Jésus-Christ a jeté l'anathème sur les impies et sur les hérétiques, répliqua Pierre Arbues.

— Jésus-Christ n'a jeté l'anathème sur personne, monseigneur ; il n'a accusé, il n'a flétri que les hypocrites ; ceux-là qui voilaient leurs vices du manteau de la dévotion et de la vertu ; ceux qui, sous un rigorisme extérieur, cachaient des turpitudes grossières. Voilà ceux que Jésus-Christ a stigmatisés, monseigneur. Les autres, les égarés ou les repentants, il les a chargés sur ses épaules, il les a reçus et réchauffés dans son sein à la chaleur vivifiante de son saint amour, de sa divine charité.

L'auditoire écoutait dans un recueillement profond ; l'apôtre dominait l'assemblée de toute la hauteur de sa sublime morale.

Pierre Arbues perdait de son audace, et il commençait à se repentir d'avoir donné à cette audience une pareille publicité.

Toutefois, l'astuce de l'inquisiteur lui venant en aide, il continua d'un ton assuré, lent et solennel, singeant la douceur et l'humilité de tous les efforts de sa volonté hautaine et indomptable.

— Mon frère, dit-il encore à Jean d'Avila, ce n'est pas seulement dans vos prédications que vous vous êtes montré le chaud partisan de la réforme, ou plutôt que vous avez témoigné une indifférence coupable pour le culte catholique romain, et une tolérance plus coupable encore pour les malheureux hérétiques qui s'écartent volontairement du giron de la sainte Eglise...

— Je ne comprends pas, monseigneur, fit l'apôtre.

— Vous faites, dit-on, votre société la plus habituelle et la plus chère de mendiants, de juifs et de mauresques ; et il suffit d'appartenir à une de ces castes maudites et réprouvées...

— Monseigneur, interrompit l'apôtre avec une simplicité sublime, ces castes sont malheureuses et persécutées ; les autres n'ont pas besoin de moi.

Un long murmure d'admiration passionnée accueillit ces paroles si simples, mais qui peignaient toute l'âme, toute la vie de Jean d'Avila.

L'inquisiteur comprit qu'il lui serait difficile de condamner l'apôtre en présence de toute cette population de Séville. Il avait cru n'avoir qu'un mot à dire pour le briser, et voilà que par la seule puissance de la vérité, le saint prédicateur repoussait victorieusement ces accusations absurdes, et que le triomphe allait à celui qui n'avait jamais cherché que le bonheur de l'obscurité ; car la prédication, cette mission divine léguée par les apôtres à leurs successeurs, n'était pour Jean d'Avila qu'un moyen de consolation et d'instruction, et non un ressort d'ambition mondaine. L'humble carmélite n'attendait pas de son éloquence, véhémente ou passionnée, les honneurs de l'épiscopat ; il ne prêchait pas comme un avocat ou un comédien, mais comme devaient prêcher saint Paul et saint Jacques, ces deux colonnes de la foi chrétienne, ces pères du troupeau, qui, les premiers après leur divin maître, répandirent dans le monde les semences de charité et de liberté, trésors divins, source unique de la vertu des hommes.

L'inquisiteur était trop perspicace pour ne pas deviner quels sentiments animaient l'assemblée ; d'un autre côté, il connaissait la fidélité du peuple espagnol, son attachement inviolable à la foi catholique, malgré l'affreuse oppression qu'on lui faisait subir ; Pierre Arbues savait bien que toutes ces révoltes qui agitaient le pays n'étaient pas dirigées contre la religion, — les Espagnols étaient trop pieux pour cela, — mais seulement contre les oppresseurs, contre ceux qui, au nom de cette même religion, commettaient tous les jours des abus infâmes. Il chercha donc à attaquer le côté faible du peuple, en essayant de prouver que Jean d'Avila était un mauvais catholique.

S'adressant de nouveau à l'accusé, il lui dit :

— Mon frère, il est bien douloureux pour nous d'avoir aujourd'hui à reprendre un ministre de l'Evangile qui, jusqu'ici, n'avait donné que des exemples de vertu ; mais nous sommes tous faibles et mortels ; l'esprit malin veille constamment, il s'empare bientôt de celui qui fait mauvaise garde, ou qui se néglige quelques instants. Nous ne voulons pas entrer dans les mystères d'un si grand changement survenu en vous ; mais il est certain, six témoins l'ont affirmé, dit Pierre Arbues en désignant de la main le livre des dépositions étalé sur le bureau ; il est certain, dis-je, que votre esprit, si lumineux et si profond, s'est laissé séduire par les doctrines pestilentielles venues d'Allemagne. Vous avez avancé plusieurs fois en chaire que les pratiques extérieures sont peu importantes, que la pureté du cœur est tout ; niez-vous cela, mon frère? et n'est-ce point là une des doctrines des réformés ?

— Je le nie quant aux expressions, répondit Jean d'Avila ; il est certain qu'en me dénonçant on a dénaturé mes intentions et mes paroles. J'ai dit, monseigneur, et je le répète ici devant vous, car je le crois conforme au véritable esprit du christianisme ; j'ai dit que les pratiques extérieures ne sont rien sans les œuvres, rien, si elles ne sont accompagnées de la droiture du cœur et de la pureté des intentions. Croyez-vous, monseigneur, ajouta-t-il en attachant son calme et puissant regard sur le visage de l'inquisiteur, croyez-vous qu'il soit bien agréable à Dieu, celui qui se prosterne aux autels et baise la poussière des églises, l'âme toute souillée de meurtres, de vengeance ou d'adultère ? celui qui crie à Dieu, avec des soupirs et des élans : « Mon Dieu! pardonnez-moi ! » et qui rêve dans son cœur la perte de son ennemi ; qui dit à Jésus : « Agneau sans tache, ayez pitié de moi ! » et qui, au sortir de la prière, va peut-être se plonger dans toutes les souillures du vice? celui...

— Mon frère, interrompit l'inquisiteur avec un peu de trouble, car ces deux hommes semblaient avoir changé de rôle ; mon frère, savez-vous si celui qui prie et pleure en se frappant la poitrine n'est pas plus agréable à Dieu par son repentir même, que l'orgueilleux qui dit « Je n'ai pas besoin de la prière, je suis pur ? »

— Monseigneur, répliqua le carmélite d'une voix calme, grave, imposante, à laquelle l'accent de la vérité énergique et libre, de la conviction intime donnait une vibration électrique, une autorité irrésistible ; monseigneur, je vous en conjure, n'entrons pas dans ces discussions théologiques auxquelles la foi n'a rien à gagner. Ce peuple qui nous écoute est juste, pieux et croyant ; il ne s'inquiète pas dans quelle forme plus ou moins abstraite doit se trouver la véritable observance des lois de l'Evangile, et je me suis aussi peu inquiété de le lui apprendre. J'ai dit seulement : soyez doux, chastes et charitables, parce que Jésus-Christ, notre modèle, a été charitable, chaste et doux. J'ai dit : aimez-vous et secourez-vous les uns les autres, car vous êtes tous frères et enfants d'un même père, qui est Dieu ; et j'ai dit cela, non-seulement aux chrétiens de l'Eglise catholique romaine, mais à ceux qui penchaient vers l'Eglise réformée ; je l'ai dit encore aux mauresques, aux juifs convertis encore chancelants dans leur foi, et à ceux qui avaient abandonné seulement par peur la croyance de leurs pères. A tous j'ai prêché la même morale et la même loi, et bien souvent, oh ! oui, bien souvent, monseigneur, j'ai vu tomber à genoux et s'écrier en pleurant qu'ils voulaient être d'une religion si douce, ceux-là mêmes qui plus tard ont blasphémé et maudit notre religion sainte au milieu des flammes du bûcher.

— Il blasphème, ô mon Dieu ! s'écria Pierre Arbues ; un prêtre de Jésus-Christ ose accuser la sainte inquisition !

A cette sortie hypocrite, Jean d'Avila ne répondit pas ; mais le regard qu'il attacha sur l'inquisiteur fut si clair, si froid, si incisif, que le superbe Arbues n'en put soutenir l'éclat inconcevable ; celui qui faisait trembler Séville baissa les yeux devant un simple prêtre de l'Eglise chrétienne, il trembla devant un accusé. Le regard de Jean d'Avila était un éloquent et muet réquisitoire où l'inquisiteur aurait pu lire toutes ses iniquités les plus authentiques et les plus cachées, ses condamnations iniques, crimes commis avec audace en plein jour, et ses débauches secrètes, crimes plus abominables encore, qui bien souvent étaient la seule cause des premiers.

L'auditoire, glacé de terreur, car il comprenait le danger du courage, et cependant électrisé par les paroles de l'apôtre, ému de respect, d'enthousiasme, de reconnaissance, il n'était personne dans cette assemblée qui n'eût eu à bénir Jean d'Avila ; l'auditoire attendait dans une anxiété profonde le résultat de cette séance.

On n'osait ni parler ni se communiquer sa pensée ; mais plus d'un, dans cette foule attentive, était sous l'impression du même sentiment : un désir simultané de sauver leur saint prédicateur animait tous les cœurs.

Pierre Arbues comprit qu'avec un dialecticien comme Jean d'Avila, le triomphe était impossible : sans pousser plus loin la discussion, il fit un signe au greffier qui avait écrit à mesure toutes les réponses de l'apôtre. Le greffier les lui remit ; Son Éminence les lut de nouveau, comme pour s'exciter encore à punir une semblable audace, et, à chaque phrase, ses sourcils se contractaient davantage ; une noire tempête de haine s'amassait sur ce front vaste et sombre, page effrayante où l'observateur pouvait lire tant de choses sinistres.

Après qu'il eut fini, il prit le registre où les dépositions étaient consignées, et après en avoir lu quelques lignes :

— C'est bien cela, dit-il ; les dépositions des témoins sont parfaitement conformes aux réponses de l'accusé.

Les témoins qui ont signé au registre sont parfaitement d'accord entre eux ; ils ont tous également affirmé que le prêtre Jean, surnommé Jean d'Avila, moine prédicateur de l'ordre des carmélites déchaussés, a non-seulement communiqué fréquemment avec des hérétiques luthériens, juifs ou mauresques, mais encore que, dans ses sermons, il a avancé des propositions contraires à la foi catholique. Ces témoins ayant juré sur l'Évangile de dire la vérité, nous devons nous en rapporter à leurs dépositions. Conformément aux lois de la très-sainte inquisition, nous sommes donc forcé de condamner le prêtre Jean aux peines indiquées par nos très-saintes lois inquisitoriales, à moins, toutefois, que l'accusé ne puisse prouver séance tenante, par la déclaration de douze témoins à décharge, qu'il a été faussement accusé.

En prononçant ces mots, l'inquisiteur porta les yeux vers le banc où se tenait Jean d'Avila ; l'apôtre n'avait pas fait le plus léger mouvement, il avait écouté comme s'il se fût agi d'un autre ; mais, dans l'assemblée, un grand murmure s'était élevé soudain, et le banc des témoins, naguère vide, avait été envahi par les plus marquants des hidalgos présents à cette séance, qui, tous, se disputaient la gloire d'exposer leur vie pour leur apôtre bien-aimé.

Il y avait dans la salle autant de témoins qu'il y avait de têtes pour rendre témoignage de l'innocence de Jean d'Avila.

Mais lui, en les voyant ainsi s'exposer pour lui à la mort, ou du moins à des peines très-sévères, les regarda de son œil doux et paternel et leur fit signe de la main de se retirer.

En présence de cet amour universel, son émotion était si grande, qu'il n'eut pas la force de parler. Deux larmes délicieuses, deux larmes d'une ineffable et céleste béatitude tombèrent de ces yeux si calmes qui ne s'étaient jamais émus que des souffrances des autres.

— Il est innocent ! il est innocent ! s'écrièrent à la fois toutes ces voix enthousiastes.

— Il nous a nourris quand nous avions faim.

Coco et Mandamiento.

— Il nous a consolés quand nous pleurions.

— Il a apaisé nos différends et ramené la paix dans nos familles.

— Il a béni les jeunes gens qui s'aimaient et réconcilié les époux désunis.

— Il est la gloire et le bonheur de l'Andalousie.

Ce fut comme un immense concert de bénédictions, un hourra général plus fort que la crainte qu'inspirait l'inquisition, quelque chose de spontané et d'irrésistible. Ces hommes semblaient obéir à une voix d'en haut qui les poussait invinciblement, au mépris de leur propre danger, à la défense d'une si noble cause.

En présence de cette manifestation générale, le farouche Arbues se sentit pris d'une vertigieuse pensée de haine ; il crut, à force d'audace et de fermeté, pouvoir imposer à ce peuple lancé à la défense d'une cause si sainte ; il ignorait que le peuple, ce terrible ennemi, est aussi dévoué pour les objets de son culte que farouche et impitoyable pour ceux qui l'ont blessé, et que sa colère ressemble à celle des vagues, qu'elle abime ceux qui tentent de lui résister.

Décidé à lutter à force ouverte, Pierre Arbues méprisa cette manifestation générale et sacrée ; et c'était le moment, ou jamais, de reconnaître la vérité de cet adage :

Voix du peuple, voix de Dieu.

Mais Pierre Arbues s'inquiétait bien de cela !

Les personnes qui avaient pu se placer sur le banc des témoins étaient là, debout, demandant à haute voix qu'on écoutât leur déposition. L'inquisiteur n'en tint compte ; toutefois, n'osant rendre sa sentence publiquement après avoir refusé d'entendre les témoins, il usa de son subterfuge ordinaire, et se tournant vers les sbires placés à sa droite.

— La séance est suspendue, dit-il ; qu'on remène l'accusé dans la prison.

Le peuple avait compris ce que cela voulait dire [1].

Un cri général s'éleva dans l'assemblée, et de nombreuses voix ardentes et obstinées s'écrièrent à la fois.

— Les témoins ! les témoins ! qu'on entende les témoins !

— Qu'on fasse évacuer la salle ! s'écria Pierre Arbues en se levant pour sortir.

Jean d'Avila se leva comme pour suivre les sbires, et s'adressant au peuple, il lui dit avec douceur.

— Calmez-vous, mes amis, calmez-vous ! on me fera justice, soyez-en sûrs.

En parlant ainsi, l'apôtre avait plongé son regard vers le fond de la salle, comme s'il eût attendu quelqu'un ; personne n'arrivait.

Jean d'Avila leva les yeux au ciel et murmura avec une grande résignation :

— Que la volonté de Dieu soit faite !

Le peuple continuait de murmurer, et quelques-uns, audace inouïe à cette époque et en pareil lieu, quelques-uns osèrent franchir la barrière qui les séparait de l'accusé. Là, se jetant à genoux devant celui qu'ils nommaient leur père, ils baisèrent ses mains et son vêtement, non avec l'humilité du fanatisme, mais avec une vénération toute filiale, avec ce respect profond que la vraie vertu obtient sans le demander et qu'on accorde par peur au crime tout-puissant.

La scène menaçait de devenir orageuse ; mais l'inquisition était prudente et précautionneuse.

En quelques instants, une triple haie de sbires armés et d'archers de la Sainte-Hermandad était étendue comme un long boa autour du peuple aggloméré dans la salle, en sorte que ces braves gens se trouvèrent soudainement enveloppés, et que pas un d'eux n'aurait pu sortir vivant de cette enceinte si telle eût été la volonté de l'inquisiteur.

Une grande mêlée devenait inévitable, car ce peuple ardent et courageux ne se fût pas laissé immoler sans résistance.

Jean d'Avila, qui vit tout d'un coup d'œil, frémit d'une sainte indignation, et en ce moment il eut regret à l'amour qu'il inspirait. Le danger de cette brave et loyale population l'émut plus que son propre danger.

Pierre Arbues, debout derrière son fauteuil, promena tout autour de la salle le regard complaisant du chasseur, lorsqu'il voit le lion pris dans les filets qu'il lui a tendus.

Il fut heureux pour l'inquisition que la

---

[1]. *Le peuple avait compris ce que cela voulait dire.* Lorsque, dans de rares occasions, l'inquisition avait l'audace de juger en public, il arrivait quelquefois qu'un accusé avait le courage de se défendre avec énergie et sans ménagement ; dans ce cas l'inquisition, toujours adroite, renvoyait l'accusé dans les prisons sous prétexte que *le tribunal avait besoin de s'éclairer afin de faire justice.* Ce renvoi n'était qu'une vengeance digne de Néron ; l'accusé qui osait ainsi braver l'inquisition échappait quelquefois aux flammes ; mais il était soumis à toutes les tortures et finissait par mourir dans les cachots, les membres brisés et l'âme remplie de désespoir... Quelques années après sa mort son procès se terminait, l'accusé était déclaré coupable d'hérésie et, comme on le supposait mort impénitent, on exhumait ses ossements qu'on brûlait dans le prochain auto-da-fé, sa mémoire était flétrie jusque dans la postérité et ses biens devenaient la proie de l'inquisition. Llorente rapporte plus d'un exemple de cette inique manière de procéder ; presque tous ceux dont on brûlait les effigies et les ossements avaient été les victimes de ce procédé tout inquisitorial.

préoccupation où il était plongé l'eût distrait à ce point de lui-même ; cela fut plus heureux encore peut-être pour l'inquisiteur. L'inquisiteur disposait, il est vrai, d'une force armée ; mais que devient la force armée devant un peuple courageux poussé à bout, et exaspéré par des années d'oppression et de misère !

Pierre Arbues seul, aveugle comme tous les despotes, ne comprenait pas le danger pour lui.

Mais, en ce moment, la grande porte s'ouvrit à deux battants, les gardes et le peuple s'écartèrent avec toutes les marques d'un respect profond.

L'inquisiteur pâlit ; celui qui venait d'entrer dans la salle du tribunal était le président du conseil de la Suprême en personne, suivi de ses conseillers.

Parvenu en face de l'inquisiteur, le président s'arrêta ; il se trouvait placé à côté de Jean d'Avila.

Pierre Arbues baissa les yeux devant le chef du conseil de la Suprême, car celui-ci l'avait regardé d'un air de reproche et de courroux qui ne présageait rien de bon.

Le président se tourna alors vers l'apôtre, que deux sbires avaient déjà saisi par ses chaînes pour le reconduire en prison.

— Qu'on délivre cet homme ! dit-il d'une voix sévère.

Les liens qui retenaient Jean d'Avila tombèrent comme par enchantement.

— Monseigneur ? hasarda de dire Pierre Arbues.

— De quel droit avez-vous mis cet homme en jugement ? poursuivit le président ; vous n'avez pas même daigné communiquer son acte d'arrestation au conseil ; savez-vous que je pourrais...

— Il est vrai, balbutia Pierre Arbues, que cette formalité a été omise ; mais plus tard...

— Allez, dit le président d'une voix sévère, et, une autre fois, songez qu'une omission de cette nature est un crime. Le roi et le conseil veulent bien qu'on poursuive les hérétiques, mais qu'on le fasse avec des formes légales, afin que nous puissions juger par nous-mêmes de la culpabilité des accusés.

— Vous êtes libre, mon révérend père, ajouta le chef du conseil en s'adressant à l'apôtre avec une grâce infinie.

— Merci, monseigneur, dit Jean d'Avila, je n'attendais pas moins de Votre Éminence.

Pierre Arbues se retira la rage au cœur ; son règne venait de finir.

— *Viva ! Viva !...* s'écria le peuple ; que Dieu et sa sainte mère bénissent le conseil de la Suprême !

Et ce bon peuple candide poussa des cris d'admiration enthousiaste, et il versa des larmes de joie pour cet acte de haute et infiniment adroite politique [1], comme pour un acte d'héroïque dévouement ou de royale largesse.

Toujours est-il que l'acquittement de l'apôtre de l'Andalousie fut pour Séville une joie universelle ; on crut qu'enfin Charles-Quint allait tenir toutes ses promesses, et le conseil de la Suprême acquit une immense popularité. Pourtant, hélas ! ce grand corps de l'État, presque entièrement composé d'archevêques et de prélats, montrait d'ordinaire un zèle tout aussi grand pour l'extirpation de l'hérésie ; mais le conseil, comme tous les pouvoirs possibles, était très-jaloux de son autorité.

Empiéter sur ses droits ou avoir l'air de les méconnaître, était une offense qu'il pardonnait difficilement ; c'est ce qu'avait fait

1. Ce fut en effet un grand acte d'adroit politique que de délivrer Jean d'Avila. En agissant ainsi, le conseil de la Suprême compromettait l'autorité d'un inquisiteur, mais en même temps il faisait croire au peuple en la loyauté et en la justice de l'inquisition, et par ce moyen il raffermissait la puissance du tribunal odieux qui a fait tant de mal à l'Espagne et qui eût fait périr la religion elle-même si la religion de Jésus-Christ avait pu périr

Pierre Arbues en négligeant de lui communiquer l'arrestation de Jean d'Avila. Ce défaut de forme, qui mit en jeu l'amour-propre blessé du conseil, fut certainement le salut de l'illustre prédicateur [1].

Pourquoi faut-il que les plus grands résultats soient dus le plus souvent aux plus misérables causes?... Cela entre peut-être dans les desseins de Dieu!...

Lorsque Jean d'Avila sortit de la salle, le peuple l'éleva dans ses bras comme sur un pavois, et toute cette population, folle, enivrée de joie et d'espérance, le ramena en triomphe jusqu'à son humble demeure, en criant d'une voix pleine d'allégresse :

— Vive notre apôtre bien-aimé! vive le roi! vive monseigneur le président de la Suprême!

---

[1]. Saint Jean d'Avila naquit en 1504, à *Almodovar del Campo*, petite ville du diocèse de Tolède, de parents, riches et très-considérés dans le pays. Saint Jean étudia d'abord le droit civil et canonique à l'Université de Salamanque, suivant le vœu de ses parents, qui le destinaient au barreau ; mais sa vocation pour le sacerdoce était irrésistible. Dieu l'appelait aux hautes fonctions de prédicateur. Ses parents ne voulant pas contrarier ses goûts, voyant en lui se développer un homme vertueux, un ministre de Dieu selon l'Évangile, l'envoyèrent à Alcala d'Hénarès, où il étudia la théologie avec ardeur.

Aussitôt qu'il eût reçu les ordres sacrés, Jean d'Avila voulut partir pour les Indes occidentales où, disait-il, il y avait une ample récolte à faire. Dans ce but il se rendit à Séville, où avant d'entreprendre son voyage il consulta don Alphonse Manrique, alors archevêque de cette cité, et depuis inquisiteur général. Ce prélat conseilla à Jean de renoncer à son projet, et de se livrer à la prédication. Saint Jean suivit ce conseil, après avoir longtemps lutté contre sa propre modestie ; mais à peine avait-il commencé à prêcher, ses discours étaient si sublimes, ses doctrines si évangéliques, son langage si éloquent, sa vie si sainte, que Séville, et bientôt après toute l'Espagne, le salua du nom d'apôtre de l'Andalousie.

Mais ni la sainteté de sa vie, ni l'éloquence de sa parole, ni la pureté de ses doctrines, rien ne put le défendre contre l'envie des autres moines, qui le dénoncèrent à l'inquisition. Ce tribunal qualifia d'hérésie la tolérance de Jean d'Avila, et comme il ne voulait jamais, dans ses sermons, maudire ni anathématiser morisques, juifs, ni hérétiques, l'inquisition le mit en accusation et le poursuivit comme schismatique. Enfin, nonobstant la protection d'Alphonse Manrique, devenu inquisiteur général le 10 septembre 1528, Jean d'Avila fut enfermé dans les cachots du saint office en 1529 ; il y demeura pendant cinq années, jusqu'en 1534, époque où, grâce à un *défaut de forme* dans son procès, il fut acquitté et mis en liberté, nonobstant l'accusation de luthéranisme et d'*illuminisme* qui pesait sur lui. En accusant Jean d'Avila, l'inquisition avait négligé d'en faire part au conseil de la Suprême. Saint Jean d'Avila mourut à Montilla en 1569, âgé de soixante-cinq ans. Il a laissé un grand nombre de lettres adressées à saint Jean de Dieu, à Fray Luis de Grenade et à beaucoup d'autres de ses disciples. Ces lettres sont autant d'épîtres apostoliques. Il a aussi écrit beaucoup de sermons, dont un seul volume a été imprimé en Hollande en 1617. Ce volume, que j'ai lu à la bibliothèque des jésuites de Séville en 1817, et que les Français avaient respecté, n'existe plus. La populace l'a brûlé sur la plaza Mayor en 1823 à l'instigation des moines de Saint-Dominique, qui ont toujours qualifié le saint apôtre de l'Andalousie de *marrano*, hérétique.

CHAPITRE XLV

Mariage et Funérailles.

Dans les caveaux de la Garduna, immenses souterrains creusés durant les guerres des Maures contre les catholiques, pour servir de communications secrètes aux troupes, Mandamiento avait fait cacher Estevan, Dolores et Juana.

Le coffre dans lequel on avait transporté le corps de Manuel Argoso avait été échangé contre un grand cercueil de bois de cèdre procuré par les gardunos. La plus grande partie de l'or qu'Estevan avait pu sauver de sa fortune, qu'il était forcé d'abandonner au fisc [1], avait payé toutes ces complaisances.

---

[1]. Lorsqu'un citoyen, accusé ou simplement soupçonné d'hérésie, quittait l'Espagne, tous ses biens étaient immédiatement confisqués au profit du roi et de l'inquisition; mais comme l'inquisition passait avant le roi, ce dernier n'avait que le quart des biens confisqués. Il est vrai que, dans ces vols juridiques, l'inquisition gagnait sa part en intentant un procès à l'exilé, en faisant brûler son effigie et en poursuivant tous ses parents et même tous ses amis.

Rien n'était plus dévoué que les gardunos à celui qui les payait.

Le cercueil qui enfermait les restes mortels de celui qui avait été gouverneur de Séville était déposé dans un de ces caveaux, sur des escabelles de bois.

Selon l'usage du temps, le visage du mort était resté à découvert ; mais on avait eu soin de revêtir le corps d'une chemise de toile de Hollande très-fine et très-blanche. Manuel Argoso avait les mains croisées sur sa poitrine, et ses paupières étaient entièrement fermées. La mort avait rendu à ce visage, naguère si souffrant et si pâle, une indicible sérénité.

La piété de José n'avait point abandonné ses amis dans cette pénible circonstance.

Juana, la vieille nourrice du jeune moine, Juana, si forte et si dévouée, priait à côté de Dolores pendant cette triste veille mortuaire ; elle recevait dans son sein les larmes de la jeune fille désolée.

De son côté, Jean d'Avila, le courtisan de toutes les infortunes, Jean d'Avila n'avait pas été plutôt délivré des cachots de l'inquisition, qu'averti par la Chapa, il était accouru à la Garduna.

Sa présence inespérée avait été pour Estevan et pour sa fiancée une consolation bien douce.

Il était environ minuit.

Jean d'Avila et José, agenouillés près du cercueil, récitaient lentement les prières des funérailles. Dolores sanglotait à quelques pas d'eux ; mais ni Estevan ni Juana n'osaient essayer de la consoler ; ils se contentaient de pleurer avec elle.

C'était un moment bien solennel, le dernier adieu de la mort à la vie ; l'instant suprême où l'être matériel de celui que Dolores avait tant aimé allait retourner au néant.

A l'une des extrémités du caveau avait été dressée, en guise d'autel, une simple table de bois, couverte d'une nappe blanche et surmontée d'un grand crucifix.

Deux candélabres d'argent massif, propriété de Mandamiento, supportaient chacun trois bougies de cire jaune, et dans une coupe de vermeil ciselé, un rameau de buis trempait dans l'eau bénite.

C'était là le seul luxe de cette funèbre cérémonie ; les ciselures du métal, les facettes polies des candélabres, brillaient d'un éclat étrange dans ce lieu sombre, triste et nu, et la figure du Christ, blanche, douce et inclinée, semblait pleurer avec les affligés agenouillés devant elle.

La voix grave et pénétrante de Jean d'Avila avait une onction infinie, à laquelle se mariait, avec un certain charme de tristesse, le timbre plus doux et plus voilé de José.

De temps à autre, des sanglots, qui malgré ses efforts pour les contenir s'échappaient de la poitrine de Dolores, venaient seuls mêler leur navrante harmonie au récitatif des deux religieux.

Cette cérémonie des funérailles, ainsi dépouillée de la pompe et du bruit que lui prête l'orgueil mondain, avait quelque chose de saisissant et de profond dû à la nécessité impérieuse où on était de la célébrer ainsi la nuit, dans un lieu inconnu, et à l'abri de tous les regards.

Cette pauvre jeune fille, obligée de se réfugier chez des malfaiteurs afin de pouvoir rendre les derniers devoirs à son père ; ces deux moines, dont l'un venait d'échapper à l'inquisition, dont l'autre appartenait au saint office ; cette vieille Juana, personnage étrange, qui semblait n'avoir été créée que pour assister aux souffrances des autres, tant elle semblait indifférente à son propre sort, tout cela avait quelque chose d'excentrique, de mystérieux, qui ressemblait à une légende ou à un roman.

Oh ! c'est que le xve et le xvie siècles furent féconds en drames incroyables et terribles, si bien qu'aujourd'hui, sans l'autorité des auteurs espagnols qui ont vécu pendant ces époques malheureuses, et qui certes étaient trop loyaux pour mentir ; sans l'autorité des annales dont on ne peut contester l'authenticité, on refuserait peut-être de croire à ces histoires presque invraisemblables tant elles renferment d'horreurs...

C'était un incident affreux que celui que nous racontons, et pourtant cette cruelle tragédie n'était pas encore dénouée.

De tous les personnages présents à cette scène, Estevan était peut-être le plus triste. A la douleur que lui causait la mort de son beau-père, se joignait la conviction amère de son impuissance à lutter efficacement pour sa patrie. Il comprenait avec un désespoir incommensurable que la gloire de libérateur ne lui était pas réservée, et dans ce sentiment si amer, il entrait certainement moins de déception d'amour-propre, d'orgueil humain, que de pitié pour son pays, de compassion pour les victimes de l'insatiable ambition de Rome, du clergé et des gouvernants.

Dans ses idées larges et avancées, Estevan avait quelquefois rêvé la délivrance de l'Espagne ; en ce moment, il ne l'espérait plus que dans un lointain avenir.

C'était là ce qui jetait sur son front si jeune un voile noir d'insurmontable tristesse, que son amour même pour Dolores était impuissant à dissiper.

La vie de la femme pourrait bien se traduire par un seul mot : « Amour. » Mais à l'homme, il faut autre chose encore ; l'homme fort et courageux ne concentre pas son existence entière dans une individualité ; il embrasse un but plus large et plus complexe, et avant le nom même de la femme aimée, il y a un autre nom qui fait vibrer toutes les cordes de son âme, ce nom, c'est celui de patrie !...

Patrie !... ce mot si doux résonnait maintenant comme un glas funèbre aux oreilles du jeune comte de Vargas ; le lugubre récitatif des deux moines, ce terrible *De profundis*, dont l'expression déchirante remplit l'âme d'angoisses, et fait courir dans toutes les veines un frisson glacé ; ce terrible *De profundis* était pour lui le dernier cri d'angoisse de son pays opprimé, l'adieu suprême que l'Espagne semblait jeter, avant de mourir, du fond de l'abîme où on l'avait plongée.

De temps à autre, Jean d'Avila interrompait les prières pour verser sur le corps l'eau sainte qui purifie ; puis il retournait s'agenouiller auprès de José et continuait l'office des morts.

Tout le temps que dura cette triste cérémonie, Estevan, la tête appuyée dans ses deux mains, ne se détourna pas une seule fois ; mais lorsque Jean d'Avila eut prononcé les derniers versets de la prière des morts, rendu au sentiment de ce qui se passait autour de lui, Estevan se releva et se rapprocha de Dolores ; il comprit que son amour pour son pays ne pouvait entièrement absorber celui qu'il éprouvait pour sa fiancée, et que, veiller sur elle, la rendre heureuse, était aussi pour lui un devoir sacré.

En ce moment, deux hommes de la Garduna entrèrent pour enlever le cercueil.

Dolores comprit que le moment suprême était venu ; et comme, malgré la douceur de son caractère, elle avait une de ces volontés énergiques qui dans les grandes circonstances de la vie savent dominer jusqu'à la douleur, elle s'avança d'un pas ferme vers le lit funèbre où reposait son père.

Estevan voulut la retenir.

— Laissez-moi, dit-elle en le repoussant doucement, mais avec fermeté, laissez-moi lui dire un dernier adieu.

Elle s'avança alors vers le cercueil, s'agenouilla sur la terre nue, puis elle s'inclina vers le mort bien-aimé, posa ses lèvres sur ce front pâle, le baisa par trois fois, et, se relevant avec courage, elle alla s'asseoir à l'extrémité la plus reculée du caveau.

La force qui l'avait un moment soutenue l'abandonna ; elle cacha sa tête dans ses mains pour ne rien voir de ce qui se passait autour d'elle.

Estevan et Juana ne la perdaient pas de vue.

Les gardunos, avec toutes les précautions possibles, enlevèrent le cercueil et le transportèrent dans un caveau plus grand encore et plus reculé.

Là, les attendaient sept ou huit frères de l'ordre, hommes et femmes.

Lorsqu'ils eurent déposé le cercueil sur le sol, deux coberteras des plus vieilles s'emparèrent du cadavre.

Ces deux hideuses créatures, à peine couvertes d'un méchant haillon de laine noire, avaient retroussé jusqu'au coude la manche de leur *jubon*, et laissaient voir leurs mains et leurs bras maigres et tannés, sillonnés de grosses veines bleuâtres.

Leurs cheveux, rares, grisonnants et ébouriffés, se relevaient en désordre à la nuque sous une mona de ruban noir et fané, devenue grise à force de crasse et de poussière. Leur cou long et maigre se laissait voir sans pudeur sous un fichu en désordre, et de leurs pieds nus, aplatis et sordides, elles foulaient en chancelant le sol terreux du souterrain.

Chacune de ces deux vieilles femmes était armée d'un couteau en serpette récemment affilé.

Une table boiteuse, longue d'environ six pieds, avait été placée dans le caveau.

Les coberteras y étendirent le corps du gouverneur et se mirent à l'œuvre.

Et, semblables à des oiseaux de proie habitués à la vue des cadavres, ces deux vieilles femmes ouvrirent le corps du haut en bas comme eût pu le faire un anatomiste ; puis elles en retirèrent les entrailles et le cœur avec une dextérité incroyable.

Deux guapos prirent les entrailles, les déposèrent dans le cercueil, y mêlèrent quelques aromates ; puis, tous les gardunos qui étaient présents s'agenouillèrent autour de ce cercueil, et marmottèrent quelques prières ; puis, enfin, on descendit le cercueil dans une grande fosse qui avait été préparée, et les gardunos le recouvrirent de terre.

Pendant ce temps, une des coberteras avait placé le cœur dans une boîte d'argent, après l'avoir soigneusement embaumé avec de précieux aromates connus des Gitanos, race venue d'Egypte ; sa compagne avait soigneusement lavé le corps avec des eaux parfumées.

Après l'avoir essuyé avec des linges très-fins, ces deux femmes l'étendirent sur une grande toile d'un gris argenté, tissue avec du fil d'amiante, chose rare et précieuse. Mais qu'y avait-il de rare pour les gardunos ?

Lorsqu'elles eurent ainsi disposé le cadavre et enfermé le cœur, les coberteras s'agenouillèrent, et se mirent de nouveau à prier ; en même temps elles aspergeaient le corps d'eau de senteur avec une branche de cèdre, et marmottaient tout bas des prières inintelligibles, formules bizarres empruntées à tous les rites, et accommodées à leur usage par une superstition ignorante quelque peu mélangée d'un insoucieux scepticisme.

C'était horrible à voir ; ces deux vieilles femmes hideuses, les mains et les bras encore saignants, agenouillées devant ces restes humains, priant des lèvres un Dieu ou un démon inconnu, dont elles n'avaient pas même la conscience, ou plutôt récitant par habitude des paroles incohérentes et bizarres : cadavres encore debout qui ensevelissaient un cadavre couché!...

Les gardunos attendaient avec calme qu'elles eussent fini.

Au bout de quelques minutes, elles se relevèrent ; une d'elles remit la boîte qui renfermait le cœur à un jeune guapo, en lui disant :

— Garde-moi bien cela.

Puis enfin les deux sibylles, armées de ciseaux et d'aiguilles, enveloppèrent soigneusement le corps dans la toile d'amiante, le cousirent partout avec du fil arraché au tissu même de la toile ; puis s'étant assurées qu'il était hermétiquement cousu, elles se retournèrent vers les gardunos en disant :

— C'est fait.

Ce fut alors le tour des guapos.

Au milieu du caveau, on avait creusé une grande fosse en forme de croix, couverte à son orifice d'une énorme grille de fer.

La partie de cette fosse qui représentait la tige de la croix avait été remplie de charbon ; celle qui formait les bras devait servir de conducteur à l'air, en sorte qu'en passant alternativement d'un côté à l'autre, et se dépouillant de son oxygène, il entretint constamment la combustion.

En effet, le charbon qui remplissait la fosse était déjà incandescent, et à cause de la grande quantité qu'on y en avait mise, il flambait plutôt qu'il ne brûlait. Des conduits d'air avaient été soigneusement ménagés dans le souterrain pour que le gaz ne pût asphyxier personne.

Les deux gardunos qui avaient pris le corps le déposèrent alors sur la grille déjà rougie, et qu'on ne distinguait presque plus au milieu des charbons ardents.

A peine eut-on déposé le corps sur le feu, qu'une flamme bleuâtre s'éleva tout autour comme si elle eût été avide de le dévorer.

A mesure que le feu consumait le cadavre, la toile d'amiante devenait d'une blancheur éblouissante et brillait comme de l'argent fondu au milieu de ce brasier.

Bientôt, une odeur forte et désagréable se mêla à celle du gaz acide carbonique. Des gardunos pouvaient seuls rester dans un pareil lieu. Ils n'en parurent nullement incommodés ; et avec une impassibilité toute espagnole, ils attendirent que le corps eût été consumé jusqu'à ce qu'il n'en restât plus qu'un peu de cendre.

Alors, ils enlevèrent la toile d'amiante qui était devenue souple comme de la mousseline, et ressemblait à un grand sac presque vide ; dès qu'elle fut refroidie, ils l'ouvrirent, en retirèrent soigneusement la cendre jusqu'à la dernière parcelle, et l'enfermèrent dans un sachet de cuir de Maroc, d'environ une palme carrée, garni de plusieurs courroies.

Cette opération terminée, le garduno qui avait été commis par Mandamiento pour présider à la cérémonie, dit, en prenant le sachet dans ses deux mains :

— Ceci me regarde ; la boîte d'argent sera confiée à Garabato, ajouta-t-il en désignant le jeune postulant, favori de Mandamiento, que nous avons déjà vu figurer au commencement de ce livre.

La cobertera qui avait embaumé le cœur le remit avec sa boîte à celui qui en était chargé.

Puis enfin, deux autres gardunos jetèrent une grande quantité de terre sur le charbon qui était resté dans la fosse, et tout fut dit. La cérémonie était achevée.

Pendant que s'accomplissaient ces étranges funérailles, une scène bien différente se passait dans le premier caveau.

Après que les gardunos eurent emporté le cercueil, Jean d'Avila s'approcha de la fille du gouverneur, qui, ainsi que nous l'avons dit, était allé s'asseoir à l'extrémité du souterrain, et cachait sa tête dans ses mains pour pleurer en liberté.

Manuel Argoso après la torture.

Lorsque l'apôtre fut près d'elle, il l'appela doucement par son nom.

Au son de cette voix amie, Dolores releva son visage baigné de larmes.

— Ma fille, continua Jean d'Avila, votre douleur est sainte et je la partage; et pourtant, au nom même de celui que vous pleurez, je vous prie de vous montrer forte et courageuse; tous vos devoirs ne sont pas encore accomplis.

— Que me reste-t-il donc à faire? demanda-t-elle avec cet étonnement stupide où nous jettent les grandes douleurs.

L'apôtre la prit doucement par la main, et, l'aidant à se relever, il la conduisit vers Estevan qui, par respect, n'avait osé s'approcher d'elle, et se tenait debout à quelque distance, les bras croisés sur sa poitrine.

En voyant l'apôtre s'avancer avec sa fiancée, il alla au-devant d'eux; Jean d'Avila plaça alors la main de Dolores dans celle du jeune homme, en lui disant avec douceur :

— C'est la volonté de votre père.

— C'est la mienne aussi, répondit Dolores avec une noble franchise.

Cette chaste fille avait trop de vraie vertu pour recourir à cette pudeur de convention qui pose sur les lèvres des femmes tant de paroles démenties par leurs actes.

Estevan prit avec transport la main de celle qu'il aimait.

José les regardait en silence, et une espèce de délire, une fièvre intérieure et morale brillait dans ses regards plus ardents encore que de coutume.

— Mon frère, dit Jean d'Avila en s'adressant au jeune dominicain, c'est vous qui allez bénir nos deux amis.

José releva brusquement la tête comme si ces paroles eussent interrompu un rêve.

— Moi ? dit-il avec amertume ; moi, bénir l'union de ces deux enfants ? Non, mon père, non, cela ne se peut pas... C'est un droit qui vous revient, ajouta-t-il d'un ton calme et soumis, en baissant les yeux sous le regard profond de Jean d'Avila.

— Qu'il soit fait ainsi que vous le désirez, dit-il ; venez, mes enfants, c'est moi qui vais vous unir.

Il entraîna les deux fiancés.

José et Juana se rapprochèrent l'un de l'autre et échangèrent quelques mots à voix basse, pendant lesquels Juana essuya une larme qui glissa de ses yeux desséchés sur sa joue pâle et flétrie.

Lorsqu'ils furent auprès de la table où était le crucifix, Estevan et Dolores s'agenouillèrent.

Chacun d'eux avait au doigt un anneau de fiançailles ; ils les échangèrent de nouveau, et Jean d'Avila les bénit. Puis, après les questions d'usage, questions bien simples, formulaire du mariage évangélique, le franciscain prononça les paroles sacramentelles...

Pendant ce temps, agenouillés l'un près de l'autre, dans un pieux et triste recueillement, les deux fiancés priaient, et malgré leur tristesse, un éclair de bonheur dorait encore ces deux avenirs qui allaient se confondre en un seul.

Dolores était pâle et émue ; tant de choses terribles avaient précédé ce moment, qu'elle doutait si ce n'était point là encore une de ces déceptions cruelles qui depuis quelques mois présidaient à sa vie. Et pourtant, lorsqu'elle appuya sa main dans la main d'Estevan, et qu'elle sentit cette main pressée par celui qui allait être le guide et le soutien de sa faiblesse, un soupir profond souleva sa poitrine ; elle attacha sur Estevan un regard céleste, sublime prière d'amour plus éloquente que la parole même.

Lorsqu'ils se relevèrent, Estevan et Dolores étaient unis pour toujours.

José alors s'avança vers le jeune couple et leur dit avec un accent intraduisible et une voix vibrante d'émotion :

— Maintenant, mes amis, partez, soyez heureux, et ne vous séparez jamais !

A ce moment, un garduno entra dans le souterrain. Envoyé par le maître, il venait savoir si Mandamiento pouvait se présenter à leurs seigneuries.

— Le maître peut venir, dit Jean d'Avila.

Avec son assurance ordinaire, Mandamiento alors se présenta.

— Tout est prêt pour le départ de leurs seigneuries, dit-il ; deux mules des plus solides les attendent. Mes gardunos les suivront à pied pour leur servir d'*espolistas* [1]. Voici en outre le mot d'ordre, afin que dans tous les endroits où leurs seigneuries pourront rencontrer des frères de la Garduna, au lieu de leur être nuisibles, ils leur prêtent aide et protection.

En même temps, Mandamiento remit à Estevan un morceau de parchemin sur lequel était tracé un mot presque illisible.

C'était le *firman* qui devait protéger la fuite des proscrits à travers les chemins d'Espagne, infestés de gardunos [2].

[1] *Espolista*, éperonneur ; ce mot vient du mot *espuela*, éperon ; les Espagnols appellent *espolistas* certains hommes dont le métier consiste à marcher à pied devant les mules des voyageurs et surtout devant celles des moines. L'*espolista* est à la fois le valet de pied, le guide et le gardien des personnes qui l'emploient. Les *espolistas* espagnols sont des marcheurs infatigables, des hommes dévoués à leurs voyageurs et d'un courage à toute épreuve. On les appelle *espolistas* parce qu'on prétend qu'en marchant ainsi devant les mulets ils les excitent à marcher. Un bon *espolista* et une mule de moine doivent pouvoir faire de dix-huit à vingt lieues espagnoles (environ cent vingt kilomètres) par jour.

[2] Les gardunos, et, après leur destruction, les bandits renommés d'Espagne, avaient, et ont encore dans

— Voici, ajouta le maître, les deux frères qui doivent vous accompagner : ils sont des plus braves et des plus loyaux.

Et il désignait le guapo et le postulant chargés des restes mortels du gouverneur, qui entraient en ce moment dans le souterrain.

— Où nous rejoindrez-vous, mon père? demanda Estevan à Jean d'Avila.

— A Cadix, répondit l'apôtre ; j'y serai aussitôt que vous, mais j'y arriverai par une autre voie ; il n'est pas bon que nous prenions le même chemin.

— Et vous, don José? demanda Dolores avec chagrin, car elle éprouvait pour le jeune moine une amitié toute fraternelle.

— Moi ! où il plaira à Dieu, répondit José avec une déchirante expression de découragement absolu et d'abandon de soi-même.

Au moment de se séparer de ces deux êtres en faveur desquels il s'était un instant rattaché à l'existence, José faiblissait comme toutes les âmes tendres devant une nouvelle tristesse de cœur.

Toutefois, habitué depuis longtemps à maîtriser ses sensations, il se tourna vers Juana, et lui dit d'une voix douce mais pressante :

— Ma bonne nourrice, tu vas partir aussi, n'est-il pas vrai?

— Moi, fit Juana avec une sublime expression de courage, moi, partir si vous restez!

— Je vous rejoindrai tous dans quelques jours, ajouta vivement José avec une volubilité qui déguisait mal son émotion ; vois-tu, ma bonne Juana, il faut quitter l'Espagne, nous aussi ; personne n'est plus en sûreté ici.

— Je ne la quitterai qu'avec vous, mon José, dit résolûment la nourrice.

— Oui, mais tu partiras la première avec nos amis, tu seras moins remarquée ; et dans quelques jours, lorsque j'aurai réalisé les fonds qui me restent, je vous rejoindrai tous... Allons, Juana, tu partiras ce soir...

— Je ne partirai pas, dit-elle d'une voix brève.

— Je le veux, Juana, ajouta sévèrement José ; mais il était si pâle, et son œil, d'ordinaire si brillant, était tout à coup devenu si terne, qu'on voyait bien qu'il était intérieurement en proie à un violent combat.

A ce mot : « Je le veux, » Juana baissa tristement la tête, et répondit d'une voix éteinte :

— Je partirai.

— Oh ! tant mieux ! s'écria Dolores ; José nous suivra donc aussi...

Les forces du jeune religieux étaient à bout ; ses mains tremblaient d'une convulsion nerveuse, que toute l'énergie de sa volonté avait peine à dissimuler ; il chancelait sur ses jambes, et ses paupières se fermaient par une contraction involontaire.

---

presque toutes les villes et dans la plupart des *ventas* ou auberges isolées sur les grands chemins, des courtiers ou *assureurs* autorisés par eux à lever une certaine contribution sur les voyageurs, et à donner en échange à ces derniers un mot d'ordre qui les met à l'abri de tout attentat dans un rayon de tant de lieues. En 1823, tout voyageur qui voulait ne pas être inquiété de Madrid à Cadix n'avait qu'à voyager dans une des galeras de Pedro Ruiz ; seulement les places dans ces galeras (espèces de fourgons couverts de roseaux et d'une grosse toile blanche) étaient payées trois fois ce qu'aurait coûté la diligence, puis cinq pour cent sur toutes les valeurs dont on était porteur. Moyennant cet arrangement, on pouvait voyager tranquille ; les voleurs n'attaquaient jamais les galeras de Pedro Ruiz. Dans l'Estramadure, à Mérida, l'hôte de la *posada de las Tres-Cruces,* l'aubergiste des Trois-Croix, vous donnait un mot d'ordre moyennant deux doublons (40 francs). Arrivé au *Confessionnal,* lieu où l'on ose à peine passer, et où l'on peut être tué sans voir le meurtrier, les bandits se présentent à vous, vous couchent en joue et vous demandent la bourse ou la vie, dans l'intention de vous prendre l'une et l'autre : mais ne craignez rien si vous avez le mot d'ordre ; vous n'aurez qu'à le prononcer pour voir tous ces coquins relever leurs *trabucos,* ôter leur chapeau et vous dire le plus poliment du monde : *Vaya Su Merced con Dios, caballero* (que Votre Seigneurie aille avec Dieu!) En 1822, j'ai moi-même payé 40 francs *al tio Alejo,* au père Alexis, qui m'a donné en échange deux mots latins : *Vade retro.* Ces deux mots ont changé quatre mauvais gueux, qui se présentèrent à moi dans le *Confessionnal,* en quatre manants plus inoffensifs que des agneaux.

Cependant, le courage moral triompha de la nature physique. Par un effort surhumain, il tendit la main aux nouveaux époux, retrouva assez de force pour serrer convulsivement la leur; puis il se jeta sur le sein de Juana, l'étreignit avec une tendresse pleine de passion désespérée, et y laissa deux larmes jusqu'alors contenues.

— A bientôt, ma Juana, lui dit-il; nous nous rejoindrons, sois tranquille.

— Je n'en doute pas, mon fils, répondit la vieille nourrice; certainement nous nous rejoindrons.

Tout était prêt.

— Messeigneurs, dit Mandamiento, hâtez-vous; vous aurez à peine le temps de faire deux lieues avant le jour pour arriver à la première résidence d'une confrérie, où vous passerez la journée : car, vous le savez, vous ne pourrez voyager que la nuit.

Sur l'ordre du favori de l'inquisiteur, une troisième mule avait été préparée pour Juana.

La petite caravane partit.

José et Jean d'Avila restèrent seuls.

— Mon père, dit José, avant de nous quitter, bénissez-moi.

— Mon fils, dit Jean d'Avila de plus en plus surpris des manières du jeune dominicain, la comtesse Estevan de Vargas n'était pas ce soir la plus triste de nous.

— Oh! non, répondit José d'un accent énergique; maintenant que Dolores n'a plus besoin de vous, mon père, priez pour José.

— Sois béni et consolé, toi qui souffres! dit l'apôtre avec une douce compassion.

Mais, comme si José eût craint de se laisser entraîner à une trop grande confiance, il s'éloigna brusquement et se dirigea vers la maison de Juana.

CHAPITRE XLVI

La Justice de Dieu.

C'était le troisième jour après la miraculeuse délivrance de Jean d'Avila : miraculeuse, tant un triomphe pareil était rare.

Dans la petite maison de Juana, au milieu de la salle basse où d'ordinaire la nourrice de José avait coutume de passer ses longues et solitaires journées, le jeune moine était seul.

Assis sur un large divan brodé des mains de Juana, José, pâle et défait, était nonchalamment appuyé sur des coussins.

Sa main blanche et diaphane soutenait sa tête affaissée; deux auréoles bleuâtres entouraient ses yeux fatigués; une sombre exaltation, une pensée profonde et unique donnaient à ses larges prunelles noires une fixité effrayante, tandis qu'un extrême abattement physique se faisait remarquer dans tous ses membres.

Depuis le départ de Dolores et d'Estevan, José était resté seul dans cette demeure déserte; il n'avait rien mangé depuis deux jours!

Pourtant, ce n'était pas là le résultat d'un ascétisme outré ou d'un stupide fanatisme; pendant les deux jours et les deux nuits qui venaient de s'écouler, les lèvres du jeune moine n'avaient pas prononcé une seule parole.

Depuis longtemps José ne priait plus.

Il s'était fait dans sa tête un immense chaos de pensées dominées par une seule, qui revenait constamment sous toutes les formes, mais sans suite et sans ordre;

un monstre à mille têtes, une hydre dévorante qui dardait à la fois ses mille langues enflammées pour l'halluciner et le briser de fatigue.

Pendant ces deux mortelles journées, le dominicain vit repasser devant lui des choses incroyables et terribles, des scènes fantasmagoriques impossibles ; des anges et des démons, du rire et des larmes ; une blanche colombe appelée vérité, secouant avec horreur ses ailes ensanglantées, et remontant vers le ciel après avoir jeté sur la terre un regard d'immense tristesse.

Puis José s'entretint avec un être invisible et charmant qui l'appelait doucement par son nom, et qui parfois soulevait d'une main douce et caressante ses bras fatigués en lui disant : Allons.

José faisait un effort pour se relever et suivre cet être chéri qui l'appelait ; mais alors une main de fer se posait sur son bras débile et le forçait à se rasseoir en lui criant d'une voix rude et fatale :

— Pas encore !

Alors le jeune moine cachait sa tête tout entière sous les coussins de velours, pour échapper à cette vision cruelle ; puis il se relevait furieux et désespéré. Une joie funeste éclairait son regard farouche, ses dents blanches et brillantes claquaient convulsivement, et de sa main frêle et nerveuse il serrait avec rage un poignard au manche d'ébène, dont la petite lame affilée avait l'éclat et la dureté du diamant.

— Attendre ! attendre ! murmurait-il par intervalles ; il y a sept années que j'attends !...

Enfin, pour la dernière fois, il alla retourner la clepsydre qui lui avait servi à compter les longues heures de cette mortelle journée.

La neuvième heure de la matinée venait de commencer.

En ce moment, le regard de José s'arrêta sur une toile de tapisserie commencée par Juana, ouvrage merveilleux qui avait charmé les loisirs de cette pauvre vieille femme si triste. La toile toute ouverte sur une table, et l'aiguille garnie de laine, semblaient attendre celle qui, sous ses mains débiles, avait fait éclore toutes ces fleurs brillantes, ces roses de l'Alhambra au calice si vermeil et si pur, et ces palmiers d'Afrique, dont le feuillage semblait onduler et frémir au caprice de la brise.

A cette vue, la poitrine du jeune moine, brûlante et aride comme le désespoir, se gonfla d'une tristesse amère, mais moins desséchante ; un attendrissement profond mouilla de larmes ses yeux ardents, et il déposa un baiser plein de tendresse sur cette toile insensible.

— Pauvre Juana ! s'écria-t-il, comme j'ai brisé ta vie aussi... Oh ! te voir, te voir une heure encore, appuyer ma tête sur ton sein qui m'a nourri ! ne pas être seul, seul au monde ! ajouta-t-il d'une voix déchirante en promenant son regard effaré autour de cette chambre déserte.

— Pourtant, j'ai bien fait de la soustraire au danger ; maintenant elle est libre ; ma triste existence ne pèsera plus sur la sienne ; je lui ai donné des amis qui seront des enfants pour elle. Pauvre Juana !... oh ! comme elle va pleurer quand elle saura qu'elle ne doit plus me revoir !...

José regarda la clepsydre, elle ne contenait plus qu'une très-petite quantité de sable.

— Oh ! le temps, s'écria-t-il, le temps emporte tout avec lui... la douleur et la joie, la beauté et la jeunesse, les grandeurs et la gloire... Une seule chose résiste à ses efforts et ne s'use jamais, c'est la haine... la haine qu'on emporte dans la tombe, et qui ne s'éteint pas même après avoir dévoré la vie.

— Allons ! poursuivit-il avec un grand

soupir, comme s'il eût fait un sublime effort pour briser les derniers liens qui le retenaient encore à cette vie, tout est fini ici-bas ! un autre monde me réclame, la dernière heure sonne... marchons !

En parlant ainsi, le jeune moine rajusta sa tunique en désordre, couvrit ses épaules de son manteau ; puis, s'approchant d'un bahut qui renfermait quelques fioles pleines de diverses liqueurs, il en choisit une qu'il avala d'un trait.

C'était un précieux élixir composé par Juana.

A peine José l'avait-il bu, que son front si pâle s'empourpra d'une légère teinte de rose, ses yeux abattus et cernés reprirent un air de vie, un éclat à tromper les yeux les plus exercés ; sa main cessa de trembler ; il marchait d'un pas ferme et assuré ; il était prêt pour la lutte.

Le dernier grain de sable glissa avec la rapidité de la pensée sur le verre blanc et poli du sablier ; en même temps, la cloche de la cathédrale sonna par trois fois ; elle annonçait la fin de la messe.

— Voici l'heure ! s'écria José.

Il s'élança vers la porte et sortit sans se retourner.

C'était le moment convenu pour son rendez-vous avec Pierre Arbues.

José marchait très-vite, et sa main droite, cachée sous sa tunique, serrait avec force le manche de son poignard.

La journée était admirable ; un soleil éclatant brillait dans un ciel d'un bleu vif, et puis la chaleur commençait à devenir très-forte, et dans les rues inondées de lumière, le peuple, revêtu de ses habits de fête, abondait en ce moment.

On sortait de la grand'messe, et chacun se rendait chez soi ou à la taverne pour dîner.

Ces brunes figures andalouses brûlées par le soleil, race encore arabe par le sang et par la couleur ; ces vives manolas aux hanches flexibles, ces majos élégants et coquets, tout ce peuple naturellement si gai, si expansif, si causeur, portait empreints sur le front la tristesse de la servitude, le sombre ennui de la peur.

Ces grands yeux noirs pleins de flammes restaient le plus souvent voilés sous leurs larges paupières mobiles, et toutes ces lèvres frémissantes de l'instinct et du désir de la poésie, semblaient se contraindre à rester muettes.

Ces poëtes populaires, dont le rhythme naïf conservait encore une si riche couleur orientale, laissaient mourir dans leur sein l'inspiration et la joie ; le peuple n'osait pas chanter, il ne pouvait faire un pas dans la rue sans être coudoyé par des moines, et chaque moine était un espion.

José passa au milieu de la foule sans la voir, doublant le pas pour arriver plus vite, et dardant fixement son regard devant lui comme s'il eût poursuivi une ombre.

Quelques manolas, en le voyant passer ainsi d'un pas si rapide, s'arrêtèrent avec étonnement.

— Où va donc si vite le favori de monseigneur l'inquisiteur ? dit tout bas l'une d'elles ; il est pâle comme un trépassé, et on dirait qu'il n'a plus qu'à mourir.

— Tais-toi, dit une vieille femme, cela ne nous regarde pas : « *En cosas de inquisition chiton.* »

Les jeunes filles baissèrent la tête et se pressèrent l'une contre l'autre comme des biches effarouchées.

Lorsque José arriva devant la cathédrale, il n'y avait presque plus personne sur l'esplanade, mais on entendait encore au loin, dans les rues adjacentes, le bruit monotone et bourdonnant que produisent dans l'éloignement les pas d'une grande quantité de monde.

Le jeune dominicain entra alors dans la basilique.

Une forte odeur d'encens remplissait encore le vaisseau de l'église.

Une lumière adoucie filtrait à travers les vitraux coloriés des ogives sous les sombres piliers, et, au milieu de ce jour douteux, une grande lampe d'argent suspendue à la voûte jetait une flamme vive et tremblotante, qui par moments s'élançait vers la coupole en un jet brillant et coloré du reflet des vitraux.

Çà et là, sur la dalle nue, quelques femmes accroupies sur leurs talons priaient en se frappant la poitrine.

A les voir ainsi drapées dans leurs mantilles noires, et agenouillées sur les tombes dont l'église était pavée, on eût dit des âmes en peine cherchant à regagner le ciel.

D'autres fois, à leur immobilité complète, on les eût prises pour les statues de ceux qu'enfermait la pierre où elles étaient agenouillées.

Plus haut, dans l'abside, au pied du maître-autel, régnait une solitude absolue; seulement, sous l'unique rayon de lumière qui, tombé d'en haut, éclairait ce lieu obscur et mystérieux, on pouvait distinguer la forme indécise d'un religieux dominicain agenouillé sur les marches.

Les cierges de l'autel brûlaient encore, et l'odeur ambrée de la cire mêlait son doux parfum à l'odeur de l'encens, dont la fumée s'élevait en flocons blanchâtres.

Un grand christ d'argent étendait ses deux bras sur la croix avec une résignation divine. Dans un immense cadre, au-dessus de la table de l'autel, on voyait la Vierge avec l'enfant Jésus, jetant des fleurs et des rosaires à deux religieux de l'ordre de Saint-Dominique.

De loin, on eût dit que le religieux agenouillé au pied de l'autel faisait partie de ce tableau, et qu'il attendait les dons de la céleste patronne de son ordre.

Sa tête rasée s'inclinait sur ses deux mains réunies, dissimulant ainsi sa haute stature, et la plus profonde humilité était empreinte dans toute son attitude.

De temps à autre il se frappait la poitrine avec une ardente et inimitable ferveur, comme si la prière eût été la plus chère occupation de cet homme, et qu'il eût fait ses délices de la pénitence.

A en juger par les apparences, ce devait être un grand saint ou un grand pécheur ; mais qu'il fût l'un ou l'autre, Dieu devait certainement exaucer des prières si ferventes.

Ce moine était Pierre Arbues.

Le grand inquisiteur de Séville avait l'habitude, après sa messe, de faire seul à l'autel de longues actions de grâces.

José s'arrêta un moment sous un des piliers de l'église pour considérer pendant quelques instants celui qu'il était venu chercher.

Malgré lui, le jeune religieux se sentit frémir ; il frissonna involontairement au milieu de ce silence, interrompu seulement par quelques prières bien basses dont l'imperceptible murmure ressemblait au bruissement d'un insecte sur une fleur.

Elle était si calme et si solennelle, cette vaste église gothique dont toutes les voix venaient de se taire : celle des cloches et celle des prêtres ! Il n'y restait plus qu'un vague parfum de prière et de recueillement, un retentissement lointain, un imperceptible écho des plaintes, des vœux et des soupirs que cette voûte sonore avait peut-être retenus !

— C'est bien lui ! s'écria enfin le jeune moine d'un ton satanique et dérisoire ; hypocrite et fourbe même avec Dieu !...

C'est cela ! c'est bien cela ! il prie en rêvant de nouveaux crimes... Oui, prie, moine insensé ! fais bien ta dernière prière... Peut-être il se repent, poursuivit-il en lui-même ; laissons-lui encore l'heure sainte du repentir.

Et José s'arrêta quelques instants comme s'il eût attendu que Pierre Arbues eût fini sa prière d'agonie.

L'inquisiteur se signa à plusieurs reprises, et un léger mouvement qu'il fit comme pour se lever, indiqua que son oraison allait être terminée.

— Oh ! mais je suis fou ! s'écria José : de croire que Pierre Arbues peut se repentir.

Et reprenant toute sa présence d'esprit dans ce moment suprême, il s'avança lentement vers l'autel comme s'il eût voulu y faire sa prière.

Au bruit qu'il fit en ouvrant la grille de l'abside, l'inquisiteur se retourna.

A la vue de José, un éclair de satisfaction brilla dans son regard : mais la figure du favori avait une expression tellement fatale et sinistre, que Pierre Arbues frissonna malgré lui ; et malgré la sainteté du lieu il ne put se défendre de dire à José :

— Qu'as-tu?

José ne répondit pas ; mais un sourire terrible entr'ouvrit ses lèvres pâles, et il regarda Pierre Arbues comme s'il eût voulu le dévorer.

L'inquisiteur se recula en arrière, croyant que son favori perdait la raison ; mais avant qu'il eût le temps de prévoir le coup, José s'était jeté sur lui comme un tigre et lui avait enfoncé son poignard tout entier dans la gorge, à l'endroit où la cuirasse ne pouvait le défendre.

L'inquisiteur étendit les bras en avant et tomba à la renverse ; mais il fut retenu contre les marches de l'autel et y resta à demi couché, son sang coulait à flots de sa blessure.

— Toi !... toi, José ! murmura-t-il en se débattant contre les angoisses de l'agonie.

Mais José se pencha sur son visage qui pâlissait et prenait rapidement les teintes violettes de la mort ; et fixant son regard flamboyant sur les yeux presque éteints de Pierre Arbues, il lui cria d'une voix sourde:

— Souviens toi de Paula !...

A ce nom, Pierre Arbues rouvrit un instant ses yeux déjà presque fermés et regarda vaguement le pâle visage du jeune moine.

Un souvenir terrible sembla le frapper, et il murmura d'une voix éteinte :

— Dieu est juste !

Et il expira...

Le poignard de José lui avait coupé la jugulaire. [1].

[1]. Pierre Arbues est un personnage historique, et le caractère que lui prête l'auteur n'est nullement exagéré ; seulement l'auteur, autorisé par la licence que permet le genre de son œuvre, a fait un anachronisme en faisant vivre Pierre Arbues sous Charles-Quint, et en le faisant le contemporain d'Alphonse Manrique, de saint Jean d'Avila, de Saavedra et de plusieurs autres personnages de cette histoire. Pierre Arbues n'a pas *régné* à Séville, et n'a pas non plus été assassiné par un favori, le personnage de José est de pure invention : c'est la personnification du peuple espagnol soutenant l'inquisition pendant plusieurs siècles, mais la haïssant toujours, et attendant avec patience le moment de la frapper mortellement. Ce moment est arrivé enfin en 1820.

Pierre Arbues, en même temps qu'il est un personnage historique, est la personnification de l'inquisition, et surtout du plus grand nombre des inquisiteurs. Ses débauches, ses cruautés, ses faiblesses, ses iniquités et son hypocrisie sont un tableau fidèle des débauches, de la cruauté, des faiblesses, des iniquités et de l'hypocrisie de la plupart des inquisiteurs.

Pierre Arbues, chanoine de la cathédrale de Saragosse et inquisiteur général du royaume d'Aragon, a vécu en 1485 sous Ferdinand d'Aragon et Isabelle-la-Catholique, et sous le premier grand inquisiteur général d'Espagne, Thomas de Torrequemada. En 1485, les Aragonais, dont les priviléges étaient à chaque instant foulés aux pieds par l'inquisition d'Aragon, sous la direction de Pierre Arbues, les Aragonais craignirent de voir se renouveler chez eux les scènes qui se passaient chaque jour en Castille et dans les autres provinces de l'Espagne, où le saint office, établi seulement depuis trois ans, et dirigé par des moines fanatiques et débauchés, avait déjà immolé des milliers de victimes. Dans cet état de choses, et voyant que les démarches qu'ils avaient faites auprès du pape et du roi n'avaient eu aucun résultat, un grand nombre des principaux seigneurs de Saragosse se liguèrent contre l'inquisition et

Manofina.

A la vue de ce crime étrange, de ce sacrilége commis dans une église, les femmes qui étaient présentes avaient poussé des cris affreux, et en un instant l'église s'était remplie de monde.

Quelques-unes de ces femmes s'étaient résolurent de sacrifier l'inquisiteur Arbues, qui s'était déjà fait haïr par sa cruauté et par son inconduite, afin d'obliger ainsi les autres membres de l'inquisition d'Aragon à renoncer à leur mission. Mais Pierre Arbues fut averti du dessein des conjurés, sans que toutefois on les lui nommât. Ne pouvant sévir contre ses ennemis, Pierre Arbues voulut du moins se garantir des atteintes des conjurés. A cet effet, il s'arma d'une cotte de mailles et d'une espèce de casque de fer qu'il portait sous son bonnet. Grâce à ces précautions, les conjurés le manquèrent plusieurs fois; cependant un jour l'un deux s'approcha de Pierre Arbues, au moment où il faisait sa prière au pied du maître-autel de la cathédrale de Saragosse, et le frappa d'un coup d'épée dans le cou; la blessure de Pierre Arbues fut si profonde qu'il en mourut deux jours après, malgré tous les secours de l'art, c'est-à-dire le 17 octobre 1485. A la suite de l'assassinat du grand inquisiteur, les vieux chrétiens, excités par les moines, se levèrent comme un seul homme, et des émeutes violentes eurent lieu à Saragosse. La suite de ces émeutes eût été terrible, dit Llorente, si la multitude fanatique n'eût été contenue par la promesse qu'on lui fit de punir du dernier supplice les coupables de cet attentat.

élancées hors de l'église en criant par toute la ville :

— Au meurtre ! au meurtre !... on vient d'assassiner monseigneur l'inquisiteur !

A ce cri, toute la milice du Christ, tous les sbires, toute la Sainte-Hermandad avaient été sur pied ; en quelques minutes on avait cerné l'église ; et lorsque l'alguazil mayor y entra pour constater le fait qui venait de se passer, on trouva le cadavre du grand inquisiteur couché au pied de l'autel, et José qui, les mains croisées sur sa poitrine, le considérait en silence d'un œil farouche.

Le regard du jeune moine avait quelque chose de celui des aliénés, et ses dents se choquaient avec un bruit étrange. Le respect qu'inspirait l'inquisition empêchait qu'on pût soupçonner le jeune dominicain. Cependant, l'alguazil mayor s'adressant à lui, lui dit avec toutes les formes du plus profond respect :

— Mon révérend père, savez-vous quel est l'auteur de ce crime ?

— C'est moi, répondit tranquillement José.

A un aveu aussi formel, on ne pouvait répondre que par une arrestation.

L'alguazil mayor qui avait interrogé le favori le fit immédiatement arrêter.

José se laissa lier sans résistance ; il semblait que ce moment, terrible pour tout autre, fût pour lui d'une indicible joie.

Au premier bruit de l'assassinat, une grande foule de peuple s'était groupée autour de l'église. Lorsque José sortit, tous les yeux se portèrent sur lui avec une ardente curiosité. Il était si jeune, si beau et si triste, que sa vue inspirait une pitié mêlée d'attendrissement et de sympathie ; en outre, la haine pour l'inquisiteur était si forte, que toute la pitié publique se reportait sur le meurtrier et non sur la victime.

— Que lui avait donc fait l'inquisiteur ? se demandait-on à voix basse.

— C'était pourtant son favori, répondait-on.

— Voilà comme les loups se dévorent entre eux, dit un vieillard aux cheveux blancs, qu'on reconnut pour être Rodriguez de Valero.

— Taisez-vous, don Rodriguez, fit son ami Ximenès de Herrera qui l'accompagnait toujours ; votre imprudence finira par vous perdre.

— Que m'importe ? répliqua sévèrement le vieillard ; mes cheveux blancs valent-ils donc la peine que je sois lâche pour les conserver ?

Mais, ajouta-t-il en examinant le visage de José qu'il reconnaissait à mesure que celui-ci venait de son côté, il me semble que ce moine qui vient de tuer monseigneur Arbues est le même que nous avons vu un soir au *baile* de la Garduna ?

— C'est lui-même, répondit don Ximenès ; je le reconnais parfaitement. Ce jeune religieux était certainement une créature étrange...

— Ou malheureuse, interrompit Valero ; il ne ressemblait guère aux autres moines d'Espagne ; on pouvait dire de lui ce que les païens eux-mêmes disaient du Christ : « On ne l'a jamais vu rire, mais on l'a souvent vu pleurer [1]. »

En attendant, on honora la mémoire de Pierre Arbues avec une sorte de solennité qui contribua beaucoup à le faire passer pour un saint. Arbues fut l'objet d'un culte particulier dans les églises, et peu s'en fallut que ce dominicain chanoine ne fût reconnu pour le patron de l'inquisition et le protecteur des inquisiteurs. Cependant, on se contenta de lui *faire faire des miracles* et de préparer sa béatification, qui eut lieu en effet en 1664, sous le pontificat d'Alexandre VII.

Il n'y a pas longtemps qu'on pouvait voir dans la cathédrale de Saragosse une épitaphe en langue latine sur le tombeau de Pierre Arbues.

[1]. Dans le temps où la renommée de Jésus-Christ commençait à se répandre dans la Judée, Publius Len-

— Il était charitable et doux, dirent quelques femmes que le regardaient avec une grande compassion ; quel dommage ! on va pourtant le faire mourir !

— Il a fait comme Judith, répliqua Valero ; c'est un martyr et non un meurtrier...

Pendant que Valero s'exprimait ainsi, un homme vêtu de noir marchait à côté de lui, le regard baissé, en essuyant ses yeux de temps à autre, comme s'il eût éprouvé une grande douleur de l'événement qui venait de se passer.

Sur la poitrine de cet homme, sous son justaucorps légèrement entr'ouvert, on pouvait distinguer le coin d'une plaque d'argent ciselée. Cet homme n'avait pas perdu une seule des paroles de Valero.

Quant à José, il paraissait complétement insensible à tout ce qui se passait autour de lui. Son exaltation et l'animation fébrile de son visage avaient fait place à une pâleur livide. Maintenant satisfaite, son âme s'était affaissée sur elle-même ; il était en proie à cette léthargie profonde qui succède à la surexcitation des facultés.

tulus, qui en était alors le gouverneur, écrivit au sénat romain :

« Il y a ici, à l'heure qu'il est, un homme d'une vertu singulière qu'on appelle Jésus-Christ ; les barbares le croient prophète, mais ses sectateurs l'adorent comme étant descendu des dieux immortels. Il ressuscite les morts et guérit les malades par la parole et par l'attouchement. Il est d'une taille grande et bien formée, son aspect est doux et vénérable. Ses cheveux sont d'une couleur indéfinissable, tombent en boucles jusques au-dessous de ses oreilles et se répandent sur ses épaules avec une grâce infinie. Il les porte séparés sur le sommet de la tête à la manière des Nazaréens. Il a le front large et uni, ses joues sont colorées d'une aimable rougeur. Son nez et sa bouche sont d'une admirable régularité ; sa barbe épaisse et de la même couleur que ses cheveux descend un pouce au-dessous du menton, et, séparée dans le milieu, elle affecte la forme d'une fourche. Ses yeux sont beaux, brillants, clairs et sereins. Il censure avec majesté, et ses exhortations sont pleines de douceur ; soit qu'il parle ou qu'il agisse, il le fait avec élégance et avec gravité. *Jamais on ne l'a vu rire, mais on l'a vu pleurer souvent.* Il est fort tempéré, très-modeste et très-sage. C'est un homme enfin qui, pour sa grande beauté et ses divines perfections, surpasse les enfants des hommes. »

On avançait lentement vers le *carcel de la corona* [1] ; c'était le lieu où devait être en-

1. *La carcel de la corona.* Le système de la législation espagnole est une conséquence de son système politique. Avant la constitution de 1812, qui rendait tous les Espagnols égaux devant la loi, chaque caste avait ses priviléges, ses juges, ses tribunaux et même ses prisons : il s'en trouvait même qui échappaient à la loi. Ainsi, un *caballero* (un noble) n'était justiciable d'aucun tribunal, à moins d'avoir assassiné un autre gentilhomme, d'avoir commis un crime de lèse-majesté ou un sacrilége. Dans le premier cas, il tombait sous la juridiction des tribunaux ordinaires ; dans le second, les *consejos*, les conseils du roi le condamnaient à avoir la tête tranchée ou à être étranglé, et à la perte de ses biens ; lorsqu'un gentilhomme commettait un sacrilége, l'inquisition s'en emparait : on sait comment l'inquisition procédait. Il n'en était pas de même pour le reste des citoyens. Les peuples sans *fueros*, c'est-à-dire sans priviléges et sans franchises, tels que les habitants des deux Castilles, de la Manche, de l'Alcarria, des quatre royaumes d'Andalousie et d'Estramadure, ainsi que de la Galice et du royaume de Léon, étaient jugés par les alcades ordinaires. Quant aux habitants de l'Aragon, des provinces basques, de la principauté de Catalogne et de la Navarre, ils étaient jugés par leurs pairs, conformément aux priviléges de ces provinces. Mais dans toute l'Espagne, même dans les provinces privilégiées, il y avait, outre le tribunal de l'inquisition et les tribunaux ordinaires, deux autres tribunaux, l'un appelé *justicia del bureo*, justice des privilégiés, et l'autre appelé *tribunal ecclesiastico*, tribunal ecclésiastique.

La justice *del bureo* entendait des délits commis par les serviteurs de la maison du roi, ainsi que de ceux des employés du gouvernement. Le tribunal ecclésiastique entendait des délits des prêtres et des moines lorsque ces délits n'avaient aucune teinte d'hérésie, car alors c'était l'affaire de l'inquisition. Dans le cas de vol à main armée ou d'assassinat, tous les Espagnols tombaient sous la puissance de la justice ordinaire, c'est-à-dire d'un alcade et de ses deux assesseurs, qui le condamnaient ou l'acquittaient, selon les inspirations de leur conscience, ou trop souvent suivant que le coupable avait de quoi acheter l'impunité ou non. Alors, même dans le cas d'assassinat ou de vol à main armée, chaque citoyen était écroué dans la prison destinée à ceux de sa caste. Si c'était un homme du peuple, il attendait son jugement *en la carcel de villa* (dans la prison de ville); si c'était un noble, il l'attendait *en la carcel de corte* (dans la prison de la cour); enfin les ecclésiastiques, prêtres ou moines, étaient emprisonnés *en la carcel de la corona* (dans la prison de la couronne), c'est-à-dire dans la prison de la tonsure, car en espagnol *corona* signifie également couronne et tonsure. Je crois inutile d'ajouter que les militaires étaient jugés militairemen par des conseils de guerre.

Aujourd'hui, ces divers tribunaux et toutes ces diverses prisons, qui jadis existaient dans toutes les villes d'Espagne, n'existent plus que de nom, car elles reçoivent également toute espèce de gens.

fermé José. La multitude se pressait sur les pas des alguazils et des familiers, pour jouir de l'étrange spectacle d'un dominicain qui venait d'assassiner un inquisiteur.

Derrière la troupe armée qui escortait le prisonnier, venait un nombreux cortége de familiers et de moines, portant sur un brancard le corps de Pierre Arbues, soigneusement recouvert d'un grand drap noir frangé d'argent.

Tous ces suppôts hypocrites de l'inquisition affectaient une vive douleur, et pleuraient de fausses larmes sur la mort de cet être inique qu'ils avaient détesté pendant sa vie.

Quelques-uns allaient jusqu'à ramasser pieusement, avec leur mouchoir, le sang qui coulait encore et tombait par larges gouttes de la blessure entr'ouverte de l'inquisiteur.

Les moines dominicains exaltaient sa sainteté et l'invoquaient presque comme un bienheureux aux yeux de la multitude étonnée, qui restait froide et muette devant ces manifestations et ces éloges si peu en harmonie avec les actes de celui qui venait de mourir.

Au moment où Pierre Arbues était tombé sous les coups de José, le peuple avait commencé par se réjouir intérieurement de la chute d'un despote qui se repaissait du sang et des larmes de l'Andalousie ; au moment où on arrivait à la prison, une foule de gens séduits, entraînés, fascinés par la manœuvre hypocrite des moines, commençaient à se demander s'ils n'étaient pas bien coupables de s'être réjouis de cette mort, et si réellement, aux yeux de Dieu, le grand inquisiteur de Séville n'était pas un saint prêtre victime de son zèle pour la religion catholique.

On avait commencé par plaindre et par aimer José malgré son crime ; maintenant les plus indulgents le considéraient comme un fou.

Le même soir où José avait été écroué à la prison de la couronne, don Rodriguez de Valero, dénoncé par un familier, fut jeté dans les prisons du saint office avec don Ximenès de Herrera.

L'inquisition, qui avait si longtemps toléré les fougueuses sorties de Valero, avait fini par s'apercevoir qu'il avait trop de bon sens pour un fou.

CHAPITRE XLVII

Le Jugement des Hommes.

Quoique ce ne fût pas l'usage en Espagne de juger un homme presque immédiatement après son arrestation, à cause du temps moral qui est souvent nécessaire à la justice pour instruire le procès d'un accusé et recueillir les preuves pour ou contre lui, le crime de José sortait tellement des crimes ordinaires qui se commettaient en Espagne, les témoins avaient si peu à dire dans une affaire où le coupable s'était dénoncé lui-même ; et, en outre, l'indignation du clergé était si grande et le saint office réclamait une si prompte, une si éclatante vengeance, que le tribunal del bureo, tribunal séculier chargé de juger l'assassin de Pierre Arbues, trouva convenable de faire comparaître José au bout de huit jours.

Le moment était enfin arrivé...

Le jeune moine l'avait envisagé avec une satisfaction pleine d'amères délices. Il comprenait bien qu'après le jugement c'était la mort qui l'attendait; mais ce terme, fatal pour tous, semblait être pour lui au contraire un but cher et désiré, un bienfait longtemps attendu.

Dès le matin du jour où il devait être jugé, le jeune dominicain s'était levé de fort bonne heure, et il avait mis un soin extrême, une minutieuse recherche de propreté à se parer des simples habits de l'ordre auquel il appartenait.

Sa tête noble et d'un galbe remarquable était presque entièrement rasée; mais la légère couronne de cheveux qui, partant du front, s'arrondissait au-dessus des oreilles jusqu'à la nuque, était d'une finesse admirable et d'un noir brillant comme de l'acier bronzé.

Pour la première fois depuis bien des années, José inonda de parfums son visage à la peau transparente et délicate; ses mains, déjà si belles, prirent, dans une eau parfumée d'essences, une blancheur et une délicatesse dignes de la femme la plus recherchée.

Le teint uni de José, veiné de bleu aux tempes, prit une pâleur éclatante par le contraste de son vêtement noir mélangé de blanc mat; ses yeux, entourés d'un large cercle brun, se ranimèrent d'un éclat soudain, et ses lèvres se retroussèrent légèrement à leurs commissures, comme s'il eût été intérieurement agité d'une pensée de joie.

Lorsque les alguazils vinrent prendre le prisonnier pour le conduire au tribunal, ils demeurèrent surpris du rayonnement de sa physionomie, et la superstition de ce temps-là était si grande, que quelques-uns furent tentés de le prendre pour un sorcier.

Mais à leur vue José rentra, pour ainsi dire, dans le mystère de son âme; il voila son front qui rayonnait d'une expression hautaine et sévère; et lorsque les alguazils, toujours dominés par le respect inaltérable qu'inspirait une robe de moine, lui enjoignirent de les suivre, José ne répondit rien, mais il se mit à marcher au milieu d'eux, aussi calme que si on l'eût conduit à une fête.

Les curieux regardaient avec empressement passer cet officier de l'inquisition qui, par un si grand crime, s'était mis hors la loi qui voulait que les officiers de l'inquisition et même les familiers ne fussent jugés que par les inquisiteurs; ce moine qui allait être jugé par la justice ordinaire comme un simple mortel!

Mais lui, sans affecter le dédain superbe des criminels endurcis, ni le maintien hypocrite de ceux qui veulent disposer en leur faveur l'opinion publique; lui, passait indifférent et calme, les yeux fixes et presque levés au ciel: son âme semblait avoir déjà fait scission avec son corps, tant il paraissait peu ému et peu occupé des choses d'ici-bas.

Si bien qu'à le voir si dédaigneux de lui-même, le peuple le prit à son tour pour un magicien; et, mêlant des superstitions mauresques à des superstitions chrétiennes, il crut voir en lui un de ces santons maures tant tourmentés par l'inquisition sous le règne précédent, qui avait revêtu la figure d'un moine pour frapper l'inquisiteur.

Mais José n'avait nul souci de ce qu'on pouvait dire de lui. La vie et tout ce dont elle se compose n'était maintenant pour lui qu'un vêtement usé qu'on porte avec dégoût et dont on se dépouille avec joie.

Il marchait avec indifférence, s'inquiétant aussi peu de ses juges que s'il n'eût pas été question de lui, préoccupé toutefois d'une dernière pensée: car tout en marchant, il semblait faire un appel à ses souvenirs, et à mesure qu'une nouvelle idée traversait son cerveau, son large front s'illuminait d'une clarté foudroyante, et le génie de la haine satisfaite, ou plutôt celui de la justice accomplie, apposait sur ce visage pâle un sceau mystérieux et terrible.

Lorsqu'il fut arrivé en face de ses juges, José sembla se réveiller d'un sommeil profond, et pour la première fois depuis qu'il était sorti de la prison, il considéra ce qui se passait autour de lui.

Le tribunal était composé de trois juges; un d'eux, le président, était assis entre ses deux assesseurs.

Un greffier, assis devant une table à la droite du juge, devait écrire les réponses de l'accusé et les dépositions des témoins. Un peu plus loin se tenaient les avocats, et, à côté des défenseurs de l'accusé, le procureur qui devait prendre des notes en sa faveur.

José était assis au milieu, en face du président; mais, autour de lui, on ne voyait aucun témoin; personne! La salle était entièrement déserte. On avait jugé qu'en une semblable matière le procès devait se passer à huis clos, par respect pour la dignité ecclésiastique dont l'accusé était revêtu, ou plutôt par peur de quelque révélation publique de José; quant aux témoins, on avait jugé inutile de les faire comparaître, attendu que le prévenu avait tout avoué.

Il était donc seul en présence de ses juges.

Le président attacha sur lui un regard sévère, et lui dit d'un ton plus sévère encore :

— Levez-vous!

Le dominicain se leva.

— Comment vous appelez-vous? poursuivit le président.

— On m'appelle José, répondit simplement le jeune moine. Ma profession, vous le savez, religieux de l'ordre de Saint-Dominique.

— José n'est point un nom de famille, ajouta le juge ; votre nom de famille, don José?

— Je n'ai plus de famille, répondit le dominicain ; et quant à son nom, je ne le dirai pas.

— Où êtes-vous né? continua le président.

— A Grenade, répondit José.

Et à ce mot Grenade, les yeux farouches du jeune moine s'humectèrent, comme si son âme eût été soudainement envahie par un souvenir attendrissant.

Le juge n'y prit pas garde.

— Approchez, dit-il encore à José.

Le religieux s'avança jusqu'au pied de la table où, en face même du président, était ouvert un livre d'Évangiles.

Le juge ordonna à l'accusé d'y poser la main.

José obéit.

Le président le regarda fixement dans les yeux.

— Jurez-vous par Dieu et les saints Évangiles, lui demanda-t-il enfin d'un ton solennel, de dire la vérité tout entière sur tout ce qui vous sera demandé?

— Je le jure, répondit José.

— Jurez-vous de la dire même contre vous [1]?

— Je le jure, dit encore le jeune dominicain d'un ton ferme et assuré.

— C'est bien, dit le juge ; et il poursuivit :

— Est-ce vous qui avez assassiné monseigneur Pierre Arbues, grand inquisiteur de Séville?

— C'est moi, répondit José.

— Quel motif a pu vous porter à commettre un si grand crime ?

— Je vous dirai cela tout à l'heure, fit le

---

1. En Espagne, les accusés prêtaient serment, sur l'Évangile ouvert, de dire la vérité, même contre eux ; ce ne fut qu'en 1812 qu'un article de la constitution élaborée par les cortès défend aux juges de faire jurer les accusés.

jeune moine d'un ton amer et sarcastique.

— L'avocat peut faire sa défense, poursuivit le président.

José sourit d'un sourire sceptique, et retourna s'asseoir sur la sellette. Il avait en pitié ce vain simulacre de défense, ces paroles qui allaient être évaporées en pure perte, seulement pour obéir à la loi. Il laissa donc l'avocat s'épuiser en vains arguments, déployer tous les ressorts de son éloquence pour attendrir le cœur de ses juges, ne pouvant détruire leur conviction; entasser des mots sur des mots et des phrases sur des phrases; prodiguer ses gestes et son souffle pour changer une chose irrévocable, la certitude.

Lorsqu'il eut fini, José se tourna vers lui avec un demi-sourire plein d'amertume et de détachement de toutes choses, comme pour lui dire.

— Vous voulez ressusciter un cadavre.

En effet, les efforts de l'éloquence la plus habile n'auraient pu sauver un homme qui ne voulait pas se sauver lui-même.

— Criminel [1], dit alors le président, avez-vous quelque chose à ajouter à votre défense ?

— Pour ma défense!... non, répondit le dominicain ; car je déclare ici, devant Dieu, que la mort m'est plus chère que la vie ; mais comme avant la vie on doit considérer l'honneur, je veux sauver le mien, et c'est seulement pour cela que je parlerai.

— Parlez donc, reprit le juge ; le tribunal vous écoute.

— Il y a sept ans, reprit José, Pierre Arbues venait d'être élevé à la dignité de grand inquisiteur de Séville. Il était jeune, beau, insinuant; malgré l'horreur que l'inquisition a toujours inspirée à l'Espagne, on espéra un moment que Pierre Arbues serait moins cruel que ses prédécesseurs ; cet espoir fut de courte durée.

Les persécutions continuèrent, plus ardentes que jamais ; comme dans les dernières années du règne de Torrequemada, des hommes qui portaient les plus beaux noms d'Espagne ne rougirent pas d'exercer le métier d'espions et de délateurs pour mettre en sûreté leurs biens et leur vie.

Les citoyens les plus purs se virent journellement à la merci d'un faux témoignage. Les haines, les inimitiés de famille se dénouaient en drames sanglants dans les tribunaux de l'inquisition, à la faveur des ténèbres du fanatisme ; la rapine, le vol et le meurtre s'abattirent sur nous comme des oiseaux de proie ; un deuil immense s'étendit sur l'Andalousie.

— Accusé, dit le président, vous passez les bornes.

— Je me défends, répliqua fièrement le moine ; écoutez :

Dans ce temps-là vivait à Séville une famille catholique de la meilleure noblesse d'Espagne, dont la mère, issue de la tribu des Abencerrages, et morte depuis plusieurs années, avait laissé des biens immenses. Cette famille se composait de deux frères...

— De trois frères, reprit José en étouffant un soupir ; trois frères nobles et beaux, dont deux avaient embrassé les ordres sacrés ; le troisième... était brave comme le Cid, et plus beau encore. — Il se nommait Fernand, continua José qui sembla prononcer ce nom avec un bonheur ineffable ; puis il y avait encore le père, un patriarche, un vieillard plein de foi et de vertu ; une jeune sœur, enfant douce et candide, dont la vie était aussi pure que celle des anges, et enfin une orpheline, leur parente éloignée, une jeune fille ardente et fière qui aimait Fernand et qui en était aimée.

---

1. En France, l'accusé est supposé innocent jusqu'à ce que la loi l'ait condamné. En Espagne, tout accusé était appelé *criminel* (reo) de *reus*. Cet usage s'est perpétué jusqu'à nos jours, quoique la constitution de 1812 et celle de 1834 interdisent aux gens de loi de le suivre.

Dans un château qu'elle possédait à quelque distance d'Andujar, cette famille avait fait élever une chapelle catholique desservie par des moines hiéronymites. La mère, qui adorait son mari et ses enfants, avait fait construire cette chapelle pour leur servir de sépulture commune; elle ne voulait pas, même après sa mort, être séparée de ceux qu'elle avait aimés. Jeune encore, elle était allée la première les attendre à ce funèbre rendez-vous.

J'ai déjà dit qu'elle avait laissé en mourant des biens considérables; l'inquisition jugea convenable de se les approprier.

On l'accusa d'être morte dans l'hérésie et avec des sentiments contraires à la vraie foi catholique, quoiqu'en mourant elle eût donné des marques non équivoques de son attachement à cette religion qui avait toujours été la sienne.

Mais il fallait bien l'accuser de quelque chose.

On produisit de faux témoins qui déclarèrent qu'elle était morte et avait vécu dans l'hérésie; et, malgré les protestations de ses enfants, de ses deux fils, prêtres revêtus d'un caractère sacré, on exhuma le cadavre de cette femme, on rasa sa maison avec défense de jamais la reconstruire, et on confisqua tous les biens qu'elle avait laissés [1].

— Criminel! interrompit le président, êtes-vous bien sûr de ce que vous dites?

— C'était le droit de l'inquisition, répliqua José d'un ton sarcastique; et il continua sans se déconcerter:

— Le père mourut de douleur pendant ce procès abominable.

Les enfants, qui pleuraient leur mère, qui osèrent s'indigner de la profanation de ses cendres, les enfants furent jetés en prison.

Une seule personne fut épargnée.

C'était l'orpheline, la fiancée de Fernand.

Celle-là demeura seule avec la femme qui l'avait élevée, seule à pleurer sur les siens qu'elle ne devait plus revoir.

— Que devinrent-ils? demanda le juge, saisi d'une terreur et d'une pitié croissantes.

— Ce qu'ils devinrent, monseigneur, vous demandez ce qu'ils devinrent entre les mains de Pierre Arbues? Ils furent livrés aux flammes sans miséricorde. Les deux aînés, Augustin et François, accusés de dogmatiser d'une manière contraire à l'esprit de la religion catholique, et leur jeune sœur Béatrix, *convaincue* de suivre la doctrine de ses frères, furent mis à mort dans le même auto-da-fé [1].

Augustin, effrayé des tortures, non pour lui, mais pour sa jeune sœur, Augustin, arrivé en face du supplice, s'écria qu'il demandait grâce et qu'il voulait vivre en bon catholique.

---

1. Voici ce qu'on lit dans le chapitre Ier, cinquième partie, *Histoire de l'Inquisition*, de Llorente :

« Dona Éléonore de Vibero y Cazalla, épouse de Pierre Cazalla, chef de la comptabilité des finances du roi, était propriétaire d'une chapelle dans l'église de *San-Benito et Real* de Valladolid. Elle y avait été enterrée comme catholique sans qu'il se fût jamais élevé le moindre soupçon contre son orthodoxie; cependant plus tard elle fut accusée par le *fiscal* (l'avocat général) de l'inquisition comme ayant pratiqué le luthéranisme, et déclarée morte dans l'hérésie, quoiqu'elle eût reçu tous les sacrements avant de mourir. Le *fiscal* appuya son accusation sur les dépositions de témoins alors prisonniers dans l'inquisition, et qu'on avait soumis à la torture à cet effet. Des déclarations de ces témoins il résulta que la maison de dona Éléonore de Vibero avait servi de temple aux luthériens de Valladolid. Dona Éléonore fut déclarée morte dans l'hérésie; sa mémoire fut condamnée à l'infamie jusque dans sa postérité, et tous ses biens furent confisqués. L'inquisition ordonna, en outre, que son cadavre serait exhumé et livré aux flammes; que sa maison serait rasée avec défense de la reconstruire, et qu'un monument serait élevé sur la place où la maison était auparavant, sur lequel monument une inscription perpétuerait cet événement. Toutes ces dispositions furent exécutées. »

1. Dans l'auto-da-fé général qui eut lieu à Valladolid en avril 1559, en présence du prince don Carlos et de la princesse Jeanne.

Les Frères de la Merci.

— Il ment, dit Pierre Arbues; c'est la peur de la mort qui inspire son repentir.

— Je me repens! je me repens! criait encore la pauvre victime.

— Qu'on l'étrangle donc avant de le livrer aux flammes, dit l'inquisiteur.

Ce fut la seule grâce qu'il put obtenir.

— Tu es un lâche! lui cria son frère... et il monta sur le bûcher en faisant un signe d'adieu à Béatrix, qui mourut avec la résignation d'une martyre.

José se tut.

Les juges, malgré leur habitude de ces drames terribles, se sentirent saisis d'une terreur involontaire.

— Continuez, dit le président, continuez. Que devint le troisième frère?

José frissonna sur son siége, ses dents claquaient comme s'il avait eu froid. On l'écoutait avec une attention et un intérêt toujours plus vifs.

— Le troisième, reprit-il tout à coup d'une voix lente et saccadée, le troisième vivait encore. Il était si jeune! on n'avait pas osé le faire mourir avec les autres. Pierre Arbues gardait celui-là pour un auto-da-fé royal.

Paula, l'orpheline qui l'aimait, conçut le projet de le sauver.

Elle avait vingt ans. Quelle femme à vingt ans désespère de la clémence d'un homme, même quand cet homme se nomme Pierre Arbues et qu'il est grand inquisiteur?

Il y avait six mois que sa malheureuse famille avait été ainsi livrée aux flammes; on parlait d'un nouvel auto-da-fé[1] qui devait avoir lieu pour la fête du roi, et que le tribunal annonça au public un mois auparavant.

[1] En octobre 1559.

— Accusé, venez au fait, interrompit de nouveau le président.

— J'y suis, répondit tranquillement José; écoutez-moi, messeigneurs.

Les procès s'instruisaient : étranges procès, vraiment, conspirations ténébreuses dont le juge tenait dans sa main tous les fils qu'il faisait mouvoir à son gré; sinistres problèmes, qui tous aboutissaient à une même solution... la mort.

Paula, dévorée d'inquiétudes pour celui qu'elle aimait, prit un jour une grande résolution, une résolution bien fatale, vous allez voir, messeigneurs.

Elle s'arma d'une exaltation sublime; elle pesa toutes les chances de la démarche qu'elle allait faire; et, bien qu'espérant attendrir l'inquisiteur et sauver son fiancé, elle se dit qu'après tout le pire résultat qu'elle pourrait obtenir de cette démarche était de mourir avec lui : or, la mort ne l'effrayait pas.

C'était par une journée sombre comme on n'en voit guère en Andalousie; mais, par une bizarre sympathie ou un de ces hasards qui ressemblent à de la fatalité, le soleil s'était voilé de nuages, et une large tache noire avait couvert la moitié de son disque; il y avait eu une éclipse presque totale.

C'était vers le milieu du jour, et il faisait presque nuit dans les rues.

Paula, silencieuse et résolue, échappa à la surveillance de sa nourrice, le seul ami qui lui restait au monde. Enveloppée de ses voiles, elle s'achemina vers le palais de l'inquisiteur.

Une troupe farouche de familiers en gardait les avenues.

Lorsque Paula s'avança vers la porte, on lui barra le passage, et un familier s'approchant d'elle lui demanda ce qu'elle voulait.

— Je veux voir monseigneur Arbues, répondit-elle en tremblant; car on n'entre pas sans trembler dans le palais d'un inquisiteur.

— Qui êtes-vous, poursuivit le familier.

— Une jeune fille noble, répondit Paula avec fierté.

— Attendez, dit-il.

Il disparut pendant quelques instants; Paula attendit.

Bientôt le familier reparut; un sourire faux grimaçait sur ses lèvres blafardes.

— Suivez-moi, senora, dit-il; monseigneur consent à vous recevoir.

Le familier prit le devant, la jeune fille le suivit.

Elle traversa plusieurs salles magnifiques, de longues galeries pavées de marbre, au plafond semé d'arabesques; il y avait un luxe oriental dans ce palais de la mort.

Puis enfin, dans l'extrémité la plus reculée de l'édifice, une porte s'ouvrit, Paula en franchit le seuil. La porte se referma sur elle; le familier avait disparu.

Paula se trouva face à face avec le grand inquisiteur.

Un intérêt toujours croissant s'attachait au récit de José.

— Pierre Arbues, continua le jeune moine, était assis sur un divan large et moelleux qui fait le tour de la salle.

Le grand inquisiteur de Séville était alors dans tout l'éclat de la jeunesse, et son visage était remarquablement beau, malgré l'expression de cruauté hautaine qui s'y faisait remarquer.

Son profil d'aigle avait beaucoup de noblesse, et sa grande taille était droite et superbe.

Paula frissonna en se trouvant seule avec cet homme.

— Approche, jeune fille, dit l'inquisiteur frappé de la belle stature de Paula, dont il ne voyait qu'imparfaitement les traits.

Paula rejeta son voile en arrière, et

s'avança sans crainte vers le grand inquisiteur.

Pierre Arbues la considéra alors avec admiration.

Arrivée devant lui, elle tomba sur ses genoux, et joignant ses mains suppliantes :

— Grâce, monseigneur, s'écria-t-elle, grâce pour mon fiancé qui est innocent; oh! rendez-le moi, je vous en conjure.

Le visage de l'inquisiteur prit une expression de mécontentement très-marquée.

— Le nom de ton fiancé, demanda-t-il d'un ton bref.

— Fernand de Cazalla, répondit Paula d'une voix éteinte.

Le regard farouche de Pierre Arbues l'épouvantait.

Au nom de Cazalla, la physionomie d'Arbues s'était soudainement assombrie ; il considérait attentivement cette jeune fille qui, avec tant d'audace, osait venir jusqu'aux pieds de l'inquisiteur demander la vie d'un homme accusé d'hérésie.

Paula était belle ; oh ! bien belle, messeigneurs.

L'inquisiteur la contempla pendant quelques instants.

Après qu'il eut lentement parcouru du regard le charmant visage de cette jeune fille, sa taille souple et forte qui aurait pu servir de modèle pour la Diane chasseresse, Pierre Arbues se radoucit par degrés ; il étendit la main vers Paula toujours agenouillée devant lui.

— Relève-toi, dit-il, et parle-moi sans crainte ; les lois de l'inquisition sont terribles, mais je me sens ému de compassion pour toi.

— Oh ! soyez béni, monseigneur ! s'écria Paula, qui venait de concevoir une lueur d'espérance; vous sauverez Fernand, n'est-il pas vrai ?

— Ai-je donc dit cela, jeune fille ? fit Pierre Arbues avec un sourire de tigre...

Il jouait avec sa proie.

— O monseigneur, ne rétractez pas les paroles que vous m'avez dites ; vous avez eu pitié de moi ; vous sauverez mon fiancé, n'est-ce pas ?

— Et si je sauve ton fiancé, que feras-tu pour moi, jeune fille ?

— O monseigneur, ma vie tout entière vous appartient ; mais que puis-je pour vous, moi, humble femme ! que puis-je pour vous qui êtes tout-puissant ?

— Tu es belle, Paula ! s'écria Pierre Arbues avec un regard qui la fit frémir.

Elle n'osa pas cependant laisser voir qu'elle avait peur.

L'inquisiteur lui fit signe d'approcher et de s'asseoir auprès de lui.

Elle s'assit en tremblant sur le bord du divan de soie.

Pierre Arbues avait repris son visage sévère.

— Don Fernand de Cazalla! murmura-t-il d'un air sombre... Sais-tu, jeune fille, que cette famille entière, convaincue de luthéranisme, est à jamais déshonorée dans ses membres vivants et dans ceux qui ne sont plus ?

— Cette famille est la mienne, monseigneur ; je suis fiancée à don Fernand par la volonté de son père et par la sienne. S'il est condamné, je ne demande qu'une grâce, celle de ne pas lui survivre.

— Voilà un ardent amour, s'écria l'inquisiteur ; que ne donnerais-je pas pour en inspirer un pareil !...

Paula baissa les yeux devant ce prêtre qui lui parlait ainsi.

— Vous calomniez la mémoire d'un homme revêtu d'un caractère sacré, s'écria le président.

— Je ne calomnie pas, monseigneur, je raconte, voilà tout, répondit José ; que votre seigneurie daigne m'écouter jusqu'au bout.

— C'est votre droit, dit le juge, plein de respect pour les usages du pays passés à l'autorité de loi, lesquels voulaient qu'on laissât à un accusé toute liberté de se défendre.

José reprit :

— Sais-tu, poursuivit Pierre Arbues, que don Fernand est désigné pour l'auto-da-fé prochain, et qu'on va le soumettre à la torture ?

Un cri profond, douloureux, terrible, sortit de la poitrine de l'infortunée Paula ; la torture ! c'était plus effrayant que l'échafaud.

— Qu'as-tu donc, jeune fille ? demanda l'inquisiteur.

— La torture, monseigneur ! n'avez-vous pas dit qu'on allait soumettre Fernand à la torture ?

— Je peux la lui épargner, répliqua Pierre Arbues.

Paula respira plus librement.

— Monseigneur ! s'écria-t-elle, que ne puis-je mourir pour vous !

— Non pas mourir, mais vivre, répondit Pierre Arbues en prenant dans ses mains les faibles mains de Paula.

— Sais-tu, poursuivit-il, que, d'après les dépositions des témoins, don Fernand, convaincu d'avoir assisté aux prêches des luthériens et d'avoir embrassé leur doctrine, est condamné d'avance au bûcher.

— Mais vous pouvez l'absoudre, monseigneur ! s'écria Paula, qui retomba de nouveau dans les angoisses de l'incertitude ; vous pouvez le sauver, et vous le sauverez ! Fernand est innocent et son âme est aussi pure que celle d'un ange.

— C'est toi seule qui peux le sauver, répondit Pierre Arbues.

— Moi ! monseigneur ; mais que faut-il faire ? Oh ! mon Dieu ! dites, je suis prête à tout, voulez-vous que je meure à sa place ?

— Folle ! qu'ai-je besoin de ta vie ? tu es trop belle pour mourir, poursuivit-il avec exaltation.

Les juges tressaillirent sur leur siége.

— Oh ! grâce, monseigneur ! s'écria la jeune fille en faisant un rempart de ses deux bras croisés sur sa poitrine ; grâce pour Fernand et grâce pour moi aussi, monseigneur ! Au nom du Dieu dont vous êtes le représentant sur la terre, soyez clément et pardonnez ; ayez pitié d'une pauvre femme qui n'a plus rien au monde que celui qu'elle aime... Je n'ai plus de mère, monseigneur, je suis orpheline ; je n'ai plus d'autre appui que Fernand : rendez le-moi, je vous en conjure... oh ! rendez-le-moi, monseigneur, et je vous bénirai, et nous vous bénirons ensemble toute notre vie.

Paula versait d'abondantes larmes ; sa physionomie noble et fière était, ainsi désolée et pleurante, d'une beauté surhumaine.

— Monseigneur, dit-elle d'une voix éteinte en pressant contre sa poitrine les genoux de l'inquisiteur qu'elle arrosait de ses larmes, monseigneur, faites grâce, rendez-moi mon fiancé.

Paula devint pâle et froide comme un marbre, et ses yeux se couvrirent d'une ombre mortelle.

— Sois maudit ! s'écria-t-elle ; tu peux tuer don Fernand, je mourrai avec lui...

— Fernand sera mort avant l'auto-da-fé, dit Pierre Arbues ; il est jeune et faible, il ne résistera pas à la question de l'eau [1].

Paula poussa un nouveau cri aigu et terrible ; elle eût voulu déchirer de ses ongles cet homme atroce ; mais la pensée de Fernand éteignait sa rage et ne laissait dans son âme de place que pour la crainte : cette lutte horrible l'avait anéantie.

— Rien ne peut sauver Fernand que ma

[1]. Le lecteur a déjà lu les détails de cette torture au chapitre XXIX. Ces détails sont malheureusement trop vrais. Si quelqu'un en doutait, il pourrait les lire plus au long et plus horribles encore dans l'*Histoire de l'Inquisition*...

volonté, lui dit Pierre Arbues, et par le Christ! je ne le sauverai qu'à une condition.

Paula le regardait d'un œil hagard et éperdu. Le visage de Pierre Arbues était impitoyable comme la fatalité.

— Veux-tu sa vie ou veux-tu sa mort! poursuivit-il avec emportement ; parle ou va-t'en, et que l'inquisition fasse le reste !

Paula n'entendait plus, sa raison l'avait abandonnée...

. . . .

José se tut. Sa voix s'était graduellement affaiblie, et une sueur glacée couvrait son front de marbre.

Les juges, malgré leur inpassibilité naturelle, étaient remplis de saisissement et de terreur ; ils ne songeaient plus à interrompre le récit de l'accusé, et attendaient avec anxiété la fin de cet horrible drame.

José se ranima peu à peu et continua son récit d'une voix altérée..

— Un mois plus tard, une jeune femme pâle, amaigrie, courbée sous le poids d'une douleur inguérissable, se tenait tristement assise à la porte de la prison du saint office; c'était Paula.

On célébrait ce jour-là un auto-da-fé royal.

Le programme sanglant, publié un mois auparavant, avait annoncé treize victimes.

Pierre Arbues avait promis à la jeune fille qu'il n'y en aurait que douze, et que la treizième, qu'on ferait passer pour morte, lui serait rendue le soir même après l'auto-da-fé.

Paula attendait.

Une foule immense se dirigeait vers la place; un sourd bourdonnement de paroles courait dans les rues ; les regards du peuple exprimaient la stupeur et l'effroi. Ces pâles figures semblaient, sous leurs vêtements noirs, assister au convoi de l'Espagne.

Quelques-uns, arrêtés aux alentours de la prison, plongeaient dans les noires profondeur de cet épouvantable dédale un regard timide, cherchant si, parmi ces victimes condamnées qui allaient paraître, ils ne reconnaîtraient pas une personne aimée. Des femmes, le visage caché sous leurs voiles, pleuraient en comprimant leurs sanglots, de peur d'être entendues: celles-là étaient plus heureuses que les hommes, au moins, elles pouvaient pleurer ; mais eux, il leur fallait porter à découvert ce deuil profond de l'âme qui pâlit le visage; et leur front si triste, volcan qui enfermait tant d'orageuses pensées d'indignation et de révolte, devait s'étaler calme et impassible comme une page blanche où nul ne peut lire ; car la ville était remplie de familiers, et l'inquisition incriminait également les actes, les intentions et les pensées.

Enfin, la porte de la prison s'ouvrit comme une des bouches de l'enfer; la procession de l'auto-da-fé sortit du palais de l'inquisition, et les condamnés commencèrent leur triste voyage vers la mort.

Paula se leva alors de la pierre où elle était assise, et se rapprochant du geôlier qui avait ouvert la porte, elle le supplia de lui laisser voir de plus près le funèbre cortége.

Mais le geôlier la repoussa brutalement. Les malheureux payaient si cher les moindres complaisances !

Paula retourna donc à sa place et tendit le cou en avant pour regarder.

La première victime qui parut était un archevêque, un saint prêtre révéré dans toute l'Espagne ; il marchait lentement, coiffé de la lugubre coroza, et revêtu du san-benito. Sa démarche était assurée ; ses yeux, pleins de résignation et de foi, exprimaient une douleur profonde. Il jeta autour de lui un long regard, et le reporta vers le ciel comme pour témoigner de l'iniquité de ses juges ; puis sa tête retomba sur sa poitrine, et ses lèvres éloquentes, qui tant de fois avaient fait entendre la parole de Dieu, n'exprimèrent plus qu'une ironie amère et douloureuse.

Après lui venaient deux religieuses, deux jeunes filles condamnées aux flammes pour avoir embrassé la doctrine de Luther. Ces deux femmes avaient un courage héroïque ; elles marchaient à la mort comme à une fête.

Paula leur jeta un regard de triste sympathie ; elles lui répondirent par un sourire angélique en lui montrant le ciel, comme si elles eussent voulu lui faire entendre que toutes les victimes de la terre en appelaient au tribunal de Dieu.

Le quatrième condamné était un jeune marrano convaincu de professer en secret la religion de ses ancêtres. Un exemplaire du Coran, héritage de ses pères, trouvé dans sa maison, avait suffi pour le livrer aux flammes [1].

Celui-là marchait fier et hautain. Son œil noir et profond, en parcourant cette belle cité de Séville où les Arabes avaient régné, semblait comparer dans un résumé rapide l'époque des Maures et celle de l'inquisition. L'Espagne ne dut-elle pas lui apparaître alors comme une belle jeune fille élevée à vivre dans les fêtes, accoutumée aux nuits harmonieuses et pleines de joie, aux caresses des arts, de la poésie et l'amour, et qui aurait soudainement changé sa parure de fête contre un cilice, ses nuits d'amour en nuits de lamentations et de larmes, et sur son visage morne et pâle, livide déjà comme celui des mourants, aurait étendu le linceul funèbre qui sépare de la vie !

Oh! comme il devait battre le cœur de cet enfant des Abencerrages ! comme son sang africain devait s'agiter dans ses veines brûlantes, lui, dont les pères avaient régné ! Il avait subi non-seulement l'esclavage du corps, mais celui de l'intelligence.

Son heure d'agonie dut être épouvantable.

Il passa.

— C'est trop ! c'est trop ! s'écrièrent les juges conseillers.

— Laissez, dit tout bas le président, laissez, c'est la dernière faveur qu'on accorde à l'accusé.

— Deux autres victimes défilèrent en silence, continua le jeune dominicain sans s'émouvoir.

Paula, attentive, éperdue, les comptait avec une angoisse inexprimable.

Elles marchaient lentement, comme des ombres qui sortiraient du sépulcre ; car la torture avait brisé leurs membres, et c'était à peine s'il leur restait assez de force pour aller mourir.

Paula les compta une à une, les regardant avidement au visage, haletante et brisée, ne sachant si elle devait espérer ou craindre, malgré la promesse de Pierre Arbues ; cependant il avait promis.

Le cortége continua d'avancer, Paula compta la douzième victime.

Alors, un long soupir sortit de sa poitrine ; elle aspira l'air avec avidité ; un poids énorme venait d'être enlevé de son cœur, et l'élan de sa joie faillit la trahir.

Mais tout à coup, à quelques pas du douzième condamné, parut un spectre pâle et livide, dont les os disloqués avaient été tordus et brisés dans la question.

Deux prêtres et deux familiers le soutenant sous les bras, l'aidaient à se traîner vers le lieu du supplice.

---

[1]. L'inquisition ne condamnait pas seulement ceux qui judaïsaient et les hérétiques; la possession d'un livre prohibé, d'une Bible, d'un exemplaire des Évangiles en langue vulgaire et même d'un livre anglais, suffisait pour envoyer toute une famille au bûcher, surtout si ces livres appartenaient à une personne riche, car les prolétaires n'avaient rien à craindre de l'inquisition... C'est que la mission de l'inquisition n'était pas vraiment d'extirper l'hérésie, mais de dépouiller le monde chrétien du plus d'or possible.

Cet homme, qui n'avait pas plus de vingt-quatre ans, avait été tellement torturé, que les muscles de son visage s'étaient distendus et affaissés comme ceux d'un vieillard ; son front et ses joues étaient couverts de rides, et son grand œil noir, brillant et fiévreux dans la vaste orbite creusée par les souffrances, flamboyait d'un éclat étrange, vacillant et incertain comme la flamme d'une bougie prête à s'éteindre, qui s'élève, s'abaisse, scintille en jets de flamme étincelants et vagabonds, en faisant des efforts pour ne pas mourir.

Au premier regard de ce jeune homme, il était si changé que Paula ne le reconnut pas.

Mais lui, à l'aspect de la jeune fille qui l'avait tant aimé, étendit en avant ses deux bras amaigris et brisés, et seulement alors ses yeux exprimèrent une pensée bien formulée, un sentiment de douleur et de tendresse vif et déchirant.

— Paula ! Paula ! murmura l'infortuné d'une voix mourante.

Puis il retomba sans mouvement dans les bras du familier qui le soutenait.

Un cri de désespoir rauque, saccadé, sortit de la poitrine de Paula. Elle voulut s'élancer vers le condamné, mais les sbires se jetèrent entre elle et lui, et elle ne put parvenir à franchir cette barrière vivante et impénétrable.

Alors, comme si elle eût été emportée par une puissance invincible, elle s'élança à travers la foule avec la rapidité d'une lionne blessée, franchit les rues qui la séparaient du palais inquisitorial, arriva devant la grande porte ; et là, comme une insensée, elle se mit à crier qu'elle voulait voir le grand inquisiteur.

On n'osa pas lui faire de mal, car on la crut folle ; et à ses instances réitérées, on se contenta de répondre que l'inquisiteur était déjà sur la grande place avec la procession.

Mais après quelques minutes d'inutiles efforts, Paula s'approcha d'un familier et le reconnut.

C'était celui qui l'avait conduite la première fois auprès de l'inquisiteur.

— Éloigne-toi, dit cet homme à voix basse, ou je te fais enfermer.

Paula tourna vers le ciel un regard plein de rage, puis elle courut sans s'arrêter jusqu'à la grande place de Séville.

Lorsqu'elle arriva, de longues flammes s'élevaient dans le ciel, mêlées à des torrents de fumée.

Tout était fini !...

Le grand inquisiteur était calme sur son siége, et priait pour l'âme de ceux dont il était le bourreau.

Alors, Paula élevant vers le ciel ses deux bras tordus et raidis par un désespoir incommensurable, Paula, sans regarder autour d'elle, sans songer à cette foule éperdue et tremblante qui la regardait avec stupeur, éleva sa voix terrible et lamentable :

— Pierre Arbues, s'écria-t-elle, sois maudit ! Pierre Arbues, prends garde à ma vengeance !

Mais la grande voix de la foule avait couvert la voix de Paula ; ceux qui l'entouraient s'écartèrent pour lui faire place, la prenant pour une insensée...

José se tut ; sa poitrine, violemment oppressée, se soulevait par un mouvement du cœur rapide et continu ; son front si pâle s'était couvert d'une rougeur brûlante et de larges gouttes de sueur couraient sur son visage comme des perles brillantes. Il était en ce moment d'une beauté surhumaine.

— Eh bien ! qu'est devenue Paula ? demanda le président, emporté par une curiosité et un intérêt irrésistibles.

— Paula s'est vengée, répondit José d'une

voix sourde; c'est elle qui a tué Pierre Arbues.

— Qu'est-ce que cela signifie? demanda le président; expliquez-vous; que peut avoir de commun la jeune fille dont vous venez de raconter l'histoire avec le dominicain José?

— Monseigneur, poursuivit José, ne vous ai-je pas dit que Paula avait juré de se venger?

— Eh bien? demanda le juge.

— Six mois plus tard, continua José, un jeune homme se présenta au couvent des dominicains de Séville. Ce jeune homme voulait être prêtre. Il avait vingt ans et ne savait pas un mot de latin; mais il avait de l'intelligence, une volonté inébranlable, et en moins de trois ans il avait appris assez de latin pour qu'on lui enseignât la théologie. Puis enfin on lui conféra les premiers ordres et il entra dans le noviciat; depuis, on l'a fait prêtre et profès de l'ordre de Saint-Dominique.

Pendant ce temps, Pierre Arbues, le grand inquisiteur de Séville, avait remarqué le novice, et par un de ces caprices si communs chez les hommes d'un caractère fantasque, emporté et cruel, il s'était fait une nécessité d'avoir constamment ce jeune homme à ses côtés. Il ne faisait rien sans le consulter, et le novice avait mis tant de ruse et d'adresse dans ses rapports avec le grand inquisiteur, que celui-ci, fasciné, soumis, n'osait plus avoir une volonté qui ne fût celle de José...

— José? s'écrièrent les juges, au comble de l'étonnement.

— Oui, José, poursuivit le dominicain; José qui s'était fait l'esclave de Pierre Arbues pour devenir son maître; José qui, semblable à la main qui attise le feu, remuait constamment les passions mauvaises de Pierre Arbues pour le conduire à sa perte; José qui, d'un homme cruel et débauché, a fait un monstre, afin qu'il n'y eût plus de pardon pour lui sur la terre ni dans le ciel; José qui, après avoir rendu le nom de Pierre Arbues odieux à toute l'Andalousie, l'a enfin frappé, frappé à mort, afin qu'il n'eût pas le temps de se repentir, et qu'il fût perdu pour l'éternité... José, enfin, qui a vengé Paula!

En parlant ainsi, la voix du jeune moine avait une vibration éclatante; son regard étincelant était levé vers le ciel avec une farouche expression de joie.

Les juges le crurent fou; il ne comprenaient pas encore.

— C'est donc José, et non Paula, qui a tué l'inquisiteur? demanda le président pour la dernière question.

— C'est José et c'est Paula, répondit l'accusé; car Paula et José sont une seule et même chose. Ne comprenez-vous pas, monseigneur, que je me suis faite homme et moine pour me venger?

— Sacrilége! s'écrièrent à la fois tous les juges, qui avaient enfin compris cet épouvantable mystère; doublement sacrilége pour avoir profané le saint nom de prêtre et avoir assassiné un prêtre!

— Ce que j'ai fait je le ferais encore, répondit Paula avec une sombre exaltation. Pierre Arbues n'a-t-il donc pas profané la mission de prêtre? Tous vos inquisiteurs, iniques bourreaux souillés de luxure et de meurtre, ne sont-ils pas des profanateurs et des impies? Oh! messeigneurs, il serait temps que la justice royale portât la lumière dans ces profondes ténèbres; car je vous le dis en vérité, et Dieu m'est témoin que ce n'est pas pour sauver ma vie, les tribunaux de l'inquisition sont des lieux infâmes qu'on devrait brûler, et les inquisiteurs, des monstres dont on devrait peupler les bagnes!...

— Assez! assez! s'écria le président; accusé, notre patience est à bout. Si vous

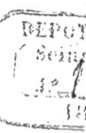

La Culevrina.

êtes femme, plus grand encore est votre crime; mais femme ou homme, vous avez mérité la mort.

— C'est bien la mort que je veux! s'écria Paula, qui depuis qu'elle avait avoué son sexe, semblait avoir revêtu toutes les grâces touchantes de la femme.

Les juges se retirèrent pendant quelques minutes pour délibérer.

Pendant ce temps, Paula, calme et tranquille, attendait sans trouble le résultat de leur délibération.

Elle venait de dénouer le triste drame de sa vie; la vie lui pesait maintenant comme un fardeau.

Lorsque les juges rentrèrent, leur visage avait une sévérité effrayante; toutefois, une involontaire pitié se lisait sur leurs graves physionomies.

Le président se leva, et sans regarder l'accusée, il prononça ainsi la sentence:

« Considérant que le seigneur grand inquisiteur a péri de mort violente;

« Considérant que cette mort a été

donnée par un assassin ; que cet assassin a avoué son crime ;

« Considérant que la nommée Paula, faussement désignée sous le nom de José, moine dominicain, officier de l'inquisition, a tout profané pour arriver à la perpétration de ce crime ;

« Considérant que l'accusée a déclaré, confessé et avoué les crimes dont elle est chargée, le tribunal, qui croit en Dieu Père, en Dieu Fils et en Dieu Saint-Esprit, trois saintes personnes distinctes ne formant qu'un seul Dieu véritable, s'est humilié devant Notre-Seigneur, lui demandant la grâce de lui dicter l'arrêt qu'il devait prononcer : d'où il résulte que sa conscience est tranquille ;

« Par ces motifs, le tribunal condamne la nommée Paula, prévenue et convaincue du crime d'assassinat et de sacrilége sur la personne sacrée de monseigneur Pierre Arbues, grand inquisiteur de Séville, à la peine de mort.

« Et attendu que, dans la perpétration de ce crime, il y a eu longue préméditation, le tribunal, conformément aux lois du royaume, condamne ladite Paula à être rouée vive, puis écartelée. Et à cause du parricide, à avoir la main droite coupée et brûlée par la main du bourreau.

« Après l'exécution de cette sentence, les membres de la suppliciée seront exposés sur les grandes routes et abandonnés en pâture aux bêtes, avec défense de leur donner la sépulture.

« Fait à Séville, etc. »

Paula avait écouté sa sentence sans frémir ; mais à ces mots « ses membres seront dispersés sur les chemins avec défense de leur donner la sépulture, » un profond sentiment de dégoût, de pudeur révoltée et d'horreur instinctive de l'abandon même après la mort, fit un moment faiblir son courage. Elle posa sa main sur ses yeux comme pour ne pas voir ce spectacle horrible qu'elle se représentait par la pensée ; lorsqu'elle se leva pour être conduite à la chapelle de la prison où elle devait passer la nuit, un tremblement convulsif agitait ses membres : elle pouvait à peine se soutenir.

Mais comme elle sortait du tribunal, elle distingua dans la foule une vieille femme grande et pâle, qui la regarda longuement avec des yeux humides comme pour lui dire :

— Vous m'avez trompée, mais je suis là.

— Oh ! fit Paula en l'apercevant, je puis mourir tranquille maintenant ; vivante ou morte, celle-là veillera sur moi.

Cette femme, c'était Juana.

Partie avec Estevan et Dolores pour obéir à Paula, au bout de deux jours de marche elle avait quitté ses compagnons de voyage et était retournée à Séville, inquiète sur l'enfant qu'elle avait nourrie et à qui elle avait voué sa vie entière, au point de la suivre dans toutes les phases et les incidents de son implacable vengeance ; mais connaissant peu les chemins, Juana s'était égarée : voilà pourquoi elle n'était arrivée à Séville, qu'après le jugement de Paula.

CHAPITRE XLVIII

En capilla.

C'est un usage pieusement établi en Espagne, lorsqu'un homme est condamné à mort, de le laisser passer quarante-huit heures enfermé dans un cachot transformé en chapelle ardente, qu'on nomme la *capilla*. Là, la religion offre, sous toutes les formes, ses pieux secours et ses puissantes consolations à celui qui va mourir. Des prêtres, se relevant d'heure en heure, l'assistent et le consolent en cherchant à le fortifier, par l'espérance, contre les horreurs du supplice.

La confrérie de Paix et Charité, tendre mère de tous ceux que réclame le bourreau, veille à rendre douces leurs dernières heures en leur prodiguant les soins les plus assidus, en satisfaisant leurs moindres caprices; et en outre, on permet à ces pauvres malheureux de s'entretenir avec leurs parents et avec leurs amis.

On leur donne, en un mot, toutes les consolations permises à la charité par la loi impitoyable, mais qui ne dépassent jamais la limite de ses droits. En Espagne, la loi condamne injustement quelquefois peut-être, mais elle mêle à sa rigueur nécessaire les adoucissements de la pitié; elle condamne à la mort, mais non pas à l'agonie.

La chapelle où José fut enfermé était une voûte en ogive soutenue par de fragiles colonnes, dont les chapiteaux allongés en feuilles délicates et légères s'arrondissaient dans le haut en têtes de palmiers : c'était une sculpture sarrazine, gracieuse imitation de la nature d'Afrique.

Sur l'autel, sombre et drapé de noir, brûlaient, aux deux côtés du christ, des cierges de cire verte.

A la droite de l'autel, deux fauteuils étaient préparés : l'un pour le patient, l'autre destiné aux religieux qui venaient l'exhorter.

Par terre, dans un coin, on pouvait voir un large scalpel, des cordes et une grande croix de Saint-André en bois de chêne, sur laquelle reposait une lourde massue de fer.

C'étaient les instruments du supplice...

Paula n'y prit pas garde.

En ce moment suprême qui allait clore sa vie, encore si jeune, un doute cruel l'obsédait.

Elle avait été élevée dans des habitudes très-pieuses. Un sentiment de haine légitime et insurmontable, un désir effréné de vengeance, l'avaient successivement entraînée à la profanation d'une foule de choses saintes, et enfin au meurtre, le crime qui est en abomination devant Dieu. Ce crime, elle l'avait accompli avec persévérance, sans hésitation, sans remords; elle avait, il est vrai, frappé un monstre souillé de meurtres, de viols et de rapines, et pourtant elle se demandait maintenant avec d'inexprimables terreurs si Dieu, grand et miséricordieux, Dieu, qui sans doute avait reçu dans son sein ce Fernand bien-aimé à qui elle avait sacrifié sa vie, ne la repousserait pas elle-même comme indigne des biens célestes.

Elle s'agenouilla sur la dalle nue de la chapelle, et appuya son front, qui brûlait, sur le marbre de l'autel.

Cette âme, remplie d'angoisses, éprouvait un terrible doute; elle craignait de ne pas revoir, dans une autre vie, celui pour qui elle avait voulu mourir; après tant de larmes, tant d'efforts et tant de souffrances, cette pensée était pour elle une incomparable torture.

En ce moment, un moine entra dans la chapelle. Paula se jeta à ses genoux et lui raconta en pleurant toutes ses angoisses. Ce moine la *consola* en lui parlant de l'effroyable supplice qu'elle allait subir, en l'exhortant à oublier son amour sacrilége pour un hérétique, et à implorer la miséricorde de Dieu et celle de monseigneur Arbues, *martyr*, qui du haut du ciel lui pardonnait sans doute; puis il lui parla longuement de la grâce, de l'extase, de la béatitude...

Paula se releva désespérée : elle avait frappé sur une pierre et rien n'avait répondu à la détresse de son âme.

L'heure sonnait; le moine se retira comme un soldat qui aurait fini sa faction.

Ainsi les exercices de la divine religion du Sauveur perdent, en passant par des mains stupides, toute leur suave poésie, leurs angéliques consolations.

— Oh! dit Paula avec amertume et dégoût, j'aurais dû me souvenir que ces moines sont des brutes, des mécaniques vivantes qui agissent par habitude et non par conviction ; l'esprit d'en haut n'est point en eux, ce sont des automates ; chez eux, la matière seule est agissante.

— Seigneur, mon Dieu! poursuivit-elle, vous avez été le martyr des mauvais prêtres et des hypocrites; pardonnez-moi, car j'ai été leur martyre aussi.

Vous qui avez apporté au monde une loi d'amour et n'avez enseigné que l'amour, pardonnez-moi, mon Dieu! car je suis devenue coupable pour avoir aimé.

En parlant ainsi, Paula répandait des larmes brûlantes et amères; son corps flexible, replié sur lui-même, avait une grâce douloureuse impossible à décrire. Elle n'avait gardé de son vêtement de moine que sa tunique de laine blanche; et comme ses cheveux, qui n'étaient pas rasés depuis huit jours, avaient légèrement repoussé, sa physonomie en était beaucoup changée.

A la voir ainsi, belle et délicate, et pourtant imposante par l'habitude qu'elle avait prise du commandement, on demeurait indécis, ne devinant pas son sexe au premier coup d'œil. C'était Paula, et pourtant c'était encore José : un sigulier mélange de grâce et de force, d'énergie et de tendresse.

Cette pauvre femme simple et douce qui, si jeune encore, avait tant appris de choses de la vie, avait un charme douloureux et attendrissant.

Ainsi ployée sur les marches de l'autel, en face des instruments de torture qui, le lendemain, allaient briser ses membres, elle ressemblait à une fleur frêle et penchée sur l'abîme qui doit l'engloutir, comme pour l'attendrir et l'implorer.

Mais elle avait beau s'adresser à toutes les choses qui l'entouraient, rien ne pouvait répondre aux besoins de son âme, ni dans le présent, ni dans l'avenir.

Alors, comme le voyageur qui s'égare et retourne au chemin qu'il a déjà parcouru, Paula fit un retour en arrière; elle revint lentement dans sa vie passée, ayant soin d'en feuilleter les pages une à une pour n'en rien laisser échapper.

Et en lisant ainsi dans le livre de sa mémoire, elle se revit enfant blanche et pure, jouant sous les orangers fleuris de l'Alhambra, la merveille maure, rêvant déjà dans son âme ardente et fière l'amour d'un noble et vaillant chevalier, qui posait sur son front la blanche couronne des vierges.

Puis elle revit ces églises grenadines, magnifiques mosquées converties en temples catholiques par la pieuse Isabelle; monuments de poésie chrétienne entés sur la poésie orientale. Là, elle regarda passer, comme dans un rêve, toute cette fantasmagorie du culte romain qui l'avait en ces temps-là bercée d'émotions douces et saintes, les longues files de moines dont les têtes blanches se perdaient dans des nuages d'encens, les étoles et les chapes brodées d'or, les blancs surplis des diacres, et la dalmatique brodée de l'archidiacre, et les calices couverts de pierreries, et les larges soleils d'or où reposait le saint sacrement, et les archanges d'argent massif aux ailes déployées, et les châsses remplies de reliques, et les bouquets de pierreries, couronnes offertes par les reines d'Espagne à la reine du paradis.

Ainsi elle reconnut toutes les églises de Grenade, bazar oriental où venaient s'étaler sous mille formes les richesses du Mexique.

Et en comparant ses sensations naïves d'alors, son admiration candide pour toutes ces merveilles terrestres avec son amer scepticisme d'à présent, Paula comprit pourquoi le clergé voulait à tout prix prolonger l'ignorance du peuple.

Pourtant, elle éprouva un charme doux et attendrissant à se rappeler ses jours d'ignorance et d'abandon naïf à la foi qu'on lui inspirait, ses transports de joie et d'extase lorsque, agenouillée devant une image du Christ versant des larmes au temps de sa passion, il lui semblait voir pleurer le Sauveur lui-même, dont on lui avait raconté la touchante et sublime histoire.

Ces temps avaient, par le contraste de sa vie présente, un reflet doré qui illuminait d'une dernière lueur son front déjà couvert d'une ombre mortelle.

Puis, elle se revit orpheline, recueillie par cette noble famille de Cazalla, si sainte et si pure ; elle se retrouva auprès de son beau fiancé, son doux et bien-aimé Fernand... Mais à ce tableau si pur dans le lointain, venaient bientôt se mêler des tons sinistres, des morts profanés, des vivants persécutés et suppliciés, son Fernand traîné au supplice, et elle-même...

Oh ! à ce souvenir terrible, son âme déborda d'amertume, et elle compta heure par heure, minute par minute, les jours qu'elle avait ainsi passés, traînant sa chaîne d'esclavage, baisant les pieds du tigre qu'elle abhorrait, voilant ses yeux pleins de larmes d'un sourire hypocrite, son front abattu, d'une auréole de joie, renonçant même à prier de peur de profaner la prière.

Puis enfin, elle, douce, timide et craintive, elle armait sa faible main du poignard, et au pied même de l'autel elle immolait celui qui l'avait perdue... Elle le revoyait les yeux hagards, la gorge saignante, râlant ces mots dans un dernier souffle d'agonie :

— Dieu est juste...

— Oui, Dieu est juste ! s'écria Paula en se relevant par un mouvement énergique ; Dieu est juste, il me pardonnera.

— Oh ! poursuivit-elle avec un cri d'inexprimable angoisse, le martyre n'est-il pas un baptême, et n'accomplirai-je pas le mien sur cette croix ?...

En se retournant, Paula avait aperçu les instruments de son supplice, et loin que la vue de ces objets terribles l'épouvantât, elle éprouva une indicible et cruelle jouissance à calculer les horribles douleurs qu'elle aurait à supporter ; car, plus elles lui semblaient affreuses et intolérables, plus elle se disait avec une intime confiance en Dieu, que cela, ajouté aux longues tortures de sa vie, suffirait pour expier ses fautes et qu'elles lui seraient pardonnées.

Or, Paula ne voulait plus qu'une chose, être réunie à Fernand.

La porte de la chapelle s'ouvrit, et deux seigneurs espagnols, membres de la Paix et Charité, demandèrent, avec toute la courtoisie possible, si la condamnée n'avait besoin de rien.

— Rien pour cette vie, messeigneurs, répondit Paula avec un angélique sourire ; mais pour l'autre...

— On aura soin de cela aussi, ajoutèrent les gentilshommes en se rapprochant de Paula ; nous ferons prier et dire des messes pour le repos de votre âme.

— Puisque vous voulez bien accomplir les dernières volontés d'une mourante, dit Paula, chargez-vous de ceci et donnez-le à la plus pauvre fille de l'Espagne pour la marier.

En disant cela, la condamnée avait tiré de son sein une croix en diamants ; c'était un bijou d'un grand prix qui lui venait de sa mère.

— Vous ferez cela, monseigneur, n'est-il pas vrai ? ajouta-t-elle.

— Je vous le promets, dit le gentilhomme.

— Merci, monseigneur, j'y compte ; c'est l'unique bien qui me reste, qu'il serve au moins à faire quelque heureux.

— Est-ce tout ? demanda le frère de la Paix et Charité.

— Il y a bien encore autre chose, dit Paula avec un peu d'hésitation.

— Parlez, tout ce qui dépendra de nous vous sera accordé.

— En venant ici, monseigneur, reprit-elle, vous avez dû rencontrer une pauvre femme vêtue de noir qui pleurait peut-être sous ses voiles en regardant vers la prison. Cette femme, c'est ma mère, c'est elle qui m'a nourrie. On ne refuse pas aux condamnés la grâce d'embrasser une dernière fois ceux qu'ils ont aimés ; eh bien ! faites venir cette femme, monseigneur, et priez qu'on la laisse arriver jusqu'à moi.

— Vos vœux seront exaucés, répondit le pieux seigneur.

Et il sortit aussitôt avec le frère qui était venu avec lui.

A ce moment, un second prêtre de l'ordre des agonisants remplaçait celui qui avait reçu la confession de Paula.

Il s'approcha de la jeune femme, et continua les exhortations banales du premier.

On eût dit une leçon apprise, que chacun de ces moines venait répéter à son tour.

Et sur leur physionomie distraite ou ennuyée pendant qu'ils remplissaient ce pieux devoir, on voyait à nu toute la sécheresse, toute l'aridité de leur âme.

Ces hommes avaient généralement des cœurs de bronze et une santé de fer.

Paula le laissa parler sans lui répondre ; elle priait intérieurement et non pas des lèvres, pour implorer le grand dispensateur des miséricordes ; elle n'avait pas besoin d'un pareil intermédiaire, il eût refroidi sa ferveur au lieu de la réchauffer.

Elle resta donc muette et recueillie, attendant l'exécution de la promesse du gentilhomme, pendant que le moine, commodément établi dans son fauteuil, avait penché sa tête sur sa poitrine et s'était légèrement endormi en récitant des litanies.

Paula avait les yeux tournés vers la porte ; son âme ne pouvait être distraite de l'espoir qu'elle avait conçu de voir sa nourrice une dernière fois.

Son attente ne fut pas vaine ; le gentilhomme revint bientôt suivi de cette femme vêtue de noir que lui avait désignée Paula, et qu'il avait effectivement rencontrée aux avenues de la prison.

En se retrouvant, Paula et sa nourrice n'eurent point de paroles ; mais la condamnée se jeta sur le sein qui l'avait nourrie, et là, pour la première fois depuis bien des années, elle pleura sans contrainte.

Par respect pour cette dernière entrevue, les frères de Paix et Charité s'étaient retirés.

C'était l'usage aussi que le prêtre laissât le condamné s'entretenir librement avec ceux à qui il était permis de le visiter. Le moine agonisant ne bougea donc pas ; à l'arrivée de Juana, il rouvrit à demi les yeux, puis il continua de réciter ses oraisons à voix basse.

Lorsque Paula eut versé dans le sein de sa nourrice toutes les larmes amassées depuis si longtemps, elle releva la tête, et fixant ses grands yeux noirs sur ceux de sa vieille nourrice, elle lui dit avec une tendresse infinie :

— Tu veux donc mourir aussi ?

— Après toi seulement, répondit Juana.

— Tu as raison, dit Paula avec un amer dédain de la vie ; que ferais-tu seule ici ?

— N'est-ce pas ! fit la sévère Juana ; comme si pour ces deux femmes qui avaient vécu seulement de dévouement et d'amour, la vie terrestre ne fût rien sans celle de l'âme, et qu'elles n'eussent été créées que pour vivre ici-bas comme les archanges, d'extase.

Oh ! bienheureuses natures qui, venues de Dieu, vivez en lui et retournez à lui sans vous en être jamais séparées ! Car celui qui vit seulement d'amour existe en Dieu.

Puis elles restèrent en silence à côté l'une de l'autre, les mains tendrement entrelacées, savourant le bonheur de se voir encore avant leur séparation d'un jour.

Elles n'avaient plus rien à se dire, la terre n'existait plus pour elles, elles allaient mourir et se retrouver...

Elles avaient ainsi passé une heure ensemble sans en compter les minutes ; un sbire entra dans la chapelle pour les avertir qu'il était temps de se séparer.

Seulement alors, le doute qui l'avait obsédée revint agiter l'esprit de Paula, et comme sa nourrice lui tendit ses deux bras pour l'étreindre dans un dernier baiser, elle lui dit avec angoisse :

— N'est-ce pas que Dieu me recevra dans son sein et qu'il m'a pardonné ?

— Pauvre victime ! répondit Juana ; sois tranquille, nous nous reverrons...

Un rayonnement céleste resplendit à ces mots sur le visage de Paula.

Elle présenta son beau visage au baiser de sa mère adoptive ; Juana la baisa tendrement au front et sortit en lui disant :

— A bientôt...

Paula demeura plongée dans une extase céleste qui dura jusqu'au jour.

CHAPITRE XLIX

Le supplice de la roue.

Il était six heures du matin.

Un homme entra dans la chapelle où était Paula.

Cet homme était le bourreau.

En le voyant, la première impression qu'éprouva Paula fut de terreur, la seconde de joie : elle allait mourir !... Mais en dépit d'elle-même, à l'aspect de l'homme qui allait la torturer, elle n'avait pu réprimer un premier mouvement d'horreur : instinct de la nature physique qui ne cède qu'après la réflexion à l'influence du sentiment moral.

— Je suis prête, dit la jeune femme en se relevant.

Le bourreau s'approcha alors, et posa sur la tête de la condamnée une calotte verte ornée d'une croix blanche. Cette coiffure avait la forme d'un bonnet grec.

Puis, dépouillant Paula de sa tunique de flanelle blanche, l'exécuteur des hautes œuvres la revêtit d'une robe mi-partie de rouge et de noir. La couleur noire était celle des parricides, le rouge désignait le sacrilége.

Paula le laissa faire avec indifférence; peu lui importait le vêtement dans lequel elle allait quitter la vie.

Quand le bourreau eut fini:

— Est-ce tout? lui demanda-t-elle.

— Tout pour le moment, répondit cet homme.

— Quand dois-je mourir?

— Pas encore.

— Oh! mon Dieu! fit Paula avec impatience.

Le bourreau la regardait avec étonnement; il ne comprenait pas qu'un condamné fût impatient de mourir.

Il laissa Paula seule en lui disant:

— Faites vos derniers actes de contrition.

Paula se jeta à genoux en criant de nouveau à Dieu son éternelle prière:

— Que je sois réunie à Fernand!...

Un prêtre entra alors dans la chapelle pour exhorter une dernière fois la condamnée, mais elle ne lui répondit pas; elle continua d'implorer Dieu dans son âme.

Et comme il insistait, elle lui dit avec douceur:

— Dieu m'a pardonné, ma mère me l'a dit.

Le prêtre crut que la terreur du supplice avait égaré sa raison.

A ce moment on venait la chercher.

Elle se leva avec un cri de joie et s'élança vers la porte; mais comme son calice de douleur n'avait pas encore été rempli, on lui prit les deux mains qu'on lia avec des cordes, comme s'il eût été nécessaire de la trainer de force à ce supplice qu'elle réclamait avec tant d'ardeur.

Mais la résignation de Paula n'avait plus de bornes; elle était heureuse de souffrir.

Elle sortit de la chapelle.

Lorsque, après avoir traversé les corridors obscurs de la prison, elle se trouva dans la rue, le soleil darda en plein sur son visage d'une pâleur éclatante, où se mélangeaient, autour des yeux et des tempes, quelques tons bleuâtres.

Éblouie de cette clarté soudaine, Paula ferma un instant les yeux.

Lorsqu'un peu habituée à cette vive lumière, elle les rouvrit et regarda autour d'elle, elle se vit entourée de soldats, de gens pieux qui, un cierge à la main, l'accompagnaient directement au supplice, et de moines agonisants rangés sur deux files et récitant d'un ton lamentable les prières qui précèdent le dernier moment.

Un d'eux se tenait constamment auprès de la condamnée en l'exhortant à bien mourir.

Puis, mêlée aux agonisants, la confrérie de Paix et Charité, dernier ami des suppliciés, accompagnait l'objet de ses soins, on pourrait presque dire de son culte; antithèse vivante de la loi humaine, la confrérie de Paix et Charité était le fidèle interprète de la clémence du divin Sauveur.

Les gens du peuple, toujours avides de spectacles horribles, accouraient en foule sur les traces du condamné. Plusieurs d'entre eux demeuraient frappés de surprise à la vue de ce jeune et beau visage qui semblait appartenir à une femme ou à un archange.

Mais comme le jugement à huis clos de Paula n'avait pas fait de bruit, et que rien de ce qui s'y était passé n'avait été divulgué, si ce n'est la condamnation à mort de l'assassin, tout le monde avait ignoré son véritable sexe; on s'était figuré un homme terrible et colossal! L'assassin d'un grand inquisiteur ne pouvait être qu'un homme extraordinaire, et on n'avait sous les yeux qu'un être frêle, pâle, doux et beau, une créature presque idéale.

Pendant ce douloureux pèlerinage, Paula

Les mystères des cachots.

fut l'objet d'une ardente curiosité, et aussi d'une incroyable pitié. Le peuple, qui la prenait toujours pour un jeune moine, se sentait attendri malgré lui en faveur de tant de jeunesse, et le souvenir odieux de Pierre Arbues augmentait encore cette disposition à l'indulgence pour son meurtrier.

Le cortége arriva ainsi jusqu'à la plaza Mayor.

En revoyant ce lieu où, la dernière fois qu'elle y était venue, le jour de l'auto-da-fé, Pierre Arbues avait fait immoler tant de victimes, le cœur de Paula se souleva d'indignation ; elle tourna les yeux vers le Quemadero comme pour y chercher les martyrs qui étaient tombés sur cette brûlante arène.

C'était là aussi que Fernand était tombé.

Ce fut le dernier retour de Paula vers son existence terrestre maintenant accomplie. Elle baissa la tête sur sa poitrine, et attendit que la mort vînt la chercher.

Elle regarda sans pâlir les instruments de son supplice, et monta sur l'échafaud d'un pas ferme.

Un moine agonisant y monta avec elle.

Lorsqu'elle y fut arrivée, elle se jeta à genoux en levant les yeux au ciel, et du plus profond de son cœur elle implora une dernière fois sa miséricorde.

Puis elle se releva et attendit.

Mais en ce moment ses yeux s'arrêtèrent sur la foule qui entourait l'échafaud, et parmi tous ces visages inconnus, elle remarqua une blanche et douce figure qui se tenait au pied de son calvaire, comme la mère du Christ sous la croix du Sauveur des hommes.

C'était la douce et courageuse Juana.

A ce moment suprême, elle voulait encore la fortifier par sa présence, et elle avait eu le courage de venir assister à son supplice.

Paula lui sourit imperceptiblement, puis elle lui montra le ciel du regard.

Alors Juana abattit sa mantille sur son visage, et la releva soudainement comme pour lui dire encore une fois dans un langage symbolique : notre séparation n'est que d'un jour.

Le prêtre qui assistait la condamnée lui présenta alors à baiser un christ d'argent qu'il tenait à la main.

Paula posa pieusement ses lèvres sur l'image sacrée.

Pendant ce temps, le prêtre la bénit, et le peuple, enthousiaste à la vue d'une si touchante résignation, s'exalta pour le criminel qui mourait si saintement.

L'exécution allait commencer.

Il y avait sur l'échafaud une grande croix de Saint-André, une masse en fer, une hache et un billot.

Le bourreau détacha les mains de la condamnée, prit sa main droite par le poignet, la posa sur le billot et voulut l'y attacher.

— Cela est inutile, dit Paula, faites.

Le bourreau leva sa hache...

Paula suivait de l'œil tous ses mouvements.

Mais, plus rapide que la pensée, la hache retomba en sifflant, et cette main blanche et pâle bondit sur le billot, inondée par les flots de sang qui s'échappaient des artères coupées.

D'un seul coup le bourreau l'avait séparée du bras.

Un long cri d'horreur s'éleva dans la foule. Paula seule n'avait rien dit ; seulement son visage était devenu plus pâle encore, et un léger tremblement nerveux l'avait saisie.

Le bourreau voulut étancher avec des linges le sang qui s'échappait de la blessure.

— Laissez, dit Paula, ce sera plutôt fini.

Elle pâlissait à vue d'œil, et malgré l'immensité de son courage, la douleur atroce qu'elle éprouvait et la grande quantité de sang qui s'échappait de son bras mutilé l'affaiblissaient à chaque minute ; elle pouvait à peine se soutenir.

Elle tourna les yeux vers la croix où devait se terminer son supplice, et dans son avidité inexprimable de repos, elle sourit à ce lit de douleur qui allait du moins supporter son corps anéanti, et s'adressant au bourreau d'une voix suppliante, elle lui dit :

— Achevez...

Le bourreau, aidé d'un valet, l'enleva aussitôt dans ses bras robustes, l'étendit sur la croix, en ayant soin que chacun de ses membres correspondît à chacune des branches, en sorte qu'ainsi placé, le corps avait la figure d'un X. Il lia ensuite les jambes et les bras de la victime, même le bras douloureux qui avait été mutilé ; et après que ces diverses opérations furent achevées, cet homme, qui ne devait pas avoir d'entrailles, éleva, impassible, sa massue de fer comme eût pu le faire une mécanique vivante.

La massue retomba lourdement de tout le poids de la force herculéenne de cet homme, sur un bras frêle qu'elle brisa comme du verre.

C'était celui qui avait déjà subi la peine des parricides.

Un gémissement sourd, prolongé, involontaire, vint mourir sur les lèvres de l'infortunée, semblable au dernier frémissement de l'airain sur un timbre sonore après que l'heure a sonné. Un horrible frisson de douleur courait dans la moelle des os de Paula.

C'était horrible.

La foule, muette et morne, assistait en frémissant à cet effroyable drame.

Malgré les liens qui les retenaient sur cette croix d'agonie, les membres de Paula étaient agités de convulsions affreuses ; et malgré la chaleur de la journée, ses dents claquaient comme si elle avait eu froid.

Son sang continuait de couler, et elle allait s'affaiblissant toujours davantage.

Trois coups de massue pareils au premier achevèrent de briser ce corps si beau, créé pour toutes les délices de la vie ; à chaque fois, les gémissements de Paula devenaient plus sourds et plus indistincts.

Au dernier coup, les gémissements furent à peine sensibles. Les yeux de la victime, déjà ternes et voilés, achevèrent de se fermer ; leurs longues paupières s'abaissèrent sur ses joues comme une ombre légère ; son front blêmit et se colora d'une teinte d'ivoire jauni ; sa bouche se contracta sur ses dents éblouissantes comme dans un dernier sourire, et une légère convulsion souleva une dernière fois sa poitrine, puis ce fut tout...

Le sang cessa de couler des artères taries...

Paula ne souffrait plus.

Le bourreau posa la main sur le cœur de la suppliciée, il n'avait plus de pulsations.

— Elle est morte, mon père, dit cet homme au moine qui l'avait accompagnée jusque sur l'échafaud.

— Que Dieu fasse miséricorde à son âme, répondit le moine en se tournant vers le peuple ; prions, mes frères, pour la victime qui vient d'expirer.

A ces mots, Juana, qui pendant le temps qu'avait duré cet épouvantable supplice, était restée au pied de l'échafaud étouffant ses sanglots et dévorant ses larmes, Juana poussa un grand soupir comme si un poids affreux eût été enlevé de dessus sa poitrine.

Son enfant, qu'elle n'avait pu sauver, avait au moins cessé de souffrir.

Il s'était fait un grand silence parmi la foule ; cette terrible exécution avait été si rapide, la patiente, victime forte et résignée, avait si peu cherché à attendrir le peuple en sa faveur, elle avait montré un courage tellement héroïque, que ce peuple espagnol, si amoureux de toute grandeur, se sentait entraîné à une admiration sans bornes pour le moine parricide. S'il avait su que ce moine était une femme..., combien plus grande eût été son admiration !

Mais par un calcul de la justice, ce secret resta toujours ignoré ; on craignait qu'en le divulguant on ne donnât ainsi à deviner la véritable cause de la mort de Pierre Arbues.

Le bourreau et ses aides descendirent de l'échafaud. Le peuple se retirait lentement en devisant, selon son bon sens vulgaire, sur cet événement extraordinaire d'un inquisiteur mis à mort pour avoir assassiné un autre inquisiteur; car Paula n'était toujours pour lui qu'un officier de l'inquisition.

Bientôt il ne resta plus autour de l'échafaud que les sentinelles chargées de garder le corps jusqu'à l'heure où le bourreau viendrait l'écarteler.

Cela devait se faire le même soir, à la nuit.

Juana se retira la dernière, mais elle se tint peu éloignée de la place, dans le fond d'une église voisine; sa tâche n'était pas encore accomplie.

De temps à autre, quelques curieux s'avançaient autour de l'échafaud, se hissaient sur la pointe des pieds, et regardaient le cadavre du condamné, beau encore malgré tant d'incroyables mutilations; mais les sentinelles écartaient avec soin les curieux, car on avait ordonné que personne ne pût approcher de trop près.

Enfin il fit nuit.

La plaza Mayor devint déserte; seulement quelques gardunos la traversaient de temps à autre, en silence, les pieds nus ou chaussés d'alpargatas, marchant d'un pas si léger qu'on eût dit que le sol était rasé par un oiseau. Ils passaient là comme par hasard, sans intention, n'essayant même pas de s'approcher de l'échafaud; mais, en effet, ces hommes étaient en sentinelle pour surveiller l'enlèvement du cadavre de Paula après que le bourreau l'aurait écartelé.

Celle qui n'avait cessé de veiller sur cette malheureuse jeune fille pendant sa vie, la noble et fidèle Juana, veillait encore sur sa dépouille mortelle. Elle avait acheté, avec l'or et les bijoux qui lui restaient, ces hommes que l'appât du gain avait toujours le pouvoir de séduire, et à qui, vu leurs relations intimes avec l'inquisition, l'impunité était presque toujours assurée.

Lorsque dix heures sonnèrent, le bourreau, suivi d'un aide, retourna sur le lieu de l'exécution.

Il avait à la main un très-fin scalpel, et ses aides portaient des épieux de fer très-pointus.

Arrivé sur l'échafaud, le bourreau commença par délier le cadavre qui était resté attaché sur la croix; il était encore tiède, et les membres n'avaient perdu que très peu de leur souplesse.

Le bourreau fendit en deux, dans le dos, la tunique dont Paula était revêtue, et mit à nu ce corps blanc et pur d'une forme enchanteresse.

Puis, à la lueur d'une torche de résine dont la flamme vacillante projetait sur ces chairs blafardes des tons d'un rouge vif mélangés de grandes ombres noires, le bourreau se mit à disséquer le corps avec une dextérité incroyable; il scalpa dans les muscles et dans les nerfs, coupa lestement les tendons, et après avoir parfaitement disjoint les os, il les désemboîta l'un après l'autre, acheva de scalper les muscles et sépara les membres du tronc.

Cela fait, il enleva dextrement la tête et la posa à côté des membres.

Comme il terminait cette opération, un frère majeur (*hermano mayor*) de Paix et Charité s'avança vers l'échafaud et réclama le tronc du cadavre pour l'ensevelir.

C'était le droit de la confrérie, et elle se hâtait d'en user.

Ce tronc fut pieusement recueilli dans un cercueil en bois de chêne, et les confrères en s'emparant de ce précieux butin de la charité, jetèrent un regard de regret sur les membres abandonnés qui demeuraient la proie du bourreau.

Toutefois, le corps ne fut livré à la confrérie de Paix et Charité que sur le serment de ne pas révéler le sexe de Paula....

Mais il fallait que la justice eût son cours.

Le bourreau enleva donc les membres et la tête ; il les réunit et les lia dans un sac de toile rempli de son, et, toujours suivi de ses acolytes, il s'achemina vers la route de Cadix, de l'autre côté du barrio de Triana.

Les gardunos suivirent de loin pour voir quelle route ils avaient prise.

Lorsqu'ils furent arrivés à une demi-lieue environ de Séville, les exécuteurs plantèrent en terre cinq épieux de fer, les y fixèrent solidement avec un lourd marteau ; puis le bourreau posa et enfonça lui-même sur la pointe des épieux, qui était hors de terre, les membres et la tête de Paula, qui restèrent ainsi exposés à la vue des passants et à la férocité des bêtes fauves.

Cela fait, les exécuteurs se retirèrent : leur tâche était accomplie.

Les gardunos s'étaient tenus cachés à quelque distance.

— A nous maintenant, dirent-ils, lorsqu'ils virent les exécuteurs à une assez grande distance.

— Oui, et dépêchons, ajouta l'un des gardunos, afin qu'on ne vienne pas nous surprendre à un pareil *éclipsement*.

— Dieu nous en garde ! j'aimerais mieux être surpris à éclipser la mitre de l'archevêque.

En même temps, les deux enfants de la Garduna s'approchèrent ensemble des épieux où étaient exposés les membres de Paula.

Un de ces hommes tendit par les quatre coins un grand carré de toile blanche, pendant que l'autre, enlevant un à un les membres et la tête de la suppliciée, les déposait dans le carré de toile.

Quelques minutes suffirent à cette opération.

Puis, chargés de leur précieux fardeau, les gardunos reprirent le chemin del Palacio, qui était heureusement peu éloigné.

Personne ne se rencontra sur la route, et leur expédition nocturne demeura parfaitement cachée.

Mandamiento les attendait dans la salle des délibérations.

— Voilà, maître, dirent-ils en arrivant ; notre besogne est faite.

— Pas encore, répondit Mandamiento ; suivez-moi.

Et il les conduisit dans le souterrain où ils avaient brûlé le cadavre de l'ancien gouverneur de Séville.

Là, Juana attendait.

Un cercueil doublé de soie blanche était au milieu du souterrain, à côté d'une fosse qu'on y avait creusée.

En voyant arriver les gardunos, Juana se leva.

Elle vint à eux et leur prit des mains les membres mutilés de sa fille ; puis elle dit à Mandamiento :

— Qu'on me laisse seule quelques instants, j'ensevelirai moi-même mon enfant.

Mandamiento et les gardunos se retirèrent.

Juana étendit par terre la toile qui contenait les restes de Paula, ceux du moins que la Paix et Charité n'avait pu ensevelir.

A la vue de cette noble tête qu'elle avait tant aimée, le courage de la vieille femme sembla l'abandonner un instant. Elle se pencha sur ces lèvres froides et décolorées qui avaient sucé son lait lorsque Paula était enfant, et elle pleura ses dernières larmes, ses larmes de mère.

Mais cette âme forte et pleine de foi ne pouvait longtemps se laisser abattre ; elle regarda ces yeux éteints d'où la vue s'était retirée, et leur dit en les baisant une dernière fois :

— Enveloppe mortelle de l'âme de ma Paula, retournez à la terre en attendant la résurrection éternelle! Ce n'est plus là Paula, Paula est au ciel et j'irai la rejoindre.

Alors elle essuya ses larmes, déposa avec courage les membres raidis de la morte dans le cercueil qui les attendait, le recouvrit d'un grand voile, et s'agenouilla en priant auprès du cercueil.

Au bout d'une heure, Madamiento rentra avec les gardunos.

Juana se leva et vint à lui.

— Tenez, dit-elle, senor Mandamiento, vous avez loyalement rempli vos promesses, et j'ai rempli aussi les miennes ; mais ce n'est point assez encore, et je veux récompenser votre zèle.

En même temps, elle ôta de son doigt une bague d'un très-grand prix et la donna au maître de la Garduna.

— Senora, dit Mandamiento, ébloui d'un si riche présent, que fera la confrérie pour reconnaître votre générosité incomparable ?

— Laissez-moi prier jusqu'à demain près de ce cercueil, dit Juana ; demain vous le déposerez dans la fosse qui lui est destinée.

— Qu'il soit fait ainsi que le désire votre seigneurie, répondit Mandamiento.

— Qu'on ne vienne ici que demain matin, ajouta Juana.

Mandamiento s'inclina en signe de consentement.

La nourrice de Paula resta seule.

Elle passa toute la nuit en prières auprès du cercueil.

Lorsque, le lendemain, les gardunos revinrent pour le mettre en terre, ils trouvèrent Juana penchée sur les restes de sa fille, les mains jointes et la tête inclinée.

Ils lui parlèrent, elle ne répondit pas.

Un d'eux la prit par le bras pour la réveiller, croyant qu'elle s'était endormie ; mais Juana ne se réveilla pas, et son corps resta immobile et raide comme une pierre.

Elle avait tenu la promesse faite à Paula. Lorsque Paula avait eu quitté la terre, Juana l'avait quittée aussi, sans secousses, sans efforts, sans moyens coupables, par la seule volonté de mourir...

— Maître, dirent les gardunos à Mandamiento, cette femme est morte, que ferons-nous de son corps ?

— Le cercueil est grand, répondit le maître, c'est sans doute la dernière volonté de cette dame d'être ensevelie avec ce corps mutilé ; mettez-la donc dans ce cercueil et que la même fosse les reçoive.

Deux femmes de la Garduna furent appelées pour ensevelir Juana, et, après des prières et des cérémonies bizarres, on descendit le cercueil dans la tombe.

Puis on le recouvrit de terre.

Les souterrains de la Garduna auraient éternellement gardé le secret de ces étranges funérailles, si le maître, selon la coutume invariable de la confrérie, n'eût consigné le fait dans ses mystérieux registres, retrouvés quelques siècles plus tard.

CHAPITRE L

Adieu.

Dans une de ces nombreuses *posadas* (auberges) échelonnées le long du môle, où venaient manger les marins qui, de toutes les parties du monde, affluaient dans le port de Cadix, trois personnes étaient réunies au milieu d'une salle basse.

Autour d'elles, sur des bancs grossiers, on avait déposé quelques objets indispensables pour un voyage d'outre-mer : deux petites malles de la dimension la plus exiguë, et un sac de laine serré par des cordons de manière à pouvoir être porté à la main, et sauvé même en cas de fuite.

Les trois personnes qui occupaient cette salle étaient le comte Vargas, la jeune comtesse et Jean d'Avila.

Depuis quinze jours, Estevan et Dolores, arrivés sains et saufs à Cadix par la grâce de la Garduna, attendaient l'exécution de la promesse de José.

L'apôtre, qu'ils n'avaient devancé que de quelques jours, attendait avec eux, leur aidant à supporter ces derniers moments d'anxiété pénible qui précèdent l'accomplissement d'un acte décisif de la vie.

Cependant l'impatience commençait à les gagner.

En outre, malgré leur incognito et la précaution qu'avaient eue les jeunes mariés de conserver des vêtements populaires, Jean d'Avila n'était pas tranquille ; il redoutait pour eux les poursuites de l'inquisition.

Les trois amis étaient assis depuis quelques minutes sans parler ; ils semblaient être en proie à une violente préoccupation.

— Mon père, dit enfin le jeune comte, voilà près de vingt jours que nous avons quitté Séville ; le bâtiment hollandais sur lequel j'ai retenu notre passage peut partir d'un moment à l'autre, et je crains d'exposer Dolores en séjournant plus longtemps en Espagne. Pensez-vous que don José vienne nous rejoindre ainsi qu'il l'a promis ? N'ai-je pas plutôt lieu de craindre...

— Que sais-je ? répondit le religieux ; la disparition de Juana me semble étrange ; la fuite de cette femme cache certainement un mystère ; pourtant je ne puis croire...

— Oh ! non, non, s'écria la naïve Dolores ; José est un cœur d'ange, un martyr comme nous ; qui sait, ajouta-t-elle avec attendrissement, qui sait quel malheur aura peut-être frappé cette jeune tête ! Il y avait quelque chose de fatal en lui.

— Je n'ai jamais eu entière confiance dans ce dominicain, répliqua Estevan.

— L'inquisition cache tant de secrets étranges et terribles ! observa Jean d'Avila.

— Mais enfin, mon père, continua Estevan, notre sûreté exige que nous partions au plus vite ; dois-je, pour obéir à une parole donnée en échange d'une promesse incertaine, compromettre la sûreté de celle qui m'est plus chère que la vie ?

— Deux jours encore, dit doucement la comtesse, deux jours seulement, mon Estevan ; si après ce terme José n'est pas venu, eh bien ! nous partirons, ajouta-t-elle avec un soupir douloureux, comme si, au moment de la quitter, elle eût donné un souvenir de tendresse et de regret à son Espagne bien-aimée.

A ce moment, un homme du navire sur lequel ils devaient s'embarquer vint les avertir qu'on mettait à la voile le même soir.

— Comment, sitôt? s'écria vivement Dolores.

— Le vent est favorable, senora, répondit le matelot.

Ce mot-là tranchait toutes les difficultés. Le vent! c'est le roi, c'est le Dieu des marins.

Dolores baissa tristement la tête et ne parla plus.

— Vous le voyez, mon père, dit Estevan, il est impossible d'attendre davantage; il faut partir, partir aujourd'hui même.

— C'est vrai, répondit Jean d'Avila, ému de la tristesse de Dolores; l'impérieuse nécessité est là qui commande, il faut lui obéir. Après tout, ajouta-t-il, cela est sans doute la volonté de Dieu.

— Eh bien! dit Estevan au marin en lui montrant les deux petites malles, prenez ceci et emportez-le à bord. Ce soir, nous nous rendrons au navire.

Le matelot obéit et se retira.

Dolores rapprocha d'elle le sac de laine et en passa les cordons à son bras.

Ce sac contenait les cendres de son père.

Il faisait très-chaud. Estevan sortit un instant de la posada pour respirer l'air frais qui s'élevait de la mer.

Il fit quelques pas sur le môle, le long des murailles qui bordaient l'anse où est situé le port de Cadix. Cette vieille citadelle, cette ville imprenable, entourée d'une double ceinture d'eau et de pierre, avait un aspect triste et morne.

Le soleil dardait d'aplomb sur le pavé brûlant; les rues étaient désertes, et on n'entendait rien au dehors que le clapotement des vagues battant le pied des murailles avec un bruit harmonieusement monotone, ou les pas des sentinelles de faction à la porte de Mer.

— Ce soir, dit enfin Estevan en se parlant à lui-même, ce soir je vais donc quitter l'Espagne! Oh! que le ciel lui soit prospère! s'écria-t-il en se tournant vers le nord comme pour jeter un dernier regard d'amour et d'indicible tristese à cette terre chérie. Que Dieu détourne d'elle le fléau de ses malédictions, qu'il la rende à une vie nouvelle! Allons, ajouta-t-il en soupirant profondément, pour moi le dernier sacrifice est fait... Il faut la fuir, puisque je ne peux rien pour elle.

Comme il achevait ces mots, il vit venir à lui, du côté du chemin de terre, cinq personnes qui portaient le costume des Sévillans. Il retourna alors sur ses pas et rentra prudemment dans la posada; car il tremblait à chaque instant qu'on fût sur leurs traces, et qu'on les découvrit avant qu'ils eussent pu s'embarquer.

Mais à peine avait-il refermé sur lui la porte de la salle où étaient Dolores et Jean d'Avila, qu'on frappa rudement à cette porte.

Estevan tressaillit et hésita un moment.

— Qu'est-ce donc? demanda Dolores étonnée.

— Ouvrez-nous, seigneur don Estevan, cria en même temps du dehors une voix que les trois amis reconnurent aussitôt.

C'était celle de Coco.

— C'est José qui arrive! s'écria Dolores.

Estevan, un peu rassuré, avait rouvert la porte.

Mais ce n'était pas José; c'était Coco, sa sœur, Manofina et la Serena, qui arrivaient de Séville, conduits par un des gardunos de la confrérie de Cadix, qui avaient reçu Estevan et Dolores à leur arrivée, et les avaient recommandés à la maîtresse *del meson* où ils étaient logés.

Grande fut la surprise de Dolores, d'Estevan et de Jean d'Avila.

— Qu'êtes-vous venus faire à Cadix, mes enfants? leur demanda l'apôtre.

Le grand inquisiteur.

— Nous sommes venus chercher le seigneur don Estevan et la senora Dolores pour les suivre et les servir partout où ils voudront aller, répondit la Serena.

— Merci de votre dévouement, répondit la jeune comtesse attendrie; ce n'est pas la première fois que je l'éprouve; mais savez-vous bien, mes amis, que vous voulez suivre de pauvres exilés qui auront à peine de quoi vous faire vivre?

— Nous travaillerons pour les nourrir, répondirent en même temps les deux femmes.

— Travailler n'est pas ce qui nous ferait de la peine, repartit Coco; mais, grâce au ciel, leurs seigneuries n'auront pas besoin de notre chétif secours.

— Et don José! qu'est devenu don José? s'écria Dolores avec anxiété; vous ne m'avez pas encore parlé de lui, Coco.

Au nom de José, l'alguazil baissa tristement la tête, Manofina demeura interdit, et les deux femmes se mirent à pleurer.

— Qu'est-ce donc? que lui est-il arrivé? demanda la comtesse de Vargas.

Alors, d'une voix triste, émue, entrecoupée, le fidèle alguazil raconta à leurs seigneuries le terrible dénoûment de la tragédie qui venait de se passer à Séville.

Jean d'Avila, Estevan et Dolores écoutèrent dans une stupeur profonde cet affreux récit; et lorsque Coco, dans son langage animé et pittoresque, en vint à retracer les derniers moments de José:

— Oh! s'écria la comtesse tout en larmes,

je savais bien que José était un martyr.

— Ce n'est pas tout, senora, ajouta Coco en tirant de son sein le portefeuille que Paula avait si soigneusement scellé le jour où elle quitta le palais inquisitorial et qu'elle avait remis à Coco, ce n'est pas tout; voici un dépôt que don José m'a remis pour vous; prenez, senora, cela vous appartient.

— A moi? fit Dolores étonnée.

— A vous, ma fille, dit Jean d'Avila, puisque c'est le legs d'un mourant.

Dolores prit alors le portefeuille d'une main tremblante, l'ouvrit, puis elle le donna à Estevan. Elle ne comprenait guère la valeur de cette multitude de morceaux de papier couverts d'un griffonnage le plus souvent illisible, enfermés entre les plis du cuir de Maroc.

Mieux au fait qu'elle de ces sortes de choses, Estevan, après y avoir jeté un rapide coup d'œil, dit à sa femme :

— Noble José! il n'a pas voulu que ceux qu'il avait aimés eussent à souffrir de la misère; il y a là toute une fortune, Dolores!

— Pauvre José! s'écria la jeune femme, plus touchée de la mort horrible de leur ami et de l'affection qu'il leur avait témoignée, même en mourant, que de l'amélioration qu'une somme aussi considérable pouvait apporter dans leur situation présente.

En même temps, elle aperçut dans le portefeuille un papier d'une plus grande dimension que les lettres de change, soigneusement plié et cacheté.

Sur l'enveloppe, Paula avait, de son écriture, tracé les lignes suivantes :

« A la comtesse Dolores de Vargas, lorsqu'elle sera en sûreté hors de sa patrie. »

— Cela ne doit pas être lu encore, dit Dolores; et elle replaça le paquet cacheté dans le portefeuille.

La journée s'était rapidement écoulée, le soleil baissait à l'horizon, le mouvement et la vie commençaient à revenir dans la ville.

Le marin qui, déjà une fois, était venu avertir les voyageurs, entra de nouveau dans la posada.

— Senor, dit-il à Estevan, une barque attend à la porte de Mer pour vous conduire au vaisseau.

— Partons, dit Estevan, partons; puisqu'il le faut, mieux vaut plus tôt que plus tard.

Dolores alors se rapprocha de Jean d'Avila, et de sa voix douce et pénétrante, dont le charme était irrésistible :

— Mon père, lui dit-elle, n'allez-vous pas nous suivre ?

— Non, répondit Jean d'Avila, non, ma fille, je ne vous suivrai pas ; je ne m'appartiens pas, j'appartiens à l'Espagne; mes pauvres et mes affligés me réclament, et c'est vers eux que je dois retourner.

— Dites-moi, au moins, que vous nous regretterez, ajouta la jeune comtesse.

— Dolores, dit Jean d'Avila, laissez-moi au moins le mérite du sacrifice. Je suis homme, et mon cœur est accessible à la douleur et à l'affection ; mais avant d'être homme, je suis ministre de Jésus-Christ ; c'est le ministre qui doit l'emporter. Des malheureux ont besoin de moi, j'appartiens à ces malheureux.

— C'est vrai, dit-elle ; retournez auprès d'eux, ils ne peuvent se passer de vous. Vous êtes pour eux le représentant de Dieu qui sait changer le mal en bien, tandis que l'inquisition change en mal le bien le plus parfait.

— Voilà pourquoi je ne puis vous suivre, répondit Jean d'Avila.

— Mon père, dit-elle, je n'ai garde de vous détourner de ce sublime dévouement. Obéissez à la voix d'en haut, mais que de loin votre esprit plane sur nous ; restons unis dans une éternelle et sainte amitié.

— N'est-ce pas là la véritable communion de l'esprit annoncée par l'Homme-Dieu? répondit l'apôtre; oui, ma fille, je vous serai toujours uni par la pensée.

— Oh! dit Dolores, de loin encore il me semble que je resterai sous l'influence de votre protection toute-puissante.

— Vous serez sous l'œil et sous la main de Dieu, répondit Jean d'Avila, que craignez-vous?

Les voyageurs sortirent en ce moment de la posada. Jean d'Avila voulut les accompagner jusqu'à leur vaisseau.

Ils montèrent dans deux chaloupes qui les attendaient sur le rivage ; les marins agitèrent leurs rames, et en quelques minutes ils étaient sous le vaisseau hollandais qui devait les emporter, masse énorme au ventre large et arrondi, colosse lent, mais infatigable, qui semblait défier la tempête.

On leur jeta l'échelle qui devait les aider à gravir les flancs du navire.

Coco et sa sœur, Manofina et la Serena montèrent les premiers.

Estevan et Dolores étaient restés dans la première chaloupe, avec Jean d'Avila.

— Dépêchez-vous, seigneurs, leur cria le pilote ; le vent fraîchit, on va mettre à la voile.

Estevan prit la main de Dolores pour l'aider à monter, Jean d'Avila se leva,

— Adieu, mon père, lui dit la jeune comtesse en retenant une larme ; adieu, priez pour nous.

— Adieu, ma fille, répondit le saint d'une voix émue, adieu... N'oubliez pas qu'il n'est qu'un bonheur au monde, c'est celui des cœurs purs et dévoués.

— Mon père, répondit Dolores, il n'est pas de bonheur pour les exilés!

Elle s'élança, légère et rapide, et eut bientôt atteint le pont du vaisseau.

— Adieu, mon père, dit à son tour Estevan ; si jamais l'Espagne se réveille, souvenez-vous d'un de ses enfants qui languira loin d'elle inactif et exilé.

— Estevan, répondit Jean d'Avila, les vrais enfants de Dieu n'ont qu'une patrie, la terre ! et de quelque point du globe qu'une voix chaleureuse et forte fasse entendre l'hymne éternelle de la vérité, elle ajoute à l'édifice du bonheur social. Je vous l'ai dit, on ne régénère point un peuple par le glaive, mais par la parole, et la parole, fille de l'Esprit-Saint, va retentir, invisible mais frémissante, aux extrémités du monde. Allez, soyez ferme, inébranlable dans la voie où vous êtes engagé, et souvenez-vous que pour changer la face du monde il n'a fallu que douze apôtres, douze hommes simples et humbles de cœur, mais animés d'une foi inébranlable ; de loin, encore, vous pouvez aider à la régénération de l'Espagne.

Estevan franchit à son tour l'échelle qui le séparait du pont. Tout le monde était à bord. On hissa la chaloupe du bâtiment ; celle qui contenait Jean d'Avila s'éloigna à force de rames.

Appuyés sur le sabord, Estevan et Dolores firent encore un dernier signe d'adieu à leur saint ami. Jean d'Avila leva sa main droite et leur montra le ciel comme pour leur dire :

Là-haut nous nous reverrons !

Sur le navire, c'était une agitation inaccoutumée ; les matelots larguaient les voiles et livraient au vent ces blanches toiles tissues dans la flegmatique Hollande.

Le colosse, cette lourde masse, comme s'il eût été impatient de revoir sa patrie, semblait s'agiter de lui-même sur l'onde immobile ; un frémissement sourd courait dans ses larges flancs, et il semblait vivre de la vie qui s'agitait dans son sein.

Au moment de partir, les passagers gardaient un profond silence.

On n'entendait que la voix des chefs martelant leurs ordres en syllabes brèves et retentissantes, et les pas empressés des matelots, ardents à la manœuvre, impatients de quitter la terre ; la terre, où le marin ne sait que s'ennuyer.

Manofina et la Serena, Coco et sa sœur, en vrais Andalous fidèles à leurs mœurs de Gitanos, s'étaient couchés sur le pont et regardaient au loin avec des yeux humides l'horizon bleu tout chargé de paillettes dorées.

Estevan et Dolores, debout près du grand mât, contemplaient avec un enthousiasme mêlé de tristesse les splendeurs de cette magnifique soirée.

Le soleil descendait à l'horizon, et, noyé dans d'innombrables rayons prismatiques, ressemblait à une large opale au milieu d'un écrin de pierreries de mille couleurs.

Du point où ils étaient, les exilés admiraient Cadix, la ville imprenable, Cadix aux dômes de pierre, cernée par la mer comme par une ceinture verte, et prolongée à l'est par le Trocadero, d'immortelle mémoire.

Puis, au delà, c'était la terre d'Espagne, Valence la belle, Grenade, la fille bien-aimée des Maures, Malaga aux vins délicieux, et plus loin enfin Séville, Séville, la patrie d'Estevan et de Dolores.

Tout le temps que durèrent les apprêts du départ, les deux exilés restèrent silencieux et mornes, les yeux attachés à cet horizon lointain rempli pour eux de souvenirs enivrants et de ravissants mirages.

Les douleurs qu'ils avaient éprouvées disparaissaient en ce moment ; ils ne se souvenaient plus que de leur amour pour cette belle Espagne qui allait disparaitre à jamais de leurs yeux. Bientôt ils tressaillirent ; Dolores s'appuya sur le bras d'Estevan pour se soutenir.

On venait de lever l'ancre.

Le navire, emporté par son poids énorme, avait lourdement bondi sur l'eau comme un taureau sauvage, et, pendant quelques minutes, il frémit sur lui-même par un balancement gradué qui allait toujours s'affaiblissant ; puis enfin il glissa doucement sur la mer unie en traçant derrière lui un large sillage.

Les vagues légères, soulevées autour de ses larges flancs, allaient et se retiraient en lui faisant une ceinture d'écume. Le vent gonflait les voiles qui rendaient à son souffle un bruit léger et presque harmonieux ; la proue entr'ouvrait en sifflant le sein de la mer bleue et miroitante, et, peu à peu, Cadix se perdait au loin comme un point noir aux yeux des passagers immobiles sur le pont.

Le soleil s'était noyé dans le vaste abime ; de larges bandes pourpre et or couraient comme des rubans de flamme d'un bout à l'autre de ce vaste horizon, et la nuit posait lentement un à un ses voiles de gaze noire sur le front de la terre.

L'étoile du soir brillait au ciel.

Alors Estevan regarda sa compagne.

Immobile et muette, les yeux invinciblement attachés vers le point imperceptible qui pour elle s'appelait Séville, Dolores semblait abimée dans une religieuse et grandiose extase.

Son front aux reflets dorés, coloré de la dernière pourpre du soleil, resplendissait aux vives lueurs du soir, comme un bronze antique sculpté par Phidias. Ses narines dilatées aspiraient encore l'air vivifiant et pur tout chargé de parfums d'orangers et de roses, qui lui arrivait de la terre... et ses lèvres avides et frémissantes ressemblaient aux lèvres de la sibylle, entr'ouvertes pour un chant sacré.

— « Salut ! s'écria-t-elle enfin d'une voix à laquelle l'inspiration prêtait un charme et une puissance presque surhumains ; salut ! mère des héros, amante du poétique Ibère et du Goth sauvage, terre aimée du ciel, qui dans ton sein as toujours su changer en or le plus vil métal ; salut ! toi dont les flancs ont porté le divin Pélage et Alphonse le Magnanime, le plus sage, le plus philosophe des rois[1].

« Reine qui as posé sur ton front les plus riches couronnes du monde, tu as vu briller sur ton manteau de pourpre les diamants du Mexique et les palmes du désert.

« Tout s'est réuni pour contribuer à ta gloire ; les Goths t'ont donné leur audace, leur rude courage, leur immortelle loyauté ; les Maures, la poésie qui enivre, la civilisation qui adoucit les mœurs ; et de ces deux mélanges de choses contraires, la religion divine du Christ a fait l'Espagne chevaleresque et chrétienne, l'Espagne sage quoique conquérante, l'Espagne, terre de bonheur et de gloire, qui avait pour tous ses enfants des mamelles de nourrice et des entrailles de mère.

« O sublime union de la religion et de la philosophie! ou plutôt, triomphe éclatant d'une religion consolante et maternelle! N'avons-nous pas vu se ranger sous les lois d'une reine douce, pieuse et tolérante[2], les fiers descendants des Abencerrages, race héroïque dont le plus humble avait du sang royal dans les veines?

« N'est-ce pas la tolérance, n'est-ce pas la douceur qui a fait tomber les murs de Grenade, ébranlés par la cruauté de ses tyrans? »

. . . .

La nuit descendait plus rapide, un voile blanchâtre s'étendait sur l'immensité de l'océan, le ciel bleu se peuplait d'étoiles brillantes, et Cadix, perdue dans la brume, avait entièrement disparu!

A l'horizon lointain se découpaient encore vaguement en noires dentelures des silhouettes d'arbres ou de montagnes, images informes qui allaient s'amoindrissant et se perdant une à une dans l'obscurité envahissante.

Dolores continua son chant inspiré, et à mesure que s'éloignaient les bruits de la terre, la voix de la jeune femme grandissait comme celle du vent dans le silence de la solitude.

« — Espagne! Espagne! s'écria-t-elle, oh! que tu étais belle aux jours de ta splendeur immaculée, alors que tes enfants libres autant que courageux avaient le droit de tout dire, et que le dernier des Espagnols, égal de ses rois par l'impérissable amour qui liait les rois et le peuple, osait se plaindre d'une injustice royale, et pour dire au roi : — Vous avez mal fait, — n'en restait pas moins un sujet fidèle, un fils dévoué[1]!

---

1. C'est Alphonse le Magnanime ou Alphonse le Sage qui, le premier, dota l'Espagne d'un code régulier de lois, intitulé : *Las Siete partidas*. Ce code, dont une grande partie est encore en vigueur en Espagne, est un monument de la sagesse de ce roi et de la droiture de ses conseillers ; il honore le caractère espagnol.

2. Isabelle de Castille, femme de Ferdinand.

1. Il est bon de faire remarquer ici que, dans tous les temps et sous tous les gouvernements, même sous le despotisme des rois et la cruauté de l'inquisition réunis, toutes les fois que des assemblées nationales ont eu lieu librement en Espagne, il s'est trouvé des Espagnols qui, débarrassés des entraves dont on surchargeait leur bon sens et leur philosophie naturelle, se sont élevés au-dessus de leur siècle, ont déchiré d'une main hardie le voile qui cachait les erreurs et les préjugés, et ont fait entendre aux peuples étonnés et même aux rois et aux inquisiteurs la voix de la raison et l'éternel langage de la vérité.

Ainsi les cortès d'Aragon, de Castille et de Catalogne, réunies en 1510-1512 pour demander au régent Ferdinand et au pape la réforme de l'inquisition, la junte catholique convoquée à Burgos en 1508 pour juger les prisonniers de l'inquisition de Cordoue à l'avénement du grand inquisiteur Ximenès Cisneros, et la grande junte formée sous Charles II pendant le ministère de l'inquisiteur Rocaberti, de 1695 à 1699, pour mettre fin aux conflits qui avaient lieu chaque jour entre les inquisiteurs et les juges royaux, conflits dont il résultait de graves inconvénients, et qui empêchaient souvent l'administration de la justice ; ces trois corps, à de longs intervalles et sous l'influence d'événements divers, ont tous les trois condamné les actes de l'inquisition et du despotisme. Dans les trois assemblées il s'est trouvé des hommes dont les principes philosophiques et les larges idées humanitaires eussent fait honneur aux philosophes les plus avancés de notre siècle. Que conclure de tout cela? Que Dieu a mis au cœur de l'homme des idées de liberté et de progrès ; que ces idées, nées avec l'espèce humaine,

« Oh ! il était beau alors de prononcer le mot sacré de patrie ! car la patrie était véritablement la gardienne du bonheur de tous, et l'existence était douce dans son sein ; alors, il y avait soutien pour le faible, gloire pour le fort, justice pour tous ; alors l'Espagne était vraiment libre et heureuse, car la liberté, c'est le bonheur.

« Alors, en entr'ouvrant chaque jour le sein de cette terre féconde, l'Espagnol pouvait se dire avec fierté :

« — C'est pour moi que ces moissons vont mûrir, pour moi que ces vignes se couvriront de grappes dorées pour moi, ou plutôt pour tous, » car l'Espagne formait une grande famille de frères.

« Les suppôts de l'inquisition, insatiables vampires, n'étaient pas encore venus dans la nuit sucer le sang généreux de ceux qui dormaient, pour que le lendemain on ne retrouvât plus en eux que des cadavres sans force...

« Alors, ceux mêmes qui se faisaient la guerre étaient magnanimes et vaillants, et on était aussi sûr de son ennemi que de l'ami le plus tendre[1].

« Oh ! mais, poursuivit-elle en baissant la voix, car la nuit était enfin venue, et un frisson glacial avait couru dans tous les nerfs de la jeune femme ; oh ! pourquoi sur ce sol fertile, couvert de richesses par la main prodigue de l'Éternel, pourquoi ces visages hâves et sinistres ? Quel lugubre suaire enveloppe la tête royale de cette reine opprimée et captive ? Quelles sont ces mains avides, aux ongles de vautour, qui pressent ses mamelles pour les tarir et pour les déchirer ?... Sa pâleur est profonde, sa débilité complète, ses chairs affaissées comme celles d'une agonisante ; sa voix, si pleine et si forte, ne retentit plus que par intervalles d'un long cri d'agonie entrecoupé par des chants sinistres, rauques comme le grincement de la scie sur le fer, attristants comme le bruit du marteau qui cloue une tombe.

« Espagne ! Espagne ! qu'es-tu devenue ? quel ver rongeur t'a ainsi mordue au cœur, et a changé ton énergie puissante en une atonie mortelle ? Courage ! n'entends-tu pas au loin retentir la voix de tes triomphes ?

« Tu étends à la fois ta domination sur les quatre parties du globe... Un roi conquérant est assis sur le trône où veillent éternellement tes lions terribles, et la voix de la renommée va partout répétant au loin ces deux noms magiques : Espagne ! Charles-Quint !

« Oui, mais je t'entends me répondre d'une voix lamentable :

« — Le roi fait tout pour sa gloire, rien pour la patrie ! et pendant que le monde couronne Charles-Quint, je demeure esclave et opprimée, et ma voix se perd sans écho dans l'immense désert de l'égoïsme royal[1] !

« — Lorsque je m'écrie, haletante et brisée, avide d'un instant de repos : Gloire ! liberté ! philosophie ! on me répond : Conquête ! richesse ! despotisme !

« — L'ignorance, en manteau noir, a voilé mon front de ténèbres, et la seule lumière qu'on laisse arriver jusqu'à moi est

---

ont pu être étouffées ou contenues dans le sanctuaire de la conscience des peuples, mais que nul despotisme, nulle torture ne sauraient les éteindre sans retour.

1. On a souvent appelé les Espagnols traîtres ; c'est là peut-être la plus injuste de toutes les accusations que les étrangers ont portées contre eux. Les Espagnols sont si loin d'être traîtres que le seul crime qu'ils ne pardonnent pas à un ennemi et qui les empêche de jamais se réconcilier avec lui, est la trahison.

1. Les historiens espagnols s'accordent tous sur l'égoïsme et l'ambition de Charles-Quint. Cet égoïsme et cette ambition sont démontrés par la déloyauté dont il fit preuve vis-à-vis des cortès de Castille, d'Aragon et de Catalogne lorsque, en 1510 et 1512, ces corps lui demandèrent, au nom de l'Espagne opprimée, la réforme de l'inquisition qu'il promit solennellement et qu'il n'accorda jamais.

celle des bûchers qui dévorent mes entrailles [1].

[1]. L'Espagne pouvait bien dire que les bûchers dévoraient ses entrailles lorsque, dans l'espace de 339 ans, 34,658 Espagnols ont été brûlés vifs par l'inquisition, et 18,049 brûlés en effigie, sans compter 288,214 qui ont été condamnés aux galères ou à la prison perpétuelle, et plus de 200,000 qui, pénitenciés et condamnés à porter le *san benito* pour un temps ou à perpétuité, ont été déshonorés jusque dans leur postérité.

Ces chiffres, trop éloquents accusateurs de l'inquisition, sont historiques! Voici, au reste, un tableau que nous empruntons textuellement à l'*Histoire de l'inquisition*, de Llorente, et qui se trouve aussi dans l'*Histoire de la Révolution d'Espagne en 1820*, par Ch. L....., publiée à Paris en 1820, chez Plancher, rue Poupée, 71.

Récapitulation générale des victimes que l'inquisition a sacrifiées en Espagne depuis 1481 jusqu'en 1820, sous le ministère des quarante-cinq inquisiteurs généraux.

	BRULÉS VIFS.	BRULÉS EN EFFIGIE.	CONDAMNÉS AUX GALÈRES OU A LA PRISON.
De 1481 à 1498, sous le ministère de Thomas de Torrequemada, premier inquisiteur général............	10.220	6.840	97.371
De 1498 à 1507, sous le ministère de Deza, deuxième inquisiteur général............	2.592	829	23.952
De 1507 à 1517, sous le ministère de Ximenès Cisneros, troisième inquisiteur général............	3.564	2.232	48.059
De 1517 à 1521, sous Adrien Florencio, quatrième inquisiteur, et depuis pape............	1.620	560	21.855
De 1521 à 1523, interrègne............	324	112	4.481
De 1523 à 1545, sous Alphonse Manrique, cinquième inquisiteur général............	2.250	1.125	11.250
De 1545 à 1556, sous Tabéra, sixième inquisiteur général............	840	420	6.520
Sous Loaisa, septième inquisiteur, et pendant le règne de Charles-Quint............	1.320	660	6.600
De 1556 à 1597, sous le règne de Philippe II............	3.990	1.845	18.450
De 1597 à 1621, sous le règne de Philippe III............	1.840	692	10.716
De 1621 à 1665, sous Philippe IV.....	2.852	1.428	14.080
De 1665 à 1700, sous Charles II.....	1.630	540	6.512
De 1700 à 1746, sous Philippe V.....	1.600	760	9.120
De 1746 à 1759, sous Ferdinand VI.	10	5	170
De 1759 à 1788, sous Charles III.....	4	»	56
De 1788 à 1808, sous Charles IV....	»	1	42

Dans ce tableau n'est pas compris le règne de Ferdinand VII, pendant lequel plus de cent mille personnes ont subi l'emprisonnement, les galères ou l'exil ; il faudrait aussi y ajouter le nombre incalculable de victimes que l'inquisition d'Espagne a sacrifiées à son ambition dans la Sicile, dans la Sardaigne, en Flandre, en Amérique et dans les Indes, pour comprendre la force des paroles que l'auteur fait prononcer à l'Espagne désolée. Un mot encore : outre les victimes que l'inquisition a pu atteindre, cinq millions d'habitants ont abandonné le beau sol espagnol pour se soustraire, par un exil volontaire, à la cruauté du saint office. C'est ainsi que ce beau pays qui, au temps des Maures, comptait trente-cinq millions d'âmes, a été réduit à dix millions.

« — Pourtant, on m'appelle grande, parce qu'au loin j'ai des guerriers qui règnent en mon nom sur d'immenses provinces, et que mon pavillon flotte sur les mers des deux mondes ; on m'appelle forte, parce que je suis patiente et calme, et qu'on a soin de jeter chaque jour sur mes plaies saignantes un manteau d'orgueil et de mensonge pour les voiler... parce qu'on étouffe sous les verrous mes longues plaintes d'agonie.

« — Oh! vivre, vivre et respirer un seul jour l'air pur de la liberté ! vivre et marcher seule dans ma force vers l'avenir!...

« Ainsi parle l'Espagne un moment ranimée ; mais au bruit de sa voix plaintive, je vois les vampires s'avancer dans l'ombre, la repousser dans sa tombe humide, et, hideusement accroupis sur sa poitrine desséchée, entr'ouvrir de leurs dents avides les veines où quelques gouttes de sang circulent encore.

« Oh ! pitié ! pitié pour elle ! N'achevez pas d'éteindre sa dernière étincelle de vie ! laissez-la se reprendre un instant à l'existence... laissez-lui le temps de réparer tout le sang qu'elle a perdu !

« Mais non... les vampires n'ont point de pitié ; leur victime, anéantie et mourante, a perdu même ce dernier souffle, cette apparence de vie que lui donnaient encore les victoires de Charles-Quint.

« Un spectre de roi succède au roi conquérant.

« Ce spectre règne dans la nuit et dans le néant. Les vampires, ses fidèles satellites, se rangent en ordre autour de lui, et de leurs mains décharnées ils achèvent de pousser dans la tombe le cadavre de l'Espagne.

« Et l'Espagne, fatiguée de la lutte, se recueille alors dans un repos qui ressemble à la mort. On a rejeté sur elle le suaire qui sépare de la vie ; et, sur son corps engourdi et presque insensible, s'agitent dans la torpeur de leur vie claustrale tous les suppôts de l'inquisition. Sur ce cadavre inerte on verse du sang... du sang à flots, et chaque jour des milliers de bûchers dévorent quelque fragment de ce cadavre immobile.

« Le cadavre devient squelette.

« Pourtant tout n'est pas dit encore...

« La cendre féconde peut encore se ranimer... Quelle lumière bienfaisante et lointaine brille tout à coup sur elle? La poussière se réveille et redevient homme... L'Espagne n'était qu'endormie...

« Mais, hélas ! ce long sommeil durera peut-être des siècles, et nous ne verrons pas les beaux jours qui doivent luire pour la patrie. Pour nous, c'est l'exil, l'exil au pain amer, et la lutte, la lutte éternelle... car, ceux qui alors ne seront plus auront aussi fait leur part de cette grande œuvre... eux aussi auront aidé à la régénération du monde !... »

Dolores cessa de parler ; son front ruisselait de sueur, et tout son corps, agité d'un tremblement convulsif, semblait prêt à tomber en défaillance ; elle ferma les yeux et se laissa glisser aux pieds d'Estevan.

Estevan la prit dans ses bras, s'assit sur un ballot déposé à terre, et appuya sur sa poitrine la belle tête de Dolores... Et la jeune inspirée, brisée d'émotions et de fatigue, s'endormit sur le sein de celui qu'elle aimait.

A ce moment, on entrait dans la pleine mer ; le vent, plus frais, gonfla avec une nouvelle force les voiles du navire.

La lune, large et pâle, montrant sa face argentée dans le ciel, éclaira d'un doux reflet le beau visage de la jeune femme. La mer ressembla à une lame d'argent poli semée de petites montagnes brillantes.

Un silence solennel et religieux régna au milieu de cette vaste solitude de l'océan, et le navire, glissant sur l'eau comme une flèche rapide, emporta les exilés vers cette terre lointaine où brillait déjà pour eux l'aurore de la liberté.

Peut-être les y retrouverons-nous un jour.

AUX LECTEURS

Dans deux romans émouvants qui forment comme des pendants naturels, nous avons fait l'historique de ces deux plaies terribles (dont l'une, Dieu merci, a disparue) : le JÉSUITISME en Italie et l'INQUISITION en Espagne.

Le lecteur qui a lu ces deux intéressantes études voudra bien nous accompagner encore dans les dédales de cette politique cauteleuse des papes, toujours pleine de scandales et de turpitudes.

Cette fois le fait dépasse tout ce qui été fait de plus fort dans ce long règne de la papauté chrétienne, et comme complément au **Secret du Vatican** et aux **Mystères de l'Inquisition**, nous ne croyons pas trouver quelque chose qui intriguera plus la curiosité que de leur raconter un fait historique, nié par les papes et par tout le clergé, fait peu connu, étouffé qu'il a été par les intéressés, mais qui n'en restera pas moins comme un stigmate de plus à marquer dans l'histoire des successeurs de saint Pierre.

Nous voulons parler de cette femme qui, sous le nom de Jean VIII, occupa pendant assez longtemps le trône pontifical, y porta la tiare avec un semblant de dignité, sacra des empereurs et alla mourir sur la place publique en accouchant d'un fils, qu'elle avait eu de ses relations charnelles avec un homme de l'Eglise.

Rien de plus palpitant que ce roman inédit qui a pour titre :

LES DRAMES DE LA VILLE ÉTERNELLE
ou
LE BATARD DE LA PAPESSE

Imprimerie D. BARDIN, à Saint-Germain.

TABLE DES MATIÈRES

LE SECRET DU VATICAN

Chapitres.	Pages.
Introduction	5
I. Le Conclave	7
Avant le Conclave	7
Pendant le Conclave	16
Après le Conclave	23
II. Il Ghetto	26
III. Au jardin Pincio	31
IV. Le Népotisme	34
V. Le petit Lever d'un Dandy romain	39
VI. Le Trésorier	43
VII. Noémi	49
VIII. La Villa Medici	56
IX. Un Prêtre	67
X. Done romane	79
XI. Le Monde et l'Église	88
XII. Dévotion et superstitions populaires	103
XIII. Un Message	110
XIV. Le Manuscrit	112
XV. La Cour de Rome	130
XVI. Le Pape	141
XVII. Les Cardinaux	150
XVIII. La Noblesse	165
XIX. Les Ordres religieux	170
XX. Rome temporelle	175
XXI. Rome et Paris	190
XXII. Les Jésuites	208
XXIII. Les Légations	237
XXIV. Les Cavalcades	245
XXV. L'Eglise romaine	250
XXVI. Le Pouvoir spirituel	259
XXVII. Rome et le xixe siècle	265
XXVIII. Fiscalité sainte	267
XXIX. Les Couvents	288
XXX. Les Prédicateurs	295
XXXI. Superstitions de l'Eglise de Rome	298
XXXII. Les Processions	309
XXXIII. Le Baptême de la Juive	317
XXXIV. Rome et l'Europe en 1845	323

# LES MYSTÈRES DE L'INQUISITION

Chapitres.	Pages.	Chapitres.	Pages.
I. El Barrio de Triana	348	XXVI. La Chambre de miséricorde	493
II. El Palacio de la Garduna	356	XXVII. El Santo	497
III. Dolores	366	XXVIII. Candeur et Hypocrisie	504
IV. La Giralda	371	XXIX. La Torture de l'eau	512
V. Une Collation de moines	375	XXX. La Chambre de pénitence	519
VI. La Maison de l'hérétique	379	XXXI. Madrid	525
VII. Estevan de Vargas	386	XXXII. La Promenade du roi	532
VIII. Manofina	394	XXXIII. Charles-Quint	537
IX. Le Favori de l'inquisiteur	400	XXXIV. Rodriguez de Valero	546
X. La Profession	406	XXXV. Le Témoignage	554
XI. Une Passion d'inquisiteur	411	XXXVI. Conspiration	564
XII. El Rastro	420	XXXVII. Deux Ermites	568
XIII. Un Miracle	427	XXXVIII. El Baile de Candil	575
XIV. Encore José	434	XXXIX. Un Complot	584
XV. L'Abbesse des Carmélites	438	XL. Le Sermon du coin des rues	590
XVI. La Melopia	443	XLI. L'Auto-da-fé	598
XVII. La Cavalcade	447	XLII. Un Martyr	609
XVIII. La Colère du peuple	453	XLIII. Un Dernier jour de désillusion	614
XIX. L'Amulette du grand inquisiteur Torquemada	458	XLIV. Un Prêtre selon l'Evangile	619
XX. Le Rendez-vous	462	XLV. Mariage et Funérailles	628
XXI. La Puerto de Despenaperros	467	XLVI. La Justice de Dieu	636
XXII. Le Tribunal	471	XLVII. Le Jugement des hommes	644
XXIII. La Chambre du tourment	477	XLVIII. En Capella	659
XXIV. Les Cachots de l'Inquisition	480	XLIX. Le Supplice de la roue	663
XXV. Une grande fête à Séville	486	L. Adieu	671

En vente chez les mêmes Éditeurs et chez tous les Libraires

LES
DROITS DU SEIGNEUR SOUS LA FÉODALITÉ
PEUPLE ET NOBLESSE

Événements mystérieux, scandaleux, lugubres. — Exactions, despotisme, libertinage de la noblesse et du clergé. = 10 centimes la livraison. — 50 centimes la série. — 100 livraisons à 10 centimes ou 20 séries à 50 centimes. — L'ouvrage complet avec la collection de gravures interdites pendant le 16 mai. Un beau volume broché, prix, 10 fr.

LA FILLE DE LA LIBERTÉ
OU LES
VOLONTAIRES DE 92

Ce livre retrace dans une action dramatique émouvante les péripéties de la Révolution. C'est une charmante épopée au milieu de cette grande et terrible époque qui a inauguré l'ère nouvelle.
De beaux portraits et des scènes révolutionnaires illustrent cet ouvrage splendide. = 10 centimes la livraison. — 50 centimes la série. — 61 livraisons à 10 centimes ou 12 séries à 50 centimes. — En vente l'ouvrage complet : un magnifique volume illustré, broché, 6 francs. — Envoi franco contre un mandat-poste, 7 francs.

LES AVENTURES DU DUC DE ROQUELAURE
L'HOMME LE PLUS LAID DE FRANCE

Ses farces, ses facéties, ses duels, ses amours, racontés par lui-même. = 10 centimes la livraison. — 50 centimes la série. — 100 livraisons à 10 centimes ou 20 séries à 50 centimes.

L'ALCOVE DES ROIS

Amours mystérieuses des rois, reines, princes, princesses, etc. — Scènes dramatiques. — Orgies royales. — Drames nocturnes. = 10 centimes la livraison. — 50 centimes la série. — 20 séries à 50 centimes.

LE BATARD DE LA PAPESSE

Les secrets du Vatican. — Les drames de la ville éternelle. — Crimes, adultères, incestes, excès, abus et iniquités de la cour de Rome. — Grand roman historique inédit, par Th. Labourieu. = 10 centimes la livraison. — 50 centimes la série.

LES ROMANS D'AVENTURES
AVENTURIERS ET PIRATES
OU
LES DRAMES DE L'OCÉAN INDIEN

1re partie : Aventuriers et pirates. — 2e partie : Sandam-lou l'Écumeur. — 3e partie : Six mois dans le Far-West. — 4e partie : Dolorita, ou une tombe dans les forêts vierges. — 5e partie : Du Far-West à Bornéo. — 6e partie : Le Pirate malais, par le Baron de Wogan. = La livraison, 10 centimes. — La série, 50 centimes.

Imprimerie D. Bardin, à Saint-Germain.

www.ingramcontent.com/pod-product-compliance
Lightning Source LLC
Chambersburg PA
CBHW050056230426
43664CB00010B/1338